刑事辩护类案检索指引

XINGSHI BIANHU
LEIAN JIANSUO ZHIYIN

胡　瑾 主编　　龚振中　任忠孙 副主编

罗书平　魏　军 执行主编

中国民主法制出版社

图书在版编目（CIP）数据

刑事辩护类案检索指引/胡瑾主编 . —北京：
中国民主法制出版社,2022.11
ISBN 978-7-5162-2998-9

Ⅰ.①刑…　Ⅱ.①胡…　Ⅲ.①刑事诉讼—辩护—案例
—中国　Ⅳ.①D925.215.05

中国版本图书馆 CIP 数据核字（2022）第 218723 号

图书出品人:刘海涛
责 任 编 辑:逯卫光

书名/刑事辩护类案检索指引
作者/胡　瑾　主编
　　　龚振中　任忠孙　副主编
　　　罗书平　魏　军　执行主编

出版·发行/中国民主法制出版社
地址/北京市丰台区右安门外玉林里 7 号（100069）
电话/(010)63055259(总编室)　63058068　63057714(营销中心)
传真/(010)63055259
http:// www. npcpub. com
E-mail:mzfz@ npcpub. com
经销/新华书店
开本/16 开　710 毫米×1000 毫米
印张/54.25　**字数**/922 千字
版本/2023 年 1 月第 1 版　2023 年 1 月第 1 次印刷
印刷/三河市宏图印务有限公司

书号/ISBN 978-7-5162-2998-9
定价/218.00 元
出版声明/版权所有,侵权必究

本书编委会

编辑说明

"无论哪个阶段的刑事辩护都要重视对类案检索报告的应用,尤其是在可能撤案/不起诉/无罪的案件中。"

这是虎年伊始,庭立方在编发首期《优秀案例库》中,瀛动力刑辩团队吕灵兮律师撰写的为一起伪造金融票证罪案犯罪嫌疑人担任辩护人终获不起诉决定案例时的办案心得。

朴实的话语,真实的感受,吕灵兮律师的办案心得也道出了庭立方这个"全国刑事法律人的故乡"大家族中许许多多刑辩律师的共同心声!

吕灵兮律师办理的这个刑案中嫌疑人被指控的"犯罪事实"非常简单:嫌疑人为哄骗家人而购买伪造的金融票证(面额人民币 2 万元)放回家中,并不是为了流通,也从未向他人(包括家人)展示。刑辩律师结合司法实践中早有对此类案件作无罪处理的"先例",在侦查起诉阶段即向办案机关提交不构成犯罪的"类案检索"报告,得到了检察机关的采纳。

据悉,目前"类案检索"已成为全国法院、检察院全面推行的"规定动作"。2022 年 3 月 8 日在第十三届全国人民代表大会第五次会议上,最高人民法院和最高人民检察院向全国人大所作的工作报告中,周强院长和张军检察长分别报告了"推行类案检索、量刑规范化,运用司法大数据辅助办案"和"建设检察案例库,收录案例 16.6 万件,类案检索、参照办案"的改革举措和实施效果。

编者发现,在刑事辩护领域,最高人民法院、最高人民检察院实施的类案检索制度不仅在全国法院和检察院系统全面推行,而且也逐渐成为不少律师在刑事辩护中的"规定动作"。

为了帮助刑辩律师从浩如烟海的"刑事案例"中快捷准确地找到权威、实用的"类案",我们将视角聚焦在类案检索制度建立以来最高人民法院、最高人民检察院公开发布(包括与国家监察委员会等部门联合发布)的指导性案例和典型案例上,以《刑事辩护类案检索指引》一书的形式奉献给刑事法律人。

　　最高人民法院在《最高人民法院关于统一法律适用加强类案检索的指导意见(试行)》中明确地将适用"类案检索范围"规定为四个层级:(一)最高人民法院发布的指导性案例;(二)最高人民法院发布的典型案例及裁判生效的案件;(三)本省(自治区、直辖市)高级人民法院发布的参考性案例及裁判生效的案件;(四)上一级人民法院及本院裁判生效的案件。并且,特别强调:"已经在前一顺位中检索到类案的,可以不再进行检索。"

　　可见,对不同层级、不同效力的"类案"在何种平台上"首选",对以后的刑事辩护能否获得成功将起决定性的作用!换言之,如果"首选"的是名列前茅的指导性案例或典型案例,并以专业和规范的"类案检索报告"形式第一时间向司法机关提供,就可以不再考虑筛选其他靠后的案例,自然也就可以达到"四两拨千斤"的效应。

　　正是基于这样的思路,编者根据目前司法机关已全面推行"类案检索制度"的司法改革举措和广大刑辩律师的迫切需要,推出《刑事辩护律师实务丛书》,使之成为刑辩律师办理刑事案件不可缺少的帮手,也可以成为刑事法律共同体中立法机关、监察机关、司法机关、政法院校、研究机构、学术团体等从事立法工作、司法实务、教学研究人士参考的辅助工具。

　　《刑事辩护类案检索指引》为本丛书的第1辑。本书辑录了最高人民法院、最高人民检察院迄今为止发布的刑事指导案例和类案检索制度实施以来发布的主要刑事典型案例。

　　为便于读者快捷查询、有效检索,本书案例以《中华人民共和国刑法》法条为序排列,并以"法条+案例"的形式编排。其中的"法条"均为现行有效。对该"法条"立法机关曾经作过修正的,则将修正情况在"注释"中说明。

　　对于各类案例中涉及法律适用中常用司法解释等司法文件,在刑法总则和刑法分则各章章名之后采取"二维码链接"的方式以供检索。

　　对同一案例同时涉及数个罪名和法条的,按首罪所涉法条归类编排。

　　对同一法条下有数个指导性案例、典型案例的,则以案例编号或发布日期的先后顺序编排。

　　本书收集的指导案例和典型案例截止日期为2022年4月30日。

　　对于本书编写中存在的谬误和不足,诚请读者朋友不吝赐教,以期再版时修订完善。

编　者
2022 年 5 月 1 日

总目录

分类目录

第一编　总　　则

第二编　分　　则

附　录

二维码链接

目　　录

第一编
总　则

二维码链接 1 - 总则

第一章　总　则（略）

第二章　犯　罪

刑法第十八条（精神病人和醉酒的人的刑事责任）

　　第十八条　精神病人在不能辨认或者不能控制自己行为的时候造成危害结果，经法定程序鉴定确认的，不负刑事责任，但是应当责令他的家属或者监护人严加看管和医疗；在必要的时候，由政府强制医疗。

　　间歇性的精神病人在精神正常的时候犯罪，应当负刑事责任。

　　尚未完全丧失辨认或者控制自己行为能力的精神病人犯罪的，应当负刑事责任，但是可以从轻或者减轻处罚。

　　醉酒的人犯罪，应当负刑事责任。

徐加富强制医疗案

（最高人民法院审判委员会讨论通过 2016 年 6 月 30 日发布）

【关键词】

刑事诉讼 强制医疗 有继续危害社会可能

【裁判要点】

审理强制医疗案件,对被申请人或者被告人是否"有继续危害社会可能",应当综合被申请人或者被告人所患精神病的种类、症状,案件审理时其病情是否已经好转,以及其家属或者监护人有无严加看管和自行送医治疗的意愿和能力等情况予以判定。必要时,可以委托相关机构或者专家进行评估。

【相关规定】（略）

【基本案情】

被申请人徐加富在 2007 年下半年开始出现精神异常,表现为凭空闻声,认为别人在议论他、有人要杀他,紧张害怕,夜晚不睡,随时携带刀自卫,外出躲避。因未接受治疗,病情加重。2012 年 11 月 18 日 4 时许,被申请人在其经常居住地听到有人开车来杀他,遂携带刀和榔头欲外出撞车自杀。其居住地的门卫张友发得知其出去要撞车自杀,未给其开门。被申请人见被害人手持一部手机,便认为被害人要叫人来对其加害。被申请人当即用携带的刀刺杀被害人身体,用榔头击打其头部,致其当场死亡。经法医学鉴定,被害人系头部受到钝器打击,造成严重颅脑损伤死亡。

2012 年 12 月 10 日,被申请人被公安机关送往成都市第四人民医院住院治疗。2012 年 12 月 17 日,成都精卫司法鉴定所接受成都市公安局武侯区分局的委托,对被申请人进行精神疾病及刑事责任能力鉴定,同月 26 日该所出具成精司鉴所(2012)病鉴字第 105 号鉴定意见书,载明:1. 被鉴定人徐加富目前患有精神分裂症,幻觉妄想型;2. 被鉴定人徐加富 2012 年 11 月 18 日 4 时作案时无刑事责任能力。2013 年 1 月成都市第四人民医院对被申请人的病情作出证明,证实徐加富需要继续治疗。

【裁判结果】

四川省武侯区人民法院于 2013 年 1 月 24 日作出(2013)武侯刑强初字第 1 号强制医疗决定书:对被申请人徐加富实施强制医疗。

【裁判理由】

法院生效裁判认为:本案被申请人徐加富实施了故意杀人的暴力行为后,

经鉴定属于依法不负刑事责任的精神疾病人,其妄想他人欲对其加害而必须携带刀等防卫工具外出的行为,在其病症未能减轻并须继续治疗的情况下,认定其放置社会有继续危害社会的可能。成都市武侯区人民检察院提出对被申请人强制医疗的申请成立,予以支持。诉讼代理人提出了被申请人是否有继续危害社会的可能应由医疗机构作出评估,本案没有医疗机构的评估报告,对被申请人的强制医疗的证据不充分的辩护意见。法院认为,在强制医疗中如何认定被申请人是否有继续危害社会的可能,需要根据以往被申请人的行为及本案的证据进行综合判断,而医疗机构对其评估也只是对其病情痊愈的评估,法律没有赋予医疗机构对患者是否有继续危害社会可能性方面的评估权利。本案被申请人的病症是被害幻觉妄想症,经常假想要被他人杀害,外出害怕被害必带刀等防卫工具。如果不加约束治疗,被申请人不可能不外出,其外出必携带刀的行为,具有危害社会的可能,故诉讼代理人的意见不予采纳。

(生效裁判审判人员:税长冰、蒋海宜、戴克果)

刑法第二十条(正当防卫)

第二十条 为了使国家、公共利益、本人或者他人的人身、财产和其他权利免受正在进行的不法侵害,而采取的制止不法侵害的行为,对不法侵害人造成损害的,属于正当防卫,不负刑事责任。

正当防卫明显超过必要限度造成重大损害的,应当负刑事责任,但是应当减轻或者免除处罚。

对正在进行行凶、杀人、抢劫、强奸、绑架以及其他严重危及人身安全的暴力犯罪,采取防卫行为,造成不法侵害人伤亡的,不属于防卫过当,不负刑事责任。

于欢故意伤害案

(最高人民法院审判委员会讨论通过 2018 年 6 月 20 日发布)

【关键词】

刑事 故意伤害罪 非法限制人身自由 正当防卫 防卫过当

【裁判要点】

1. 对正在进行的非法限制他人人身自由的行为,应当认定为刑法第二十条第一款规定的"不法侵害",可以进行正当防卫。

2. 对非法限制他人人身自由并伴有侮辱、轻微殴打的行为,不应当认定为刑法第二十条第三款规定的"严重危及人身安全的暴力犯罪"。

3. 判断防卫是否过当,应当综合考虑不法侵害的性质、手段、强度、危害程度,以及防卫行为的性质、时机、手段、强度、所处环境和损害后果等情节。对非法限制他人人身自由并伴有侮辱、轻微殴打,且并不十分紧迫的不法侵害,进行防卫致人死亡重伤的,应当认定为刑法第二十条第二款规定的"明显超过必要限度造成重大损害"。

4. 防卫过当案件,如系因被害人实施严重贬损他人人格尊严或者亵渎人伦的不法侵害引发的,量刑时对此应予充分考虑,以确保司法裁判既经得起法律检验,也符合社会公平正义观念。

【相关规定】(略)

【基本案情】

被告人于欢的母亲苏某在山东省冠县工业园区经营山东源大工贸有限公司(以下简称源大公司),于欢系该公司员工。2014年7月28日,苏某及其丈夫于某1向吴某、赵某1借款100万元,双方口头约定月息10%。至2015年10月20日,苏某共计还款154万元。其间,吴某、赵某1因苏某还款不及时,曾指使被害人郭某1等人采取在源大公司车棚内驻扎、在办公楼前支锅做饭等方式催债。2015年11月1日,苏某、于某1再向吴某、赵某1借款35万元。其中10万元,双方口头约定月息10%;另外25万元,通过签订房屋买卖合同,用于某1名下的一套住房作为抵押,双方约定如逾期还款,则将该住房过户给赵某1。2015年11月2日至2016年1月6日,苏某共计向赵某1还款29.8万元。吴某、赵某1认为该29.8万元属于偿还第一笔100万元借款的利息,而苏某夫妇认为是用于偿还第二笔借款。吴某、赵某1多次催促苏某夫妇继续还款或办理住房过户手续,但苏某夫妇未再还款,也未办理住房过户。

2016年4月1日,赵某1与被害人杜某2、郭某1等人将于某1上述住房的门锁更换并强行入住,苏某报警。赵某1出示房屋买卖合同,民警调解后离去。同月13日上午,吴某、赵某1与杜某2、郭某1、杜某7等人将上述住房内的物品搬出,苏某报警。民警处警时,吴某称系房屋买卖纠纷,民警告知双方协商或通过诉讼解决。民警离开后,吴某责骂苏某,并将苏某头部按入座便器接近水面位置。当日下午,赵某1等人将上述住房内物品搬至源大公司门口。其间,苏某、于某1多次拨打市长热线求助。当晚,于某1通过他人调解,与吴某达成口头协议,约定次日将住房过户给赵某1,此后再付30万元,借款本金及利息即全部结清。

4月14日,于某1、苏某未去办理住房过户手续。当日16时许,赵某1纠集郭某2、郭某1、苗某、张某3到源大公司讨债。为找到于某1、苏某,郭某1报警称源大公司私刻财务章。民警到达源大公司后,苏某与赵某1等人因还款纠纷发生争吵。民警告知双方协商解决或到法院起诉后离开。李某3接赵某1电话后,伙同么某、张某2和被害人严某、程某到达源大公司。赵某1等人先后在办公楼前呼喊,在财务室内、餐厅外盯守,在办公楼门厅外烧烤、饮酒,催促苏某还款。其间,赵某1、苗某离开。20时许,杜某2、杜某7赶到源大公司,与李某3等人一起饮酒。20时48分,苏某按郭某1要求到办公楼一楼接待室,于欢及公司员工张某1、马某陪同。21时53分,杜某2等人进入接待室讨债,将苏某、于欢的手机收走放在办公桌上。杜某2用污秽言语辱骂苏某、于欢及其家人,将烟头弹到苏某胸前衣服上,将裤子褪至大腿处裸露下体,朝坐在沙发上的苏某等人左右转动身体。在马某、李某3劝阻下,杜某2穿好裤子,又脱下于欢的鞋让苏某闻,被苏某打掉。杜某2还用手拍打于欢面颊,其他讨债人员实施了揪抓于欢头发或按压于欢肩部不准其起身等行为。22时07分,公司员工刘某打电话报警。22时17分,民警朱某带领辅警宋某、郭某3到达源大公司接待室了解情况,苏某和于欢指认杜某2殴打于欢,杜某2等人否认并称系讨债。22时22分,朱某警告双方不能打架,然后带领辅警到院内寻找报警人,并给值班民警徐某打电话通报警情。于欢、苏某想随民警离开接待室,杜某2等人阻拦,并强迫于欢坐下,于欢拒绝。杜某2等人卡于欢颈部,将于欢推拉至接待室东南角。于欢持刃长15.3厘米的单刃尖刀,警告杜某2等人不要靠近。杜某2出言挑衅并逼近于欢,于欢遂捅刺杜某2腹部一刀,又捅刺围逼在其身边的程某胸部、严某腹部、郭某1背部各一刀。22时26分,辅警闻声返回接待室。经辅警连续责令,于欢交出尖刀。杜某2等四人受伤后,被杜某7等人驾车送至冠县人民医院救治。次日2时18分,杜某2经抢救无效,因腹部损伤造成肝固有动脉裂伤及肝右叶创伤导致失血性休克死亡。严某、郭某1的损伤均构成重伤二级,程某的损伤构成轻伤二级。

【裁判结果】

山东省聊城市中级人民法院于2017年2月17日作出(2016)鲁15刑初33号刑事附带民事判决,认定被告人于欢犯故意伤害罪,判处无期徒刑,剥夺政治权利终身,并赔偿附带民事原告人经济损失。

宣判后,被告人于欢及部分原审附带民事诉讼原告人不服,分别提出上诉。山东省高级人民法院经审理于2017年6月23日作出(2017)鲁刑终151号刑事附带民事判决:驳回附带民事上诉,维持原判附带民事部分;撤销原判刑事部分,以故意伤害罪改判于欢有期徒刑五年。

【裁判理由】

法院生效裁判认为:被告人于欢持刀捅刺杜某 2 等四人,属于制止正在进行的不法侵害,其行为具有防卫性质;其防卫行为造成一人死亡、二人重伤、一人轻伤的严重后果,明显超过必要限度造成重大损害,构成故意伤害罪,依法应负刑事责任。鉴于于欢的行为属于防卫过当,于欢归案后如实供述主要罪行,且被害方有以恶劣手段侮辱于欢之母的严重过错等情节,对于欢依法应当减轻处罚。原判认定于欢犯故意伤害罪正确,审判程序合法,但认定事实不全面,部分刑事判项适用法律错误,量刑过重,遂依法改判于欢有期徒刑五年。

本案在法律适用方面的争议焦点主要有两个方面:一是于欢的捅刺行为性质,即是否具有防卫性、是否属于特殊防卫、是否属于防卫过当;二是如何定罪处罚。

一、关于于欢的捅刺行为性质

《中华人民共和国刑法》(以下简称《刑法》)第二十条第一款规定:"为了使国家、公共利益、本人或者他人的人身、财产和其他权利免受正在进行的不法侵害,而采取的制止不法侵害的行为,对不法侵害人造成损害的,属于正当防卫,不负刑事责任。"由此可见,成立正当防卫必须同时具备以下五项条件:一是防卫起因,不法侵害现实存在。不法侵害是指违背法律的侵袭和损害,既包括犯罪行为,又包括一般违法行为;既包括侵害人身权利的行为,又包括侵犯财产及其他权利的行为。二是防卫时间,不法侵害正在进行。正在进行是指不法侵害已经开始并且尚未结束的这段时期。对尚未开始或已经结束的不法侵害,不能进行防卫,否则即是防卫不适时。三是防卫对象,即针对不法侵害者本人。正当防卫的对象只能是不法侵害人本人,不能对不法侵害人之外的人实施防卫行为。在共同实施不法侵害的场合,共同侵害具有整体性,可对每一个共同侵害人进行正当防卫。四是防卫意图,出于制止不法侵害的目的,有防卫认识和意志。五是防卫限度,尚未明显超过必要限度造成重大损害。这就是说,正当防卫的成立条件包括客观条件、主观条件和限度条件。客观条件和主观条件是定性条件,确定了正当防卫"正"的性质和前提条件,不符合这些条件的不是正当防卫;限度条件是定量条件,确定了正当防卫"当"的要求和合理限度,不符合该条件的虽然仍有防卫性质,但不是正当防卫,属于防卫过当。防卫过当行为具有防卫的前提条件和制止不法侵害的目的,只是在制止不法侵害过程中,没有合理控制防卫行为的强度,明显超过正当防卫必要限度,并造成不应有的重大损害后果,从而转化为有害于社会的违法犯罪行为。根据本案认定的事实、证据和我国《刑法》有关规定,于欢的捅刺行为虽然具有防卫性,但属于防卫过当。

首先,于欢的捅刺行为具有防卫性。案发当时杜某 2 等人对于欢、苏某持续实施着限制人身自由的非法拘禁行为,并伴有侮辱人格和对于欢推搡、拍打等行为;民警到达现场后,于欢和苏某想随民警走出接待室时,杜某 2 等人阻止二人离开,并对于欢实施推拉、围堵等行为,在于欢持刀警告时仍出言挑衅并逼近,实施正当防卫所要求的不法侵害客观存在并正在进行;于欢是在人身自由受到违法侵害、人身安全面临现实威胁的情况下持刀捅刺,且捅刺的对象都是在其警告后仍向其靠近围逼的人。因此,可以认定其是为了使本人和其母亲的人身权利免受正在进行的不法侵害,而采取的制止不法侵害行为,具备正当防卫的客观和主观条件,具有防卫性质。

其次,于欢的捅刺行为不属于特殊防卫。《刑法》第二十条第三款规定:"对正在进行行凶、杀人、抢劫、强奸、绑架以及其他严重危及人身安全的暴力犯罪,采取防卫行为,造成不法侵害人伤亡的,不属于防卫过当,不负刑事责任。"根据这一规定,特殊防卫的适用前提条件是存在严重危及本人或他人人身安全的暴力犯罪。本案中,虽然杜某 2 等人对于欢母子实施了非法限制人身自由、侮辱、轻微殴打等人身侵害行为,但这些不法侵害不是严重危及人身安全的暴力犯罪。其一,杜某 2 等人实施的非法限制人身自由、侮辱等不法侵害行为,虽然侵犯了于欢母子的人身自由、人格尊严等合法权益,但并不具有严重危及于欢母子人身安全的性质;其二,杜某 2 等人按肩膀、推拉等强制或者殴打行为,虽然让于欢母子的人身安全、身体健康权遭受了侵害,但这种不法侵害只是轻微的暴力侵犯,既不是针对生命权的不法侵害,又不是发生严重侵害于欢母子身体健康权的情形,因而不属于严重危及人身安全的暴力犯罪。其三,苏某、于某 1 系主动通过他人协调、担保,向吴某借贷,自愿接受吴某所提 10% 的月息。既不存在苏某、于某 1 被强迫向吴某高息借贷的事实,又不存在吴某强迫苏某、于某 1 借贷的事实,与司法解释以借贷为名采用暴力、胁迫手段获取他人财物以抢劫罪论处的规定明显不符。可见杜某 2 等人实施的多种不法侵害行为,符合可以实施一般防卫行为的前提条件,但不具备实施特殊防卫的前提条件,故于欢的捅刺行为不属于特殊防卫。

最后,于欢的捅刺行为属于防卫过当。《刑法》第二十条第二款规定:"正当防卫明显超过必要限度造成重大损害的,应当负刑事责任,但是应当减轻或者免除处罚。"由此可见,防卫过当是在具备正当防卫客观和主观前提条件下,防卫反击明显超越必要限度,并造成致人重伤或死亡的过当结果。认定防卫是否"明显超过必要限度",应当从不法侵害的性质、手段、强度、危害程度,以及防卫行为的性质、时机、手段、强度、所处环境和损害后果等方面综合分析判定。本案中,杜某2一方虽然人数较多,但其实施不法侵害的意图是给苏某夫妇施加压力以催讨债务,在催债过程中未携带、使用任何器械;在民警朱某等进入接待室前,杜某2一方对于欢母子实施的是非法限制人身自由、侮辱和对于欢拍打面颊、揪抓头发等行为,其目的仍是逼迫苏某夫妇尽快还款;在民警进入接待室时,双方没有发生激烈对峙和肢体冲突,当民警警告不能打架后,杜某2一方并无打架的言行;在民警走出接待室寻找报警人期间,于欢和讨债人员均可透过接待室玻璃清晰看见停在院内的警车警灯闪烁,应当知道民警并未离开;在于欢持刀警告不要逼过来时,杜某2等人虽有出言挑衅并向于欢围逼的行为,但并未实施强烈的攻击行为。因此,于欢面临的不法侵害并不紧迫和严重,而其却持刃长15.3厘米的单刃尖刀连续捅刺四人,致一人死亡、二人重伤、一人轻伤,且其中一人系被背后捅伤,故应当认定于欢的防卫行为明显超过必要限度造成重大损害,属于防卫过当。

二、关于定罪量刑

首先,关于定罪。本案中,于欢连续捅刺四人,但捅刺对象都是当时围逼在其身边的人,未对离其较远的其他不法侵害人进行捅刺,对不法侵害人每人捅刺一刀,未对同一不法侵害人连续捅刺。可见,于欢的目的在于制止不法侵害并离开接待室,在案证据不能证实其具有追求或放任致人死亡危害结果发生的故意,故于欢的行为不构成故意杀人罪,但他为了追求防卫效果的实现,对致多人伤亡的过当结果的发生持听之任之的态度,已构成防卫过当情形下的故意伤害罪。认定于欢的行为构成故意伤害罪,既是严格司法的要求,又符合人民群众的公平正义观念。

其次,关于量刑。《刑法》第二十条第二款规定:"正当防卫明显超过必要限度造成重大损害的,应当负刑事责任,但是应当减轻或者免除处罚。"综合考虑本案防卫权益的性质、防卫方法、防卫强度、防卫起因、损害后果、过当程度、所处环境等情节,对于欢应当减轻处罚。

被害方对引发本案具有严重过错。本案案发前,吴某、赵某1指使杜某2等人实施过侮辱苏某、干扰源大公司生产经营等逼债行为,苏某多次报警,吴某等人的不法逼债行为并未收敛。案发当日,杜某2等人对于欢、苏某实施非法限制人身自由、侮辱及对于欢间有推搡、拍打、卡颈部等行为,于欢及其母亲苏某连日来多次遭受催逼、骚扰、侮辱,导致于欢实施防卫行为时难免带有恐惧、愤怒等因素。尤其是杜某2裸露下体侮辱苏某对引发本案有重大过错。案发当日,杜某2当着于欢之面公然以裸露下体的方式侮辱其母亲苏某。虽然距于欢实施防卫行为已间隔约20分钟,但于欢捅刺杜某2等人时难免带有报复杜某2辱母的情绪,故杜某2裸露下体侮辱苏某的行为是引发本案的重要因素,在刑罚裁量上应当作为对于欢有利的情节重点考虑。

杜某2的辱母行为严重违法、亵渎人伦,应当受到惩罚和谴责,但于欢在民警尚在现场调查,警车仍在现场闪烁警灯的情形下,为离开接待室摆脱围堵而持刀连续捅刺四人,致一人死亡、二人重伤、一人轻伤,且其中一重伤者系于欢从背部捅刺,损害后果严重,且除杜某2以外,其他三人并未实施侮辱于欢母亲的行为,其防卫行为造成损害远远大于其保护的合法权益,防卫明显过当。于欢及其母亲的人身自由和人格尊严应当受到法律保护,但于欢的防卫行为明显超过必要限度并造成多人伤亡严重后果,超出法律所容许的限度,依法也应当承担刑事责任。

根据我国刑法规定,故意伤害致人死亡的,处十年以上有期徒刑、无期徒刑或者死刑;防卫过当的,应当减轻或者免除处罚。如上所述,于欢的防卫行为明显超过必要限度造成重大伤亡后果,减轻处罚依法应当在三至十年有期徒刑的法定刑幅度内量刑。鉴于于欢归案后如实供述主要罪行,且被害方有以恶劣手段侮辱于欢之母的严重过错等可以从轻处罚情节,综合考虑于欢犯罪的事实、性质、情节和危害后果,遂判处于欢有期徒刑五年。

(生效裁判审判人员:吴靖、刘振会、王文兴)

张那木拉正当防卫案

(最高人民法院审判委员会讨论通过 2020年12月29日发布)

【关键词】

刑事 正当防卫 特殊防卫 行凶 宣告无罪

【裁判要点】

1. 对于使用致命性凶器攻击他人要害部位,严重危及他人人身安全的行为,应当认定为刑法第二十条第三款规定的"行凶",可以适用特殊防卫的有关规定。

2. 对于多人共同实施不法侵害,部分不法侵害人已被制伏,但其他不法侵害人仍在继续实施侵害的,仍然可以进行防卫。

【相关规定】(略)

【基本案情】

张那木拉与其兄张某1二人均在天津市西青区打工。2016年1月11日,张某1与案外人李某某驾驶机动车发生交通事故。事故发生后,李某某驾车逃逸。在处理事故过程中,张那木拉一方认为交警处置懈怠。此后,张那木拉听说周某强在交警队有人脉关系,遂通过鱼塘老板牛某找到周某强,请周某强向交警"打招呼",周某强应允。3月10日,张那木拉在交警队处理纠纷时与交警发生争吵,这时恰巧周某强给张那木拉打来电话,张那木拉以为周某强能够压制交警,就让交警直接接听周某强的电话,张那木拉此举引起周某强不满,周某强随即挂掉电话。次日,牛某在电话里提醒张那木拉小心点,周某强对此事没完。

3月12日早上8时许,张那木拉与其兄张某1及赵某在天津市西青区鱼塘旁的小屋内闲聊,周某强纠集丛某、张某2、陈某2新,由丛某驾车,并携带了陈某2新事先准备好的两把砍刀,至天津市西青区张那木拉暂住处(分为里屋外屋)。四人首次进入张那木拉暂住处确认张那木拉在里屋后,随即返回车内,取出事前准备好的两把砍刀。其中,周某强、陈某2新二人各持一把砍刀,丛某、张某2分别从鱼塘边操起铁锨、铁锤再次进入张那木拉暂住处。张某1见状上前将走在最后边的张某2截在外屋,二人发生厮打。周某强、陈某2新、丛某进入里屋内,三人共同向屋外拉拽张那木拉,张那木拉向后挣脱。此刻,周某强、陈某2新见张那木拉不肯出屋,持刀砍向张那木拉后脑部,张那木拉随手在茶几上抓起一把尖刀捅刺了陈某2新的胸部,陈某2新被捅后退到外屋,随后倒地。其间,丛某持铁锨击打张那木拉后脑处。周某强、丛某见陈某2新倒地后也跑出屋外。张那木拉将尖刀放回原处。此时,其发现张某2仍在屋外与其兄张某1相互厮打,为防止张某1被殴打,其到屋外,随手拿起门口处的铁锨将正挥舞砍刀的周某强打入鱼塘中,周某强爬上岸后张那木拉再次将其打落水中,最终致周某强左尺骨近端粉碎性骨折,其所持砍刀落入鱼塘中。此时,张某1已经将张某2手中的铁锤夺下,并将张某2打落鱼塘中。张那木拉随即拨打电话报警并在现场等待。陈某2新被送往医院后,因单刃锐器刺破心脏致失血性休克死亡;张那木拉头皮损伤程度构成轻微伤;周某强左尺骨损伤程度构成轻伤一级。

【裁判结果】

天津市西青区人民法院于2017年12月13日作出(2016)津0111刑初576号刑事附带民事判决,以被告人张那木拉犯故意伤害罪,判处有期徒刑十二年六个月。被告人张那木拉以其系正当防卫、不构成犯罪为由提出上诉。天津市第一中级人民法院于2018年12月14日作出(2018)津01刑终326号刑事附带民事判决,撤销天津市西青区人民法院(2016)津0111刑初576号刑事附带民事判决,宣告张那木拉无罪。

【裁判理由】

法院生效裁判认为,张那木拉的行为系正当防卫行为,而且是刑法第二十条第三款规定的特殊防卫行为。本案中,张那木拉是在周某强、陈某2新等人突然闯入其私人场所,实施严重不法侵害的情况下进行反击的。周某强、陈某2新等四人均提前准备了作案工具,进入现场时两人分别手持长约50厘米的砍刀,一人持铁锹,一人持铁锤,而张那木拉一方是并无任何思想准备的。周某强一方闯入屋内后径行对张那木拉实施拖拽,并在张那木拉转身向后挣脱时,使用所携带的凶器砸砍张那木拉后脑部。从侵害方人数、所持凶器、打击部位等情节看,以普通人的认识水平判断,应当认为不法侵害已经达到现实危害张那木拉的人身安全、危及其生命安全的程度,属于刑法第二十条第三款规定的"行凶"。张那木拉为制止正在进行的不法侵害,顺手从身边抓起一把平时生活所用刀具捅刺不法侵害人,具有正当性,属于正当防卫。

另外,监控录像显示陈某2新倒地后,周某强跑向屋外后仍然挥舞砍刀,此时张那木拉及其兄张某1人身安全面临的危险并没有完全排除,其在屋外打伤周某强的行为仍然属于防卫行为。

根据刑法第二十条第三款的规定,对正在进行行凶、杀人、抢劫、强奸、绑架以及其他严重危及人身安全的暴力犯罪,采取防卫行为,造成不法侵害人伤亡的,不属于防卫过当,不负刑事责任。本案中,张那木拉的行为虽然造成了一死一伤的后果,但是属于制止不法侵害的正当防卫行为,依法不负刑事责任。

（生效裁判审判人员:杨雪梅、何振奎、路诚）

陈某正当防卫案

（最高人民检察院第十三届检察委员会第十一次会议决定 2018年12月18日发布）

【关键词】

未成年人 故意伤害 正当防卫 不批准逮捕

【要旨】

在被人殴打、人身权利受到不法侵害的情况下,防卫行为虽然造成了重大损害的客观后果,但是防卫措施并未明显超过必要限度的,不属于防卫过当,依法不负刑事责任。

【基本案情】

陈某,未成年人,某中学学生。

2016年1月初,因陈某在甲的女朋友的网络空间留言示好,甲纠集乙等人,对陈某实施了殴打。

1月10日中午,甲、乙、丙等6人(均为未成年人),在陈某就读的中学门口,见陈某从大门走出,有人提议陈某向老师告发他们打架,要去问个说法。甲等人尾随一段路后拦住陈某质问,陈某解释没有告状,甲等人不肯罢休,抓住并围殴陈某。乙的3位朋友(均为未成年人)正在附近,见状加入围殴陈某。其中,有人用膝盖顶击陈某的胸口、有人持石块击打陈某的手臂、有人持钢管击打陈某的背部,其他人对陈某或勒脖子或拳打脚踢。陈某掏出随身携带的折叠式水果刀(刀身长8.5厘米,不属于管制刀具),乱挥乱刺后逃脱。部分围殴人员继续追打并从后投掷石块,击中陈某的背部和腿部。陈某逃进学校,追打人员被学校保安拦住。陈某在反击过程中刺中了甲、乙和丙,经鉴定,该3人的损伤程度均构成重伤二级。陈某经人身检查,见身体多处软组织损伤。

案发后,陈某所在学校向司法机关提交材料,证实陈某遵守纪律、学习认真、成绩优秀,是一名品学兼优的学生。

公安机关以陈某涉嫌故意伤害罪立案侦查,并对其采取刑事拘留强制措施,后提请检察机关批准逮捕。检察机关根据审查认定的事实,依据刑法第二十条第一款的规定,认为陈某的行为属于正当防卫,不负刑事责任,决定不批准逮捕。公安机关将陈某释放同时要求复议。检察机关经复议,维持原决定。

检察机关在办案过程中积极开展释法说理工作,甲等人的亲属在充分了解事实经过和法律规定后,对检察机关的处理决定表示认可。

【不批准逮捕的理由】

公安机关认为,陈某的行为虽有防卫性质,但已明显超过必要限度,属于防卫过当,涉嫌故意伤害罪。检察机关则认为,陈某的防卫行为没有明显超过必要限度,不属于防卫过当,不构成犯罪。主要理由如下:

第一,陈某面临正在进行的不法侵害,反击行为具有防卫性质。任何人面对正在进行的不法侵害,都有予以制止、依法实施防卫的权利。本案中,甲等人借故拦截陈某并实施围殴,属于正在进行的不法侵害,陈某的反击行为显然具有防卫性质。

第二,陈某随身携带刀具,不影响正当防卫的认定。对认定正当防卫有影响的,并不是防卫人携带了可用于自卫的工具,而是防卫人是否有相互斗殴的故意。陈某在事前没有与对方约架斗殴的意图,被拦住后也是先解释退让,最后在遭到对方围打时才被迫还手,其随身携带水果刀,无论是日常携带还是事先有所防备,都不影响对正当防卫作出认定。

第三,陈某的防卫措施没有明显超过必要限度,不属于防卫过当。陈某的防卫行为致实施不法侵害的3人重伤,客观上造成了重大损害,但防卫措施并没有明显超过必要限度。陈某被 9 人围住殴打,其中有人使用了钢管、石块等工具,双方实力相差悬殊,陈某借助水果刀增强防卫能力,在手段强度上合情合理。并且,对方在陈某逃脱时仍持续追打,共同侵害行为没有停止,所以就制止整体不法侵害的实际需要来看,陈某持刀挥刺也没有不相适应之处。综合来看,陈某的防卫行为虽有致多人重伤的客观后果,但防卫措施没有明显超过必要限度,依法不属于防卫过当。

【指导意义】

刑法第二十条第一款规定,"为了使国家、公共利益、本人或者他人的人身、财产和其他权利免受正在进行的不法侵害,而采取的制止不法侵害的行为,对不法侵害人造成损害的,属于正当防卫,不负刑事责任"。司法实践通常称这种正当防卫为"一般防卫"。

一般防卫有限度要求,超过限度的属于防卫过当,需要负刑事责任。刑法规定的限度条件是"明显超过必要限度造成重大损害",具体而言,行为人的防卫措施虽明显超过必要限度但防卫结果客观上并未造成重大损害,或者防卫结果虽客观上造成重大损害但防卫措施并未明显超过必要限度,均不能认定为防卫过当。本案中,陈某为了保护自己的人身安全而持刀反击,就所要保护的权利性质以及与侵害方的手段强度比较来看,不能认为防卫措施明显超过了必要限度,所以即使防卫结果在客观上造成了重大损害,也不属于防卫过当。

正当防卫既可以是为了保护自己的合法权益,也可以是为了保护他人的合法权益。《中华人民共和国未成年人保护法》第六条第二款也规定,"对侵犯未成年人合法权益的行为,任何组织和个人都有权予以劝阻、制止或者向有关部门提出检举或者控告"。对于未成年人正在遭受侵害的,任何人都有权介入保护,成年人更有责任予以救助。但是,冲突双方均为未成年人的,成年人介入时,应当优先选择劝阻、制止的方式;劝阻、制止无效的,在隔离、控制或制服侵害人时,应当注意手段和行为强度的适度。

检察机关办理正当防卫案件遇到争议时,应当根据《最高人民检察院关于实行检察官以案释法制度的规定》,适时、主动进行释法说理工作。对事实认定、法律适用和办案程序等问题进行答疑解惑,开展法治宣传教育,保障当事人和其他诉讼参与人的合法权利,努力做到案结事了。

人民检察院审查逮捕时,应当严把事实关、证据关和法律适用关。根据查明的事实,犯罪嫌疑人的行为属于正当防卫,不负刑事责任的,应当依法作出不批准逮捕的决定,保障无罪的人不受刑事追究。

【相关规定】(略)

朱凤山故意伤害（防卫过当）案

（最高人民检察院第十三届检察委员会第十一次会议决定　2018 年 12 月 18 日发布）

【关键词】

民间矛盾　故意伤害　防卫过当　二审检察

【要旨】

在民间矛盾激化过程中，对正在进行的非法侵入住宅、轻微人身侵害行为，可以进行正当防卫，但防卫行为的强度不具有必要性并致不法侵害人重伤、死亡的，属于明显超过必要限度造成重大损害，应当负刑事责任，但是应当减轻或者免除处罚。

【基本案情】

朱凤山，男，1961 年 5 月 6 日出生，农民。

朱凤山之女朱某与齐某系夫妻，朱某于 2016 年 1 月提起离婚诉讼并与齐某分居，朱某带女儿与朱凤山夫妇同住。齐某不同意离婚，为此经常到朱凤山家吵闹。4 月 4 日，齐某在吵闹过程中，将朱凤山家门窗玻璃和朱某的汽车玻璃砸坏。朱凤山为防止齐某再进入院子，将院子一侧的小门锁上并焊上铁窗。5 月 8 日 22 时许，齐某酒后驾车到朱凤山家，欲从小门进入院子，未得逞后在大门外叫骂。朱某不在家中，仅朱凤山夫妇带外孙女在家。朱凤山将情况告知齐某，齐某不肯作罢。朱凤山又分别给邻居和齐某的哥哥打电话，请他们将齐某劝离。在邻居的劝说下，齐某驾车离开。23 时许，齐某驾车返回，站在汽车引擎盖上摇晃、攀爬院子大门，欲强行进入，朱凤山持铁叉阻拦后报警。齐某爬上院墙，在墙上用瓦片掷砸朱凤山。朱凤山躲到一边，并从屋内拿出宰羊刀防备。随后齐某跳入院内徒手与朱凤山撕扯，朱凤山刺中齐某胸部一刀。朱凤山见齐某受伤把大门打开，民警随后到达。齐某因主动脉、右心房及肺脏被刺破致急性大失血死亡。朱凤山在案发过程中报警，案发后在现场等待民警抓捕，属于自动投案。

一审阶段，辩护人提出朱凤山的行为属于防卫过当，公诉人认为朱凤山的行为不具有防卫性质。一审判决认定，根据朱凤山与齐某的关系及具体案情，齐某的违法行为尚未达到朱凤山必须通过持刀刺扎进行防卫制止的程度，朱凤山的行为不具有防卫性质，不属于防卫过当；朱凤山自动投案后如实供述主要犯罪事实,系自首,依法从轻处罚,朱凤山犯故意伤害罪,判处有期徒刑十五年,剥夺政治权利五年。

朱凤山以防卫过当为由提出上诉。河北省人民检察院二审出庭认为,根据查明的事实,依据《中华人民共和国刑法》第二十条第二款的规定,朱凤山的行为属于防卫过当,应当负刑事责任,但是应当减轻或者免除处罚,朱凤山的上诉理由成立。河北省高级人民法院二审判决认定,朱凤山持刀致死被害人,属防卫过当,应当依法减轻处罚,对河北省人民检察院的出庭意见予以支持,判决撤销一审判决的量刑部分,改判朱凤山有期徒刑七年。

【检察机关二审审查和出庭意见】

检察机关二审审查认为,朱凤山及其辩护人所提防卫过当的意见成立,一审公诉和判决对此未作认定不当,属于适用法律错误,二审应当作出纠正,并据此发表了出庭意见。主要意见和理由如下:

第一,齐某的行为属于正在进行的不法侵害。齐某与朱某已经分居,齐某当晚的行为在时间、方式上也显然不属于探视子女,故在朱凤山拒绝其进院后,其摇晃、攀爬大门并跳入院内,属于非法侵入住宅。齐某先用瓦片掷砸随后进行撕扯,侵犯了朱凤山的人身权利。齐某的这些行为,均属于正在进行的不法侵害。

第二,朱凤山的行为具有防卫的正当性。齐某的行为从吵闹到侵入住宅、侵犯人身,呈现升级趋势,具有一定的危险性。齐某经人劝离后再次返回,执意在深夜时段实施侵害,不法行为具有一定的紧迫性。朱凤山先是找人规劝,继而报警求助,始终没有与齐某斗殴的故意,提前准备工具也是出于防卫的目的,因此其反击行为具有防卫的正当性。

第三,朱凤山的防卫行为明显超过必要限度造成重大损害,属于防卫过当。齐某上门闹事、滋扰的目的是不愿离婚,希望能与朱某和好继续共同生活,这与离婚后可能实施报复的行为有很大区别。齐某虽实施了投掷瓦片、撕扯的行为,但整体仍在闹事的范围内,对朱凤山人身权利的侵犯尚属轻微,没有危及朱凤山及其家人的健康或生命的明显危险。朱凤山已经报警,也有继续周旋、安抚、等待的余地,但却选择使用刀具,在撕扯过程中直接捅刺齐某的要害部位,最终造成了齐某伤重死亡的重大损害。综合来看,朱凤山的防卫行为,在防卫措施的强度上不具有必要性,在防卫结果与所保护的权利对比上也相差悬殊,应当认定为明显超过必要限度造成重大损害,属于防卫过当,依法应当负刑事责任,但是应当减轻或者免除处罚。

【指导意义】

刑法第二十条第二款规定,"正当防卫明显超过必要限度造成重大损害的,应当负刑事责任,但是应当减轻或者免除处罚"。司法实践通常称本款规定的情况为"防卫过当"。

防卫过当中,重大损害是指造成不法侵害人死亡、重伤的后果,造成轻伤及以下损伤的不属于重大损害;明显超过必要限度是指,根据所保护的权利性质、不法侵害的强度和紧迫程度等综合衡量,防卫措施缺乏必要性,防卫强度与侵害程度对比也相差悬殊。司法实践中,重大损害的认定比较好把握,但明显超过必要限度的认定相对复杂,对此应当根据不法侵害的性质、手段、强度和危害程度,以及防卫行为的性质、手段、强度、时机和所处环境等因素,进行综合判断。本案中,朱凤山为保护住宅安宁和免受可能的一定人身侵害,而致侵害人丧失生命,就防卫与侵害的性质、手段、强度和结果等因素的对比来看,既不必要也相差悬殊,属于明显超过必要限度造成重大损害。

民间矛盾引发的案件极其复杂,涉及防卫性质争议的,应当坚持依法、审慎的原则,准确作出判断和认定,从而引导公民理性平和解决争端,避免在争议纠纷中不必要地使用武力。针对实践当中的常见情形,可注意把握以下几点:一是应作整体判断,即分清前因后果和是非曲直,根据查明的事实,当事人的行为具有防卫性质的,应当依法作出认定,不能"唯结果论",也不能因矛盾暂时没有化解等因素而不去认定或不敢认定;二是对于近亲属之间发生的不法侵害,对防卫强度必须结合具体案情作出更为严格的限制;三是对于被害人有无过错与是否正在进行的不法侵害,应当通过细节的审查、补查,作出准确的区分和认定。

人民检察院办理刑事案件,必须高度重视犯罪嫌疑人、被告人及其辩护人所提正当防卫或防卫过当的意见,对于所提意见成立的,应当及时予以采纳或支持,依法保障当事人的合法权利。

【相关规定】(略)

于海明正当防卫案

(最高人民检察院第十三届检察委员会第十一次会议决定　2018 年 12 月 18 日发布)

【关键词】
行凶　正当防卫　撤销案件

【要旨】
对于犯罪故意的具体内容虽不确定,但足以严重危及人身安全的暴力侵害行为,应当认定为刑法第二十条第三款规定的"行凶"。行凶已经造成严重危及人身安全的紧迫危险,即使没有发生严重的实害后果,也不影响正当防卫的成立。

【基本案情】

于海明,男,1977年3月18日出生,某酒店业务经理。

2018年8月27日21时30分许,于海明骑自行车在江苏省昆山市震川路正常行驶,刘某醉酒驾驶小轿车(经检测,血液酒精含量87mg/100ml),向右强行闯入非机动车道,与于海明险些碰擦。刘某的一名同车人员下车与于海明争执,经同行人员劝解返回时,刘某突然下车,上前推搡、踢打于海明。虽经劝解,刘某仍持续追打,并从轿车内取出一把砍刀(系管制刀具),连续用刀面击打于海明颈部、腰部、腿部。刘某在击打过程中将砍刀甩脱,于海明抢到砍刀,刘某上前争夺,在争夺中于海明捅刺刘某的腹部、臀部,砍击其右胸、左肩、左肘。刘某受伤后跑向轿车,于海明继续追砍2刀均未砍中,其中1刀砍中轿车。刘某跑离轿车,于海明返回轿车,将车内刘某的手机取出放入自己口袋。民警到达现场后,于海明将手机和砍刀交给处警民警(于海明称,拿走刘某的手机是为了防止对方打电话召集人员报复)。刘某逃离后,倒在附近绿化带内,后经送医抢救无效,因腹部大静脉等破裂致失血性休克于当日死亡。于海明经人身检查,见左颈部条形挫伤1处、左胸季肋部条形挫伤1处。

8月27日当晚公安机关以"于海明故意伤害案"立案侦查,8月31日公安机关查明了本案的全部事实。9月1日,江苏省昆山市公安局根据侦查查明的事实,依据《中华人民共和国刑法》第二十条第三款的规定,认定于海明的行为属于正当防卫,不负刑事责任,决定依法撤销于海明故意伤害案。其间,公安机关依据相关规定,听取了检察机关的意见,昆山市人民检察院同意公安机关的撤销案件决定。

【检察机关的意见和理由】

检察机关的意见与公安机关的处理意见一致,具体论证情况和理由如下:

第一,关于刘某的行为是否属于"行凶"的问题。在论证过程中有意见提出,刘某仅使用刀面击打于海明,犯罪故意的具体内容不确定,不宜认定为行凶。论证后认为,对行凶的认定,应当遵循刑法第二十条第三款的规定,以"严重危及人身安全的暴力犯罪"作为把握的标准。刘某开始阶段的推搡、踢打行为不属于"行凶",但从持砍刀击打后,行为性质已经升级为暴力犯罪。刘某攻击行为凶狠,所持凶器可轻易致人死伤,随着事态发展,接下来会造成什么样的损害后果难以预料,于海明的人身安全处于现实的、急迫的和严重的危险之下。刘某具体抱持杀人的故意还是伤害的故意不确定,正是许多行凶行为的特征,而不是认定的障碍。因此,刘某的行为符合"行凶"的认定标准,应当认定为"行凶"。

第二,关于刘某的侵害行为是否属于"正在进行"的问题。在论证过程中有意见提出,于海明抢到砍刀后,刘某的侵害行为已经结束,不属于正在进行。论证后认为,判断侵害行为是否已经结束,应看侵害人是否已经实质性脱离现场以及是否还有继续攻击或再次发动攻击的可能。于海明抢到砍刀后,刘某立刻上前争夺,侵害行为没有停止,刘某受伤后又立刻跑向之前藏匿砍刀的汽车,于海明此时作不间断的追击也符合防卫的需要。于海明追砍两刀均未砍中,刘某从汽车旁边跑开后,于海明也未再追击。因此,在于海明抢得砍刀顺势反击时,刘某既未放弃攻击行为也未实质性脱离现场,不能认为侵害行为已经停止。

第三,关于于海明的行为是否属于正当防卫的问题。在论证过程中有意见提出,于海明本人所受损伤较小,但防卫行为却造成了刘某死亡的后果,二者对比不相适应,于海明的行为属于防卫过当。论证后认为,不法侵害行为既包括实害行为也包括危险行为,对于危险行为同样可以实施正当防卫。认为"于海明与刘某的伤情对比不相适应"的意见,只注意到了实害行为而忽视了危险行为,这种意见实际上是要求防卫人应等到暴力犯罪造成一定的伤害后果才能实施防卫,这不符合及时制止犯罪、让犯罪不能得逞的防卫需要,也不适当地缩小了正当防卫的依法成立范围,是不正确的。本案中,在刘某的行为因具有危险性而属于"行凶"的前提下,于海明采取防卫行为致其死亡,依法不属于防卫过当,不负刑事责任,于海明本人是否受伤或伤情轻重,对正当防卫的认定没有影响。公安机关认定于海明的行为系正当防卫,决定依法撤销案件的意见,完全正确。

【指导意义】

刑法第二十条第三款规定,"对正在进行行凶、杀人、抢劫、强奸、绑架以及其他严重危及人身安全的暴力犯罪,采取防卫行为,造成不法侵害人伤亡的,不属于防卫过当,不负刑事责任"。司法实践通常称这种正当防卫为"特殊防卫"。

刑法作出特殊防卫的规定,目的在于进一步体现"法不能向不法让步"的秩序理念,同时肯定防卫人以对等或超过的强度予以反击,即使造成不法侵害人伤亡,也不必顾虑可能成立防卫过当因而构成犯罪的问题。司法实践中,如果面对不法侵害人"行凶"性质的侵害行为,仍对防卫人限制过苛,不仅有违立法本意,也难以取得制止犯罪,保护公民人身权利不受侵害的效果。

适用本款规定,"行凶"是认定的难点,对此应当把握以下两点:一是必须是暴力犯罪,对于非暴力犯罪或一般暴力行为,不能认定为行凶;二是必须严重危及人身安全,即对人的生命、健康构成严重危险。在具体案件中,有些暴力行为的主观故意尚未通过客观行为明确表现出来,或者行为人本身就是持概括故意予以实施,这类行为的故意内容虽不确定,但已表现出多种故意的可能,其中只要有现实可能造成他人重伤或死亡的,均应当认定为"行凶"。

正当防卫以不法侵害正在进行为前提。所谓正在进行,是指不法侵害已经开始但尚未结束。不法侵害行为多种多样、性质各异,判断是否正在进行,应就具体行为和现场情境作具体分析。判断标准不能机械地对刑法上的着手与既遂作出理解、判断,因为着手与既遂侧重的是侵害人可罚性的行为阶段问题,而侵害行为正在进行,侧重的是防卫人的利益保护问题。所以,不能要求不法侵害行为已经加诸被害人身上,只要不法侵害的现实危险已经迫在眼前,或者已达既遂状态但侵害行为没有实施终了的,就应当认定为正在进行。

需要强调的是,特殊防卫不存在防卫过当的问题,因此不能作宽泛的认定。对于因民间矛盾引发、不法与合法对立不明显以及夹杂泄愤报复成分的案件,在认定特殊防卫时应当十分慎重。

【相关规定】(略)

侯雨秋正当防卫案

(最高人民检察院第十三届检察委员会第十一次会议决定 2018 年 12 月 18 日发布)

【关键词】

聚众斗殴 故意伤害 正当防卫 不起诉

【要旨】

单方聚众斗殴的,属于不法侵害,没有斗殴故意的一方可以进行正当防卫。单方持械聚众斗殴,对他人的人身安全造成严重危险的,应当认定为刑法第二十条第三款规定的"其他严重危及人身安全的暴力犯罪"。

【基本案情】

侯雨秋,男,1981 年 5 月 18 日出生,务工人员。

侯雨秋系葛某经营的养生会所员工。2015 年 6 月 4 日 22 时 40 分许,某足浴店股东沈某因怀疑葛某等人举报其店内有人卖淫嫖娼,遂纠集本店员工雷某、柴某等 4 人持棒球棍、匕首赶至葛某的养生会所。沈某先行进入会所,无故推翻大堂盆栽挑衅,与葛某等人扭打。雷某、柴某等人随后持棒球棍、匕首冲入会所,殴打店内人员,其中雷某持匕首两次刺中侯雨秋右大腿。其间,柴某所持棒球棍掉落,侯雨秋捡起棒球棍挥打,击中雷某头部致其当场倒地。该会所员工报警,公安人员赶至现场,将沈某等人抓获,并将侯雨秋、雷某送医救治。雷某经抢救无效,因严重颅脑损伤于 6 月 24 日死亡。侯雨秋的损伤程度构成轻微伤,该会所另有 2 人被打致轻微伤。

公安机关以侯雨秋涉嫌故意伤害罪,移送检察机关审查起诉。浙江省杭州市人民检察院根据审查认定的事实,依据《中华人民共和国刑法》第二十条第三款的规定,认为侯雨秋的行为属于正当防卫,不负刑事责任,决定对侯雨秋不起诉。

【不起诉的理由】

检察机关认为,本案沈某、雷某等人的行为属于刑法第二十条第三款规定的"其他严重危及人身安全的暴力犯罪",侯雨秋对此采取防卫行为,造成不法侵害人之一雷某死亡,依法不属于防卫过当,不负刑事责任。主要理由如下:

第一,沈某、雷某等人的行为属于"其他严重危及人身安全的暴力犯罪"。判断不法侵害行为是否属于刑法第二十条第三款规定的"其他"犯罪,应当以本款列举的杀人、抢劫、强奸、绑架为参照,通过比较暴力程度、危险程度和刑法给予惩罚的力度等综合作出判断。本案沈某、雷某等人的行为,属于单方持械聚众斗殴,构成犯罪的法定最低刑虽然不重,与一般伤害罪相同,但刑法第二百九十二条同时规定,聚众斗殴,致人重伤、死亡的,依照刑法关于故意伤害致人重伤、故意杀人的规定定罪处罚。刑法作此规定表明,聚众斗殴行为常可造成他人重伤或者死亡,结合案件具体情况,可以判定聚众斗殴与故意致人伤亡的犯罪在暴力程度和危险程度上是一致的。本案沈某、雷某等共 5 人聚众持棒球棍、匕首等杀伤力很大的工具进行斗殴,短时间内打伤 3 人,应当认定为"其他严重危及人身安全的暴力犯罪"。

第二,侯雨秋的行为具有防卫性质。侯雨秋工作的养生会所与对方的足浴店,尽管存在生意竞争关系,但侯雨秋一方没有斗殴的故意,本案打斗的起因系对方挑起,打斗的地点也系在本方店内,所以双方攻击与防卫的关系清楚明了。沈某纠集雷某等人聚众斗殴属于正在进行的不法侵害,没有斗殴故意的侯雨秋一方可以进行正当防卫,因此侯雨秋的行为具有防卫性质。

第三,侯雨秋的行为不属于防卫过当,不负刑事责任。本案沈某、雷某等人的共同侵害行为,严重危及他人人身安全,侯雨秋为保护自己和本店人员免受暴力侵害,而采取防卫行为,造成不法侵害人之一雷某死亡,依据刑法第二十条第三款的规定,不属于防卫过当,不负刑事责任。

【指导意义】

刑法第二十条第三款规定的"其他严重危及人身安全的暴力犯罪"的认定,

除了在方法上,以本款列举的四种罪行为参照,通过比较暴力程度、危险程度和刑法给予惩罚的力度作出判断以外,还应当注意把握以下几点:一是不法行为侵害的对象是人身安全,即危害人的生命权、健康权、自由权和性权利。人身安全之外的财产权利、民主权利等其他合法权利不在其内,这也是特殊防卫区别于一般防卫的一个重要特征;二是不法侵害行为具有暴力性,且应达到犯罪的程度。对本款列举的杀人、抢劫、强奸、绑架应作广义的理解,即不仅指这四种具体犯罪行为,也包括以此种暴力行为作为手段,而触犯其他罪名的犯罪行为,如以抢劫为手段的抢劫枪支、弹药、爆炸物的行为,以绑架为手段的拐卖妇女、儿童的行为,以及针对人的生命、健康而采取的放火、爆炸、决水等行为;三是不法侵害行为应当达到一定的严重程度,即有可能造成他人重伤或死亡的后果。需要强调的是,不法侵害行为是否已经造成实际伤害后果,不必然影响特殊防卫的成立。此外,针对不法侵害行为对他人人身安全造成的严重危险,可以实施特殊防卫。

在共同不法侵害案件中,"行凶"与"其他严重危及人身安全的暴力犯罪",在认定上可以有一定交叉,具体可结合全案行为特征和各侵害人的具体行为特征作综合判定。另外,对于寻衅滋事行为,不宜直接认定为"其他严重危及他人人身安全的暴力犯罪",寻衅滋事行为暴力程度较高、严重危及他人人身安全的,可分别认定为刑法第二十条第三款规定中的行凶、杀人或抢劫。需要说明的是,侵害行为最终成立何种罪名,对防卫人正当防卫的认定没有影响。

人民检察院审查起诉时,应当严把事实关、证据关和法律适用关。根据查明的事实,犯罪嫌疑人的行为属于正当防卫,不负刑事责任的,应当依法作出不起诉的决定,保障无罪的人不受刑事追究。

【相关规定】(略)

甘肃省泾川县王某民正当防卫不批捕案——准确理解和把握"正在进行""行凶"等严重危及人身安全的暴力犯罪

(2020年11月27日最高人民检察院发布)

【法律要旨】

根据最高人民法院、最高人民检察院、公安部《关于依法适用正当防卫制度的指导意见》的规定,使用致命性凶器,严重危及他人人身安全的行为,应当认定为刑法第二十条第三款规定的"行凶"。正当防卫必须是针对"正在进行"的不法侵害。对于不法侵害已经形成现实、紧迫危险的,应当认定为不法侵害已经开始;对于不法侵害虽然被暂时制止,但不法侵害人仍有可能继续实施侵害的,应当认定为不法侵害仍在进行;对于不法侵害人确已失去侵害能力或者确已放弃侵害的,应当认定为不法侵害已经结束。对于不法侵害是否已经开始或者结束,要立足防卫人在防卫时所处情境,按照社会公众的一般认知,依法作出合乎情理的判断,不能苛求防卫人。

对于因婚姻家庭矛盾引发的不法侵害,首先,要正确判断不法侵害是一般侵害还是严重暴力侵害;其次,要正确判断严重暴力侵害是否正在进行。据此来确定是否适用刑法关于特殊防卫的规定。

【基本案情】

2008 年,王某民之女王某霞与潘某结婚,婚后生育儿子潘甲(11 岁)、女儿潘乙(9 岁)。因感情不睦,潘某多次对王某霞实施家暴,2016 年 1 月 12 日二人协议离婚,约定潘某抚养儿子潘甲,王某霞抚养女儿潘乙。一年后,经他人撮合二人共同生活,但未办理复婚手续。2019 年 7 月,二人先后独自外出打工。2020 年春节前夕,王某霞打工返回王某民家中居住,潘乙跟随王某霞在姥爷王某民家中上网课,不愿意跟随潘某回去,潘某以领回潘乙为由两次来到王某民家中滋事。

2020 年 3 月 21 日 16 时许,潘某驾驶摩托车载潘甲来到王某民家中,要求领回潘乙,因潘乙不愿回家,王某霞和潘某发生争吵,王某霞电话报警,派出所民警出警后将潘某劝离。3 月 22 日 16 时许,潘某再次驾驶摩托车来到王某民家中,进入王某民儿媳薛某某的西房,欲抱炕上薛某某刚满月的婴儿时,被随后赶来的王某霞劝离该房间。潘某又到正房,拉起床上熟睡的潘乙欲离开,王某霞阻拦时,二人发生争吵。潘某右手持随身携带的单刃匕首(全长 26.5 厘米,柄长 11 厘米,刃长 15.5 厘米,刃宽 2.8 厘米),左胳膊夹着潘乙走出院子大门,王某霞紧随其后,因潘乙不愿随潘某回家挣扎并大哭,王某霞再次阻拦时,潘某遂持匕首在王某霞左腰后部、头部各刺戳一下,致面部血流模糊双眼,王某霞大声喊叫。此时正在大门外东侧棚房内收拾柴火的王某民听到喊叫声后,随手拿起一把镢头跑到大门外的水泥路上,见王某霞头部大量流血,潘某持匕首仍与王某霞、潘乙撕扯在一起。王某民见状持镢头在潘某的后脑部击打一下,潘某倒地后,欲持匕首起身时,王某民又持镢头在潘某后脑部击打两下,潘某趴倒在地。后王某民即拨打 110 报警电话和 120 急救电话。29 分钟后,120 到达案发现场,出诊医生发现潘某手中攥着匕首,经检查潘某已死亡。王某霞被送往医院救治,被诊断为:左腰部开放性伤口、左腰部肌肉血肿、左肾包膜下血肿、左肾周血肿、左肾挫伤、头皮裂伤。经鉴定,潘某系被钝器多次打击头部致重度颅脑损伤死亡。

【检察履职情况】

2020年3月23日,甘肃省泾川县公安局以王某民涉嫌故意伤害罪立案侦查,并对其采取刑事拘留强制措施,3月30日提请批准逮捕。泾川县人民检察院审查认为,潘某的行为严重危及他人人身安全,王某民为保护家人免受侵害而采取防卫行为,造成不法侵害人潘某死亡,符合刑法第二十条第三款的规定,依法不负刑事责任。于4月6日决定不批准逮捕,同日王某民被释放,随后公安机关对王某民作出撤销案件决定。

甘肃省泾川县人民检察院作出不批准逮捕决定后,会同公安机关多次向双方当事人家属释法说理。经了解,潘某家中仅有其母胡某某(现年54岁)、其子潘甲二人,无其他经济来源,生活困难。经协调,镇政府已将胡某某列为低保对象,并向民政部门为潘甲申请困难救助。对于王某霞及女儿潘乙予以司法救助。检察机关通过一系列工作,及时化解矛盾,解决当事人的现实困难,提高了办案质效。

【典型意义】

我国刑法关于特殊防卫的规定,不苛求防卫行为与不法侵害行为完全对等,判断暴力侵害是否正在进行时要设身处地考虑防卫人所处的具体情境,作出法理情相统一的认定,彰显"法不能向不法让步"的价值理念。此案中,不法侵害人潘某持致命性凶器刺中王某霞,王某民闻声赶到时潘某与王某霞撕扯在一起,王某霞头部流着血,王某民持镢头反击属于对"正在进行"的"行凶"实施防卫。潘某倒地后欲持匕首起身,仍有可能继续实施侵害,不法侵害的现实危险性仍然存在,应当认定为不法侵害已经开始,尚未结束,仍处于"正在进行"中。王某民在面对突如其来的不法侵害时,精神处于高度紧张状态,不能过于苛求其反击方式、部位、力度精确到刚好制止不法侵害。王某民对"正在进行"的暴力侵害实施防卫,符合特殊防卫的起因条件,致不法侵害人死亡的,依法不负刑事责任。

实践中,因不能正确处理感情、婚姻、家庭矛盾引发暴力冲突,导致重大伤亡的刑事案件时有发生,检察机关在正确认定案件事实,准确适用法律,保障无罪的人不受刑事追究的同时,对于因案致贫的家庭给予帮扶和救助,彰显了为民执法的情怀和司法的温度。此案具有一定的警示作用,教育广大公民理性对待感情纠葛,正确处理婚姻家庭矛盾,树立优良家风,建设和谐家庭,避免家庭悲剧发生。

河北省辛集市耿某华正当防卫不批捕案——
为保护住宅安宁、人身和财产安全
实施防卫致人重伤的认定

（2020 年 11 月 27 日最高人民检察院发布）

【法律要旨】

最高人民法院、最高人民检察院、公安部《关于依法适用正当防卫制度的指导意见》规定："正当防卫的前提是存在不法侵害。不法侵害既包括侵犯生命、健康权利的行为，也包括侵犯人身自由、公私财产等权利的行为；既包括犯罪行为，也包括违法行为。不应将不法侵害不当限缩为暴力侵害或者犯罪行为。对于非法限制他人人身自由、非法侵入他人住宅等不法侵害，可以实行防卫。"

面对非法暴力强拆，防卫人为保护自己和家人的人身安全和财产安全而阻止暴力拆迁的行为，符合正当防卫的前提条件，综合不法侵害行为和防卫行为的性质、手段、强度、力量对比、所处环境等因素全面分析，防卫行为没有明显超过必要限度的，应当认定为正当防卫，依法不负刑事责任。

【基本案情】

2017 年 8 月，石家庄某房地产公司与康某某达成口头协议，由其负责该公司开发的辛集市某城中村改造项目中尚未签订协议的耿某华等八户人家的拆迁工作，约定拆迁劳务费为 50 万元。

2017 年 10 月 1 日凌晨 2 时许，康某某纠集卓某某等八人赶到项目所在地强拆民宅。其中，卓某某组织张某某、谷某明、王某某、俱某某、赵某某、谷某章、谷某石（以上人员均因犯故意毁坏财物罪另案处理）等人，在康某某带领下，携带橡胶棒、镐把、头盔、防刺服、盾牌等工具，翻墙进入耿某华家中。耿某华妻子刘某某听到响动后出屋来到院中，即被人摁住并架出院子。耿某华随后持一把农用分苗刀出来查看，强拆人员对其进行殴打，欲强制带其离开房屋，实施拆迁。耿某华遂用分苗刀乱挥、乱捅，将强拆人员王某某、谷某明、俱某某三人捅伤。随后，卓某某、谷某章、赵某某等人将耿某华按倒在地，并将耿某华架出院子。刘某某被人用胶带绑住手脚、封住嘴后用车拉至村外扔在路边。与此同时，康某某组织其他人员使用挖掘机等进行强拆。当晚，强拆人员将受伤的王某某、谷某明、俱某某以及耿某华等人送往医院救治。经鉴定，王某某、俱某某二人损伤程度均构成重伤二级，谷某明、耿某华因伤情较轻未作鉴定。经勘验检查,耿某华部分房屋被毁坏。

【检察履职情况】

案发后,公安机关对强拆人员以故意毁坏财物罪立案侦查。其中,康某某、卓某某、王某某、张某某、俱某某被分别判处有期徒刑二年六个月、三年二个月等相应的刑罚。石家庄某房地产公司因在未达成拆迁协议的情况下,聘用拆迁公司拆除房屋,支付了相关人员的医疗费等费用,对耿某华房屋部分毁坏予以相应赔偿。

2018 年 11 月 16 日,河北省辛集市公安局以耿某华涉嫌故意伤害罪立案侦查,于 2019 年 5 月 22 日提请辛集市人民检察院批准逮捕。提请逮捕时认为,耿某华的行为虽有防卫性质,但明显超过必要限度,属于防卫过当。辛集市人民检察院审查中,对于适用刑法第二十条第一款的一般防卫,还是第二十条第三款的特殊防卫,存在认识分歧。同年 5 月 29 日,辛集市人民检察院经检察委员会研究认为,卓某某等人的行为属于正在进行的不法侵害,耿某华的行为具有防卫意图,其防卫行为没有明显超过必要限度,本案不符合特殊防卫的规定,依据刑法第二十条第一款的规定,耿某华的行为属于正当防卫,依法作出不批准逮捕决定。同日,公安机关对耿某华作出撤销案件决定。

【典型意义】

耿某华面对正在进行的非法暴力拆迁,其实施防卫行为具有正当性,对于致二人重伤的结果,应当综合不法侵害行为和防卫行为的性质、手段、强度、力量对比、所处环境等因素来进行综合分析判断,作出正确的法律评价。不法侵害人深夜翻墙非法侵入耿某华住宅,强制带离耿某华夫妇,强拆房屋。耿某华依法行使防卫权利,其防卫行为客观上造成了二人重伤的重大损害,但是,耿某华是在被多人使用工具围殴,双方力量相差悬殊的情况下实施的防卫,综合评价耿某华的防卫行为没有明显超过必要限度。另外,此案不法侵害的主要目的是强拆,是对财产权利实施的暴力,对耿某华夫妇人身伤害的主要方式和目的是强制带离现场。虽然强制带离和围殴也是对耿某华夫妇人身的伤害,但是,综合案件具体情况,不法侵害行为不属于刑法第二十条第三款规定的"行凶、杀人、抢劫、强奸、绑架以及其他严重危及人身安全的暴力犯罪",应当适用一般防卫的法律规定。

在我国经济社会快速发展的背景下,因暴力拆迁引发的矛盾和冲突时有发生,在这类案件办理中,司法机关要查明案件事实,弄清强拆是否依法合规正当,依法惩治犯罪、保障无辜的人不受刑事处罚。同时,妥善处理拆迁中的矛盾纠纷,促进社会稳定有序。要引导房地产企业依法文明规范拆迁行为,教育被拆迁业主要参与协商,依法维权,避免财产损失和人身伤害的发生。

湖南省宁乡市文某丰正当防卫不起诉案——对共同侵害人实施防卫的认定

（2020 年 11 月 27 日最高人民检察院发布）

【法律要旨】

最高人民法院、最高人民检察院、公安部《关于依法适用正当防卫制度的指导意见》规定"正当防卫必须针对不法侵害人进行。对于多人共同实施不法侵害的，既可以针对直接实施不法侵害的人进行防卫，也可以针对在现场共同实施不法侵害的人进行防卫。"对于正在进行的共同不法侵害行为，防卫人反击，造成暴力程度较低的不法侵害人死亡的，不影响防卫强度的整体判断。

【基本案情】

刘某某因对薪酬不满经常旷工，因此受到公司处罚。2019 年 3 月 19 日 18 时许，刘某某为此事与公司负责人发生争吵，便联系其亲戚欧某某来帮忙。欧某某于当晚 20 时许赶到该公司后，因公司相关负责人已下班，刘某某便邀欧某某及另外两名同事一起吃夜宵喝酒唱歌至次日零时。酒后，刘某某认为同事文某丰"讨厌、不会做人，此事系文某丰举报所致"，遂临时起意要欧某某一起去恐吓文某丰。刘某某醉酒驾车，和欧某某一起来到该公司门口，用微信语音聊天约正在上晚班的文某丰到公司门口见面。刘某某拿出一把事先放在车上的匕首交给欧某某，并吩咐欧某某等文某丰出来了就用匕首恐吓他。

文某丰来到公司门口后，刘某某提出自己从公司离职，要求文某丰给钱赔偿。文某丰当场拒绝并转身欲返回公司。刘某某追上阻拦并抓住文某丰的左手，同时用拳头殴打文某丰的头部，欧某某亦上前持匕首朝文某丰的左胸部刺去。文某丰见状用右手抓住匕首的刀刃抢夺欧某某手中的匕首。抢夺中，文某丰所穿针织衫左胸部位被匕首划烂，右手手指、手掌均被划伤。文某丰抢到匕首后，拿着匕首对仍在殴打自己的刘某某、欧某某挥刺。刘某某被刺后松开文某丰，欧某某亦摔倒在地。文某丰即转身跑往公司保安亭，立即拨打 110 报警。民警赶到现场后，文某丰将匕首交给民警，如实供述了事发经过。医护人员到现场后，发现刘某某已经死亡。经鉴定，刘某某系因剑突下单刃刺器创伤致右心室全层破裂、右心房穿透创伤造成急性循环功能衰竭死亡。文某丰损伤程度为轻伤一级。

【检察履职情况】

2019 年 3 月 20 日，湖南省宁乡市公安局以文某丰涉嫌故意伤害罪立案侦查,同日采取刑事拘留措施,后变更为取保候审。同年 9 月 27 日,宁乡市公安局在侦查终结后以文某丰涉嫌故意伤害罪、欧某某涉嫌寻衅滋事罪移送宁乡市人民检察院审查起诉。宁乡市人民检察院经审查认为,文某丰面对刘某某以拳头殴打和欧某某持匕首刺向自己胸部,夺下匕首进行反击,其行为符合刑法第二十条第三款的规定,依法不负刑事责任,于 2020 年 4 月 3 日对文某丰作出不起诉决定。欧某某因随意殴打他人,情节恶劣,构成寻衅滋事罪被依法提起公诉,于 2019 年 12 月 19 日被宁乡市人民法院判处有期徒刑六个月。刘某某死亡后,其父母、两个女儿生活陷入困境,宁乡市人民检察院在做好释法说理工作的同时,协调相关部门帮助其家庭申请社会救济,相关部门及时给予困难补助。该案办理最终实现了法理情的有机统一。

【典型意义】

对于不法侵害主观故意的具体内容虽不确定,但实施了足以严重危及他人人身安全的暴力犯罪行为的,应当认定为符合特殊防卫的起因条件,防卫人可以实行特殊防卫。此案中,刘某某指使欧某某恐吓文某丰,到达现场后拿出匕首交给欧某某,尽管其吩咐恐吓的内容不确定,但当欧某某持匕首向文某丰的要害部位刺去时,二人共同实施的不法侵害已严重危及文某丰的人身安全。文某丰面对刘某某、欧某某共同实施的暴力侵害进行反击,无论造成二人中谁的死伤,都属于正当防卫,即使造成暴力程度较轻的刘某某重伤或者死亡,也不属于防卫过当,不负刑事责任。

认定文某丰的行为属于正当防卫,依法作出不起诉决定,具有积极意义。有利于鼓励公民行使正当防卫权利,在遭受不法侵害,特别是严重暴力侵害时,要敢于积极同违法犯罪行为做斗争。司法机关在办理涉正当防卫案件中,要注重查明前因后果,分清是非曲直,确保案件处理于法有据、于理应当、于情相容,符合人民群众的公平正义观念,实现法律效果与社会效果的有机统一。

江西省宜春市高某波正当防卫不起诉案——对"明显超过必要限度"的认定

(2020 年 11 月 27 日最高人民检察院发布)

【法律要旨】

根据刑法第二十条第二款的规定,认定防卫过当应当同时具备"明显超过必要限度"和"造成重大损害"两个条件,缺一不可。"造成重大损害"是指造成不法侵害人重伤、死亡,对此不难判断。实践中较难把握的是相关防卫行为是否明显超过必要限度,不少案件处理中存在认识分歧。最高人民法院、最高人民检察院、公安部《关于依法适用正当防卫制度的指导意见》规定,防卫是否"明显超过必要限度",应当综合考虑不法侵害的性质、手段、强度、危害程度和防卫的时机、手段、强度、损害后果等情节,考虑双方力量对比,立足防卫人防卫时所处情境,结合社会公众的一般认知作出判断。在判断不法侵害的危害程度时,不仅要考虑已经造成的损害,还要考虑造成进一步损害的急迫危险性和现实可能性。

防卫人被骗入传销组织,在人身自由、健康、安全遭受传销人员不法侵害时,面对多人围殴,尽管不法侵害人没有持器械,防卫人持刀反击,造成伤亡结果的,应当从防卫人的角度设身处地考虑防卫行为是否明显超过必要限度。

【基本案情】

2018年3月5日上午,高某波被传销人员陶某某以谈恋爱为由骗至江西省宜春市袁州区,次日11时许被带至传销窝点。根据传销组织安排,陶某某将高某波带入窝点的一房间后,郭某某、缪某某、张某某、刘某某四人要求高某波交出手机,高某波意识到可能进入传销窝点而拒绝。四人便按照控制新人的惯例做法,上前将其抱住,抢走其眼镜。因高某波情绪激动,在房间外的安某某和孟某某也进入房间,帮助控制高某波。随后,孟某某抢走高某波的手机,安某某用言语呵斥、掐脖子等方式逼迫其交出钱包。见高某波仍然不配合,在房间外的梁某某和胡某某也进入该房间共同控制高某波,要求高某波扎马步,并推搡高某波。高某波从裤袋内拿出随身携带的折叠刀(非管制刀具),要求离开。安某某、张某某见状立即上前抢刀,其他同伙也一起上前欲控制高某波,其中张某某抱住高某波的左手臂,郭某某从背后抱住高某波的腿部。高某波持刀挥舞,在刺伤安某某、张某某、梁某某等人后,逃离现场。安某某胸腹部被刺两刀,经抢救无效死亡。经鉴定,安某某符合锐器刺击导致心脏破裂死亡;张某某枕部软组织创口,损伤程度为轻微伤;梁某某左手拇指软组织创口,损伤程度为轻微伤。

【检察履职情况】

2018年3月6日,江西省宜春市公安局袁州区分局以高某波涉嫌故意伤害罪立案侦查,并对其采取刑事拘留强制措施。3月21日,经袁州区人民检察院批准执行逮捕。同年5月16日,公安机关以高某波涉嫌故意伤害罪移送袁州区人民检察院审查起诉。袁州区人民检察院经审查和退回公安机关补充侦查,并认真听取辩护人的意见。经检察委员会研究认为,高某波主观上具有正当防卫的意图,客观上面对的是正在发生的不法侵害,虽造成一人死亡、二人轻微伤的客观后果,但其防卫行为没有明显超过必要限度,符合《中华人民共和国刑法》第二十条第一款之规定,属于正当防卫,依法不负刑事责任。依照《中华人民共和国刑事诉讼法》第一百七十七条第一款的规定,于 2019 年 1 月 15 日决定对高某波不起诉。

在作出不起诉决定前,袁州区人民检察院向袁州区公安分局阐明拟不起诉的理由,公安机关表示认可。作出不起诉决定后,袁州区人民检察院指派主办检察官前往不法侵害人安某某家中,向其亲属开展释法说理和化解矛盾工作,其亲属表示接受处理结果。

【典型意义】

在判断防卫是否"明显超过必要限度"时,不应当苛求防卫人必须采取与不法侵害基本相当的反击方式和强度。通过综合考量,对于防卫行为与不法侵害相差悬殊、明显过激的,应当认定防卫明显超过必要限度。反之,不应认定为"明显超过必要限度"。高某波被骗至传销窝点,面对多人非法限制其人身自由、对其围攻,强制其加入传销组织,为摆脱困境实施防卫,持刀反击,其行为虽然造成一人死亡、二人轻微伤的客观后果,但从防卫人面对多人围殴的场景和情势急迫状况来看,持刀反击的行为并没有明显超过必要限度。此案办理过程中,检察机关秉持客观公正立场,严格依法规范办案,注重释法说理,提升办案质效,具有典型示范意义。

近年来,暴力传销案件在全国各地多发,暴力传销组织肆意实施故意伤害、抢劫、非法拘禁等犯罪行为,对公民人身权利和财产权利带来严重危害,也成为滋生黑恶犯罪的重要领域。依法严厉打击传销犯罪的同时,支持遭受传销组织不法侵害的公民正当防卫,同违法犯罪活动做斗争。依法对高某波作出不起诉决定,有利于依法保护公民正当防卫权;有利于震慑犯罪,遏制传销犯罪的蔓延;有利于弘扬正气,营造安全和谐的社会环境。

安徽省枞阳县周某某正当防卫不起诉案——
对强奸行为实施特殊防卫的认定

(2020 年 11 月 27 日最高人民检察院发布)

【法律要旨】

我国刑法第二十条第三款规定,对正在进行行凶、杀人、抢劫、强奸、绑架以及其他严重危及人身安全的暴力犯罪,采取防卫行为,造成不法侵害人伤亡的,不属于防卫过当,不负刑事责任。"强奸"与行凶、杀人、抢劫、绑架是并列规定的。根据最高人民法院、最高人民检察院、公安部《关于依法适用正当防卫制度的指导意见》的规定,"杀人、抢劫、强奸、绑架",是指具体犯罪行为而不是具体罪名。在实施不法侵害过程中存在杀人、抢劫、强奸、绑架等严重危及人身安全的暴力犯罪行为的,可以实行特殊防卫。

在强奸犯罪中,严重危及人身安全的表现形式,就是强行与女性发生性关系,而不是要求危及生命安全。对强奸行为实行特殊防卫不要求侵害行为已经达到严重危及生命安全的程度,防卫人才可以实行特殊防卫。实践中,强奸案件具有证据相对薄弱的特点,在涉强奸的正当防卫案件办理中,在证据采信上要采取口供补强原则,在认定不法侵害人的侵害意图、侵害能力、侵害强度和不法侵害是否处于持续状态时,应体现有利于防卫人的原则。要充分考虑防卫人面临不法侵害时的紧迫状态和紧张心理,防止在事后以正常情况下冷静理性、客观精确的标准去评判防卫人。

【基本案情】

2018 年 9 月 23 日晚 19 时许,许某某醉酒后驾驶电动三轮车路过许祠组农田时,遇见刚打完农药正要回家的妇女周某某,遂趁四周无人之机下车将周某某仰面推倒在稻田里,意图强行与周某某发生性关系。周某某用手乱抓、奋力反抗,将许某某头面部抓伤,并在纠缠、反抗过程中,用药水箱上连接的一根软管将许某某颈部缠绕住。许某某被勒住脖子后暂停侵害并站立起来,周某某为了防止其继续对自己实施强奸行为,一直站在许某某身后拽着软管控制其行动。

二人先后在稻田里、田埂上、许某某驾驶的三轮车上对峙。期间,许某某声称愿意停止侵害并送周某某回家,但未有进一步实际行动;周某某大声呼喊求救时,远处某养鸡场经营户邹某某听到声音,走出宿舍,使用头灯朝案发地方向照射,但未靠近查看,此外再无其他人员留意或靠近案发现场。

二人对峙将近两小时后,许某某下车,上身斜靠着车厢坐在田埂上,周某某也拽住软管下车继续控制许某某的行动,许某某提出软管勒得太紧、要求周某某将软管放松一些,周某某便将软管放松,许某某趁机采取用手推、用牙咬的方式想要挣脱软管。周某某担心许某某挣脱软管后会继续侵害自己,于是用嘴猛咬许某某手指、手背,同时用力向后拽拉软管及许某某后衣领。持续片刻后许某某身体突然前倾、趴在田埂土路上,周某某认为其可能是装死,仍用力拽拉软管数分钟,后见许某某身体不动、也不说话,遂拎着塑料桶离开现场。次日清晨,周某某在村干部王某某的陪同下到现场查看,发现许某某已死亡,遂电话报警、自动投案。经鉴定,许某某符合他人勒颈致窒息死亡。

【检察履职情况】

2018 年 9 月 24 日,周某某"投案自首",9 月 25 日因涉嫌故意杀人罪被安徽省枞阳县公安局刑事拘留,9 月 28 日枞阳县公安局以周某某涉嫌过失致人死亡罪提请批准逮捕,9 月 30 日枞阳县人民检察院批准逮捕。同年 11 月 28 日,枞阳县公安局以周某某涉嫌过失致人死亡罪移送枞阳县人民检察院审查起诉。枞阳县人民检察院经审查认为,周某某的行为可能属于正当防卫,遂决定对其取保候审,并重点围绕是否构成正当防卫退回补充侦查、补强证据。经该院检察委员会研究认为,周某某对正在实施强奸的许某某采取防卫行为,造成不法侵害人许某某死亡,符合刑法第二十条第三款的规定,依法不负刑事责任,于2019年6月25日决定对周某某不起诉。

【典型意义】

我国刑法将正在进行的"强奸"与"行凶""杀人""抢劫""绑架"等严重危及人身安全的暴力犯罪并列规定,可以实行特殊防卫,造成不法侵害人伤亡的,不负刑事责任,体现了对妇女人身安全和性权利的充分保障和尊重。此案中,不法侵害人许某某将周某某推倒在稻田里,趴在周某某身上,解其裤腰带,意图强行与周某某发生性关系的行为,已经构成严重危及人身安全的强奸行为,周某某对正在实施的强奸行为进行防御和反抗,致不法侵害人死亡,符合刑法第二十条第三款的规定,依法不负刑事责任。在证据采信上,此案发生于夜晚的野外田间,没有目击证人,周某某供述稳定,且能够与其他证据相互印证,周某某的供述应予采信。在双方对峙过程中,周某某试图求救但没有实现,在救助无门、逃跑不能的特殊环境下,在近两个小时的高度紧张和惊恐状态下,不能苛求周某某对许某某是否继续实施不法侵害作出精准判断,应当采信周某某认为不法侵害行为处于持续状态的判断。

此案办理中,检察机关充分发挥诉前主导作用,依法及时作出不起诉决定,体现了对妇女权益的充分尊重和依法保障。此案的不起诉将对弘扬社会正气、消除社会戾气、促进社会治理产生积极影响,有利于鼓励公民勇于同违法犯罪行为作斗争。同时,引领社会公众养成保护弱势群体的风尚,弘扬真善美,抵制假恶丑,自觉践行社会主义核心价值观,维护社会和谐安宁。

湖北省京山市余某正当防卫不起诉案——
准确界分相互斗殴与正当防卫

(2020年11月27日最高人民检察院发布)

【法律要旨】

准确界分相互斗殴与正当防卫的界限,关键看行为人在主观意图上是为了防卫合法利益还是故意不法侵害他人。根据最高人民法院、最高人民检察院、公安部《关于依法适用正当防卫制度的指导意见》的规定,判断行为人是否具有防卫意图,应当坚持主客观相统一原则,通过综合考量案发起因、对冲突升级是否有过错、是否使用或者准备使用凶器、是否采用明显不相当的暴力、是否纠集他人参与打斗等客观情节,准确判断行为人的主观意图和行为性质。因琐事发生争执,双方均不能保持克制而引发打斗,对于有过错的一方先动手且手段明显过激的,还击一方的行为一般应当认定为防卫行为。

在道路行车纠纷中,一方正常行驶,另一方违章驾驶,主动挑衅,引发打斗的,在判断行为人是互殴还是防卫时,要从谁引发矛盾,谁造成矛盾升级,以及行为手段和后果等方面进行综合分析评判。要结合社会公众的一般认知依法准确认定,司法结论应彰显公平公正、邪不压正的价值理念。

【基本案情】

2018 年 7 月 30 日 14 时许,申某某与朋友王某某、周某某等人饮酒吃饭后,由王某某驾驶申某某的越野车,欲前往某景区漂流。与申某某同向行驶的余某驾驶越野车,带其未成年儿子去往同一景区。在行驶过程中,王某某欲违规强行超车,余某正常行驶未予让行,结果王某某驾驶的车辆与路边防护拦发生轻微擦碰。申某某非常生气,认为自己车辆剐蹭受损是余某未让行所致,遂要求王某某停车,换由自己驾车。申某某在未取得驾驶证且饮酒(经鉴定,血液酒精含量 114.4mg/100ml)的情况下,追逐并试图逼停余某的车。余某未予理会,驾车绕开后继续前行。申某某再次驾车追逐,在景区门前将余某的车再次逼停。随后,申某某下车并从后备箱中拿出一根铁质棒球棍走向余某的车门,余某见状叮嘱其儿子千万不要下车,并拿一把折叠水果刀下车防身。申某某上前用左手掐住余某的脖子将其往后推,右手持棒球棍击打余某。余某在后退躲闪过程中持水果刀挥刺,将申某某左脸部划伤,并夺下申某某的棒球棍,将其扔到附近草地上,申某某捡取棒球棍继续向余某挥舞。围观群众将双方劝停后,申某某将余某推倒在地,并继续殴打余某,后被赶至现场的民警抓获。经鉴定,申某某左眼球破裂,面部单个瘢痕长 5.8cm,损伤程度为轻伤二级。余某为轻微伤。

【检察履职情况】

2018 年 11 月,湖北省京山市公安局以余某涉嫌故意伤害罪、申某某涉嫌危险驾驶罪分别立案侦查,同年 12 月分别移送京山市人民检察院审查起诉。京山市人民检察院并案审查后认为,余某的行为应当认定正当防卫,依法不负刑事责任,于 2019 年 1 月 18 日决定对余某不起诉。同时,申某某在道路上追逐拦截余某,把余某的车逼停后,手持铁质棒球棍对余某挑衅、斗狠、威胁及殴打,其行为符合刑法第二百九十三条第一款第一项"随意殴打他人,情节恶劣"的规定,构成寻衅滋事罪。京山市人民检察院依法履行诉讼监督职能,决定追加起诉申某某的寻衅滋事犯罪。2019 年 3 月 4 日,京山市人民法院以危险驾驶罪、寻衅滋事罪数罪并罚,判处申某某有期徒刑九个月。

【典型意义】

实践中,双方因琐事发生争吵、冲突、打架,导致人员伤亡,在故意伤害类刑事案件中较为常见、多发。正确判断是故意伤害行为还是正当防卫行为,行为人具有相互斗殴意图还是防卫意图,是司法中面临的重点和难点问题。在依法准确认定行为人是否具有防卫意图时,不能简单地以防卫行为造成的后果重于不法侵害造成的后果,就排除当事人具有防卫意图。应当从矛盾发生并激化的原因、打斗的先后顺序、使用工具情况、采取措施的强度等方面综合判断当事人是否具有防卫意图。应以防卫人的视角,根据不法侵害的性质、强度和危险性,防卫人所处的具体环境等因素,进行符合常情、常理的判断。此案中,防卫人余某正常行驶,不法侵害人申某某挑起矛盾,又促使矛盾步步升级,先拿出凶器主动对余某实施攻击。反观余某,其具有防卫意图,而且防卫行为比较克制,造成申某某轻伤的结果,不能认定为互殴。余某在车辆被逼停,申某某拿着棒球棍走向自己的情况下,携带车内水果刀下车可视为防身意图,不影响防卫目的的成立。

司法机关要切实转变司法观念,坚决摒弃"唯结果论"和"各打五十大板"等执法司法惯性。对引发争吵有过错、先动用武力、使用工具促使矛盾升级的一方实施还击的,可以认定还击一方具有防卫意图。在判断是否防卫过当时,不应苛求防卫措施与不法侵害完全对等。要依法对有过错一方主动滋事的行为进行否定性评价,对于构成犯罪的,应当依法追究刑事责任。要切实防止"谁能闹谁有理""谁死伤谁有理"的错误做法,坚决捍卫"法不能向不法让步"的法治精神。

现实生活中,道路行车过程中发生纠纷和轻微剐蹭比较常见,车辆驾驶人员应当遵守交通规则,谨慎驾驶,冷静处理纠纷。此案警示人们要注意道路行车安全,理性平和对待轻微剐蹭事件,避免以武力解决纠纷。

黑龙江任甲正当防卫案——通过听证以案释法,走进村屯开展普法教育

(2022 年 2 月 24 日最高人民检察院发布)

【基本案情】

犯罪嫌疑人任甲系任乙弟弟,与任乙住在家里相邻的东西两屋。2021 年 3 月 23 日,任甲晚饭后在西屋床上准备睡觉,任乙从外边回来在东屋发出噪声,

引起任甲不满,二人发生口角并在客厅发生厮打。其间,任乙先用拳头击打任甲头面部,任甲咬伤了任乙大拇指。之后,任甲回西屋准备继续休息。任乙从厨房拿起一把长约44厘米、宽约3厘米的单刃片刀到西屋,连续砍击任甲,砍中任甲头部两刀,致其流血不止。任母前来劝阻,拉拽任乙,任甲将任乙推倒,并顺势骑坐在任乙身上,用右手按住任乙持刀的右手,用左手迎面掐住任乙脖子,试图制止任乙的砍击行为,但任乙并未丢弃手中片刀。任母劝阻无果,外出向邻居求救。四五分钟后,任甲见任乙失去意识,随后报警。任甲被他人送往医院救治,任乙当场死亡。经法医鉴定,任甲所受损伤为轻伤二级,任乙系生前遭他人徒手扼卡颈部造成机械性窒息死亡。2021年3月24日,黑龙江省齐齐哈尔市龙江县公安局以"任甲故意杀人案"立案侦查,3月31日以任甲涉嫌故意杀人罪提请龙江县人民检察院审查逮捕。

【检察机关履职情况】

1. 适时介入侦查、引导取证,综合全案证据作出法律评价。黑龙江省齐齐哈尔市人民检察院与龙江县检察院共同介入侦查,引导公安机关全面提取案发现场客观性证据,围绕死者生活轨迹走访村邻。在公安机关提请逮捕后,经审查认为,本案因家庭琐事引发矛盾,任乙手持凶器砍击任甲头部等要害部位流血受伤后,仍然持续不法侵害行为。任乙持续挥刀的行为严重危害任甲生命安全,任甲为保护自身免受伤害采取防卫行为,符合《中华人民共和国刑法》第二十条第三款对正当防卫的规定,依法不负刑事责任。检察机关拟作出不批准逮捕决定。

2. 检察听证会走进村屯,检察官一线释法。为保障司法公正,提升司法公信,促进矛盾化解,在征求任甲、任乙家属和公安机关意见后,龙江县检察院决定在2021年4月6日召开听证会。考虑到案发地点为龙江县的较大自然村、常住人口较多,该案已在当地造成较大影响,龙江县检察院将听证地点选在涉案村村委会,邀请全国、省、县三级人大代表及专家学者、知名律师担任听证员。听证会上,承办检察官播放了案发现场模拟视频介绍案情,听证员分别就任甲防卫情节、任乙伤害行为等事实问题向任甲提问。之后,听证员进行了评议,一致认为任乙先持致命性凶器砍中任甲,被推倒后并未放下刀,不法侵害仍正在进行。案发时任甲精神处于高度紧张状态,不能过于苛求任甲的反击方式、力度等精确到刚好制止不法侵害。任甲对"正在进行"的暴力侵害行为实施防卫,符合刑法对正当防卫的规定,不构成犯罪。

3. 听证会后依法作出不批准逮捕决定,做好案件跟踪回访工作。2021年4月6日,龙江县检察院召开检察委员会会议,对拟作出不批准逮捕任甲的意见进行讨论。会议采纳了听证员意见,一致认定任甲的行为构成正当防卫,依法不负刑事责任。龙江县检察院当日依法作出不批准逮捕任甲的决定,并督促公安机关撤销案件。之后,龙江县检察院指派具有心理咨询专业资格的检察官进行后续跟踪回访,对任甲进行了心理创伤疏导,对与案件有利害关系的亲属、邻里关系等不特定人员进行心理健康评估,帮助任甲及相关人员早日重归正常生活。

【典型意义】

判断暴力侵害是否正在进行时要设身处地考虑防卫人所处的具体情境,作出法理情相统一的认定,彰显"法不能向不法让步"的法治精神。检察机关根据案件情况,选择在涉案村召开听证会,让听证员、检察官能够充分以案释法、以理服人,讲清、讲透、讲明国法、天理、人情。对特定案件采用回访方式修复社会关系、抚慰当事人心理,充分体现了司法为民、公正司法的检察担当。

第三章　刑　　罚

刑法第五十条（死缓罪犯的减刑）

> **第五十条**①　判处死刑缓期执行的,在死刑缓期执行期间,如果没有故意犯罪,二年期满以后,减为无期徒刑;如果确有重大立功表现,二年期满以后,减为二十五年有期徒刑;如果故意犯罪,情节恶劣的,报请最高人民法院核准后执行死刑;对于故意犯罪未执行死刑的,死刑缓期执行的期间重新计算,并报最高人民法院备案。

---

①　本条曾经全国人大常委会两次修改:

原本条内容为:判处死刑缓期执行的,在死刑缓期执行期间,如果没有故意犯罪,二年期满以后,减为无期徒刑;如果确有重大立功表现,二年期满以后,减为十五年以上二十年以下有期徒刑;如果故意犯罪,查证属实的,由最高人民法院核准,执行死刑。

第一次根据《中华人民共和国刑法修正案(八)》(2011年5月1日起施行,以下简称《刑法修正案(八)》)第四条修改,其主要内容为:一是对被判处死刑缓期执行的犯罪分子"确有重大立功表现,二年期满后"的减刑幅度由原来的"十五年以上二十年以下有期徒刑"修改为"二十五年有期徒刑";二是增加了对被判处死刑缓期执行的累犯以及因故意杀人、强奸、抢劫、绑架、放火、爆炸、投放危险物质或者有组织的暴力性犯罪被判处死刑缓期执行的犯罪分子,人民法院可以同时决定对其限制减刑的刑罚执行制度。

第二次根据《中华人民共和国刑法修正案(九)》(2015年11月1日起施行,以下简称《刑法修正案(九)》)第二条对本条第一款修改,其主要内容为:一是将死缓执行死刑的条件限制为"故意犯罪,情节恶劣";二是补充规定"死刑缓期执行的期间重新计算,并报最高人民法院备案"。

对被判处死刑缓期执行的累犯以及因故意杀人、强奸、抢劫、绑架、放火、爆炸、投放危险物质或者有组织的暴力性犯罪被判处死刑缓期执行的犯罪分子,人民法院根据犯罪情节等情况可以同时决定对其限制减刑。

王志才故意杀人案

(最高人民法院审判委员会讨论通过 2011 年 12 月 20 日发布)

【关键词】

刑事 故意杀人罪 婚恋纠纷引发 坦白悔罪 死刑缓期执行 限制减刑

【裁判要点】

因恋爱、婚姻矛盾激化引发的故意杀人案件,被告人犯罪手段残忍,论罪应当判处死刑,但被告人具有坦白悔罪、积极赔偿等从轻处罚情节,同时被害人亲属要求严惩的,人民法院根据案件性质、犯罪情节、危害后果和被告人的主观恶性及人身危险性,可以依法判处被告人死刑,缓期二年执行,同时决定限制减刑,以有效化解社会矛盾,促进社会和谐。

【相关规定】(略)

【基本案情】

被告人王志才与被害人赵某某(女,殁年 26 岁)在山东省潍坊市科技职业学院同学期间建立恋爱关系。2005 年,王志才毕业后参加工作,赵某某考入山东省曲阜师范大学继续专升本学习。2007 年赵某某毕业参加工作后,王志才与赵某某商议结婚事宜,因赵某某家人不同意,赵某某多次提出分手,但在王志才的坚持下二人继续保持联系。2008 年 10 月 9 日中午,王志才在赵某某的集体宿舍再次谈及婚恋问题,因赵某某明确表示二人不可能在一起,王志才感到绝望,愤而产生杀死赵某某然后自杀的念头,即持赵某某宿舍内的一把单刃尖刀,朝赵某某的颈部、胸腹部、背部连续捅刺,致其失血性休克死亡。次日 8 时 30 分许,王志才服农药自杀未遂,被公安机关抓获归案。王志才平时表现较好,归案后如实供述自己罪行,并与其亲属积极赔偿,但未与被害人亲属达成赔偿协议。

【裁判结果】

山东省潍坊市中级人民法院于 2009 年 10 月 14 日以(2009)潍刑一初字第 35 号刑事判决,认定被告人王志才犯故意杀人罪,判处死刑,剥夺政治权利终身。宣判后,王志才提出上诉。山东省高级人民法院于 2010 年 6 月 18 日以(2010)鲁刑四终字第 2 号刑事裁定,驳回上诉,维持原判,并依法报请最高人民法院核准。最高人民法院根据复核确认的事实,以(2010)刑三复 22651920 号刑事裁定,不核准被告人王志才死刑,发回山东省高级人民法院重新审判。山东省高级人民法院经依法重新审理,于 2011 年 5 月 3 日作出(2010)鲁刑四终字第 2—1 号刑事判决,以故意杀人罪改判被告人王志才死刑,缓期二年执行,剥夺政治权利终身,同时决定对其限制减刑。

【裁判理由】

山东省高级人民法院经重新审理认为:被告人王志才的行为已构成故意杀人罪,罪行极其严重,论罪应当判处死刑。鉴于本案系因婚恋纠纷引发,王志才求婚不成,恼怒并起意杀人,归案后坦白悔罪,积极赔偿被害方经济损失,且平时表现较好,故对其判处死刑,可不立即执行。同时考虑到王志才故意杀人手段特别残忍,被害人亲属不予谅解,要求依法从严惩处,为有效化解社会矛盾,依照《中华人民共和国刑法》第五十条第二款等规定,判处被告人王志才死刑,缓期二年执行,同时决定对其限制减刑。

李某故意杀人案

(最高人民法院审判委员会讨论通过 2012 年 9 月 18 日发布)

【关键词】

刑事故意杀人罪 民间矛盾引发 亲属协助抓捕 累犯 死刑缓期执行 限制减刑

【裁判要点】

对于因民间矛盾引发的故意杀人案件,被告人犯罪手段残忍,且系累犯,论罪应当判处死刑,但被告人亲属主动协助公安机关将其抓捕归案,并积极赔偿的,人民法院根据案件具体情节,从尽量化解社会矛盾角度考虑,可以依法判处被告人死刑,缓期二年执行,同时决定限制减刑。

【相关规定】(略)

【基本案情】

2006 年 4 月 14 日,被告人李某因犯盗窃罪被判处有期徒刑二年,于 2008 年 1 月 2 日刑满释放。2008 年 4 月,经他人介绍,李某与被害人徐某某(女,殁年 26 岁)建立恋爱关系。同年 8 月,二人因经常吵架而分手。8 月 24 日,当地公安机关到李某的工作单位给李某建立重点人档案时,其单位得知李某曾因犯罪被判刑一事,并以此为由停止了李某的工作。李某认为其被停止工作与徐某某有关。

同年 9 月 12 日 21 时许,被告人李某拨打徐某某的手机,因徐某某外出,其表妹王某某(被害人,时年 16 岁)接听了李某打来的电话,并告知李某,徐某某已外出。后李某又多次拨打徐某某的手机,均未接通。当日 23 时许,李某到哈尔滨市呼兰区徐某某开设的"小天使形象设计室"附近,再次拨打徐某某的手机,与徐某某在电话中发生吵骂。后李某破门进入徐某某在"小天使形象设计室"内的卧室,持室内的铁锤多次击打徐某某的头部,击打徐某某表妹王某某头部、双手数下。稍后,李某又持铁锤再次先后击打徐某某、王某某的头部,致徐某某当场死亡、王某某轻伤。为防止在场的"小天使形象设计室"学徒工佟某报警,李某将徐某某、王某某及佟某的手机带离现场抛弃,后潜逃。同月 23 日 22 时许,李某到其姑母李某某家中,委托其姑母转告其母亲梁某某送钱。梁某某得知此情后,及时报告公安机关,并于次日晚协助公安机关将来姑母家取钱的李某抓获。在本案审理期间,李某的母亲梁某某代为赔偿被害人亲属 4 万元。

【裁判结果】

黑龙江省哈尔滨市中级人民法院于 2009 年 4 月 30 日以(2009)哈刑二初字第 51 号刑事判决,认定被告人李某犯故意杀人罪,判处死刑,剥夺政治权利终身。宣判后,李某提出上诉。黑龙江省高级人民法院于 2009 年 10 月 29 日以(2009)黑刑三终字第 70 号刑事裁定,驳回上诉,维持原判,并依法报请最高人民法院核准。最高人民法院根据复核确认的事实和被告人母亲协助抓捕被告人的情况,以(2010)刑五复 66820039 号刑事裁定,不核准被告人李某死刑,发回黑龙江省高级人民法院重新审判。黑龙江省高级人民法院经依法重新审理,于 2011 年 5 月 3 日作出(2011)黑刑三终字第 63 号刑事判决,以故意杀人罪改判被告人李某死刑,缓期二年执行,剥夺政治权利终身,同时决定对其限制减刑。

【裁判理由】

黑龙江省高级人民法院经重新审理认为:被告人李某的行为已构成故意杀人罪,罪行极其严重,论罪应当判处死刑。本案系因民间矛盾引发的犯罪;案发后李某的母亲梁某某在得知李某杀人后的行踪时,主动、及时到公安机关反映情况,并积极配合公安机关将李某抓获归案;李某在公安机关对其进行抓捕时,顺从归案,没有反抗行为,并在归案后始终如实供述自己的犯罪事实,认罪态度好;在本案审理期间,李某的母亲代为赔偿被害方经济损失;李某虽系累犯,但此前所犯盗窃罪的情节较轻。综合考虑上述情节,可以对李某酌情从宽处罚,对其可不判处死刑立即执行。同时,鉴于其故意杀人手段残忍,又系累犯,且被害人亲属不予谅解,故依法判处被告人李某死刑,缓期二年执行,同时决定对其限制减刑。

第四章 刑罚的具体运用

刑法第七十二条(缓刑的适用)

> 第七十二条① 对于被判处拘役、三年以下有期徒刑的犯罪分子,同时符合下列条件的,可以宣告缓刑,对其中不满十八周岁的人、怀孕的妇女和已满七十五周岁的人,应当宣告缓刑:
>
> (一)犯罪情节较轻;
>
> (二)有悔罪表现;
>
> (三)没有再犯罪的危险;
>
> (四)宣告缓刑对所居住社区没有重大不良影响。
>
> 宣告缓刑,可以根据犯罪情况,同时禁止犯罪分子在缓刑考验期限内从事特定活动,进入特定区域、场所,接触特定的人。
>
> 被宣告缓刑的犯罪分子,如果被判处附加刑,附加刑仍须执行。

董某某、宋某某抢劫案

(最高人民法院审判委员会讨论通过 2013 年 1 月 31 日发布)

【关键词】

刑事 抢劫罪 未成年人犯罪 禁止令

---

① 本条根据《刑法修正案(八)》(2011 年 5 月 1 日起施行)第十一条修改。

原本条内容为:对于被判处拘役、三年以下有期徒刑的犯罪分子,根据犯罪分子的犯罪情节和悔罪表现,适用缓刑确实不致再危害社会的,可以宣告缓刑。(第一款)被宣告缓刑的犯罪分子,如果被判处附加刑,附加刑仍须执行。(第二款)

修改的主要内容为:一是对"可以宣告缓刑"的条件具体列举了四项,便于操作;二是对不满十八周岁的人、怀孕的妇女和已满七十五周岁的人,规定"应当宣告缓刑";三是补充规定对宣告缓刑的犯罪分子,人民法院可以根据犯罪情况发布禁止令。

【裁判要点】

对判处管制或者宣告缓刑的未成年被告人,可以根据其犯罪的具体情况以及禁止事项与所犯罪行的关联程度,对其适用"禁止令"。对于未成年人因上网诱发犯罪的,可以禁止其在一定期限内进入网吧等特定场所。

【相关规定】(略)

【基本案情】

被告人董某某、宋某某(时年 17 周岁)迷恋网络游戏,平时经常结伴到网吧上网,时常彻夜不归。2010 年 7 月 27 日 11 时许,因在网吧上网的网费用完,二被告人即伙同王某(作案时未达到刑事责任年龄)到河南省平顶山市红旗街社区健身器材处,持刀对被害人张某某和王某某实施抢劫,抢走张某某 5 元现金及手机一部。后将所抢的手机卖掉,所得赃款用于上网。

【裁判结果】

河南省平顶山市新华区人民法院于 2011 年 5 月 10 日作出(2011)新刑未初字第 29 号刑事判决,认定被告人董某某、宋某某犯抢劫罪,分别判处有期徒刑二年六个月,缓刑三年,并处罚金人民币 1000 元。同时禁止董某某和宋某某在 36 个月内进入网吧、游戏机房等场所。宣判后,二被告人均未上诉,判决已发生法律效力。

【裁判理由】

法院生效裁判认为:被告人董某某、宋某某以非法占有为目的,以暴力威胁方法劫取他人财物,其行为均已构成抢劫罪。鉴于董某某、宋某某系持刀抢劫;犯罪时不满十八周岁,且均为初犯,到案后认罪悔罪态度较好,宋某某还是在校学生,符合缓刑条件,决定分别判处二被告人有期徒刑二年六个月,缓刑三年。考虑到被告人主要是因上网吧需要网费而诱发了抢劫犯罪;二被告人长期迷恋网络游戏,网吧等场所与其犯罪有密切联系;如果将被告人与引发其犯罪的场所相隔离,有利于家长和社区在缓刑期间对其进行有效管教,预防再次犯罪;被告人犯罪时不满 18 周岁,平时自我控制能力较差,对其适用禁止令的期限确定为与缓刑考验期相同的三年,有利于其改过自新。因此,依法判决禁止二被告人在缓刑考验期内进入网吧等特定场所。

刑法第七十五条(缓刑期间应当遵守的规定)

第七十五条 被宣告缓刑的犯罪分子,应当遵守下列规定:

(一)遵守法律、行政法规,服从监督;

> （二）按照考察机关的规定报告自己的活动情况；
> （三）遵守考察机关关于会客的规定；
> （四）离开所居住的市、县或者迁居，应当报经考察机关批准。

社区矫正对象管某某申请外出监督案

（最高人民检察院第十三届检察委员会第八十四次会议决定　2022 年 1 月 30 日发布）

【关键词】

社区矫正监督　生产经营需要　申请外出　依申请监督　跟进监督

【要旨】

人民检察院开展社区矫正法律监督工作，应当监督社区矫正机构依法履行社区矫正对象申请外出的审批职责。社区矫正对象因生产经营需要等正当理由申请外出，社区矫正机构未予批准，申请人民检察院监督的，人民检察院应当在调查核实后依法监督社区矫正机构批准。社区矫正机构批准外出的，人民检察院应当监督社区矫正机构加强对社区矫正对象外出期间的动态监督管理，确保社区矫正对象"放得出""管得住"。

【基本案情】

社区矫正对象管某某，男，1970 年 5 月出生，江苏某电子科技有限公司控股股东、实际控制人。2016 年 7 月 21 日，管某某因犯虚开增值税专用发票罪被江苏省昆山市人民法院判处有期徒刑三年，宣告缓刑五年，缓刑考验期自 2016 年 8 月 2 日至 2021 年 8 月 1 日止。管某某在安徽省芜湖市湾沚区某司法所接受社区矫正。管某某在社区矫正期间遵纪守法，服从监督管理，表现良好。

2020 年 8 月，芜湖市湾沚区人民检察院根据管某某的申请，依法对某司法所不批准管某某外出申请进行监督。经监督，社区矫正机构依法批准管某某外出申请。

【检察履职情况】

线索发现　2020 年 8 月，湾沚区人民检察院接到社区矫正对象管某某反映，其经营的某电子公司因生产经营陷入困境，急需本人赴上海、江苏等地洽谈业务，其向某司法所申请外出，未获批准，遂向湾沚区人民检察院提出法律监督申请。

调查核实　受理管某某的申请后,湾沚区人民检察院开展了以下调查核实工作:一是了解司法所不批准管某某外出的理由。主要是担心管某某外出后,可能发生脱管或重新犯罪等问题。二是调查管某某外出的必要性。经实地走访管某某经营的公司,查阅公司营业执照、纳税申报表和业务合同等材料,询问公司相关人员,查明管某某经营的公司共有员工近 200 名,年均销售额 7000 万元,年均纳税 400 余万元。管某某是公司的实际控制人,公司业务一直由管某某负责经营管理。另查明,新冠肺炎疫情发生以来,其公司销售业绩下滑约40%,面临停产危险,急需管某某赴上海、江苏等地拓展加工销售市场,帮助公司复工复产。三是评估管某某的社会危险性。经查阅管某某原刑事案件卷宗、社区矫正档案,走访社区矫正工作人员,综合分析其原犯罪事实、性质、情节、社会危害性、认罪悔罪态度等情况,同时查明管某某在犯罪后认罪悔罪态度较好,在社区矫正期间认真遵守法律法规和社区矫正监督管理规定,未发生漏管、脱管情况。

监督意见　湾沚区人民检察院审查认为,管某某因犯虚开增值税专用发票罪被判处有期徒刑三年,宣告缓刑五年,且为初犯,能认罪悔罪。同时,管某某在社区矫正期间,能严格遵守社区矫正监督管理规定,创业热情较高、回报社会意愿较强,现实表现良好,造成社会危险的可能性较小,其申请外出从事企业急需开展的生产经营活动,符合《中华人民共和国社区矫正法》第二十七条第一款、《中华人民共和国社区矫正法实施办法》第二十六条关于申请外出的条件。2020 年 8 月 26 日,湾沚区人民检察院与湾沚区司法局召开联席会议,检察机关结合管某某原判罪名情节、有期徒刑缓刑考验期间改造表现、申请外出事由等情形,提出社区矫正机构应依法批准管某某外出的检察意见,并与该区司法局就批准管某某请假外出事宜达成共识。

监督结果　2020 年 9 月 10 日,某司法所批准管某某外出 4 天。之后,管某某又因生产经营需要申请外出共计 11 次,均被批准。管某某因外出开展经营业务,促进企业转型升级,在疫情防控常态化条件下,企业未出现停产、裁员情况,稳定提供就业岗位近 200 个。

管某某外出期间,湾沚区人民检察院监督司法所建立社区矫正对象重点监督台账,并与司法所对接,通过登陆司法局社区矫正智慧矫正系统,动态获悉司法所对管某某的监督管理情况。该司法所通过电话通信、微信实时定位、社区矫正智慧监管系统平台推送信息等方式,核查管某某行动轨迹,并将相关情况及时通报湾沚区人民检察院,实现对管某某的动态监管。

【指导意义】

(一)人民检察院开展社区矫正法律监督工作,应当监督社区矫正机构依法开展社区矫正对象外出申请审批工作。开展社区矫正法律监督,应当自觉服务保障经济社会发展大局,依法维护社区矫正对象合法权益,保障正常生产经营活动的开展。对于社区矫正对象因生产经营需要等有正当理由的外出申请,社区矫正机构未批准,申请人民检察院监督的,人民检察院可综合社区矫正对象所在企业经营状况、个人在企业经营中的职责地位、外出理由是否合理紧迫、原犯罪性质和情节、社区矫正期间表现等情况,判断申请外出的必要性和可能发生的社会危险性,准确提出监督意见。对于社区矫正对象确因生产经营、就医、就学等正当理由申请外出且无社会危险性的,应当认定为符合《中华人民共和国社区矫正法》第二十七条第一款规定,建议社区矫正机构依法予以批准。

(二)对于社区矫正机构批准社区矫正对象外出的,人民检察院应当监督社区矫正机构加强对外出社区矫正对象的动态监管。社区矫正对象经批准外出,仍应接受社区矫正机构的监督管理。人民检察院应当监督社区矫正机构将批准外出社区矫正对象列为重点监管对象,按照《中华人民共和国社区矫正法》和相关法律法规规定,采取电话联络、实时视频或者信息化大数据等高科技手段加强动态管理。必要时,可以建议外出目的地社区矫正机构协助进行监督管理,确保社区矫正对象"放得出""管得住"。

【相关规定】(略)

社区矫正对象贾某某申请经常性跨市、县活动监督案

(最高人民检察院第十三届检察委员会第八十四次会议决定 2022 年 1 月 30 日发布)

【关键词】

社区矫正监督 经常性跨市、县活动 依申请监督 简化审批

【要旨】

人民检察院开展社区矫正法律监督工作,应当切实加强社区矫正对象合法权益保障,着力解决人民群众"急难愁盼"问题。对于社区矫正对象因正常工作、生活需要申请经常性跨市、县(包含跨不同省份之间的市、县)活动的,人民检察院应当监督社区矫正机构依法予以批准,并简化批准程序和方式。

【基本案情】

社区矫正对象贾某某,男,1978 年 2 月出生,汽车驾驶员。2020 年 11 月 2 日,贾某某因犯非法侵入住宅罪被河南省滑县人民法院判处有期徒刑十个月,宣告缓刑一年,缓刑考验期自 2020 年 12 月 3 日至 2021 年 12 月 2 日止。贾某

某在河南省滑县某镇司法所接受社区矫正。贾某某在社区矫正期间遵纪守法，服从监督管理，表现良好。

2021年1月，河南省滑县人民检察院根据贾某某的申请，依法对滑县司法局不批准贾某某经常性跨市、县活动申请进行监督。经监督，社区矫正机构依法简化批准程序和方式，批准贾某某经常性跨市、县活动申请。

【检察履职情况】

线索发现　2021年1月，河南省滑县人民检察院接到社区矫正对象贾某某反映，其以从事长途货运服务为生，在社区矫正期间，因正常工作和生活需要经常性跨市、县活动，于2020年12月8日向滑县司法局申请经常性跨市、县活动，未获批准。现已严重影响其工作和生活，申请检察机关对滑县司法局进行监督。

调查核实　滑县人民检察院受理申请后，开展以下调查核实工作：一是了解社区矫正机构不批准贾某某申请的理由。通过走访滑县司法局，询问社区工作人员，了解到滑县司法局不批准贾某某经常性跨市、县活动外出申请的理由为：根据《中华人民共和国社区矫正法》第二十七条、《中华人民共和国社区矫正法实施办法》第二十九条规定，社区矫正对象申请经常性跨市、县活动的，可以简化批准程序和方式，批准一次的有效期为六个月。但现行法律法规没有明确经常性跨市、县活动能否跨省，因此不予批准。贾某某可以在每次外出时，临时单独申请，社区矫正机构将根据申请予以审批。二是了解贾某某申请经常性跨市、县活动的必要性。通过调取贾某某家庭情况信息、父母及岳父母病历、贷款信息、银行流水，询问贾某某及其家属、村委会成员，了解到贾某某承包某运输公司滑县至江苏和山东某运输线路，每月需要往返5至8次，频次较高；运输任务一般临时通知，接到任务后再向社区矫正机构申请外出，严重影响其按时完成运输任务。贾某某全家的生活支出主要依赖其工作收入，现因无法完成运输任务，收入锐减，已开始举债偿还每月一万余元的货车贷款和房贷，家庭正常生活开支难以维持。三是评估贾某某的社会危险性。经查阅贾某某原刑事案件卷宗，社区矫正档案，走访社区矫正工作人员，了解到贾某某犯非法侵入住宅罪系亲属之间矛盾引发，被宣告缓刑，社区矫正表现良好，社会危险性较小；其从事长途运输期间未发现违反交通运输法律法规行为。

监督意见　滑县人民检察院经审查认为：一是"经常性跨市、县活动"应当包含跨不同省份之间的市、县。《中华人民共和国社区矫正法》《中华人民共和国社区矫正法实施办法》规定"社区矫正对象因正常工作和生活需要，申请经常性跨市、县活动"的主要目的，是帮助社区矫正对象解决正常工作需要和日常生活中遇到的实际困难，让其更好地回归社会。因此，根据立法精神，可以将"经常性跨市、县活动"中的"跨市、县"理解为包含跨省份之间的市、县。二是贾某某申请经常性跨市、县活动确有必要。贾某某的运输任务一般临时通知,每次单独申请严重影响其正常工作需要。贾某某一直从事货运服务,运输收入为家庭生活的唯一来源,如无货运服务收入,其家庭生活将无以为继,不利于贾某某顺利融入社会,易产生社会不稳定因素。贾某某申请社区矫正机构简化批准程序和方式,一次性批准其六个月经常性跨市、县活动,确有必要。

2021 年 1 月 20 日,滑县人民检察院邀请人大代表、政协委员、律师、纪检监察人员作为听证员,就贾某某申请经常性跨市、县活动的必要性、社会危险性等问题组织了听证会。听证员一致认为,贾某某确属因正常工作和生活需要经常性跨市、县活动,社会危险性较小,一次性批准其六个月内可以跨市、县活动,更有利于解决贾某某家庭困难问题,帮助其更好地回归社会。滑县人民检察院参考听证意见并研究后,依法向滑县司法局提出检察意见,建议滑县司法局批准贾某某经常性跨市、县活动的申请。

监督结果　2021 年 1 月 21 日,滑县司法局就"经常性跨市、县活动"范围理解问题逐级请示上级司法行政部门后,批准贾某某经常性跨市、县活动六个月。2021 年 10 月,河南省司法厅印发《河南省社区矫正对象外出审批管理办法》,明确社区矫正对象申请跨市、县活动范围包括但不限于本省。

贾某某外出活动期间,滑县人民检察院跟进监督滑县司法局加强对贾某某的教育管理措施,保证社区矫正效果。2021 年 5 月,滑县人民检察院进行回访调查,了解到贾某某外出期间能够遵守法律法规,通过经常性跨市、县活动从事货运服务的收入保障了家庭正常生活。

【指导意义】

(一)人民检察院开展社区矫正法律监督工作,应当切实加强社区矫正对象合法权益保障,着力解决人民群众"急难愁盼"问题。回应新时代人民群众新要求,着力解决人民群众"急难愁盼"问题,是检察机关落实"司法为民"要求的重要体现。人民检察院履行社区矫正法律监督职责,要立足于厚植党的执政根基、维护社会秩序稳定,办理好事关社区矫正对象等人民群众切身利益的每一起"小案",努力解决人民群众操心事、烦心事、揪心事,不断提升人民群众的获得感、幸福感、安全感。

(二)准确把握立法精神,厘清"经常性跨市、县活动"界限。对社区矫正对象因正常工作和生活需要提出经常性跨市、县活动申请进行审批时,应当将经常性跨市、县活动所指的"市、县"理解为,既包括本省域内的市、县,也包括不同省份之间的市、县。对因正常工作和生活需要,以相对固定时间、频次经常性跨市、县活动的长途货运司机、物流押送员、销售员等特定社区矫正对象,人民检察院应当监督社区矫正机构依法履职,简化批准程序和方式,批准社区矫正对象经常性跨市、县活动的申请。

【相关规定】(略)

刑法第七十七条(缓刑的撤销)

> 第七十七条①　被宣告缓刑的犯罪分子,在缓刑考验期限内犯新罪或者发现判决宣告以前还有其他罪没有判决的,应当撤销缓刑,对新犯的罪或者新发现的罪作出判决,把前罪和后罪所判处的刑罚,依照本法第六十九条的规定,决定执行的刑罚。
>
> 被宣告缓刑的犯罪分子,在缓刑考验期限内,违反法律、行政法规或者国务院有关部门关于缓刑的监督管理规定,或者违反人民法院判决中的禁止令,情节严重的,应当撤销缓刑,执行原判刑罚。

宣告缓刑罪犯蔡某等 12 人减刑监督案

(最高人民检察院第十三届检察委员会第三十次会议决定　2020 年 2 月 28 日发布)

【关键词】

缓刑罪犯减刑　持续跟进监督　地方规范性文件法律效力　最终裁定纠正违法意见

【要旨】

对于判处拘役或者三年以下有期徒刑并宣告缓刑的罪犯,在缓刑考验期内确有悔改表现或者有一般立功表现,一般不适用减刑。在缓刑考验期内有重大立功表现的,可以参照刑法第七十八条的规定予以减刑。人民法院对宣告缓刑罪犯裁定减刑适用法律错误的,人民检察院应当依法提出纠正意见。人民法院

---

① 本条第二款根据《刑法修正案(八)》(2011 年 5 月 1 日起施行)第十四条修改。

原本条第二款内容为:被宣告缓刑的犯罪分子,在缓刑考验期限内,违反法律、行政法规或者国务院公安部门有关缓刑的监督管理规定,情节严重的,应当撤销缓刑,执行原判刑罚。

修改的内容为:补充规定对被宣告缓刑的犯罪分子,在缓刑考验期内"违反人民法院判决中的禁止令"的,也应当"撤销缓刑,执行原判刑罚"。

裁定维持原减刑裁定的,人民检察院应当继续予以监督。

【基本案情】

罪犯蔡某,女,1966年9月6日出生,因犯受贿罪于2009年12月22日被江苏省南京市雨花台区人民法院判处有期徒刑三年,缓刑四年,缓刑考验期自2010年1月4日起至2014年1月3日止。另有罪犯陈某某、丁某某、胡某等11人分别因犯故意伤害、盗窃、诈骗等罪被人民法院判处有期徒刑并宣告缓刑。上述12名缓刑罪犯,分别在南京市的7个市辖区接受社区矫正。

2013年1月,南京市司法局以蔡某等12名罪犯在社区矫正期间确有悔改表现为由,向南京市中级人民法院提出减刑建议。2013年2月7日,南京市中级人民法院以蔡某等12名罪犯能认罪服法、遵守法律法规和社区矫正相关规定、确有悔改表现为由,依照刑法第七十八条第二款规定,分别对上述罪犯裁定减去六个月、三个月不等的有期徒刑,并相应缩短缓刑考验期。

【检察机关监督情况】

线索发现　2014年8月,南京市人民检察院在开展减刑、假释、暂予监外执行专项检察活动中发现,南京市中级人民法院对2014年8月之前作出的部分减刑、假释裁定,未按法定期限将裁定书送达南京市人民检察院,随后依法提出书面纠正意见。南京市中级人民法院接受监督意见,将减刑、假释裁定书送达南京市人民检察院。南京市人民检察院通过将减刑、假释裁定书与辖区内在押人员信息库和社区矫正对象信息库进行逐一比对,发现南京市中级人民法院对蔡某等12名缓刑罪犯裁定减刑可能不当。

调查核实　为查明蔡某等12名缓刑罪犯是否符合减刑条件,南京市人民检察院牵头,组织有关区人民检察院联合调查,调取了蔡某等12名罪犯在社区矫正期间的原始档案材料,并实地走访社区矫正部门、基层街道社区,了解相关罪犯在社区矫正期间实际表现、奖惩、有无重大立功表现等情况。经调查核实,蔡某等12名缓刑罪犯,虽然在社区矫正期间能够认罪服法,认真参加各类矫治活动,按期报告法定事项,受到多次表扬,均确有悔改表现,但是均无重大立功表现。

监督意见　南京市人民检察院经审查认为,南京市中级人民法院对没有重大立功表现的缓刑罪犯裁定减刑,违反了《最高人民法院关于办理减刑、假释案件具体应用法律若干问题的规定》(法释〔2012〕2号)第十三条"判处拘役或者三年以下有期徒刑并宣告缓刑的罪犯,一般不适用减刑。前款规定的罪犯在缓刑考验期限内有重大立功表现的,可以参照刑法第七十八条的规定,予以减刑,同时应依法缩减其缓刑考验期限。拘役的缓刑考验期限不能少于二个月,有期徒刑的缓刑考验期限不能少于一年"的规定,依法应当予以纠正。2014年10月

14 日南京市人民检察院向南京市中级人民法院分别发出 12 份《纠正不当减刑裁定意见书》。南京市中级人民法院重新组成合议庭对上述案件进行审理,2014 年 12 月 4 日作出了维持对蔡某等 12 名罪犯减刑的刑事裁定。主要理由是,依据 2004 年、2006 年江苏省、南京市两级人民法院、人民检察院、公安机关、司法行政机关先后制定的有关社区矫正规范性文件的有关规定,蔡某等 12 名罪犯在社区矫正期间受到多次表扬,确有悔改表现,可以给予减刑,因此原刑事裁定并无不当。经再次审查,南京市人民检察院认为南京市中级人民法院的刑事裁定仍违反法律规定,于 2014 年 12 月 24 日向该院发出《纠正违法通知书》,要求该院纠正。

2015 年 1 月 8 日,南京市中级人民法院重新另行组成合议庭对上述案件进行了审理;南京市人民检察院依法派员出庭,宣读了《纠正违法通知书》,发表了检察意见;南京市司法局作为提请减刑的机关,派员出庭发表意见,认为在社区矫正试点期间,为了调动社区矫正对象接受矫正积极性,江苏省、南京市有关部门先后制定规范性文件,规定对获得多次表扬的社区矫正对象可以给予减刑。这些规范性文件目前还没有废止,可以作为减刑的依据。出庭检察人员指出,2012 年 3 月 1 日实施的《社区矫正实施办法》(司发通〔2012〕12 号,现已失效)明确规定,符合法定减刑条件是为社区矫正人员办理减刑的前提,因此,对缓刑罪犯减刑应当适用法律和司法解释的规定,不应当适用与法律和司法解释相冲突的地方规范性文件。

监督结果 2015 年 1 月 21 日,南京市中级人民法院重新作出刑事裁定,同意南京市人民检察院的纠正意见,认定该院对蔡某等 12 名缓刑罪犯作出的原减刑裁定、原再审减刑裁定,系适用法律错误,分别裁定撤销原减刑裁定、原再审减刑裁定,对蔡某等 12 名缓刑罪犯不予减刑,剩余缓刑考验期继续执行。裁定生效后,南京市中级人民法院及时将法律文书交付执行机关执行,蔡某等 12 名罪犯在法定期限内到原区司法局报到,接受社区矫正。

【指导意义】

1. 人民法院减刑裁定适用法律错误,人民检察院应当依法监督纠正。人民检察院在办理减刑、假释案件时,应准确把握法院减刑、假释裁定所依据规范性文件。对于地方人民法院、人民检察院制定的司法解释性文件,应当根据《最高人民法院 最高人民检察院关于地方人民法院、人民检察院不得制定司法解释性质文件的通知》予以清理。人民法院依据地方人民法院、人民检察院制定的司法解释性文件作出裁定的,属于适用法律错误,人民检察院应当依法向人民法院提出书面监督纠正意见,监督人民法院重新组成合议庭进行审理。

2. 人民法院对没有重大立功表现的缓刑罪犯裁定减刑的,人民检察院应当予以监督纠正。减刑、假释是我国重要的刑罚执行制度,不符合法定条件和非经法定程序,不得减刑、假释。根据有关法律和司法解释的规定,判处拘役或者三年以下有期徒刑并宣告缓刑的罪犯,一般不适用减刑;在缓刑考验期限内有重大立功表现的,可以参照刑法第七十八条的规定,予以减刑。因此,对缓刑罪犯适用减刑的法定条件是在缓刑考验期限内有重大立功表现。根据《中华人民共和国社区矫正法》的有关规定,人民检察院依法对社区矫正工作实行法律监督,发现社区矫正机构对宣告缓刑的罪犯向人民法院提出减刑建议不当的,应当依法提出纠正意见;发现人民法院对于确有悔改表现或者有一般立功表现但没有重大立功表现的缓刑罪犯裁定减刑的,应当依法向人民法院发出《纠正不当减刑裁定意见书》,申明监督理由、依据和意见,监督人民法院重新组成合议庭进行审理并作出最终裁定。

3. 人民检察院发现人民法院已经生效的减刑、假释裁定仍有错误的,应当继续向人民法院提出书面纠正意见。人民检察院对人民法院减刑、假释的裁定提出纠正意见后,应当监督人民法院在收到纠正意见后一个月内重新组成合议庭进行审理,并监督人民法院重新作出的裁定是否符合法律规定。人民法院重新作出的裁定仍不符合法律规定的,人民检察院应当继续向人民法院提出纠正意见,提请人民法院按照审判监督程序依法另行组成合议庭重新审理并作出裁定。对人民法院仍然不采纳纠正意见的,人民检察院应当提请上级人民检察院继续监督。

【相关规定】(略)

社区矫正对象孙某某撤销缓刑监督案

(最高人民检察院第十三届检察委员会第八十四次会议决定 2022 年 1 月 30 日发布)

【关键词】
社区矫正监督 违反规定外出、出境 调查核实 撤销缓刑
【要旨】
人民检察院应当加强对社区矫正机构监督管理和教育帮扶社区矫正对象等社区矫正工作的法律监督,保证社区矫正活动依法进行。人民检察院开展社区矫正法律监督,应当综合运用查阅档案、调查询问、信息核查等多种方式,查

明社区矫正中是否存在违法情形,精准提出监督意见。对宣告缓刑的社区矫正对象违反法律、行政法规和监督管理规定的,应当结合违法违规的客观事实和主观情节,准确认定是否属于"情节严重"应予撤销缓刑情形。对符合撤销缓刑情形但社区矫正机构未依法向人民法院提出撤销缓刑建议的,人民检察院应当向社区矫正机构提出纠正意见;对社区矫正工作中存在普遍性、倾向性违法问题或者有重大隐患的,人民检察院应当提出检察建议。

【基本案情】

社区矫正对象孙某某,男,1978 年 9 月出生,2016 年 7 月 6 日因犯非法买卖枪支罪被天津市滨海新区人民法院判处有期徒刑三年,宣告缓刑四年,缓刑考验期自 2016 年 7 月 17 日至 2020 年 7 月 16 日。孙某某在北京市海淀区某镇司法所接受社区矫正。2019 年,北京市海淀区人民检察院在日常监督时发现孙某某存在未经批准擅自外出、出境等应当撤销缓刑情形,依法监督社区矫正机构提请人民法院对孙某某撤销缓刑,收监执行原判有期徒刑三年。

【检察履职情况】

线索发现　2019 年,海淀区人民检察院在日常监督中发现,社区矫正对象孙某某在被实施电子监管期间,电子定位轨迹出现中断情形,孙某某可能存在故意逃避监管等违法违规行为。

调查核实　海淀区人民检察院开展了以下调查核实工作。一是通过查看社区矫正综合管理平台和社区矫正档案,发现司法所对孙某某进行监督管理时,缺乏实地查访、信息核查等监管措施。二是向铁路、航空、出入境等部门调取孙某某社区矫正期间出行信息,并与请假批准手续记录对比,发现孙某某在被实施电子监管期间故意对电子定位装置不充电擅自外出一次,在被摘除电子定位装置(因法律法规调整,孙某某不再符合使用电子定位装置条件)后又利用每个月到司法所当面报到的间隔期间擅自外出二十余次,最长一次达十九天,其中违法出境两次、累计十一天。三是对孙某某进行询问,其对未经批准擅自外出的事实予以承认。

监督意见　海淀区人民检察院经审查认为,孙某某在社区矫正期间多次违规外出并两次违法出境,违反了《中华人民共和国刑法》第七十五条、《中华人民共和国出境入境管理法》第十二条及《社区矫正实施办法》(2020 年 7 月 1 日废止,有关规定内容被 2020 年 7 月 1 日起施行的《中华人民共和国社区矫正法实施办法》吸收)第二十五条规定,且情节严重,于 2019 年 5 月 24 日向海淀区司法局提出纠正意见,建议其向法院提出撤销缓刑建议。同时,向海淀区某镇司法所制发《纠正违法通知书》,依法纠正社区矫正监管教育措施落实不到位等问题。为促进本辖区社区矫正工作全面规范提升,海淀区人民检察院对近三年办理的社区矫正监督案件进行全面梳理,针对发现的监督管理中存在的普遍性、倾向性问题,于 2019 年 10 月 21 日向海淀区司法局发出《检察建议书》,建议:建立有效监督管理机制,综合运用实地查访、信息化核查、通信联络等方式,准确掌握社区矫正对象实际情况;加强与出入境管理部门以及公安派出所的沟通协作和信息互通,采取有效措施防止社区矫正对象违法出境和违规外出等问题的发生。

监督结果 2019 年 6 月 19 日,海淀区司法局向天津市滨海新区人民法院制发《撤销缓刑建议书》。2019 年 7 月 22 日,滨海新区人民法院作出刑事裁定,撤销孙某某宣告缓刑四年,收监执行原判有期徒刑三年。同时,海淀区司法局采纳检察建议进行了整改:一是完善自身督察机制。采取专项督察、定项督察、随机督察、派驻督察等方式,进一步强化社区矫正监管教育措施的落实。二是完善与出入境管理部门及公安派出所的协作和信息互通机制。在采取原有出入境备案措施基础上,全面落实社区矫正对象护照、港澳台通行证暂停使用制度;同时加强与公安派出所的信息互通机制,及时排查社区矫正对象有无违规出行和违法出境等情况。三是加强社区矫正与法律监督配合机制。邀请检察机关共同研判社区矫正执法风险、开展线上线下警示教育,形成司法合力,以监督促社区矫正规范提升。四是对相关责任人员予以党纪政处分。

【指导意义】

(一)人民检察院开展社区矫正法律监督工作,应依法全面履行法律监督职责,确保社区矫正法的正确实施。《中华人民共和国社区矫正法》规定,对被判处管制、宣告缓刑、假释和暂予监外执行的罪犯,依法实行社区矫正,并规定人民检察院依法对社区矫正工作实行法律监督。人民检察院应当加强对社区矫正机构监督管理和教育帮扶社区矫正对象等社区矫正工作的法律监督,保证社区矫正工作依法进行,促进社区矫正对象顺利融入社会,预防社区矫正对象再次违法犯罪。在开展社区矫正监督工作时,应当加强对社区矫正档案和信息管理平台中社区矫正对象的日常监管教育、请假外出审批、考核奖惩等有关情况的审查。对于发现的违法违规监督线索,要及时开展调查核实,查清违法违规事实,准确适用法律,精准提出监督意见,更好地满足人民群众对司法公正和社会和谐稳定的需求。

(二)人民检察院办理撤销缓刑监督案件时,应当全面考量行为人主客观情形,依法判断是否符合"其他违反有关法律、行政法规和监督管理规定,情节严重"的撤销缓刑情形。现行《中华人民共和国社区矫正法实施办法》第四十六条第一款第五项沿用了 2012 年 3 月 1 日实施的《社区矫正实施办法》(2020 年 7 月 1 日废止)第二十五条第一款第五项的规定,对社区矫正对象撤销缓刑情形规定了兜底性条款,即有"其他违反有关法律、行政法规和监督管理规定,情节严重的情形",应当提出撤销缓刑建议。认定是否达到"情节严重"时,应当全面考量社区矫正对象违反有关法律、行政法规和监督管理规定行为的性质、次数、频率、手段、事由、后果等客观事实,并在准确把握其主观恶性大小的基础上作出综合认定。具有撤销缓刑情形而社区矫正机构未依法提出撤销缓刑建议的,人民检察院应当向社区矫正机构提出纠正意见,监督社区矫正机构向人民法院提出撤销缓刑建议。

(三)人民检察院应当依法监督社区矫正机构加强对社区矫正对象的监督管理,完善与公安机关等的沟通协作机制,防止社区矫正对象非法出境。社区矫正对象在社区矫正期间应当遵守外出、报告、会客等监管规定。依据《中华人民共和国出境入境管理法》的规定,被判处刑罚尚未执行完毕的罪犯,不准出境。人民检察院应当监督社区矫正机构加强对社区矫正对象遵守禁止出境等规定情况的监督管理,督促社区矫正机构会同公安机关等部门完善沟通协作和信息互通机制,防止社区矫正对象非法出境。

(四)对社区矫正工作中存在的普遍性、倾向性违法问题和重大隐患,人民检察院应当充分运用检察建议等提升监督效果。检察建议是检察机关履行法律监督职责的重要方式。人民检察院办理社区矫正监督案件时,发现社区矫正机构存在的普遍性问题和管理漏洞,应充分运用检察建议,依法依规提出有针对性的建议,督促执行机关整改落实、规范管理、堵塞漏洞,最大限度地发挥法律监督促进社会治理的效果,实现法律监督工作和社区矫正工作的双促进、双提升。

【相关规定】(略)

刑法第七十八条(减刑)

第七十八条① 被判处管制、拘役、有期徒刑、无期徒刑的犯罪分子,在执行期间,如果认真遵守监规,接受教育改造,确有悔改表现的,或者有立功表现的,可以减刑;有下列重大立功表现之一的,应当减刑:

(一)阻止他人重大犯罪活动的;

(二)检举监狱内外重大犯罪活动,经查证属实的;

---

① 本条第二款根据《刑法修正案(八)》(2011 年 5 月 1 日起施行)第十五条修改。

原本条第二款的内容为:减刑以后实际执行的刑期,判处管制、拘役、有期徒刑的,不能少于原判刑期的二分之一;判处无期徒刑的,不能少于十年。

修改的主要内容为:一是将被判处无期徒刑的犯罪分子减刑以后实际执行的刑期"不能少于十年"修改为"不能少于十三年";二是对被判处死刑缓期执行的犯罪分子缓期执行期满后减为无期徒刑的,修改为"不能少于二十五年";减为二十五年有期徒刑的,"不能少于二十年"。

（三）有发明创造或者重大技术革新的；

（四）在日常生产、生活中舍己救人的；

（五）在抗御自然灾害或者排除重大事故中，有突出表现的；

（六）对国家和社会有其他重大贡献的。

减刑以后实际执行的刑期不能少于下列期限：

（一）判处管制、拘役、有期徒刑的，不能少于原判刑期的二分之一；

（二）判处无期徒刑的，不能少于十三年；

（三）人民法院依照本法第五十条第二款规定限制减刑的死刑缓期执行的犯罪分子，缓期执行期满后依法减为无期徒刑的，不能少于二十五年，缓期执行期满后依法减为二十五年有期徒刑的，不能少于二十年。

社区矫正对象王某减刑监督案

（最高人民检察院第十三届检察委员会第八十四次会议决定 2022 年 1 月 30 日发布）

【关键词】

社区矫正监督 见义勇为 重大立功 减刑监督 检察听证

【要旨】

人民检察院开展社区矫正法律监督工作，应当坚持客观公正立场，既监督纠正社区矫正中的违法行为，又依法维护社区矫正对象合法权益。发现宣告缓刑的社区矫正对象有见义勇为、抢险救灾等突出表现的，应当监督相关部门审查确定是否属于重大立功情形，是否符合减刑条件。对有重大社会影响的减刑监督案件，人民检察院可以召开听证会，围绕社区矫正对象是否符合重大立功等重点内容进行听证，结合原判罪名情节、社区矫正期间表现等依法提出检察建议。

【基本案情】

社区矫正对象王某，男，1989 年 6 月出生，2018 年 3 月 14 日因犯诈骗罪被浙江省德清县人民法院判处有期徒刑三年，宣告缓刑四年，并处罚金人民币六万元，缓刑考验期自 2018 年 3 月 27 日至 2022 年 3 月 26 日止。王某在浙江省德清县某街道司法所接受社区矫正。社区矫正期间，王某能够积极接受教育管理，各方面表现良好。

2019 年 11 月 12 日上午,王某在德清县某街道进行社区服务时,发现社区卫生服务站门口的道路上,一辆正在施工的热熔划线工程车上的液化气罐突然起火,危及周边安全。王某见状主动上前施救,并成功排除险情。经德清县人民检察院监督,王某的行为被法院依法认定为重大立功,符合减刑的法定条件。湖州市中级人民法院依法裁定对王某减去有期徒刑六个月,削减缓刑考验期一年。

【检察履职情况】

线索发现 救火事件经新闻媒体报道后,德清县人民检察院检察人员通过查看现场照片,并与德清县社区矫正机构确认,主动救火的人是社区矫正对象王某。德清县人民检察院认为,王某的行为可能构成重大立功情形,符合减刑条件。

调查核实 德清县人民检察院将王某主动救火的情况向社区矫正机构反映,但社区矫正机构未及时进行核查。检察机关随即开展调查核实等工作。一是审查救火事件的基本事实和证据。通过走访事发现场,询问事发地社区工作人员、社区医生、道路施工人员、消防救援人员及周边群众,收集调取现场照片等证据,了解到当日工程车上的液化气罐突然起火,王某发现后三次往返火场灭火,最后爬上工程车徒手将有随时被引爆风险的 7 个液化气罐全部拧紧,成功排除一起重大火灾爆炸险情。灭火过程中,王某身体多处受伤。事发地位于德清县城闹市区,来往车辆和行人较多,周边均为居民区,一旦发生爆炸可能造成重大事故。二是审查王某在社区矫正期间的表现情况。全面调取王某的社区矫正档案材料,询问王某和社区矫正机构工作人员,了解到王某原判罚金刑已履行完毕,其在社区矫正期间能够认罪悔罪,遵守法律法规和监督管理规定,积极参加教育学习和社区服务,月度考核中多次获得表扬。三是论证是否符合重大立功情形。会同公安机关、人民法院和社区矫正机构等部门,就王某的行为是否属于重大立功表现等问题进行分析论证,推动社区矫正机构有针对性地开展调查取证。2019 年 12 月 25 日,德清县人民检察院向德清县公安局发出王某见义勇为举荐书,德清县公安局核实后于 2020 年 1 月 3 日依法确定王某的行为系见义勇为。四是召开公开听证会。考虑到王某见义勇为行为已被媒体宣传报道,具有较大的社会影响,德清县人民检察院围绕是否构成重大立功等问题组织召开检察听证会,邀请省、市、县三级人大代表和政协委员、社区矫正机构代表等人员作为听证员,当事人及其代理律师也参加听证。听证员认为,王某见义勇为行为成功排除了一起重大事故,符合重大立功的条件,有力传播了社会正能量,建议德清县人民检察院依法监督德清县司法局对王某提请减刑。

监督意见 2020 年 4 月 17 日,德清县人民检察院依法向德清县司法局提出对社区矫正对象王某提请减刑的检察建议。

监督结果 2020 年 7 月 1 日,湖州市司法局在审查德清县司法局报送的减刑建议书后,向湖州市中级人民法院提出减刑建议。湖州市中级人民法院经审理认为,社区矫正对象王某在排除重大事故中有见义勇为行为,且表现突出,构成重大立功,符合减刑的法定条件。2020 年 7 月 13 日,湖州市中级人民法院依法裁定对王某减去有期徒刑六个月,削减缓刑考验期一年。

【指导意义】

(一)人民检察院开展社区矫正法律监督工作,发现宣告缓刑社区矫正对象有重大立功线索的,应当监督社区矫正机构进行调查核实,依法维护社区矫正对象合法权益。根据有关法律和司法解释的规定,宣告缓刑的罪犯,一般不适用减刑;在缓刑考验期内有重大立功表现的,可以参照《中华人民共和国刑法》第七十八条第一款的规定,予以减刑。因此,人民检察院在监督工作中发现社区矫正对象有见义勇为等突出表现,可能构成重大立功的,应当监督社区矫正机构及时进行调查,依法予以确认。必要时,人民检察院可以自行开展调查核实。

(二)人民检察院在办理减刑监督案件时,可以通过公开听证方式听取各方意见,最大程度凝聚共识,确保案件办理质效。人民检察院办理有重大社会影响的社区矫正对象减刑监督案件,可以运用公开听证方式开展案件审查工作,广泛听取意见,并通过以案释法,弘扬社会主义核心价值观。在听证过程中,应重点围绕社区矫正对象的行为是否符合《中华人民共和国刑法》第七十八条第一款规定的重大立功情形听取意见。人民检察院综合听证员意见,结合社区矫正对象见义勇为的具体表现、有效避免或阻止发生的危害后果,以及原判罪名情节、社会危害程度和社区矫正期间表现等因素,经审慎研究,依法认定符合减刑条件的,应当向刑罚执行机关提出提请减刑的检察建议。

【相关规定】(略)

罪犯赵威减刑撤销案——备案审查中发现之前
减刑裁定确有错误,依法撤销减刑

(2015 年 7 月 29 日最高人民法院公布)

【基本案情】

罪犯赵威,男,原系重庆市万盛区安全生产监督管理局局长兼煤炭工业管理局局长、万盛区政协副主席(副厅级)。2010 年 9 月 8 日重庆市高级人民法院以受贿罪、滥用职权罪,数罪并罚,判处赵威有期徒刑九年,并处没收个人财产人民币 50000 元,追缴其所退赃款人民币 210000 元。判决生效后,赵威于 2010 年 10 月 13 日被交付执行。刑期至 2018 年 8 月 25 日止。2012 年 5 月 29 日重庆市第三中级人民法院作出裁定,认定赵威确有悔改表现,对其减去有期徒刑八个月。2012 年 6 月 13 日执行机关重庆市垫江监狱以赵威服刑期间积极主动检举吴雅、苏怀志等人制造、贩卖毒品的违法犯罪线索,经办案单位查证属实,确有重大立功表现为由再次建议对其减刑。重庆三中院经审理认定赵威检举他人重大犯罪活动经查证属实,确有重大立功表现,遂于 2012 年 7 月 3 日作出 (2012) 渝三中法刑执字第 2725 号刑事裁定,对赵威减去有期徒刑一年零十一个月,刑期至 2016 年 1 月 25 日止。

2014 年 6 月 11 日,垫江监狱以罪犯赵威自上次减刑以来确有悔改表现为由,再次向重庆三中院提出减刑建议。重庆三中院受理后,依法将减刑建议书等有关材料进行公示,并公开开庭审理了本案。该院于 2014 年 7 月 11 日作出 (2014) 渝三中法刑执字第 2485 号刑事裁定,对赵威减去有期徒刑一年。

减刑裁定作出后,重庆三中院依法将该案向重庆市高级人民法院报备审查。重庆高院经审查认为,重庆三中院于 2014 年 7 月 11 日作出的 (2014) 渝三中法刑执字第 2485 号刑事裁定符合法律规定,但重庆三中院 2012 年 7 月 3 日作出的 (2012) 渝三中法刑执字第 2725 号刑事裁定中将罪犯赵威举报他人的行为认定为重大立功,并对其减去有期徒刑一年零十一个月确有错误。经查,赵威举报吴雅、苏怀志等人制毒贩毒之前,公安机关已经将吴雅逮捕,故不能认定赵威有重大立功表现。

【裁判结果】

重庆高院于 2014 年 12 月 31 日作出 (2015) 渝高法刑执字第 0073 号刑事裁定,撤销重庆三中院 (2012) 渝三中法刑执字第 2725 号刑事裁定。罪犯赵威刑期起止时间为:自 2009 年 8 月 26 日起至 2016 年 12 月 25 日止。

罪犯鲁龙不予减刑案——罪犯狱中窃取他犯财物受警告处分,不能认定确有悔改表现,依法不予减刑

(2015 年 7 月 29 日最高人民法院公布)

【基本案情】

罪犯鲁龙,男,汉族,无业,原判认定其于 2007 年 2 月伙同他人携带凶器实

施抢劫两起,并在抢劫过程中致使被害人崔某死亡,共抢劫现金 540 余元及价值 120 元的诺基亚手机一部。在共同犯罪中,鲁龙系主犯,曾因犯盗窃罪被判处拘役三个月。2009 年 11 月 14 日,河南省郑州市中级人民法院以抢劫罪判处鲁龙死刑,缓期二年执行,剥夺政治权利终身,并处没收个人全部财产;赔偿附带民事诉讼原告人经济损失人民币 20000 元(已赔付 3000 元)。判决生效后交付执行。2012 年 11 月 23 日,河南省高级人民法院裁定将鲁龙的刑罚依法减为无期徒刑,剥夺政治权利终身。刑罚执行机关河南省第一监狱以鲁龙自上次减刑以来确有悔改表现为由,再次提请对其减刑。河南高院于 2015 年 3 月 2 日立案后,依法将减刑建议书等材料向社会公示,并于 3 月 19 日公开开庭审理了本案。

河南高院经审理查明,罪犯鲁龙服刑期间获记功 2 次,又因多次窃取他犯财物,经教育仍屡教不改,于 2012 年 8 月 30 日被警告处分 1 次。

【裁判结果】

河南高院认为,罪犯鲁龙犯盗窃罪刑满释放后再次纠集他人两次实施抢劫犯罪并致一人死亡,且系主犯,主观恶性深,社会危害大,服刑期间虽积极参加劳动和教育改造,但多次盗窃他人财物,非法占有他人财物的恶习未革除,需要进一步接受教育和改造。综合其原判情况和改造表现,不能认定鲁龙确有悔改表现。遂依法作出对鲁龙不予减刑的裁定。

刑法第八十一条(假释)

第八十一条① 被判处有期徒刑的犯罪分子,执行原判刑期二分之一以上,被判处无期徒刑的犯罪分子,实际执行二年以上,如果认真遵守监规,接受教育改造,确有悔改表现,没有再犯罪的危险的,可以假释。如果有特殊情况,经最高人民法院核准,可以不受上述执行刑期的限制。

---

① 本条根据《刑法修正案(八)》(2011 年 5 月 1 日起施行)第十六条修改。

原本条内容为:被判处有期徒刑的犯罪分子,执行原判刑期二分之一以上,被判处无期徒刑的犯罪分子,实际执行十年以上,如果认真遵守监规,接受教育改造,确有悔改表现,假释后不致再危害社会的,可以假释。如果有特殊情况,经最高人民法院核准,可以不受上述执行刑期的限制。(第一款)对累犯以及因杀人、爆炸、抢劫、强奸、绑架等暴力性犯罪被判处十年以上有期徒刑、无期徒刑的犯罪分子,不得假释。(第二款)

修改的内容为:一是补充规定对被判处无期徒刑的犯罪分子适用假释的,必须实际执行十三年以上;二是在"不得适用"假释的犯罪中,增加了投放危险物质和有组织的暴力性犯罪;三是补充规定对犯罪分子决定假释时,"应当考虑其假释后对所居住社区的影响"。

> 对累犯以及因故意杀人、强奸、抢劫、绑架、放火、爆炸、投放危险物质或者有组织的暴力性犯罪被判处十年以上有期徒刑、无期徒刑的犯罪分子,不得假释。
>
> 对犯罪分子决定假释时,应当考虑其假释后对所居住社区的影响。

罪犯康某假释监督案

(最高人民检察院第十三届检察委员会第三十次会议决定 2020 年 2 月 28 日发布)

【关键词】

未成年罪犯 假释适用 帮教

【要旨】

人民检察院办理未成年罪犯减刑、假释监督案件,应当比照成年罪犯依法适当从宽把握假释条件。对既符合法定减刑条件又符合法定假释条件的,可以建议刑罚执行机关优先适用假释。审查未成年罪犯是否符合假释条件时,应当结合犯罪的具体情节、原判刑罚情况、刑罚执行中的表现、家庭帮教能力和条件等因素综合认定。

【基本案情】

罪犯康某,男,1999 年 9 月 29 日出生,汉族,初中文化。2016 年 12 月 23 日因犯抢劫罪被河南省安阳市中级人民法院终审判处有期徒刑三年,并处罚金人民币 1000 元,刑期至 2018 年 11 月 13 日。康某因系未成年罪犯,于 2017 年 1 月 20 日被交付到河南省郑州未成年犯管教所执行刑罚。2018 年 6 月,郑州未成年犯管教所在办理减刑过程中,认定康某认真遵守监规,接受教育改造,确有悔改表现,拟对其提请减刑。

【检察机关监督情况】

线索发现 2018 年 6 月,郑州未成年犯管教所就罪犯康某提请减刑征求检察机关意见,郑州市人民检察院审查认为,康某符合法定减刑条件,同时符合法定假释条件,依据相关司法解释规定可以优先适用假释。与对罪犯适用减刑相比,假释更有利于促进罪犯教育改造和融入社会。

调查核实 为了确保监督意见的准确性,派驻检察室根据假释的条件重点开展了以下调查核实工作:一是对康某改造表现进行考量。通过询问罪犯、监管民警及相关人员,查阅计分考核材料,认定康某在服刑期间确有悔改表现。二是对康某原判犯罪情节进行考量。通过审查案卷材料,查明康某虽系抢劫犯罪,但其犯罪时系在校学生,犯罪情节较轻,且罚金刑已履行完毕。三是对康某假释后是否具有再犯罪危险进行考量。结合司法局出具的"关于对康某适用假释调查评估意见书",走访调取了康某居住地村支书、邻居等人的证言,证实康某犯罪前表现良好,无犯罪前科和劣迹,且上述人员均愿意协助监管帮教康某。四是对康某家庭是否具有监管条件和能力进行考量。通过走访康某原在校班主任,其证实康某在校期间系班干部,学习刻苦,乐于助人,无违反校规校纪情况;康某的父母职业稳定,认识到康某所犯罪行的社会危险性,对康某假释后监管帮教有明确可行的措施和计划。

监督意见 2018 年 6 月 26 日,郑州市人民检察院提出对罪犯康某依法提请假释的检察意见。郑州未成年犯管教所接受检察机关的意见,于 2018 年 6 月 28 日向郑州市中级人民法院提请审核裁定。为增强假释庭审效果,督促罪犯父母协助落实帮教措施,郑州市人民检察院提出让康某的父母参加假释庭审的建议并被郑州市中级人民法院采纳。

监督结果 2018 年 7 月 27 日,郑州市中级人民法院在郑州未成年犯管教所开庭审理罪犯康某假释案。庭审中,检察人员发表了依法对康某假释的检察意见,对康某成长经历、犯罪轨迹、性格特征、原判刑罚执行、假释后监管条件和帮教措施等涉及康某假释的问题进行了说明。康某的父母以及郑州未成年犯管教所百余名未成年服刑罪犯旁听了庭审,康某父母检讨了在教育孩子问题上的不足并提出了假释后的家庭帮教措施,百余名未成年罪犯受到了很好的法治教育。2018 年 7 月 30 日,郑州市中级人民法院依法对罪犯康某裁定假释。

【指导意义】

1. 罪犯既符合法定减刑条件又符合法定假释条件的,可以优先适用假释。减刑、假释都是刑罚变更执行的重要方式,与减刑相比,假释更有利于维护裁判的权威和促进罪犯融入社会、预防罪犯再犯罪。目前,世界其他法治国家多数是实行单一假释制度或者是假释为主、减刑为辅的刑罚变更执行制度。但在我国司法实践中,减刑、假释适用不平衡,罪犯减刑比例一般在百分之二十多,假释比例只有百分之一左右,假释适用率低。人民检察院在办理减刑、假释案件时,应当充分发挥减刑、假释制度的不同价值功能,对既符合法定减刑条件又符合法定假释条件的罪犯,可以建议刑罚执行机关提请人民法院优先适用假释。

2. 对犯罪时未满十八周岁的罪犯适用假释可以依法从宽掌握,综合各种因素判断罪犯是否符合假释条件。人民检察院办理犯罪时未满十八周岁的罪犯假释案件,应当综合罪犯犯罪情节、原判刑罚、服刑表现、身心特点、监管帮教等因素依法从宽掌握。特别是对初犯、偶犯和在校学生等罪犯,假释后其家庭和社区具有帮教能力和条件的,可以建议刑罚执行机关和人民法院依法适用假释。对罪犯"假释后有无再犯罪危险"的审查判断,人民检察院应当根据相关法律和司法解释的规定,结合未成年罪犯犯罪的具体情节、原判刑罚情况,其在刑罚执行中的一贯表现、帮教条件(包括其身体状况、性格特征、被假释后生活来源以及帮教环境等因素)综合考虑。

3. 对犯罪时未满十八周岁的罪犯假释案件,人民检察院可以建议罪犯的父母参加假释庭审。将未成年人罪犯父母到庭制度引入假释案件审理中,有助于更好地调查假释案件相关情况,客观准确地适用法律,保障罪犯的合法权益,督促罪犯假释后社会帮教责任的落实,有利于发挥司法机关、家庭和社会对罪犯改造帮教的合力作用,促进罪犯的权益保护和改造教育,实现办案的政治效果、法律效果和社会效果的有机统一。

4. 人民检察院应当做好罪犯监狱刑罚执行和社区矫正法律监督工作的衔接,继续加强对假释的罪犯社区矫正活动的法律监督。监狱罪犯被裁定假释实行社区矫正后,检察机关应当按照《中华人民共和国社区矫正法》的有关规定,监督有关部门做好罪犯的交付、接收等工作,并应当做好对社区矫正机构对罪犯社区矫正活动的监督,督促社区矫正机构对罪犯进行法治、道德等方面的教育,组织其参加公益活动,增强其法治观念,提高其道德素质和社会责任感,帮助其融入社会,预防和减少犯罪。

【相关规定】(略)

刑法第八十七条(追诉时效)

第八十七条 犯罪经过下列期限不再追诉:
(一)法定最高刑为不满五年有期徒刑的,经过五年;
(二)法定最高刑为五年以上不满十年有期徒刑的,经过十年;
(三)法定最高刑为十年以上有期徒刑的,经过十五年;
(四)法定最高刑为无期徒刑、死刑的,经过二十年。如果二十年以后认为必须追诉的,须报请最高人民检察院核准。

马世龙(抢劫)核准追诉案

(最高人民检察院第十二届检察委员会第三十七次会议决定 2015 年 7 月 3 日发布)

【关键词】

核准追诉 后果严重 影响恶劣

【基本案情】

犯罪嫌疑人马世龙,男,1970 年生,吉林省公主岭市人。

1989 年 5 月 19 日下午,犯罪嫌疑人马世龙、许云刚、曹立波(后二人另案处理,均已判刑)预谋到吉林省公主岭市苇子沟街獾子洞村李树振家抢劫,并准备了面罩、匕首等作案工具。5 月 20 日零时许,三人蒙面持刀进入被害人李树振家大院,将屋门玻璃撬开后拉开门锁进入李树振卧室。马世龙、许云刚、曹立波分别持刀逼住李树振及其妻子王某,并强迫李树振及其妻子拿钱。李树振和妻子王某喊救命,曹立波、许云刚随即逃离。马世龙在逃离时被李树振拉住,遂持刀在李树振身上乱捅,随后逃脱。曹立波、许云刚、马世龙会合后将抢得的现金380 余元分掉。李树振被送往医院抢救无效死亡。

【核准追诉案件办理过程】

案发后,马世龙逃往黑龙江省七台河市打工。公安机关没有立案,也未对马世龙采取强制措施。2014 年 3 月 10 日,吉林省公主岭市公安局接到黑龙江省七台河市桃山区桃山街派出所移交案件:当地民警在对辖区内一名叫"李红"的居民进行盘查时,"李红"交代其真实姓名为马世龙,1989 年 5 月伙同他人闯入吉林省公主岭市苇子沟街獾子洞村李树振家抢劫,并将李树振用刀扎死后逃跑。当日,公主岭市公安局对马世龙立案侦查,3 月 18 日通过公主岭市人民检察院层报最高人民检察院核准追诉。

公主岭市人民检察院、四平市人民检察院、吉林省人民检察院对案件进行审查并开展了必要的调查。2014 年 4 月 8 日,吉林省人民检察院报最高人民检察院对马世龙核准追诉。

另据查明:(一)被害人妻子王某和儿子因案发时受到惊吓患上精神病,靠捡破烂为生,生活非常困难,王某强烈要求追究马世龙刑事责任。(二)案发地群众表示,李树振被抢劫杀害一案在当地造成很大恐慌,影响至今没有消除,对犯罪嫌疑人应当追究刑事责任。

最高人民检察院审查认为:犯罪嫌疑人马世龙伙同他人入室抢劫,造成一人死亡的严重后果,依据 2011 年《中华人民共和国刑法》第十二条、1979 年《中华人民共和国刑法》第一百五十条规定,应当适用的法定量刑幅度的最高刑为死刑。本案对被害人家庭和亲属造成严重伤害,在案发当地造成恶劣影响,虽然经过二十年追诉期限,被害方以及案发地群众反映强烈,社会影响没有消失,不追诉可能严重影响社会稳定或者产生其他严重后果。综合上述情况,依据 1979 年《中华人民共和国刑法》第七十六条第四项规定,决定对犯罪嫌疑人马世龙核准追诉。

【案件结果】

2014 年 6 月 26 日,最高人民检察院作出对马世龙核准追诉决定。2014 年 11 月 5 日,吉林省四平市中级人民法院以马世龙犯抢劫罪,同时考虑其具有自首情节,判处其有期徒刑十五年,并处罚金 1000 元。被告人马世龙未上诉,检察机关未抗诉,一审判决生效。

【要旨】

故意杀人、抢劫、强奸、绑架、爆炸等严重危害社会治安的犯罪,经过二十年追诉期限,仍然严重影响人民群众安全感,被害方、案发地群众、基层组织等强烈要求追究犯罪嫌疑人刑事责任,不追诉可能影响社会稳定或者产生其他严重后果的,对犯罪嫌疑人应当追诉。

【相关规定】(略)

丁国山等(故意伤害)核准追诉案

(最高人民检察院第十二届检察委员会第三十七次会议决定　2015 年 7 月 3 日发布)

【关键词】

核准追诉　情节恶劣　无悔罪表现

【基本案情】

犯罪嫌疑人丁国山,男,1963 年生,黑龙江省齐齐哈尔市人。

犯罪嫌疑人常永龙,男,1973 年生,辽宁省朝阳市人。

犯罪嫌疑人丁国义,男,1965 年生,黑龙江省齐齐哈尔市人。

犯罪嫌疑人闫立军,男,1970 年生,黑龙江省齐齐哈尔市人。

1991 年 12 月 21 日,李万山、董立君、魏江等三人上山打猎,途中借宿在莫旗红彦镇大韭菜沟村(后改名干拉抛沟村)丁国义家中。李万山酒后因琐事与丁国义侄子常永龙发生争吵并殴打了常永龙。12 月 22 日上午 7 时许,丁国山、丁国义、常永龙、闫立军为报复泄愤,对李万山、董立君、魏江三人进行殴打,并将李万山、董立君装进麻袋,持木棒继续殴打三人要害部位。后丁国山等四人用绳索将李万山和董立君捆绑吊于房梁上,将魏江捆绑在柱子上后逃离现场。李万山头部、面部多处受伤,经救治无效于当日死亡。

【核准追诉案件办理过程】

案发后,丁国山等四名犯罪嫌疑人潜逃。莫旗公安局当时没有立案手续,也未对犯罪嫌疑人采取强制措施。2010 年全国追逃行动期间,莫旗公安局经对未破命案进行梳理,并通过网上信息研判、证人辨认,确定了丁国山等四名犯罪嫌疑人下落。2013 年 12 月 25 日,犯罪嫌疑人丁国山、丁国义、闫立军被抓获归案;2014 年 1 月 17 日,犯罪嫌疑人常永龙被抓获归案。2014 年 1 月 25 日,莫旗公安局通过莫旗人民检察院层报最高人民检察院对丁国山等四名犯罪嫌疑人核准追诉。

莫旗人民检察院、呼伦贝尔市人民检察院、内蒙古自治区人民检察院对案件进行审查并开展了必要的调查。2014 年 4 月 10 日,内蒙古自治区人民检察院报最高人民检察院对丁国山等四名犯罪嫌疑人核准追诉。

另据查明:(一)案发后四名犯罪嫌疑人即逃跑,在得知李万山死亡后分别更名潜逃到黑龙江、陕西等地,其间对于死伤者及其家属未给予任何赔偿。(二)被害人家属强烈要求严惩犯罪嫌疑人。(三)案发地部分村民及村委会出具证明表示,本案虽然过了二十多年,但在当地造成的影响没有消失。

最高人民检察院审查认为:犯罪嫌疑人丁国山、丁国义、常永龙、闫立军涉嫌故意伤害罪,并造成一人死亡的严重后果,依据 2011 年《中华人民共和国刑法》第十二条、1979 年《中华人民共和国刑法》第一百三十四条、《全国人民代表大会常务委员会关于严惩严重危害社会治安的犯罪分子的决定》第一条规定,应当适用的法定量刑幅度的最高刑为死刑。本案情节恶劣、后果严重,虽然已过 20 年追诉期限,但社会影响没有消失,不追诉可能严重影响社会稳定或者产生其他严重后果。本案系共同犯罪,四名犯罪嫌疑人具有共同犯罪故意,共同实施了故意伤害行为,应当对犯罪结果共同承担责任。综合上述情况,依据1979 年《中华人民共和国刑法》第七十六条第四项规定,决定对犯罪嫌疑人丁国山、常永龙、丁国义、闫立军核准追诉。

【案件结果】

2014 年 6 月 13 日,最高人民检察院作出对丁国山、常永龙、丁国义、闫立军核准追诉决定。2015 年 2 月 26 日,内蒙古自治区呼伦贝尔市中级人民法院以犯故意伤害罪,同时考虑审理期间被告人向被害人进行赔偿等因素,判处主犯丁国山、常永龙、丁国义有期徒刑十四年、十三年、十二年,判处从犯闫立军有期徒刑三年。被告人均未上诉,检察机关未抗诉,一审判决生效。

【要旨】

涉嫌犯罪情节恶劣、后果严重,并且犯罪后积极逃避侦查,经过二十年追诉期限,犯罪嫌疑人没有明显悔罪表现,也未通过赔礼道歉、赔偿损失等获得被害方谅解,犯罪造成的社会影响没有消失,不追诉可能影响社会稳定或者产生其他严重后果的,对犯罪嫌疑人应当追诉。

【相关规定】(略)

杨菊云(故意杀人)不核准追诉案

(最高人民检察院第十二届检察委员会第三十七次会议决定 2015 年 7 月 3 日发布)

【关键词】

不予核准追诉 家庭矛盾 被害人谅解

【基本案情】

犯罪嫌疑人杨菊云,女,1962 年生,四川省简阳市人。

1989 年 9 月 2 日晚,杨菊云与丈夫吴德禄因琐事发生口角,吴德禄因此殴打杨菊云。杨菊云趁吴德禄熟睡,手持家中一节柏树棒击打吴德禄头部,后因担心吴德禄继续殴打自己,便用剥菜尖刀将吴德禄杀死。案发后杨菊云携带儿子吴某(当时不满 1 岁)逃离简阳。9 月 4 日中午,吴德禄继父魏某去吴德禄家中,发现吴德禄被杀死在床上,于是向公安机关报案。公安机关随即开展了尸体检验、现场勘查等调查工作,并于 9 月 26 日立案侦查,但未对杨菊云采取强制措施。

【核准追诉案件办理过程】

杨菊云潜逃后辗转多地,后被拐卖嫁与安徽省凤阳县农民曹某。2013 年 3 月,吴德禄亲属得知杨菊云联系方式、地址后,多次到简阳市公安局、资阳市公安局进行控告,要求追究杨菊云刑事责任。同年 4 月 22 日,简阳市及资阳市公安局在安徽省凤阳县公安机关协助下将杨菊云抓获,后依法对其刑事拘留、逮捕,并通过简阳市人民检察院层报最高人民检察院核准追诉。

简阳市人民检察院、资阳市人民检察院、四川省人民检察院先后对案件进行审查并开展了必要的调查。2013 年 6 月 8 日,四川省人民检察院报最高人民检察院对杨菊云核准追诉。

另据查明:(一)杨菊云与吴德禄之子吴某得知自己身世后,恳求吴德禄父母及其他亲属原谅杨菊云。吴德禄的父母等亲属向公安机关递交谅解书,称鉴于杨菊云将吴某抚养成人,成立家庭,不再要求追究杨菊云刑事责任。(二)案发地部分群众表示,吴德禄被杀害,当时社会影响很大,现在事情过去二十多年,已经没有什么影响。

最高人民检察院审查认为:犯罪嫌疑人杨菊云故意非法剥夺他人生命,依据 2011 年《中华人民共和国刑法》第十二条、1979 年《中华人民共和国刑法》第一百三十二条规定,应当适用的法定量刑幅度的最高刑为死刑。本案虽然情节、后果严重,但属于因家庭矛盾引发的刑事案件,且多数被害人家属已经表示原谅杨菊云,被害人与犯罪嫌疑人杨菊云之子吴某也要求不追究杨菊云刑事责任。案发地群众反映案件造成的社会影响已经消失。综合上述情况,本案不属于必须追诉的情形,依据 1979 年《中华人民共和国刑法》第七十六条第四项规定,决定对杨菊云不予核准追诉。

【案件结果】

2013 年 7 月 19 日,最高人民检察院作出对杨菊云不予核准追诉决定。2013 年 7 月 29 日,简阳市公安局对杨菊云予以释放。

【要旨】

1. 因婚姻家庭等民间矛盾激化引发的犯罪,经过二十年追诉期限,犯罪嫌疑人没有再犯罪危险性,被害人及其家属对犯罪嫌疑人表示谅解,不追诉有利于化解社会矛盾、恢复正常社会秩序,同时不会影响社会稳定或者产生其他严重后果的,对犯罪嫌疑人可以不再追诉。

2. 须报请最高人民检察院核准追诉的案件,侦查机关在核准之前可以依法对犯罪嫌疑人采取强制措施。侦查机关报请核准追诉并提请逮捕犯罪嫌疑人,人民检察院经审查认为必须追诉而且符合法定逮捕条件的,可以依法批准逮捕。

【相关规定】(略)

蔡金星、陈国辉等(抢劫)不核准追诉案

(最高人民检察院第十二届检察委员会第三十七次会议决定 2015 年 7 月 3 日发布)

【关键词】

不予核准追诉 悔罪表现 共同犯罪

【基本案情】

犯罪嫌疑人蔡金星,男,1963 年生,福建省莆田市人。

犯罪嫌疑人陈国辉,男,1963 年生,福建省莆田市人。

犯罪嫌疑人蔡金星、林俊雄于 1991 年初认识了在福建、安徽两地从事鳗鱼苗经营的一男子(姓名身份不详),该男子透露莆田市多人集资 14 万余元赴芜湖市购买鳗鱼苗,让蔡金星、林俊雄设法将钱款偷走或抢走,自己作为内应。蔡金星、林俊雄遂召集陈国辉、李建忠、蔡金文、陈锦城赶到芜湖市。经事先"踩点",蔡金星、陈国辉等六人携带凶器及作案工具,于 1991 年 3 月 12 日上午租乘一辆面包车到被害人林文忠租住的房屋附近。按照事先约定,蔡金星在车上等候,其余五名犯罪嫌疑人进入屋内,陈国辉上前按住林文忠,其他人用水果刀逼迫林文忠,抢到装在一个密码箱内的 14 万余元现金后逃跑。

【核准追诉案件办理过程】

1991 年 3 月 12 日,被害人林文忠到芜湖市公安局报案,4 月 18 日芜湖市公安局对犯罪嫌疑人李建忠、蔡金文、陈锦城进行通缉,4 月 23 日对三人作出刑事拘留决定。李建忠于 2011 年 9 月 21 日被江苏省连云港市公安局抓获,蔡金文、陈锦城于 2011 年 12 月 8 日在福建省莆田市投案(三名犯罪嫌疑人另案处理,均已判刑)。李建忠、蔡金文、陈锦城到案后,供出同案犯罪嫌疑人蔡金星、陈国辉、林俊雄(已死亡)三人。莆田市公安局于 2012 年 3 月 9 日将犯罪嫌疑人蔡金星、陈国辉抓获。2012 年 3 月 12 日,芜湖市公安局对两名犯罪嫌疑人刑事拘留(后取保候审),并通过芜湖市人民检察院层报最高人民检察院核准追诉。

芜湖市人民检察院、安徽省人民检察院分别对案件进行审查并开展了必要的调查。2012 年 12 月 4 日,安徽省人民检察院报最高人民检察院对蔡金星、陈国辉核准追诉。

另据查明:(一)犯罪嫌疑人蔡金星、陈国辉与被害人(林文忠等当年集资做生意的群众)达成和解协议,并支付被害人 40 余万元赔偿金(包括直接损失和间接损失),各被害人不再要求追究其刑事责任。(二)蔡金星、陈国辉居住地基层组织未发现二人有违法犯罪行为,建议司法机关酌情不予追诉。

最高人民检察院审查认为:犯罪嫌疑人蔡金星、陈国辉伙同他人入户抢劫14 万余元,依据 2011 年《中华人民共和国刑法》第十二条、1979 年《中华人民共和国刑法》第一百五十条规定,应当适用的法定量刑幅度的最高刑为死刑。本案发生在 1991 年 3 月 12 日,案发后公安机关只发现了犯罪嫌疑人李建忠、蔡金文、陈锦城,在追诉期限内没有发现犯罪嫌疑人蔡金星、陈国辉,二人在案发后也没有再犯罪,因此已超过二十年追诉期限。本案虽然犯罪数额巨大,但未造成被害人人身伤害等其他严重后果。犯罪嫌疑人与被害人达成和解协议,并实际赔偿了被害人损失,被害人不再要求追究其刑事责任。综合上述情况,本案不属于必须追诉的情形,依据1979年《中华人民共和国刑法》第七十六条第四项规定,决定对蔡金星、陈国辉不予核准追诉。

【案件结果】

2012年12月31日,最高人民检察院作出对蔡金星、陈国辉不予核准追诉决定。2013年2月20日,芜湖市公安局对蔡金星、陈国辉解除取保候审。

【要旨】

1. 涉嫌犯罪已过二十年追诉期限,犯罪嫌疑人没有再犯罪危险性,并且通过赔礼道歉、赔偿损失等方式积极消除犯罪影响,被害方对犯罪嫌疑人表示谅解,犯罪破坏的社会秩序明显恢复,不追诉不会影响社会稳定或者产生其他严重后果的,对犯罪嫌疑人可以不再追诉。

2. 1997年9月30日以前实施的共同犯罪,已被司法机关采取强制措施的犯罪嫌疑人逃避侦查或者审判的,不受追诉期限限制。司法机关在追诉期限内未发现或者未采取强制措施的犯罪嫌疑人,应当受追诉期限限制;涉嫌犯罪应当适用的法定量刑幅度的最高刑为无期徒刑、死刑,犯罪行为发生二十年以后认为必须追诉的,须报请最高人民检察院核准。

【相关规定】(略)

第二编

分　则

第一章　危害国家安全罪

二维码链接 2 – 危害国家安全罪

第一百一十条（间谍罪）

> 第一百一十条　有下列间谍行为之一，危害国家安全的，处十年以上有期徒刑或者无期徒刑；情节较轻的，处三年以上十年以下有期徒刑：
> （一）参加间谍组织或者接受间谍组织及其代理人的任务的；
> （二）为敌人指示轰击目标的。

吴某某间谍案

（2022 年 4 月 16 日最高人民检察院发布）

被告人吴某某，男，案发前系某机场航务与运行管理部运行指挥员。2020

年 7 月,被告人吴某某通过自己及其姐姐、哥哥等人的闲鱼账号在"闲鱼"软件承接跑腿业务,某间谍组织代理人"鱼总"通过"闲鱼"软件的自动回复号码搜索添加了被告人吴某某的微信。后吴某某在金钱诱惑下被"鱼总"发展,并接受其要求吴某某提供政府机关重要人员到某机场的行程信息,被告人吴某某利用自己在该机场运行管理部担任运行指挥员的便利,多次刺探、截获政府机关重要人员的行程信息,并通过境外聊天软件发送给"鱼总",共收取"鱼总"提供的间谍经费人民币 2.6 万余元。经鉴定,被告人吴某某为间谍组织代理人"鱼总"提供的信息涉 1 项机密级军事秘密,2 项秘密级军事秘密。

最终,吴某某因犯间谍罪被判处有期徒刑十三年,剥夺政治权利四年。

第一百一十一条(为境外窃取、刺探、收买、非法提供国家秘密、情报罪)

> 第一百一十一条　为境外的机构、组织、人员窃取、刺探、收买、非法提供国家秘密或者情报的,处五年以上十年以下有期徒刑;情节特别严重的,处十年以上有期徒刑或者无期徒刑;情节较轻的,处五年以下有期徒刑、拘役、管制或者剥夺政治权利。

陈某某为境外刺探、非法提供国家秘密案

(2022 年 4 月 16 日最高人民检察院发布)

被告人陈某某系某职业技术学院学生。2020 年 2 月中旬,陈某某通过"探探"App 平台结识了境外人员"涵"。陈某某在明知"涵"是境外人员的情况下,为获取报酬,于 2020 年 3 月至 2020 年 7 月间,按照"涵"的要求,多次前往军港等军事基地,观察、收集、拍摄涉军装备及部队位置等信息,并通过微信、坚果云、rocket. chat 等软件发送给"涵"。陈某某先后收受"涵"通过微信、支付宝转账的报酬共计人民币 1 万余元以及鱼竿、卡西欧手表等财物。经密级鉴定,陈某某发送给"涵"的图片涉及 1 项机密级军事秘密、2 项秘密级军事秘密和 2 项内部事项。

最终,陈某某因犯为境外刺探、非法提供国家秘密罪被判处有期徒刑六年,剥夺政治权利二年,并处没收个人财产人民币 1 万元。

黄某某为境外刺探、非法提供国家秘密案

（2022 年 4 月 16 日最高人民检察院发布）

黄某某，案发前系婚纱摄影师。2019 年 7 月，被告人黄某某通过微信聊天与境外人员"琪姐"结识。在"琪姐"的指示下，于 2019 年 7 月至 2020 年 5 月间，黄某某利用在某军港附近海滩从事婚纱摄影的便利，使用专业照相器材、手机等远景拍摄军港周边停泊的军舰，为了避免暴露自己，黄某某还采用欺骗、金钱引诱等方式委托他人为自己拍摄该军港附近海湾全景。黄某某以每周 2 到 3 次的频率，累计拍摄达 90 余次，其中涉及军港军舰照片 384 张。黄某某将拍摄的照片通过网络以共用网盘、群组共享等方式发送给境外人员"琪姐"，共收取对方提供的报酬人民币 4 万余元。经鉴定，涉案照片涉及绝密级秘密 3 项，机密级秘密 2 项。

最终，黄某某因犯为境外刺探、非法提供国家秘密罪被判处有期徒刑十四年，剥夺政治权利五年，并处没收个人财产人民币 4 万元。

第二章　危害公共安全罪

二维码链接 3 - 危害公共安全罪

刑法第一百一十五条（以危险方法危害公共安全罪，过失以危险方法危害公共安全罪，失火罪）

第一百一十五条①　放火、决水、爆炸以及投放毒害性、放射性、传染病

---

① 本条根据《中华人民共和国刑法修正案（三）》（2001 年 12 月 29 日起施行，以下简称《刑法修正案（三）》）第二条修改。

原本条规定为：放火、决水、爆炸、投毒或者以其他危险方法致人重伤、死亡或者使公私财产遭受重大损失的，处十年以上有期徒刑、无期徒刑或者死刑（第一款）。过失犯前款罪的，处三年以上七年以下有期徒刑；情节较轻的，处三年以下有期徒刑或者拘役（第二款）。

修改的内容为：将原条文中的"投毒"修改为"投放毒害性、放射性、传染病病原体等物质"。

病原体等物质或者以其他危险方法致人重伤、死亡或者使公私财产遭受重大损失的,处十年以上有期徒刑、无期徒刑或者死刑。

过失犯前款罪的,处三年以上七年以下有期徒刑;情节较轻的,处三年以下有期徒刑或者拘役。

河南张某生以危险方法危害公共安全案

(2020 年 12 月 28 日最高人民检察院发布)

【关键词】

盗窃窨井盖 以危险方法危害公共安全罪 改变案件定性

【要旨】

盗窃、破坏人员密集往来的非机动车道、人行道等生产生活、人员聚集场所的窨井盖,足以危害公共安全,应当以以危险方法危害公共安全罪追究刑事责任。

【基本案情】

被告人张某生,男,1960 年 3 月 6 日出生,汉族,初中文化,无业,住河南省许昌市魏都区某社区。

2019 年 12 月的一天凌晨 1 时许,被告人张某生驾驶电动三轮车行至河南省许昌市东城区学院路与莲城大道交叉口向南约 50 米至 300 米处路西非机动车道上,盗窃窨井盖 4 块。

2020 年 1 月 24 日凌晨,被告人张某生驾驶电动三轮车先后行至许昌市东城区中原路与新兴路交叉口向北 20 米路东非机动车道上、中原路与新兴路交叉口向北 300 米路东非机动车道上、中原路与新兴路交叉口向西 20 米路南非机动车道上、新兴路与魏武大道交叉口向东 280 米处非机动车道上,盗窃窨井盖 10 块。

2020 年 3 月 12 日凌晨,被告人张某生驾驶电动三轮车先后行至许昌市东城区桃源路与绿槐街向北 80 米路西非机动车道上、向西 5 米路北非机动车道上,盗窃窨井盖 4 块。

【诉讼及履职过程】

本案由河南省许昌市东城区万和市政公司员工于 2020 年 3 月 13 日报警,称其公司辖区内道路上的窨井盖被盗。许昌市公安局东城分局于当日立案侦查,3月16日抓获犯罪嫌疑人张某生。公安机关以张某生涉嫌盗窃罪于6月2日向许昌市魏都区人民检察院移送审查起诉。许昌市魏都区人民检察院依法改变案件定性,于7月2日以以危险方法危害公共安全罪对张某生提起公诉。被告人张某生自愿认罪认罚,检察机关提出了有期徒刑三年至四年的量刑建议。许昌市魏都区人民法院于8月21日以以危险方法危害公共安全罪判处被告人张某生有期徒刑三年六个月。该判决已生效。

【典型意义】

该案发生后,当地检察机关及时派员提前介入,对案发现场进行实地勘查,及时向侦查机关发出提供证据材料通知书,要求侦查机关对案发路段不同时段非机动车、行人流量进行调查取证,指导侦查人员在案发主要地点进行侦查实验,查证案发主要路段人员往来密集,被告人的行为足以危害不特定多数人员的生命财产安全。检察机关根据查证情况,根据最高人民法院、最高人民检察院、公安部《关于办理涉窨井盖相关刑事案件的指导意见》的规定,依法将本案由侦查机关移送审查起诉的盗窃罪,改变定性为以危险方法危害公共安全罪,从严惩处涉窨井盖危害公共安全类犯罪。盗窃公共场所尤其是人流、车流密集场所的窨井盖,其侵犯的法益本质上是公共安全,而不仅仅是公共财物所有权,不能简单地以盗窃罪进行认定。检察机关还通过对被告人释法析理,使其深刻认识到行为的社会危害性,自愿认罪认罚,签署具结书,充分发挥认罪认罚从宽制度在提高办案质量和诉讼效率、促进社会和谐方面的制度优势。

湖北杨某、镇某辉过失以危险方法危害公共安全案

（2020 年 12 月 28 日最高人民检察院发布）

【关键词】

擅自打开窨井盖　过失以危险方法危害公共安全罪　改变案件定性

【要旨】

为清淤、排污等目的,擅自打开广场、社区等生产生活、人员聚集场所的窨井盖,致人死亡,应当以过失以危险方法危害公共安全罪追究刑事责任。

【基本案情】

被告人杨某,男,1980 年 9 月 10 日出生,汉族,高中文化,某汽车服务店负责人,住湖北省咸宁市咸安区某地。

被告人镇某辉,男,1997 年 10 月 6 日出生,汉族,中专文化,某汽车服务店

员工,住湖北省咸宁市咸安区某地。

2020 年 4 月 5 日 15 时许,被告人杨某、镇某辉为方便其所在的汽车服务店清淤、排污,在未设置任何警示标志、防护措施的情况下,擅自将湖北省咸宁市咸安区金桂明珠小区前广场的窨井盖打开。当晚 19 时许,被害人吴某某(男,殁年 7 岁)在广场放风筝时不慎掉入井中溺亡。2020 年 4 月 19 日,被告人家属与被害人家属达成赔偿谅解协议。

【诉讼及履职过程】

2020 年 4 月 5 日晚 9 时许,湖北省咸宁市公安局咸安分局接到报警称咸安区金桂明珠小区有一男童掉入下水道内,后男童经抢救无效死亡。当晚 10 时许,咸安区人民检察院接到公安机关通知后,立即派员提前介入引导侦查取证。4 月 6 日,咸宁市公安局咸安分局对本案立案侦查。4 月 7 日,犯罪嫌疑人杨某、镇某辉涉嫌过失致人死亡罪被刑事拘留。

4 月 14 日,公安机关向咸安区人民检察院提请批准逮捕犯罪嫌疑人杨某、镇某辉。检察机关对本案进行羁押必要性审查后认为,杨某、镇某辉自愿认罪认罚,无串供、毁灭证据风险,系过失犯罪,社会危害性较小,且与被害方达成赔偿谅解协议,不需要逮捕羁押。4 月 21 日,咸安区人民检察院对杨某、镇某辉作出不批准逮捕决定。同日,公安机关对杨某、镇某辉取保候审。

5 月 27 日,公安机关以犯罪嫌疑人杨某、镇某辉涉嫌过失致人死亡罪移送审查起诉。6 月 22 日,咸安区人民检察院依法改变案件定性,以被告人杨某、镇某辉犯过失以危险方法危害公共安全罪提起公诉,并建议对杨某、镇某辉判处有期徒刑三年,缓刑三年。

8 月 20 日,咸安区人民法院作出一审判决,认定杨某、镇某辉犯过失以危险方法危害公共安全罪,分别判处有期徒刑三年,缓刑三年。该判决已生效。

【典型意义】

根据最高人民法院、最高人民检察院、公安部《关于办理涉窨井盖相关刑事案件的指导意见》的相关规定,被告人杨某、镇某辉为清淤、排污擅自打开窨井盖,该地属于人员密集的公共场所,危害的是不特定多数人的生命财产安全,后致一人死亡,其行为已经构成过失以危险方法危害公共安全罪。检察机关依法将公安机关移送审查起诉时的过失致人死亡罪,改变定性为过失以危险方法危害公共安全罪,确保准确定罪量刑。检察机关还对本案依法提前介入引导侦查,根据案件事实和量刑情节提出了明确的量刑建议,量刑建议得到法院采纳,取得良好的办案效果。

该案办结后,当地检察机关按照最高检的要求,成立了涉窨井盖工作领导小组,制定工作方案,刑事检察部门联合公益诉讼检察等部门,对咸宁市中心城区内"三无"小区、中小学校、建筑工地等重点地区的窨井盖安全隐患进行走访排查。邀请区住房和城乡建设局等多家窨井盖管理职能部门及产权单位召开窨井盖安全管理联席会,向有关单位发出检察建议书,进一步推动《关于办理涉窨井盖相关刑事案件的指导意见》和最高检"四号检察建议"的贯彻落实。

内蒙古自治区阿拉善盟额济纳旗人民检察院诉
王某某失火刑事附带民事公益诉讼案

(最高人民检察院 2021 年 10 月 9 日发布生物多样性保护公益诉讼典型案例)

【关键词】

刑事附带民事公益诉讼　胡杨林保护　生态修复责任衔接认罪认罚从宽异地修复

【要旨】

检察机关将公益诉讼检察与刑事检察有效衔接,把当事人积极履行生态环境修复责任作为其认罪悔罪表现,积极适用认罪认罚从宽制度,实现了公益损害修复责任与刑事责任的价值互补。对于已经实现自然修复状态的或不宜在原地补植的受损林地,可以"异地修复"方式弥补受损公益。

【基本案情】

胡杨林是干旱或荒漠地区的一种特有植被,它的生存对改善干旱或者荒漠地区的生态环境有着重要作用,被称为"沙漠的守护神"。内蒙古阿拉善盟额济纳旗境内现存 44.4 万亩胡杨林,是当今世界仅存的三处天然河道胡杨林之一。2020 年 4 月,王某某在额济纳胡杨林国家级自然保护区内焚烧杂草,失火引燃地边柽柳导致发生火灾。

【调查和诉讼】

2020 年 6 月 9 日,内蒙古自治区阿拉善盟额济纳旗森林公安局以王某某涉嫌失火罪移送至额济纳旗人民检察院(以下简称额济纳旗院)审查起诉。经宁夏绿森源司法鉴定中心出具鉴定意见,王某某失火烧毁额济纳胡杨林国家级自然保护区核心区内国有林地 73.9 亩,涉案被烧毁植被种类为柽柳,生态环境修复费用为 14.8 万元。额济纳旗院在办理刑事案件时发现公益诉讼案件线索。同月 15 日,额济纳旗院以刑事附带民事公益诉讼立案,并于同日依法履行诉前公告程序。公告期满,没有法律规定的机关和社会组织提起民事公益诉讼。

案件办理过程中,额济纳旗院做细做实调查工作,发现王某某是当地建档立卡贫困户,家中尚有年迈母亲需要赡养,失火案发后,王某某主动向法院缴纳了替代补种保证金 3 万元,与检察机关签订认罪认罚具结书。考虑到被烧毁植被位于胡杨林国家级自然保护区内,按照生物多样性自然修复要求,不宜在保护区内补种修复;结合《内蒙古自治区林业厅关于做好森林植被恢复费用于重点区域绿化造林项目管理工作的通知》精神以及额济纳旗林业和草原局的意见,额济纳旗院认为可采用"异地修复"替代性修复责任的承担方式,要求王某某在指定地点按烧毁柽柳面积的 2 倍补种 150 亩防风固沙植被梭梭林。鉴于王某某缴纳了替代补种保证金,积极履行生态环境修复责任,认罪悔罪,社会危害性不大,额济纳旗院认为可对王某某适用缓刑。

2020 年 7 月 23 日,额济纳旗院以王某某涉嫌失火罪起诉至额济纳旗人民法院,并于同日对王某某提起刑事附带民事公益诉讼:请求判令王某某在指定地点补种 150 亩梭梭林,并在旗县级媒体上向社会公开赔礼道歉。额济纳旗院积极与法院沟通,在庭前会议中完成证据交换,探讨庭审细节及诉讼请求的可执行性等。

2020 年 10 月 12 日,额济纳旗人民法院依法组成七人合议庭公开审理此案并当庭宣判,判决被告人王某某犯失火罪,判处一年缓期二年执行;判令其在行政机关指定地点补种 150 亩梭梭林,若补种林地修复不达标则承担代为补种费用 3 万元;判令王某某在当地媒体上向社会公开赔礼道歉。检察机关的量刑建议和诉讼请求全部得到采纳和支持。庭审时邀请当地人大代表、政协委员、当地群众代表共 60 余人参加旁听,社会效果良好。

【典型意义】

本案系 2020 年 9 月 1 日《内蒙古自治区额济纳胡杨林保护条例》实施以来,全区检察机关起诉的首例保护胡杨林案件。案件办理过程中,检察机关把当事人积极履行生态环境修复责任作为其认罪悔罪表现,将公益诉讼替代修复责任承担方式与认罪认罚从宽制度适用有效衔接,充分发挥检察机关在生态环境保护中惩治犯罪和督促修复环境的双重功能,"小案件"具有"大意义"。

刑法第一百一十七条(破坏交通设施罪)

第一百一十七条　破坏轨道、桥梁、隧道、公路、机场、航道、灯塔、标志或者进行其他破坏活动,足以使火车、汽车、电车、船只、航空器发生倾覆、毁坏危险,尚未造成严重后果的,处三年以上十年以下有期徒刑。

河北董某明破坏交通设施案

（2020 年 12 月 28 日最高人民检察院发布）

【关键词】

盗窃窨井盖 破坏交通设施罪 改变案件定性

【要旨】

盗窃正在使用中的社会机动车通行道路上的窨井盖，足以使汽车、电车发生倾覆、毁坏危险，应当以破坏交通设施罪追究刑事责任。

【基本案情】

被告人董某明，男，1990 年 2 月 11 日出生，汉族，初中文化，农民，住河北省保定市涞水县某村。

2019 年 4—5 月，被告人董某明驾驶电动三轮车，多次到河北省涞水县城太行路盗窃该路段机动车道等处下水道窨井盖和雨水箅子 100 余个，后将盗窃的窨井盖和雨水箅子卖至涞水县涞水镇南王庄村、北郭下村、涞阳南路等地的废品收购站。

【诉讼及履职过程】

本案由河北省涞水县公安局于 2019 年 4 月 24 日立案侦查，5 月 14 日将犯罪嫌疑人董某明刑事拘留。11 月 13 日，涞水县人民检察院对董某明批准逮捕。2020 年 1 月 13 日，公安机关以董某明涉嫌盗窃罪移送涞水县人民检察院审查起诉。期间，退回侦查机关补充侦查一次，延长审查起诉期限一次。同年 4 月 26 日，涞水县人民检察院改变案件定性，以被告人董某明涉嫌破坏交通设施罪依法提起公诉。被告人董某明自愿认罪认罚。同年 7 月 21 日，涞水县人民法院以董某明犯破坏交通设施罪，判处其有期徒刑三年六个月。该判决已生效。

【典型意义】

本案被告人董某明多次盗窃正在使用中的社会机动车通行道路上的窨井盖，所在路段车流量大，车速较快，其行为足以造成汽车、电动车发生倾覆、毁坏危险。根据最高人民法院、最高人民检察院、公安部《关于办理涉窨井盖相关刑事案件的指导意见》的规定，应当以破坏交通设施罪定罪处罚。检察机关依法将公安机关移送审查起诉时的盗窃罪，改变定性为破坏交通设施罪，确保了办案效果。在以往的司法实践中，对于此类案件如何定罪处罚存在不同的认识,有的以盗窃罪定罪处罚,有的以以危险方法危害公共安全罪定罪处罚,有的以破坏交通设施罪定罪处罚。最高人民法院、最高人民检察院、公安部《关于办理涉窨井盖相关刑事案件的指导意见》印发后,统一了法律适用标准。对于此类行为依法认定为破坏交通设施罪,精准有效打击犯罪,切实保护公共安全和人民群众生命财产安全,更好地发挥刑罚的惩戒、教育、预防功能。

陕西高某民破坏交通设施案

（2020 年 12 月 28 日最高人民检察院发布）

【关键词】

盗窃窨井盖　破坏交通设施罪　立案监督

【要旨】

盗窃正在使用中的社会机动车通行道路上的窨井盖,足以使汽车、电车发生倾覆、毁坏危险,应当以破坏交通设施罪追究刑事责任。对于涉窨井盖刑事案件,要加强立案监督,确保惩治效果。

【基本案情】

被告人高某民,男,1963 年 2 月 3 日出生,汉族,小学文化,农民,住陕西省西安市灞桥区某村。

2020 年 8 月 27 日凌晨 4 时许,被告人高某民窜至陕西省西安市灞桥区城市快速干道由西向东主干道,用事先准备好的撬杠,将路面上的三块铁质下水道窨井盖撬开盗走。后高某民在现场休息时被公安机关抓获。公安机关从高某民处提取并扣押被盗下水道窨井盖三块、撬杠一根。

【诉讼及履职过程】

2020 年上半年,陕西省西安市灞桥区人民检察院在工作中了解到辖区内主要路段机动车道窨井盖被盗多达 40 余个,遂派员前往辖区派出所查询报案记录、了解情况,详细查看现场,发现公安机关对此仅以治安案件立案调查,遂依法进行监督,要求对此类案件以涉嫌破坏交通设施罪立案侦查。

2020 年 8 月 27 日凌晨 4 时许,西安市公安局浐灞分局接到群众举报称在西安市灞桥区城市快速干道有人盗窃下水道设施。民警到达现场后抓获犯罪嫌疑人高某民。8 月 27 日,公安机关对犯罪嫌疑人高某民以涉嫌犯破坏交通设施罪立案侦查,8 月 28 日将高某民刑事拘留。同年 9 月 4 日,高某民被依法逮捕。

10月12日,公安机关以高某民涉嫌犯破坏交通设施罪向灞桥区人民检察院移送审查起诉。灞桥区人民检察院于10月16日提起公诉。高某民认罪认罚,签署了具结书。考虑到高某民作案时系限制刑事责任能力人,检察机关提出判处其有期徒刑一年十个月的确定刑量刑建议。11月9日,灞桥区人民法院开庭审理本案并当庭宣判,以破坏交通设施罪对被告人高某民判处有期徒刑一年十个月。该判决已生效。

【典型意义】

加强涉窨井盖案件的立案监督,是有效贯彻落实最高人民法院、最高人民检察院、公安部《关于办理涉窨井盖相关刑事案件的指导意见》的重要一环。陕西检察机关在履职中发现,当地公安机关对于涉窨井盖刑事案件仅以治安案件立案调查,遂依法进行监督。通过检察机关的立案监督,依法将犯罪嫌疑人刑事追诉,确保了不枉不纵的司法办案效果。检察机关主动提前介入,引导侦查,提出详细的取证意见,从源头上把关案件质量。检察机关还依法对本案适用认罪认罚从宽制度,快捕快诉。法院及时审理并当庭宣判,采纳了量刑建议,办案实现了"三个效果"的有机统一。

刑法第一百二十五条(非法买卖、储存危险物质罪;非法买卖、运输枪支罪)

第一百二十五条① 非法制造、买卖、运输、邮寄、储存枪支、弹药、爆炸物的,处三年以上十年以下有期徒刑;情节严重的,处十年以上有期徒刑、无期徒刑或者死刑。

非法制造、买卖、运输、储存毒害性、放射性、传染病病原体等物质,危害公共安全的,依照前款的规定处罚。

单位犯前两款罪的,对单位判处罚金,并对其直接负责的主管人员和其他直接责任人员,依照第一款的规定处罚。

---

① 本条第二款根据《刑法修正案(三)》(2001年12月29日起施行)第五条修改。

原本条第二款的规定为:非法买卖、运输核材料的,依照前款的规定处罚。

修改的内容为:一是将"非法买卖、运输"扩展为"非法制造、买卖、运输、储存",二是将"核材料"修改为"毒害性、放射性、传染病病原体等物质"。

王召成等非法买卖、储存危险物质案

（最高人民法院审判委员会讨论通过　2013 年 1 月 31 日发布）

【关键词】

刑事　非法买卖、储存危险物质　毒害性物质

【裁判要点】

1. 国家严格监督管理的氰化钠等剧毒化学品,易致人中毒或者死亡,对人体、环境具有极大的毒害性和危险性,属于刑法第一百二十五条第二款规定的"毒害性"物质。

2. "非法买卖"毒害性物质,是指违反法律和国家主管部门规定,未经有关主管部门批准许可,擅自购买或者出售毒害性物质的行为,并不需要兼有买进和卖出的行为。

【相关规定】

《中华人民共和国刑法》第一百二十五条第二款

【基本案情】

公诉机关指控:被告人王召成、金国森、孙永法、钟伟东、周智明非法买卖氰化钠,危害公共安全,且系共同犯罪,应当以非法买卖危险物质罪追究刑事责任,但均如实供述自己的罪行,购买氰化钠用于电镀,未造成严重后果,可以从轻处罚,并建议对五被告人适用缓刑。

被告人王召成的辩护人辩称:氰化钠系限用而非禁用剧毒化学品,不属于毒害性物质,王召成等人擅自购买氰化钠的行为,不符合刑法第一百二十五条第二款规定的构成要件,在未造成严重后果的情形下,不应当追究刑事责任,故请求对被告人宣告无罪。

法院经审理查明:被告人王召成、金国森在未依法取得剧毒化学品购买、使用许可的情况下,约定由王召成出面购买氰化钠。2006 年 10 月至 2007 年底,王召成先后 3 次以每桶 1000 元的价格向倪荣华(另案处理)购买氰化钠,共支付给倪荣华 40000 元。2008 年 8 月至 2009 年 9 月,王召成先后 3 次以每袋 975 元的价格向李光明(另案处理)购买氰化钠,共支付给李光明 117000 元。王召成、金国森均将上述氰化钠储存在浙江省绍兴市南洋五金有限公司其二人各自承包车间的带锁仓库内,用于电镀生产。其中,王召成用总量的三分之一,金国森用总量的三分之二。2008 年 5 月和 2009 年 7 月,被告人孙永法

先后共用 2000 元向王召成分别购买氰化钠 1 桶和 1 袋。2008 年 7—8 月间，被告人钟伟东以每袋 1000 元的价格向王召成购买氰化钠 5 袋。2009 年 9 月，被告人周智明以每袋 1000 元的价格向王召成购买氰化钠 3 袋。孙永法、钟伟东、周智明购得氰化钠后，均储存于各自车间的带锁仓库或水槽内，用于电镀生产。

【裁判结果】

浙江省绍兴市越城区人民法院于 2012 年 3 月 31 日作出 (2011) 绍越刑初字第 205 号刑事判决，以非法买卖、储存危险物质罪，分别判处被告人王召成有期徒刑三年，缓刑五年；被告人金国森有期徒刑三年，缓刑四年六个月；被告人钟伟东有期徒刑三年，缓刑四年；被告人周智明有期徒刑三年，缓刑三年六个月；被告人孙永法有期徒刑三年，缓刑三年。宣判后，五被告人均未提出上诉，判决已发生法律效力。

【裁判理由】

法院生效裁判认为：被告人王召成、金国森、孙永法、钟伟东、周智明在未取得剧毒化学品使用许可证的情况下，违反国务院《危险化学品安全管理条例》等规定，明知氰化钠是剧毒化学品仍非法买卖、储存，危害公共安全，其行为均已构成非法买卖、储存危险物质罪，且系共同犯罪。关于王召成的辩护人提出的辩护意见，经查，氰化钠虽不属于禁用剧毒化学品，但系列入危险化学品名录中严格监督管理的限用的剧毒化学品，易致人中毒或者死亡，对人体、环境具有极大的毒害性和极度危险性，极易对环境和人的生命健康造成重大威胁和危害，属于刑法第一百二十五条第二款规定的"毒害性"物质；"非法买卖"毒害性物质，是指违反法律和国家主管部门规定，未经有关主管部门批准许可，擅自购买或者出售毒害性物质的行为，并不需要兼有买进和卖出的行为；王召成等人不具备购买、储存氰化钠的资格和条件，违反国家有关监管规定，非法买卖、储存大量剧毒化学品，逃避有关主管部门的安全监督管理，破坏危险化学品管理秩序，已对人民群众的生命、健康和财产安全产生现实威胁，足以危害公共安全，故王召成等人的行为已构成非法买卖、储存危险物质罪，上述辩护意见不予采纳。王召成、金国森、孙永法、钟伟东、周智明到案后均能如实供述自己的罪行，且购买氰化钠用于电镀生产，未发生事故，未发现严重环境污染，没有造成严重后果，依法可以从轻处罚。根据五被告人的犯罪情节及悔罪表现等情况，对其可依法宣告缓刑。公诉机关提出的量刑建议，王召成、钟伟东、周智明请求从轻处罚的意见，予以采纳，故依法作出如上判决。

黄某某非法制造枪支,非法猎捕,杀害珍贵、濒危野生动物,非法持有枪支案——自制枪支猎杀果子狸、小灵猫等野生动物

(2020 年 3 月 10 日最高人民法院发布)

【基本案情】

2016 年至 2017 年,被告人黄某某从他人处获得自制预充气式气步枪和自制气枪各一支。2018 年购买一支射钉枪及钢管、瞄准仪等部件,并将射钉枪改造为猎枪用于捕杀野生动物。2019 年 5 月至 11 月,黄某某利用其改装的射钉枪在东印山猎捕 4 只(1 只已被煮食)疑似果子狸的野生动物。11 月 13 日黄某某被抓获,公安机关在其住处搜查出"快排"气枪 1 支、"突鹰"气枪 1 支、射钉枪改装的疑似枪支 1 支、瞄准镜 1 个、钢珠 94 颗、射钉弹 86 颗,并从其亲属处查获黄某某猎杀的 3 只疑似果子狸。经鉴定,3 支疑似枪支均具备致伤力,认定为枪支,其中射钉枪改装的枪支是以火药为动力发射非制式枪弹的非制式枪;3 只疑似果子狸中有 1 只为小灵猫,系国家二级重点保护野生动物,另 2 只为花面狸(俗称果子狸),属于国家保护的有益的或者有重要经济、科学研究价值的陆生野生动物。

【裁判结果】

重庆市垫江县人民法院经审理认为,被告人黄某某违反国家有关法规,私自制造以火药为动力的非军用枪支 1 支,其行为构成非法制造枪支罪;违反野生动物保护法规,猎捕、杀害国家二级重点保护野生动物,其行为构成非法猎捕、杀害珍贵、濒危野生动物罪;违反枪支管理规定,非法持有枪支 2 支,其行为还构成非法持有枪支罪,应依法并罚。黄某某主动投案,如实供述自己的犯罪事实,具有自首情节,依法从轻处罚。据此,于 2020 年 3 月 4 日对被告人黄某某以非法制造枪支罪判处有期徒刑三年;以非法猎捕,杀害珍贵、濒危野生动物罪判处有期徒刑一年六个月,并处罚金人民币 1 万元;以非法持有枪支罪判处拘役六个月,决定执行有期徒刑四年,并处罚金人民币 1 万元。

杨某帆等人非法买卖、运输枪支案

(2021 年 11 月 26 日最高人民检察院发布)

【基本案情】

被告人杨某帆,男,1988 年 9 月出生,无业。

被告人刘某,男,1993 年 12 月出生,无业。

被告人孙某,男,1984 年 9 月出生,农民。

2016 年 11 月,被告人刘某通过网络认识被告人杨某帆,随后通过现金及转账方式在杨某帆处购买大量枪形物,后被告人刘某、孙某以微信等网络方式联系交易,并通过某快递向全国各地寄递出售。2017 年 2 月 23 日,山西省孝义市某快递在检验快递包裹时,发现该包裹由陕西省周至县寄出,内有仿真枪。2017 年 2 月 24 日,公安人员在陕西省周至县将孙某、刘某当场抓获,在孙某指认下现场缴获仿"柯尔特 M1911A1"式手枪 1 支。后刘某带领公安人员在位于周至县某村的门面房内查获仿"柯尔特 M1911A1"式手枪 211 支。同月 28 日,公安人员在陕西省西安市某货运处查获杨某帆从广东汕头发给刘某的 38 箱共 456 支仿"奥坡瑞特"式手枪。公安机关从查获的 668 支枪形物中随机抽取仿"柯尔特 M1911A1"式手枪 24 支、仿"奥坡瑞特"式手枪 20 支共计 44 支进行鉴定。经鉴定,送检的 44 支枪形物均被认定为枪支且以压缩气体作为发射能源。

【诉讼及履职过程】

2018 年 8 月 30 日,陕西省周至县人民检察院以被告人刘某、孙某涉嫌非法买卖枪支罪依法提起公诉。2019 年 1 月 28 日,周至县人民法院一审认定刘某、孙某犯非法买卖枪支罪,判处刘某有期徒刑八年,判处孙某有期徒刑六年。二人不服判决,提出上诉。2019 年 4 月 16 日,二审法院裁定驳回上诉,维持原判。2021 年 4 月 16 日,周至县人民检察院以被告人杨某帆涉嫌非法买卖、运输枪支罪依法提起公诉。2021 年 8 月 18 日,周至县人民法院一审认定杨某帆犯非法买卖、运输枪支罪,判处有期徒刑十年六个月。上述裁判均已生效。

(一)派员提前介入,上下联动引导侦查取证。周至县人民检察院及时派员介入,就事实认定、证据收集特别是犯罪嫌疑人对买卖枪支是否具有主观故意以及枪支鉴定等问题提出具体的取证建议。因案情重大,西安市人民检察院就犯罪主观故意、枪支数量认定等问题多次组织县检察院、县公安局进行座谈,共同研判案情,确保了案件证据及时收集和证据体系的完善。

（二）强化监督，发挥诉讼主导作用。针对公安机关组织辨认没有个别进行等执法不规范问题，周至县人民检察院依法发出纠正违法通知书。针对法院审理不规范问题，及时提出纠正意见。相关单位均及时反馈，进行整改。

（三）组织庭审观摩，开展以案释法活动。检察机关就本案组织开展庭审观摩活动，邀请人大代表、政协委员、人民监督员和社区、街办代表到场旁听，西安市检察业务骨干共30余人全程观摩。公诉人通过构建证据体系，指控和证明犯罪，同时向旁听人员讲解非法枪爆物品的危害性和违法性，鼓励人民群众积极举报涉枪爆违法犯罪。庭后，法检两家组织座谈会，人大代表、政协委员、人民监督员和基层组织代表受邀参会，动员社会各界共同参与打击枪爆违法犯罪。

（四）制发检察建议，督促寄递安全监管。针对案件反映出的跨省跨区域寄递枪支，相关单位收寄验视、实名收寄、过机安检未严格落实问题，周至县人民检察院于2021年5月27日向周至县邮政分公司、周至县公安局公开宣告送达检察建议，提出强化安全监管建议。相关单位及时制定相关措施，加强行业监管。西安市人民检察院也及时对接西安市邮政管理局，就办案中发现的寄递行业管理问题进行座谈，积极参与和推动行业综合治理。

【典型意义】

本案系通过网络联络交易，并利用寄递渠道实施的跨省跨区域非法买卖枪支案件，社会危害严重。检察机关积极引导侦查取证，依法开展诉讼监督，切实在办案中发挥主导作用。认真落实普法责任，依托庭审以案释法，开展法治教育，起到良好的警示作用和动员效果。针对办案中发现的社会管理问题，及时制发检察建议，推动寄递行业综合治理，切实维护社会稳定和人民群众的生命财产安全。

刑法第一百三十三条之一（危险驾驶罪）

第一百三十三条之一①② 在道路上驾驶机动车，有下列情形之一的，

---

① 本条曾根据《刑法修正案（八）》（2011年5月1日起施行）第二十二条增加。内容为：在道路上驾驶机动车追逐竞驶，情节恶劣的，或者在道路上醉酒驾驶机动车的，处拘役，并处罚金。

② 本条根据《刑法修正案（九）》（2015年11月1日起施行）第八条修改。

修改的主要内容为：一是将本条第一款"追逐竞驶，情节恶劣的，或者在道路上醉酒驾驶机动车的"分别分解为（一）（二）项；二是增加"从事校车业务或者旅客运输，严重超过额定乘员载客，或者严重超过规定时速行驶的；"作为第（三）项；三是增加"违反危险化学品安全管理规定运输危险化学品，危及公共安全的"作为第（四）项；四是增加规定机动车所有人、管理人的刑事责任作为第二款。

处拘役,并处罚金:

(一)追逐竞驶,情节恶劣的;

(二)醉酒驾驶机动车的;

(三)从事校车业务或者旅客运输,严重超过额定乘员载客,或者严重超过规定时速行驶的;

(四)违反危险化学品安全管理规定运输危险化学品,危及公共安全的。

机动车所有人、管理人对前款第三项、第四项行为负有直接责任的,依照前款的规定处罚。

有前两款行为,同时构成其他犯罪的,依照处罚较重的规定定罪处罚。

张某某、金某危险驾驶案

(最高人民法院审判委员会讨论通过 2014年12月18日发布)

【关键词】

刑事 危险驾驶罪 追逐竞驶 情节恶劣

【裁判要点】

1. 机动车驾驶人员出于竞技、追求刺激、斗气或者其他动机,在道路上曲折穿行、快速追赶行驶的,属于《中华人民共和国刑法》第一百三十三条之一规定的"追逐竞驶"。

2. 追逐竞驶虽未造成人员伤亡或财产损失,但综合考虑超过限速、闯红灯、强行超车、抗拒交通执法等严重违反道路交通安全法的行为,足以威胁他人生命、财产安全的,属于危险驾驶罪中"情节恶劣"的情形。

【相关规定】

《中华人民共和国刑法》第一百三十三条之一

【基本案情】

2012年2月3日20时20分许,被告人张某某、金某相约驾驶摩托车出去享受大功率摩托车的刺激感,约定"陆家浜路、河南南路路口是目的地,谁先到谁就等谁"。随后,由张某某驾驶无牌的本田大功率二轮摩托车(经过改装),金某驾驶套牌的雅马哈大功率二轮摩托车(经过改装),从上海市浦东新区乐园路99号车行出发,行至杨高路、巨峰路路口掉头沿杨高路由北向南行驶,经南浦大桥到陆家浜路下桥,后沿河南南路经复兴东路隧道、张杨路回到张某某住所。

全程28.5公里,沿途经过多个公交站点、居民小区、学校和大型超市。在行驶途中,二被告人驾车在密集车流中反复并线、曲折穿插、多次闯红灯、大幅度超速行驶。当行驶至陆家浜路、河南南路路口时,张某某、金某遇执勤民警检查,遂驾车沿河南南路经复兴东路隧道、张杨路逃离。其中,在杨高南路浦建路立交(限速60km/h)张某某行驶速度115km/h、金某行驶速度98km/h;在南浦大桥桥面(限速60km/h)张某某行驶速度108km/h、金某行驶速度108km/h;在南浦大桥陆家浜路引桥下匝道(限速40km/h)张某某行驶速度大于59km/h、金某行驶速度大于68km/h;在复兴东路隧道(限速60km/h)张某某行驶速度102km/h、金某行驶速度99km/h。

2012年2月5日21时许,被告人张某某被抓获到案后,如实供述上述事实,并向公安机关提供被告人金某的手机号码。金某接公安机关电话通知后于2月6日21时许主动投案,并如实供述上述事实。

【裁判结果】

上海市浦东新区人民法院于2013年1月21日作出(2012)浦刑初字第4245号刑事判决:被告人张某某犯危险驾驶罪,判处拘役四个月,缓刑四个月,并处罚金人民币4000元;被告人金某犯危险驾驶罪,判处拘役三个月,缓刑三个月,并处罚金人民币3000元。宣判后,二被告人均未上诉,判决已发生法律效力。

【裁判理由】

法院生效裁判认为:根据《中华人民共和国刑法》第一百三十三条之一第一款规定,"在道路上驾驶机动车追逐竞驶,情节恶劣的"构成危险驾驶罪。刑法规定的"追逐竞驶",一般指行为人出于竞技、追求刺激、斗气或者其他动机,二人或二人以上分别驾驶机动车,违反道路交通安全规定,在道路上快速追赶行驶的行为。本案中,从主观驾驶心态上看,二被告人张某某、金某到案后先后供述"心里面想找点享乐和刺激""在道路上穿插、超车、得到心理满足";在面临红灯时,"刹车不舒服、逢车必超""前方有车就变道曲折行驶再超越"。二被告人上述供述与相关视听资料相互印证,可以反映出其追求刺激、炫耀驾驶技能的竞技心理。从客观行为上看,二被告人驾驶超标大功率的改装摩托车,为追求速度,多次随意变道、闯红灯、大幅超速等严重违章。从行驶路线看,二被告人共同自浦东新区乐园路99号出发,至陆家浜路、河南南路路口接人,约定了竞相行驶的起点和终点。综上,可以认定二被告人的行为属于危险驾驶罪中的"追逐竞驶"。

关于本案被告人的行为是否属于"情节恶劣",应从其追逐竞驶行为的具体表现、危害程度、造成的危害后果等方面,综合分析其对道路交通秩序、不特定多人生命、财产安全威胁的程度是否"恶劣"。本案中,二被告人追逐竞驶行为,虽未造成人员伤亡和财产损失,但从以下情形分析,属于危险驾驶罪中的"情节恶劣":第一,从驾驶的车辆看,二被告人驾驶的系无牌和套牌的大功率改装摩托车;第二,从行驶速度看,总体驾驶速度很快,多处路段超速50%以上;第三,从驾驶方式看,反复并线、穿插前车、多次闯红灯行驶;第四,从对待执法的态度看,二被告人在民警盘查时驾车逃离;第五,从行驶路段看,途经的杨高路、张杨路、南浦大桥、复兴东路隧道等均系城市主干道,沿途还有多处学校、公交和地铁站点、居民小区、大型超市,交通流量较大,行驶距离较长,在高速驾驶的刺激心态下和躲避民警盘查的紧张心态下,极易引发重大恶性交通事故。上述行为,给公共交通安全造成一定危险,足以威胁他人生命、财产安全,故可以认定二被告人追逐竞驶的行为属于危险驾驶罪中的"情节恶劣"。

被告人张某某到案后如实供述所犯罪行,依法可以从轻处罚。被告人金某投案自首,依法亦可以从轻处罚。鉴于二被告人在庭审中均已认识到行为的违法性及社会危害性,保证不再实施危险驾驶行为,并多次表示认罪悔罪,且其行为尚未造成他人人身、财产损害后果,故依法作出如上判决。

刑法第一百三十四条(重大责任事故案)

第一百三十四条① 在生产、作业中违反有关安全管理的规定,因而发

---

① 本条曾经全国人大常委会两次修改。

原本条只有一款,内容为:工厂、矿山、林场、建筑企业或者其他企业、事业单位的职工,由于不服管理、违反规章制度,或者强令工人违章冒险作业,因而发生重大伤亡事故或者造成其他严重后果的,处三年以下有期徒刑或者拘役;情节特别恶劣的,处三年以上七年以下有期徒刑。

第一次根据《中华人民共和国刑法修正案(六)》(2006年6月29日起施行,以下简称《刑法修正案(六)》)第一条修改为两款:

在生产、作业中违反有关安全管理的规定,因而发生重大伤亡事故或者造成其他严重后果的,处三年以下有期徒刑或者拘役;情节特别恶劣的,处三年以上七年以下有期徒刑。

强令他人违章冒险作业,因而发生重大伤亡事故或者造成其他严重后果的,处五年以下有期徒刑或者拘役;情节特别恶劣的,处五年以上有期徒刑。

修改的主要内容为:一是取消了"工厂、矿山、林场、建筑企业或者其他企业、事业单位"的犯罪主体限制;二是将"直接责任人员"修改为"直接负责的主管人员或其他直接责任人员";三是取消了"经有关部门或者单位职工提出后,对事故隐患仍不采取措施"的犯罪构成要件;四是增加了"安全生产条件"不符合国家规定的也可以构成本罪。五是提高了对"强令违章冒险作业罪"的法定最高刑。

第二次根据《中华人民共和国刑法修正案(十一)》(2021年3月1日起施行,以下简称《刑法修正案(十一)》)第三条对第二款内容作了修改。

修改的主要内容为将"强令他人违章冒险作业,因而发生重大伤亡事故或者造成其他严重后果"扩展为"强令他人违章冒险作业,或者明知存在重大事故隐患而不排除,仍冒险组织作业,因而发生重大伤亡事故或者造成其他严重后果"。

生重大伤亡事故或者造成其他严重后果的,处三年以下有期徒刑或者拘役;情节特别恶劣的,处三年以上七年以下有期徒刑。

强令他人违章冒险作业,或者明知存在重大事故隐患而不排除,仍冒险组织作业,因而发生重大伤亡事故或者造成其他严重后果的,处五年以下有期徒刑或者拘役;情节特别恶劣的,处五年以上有期徒刑。

宋某某等人重大责任事故案

（最高人民检察院第十三届检察委员会第五十六次会议决定　2021 年 1 月 20 日发布）

【关键词】

事故调查报告　证据审查　责任划分　不起诉　追诉漏犯

【要旨】

对相关部门出具的安全生产事故调查报告,要综合全案证据进行审查,准确认定案件事实和相关人员责任。要正确区分相关涉案人员的责任和追责方式,发现漏犯及时追诉,对不符合起诉条件的,依法作出不起诉处理。

【基本案情】

被告人宋某某,男,山西 A 煤业公司(隶属于山西 B 煤业公司)原矿长。

被告人杨某,男,A 煤业公司原总工程师。

被不起诉人赵某某,男,A 煤业公司原工人。

2016 年 5 月,宋某某作为 A 煤业公司矿长,在 3 号煤层配采项目建设过程中,违反《关于加强煤炭建设项目管理的通知》(发改能源〔2006〕1039 号)要求,在没有施工单位和监理单位的情况下,即开始自行组织工人进行施工,并与周某某(以伪造公司印章罪另案处理)签订虚假的施工、监理合同以应付相关单位的验收。杨某作为该矿的总工程师,违反《煤矿安全规程》(国家安全监管总局令第 87 号)要求,未结合实际情况加强设计和制定安全措施,在 3 号煤层配采施工遇到旧巷时仍然采用常规设计,且部分设计数据与相关要求不符,导致旧巷扩刷工程对顶煤支护的力度不够。2017 年 3 月 9 日 3 时 50 分许,该矿施工人员赵某某带领 4 名工人在 3101 综采工作面运输顺槽和联络巷交叉口处清煤时,发生顶部支护板塌落事故,导致上覆煤层坍塌,造成 3 名工人死亡,赵某某及另一名工人受伤,直接经济损失 635.9 万元。

【检察履职情况】

（一）补充侦查

2017年5月5日，长治市事故联合调查组认定宋某某、赵某某分别负事故的主要责任、直接责任，二人行为涉嫌重大责任事故罪，建议由公安机关依法处理，并建议对杨某等相关人员给予党政纪处分或行政处罚。2018年3月18日，长治市公安局上党分局对赵某某、宋某某以涉嫌重大责任事故罪立案侦查，并于5月31日移送长治市上党区（案发时为长治县）人民检察院审查起诉。

上党区人民检察院审查认为，该案相关人员责任不明、部分事实不清，公安机关结合事故调查报告作出的一些结论性事实认定缺乏证据支撑。如调查报告和公安机关均认定赵某某在发现顶板漏煤的情况下未及时组织人员撤离，其涉嫌构成重大责任事故罪。检察机关审查发现，认定该事实的证据主要是工人冯某某的证言，但其说法前后不一，现有证据不足以认定该事实。为查清赵某某的责任，上党区人民检察院开展自行侦查，调查核实相关证人证言等证据。再如，调查报告和公安机关均认定总工程师杨某"在运输顺槽遇到旧巷时仍然采用常规设计，未结合实际情况及时修改作业规程或补充安全技术措施"，但是公安机关移送的案卷材料中，没有杨某的设计图纸，也没有操作规程的相关规定。针对上述问题检察机关二次退回补充侦查，要求补充杨某的设计图纸、相关操作规程等证据材料；并就全案提出补充施工具体由谁指挥、宋某某和股东代表是否有过商议、安检站站长以及安检员职责等补查意见，以查清相关人员具体行为和责任。后公安机关补充完善了上述证据，查清了相关人员责任等案件事实。

（二）准确认定相关人员责任

上党区人民检察院经审查，认为事故发生的主要原因有二：一是该矿违反规定自行施工，项目安全管理不到位；二是项目扩刷支护工程设计不符合行业标准要求。在分清主要和次要原因、直接和间接原因的基础上，上党区人民检察院对事故责任人进行了准确区分，作出相应处理。

第一，依法追究主要责任人宋某某的刑事责任。检察机关审查认为，《关于加强煤炭建设项目管理的通知》要求建设单位要按有关规定，通过招投标方式，结合煤矿建设施工的灾害特点，确定施工和监理单位。宋某某作为建设单位A煤业公司的矿长，是矿井安全生产第一责任人，负责全矿安全生产工作，为节约成本，其违反上述通知要求，在没有施工单位和监理单位（均要求具备相关资质）的情况下，弄虚作假应付验收，无资质情况下自行组织工人施工，长期危险作业，最终发生该起事故，其对事故的发生负主要责任。且事故发生后，其对事故的迟报负直接责任。遂对宋某某以重大责任事故罪向上党区人民法院提起公诉。

第二，依法对赵某某作出不起诉决定。事故调查报告认定赵某某对事故的发生负直接责任，认为赵某某在发现漏煤时未组织人员撤离而是继续清煤导致了事故的发生，公安机关对其以重大责任事故罪移送起诉。检察机关审查起诉过程中，经自行侦查，发现案发地点当时是否出现过顶板漏煤的情况存在疑点，赵某某、冯某某和其他案发前经过此处及上一班工人的证言，均不能印证现场存在漏煤的事实，不能证明赵某某对危害结果的发生有主观认识，无法确定赵某某的责任。因此，依据刑事诉讼法第一百七十五条第四款的规定，对赵某某作出不起诉决定。

第三，依法追诉漏犯杨某。公安机关未对杨某移送起诉，检察机关认为，《煤矿安全规程》要求，在采煤工作面遇过断层、过老空区时应制定安全措施，采用锚杆、锚索等支护形式加强支护。杨某作为 A 煤业公司总工程师，负责全矿技术工作，其未按照上述规程要求，加强安全设计，履行岗位职责不到位，对事故的发生负主要责任。虽然事故调查报告建议"吊销其安全生产管理人员安全生产知识和管理能力考核合格证"，但行政处罚不能代替刑事处罚。因此，依法对杨某以涉嫌重大责任事故罪予以追诉。

（三）指控与证明犯罪

庭审中，被告人宋某某辩称，是 A 煤业公司矿委会集体决定煤矿自行组织工人施工的，并非其一个人的责任。公诉人答辩指出，虽然自行组织施工的决定是由矿委会作出的，但是宋某某作为矿长，是矿井安全生产的第一责任人，明知施工应当由有资质的施工单位进行且应在监理单位监理下施工，仍自行组织工人施工，且在工程日常施工过程中安全管理不到位，最终导致了该起事故的发生，其对事故的发生负主要责任，应当以重大责任事故罪追究其刑事责任。

（四）处理结果

2018 年 12 月 21 日，上党区人民法院作出一审判决，认定宋某某、杨某犯重大责任事故罪，考虑到二人均当庭认罪悔罪，如实供述自己的犯罪事实，具有坦白情节，且 A 煤业公司积极对被害方进行赔偿，分别判处二人有期徒刑三年，缓刑三年。二被告人均未提出上诉，判决已生效。

事故发生后，主管部门对 A 煤业公司作出责令停产整顿四个月、暂扣《安全生产许可证》、罚款 270 万元的行政处罚。对宋某某开除党籍，吊销矿长安全资格证，给予其终生不得担任矿长职务、处年收入 80% 罚款等处罚；对杨某给予吊销安全生产知识和管理能力考核合格证的处罚。对 A 煤业公司生产副矿长、安全副矿长等 5 人分别予以吊销安全生产知识和管理能力考核合格证、撤销职务、留党察看、罚款或解除合同等处理；对 B 煤业公司董事长、总经理、驻 A 煤业公司安检员等 9 人分别给予相应的党纪政处分及行政处罚;对长治市上党区原煤炭工业局总工程师、煤炭工业局驻 A 煤业公司原安检员等 10 人分别给予相应的党纪政处分。对时任长治县县委书记、县长等 4 人也给予相应的党纪政处分。

【指导意义】

(一)安全生产事故调查报告在刑事诉讼中可以作为证据使用,应结合全案证据进行审查。安全生产事故发生后,相关部门作出的事故调查报告,与收集调取的物证、书证、视听资料、电子数据等相关证据材料一并移送给司法机关后,调查报告和这些证据材料在刑事诉讼中可以作为证据使用。调查报告对事故原因、事故性质、责任认定、责任者处理等提出的具体意见和建议,是检察机关办案中是否追究相关人员刑事责任的重要参考,但不应直接作为定案的依据,检察机关应结合全案证据进行审查,准确认定案件事实和涉案人员责任。对于调查报告中未建议移送司法机关处理,侦查(调查)机关也未移送起诉的人员,检察机关审查后认为应当追究刑事责任的,要依法追诉。对于调查报告建议移送司法机关处理,侦查(调查)机关移送起诉的涉案人员,检察机关审查后认为证据不足或者不应当追究刑事责任的,应依法作出不起诉决定。

(二)通过补充侦查完善证据体系,查清涉案人员的具体行为和责任大小。危害生产安全刑事案件往往涉案人员较多,案发原因复杂,检察机关应当根据案件特点,从案发直接原因和间接原因、主要原因和次要原因、涉案人员岗位职责、履职过程、违反有关管理规定的具体表现和事故发生后的施救经过、违规行为与结果之间的因果关系等方面进行审查,证据有欠缺的,应当通过自行侦查或退回补充侦查,补充完善证据,准确区分和认定各涉案人员的责任,做到不枉不纵。

(三)准确区分责任,注重多层次、多手段惩治相关涉案人员。对涉案人员身份多样的案件,要按照各涉案人员在事故中有无主观过错、违反了哪方面职责和规定、具体行为表现及对事故发生所起的作用等,确定其是否需要承担刑事责任。对于不予追究刑事责任的涉案人员,相关部门也未进行处理的,发现需要追究党纪政责任,禁止其从事相关行业,或者应对其作出行政处罚的,要及时向有关部门移送线索,提出意见和建议。确保多层次的追责方式能起到惩戒犯罪、预防再犯、促进安全生产的作用。

【相关规定】(略)

黄某某等人重大责任事故、谎报安全事故案

（最高人民检察院第十三届检察委员会第五十六次会议决定　2021年1月20日发布）

【关键词】

谎报安全事故罪　引导侦查取证　污染处置　化解社会矛盾

【要旨】

检察机关要充分运用行政执法和刑事司法衔接工作机制，通过积极履职，加强对线索移送和立案的法律监督。认定谎报安全事故罪，要重点审查谎报行为与贻误事故抢救结果之间的因果关系。对同时构成重大责任事故罪和谎报安全事故罪的，应当数罪并罚。应注重督促涉事单位或有关部门及时赔偿被害人损失，有效化解社会矛盾。安全生产事故涉及生态环境污染等公益损害的，刑事检察部门要和公益诉讼检察部门加强协作配合，督促协同行政监管部门，统筹运用法律、行政、经济等手段严格落实企业主体责任，修复受损公益，防控安全风险。

【基本案情】

被告人黄某某，男，福建A石油化工实业有限公司（简称A公司）原法定代表人兼执行董事。

被告人雷某某，男，A公司原副总经理。

被告人陈某某，男，A公司原常务副总经理兼安全生产管理委员会主任。

被告人陈小某，男，A公司码头原操作工。

被告人刘某某，男，A公司码头原操作班长。

被告人林某某，男，B船务有限公司（简称B公司）"天桐1"船舶原水手。

被告人叶某某，男，B公司"天桐1"船舶原水手长。

被告人徐某某，男，A公司原安全环保部经理。

2018年3月，C材料科技有限公司（简称C公司）与A公司签订货品仓储租赁合同，租用A公司3005#、3006#储罐用于存储其向福建某石油化工有限公司购买的工业用裂解碳九（简称碳九）。同年，B公司与C公司签订船舶运输合同，委派"天桐1"船舶到A公司码头装载碳九。

同年11月3日16时许，"天桐1"船舶靠泊在A公司2000吨级码头，准备接运A公司3005#储罐内的碳九。18时30分许，当班的刘某某、陈小某开始碳九装船作业，因码头吊机自2018年以来一直处于故障状态，二人便违规操作，

人工拖拽输油软管,将岸上输送碳九的管道终端阀门和船舶货油总阀门相连接。陈小某用绳索把输油软管固定在岸上操作平台的固定支脚上,船上值班人员将船上的输油软管固定在船舶的右舷护栏上。19 时许,刘某某、陈小某打开码头输油阀门开始输送碳九。其间,被告人徐某某作为值班经理,刘某某、陈小某作为现场操作班长及操作工,叶某某、林某某作为值班水手长及水手,均未按规定在各自职责范围内对装船情况进行巡查。4 日凌晨,输油软管因两端被绳索固定致下拉长度受限而破裂,约 69.1 吨碳九泄漏,造成 A 公司码头附近海域水体、空气等受到污染,周边 69 名居民身体不适接受治疗。泄漏的碳九越过围油栏扩散至附近海域网箱养殖区,部分浮体被碳九溶解,导致网箱下沉。

事故发生后,雷某某到达现场向 A 公司生产运行部副经理卢某和计量员庄某核实碳九泄漏量,在得知实际泄漏量约有 69.1 吨的情况后,要求船方隐瞒事故原因和泄漏量。黄某某、雷某某、陈某某等人经商议,决定在对外通报及向相关部门书面报告中谎报事故发生的原因是法兰垫片老化、碳九泄漏量为 6.97 吨。A 公司也未按照海上溢油事故专项应急预案等有关规定启动一级应急响应程序,导致不能及时有效地组织应急处置人员开展事故抢救工作,直接贻误事故抢救时机,进一步扩大事故危害后果,并造成不良的社会影响。经审计,事故造成直接经济损失 672.73 万元。经泉州市生态环境局委托,生态环境部华南环境科学研究所作出技术评估报告,认定该起事故泄漏的碳九是一种组分复杂的混合物,其中含量最高的双环戊二烯为低毒化学品,长期接触会刺激眼睛、皮肤、呼吸道及消化道系统,遇明火、高热或与氧化剂接触,有引起燃烧爆炸的危险。本次事故泄漏的碳九对海水水质的影响天数为 25 天,对海洋沉积物及潮间带泥滩的影响天数为 100 天,对海洋生物质量的影响天数为 51 天,对海洋生态影响的最大时间以潮间带残留污染物全部挥发计,约 100 天。

【检察履职情况】

(一)介入侦查

经事故调查组认定,该事故为企业生产管理责任不落实引发的化学品泄漏事故。事故发生后,泉州市泉港区人民检察院与泉州市及泉港区原安监部门、公安机关等共同就事故定性与侦查取证方向问题进行会商。泉港区人民检察院根据已掌握的情况并听取省、市两级检察院指导意见,提出涉案人员可能涉嫌重大责任事故罪、谎报安全事故罪。2018 年 11 月 10 日、11 月 23 日,泉港公安分局分别以涉嫌上述两罪对黄某某等 8 人立案侦查。泉港区人民检察院提前介入引导侦查,提出取证方向和重点:尽快固定现场证据,调取能体现涉案人员违规操作及未履行日常隐患排查和治理职责的相关证据,及船舶安全管理文件、复合软管使用操作规程、油船码头安全作业规程、A 公司操作规程等证据材料;根据案件定性,加强对犯罪现场的勘验,强化勘验现场与言词证据的印证关系;注重客观证据的收集,全面调取监控视频、语音通话、短信、聊天记录等电子证据。侦查过程中,持续跟进案件办理,就事实认定、强制措施适用、办案程序规范等进一步提出意见建议。11 月 24 日,泉港区人民检察院对相关责任人员批准逮捕后,发出《逮捕案件继续侦查取证意见书》,要求公安机关及时调取事故调查报告,收集固定直接经济损失、人员受损、环境污染等相关证据,委托相关机构出具涉案碳九属性的检验报告,调取 A 公司谎报事故发生原因、泄漏量以及谎报贻误抢救时机等相关证据材料,并全程跟踪、引导侦查取证工作。上述证据公安机关均补充到位,为后续案件办理奠定了扎实的基础。

(二)审查起诉

案件移送起诉后,泉港区人民检察院成立以检察长为主办检察官的办案组,针对被告人陈某某及其辩护人提出的陈某某虽被任命为常务副总经理职务,但并未实际参与安全生产,也未履行安全生产工作职责,其不构成重大责任事故罪的意见,及时要求公安机关调取 A 公司内部有关材料,证实了陈某某实际履行 A 公司安全生产职责,系安全生产第一责任人的事实。针对公安机关出具的陈某某、刘某某、陈小某系主动投案的到案经过说明与案件实际情况不符等问题,通过讯问被告人、向事故调查组核实等方式自行侦查进行核实。经查,公安机关根据掌握的线索,先后将陈某某、刘某某、陈小某带至办案中心进行审查,3 人均不具备到案的主动性。本案未经退回补充侦查,2019 年 6 月 6 日,泉港区人民检察院以黄某某、雷某某、陈某某涉嫌重大责任事故罪、谎报安全事故罪,以陈小某等 5 人涉嫌重大责任事故罪向泉港区人民法院提起公诉,并分别提出量刑建议。

(三)指控与证明犯罪

鉴于该案重大复杂,泉港区人民检察院建议法院召开庭前会议,充分听取被告人、辩护人的意见。2019 年 7 月 5 日,泉港区人民法院开庭审理此案。庭审中,部分被告人及辩护人提出黄某某、雷某某、陈某某的谎报行为未贻误抢救时机,不构成谎报安全事故罪;被告人陈某某不具有安全生产监管责任,不构成重大责任事故罪;对部分被告人应当适用缓刑等辩解和辩护意见。公诉人针对上述辩护意见有针对性地对各被告人展开讯问,并全面出示证据,充分证实了检察机关指控的各被告人的犯罪事实清楚、证据确实充分。针对黄某某等人的行为不构成谎报安全事故罪的辩解,公诉人答辩指出,黄某某等人合谋并串通他人瞒报碳九泄漏数量,致使 A 公司未能采取最高级别的一级响应(溢油量 50 吨以上),而只是采取最低级别的三级响应(溢油量 10 吨以下)。按照规定,一级响应需要全公司和社会力量参与应急,三级响应则仅需运行部门和协议单位参与应急。黄某某等人的谎报行为贻误了事故救援时机,导致直接经济损失扩大,同时造成了恶劣社会影响,依法构成谎报安全事故罪。针对陈某某不构成重大责任事故罪的辩解,公诉人指出,根据补充调取的书证及相关证人证言、被告人供述和辩解等证据,足以证实陈某某在案发前被任命为常务副总经理兼安全生产管理委员会主任,并已实际履行职务,系 A 公司安全生产第一责任人,其未在责任范围内有效履行安全生产管理职责,未发现并制止企业日常经营中长期存在的违规操作行为,致使企业在生产、作业过程中存在重大安全隐患,最终导致本案事故的发生,其应当对事故的发生承担主要责任,构成重大责任事故罪。针对应当对部分被告人适用缓刑的辩护意见,公诉人指出,本案性质恶劣,后果严重,不应对被告人适用缓刑。公诉人在庭审中的意见均得到一审、二审法院的采纳。

(四)处理结果

2019 年 10 月 8 日,泉港区人民法院作出一审判决,采纳检察机关指控的事实、罪名及量刑建议。对被告人黄某某以重大责任事故罪、谎报安全事故罪分别判处有期徒刑三年六个月、一年六个月,数罪并罚决定执行四年六个月;对被告人雷某某以重大责任事故罪、谎报安全事故罪分别判处有期徒刑二年六个月、二年三个月,数罪并罚决定执行四年三个月;对被告人陈某某以重大责任事故罪、谎报安全事故罪分别判处有期徒刑一年六个月,数罪并罚决定执行二年六个月。对陈小某等 5 名被告人,以重大责任事故罪判处有期徒刑一年六个月至二年三个月不等。禁止黄某某、雷某某在判决规定期限内从事与安全生产相关的职业。雷某某等 6 人不服一审判决,提出上诉。2019 年 12 月 2 日,泉州市中级人民法院裁定驳回上诉,维持原判。判决已生效。

(五)污染处置

该起事故造成码头附近海域及海上网箱养殖区被污染,部分区域空气刺鼻,当地医院陆续接治接触泄漏碳九的群众 69 名,其中留院观察 11 名。泄漏的碳九越过围油栏扩散至网箱养殖区约 300 亩,直接影响海域面积约 0.6 平方公里,受损网箱养殖区涉及养殖户 152 户、养殖面积 99 单元。针对事故造成的危害后果,泉港区人民检察院认真听取被害人的意见和诉求,积极协调政府相关职能部门督促 A 公司赔偿事故周边群众的经济损失。在一审判决前,A 公司向受损养殖户回购了受污染的网箱养殖鲍鱼等海产品,及时弥补了养殖户损失,化解了社会矛盾。

泉港区人民检察院在提前介入侦查过程中,发现事故对附近海域及大气造成污染,刑事检察部门与公益诉讼检察部门同步介入,密切协作配合,根据当地行政执法与刑事司法衔接工作规定,及时启动重大案件会商机制,联系环保、海洋与渔业等部门,实地查看污染现场,了解事件进展情况。并针对案件性质、可能导致的后果等情况进行风险评估研判,就污染监测鉴定、公私财产损失计算、海域污染清理、修复等事宜对公安机关侦查和环保部门取证工作提出意见建议。前期取证工作,为泉州市生态环境局向厦门海事法院提起海洋自然资源与生态环境损害赔偿诉讼,奠定了良好基础。

【指导意义】

(一)准确认定谎报安全事故罪。一是本罪主体为特殊主体,是指对安全事故负有报告职责的人员,一般为发生安全事故的单位中负有组织、指挥或者管理职责的负责人、管理人员、实际控制人、投资人以及其他负有报告职责的人员,不包括没有法定或者职务要求报告义务的普通工人。二是认定本罪,应重点审查谎报事故的行为与贻误事故抢救结果之间是否存在刑法上的因果关系。只有谎报事故的行为造成贻误事故抢救的后果,即造成事故后果扩大或致使不能及时有效开展事故抢救,才可能构成本罪。如果事故已经完成抢救,或者没有抢救时机(危害结果不可能加重或扩大),则不构成本罪。构成重大责任事故罪,同时又构成谎报安全事故罪的,应当数罪并罚。

(二)健全完善行政执法与刑事司法衔接工作机制,提升法律监督实效。检察机关要认真贯彻落实国务院《行政执法机关移送涉嫌犯罪案件的规定》和中共中央办公厅、国务院办公厅转发的原国务院法制办等八部门《关于加强行政执法与刑事司法衔接工作的意见》以及应急管理部、公安部、最高人民法院、最高人民检察院联合制定的《安全生产行政执法与刑事司法衔接工作办法》,依照本地有关细化规定,加强相关执法司法信息交流、规范案件移送、加强法律监督。重大安全生产事故发生后,检察机关可通过查阅案件资料、参与案件会商等方式及时了解案情,从案件定性、证据收集、法律适用等方面提出意见建议,发现涉嫌犯罪的要及时建议相关行政执法部门向公安机关或者监察机关移送线索,着力解决安全生产事故有案不移、以罚代刑、有案不立等问题,形成查处和治理重大安全生产事故的合力。

(三)重视被害人权益保障,化解社会矛盾。一些重大安全生产事故影响范围广泛,被害人人数众多,人身损害和财产损失交织。检察机关办案中应高度重视维护被害人合法权益,注重听取被害人意见,全面掌握被害人诉求。要加强与相关职能部门的沟通配合,督促事故单位尽早赔偿被害人损失,及时回应社会关切,有效化解社会矛盾,确保实现办案政治效果、法律效果和社会效果相统一。

(四)安全生产事故涉及生态环境污染的,刑事检察部门要和公益诉讼检察部门加强协作配合,减少公共利益损害。化工等领域的安全生产事故,造成生态环境污染破坏的,刑事检察部门和公益诉讼检察部门要加强沟通,探索"一案双查",提高效率,及时通报情况、移送线索;需要进行公益损害鉴定的,及时引导公安机关在侦查过程中进行鉴定。要积极与行政机关磋商,协同追究事故企业刑事、民事、生态损害赔偿责任。推动建立健全刑事制裁、民事赔偿和生态补偿有机衔接的生态环境修复责任制度。依托办理安全生产领域刑事案件,同步办好所涉及的生态环境和资源保护等领域公益诉讼案件,积极稳妥推进安全生产等新领域公益诉讼检察工作。

【相关规定】(略)

夏某某等人重大责任事故案

(最高人民检察院第十三届检察委员会第五十六次会议决定 2021 年 1 月 20 日发布)

【关键词】

重大责任事故罪 交通肇事罪 捕后引导侦查 审判监督

【要旨】

内河运输中发生的船舶交通事故,相关责任人员可能同时涉嫌交通肇事罪和重大责任事故罪,要根据运输活动是否具有营运性质以及相关人员的具体职责和行为,准确适用罪名。重大责任事故往往涉案人员较多,因果关系复杂,要准确认定涉案单位投资人、管理人员及相关国家工作人员等涉案人员的刑事责任。

【基本案情】

被告人夏某某,男,原"X 号"平板拖船股东、经营者、驾驶员。

被告人刘某某,男,原"X 号"平板拖船驾驶员、平板拖船联营股东。

被告人左某某,男,原平板拖船联营股东、经营者。

被告人段某某,男,原"X 号"平板拖船联营股东、经营者。

被告人夏英某,男,原"X 号"平板拖船股东、经营者。

2012 年 3 月,在左某某的召集下,"X 号"等四艘平板拖船的股东夏某某、刘某某、段某某、伍某某等 10 余人经协商签订了联营协议,左某某负责日常经营管理及财务,并与段某某共同负责船只调度;夏某某、夏英某、刘某某负责"X 号"平板拖船的具体经营。在未依法取得船舶检验合格证书、船舶登记证书、水路运输许可证、船舶营业运输证等经营资质的情况下,上述四艘平板拖船即在湖南省安化县资江河段部分水域进行货运车辆的运输业务。

2012 年 12 月 8 日晚 12 时许,按照段某某的调度安排,夏某某、刘某某驾驶的"X号"平板拖船在安化县烟溪镇十八渡码头搭载四台货运车,经资江水域柘溪水库航道前往安化县平口镇。因"X号"平板拖船无车辆固定装置,夏某某、刘某某仅在车辆左后轮处塞上长方形木条、三角木防止其滑动,并且未要求驾乘人员离开驾驶室实行"人车分离"。次日凌晨3时许,"X号"平板拖船行驶至平口镇安平村河段时,因刘某某操作不当,船体发生侧倾,致使所搭载的四台货运车辆滑入柘溪水库,沉入水中。该事故造成10名驾乘人员随车落水,其中9人当场溺亡,直接经济损失100万元。

【检察履职情况】

(一)捕后引导侦查

事故发生后,"X号"平板拖船驾驶员夏某某、刘某某主动投案,安化县公安局对二人以涉嫌重大责任事故罪立案侦查,经检察机关批准,对二人采取逮捕措施。安化县人民检察院审查批准逮捕时认为,在案证据仅能证明事故经过及后果,而证明联营体的组建、经营管理及是否违反安全生产规定的证据尚未到位。作出批捕决定的同时,提出详细的继续取证提纲,要求公安机关进一步查清四艘平板拖船的投资、经营管理情况及联营协议各方是否制定并遵守相关安全生产管理规定等。后公安机关补充完善了上述证据,对夏某某、刘某某以涉嫌重大责任事故罪向安化县人民检察院移送起诉。

(二)指控和证明犯罪

安化县人民检察院经审查,对夏某某、刘某某以涉嫌重大责任事故罪向安化县人民法院提起公诉。安化县人民法院公开开庭审理此案。庭审中,辩护律师辩称:该案若定性为重大责任事故罪,刘某某不是事故船舶股东,应宣判无罪;若定性为交通肇事罪,夏某某不是肇事驾驶员,也没有指使或强令违章驾驶行为,应宣判无罪。对此,公诉人出示事故调查报告、其他股东等证人证言、收据等证据,指出刘某某既是联营船舶的股东,又接受联营组织安排与夏某某一起负责经营管理"X号"平板拖船;夏某某、刘某某在日常经营管理中,实施了非法运输、违规夜间航行、违规超载、无证驾驶或放任无证驾驶等违反安全管理规定的行为,二人均构成重大责任事故罪。安化县人民法院经审理认为,该案是在公共交通管理范围内发生的水上交通事故,遂改变定性以交通肇事罪认定罪名。

(三)提出抗诉

检察机关审查后认为一审判决认定罪名有误,遂以一审判决适用法律确有错误为由,依法提出抗诉。主要理由:(1)联营船舶非法营运,长期危险作业。一是四艘船舶系左某某、夏某某、刘某某等股东分别委托他人非法制造,均未取得船舶检验合格证书、船舶登记证书、水路运输许可证、船舶营业运输证等经营资质,非法从事货运车辆运输经营。二是违反规定未配备适格船员。联营协议仅确定了利益分配方案和经营管理人员,左某某、段某某作为联营组织的管理人员,夏英某、夏某某、刘某某作为联营船舶的经营管理人员,违反《中华人民共和国安全生产法》《中华人民共和国内河交通安全管理条例》等规定,未制定安全作业管理规定,未配备拥有适任证的船员。三是联营船舶长期危险作业。未按规定组织船员参加安全生产教育培训,未在船舶上设置固定货运车辆的设施和安全救援设施,且无视海事、交通管理等部门多次作出的停航等行政处罚,无视"禁止夜间渡运、禁止超载、货运车辆人车分离"等安全规定,甚至私自拆除相关部门在船舶上加装的固定限载装置,长期危险营运。(2)夏某某、刘某某系"X号"平板拖船经营管理人员和驾驶人员,认定重大责任事故罪更能全面准确评价二人的行为。夏某某、刘某某是联营船舶经营管理人员,对上述违规和危险作业情况明知,且长期参与营运,又是事故当晚驾驶人员,实施了超载运输、无证驾驶、超速行驶等违规行为,二人同时违反了有关安全管理的规定和交通运输法规,因而发生重大事故,由于联营船舶运输活动具有营运性质,是生产经营活动,不仅是交通运输,以重大责任事故罪认定罪名更为准确,更能全面评价二人的行为。益阳市中级人民法院二审改变一审罪名认定,支持检察机关抗诉意见。

(四)依法追究股东等管理人员的刑事责任

事故发生后,公安机关分别对左某某、夏英某、段某某等股东以非法经营罪立案侦查,并提请安化县人民检察院批准逮捕。安化县人民检察院审查后,认为缺少事故调查报告、犯罪嫌疑人明知存在安全隐患等方面证据,以事实不清、证据不足为由不予批捕。公安机关遂变更强制措施为监视居住,期满后解除,后3人逃匿。公安机关于2015年4月1日对该3人决定刑事拘留并上网追逃。左某某于2016年8月1日被抓获归案,段某某、夏英某分别于2017年11月4日、5日主动投案。后公安机关以涉嫌重大责任事故罪分别将3人移送安化县人民检察院审查起诉。

安化县人民检察院经审查认为,该起事故是联营船舶长期以来严重违反相关安全管理规定危险作业造成的,左某某系联营的召集者,负责日常经营管理、调度及会计事务;段某某实际履行调度职责,且在案发当晚调度事故船只"X号"平板拖船承载业务;夏英某系事故船舶"X号"平板拖船的主要经营管理人员,3人对事故发生均负有重要责任,均涉嫌构成重大责任事故罪,先后于2016年12月28日对左某某、2018年8月10日对段某某、夏英某向安化县人民法院提起公诉。此外,对于伍某某等其他联营股东,检察机关审查后认为,其或者未参与经营、管理,或者仅负责"X号"平板拖船外其他联营船舶的经营、管理,不能认定其对事故的发生负有主要责任或者直接责任,可不予追究刑事责任。

法院审理阶段,左某某及其辩护律师在庭审中,提出联营船舶风险各自承担、左某某不是管理者、联营体已于案发前几天即 2012 年 12 月 4 日解散等辩解。公诉人指出,尽管夏英某、段某某等股东的证言均证实左某某与夏英某于 2012 年 12 月 4 日在电话联系时发生争执并声称要散伙,但股东之间并未就解散进行协商;且左某某记载的联营账目上仍记载了 2012 年 12 月 5 日"X 号"平板拖船加油、修理等经营费用。因此,左某某是联营体管理者,事故发生时联营体仍处于存续状态。法院采纳了检察机关的意见。

（五）处理结果

2015 年 8 月 20 日,安化县人民法院以交通肇事罪分别判处夏某某、刘某某有期徒刑四年六个月。安化县人民检察院抗诉后,益阳市中级人民法院于 2015 年 12 月 21 日以重大责任事故罪分别判处夏某某、刘某某有期徒刑四年六个月。判决已生效。2017 年 5 月 25 日,安化县人民法院以重大责任事故罪判处左某某有期徒刑三年,左某某提起上诉,二审发回重审,该院作出相同判决,左某某再次上诉后,二审法院裁定维持原判。2018 年 9 月 19 日,安化县人民法院以重大责任事故罪分别判处段某某、夏英某有期徒刑三年,缓刑五年。二人未上诉,判决已生效。

事故发生后,负有监管责任的相关国家工作人员被依法问责。安化县地方海事处原副主任刘雄某、航道股股长姜某某等 6 人,因负有直接安全监管责任,未认真履行职责,或在发现重大安全隐患后没有采取积极、有效的监管措施,被追究玩忽职守罪的刑事责任。安化县交通运输局原党组成员、工会主席余某某等 9 人分别被给予警告、严重警告、记过、撤职等党纪政处分。

【指导意义】

（一）准确适用交通肇事罪与重大责任事故罪。两罪均属危害公共安全犯罪,前罪违反的是"交通运输法规",后罪违反的是"有关安全管理的规定"。一般情况下,在航道、公路等公共交通领域,违反交通运输法规驾驶机动车辆或者其他交通工具,致人伤亡或者造成其他重大财产损失,构成犯罪的,应认定为交通肇事罪;在停车场、修理厂、进行农耕生产的田地等非公共交通领域,驾驶机动车辆或者其他交通工具,造成人员伤亡或者财产损失,构成犯罪的,应区分情况,分别认定为重大责任事故罪、重大劳动安全事故罪、过失致人死亡罪等罪名。需要指出的是,对于从事营运活动的交通运输组织来说,航道、公路既是公共交通领域,也是其生产经营场所,"交通运输法规"同时亦属交通运输组织的"安全管理的规定",交通运输活动的负责人、投资人、驾驶人员等违反有关规定导致在航道、公路上发生交通事故,造成人员伤亡或者财产损失的,可能同时触犯交通肇事罪与重大责任事故罪。鉴于两罪前两档法定刑均为七年以下有期徒刑(交通肇事罪有因逃逸致人死亡判处七年以上有期徒刑的第三档法定刑),

要综合考虑行为人对交通运输活动是否负有安全管理职责、对事故发生是否负有直接责任、所实施行为违反的主要是交通运输法规还是其他安全管理的法规等,准确选择适用罪名。在具有营运性质的交通运输活动中,行为人既违反交通运输法规,也违反其他安全管理规定(如未取得安全许可证、经营资质、不配备安全设施等),发生重大事故的,由于该类运输活动主要是一种生产经营活动,并非单纯的交通运输行为,为全面准确评价行为人的行为,一般可按照重大责任事故罪认定。交通运输活动的负责人、投资人等负有安全监管职责的人员违反有关安全管理规定,造成重大事故发生,应认定为重大责任事故罪;驾驶人员等一线运输人员违反交通运输法规造成事故发生的,应认定为交通肇事罪。

(二)准确界定因果关系,依法认定投资人、实际控制人等涉案人员及相关行政监管人员的刑事责任。危害生产安全案件往往多因一果,涉案人员较多,既有直接从事生产、作业的人员,又有投资人、实际控制人等,还可能涉及相关负有监管职责的国家工作人员。投资人、实际控制人等一般并非现场作业人员,确定其行为与事故后果之间是否存在刑法意义上的因果关系是个难点。如果投资人、实际控制人等实施了未取得经营资质和安全生产许可证、未制定安全生产管理规定或规章制度、不提供安全生产条件和必要设施等不履行安全监管职责的行为,在此情况下进行生产、作业,导致发生重大伤亡事故或者造成其他严重后果的,不论事故发生是否介入第三人违规行为或者其他因素,均不影响认定其行为与事故后果之间存在刑法上的因果关系,应当依法追究其刑事责任。对发案单位的生产、作业负有安全监管、查处等职责的国家工作人员,不履行或者不正确履行工作职责,致使发案单位违规生产、作业或者危险状态下生产、作业,发生重大安全事故的,其行为也是造成危害结果发生的重要原因,应以渎职犯罪追究其刑事责任。

【相关规定】(略)

随州市 Z 公司康某某等人重大责任事故案—— 在涉企危害生产安全犯罪案件中适用企业 合规推动当地企业强化安全生产意识

(2021 年 12 月 8 日最高人民检察院发布)

【关键词】
重大责任事故 专项合规整改 第三方监督评估 安全生产

【要旨】

针对涉案企业安全生产管理中的漏洞,检察机关深入开展社会调查,积极引导企业开展合规建设。检察机关委托应急管理局、市场监督管理局、工商联等第三方监督评估机制管委会成员单位以及安全生产协会,共同组成第三方监督评估组织,指导涉案企业及其相关人员结合履行合规计划,认真落实安全生产职责。检察机关对合规考察结果认真审查,组织召开公开听证会,确保合规整改效果,推动当地企业强化安全生产意识。

(一)基本案情

湖北省随州市 Z 有限公司(以下简称 Z 公司)系当地重点引进的外资在华食品加工企业,康某某、周某某、朱某某分别系该公司行政总监、安环部责任人、行政部负责人。

2020 年 4 月 15 日,Z 公司与随州市高新区某保洁经营部法定代表人曹某某签订污水沟清理协议,将食品厂洗衣房至污水站下水道、污水沟内垃圾、污泥的清理工作交由曹某某承包。2020 年 4 月 23 日,曹某某与其同事刘某某违规进入未将盖板挖开的污水沟内作业时,有硫化氢等有毒气体溢出,导致二人与前来救助的吴某某先后中毒身亡。随州市政府事故调查组经调查后认定该事故为一起生产安全责任事故。曹某某作为清污工程的承包方,不具备有限空间作业的安全生产条件,在未为作业人员配备应急救援装备及物资,未对作业人员进行安全培训的情况下,违规从事污水沟清淤作业,导致事故发生,对事故负有直接责任。康某某、周某某、朱某某作为 Z 公司分管和负责安全生产的责任人,在与曹某某签订合同以及曹某某实施清污工程期间把关不严,未认真履行相关工作职责,未及时发现事故隐患,导致发生较大生产安全事故。案发后,康某某、周某某、朱某某先后被公安机关采取取保候审措施,Z 公司分别对曹某某等三人的家属进行赔偿,取得了谅解。2021 年 1 月 22 日,随州市公安局曾都区分局以康某某、周某某、朱某某涉嫌重大责任事故罪移送随州市曾都区检察院审查起诉。

(二)企业合规整改情况及效果

一是审查启动企业合规考察。曾都区检察院经审查认为,康某某等人涉嫌重大责任事故罪,属于企业人员在生产经营履职过程中的过失犯罪,同时反映出涉案企业存在安全生产管理制度不健全、操作规程执行不到位等问题。事故报告认定被害人曹某某对事故负有直接责任,结合三名犯罪嫌疑人的相应管理职责,应当属于次要责任。三人认罪认罚,有自首情节,依法可以从宽、减轻处罚。Z 公司系外资在华企业,是当地引进的重点企业,每年依法纳税,并解决 2500 余人的就业问题,对当地经济助力很大。且 Z 公司所属集团正在积极准备上市,如果公司管理人员被判刑,对公司发展将造成较大影响。2021 年 5 月,检察机关征询 Z 公司意见后,Z 公司提交了开展企业合规的申请书、书面合规承诺以及企业经营状况、纳税就业、社会贡献度等证明材料,检察机关经审查对 Z 公司作出合规考察决定。

二是精心组织第三方监督评估。检察机关委托当地应急管理局、市场监督管理局、工商联等第三方监督评估机制管委会成员单位以及安全生产协会,共同组成了第三方监督评估组织。第三方组织指导涉案企业结合事故调查报告和整改要求,按照合规管理体系的标准格式制定、完善合规计划;建立以法定代表人为负责人、企业部门全覆盖的合规组织架构;健全企业经营管理需接受合规审查和评估的审查监督、风险预警机制;完善安全生产管理制度和定期检查排查机制,从制度上预防安全事故再发生,初步形成安全生产领域"合规模板"。Z 公司在合规监管过程中积极整改并向第三方组织书面汇报合规计划实施情况。2021 年 8 月,第三方组织对 Z 公司合规整改及合规建设情况进行评估,并报第三方机制管委会审核,Z 公司通过企业合规考察。

三是公开听证依法作出不起诉决定。检察机关在收到评估报告和审核意见后组织召开公开听证会,邀请省人大代表、省政协委员、人民监督员、公安机关和行政监管部门代表、工商联代表以及第三方组织代表参加听证,参会人员一致同意检察机关对康某某等三人作不起诉处理。2021 年 8 月 24 日,检察机关依法对康某某、周某某、朱某某作出不起诉决定。

Z 公司通过开展合规建设,逐步建立起完备的生产经营、安全防范、合规内控的管理体系,企业管理人员和员工的安全生产意识和责任感明显增强,生产效益得到进一步提升。

(三)典型意义

1. 检察机关积极稳妥在涉企危害生产安全犯罪案件中适用企业合规,推动当地企业强化安全生产意识。检察机关为遏制本地生产安全事故多发频发势头,保护人民群众生命财产安全,教育警示相关企业建立健全安全生产管理制度,积极稳妥选择在安全生产领域开展企业合规改革试点。涉企危害生产安全犯罪具有不同于涉企经济犯罪、职务犯罪的特点,检察机关需要更加深入细致开展社会调查,对涉企危害生产安全犯罪的社会危害性以及合规整改的必要性、可行性进行全面评估,确保涉案企业"真整改""真合规",切实防止"边整改""边违规"。

2. 检察机关在企业合规试点中注意"因罪施救""因案明规"。在合规整改期间,检察机关针对危害生产安全犯罪的特点,建议第三方组织对企业合规整改情况定期或不定期进行检查,确保企业合规整改措施落实落细。同时,第三方组织还根据检察机关建议,要求企业定期组织安全生产全面排查和专项检查,组织作业人员学习生产安全操作规程,加强施工承包方安全资质审查,配备生产作业防护设备,聘请专家对企业人员进行专项安全教育培训并考试考核。

涉案企业通过合规整改,提高了安全生产隐患排查和事故防范能力,有效防止再次发生危害生产安全违法行为。

3. 检察机关积极适用第三方机制,确保监督评估的专业性。本案中,检察机关紧密结合涉企危害生产安全犯罪特点,有针对性加强与第三方机制管委会沟通协调,由安全生产领域相关行政执法机关、行业协会人员组成第三方组织,应急管理部门相关人员担任牵头人,提升监督评估专业性。第三方组织围绕本案中造成生产安全责任事故的重要因素,如未认真核验承包方作业人员劳动防护用品、应急救援物资配备等情况,未及时发现承包方劳动防护用品配备不到位等问题,指导涉案企业及其相关人员结合履行合规计划,认真落实安全生产职责,细致排查消除安全生产隐患,确保合规整改取得实效。

刑法第一百三十五条(重大劳动安全事故罪)

> 第一百三十五条① 安全生产设施或者安全生产条件不符合国家规定,因而发生重大伤亡事故或者造成其他严重后果的,对直接负责的主管人员和其他直接责任人员,处三年以下有期徒刑或者拘役;情节特别恶劣的,处三年以上七年以下有期徒刑。

余某某等人重大劳动安全事故、重大责任事故案

(最高人民检察院第十三届检察委员会第五十六次会议决定 2021年1月20日发布)

【关键词】

重大劳动安全事故罪 重大责任事故罪 关联案件办理 追诉漏罪漏犯 检察建议

---

① 本条根据《刑法修正案(六)》(2006年6月29日起施行)第二条修改。

原本条规定为:工厂、矿山、林场、建筑企业或者其他企业、事业单位的劳动安全设施不符合国家规定,经有关部门或者单位职工提出后,对事故隐患仍不采取措施,因而发生重大伤亡事故或者造成其他严重后果的,对直接责任人员,处三年以下有期徒刑或者拘役;情节特别恶劣的,处三年以上七年以下有期徒刑。

本条修改的内容为:一是取消了构成本条之罪必须是"工厂、矿山、林场、建筑企业或者其他企业、事业单位的职工"的限制;二是将"直接责任人员"修改为"直接负责的主管人员或其他直接责任人员"。

【要旨】

办理危害生产安全刑事案件,要根据案发原因及涉案人员的职责和行为,准确适用重大责任事故罪和重大劳动安全事故罪。要全面审查案件事实证据,依法追诉漏罪漏犯,准确认定责任主体和相关人员责任,并及时移交职务违法犯罪线索。针对事故中暴露出的相关单位安全管理漏洞和监管问题,要及时制发检察建议,督促落实整改。

【基本案情】

被告人余某某,男,湖北 A 化工集团股份有限公司(简称 A 化工集团)原董事长、当阳市 B 矸石发电有限责任公司(简称 B 矸石发电公司,该公司由 A 化工集团投资控股)原法定代表人。

被告人张某某,男,A 化工集团物资供应公司原副经理。

被告人双某某,男,B 矸石发电公司原总经理。

被告人赵某某,男,A 化工集团原副总经理、总工程师。

被告人叶某某,男,A 化工集团生产部原部长。

被告人赵玉某,男,B 矸石发电公司原常务副总经理兼总工程师。

被告人王某某,男,B 矸石发电公司原锅炉车间主任。

2015 年 6 月,B 矸石发电公司热电联产项目开工建设。施工中,余某某、双某某为了加快建设进度,在采购设备时,未按湖北省发展与改革委员会关于该项目须公开招投标的要求,自行组织邀请招标。张某某收受无生产资质的重庆某仪表有限公司(简称仪表公司)负责人李某某给予的 4000 元好处费及钓鱼竿等财物,向其采购了质量不合格的"一体焊接式长颈喷嘴"(简称喷嘴),安装在 2 号、3 号锅炉高压主蒸汽管道上。项目建成后,余某某、双某某擅自决定试生产。

2016 年 8 月 10 日凌晨,B 矸石发电公司锅炉车间当班员工巡检时发现集中控制室前楼板滴水、2 号锅炉高压主蒸汽管道保温层漏汽。赵玉某、王某某赶到现场,未发现滴水情况和泄漏点,未进一步探查。8 月 11 日 11 时许,锅炉运行人员发现事故喷嘴附近有泄漏声音且温度比平时高,赵玉某指示当班员工继续加强监控。13 时许,2 号锅炉主蒸汽管道蒸汽泄漏更加明显且伴随高频啸叫声。赵玉某、王某某未按《锅炉安全技术规程》《锅炉运行规程》等规定下达紧急停炉指令。13 时 50 分至 14 时 20 分,叶某某先后三次接到 B 矸石发电公司生产科副科长和 A 化工集团生产调度中心调度员电话报告"2 号锅炉主蒸汽管道有泄漏,请求停炉"。叶某某既未到现场处置,也未按规定下达停炉指令。14 时 30 分,叶某某向赵某某报告"蒸汽管道泄漏,电厂要求停炉"。赵某某未按规定下达停炉指令,亦未到现场处置。14 时 49 分,2 号锅炉高压主蒸汽管道上的喷嘴发生爆裂,致使大量高温蒸汽喷入事故区域,造成 22 人死亡、4 人受伤,直接经济损失 2313 万元。

【检察履职情况】

(一)介入侦查

事故发生后,当阳市公安局以涉嫌重大责任事故罪对余某某、双某某、张某某、赵玉某、王某某、赵某某、叶某某等人立案侦查并采取强制措施。当阳市人民检察院提前介入,参加公安机关案情研讨,从三个方面提出取证重点:一是查明事故企业在立项审批、设备采购、项目建设及招投标过程中是否存在违规违法行为;二是查明余某某等人对企业安全生产的管理职责;三是查明在事故过程中,余某某等人的履职情况及具体行为。当阳市公安局补充完善上述证据,侦查终结后,于 2017 年 1 月 23 日至 2 月 22 日对余某某等 7 人以涉嫌重大责任事故罪先后向当阳市人民检察院移送起诉。

(二)审查起诉

该事故涉及的系列案件共 11 件 14 人,除上述 7 人外,还包括湖北省特种设备检验检测研究院宜昌分院、当阳市发展与改革局、当阳市质监局工作人员涉嫌的渎职犯罪,A 化工集团有关人员涉嫌的帮助毁灭证据犯罪以及仪表公司涉嫌的生产、销售伪劣产品犯罪。当阳市人民检察院按照案件类型成立多个办案组,根据案件的难易程度调配力量,保证各办案组的审查起诉工作协调推进。由于不同罪名的案情存在密切关联,为使各办案组掌握全部案情,办案部门定期召开检察官联席会议,统一协调系列案件的办理。

当阳市人民检察院审查认为:本次事故发生的最主要原因是 B 矸石发电公司所采购的喷嘴系质量不合格的劣质产品,直接原因是主蒸汽管道蒸汽泄漏形成重大安全隐患时,相关管理人员没有按照操作规程及时停炉,作出正确处置。余某某、双某某作为 A 化工集团负责人和 B 矸石发电公司管理者,在热电联产项目设备采购过程中,未按审批内容公开招标,自行组织邀请招标,监督管理不到位,致使采购人员采购了质量不合格的喷嘴;张某某作为 A 化工集团电气设备采购负责人,收受投标人好处费,怠于履行职责,未严格审查投标单位是否具备相关生产资质,采购了无资质厂家生产的存在严重安全隐患的劣质产品,3 人的主要责任均在于未依规依法履职,致使 B 矸石发电公司的安全生产设施和条件不符合国家规定,从而导致本案事故的发生,涉嫌构成重大劳动安全事故罪。赵某某作为 A 化工集团副总经理、总工程师,叶某某作为该集团生产部部长,赵玉某作为 B 矸石发电公司的副总经理,王某某作为该公司锅炉车间主任,对 B 矸石发电公司的安全生产均负有直接管理职责,4 人在高压蒸汽管道出现漏汽、温度异常并伴随高频啸叫声的危险情况下,未按操作规程采取紧急停炉措施,导致重大伤亡事故发生,4 人的主要责任在于生产、作业过程中违反有关安全管理规定,涉嫌构成重大责任事故罪。

同时,当阳市人民检察院在办案中发现,赵某某在事故发生后同意 A 化工集团安全部部长孙某某(以帮助毁灭证据罪另案处理)将集团办公系统中储存的 13 万余份关于集团内部岗位职责的电子数据(该数据对查清公司高层管理人员在事故中的责任具有重要作用)删除,涉嫌帮助毁灭证据罪,遂依法予以追加起诉。

2017 年 5 月至 6 月,当阳市人民检察院先后以余某某、双某某、张某某涉嫌重大劳动安全事故罪,赵玉某、王某某、叶某某涉嫌重大责任事故罪,赵某某涉嫌重大责任事故罪、帮助毁灭证据罪向当阳市人民法院提起公诉。

(三)指控与证明犯罪

当阳市人民法院分别于 2017 年 6 月 20 日、7 月 4 日、7 月 20 日公开开庭审理上述案件。各被告人对公诉指控的犯罪事实及出示的证据均不持异议,当庭认罪。余某某的辩护人提出余某某不构成犯罪,理由是:(1)A 化工集团虽然是 B 矸石发电公司的控股股东,余某某是法定代表人,但只负责 B 矸石发电公司的投资和重大技改。B 矸石发电公司作为独立的企业法人实行总经理负责制,人员招聘任免、日常管理生产、设备采购均由 B 矸石发电公司自己负责。(2)该事故系多因一果,原因包括设计不符合标准规范要求、事故喷嘴是质量不合格的劣质产品,不能将设计方及不合格产品生产方的责任转嫁由 B 矸石发电公司承担。公诉人针对辩护意见答辩:(1)A 化工集团作为 B 矸石发电公司的控股股东,对 B 矸石发电公司实行人力资源、财务、物资采购、生产调度的"四统一"管理。余某某既是 A 化工集团的董事长,又是 B 矸石发电公司的法定代表人,是企业安全生产的第一责任人。其违规决定采取邀请招标的方式采购设备,致使 B 矸石发电公司采购了质量不合格的喷嘴。(2)本案事故发生的主要原因为喷嘴质量不合格,同时相关管理人员在生产、作业中违反安全管理规定,操作不当,各方都应当在自己职责范围内承担相应的法律责任,不能因为追究其中一方的责任就减轻或免除其他人的责任。因此,应以重大劳动安全事故罪追究余某某的刑事责任。

(四)处理结果

2018 年 8 月 21 日,当阳市人民法院以重大劳动安全事故罪分别判处被告人余某某、双某某、张某某有期徒刑五年、四年、五年;以重大责任事故罪、帮助毁灭证据罪分别判处被告人赵某某有期徒刑四年、六个月,数罪并罚决定执行四年三个月;以重大责任事故罪分别判处被告人叶某某、赵玉某、王某某有期徒刑四年、五年、四年。各被告人均未上诉,判决已生效。

（五）办理关联案件

一是依法惩处生产、销售不符合安全标准的产品犯罪。本案事故发生的最主要原因是安装在主蒸汽管道上的喷嘴质量不合格。2017年2月17日，当阳市公安局对喷嘴生产企业仪表公司负责人李某某以涉嫌生产、销售伪劣产品罪向当阳市人民检察院移送起诉。当阳市人民检察院经审查认为，李某某明知生产的喷嘴将被安装于高压蒸汽管道上，直接影响生产安全和他人人身、财产安全，但其为追求经济利益，在不具备生产高温高压设备资质和条件的情况下，通过查看书籍、网上查询的方法自行设计、制造了喷嘴，并伪造产品检测报告和合格证，销售给B矸石发电公司，其行为属于生产、销售不符合保障人身、财产安全国家标准、行业标准的产品，造成特别严重后果的情况。本案中的喷嘴既属于伪劣产品，也属于不符合安全标准的产品，李某某的行为同时构成生产、销售伪劣产品罪和生产、销售不符合安全标准的产品罪，根据刑法第一百四十九条第二款的规定，应当依照处罚较重的生产、销售不符合安全标准的产品罪定罪处罚。5月22日，当阳市人民检察院以该罪对李某某提起公诉。同时，追加起诉了仪表公司为单位犯罪。后李某某及仪表公司被以生产、销售不符合安全标准的产品罪判处刑罚。

二是依法追究职务犯罪。当阳市人民检察院办理本案过程中，依照当时的法定权限深挖事故背后的国家工作人员职务犯罪。查明：当阳市发展和改革局原副局长杨某未落实省、市发展与改革委员会文件要求，未对B矸石发电公司设备采购招投标工作进行监管，致使该公司自行组织邀标，采购了质量严重不合格的喷嘴；当阳市质量技术监督局特监科原科长赵某怠于履行监管职责，未对B矸石发电公司特种设备的安装、使用进行监督检查；宜昌市特种设备检验检测研究院技术负责人韩某、压力管道室主任饶某、副主任洪某在对发生事故的高压主蒸汽管道安装安全质量监督检验工作中，未严格执行国家行业规范，对项目建设和管道安装过程中的违法违规问题没有监督纠正，致使存在严重质量缺陷和安全隐患的高压主蒸汽管道顺利通过监督检验并运行。2017年3月至5月，当阳市人民检察院分别对5人以玩忽职守罪提起公诉（另，饶某还涉嫌构成挪用公款罪）。2018年8月21日，当阳市人民法院分别以玩忽职守罪判处5人有期徒刑三年六个月至有期徒刑三年缓刑四年不等。后5人均提出上诉，宜昌市中级人民法院裁定驳回上诉，维持原判。判决已生效。

（六）制发检察建议

针对本案反映出的当阳市人民政府及有关职能部门怠于履行职责、相关工作人员责任意识不强、相关企业安全生产观念淡薄等问题，2017年8月16日，当阳市人民检察院向当阳市人民政府及市发展和改革局、市质量技术监督局分别发出检察建议,提出组织相关部门联合执法、在全市范围内开展安全生产大检查、加强对全市重大项目工程建设和招投标工作的监督管理、加强对全市特种设备及相关人员的监督管理、加大对企业安全生产知识的宣传等有针对性的意见建议。被建议单位高度重视,通过开展重点行业领域专项整治活动、联合执法等措施,认真整改落实。检察建议促进当地政府有关部门加强了安全生产监管,相关企业提升了安全生产管理水平。

【指导意义】

(一)准确适用重大责任事故罪与重大劳动安全事故罪。两罪主体均为生产经营活动的从业者,法定最高刑均为七年以下有期徒刑。两罪的差异主要在于行为特征不同,重大责任事故罪是行为人"在生产、作业中违反有关安全管理的规定",重大劳动安全事故罪是生产经营单位的"安全生产设施或者安全生产条件不符合国家规定"。实践中,安全生产事故发生的原因如果仅为生产、作业中违反有关安全管理的规定,或者仅为提供的安全生产设施或条件不符合国家规定,罪名较易确定;如果事故发生系上述两方面混合因素所致,两罪则会出现竞合,此时,应当根据相关涉案人员的工作职责和具体行为来认定其罪名。具体而言,对企业安全生产负有责任的人员,在生产、作业过程中违反安全管理规定的,应认定为重大责任事故罪;对企业安全生产设施或者安全生产条件不符合国家规定负有责任的人员,应认定为重大劳动安全事故罪;如果行为人的行为同时包括在生产、作业中违反有关安全管理的规定和提供安全生产设施或条件不符合国家规定,为全面评价其行为,应认定为重大责任事故罪。

(二)准确界定不同责任人员和责任单位的罪名,依法追诉漏罪漏犯,向相关部门移交职务违法犯罪线索。安全生产刑事案件,有的涉案人员较多,既有一线的直接责任人员,也有管理层的实际控制人,还有负责审批监管的国家工作人员;有的涉及罪名较广,包括生产、销售不符合安全标准的产品罪、玩忽职守罪、受贿罪、帮助毁灭证据罪等;除了自然人犯罪,有的还包括单位犯罪。检察机关办案中,要注重深挖线索,准确界定相关人员责任,发现漏罪漏犯要及时追诉。对负有监管职责的国家工作人员,涉嫌渎职犯罪或者违纪违法的,及时将线索移交相关部门处理。

(三)充分发挥检察建议作用,以办案促安全生产治理。安全生产事关企业健康发展,人民群众人身财产安全,社会和谐稳定。党的十九大报告指出,要"树立安全发展理念,弘扬生命至上、安全第一的思想,健全公共安全体系,完善安全生产责任制,坚决遏制重特大安全事故,提升防灾减灾救灾能力"。检察机关要认真贯彻落实,充分履行检察职能,在依法严厉打击危害企业安全生产犯罪的同时,针对办案中发现的安全生产方面的监管漏洞或怠于履行职责等问题,要积极主动作为,在充分了解有关部门职能范围的基础上,有针对性地制发检察建议,并持续跟踪落实情况,引导企业树牢安全发展理念,督促政府相关部门加强安全生产监管,实现以办案促进治理,为安全生产保驾护航。

【相关规定】(略)

第三章   破坏社会主义经济秩序罪

二维码链接 4 – 破环社会主义经济秩序罪

刑法第一百四十条(生产、销售伪劣产品罪)

> 第一百四十条 生产者、销售者在产品中掺杂、掺假,以假充真,以次充好或者以不合格产品冒充合格产品,销售金额五万元以上不满二十万元的,处二年以下有期徒刑或者拘役,并处或者单处销售金额百分之五十以上二倍以下罚金;销售金额二十万元以上不满五十万元的,处二年以上七年以下有期徒刑,并处销售金额百分之五十以上二倍以下罚金;销售金额五十万元以上不满二百万元的,处七年以上有期徒刑,并处销售金额百分之五十以上二倍以下罚金;销售金额二百万元以上的,处十五年有期徒刑或者无期徒刑,并处销售金额百分之五十以上二倍以下罚金或者没收财产。

刘远鹏涉嫌生产、销售"伪劣产品"(不起诉)案

(最高人民检察院第十三届检察委员会第五十四次会议决定 2020 年 12 月 3 日发布)

【关键词】

民营企业 创新产品 强制标准 听证 不起诉

【要旨】

检察机关办理涉企案件,应当注意保护企业创新发展。对涉及创新的争议案件,可以通过听证方式开展审查。对专业性问题,应当加强与行业主管部门沟通,充分听取行业意见和专家意见,促进完善相关行业领域标准。

【基本案情】

被不起诉人刘远鹏(化名),男,1982年5月出生,浙江动迈有限公司(化名)法定代表人。2017年10月26日,刘远鹏以每台1200元的价格将其公司生产的"T600D"型电动跑步机对外出售,销售金额合计5万余元。浙江省永康市市场监督管理部门通过产品质量抽查,委托浙江省家具与五金研究所对所抽样品的18个项目进行检验,发现该跑步机"外部结构""脚踏平台"不符合国家强制标准,被鉴定为不合格产品。2017年11月至12月,刘远鹏将研发的"智能平板健走跑步机"以跑步机的名义对外出售,销售金额共计701.4万元。经市场监督管理部门委托宁波出入境检验检疫技术中心检验,该产品未根据"跑步机附加的特殊安全要求和试验方法"加装"紧急停止开关",且"安全扶手""脚踏平台"不符合国家强制标准,被鉴定为不合格产品。

【检察履职情况】

2018年9月21日,浙江省永康市公安局以刘远鹏涉嫌生产、销售伪劣产品罪对其立案侦查并采取刑事拘留强制措施。案发后,永康市人民检察院介入侦查时了解到涉案企业系当地纳税优胜企业,涉案"智能平板健走跑步机"是该公司历经三年的研发成果,拥有10余项专利。在案件基本事实查清,主要证据已固定的情况下,考虑到刘远鹏系企业负责人和核心技术人员,为保障企业的正常生产经营,检察机关建议对刘远鹏变更强制措施。2018年10月16日,公安机关决定对刘远鹏改为取保候审。

2018年11月2日,公安机关将案件移送永康市人民检察院审查起诉。经审查,本案的关键问题在于:"智能平板健走跑步机"是创新产品还是不合格产品?能否按照跑步机的国家强制标准认定该产品为不合格产品?经赴该企业实地调查核实,永康市人民检察院发现"智能平板健走跑步机"运行速度与传统跑步机有明显区别。通过电话回访,了解到消费者对该产品的质量投诉为零,且普遍反映该产品使用便捷,未造成人身伤害和财产损失。检察机关经进一步审查,鉴定报告中认定"智能平板健走跑步机"为不合格产品的主要依据,是该产品没有根据跑步机的国家强制标准,加装紧急停止装置、安全扶手、脚踏平台等特殊安全配置。经进一步核实,涉案"智能平板健走跑步机"最高限速仅8公里/小时,远低于传统跑步机20公里/小时的速度,加装该公司自主研发的红外感应智能控速、启停系统后,实际使用安全可靠,并无加装前述特殊安全配置的必要。检察机关又进一步咨询了行业协会和专业人士,业内认为"智能平板健走跑步机"是一种新型健身器材,对其适用传统跑步机标准认定是否安全不尽合理。综合全案证据,永康市人民检察院认为,"智能平板健走跑步机"可能是一种区别于传统跑步机的创新产品,鉴定报告依据传统跑步机质量标准认定其为伪劣产品,合理性存疑。

2019 年 3 月 11 日,永康市人民检察院对本案进行听证,邀请侦查人员、辩护律师、人大代表、相关职能部门代表和跑步机协会代表共 20 余人参加听证。经评议,与会听证员一致认为,涉案"智能平板健走跑步机"是企业创新产品,从消费者使用体验和技术参数分析,使用该产品不存在现实隐患,在国家标准出台前,不宜以跑步机的强制标准为依据认定其为不合格产品。

结合听证意见,永康市人民检察院经审查,认定刘远鹏生产、销售的"智能平板健走跑步机"在运行速度、结构设计等方面与传统意义上的跑步机有明显区别,是一种创新产品。对其质量不宜以传统跑步机的标准予以认定,因其性能指标符合"固定式健身器材通用安全要求和试验方法"的国家标准,不属于伪劣产品,刘远鹏生产、销售该创新产品的行为不构成犯罪。综合全案事实,2019 年 4 月 28 日,永康市人民检察院依法对刘远鹏作出不起诉决定。

该案办理后,经与行业主管、监管部门研究,永康市人民检察院建议永康市市场监督管理部门层报国家有关部委请示"智能平板健走跑步机"的标准适用问题。经层报国家市场监督管理总局,总局书面答复:"智能平板健走跑步机"因具有运行速度较慢、结构相对简单、外形小巧等特点,是一种"创新产品",不适用跑步机的国家标准。总局同时还就"走跑步机"类产品的名称、宣传、安全标准等方面,提出了规范性意见。

【指导意义】

(一)对创新产品要进行实质性审查判断,不宜简单套用现有产品标准认定为"伪劣产品"。刑法规定,以不合格产品冒充合格产品的,构成生产、销售伪劣产品罪。认定"不合格产品",以违反《中华人民共和国产品质量法》规定的相关质量要求为前提。《中华人民共和国产品质量法》要求产品"不存在危及人身、财产安全的不合理的危险""有保障人体健康和人身、财产安全的国家标准、行业标准的,应当符合该标准"的要求;同时,产品还应当具备使用性能。根据这些要求,对于已有国家标准、行业标准的传统产品,只有符合标准的才能认定为合格产品;对于尚无国家标准、行业标准的创新产品,应当本着既鼓励创新,又保证人身、财产安全的原则,多方听取意见,进行实质性研判。创新产品在使用性能方面与传统产品存在实质性差别的,不宜简单化套用传统产品的标准认定是否"合格"。创新产品不存在危及人身、财产安全隐患,且具备应有使用性能的,不应当认定为伪劣产品。相关质量检验机构作出鉴定意见的,检察机关应当进行实质审查。

(二)改进办案方式,加强对民营企业的平等保护。办理涉民营企业案件,要有针对性地转变理念,改进方法,严格把握罪与非罪、捕与不捕、诉与不诉的界限标准,把办案与保护企业经营结合起来,通过办案保护企业创新,在办案过程中,注重保障企业正常经营活动。要注重运用听证方式办理涉企疑难案件,善于听取行业意见和专家意见,准确理解法律规定,将法律判断、专业判断与民众的朴素认知结合起来,力争办案"三个效果"的统一。

(三)立足办案,积极参与社会治理,促进相关规章制度和行业标准的制定完善。办理涉及企业经营管理和产品技术革新的案件,发现个案反映出的问题带有普遍性、行业性的,应当及时通过与行业主管部门进行沟通并采取提出检察建议等方式,促使行业主管部门制定完善相关制度规范和行业标准等,推进相关领域规章制度健全完善,促进提升治理效果。

【相关规定】(略)

黑龙江毛某某销售伪劣产品案

(2021年2月19日最高人民检察院等三部门联合发布)

一、基本案情

2019年1月至4月,被告人毛某某在经营黑龙江省嫩江市春阳种业时发现,"黑河43"等大豆种子在嫩江市销售良好,得到广大种植户认可,有利可图。毛某某未从正规渠道购入种子,而是从农户处购入大豆,用没有任何标识的白色透明编织袋灌装,作为"黑河43"等大豆种子在其经营的春阳种业对外销售。至案发时,毛某某共销售"白包"大豆种子10次,共计7000余斤,销售金额近15万元。

二、诉讼过程

2020年6月28日,黑龙江省嫩江市人民检察院以被告人毛某某犯销售伪劣产品罪向嫩江市人民法院提起公诉。2020年12月7日,黑龙江省嫩江市人民法院以销售伪劣产品罪判处毛某某有期徒刑十一个月,并处罚金人民币15万元。一审判决已生效。

三、典型意义

(一)严格依法履职,切实维护国家粮食安全。粮食安全是治国安邦的头等大事。嫩江是全国著名的大豆主产区、国家重要商品粮基地、农业产业化基地,种子安全事关当地经济社会发展大局,保障种子安全也是检察机关服务大局的重要内容。近年来,受利益驱使,当地销售假冒伪劣大豆种子问题日渐凸显,主要表现形式是销售"白包"种子,严重冲击种子市场经营秩序,破坏优良种子行业可持续发展,为农业经济高质量发展带来巨大安全隐患。经营种子应符合种子法的相关规定,以非种子冒充种子或者以此种品种种子冒充其他品种种子的,种子种类、品种与标签标注的内容不符或者没有标签的种子为假种子。依法严厉打击销售假种子的犯罪行为,有利于维护国家粮食安全,从源头上提高农产品质量安全水平。

(二)宣传监督并重,充分保障农户合法权益。通过该案办理,检察机关及时启动农资打假专项工作,规范农资市场秩序,打击制售假冒伪劣农资违法犯罪行为,促进嫩江市农资市场健康发展。嫩江县人民检察院多次前往该县市场监督管理局、农业农村局,以案释法,为精准打击涉农资犯罪打下坚实基础。加强对经营业户宣传,提高商户对假冒伪劣农资的辨别能力和守法经营意识。嫩江县人民检察院还深入 4 个乡镇 23 个村屯进行普法宣传,通过发放资料、座谈等多种方式,送法下乡,加强对农民普法,提升维权意识。

刘某、周某、刘某凯等生产、销售伪劣产品案

(2021 年 3 月 19 日最高人民法院发布)

被告人刘某伙同被告人周某在河南省郑州市金水区设立"四川康威动物药业有限公司"(未注册),专门从事生产、销售假兽药活动。2015 年 3 月初至案发前,刘某在郑州市金水区一美食广场租赁两间简易仓库,组织生产假兽药,雇佣被告人刘某凯为公司经理,具体负责假兽药的生产和销售;周某从他人处购买兽药原料后,交被告人杨某、袁某掌加工生产,即在兽药原料中随意添加葡萄糖等原料,制成十几种假兽药,假冒"阿莫西林、氟苯尼考、替米考星、盐酸多西环素、粘杆菌素"等兽药并粘贴"四川康威"或者"康威牧鑫"的商标,由周某和刘某凯负责,通过网络或者电话对外销售。周某在生产繁忙时,还曾指使其弟被告人周某兴帮助生产或者发货。被告人方某成、范某凯明知刘某、周某等人生产、销售假兽药,为牟取利益,仍违反规定帮助其印制假兽药包装袋。经审计,自 2015 年 3 月 1 日至 2018 年 3 月 7 日,"四川康威动物药业有限公司"总业绩(银行收入并物流公司代收货款)约为 1080.15 万元。经鉴定,涉案兽药为假兽药。刘某主动投案,如实供述自己的罪行,系自首。一审、二审法院以生产、销售伪劣产品罪分别判处被告人刘某有期徒刑十五年,并处罚金人民币 500 万

元;判处被告人周某有期徒刑十二年,并处罚金人民币 300 万元;判处被告人刘某凯有期徒刑九年,并处罚金人民币 40 万元;其余被告人亦被判处相应刑罚。

王某春、王某辉、王某勇、毕某环等生产、销售伪劣产品案

(2021 年 3 月 19 日最高人民法院发布)

2014 年至 2018 年 9 月,被告人王某春投资购买设备、原料、招聘工人,分别在山东省梁山县梁山镇独山村附近废旧厂房内、梁山县杨营镇侯寺村某养殖厂内、梁山县黑虎庙镇吴楼村某养殖厂内,伙同他人私自生产多家品牌的假农药并予以销售。其间,被告人王某辉提供银行卡帮助王某春结算假农药款,偶尔接送工人上下班。被告人王某勇、毕某环等均参与了部分非法生产、销售假农药的犯罪。在犯罪中,毕某环在杨营镇、黑虎庙镇租赁两处厂房并负责管理该处工人,间或运输货物;王某勇运输假农药并办理托运手续、代收货款;被告人毕某存、王某灵、杨某云、薛某香在杨营镇、黑虎庙镇两处厂房内帮助生产假农药。经查,王某春和王某辉生产、销售假农药金额为 218.99 万余元;王某勇参与销售假农药金额为 65.94 万元;毕某环、毕某存、杨某云、薛某香、王某灵参与生产的假农药销售金额为 35 万余元。毕某环、王某勇等自动投案,如实供述自己的罪行,均系自首。一审、二审法院以生产、销售伪劣产品罪分别判处被告人王某春有期徒刑十五年,并处罚金人民币 90 万元;判处被告人王某辉有期徒刑七年,并处罚金人民币 10 万元;判处被告人王某勇有期徒刑四年,并处罚金人民币 6 万元;判处被告人毕某环有期徒刑二年,并处罚金人民币 3 万元;其余被告人亦被判处相应刑罚。

酒泉某豫农业科技有限公司、王某某生产、销售伪劣产品案

(2021 年 9 月 7 日最高人民法院发布)

【基本案情】

被告人王某某系酒泉某豫农业科技有限公司的法定代表人。2017 年,该公

司将自己繁育的种子及从他人处收购的辣椒籽进行加工、包装后,以"豫椒王"品种向甘肃省酒泉市肃州区种子管理站申请生产经营备案,后因质量问题未能申请成功。2018年12月,该公司将"豫椒王"辣椒种子销售给甘肃某慈生态农业发展有限公司3500罐,销售金额共计245万元。甘肃某慈生态农业发展有限公司将其中1626罐"豫椒王"辣椒种子委托酒泉市肃州区农户种植。2019年7月,农户种植该辣椒种子后出现大量杂株,辣椒产量和质量均受到严重影响。经鉴定,该辣椒种子的纯度为63.4%,纯度远低于国家标准95%和罐体标识96%,认定为劣种子。经测产,该辣椒平均亩产1783.2公斤,其中形成商品价值的辣椒1382.2公斤,远低于罐体标识的亩产3000公斤至4000公斤。案发后,王某某主动向公安机关投案。

【裁判结果】

甘肃省酒泉市肃州区人民法院经审理认为,被告单位酒泉某豫农业科技有限公司、被告人王某某以不合格产品冒充合格产品,销售金额245万元,其行为已构成生产、销售伪劣产品罪。王某某具有自首情节,依法可减轻处罚。王某某归案后认罪态度好,有悔罪表现,依法可酌情从轻处罚。据此,以生产、销售伪劣产品罪判处被告单位酒泉某豫农业科技有限公司罚金245万元;判处被告人王某某有期徒刑十一年,并处罚金123万元。

【典型意义】

近年来,涉及辣椒、花生等经济作物种子的犯罪案件日益增加,不仅关系到农民增收的"钱袋子",也关系到人民群众的"菜篮子"。被告单位和被告人明知涉案辣椒种子质量不合格,在辣椒种子包装上虚假标注亩产、纯度等重要指标,以不合格种子冒充合格种子销售,并给相关企业和农户造成经济损失,对此类犯罪应依法从严惩处。实践中,生产、销售伪劣种子案件往往因受制于生产农时、土壤能力、种植水平、天气状况等复杂因素,很多案件难以对生产遭受的损失情况作出准确认定,也就难以以生产、销售伪劣种子罪追究被告人的刑事责任。本案中,经相关农业部门测产,造成辣椒减产除了涉案种子原因外,还存在农户移栽时间晚、种植密度大,以及天气影响等因素,因此办案机关未能对农户生产遭受损失情况作出认定。在此情况下,应依法适用生产、销售伪劣产品罪定罪处罚。

依照种子法第四十九条第三款的规定,质量低于国家规定标准或者标签标注指标的,是劣种子。依照刑法第一百四十条的规定,生产者、销售者以不合格产品冒充合格产品,销售金额5万元以上的,即构成生产、销售伪劣产品罪。其中,销售金额在200万元以上的,应以生产、销售伪劣产品罪定罪,处十五年有期徒刑或者无期徒刑,并处销售金额百分之五十以上二倍以下罚金或者没收财产。人民法院综合考虑被告人具有自首情节和认罪悔罪表现,依法作出判决。

申洲明、王和中销售伪劣产品案——
未取得兽药经营资质销售不合格兽药

（2022 年 3 月 18 日最高人民法院发布）

【基本案情】

被告人申洲明，男，汉族，1979 年 3 月 5 日出生，农民。

被告人王和中，男，汉族，1969 年 9 月 22 日出生，农民。

被告人申洲明、王和中均不具备兽药经营资质。2017 年 10 月至 2019 年 1 月，王和中从不具备兽药生产、经营资质的林某某等人（另案处理）处，多次以明显低于市场价格购进甲磺酸加替杀星、阿莫西林等 10 余种兽药，将部分兽药销售给申洲明，销售金额 70 余万元。申洲明在明知该兽药可能为伪劣产品的情况下，将部分兽药销售给牛某、张某，销售金额 104 万余元。后牛某发现其所购兽药为不合格产品，要求申洲明退款，申洲明遂退还牛某货款 16 万元。经鉴定，申洲明、王和中销售的兽药均为不合格产品。

【裁判结果】

法院经审理认为，被告人申洲明、王和中以不合格的兽药冒充合格的兽药进行销售，销售金额分别达到 104 万余元和 70 余万元，其行为均已构成销售伪劣产品罪。申洲明到案后如实供述自己的罪行，并积极退赔，可从轻处罚。王和中自动投案，并如实供述自己的罪行，具有自首情节，可以减轻处罚。据此，以销售伪劣产品罪分别判处被告人申洲明有期徒刑七年，并处罚金人民币 53 万元；判处被告人王和中有期徒刑四年，并处罚金人民币 35 万元。

吴某等人生产、销售伪劣产品案

（2022 年 3 月 5 日最高人民检察院发布）

【关键词】

生产、销售伪劣产品罪　劣药认定　刑事附带民事公益诉讼　惩罚性赔偿

【基本案情】

2018 年 8 月底，被告人吴某利用担任 Z 药业公司药品研发中心检验五室副

主任的职务便利,截留实验室送检检材盐酸安罗替尼原料药,向公司同事索要药品处方、原料药和印有商标的胶囊壳,网购辅料药,仿造商标标识,擅自生产该公司抗癌专利药盐酸安罗替尼胶囊对外销售。后被告人吴某配制 8mg 和 4mg 含量的盐酸安罗替尼胶囊假冒 12mg 含量进行销售,共计销售 422 瓶,销售金额 82 万余元。被告人吴某洁作为吴某女友,明知其私自配制药品,仍帮助吴某网购制药用品,联系快递发货,提供其个人及亲属微信收款码收取、保管销售款,参与销售金额 44 万余元。2019 年 3 月 27 日,公安机关从吴某处查扣涉案药品 31 瓶。经江苏省连云港市食品药品检验检测中心检验,药品含量均匀度及盐酸安罗替尼含量不符合标准规定,连云港市市场监督管理局认定该药品为劣药。

【诉讼经过】

2019 年 12 月 26 日,江苏省连云港市海州区人民检察院以生产、销售伪劣产品罪对被告人吴某、吴某洁提起公诉;基于涉案药品侵害了不特定消费者的知情权、健康权等合法权益,一并对吴某、吴某洁提起刑事附带民事公益诉讼。2020 年 11 月 26 日,海州区人民法院作出一审判决,以生产、销售伪劣产品罪,分别判处被告人吴某有期徒刑八年,并处罚金人民币 42 万元;被告人吴某洁有期徒刑三年,缓刑五年,并处罚金人民币 23 万元。被告人吴某交付赔偿款人民币 229 万余元,被告人吴某洁对 132 万余元承担连带责任;被告人吴某、吴某洁在国家级媒体向社会公众公开赔礼道歉。被告人吴某提出上诉后,连云港市中级人民法院二审裁定,驳回上诉,维持原判,判决已生效。

【典型意义】

(一)依法严厉打击制售伪劣药品犯罪,维护人民群众用药安全。检察机关认真落实食品药品安全"四个最严"要求,对药品犯罪依法从严打击。本案中,办理药品类犯罪案件的刑事检察部门积极对接公益诉讼检察部门,提起刑事附带民事公益诉讼,要求责任主体承担三倍惩罚性赔偿金,并在国家级媒体向社会公众公开赔礼道歉,加大违法成本,实现有效震慑。同时,向社会公开传递对危害药品安全犯罪行为实施"最严厉惩罚"的信号,引导从业者敬畏法律,不得逾越药品安全的底线。

(二)强化药品实质功效判断,对制售伪劣药品行为准确适用法律。2019年药品管理法对劣药的范围进行了调整,删除了按劣药论处的情形,强调实质功效判断。检察机关在审查药品性质时可依据检验机构的检验报告、行政部门的认定意见,实质审查认定劣药。对于生产、销售伪劣药品行为的定罪量刑,应结合涉案药品的性质和案件后果进行全面评价。对于涉案药品经检验相关成分含量不符合药品标准被认定为劣药的,应同时审查有无对人体健康造成严重危害的证据。生产、销售劣药没有对人体健康造成严重危害,不构成生产、销售劣药罪,但如果销售金额 5 万元以上的,应当按照刑法第一百四十九条的规定,以生产、销售伪劣产品罪定罪处罚。

(三)坚持打击与保护并重,助力高新企业堵塞知识产权保护管理漏洞。假药、劣药等伪劣产品的生产、销售,不仅危害广大患者的生命健康权和知情权,同时还因低价倾销、功效降低等问题侵害专利药研发企业经济效益与社会声誉,不利于行业的技术创新和良好发展。本案中,检察机关在打击生产、销售伪劣产品犯罪的同时,针对涉案企业经营管理中暴露出的知识产权保护、现代化管理体制问题和漏洞,制发《检察建议书》《法律风险提示函》,帮助企业建章立制、长效运行,提升企业知识产权保护水平和经营管理能力现代化,切实维护企业合法权益。

王某某销售伪劣产品案

(2022 年 3 月 15 日最高人民检察院发布)

【关键词】

销售伪劣产品　成品油　行刑衔接　社会治理

【要旨】

成品油是关乎国计民生的重要商品,打击伪劣成品油犯罪,整治成品油市场,有利于维护规范有序的市场经济秩序,保障消费者的合法权益。燃料油和柴油的制造工艺、用途均不同,是两种不同的油品,以燃料油冒充柴油进行销售,符合刑法第一百四十条的规定,以销售伪劣产品罪定罪处罚。

【基本案情】

2017 年初,被告人王某某接手经营某石油化工有限公司并任法定代表人。后王某某为赚取差价,多次从他人处购买燃料油(主要用途为船舶机械、锅炉等),冒充柴油销售给某矿业公司和某物流公司。王某某以燃料油冒充柴油对外销售 100 余次,共销售 2200 余吨,销售金额共计 1300 余万元。案发时,该石油化工有限公司的油罐内存有 23.5 吨燃料油,货值金额 13 万余元。

经江西省九江市产品质量监督检验所检验,扣押油品的酸度、闪点(闭口)、硫含量和色度不符合普通柴油国家标准,检验结论为不合格。

【诉讼过程】

2020 年 7 月 2 日,安徽省东至县人民检察院以王某某犯销售伪劣产品罪提起公诉。2020年9月27日,东至县人民法院作出一审判决,被告人王某某犯销售伪劣产品罪,判处其有期徒刑十年,并处罚金人民币700万元。王某某不服判决,提出上诉。2020年12月22日,安徽省池州市中级人民法院裁定驳回上诉,维持原判。

【典型意义】

(一)依法打击伪劣成品油犯罪,保护消费者权益。包括柴油在内的成品油,是关乎国计民生的重要商品。燃料油和柴油的制造工艺、用途均不同,是两种不同的油品。以燃料油冒充柴油用于汽车,不仅会严重污染大气,还会损伤车辆重要部件,造成行车安全风险,社会危害大。打击假冒伪劣成品油犯罪,整治成品油市场,有利于维护规范有序的市场经济秩序,保障成品油消费者的合法权益。

(二)全面审查证据,准确认定犯罪事实。本案中,现场查获的油品经过检验系不合格产品,但被告人之前销售的油品是否符合质量标准,需要相关证据予以证明。参考GB/T 28863—2012《商品质量监督抽样检验程序具有先验质量信息的情形》,检察机关认为,检验报告已证明油罐里待售的油品为不合格。被告人购进燃料油来源固定,其明知购进的是燃料油而以柴油名义卖出,既有被告人的供述,又有证言及记账凭证、发油报表等证据相互印证,在案证据已形成完整的证据锁链,足以证明被告人一直以来均是以燃料油冒充柴油进行销售。法院采纳该意见,认定了全部犯罪金额,从而有力地打击了犯罪。

(三)加强行刑衔接,注重社会治理。检察机关在市场监管部门查处案件之初便参与会商研判,对案件定性、抽样鉴定等提出建议,确保案件顺利移送,行政执法与刑事司法有效衔接,形成打击合力,从案发到刑事立案用时不足两个月。审查起诉阶段,检察机关要求公安机关完善证据,并就油品专业问题咨询市场监管部门,确认以燃料油冒充柴油使用的危害性。检察机关还通过以案释法,广泛宣传,进一步提示当地成品油行业从业者合法合规经营。有关行政部门对全县经营成品油单位进行全面排查。目前,该县成品油市场合格率接近100%,成品油安全和经营秩序得到明显提升。

赵某涛等人生产、销售伪劣产品案

(2022年3月15日最高人民检察院发布)

【关键词】

生产、销售伪劣产品 注水牛肉 销售金额 社会治理

【要旨】

在屠宰过程中对活牛注水,违反国家相关质量要求,降低牛肉产品的品质,属于刑法第一百四十条规定的"在产品中掺杂、掺假"的行为。长期生产、销售注水牛肉,在以往已售产品已灭失情况下,可以结合电子数据、交易记录、被告人供述、市场交易习惯等综合认定。在案件办理过程中,检察机关要注重与行政主管机关、公安机关协作,针对案件中发现的监管漏洞积极开展社会综合治理,实现 1 + 1 > 2 的办案效果。

【基本案情】

2016 年 6 月,赵某涛收购江苏省南通市某屠宰加工有限公司,主要经营活牛屠宰、牛肉加工、销售。2017 年 4 月至 2018 年 7 月,赵某涛为牟取非法利益,组织、指使被告人贾某银等人在屠宰活牛过程中,采用水管插入牛心注水的方式,增加牛肉重量,再由季某刚等工人分别对注水牛进行屠宰、加工。上述注水牛肉经赵某涛组织,由其子女赵某甲、赵某乙等人分销至上海市多家农贸市场。案发后,公安机关在南通某屠宰加工有限公司屠宰现场当场查获 2950 斤注水牛肉。

经上海司法会计中心有限公司审计,赵某涛等人生产、销售注水牛肉共计 80 余万公斤,销售金额达人民币近 5000 万元。

【诉讼过程】

2019 年 7 月 25 日,上海铁路运输检察院以被告人赵某涛等 17 人犯生产、销售伪劣产品罪分两批提起公诉。2020 年 12 月 2 日,上海铁路运输法院作出一审判决,被告人赵某涛犯生产、销售伪劣产品罪被判处有期徒刑十五年、三年,并处没收个人财产 2500 万元,判处其他 16 名被告人有期徒刑十二年至一年六个月不等,并处罚金。一审判决后,部分被告人不服判决,提出上诉,2021 年 4 月 6 日,上海市第三中级人民法院裁定驳回上诉,维持原判,判决已生效。

【典型意义】

(一)准确认定犯罪性质,揭露注水牛肉社会危害性,严厉惩治危害食品安全犯罪。犯罪行为人在屠宰活牛过程中注水,属于刑法第一百四十条规定的"在产品中掺杂、掺假"的行为。根据《最高人民法院 最高人民检察院关于办理危害食品安全刑事案件适用法律若干问题的解释》的规定,对畜禽注水,虽不足以造成严重食物中毒事故或者其他严重食源性疾病,但符合刑法第一百四十条规定的,以生产、销售伪劣产品罪定罪处罚。本案中,检察机关为揭示注水牛肉的实质危害性,组织科研院校食品安全专家开展专项研讨,并通知有专门知识的人出庭作证,证实注水会降低单位牛肉制品中的营养成分和价值,降低牛肉的品质,且因注水更易造成病原性微生物污染,引发食物中毒,注水牛肉是具有实质社会危害性的伪劣产品。检察机关在充分揭露注水牛肉社会危害性的同时，坚持"四个最严"原则，严厉打击畜禽注水类犯罪行为，最终，本案均被判处严厉的刑罚。

（二）精准认定注水牛肉销售金额，体现刑事打击罪责刑相统一原则。本案中，南通某屠宰有限公司在案发时间段屠宰、销售牛肉的金额达 3 亿多元，绝大多数牛肉已销售，且根据被告人供述并非每头牛均注水，故如何认定赵某涛等人生产、销售注水牛肉的金额系本案难点。检察机关结合已查证属实的该公司生产记录、交易记录、聊天记录以及案件 10 余名注水工、屠宰工关于屠宰过程中注水数量、注水比例的供述内容，并充分考虑注水牛肉销售金额应减去牛副产品数量等交易习惯，最终认定本案生产、销售注水牛肉的金额为近 5000 万元。同时，针对本案中仅参与部分犯罪的员工，检察机关充分参考该公司的考勤记录，对每名员工参与生产、销售注水牛肉的金额予以精准认定，实现罪责刑相统一，保证罚当其罪。

（三）发挥检察一体化优势，联动综合治理共护食品安全。本案被告人规模化组织化开展畜禽注水，涉案犯罪金额大，危害后果波及多个地区，跨区域特征明显，治理难度较大。上海铁路运输检察院发挥集中管辖危害食品安全案件的优势，积极争取上级检察机关的统筹指导，落实"跨行政区划办案＋属地化检察治理"联动机制，与属地检察机关联合市场监督管理局、公安机关、地方政府，同步在涉案四个区域的农产品批发市场开展"食品安全共治"专项综合治理活动，对有关市场公开宣告检察建议，向现场商户、群众发放法治宣传资料，组织市场商户在"合法经营保障食品安全"倡议书上签名承诺，并定期开展"回头看"活动，持续推动农贸市场食品安全管理规范化建设，引导社会公众增强食品安全意识，共筑食品安全保护网。

H 电缆公司生产、销售伪劣产品案

（2022 年 3 月 15 日最高人民检察院发布）

【关键词】

生产、销售伪劣产品　不合格电线电缆　追加起诉　社会治理

【要旨】

正规生产厂商对产品未经质检即出具产品合格证，放任不合格产品流入市场，构成生产、销售伪劣产品罪。检察机关办理生产、销售伪劣产品犯罪案件，

要全面审查案件事实证据,依法追诉漏罪漏犯,并阐明不合格产品的实质危害,着力维护市场经济秩序,消除安全隐患,保护消费者合法权益。

【基本案情】

2015年1月1日,李某某开始担任H电缆公司总经理。在李某某经营管理H电缆公司期间,其明知公司质检部门未实际进行质量检验即出具产品合格证明,仍放任所生产的不合格电缆线出厂销售。2019年10月16日,江西省景德镇市市场监督管理局执法人员对国网江西省电力有限公司乐平市供电分公司塔前仓库进行执法检查,查扣部分由H电缆公司销售的电线电缆。经黄冈大别山检测认证有限公司检测,H电缆公司生产、销售的部分电缆线绝缘线芯标志导体直流电阻均超过国家标准要求的最大值,系不合格产品,不合格电缆总价值近60万元。

2020年8月12日,李某某主动至公安机关投案,并如实供述上述犯罪事实。

【诉讼过程】

2021年1月8日,江西省景德镇市公安局食药环分局以李某某涉嫌生产、销售伪劣产品罪向检察机关移送起诉。景德镇市昌江区人民检察院经审查,依法追加H电缆公司为犯罪嫌疑单位,并于2021年8月12日以H电缆公司、李某某犯生产、销售伪劣产品罪提起公诉。2021年9月10日,景德镇市昌江区人民法院作出一审判决,以犯生产、销售伪劣产品罪,判处被告单位H电缆公司罚金30万元,判处李某某三年有期徒刑,缓刑五年,并处罚金30万元。一审判决后,被告单位和被告人均未上诉,判决已生效。

【典型意义】

(一)全面审查案件事实证据,依法认定主观明知。H电缆公司作为正规生产厂商,生产的产品不符合国家标准是否构成犯罪,关键是要看其是否具有生产、销售伪劣产品的主观故意。正规生产厂商虽履行质检义务但因过失亦可能导致残次品流入市场,这种情况因缺乏犯罪故意不构成犯罪。但在本案中,检察机关通过全面审查案件事实证据,根据H电缆公司内部质检流程的相关规定,查实该公司内部质检员工未实际检测产品质量即故意出具产品合格证,且作为公司实际经营者的李某某知情,应认定该公司、李某某对生产、销售伪劣产品具有放任的故意,故认定其构成生产、销售伪劣产品罪。

(二)依法追诉遗漏单位犯罪,确保全面打击伪劣商品犯罪效果。本案公安机关仅以李某某涉嫌生产、销售伪劣产品罪移送起诉。检察机关通过自行补充侦查,补充完善证据,查实李某某系H电缆公司实际经营者、管理者的作用地位,明确其所作决定和行为系代表单位意志,为了单位利益,且生产、销售伪劣电缆的收益均归单位所有,故本案系单位犯罪,应当追诉H电缆公司作为单位犯罪主体。

（三）聚焦民生能动履职，综合治理保障消费者权益。本案涉案伪劣电线电缆导体电阻超出国家标准，会增大电流在线路上通过时的损耗，加剧电线电缆的发热，如果投入使用，会加快包覆电缆线绝缘层老化，且更易引发火灾事故，具有安全隐患，属于刑法第一百四十六条规定的不符合安全标准的产品。虽未造成严重后果，但销售金额在 5 万元以上，根据刑法第一百四十九条第一款的规定，以生产、销售伪劣产品罪定罪处罚。案发后，在检察机关督促下，H 电缆公司及时召回问题产品，对其他相关产品进行全面质量检查，且对公司经营管理采取有效措施进行整改，弥补了产品质量漏洞，切实防止不合格电缆线再次流向市场。检察机关开展跟踪回访，通过能动履职开展社会综合治理，在保障消费者能够购买到合格放心产品的同时，服务保障民营经济健康、有序发展。

孔某某等人生产、销售伪劣产品案

（2022 年 3 月 15 日最高人民检察院发布）

【关键词】

生产、销售伪劣产品 以假充真 食品安全

【要旨】

将掺杂棉籽油的玉米大豆调和油，销售给香油生产厂家；相关香油生产厂家在香油制品生产过程中，掺杂掺假，应以生产、销售伪劣产品罪定罪处罚。针对案件中暴露出的危害人民群众身体健康的食品安全问题，制发检察建议，促进食品安全社会治理。

【基本案情】

2008 年 7 月 23 日，被告人孔某某成立沈阳新某某食品有限公司，担任法定代表人，被告人郑某某担任生产厂长。2017 年，孔某某向辽宁省食品药品监督管理局备案该公司"好财好"牌玉米大豆调和油的企业标准，该调和油的原辅料为玉米油、大豆油。之后，孔某某在制作玉米大豆调和油时故意违背已备案的企业标准，添加廉价棉籽油将油体颜色调至近似香油的颜色（俗称"红油"），并将该制作调配方法告知郑某某。2017 年 10 月至 2019 年 8 月间，孔某某、郑某某等人将与香油颜色相近的"红油"销售到全国 12 个省、市的香油坊以及香油生产厂家。孔某某在推销"红油"过程中以该油颜色、溶点与香油相同为卖点，并向吕某某、李某某等经销商传授往香油里勾兑"红油"或在"红油"中添加一定比例香精提高香味以此冒充纯芝麻香油销售的方法;此外,该厂向部分经销商、香油制造厂家违规销售香精或提供购买香精渠道,用以调制假香油,其公司销售香精金额为 39330 元。经查实,被告人孔某某、郑某某参与生产、销售伪劣香油制品金额为 584207.6 元

被告人吕某某系食用油油瓶经销商,有广泛的香油生产厂商销售渠道。2017 年 10 月至 2019 年 8 月,孔某某通过吕某某等人的销售渠道推销"好财好"牌玉米大豆调和油("红油")。吕某某帮助对外宣传该"红油"可用于掺入香油当中,并从销售额中提取利润。2017 年 7 月,吕某某向做销售芝麻生意的被告人李某某介绍孔某某生产的"红油"可以掺入香油当中,并将孔某某联系方式告知李某某。李某某向多名生产香油人员推销该"红油"。2017 年李某某向河北邢台被告人王某超经营的河北某食用油有限公司推销"红油",王某超在购入金额为 130576 元的"红油"后与其公司负责生产的被告人王某达在生产香油过程中掺入该"红油"和乙基麦芽酚、乙基香兰素等香精成分,冒充香油进行销售,由被告人王某越负责销售并送货。经鉴定机构检测,该公司被抽检的所有香油、芝麻酱均不合格。经查实,河北某公司销售伪劣香油金额为 277546.39 元,销售伪劣芝麻酱金额为 24816.5 元。被告人王某超、王某达、王某越参与生产、销售伪劣香油制品的金额为 302362.89 元;被告人吕某某、李某某等参与生产、销售伪劣香油制品的金额为 130576 元。

【诉讼过程】

2020 年 7 月 24 日,河北省邢台市信都区人民检察院以孔某某、郑某某等人犯生产、销售伪劣产品罪向信都区人民法院提起公诉。2020 年 12 月 31 日,信都区人民法院作出一审判决。被告人孔某某、郑某某等人不服一审判决,提出上诉。2021 年 9 月 13 日,河北省邢台市中级人民法院作出终审判决,以生产、销售伪劣产品罪判处孔某某、郑某某等人有期徒刑八年至一年六个月不等刑罚,并处罚金。

【典型意义】

(一)打击犯罪源头,保护百姓"舌尖上的安全"。孔某某、郑某某等人作为长期从事香油生产、销售的从业人员,明知香油行业中存在往香油中加入所谓"红油",降低生产成本的潜规则,仍然故意研制"红油"生产配方,制成与香油颜色相近的所谓"玉米大豆调和油",并积极推销,推动下游购买者将"红油"掺入香油或在"红油"中加入香精冒充香油,孔某某、郑某某等人的行为对制造假香油,具有极大的推动作用。该行为是实践中常见的源头性犯罪,从源头上打击生产、销售伪劣产品犯罪,有利于认真贯彻落实食品药品"四个最严"要求,切实维护人民群众"舌尖上的安全"。

（二）提前介入,深入沟通,妥善办理跨地域关联制假售假案件。为有效打击生产、销售伪劣产品犯罪,切实加强食品药品安全监管,信都区检察院积极与市场监管部门沟通协调,形成打击食品药品安全违法犯罪的高压态势,既开展个案协作,也完善信息交流、案件通报、联席会议等机制建设,深挖犯罪线索。信都区检察院在受理该案之初,即选派检察官提前介入,多次参加案件侦查研讨。信都区检察院充分发挥案情通报和提前介入的优势,就案件的定性、生产、销售伪劣香油人员责任、侦查方向以及证据保全等向公安机关提出法律意见,促进跨地域关联制假售假案件的妥善办理。

（三）充分发挥行刑衔接作用,在办案中促进食品安全社会治理。食品安全关系千家万户,保障食品安全就是保障民生。在食用油中掺杂、掺假因检测难等技术问题较难被发现,本案中,行政机关、侦查机关、检察机关加强行刑衔接,通过多方努力突破技术难题,有力打击违法犯罪。同时,检察机关通过制发检察建议,与市场监督管理部门精诚合作,进一步严格规范辖区食品药品添加剂的销售管理,建立添加剂的溯源机制;提高日常检测水平,形成信息公开常态化;完善食品监管机制,加强执法处罚力度;加强食品安全宣传引导,提高公众法律意识等,共同促进食品安全领域的齐管共治。

四川 K 化肥有限公司生产、销售伪劣产品案

（2022 年 3 月 15 日最高人民检察院发布）

【关键词】

生产、销售伪劣产品　不合格化肥　提前介入　司法救助

【要旨】

涉农案件事关国家粮食安全和百姓民生福祉,检察机关要主动作为,通过提前介入引导公安机关全面取证,为指控犯罪夯实证据基础。要在依法严厉打击涉农资安全犯罪行为的同时,积极保障被害农户的权益,及时全面开展司法救助,参与社会综合治理,最大限度帮助被害农户恢复正常生产生活秩序,做好司法办案"后半篇文章"。

【基本案情】

2014 年 12 月 10 日,符某注册成立四川 K 化肥有限公司,从事化肥的生产、销售。而后,符某在未聘用任何化肥生产专业人员和化肥检验人员的情况下,通过将化肥生产原料随意配比、假冒检验员签字、伪造化肥检验报告、合格证等

手段,大量生产复合氮肥、尿素、复合肥料等品种化肥,并销往四川、重庆、云南等地。2020年5月27日,四川K化肥有限公司因生产、销售不合格化肥,被重庆市垫江县农业农村委员会予以行政处罚。

2020年10月至2021年初,四川K化肥有限公司仍将以前述方式生产的化肥以6万余元的价格销售给经销商,由经销商将化肥陆续销售给重庆市渝北区各镇558户农户,数量共计100余吨。后经重庆市计量质量检测研究院抽样检验,涉案化肥氮、磷、钾的含量未达到国家标准,均为不合格化肥产品。

2021年5月18日,符某主动至公安机关投案,并如实供述上述犯罪事实。

【诉讼过程】

2021年8月9日,重庆市公安局渝北区分局以被告人符某涉嫌生产、销售伪劣产品罪向检察机关移送起诉。重庆市渝北区人民检察院经审查,依法追加四川K化肥有限公司为犯罪嫌疑单位,并于2021年12月6日以该公司和符某犯生产、销售伪劣产品罪提起公诉。重庆市渝北区人民法院于2022年1月17日作出一审判决,因犯生产、销售伪劣产品罪,判处被告单位四川K化肥有限公司罚金人民币8万元;判处被告人符某有期徒刑一年一个月,并处罚金4万元。判决后,被告单位、被告人均未上诉,判决已生效。

【典型意义】

(一)发挥检察机关审前主导作用,积极提前介入。本案属于危害国家农业生产安全、损害农民合法利益案件,检察机关通过两法衔接平台,收到重庆市渝北区农业农村委员会移送的涉案线索后,经研判确定该案涉农涉粮,地跨川、渝、滇三省市,受损农户500余户,案情重大,取证难度大。检察机关充分发挥审前主导作用,在信息共享、初查方向与取证重点等方面与行政执法机关、公安机关开展有效衔接,主动提前介入刑事侦查,引导公安机关对涉案化肥种类、数量、金额进行精确统计,按照不同种类化肥进行分类登记、抽样、送检,并对其他证据调取、事实认定、法律适用事项提出意见建议,为指控犯罪打下坚实证据基础。

(二)坚持罪刑法定原则,准确认定案件性质。检察机关在办理涉农案件时,坚持"以事实为依据、以法律为准绳"原则,紧紧围绕犯罪构成要件收集、审查、认定证据。本案中,有受害农户反映其种植2万余株柑橘树等农作物因使用假化肥出现落叶、烂根现象。检察机关经实地走访并咨询农业专家,查明造成被害农户柑橘等农作物落叶、烂根系因使用高氯化肥(不宜用于柑橘等旱地作物),涉案化肥的氯含量并未超出国家标准,故难以得出涉案化肥与被害农户损失之间存在刑法上因果关系的结论,不构成生产、销售伪劣化肥罪。但犯罪行为人以不合格的化肥冒充合格的化肥,销售数额达5万元以上,其行为构成生产、销售伪劣产品罪。

（三）全面落实司法救助政策，促进社会治理。生产、销售伪劣产品类刑事案件中，商品的购买者既是刑事案件被害人，也是普通消费者。办案中，检察机关了解到购买假化肥的农户绝大多数为留守老人，部分才刚刚脱贫，经济条件、创收能力较差，且因农作物损失的原因无法查明，被害农户亦无法通过民事途径获得救济，检察机关及时启动司法救助程序，依法对涉案的 558 名被害农户全部给予司法救助，共计人民币 26 万余元。检察机关将打击犯罪和保护消费者权益有机结合，坚持以人民为中心的理念，践行为人民服务的宗旨，急群众所急、解群众所难，努力开展司法救助，帮助被害群众挽回经济损失，恢复正常生产生活秩序，让消费者在每一起案件中感受到公平正义和司法的温度。

刑法第一百四十一条（生产、销售假药罪）

第一百四十一条①　生产、销售假药的，处三年以下有期徒刑或者拘役，并处罚金；对人体健康造成严重危害或者有其他严重情节的，处三年以上十年以下有期徒刑，并处罚金；致人死亡或者有其他特别严重情节的，处十年以上有期徒刑、无期徒刑或者死刑，并处罚金或者没收财产。

药品使用单位的人员明知是假药而提供给他人使用的，依照前款的规定处罚。

---

① 本条曾经全国人大常委会两次修改。

原本条内容为："生产、销售假药，足以严重危害人体健康的，处三年以下有期徒刑或者拘役，并处或者单处销售金额百分之五十以上二倍以下罚金；对人体健康造成严重危害的，处三年以上十年以下有期徒刑，并处销售金额百分之五十以上二倍以下罚金；致人死亡或者对人体健康造成特别严重危害的，处十年以上有期徒刑、无期徒刑或者死刑，并处销售金额百分之五十以上二倍以下罚金或者没收财产。

"本条所称假药，是指依照《中华人民共和国药品管理法》的规定属于假药和按假药处理的药品、非药品。"

第一次根据《刑法修正案（八）》（2011 年 5 月 1 日起施行）第二十三条对第一款修改的主要内容为：一是删除了"足以严重危害人体健康"的入罪条件，将生产、销售假药罪由危险犯修改为行为犯；二是对罚金作了修改，删除了对生产、销售假药罪可以单处罚金的规定，同时将根据销售数额确定的倍比罚金修改为无限额罚金；三是完善了加重犯的规定，明确除"对人体健康造成严重危害"外，"有其他严重情节的"，也应处三年以上十年以下有期徒刑，并处罚金。同时，将应判处十年以上有期徒刑、无期徒刑、死刑的情形，由原来规定的"对人体健康造成特别严重危害的"修改为包容性更大的"其他特别严重情节"。

第二次根据《刑法修正案（十一）》（2021 年 3 月 1 日起施行）第五条对本条作了修改。修改的主要内容为将本条第二款"本条所称假药，是指依照《中华人民共和国药品管理法》的规定属于假药和按假药处理的药品、非药品"予以删除，增加规定"药品使用单位的人员明知是假药而提供给他人使用的，依照前款的规定处罚"。

牛某某等生产、销售假药案——
用针管灌装生理盐水假冒九价人乳头瘤病毒疫苗销售

（2022 年 4 月 28 日最高人民法院发布）

【基本案情】

2018 年上半年,被告人牛某某在得知九价人乳头瘤病毒疫苗(以下简称九价疫苗)畅销之后,遂寻找与正品类似的包装、耗材及相关工艺,准备生产假冒产品。2018 年 7 月至 10 月,牛某某通过他人先后购买针管、推杆、皮塞、针头等物品共计 4 万余套,并订制假冒九价疫苗所需的包装盒、说明书、标签等物品共计 4.1 万余套。其间,牛某某与同案被告人张某某在山东省单县以向针管内灌装生理盐水的方式生产假冒九价疫苗,再通过商标粘贴、托盘塑封等工艺,共生产假冒九价疫苗 2.3 万支。牛某某、张某某通过多个医美类微信群等渠道,对外销售上述假冒九价疫苗 9004 支,销售金额达 120 余万元。经苏州市药品检验检测研究中心检验,抽样送检的假冒九价疫苗内,所含液体成分与生理盐水基本一致。

【裁判结果】

法院经审理认为,被告人牛某某、张某某共同生产、销售假疫苗的行为均已构成生产、销售假药罪。牛某某、张某某生产、销售金额达 120 余万元,具有"其他特别严重情节"。生产、销售的假药属于注射剂疫苗,应当酌情从重处罚。在共同犯罪中,牛某某系主犯,张某某系从犯,对张某某予以从轻处罚。二被告人均认罪认罚。据此,以生产、销售假药罪判处被告人牛某某有期徒刑十五年,并处罚金人民币 150 万元;判处被告人张某某有期徒刑十三年,并处罚金人民币 100 万元。

【典型意义】

疫苗是为预防、控制疾病的发生、流行,用于人体免疫接种的预防性的生物制品,属于国家实行特殊管理的药品。疫苗包括免疫规划疫苗和非免疫规划疫苗,人乳头瘤病毒疫苗属于非免疫规划疫苗,由居民自愿接种,目前市面上有三种,包括二价、四价和九价,其中九价疫苗是可预防人乳头瘤病毒种类最多的疫苗,最佳接种年龄为 16 岁至 26 岁。本案中,二被告人以针管灌装生理盐水的方式生产、销售假冒九价人乳头瘤病毒疫苗,属于《中华人民共和国药品管理法》规定的"以非药品冒充药品"的情形,应认定为假药。此类犯罪不仅使消费者支付高价却无法得到相应的免疫效果,部分消费者还因此错过了最佳接种年龄和时机,社会危害严重,应依法严惩。对广大消费者而言,要到正规医疗机构接种疫苗,以确保疫苗接种的安全性和有效性。

高某等生产、销售假药案——"黑作坊"将中药和西药混合研磨成粉冒充纯中药销售

(2022 年 4 月 28 日最高人民法院发布)

【基本案情】

2018 年至 2020 年 9 月,被告人高某为获取非法利益,在未取得药品生产许可证、药品经营许可证的情况下,在广东省普宁市南亨里其住所内,用中药材首乌、甘草、大茴和西药溴己新、土霉素片、复方甘草片、磷酸氢钙咀嚼片、醋酸泼尼松、马来酸氯苯那敏等按照一定比例混合研磨成粉,并雇佣被告人李某将药粉分包、包装为成品。高某使用"特效咳喘灵"的假药名,编造该药粉为"祖传秘方""纯中药成分",主治咳嗽、肺结核、哮喘、支气管炎,并以每包 25 元至 40 元的价格对外销售,销售金额共计 186 万余元。李某还从高某处低价购买上述假药并加价销售给被告人黄某等人。经江苏省淮安市市场监督管理局认定,涉案药品为假药。

【裁判结果】

法院经审理认为,被告人高某等人生产、销售假药的行为构成生产、销售假药罪。高某生产、销售金额达 186 万余元,具有"其他特别严重情节"。据此,以生产、销售假药罪判处被告人高某有期徒刑十年九个月,并处罚金人民币 372 万元。其余被告人分别被判处一年六个月至十年三个月有期徒刑,并处罚金。

【典型意义】

近年来,一些不法分子利用公众对中药的信任,打着"祖传秘方""纯中药成分"的幌子,私自配制中药,有的还在中药中混入西药成分,冒充纯中药对外销售,不仅影响疾病的治疗效果,还给用药安全和人体健康带来重大隐患。《中华人民共和国药品管理法》第九十八条第二款第二项规定,"以非药品冒充药品或者以他种药品冒充此种药品"的为假药。本案中,被告人高某在中药中掺入了多种西药并冒充纯中药销售,属于"以他种药品冒充此种药品"的情形,经地市级药品监督管理部门认定为假药,故以生产、销售假药罪定罪处罚。本案也提醒广大消费者,不要迷信"祖传秘方"等虚假宣传,应当通过正规渠道采购药品,保障用药安全。

北京某肿瘤药品有限公司销售假药案——
药品公司通过非法渠道采购并销售假药

（2022 年 4 月 28 日最高人民法院发布）

【基本案情】

2018 年 8 月，被告单位北京某肿瘤药品有限公司通过非正规渠道低价采购药品"日达仙"（注射用胸腺法新）。被告人卢某、赵某、张某作为该公司直接负责的主管人员，被告人吴某、汪某作为公司负责销售的直接责任人员，在明知上述药品没有合法手续，系从非法渠道采购且采购价格低于正常价格的情况下，仍然以该单位的名义于 2018 年 9 月 7 日、11 日在北京市东城区分两次向被害人吴某某销售上述"日达仙"（注射用胸腺法新）共 8 盒，销售金额共计 9600 元。经中国食品药品检定研究院检验，涉案"日达仙"（注射用胸腺法新）按进口药品注册标准检验结果不符合规定，属于与国家药品标准不符。经北京市东城区市场监督管理局认定，涉案药品为假药。

【裁判结果】

法院经审理认为，被告单位北京某肿瘤药品有限公司销售假药的行为已构成销售假药罪。被告人卢某、赵某、张某作为该公司销售假药的直接负责的主管人员，被告人吴某、汪某作为该公司销售假药的其他直接责任人员，亦均构成销售假药罪。因涉案药品属于注射剂药品，应当酌情从重处罚。鉴于卢某、赵某有自首情节，且各被告人自愿认罪、悔罪，可依法从轻处罚。据此，以销售假药罪判处被告单位北京某肿瘤药品有限公司罚金人民币 5 万元，并对卢某等被告人均判处有期徒刑九个月零十五天，并处罚金人民币 1 万元。

【典型意义】

本案是一起有经营资质的正规药品企业销售假药的典型案件。为加强药品管理，保证药品质量，《中华人民共和国药品管理法》对药品生产、经营实行严格的许可制度，并要求药品经营企业在购进药品时，应当建立并执行进货检查验收制度，验明药品合格证明和其他标识，对不符合规定要求的，不得购进和销售。实践中，部分药品经营者向没有生产、经营许可证的个人、单位购进药品，不履行进货检查验收制度，使上游生产、销售假药的不法分子有机可乘。被告人卢某等为降低成本，违反《中华人民共和国药品管理法》的相关规定，低价通过非法渠道采购没有合法手续的药品，经检验为假药，具有销售假药罪的主观故意。本案涉案药品"日达仙"（注射用胸腺法新）属于注射剂药品，销售此类假药，严重侵害了公众的用药安全和生命健康，应依法惩处。

安徽李某某等生产、销售假药案

（2021 年 2 月 19 日最高人民检察院等三部门联合发布）

【基本案情】

2017 年 10 月，被告人李某某、王某某共同商议销售假药。李某某负责提供货源和客户，王某某负责包装、售后，王某某雇佣被告人戚某某在安徽省合肥市住处对药品进行加工、包装。后被告人李某某陆续将假药发往王某某居住地进行加工、包装和销售。2018 年 1 月 16 日，公安机关在合肥市加工窝点现场查获扣押大量待包装或已包装的"盐酸贝那普利片""瑞舒伐他汀钙片""阿托伐他汀钙片""阿司匹林肠溶片"等药品。生产、销售金额合计 300 余万元。经合肥市食品药品检验中心检验，上述查获的药品均为不符合国家药品标准的假药。

【诉讼过程】

2019 年 1 月 11 日，安徽省合肥市包河区人民检察院以被告人李某某、王某某、戚某某犯生产、销售假药罪向合肥市包河区人民法院提起公诉。2019 年 7 月 22 日，安徽省合肥市包河区人民法院作出一审判决，以生产、销售假药罪判处被告人李某某、王某某、戚某某有期徒刑十二年至四年，并处罚金，追缴三被告人的违法所得。被告人李某某、王某某不服一审判决，提出上诉。2019 年 9 月 9 日，安徽省合肥市中级人民法院裁定驳回上诉，维持原判。

【典型意义】

（一）生产、销售假药的行为直接危及人民群众生命健康安全，社会危害大。"盐酸贝那普利片"等药品主要用于治疗心脑血管疾病，假药流入市场，直接危及心脑血管疾病患者的生命健康安全，社会危害极大。涉案药品均为假冒正规厂家的药品，且经检验均系不符合国家药品标准的假药，被告人的行为同时触犯了生产、销售假药罪和假冒注册商标罪，应从一重罪处罚。以生产、销售假药罪追究李某某、王某某、戚某某 3 人的刑事责任，在刑罚上从严惩处，有力震慑制售假药犯罪。

（二）加强与公安机关协作配合，形成完整证据锁链。被告人李某某始终拒不承认其伙同王某某等人生产、销售假药的行为。检察机关与公安机关积极沟通协作，调取李某某与王某某之间的微信记录，逐条核实双方聊天记录中的药品销售信息、快递单号图片、微信通话记录、转账记录,以及涉案相关银行流水、银行账号使用情况、李某某的取款视频等,并对微信语音进行声纹鉴定,证实该微信确实为李某某所用。结合同案犯的稳定供述,形成完整的证据锁链,认定了李某某销售假药的事实。

杨某某、金某某销售假药案

(2022 年 3 月 5 日最高人民检察院发布)

【关键词】

销售假药罪　主观明知　公益诉讼　普法宣传

【基本案情】

2019 年初至 2020 年 1 月,被告人杨某某为牟取非法利益,在不具备药品经营资质的情况下,以明显低于市场价的价格从非正规渠道购入处方药"波利维"硫酸氢氯吡格雷片、"立普妥"阿托伐他汀钙片,并通过网络渠道加价对外出售至上海、湖北、山东等全国多地。期间,被告人金某某明知上述药品来源不明,可能系假药的情况,仍利用身为快递员的从业优势,帮助被告人杨某某从事药品打包、收发、寄送等工作,并从中额外获利。2020 年 1 月 8 日,被告人杨某某、金某某被民警抓获,民警从被告人金某某处查获尚未寄出的"波利维"硫酸氢氯吡格雷片 225 盒、"立普妥"阿托伐他汀钙片 382 盒。

经上海市食品药品检验所检验,涉案"波利维"硫酸氢氯吡格雷片未检出硫酸氢氯吡格雷成份,涉案"立普妥"阿托伐他汀钙片未检出阿托伐他汀钙成分。经上海市崇明区市场监督管理局认定,上述涉案产品均存在药品所含成分与国家药品规定的成分不符的情况,依照《中华人民共和国药品管理法》第九十八条第二款之规定,应认定为假药。

2020 年 5 月 9 日,上海铁路运输检察院以被告人杨某某、金某某犯销售假药罪提起公诉。2020 年 5 月 27 日,上海铁路运输法院作出一审判决,被告人杨某某犯销售假药罪被判处有期徒刑二年,并处罚金人民币 4000 元;被告人金某某犯销售假药罪被判处拘役四个月,缓刑四个月,并处罚金人民币 4000 元。判决宣告后,二名被告人均未上诉,判决已生效。

【典型意义】

(一)准确适用法律,有效揭示涉案假药的社会危害性。"波利维"硫酸氢氯吡格雷片主要用于预防和治疗急性心肌梗死,"立普妥"阿托伐他汀钙片用于预防和治疗高胆固醇血症、冠心病等病症,均须在医生指导下使用。但本案涉案药品经检验均未检出相关药品成分,属药品所含成分与国家药品规定的成分不符情形,检察机关按照修订后药品管理法关于假药的规定,认定涉案药品系假药。被告人杨某某通过网络渠道将假药销往全国多地,社会危害严重。为进一步揭示涉案假药的实质危害性,检察机关邀请医学专家出具专家意见,进一步阐明涉案假药具有贻误患者病情,甚至危及患者生命安全的严重危害性。

(二)严格把握证明标准,依法全面惩治假药犯罪。针对快递人员金某某的主观明知认定问题,检察机关并未仅仅按照相关供述认定,而是结合金某某长期运送涉案假药,已与杨某某形成密切合作关系,明知杨某某长期使用假身份,获利远高于正常快递工作所得等情形,综合认定其明知杨某某销售假药。金某某作为快递从业人员,在明知杨某某销售假药的情况下,利用其自身从业优势,帮助杨某某打包、收发、寄送假药,构成销售假药罪共犯,应依法追究刑事责任。

(三)联动公益诉讼,全方位维护消费者合法权益。在办理刑事案件的同时,检察机关围绕案件公益诉讼线索开展调查核实,认定被告人金某某所在的快递公司在收件验视制度及执行寄递违禁物品规定方面存在违法行为,邮政管理部门应对涉案快递公司进行行政处罚,存在未依法履职的情形。检察机关充分运用行政公益诉讼诉前监督手段,推动行政机关履行对药品运输的监管职责,促进物流企业落实实名收寄管理制度、履行验视寄递物品责任,从源头上遏制违法犯罪行为。

(四)启动普法宣传,延伸司法办案的预防效果。为进一步扩大办案效果,实现司法办案与普法宣传的有机统一,检察机关以本案为依托,制作普法宣传短片,进一步向广大消费者揭示假药的危害,并警示消费者切勿因贪图低价而选择非正规渠道购药,进而贻误病情。

孟某甲等人生产、销售假药案

(2022 年 3 月 5 日最高人民检察院发布)

【关键词】

生产、销售假药罪　以他种药品冒充此种药品　主观明知　行刑衔接

【基本案情】

被告人孟某甲自 2016 年开始经营"骨筋经"中医推拿疗养项目,其妻张某某帮助配制药品,其子孟某乙负责销售、培训,2018 年、2020 年唐某某、卢某某

先后加盟该项目。孟某甲在未取得药品生产许可证、药品经营许可证的情况下,购买国药准字号药品装入私自购买的包装袋、包装瓶中,贴上含有服用方法、使用禁忌等内容的标签,制成品名为"百宝丸""妇科胶囊""前列腺内调1号、2号""肾3号""仙丹"的药品,通过坐诊的方式对外销售。截至案发,孟某甲、张某某、孟某乙销售金额达11万余元,唐某某销售金额为8000余元,卢某某销售金额为3000余元。

经菏泽市食品药品检验检测研究院检验,菏泽市市场监督管理局认定,涉案产品"百宝丸"系用藿香正气软胶囊冒充、"肾3号"系用金匮肾气丸冒充、"前列腺内调1、2号"系六味地黄丸冒充、"妇科胶囊"系妇炎灵胶囊冒充、"仙丹"系云南白药保险子冒充,均属于假药。

【诉讼经过】

2021年11月12日,山东省菏泽经济开发区人民检察院以孟某甲、张某某、孟某乙生产、销售假药罪,唐某某、卢某某销售假药罪提起公诉。2022年1月14日,菏泽经济开发区人民法院作出一审判决,孟某甲犯生产、销售假药罪,判处有期徒刑一年九个月,并处罚金人民币15万元;张某某犯生产、销售假药罪,判处有期徒刑一年六个月,并处罚金人民币10万元;孟某乙犯生产、销售假药罪,判处有期徒刑一年,并处罚金人民币5万元;唐某某犯销售假药罪,判处有期徒刑十个月,并处罚金人民币2万元;卢某某犯销售假药罪,判处有期徒刑八个月,并处罚金人民币1万元。各被告人均未上诉,判决已生效。

【典型意义】

(一)准确认定"假药",依法惩处制售假药犯罪。生产、销售假药犯罪,损害人民群众身体健康和用药安全,社会危害严重,应依法从严惩处。被告人孟某甲配制药品的方式是将购买的国药准字号药品直接更换包装、变更名称,涉案药品能否认定为假药是本案的关键。检察机关审查认为,一是涉案产品含有药品成分,被告人宣称针对特定疾病具有治疗效果,将其作为"药品"生产和销售。二是涉案产品未取得药品生产许可证和经营许可证。三是以他种药品冒充此种药品,可能会因为适应症状、功能主治、服用方法、药物用量等禁忌而导致出现严重危害结果,且确实存在有患者服用后出现身体不适的情况,结合菏泽市市场监督管理局出具的假药认定意见书和菏泽市食品药品检验检测研究院的检验报告,根据药品管理法第九十八条第二款第二项的规定,综合认定涉案产品属于"以他种药品冒充此种药品",应当认定为假药。

(二)依法认定被告人主观明知,确保指控效果。认定行为人的主观故意,应当结合从业经历、认知能力、进货渠道及价格等事实综合判断认定。针对唐某某、卢某某声称主观上不明知所销售药品系假药的辩解,检察机关审查认为,从经营资质来看,唐某某、卢某某本身无药品经营资质,也未对孟某甲进行相关资质审查,即从孟某甲处购买药品并对外销售,未尽到审查义务;从产品包装来看,孟某甲所配制的药品外包装没有生产日期、生产地址、成分信息、生产批号,只显示名称、使用方法及一些简单的禁忌事项,不符合一般人对于正规药品的认知。综合以上情况,认定二人对其销售的药品系假药存在主观明知,构成销售假药罪。

(三)加强行刑衔接,积极引导侦查取证。市场监管部门发现涉嫌假药案件线索后,商请检察机关就线索研判、案件定性等提供协助,并及时移送公安机关。检察机关立即抽调办案骨干,多次与执法人员共同研判线索,确保准确认定事实适用法律。公安机关立案后,检察机关迅速派员介入侦查,引导公安机关全面取证,调取营业执照、注册登记信息等,查明嫌疑人是否取得药品生产、经营资质,委托药品检验机构对扣押的疑似药品进行质量检验、对扣押的手机进行电子数据勘查,及时收集证人证言、被害人陈述等证据,以证实主观明知和涉案金额。通过积极引导侦查,为刑事诉讼活动的顺利进行奠定了坚实的证据基础。

辽宁省大连市甘井子区人民检察院诉邹某等人生产销售假药刑事附带民事公益诉讼案

(2022 年 3 月 15 日最高人民检察院发布)

【关键词】

刑事附带民事公益诉讼　生产销售假药　惩罚性赔偿

【要旨】

针对生产销售假药的刑事犯罪,可以同时提起刑事附带民事公益诉讼,提出惩罚性赔偿诉讼请求。

【基本案情】

自 2019 年 1 月开始,邹某等人在未取得药品生产、经营许可证的情况下,通过在网络上投放虚假广告、假冒著名医院医生电话接诊推销等方式,将从网上购买的成分不明的粉末进行制剂、包装、冒充"清肤消痒胶囊""百草血糖康胶囊""脉管舒灵胶囊"等不同种类的药品,销售至全国各地。截至 2020 年 12 月 2 日案发,共计销售金额 581 万余元。经鉴定,邹某等人生产销售的 42 种药品均为假药。

【调查和诉讼】

2021 年 3 月 9 日,辽宁省大连市甘井子区人民检察院(以下简称甘井子区院)对邹某等人生产销售假药违法行为公益诉讼立案,发布公告后,没有法律规定的机关和社会组织提起公益诉讼。2021 年 4 月 12 日,甘井子区院向区法院提起刑事附带民事公益诉讼,请求依法判令邹某等人共同承担销售金额 3 倍惩罚性赔偿金 1743 万余元,并公开赔礼道歉。

2021 年 10 月 9 日,甘井子区人民法院作出一审判决,以生产销售假药罪分别判处邹某等人十五年至五年不等的有期徒刑,并处罚金,且追缴违法所得,同时对检察机关提出的公益诉讼请求全部予以支持。一审判决后,邹某等被告提起上诉。2021 年 12 月 29 日,大连市中级人民法院裁定驳回上诉,维持原判。

【典型意义】

利用网络制售假药,数量大,销售范围广,严重损害众多消费者的合法权益。检察机关充分发挥刑事公诉和公益诉讼多元职能,在打击刑事犯罪的同时,提起刑事附带民事公益诉讼,提出惩罚性赔偿诉讼请求,最大限度追究严重违法者的法律责任,有力震慑了犯罪,切实维护了消费者合法权益。

刑法第一百四十二条之一(妨害药品管理罪)

第一百四十二条之一① 违反药品管理法规,有下列情形之一,足以严重危害人体健康的,处三年以下有期徒刑或者拘役,并处或者单处罚金;对人体健康造成严重危害或者有其他严重情节的,处三年以上七年以下有期徒刑,并处罚金:

(一)生产、销售国务院药品监督管理部门禁止使用的药品的;

(二)未取得药品相关批准证明文件生产、进口药品或者明知是上述药品而销售的;

(三)药品申请注册中提供虚假的证明、数据、资料、样品或者采取其他欺骗手段的;

(四)编造生产、检验记录的。

有前款行为,同时又构成本法第一百四十一条、第一百四十二条规定之罪或者其他犯罪的,依照处罚较重的规定定罪处罚。

---

① 本条根据《刑法修正案(十一)》(2021 年 3 月 1 日起施行)第七条增加。

王某某等人妨害药品管理案

（2022 年 3 月 5 日最高人民检察院发布）

【关键词】

妨害药品管理罪 未取得药品批准证明文件 足以严重危害人体健康
引导取证

【基本案情】

2009 年 8 月至 2019 年 8 月，被告人王某某伙同他人通过电话联系，向湖南、重庆、江西等地销售"张氏筋骨一点通""复方川羚定喘胶囊"等未取得药品相关批准证明文件生产的药品，销售金额共计 238 万余元。期间，2019 年 6 月至 8 月，被告人物流公司邮递员罗某某明知王某某等人托运上述药品的情况下，伙同被告人薛某某帮助邮寄销售，销售金额共计 23 万余元。

经河南省食品药品检验所检验，涉案的"张氏筋骨一点通"胶囊检出布洛芬、双氯芬酸钠、吲哚美辛等化学药物；"复方川羚定喘胶囊"检出茶碱、醋酸泼尼松等化学药物。经濮阳市市场监督管理局认定，涉案药品长期服用足以危害患者身体健康。

【诉讼经过】

2020 年 8 月 10 日，河南省濮阳市华龙区人民检察院对王某某等三人提起公诉。2021 年 6 月 22 日，濮阳市华龙区人民法院作出一审判决，认定王某某等三人犯妨害药品管理罪，判处王某某有期徒刑二年十个月，并处罚金人民币 20 万元；判处罗某某有期徒刑一年十个月，并处罚金人民币 2 万元；判处薛某某有期徒刑一年七个月，并处罚金人民币 1 万元。各被告人均未上诉，判决已生效。

【典型意义】

（一）准确判断涉案药品对人体健康的危害程度，依法严惩危害药品安全犯罪。王某某等人销售的药品号称主治风湿哮喘，经检验其中含有多种化学药物成分。上述化学药物在使用剂量或使用方法等方面有严格规定，有的为处方药，存在配伍禁忌，有的治疗中主要通过吸入途径给药，需在医生指导下用药，若在长期不知情下服用，会导致脏器损伤或延误疾病治疗，诱发或加重疾病，足以危害患者身体健康。销售此类药品不仅严重扰乱了正常的药品管理秩序，还可能造成贻误诊治、加重病情，甚至危害患者生命的严重后果。检察机关依法从严打击此类犯罪行为，有力震慑危害药品安全违法犯罪活动，切实维护药品安全和人民群众生命健康。

（二）及时转变认定思路,夯实定罪量刑证据基础。侦查阶段,濮阳市市场监督管理局依据修订前药品管理法第四十八条第三款第二项,认为涉案药品属于"依照本法必须批准而未经批准生产",作出"按假药论处"的认定。进入审查起诉阶段,修订后的药品管理法对假药的范围进行了调整,删除了"按假药论处"的情形,涉案药品不能再认定为"假药"。鉴于本案中王某某等人系明知没有取得药品相关批准证明文件生产的药品而销售,检察机关及时转变指控思路,要求公安机关与市场监管部门、药品检验检测机构对服用涉案药品的危害性进行论证,得出涉案药品"足以严重危害人体健康"的结论,最终认定王某某等人构成妨害药品管理罪,并得到法院支持。

（三）积极引导侦查取证,准确认定涉案犯罪数额。公安机关移送起诉时认定王某某犯罪数额为 90 余万元,且王某某始终拒不供认其销售涉案药品的行为,辩称收取药款的户名为孟某甲的银行卡系其拾得,仅取款一次。检察机关引导公安机关补充收集孟某甲银行卡卡号变更前的交易记录、取款凭证,并对取款人签名笔迹进行鉴定,查清了该银行卡自开户以来即为王某某销售涉案药品所使用的事实,最终认定王某某的犯罪数额为 230 余万元,为准确定罪量刑奠定了坚实基础。

刑法第一百四十三条（生产、销售不符合安全标准的食品罪）

第一百四十三条[1]　生产、销售不符合食品安全标准的食品,足以造成严重食物中毒事故或者其他严重食源性疾病的,处三年以下有期徒刑或者拘役,并处罚金;对人体健康造成严重危害或者有其他严重情节的,处三年以上七年以下有期徒刑,并处罚金;后果特别严重的,处七年以上有期徒刑或者无期徒刑,并处罚金或者没收财产。

---

[1]　本条根据《刑法修正案（八）》（2011 年 5 月 1 日起施行）第二十四条修改。

原本条内容为:生产、销售不符合卫生标准的食品,足以造成严重食物中毒事故或者其他严重食源性疾患的,处三年以下有期徒刑或者拘役,并处或者单处销售金额百分之五十以上二倍以下罚金;对人体健康造成严重危害的,处三年以上七年以下有期徒刑,并处销售金额百分之五十以上二倍以下罚金;后果特别严重的,处七年以上有期徒刑或者无期徒刑,并处销售金额百分之五十以上二倍以下罚金或者没收财产。

修改的主要内容为:一是将生产、销售的对象由"不符合卫生标准"修改为"不符合安全标准";二是取消罚金数额的比例限制;三是在"对人体健康造成严重危害"之后增加了"其他严重情节";四是将"疾患"修改为"疾病"。

江苏谢某、王某某等生产、销售不符合
安全标准的食品系列案

（2021 年 2 月 19 日最高人民检察院等三部门联合发布）

一、基本案情

2016 年以来,被告人谢某、杨某、宋某某（另案处理）在明知销售未经检验检疫的走私冷冻牛肉制品系违法的情况下,从被告人林某某、王某某等人处多次购买走私入境的冷冻牛肉、牛肚等产品。谢某、宋某某收到上述产品后,向江苏省邳州市城乡农贸市场内经营熟食的摊贩推销。被告人曹某某等 8 人购进后加工成熟食进行销售,涉案产品 10 余万公斤。被告人谢某、林某某、王某某、曹某某等 4 人个人销售金额均在 100 万元以上。公安机关在谢某、宋某某租赁的冷库内查获走私的冷冻牛肉及牛副产品 2 万余公斤。涉案肉类产品来自我国为防控疾病需要禁止输入肉类产品的地区,外包装上均为外文,对应的工厂名称、厂号不在海关总署公布的《符合评估审查要求的国家或地区输华肉类产品名单》中,且无海关报关凭证及检验检疫证明。

二、诉讼过程

2020 年 3 月 7 日至 2020 年 11 月 19 日,江苏省邳州市人民检察院先后以被告人谢某、王某某等 4 人犯销售不符合安全标准的食品罪、以被告人曹某某等 8 人犯生产、销售不符合安全标准的食品罪向江苏省邳州市人民法院提起公诉。

2020 年 7 月 9 日至 2020 年 12 月 16 日,江苏省邳州市人民法院先后作出一审判决,认定被告人谢某等 4 人犯销售不符合安全标准的食品罪、被告人曹某某等 8 人犯生产、销售不符合安全标准的食品罪。其中,被告人谢某被判处有期徒刑五年四个月,并处罚金人民币 600 万元,其余各被告人分别被判处拘役五个月至有期徒刑四年三个月,并处罚金人民币 7000 元至 350 万元不等的刑罚。判决宣告禁止被告人杨某、马某在缓刑考验期内从事食品加工、销售等经营性活动。一审判决已生效。

三、典型意义

（一）生产、销售走私的冷冻牛肉制品社会危害性大,应当严厉打击。走私的冷冻牛肉及牛副产品俗称"水漂货"。"水漂货"在运输过程中很难保持恒定冷冻条件,可能会经过"解冻"和"再冷冻"的过程,容易滋生各种细菌,食品安全得不到保障。从动物疫病流行国家地区进口肉类产品或者从新冠肺炎疫情

严重地区进口冷链食品,对人民群众的身体健康会造成重大风险,对于该类犯罪应当予以严厉打击。同时提醒广大消费者,在购买冷冻肉类产品过程中要善于识别,谨防购买"水漂货"。

(二)加强刑罚综合运用,剥夺违法者再犯罪能力。危害食品犯罪是贪利型犯罪,在运用好自由刑的同时要注重罚金刑的适用,提高违法犯罪成本,从而实现司法公平公正的价值追求。检察机关在提出量刑建议时以"销售数额"作为判断罚金刑的基础,从严把握罚金刑的适用,提出判处销售金额 2 倍以上罚金并被法院采纳,在财产刑上从严惩处犯罪,加大经济制裁,剥夺犯罪分子再犯能力。

(三)精准制发检察建议,保障人民群众"餐桌上的安全"。该系列案件的行为人多为家庭作坊式经营,通过在家中建小冷库储存、煮制加工,后运至城区菜场或乡镇集市对外销售。检察机关通过深入市场、集市走访,结合案件门槛低、范围广、隐患大、打击难等特点,围绕开展专项整治、组织落实检查、加强宣传教育等方面向行政主管部门提出检察建议。行政主管部门高度重视,及时制定整改方案,迅速建立健全执法联动机制,开展肉品安全专项整治并对辖区冷库建档巡查。同时联合食品安全委员会成员单位,举行"食品安全宣传周"活动,展示打击危害食品安全违法犯罪成果,发挥案例警示作用,增强广大人民群众的食品安全意识和依法维权意识。

贵州省遵义市红花岗区人民检察院诉刘某美等三人生产、销售不符合安全标准食品刑事附带民事公益诉讼案

(2021 年 3 月 15 日最高人民检察院发布)

【关键词】

刑事附带民事公益诉讼　食品安全　非食用添加剂　惩罚性赔偿

【要旨】

检察机关在依法严惩生产销售不符合安全标准食品犯罪的同时,对违法行为人侵害社会公共利益的,依法提起刑事附带民事公益诉讼,要求行为人承担惩罚性赔偿责任。

【基本案情】

2018 年 7 月至 9 月,刘某美与其子刘某付、刘某涛在遵义市汇川区租用民房开办米粉加工坊,在生产湿米粉过程中,为使生产出的湿米粉保鲜和防腐,使

用国家明令禁止添加使用的食品添加剂明矾对湿米粉进行浸泡后,销售给遵义市红花岗区、汇川区各市场经销商销售,共计生产、销售用明矾浸泡过的湿米粉 337955 市斤,销售金额 371000 元。经检测,三人销售的湿米粉中铝残留量为 137mg/kg,不符合 GB 2760—2014《食品安全国家标准食品添加剂使用标准》。

【调查与诉讼】

贵州省遵义市红花岗区人民检察院(以下简称红花岗区院)在审查刘某美等三人生产销售不符合安全标准食品罪一案时,发现三人生产销售不符合安全标准食品的行为可能损害社会公共利益。2019 年 10 月 29 日,红花岗区院决定立案,并发布公告,公告期满后,未有法律规定的机关和社会组织提起诉讼。红花岗区院在办理案件过程中,积极与侦查机关沟通协作,重点围绕销售数量、犯罪金额、损害后果以及是否损害不特定消费者权益等方面收集固定证据。

2019 年 12 月 20 日,红花岗区院向红花岗区人民法院提起刑事附带民事公益诉讼,请求依法判令被告人刘某美等三人共同承担销售金额 10 倍惩罚性赔偿金 371 万元,并向社会公众公开赔礼道歉。

2020 年 1 月 16 日,红花岗区人民法院公开开庭审理了本案。庭审中,检察机关出示、宣读了本案被告人供述、证人证言、勘验笔录及鉴定意见等证据,证明刘某美等三人生产销售不符合安全标准食品的犯罪行为侵犯了不特定多数人的生命健康权,侵害社会公共利益的事实,并对三人生产销售米粉的数量、金额和惩罚性赔偿金提出的依据等进行了论证。

2020 年 6 月 1 日,红花岗区人民法院作出一审判决:以生产销售不符合安全标准食品罪分别判处三被告人有期徒刑及缓刑,并处罚金,且自刑罚执行完毕后三年内以及缓刑考验期内禁止从事与食品生产、销售有关的工作,同时对检察机关提出的公益诉讼请求全部予以支持,判决三被告共同赔偿 371 万元惩罚性赔偿金,在市级以上媒体向消费者公开赔礼道歉。2020 年 6 月 9 日,刘某美、刘某付二人上诉,2020 年 12 月,遵义市中级人民法院裁定驳回上诉,维持原判。

【典型意义】

米粉作为地方特色食品,深受群众喜爱。米粉生产销售是否安全,切实关系到人民群众的身体健康和生命安全。本案中,检察机关依法对生产销售米粉不符合安全标准的行为人提起刑事附带民事公益诉讼,参照食品安全法有关规定,提出销售金额 10 倍的惩罚性赔偿诉讼请求,有利于提高违法成本,减少食品安全领域违法犯罪,切实维护人民群众"舌尖上的安全"。

申某某等人生产、销售伪劣桶装水案

（2022 年 3 月 15 日最高人民检察院发布）

【关键词】

生产、销售不符合安全标准的食品　假冒注册商标　桶装水　致病菌超标

【要旨】

涉案食品中致病菌严重超标，可以结合专家意见认定为"足以造成严重食源性疾病"。对危害食品安全犯罪案件，检察机关可以提前介入侦查，引导公安机关调查取证，全链条打击犯罪行为，彻底铲除犯罪网络。积极开展知识产权权利人权利义务告知工作，推动权利人实质性参与刑事诉讼，在保护消费者合法权益的同时，保护知识产权权利人合法权益。

【基本案情】

2019 年 2 月至 2020 年间，申某某、魏某某使用购置的纯净水过滤器具、灌装设备私设水厂，使用地下井水灌装桶装水，通过加封防伪标识、封条、封盖等方式假冒知名纯净水品牌的纯净水，并销售给经营桶装水或超市的被告人徐某某等人，销售金额达 105 万余元。被告人徐某某等 28 人明知该桶装饮用水不符合国家标准且属于假冒知名纯净水品牌的桶装水仍对外销售，销售金额为 19 万余元至 2400 余元不等。被告人张某某等人明知销售的桶装水系假冒注册商标的商品仍对外销售，销售金额分别为 21 万余元、13 万余元。被告人郑某某等人为谋取非法利益，将用于桶装水封口的假冒的知名纯净水品牌商标标识出售给申某某等人，销售金额为 22 万余元至 5 万余元不等。

经天津市食品安全检测技术研究院检验，涉案的生产厂房提取的罐装饮用水和扣押的桶装饮用水微生物指标中铜绿假单胞菌不合格。经认定，涉案商标标识均侵犯注册商标专用权。

【诉讼过程】

2021 年 6 月 9 日，天津市红桥区人民检察院以申某某、魏某某涉嫌生产、销售不符合安全标准的食品罪，徐某某等人涉嫌销售不符合安全标准的食品罪，郑某某等人涉嫌销售非法制造的注册商标标识罪，张某某等人涉嫌销售假冒注册商标的商品罪向红桥区人民法院提起公诉。2022 年 1 月 6 日，天津市红桥区人民法院以生产、销售不符合安全标准的食品罪、销售不符合安全标准的食品

罪、销售非法制造的注册商标标识罪,分别判处申某某等人有期徒刑三年六个月至六个月(缓刑)不等刑罚,并处罚金;并禁止魏某某等人在缓刑考验期内从事食品生产、销售及相关活动。一审宣判后,各被告人均未上诉,一审判决已生效。

【典型意义】

一是准确认定食品中致病菌严重超标的危害性,依法严厉打击犯罪。桶装饮用水已经成为人民群众的日常消费品,其质量安全问题备受关注。本案扣押的桶装饮用水经检测,铜绿假单胞菌超标 500 余倍,明显不符合 GB 19298—2014 的国家标准。为进一步确定铜绿假单胞菌超标对人体的危害性,检察机关与卫生健康部门进行会商,并要求有关人员出具专家意见,证明铜绿假单胞菌严重超标可能引起中耳炎、胸膜炎、菌血症、败血症等,还有可能引起婴儿严重的流行性腹泻,能够认定涉案桶装水"足以造成严重食源性疾病"。结合被告人申某某、魏某某的主客观行为,认定其构成生产、销售不符合安全标准的食品罪。

二是依法引导侦查取证,全链条打击犯罪行为。危害食品安全犯罪和知识产权犯罪关联紧密,检察机关注重引导公安机关对生产窝点、上游假冒商标标识来源、下游销售网络全面取证,查明涉案人员是否构成、销售非法制造的注册商标标识罪等相关罪名,确保全链条打击犯罪。本案中,申某某等人的行为同时涉嫌假冒注册商标罪、销售假冒注册商标的商品罪、生产、销售不符合安全标准的食品罪,根据《最高人民法院、最高人民检察院关于办理生产、销售伪劣商品刑事案件具体应用法律若干问题的解释》第十条的规定,实施生产、销售伪劣商品犯罪,同时构成侵犯知识产权等其他犯罪的,依照处罚较重的规定定罪处罚。

三是依法能动履职,强化知识产权权利人合法权益保护。检察机关受理审查起诉案件后,第一时间书面告知知识产权权利人,送达《侵犯知识产权刑事案件权利人诉讼权利义务告知书》,与涉案商标权利人公司进行沟通,听取意见。主动引导权利人向公安机关提供权利证明等书面证据材料,及时补充完善涉案商标的鉴定,推动权利人实质性参与刑事诉讼。案件查办后,涉案品牌的桶装水在天津地区销售量已经恢复至正常水平,有效遏制了假冒桶装水的蔓延势头,避免"劣币驱逐良币",切实维护了正常市场秩序。

刑法第一百四十四条（生产、销售有毒、有害食品罪）

第一百四十四条① 在生产、销售的食品中掺入有毒、有害的非食品原料的，或者销售明知掺有有毒、有害的非食品原料的食品的，处五年以下有期徒刑，并处罚金；对人体健康造成严重危害或者有其他严重情节的，处五年以上十年以下有期徒刑，并处罚金；致人死亡或者有其他特别严重情节的，依照本法第一百四十一条的规定处罚。

北京阳光一佰生物技术开发有限公司、习文有等生产、销售有毒、有害食品案

（最高人民法院审判委员会讨论通过 2016 年 12 月 28 日发布）

【关键词】

刑事 生产、销售有毒、有害食品罪 有毒有害的非食品原料

【裁判要点】

行为人在食品生产经营中添加的虽然不是国务院有关部门公布的《食品中可能违法添加的非食用物质名单》和《保健食品中可能非法添加的物质名单》中的物质，但如果该物质与上述名单中所列物质具有同等属性，并且根据检验报告和专家意见等相关材料能够确定该物质对人体具有同等危害的，应当认定为《中华人民共和国刑法》第一百四十四条规定的"有毒、有害的非食品原料"。

【相关规定】

《中华人民共和国刑法》第 144 条

---

① 本条根据《刑法修正案（八）》（2011 年 5 月 1 日起施行）第二十五条修改。

原本条规定为：在生产、销售的食品中掺入有毒、有害的非食品原料的，或者销售明知掺有有毒、有害的非食品原料的食品的，处五年以下有期徒刑或者拘役，并处或者单处销售金额百分之五十以上二倍以下罚金；造成严重食物中毒事故或者其他严重食源性疾患，对人体健康造成严重危害的，处五年以上十年以下有期徒刑，并处销售金额百分之五十以上二倍以下罚金；致人死亡或者对人体健康造成特别严重危害的，依照本法第一百四十一条的规定处罚。

修改的主要内容为：一是在法定刑中取消了"拘役"的刑种；二是取消了罚金数额的比例限制；三是将"造成严重食物中毒事故或者其他严重食源性疾患"修改为"有其他严重情节"；四是将"对人体健康造成特别严重危害"修改为"有其他特别严重情节"。

【基本案情】

被告人习文有于 2001 年注册成立了北京阳光一佰生物技术开发有限公司（以下简称阳光一佰公司），系公司的实际生产经营负责人。2010 年以来，被告单位阳光一佰公司从被告人谭国民处以 600 元/公斤的价格购进生产保健食品的原料，该原料系被告人谭国民从被告人尹立新处以 2500 元/公斤的价格购进后进行加工，阳光一佰公司购进原料后加工制作成用于辅助降血糖的保健食品阳光一佰牌山芪参胶囊，以每盒 100 元左右的价格销售至扬州市广陵区金福海保健品店及全国多个地区。被告人杨立峰具体负责生产，被告人钟立檬、王海龙负责销售。2012 年 5 月至 9 月，销往上海、湖南、北京等地的山芪参胶囊分别被检测出含有盐酸丁二胍，食品药品监督管理部门将检测结果告知阳光一佰公司及习文有。被告人习文有在得知检测结果后随即告知被告人谭国民、尹立新，被告人习文有明知其所生产、销售的保健品中含有盐酸丁二胍后，仍然继续向被告人谭国民、尹立新购买原料，组织杨立峰、钟立檬、王海龙等人生产山芪参胶囊并销售。被告人谭国民、尹立新在得知检测结果后继续向被告人习文有销售该原料。

盐酸丁二胍是丁二胍的盐酸盐。目前盐酸丁二胍未获得国务院药品监督管理部门批准生产或进口，不得作为药物在我国生产、销售和使用。扬州大学医学院葛晓群教授出具的专家意见和南京医科大学司法鉴定所的鉴定意见证明：盐酸丁二胍具有降低血糖的作用，很早就撤出我国市场，长期使用添加盐酸丁二胍的保健食品可能对机体产生不良影响，甚至危及生命。

从 2012 年 8 月底至 2013 年 1 月案发，阳光一佰公司生产、销售金额达 800 余万元。其中，习文有、尹立新、谭国民参与生产、销售的含有盐酸丁二胍的山芪参胶囊金额达 800 余万元；杨立峰参与生产的含有盐酸丁二胍的山芪参胶囊金额达 800 余万元；钟立檬、王海龙参与销售的含有盐酸丁二胍的山芪参胶囊金额达 40 余万元。尹立新、谭国民与阳光一佰公司共同故意实施犯罪，系共同犯罪，尹立新、谭国民系提供有毒、有害原料用于生产、销售有毒、有害食品的帮助犯，其在共同犯罪中均系从犯。习文有与杨立峰、钟立檬、王海龙共同故意实施犯罪，系共同犯罪，杨立峰、钟立檬、王海龙系受习文有指使实施生产、销售有毒、有害食品的犯罪行为，均系从犯。习文有在共同犯罪中起主要作用，系主犯。杨立峰、谭国民犯罪后主动投案，并如实供述犯罪事实，系自首，当庭自愿认罪。习文有、尹立新、王海龙归案后如实供述犯罪事实，当庭自愿认罪。钟立檬归案后如实供述部分犯罪事实，当庭对部分犯罪事实自愿认罪。

【裁判结果】

江苏省扬州市广陵区人民法院于 2014 年 1 月 10 日作出 (2013) 扬广刑初

字第 0330 号刑事判决:被告单位北京阳光一佰生物技术开发有限公司犯生产、销售有毒、有害食品罪,判处罚金人民币 1500 万元;被告人习文有犯生产、销售有毒、有害食品罪,判处有期徒刑十五年,剥夺政治权利三年,并处罚金人民币 900 万元;被告人尹立新犯生产、销售有毒、有害食品罪,判处有期徒刑十二年,剥夺政治权利二年,并处罚金人民币 100 万元;被告人谭国民犯生产、销售有毒、有害食品罪,判处有期徒刑十一年,剥夺政治权利二年,并处罚金人民币 100 万元;被告人杨立峰犯生产有毒、有害食品罪,判处有期徒刑五年,并处罚金人民币 10 万元;被告人钟立檬犯销售有毒、有害食品罪,判处有期徒刑四年,并处罚金人民币 8 万元;被告人王海龙犯销售有毒、有害食品罪,判处有期徒刑三年六个月,并处罚金人民币 6 万元;继续向被告单位北京阳光一佰生物技术开发有限公司追缴违法所得人民币 800 万元,向被告人尹立新追缴违法所得人民币 671500 元,向被告人谭国民追缴违法所得人民币 132 万元;扣押的含有盐酸丁二胍的山芪参胶囊、颗粒,予以没收。宣判后,被告单位和各被告人均提出上诉。江苏省扬州市中级人民法院于 2014 年 6 月 13 日作出(2014)扬刑二终字第 0032 号刑事裁定:驳回上诉、维持原判。

【裁判理由】

法院生效裁判认为:刑法第一百四十四条规定,"在生产、销售的食品中掺入有毒、有害的非食品原料的,或者销售明知掺有有毒、有害的非食品原料的食品的,处五年以下有期徒刑,并处罚金;对人体健康造成严重危害或者有其他严重情节的,处五年以上十年以下有期徒刑,并处罚金;致人死亡或者有其他特别严重情节的,依照本法第一百四十一条的规定处罚"。最高人民法院、最高人民检察院《关于办理危害食品安全刑事案件适用法律若干问题的解释》(以下简称《解释》)第二十条规定,"下列物质应当认定为'有毒、有害的非食品原料':(一)法律、法规禁止在食品生产经营活动中添加、使用的物质;(二)国务院有关部门公布的《食品中可能违法添加的非食用物质名单》《保健食品中可能非法添加的物质名单》上的物质;(三)国务院有关部门公告禁止使用的农药、兽药以及其他有毒、有害物质;(四)其他危害人体健康的物质"。第二十一条规定,"'足以造成严重食物中毒事故或者其他严重食源性疾病''有毒、有害非食品原料'难以确定的,司法机关可以根据检验报告并结合专家意见等相关材料进行认定。必要时,人民法院可以依法通知有关专家出庭作出说明"。本案中,盐酸丁二胍系在我国未获得药品监督管理部门批准生产或进口,不得作为药品在我国生产、销售和使用的化学物质;其亦非食品添加剂。盐酸丁二胍也不属于上述《解释》第二十条第二项、第三项规定的物质。根据扬州大学医学院葛晓群教授出具的专家意见和南京医科大学司法鉴定所的鉴定意见证明,盐酸丁二胍与《解释》第二十条第二项《保健食品中可能非法添加的物质名单》中的其他降糖类西药(盐酸二甲双胍、盐酸苯乙双胍)具有同等属性和同等危害。长期服用添加有盐酸丁二胍的"阳光一佰牌山芪参胶囊"有对人体产生毒副作用的风险,影响人体健康、甚至危害生命。因此,对盐酸丁二胍应当依照《解释》第二十条第四项、第二十一条的规定,认定为刑法第一百四十四条规定的"有毒、有害的非食品原料"。

被告单位阳光一佰公司、被告人习文有作为阳光一佰公司生产、销售山芪参胶囊的直接负责的主管人员,被告人杨立峰、钟立檬、王海龙作为阳光一佰公司生产、销售山芪参胶囊的直接责任人员,明知阳光一佰公司生产、销售的保健食品山芪参胶囊中含有国家禁止添加的盐酸丁二胍成分,仍然进行生产、销售;被告人尹立新、谭国民明知其提供的含有国家禁止添加的盐酸丁二胍的原料被被告人习文有用于生产保健食品山芪参胶囊并进行销售,仍然向习文有提供该种原料,因此,上述单位和被告人均依法构成生产、销售有毒、有害食品罪。其中,被告单位阳光一佰公司、被告人习文有、尹立新、谭国民的行为构成生产、销售有毒、有害食品罪。被告人杨立峰的行为构成生产有毒、有害食品罪;被告人钟立檬、王海龙的行为均已构成销售有毒、有害食品罪。根据被告单位及各被告人犯罪情节、犯罪数额,综合考虑各被告人在共同犯罪的地位作用、自首、认罪态度等量刑情节,作出如上判决。

(生效裁判审判人员:汤咏梅、陈圣勇、汤军琪)

柳立国等人生产、销售有毒、有害食品,
生产、销售伪劣产品案

(最高人民检察院第十二届检察委员会第十七次会议决定 2014年2月20日发布)

【关键词】
生产、销售有毒、有害食品罪 生产、销售伪劣产品罪
【要旨】
明知对方是食用油经销者,仍将用餐厨废弃油(俗称"地沟油")加工而成的劣质油脂销售给对方,导致劣质油脂流入食用油市场供人食用的,构成生产、销售有毒、有害食品罪;明知油脂经销者向饲料生产企业和药品生产企业等单位销售豆油等食用油,仍将用餐厨废弃油加工而成的劣质油脂销售给对方,导

致劣质油脂流向饲料生产企业和药品生产企业等单位的,构成生产、销售伪劣产品罪。

【相关规定】(略)

【基本案情】

被告人柳立国,男,山东省人,1975年出生,原系山东省济南博汇生物科技有限公司(以下简称博汇公司)、山东省济南格林生物能源有限公司(以下简称格林公司)实际经营者。

被告人鲁军,男,山东省人,1968年出生,原系博汇公司生产负责人。

被告人李树军,男,山东省人,1974年出生,原系博汇公司、格林公司采购员。

被告人柳立海,男,山东省人,1965年出生,原系格林公司等企业管理后勤员工。

被告人于双迎,男,山东省人,1970年出生,原系格林公司员工。

被告人刘凡金,男,山东省人,1975年出生,原系博汇公司、格林公司驾驶员。

被告人王波,男,山东省人,1981年出生,原系博汇公司、格林公司驾驶员。

自2003年始,被告人柳立国在山东省平阴县孔村镇经营油脂加工厂,后更名为中兴脂肪酸甲酯厂,并转向餐厨废弃油(俗称"地沟油")回收再加工。2009年3月、2010年6月,柳立国又先后注册成立了博汇公司、格林公司,扩大生产,进一步将地沟油加工提炼成劣质油脂。自2007年12月起,柳立国从四川、江苏、浙江等地收购地沟油加工提炼成劣质油脂,在明知他人将向其所购的劣质成品油冒充正常豆油等食用油进行销售的情况下,仍将上述劣质油脂销售给他人,从中赚取利润。柳立国先后将所加工提炼的劣质油脂销售给经营食用油生意的山东聊城昌泉粮油实业公司、河南郑州宏大粮油商行等(均另案处理)。前述粮油公司等明知从柳立国处购买的劣质油脂系地沟油加工而成,仍然直接或经勾兑后作为食用油销售给个体粮油店、饮食店、食品加工厂以及学校食堂,或冒充豆油等油脂销售给饲料、药品加工等企业。截至2011年7月案发,柳立国等人的行为最终导致金额为926万余元的此类劣质油脂流向食用油市场供人食用,金额为9065万余元的劣质油脂流入非食用油加工市场。

期间,经被告人柳立国招募,被告人鲁军负责格林公司的筹建、管理;被告人李树军负责地沟油采购并曾在格林公司分提车间工作;被告人柳立海从事后勤工作;被告人于双迎负责格林公司机器设备维护及管理水解车间;被告人刘凡金作为驾驶员运输成品油脂;被告人王波作为驾驶员运输半成品和厂内污水,并提供个人账户供柳立国收付货款。上述被告人均在明知柳立国用地沟油加工劣质油脂并对外销售的情况下,仍予以帮助。其中,鲁军、于双迎参与生产、销售上述销往食用油市场的劣质油脂的金额均为 134 万余元,李树军为 765 万余元,柳立海为 457 万余元,刘凡金为 138 万余元,王波为 270 万余元;鲁军、于双迎参与生产、销售上述流入非食用油市场的劣质油脂金额均为 699 万余元,李树军为 9065 万余元,柳立海为 4961 万余元,刘凡金为 2221 万余元,王波为 6534 万余元。

【诉讼过程】

2011 年 7 月 5 日,柳立国、鲁军、李树军、柳立海、于双迎、刘凡金、王波因涉嫌生产、销售不符合安全标准的食品罪被刑事拘留,8 月 11 日被逮捕。

该案侦查终结后,移送浙江省宁波市人民检察院审查起诉。浙江省宁波市人民检察院经审查认为,被告人柳立国、鲁军、李树军、柳立海、于双迎、刘凡金、王波违反国家食品管理法规,结伙将餐厨废弃油等非食品原料进行生产、加工,并将加工提炼而成且仍含有有毒、有害物质的非食用油冒充食用油予以销售,并供人食用,严重危害了人民群众的身体健康和生命安全,其行为均触犯了《中华人民共和国刑法》第一百四十四条,犯罪事实清楚,证据确实充分,应当以生产、销售有毒、有害食品罪追究其刑事责任。被告人柳立国、鲁军、李树军、柳立海、于双迎、刘凡金、王波又违反国家食品管理法规,结伙将餐厨废弃油等非食品原料进行生产、加工,并将加工提炼而成的非食用油冒充食用油予以销售,以假充真,销售给饲料加工、药品加工单位,其行为均触犯了《中华人民共和国刑法》第一百四十条,犯罪事实清楚,证据确实充分,应当以生产、销售伪劣产品罪追究其刑事责任。2012 年 6 月 12 日,宁波市人民检察院以被告人柳立国等人犯生产、销售有毒、有害食品罪和生产、销售伪劣产品罪向宁波市中级人民法院提起公诉。

2013 年 4 月 11 日,宁波市中级人民法院一审判决:被告人柳立国犯生产、销售有毒、有害食品罪和生产、销售伪劣产品罪,数罪并罚,判处无期徒刑,剥夺政治权利终身,并处没收个人全部财产;被告人鲁军犯生产、销售有毒、有害食品罪和生产、销售伪劣产品罪,数罪并罚,判处有期徒刑十四年,并处罚金人民币 40 万元;被告人李树军犯生产、销售有毒、有害食品罪和生产、销售伪劣产品罪,数罪并罚,判处有期徒刑十一年,并处罚金人民币 40 万元;被告人柳立海犯生产、销售有毒、有害食品罪和生产、销售伪劣产品罪,数罪并罚,判处有期徒刑十年六个月,并处罚金人民币 40 万元;被告人于双迎犯生产、销售有毒、有害食品罪和生产、销售伪劣产品罪,数罪并罚,判处有期徒刑十年,并处罚金人民币 40 万元;被告人刘凡金犯生产、销售有毒、有害食品罪和生产、销售伪劣产品罪,数罪并罚,判处有期徒刑七年,并处罚金人民币 30 万元;被告人王波犯生产、销售有毒、有害食品罪和生产、销售伪劣产品罪,数罪并罚,判处有期徒刑七年,并处罚金人民币 30 万元。

一审宣判后,柳立国、鲁军、李树军、柳立海、于双迎、刘凡金、王波提出上诉。

浙江省高级人民法院二审认为,柳立国利用餐厨废弃油加工劣质食用油脂,销往粮油食品经营户,并致劣质油脂流入食堂、居民家庭等,供人食用,其行为已构成生产、销售有毒、有害食品罪。柳立国明知下家购买其用餐厨废弃油加工的劣质油脂冒充合格豆油等,仍予以生产、销售,流入饲料、药品加工等企业,其行为又构成生产、销售伪劣产品罪,应予二罪并罚。柳立国生产、销售有毒、有害食品的犯罪行为持续时间长,波及范围广,严重危害食品安全,严重危及人民群众的身体健康,情节特别严重,应依法严惩。鲁军、李树军、柳立海、于双迎、刘凡金、王波明知柳立国利用餐厨废弃油加工劣质油脂并予销售,仍积极参与,其行为分别构成生产、销售有毒、有害食品罪和生产、销售伪劣产品罪,亦应并罚。在共同犯罪中,柳立国起主要作用,系主犯;鲁军、李树军、柳立海、于双迎、刘凡金、王波起次要或辅助作用,系从犯,原审均予减轻处罚。原判定罪和适用法律正确,量刑适当;审判程序合法。2013 年 6 月 4 日,浙江省高级人民法院二审裁定驳回上诉,维持原判。

徐孝伦等人生产、销售有害食品案

(最高人民检察院第十二届检察委员会第十七次会议决定 2014 年 2 月 20 日发布)

【关键词】
生产、销售有害食品罪

【要旨】
在食品加工过程中,使用有毒、有害的非食品原料加工食品并出售的,应当认定为生产、销售有毒、有害食品罪;明知是他人使用有毒、有害的非食品原料加工出的食品仍然购买并出售的,应当认定为销售有毒、有害食品罪。

【相关规定】(略)

【基本案情】
被告人徐孝伦,男,贵州省人,1969 年出生,经商。
被告人贾昌容,女,贵州省人,1966 年出生,经商。

被告人徐体斌,男,贵州省人,1986 年出生,经商。

被告人叶建勇,男,贵州省人,1980 年出生,经商。

被告人杨玉美,女,安徽省人,1971 年出生,经商。

2010 年 3 月起,被告人徐孝伦、贾昌容在瑞安市鲍田前北村育英街 12 号的加工点内使用工业松香加热的方式对生猪头进行脱毛,并将加工后的猪头分离出猪头肉、猪耳朵、猪舌头、肥肉等销售给当地菜市场内的熟食店,销售金额达 61 万余元。被告人徐体斌、叶建勇、杨玉美明知徐孝伦所销售的猪头系用工业松香加工脱毛仍予以购买,并做成熟食在其经营的熟食店进行销售,其中徐体斌的销售金额为 3.4 万元,叶建勇和杨玉美的销售金额均为 2.5 万余元。2012 年 8 月 8 日,徐孝伦、贾昌容、徐体斌在瑞安市的加工点内被公安机关及瑞安市动物卫生监督所当场抓获,并现场扣押猪头(已分割)50 个,猪耳朵、猪头肉等 600 公斤,松香 10 公斤及销售单。经鉴定,被扣押的松香系工业松香,属食品添加剂外的化学物质,内含重金属铅,经反复高温使用后,铅等重金属含量升高,长期食用工业松香脱毛的禽畜类肉可能会对人体造成伤害。案发后徐体斌协助公安机关抓获两名犯罪嫌疑人。

【诉讼过程】

2012 年 8 月 8 日,徐孝伦、贾昌容因涉嫌生产、销售有毒、有害食品罪被刑事拘留,9 月 15 日被逮捕。2012 年 8 月 8 日,徐体斌因涉嫌生产、销售有毒、有害食品罪被刑事拘留,8 月 13 日被取保候审,2013 年 3 月 12 日被逮捕。2012 年 9 月 27 日,叶建勇、杨玉美因涉嫌生产、销售有毒、有害食品罪被取保候审,2013 年 3 月 12 日被逮捕。

该案由浙江省瑞安市公安局侦查终结后,移送瑞安市人民检察院审查起诉。瑞安市人民检察院经审查认为,被告人徐孝伦、贾昌容在生产、销售的食品中掺有有害物质,被告人徐体斌、叶建勇、杨玉美销售明知掺有有害物质的食品,其中被告人徐孝伦、贾昌容有其他特别严重情节,其行为均已触犯《中华人民共和国刑法》第一百四十四条之规定,犯罪事实清楚、证据确实充分,应当以生产、销售有害食品罪追究被告人徐孝伦、贾昌容的刑事责任;以销售有害食品罪追究被告人徐体斌、叶建勇、杨玉美的刑事责任。被告人徐孝伦、贾昌容、徐体斌、叶建勇、杨玉美归案后均能如实供述自己的罪行,依法可以从轻处罚。2013 年 3 月 1 日,瑞安市人民检察院以被告人徐孝伦、贾昌容犯生产、销售有害食品罪,被告人徐体斌、叶建勇、杨玉美犯销售有害食品罪向瑞安市人民法院提起公诉。

2013 年 5 月 22 日,瑞安市人民法院一审认为,被告人徐孝伦、贾昌容在生产、销售的食品中掺入有害物质,有其他特别严重情节,其行为均已触犯刑法,构成生产、销售有害食品罪;徐体斌、叶建勇、杨玉美销售明知掺有有害物质的食品,其行为均已触犯刑法,构成销售有害食品罪。被告人徐孝伦、贾昌容共同经营猪头加工厂,生产、销售猪头,系共同犯罪。在共同犯罪中,被告人徐孝伦起主要作用,系主犯;被告人贾昌容起次要作用,系从犯,依法减轻处罚。被告人贾昌容、徐体斌、叶建勇归案后均能如实供述自己的罪行,依法从轻处罚。被告人徐体斌有立功表现,依法从轻处罚。依照刑法和司法解释有关规定,判决被告人徐孝伦犯生产、销售有害食品罪,判处有期徒刑十年六个月,并处罚金人民币125万元;被告人贾昌容犯生产、销售有害食品罪,判处有期徒刑六年,并处罚金人民币60万元;被告人徐体斌犯销售有害食品罪,判处有期徒刑一年六个月,并处罚金人民币7万元;被告人叶建勇犯销售有害食品罪,判处有期徒刑一年六个月,并处罚金人民币5万元;被告人杨玉美犯销售有害食品罪,判处有期徒刑一年六个月,并处罚金人民币5万元。

一审宣判后,徐孝伦、贾昌容、杨玉美提出上诉。

2013年6月21日,浙江省温州市中级人民法院二审裁定驳回上诉,维持原判。

孙建亮等人生产、销售有毒、有害食品案

（最高人民检察院第十二届检察委员会第十七次会议决定 2014年2月20日发布）

【关键词】

生产、销售有毒、有害食品罪 共犯

【要旨】

明知盐酸克伦特罗（俗称"瘦肉精"）是国家禁止在饲料和动物饮用水中使用的药品,而用以养殖供人食用的动物并出售的,应当认定为生产、销售有毒、有害食品罪。明知盐酸克伦特罗是国家禁止在饲料和动物饮用水中使用的药品,而买卖和代买盐酸克伦特罗片,供他人用以养殖供人食用的动物的,应当认定为生产、销售有毒、有害食品罪的共犯。

【相关规定】（略）

【基本案情】

被告人孙建亮,男,天津市人,1958年出生,农民。

被告人陈林,男,天津市人,1964年出生,农民。

被告人郝云旺,男,天津市人,1973 年出生,农民。

被告人唐连庆,男,天津市人,1946 年出生,农民。

被告人唐民,男,天津市人,1971 年出生,农民。

2011 年 5 月,被告人陈林、郝云旺、唐连庆、唐民明知盐酸克伦特罗属于国家禁止在饲料和动物饮用水中使用的药品而进行买卖,郝云旺从唐连庆、唐民处购买三箱盐酸克伦特罗片(每箱 100 袋,每袋 1000 片),后陈林从郝云旺处为自己购买一箱该药品,同时帮助被告人孙建亮购买一箱该药品。孙建亮在自己的养殖场内,使用陈林从郝云旺处购买的盐酸克伦特罗片喂养肉牛。2011 年 12 月 3 日,孙建亮将喂养过盐酸克伦特罗片的 9 头肉牛出售,被天津市宝坻区动物卫生监督所查获。经检测,其中 4 头肉牛尿液样品中所含盐酸克伦特罗超过国家规定标准。郝云旺、唐连庆、唐民主动到公安机关投案。

【诉讼过程】

2011 年 12 月 14 日,孙建亮因涉嫌生产、销售有毒、有害食品罪被刑事拘留,2012 年 1 月 9 日被取保候审,10 月 25 日被逮捕。2011 年 12 月 21 日,陈林因涉嫌生产、销售有毒、有害食品罪被刑事拘留,2012 年 1 月 9 日被取保候审,10 月 25 日被逮捕。2011 年 12 月 20 日,郝云旺因涉嫌生产、销售有毒、有害食品罪被取保候审,2012 年 10 月 25 日被逮捕。2011 年 12 月 28 日,唐连庆、唐民因涉嫌生产、销售有毒、有害食品罪被取保候审。

该案由天津市公安局宝坻分局侦查终结后,移送天津市宝坻区人民检察院审查起诉。天津市宝坻区人民检察院经审查认为,被告人孙建亮使用违禁药品盐酸克伦特罗饲养肉牛并将使用该药品饲养的肉牛出售,被告人陈林、郝云旺、唐连庆、唐民明知盐酸克伦特罗是禁止用于饲养供人食用的动物的药品而进行买卖,其行为均触犯了《中华人民共和国刑法》第一百四十四条之规定,应当以生产、销售有毒、有害食品罪追究刑事责任。2012 年 8 月 15 日,天津市宝坻区人民检察院以被告人孙建亮、陈林、郝云旺、唐连庆、唐民犯生产、销售有毒、有害食品罪向宝坻区人民法院提起公诉。

2012 年 10 月 29 日,宝坻区人民法院一审认为,被告人孙建亮使用违禁药品盐酸克伦特罗饲养肉牛并将肉牛出售,其行为已构成生产、销售有毒、有害食品罪;被告人陈林、郝云旺、唐连庆、唐民明知盐酸克伦特罗是禁止用于饲养供人食用的动物药品而代购或卖给他人,供他人用于饲养供人食用的肉牛,属于共同犯罪,应依法以生产、销售有毒、有害食品罪予以处罚。在共同犯罪中,孙建亮起主要作用,系主犯;被告人陈林、郝云旺、唐连庆、唐民起次要作用,系从犯,依法应当从轻处罚。被告人郝云旺、唐连庆、唐民在案发后主动到公安机关投案,并如实供述犯罪事实,属自首,依法可以从轻处罚。被告人孙建亮、陈林到案后如实供述犯罪事实,属坦白,依法可以从轻处罚。依照刑法相关条款规定,判决如下:被告人孙建亮犯生产、销售有毒、有害食品罪,判处有期徒刑二年,并处罚金人民币 7.5 万元;被告人陈林犯生产、销售有毒、有害食品罪,判处有期徒刑一年,并处罚金人民币 2 万元;被告人郝云旺犯生产、销售有毒、有害食品罪,判处有期徒刑一年,并处罚金人民币 2 万元;被告人唐连庆犯生产、销售有毒、有害食品罪,判处有期徒刑六个月,缓刑一年,并处罚金人民币 5000 元;被告人唐民犯生产、销售有毒、有害食品罪,判处有期徒刑六个月,缓刑一年,并处罚金人民币 5000 元。

一审宣判后,郝云旺提出上诉。

2012 年 12 月 12 日,天津市第一中级人民法院二审裁定驳回上诉,维持原判。

胡林贵等人生产、销售有毒、有害食品,行贿;骆梅等人销售伪劣产品;朱伟全等人生产、销售伪劣产品;黎达文等人受贿,食品监管渎职案

(最高人民检察院第十二届检察委员会第十七次会议决定 2014 年 2 月 20 日发布)

【关键词】

生产、销售有毒、有害食品罪 生产、销售伪劣产品罪 食品监管渎职罪 受贿罪 行贿罪

【要旨】

实施生产、销售有毒、有害食品犯罪,为逃避查处向负有食品安全监管职责的国家工作人员行贿的,应当以生产、销售有毒、有害食品罪和行贿罪实行数罪并罚。

负有食品安全监督管理职责的国家机关工作人员,滥用职权,向生产、销售有毒、有害食品的犯罪分子通风报信,帮助逃避处罚的,应当认定为食品监管渎职罪;在渎职过程中受贿的,应当以食品监管渎职罪和受贿罪实行数罪并罚。

【相关规定】(略)

【基本案情】

被告人胡林贵,男,1968 年出生,重庆市人,原系广东省东莞市渝湘腊味食品有限公司股东。

被告人刘康清,男,1964 年出生,重庆市人,原系广东省东莞市渝湘腊味食品有限公司股东。

被告人叶在均,男,1954 年出生,重庆市人,原系广东省东莞市渝湘腊味食品有限公司股东。

被告人刘国富,男,1976 年出生,重庆市人,原系广东省东莞市渝湘腊味食品有限公司股东。

被告人张永富,男,1969 年出生,重庆市人,原系广东省东莞市渝湘腊味食品有限公司股东。

被告人叶世科,男,1979 年出生,重庆市人,原系广东省东莞市渝湘腊味食品有限公司驾驶员。

被告人骆梅,女,1977 年出生,重庆市人,原系广东省东莞市大岭山镇信立农产品批发市场销售人员。

被告人刘康素,女,1971 年出生,重庆市人,原系广东省东莞市中堂镇江南农产品批发市场销售人员。

被告人朱伟全,男,1958 年出生,广东省人,无业。

被告人曾伟中,男,1971 年出生,广东省人,无业。

被告人黎达文,男,1973 年出生,广东省人,原系广东省东莞市中堂镇人民政府经济贸易办公室(简称经贸办)副主任、中堂镇食品药品监督站站长,兼任中堂镇食品安全委员会(简称食安委)副主任及办公室主任。

被告人王伟昌,男,1965 年出生,广东省人,原系广东省东莞市中堂中心屠场稽查队队长。

被告人陈伟基,男,1982 年出生,广东省人,原系广东省东莞市中堂中心屠场稽查队队员。

被告人余忠东,男,1963 年出生,湖南省人,原系广东省东莞市江南市场经营管理有限公司仓储加工管理部主管。

(一)被告人胡林贵、刘康清、叶在均、刘国富、张永富等人于 2011 年 6 月以每人出资 2 万元,在未取得工商营业执照和卫生许可证的情况下,在东莞市中堂镇江南农产品批发市场租赁加工区建立加工厂,利用病、死、残猪猪肉为原料,加入亚硝酸钠、工业用盐等调料,生产腊肠、腊肉。并将生产出来的腊肠、腊肉运至该市农产品批发市场固定铺位进行销售,平均每天销售约 500 公斤。该工厂主要由胡林贵负责采购病、死、残猪猪肉,刘康清负责销售,刘国富等人负责加工生产,张永富、叶在均等人负责打杂及协作,该加工厂还聘请了被告人叶世科等人负责运输,聘请了骆梅、刘康素等人负责销售上述加工厂生产出的腊肠、腊肉,其中骆梅于 2011 年 8 月初开始受聘担任销售,刘康素于 2011 年 9 月初开始受聘担任销售。

2011年10月17日，经群众举报，执法部门查处了该加工厂，当场缴获腊肠500公斤、腊肉500公斤、未检验的腊肉半成品2吨、工业用盐24包（每包50公斤）、"敌百虫"8支、亚硝酸钠11支等物品；10月25日，公安机关在农产品批发市场固定铺位缴获胡林贵等人存放的半成品猪肉7980公斤，经广东省质量监督检测中心抽样检测，该半成品含"敌百虫"等有害物质严重超标。

（二）自2010年12月至2011年6月期间，被告人朱伟全、曾伟中等人收购病、死、残猪后私自屠宰，每月运行20天，并将每天生产出的约500公斤猪肉销售给被告人胡林贵、刘康清等人。后曾伟中退出经营，朱伟全等人于2011年9月开始至案发期间，继续每天向胡林贵等人合伙经营的腊肉加工厂出售病、死、残猪猪肉约500公斤。

（三）被告人黎达文于2008年起先后兼任中堂镇产品质量和食品安全工作领导小组成员、经贸办副主任、中堂食安委副主任兼办公室主任、食品药品监督站站长，负责对中堂镇全镇食品安全的监督管理，包括中堂镇内食品安全综合协调职能和依法组织各执法部门查处食品安全方面的举报等工作。被告人余忠东于2005年起在东莞市江南市场经营管理有限公司任仓储加工管理部的主管。

2010年至2011年期间，黎达文在组织执法人员查处江南农产品批发市场的无证照腊肉、腊肠加工窝点过程中，收受被告人刘康清、胡林贵、余忠东等人贿款共11次，每次5000元，合计5.5万元，其中胡林贵参与行贿11次，计5.5万元，刘康清参与行贿10次，计5万元，余忠东参与行贿6次，计3万元。

被告人黎达文在收受被告人刘康清、胡林贵、余忠东等人的贿款之后，滥用食品安全监督管理的职权，多次在组织执法人员检查江南农产品批发市场之前打电话通知余忠东或胡林贵，让胡林贵等人做好准备，把加工场内的病、死、残猪猪肉等生产原料和腊肉、腊肠藏好，逃避查处，导致胡林贵等人在一年多时间内持续非法利用病、死、残猪猪肉生产"敌百虫"和亚硝酸盐成分严重超标的腊肠、腊肉，销往东莞市及周边城市的食堂和餐馆。

被告人王伟昌自2007年起任中堂中心屠场稽查队队长，被告人陈伟基自2009年2月起任中堂中心屠场稽查队队员，二人负责中堂镇内私宰猪肉的稽查工作。2009年7月至2011年10月间，王伟昌、陈伟基在执法过程中收受刘康清、刘国富等人贿款，其中王伟昌、陈伟基共同收受贿款13100元，王伟昌单独受贿3000元。

王伟昌、陈伟基受贿后，滥用食品安全监督管理的职权，多次在带队稽查过程中，明知刘康清和刘国富等人非法销售死猪猪肉、排骨而不履行查处职责，王伟昌还多次在参与中堂镇食安委组织的联合执法行动前打电话给刘康清通风报信,让刘康清等人逃避查处。

【诉讼过程】

2011年10月22日,胡林贵、刘康清因涉嫌生产、销售有毒、有害食品罪被刑事拘留,11月24日被逮捕;10月23日,叶在均、刘国富、张永富、叶世科、骆梅、刘康素因涉嫌生产、销售有毒、有害食品罪被刑事拘留,11月24日被逮捕;10月28日,朱伟全、曾伟中因涉嫌生产、销售有毒、有害食品罪被刑事拘留,11月24日被逮捕。2012年3月6日,黎达文因涉嫌受贿罪被刑事拘留,3月20日被逮捕。2012年4月26日,王伟昌、陈伟基因涉嫌受贿罪被刑事拘留,5月10日被逮捕。2012年3月6日,余忠东因涉嫌受贿罪被刑事拘留,3月20日被逮捕。

被告人胡林贵、刘康清、叶在均、刘国富、张永富、叶世科、骆梅、刘康素、曾伟中、朱伟全涉嫌生产、销售有毒、有害食品罪一案,由广东省东莞市公安局侦查终结,移送东莞市第一市区人民检察院审查起诉。被告人黎达文、王伟昌、陈伟基涉嫌受贿、食品监管渎职罪,被告人胡林贵、刘康清、余忠东涉嫌行贿罪一案,由东莞市人民检察院侦查终结,移送东莞市第一市区人民检察院审查起诉。因上述两个案件系关联案件,东莞市第一市区人民检察院决定并案审查。东莞市第一市区人民检察院经审查认为,被告人胡林贵、刘康清、叶在均、刘国富、张永富、叶世科无视国法,在生产、销售的食品中掺入有毒、有害的非食品原料,胡林贵、刘康清还为牟取不正当利益,多次向被告人黎达文、王伟昌、陈伟基等人行贿,胡林贵、刘康清的行为均已触犯了《中华人民共和国刑法》第一百四十四条、第三百八十九条第一款之规定,被告人叶在均、刘国富、张永富、叶世科的行为均已触犯了《中华人民共和国刑法》第一百四十四条之规定;被告人骆梅、刘康素在销售中以不合格产品冒充合格产品,其中骆梅销售的金额50万元以上,刘康素销售的金额20万元以上,二人的行为均已触犯了《中华人民共和国刑法》第一百四十条之规定;被告人朱伟全、曾伟中在生产、销售中以不合格产品冒充合格产品,生产、销售金额50万元以上,二人的行为均已触犯了《中华人民共和国刑法》第一百四十条之规定;被告人黎达文、王伟昌、陈伟基身为国家机关工作人员,利用职务之便,多次收受贿款,同时黎达文、王伟昌、陈伟基身为负有食品安全监督管理职责的国家机关工作人员,滥用职权为刘康清等人牟取非法利益,造成恶劣社会影响,三人的行为已分别触犯了《中华人民共和国刑法》第三百八十五条第一款、第四百零八条之一之规定;被告人余忠东为牟取不正当利益,多次向被告人黎达文、王伟昌、陈伟基等人行贿,其行为已触犯《中华人民共和国刑法》第三百八十九条第一款之规定。2012年5月29日,东莞市第一市区人民检察院以被告人胡林贵、刘康清犯生产、销售有毒、有害食品罪、行贿罪,叶在均、刘国富、张永富、叶世科犯生产、销售有毒、有害食品罪,骆梅、刘康素犯销售伪劣产品罪,朱伟全、曾伟中犯生产、销售伪劣产品罪,黎达文、王伟昌、陈伟基犯受贿罪、食品监管渎职罪,余忠东犯行贿罪,向东莞市第一人民法院提起公诉。

2012 年 7 月 9 日,东莞市第一人民法院一审认为,被告人胡林贵、刘康清、叶在均、刘国富、张永富、叶世科无视国法,在生产、销售的食品中掺入有毒、有害的非食品原料,其行为已构成生产、销售有毒、有害食品罪,且属情节严重;被告人骆梅、刘康素作为产品销售者,以不合格产品冒充合格产品,其中被告人骆梅销售金额为 50 万元以上不满 200 万元,被告人刘康素销售金额为 20 万元以上不满 50 万元,其二人的行为已构成销售伪劣产品罪;被告人朱伟全、曾伟中在生产、销售中以不合格产品冒充合格产品,涉案金额 50 万元以上不满 200 万元,其二人的行为已构成生产、销售伪劣产品罪;被告人黎达文身为国家工作人员,被告人王伟昌、陈伟基身为受国家机关委托从事公务的人员,均利用职务之便,多次收受贿款,同时,被告人黎达文、王伟昌、陈伟基还违背所负的食品安全监督管理职责,滥用职权为刘康清等人牟取非法利益,造成严重后果,被告人黎达文、王伟昌、陈伟基的行为已构成受贿罪、食品监管渎职罪;被告人胡林贵、刘康清、余忠东为谋取不正当利益,多次向黎达文、王伟昌、陈伟基等人行贿,其三人的行为均已构成行贿罪。对上述被告人的犯罪行为,依法均应惩处,对被告人胡林贵、刘康清、黎达文、王伟昌、陈伟基依法予以数罪并罚。被告人刘康清系累犯,依法应从重处罚;刘康清在被追诉前主动交代其行贿行为,依法可以从轻处罚;刘康清还举报了胡林贵向黎达文行贿 5000 元的事实,并经查证属实,是立功,依法可以从轻处罚。被告人黎达文、王伟昌、陈伟基归案后已向侦查机关退出全部赃款,对其从轻处罚。被告人胡林贵、刘康清、张永富、叶世科、余忠东归案后如实供述犯罪事实,认罪态度较好,均可从轻处罚;被告人黎达文在法庭上认罪态度较好,可酌情从轻处罚。依照刑法相关条款规定,判决:

(一)被告人胡林贵犯生产、销售有毒、有害食品罪和行贿罪,数罪并罚,判处有期徒刑九年九个月,并处罚金人民币 10 万元。被告人刘康清犯生产、销售有毒、有害食品罪和行贿罪,数罪并罚,判处有期徒刑九年,并处罚金人民币 9 万元。被告人叶在均、刘国富、张永富、叶世科犯生产、销售有毒、有害食品罪,分别判处有期徒刑八年六个月,并处罚金人民币 10 万元;有期徒刑八年六个月,并处罚金人民币 10 万元;有期徒刑八年三个月,并处罚金人民币 10 万元;有期徒刑七年九个月,并处罚金人民币 5 万元。被告人骆梅、刘康素犯销售伪劣产品罪,分别判处有期徒刑七年六个月,并处罚金人民币 3 万元;有期徒刑六年,并处罚金人民币 2 万元。

(二)被告人朱伟全、曾伟中犯生产、销售伪劣产品罪,分别判处有期徒刑八年,并处罚金人民币 7 万元;有期徒刑七年六个月,并处罚金人民币 6 万元。

(三)被告人黎达文犯受贿罪和食品监管渎职罪,数罪并罚,判处有期徒刑七年六个月,并处没收个人财产人民币 1 万元。被告人王伟昌犯受贿罪和食品监管渎职罪,数罪并罚,判处有期徒刑三年三个月。被告人陈伟基犯受贿罪和食品监管渎职罪,数罪并罚,判处有期徒刑二年六个月。被告人余忠东犯行贿罪,判处有期徒刑十个月。

一审宣判后,被告人胡林贵、刘康清、叶在均、刘国富、张永富、叶世科、骆梅、刘康素、曾伟中、黎达文、王伟昌、陈伟基提出上诉。

2012 年 8 月 21 日,广东省东莞市中级人民法院二审裁定驳回上诉,维持原判。

四川省李某某等 5 人生产、销售有毒、有害食品民事公益诉讼案

(2021 年 2 月 19 日最高人民检察院等三部门联合发布)

【基本案情】

四川省达州市通川区某鱼庄由李某某等 5 人合伙经营,各占 20% 股份。2018 年 8 月 14 日至 11 月 14 日,5 被告为了节约成本和为锅底增香,安排厨师高某某将店内顾客食用后的废弃油脂过滤回收,通过加热熬制的方式"洗油"后,将回收油与新油按照 2∶1 的比例混合再次进行熬制。熬制后的油脂直接用于火锅搭锅,提供给消费者食用,期间共计销售 1768 笔回收油锅底,共计销售金额 49504 元。2019 年 12 月,李某某、高某某因犯生产、销售有毒、有害食品罪,分别被达州市通川区人民法院判处有期徒刑二年、缓刑三年和有期徒刑一年、缓刑二年,并处罚金,宣告从业禁止令。

【调查和诉讼】

2020 年 4 月 16 日,达州市人民检察院对某鱼庄生产、销售有毒、有害食品侵权行为,以民事公益诉讼案件立案审查,并依法在国家级媒体发布公告,公告期满无社会组织或机关提起诉讼。同年 6 月 23 日,达州市检察院组织召开公开听证会,受邀参会的听证员发表听证意见,建议检察机关依法严惩食品侵权行为,按照销售价款十倍提出惩罚性赔偿金诉求。

2020年6月24日,达州市人民检察院向达州市中级人民法院提起民事公益诉讼,诉请法院判令五被告连带支付销售金额十倍的惩罚性赔偿金495040元,并在市级以上公开媒体向社会公众赔礼道歉。同年9月22日,达州市中级人民法院公开开庭审理后当庭宣判,支持了检察机关全部诉讼请求。判决后,被告未上诉,一审判决已生效。

【典型意义】

(一)在公益诉讼检察办案环节贯彻落实"四个最严"食品安全标准,为食品安全持续提供法治保障。检察机关结合本案的法理和情理考量,充分听取当事人和社会公众的意见,决定对本案提起民事公益诉讼,向侵权主体主张十倍惩罚性赔偿金诉讼请求,让侵权者在承担刑事责任的基础上,依法承担相应的民事责任。同时通过邀请社会公众参与案件听证、旁听庭审,在释法中普法,增强全社会对公益诉讼制度的认同感,持续向社会公开传递食品安全"最严厉的惩罚"的鲜明导向,持续倒逼食品从业者守法纪、知敬畏、明底线,自觉持之以恒依法守护好老百姓饮食安全。

(二)合理准确把握惩罚性赔偿金的适用标准,稳妥推进民事公益诉讼惩罚性赔偿实践探索。民事公益诉讼保护的社会公共利益主要是对不特定消费者造成的损害和损害危险,检察机关在办理该起民事公益诉讼惩罚性赔偿案件中,准确把握惩罚性赔偿制度的功能定位,在确定惩罚性赔偿金请求的具体数额时,以违法销售金额为基数,统筹考虑侵权人主观过错程度、持续时间、财产状况、公众情绪等方面。通过公益诉讼惩罚性赔偿,加大侵权人的违法成本,对侵权人及潜在违法者产生警示作用,有效实现"让违法者痛到不敢再犯"的震慑目的,对于维护食品安全、市场秩序,保障消费者合法权益,维护社会公共利益具有重要意义。

(三)依托公开听证践行以人民为中心的司法理念,持续提升司法公信力。检察机关在办案中,注重践行"以人民为中心"的司法理念,充分考虑疫情影响下的小微企业经营困境,民事公益诉讼制度设计初衷,以及侵权人的抵触情绪等方面,在多次案情分析研判的基础上,组织公开听证,邀请代表委员、人民监督员、特约检察员公开评议,同时邀请相关行政监管部门和餐饮业代表全程旁听,收集公众对此类案件的司法诉求,为平衡公益维护和企业利益,兼顾法理情三者关系厚植根基。听证会上,通过三轮公开论证,各方紧扣惩罚性赔偿金的法律适用问题,将本案各类影响因素和诉求"面对面"说清讲透,实现了诉前充分沟通,法理情理综合考量。通过公开听证,检察机关自觉接受人民监督和舆论监督,充分保障侵权人和社会公众的知情权、表达权,确保司法过程更接地气,司法决策更有温度,司法结果更能得到公众认同,鲜明地体现了以公开促公正、以听证赢公信的价值取向。

附一:四川省达州市通川区人民法院刑事判决书(2019)川 1702 刑初 221
号(略)

附二:四川省达州市中级人民法院民事判决书(2020)川 17 民初 100 号(略)

上海韩某某、洪某某生产、销售有毒、
有害食品,余某某非法经营案

(2021 年 2 月 19 日最高人民检察院等三部门联合发布)

【基本案情】

2018 年 7 月至 2019 年 3 月,被告人韩某某、洪某某共同雇佣他人,先后在河南省周口市、商丘市生产添加有西布曲明的"馈世瘦身咖啡",同时制作销售网站、虚假防伪二维码等,并通过网络渠道销售至上海等地。期间,韩某某负责购买西布曲明、咖啡粉等生产原料,监督减肥咖啡的生产。洪某某负责销售和资金管理。韩某某、洪某某二人销售金额达 833 万余元。经检验,被查扣的咖啡中检出西布曲明成分。另查明,2018 年 1 月起,被告人余某某明知国家禁止在境内生产、销售和使用西布曲明,仍多次从他人处购进后向韩某某出售,非法经营数额达 210 余万元。

【诉讼经过】

2019 年 11 月 28 日,上海铁路运输检察院以被告人韩某某、洪某某犯生产、销售有毒、有害食品罪,被告人余某某犯非法经营罪提起公诉。2020 年 9 月 28 日,上海铁路运输法院经审理后认定,被告人韩某某、洪某某雇佣他人,生产、销售掺有国家禁止在食品生产、销售中添加的西布曲明的减肥咖啡,二人系共同犯罪。以韩某某、洪某某犯生产、销售有毒、有害食品罪,判处韩某某有期徒刑十五年,剥夺政治权利三年,并处罚金人民币 1000 万元;判处洪某某有期徒刑十二年,剥夺政治权利一年,并处罚金人民币 700 万元。以被告人余某某犯非法经营罪,判处有期徒刑三年,并处罚金。被告人韩某某不服一审判决,提出上诉。2020 年 11 月 6 日,上海市第三中级人民法院裁定驳回上诉,维持原判。

【典型意义】

(一)严查犯罪线索,实现对有毒、有害减肥咖啡的"全链条"打击。检察机关在审查起诉过程中,发现韩某某在制售涉案减肥咖啡时,多次通过同一途径购进大量"西布曲明"原料,遂将线索移送公安机关,引导侦查原料提供者的情

况。后公安机关侦破余某某非法经营西布曲明犯罪,检察机关以余某某涉嫌非法经营罪提起公诉。同时,针对韩某某、洪某某制售涉案咖啡的产销模式已成规模化、组织化、链条化的特点,检察机关认真梳理电子数据,细致摸排漏犯线索,引导公安机关查证下线销售代理情况,3 名销售代理人员以销售有毒、有害食品罪被提起公诉,均获法院有罪判决。由此,对本案的原料提供者、制售窝点主要人员、下线销售代理,形成"全覆盖式"打击,有力震慑了制售有毒、有害减肥产品类犯罪。

(二)自行补充侦查,落实"最严厉的处罚"。公安机关移送审查起诉时,认定韩某某、洪某某销售有毒、有害减肥咖啡的销售金额及待售货值共 400 余万元。检察机关通过细致审查证据材料,发现其销售有毒、有害减肥咖啡的实际数额远超该数,遂通过自行补充侦查工作,逐一梳理数据,并结合物流记录、价目表、下线代理的供述等,确认有证据可证实的销售数量、各批次产品交易的单价,自行补侦遗漏犯罪数额超过 400 万元,最终核算出韩某某、洪某某的销售金额为 833 万余元。韩某某等人生产、销售有毒有害食品,生产、销售金额在 50 万元以上,属于刑法第一百四十四条规定的"有其他特别严重情节",依法对韩某某等人在人身刑和财产刑上予以从严惩处,体现了对危害食品安全犯罪最严厉的处罚。

(三)提醒消费者增强防范意识,有效遏制危害范围扩张。涉案减肥咖啡网络销售数量大、范围广,其毒害成分可能危及众多网络消费人群的身心健康。检察机关及时启动公益诉讼审查程序,为防止损害后果扩大,首次探索"诉前消费风险警示"。在案件诉前调查阶段,通过召开专家论证会等形式,明确了食品安全领域公益救济的紧迫性和时效性,督促韩某某在全国性媒体上发布《"馈世瘦身咖啡"风险警示》,向广大消费者声明涉案咖啡的危害并公开赔礼道歉,及时遏制危害结果继续扩散。另外,检察机关通过新闻媒体、网络自媒体等多种方式,结合办案宣传含有"西布曲明"咖啡的危害及辨识方式,提醒消费者提高防范意识,提倡科学瘦身。

吉林孙某某等 23 人生产、销售有毒、有害食品案

(2021 年 2 月 19 日最高人民检察院等三部门联合发布)

【基本案情】

2015 年 9 月至 2018 年 1 月,被告人孙某某、吴某某、宋某某、李某某在陕西省西安市某平房内生产外包装上印有食健字批号的"降压溶脂三代""降糖养胰

素""藏方风痛宁"等三种含有西药成分的保健食品。被告人孙某某负责整体协调指挥、联系客户、进药,吴某某负责生产包装,宋某某负责发货,李某某负责收付款和沟通协调生产事项。2016 年 9 月至 2017 年 10 月,被告人于某某明知保健食品是非正规厂家生产的,掺有有毒、有害的非食品原料,仍从被告人宋某某处购进后销售,并向被告人孙某某合计付款人民币 241.12 万元。被告人李某等 18人明知系药监部门禁止销售的保健食品,仍从于某某处进货并加价销售获利。

经检验,涉案"降糖养胰素"内含有格列本脲、盐酸二甲双胍、盐酸吡格列酮成分;"降压溶脂三代"内含有硝苯地平、氢氯噻嗪、卡托普利成分;"藏方风痛宁"内含有地塞米松、诺氟星沙、吲哚美辛成分。上述成分系国家禁止在保健食品中非法添加的物质及其他西药成分。

【诉讼经过】

2019 年 1 月 14 日,吉林省吉林市丰满区人民检察院以被告人孙某某、李某某、吴某某、宋某某犯生产、销售有毒、有害食品罪、以于某某等 19 名被告人犯销售有毒、有害食品罪向吉林市丰满区人民法院提起公诉。2019 年 7 月 11 日,吉林省吉林市丰满区人民法院一审判决,被告人孙某某犯生产、销售有毒、有害食品罪,判处有期徒刑十一年,并处罚金人民币 300 万元;被告人于某某犯销售有毒、有害食品罪,判处有期徒刑十年,并处罚金人民币 250 万元;5 名被告人被判处七年至一年二个月有期徒刑,其余 16 名被告人被宣告缓刑,均并处罚金。一审宣判后,5 名被告人提出上诉,二审法院裁定维持原判。

【典型意义】

(一)保健食品领域违法犯罪问题频发,社会危害严重。近年来,保健食品领域案件频发,作为特殊种类的食品,保健食品与百姓尤其是中老年消费者身体健康息息相关。本案发生后,检察机关依法介入该案,提出委托检验、查清购销凭证和钱款去向、锁定购买及使用人员等意见,引导公安机关提取固定证据,深挖细查,捣毁制假窝点,从根本上消灭制假源头,确保人民群众身体健康。

(二)依法惩处产销全链条犯罪。孙某某等人在未取得相关生产许可资质的情况下,在小作坊内套用不同包装生产保健食品,随意添加西药成分,严重破坏了保健食品市场秩序,危害消费者身体健康。办案中,检察机关依法追诉销售环节的犯罪分子 10 人,10 人全部被法院作出有罪判决,有效惩治了生产源头直到最末端销售的犯罪分子,彻底清除隐蔽的生产、销售链条。

(三)引导消费者树立健康消费理念。本案保健食品销售范围涉及吉林省吉林市及该省其他地区,销售数量达 1400 余箱,危害性大。检察机关开展"以案讲法,以案释法"的专项宣传活动,引导消费者树立健康消费、安全消费的理念。走访相关行政执法部门,建议进一步加强保健食品销售市场的管理,规范销售市场秩序,对涉及刑事犯罪的案件应移尽移,形成打击违法犯罪的高压态势。

甘肃张某等5人生产、销售有毒、有害食品案

(2021年2月19日最高人民检察院等三部门联合发布)

【基本案情】

被告人张某、田某、陈某某、赵某某、何某某均系在甘肃省张掖市甘州区从事酿皮生产加工及销售的人员。2019年6月至8月,为了使制作的酿皮吃起来劲道,且易于长时间保存,被告人张某等5人在加工酿皮的面粉中添加了"强筋王""增筋剂"等非食用物质。经甘肃省中商食品质量检验检测有限公司检验,上述被告人生产、销售的酿皮中硼酸含量分别达到3966.74mg/kg、1260.95mg/kg、575mg/kg、556.02mg/kg和369.71mg/kg。

【诉讼经过】

2020年2月12日,张掖市甘州区人民检察院以被告人张某等5人犯生产、销售有毒、有害食品罪向张掖市甘州区人民法院提起公诉。2020年6月10日,张掖市甘州区人民法院依法作出判决,以生产、销售有毒、有害食品罪分别判处张某、陈某某、何某某有期徒刑一年至六个月,并处罚金人民币2万元至1万元。2020年6月24日,以生产、销售有毒、有害食品罪判处田某有期徒刑九个月,并处罚金人民币15000元;判处赵某某有期徒刑七个月,并处罚金人民币12000元。一审判决已生效。

【典型意义】

(一)在酿皮中添加非食用物质社会危害性大,应依法予以严惩。食品药品安全无小事。根据2008年国务院有关部门公布的《食品中可能违法添加的非食用物质名单》(第一批),硼酸被禁止在食品中添加。根据市场监管部门和相关专家提供的文献资料,反复食用小剂量硼酸可能导致人体慢性中毒,出现厌食、乏力、精神错乱、皮炎、秃发、月经紊乱等症状,严重的会导致死亡,对人体具有极大危害性。甘肃省人民检察院将该系列案件挂牌督办,加强指导。检察机关介入侦查,引导公安机关全面收集固定证据,对涉案5人全部追究刑事责任,将"四个最严"的要求落到实处。

(二)密切联系形成合力,提出精准量刑建议。危害食品安全类案件专业性强,客观评价犯罪情节和社会危害性,提出精准量刑建议,更能突显打击效果。检察机关主动加强与市场监督部门、公安机关的联系沟通,就案件事实认定、证

据采信等方面存在的问题多次研讨,向研究食品安全的专家、教授咨询硼酸对人体的危害性,最终以检测含量为依据,对各被告人分别提出体现罪责刑相适应的精准量刑建议,被法院全部采纳。

(三)延伸检察职能,"三个效果"有机统一。张掖是国家历史文化名城,每年接待旅游人数达3000万人次。酿皮作为西北地区最受欢迎的特色名小吃之一,深受广大人民群众的喜爱。本案被告人的违法犯罪行为不仅严重危害了不特定人群的身体健康,还损害了当地特色小吃的口碑声誉,不利于当地经济的发展。检察机关针对案件暴露出的问题,建议张掖市甘州区市场监管局加强酿皮制作监管和食品安全法治宣传。该局召集全区所有从事酿皮生产、销售的从业人员,通报了该系列案件的判决书和行政处罚决定书,开展了食品安全"两方责任"大约谈,有力警示和震慑了危害食品安全的违法犯罪行为,取得了良好的政治效果、社会效果和法律效果。

浙江省松阳县人民检察院诉刘某某、纪某某生产、销售有毒、有害食品刑事附带民事公益诉讼案

(2021年3月15日最高人民检察院发布)

【关键词】

刑事附带民事公益诉讼　食品安全　惩罚性赔偿

【要旨】

针对生产、销售有毒、有害食品的违法犯罪行为,检察机关通过提起刑事附带民事公益诉讼,提出惩罚性赔偿诉讼请求,让违法者在被追究刑事责任的同时承担惩罚性赔偿责任。结合办案,检察机关推动构建食品安全领域"刑事司法＋公益诉讼＋行政执法"常态化协同治理机制,织密食品安全防护网。

【基本案情】

2018年10月至2019年6月,刘某某、纪某某通过互联网购买淀粉、荷叶提取物、橙子粉等原材料及国家规定禁止在食品中添加使用的盐酸西布曲明,自行生产加工减肥胶囊、果蔬酵素粉等食品,并通过百度贴吧、微信、QQ发布销售广告,直接或经中间商转手出售给众多不特定消费者。有毒、有害食品流入浙江、陕西、安徽、湖南、河北等全国多地消费市场,销售价款达1317451元。

【调查和诉讼】

2019年10月,浙江省松阳县人民检察院(以下简称"松阳县院")在办理刑

事案件过程中发现刘某某、纪某某生产、销售有毒、有害食品的行为可能侵害众多消费者合法权益,损害社会公共利益,遂以刑事附带民事公益诉讼立案。专门成立检察官办案组,进一步查明非法生产销售的网络链条、涉案食品流入消费市场等公益损害事实,同时围绕销售金额认定、违法者是否明知存在食品安全问题等民事侵权责任认定的关键事实展开取证,并邀请法学专家共同对惩罚性赔偿的法律适用进行论证。2019 年 11 月 28 日,松阳县院履行了诉前公告程序。

2020 年 7 月 10 日,松阳县院向人民法院提起刑事附带民事公益诉讼,指控刘某某、纪某某构成生产、销售有毒、有害食品罪,并诉请判令共同支付生产、销售有毒、有害食品销售价款十倍的赔偿金,共计 13174510 元。2020 年 8 月 21 日,松阳县人民法院作出一审判决:以生产、销售有毒、有害食品罪分别判处两被告人有期徒刑十年四个月,并处罚金,对检察机关提出诉请支付销售价款十倍赔偿金 13174510 元的主张全部予以支持。刘某某、纪某某不服该判决,向丽水市中级人民法院提出上诉。经公开开庭审理后,人民法院于 2020 年 11 月 2 日作出二审裁定,驳回上诉,维持原判。

松阳县院针对办案中发现的网络销售及线下食品安全监管漏洞等问题,及时对接当地市场监管部门、公安机关,建立起食品安全领域"刑事司法 + 公益诉讼 + 行政执法"联动配合协作机制,推动形成打击食品安全违法行为合力。截至目前,行政机关作出行政处罚 78 件,移送检察机关立案审查食品安全领域案件 11 件 22 人,净化了当地食品安全环境。

【典型意义】

生产、销售非法添加盐酸西布曲明等禁用成分的食品,严重危害众多消费者的身体健康,损害社会公共利益。检察机关综合发挥刑事公诉和民事公益诉讼多元职能作用,通过刑事附带民事公益诉讼,让违法生产、销售者承担销售价款十倍的惩罚性赔偿责任,以办案回应广大消费者的关切,给广大食品生产者、销售者依法生产经营敲响了警钟。办案中,检察机关推动构建食品安全领域"刑事司法 + 公益诉讼 + 行政执法"联动配合协作机制,对规范食品市场经营秩序具有示范意义。

陈某某等人生产、销售有毒、有害食品案

(2022 年 3 月 15 日最高人民检察院发布)

【关键词】

生产、销售有毒、有害食品　非法添加物质　主观明知　以案释法

【要旨】

在食品生产中非法添加西地那非、他达拉非等国家明令禁止添加到食品中的物质，或明知系添加上述物质的食品而销售的，构成生产、销售有毒、有害食品罪。检察机关在全面把握证据的基础上，准确判断各犯罪人的主观明知，实现对有毒、有害食品生产方和销售方的全链条打击。同时充分发挥检察机关以案释法优势，围绕案件积极开展普法教育，宣传食品安全法律规定，警示违法犯罪分子，助力消费者提升食品安全意识。

【基本案情】

2017 年 8 月 28 日，被告人陈某某注册成立 M 公司，生产、销售予锦囊淀粉囊装玛咖黄精粉（以下简称"予锦囊"）、予颜蕊黄精葛根固体饮料（以下简称"予颜蕊"）、草本朴真牡蛎黄精固体饮料（以下简称"朴真固体饮料"）等多种产品。为增强产品的壮阳、滋阴等功效，提升销量，陈某某从网上购买西地那非、他达拉非等物质，安排被告人陈某甲、陈某乙等人按一定比例在食品生产过程中进行添加，制成胶囊或冲剂之后对外销售。2017 年 8 月至 2020 年 6 月，陈某某等人共计生产、销售相关食品 433 万余粒（条），销售金额 810 余万元。

2018 年 3 月，被告人刘某某委托 M 公司生产朴真固体饮料。被告人刘某某明知该产品含有西地那非，仍销售给被告人孙某某近 1.3 万盒，销售金额 64 万余元；被告人孙某某明知该产品含有西地那非，仍通过网络平台将该产品向外销售 760 余盒，销售金额 17 万余元。

2020 年 6 月 10 日，陈某某的生产及销售场所被公安机关查获，现场扣押予锦囊等 15 种产品，经中国检验认证集团湖南有限公司鉴定，予锦囊等 14 种产品中检测出他达拉非成分，予颜蕊检验出西地那非成分。经湖南省常德市市场监督管理局认定，陈某某等人生产销售的涉案产品中含有禁用的药物成分他达拉非或西地那非，属有毒有害食品。

【诉讼过程】

2021 年 3 月 9 日，常德市武陵区人民检察院以陈某某、陈某甲、陈某乙、刘某某、孙某某涉嫌生产、销售有毒、有害食品罪向常德市武陵区人民法院提起公诉。2021 年 7 月 8 日，常德市武陵区人民法院作出一审判决，以陈某某等五人犯生产、销售有毒、有害食品罪分别判处有期徒刑十四年至三年不等，罚金人民币 1600 万元至 35 万元不等。一审判决后，被告人陈某某等提出上诉。2021 年 12 月 20 日，常德市中级人民法院二审裁定驳回上诉，维持原判。

【典型意义】

（一）依法严惩危害食品安全犯罪，保障消费者生命健康安全。西地那非、他达拉非等系治疗男性勃起功能障碍等病症的处方药,必须在医生指导下使用,不当服用可能会伤害消化系统、血液和淋巴系统、神经系统等,对服用者的健康和生命安全造成威胁。2012 年 3 月,西地那非、他达拉非被列入《保健食品中可能非法添加的物质名单(第一批)》,禁止在保健食品中添加使用。根据《最高人民法院 最高人民检察院关于办理危害食品安全刑事案件适用法律若干问题的解释》的规定,应当认定为刑法第一百四十四条规定的"有毒、有害的非食品原料"。陈某某等人在生产保健食品过程中罔顾消费者生命健康,非法添加此类物质,并销售至全国多个省市地区,对消费者造成潜在的危害,且已有多名消费者出现不良反应,其行为已经构成生产、销售有毒、有害食品罪,应当予以严惩。

(二)准确判断嫌疑人主观明知,全链条摧毁犯罪网络。考虑到部分犯罪嫌疑人不具有专业的药学或法律知识,在判断其主观明知时,并不要求其明知生产或销售的食品内添加了西地那非等禁用物质,而是结合生活常识,明知生产或销售的产品内添加了国家禁止添加的物质,可能会对人体健康造成损害即可。本案根据刘某某长期从事保健品销售、多次与他人交流产品添加剂量及安全问题、收到产品含西地那非的检测报告后仍继续销售、销售过程中不断收到不良反应反馈等情况,综合认定其具有主观明知。在办案中,检察机关加强与执法司法机关配合,通过提前介入,引导侦查机关追根溯源,深挖犯罪,注重全链条打击犯罪,彻底铲除犯罪源头,摧毁犯罪网络。

(三)充分发挥以案释法优势,积极参与食药安全综合治理。检察机关在依法从严惩治危害食品安全犯罪的同时,积极落实"谁执法、谁普法"的普法责任制,强化以案释法,做好犯罪预防工作。庭审阶段,积极配合法院通过抖音直播庭审过程,检察机关在庭审中充分释法说理,引发社会对食品安全问题的广泛关注与讨论。判决后,及时向社会公众通报案件办理情况,宣传食品安全法律,提示犯罪风险,多维度、多举措展现检察机关依法有力保障人民群众"舌尖上的安全"的坚定决心和积极作为。

彭某某、李某某生产、销售有毒、有害食品案

(2022 年 3 月 15 日最高人民检察院发布)

【关键词】

生产、销售有毒、有害食品　工业硫磺　行刑衔接　国家农产品地理标志

【要旨】

在食用农产品加工、销售、储存等过程中,使用工业硫磺等有毒、有害的非食品原料的,以生产、销售有毒、有害食品罪定罪处罚;检察机关要强化行刑衔接,增强检察监督实效;坚持宽严相济,当严则严,有力震慑危害食品安全的违法犯罪行为;通过"以案释法"等方式促进企业和个人守法经营,有效维护农产品区域公用品牌公信力。

【基本案情】

彭某某、李某某夫妻二人在位于四川某县的家中收购竹笋,将竹笋通过加食盐蒸煮或用食品添加剂焦亚硫酸钠浸泡后销售给竹笋加工企业。2019 年 4 月初,因收购的竹笋数量大,为提高生产加工效率,降低成本,二人商议决定使用工业硫磺熏制竹笋。二人遂使用在网上购买的工业硫磺对未加工完成的竹笋在夜间进行熏制,并将熏制好的竹笋装入编织袋内存放准备销售。现场查获彭某某、李某某使用工业硫磺熏制的竹笋 20 余吨。经检验,查获的竹笋中二氧化硫残留量严重超标。

【诉讼过程】

2019 年 10 月 28 日,四川省某县人民检察院以彭某某、李某某犯生产、销售有毒、有害食品罪提起公诉。二人自愿认罪认罚。2019 年 11 月 14 日,某县人民法院作出一审判决,二被告人犯生产、销售有毒、有害食品罪,判处彭某某有期徒刑一年,罚金 1 万元;判处李某某有期徒刑一年,缓刑二年,罚金 1 万元,禁止李某某在缓刑考验期间从事食品的生产、销售及相关的活动。一审宣判后,两名被告人未上诉,判决已生效。

【典型意义】

(一)坚持以"严"为本,守护人民群众"舌尖上的安全"。食用农产品"从农田到餐桌"链条长、风险多,尤其像竹笋等农副产品时令性强、生产周期短,易腐败变质,个别家庭作坊或小规模企业为防腐并降低生产成本,使用工业硫磺等有毒、有害的非食品原料进行加工,易对人体神经系统、肾脏、肝脏造成损害,具有高致癌风险。工业硫磺因危害人体健康被国务院有关部门列入《食品中可能违法添加的非食用物质名单》(第一批),根据《最高人民法院　最高人民检察院关于办理危害食品安全刑事案件适用法律若干问题的解释》的规定,应当认定为刑法第一百四十四条规定的"有毒、有害的非食品原料"。检察机关对案件准确定性,严惩危害食品安全犯罪,从源头保障人民群众食品安全,也及时有效地阻止了涉案竹笋最终流向消费者餐桌。

(二)能动履职加强行刑衔接,增强检察监督实效。检察机关主动加强与行政机关的协作配合,通过信息共享、线索通报、联席会议等方式,严格落实行政执法与刑事司法衔接机制。检察机关在参与行政执法机关个案会商时,建议市场监管部门固定相关物证,及时抽样送检;发现涉嫌犯罪后,及时向市场监管部门发出《建议移送涉嫌犯罪案件函》,督促将案件移送公安机关。应公安机关商请,检察机关介入侦查引导取证,查明案件事实。从行政调查到刑事立案侦查,检察机关将检察监督落实到案件办理全流程,确保了案件办理质效。

(三)坚持"以案释法",维护农产品区域公用品牌公信力。当地的"某竹笋"是获国家农产品地理标志登记保护的品牌,为打消竹笋生产、销售企业的担忧和消费者的质疑,检察机关邀请当地部分人大代表、政协委员、竹笋生产、销售企业及消费者代表旁听庭审,促使当地竹笋生产销售企业加强对农产品质量安全的认识,自觉合法经营。本案的及时查处,也给当地收购加工散户敲响了警钟,起到了震慑和预防违法犯罪的作用,有效维护了农产品区域公用品牌公信力,为服务地方经济发展提供坚实法治保障。

浙江省绍兴市柯桥区人民检察院诉吕某某等销售非法添加药品成分的保健品刑事附带民事公益诉讼案

(2022 年 3 月 15 日最高人民检察院发布)

【关键词】

刑事附带民事公益诉讼　保健品　非法添加　虚假宣传　惩罚性赔偿

【要旨】

针对采用欺骗手段销售含有非法添加药品成分的保健品的,检察机关可以提起刑事附带民事公益诉讼,诉请违法者承担惩罚性赔偿责任,让其"痛到不敢再犯"。

【基本案情】

2016 年,吕某某等人合伙成立陕西某商贸公司,通过购入来源不明、含有西药成分盐酸二甲双胍的"三无"保健品,自行包装后,组织人员假冒厂家推广中心向客户寄送体验品、冒充"指导老师"跟进回访并推销等方式,虚假宣称该产品为纯中药且具有化糖疗效,诱骗众多高血糖患者购买,销售金额共计 98 万元。

【调查和诉讼】

2021 年 3 月,浙江省绍兴市柯桥区人民检察院(以下简称柯桥区院)在办理吕某某等人涉嫌刑事案件过程中,认为案涉行为可能侵犯了众多不特定高血糖病患的身体健康权,遂于 3 月 29 日以民事公益诉讼立案。柯桥区院调查过程中发现违法销售数额在卷证据不足,通过引导公安机关侦查和自行调查,补充调取了网上交易记录、转账记录等电子数据、业绩表、作案工具等客观性证据,查明了违法销售数额。此外,柯桥区院通过自行补充侦查,查明吕某某等人通过网络等途径非法获取众多高血糖病患个人信息的违法事实。

柯桥区院在发布公告且公告期满后没有法律规定的机关和社会组织提起诉讼的情况下,于 2021 年 6 月 28 日向柯桥区人民法院依法提起刑事附带民事公益诉讼,诉请判令吕某某等人共同支付有毒有害食品销售价款十倍的惩罚性赔偿金共计 980 万元,并就销售有毒、有害食品和侵犯公民个人信息的行为在国家级媒体上公开赔礼道歉。2021 年 12 月 6 日,柯桥区人民法院作出一审判决,支持检察机关的全部诉讼请求。吕某某不服提起上诉后,2022 年 1 月 28 日,绍兴市中级人民法院裁定驳回上诉,维持原判。

【典型意义】

将非法添加药品成分的"三无"保健品向患者群体推销并进行虚假宣传,侵害了消费者的合法权益,损害了社会公共利益。检察机关在办案中注重全面调查,依法补充调查查明违法销售数额和食药安全领域违法犯罪背后病患个人信息遭受侵害的事实,对此类违法行为依法追究刑事责任的同时,通过提起附带民事公益诉讼,提出惩罚性赔偿诉讼请求,有效加大违法者违法成本,对其他潜在违法者形成震慑。

刑法第一百四十七条(生产、销售伪劣农药、兽药、化肥、种子罪)

第一百四十七条 生产假农药、假兽药、假化肥,销售明知是假的或者失去使用效能的农药、兽药、化肥、种子,或者生产者、销售者以不合格的农药、兽药、化肥、种子冒充合格的农药、兽药、化肥、种子,使生产遭受较大损失的,处三年以下有期徒刑或者拘役,并处或者单处销售金额百分之五十以上二倍以下罚金;使生产遭受重大损失的,处三年以上七年以下有期徒刑,并处销售金额百分之五十以上二倍以下罚金;使生产遭受特别重大损失的,处七年以上有期徒刑或者无期徒刑,并处销售金额百分之五十以上二倍以下罚金或者没收财产。

王敏生产、销售伪劣种子案

（最高人民检察院第十三届检察委员会第二十八次会议决定　2019 年 12 月 20 日发布）

【关键词】

生产、销售伪劣种子罪　假种子　农业生产损失认定

【要旨】

以同一科属的此品种种子冒充彼品种种子，属于刑法上的"假种子"。行为人对假种子进行小包装分装销售，使农业生产遭受较大损失的，应当以生产、销售伪劣种子罪追究刑事责任。

【基本案情】

被告人王敏，男，1991 年 3 月出生，江西农业大学农学院毕业，原四川隆平高科种业有限公司（以下简称隆平高科）江西省宜春地区区域经理。

2017 年 3 月，江西省南昌县种子经销商郭宝珍询问隆平高科的经销商之一江西省丰城市"民生种业"经营部的闵生如、闵蜀蓉父子（以下简称闵氏父子）是否有"T 优 705"水稻种子出售，在得到闵蜀蓉的肯定答复并报价后，先后汇款共 30 万元给闵生如用于购买种子。

闵氏父子找到王敏订购种子，王敏向隆平高科申报了"陵两优 711"稻种计划，后闵生如汇款 20 万元给隆平高科作为订购种子款（单价 13 元/公斤）。王敏找到金海环保包装有限公司的曹传宝，向其提供制版样式，印制了标有"四川隆平高科种业有限公司""T 优 705"字样的小包装袋 29850 个。收到隆平高科寄来的"陵两优 711"散装种子后，王敏请闵氏父子帮忙雇工人将运来的散装种子分装到此前印好的标有"T 优 705"的小包装袋（每袋 1 公斤）内，并将分装好的 24036 斤种子运送给郭宝珍。郭宝珍销售给南昌县等地的农户。农户播种后，禾苗未能按期抽穗、结实，导致 200 余户农户 4000 余亩农田绝收，造成直接经济损失 460 余万元。

经查，隆平高科不生产"T 优 705"种子，其生产的"陵两优 711"种子也未通过江西地区的审定，不能在江西地区进行终端销售。

【指控与证明犯罪】

2018 年 5 月 8 日，江西省南昌县公安局以王敏涉嫌销售伪劣种子罪，将案件移送南昌县人民检察院审查起诉。

　　审查起诉阶段,王敏辩称自己的行为不构成犯罪,不知道销售的种子为伪劣种子。王敏还辩解:1. 印制小包装袋经过隆平高科的许可;2. 自己没有请工人进行分装,也没有进行技术指导;3. 没有造成大的损失。

　　检察机关审查认为,现有证据足以认定犯罪嫌疑人王敏将"陵两优711"冒充"T优705"销售给农户,但其是否明知为伪劣种子、"陵两优711"是如何变换成"T优705"的、隆平高科是否授权王敏印刷小包装袋、造成的损失如何认定、哪些人员涉嫌犯罪等问题,有待进一步查证。针对上述问题,南昌县人民检察院两次退回公安机关补充侦查,要求公安机关补充收集订购种子的货运单、合同、签收单、交易记录等书证;核实印制小包装袋有无得到隆平高科的授权,是否有合格证等细节;种子从四川发出,中途有无调换等,"陵两优711"是怎么变换成"T优705"的物流情况;对于损失认定,充分听取辩护人及受害农户的意见,收集受害农户订购种子数量的原始凭证等。

　　经补充侦查,南昌县公安局进一步收集了物流司机等人的证言、农户购买谷种小票、农作物不同生长期照片、货运单、王敏任职证明等证据。物流司机证言证明货物没有被调换,但货运单上只写了"种子",并没有写明具体的种子品名;隆平高科方面一致声称王敏订购的是"陵两优711",出库单上也注明是"陵两优711"(散种子),散种子销售不受区域限制,并且该公司从不生产"T优705";而闵氏父子辩称自己是应农户要求订购"T优705",到货也是应王敏要求提供场地,王敏代表公司进行分装。因双方没有签订种子订购合同且各执一词,无法查实闵氏父子订购的是哪种种子。但可以明确的是2010年5月17日广西农作物品种审定委员会对"陵两优711"审定通过,可在桂南稻作区或者桂中稻作区南部适宜种植感光型品种的地区作为晚稻种植,在江西省未审定通过。王敏作为隆平高科的区域经理,对公司不生产"T优705"种子应该明知,对"陵两优711"在江西省未被审定通过也应明知。另查实,隆平高科从未授权王敏进行设计、印制"T优705"小包装袋。

　　针对损失认定,公安机关补充收集了购种票据、证人证言等,认定南昌县及其他地区受害农户合计205户,绝收面积合计4000余亩。为评估损失,公安机关开展现场勘查,邀请农科院土肥、农业、气象方面专家进行评估。评估认定:1. 南昌县部分稻田种植的"陵两优711"尚处始穗期,已无法正常结实,导致绝收。2. 2017年10月下旬评估时,部分稻田种植的"陵两优711"处于齐穗期,但南昌地区晚稻的安全齐穗期是9月20日前后,根据南昌往年气象资料,10月下旬齐穗的水稻将会受到11月份低温影响,无法正常结实,严重时会绝收。3. 根据种子包装袋上注明的平均亩产444.22公斤的数据,结合南昌县往年晚稻平均亩产量,考虑到晚稻因品种和种植方式不同存在差异,产量评估可以以种子包装袋上注明的平均亩产 444.22 公斤为依据,结合当年晚稻平均单价 2.60 元/公斤计算损失。205 户农户因种植假种子造成的经济损失为 444.22 公斤/亩 × 2.60 元/公斤 × 4000 亩 = 4619888 元。

综合上述证据情况,检察机关采信评估意见,认定损失为 461 万余元,王敏及辩护人对此均不再提出异议。

2018 年 7 月 16 日,南昌县人民检察院以被告人王敏犯生产、销售伪劣种子罪向南昌县人民法院提起公诉。9 月 10 日,南昌县人民法院公开开庭审理了本案。

法庭调查阶段,公诉人宣读起诉书指控,被告人王敏身为隆平高科宜春地区区域经理,负有对隆平高科销售种子的质量进行审查监管的职责,其将未通过江西地区审定的"陵两优 711"种子冒充"T 优 705"种子,违背职责分装并销售,使农业生产遭受特别重大损失,其行为构成生产、销售伪劣种子罪。针对以上指控的犯罪事实,公诉人向法庭出示了四组证据予以证明:

一是被告人王敏的立案情况及任职身份信息,证明王敏从农业大学毕业后就从事种子销售业务,有着多年的种子销售经验。2015 年 8 月至 2018 年 2 月在隆平高科从事销售工作,身份是江西宜春地区区域经理,职责是介绍和推广公司种子,并代表公司销售种子,对所销售的种子品种、质量负责。

二是相关证人证言,证明王敏接受闵氏父子种子订单,并向公司订购了"陵两优 711"种子,印制"T 优 705"小包装袋分装种子并予以冒充销售。其中,闵蜀蓉证言证明郭宝珍需要"T 优 705"种子,自己向王敏提出采购种子计划,王敏表示有该种种子,并承诺有提成;证人曹传宝等的证言,证明其按王敏要求印制了"T 优 705"种子小包装袋,王敏予以签字确认。证人闵生如的证言,证明王敏明知印制"T 优 705"小包装袋用于包装"陵两优 711"种子,仍予以签字确认。

三是相关证人证言,证明四川隆平高科研发、运送"陵两优 711"到江西丰城等情况。其中,四川隆平高科副总张友强证言证明:王敏向隆平高科江西省级负责人杨剑辉报购了订购"陵两优 711"计划;杨剑辉证言证明公司收到"陵两优 711"计划并向江西发出"陵两优 711"散种子,该散种子可以销往江西,由江西有资质的经销商卖到广西,但不能在江西直接销售。隆平高科票据显示收到王敏订购"陵两优 711"计划并发货至江西。

四是造成损失情况、相关鉴定意见及被害人陈述、证人证言等,证明农户购买种子后造成绝收等损失。

王敏对以上证据无异议,但提出在小包装袋印制版式上签字是闵生如让他签的。

法庭辩论阶段,被告人王敏及其辩护人认为王敏没有主观犯罪故意,其行为不构成犯罪。

公诉人针对辩护意见进行答辩：

第一，从主观方面看，王敏明知公司不生产"T优705"种子，却将其订购的"陵两优711"分装成"T优705"予以销售。王敏主观上明知销售的种子不是订购时的种子，仍对种子进行名实不副的分装，具有销售伪劣种子的主观故意。

第二，从职责角度看，不论王敏还是四川隆平高科的工作人员，都证明所有种子订购，是由经销商报单给区域经理，区域经理再报单给公司，公司发货后，由区域经理分销。王敏作为四川隆平高科宜春地区区域经理，具有对种子质量进行审查的职责，其明知隆平高科不生产"T优705"种子，出于谋利，仍以此种子冒充彼种子进行包装、销售，具备犯罪故意，社会危害性大。

第三，王敏的供述证明，其实施了"在百度上搜索'T优705'及'T优705'审定公告内容"的行为，并将手机上搜索到的"T优705"种子包装袋版式提供给印刷商，后在"T优705"包装袋版式上签字；曹传宝和李亚东（江西运城制版有限公司设计师）都证实"T优705"小包装袋的制版、印刷都是王敏主动联系，还拿出公司的授权书给他们看，并特别交代要在印刷好的袋子上打一个洞，说种子要呼吸；刘英（隆平高科在南昌县的经销商）也证实，从种子公司运过来的种子不可以换其他品种的包装袋卖，这是犯法的事。王敏能够认识"在包装袋印制版式上签字就是对种子的种类、质量负责"的法律意义，仍予以签字。

第四，王敏作为隆平高科的区域经理，实施申报销售计划、设计包装规格、寻找印刷点、签字确认、指导分包作业等行为，均表明王敏积极实施生产、销售伪劣种子犯罪行为，王敏提出是闵生如让他签字，与事实不符，其辩护理由无法成立。

法庭经审理认为，公诉人提交的证据能够相互印证，予以确认。2018年10月25日，江西省南昌县人民法院作出一审判决，以生产、销售伪劣种子罪判处被告人王敏有期徒刑八年，并处罚金人民币15万元。

王敏不服一审判决，提出上诉。其间，王敏及其家属向南昌县农业局支付460万元用于赔偿受害农民损失。2018年12月26日，南昌市中级人民法院作出终审判决，维持一审法院对上诉人王敏的定性，鉴于上诉期间王敏已积极赔偿损失，改判其有期徒刑七年，并处罚金人民币15万元。

【指导意义】

生产、销售伪劣种子的行为严重危害国家农业生产安全，损害农民合法利益，及时、准确打击该类犯罪，是检察机关保护农民权益，维护农村稳定的职责。检察机关办理该类案件，应注意把握两方面问题：

（一）以此种子冒充彼种子应认定为假种子。根据《刑法》第一百四十七条规定,生产、销售假种子,使生产遭受较大损失的,应认定为生产、销售伪劣种子罪。假种子有不符型假种子(种类、名称、产地与标注不符)和冒充型假种子(以甲冒充乙、非种子冒充种子)。现实生活中,完全以非种子冒充种子的,比较少见。犯罪嫌疑人往往抓住种子专业性强、农户识别能力低的弱点,以此种子冒充彼种子或者以不合格种子冒充合格种子进行销售。因农作物生产周期较长,案发较为隐蔽,冒充型假种子往往造成农民投入种植成本,得不到应有收成回报,严重影响农业生产,应当依据刑法予以追诉。

(二)对伪劣种子造成的损失应予综合认定。伪劣种子造成的损失是涉假种子类案件办理时的疑难问题。实践中,可由专业人员根据现场勘查情况,对农业生产产量及其损失进行综合计算。具体可考察以下几方面:一是根据现场实地勘查,邀请农业、气象、土壤等方面专家,分析鉴定农作物生育期异常的原因,能否正常结实,是减产还是绝收等,分析减产或者绝收面积、产量。二是通过审定的农作物区试平均产量与根据现场调查的往年产量,结合当年可能影响产量的气候、土肥等因素,综合评估平均产量。三是根据农作物市场行情及平均单价等,确定直接经济损失。

【相关规定】(略)

南京百分百公司等生产、销售伪劣农药案

(最高人民检察院第十三届检察委员会第二十八次会议决定 2019 年 12月 20 日发布)

【关键词】

生产、销售伪劣农药罪 借证生产农药 田间试验

【要旨】

1. 未取得农药登记证的企业或者个人,借用他人农药登记证、生产许可证、质量标准证等许可证明文件生产、销售农药,使生产遭受较大损失的,以生产、销售伪劣农药罪追究刑事责任。

2. 对于使用伪劣农药造成的农业生产损失,可采取田间试验的方法确定受损原因,并以农作物绝收折损面积、受害地区前三年该类农作物的平均亩产量和平均销售价格为基准,综合计算认定损失金额。

【基本案情】

被告单位南京百分百化学有限责任公司(以下简称百分百公司)。

被告单位中土化工(安徽)有限公司(以下简称中土公司)。

被告单位安徽喜洋洋农资连锁有限公司(以下简称喜洋洋公司)。

被告人许全民,男,1971年12月出生,喜洋洋公司法定代表人、百分百公司实际经营人。

被告人朱桦,男,1971年3月出生,中土公司副总经理。

被告人王友定,男,1970年10月出生,安徽久易农业股份有限公司(以下简称久易公司)市场运营部经理。

2014年5月,被告单位喜洋洋公司、百分百公司准备从事50%吡蚜酮农药(以下简称吡蚜酮)经营活动,被告人许全民以百分百公司的名义与被告人王友定商定,借用久易公司吡蚜酮的农药登记证、生产许可证、质量标准证(以下简称"农药三证")。双方约定:王友定提供吡蚜酮"农药三证"及电子标签,并对百分百公司设计的产品外包装进行审定,百分百公司按久易公司的标准生产并对产品质量负责。经查,王友定擅自出借"农药三证",久易公司并未从中营利。

2014年5月18日、6月16日,许全民代表百分百公司与中土公司负责销售的副总经理朱桦先后签订4吨(单价93000元)、5吨(单价87000元)采购合同,向朱桦采购吡蚜酮,并约定质量标准、包装标准、付款方式等内容,合同金额计813000元。

2014年5月至6月,中土公司在未取得吡蚜酮"农药三证"的情况下,由朱桦负责采购吡蚜酮的主要生产原料,安排人员自研配方,生产吡蚜酮。许全民联系设计吡蚜酮包装袋,并经王友定审定,提供给中土公司分装。该包装袋印制有百分百公司持有的"金鼎"商标,久易公司获得批准的"农药三证",生产企业标注为久易公司。同年6月至8月,中土公司先后向百分百公司销售吡蚜酮计2324桶(6.972吨),销售金额计629832元。百分百公司出售给喜洋洋公司,由喜洋洋公司分售给江苏多家农资公司,农资公司销售给农户。泰州市姜堰区农户使用该批农药后,发生不同程度的药害,水稻心叶发黄,秧苗矮缩,根系生长受抑制。经调查,初步认定发生药害水稻面积5800余亩,折损面积计2800余亩,造成经济损失计270余万元。经检验,药害原因是因农药中含有烟嘧磺隆(除草剂)成分。但对涉案农药为何混入烟嘧磺隆,被告人无法给出解释,且农药生产涉及原料收购、加工、分装等一系列流程,客观上亦无法查证。

案发后,许全民自动投案并如实供述犯罪事实,朱桦、王友定到案后如实供述犯罪事实。久易公司及王友定向姜堰区农业委员会共同缴纳赔偿款150万元,中土公司缴纳赔偿款150万元,喜洋洋公司缴纳赔偿款55万元,百分百公司及许全民缴纳赔偿款95万元,朱桦缴纳赔偿款80万元,合计530万元。

【指控与证明犯罪】

本案由泰州市姜堰区农业委员会于 2015 年 8 月 12 日移送至姜堰区公安局。8 月 14 日，姜堰区公安局立案侦查。2016 年 5 月 13 日，泰州市姜堰区公安局以许全民等涉嫌生产、销售伪劣农药罪移送泰州市姜堰区人民检察院审查起诉。11 月 1 日，泰州市姜堰区人民检察院以被告单位及被告人涉嫌生产、销售伪劣农药罪向泰州市姜堰区人民法院提起公诉。12 月 14 日，泰州市姜堰区人民法院公开开庭审理了本案。

法庭调查阶段，公诉人宣读起诉书，指控被告人及被告单位在无"农药三证"的情况下，生产、销售有药害成分的农药，并造成特别重大损失，其行为构成生产、销售伪劣农药罪。针对以上指控的犯罪事实，公诉人向法庭出示了三组证据予以证明：

一是销售合同、出库清单、协议书等证据，证明被告单位、被告人借证生产、销售农药的事实。

二是田间试验公证书、农作物生产事故技术鉴定书、检验报告等证据，证明被告单位、被告人生产、销售的吡蚜酮中含有烟嘧磺隆（除草剂）成分，是造成水稻受损的直接原因。

三是证人证言、被害人陈述、被告人供述和辩解等证据，证明被告单位、被告人共谋借用"农药三证"，违法生产、销售伪劣农药，造成水稻大面积受损，及农户损失已经得到赔偿的事实。

法庭辩论阶段，被告人及辩护人提出：1. 涉案农药不应认定为伪劣农药，行为人不具有生产伪劣农药的故意。2. 盐城市产品质量监督检验所并非司法鉴定机构，其出具的检验报告不具有证据效力；泰州市农作物事故技术鉴定书是依据农药检测报告等作出的，不应作为定案依据。3. 水稻受损原因不明，不能排除天气、施药方法等因素导致。

公诉人针对辩护意见进行答辩：

第一，虽然因客观原因无法查证涉案农药吡蚜酮如何混入烟嘧磺隆（除草剂）成分，但现有证据足以证明，涉案吡蚜酮含有烟嘧磺隆（除草剂）成分，并造成水稻大面积减产的危害后果，可以认定为伪劣农药。被告单位、被告人无"农药三证"，未按照经国务院农业主管部门审批获得登记的农药配方进行生产，生产完成后未进行严格检验即出厂销售，主观上具有生产、销售伪劣农药的故意。

第二，盐城市产品质量监督检验所具有农药成分检验资质，其出具的检验报告符合书证有关要求，可证明涉案吡蚜酮含有烟嘧磺隆（除草剂）成分这一事实。泰州市农业委员会依据该检验报告和田间试验结果出具的《农作物事故技术鉴定书》，系按照《江苏省农作物生产事故技术鉴定实施办法》组成专家组开展鉴定后作出的,符合证据规定,能证明受害水稻受损是使用涉案吡蚜酮导致。

第三,为科学确定水稻受损原因,田间试验结果系由泰州市新农农资有限公司申请,在泰州市姜堰公证处的全程监督下,进行拍照、摄像固定取得的。"七种配方,八块试验田"的试验方法,是根据农户将吡蚜酮与阿维氟铃尿、戊唑醇、咪鲜三环唑混合施用的实际情况,并考虑涉案吡蚜酮仅存在于两个批次,确定第一到第四块试验田分别施用两个批次、不同剂量(20克和40克)的吡蚜酮;第五和第六块试验田分别将两个批次吡蚜酮与其他农药混合施用;第七块试验田混合施用不含吡蚜酮的其他农药;第八块试验田未施用农药。结果显示凡施用涉案农药的试验田,水稻均出现典型的除草剂药害情况,排除了天气等因素影响,证明水稻受害系因农户使用的涉案农药吡蚜酮中含有烟嘧磺隆造成。

法庭经审理认为,公诉人提交的证据能够相互印证,予以确认。因被告人许全民自动投案,如实供述罪行,且判决前主动足额赔付了农户损失,达成了谅解,构成自首,依法减轻处罚,2017年9月19日,江苏省泰州市姜堰区人民法院作出一审判决,以生产、销售伪劣农药罪判处被告单位百分百公司罚金50万元,中土公司罚金40万元,喜洋洋公司罚金35万元;以生产、销售伪劣农药罪判处被告人许全民有期徒刑三年,缓刑五年,并处罚金8万元;因被告人朱桦及王友定系从犯,如实供述,积极赔偿损失,依法减轻处罚,以生产、销售伪劣农药罪判处被告人朱桦有期徒刑三年,缓刑四年,并处罚金5万元;判处被告人王友定有期徒刑三年,缓刑三年,并处罚金人民币2万元。一审宣判后,被告单位及被告人均未上诉,判决已生效。

【指导意义】

(一)借用或通过非法转让获得他人"农药三证"生产农药,并经检验鉴定含有药害成分,使生产遭受较大损失的,应予追诉。根据我国《农药管理条例》规定,农药生产销售应具备"农药三证"。一些企业通过非法转让或者购买等手段非法获取"农药三证"生产不合格农药,扰乱农药市场,往往造成农业生产重大损失,危害农民利益。借用或者通过非法转让获得"农药三证"生产不符合资质农药,经检验鉴定含有药害成分,致使农业生产遭受损失2万元以上的,应当依据刑法予以追诉。农药生产企业将"农药三证"出借给未取得生产资质的企业或者个人,且明知借用方生产、销售伪劣农药的,构成生产、销售伪劣农药罪共同犯罪。其中使农业生产遭受损失50万元以上,销售金额不满200万元的,依据刑法第一百四十七条生产、销售伪劣农药罪追诉;销售金额200万元以上的,依据刑法第一百四十九条从重处罚原则,以生产、销售伪劣产品罪予以追诉。

（二）生产损失认定方法。生产、销售伪劣农药罪为结果犯,需以"使生产遭受较大损失"为前提。办理此类案件,可以采用以下方法认定生产损失:一是运用田间试验确定涉案农药与生产损失的因果关系。可在公证部门见证下,依据农业生产专家指导,根据农户对受损作物实际使用的农药种类,合理确定试验方法和试验所需样本田块数量,综合认定农药使用与生产损失的因果关系。二是及时引导侦查机关收集、固定受损作物折损情况证据。检察机关应结合农业生产具有时令性的特点,引导侦查机关走访受损农户了解情况,实地考察受损农田,及时收集证据,防止作物收割、复播影响生产损失的认定。三是综合评估损害数额。农业生产和粮食作物价格具有一定的波动性,办案中对损害具体数额的评估,应以绝收折损面积为基准,综合考察受损地区前三年农作物平均亩产量和平均销售价格,计算损害后果。

【相关规定】（略）

张传义生产、销售伪劣农药案——生产、销售伪劣农药造成农作物减产

（2022 年 3 月 18 日最高人民法院发布）

【基本案情】

被告人张传义,男,汉族,1965 年 3 月 6 日出生,大连某生物科技有限公司股东。

2009 年 8 月,被告人张传义与申某（另案处理）在辽宁省大连市注册成立大连某生物科技有限公司,并担任公司股东。2011 年 3 月,张传义、申某联系杨某（另案处理）在位于河南省商丘市的农药厂内生产伪劣农药"菌三唑"（杀菌剂）,由申某以大连某生物科技有限公司销售员的名义将该"菌三唑"共计 200 件（每件 300 包）销售给徐州市铜山区、沛县等地的经销商,销售金额 3.6 万余元。当地农户从经销商处购买上述农药给小麦喷洒后,出现长势不良或不出穗等情况,导致 600 余农户的 1600 余亩小麦减产 86 万余斤,经济损失达 86 万余元。经鉴定,上述农药"菌三唑"多菌灵含量 4.6%,硫磺含量 7.8%,为不合格产品。

【裁判结果】

法院经审理认为,被告人张传义伙同他人生产、销售不合格的农药,使生产遭受特别重大损失,其行为已构成生产、销售伪劣农药罪。张传义案发后能够

主动退赔部分经济损失,可酌情从轻处罚。据此,以生产、销售伪劣农药罪判处被告人张传义有期徒刑七年六个月,并处罚金人民币 2 万元。

马志杰等生产、销售伪劣种子案——生产、销售伪劣种子造成农作物减产

(2022 年 3 月 18 日最高人民法院发布"农资打假"典型案例)

【基本案情】

被告人马志杰,男,汉族,1972 年 10 月 7 日出生,北京某农业技术研究所法定代表人。

被告人尹明华,男,汉族,1979 年 7 月 23 日出生,河北省承德某农业发展有限公司法定代表人。

被告人刘德堂,男,汉族,1966 年 1 月 22 日出生,山东省平度市某种子经营部负责人。

2018 年底,被告人马志杰在其担任法定代表人的北京某农业技术研究所没有农作物种子生产经营许可证的情况下,未经授权和委托,谎称自己为"德尔红 88"胡萝卜种子的中国区总代理,与被告人尹明华、刘德堂分别在河北省围场县、山东省平度市召开推广会,向社会公开推广、销售该品种胡萝卜种子,并分别授权尹、刘二人为该种子在当地的销售代理。随后,马志杰订制了黄色高罐"德尔红 88"的包装罐,并购买其他品种的胡萝卜种子进行灌装。马志杰将上述情况告知尹明华、刘德堂,分别以每罐 400 元、360 元的价格销售给尹明华、刘德堂,销售金额 48.32 万元。尹明华、刘德堂又分别以每罐 1100 元、900 元的价格加价销售给当地农户,销售金额分别为 30 余万元和 15 万元。农户种植后,先后出现大面积红苗、死苗的现象。经测产评估和鉴定,正规"德尔红 88"胡萝卜种子的亩产量为 5625 公斤,马志杰等人销售的胡萝卜种子测产亩产量仅为 3164—3535 公斤,尹明华、刘德堂所售种子分别造成 122 余万元和 42 余万元的损失。经鉴定,涉案胡萝卜种子 SSR 引物扩增出的指纹图谱与对照样品正规"德尔红 88"胡萝卜种子扩增出的 SSR 指纹图谱在 47 个位点上有 36 个位点带型不一致。案发后,尹明华、刘德堂分别赔偿损失 109.4 万元、33 万元,退还部分种子款并取得谅解。

【裁判结果】

法院经审理认为,被告人马志杰生产、销售伪劣种子,使生产遭受特别重大

损失,其行为已构成生产、销售伪劣种子罪;被告人尹明华、刘德堂销售伪劣种子,使生产遭受特别重大损失,其行为均已构成销售伪劣种子罪。马志杰、尹明华归案后如实供述,具有坦白情节;刘德堂自动投案,并如实供述所犯罪行,具有自首情节;尹明华、刘德堂积极赔偿被害人损失,并得到被害人谅解。法院经综合考量,以生产、销售伪劣种子罪判处被告人马志杰有期徒刑九年,并处罚金人民币 35 万元;以销售伪劣种子罪判处被告人尹明华有期徒刑七年,并处罚金人民币 25 万元;以销售伪劣种子罪判处被告人刘德堂有期徒刑三年,并处罚金人民币 10 万元。

陆某某、李某某、赵某某销售伪劣种子案

（2022 年 3 月 31 日最高人民法院发布）

【基本案情】

2019 年 10 月至 11 月,被告人陆某某以牟利为目的,将其以 16720 元购买、用于做饲料和芽菜苗的 7600 斤豌豆,冒充"中豌九号"豌豆种,先后两次共计 20770 元销售给被告人赵某某。赵某某以牟利为目的,在明知是三无产品假种子的情况下,以 30660 元销售给被告人李某某。李某某以牟利为目的,在明知是三无产品假种子的情况下,冒充"中豌九号"种子以 42500 元销售给肖某某。该批假豌豆种被 5 农户购买后种植。经鉴定,造成农户损失 14 万余元。陆某某、李某某、赵某某分别获利 4050 元、11840 元、9890 元。案发后,肖某某赔偿 5 农户损失,陆某某归案后退赔 8 万元,由肖某某赔付被害人。

【裁判结果】

河南省永城市人民法院一审认为,被告人陆某某、李某某、赵某某以假种子冒充真种子予以销售,使生产造成重大损失,其行为均已构成销售伪劣种子罪。陆某某、李某某、赵某某具有自首情节,依法从轻或减轻处罚。陆某某主动退赔,酌情从轻处罚。据此,分别以销售伪劣种子罪判处被告人陆某某有期徒刑二年六个月,并处罚金人民币 2 万元;判处被告人李某某有期徒刑二年十个月,并处罚金人民币 3 万元;判处被告人赵某某有期徒刑二年十个月,并处罚金人民币 3 万元;对被告人李某某违法所得 11840 元、被告人赵某某违法所得 9890元予以追缴,上缴国库。被告人陆某某、李某某不服,提起上诉。河南省商丘市中级人民法院二审认为,被告人陆某某二审中虽又赔偿 2 万元,但拒不认罪,依法不应从轻处罚,故裁定驳回上诉,维持原判。

【典型意义】

种子质量和安全关乎农民收入、农业效益和农村稳定。人民法院通过依法处理"农资打假"案件,保持对农资制假、售假犯罪的高压态势和打击力度,最大限度保护农民利益。本案三被告人明知所售种子系三无产品假种子依然销售,坑农害农,社会危害严重,本案的处理体现了人民法院充分发挥司法保障农民权益、服务经济发展的职能作用。

薛某某销售伪劣种子、卢某某销售伪劣产品案

(2022 年 3 月 31 日最高人民法院发布)

【基本案情】

2017 年 3 月左右,被告人卢某某从山东、河南等地购买了大量未经审定的大豆种子,并将其包装成"农研一号"进行销售,其中以每桶 38 元的价格卖给被告人薛某某 1500 桶,以每桶 36 元的价格卖给周某某 189 桶,共计 63804 元。2017 年 3—4 月,被告人薛某某在从卢某某处购买大豆种子后,又从山东购买了大量未经审定的大豆种子。被告人薛某某后将上述大豆种子卖给多名农户,销售金额共计 148480 元。经鉴定,多名农户大豆产量减产 13521.15 公斤,损失价值 55436 元。经认定,卢某某、薛某某所销售的大豆种子均系不合格种子。案发后,薛某某赔偿部分农户经济损失 279000 元并取得谅解,卢某某赔偿部分农户经济损失 83020 元并取得谅解。

【裁判结果】

安徽省蒙城县人民法院经审理认为,被告人薛某某涉案行为构成销售伪劣种子罪,被告人卢某某涉案行为构成销售伪劣产品罪。薛某某、卢某某到案后如实供述犯罪事实,具有坦白情节,且当庭自愿认罪,依法可以从轻处罚。薛某某、卢某某积极赔偿受害农户经济损失并取得谅解,依法可以酌定从轻处罚。薛某某具有前科劣迹,依法对其可以酌定从重处罚。据此,对被告人薛某某以销售伪劣种子罪判处有期徒刑十个月,并处罚金人民币 10 万元;对被告人卢某某以销售伪劣产品罪判处有期徒刑六个月,并处罚金人民币 5 万元。一审判决后,二被告人均未提起上诉。

【典型意义】

本案因认定卢某某构成销售伪劣种子罪证据不足,故根据刑法一百四十九条的规定,人民法院对卢某某以销售伪劣产品罪定罪处罚,体现了不枉不纵、严

惩犯罪的司法态度。审理过程中,人民法院通过释法说理,积极沟通,二被告人均主动赔偿农户经济损失并取得谅解。人民法院不仅判处二被告人监禁刑,还依法判处相应的罚金,严厉打击损害农民利益的犯罪分子,彰显了对危害民生的犯罪活动从严惩处的精神。

张某某等人生产、销售伪劣农药案

(2022 年 3 月 21 日最高人民检察院发布)

【关键词】

生产、销售伪劣产品罪　伪劣农药　委托生产　网络销售

【基本案情】

2015 年起,张某某、霍某某先后虚构"青岛某化工集团有限公司",注册"青岛某科技服务有限公司",在未取得农药生产、经营许可的情况下,向王某某提供标签、图样,委托其生产伪劣农药,并通过互联网在全国范围内销售。王某某以租住的民房为加工窝点,在未取得农药登记证及相关农药生产、经营许可的情况下,组织工人生产伪劣农药,销售给张某某、霍某某。截至 2019 年 5 月,张某某、霍某某生产、销售伪劣农药 771 万余元,王某某生产、销售伪劣农药 333 万余元。经农业农村部农药质量监督检验测试中心(济南)检测,加工窝点现场查扣的成品农药均不合格。

【诉讼经过】

2020 年 3 月 17 日,山东省青岛市城阳区人民检察院以张某某等三人犯生产、销售伪劣产品罪提起公诉。2021 年 2 月 8 日,青岛市城阳区人民法院作出一审判决,被告人张某某、霍某某、王某某犯生产、销售伪劣产品罪,均被判处有期徒刑十五年,并处罚金人民币 100 万元至 300 万元不等。一审判决后,三被告人提出上诉。2021 年 4 月 28 日,青岛市中级人民法院裁定驳回上诉,维持原判,判决已生效。

【典型意义】

(一)严惩制售伪劣农药犯罪,切实保障粮食安全和农民权益。制售伪劣农药违法犯罪危及粮食安全,损害农民权益,必须从严惩处。本案伪劣农药销往全国多个省市,销售量大,涉及范围广。涉案犯罪行为包括了从原材料购进、假农资生产到全国性销售全过程,三被告人均被判十五年有期徒刑,有效打击了制售伪劣农药犯罪,震慑了潜在不法分子,维护了粮食安全。

（二）加强引导侦查,准确认定伪劣农药。《农药管理条例》第四十四条第二款规定,未依法取得农药登记证而生产的农药,按照假农药处理。本案中,检察机关并未单纯以无生产资质作为认定标准,而是要求公安机关重点围绕查获农药的实际效果以及是否符合农药标准进行取证。经引导侦查,公安机关查找到多名购买农药的实际用户,证实从被告处购买的农药使用效果不好;委托检验机构对现场查扣的农药进行检验,确定均为不合格农药。最终检察机关依据检验报告和农药实际用户的证言综合认定涉案农药为伪劣农药。

（三）精准认定被告人犯罪数额,有效指控犯罪。本案伪劣农药通过互联网销售,涉及全国各地买家近千人,由公安机关逐一寻访购买人取证并不现实。检察机关根据公安机关查获张某某的 19 本手写记账笔记本,以及调取的 7 个银行账户的交易明细,将逐条整理出的近 2000 条销售信息与涉案银行账户 5 年的交易流水进行对比,确认张某某、霍某某的犯罪金额;又根据张某某对自己记账习惯、常用符号的解释,通过比对账簿记录与王某某银行账户的交易流水情况,甄别出王某某的犯罪金额,最终精准认定犯罪数额,有效指控犯罪。

易某某等人生产、销售假兽药案

（2022 年 3 月 21 日最高人民检察院发布）

【关键词】

生产、销售伪劣产品罪 假兽药 全链条打击 销售金额 行刑衔接

【基本案情】

2017 年至 2020 年,易某某在未取得兽药生产许可的情况下,擅自购买设备和原料,租用仓库,以不含有药物成分的石粉、木粉、麦芽精糊等物质为原料大量生产宣称可以治疗“鸡瘟”的兽药片剂,通过微信对外销售,销售金额 39 万余元。

吴某甲、吴某乙、胡某某 3 人在未取得兽药生产许可的情况下,各自租赁民宅,使用从易某某处购进的兽药片剂或自行以不含有药物成分的石粉、木粉等物质生产的兽药粉剂,分装入由丁某某、张某等人印制、提供的仿冒正规兽药包装袋内,冒充正规兽药,通过物流销往全国各地。刘某某明知吴某甲所售系非正规兽药,仍进货并对外销售。期间,吴某甲生产、销售假兽药 33 万余元,吴某乙生产、销售假兽药 14 万余元,胡某某生产、销售假兽药 8 万余元,刘某某进货

假兽药金额 15 万余元,已全部加价销售。

涉案兽药包括用于治疗猪、牛、羊、鸡、鸭、鹅等畜禽各类疾病的 40 余种兽药,其中有"恩诺沙星""氟苯尼考""头孢氨苄青霉素""母仔安"等兽用处方药。经上海市兽药检测所检测,易某某、吴某甲等人生产、销售的兽药中均未检出兽药有效成分。经上海市农业农村委员会认定,涉案兽药均系以非兽药冒充兽药的假兽药。

【诉讼经过】

2020 年 10 月 28 日、11 月 10 日,上海市人民检察院第三分院和上海铁路运输检察院分别对易某某和吴某甲、吴某乙等 6 人提起公诉。被告人均自愿认罪认罚。2020 年 12 月 10 日,上海市第三中级人民法院作出一审判决,被告人易某某犯生产、销售伪劣产品罪,判处有期徒刑三年六个月,并处罚金人民币 20 万元。2020 年 12 月 18 日,上海铁路运输法院作出一审判决,被告人吴某甲、吴某乙等 5 人犯生产、销售伪劣产品罪,刘某某犯销售伪劣产品罪,分别判处有期徒刑二年六个月至十个月,并处罚金人民币 16.7 万元至 2 万元不等。判决宣告后,7 名被告人均未上诉,判决已生效。

【典型意义】

(一)坚持实质认定假兽药,揭示犯罪社会危害性。假兽药不仅不能治疗、预防动物疫病,甚至可能会因为控制疫情不及时,导致疫病在动物间传播,给养殖户造成巨大经济损失,患疫病动物被人食用也容易产生食品安全风险。本案中,检察机关与农业行政主管机关经科学研判,准确认定"假兽药"。检察机关通过讯问被告人掌握涉案兽药的生产流程,要求公安机关委托检验机构对涉案兽药进行检验,确认涉案兽药片剂、粉剂均不含兽药有效成分,从而揭示假兽药的危害性。通过依法惩治犯罪,坚决杜绝假兽药流入市场,最大限度维护养殖户合法权益,保障食品安全。

(二)积极引导侦查取证,准确认定销售金额。对于涉案兽药无法认定使生产遭受较大损失,不构成生产、销售伪劣兽药罪,但是销售金额在 5 万元以上的,应根据刑法第一百四十九条第一款的规定,依照刑法第一百四十条的规定以生产、销售伪劣产品罪定罪处罚。本案中各犯罪行为人长期生产假兽药,并通过微信向全国各地销售,其销售金额计算系案件审查难点。检察机关在审查过程中,引导公安机关对扣押手机进行电子数据勘查,同时主动开展自行补充侦查,从海量微信聊天记录、账户交易明细中,逐笔逐单梳理涉案假兽药销售金额。最终将易某某销售总金额从案件伊始的 19 万余元追加认定至 39 万余元,准确认定本案假兽药的销售金额,合理提出量刑建议,确保罚当其罪。

（三）加强行刑衔接，全链条打击制售假兽药犯罪。上海市人民检察院第三分院、上海铁路运输检察院集中管辖全市危害农资安全案件，通过同堂业务培训、典型案例讲评、专项调研走访等形式，与市、区农业行政主管机关、公安机关形成长期稳定的协作关系，在具体案件办理过程中始终注重提升行刑衔接质效。本案中，针对上游生产批发、下游销售，以及明知是假兽药仍提供假冒正规产品包装材料的全链条犯罪团伙，上海两级检察机关与农业、公安机关在线索研判、假农药检验认定、引导侦查取证等方面积极协作，最终实现对犯罪全链条打击，捣毁制假售假源头，全力保障农资安全。同时，检察机关以案释法，通过检察官说法、制作宣传手册、拍摄宣传片等形式开展普法宣传，向养殖户揭示假兽药的危害，普及分辨真假兽药的技巧。

刘某某销售伪劣种子案

（2022 年 3 月 21 日最高人民检察院发布）

【关键词】

销售伪劣种子罪　伪劣种子　损失鉴定　赔偿被害人

【基本案情】

2017 年 3 月，被告人刘某某从内蒙古自治区某市购买 32 吨普通土豆后，假冒"延薯 4 号"土豆种子销售给吉林省扶余市的同村村民张某某等人，当年耕种后减产。经吉林省扶余市农业综合执法大队田间鉴定及扶余市价格认证中心鉴定，张某某等人损失价值共计 25 万余元。

【诉讼经过】

2019 年 1 月 17 日，吉林省扶余市公安局对该案侦查终结，向扶余市人民检察院移送起诉。审查起诉期间，刘某某表示认罪认罚。2019 年 4 月 6 日，扶余市人民检察院以刘某某犯销售伪劣种子罪提起公诉。2019 年 5 月 24 日，扶余市人民法院作出一审判决，被告人刘某某犯销售伪劣种子罪，鉴于其对被害人积极理赔，有悔罪表现，可酌情从轻处罚，判处其有期徒刑三年，缓刑五年，并处罚金人民币 3 万元。判决后，刘某某未上诉，判决已生效。

【典型意义】

（一）涉种子犯罪危及粮食安全源头，必须依法严厉打击。粮食安全是国家安全的重要基础，确保粮食安全是我国经济社会稳定发展的根本，种业安全关系粮食安全和农业持续发展。销售伪劣种子的行为严重危害粮食安全，损害农民合法利益。检察机关通过依法及时、准确打击此类犯罪,充分保障粮食安全,保护农民权益。审查起诉期间,检察机关将案件退回公安机关补充侦查,要求查明伪劣种子来源、成交价格,取得上游卖家证言,说明鉴定方式方法,为依法准确认定犯罪事实奠定基础。

(二)在检察履职过程中最大限度保护农民利益。农作物收入是普通农户家庭收入的主要来源。该案被害农户 10 余户,在当地引起较大反响。行政执法部门经田间鉴定,计算出平均每公顷损失产量。依据鉴定的损失产量及平均市场价格,扶余市价格认证中心对农户损失价值作出鉴定。检察机关在打击犯罪的同时,积极帮助被害农户挽回损失。审查逮捕期间,办案人员逐户走访被害农户了解情况,敦促犯罪嫌疑人进行赔偿。经沟通协调,犯罪嫌疑人对全部被害农户进行了赔偿,取得了农户谅解。不仅让农户免受经济困顿之苦,也有效修复了被破坏的农村社会关系。

(三)农民消费者应注意辨别真伪,谨防购买伪劣种子。"春种一粒粟,秋收万颗子"。种子的优劣,决定了一年的收成。根据《中华人民共和国种子法》规定,以非种子冒充种子的为假种子,涉案种子系以普通土豆冒充,应认定为假种子。广大农民购买种子时,应注意通过正规渠道购买,从包装等方面进行辨别,正规的种子包装上有品牌标识、种子类别、品种名称、品种审定或者登记编号、种子生产经营许可证编号等基本信息。应提高维权意识和能力,注意养成索要发票或其他消费凭证的习惯,保留相关证据,一旦发现购买了伪劣种子,及时向当地农业、市场监管部门等投诉举报,对可能涉嫌犯罪的及时报案。

于某某生产、销售伪劣化肥案

(2022 年 3 月 21 日最高人民检察院发布)

【关键词】

生产、销售伪劣产品罪　伪劣化肥　赔偿农户损失　检察建议

【基本案情】

2019 年,被告人于某某在经营种子商店期间,得知使用二铵辅料代替磷酸二铵化肥可以获取高额利润,遂于同年 12 月前往 A 肥业有限公司购买二铵辅料。同时联系一家包装袋厂,定购了价值 1.6 万余元印有 B 品牌标识的肥料包装袋。2020 年 3 月,于某某在外地租赁的库房内,将其购买的 198 吨二铵辅料

和 67 吨复合肥进行重新倒袋灌装,假冒正规厂家生产的磷酸二铵、复合肥料的化肥产品,并运至本地销售。期间,于某某共生产假冒化肥 265 吨,销售 171.15 吨,销售金额 42 万余元。

经黑龙江省大庆市产品质量监督检验所检验,于某某生产、销售的磷酸二铵的总氮、有效磷、总养分不合格,复合肥料的有效磷、总养分不合格。

【诉讼经过】

2021 年 4 月 30 日,黑龙江省林甸县人民检察院以于某某犯生产、销售伪劣产品罪提起公诉。2021 年 11 月 15 日,林甸县人民法院作出一审判决,被告人于某某犯生产、销售伪劣产品罪,判处有期徒刑四年,并处罚金人民币 22 万元。判决宣告后,被告人未上诉,判决已生效。

【典型意义】

(一)准确适用法律,坚持化肥实质效能判断。对于假冒伪劣化肥的性质认定,检察机关结合检验报告、被告人供述、物证等证据材料综合判断。在明确化肥性质后,仍应全面审查生产、销售伪劣化肥是否造成生产损失。对于无法认定涉案化肥使生产遭受较大损失,不构成生产、销售伪劣化肥罪,但是销售金额在 5 万元以上的,应当按照刑法第一百四十九条的规定,以生产、销售伪劣产品罪定罪处罚。

(二)积极追赃挽损,维护被害农户经济权益。本案被害农户有 39 名,虽然被告人于某某在案发前已赔偿部分农户损失,但仍有不少农户损失尚未挽回。检察机关第一时间听取被害人意见,引导公安机关查明于某某生产、销售伪劣化肥的数量、销售金额和获利情况,并对农户的生产损失数额进行核实。经过多次沟通,说服于某某及其家属向被害农户赔礼道歉、赔偿农户损失,最终帮助被害农户挽回损失,充分保障当事人权益。

(三)延伸检察职能,全方位净化农资市场。检察机关将依法惩治涉农资犯罪与推动社会治理相融合,联合行政主管部门共同保障农资安全。本案中,检察机关及时向当地农业主管部门通报案情,建议对农资生产开展执法检查,防患于未然。同时向当地市场监管部门制发《检察建议书》,建议针对农资领域无资质公司、个人或者挂靠生产、倒买倒卖农资产品等问题开展整治。当地市场监管部门采纳建议,及时组织开展农资打假活动,提升部门协作质效,加强宣传教育,引导农民理性购买、科学使用农资,进一步净化了当地农资市场,有力保障农民权益。

刑法第一百五十一条（走私珍贵动物制品罪）

第一百五十一条① 走私武器、弹药、核材料或者伪造的货币的，处七年以上有期徒刑，并处罚金或者没收财产；情节特别严重的，处无期徒刑，并处没收财产；情节较轻的，处三年以上七年以下有期徒刑，并处罚金。

走私国家禁止出口的文物、黄金、白银和其他贵重金属或者国家禁止进出口的珍贵动物及其制品的，处五年以上十年以下有期徒刑，并处罚金；情节特别严重的，处十年以上有期徒刑或者无期徒刑，并处没收财产；情节较轻的，处五年以下有期徒刑，并处罚金。

走私珍稀植物及其制品等国家禁止进出口的其他货物、物品的，处五年以下有期徒刑或者拘役，并处或者单处罚金；情节严重的，处五年以上有期徒刑，并处罚金。

单位犯本条规定之罪的，对单位判处罚金，并对其直接负责的主管人员和其他直接责任人员，依照本条各款的规定处罚。

---

① 本条曾经全国人大常委会三次修改。

原本条规定为："走私武器、弹药、核材料或者伪造的货币的，处七年以上有期徒刑，并处罚金或者没收财产；情节较轻的，处三年以上七年以下有期徒刑，并处罚金。

"走私国家禁止出口的文物、黄金、白银和其他贵重金属或者国家禁止进出口的珍贵动物及其制品的，处五年以上有期徒刑，并处罚金；情节较轻的，处五年以下有期徒刑，并处罚金。

"走私国家禁止进出口的珍稀植物及其制品的，处五年以下有期徒刑，并处或者单处罚金；情节严重的，处五年以上有期徒刑，并处罚金。

"犯第一款、第二款罪，情节特别严重的，处无期徒刑或者死刑，并处没收财产。

"单位犯本条规定之罪的，对单位判处罚金，并对其直接负责的主管人员和其他直接责任人员，依照本条各款的规定处罚。"

第一次根据《中华人民共和国刑法修正案（七）》（2009年2月28日起施行，以下简称《刑法修正案（七）》）第一条修改的主要内容为：一是补充规定"走私国家禁止进出口的其他货物、物品"构成本罪；二是在第一个法定刑"五年以下有期徒刑，并处或者单处罚金"中增加了"拘役"的刑种。

第二次根据《刑法修正案（八）》（2011年5月1日起施行）第二十六条修改的主要内容为：一是在第一款罪的法定刑中规定了"情节特别严重的，处无期徒刑或者死刑，并处没收财产"；二是将第二款的法定刑由两档改为三档，并提高了法定最高刑，由有期徒刑提高到无期徒刑；三是删去了原文中的第四款，即取消了原文对"犯第一款、第二款罪"均可适用死刑的规定。

第三次根据《刑法修正案（九）》（2015年11月1日起施行）第九条对本条第一款修改的主要内容为：取消了对本条走私武器、弹药罪，走私核材料罪，走私假币罪三罪的死刑。

被告人赵均锐、谭炽洪走私珍贵动物制品案

（2020 年 5 月 8 日最高人民法院发布）

【基本案情】

2017 年,被告人赵均锐在墨西哥购买鱼鳔后,欲通过不向海关申报的方式偷运入境。2018 年 1 月,赵均锐找通晓西班牙语的被告人谭炽洪帮助携带鱼鳔回国,并提供报酬。2018 年 1 月 22 日,赵均锐将其购买的 63 个鱼鳔放入谭炽洪行李箱内,二人乘坐航班回国,入境时被海关查获。经鉴定核算,上述鱼鳔系加利福尼亚湾石首鱼的鱼鳔,价值共计 40.32 万元。

【裁判结果】

广西壮族自治区桂林市中级人民法院一审认为,被告人赵均锐、谭炽洪违反海关法规,逃避海关监管,共同走私国家禁止进出口的珍贵动物制品,其行为均已构成走私珍贵动物制品罪。被告人赵均锐起主要作用,是主犯;谭炽洪起次要作用,是从犯。以走私珍贵动物制品罪判处被告人赵均锐有期徒刑五年,并处罚金 5 万元;判处被告人谭炽洪有期徒刑二年,并处罚金 3 万元。

【典型意义】

本案系走私《濒危野生动植物种国际贸易公约》附录 I 所列野生动物制品的刑事案件,也系国家海关总署督办的走私珍贵动物制品案件。加利福尼亚湾石首鱼系墨西哥加利福尼亚湾特有的鱼种,构成生物多样性的重要组成部分。近年来,因广被猎杀而濒危。本案中,人民法院依法认定案涉鱼鳔同时构成我国国家一级保护水生野生动物制品,彰显了积极履行国际公约义务,严厉打击濒危物种走私违法犯罪的决心。本案判决,对于惩治震慑犯罪分子,教育警示社会公众,自觉保护生态环境尤其是野生动植物资源,具有良好的示范作用。

刑法第一百五十二条（走私废物罪）

第一百五十二条① 以牟利或者传播为目的,走私淫秽的影片、录像带、录音带、图片、书刊或者其他淫秽物品的,处三年以上十年以下有期徒刑,并处罚金;情节严重的,处十年以上有期徒刑或者无期徒刑,并处罚金或者没收财产;情节较轻的,处三年以下有期徒刑、拘役或者管制,并处罚金。

逃避海关监管将境外固体废物、液态废物和气态废物运输进境,情节严重的,处五年以下有期徒刑,并处或者单处罚金;情节特别严重的,处五年以上有期徒刑,并处罚金。

单位犯前两款罪的,对单位判处罚金,并对其直接负责的主管人员和其他直接责任人员,依照前两款的规定处罚。

被告人田昌蓉、罗伟等 18 人走私废物案

（2020 年 5 月 8 日最高人民法院发布）

【基本案情】

自 2016 年始,被告人田昌蓉夫妇在缅甸小勐拉设立站点收购废塑料、废金属等物品,联系、安排被告人罗伟等人驾驶空货车出入境,装运其经简单清洗加工后的废物拉至指定地点,然后联系、安排边民通过边境小道将废物走私运输至境内,再驳装到罗伟等人货车上,最后由罗伟等人将上述废物送给国内买家进行销售牟利。经查证,田昌蓉、罗伟等人走私、运输、倒运、购买废塑料 913.40吨、废金属 122.70 吨、废电瓶 2.47 吨。

【裁判结果】

云南省西双版纳州中级人民法院一审认为,被告人田昌蓉夫妇、罗伟等人

---

① 本条第二款根据《中华人民共和国刑法修正案(四)》(2002 年 12 月 28 日起施行,以下简称《刑法修正案(四)》)第二条增加,并对原第二款修改后调整为第三款。原本条第二款规定为:单位犯前款罪的,对单位判处罚金,并对其直接负责的主管人员和其他直接责任人员,依照前款的规定处罚。

修改的主要内容为:一是增加了"走私废物罪";二是将"单位犯前款罪的"修改为"单位犯前两款罪的"。

违反海关法规,逃避海关监管,将境外 1038.57 吨固体废物运输进境,从事倒运、购买等行为,情节特别严重,构成走私废物罪。判处被告人田昌蓉夫妇、罗伟等人有期徒刑九年至一年不等,并处罚金人民币 60 万元至 2 万元不等。

【典型意义】

本案系跨越国边境走私废物案件。2018 年 1 月起,中国全面禁止"洋垃圾"入境,大力推进固体废物进口管理制度改革,成效显著。但仍有部分企业、个人为谋取非法利益不惜铤而走险,"洋垃圾"非法入境问题时有发生。本案犯罪地点位于西双版纳国边境区域,被告人采取更为隐蔽的家庭小作坊式站点,通过边境小道违法走私固体废物入境后倒运、贩卖,增加了监管难度。人民法院充分利用刑罚手段,严厉打击走私、运输、倒卖"洋垃圾"等犯罪行为,彰显了将"洋垃圾"拒于国门之外的决心和力度,有利于强化国家固体废物进口管理制度,防治固体废物污染,促进国内固体废物无害化、资源化利用,有效维护国家生态环境安全和人民群众生命健康安全。

刑法第一百五十三条(走私普通货物罪)

第一百五十三条①　走私本法第一百五十一条、第一百五十二条、第三百四十七条规定以外的货物、物品的,根据情节轻重,分别依照下列规定处罚:

(一)走私货物、物品偷逃应缴税额较大或者一年内曾因走私被给予二次行政处罚后又走私的,处三年以下有期徒刑或者拘役,并处偷逃应缴税额一倍以上五倍以下罚金。

---

①　本条第一款根据《刑法修正案(八)》(2011 年 5 月 1 日起施行)第二十七条修改。

原本条第一款内容为:走私本法第一百五十一条、第一百五十二条、第三百四十七条规定以外的货物、物品的,根据情节轻重,分别依照下列规定处罚:(一)走私货物、物品偷逃应缴税额在五十万元以上的,处十年以上有期徒刑或者无期徒刑,并处偷逃应缴税额一倍以上五倍以下罚金或者没收财产;情节特别严重的,依照本法第一百五十一条第四款的规定处罚。(二)走私货物、物品偷逃应缴税额在十五万元以上不满五十万元的,处三年以上十年以下有期徒刑,并处偷逃应缴税额一倍以上五倍以下罚金;情节特别严重的,处十年以上有期徒刑或者无期徒刑,并处偷逃应缴税额一倍以上五倍以下罚金或者没收财产。(三)走私货物、物品偷逃应缴税额在五万元以上不满十五万元的,处三年以下有期徒刑或者拘役,并处偷逃应缴税额一倍以上五倍以下罚金。

修改的主要内容为:一是对不同情节的犯罪及法定刑由原条文的"由重到轻"排列调整为"由轻到重"排列;二是以偷逃税款额"较大""巨大""特别巨大"分别取代原条文中的具体数额幅度;三是在基本犯罪构成中,补充规定"一年内曾因走私被给予二次行政处罚后又走私的"也构成本罪。

（二）走私货物、物品偷逃应缴税额巨大或者有其他严重情节的,处三年以上十年以下有期徒刑,并处偷逃应缴税额一倍以上五倍以下罚金。

（三）走私货物、物品偷逃应缴税额特别巨大或者有其他特别严重情节的,处十年以上有期徒刑或者无期徒刑,并处偷逃应缴税额一倍以上五倍以下罚金或者没收财产。

单位犯前款罪的,对单位判处罚金,并对其直接负责的主管人员和其他直接责任人员,处三年以下有期徒刑或者拘役;情节严重的,处三年以上十年以下有期徒刑;情节特别严重的,处十年以上有期徒刑。

对多次走私未经处理的,按照累计走私货物、物品的偷逃应缴税额处罚。

深圳 X 公司走私普通货物案——持续开展合规引导,做好刑事司法与行政管理行业治理的衔接贯通

（2021 年 12 月 8 日最高人民检察院发布）

【关键词】

合规激励　第三方监督评估　行刑衔接　合规传导

【要旨】

积极探索检察履职与企业合规的结合方式,发挥少捕、慎诉等刑事司法政策的优势,激励企业加强合规管理。在涉案企业进行合规整改的过程中,检察机关应发挥程序性主导作用及保持中立性,推动企业真正依法合规经营。通过检察履职传导合规理念,加强与行政机关的沟通协作,促进"合规互认",提升合规效果,增强参与力量,形成保护民营经济健康发展合力。

（一）基本案情

X 股份有限公司（以下简称"X 公司"）系国内水果行业的龙头企业。2018年开始,X 公司从其收购的 T 公司进口榴莲销售给国内客户。张某某为 T 公司总经理,负责在泰国采购榴莲并包装、报关运输至香港;曲某某为 X 公司副总裁,分管公司进口业务;李某、程某分别为 X 公司业务经理,负责具体对接榴莲进口报关、财务记账、货款支付等。

X 公司进口榴莲海运主要委托深圳、珠海两地的 S 公司（另案处理）代理报关。在报关过程中,由 S 公司每月发布虚假"指导价",X 公司根据指导价制作

虚假采购合同及发票用于报关,报关价格低于实际成本价格。2018 年至 2019 年期间,X 公司多次要求以实际成本价报关,均被 S 公司以统一报价容易快速通关等行业惯例为由拒绝。2019 年 4 月后,经双方商议最终决定以实际成本价报关。

2019 年 12 月 12 日,张某某、曲某某、李某、程某被抓获归案。经深圳海关计核,2018 年 3 月至 2019 年 4 月,X 公司通过 S 公司低报价格进口榴莲 415 柜,偷逃税款合计 397 万余元。案发后,X 公司规范了报关行为,主动补缴了税款。2020 年 1 月 17 日,深圳市检察院以走私普通货物罪对张某某、曲某某批准逮捕,以无新的社会危险性为由对程某、李某作出不批准逮捕决定。2020 年 3 月 3 日,为支持疫情期间企业复工复产,根据深圳市检察院建议,张某某、曲某某变更强制措施为取保候审。2020 年 6 月 17 日,深圳海关缉私局以 X 公司、张某某、曲某某、李某、程某涉嫌走私普通货物罪移送深圳市检察院审查起诉。

(二)企业合规整改情况及效果

一是精准问诊,指导涉案企业扎实开展合规建设。2020 年 3 月,在深圳市检察院的建议下,X 公司开始启动为期一年的进口业务合规整改工作。X 公司制定的合规计划主要针对与走私犯罪有密切联系的企业内部治理结构、规章制度、人员管理等方面存在的问题,制定可行的合规管理规范,构建有效的合规组织体系,完善相关业务管理流程,健全合规风险防范报告机制,弥补企业制度建设和监督管理漏洞,防止再次发生类似违法犯罪。经过前期合规整改,X 公司在集团层面设立了合规管理委员会,合规部、内控部与审计部形成合规风险管理的三道防线。加强代理报关公司合规管理,明确在合同履行时的责任划分。聘请进口合规领域的律师事务所、会计师事务所对重点法律风险及其防范措施提供专业意见,完善业务流程和内控制度。建立合规风险识别、合规培训、合规举报调查、合规绩效考核等合规体系运行机制,积极开展合规文化建设。X 公司还制定专项预算,为企业合规体系建设和维护提供持续的人力和资金保障。合规建设期间,X 公司被宝安区促进企业合规建设委员会(以下简称"宝安区合规委")列为首批合规建设示范企业。鉴于该公司积极开展企业合规整改,建立了较为完善的合规管理体系,实现合规管理对所有业务及流程的全覆盖,取得阶段性良好效果,为进一步支持民营企业复工复产,深圳市检察院于 2020 年 9 月 9 日对 X 公司及涉案人员作出相对不起诉处理,X 公司被不起诉后继续进行合规整改。

二是认真开展第三方监督评估,确保企业合规整改效果。为检验合规整改效果,避免"纸面合规""形式合规",深圳市宝安区检察院受深圳市检察院委托,于 2021 年 6 月向宝安区合规委提出申请,宝安区合规委组织成立了企业合规第三方监督评估工作组,对 X 公司合规整改情况进行评估验收和回访考察。第三方工作组通过查阅资料、现场检查、听取汇报、针对性提问、调查问卷等方式进行考察评估并形成考察意见。工作组经考察认为,X 集团的合规整改取得了明显效果,制定了可行的合规管理规范,在合规组织体系、制度体系、运行机制、合规文化建设等方面搭建起了基本有效的合规管理体系,弥补了企业违法违规行为的管理漏洞,从而能够有效防范企业再次发生相同或者类似的违法犯罪。通过合规互认的方式,相关考察意见将作为深圳海关对 X 公司作出行政处理决定的重要参考。为了确保合规整改的持续性,考察结束后,第三方工作组继续对 X 集团进行为期一年的回访考察。

三是强化合规引导,做好刑事司法与行政管理、行业治理的衔接贯通。深圳市检察院在该案办理过程中,在合规整改结果互认、合规从宽处理等方面加强与深圳海关的沟通协作,形成治理合力,共同指导 X 公司做好合规整改,发挥龙头企业在行业治理的示范作用。整改期间,X 公司积极推动行业生态良性发展,不仅主动配合海关总署关税司工作,不定期提供公司进口水果的采购价格,作为海关总署出具验估价格参数的参照标准,还参与行业协会调研、探讨开展定期价格审查评估与监督机制。针对案件办理过程中发现的行政监管漏洞、价格低报等行业普遍性问题,深圳市检察院依法向深圳海关发出《检察建议书》并得到采纳。深圳海关已就完善进口水果价格管理机制向海关总署提出合理化建议,并对报关行业开展规范化管理以及加强普法宣讲,引导企业守法自律。

开展合规整改以来,X 集团在合法合规的基础上,实现了年营业收入 25%、年进口额 60%的逆势同比增长。2021 年 8 月 10 日 X 集团被评为深圳市宝安区"3A"信用企业(3A:海关认证、纳税信用、公共信用),同年 9 月 9 日被评为诚信合规示范企业。

(三)典型意义

1. 落实少捕慎诉慎押刑事司法政策,降低办案对企业正常生产经营的影响。该案中,鉴于 X 公司长期以正规报关为主,不是低报走私犯意的提起者,系共同犯罪的从犯,案发后积极与海关、银行合作,探索水果进口合规经营模式,深圳市检察院经过社会危险性量化评估,对重要业务人员李某、程某作出不捕决定。在跟踪侦查进展,深入了解涉案企业复工复产状况的基础上,深圳市检察院对两名高管张某某、曲某某启动捕后羁押必要性审查。经审查,深圳市检察院认为该案事实已经查清,主要证据已收集完毕,建议侦查机关将两名高管变更强制措施回归企业。后侦查机关根据建议及时对张某某、曲某某变更为取保候审,有效避免企业生产停顿带来的严重影响。

2. 坚守法定办案期限,探索合规考察不局限于办案期限的模式。企业合规改革试点要依法有序推进,不能随意突破法律。改革试点中,如何处理合规考察期限和办案期限的关系是亟须厘清的重要问题。根据案件采取强制措施方式的不同,至多存在六个半月或一年的不同办案期限。本案中,涉案企业作为大型民营企业,其涉案合规风险点及合规管理体系建设较为复杂,合规整改时间无法在案件办理期限内完成。作为企业合规改革第一批试点地区,深圳检察机关根据涉案企业阶段性的合规整改情况作出不起诉决定后,持续督促其进行合规整改,合规考察期限届满后通过第三方工作组开展合规监督评估,确保合规整改充分开展、取得实效。

3. 积极促成"合规互认",彰显企业合规程序价值。检察机关对涉案企业作出不起诉决定后,行政执法机关仍需对涉案企业行政处罚的,检察机关可以提出检察意见。在企业合规整改期限较长的情况下,合规程序往往横跨多个法律程序,前一法律程序中已经开展的企业合规能否得到下一法律程序的认可,是改革试点实践中普遍存在的问题。本案中,深圳市检察机关对涉案企业开展第三方监督评估后,积极促成"合规互认",将企业合规计划、定期书面报告、合规考察报告等移送深圳海关,作为海关作出处理决定的重要参考,彰显了企业合规的程序价值。

4. 设置考察回访程序,确保合规监管延续性。企业合规监督评估后,涉案企业合规体系是否能实现持续有效的运转,直接关系到合规整改的实效。本案中,第三方工作组针对涉案企业合规管理体系建设尚待完善之处,再进行为期一年的企业合规跟踪回访,助力企业通过持续、全面合规打造核心竞争力。

刑法第一百五十八条(虚报注册资本罪)

第一百五十八条　申请公司登记使用虚假证明文件或者采取其他欺诈手段虚报注册资本,欺骗公司登记主管部门,取得公司登记,虚报注册资本数额巨大、后果严重或者有其他严重情节的,处三年以下有期徒刑或者拘役,并处或者单处虚报注册资本金额百分之一以上百分之五以下罚金。

单位犯前款罪的,对单位判处罚金,并对其直接负责的主管人员和其他直接责任人员,处三年以下有期徒刑或者拘役。

顾雏军虚报注册资本,违规披露、不披露重要信息,挪用资金案

(2019 年 5 月 21 日最高人民法院发布)

【基本案情】

2005 年 7 月,柯林格尔系创始人顾雏军因涉嫌虚假出资、虚假财务报表、挪用资产和职务侵占等罪名被警方拘捕。2008 年 1 月 30 日,广东佛山市中院对格林柯尔系掌门人顾雏军案作出一审判决,顾雏军因虚报注册资本罪、违规披露和不披露重要信息罪、挪用资金罪,决定执行有期徒刑 10 年,并处罚金人民币 680 万元。宣判后,顾雏军提出上诉。2009 年 3 月 25 日,广东省高级人民法院作出刑事裁定:驳回上诉,维持原判。顾雏军刑满释放后,向最高人民法院提出申诉。2017 年 12 月 28 日,最高人民法院公布人民法院依法再审三起重大涉产权案件,顾雏军案将由最高人民法院第一巡回法庭提审。2018 年 6 月 13 日,最高人民法院第一巡回法庭公开开庭审理原审被告人顾雏军等虚报注册资本,违规披露、不披露重要信息,挪用资金再审一案。2019 年 4 月 10 日,最高法终审判决:撤销顾雏军原判部分量刑,改判有期徒刑五年。

最高人民法院经再审认为,原审认定顾雏军、刘义忠、姜宝军、张细汉在申请顺德格林柯尔变更登记过程中,使用虚假证明文件以 6.6 亿元不实货币置换无形资产出资的事实存在,但该行为系当地政府支持顺德格林柯尔违规设立登记事项的延续,未造成严重后果,且相关法律在原审时已进行修改,使本案以不实货币置换的超出法定上限的无形资产所占比例由原来的 55% 降低至 5%,故顾雏军等人的行为情节显著轻微危害不大,不认为是犯罪;原审认定科龙电器在 2002 年至 2004 年间将虚增利润编入财会报告予以披露的事实存在,对其违法行为可依法予以行政处罚,但由于在案证据不足以证实科龙电器提供虚假财会报告的行为已造成刑法规定的"严重损害股东或者其他人利益"的后果,不应追究相关人员的刑事责任;原审认定顾雏军、姜宝军挪用扬州亚星客车 6300 万元给扬州格林柯尔的事实不清,证据不足,且适用法律错误,不应按犯罪处理,但原审认定顾雏军、张宏挪用科龙电器 2.5 亿元和江西科龙 4000 万元归个人使用,进行营利活动的事实清楚,证据确实、充分,顾雏军及其辩护人提出的科龙集团欠格林柯尔系公司巨额资金的意见,与事实不符,不能成立。顾雏军、张宏的行为均已构成挪用资金罪,且挪用数额巨大。鉴于挪用资金时间较短,且

未给单位造成重大经济损失,依法可对顾雏军、张宏从宽处罚。

【典型意义】

顾雏军案再审改判,向全社会释放了产权司法保护的积极信号,把党中央关于加强产权司法保护的精神落到了实处,对激发企业家创业创新动力,营造良好营商环境,促进经济社会持续健康发展,都具有十分重要的意义。本案中三个罪名的认定都体现了程序法治和证据裁判的基本要求,就是认定案件事实必须以证据为根据,认定事实的证据必须是合法收集的,必须是客观真实的。该案的再审促使社会各界更加关注产权的保护制度,关注良好的营商环境,关注企业的合法合规制度。同时为司法机关办理类似案件要坚持谦抑原则,要慎重启动程序,慎重采取强制措施,在罪与非罪的把握边界上要更加严格,为严格贯彻罪刑法定、疑罪从无、非法证据排除这些基本的原则,树立了典范。

刑法第一百六十条(欺诈发行证券罪)

第一百六十条①　在招股说明书、认股书、公司、企业债券募集办法等发行文件中隐瞒重要事实或者编造重大虚假内容,发行股票或者公司、企业债券、存托凭证或者国务院依法认定的其他证券,数额巨大、后果严重或者有其他严重情节的,处五年以下有期徒刑或者拘役,并处或者单处罚金;数额特别巨大、后果特别严重或者有其他特别严重情节的,处五年以上有期徒刑,并处罚金。

控股股东、实际控制人组织、指使实施前款行为的,处五年以下有期徒刑或者拘役,并处或者单处非法募集资金金额百分之二十以上一倍以下罚金;数额特别巨人、后果特别严重或者有其他特别严重情节的,处五年以上

---

① 本条根据《刑法修正案(十一)》(2021年3月1日起施行)第八条修改。

原本条内容为:"在招股说明书、认股书、公司、企业债券募集办法中隐瞒重要事实或者编造重大虚假内容,发行股票或者公司、企业债券,数额巨大、后果严重或者有其他严重情节的,处五年以下有期徒刑或者拘役,并处或者单处非法募集资金金额百分之一以上百分之五以下罚金。

"单位犯前款罪的,对单位判处罚金,并对其直接负责的主管人员和其他直接责任人员,处五年以下有期徒刑或者拘役。"

修改的主要内容为:一是在第一款规定的犯罪行为中增加了"等发行文件",在"隐瞒"或者"编造"的对象中增加了"存托凭证或者国务院依法认定的其他证券",取消了单处或者并处罚金的数额标准,增加了"数额特别巨大、后果特别严重或者有其他特别严重情节的,处五年以上有期徒刑,并处罚金"的法定刑;二是增加了第二款;三是将原本条第二款作为第三款,规定单位犯前两款罪的判处罚金的数额标准,并对其直接负责的主管人员和其他直接责任人员的刑事责任,规定"依照第一款的规定处罚"。

有期徒刑,并处非法募集资金金额百分之二十以上一倍以下罚金。

单位犯前两款罪的,对单位判处非法募集资金金额百分之二十以上一倍以下罚金,并对其直接负责的主管人员和其他直接责任人员,依照第一款的规定处罚。

丹东欣泰电气股份有限公司、温德乙等欺诈发行股票、违规披露重要信息案——欺诈发行股票,数额巨大;违规披露重要信息,严重损害股东利益

(2020 年 9 月 24 日最高人民法院发布)

【基本案情】

被告单位丹东欣泰电气股份有限公司(以下简称欣泰电气公司)。2016 年 7 月 5 日因本案被证监会责令整改,给予警告,并处以人民币 832 万元罚款。

被告人温德乙,男,汉族,1961 年 3 月 30 日出生,原系欣泰电气公司董事长。2016 年 7 月 5 日因本案被证监会给予警告,并处以人民币 892 万元罚款。

被告人刘明胜,男,汉族,1964 年 12 月 11 日出生,原系欣泰电气公司财务总监。2016 年 7 月 5 日因本案被证监会给予警告,并处以人民币 60 万元罚款。

2011 年 3 月 30 日,被告单位欣泰电气公司提出在创业板上市的申请因持续盈利能力不符合条件而被证监会驳回。2011 年至 2013 年 6 月,被告人温德乙、刘明胜合谋决定采取虚减应收账款、少计提坏账准备等手段,虚构有关财务数据,并在向证监会报送的首次公开发行股票并在创业板上市申请文件的定期财务报告中载入重大虚假内容。2014 年 1 月 3 日,证监会核准欣泰电气公司在创业板上市。随后欣泰电气公司在《首次公开发行股票并在创业板上市招股说明书》中亦载入了具有重大虚假内容的财务报告。2014 年 1 月 27 日,欣泰电气公司股票在深圳证券交易所创业板挂牌上市,首次以每股发行价 16.31 元的价格向社会公众公开发行 1577.8 万股,共募集资金 2.57 亿元。

被告单位欣泰电气公司上市后,被告人温德乙、刘明胜继续沿用前述手段进行财务造假,向公众披露了具有重大虚假内容的 2013 年度报告、2014 年半年

度报告、2014 年度报告等重要信息。2017 年 7 月,深圳证券交易所决定欣泰电气公司退市、摘牌,主承销商兴业证券股份有限公司先行赔付 1 万余名投资人的损失共计 2.36 亿余元。

【裁判结果】

本案由辽宁省丹东市中级人民法院审理。宣判后,在法定期限内没有上诉、抗诉,原判已发生法律效力。

法院认为,被告单位欣泰电气公司、被告人温德乙、刘明胜的行为均构成欺诈发行股票罪;被告人温德乙、刘明胜的行为还构成违规披露重要信息罪,依法应当数罪并罚。温德乙到案后如实供述自己的罪行,刘明胜具有自首情节,依法可以从轻处罚。据此,依法以欺诈发行股票罪判处被告单位丹东欣泰电气股份有限公司罚金人民币 832 万元(已缴纳);以欺诈发行股票罪、违规披露重要信息罪判处被告人温德乙有期徒刑三年,并处罚金人民币 10 万元(已缴纳);以欺诈发行股票罪、违规披露重要信息罪判处被告人刘明胜有期徒刑二年,并处罚金人民币 8 万元(已履行)。

【典型意义】

本案是上市公司在申请上市前后连续财务造假而受到刑事处罚并被依法强制退市的典型案例。目前,我国正在推进以信息披露为核心的证券发行注册制。市场主体的诚信建设,事关资本市场长期健康发展。欺诈发行、财务造假等违法犯罪行为,严重挑战信息披露制度的严肃性,严重破坏市场诚信基础,严重损害投资者利益,是证券市场的"毒瘤",必须坚决依法从严惩处。本案的正确处理,充分体现了对资本市场违法犯罪行为"零容忍"的态度和决心,对当前从严惩处资本市场财务造假、欺诈违法犯罪行为具有重要警示作用。刑法修正案(十一)将对欺诈发行股票、债券罪、违规披露、不披露重要信息罪刑法条文进行修改,进一步加大对这两类犯罪的惩罚力度,为注册制改革行稳致远,资本市场健康稳定发展提供更加有力的法律保障。

中某通机械制造有限公司、卢某旺等人欺诈发行债券、出具证明文件重大失实、非国家工作人员受贿案

(2020 年 11 月 6 日最高人民检察院联合中国证券监督管理委员会发布)

【基本案情】

卢某旺、卢某煊、卢某光分别系中某通机械制造有限公司(以下简称中某通

公司)的董事长、法定代表人和原财务总监;杨某杰、陈某明、王某宇和徐某分别系利某会计师事务所某分所副所长、项目经理、主任会计师授权签字人和部门经理;边某系某证券股份有限公司(以下简称某证券公司)固定收益融资总部业务部董事。

2013年下半年,中某通公司流动资金不足,卢某旺为发行私募债券融资,经与卢某煊、卢某光合谋,虚增公司营业收入5.13亿余元、虚增利润总额1.31亿余元、虚增资本公积金6555万余元、虚构某银行授信额度500万元、隐瞒外债2025万余元。利某会计师事务所承接中某通公司审计项目后,未按审计准则要求对中某通公司账外收入和股东捐赠情况进行审计,在审计报告中虚增了上述营业收入、净利润和资本公积金。其中,杨某杰在出具重大失实报告中实施了组织、管理等行为;陈某明实施了现场审计和初稿起草行为;王某宇作为利某会计师事务所授权的签字注册会计师,在未按审计准则对中某通审计报告进行审核的情况下,草率签发审计报告;徐某作为注册会计师,在未实际参与中某通项目现场审计的情况下,应杨某杰要求在审计报告上署名。承销券商某证券公司以此为基础出具了《中某通公司非公开发行2014年中小企业私募债券募集说明书》。经向上海证券交易所备案,中某通公司于2014年5月至7月间非公开发行两年期私募债券共计1亿元,被相关投资人认购。其中,两位投资人在边某的介绍下分别认购该私募债券,边某收受中某通公司给予的贿赂款150万元。2016年该私募债券到期后,中某通公司无力偿付债券本金和部分利息,造成投资人重大经济损失。

【诉讼过程】

上海市公安局以边某涉嫌非国家工作人员受贿罪,杨某杰、陈某明、王某宇、徐某涉嫌出具证明文件重大失实罪,中某通公司、卢某旺、卢某煊、卢某光涉嫌欺诈发行债券罪,向上海市人民检察院第一分院和上海市徐汇区人民检察院移送起诉。

2017年8月3日,上海市徐汇区人民检察院以边某涉嫌非国家工作人员受贿罪提起公诉。2017年8月21日、11月21日,上海市人民检察院第一分院分别以杨某杰、陈某明、王某宇、徐某涉嫌出具证明文件重大失实罪,中某通公司、卢某旺、卢某煊、卢某光涉嫌欺诈发行债券罪提起公诉。

2017年8月21日,上海市徐汇区人民法院作出一审判决,以非国家工作人员受贿罪,判处被告人边某有期徒刑二年六个月,没收违法所得。2017年11月21日、2018年1月31日,上海市第一中级人民法院分别作出一审判决,以出具证明文件重大失实罪,判处被告人杨某杰有期徒刑二年、缓刑三年,被告人陈某明有期徒刑一年六个月、缓刑二年,被告人王某宇拘役六个月、缓刑六个月,被告人徐某有期徒刑六个月、缓刑一年,并分别判处罚金 5 万元至 10 万元不等;以欺诈发行债券罪,判处被告单位中某通公司罚金人民币 300 万元,被告人卢某旺有期徒刑三年六个月,被告人卢某光有期徒刑二年六个月,被告人卢某煊有期徒刑二年、缓刑二年。一审宣判后,陈某明、王某宇、徐某提出上诉,上海市高级人民法院裁定维持原判,判决已生效。

2020 年 4 月,上海市人民检察院结合本案以及其他同类案件的办理,向中国注册会计师协会发出了加强会计师行业监管的检察建议书。中国注册会计师协会收到检察建议书后,积极采取措施增强中介机构职责重要性教育,完善注册会计师专业标准体系,加强法律知识培训和职业道德教育,研究完善会计师事务所质量管理相关准则,更好地发挥行业自律监管作用。

【典型意义】

1. 坚持保护资本市场创新发展和惩治证券违法犯罪并重,促进证券市场健康发展。为规范中小企业私募债券业务,拓宽中小微型企业融资渠道,服务实体经济发展,深圳证券交易所和上海证券交易所于 2011 年开展了中小企业私募债券业务试点;在总结中小企业私募债试点经验的基础上,证监会于 2015 年发布《公司债券发行与交易管理办法》,全面建立了非公开发行债券制度。中小企业私募债券市场是多层次资本市场的重要组成部分,是解决中小企业融资问题的有益创新,但一些中小企业的欺诈发行行为,严重损害了私募债券市场信心,侵害了投资者合法权益。对于私募债券、新三板、科创板等资本市场中的创新活动,检察机关应当坚持保护创新和惩治犯罪并重,坚定地维护资本市场正常运行秩序,依法惩治财务造假、信息披露违法等严重破坏资本市场秩序的犯罪,为资本市场健康发展提供司法保障。

2. 严厉惩治中介机构参与财务造假,促进落实"看门人"责任。资本市场中的证券公司、会计师事务所、律师事务所等中介机构是信息披露、投资人保护相关制度得以有效实施的"看门人",中介机构不依规依法履职将严重影响资本市场的健康运行。在惩治市场主体财务造假行为的同时,应当主动开展"一案双查",同步审查相关中介机构是否存在提供虚假证明文件、出具证明文件重大失实以及非国家工作人员受贿等违法犯罪行为,并依法追究相关主体的法律责任,引导市场主体合法经营和中介机构依法依规履职。

3. 注重结合办案提出检察建议,促进资本市场制度机制不断健全。对于办案当中发现的相关中介机构及其执业人员违反职业操守、职业规范,以及相关监督管理缺失问题,检察机关应当深入分析原因,向有关主管机关提出改进工作、完善监管的检察建议,促进社会治理。

欣某股份有限公司、温某乙、刘某胜欺诈发行股票、违规披露重要信息案

(2020 年 11 月 6 日最高人民检察院联合中国证券监督管理委员会发布)

【基本案情】

欣某股份有限公司(以下简称欣某公司)原系深圳证券交易所创业板上市公司。该公司实际控制人温某乙与财务总监刘某胜为达到使欣某公司上市的目的,组织单位工作人员通过外部借款、使用自有资金或伪造银行单据等方式,虚构 2011 年至 2013 年 6 月间的收回应收款项情况,采用在报告期末(年末、半年末)冲减应收款项,下一会计期期初冲回的方式,虚构了相关财务数据,在向证监会报送的首次公开发行股票并在创业板上市申请文件和招股说明书中记载了上述重大虚假内容,骗取了证监会的股票发行核准,公开发行股票募集资金 2.57 亿元。欣某公司上市后,于 2013 年 7 月至 2014 年 12 月间,沿用前述手段继续伪造财务数据,粉饰公司财务状况,并分别于 2014 年 4 月 15 日、2014 年 8 月 15 日、2015 年 4 月 25 日向公众披露了虚假和隐瞒重要事实的 2013 年年度报告、2014 年半年度报告、2014 年年度报告。

【诉讼过程】

辽宁省丹东市公安局以欣某公司、温某乙、刘某胜涉嫌欺诈发行股票罪向丹东市人民检察院移送起诉。检察机关审查发现,欣某公司上市公开发行股票之后,在向社会公开披露的三份财务报告中仍包含虚假财务信息,涉嫌违规披露重要信息犯罪,遂将该案退回公安机关,要求公安机关对温某乙、刘某胜在公司上市后的违规披露重要信息犯罪进行补充侦查。公安机关补充侦查后,以欣某公司、温某乙、刘某胜涉嫌欺诈发行股票罪,违规披露、不披露重要信息罪再次移送起诉。

检察机关审查认为,欣某公司为达到上市发行股票的目的,采取伪造财务数据等手段,在招股说明书中编造重大财务虚假内容并发行股票;作为信息披露义务主体,多次向股东和社会公众提供虚假和隐瞒重要事实的财务报告,严重损害股东利益。温某乙、刘某胜为直接负责的主管人员。2017 年 4 月 20 日,辽宁省丹东市人民检察院以欣某公司、温某乙、刘某胜涉嫌欺诈发行股票罪,违规披露、不披露重要信息罪提起公诉。

2019 年 4 月 23 日,丹东市中级人民法院作出一审判决,以欺诈发行股票

罪,判处被告单位欣某公司罚金人民币 832 万元;以欺诈发行股票罪,违规披露、不披露重要信息罪对被告人温某乙、刘某胜数罪并罚,对温某乙决定执行有期徒刑三年,并处罚金人民币 10 万元;对刘某胜决定执行有期徒刑二年,并处罚金人民币 8 万元。被告单位和被告人均未上诉,判决已生效。

中国证监会对欣某公司的欺诈发行和违规披露重要信息行为进行调查后,于 2016 年 7 月 5 日作出行政处罚。深圳证券交易所决定对欣某公司股票终止上市并摘牌。欣某公司退市后,主承销商设立先行赔付专项基金,涉案投资人的损失得到相应赔偿。

【典型意义】

1. 依法从严惩治资本市场财务造假行为。上市公司在发行、持续信息披露中的财务造假行为,严重蚀蚀资本市场的诚信基础,破坏市场信心,损害投资者利益,必须严厉惩治。资本市场财务造假行为主要通过信息披露的方式表现出来,损害投资者利益。对于不同阶段涉财务造假信息的违规披露行为,刑法规定了不同的罪名和相应刑罚。司法办案当中要注意区分不同时期信息披露行为触犯的刑法规范,根据刑法规定的构成要件分别适用不同罪名,数罪并罚;对于审查发现新的犯罪事实和线索,通过退回公安机关补充侦查或者自行侦查,查清事实,依法追诉。

2. 综合发挥行政执法和刑事司法职能作用。财务造假和信息披露违法行为,可能同时违反行政监管法律规范和刑法规范,触发行政处罚程序和刑事追诉程序。证券监督管理部门和司法机关应当发挥各自职能作用,根据执法司法工作的需要,及时追究相关市场主体的法律责任。证券监督管理部门作出行政处罚后,认为相关人员构成犯罪的,应当及时移送公安机关立案侦查,加强行政执法与刑事司法之间的有效衔接,防止以罚代刑,已经作出的行政处罚决定不影响司法机关追究刑事责任。对于欺诈发行、违规披露信息的上市公司,符合退市条件的,还应当由证券交易所依法强制退市。

3. 注重维护投资者的合法权益。2020 年 3 月实施的新修订证券法进一步完善了投资者保护制度,先行赔付、证券代表人诉讼等规定为更好地保护投资人合法权益提供了法律依据。本案办理过程中,主承销商设立先行赔付专项基金,投资人的损失得到相应赔偿,维护了投资者的合法权益,取得了较好的社会效果。

刑法第一百六十一条(违规披露、不披露重要信息罪)

第一百六十一条① 依法负有信息披露义务的公司、企业向股东和社会公众提供虚假的或者隐瞒重要事实的财务会计报告,或者对依法应当披露的其他重要信息不按照规定披露,严重损害股东或者其他人利益,或者有其他严重情节的,对其直接负责的主管人员和其他直接责任人员,处五年以下有期徒刑或者拘役,并处或者单处罚金;情节特别严重的,处五年以上十年以下有期徒刑,并处罚金。

前款规定的公司、企业的控股股东、实际控制人实施或者组织、指使实施前款行为的,或者隐瞒相关事项导致前款规定的情形发生的,依照前款的规定处罚。

犯前款罪的控股股东、实际控制人是单位的,对单位判处罚金,并对其直接负责的主管人员和其他直接责任人员,依照第一款的规定处罚。

博元投资股份有限公司、余蒂妮等人违规披露、不披露重要信息案

(最高人民检察院第十三届检察委员会第二十一次会议决定 2020 年 2 月5 日发布)

【关键词】

违规披露、不披露重要信息 犯罪与刑罚

---

① 本条曾经全国人大常委会两次修改。

原本条规定为:公司向股东和社会公众提供虚假的或者隐瞒重要事实的财务会计报告,严重损害股东或者其他人利益的,对其直接负责的主管人员和其他直接责任人员,处三年以下有期徒刑或者拘役,并处或者单处二万元以上二十万元以下罚金。

第一次根据《刑法修正案(六)》(2006 年 6 月 29 日起施行)第五条修改。修改的主要内容为:一是将"公司"明确界定为"依法负有信息披露义务的公司、企业";二是增加"对依法应当披露的其他重要信息不按照规定披露"的亦构成本罪;三是增加"其他严重情节的"的兜底条款。

第二次根据《刑法修正案(十一)》(2021 年 3 月 1 日起施行)第九条修改。修改的主要内容为:一是取消了本条第一款对本罪并处或者单处罚金的数额标准,提高了本罪的法定刑;二是本条增加了第二、三款。

【要旨】

刑法规定违规披露、不披露重要信息罪只处罚单位直接负责的主管人员和其他直接责任人员,不处罚单位。公安机关以本罪将单位移送起诉的,检察机关应当对单位直接负责的主管人员及其他直接责任人员提起公诉,对单位依法作出不起诉决定。对单位需要给予行政处罚的,检察机关应当提出检察意见,移送证券监督管理部门依法处理。

【基本案情】

被告人余蒂妮,女,广东省珠海市博元投资股份有限公司董事长、法定代表人,华信泰投资有限公司法定代表人。

被告人陈杰,男,广东省珠海市博元投资股份有限公司总裁。

被告人伍宝清,男,广东省珠海市博元投资股份有限公司财务总监、华信泰投资有限公司财务人员。

被告人张丽萍,女,广东省珠海市博元投资股份有限公司董事、财务总监。

被告人罗静元,女,广东省珠海市博元投资股份有限公司监事。

被不起诉单位广东省珠海市博元投资股份有限公司,住所广东省珠海市。

广东省珠海市博元投资股份有限公司(以下简称博元公司)原系上海证券交易所上市公司,股票名称:ST 博元,股票代码:600656。华信泰投资有限公司(以下简称华信泰公司)为博元公司控股股东。在博元公司并购重组过程中,有关人员作出了业绩承诺,在业绩不达标时华信泰公司须向博元公司支付股改业绩承诺款。2011 年 4 月,余蒂妮、陈杰、伍宝清、张丽萍、罗静元等人采取循环转账等方式虚构华信泰公司已代全体股改义务人支付股改业绩承诺款 3.84 亿余元的事实,在博元公司临时报告、半年报中进行披露。为掩盖以上虚假事实,余蒂妮、伍宝清、张丽萍、罗静元采取将 1000 万元资金循环转账等方式,虚构用股改业绩承诺款购买 37 张面额共计 3.47 亿元银行承兑汇票的事实,在博元公司 2011 年的年报中进行披露。2012 年至 2014 年,余蒂妮、张丽萍多次虚构银行承兑汇票贴现等交易事实,并根据虚假的交易事实进行记账,制作虚假的财务报表,虚增资产或者虚构利润均达到当期披露的资产总额或利润总额的 30% 以上,并在博元公司当年半年报、年报中披露。此外,博元公司还违规不披露博元公司实际控制人及其关联公司等信息。

【指控与证明犯罪】

2015 年 12 月 9 日,珠海市公安局以余蒂妮等人涉嫌违规披露、不披露重要信息罪,伪造金融票证罪向珠海市人民检察院移送起诉;2016 年 2 月 22 日,珠海市公安局又以博元公司涉嫌违规披露、不披露重要信息罪,伪造、变造金融票证罪移送起诉。随后,珠海市人民检察院指定珠海市香洲区人民检察院审查起诉。

检察机关审查认为,犯罪嫌疑单位博元公司依法负有信息披露义务,在2011 年至 2014 年期间向股东和社会公众提供虚假的或者隐瞒主要事实的财务会计报告,对依法应当披露的其他重要信息不按照规定披露,严重损害股东以及其他人员的利益,情节严重。余蒂妮、陈杰作为博元公司直接负责的主管人员,伍宝清、张丽萍、罗静元作为其他直接责任人员,已构成违规披露、不披露重要信息罪,应当提起公诉。根据刑法第一百六十一条的规定,不追究单位的刑事责任,对博元公司应当依法不予起诉。

2016 年 7 月 18 日,珠海市香洲区人民检察院对博元公司作出不起诉决定。检察机关同时认为,虽然依照刑法规定不能追究博元公司的刑事责任,但对博元公司需要给予行政处罚。2016 年 9 月 30 日,检察机关向中国证券监督管理委员会发出《检察意见书》,建议对博元公司依法给予行政处罚。

2016 年 9 月 22 日,珠海市香洲区人民检察院将余蒂妮等人违规披露、不披露重要信息案移送珠海市人民检察院审查起诉。2016 年 11 月 3 日,珠海市人民检察院对余蒂妮等 5 名被告人以违规披露、不披露重要信息罪依法提起公诉。珠海市中级人民法院公开开庭审理本案。法庭经审理认为,博元公司作为依法负有信息披露义务的公司,在 2011 年至 2014 年期间向股东和社会公众提供虚假的或者隐瞒主要事实的财务会计报告,或者对依法应当披露的其他重要信息不按照规定披露,严重损害股东或者其他人的利益,情节严重,被告人余蒂妮、陈杰作为公司直接负责的主管人员,被告人伍宝清、张丽萍、罗静元作为其他直接责任人员,其行为均构成违规披露、不披露重要信息罪。2017 年 2 月 22 日,珠海市中级人民法院以违规披露、不披露重要信息罪判处被告人余蒂妮等五人有期徒刑一年七个月至拘役三个月不等刑罚,并处罚金。宣判后,5 名被告人均未提出上诉,判决已生效。

【指导意义】

1. 违规披露、不披露重要信息犯罪不追究单位的刑事责任。上市公司依法负有信息披露义务,违反相关义务的,刑法规定了相应的处罚。由于上市公司所涉利益群体的多元性,为避免中小股东利益遭受双重损害,刑法规定对违规披露、不披露重要信息罪只追究直接负责的主管人员和其他直接责任人员的刑事责任,不追究单位的刑事责任。刑法第一百六十二条妨害清算罪、第一百六十二条之二虚假破产罪、第一百八十五条之一违法运用资金罪等也属于此种情形。对于此类犯罪案件,检察机关应当注意审查公安机关移送起诉的内容,区分刑事责任边界,准确把握追诉的对象和范围。

2. 刑法没有规定追究单位刑事责任的,应当对单位作出不起诉决定。对公安机关将单位一并移送起诉的案件,如果刑法没有规定对单位判处刑罚,检察机关应当对构成犯罪的直接负责的主管人员和其他直接责任人员依法提起公诉,对单位应当不起诉。鉴于刑事诉讼法没有规定与之对应的不起诉情形,检察机关可以根据刑事诉讼法规定的最相近的不起诉情形,对单位作出不起诉决定。

3. 对不追究刑事责任的单位,人民检察院应当依法提出检察意见督促有关机关追究行政责任。不追究单位的刑事责任并不表示单位不需要承担任何法律责任。检察机关不追究单位刑事责任,容易引起当事人、社会公众产生单位对违规披露、不披露重要信息没有任何法律责任的误解。由于违规披露、不披露重要信息行为,还可能产生上市公司强制退市等后果,这种误解还会进一步引起当事人、社会公众对证券监督管理部门、证券交易所采取措施的质疑,影响证券市场秩序。检察机关在审查起诉时,应当充分考虑办案效果,根据证券法等法律规定认真审查是否需要对单位给予行政处罚;需要给予行政处罚的,应当及时向证券监督管理部门提出检察意见,并进行充分的释法说理,消除当事人、社会公众因检察机关不追究可能产生的单位无任何责任的误解,避免对证券市场秩序造成负面影响。

【相关规定】(略)

刑法第一百六十四条(对非国家工作人员行贿罪)

　　第一百六十四条①　为谋取不正当利益,给予公司、企业或者其他单位的工作人员以财物,数额较大的,处三年以下有期徒刑或者拘役,并处罚金;数额巨大的,处三年以上十年以下有期徒刑,并处罚金。

---

① 本条曾经全国人大常委会三次修改:

原本条规定为:"为谋取不正当利益,给予公司、企业的工作人员以财物,数额较大的,处三年以下有期徒刑或者拘役;数额巨大的,处三年以上十年以下有期徒刑,并处罚金。

"单位犯前款罪的,对单位判处罚金,并对其直接负责的主管人员和其他直接责任人员,依照前款的规定处罚。

"行贿人在被追诉前主动交待行贿行为的,可以减轻处罚或者免除处罚。"

第一次根据《刑法修正案(六)》(2006 年 6 月 29 日起施行)第八条修改。修改的主要内容为:在行贿的对象中增加了"其他单位的工作人员"可以构成本罪的主体。

第二次根据《刑法修正案(八)》(2011 年 5 月 1 日起施行)第二十九条修改。修改的主要内容为增加规定"对外国公职人员、国际公共组织官员行贿罪"。

第三次根据《刑法修正案(九)》(2015 年 11 月 1 日起施行)第十条对第一款进行了修改。修改的主要内容为在本罪第一档法定刑中增加了"并处罚金"。

> 为谋取不正当商业利益,给予外国公职人员或者国际公共组织官员以财物的,依照前款的规定处罚。
>
> 单位犯前两款罪的,对单位判处罚金,并对其直接负责的主管人员和其他直接责任人员,依照第一款的规定处罚。
>
> 行贿人在被追诉前主动交待行贿行为的,可以减轻处罚或者免除处罚。

王某某、林某某、刘某乙对非国家工作人员行贿案

(2021 年 6 月 3 日最高人民检察院发布)

【基本案情】

深圳 Y 科技股份有限公司(以下简称 Y 公司)系深圳 H 智能技术有限公司(以下简称 H 公司)的音响设备供货商。Y 公司业务员王某某,为了在 H 公司音响设备选型中获得照顾,向 H 公司采购员刘某甲陆续支付好处费 25 万元,并在刘某甲的暗示下向 H 公司技术总监陈某行贿 24 万余元。由王某某通过公司采购流程与深圳市 A 数码科技有限公司(以下简称 A 公司)签订采购合同,将资金转入 A 公司账户,A 公司将相关费用扣除后,将剩余的资金转入陈某指定的账户中。Y 公司副总裁刘某乙、财务总监林某某,对相关款项进行审核后,王某某从公司领取行贿款项实施行贿。

2019 年 10 月,H 公司向深圳市公安局南山分局报案,王某某、林某某、刘某乙及刘某甲、陈某相继到案。2020 年 3 月,深圳市公安局南山分局以王某某、林某某、刘某乙涉嫌对非国家工作人员行贿罪,刘某甲、陈某涉嫌非国家工作人员受贿罪向深圳市南山区检察院移送审查起诉。

2020 年 4 月,检察机关对王某某依据刑事诉讼法第一百七十七条第二款作出不起诉决定,对林某某、刘某乙依据刑事诉讼法第一百七十七条第一款作出不起诉决定,以陈某、刘某甲涉嫌非国家工作人员受贿罪向深圳市南山区法院提起公诉。同月,深圳市南山区法院以非国家工作人员受贿罪判处被告人刘某甲有期徒刑 6 个月,判处被告人陈某拘役 5 个月。法院判决后,检察机关于 2020 年 7 月与 Y 公司签署合规监管协议,协助企业开展合规建设。

【企业合规整改情况及处理结果】

检察机关在司法办案过程中了解到,Y 公司属于深圳市南山区拟上市的重

点企业,该公司在专业音响领域处于国内领先地位,已经在开展上市前辅导,但本案暴露出 Y 公司在制度建设和日常管理中存在较大漏洞。检察机关与 Y 公司签署合规监管协议后,围绕与商业贿赂犯罪有密切联系的企业内部治理结构、规章制度、人员管理等方面存在的问题,制定可行的合规管理规范,构建有效的合规组织体系,健全合规风险防范报告机制,弥补企业制度建设和监督管理漏洞,防止再次发生相同或者类似的违法犯罪。Y 公司对内部架构和人员进行了重整,着手制定企业内部反舞弊和防止商业贿赂指引等一系列规章制度,增加企业合规的专门人员。检察机关通过回访 Y 公司合规建设情况,针对企业可能涉及的知识产权等合规问题进一步提出指导意见,推动企业查漏补缺并重启了上市申报程序。

【典型意义】

本案中,检察机关积极推动企业合规与依法适用不起诉相结合。依法对涉案企业负责人作出不起诉决定,不是简单一放了之,而是通过对企业提出整改意见,推动企业合规建设,进行合规考察等后续工作,让涉案企业既为违法犯罪付出代价,又吸取教训建立健全防范再犯的合规制度,维护正常经济秩序。

刑法第一百七十六条(非法吸收公众存款罪)

第一百七十六条① 非法吸收公众存款或者变相吸收公众存款,扰乱金融秩序的,处三年以下有期徒刑或者拘役,并处或者单处罚金;数额巨大或者有其他严重情节的,处三年以上十年以下有期徒刑,并处罚金;数额特别巨大或者有其他特别严重情节的,处十年以上有期徒刑,并处罚金。

单位犯前款罪的,对单位判处罚金,并对其直接负责的主管人员和其他直接责任人员,依照前款的规定处罚。

---

① 本条根据《刑法修正案(十一)》(2021 年 3 月 1 日起施行)第十二条修改。

原本条内容为:"非法吸收公众存款或者变相吸收公众存款,扰乱金融秩序的,处三年以下有期徒刑或者拘役,并处或者单处二万元以上二十万元以下罚金;数额巨大或者有其他严重情节的,处三年以上十年以下有期徒刑,并处五万元以上五十万元以下罚金。

"单位犯前款罪的,对单位判处罚金,并对其直接负责的主管人员和其他直接责任人员,依照前款的规定处罚。"

修改的主要内容为:一是取消了并处或者单处罚金的数额标准;二是提高了本罪的法定刑;三是增加规定第三款"有前两款行为,在提起公诉前积极退赃退赔,减少损害结果发生的,可以从轻或者减轻处罚"。

有前两款行为,在提起公诉前积极退赃退赔,减少损害结果发生的,可以从轻或者减轻处罚。

杨卫国等人非法吸收公众存款案

(最高人民检察院第十三届检察委员会第二十一次会议决定 2020年2月5日发布)

【关键词】

非法吸收公众存款 网络借贷 资金池

【要旨】

单位或个人假借开展网络借贷信息中介业务之名,未经依法批准,归集不特定公众的资金设立资金池,控制、支配资金池中的资金,并承诺还本付息的,构成非法吸收公众存款罪。

【基本案情】

被告人杨卫国,男,浙江望洲集团有限公司法定代表人、实际控制人。

被告人张雯婷,女,浙江望洲集团有限公司出纳,主要负责协助杨卫国调度、使用非法吸收的资金。

被告人刘蓓蕾,女,上海望洲财富投资管理有限公司总经理,负责该公司业务。

被告人吴梦,女,浙江望洲集团有限公司经理、望洲集团清算中心负责人,主要负责资金池运作有关业务。

浙江望洲集团有限公司(以下简称望洲集团)于2013年2月28日成立,被告人杨卫国为法定代表人、董事长。自2013年9月起,望洲集团开始在线下进行非法吸收公众存款活动。2014年,杨卫国利用其实际控制的公司又先后成立上海望洲财富投资管理有限公司(以下简称望洲财富)、望洲普惠投资管理有限公司(以下简称望洲普惠),通过线下和线上两个渠道开展非法吸收公众存款活动。其中,望洲普惠主要负责发展信贷客户(借款人),望洲财富负责发展不特定社会公众成为理财客户(出借人),根据理财产品的不同期限约定7%—15%不等的年化利率募集资金。在线下渠道,望洲集团在全国多个省、市开设门店,采用发放宣传单、举办年会、发布广告等方式进行宣传,理财客户或者通过与杨卫国签订债权转让协议,或者通过匹配望洲集团虚构的信贷客户借款需求进行投资,将投资款转账至杨卫国个人名下42个银行账户,被望洲集团用于还本付息、生产经营等活动。在线上渠道,望洲集团及其关联公司以网络借贷信息中介活动的名义进行宣传,理财客户根据望洲集团的要求在第三方支付平台上开设虚拟账户并绑定银行账户。理财客户选定投资项目后将投资款从银行账户转入第三方支付平台的虚拟账户进行投资活动,望洲集团、杨卫国及望洲集团实际控制的担保公司为理财客户的债权提供担保。望洲集团对理财客户虚拟账户内的资金进行调配,划拨出借资金和还本付息资金到相应理财客户和信贷客户账户,并将剩余资金直接转至杨卫国在第三方支付平台上开设的托管账户,再转账至杨卫国开设的个人银行账户,与线下资金混同,由望洲集团支配使用。

因资金链断裂,望洲集团无法按期兑付本息。截止到2016年4月20日,望洲集团通过线上、线下两个渠道非法吸收公众存款共计64亿余元,未兑付资金共计26亿余元,涉及集资参与人13400余人。其中,通过线上渠道吸收公众存款11亿余元。

【指控与证明犯罪】

2017年2月15日,浙江省杭州市江干区人民检察院以非法吸收公众存款罪对杨卫国等4名被告人依法提起公诉,杭州市江干区人民法院公开开庭审理本案。

法庭调查阶段,公诉人宣读起诉书指控杨卫国等被告人的行为构成非法吸收公众存款罪,并对杨卫国等被告人进行讯问。杨卫国对望洲集团通过线下渠道非法吸收公众存款的犯罪事实和性质没有异议,但辩称望洲集团的线上平台经营的是正常P2P业务,线上的信贷客户均真实存在,不存在资金池,不是吸收公众存款,不需要取得金融许可牌照,在营业执照许可的经营范围内即可开展经营。针对杨卫国的辩解,公诉人围绕理财资金的流转对被告人进行了重点讯问。(略)

举证阶段,公诉人出示证据,全面证明望洲集团线上、线下业务活动本质为非法吸收公众存款,并就线上业务相关证据重点举证。

第一,通过出示书证、审计报告、电子数据、证人证言、被告人供述和辩解等证据,证实望洲集团的线上业务归集客户资金设立资金池并进行控制、支配、使用,不是网络借贷信息中介业务。(1)第三方支付平台赋予望洲集团对所有理财客户虚拟账户内的资金进行冻结、划拨、查询的权限。线上理财客户在合同中也明确授权望洲集团对其虚拟账户内的资金进行冻结、划拨、查询,且虚拟账户销户需要望洲集团许可。(2)理财客户将资金转入第三方平台的虚拟账户后,望洲集团每日根据理财客户出借资金和信贷客户的借款需求,以多对多的方式进行人工匹配。当理财客户资金总额大于信贷客户借款需求时,剩余资金划入杨卫国在第三方支付平台开设的托管账户。望洲集团预留第二天需要支付的到期本息后,将剩余资金提现至杨卫国的银行账户,用于线下非法吸收公众存款活动或其他经营活动。(3)信贷客户的借款期限与理财客户的出借期限不匹配,存在期限错配等问题。(4)杨卫国及其控制的公司承诺为信贷客户提供担保,当信贷客户不能按时还本付息时,杨卫国保证在债权期限届满之日起3个工作日内代为偿还本金和利息。实际操作中,归还出借人的资金都来自线上的托管账户或者杨卫国用于线下经营的银行账户。(5)望洲集团通过多种途径向不特定公众进行宣传,发展理财客户,并通过明示年化收益率、提供担保等方式承诺向理财客户还本付息。

第二,通过出示理财,信贷余额列表,扣押清单,银行卡照片,银行卡交易明细,审计报告,证人证言,被告人供述和辩解等证据,证实望洲集团资金池内的资金去向:(1)望洲集团吸收的资金除用于还本付息外,主要用于扩大望洲集团下属公司的经营业务。(2)望洲集团线上资金与线下资金混同使用,互相弥补资金不足,望洲集团从第三方支付平台提现到杨卫国银行账户资金为2.7亿余元,杨卫国个人银行账户转入第三方支付平台资金为2亿余元。(3)望洲集团将吸收的资金用于公司自身的投资项目,并有少部分用于个人支出,案发时线下、线上的理财客户均遭遇资金兑付困难。

法庭辩论阶段,公诉人发表公诉意见,论证杨卫国等被告人构成非法吸收公众存款罪,起诉书指控的犯罪事实清楚,证据确实、充分。其中,望洲集团在线上经营所谓网络借贷信息中介业务时,承诺为理财客户提供保底和增信服务,获取对理财客户虚拟账户内资金进行冻结、划拨、查询等权限,归集客户资金设立资金池,实际控制、支配、使用客户资金,用于还本付息和其他生产经营活动,超出了网络借贷信息中介的业务范围,属于变相非法吸收公众存款。杨卫国等被告人明知其吸收公众存款的行为未经依法批准而实施,具有犯罪的主观故意。

杨卫国认为望洲集团的线上业务不构成犯罪,不应计入犯罪数额。杨卫国的辩护人认为,国家允许P2P行业先行先试,望洲集团设立资金池、开展自融行为的时间在国家对P2P业务进行规范之前,没有违反刑事法律,属民事法律调整范畴,不应受到刑事处罚,犯罪数额应扣除通过线上模式流入的资金。

公诉人针对杨卫国及其辩护人的辩护意见进行答辩:望洲集团在线上开展网络借贷中介业务已从信息中介异化为信用中介,望洲集团对理财客户投资款的归集、控制、支配、使用以及还本付息的行为,本质与商业银行吸收存款业务相同,并非国家允许创新的网络借贷信息中介行为,不论国家是否出台有关网络借贷信息中介的规定,未经批准实施此类行为,都应当依法追究刑事责任。因此,线上吸收的资金应当计入犯罪数额。

法庭经审理认为,望洲集团以提供网络借贷信息中介服务为名,实际从事直接或间接归集资金,甚至自融或变相自融行为,本质是吸收公众存款。判断金融业务的非法性,应当以现行刑事法律和金融管理法律规定为依据,不存在被告人开展 P2P 业务时没有禁止性法律规定的问题。望洲集团的行为已经扰乱金融秩序,破坏国家金融管理制度,应受刑事处罚。

2018 年 2 月 8 日,杭州市江干区人民法院作出一审判决,以非法吸收公众存款罪,分别判处被告人杨卫国有期徒刑九年六个月,并处罚金人民币 50 万元;判处被告人刘蓓蕾有期徒刑四年六个月,并处罚金人民币 10 万元;判处被告人吴梦有期徒刑三年,缓刑五年,并处罚金人民币 10 万元;判处被告人张雯婷有期徒刑三年,缓刑五年,并处罚金人民币 10 万元。在案扣押冻结款项分别按损失比例发还;在案查封、扣押的房产、车辆、股权等变价后分别按损失比例发还。不足部分责令继续退赔。宣判后,被告人杨卫国提出上诉后又撤回上诉,一审判决已生效。本案追赃挽损工作仍在进行中。

【指导意义】

1. 向不特定社会公众吸收存款是商业银行专属金融业务,任何单位和个人未经批准不得实施。根据《中华人民共和国商业银行法》第十一条第二款规定,未经国务院银行业监督管理机构批准,任何单位和个人不得从事吸收公众存款等商业银行业务,这是判断吸收公众存款行为合法与非法的基本法律依据。任何单位或个人,包括非银行金融机构,未经国务院银行业监督管理机构批准,面向社会吸收公众存款或者变相吸收公众存款均属非法。国务院《非法金融机构和非法金融业务活动取缔办法》进一步明确规定,未经依法批准,非法吸收公众存款、变相吸收公众存款、以任何名义向社会不特定对象进行的非法集资都属于非法金融活动,必须予以取缔。为了解决传统金融机构覆盖不了、满足不好的社会资金需求,缓解个体经营者、小微企业经营当中的小额资金困难,国务院金融监管机构于 2016 年发布了《网络借贷信息中介机构业务活动管理暂行办法》等"一个办法、三个指引",允许单位或个人在规定的借款余额范围内通过网络借贷信息中介机构进行小额借贷,并且对单一组织、单一个人在单一平台、多个平台的借款余额上限作了明确限定。检察机关在办案中要准确把握法律法规、金融管理规定确定的界限、标准和原则精神,准确区分融资借款活动的性质,对于违反规定达到追诉标准的,依法追究刑事责任。

2. 金融创新必须遵守金融管理法律规定,不得触犯刑法规定。金融是现代经济的核心和血脉,金融活动引发的风险具有较强的传导性、扩张性、潜在性和不确定性。为了发挥金融服务经济社会发展的作用,有效防控金融风险,国家制定了完善的法律法规,对商业银行、保险、证券等金融业务进行严格的规制和监管。金融也需要发展和创新,但金融创新必须有效地防控可能产生的风险,必须遵守金融管理法律法规,尤其是依法须经许可才能从事的金融业务,不允许未经许可而以创新的名义擅自开展。检察机关办理涉金融案件,要深入分析、清楚认识各类新金融现象,准确把握金融的本质,透过复杂多样的表现形式,准确区分是真的金融创新还是披着创新外衣的伪创新,是合法金融活动还是以金融创新为名实施金融违法犯罪活动,为防范化解金融风险提供及时、有力的司法保障。

3. 网络借贷中介机构非法控制、支配资金,构成非法吸收公众存款。网络借贷信息中介机构依法只能从事信息中介业务,为借款人与出借人实现直接借贷提供信息搜集、信息公布、资信评估、信息交互、借贷撮合等服务。信息中介机构不得提供增信服务,不得直接或间接归集资金,包括设立资金池控制、支配资金或者为自己控制的公司融资。网络借贷信息中介机构利用互联网发布信息归集资金,不仅超出了信息中介业务范围,同时也触犯了刑法第一百七十六条的规定。检察机关在办案中要通过对网络借贷平台的股权结构、实际控制关系、资金来源、资金流向、中间环节和最终投向的分析,综合全流程信息,分析判断是规范的信息中介,还是假借信息中介名义从事信用中介活动,是否存在违法设立资金池、自融、变相自融等违法归集、控制、支配、使用资金的行为,准确认定行为性质。

【相关规定】(略)

刑法第一百七十七条之一(妨害信用卡管理罪,窃取、收买、非法提供信用卡信息罪)

第一百七十七条之一①　有下列情形之一,妨害信用卡管理的,处三年以下有期徒刑或者拘役,并处或者单处一万元以上十万元以下罚金;数量巨大或者有其他严重情节的,处三年以上十年以下有期徒刑,并处二万元以上二十万元以下罚金:

(一)明知是伪造的信用卡而持有、运输的,或者明知是伪造的空白信用卡而持有、运输,数量较大的;

---

① 本条根据《中华人民共和国刑法修正案(五)》(2005年2月28日起施行)第一条增加。

（二）非法持有他人信用卡，数量较大的；

（三）使用虚假的身份证明骗领信用卡的；

（四）出售、购买、为他人提供伪造的信用卡或者以虚假的身份证明骗领的信用卡的。

窃取、收买或者非法提供他人信用卡信息资料的，依照前款规定处罚。

银行或者其他金融机构的工作人员利用职务上的便利，犯第二款罪的，从重处罚。

赵某某窃取、非法提供信用卡信息案

（2014 年 11 月 24 日最高人民法院发布）

【基本案情】

被告人赵某某系南京某职业学校学生，酷爱网络技术，并加入有关 QQ 群向他人拜师学习，期间结识施某某、岳某某。2011 年 4 月至 5 月，被告人赵某某会同施某某，利用黑客技术攻破某购物网站，从中窃取了共计 6000 余条信用卡信息。后二人将信用卡信息提供给岳某某，并由施某某、岳某某出售给方某某等人。事后赵某某获利共计人民币 2 万余元。案外人持凭借上述信用卡信息伪造的信用卡在上海消费时被抓获。2011 年 9 月 28 日，被告人赵某某被公安人员抓获。

【裁判结果】

上海市长宁区人民法院经审理认为，被告人赵某某伙同他人采用网络黑客技术攻击某购物网站，窃取信用卡信息，并非法提供给他人使用，数量巨大，其行为已构成窃取、非法提供信用卡信息罪，依法应当承担刑事责任。被告人赵某某犯罪时已满十六周岁不满十八周岁，依法减轻处罚；到案后能如实供述，依法应当从轻处罚；在审理时能自愿认罪，酌定从轻处罚。被告人赵某某在犯罪后有积极悔罪表现，在观护帮教期间表现良好，得到所在学校的充分肯定，并继续自己的学业，宣告缓刑不致对其所居住社区有重大不良影响，可依法对其宣告缓刑。据此，长宁法院依法认定被告人赵某某犯窃取、非法提供信用卡信息罪，判处有期徒刑二年，缓刑二年，并处罚金人民币 2 万元；违法所得予以追缴。

判决生效后，长宁法院与南京市栖霞区公检法司召开联席会议，决定共同对该被告人探索进行该区第一例未成年人的轻罪封存，为其放下包袱继续学业打下良好基础。鉴于赵某某在网络方面学有所长但需要加强引导的情况,长宁法院法官又与上海市有关网络安全技术部门联手,多次赴南京对其进行帮教,引导其利用所学知识运用到网络安全技术服务上来。缓刑考验期间,长宁法院在上海有关部门支持下,安排其到上海某知名网络公司进行实习,帮助其不断提高技术水平。赵某某在缓刑考验期,发现国内知名网站存在安全漏洞,并提交报告至相关部门及时进行弥补,因此,两次获得中国网络安全协会颁发的奖励证书。目前,赵某某已顺利毕业,并与他人合作共同开办了一家网络安全公司。

【案例评析】

从本案来看,在判决后,长宁法院少年庭的法官继续做好判后帮教工作,与多个部门密切合作进行异地帮教。对赵某某帮教工作的成功,是上海与异地社区矫正部门共同努力所取得的成果,同时也为少年审判中整合力量开展外来未成年人的帮教带来新的启示。本案被告人从一名少年黑客转变为一名网络卫士的成功转型,体现了对未成年人开展判后帮教工作的积极社会意义。

施某凌等 18 人妨害信用卡管理案——多人参与、多途径配合搭建专门运输通道向境外运送银行卡套件

(2022 年 4 月 21 日最高人民检察院发布)

【关键词】

妨害信用卡管理罪　银行卡　物流寄递

【要旨】

当前,银行卡已成为电信网络诈骗犯罪的基础工具,围绕银行卡的买卖、运输形成一条黑色产业链。检察机关要严厉打击境内运输银行卡犯罪行为,深入推进"断卡"行动,全力阻断境外电信网络诈骗犯罪物料运输通道。结合司法办案,推动物流寄递业监管,压实企业责任,提高从业人员的法治意识。

(一)基本案情

被告人施某凌,无固定职业;

被告人王某韬,无固定职业;

被告人吴某鑫,无固定职业;

被告人蔡某向,某快递点经营者;

被告人施某补,无固定职业;

被告人郑某,某快递点经营者;

被告人施某莉,无固定职业;

其他 11 名被告人基本情况略。

2018 年 7 月至 2019 年 10 月间,在菲律宾的被告人施某凌以牟利为目的,接受被告人王某韬以及"周生""龙虾"(均系化名,在逃)等人的委托,提供从国内运送信用卡套件到菲律宾马尼拉市的物流服务。

被告人施某凌接到订单后,直接或者通过被告人吴某鑫联系全国各地 1000 多名长期收集、贩卖银行卡的不法人员,通过物流快递和水客携带运输的方式,将购买的大量他人银行卡、对公账户通过四个不同层级,接力传递,运送至菲律宾。具体运输流程如下:首先由施某凌等人将从"卡商"处收购的大量银行卡以包裹形式运送至蔡某向等人经营的位于福建晋江、石狮一带的物流点;再由被告人施某补等人将包裹从上述物流点取回进而拆封、统计、整理后,乘坐大巴车携带运往郑某等人经营的广东深圳、珠海一带的物流点;后由往来珠海到澳门的"水客"以"蚂蚁搬家"方式,或由被告人郑某通过货车夹带方式,将包裹运往被告人施某莉在澳门设立的中转站;最终由施某莉组织将包裹从澳门空运至菲律宾。包裹到达菲律宾境内后,吴某鑫再组织人员派送给王某韬以及"周生""龙虾"等人。

经查,被告人施某凌等人参与运转的涉案银行卡套件多达 5 万余套,获利共计人民币 616 万余元。

(二)检察履职过程

本案由福建省晋江市公安局立案侦查。2019 年 11 月 1 日晋江市人民检察院介入案件侦查。公安机关于 2020 年 4 月 20 日、10 月 4 日以妨害信用卡管理罪将本案被告人分两批移送起诉。检察机关于同年 8 月 18 日、11 月 4 日以妨害信用卡管理罪对被告人分批提起公诉,晋江市人民法院对两批案件并案审理。2021 年 5 月 6 日,晋江市人民法院以妨害信用卡管理罪判处施某凌、王某韬、吴某鑫、蔡某向、施某补、郑某、施某莉等 18 人有期徒刑九年至二年三个月不等,并处罚金人民币 20 万元至 2 万元不等。部分被告人上诉,同年 9 月 13 日,泉州市中级人民法院二审维持原判决。

根据本案所反映出的物流行业经营的风险问题,晋江市检察机关会同当地商务、交通运输、海关、邮政部门联合制发《晋江市物流行业合规建设指引(试行)》,通过建立健全物流行业合规风险管理体系,加强对行业风险的有效识别和管理,促进物流行业合规建设。同时,督促物流企业加强内部人员法治教育,加大以案释法,切实推进行业规范经营发展。

（三）典型意义

1. 严厉打击境内运输银行卡犯罪行为,全力阻断境外电信网络诈骗犯罪物料运转通道。当前,境外电信网络诈骗犯罪分子为了转移诈骗资金,需要获取大量的国内公民银行卡,银行卡的转移出境成为整个犯罪链条中的关键环节。实践中,犯罪分子往往将物流寄递作为运输的重要渠道,通过陆路、水路、航空多种方式流水作业,将银行卡运送到境外。为此,检察机关要深入推进"断卡"行动,加强物流大数据研判分析,掌握银行卡在境内运转轨迹,依法严厉打击买卖、运输银行卡的犯罪行为,尤其是要切断境内外转运的关键节点,阻断银行卡跨境运转通道。

2. 推动社会综合治理,促进物流寄递业规范经营。物流寄递具有触角长、交付快、覆盖面广等特点,因而在运输银行卡过程中容易被犯罪分子利用。对此,检察机关要结合办案,主动加强沟通,推动物流寄递业加强行业监管,压实企业主体责任,严把寄递企业"源头关"、寄递物品"实名关"、寄递过程"安检关"。对于发现的涉及大量银行卡的包裹,相关企业要加强重点检查,及时向寄递人核实了解情况,必要时向公安机关反映,防止银行卡非法转移。结合典型案例,督促物流企业加强培训宣传,通过以案释法,提高从业人员的法治意识和安全防范能力,防止成为电信网络诈骗犯罪的"帮凶"。

刑法第一百八十条（内幕交易、泄露内幕信息罪，利用未公开信息交易罪）

第一百八十条①　证券、期货交易内幕信息的知情人员或者非法获取

---

① 本条曾经全国人大常委会两次修改:

原本条规定为:"证券交易内幕信息的知情人员或者非法获取证券交易内幕信息的人员,在涉及证券的发行、交易或者其他对证券的价格有重大影响的信息尚未公开前,买入或者卖出该证券,或者泄露该信息,情节严重的,处五年以下有期徒刑或者拘役,并处或者单处违法所得一倍以上五倍以下罚金;情节特别严重的,处五年以上十年以下有期徒刑,并处违法所得一倍以上五倍以下罚金。

"单位犯前款罪的,对单位判处罚金,并对其直接负责的主管人员和其他直接责任人员,处五年以下有期徒刑或者拘役。

"内幕信息的范围,依照法律、行政法规的规定确定。

"知情人员的范围,依照法律、行政法规的规定确定。"

第一次根据《刑法修正案》(1999 年 12 月 25 日起施行)第四条修改。修改的主要内容为:一是将犯罪领域扩大到期货交易;二是将原本条的第三款与第四款合并为本条的第三款。

第二次根据《刑法修正案(七)》(2009 年 2 月 28 日起施行)第二条修改。修改的主要内容为补充规定"明示、暗示他人从事上述交易活动,情节严重的"的情形亦可构成本罪。

证券、期货交易内幕信息的人员,在涉及证券的发行,证券、期货交易或者其他对证券、期货交易价格有重大影响的信息尚未公开前,买入或者卖出该证券,或者从事与该内幕信息有关的期货交易,或者泄露该信息,或者明示、暗示他人从事上述交易活动,情节严重的,处五年以下有期徒刑或者拘役,并处或者单处违法所得一倍以上五倍以下罚金;情节特别严重的,处五年以上十年以下有期徒刑,并处违法所得一倍以上五倍以下罚金。

单位犯前款罪的,对单位判处罚金,并对其直接负责的主管人员和其他直接责任人员,处五年以下有期徒刑或者拘役。

内幕信息、知情人员的范围,依照法律、行政法规的规定确定。

证券交易所、期货交易所、证券公司、期货经纪公司、基金管理公司、商业银行、保险公司等金融机构的从业人员以及有关监管部门或者行业协会的工作人员,利用因职务便利获取的内幕信息以外的其他未公开的信息,违反规定,从事与该信息相关的证券、期货交易活动,或者明示、暗示他人从事相关交易活动,情节严重的,依照第一款的规定处罚。

马乐利用未公开信息交易案

(最高人民法院审判委员会讨论通过 2016 年 6 月 30 日发布)

【关键词】

刑事 利用未公开信息交易罪 援引法定刑 情节特别严重

【裁判要点】

刑法第一百八十条第四款规定的利用未公开信息交易罪援引法定刑的情形,应当是对第一款内幕交易、泄露内幕信息罪全部法定刑的引用,即利用未公开信息交易罪应有"情节严重""情节特别严重"两种情形和两个量刑档次。

【相关规定】(略)

【基本案情】

2011 年 3 月 9 日至 2013 年 5 月 30 日期间,被告人马乐担任博时基金管理有限公司旗下的博时精选股票证券投资基金经理,全权负责投资基金投资股票市场,掌握了博时精选股票证券投资基金交易的标的股票、交易时间和交易数量等未公开信息。马乐在任职期间利用其掌控的上述未公开信息,从事与该信息相关的证券交易活动,操作自己控制的"金某""严某甲""严某乙"三个股票账户,通过临时购买的不记名神州行电话卡下单,先于(1—5 个交易日)、同期或稍晚于(1—2 个交易日)其管理的"博时精选"基金账户买卖相同股票 76 只,累计成交金额 10.5 亿余元,非法获利 18833374.74 元。2013 年 7 月 17 日,马乐主动到深圳市公安局投案,且到案之后能如实供述其所犯罪行,属自首;马乐认罪态度良好,违法所得能从扣押、冻结的财产中全额返还,判处的罚金亦能全额缴纳。

【裁判结果】

广东省深圳市中级人民法院(2014)深中法刑二初字第 27 号刑事判决认为,被告人马乐的行为已构成利用未公开信息交易罪。但刑法中并未对利用未公开信息交易罪规定"情节特别严重"的情形,因此只能认定马乐的行为属于"情节严重"。马乐自首,依法可以从轻处罚;马乐认罪态度良好,违法所得能全额返还,罚金亦能全额缴纳,确有悔罪表现;另经深圳市福田区司法局社区矫正和安置帮教科调查评估,对马乐宣告缓刑对其所居住的社区没有重大不良影响,符合适用缓刑的条件。遂以利用未公开信息交易罪判处马乐有期徒刑三年,缓刑五年,并处罚金人民币 1884 万元;违法所得人民币 18833374.74 元依法予以追缴,上缴国库。

宣判后,深圳市人民检察院提出抗诉认为,被告人马乐的行为应认定为犯罪情节特别严重,依照"情节特别严重"的量刑档次处罚。一审判决适用法律错误,量刑明显不当,应当依法改判。

广东省高级人民法院(2014)粤高法刑二终字第 137 号刑事裁定认为,刑法第一百八十条第四款规定,利用未公开信息交易,情节严重的,依照第一款的规定处罚,该条款并未对利用未公开信息交易罪规定有"情节特别严重"情形;而根据第一百八十条第一款的规定,情节严重的,处五年以下有期徒刑或者拘役,并处或者单处违法所得一倍以上五倍以下罚金,故马乐利用未公开信息交易,属于犯罪情节严重,应在该量刑幅度内判处刑罚。原审判决量刑适当,抗诉机关的抗诉理由不成立,不予采纳。遂裁定驳回抗诉,维持原判。

二审裁定生效后,广东省人民检察院提请最高人民检察院按照审判监督程序向最高人民法院提出抗诉。最高人民检察院抗诉提出,刑法第一百八十条第四款属于援引法定刑的情形,应当引用第一款处罚的全部规定;利用未公开信息交易罪与内幕交易、泄露内幕信息罪的违法与责任程度相当,法定刑亦应相当;马乐的行为应当认定为犯罪情节特别严重,对其适用缓刑明显不当。本案终审裁定以刑法第一百八十条第四款未对利用未公开信息交易罪规定有"情节特别严重"为由,降格评价马乐的犯罪行为,属于适用法律确有错误,导致量刑不当,应当依法纠正。

最高人民法院依法组成合议庭对该案直接进行再审,并公开开庭审理了本案。再审查明的事实与原审基本相同,原审认定被告人马乐非法获利数额为18833374.74元存在计算错误,实际为19120246.98元,依法应当予以更正。最高人民法院(2015)刑抗字第1号刑事判决认为,原审被告人马乐的行为已构成利用未公开信息交易罪。马乐利用未公开信息交易股票76只,累计成交额10.5亿余元,非法获利1912万余元,属于情节特别严重。鉴于马乐具有主动从境外回国投案自首法定从轻、减刑处罚情节;在未受控制的情况下,将股票兑成现金存在涉案三个账户中并主动向中国证券监督管理委员会说明情况,退还了全部违法所得,认罪悔罪态度好,赃款未挥霍,原判罚金刑得已全部履行等酌定从轻处罚情节,对马乐可予减轻处罚。第一审判决、第二审裁定认定事实清楚,证据确实、充分,定罪准确,但因对法律条文理解错误,导致量刑不当,应予纠正。依照《中华人民共和国刑法》第一百八十条第四款、第一款、第六十七条第一款、第五十二条、第五十三条、第六十四条及《最高人民法院关于适用〈中华人民共和国刑事诉讼法〉的解释》第三百八十九条第(三)项的规定,判决如下:(一)维持广东省高级人民法院(2014)粤高法刑二终字第137号刑事裁定和深圳市中级人民法院(2014)深中法刑二初字第27号刑事判决中对原审被告人马乐的定罪部分;(二)撤销广东省高级人民法院(2014)粤高法刑二终字第137号刑事裁定和深圳市中级人民法院(2014)深中法刑二初字第27号刑事判决中对原审被告人马乐的量刑及追缴违法所得部分;(三)原审被告人马乐犯利用未公开信息交易罪,判处有期徒刑三年,并处罚金人民币1913万元;四、违法所得人民币19120246.98元依法予以追缴,上缴国库。

【裁判理由】

法院生效裁判认为:本案事实清楚,定罪准确,争议的焦点在于如何正确理解刑法第一百八十条第四款对于第一款的援引以及如何把握利用未公开信息交易罪"情节特别严重"的认定标准。

一、对刑法第一百八十条第四款援引第一款量刑情节的理解和把握

刑法第一百八十条第一款对内幕交易、泄露内幕信息罪规定为:"证券、期货交易内幕信息的知情人员或者非法获取证券、期货交易内幕信息的人员,在涉及证券的发行,证券、期货交易或者其他对证券、期货交易价格有重大影响的信息尚未公开前,买入或者卖出该证券,或者从事与该内幕信息有关的期货交易,或者泄露该信息,或者明示、暗示他人从事上述交易活动,情节严重的,处五年以下有期徒刑或者拘役,并处或者单处违法所得一倍以上五倍以下罚金;情节特别严重的,处五年以上十年以下有期徒刑,并处违法所得一倍以上五倍以下罚金。"第四款对利用未公开信息交易罪规定为:"证券交易所、期货交易所、证券公司、期货经济公司、基金管理公司、商业银行、保险公司等金融机构的从业人员以及有关监管部门或者行业协会的工作人员,利用因职务便利获取的内幕信息以外的其他未公开的信息,违反规定,从事与该信息相关的证券、期货交易活动,或者明示、暗示他人从事相关交易活动,情节严重的,依照第一款的规定处罚。"

对于第四款中"情节严重的,依照第一款的规定处罚"应如何理解,在司法实践中存在不同的认识。一种观点认为,第四款中只规定了"情节严重"的情形,而未规定"情节特别严重"的情形,因此,这里的"情节严重的,依照第一款的规定处罚"只能是依照第一款中"情节严重"的量刑档次予以处罚;另一种观点认为,第四款中的"情节严重"只是入罪条款,即达到了情节严重以上的情形,依据第一款的规定处罚。至于具体处罚,应看符合第一款中的"情节严重"还是"情节特别严重"的情形,分别情况依法判处。情节严重的,"处五年以下有期徒刑",情节特别严重的,"处五年以上十年以下有期徒刑"。

最高人民法院认为,刑法第一百八十条第四款援引法定刑的情形,应当是对第一款全部法定刑的引用,即利用未公开信息交易罪应有"情节严重""情节特别严重"两种情形和两个量刑档次。这样理解的具体理由如下。

(一)符合刑法的立法目的。由于我国基金、证券、期货等领域中,利用未公开信息交易行为比较多发,行为人利用公众投入的巨额资金作后盾,以提前买入或者提前卖出的手段获得巨额非法利益,将风险与损失转嫁到其他投资者,不仅对其任职单位的财产利益造成损害,而且严重破坏了公开、公正、公平的证券市场原则,严重损害客户投资者或处于信息弱势的散户利益,严重损害金融行业信誉,影响投资者对金融机构的信任,进而对资产管理和基金、证券、期货市场的健康发展产生严重影响。为此,《中华人民共和国刑法修正案(七)》新增利用未公开信息交易罪,并将该罪与内幕交易、泄露内幕信息罪规定在同一法条中,说明两罪的违法与责任程度相当。利用未公开信息交易罪也应当适用"情节特别严重"。

(二)符合法条的文意。首先,刑法第一百八十条第四款中的"情节严重"是入罪条款。《最高人民检察院、公安部关于公安机关管辖的刑事案件立案追诉标准的规定(二)》,对利用未公开信息交易罪规定了追诉的情节标准,说明该罪需达到"情节严重"才能被追诉。利用未公开信息交易罪属情节犯,立法要明确其情节犯属性,就必须借助"情节严重"的表述,以避免"情节不严重"的行为入罪。其次,该款中"情节严重"并不兼具量刑条款的性质。刑法条文中大量存在"情节严重"兼具定罪条款及量刑条款性质的情形,但无一例外均在其后列明了具体的法定刑。刑法第一百八十条第四款中"情节严重"之后,并未列明具体的法定刑,而是参照内幕交易、泄露内幕信息罪的法定刑。因此,本款中的"情节严重"仅具有定罪条款的性质,而不具有量刑条款的性质。

(三)符合援引法定刑立法技术的理解。援引法定刑是指对某一犯罪并不规定独立的法定刑,而是援引其他犯罪的法定刑作为该犯罪的法定刑。刑法第一百八十条第四款援引法定刑是为了避免法条文字表述重复,并不属于法律规定不明确的情形。

综上,刑法第一百八十条第四款虽然没有明确表述"情节特别严重",但是根据本条款设立的立法目的、法条文意及立法技术,应当包含"情节特别严重"的情形和量刑档次。

二、利用未公开信息交易罪"情节特别严重"的认定标准

目前虽然没有关于利用未公开信息交易罪"情节特别严重"认定标准的专门规定,但鉴于刑法规定利用未公开信息交易罪是参照内幕交易、泄露内幕信息罪的规定处罚,《最高人民法院、最高人民检察院关于办理内幕交易、泄露内幕信息刑事案件具体应用法律若干问题的解释》将成交额 250 万元以上、获利75 万元以上等情形认定为内幕交易、泄露内幕信息罪"情节特别严重"的标准,利用未公开信息交易罪也应当遵循相同的标准。马乐利用未公开信息进行交易活动,累计成交额达 10.5 亿余元,非法获利达 1912 万余元,已远远超过上述标准,且在案发时属全国查获的该类犯罪数额最大者,参照最高人民法院、最高人民检察院《关于办理内幕交易、泄露内幕信息刑事案件具体应用法律若干问题的解释》,马乐的犯罪情节应当属于"情节特别严重"。

(生效裁判审判人员:罗智勇、董朝阳、李剑弢)

马乐利用未公开信息交易案

(最高人民检察院第十二届检察委员会第五十一次会议决定 2016 年 5 月31 日发布)

【关键词】
适用法律错误 刑事抗诉 援引法定刑 情节特别严重
【要旨】
刑法第一百八十条第四款利用未公开信息交易罪为援引法定刑的情形,应当是对第一款法定刑的全部援引。其中,"情节严重"是入罪标准,在处罚上应当依照本条第一款内幕交易、泄露内幕信息罪的全部法定刑处罚,即区分不同情形分别依照第一款规定的"情节严重"和"情节特别严重"两个量刑档次处罚。

【基本案情】

马乐,男,1982年8月生,河南省南阳市人。

2011年3月9日至2013年5月30日期间,马乐担任博时基金管理有限公司旗下博时精选股票证券投资基金经理,全权负责投资基金投资股票市场,掌握了博时精选股票证券投资基金交易的标的股票、交易时点和交易数量等未公开信息。马乐在任职期间利用其掌控的上述未公开信息,操作自己控制的"金某""严某进""严某雯"三个股票账户,通过临时购买的不记名神州行电话卡下单,从事相关证券交易活动,先于、同期或稍晚于其管理的"博时精选"基金账户,买卖相同股票76只,累计成交金额人民币10.5亿余元,非法获利人民币19120246.98元。

【诉讼过程】

2013年6月21日中,国证监会决定对马乐涉嫌利用未公开信息交易行为立案稽查,交深圳证监局办理。2013年7月17日,马乐到广东省深圳市公安局投案。2014年1月2日,深圳市人民检察院向深圳市中级人民法院提起公诉,指控被告人马乐构成利用未公开信息交易罪,情节特别严重。2014年3月24日,深圳市中级人民法院作出一审判决,认定马乐构成利用未公开信息交易罪,鉴于刑法第一百八十条第四款未对利用未公开信息交易罪情节特别严重作出相关规定,马乐属于犯罪情节严重,同时考虑其具有自首、退赃、认罪态度良好、罚金能全额缴纳等可以从轻处罚情节,因此判处其有期徒刑三年,缓刑五年,并处罚金1884万元,同时对其违法所得1883万余元予以追缴。

深圳市人民检察院于2014年4月4日向广东省高级人民法院提出抗诉,认为被告人马乐的行为应当认定为犯罪情节特别严重,依照"情节特别严重"的量刑档次处罚;马乐的行为不属于退赃,应当认定为司法机关追赃。一审判决适用法律错误,量刑明显不当,应当依法改判。2014年8月28日,广东省人民检察院向广东省高级人民法院发出《支持刑事抗诉意见书》,认为一审判决认定情节错误,导致量刑不当,应当依法纠正。

广东省高级人民法院于2014年10月20日作出终审裁定,认为刑法第一百八十条第四款并未对利用未公开信息交易罪规定有"情节特别严重"情形,马乐的行为属"情节严重",应在该量刑幅度内判处刑罚,抗诉机关提出马乐的行为应认定为"情节特别严重"缺乏法律依据;驳回抗诉,维持原判。

广东省人民检察院认为终审裁定理解法律规定错误,导致认定情节错误,适用缓刑不当,于2014年11月27日提请最高人民检察院抗诉。2014年12月

8 日,最高人民检察院按照审判监督程序向最高人民法院提出抗诉。

【抗诉理由】

最高人民检察院审查认为,原审被告人马乐利用因职务便利获取的未公开信息,违反规定从事相关证券交易活动,累计成交额人民币 10.5 亿余元,非法获利人民币 1883 万余元,属于利用未公开信息交易罪"情节特别严重"的情形。本案终审裁定以刑法第一百八十条第四款并未对利用未公开信息交易罪有"情节特别严重"规定为由,对此情形不作认定,降格评价被告人的犯罪行为,属于适用法律确有错误,导致量刑不当。理由如下:

一、刑法第一百八十条第四款属于援引法定刑的情形,应当引用第一款处罚的全部规定。按照立法精神,刑法第一百八十条第四款中的"情节严重"是入罪标准,在处罚上应当依照本条第一款的全部罚则处罚,即区分情形依照第一款规定的"情节严重"和"情节特别严重"两个量刑档次处罚。首先,援引的重要作用就是减少法条重复表述,只需就该罪的基本构成要件作出表述,法定刑全部援引即可;如果法定刑不是全部援引,才需要对不同量刑档次作出明确表述,规定独立的罚则。刑法分则多个条文都存在此种情形,这是业已形成共识的立法技术问题。其次,刑法第一百八十条第四款"情节严重"的规定是入罪标准,作此规定是为了避免"情节不严重"也入罪,而非量刑档次的限缩。最后,从立法和司法解释先例来看,刑法第二百八十五条第三款也存在相同的文字表述,2011 年《最高人民法院、最高人民检察院关于办理危害计算机信息系统安全刑事案件应用法律若干问题的解释》第三条明确规定了刑法第二百八十五条第三款包含有"情节严重""情节特别严重"两个量刑档次。司法解释的这一规定,表明了最高司法机关对援引法定刑立法例的一贯理解。

二、利用未公开信息交易罪与内幕交易、泄露内幕信息罪的违法与责任程度相当,法定刑亦应相当。内幕交易、泄露内幕信息罪和利用未公开信息交易罪,都属于特定人员利用未公开的可能对证券、期货市场交易价格产生影响的信息从事交易活动的犯罪。两罪的主要差别在于信息范围不同,其通过信息的未公开性和价格影响性获利的本质相同,均严重破坏了金融管理秩序,损害了公众投资者利益。刑法将两罪放在第一百八十条中分款予以规定,亦是对两罪违法和责任程度相当的确认。因此,从社会危害性理解,两罪的法定刑也应相当。

三、马乐的行为应当认定为"情节特别严重",对其适用缓刑明显不当。《最高人民检察院、公安部关于公安机关管辖的刑事案件立案追诉标准的规定(二)》对内幕交易、泄露内幕信息罪和利用未公开信息交易罪"情节严重"规定了相同的追诉标准,《最高人民法院、最高人民检察院关于办理内幕交易、泄露内幕信息刑事案件具体应用法律若干问题的解释》将成交额 250 万元以上、获利 75 万元以上等情形认定为内幕交易、泄露内幕信息罪"情节特别严重"。如前所述,利用未公开信息交易罪"情节特别严重"的,也应当依照第一款的规定,遵循相同的标准。马乐利用未公开信息进行交易活动,累计成交额人民币 10.5 亿余元,从中非法获利人民币 1883 万余元,显然属于"情节特别严重",应当在"五年以上十年以下有期徒刑"的幅度内量刑。其虽有自首情节,但适用缓刑无法体现罪责刑相适应,无法实现惩罚和预防犯罪的目的,量刑明显不当。

四、本案所涉法律问题的正确理解和适用,对司法实践和维护我国金融市场的健康发展具有重要意义。自刑法修正案(七)增设利用未公开信息交易罪以来,司法机关对该罪是否存在"情节特别严重"、是否有两个量刑档次长期存在分歧,亟须统一认识。正确理解和适用本案所涉法律问题,对明确同类案件的处理、同类从业人员犯罪的处罚具有重要指导作用,对于加大打击"老鼠仓"等严重破坏金融管理秩序的行为,维护社会主义市场经济秩序,保障资本市场健康发展具有重要意义。

【案件结果】

2015 年 7 月 8 日,最高人民法院第一巡回法庭公开开庭审理此案,最高人民检察院依法派员出庭履行职务,原审被告人马乐的辩护人当庭发表了辩护意见。最高人民法院审理认为,最高人民检察院对刑法第一百八十条第四款援引法定刑的理解及原审被告人马乐的行为属于犯罪情节特别严重的抗诉意见正确,应予采纳;辩护人的辩护意见不能成立,不予采纳。原审裁判因对刑法第一百八十条第四款援引法定刑的理解错误,导致降格认定了马乐的犯罪情节,进而对马乐判处缓刑确属不当,应予纠正。

2015 年 12 月 11 日,最高人民法院作出再审终审判决:维持原刑事判决中对被告人马乐的定罪部分;撤销原刑事判决中对原审被告人马乐的量刑及追缴违法所得部分;原审被告人马乐犯利用未公开信息交易罪,判处有期徒刑三年,并处罚金人民币 1913 万元;违法所得人民币 19120246.98 元依法予以追缴,上缴国库。

【指导意义】

我国刑法分则"罪状 + 法定刑"的立法模式决定了在性质相近、危害相当罪名的法条规范上,基本采用援引法定刑的立法技术。本案对刑法第一百八十条第四款援引法定刑理解的争议是刑法解释的理论问题。正确理解刑法条文,应当以文义解释为起点,综合运用体系解释、目的解释等多种解释方法,按照罪刑法定原则和罪责刑相适应原则的要求,从整个刑法体系中把握立法目的,平衡法益保护。

1. 从法条文义理解,刑法第一百八十条第四款中的"情节严重"是入罪条款,为犯罪构成要件,表明该罪情节犯的属性,具有限定处罚范围的作用,以避免"情节不严重"的行为也入罪,而非量刑档次的限缩。本条款中"情节严重"之后并未列明具体的法定刑,不兼具量刑条款的性质,量刑条款为"依照第一款的规定处罚",应当理解为对第一款法定刑的全部援引而非部分援引,即同时存在"情节严重""情节特别严重"两种情形和两个量刑档次。

2. 从刑法体系的协调性考量,一方面,刑法中存在与第一百八十条第四款表述类似的条款,印证了援引法定刑为全部援引。如刑法第二百八十五条第三款规定"情节严重的,依照前款的规定处罚",2011 年《最高人民法院、最高人民检察院关于办理危害计算机信息系统安全刑事案件应用法律若干问题的解释》第三条明确了本款包含有"情节严重""情节特别严重"两个量刑档次。另一方面,从刑法其他条文的反面例证看,法定刑设置存在细微差别时即无法援引。如刑法第一百八十条第二款关于内幕交易、泄露内幕信息罪单位犯罪的规定,没有援引前款个人犯罪的法定刑,而是单独明确规定处五年以下有期徒刑或者拘役。这是因为第一款规定了情节严重、情节特别严重两个量刑档次,而第二款只有一个量刑档次,并且不对直接负责的主管人员和其他直接责任人员并处罚金。在这种情况下,为避免发生歧义,立法不会采用援引法定刑的方式,而是对相关法定刑作出明确表述。

3. 从设置利用未公开信息交易罪的立法目的分析,刑法将本罪与内幕交易、泄露内幕信息罪一并放在第一百八十条中分款予以规定,就是由于两罪虽然信息范围不同,但是其通过信息的未公开性和价格影响性获利的本质相同,对公众投资者利益和金融管理秩序的实质危害性相当,行为人的主观恶性相当,应当适用相同的法定量刑幅度,具体量刑标准也应一致。如果只截取情节严重部分的法定刑进行援引,势必违反罪刑法定原则和罪刑相适应原则,无法实现惩罚和预防犯罪的目的。

【相关规定】(略)

王鹏等人利用未公开信息交易案

(最高人民检察院第十三届检察委员会第二十一次会议决定　2020 年 2 月 5 日发布)

【关键词】
利用未公开信息交易　间接证据　证明方法

【要旨】

具有获取未公开信息职务便利条件的金融机构从业人员及其近亲属从事相关证券交易行为明显异常,且与未公开信息相关交易高度趋同,即使其拒不供述未公开信息传递过程等犯罪事实,但其他证据之间相互印证,能够形成证明利用未公开信息犯罪的完整证明体系,足以排除其他可能的,可以依法认定犯罪事实。

【基本案情】

被告人王鹏,男,某基金管理有限公司原债券交易员。

被告人王慧强,男,无业,系王鹏父亲。

被告人宋玲祥,女,无业,系王鹏母亲。

2008年11月至2014年5月,被告人王鹏担任某基金公司交易管理部债券交易员。在工作期间,王鹏作为债券交易员的个人账号为"6610"。因工作需要,某基金公司为王鹏等债券交易员开通了恒生系统"6609"账号的站点权限。自2008年7月7日起,该"6609"账号开通了股票交易指令查询权限,王鹏有权查询证券买卖方向、投资类别、证券代码、交易价格、成交金额、下达人等股票交易相关未公开信息;自2009年7月6日起又陆续增加了包含委托流水、证券成交回报、证券资金流水、组合证券持仓、基金资产情况等未公开信息查询权限。2011年8月9日,因新系统启用,某基金公司交易管理部申请关闭了所有债券交易员登录"6609"账号的权限。

2009年3月2日至2011年8月8日期间,被告人王鹏多次登录6609账号获取某基金公司股票交易指令等未公开信息,王慧强、宋玲祥操作牛某、宋某祥、宋某珍的证券账户,同期或稍晚于某基金公司进行证券交易,与某基金公司交易指令高度趋同,证券交易金额共计8.78亿余元,非法获利共计1773万余元。其中,王慧强交易金额9661万余元,非法获利201万余元;宋玲祥交易金额7.8亿余元,非法获利1572万余元。

【指控与证明犯罪】

2015年6月5日,重庆市公安局以被告人王鹏、王慧强、宋玲祥涉嫌利用未公开信息交易罪移送重庆市人民检察院第一分院审查起诉。

审查起诉阶段,重庆市人民检察院第一分院审查了全案卷宗,讯问了被告人。被告人王鹏辩称,没有获取未公开信息的条件,也没有向其父母传递过未公开信息。被告人王慧强、宋玲祥辩称,王鹏没有向其传递过未公开信息,买卖股票均根据自己的判断进行。针对三人均不供认犯罪事实的情况,为进一步查清王鹏与王慧强、宋玲祥是否存在利用未公开信息交易行为,重庆市人民检察院第一分院将本案两次退回重庆市公安局补充侦查,并提出补充侦查意见:

(1)继续讯问三被告人,以查明三人之间传递未公开信息的情况;(2)询问某基金公司有关工作人员,调取工作制度规定,核查工作区通信设备保管情况,调取某基金债券交易工作区现场图,以查明王鹏是否具有传递信息的条件;(3)调查王慧强、宋玲祥的亲友关系,买卖股票的资金来源及获利去向,以查明王鹏是否为未公开信息的唯一来源,三人是否共同参与利用未公开信息交易;(4)询问某基金公司其他债券交易员,收集相关债券交易员登录工作账号与6609账号的查询记录,以查明王鹏登录6609账号是否具有异常性;(5)调取王慧强、宋玲祥在王鹏不具有获取未公开信息的职务便利期间买卖股票情况、与某基金股票交易指令趋同情况,以查明王慧强、宋玲祥在被指控犯罪时段的交易行为与其他时段的交易行为是否明显异常。经补充侦查,三被告人仍不供认犯罪事实,重庆市公安局补充收集了前述第2项至第5项证据,进一步补强证明王鹏具有获取和传递信息的条件,王慧强、宋玲祥交易习惯的显著异常性等事实。

2015年12月18日,重庆市人民检察院第一分院以利用未公开信息交易罪对王鹏、王慧强、宋玲祥提起公诉。重庆市第一中级人民法院公开开庭审理本案。

法庭调查阶段,公诉人宣读起诉书指控三名被告人构成利用未公开信息交易罪,并对三名被告人进行了讯问。三被告人均不供认犯罪事实。公诉人全面出示证据,并针对被告人不供认犯罪事实的情况进行重点举证。

第一,出示王鹏与某基金公司的《劳动合同》《保密管理办法》、6609账号使用权限、操作方法和操作日志、某基金公司交易室照片等证据,证实:王鹏在2009年1月15日至2011年8月9日期间能够通过6609账号登录恒生系统查询到某基金公司对股票和债券的整体持仓和交易情况、指令下达情况、实时头寸变化情况等,王鹏具有获取某基金公司未公开信息的条件。

第二,出示王鹏登录6610个人账号的日志、6609账号权限设置和登录日志、某基金公司工作人员证言等证据,证实:交易员的账号只能在本人电脑上登录,具有唯一性,可以锁定王鹏的电脑只有王鹏一人使用;王鹏通过登录6609账号查看了未公开信息,且登录次数明显多于6610个人账号,与其他债券交易员登录6609账号情况相比存在异常。

第三,出示某基金公司股票指令下达执行情况,牛某、宋某祥、宋某珍三个证券账户不同阶段的账户资金对账单、资金流水、委托流水及成交流水以及牛某、宋某祥、宋某珍的证言等证据,证实:(1)三个证券账户均替王慧强、宋玲祥开设并由他们使用。(2)三个账户证券交易与某基金公司交易指令高度趋同。在王鹏拥有登录6609账号权限之后,王慧强操作牛某证券账户进行股票交易,牛某证券账户在2009年3月6日至2011年8月2日间,买入与某基金旗下股票基金产品趋同股票 233 只、占比 93.95%，累计趋同买入成交金额 9661.26 万元、占比 95.25%。宋玲祥操作宋某祥、宋某珍证券账户进行股票交易，宋某祥证券账户在 2009 年 3 月 2 日至 2011 年 8 月 8 日期间，买入趋同股票 343 只、占比 83.05%，累计趋同买入成交金额 1.04 亿余元、占比 90.87%。宋某珍证券账户在 2010 年 5 月 13 日至 2011 年 8 月 8 日期间，买入趋同股票 183 只、占比 96.32%，累计趋同买入成交金额 6.76 亿元、占比 97.03%。(3)交易异常频繁，明显背离三个账户在王鹏具有获取未公开信息条件前的交易习惯。从买入股数看，2009 年之前每笔买入股数一般为数百股，2009 年之后买入股数多为数千股甚至上万股；从买卖间隔看，2009 年之前买卖间隔时间多为几天甚至更久，但 2009 年之后买卖交易频繁，买卖间隔时间明显缩短，多为一至两天后卖出。(4)牛某、宋某祥、宋某珍三个账户停止股票交易时间与王鹏无权查看 6609 账号时间即 2011 年 8 月 9 日高度一致。

第四，出示王鹏、王慧强、宋玲祥和牛某、宋某祥、宋某珍的银行账户资料、交易明细、取款转账凭证等证据，证实：三个账户证券交易资金来源于王慧强、宋玲祥和王鹏，王鹏与宋玲祥、王慧强及其控制的账户之间存在大额资金往来记录。

法庭辩论阶段，公诉人发表公诉意见指出，虽然三名被告人均拒不供认犯罪事实，但在案其他证据能够相互印证，形成完整的证据链条，足以证明：王鹏具有获取某基金公司未公开信息的条件，王慧强、宋玲祥操作的证券账户在王鹏具有获取未公开信息条件期间的交易行为与某基金公司的股票交易指令高度趋同，且二人的交易行为与其在其他时间段的交易习惯存在重大差异，明显异常。对上述异常交易行为，二人均不能作出合理解释。王鹏作为基金公司的从业人员，在利用职务便利获取未公开信息后，由王慧强、宋玲祥操作他人账户从事与该信息相关的证券交易活动，情节特别严重，均应当以利用未公开信息交易罪追究刑事责任。

王鹏辩称，没有利用职务便利获取未公开信息，亦未提供信息让王慧强、宋玲祥交易股票，对王慧强、宋玲祥交易股票的事情并不知情；其辩护人认为，现有证据只能证明王鹏有条件获取未公开信息，而不能证明王鹏实际获取了该信息，同时也不能证明王鹏本人利用未公开信息从事交易活动，或王鹏让王慧强、宋玲祥从事相关交易活动。王慧强辩称，王鹏从未向其传递过未公开信息，王鹏到某基金公司后就不知道其还在进行证券交易；其辩护人认为，现有证据不能证实王鹏向王慧强传递了未公开信息，及王慧强利用了王鹏传递的未公开信息进行证券交易。宋玲祥辩称，没有利用王鹏的职务之便获取未公开信息，也未利用未公开信息进行证券交易；其辩护人认为，宋玲祥不是本罪的适格主体，本案指控证据不足。

针对被告人及其辩护人辩护意见,公诉人结合在案证据进行答辩,进一步论证本案证据确实、充分,足以排除其他可能。首先,王慧强、宋玲祥与王鹏为亲子关系,关系十分密切,从王慧强、宋玲祥的年龄、从业经历、交易习惯来看,王慧强、宋玲祥不具备专业股票投资人的背景和经验,且始终无法对交易异常行为作出合理解释。其次,王鹏在证监会到某基金公司对其调查时,畏罪出逃,且离开后再没有回到某基金公司工作,亦未办理请假或离职手续。其辩称系因担心证监会工作人员到他家中调查才离开,逃跑行为及理由明显不符合常理。最后,刑法规定利用未公开信息罪的主体为特殊主体,虽然王慧强、宋玲祥本人不具有特殊主体身份,但其与具有特殊主体身份的王鹏系共同犯罪,主体适格。

法庭经审理认为,本案现有证据已形成完整锁链,能够排除合理怀疑,足以认定王鹏、王慧强、宋玲祥构成利用未公开信息交易罪,被告人及其辩护人提出的本案证据不足的意见不予采纳。

2018 年 3 月 28 日,重庆市第一中级人民法院作出一审判决,以利用未公开信息交易罪,分别判处被告人王鹏有期徒刑六年六个月,并处罚金人民币 900 万元;判处被告人宋玲祥有期徒刑四年,并处罚金人民币 690 万元;判处被告人王慧强有期徒刑三年六个月,并处罚金人民币 210 万元。对三被告人违法所得依法予以追缴,上缴国库。宣判后,三名被告人均未提出上诉,判决已生效。

【指导意义】

经济金融犯罪大多属于精心准备、组织实施的故意犯罪,犯罪嫌疑人、被告人熟悉法律规定和相关行业规则,犯罪隐蔽性强、专业程度高,证据容易被隐匿、毁灭,证明犯罪难度大。特别是在犯罪嫌疑人、被告人不供认犯罪事实、缺乏直接证据的情形下,要加强对间接证据的审查判断,拓宽证明思路和证明方法,通过对间接证据的组织运用,构建证明体系,准确认定案件事实。

1. 明确指控的思路和方法,全面客观补充完善证据。检察机关办案人员应当准确把握犯罪的主要特征和证明的基本要求,明确指控思路和方法,构建清晰明确的证明体系。对于证明体系中证明环节有缺陷的以及关键节点需要补强证据的,要充分发挥检察机关主导作用,通过引导侦查取证、退回补充侦查,准确引导侦查取证方向,明确侦查取证的目的和要求,及时补充完善证据。必要时要与侦查人员直接沟通,说明案件的证明思路、证明方法以及需要补充完善的证据在证明体系中的证明价值、证明方向和证明作用。在涉嫌利用未公开信息交易的犯罪嫌疑人、被告人不供认犯罪事实,缺乏证明犯意联络、信息传递和利用的直接证据的情形下,应当根据指控思路,围绕犯罪嫌疑人、被告人获取信息的便利条件、时间吻合程度、交易异常程度、利益关联程度、行为人专业背景等关键要素,通过引导侦查取证、退回补充侦查或者自行侦查,全面收集相关证据。

2. 加强对间接证据的审查,根据证据反映的客观事实判断案件事实。在缺乏直接证据的情形下,通过对间接证据证明的客观事实的综合判断,运用经验法则和逻辑规则,依法认定案件事实,建立从间接证据证明客观事实,再从客观事实判断案件事实的完整证明体系。本案中,办案人员首先通过对三名被告人被指控犯罪时段和其他时段证券交易数据、未公开信息相关交易信息等证据,证明其交易与未公开信息的关联性、趋同度及与其平常交易习惯的差异性;通过身份关系、资金往来等证据,证明双方具备传递信息的动机和条件;通过专业背景、职业经历、接触人员等证据,证明交易行为不符合其个人能力经验;然后借助证券市场的基本规律和一般人的经验常识,对上述客观事实进行综合判断,认定了案件事实。

3. 合理排除证据矛盾,确保证明结论唯一。运用间接证据证明案件事实,构成证明体系的间接证据应当相互衔接、相互支撑、相互印证,证据链条完整、证明结论唯一。基于经验和逻辑作出的判断结论并不必然具有唯一性,还要通过审查证据,进一步分析是否存在与指控方向相反的信息,排除其他可能性。既要审查证明体系中单一证据所包含的信息之间以及不同证据之间是否存在矛盾,又要注重审查证明体系之外的其他证据中是否存在相反信息。在犯罪嫌疑人、被告人不供述、不认罪案件中,要高度重视犯罪嫌疑人、被告人的辩解和其他相反证据,综合判断上述证据中的相反信息是否会实质性阻断由各项客观事实到案件事实的判断过程、是否会削弱整个证据链条的证明效力。与证明体系存在实质矛盾并且不能排除其他可能性的,不能认定案件事实。但不能因为犯罪嫌疑人、被告人不供述或者提出辩解,就认为无法排除其他可能性。犯罪嫌疑人、被告人的辩解不具有合理性、正当性,可以认定证明结论唯一。

【相关规定】(略)

周文伟内幕交易案——证券交易所人员从事内幕交易,情节特别严重

(2020 年 9 月 24 日最高人民法院发布)

【基本案情】

被告人周文伟,男,汉族,1973 年 7 月 14 日出生,原系上海证券交易所上市公司监管一部副总监。

2012 年 12 月至 2013 年 7 月,被告人周文伟利用其担任上海证券交易所上市公司监管一部总监助理的职务便利,使用自己的工作账号和密码进入上海证券交易所《上市公司信息披露电子化系统》,浏览并获取上市公司提交审核的有关业绩增长、分红、重大合同等利好信息后,用办公室外网电脑,登录其实际控制的证券账户并买入相关股票 15 只,买入总金额共计 852 万余元,卖出总金额 871 万余元,非法获利 17 万余元。

【裁判结果】

本案由湖北省荆州市中级人民法院一审,湖北省高级人民法院二审。

法院认为,被告人周文伟利用其职务便利,作为证券交易内幕信息知情人,在涉及对证券交易价格有重大影响的信息尚未公开前买入该证券,于次日信息公告披露后卖出该证券,其行为已构成内幕交易罪,且情节特别严重,应依法惩处。周文伟案发后坦白罪行,积极退赃,认罪悔罪,依法可以从轻处罚。据此,以内幕交易罪判处周文伟有期徒刑五年,并处罚金人民币 50 万元。

【典型意义】

内幕交易违反证券市场公开、公平、公正的证券交易原则,严重扰乱证券市场秩序,损害广大投资者合法利益。根据证券法的规定,证券交易内幕信息的知情人员和非法获取内幕信息的人员,在内幕信息公开前,不得买卖该公司的证券,或者泄露该信息,或者建议他人买卖该证券。本案被告人周文伟作为证券交易内幕信息知情人员,利用证券交易内幕信息从事内幕交易,证券交易成交额特别巨大,应当认定为"情节特别严重"。本案的正确处理,体现了从严惩处的精神,对证券交易所等证券监管人员从事内幕交易违法犯罪具有重要的警示作用。

顾立安内幕交易案——非法获取证券交易内幕信息的知情人员从事内幕交易,情节特别严重

(2020 年 9 月 24 日最高人民法院发布)

【基本案情】

被告人顾立安,男,汉族,1973 年 2 月 22 日出生,原系江苏天腾文广软件科技有限公司总经理。

2015 年 12 月 28 日至 29 日,北京慧聪国际资讯有限公司(以下简称慧聪网)的法定代表人郭江(另案处理)与上海钢联电子商务股份有限公司(以下简称上海钢联)董事长朱军红就上海钢联收购北京知行锐景科技有限公司(以下

简称知行锐景)有关"中关村在线"网站优质资产进行商议并达成初步意向,后又进行了多次磋商。2016 年 2 月 25 日,上海钢联发布重大事项停牌公告。同年 4 月 27 日,上海钢联发布公告,拟通过发行股份及支付现金方式购买知行锐景 100% 股权。郭江作为上述内幕信息的知情人员,于 2015 年底至 2016 年 1 月初,将"上海钢联拟收购慧聪网优质资产"等内幕信息泄露给被告人顾立安。2016 年 1 月至 2 月,顾立安通过潘冬梅证券账户买入上海钢联股票 18 余万股,成交金额 766 万余元,股票卖出后非法获利 126 万余元。

【裁判结果】

本案由上海市第二中级人民法院一审,上海市高级人民法院二审。

法院认为,被告人顾立安作为非法获取证券交易内幕信息的人员,其行为构成内幕交易罪,且情节特别严重,应依法惩处。考虑顾立安在检察机关提起公诉前能如实供述其主要犯罪事实,自愿认罪认罚,并退缴违法所得,依法可以从宽处罚。据此,依法以内幕交易罪判处被告人顾立安有期徒刑五年,并处罚金人民币 130 万元。

【典型意义】

本案是非法获取证券交易内幕信息的人员从事内幕交易的典型案例。《最高人民法院、最高人民检察院关于办理内幕交易、泄露内幕交易刑事案件具体应用法律若干问题的解释》明确了"非法获取证券交易内幕信息的人员"的范围,并明确了内幕交易"情节严重""情节特别严重"的认定标准。本案中,顾立安作为非法获取证券交易内幕信息的人员,从内幕信息知情人员处非法获取内幕信息后,从事与该内幕信息有关的证券交易。根据上述司法解释的规定,本案证券交易成交额和违法所得数额均已达到"情节特别严重"的认定标准。本案的正确处理,充分体现了从严惩处的精神,警示广大股民从中吸取教训,千万不要打探内幕信息、从事内幕交易。

陈海啸内幕交易、泄露内幕信息案——内幕交易、泄露内幕信息,情节特别严重

(2020 年 9 月 24 日最高人民法院发布)

【基本案情】

被告人陈海啸,男,汉族,1971 年 5 月 6 日出生,原系安徽皖瑞税务师事务所有限责任公司负责人。

2013 年 11 月至 2014 年 9 月,江苏东源电器集团股份有限公司(以下简称东源电器)进行重组事宜。2014 年 4 月 1 日东源电器股票停牌,同年 9 月 10 日东源电器公告重大资产重组信息并复牌。薛荣年(时任金通智汇投资管理有限责任公司负责人,另案处理)系东源电器重组内幕信息的知情人员。2013 年 11 月中旬至 2014 年 3 月 31 日,被告人陈海啸多次联络、接触薛荣年,并使用本人证券账户共买入东源电器股票 1022 万余股,成交金额 6919 万余元。2014 年 9 月 19 日和 24 日,陈海啸将东源电器股票全部抛售,非法获利 1.03 亿余元。在前述东源电器重组内幕信息敏感期内,陈海啸还将该信息泄露给同事明进、石勇,明进买入东源电器股票 2900 股,在股票停牌之前卖出,亏损 2983.26 元;石勇买入东源电器 247100 股,成交金额 167 万余元,在股票复牌后卖出,非法获利 276 万余元。

2014 年 7 月至 2015 年 2 月,安徽巢东水泥股份有限公司(以下简称巢东股份)进行重组事宜。薛荣年为巢东股份重组内幕信息的知情人员。2014 年 9 月 20 日,被告人陈海啸在合肥徐同泰酒店宴请薛荣年等人时,获知巢东股份和浙江顾家家居合作的内幕信息,并于 2014 年 9 月 22 日、25 日、26 日买入巢东股份 239 万余股,成交金额 2673 万余元。2014 年 9 月 29 日,巢东股份股票停牌。2015 年 2 月 6 日巢东股份复牌,陈海啸于复牌当日通过大宗交易方式将巢东股份股票全部卖出,亏损 4 万余元。在巢东股份重组的内幕信息敏感期内,陈海啸将该信息泄露给明进、石勇,明进买入巢东股份 8 万余股,成交金额 99 万余元,在股票复牌后卖出,非法获利 208 万余元;石勇买入巢东股份 11 万股,成交金额 121 万余元,在股票复牌后卖出,非法获利 214 万余元。

【裁判结果】

本案由安徽省蚌埠市中级人民法院一审,安徽省高级人民法院二审。

法院认为,被告人陈海啸系非法获取证券交易内幕信息的人员,其在内幕信息尚未公开前,从事与内幕信息有关的股票交易;陈海啸还将内幕信息泄露给他人,导致他人从事与该内幕信息有关的股票交易,其行为已经构成内幕交易、泄露内幕信息罪,且情节特别严重。据此,以内幕交易、泄露内幕信息罪判处被告人陈海啸有期徒刑七年,并处罚金 1.5 亿元。

【典型意义】

本案是内幕交易、泄露内幕信息的典型案例。根据最高人民法院、最高人民检察院《关于办理内幕交易、泄露内幕交易刑事案件具体应用法律若干问题的解释》的规定,非法获取证券、期货内幕信息的人员包括三类:一是利用窃取、骗取、套取、窃听、利诱、刺探或者私下交易等手段获取内幕信息的;二是内幕信息知情人员的近亲属或者其他与内幕信息知情人员关系密切的人员获取内幕信息的;三是在内幕信息敏感期内,与内幕信息知情人员联络、接触并获取内幕信息的。本案中,被告人陈海啸为了牟取非法利益,积极联系、接触证券交易内幕信息知情人,非法获取内幕信息,从事内幕交易,并泄露内幕信息导致他人从事内幕交易,情节特别严重,应依法严惩。

齐蕾、乔卫平利用未公开信息交易案——证券公司从业人员利用未公开信息交易,情节特别严重

(2020 年 9 月 24 日最高人民法院发布)

【基本案情】

被告人齐蕾,女,汉族,1971 年 5 月 22 日出生,原系东方证券股份有限公司首席投资官兼证券投资业务总部总经理。

被告人乔卫平(被告人齐蕾的丈夫),汉族,1964 年 2 月 22 日出生,原系申万宏源证券有限公司上海瞿溪路证券营业部督导。

2009 年 2 月至 2015 年 4 月,被告人齐蕾在东方证券股份有限公司(以下简称"东方证券")利用其负责东方证券自营的"11001"和"11002"资金账户管理和股票投资决策的职务便利,掌握了上述账户股票投资决策、股票名称、交易时点、交易价格、交易数量等未公开信息,伙同被告人乔卫平利用控制的证券账户,先于、同期于或稍晚于齐蕾管理的东方证券上述自营资金账户买卖"永新股份""三爱富""金地集团"等相同股票 197 只,成交金额累计达 6.35 亿余元,非法获利累计 1657 万余元。

【裁判结果】

本案由上海第二中级人民法院审理。宣判后,在法定期限内没有上诉、抗诉,原判已发生法律效力。

法院认为,被告人齐蕾、乔卫平的行为均已构成利用未公开信息交易罪,且情节特别严重,应依法惩处。在共同犯罪中,齐蕾系主犯,乔卫平系从犯。齐蕾到案后能够如实供述自己的犯罪事实,自愿认罪认罚,依法可以从轻处罚。乔卫平系从犯,且自愿认罪认罚,依法减轻处罚,并适用缓刑。据此,依法以利用未公开信息罪判处被告人齐蕾有期徒刑五年,并处罚金人民币 11604854.78 元;判处被告人乔卫平有期徒刑三年,缓刑四年,并处罚金人民币 4973509.19 元。

【典型意义】

本案系证券公司工作人员利用未公开信息交易(俗称"老鼠仓")的典型案

例。近年来,在我国证券、期货交易活动中,某些金融机构从业人员利用职务便利获取金融机构股票投资等未公开信息,以自己名义,或假借他人名义,或者告知其亲属、朋友、关系户,先于、同期于或者稍晚于公司账户交易,然后用客户资金拉升到高位后自己率先卖出获得巨额非法利益,不仅对其任职单位的财产利益造成损害,而且严重破坏了公开、公平、公正的证券、期货市场原则,对资产管理和基金、证券、期货市场的健康发展产生负面影响,社会危害性日益凸显,应依法惩处。《最高人民法院、最高人民检察院关于办理利用未公开信息交易刑事案件适用法律若干问题的解释》明确了"情节严重""情节特别严重"的认定标准。本案审理期间,上述司法解释尚未施行。原审法院根据本案犯罪事实和刑法规定,认定被告人齐蕾、乔卫平犯利用未公开信息交易罪,情节特别严重,并依法作出判决,符合上述司法解释的规定,充分体现了从严惩处"老鼠仓"犯罪的精神。

王某、王某玉等人内幕交易、泄露内幕信息案

(2020 年 11 月 6 日最高人民检察院联合中国证券监督管理委员会发布)

【基本案情】

2014 年间,某基金公司总经理王某,向上市公司青某公司推荐华某公司的超声波制浆技术,并具体参与了青某公司收购该超声波制浆技术及非公开发行股票的全过程。其中,2014 年 8 月 6 日至 7 日,王某参与了项目的考察洽谈活动,并于同月 28 日与青某公司、华某公司签订了《三方合作框架协议书》,约定了某基金公司、青某公司、华某公司的合作内容。2014 年 10 月 14 日,青某公司公告停牌筹划重大事项。2015 年 1 月 29 日,青某公司发布签订收购超声波制浆专利技术框架协议的公告。2015 年 2 月 12 日,青某公司复牌并公告非公开发行股票预案。中国证监会依法认定,上述公告内容系内幕信息,内幕信息敏感期为 2014 年 8 月 7 日至 2015 年 2 月 12 日。在内幕信息敏感期内,被告人王某分别与其朋友尚某、妹妹王某玉、妹夫陈某、战友王某仪联络、接触。上述人员及王某仪的妻子王某红在青某公司内幕信息敏感期内大量买入该公司股票共计 1019 万余股,成交金额 2936 万余元,并分别于青某公司因重大事项停牌前、发布收购超声波制浆技术及非公开发行股票信息公告复牌后将所持有的青某公司股票全部卖出,非法获利共计 1229 万余元。

【诉讼过程】

福建省泉州市公安局以王某涉嫌泄露内幕信息罪,王某玉、尚某、陈某、王

某仪、王某红等 5 人涉嫌内幕交易罪向泉州市人民检察院移送起诉。

在检察机关审查过程中,王某、王某玉、尚某、陈某不供认犯罪事实,王某仪、王某红如实供述了犯罪事实。泉州市人民检察院对全案证据进行了细致审查分析,认为现有证据能够证明王某玉、尚某、陈某、王某仪在涉案股票内幕信息敏感期内均与内幕信息知情人王某联络、接触,并从事与该内幕信息有关的股票交易,交易行为具有明显异常性,且无法作出合理解释,足以认定王某构成泄露内幕信息罪、王某玉等 5 人构成内幕交易罪。2016 年 10 月 10 日、10 月 11 日、12 月 28 日,泉州市人民检察院分别以王某仪、王某红涉嫌内幕交易罪,尚某、陈某涉嫌内幕交易罪,王某涉嫌泄露内幕信息罪、王某玉涉嫌内幕交易罪提起公诉。

2017 年 11 月 13 日,泉州市中级人民法院分别作出一审判决,以泄露内幕信息罪判处被告人王某有期徒刑六年六个月,并处罚金人民币 1235 万元;以内幕交易罪分别判处被告人尚某有期徒刑六年、陈某有期徒刑五年、王某仪有期徒刑三年、王某红有期徒刑三年、王某玉有期徒刑六个月,并处罚金不等,违法所得予以追缴。其中,对犯罪情节较轻、能如实供述犯罪事实、积极退赃、具有悔罪表现的王某仪、王某红依法从轻处罚并宣告缓刑。一审宣判后,王某、王某玉和尚某、陈某提出上诉。2018 年 12 月 28 日,福建省高级人民法院裁定维持原判,判决已生效。

【典型意义】

1. 依法惩治内幕交易违法犯罪,促使内幕信息知情人严格依法履职。证券期货从业人员及上市公司高级管理人员、员工应当恪守职业道德,严格依照证券期货法律法规的规定,对可能影响市场行情的敏感信息履行保密义务,不得主动、被动向第三人透露相关内幕信息,不得直接或变相利用掌握的相关内幕信息谋取利益,自觉维护证券从业市场生态。

2. 准确把握内幕交易犯罪的证据特点和证据运用规则,全面准确认定案件事实。犯罪嫌疑人、被告人不供认犯罪事实,依靠间接证据同样可以证明犯罪事实。在指控证明过程中,要根据内幕交易行为的特征,围绕内幕信息知情人员与内幕交易行为人之间的密切关系、联络行为,相关交易行为与内幕信息敏感期的时间吻合程度、交易背离程度、利益关联程度等证明要求,有针对性地引导侦查取证,全面收集交易数据、行程轨迹、通信记录、资金往来、社会关系等相关证据,按照证据特点和证据运用规则,对各类证据进行综合分析判断,构建证明体系。犯罪嫌疑人、被告人不供述犯罪事实,其他在案证据能够形成证明链条,排除其他可能性,证明结论唯一的,可以认定犯罪事实,依法追究刑事责任。

3. 贯彻落实宽严相济刑事政策,当宽则宽、该严则严。在办理共同犯罪案件时,对于主动认罪悔罪、退赃退赔的犯罪嫌疑人、被告人,应当依法从宽处理;对于拒不供认犯罪事实的犯罪嫌疑人、被告人,应当依法从严惩处。检察机关在办案当中要注重做好对犯罪嫌疑人、被告人的释法说理工作,通过讲法律、讲政策、讲危害、讲后果,促使其认识犯罪行为的社会危害性,主动认罪认罚、退缴违法所得,尽可能挽回犯罪造成的损失。

胡某夫利用未公开信息交易案

（2020 年 11 月 6 日最高人民检察院联合中国证券监督管理委员会发布）

【基本案情】

胡某夫于 2007 年开始在某基金管理公司中央交易室工作,先后担任交易员、副总监,负责分发、执行基金经理的指令,下单操作交易股票,具有知悉本公司股票交易信息的职务权限。2010 年 4 月至 2015 年 5 月,胡某夫按照基金经理指令下单交易股票后,使用其父胡某勋、岳父耿某刚证券账户或者指使胡某勋使用其本人证券账户,同期交易买入与本公司相同的股票,买入成交金额共计 11.1 亿余元、卖出金额共计人民币 12.1 亿余元,非法获利共计人民币 4186.07 万元。

【诉讼过程】

北京市公安局以胡某夫涉嫌利用未公开信息交易罪向北京市人民检察院第二分院移送起诉。

被告人胡某夫辩称,对利用未公开信息交易股票缺乏违法性认识,部分买入与基金经理指令相同的股票的行为属于"交易巧合"。

检察机关审查认为,胡某夫身为基金管理公司从业人员,利用因职务便利获取的内幕信息以外的其他未公开的信息后,明知其所在的基金管理公司禁止员工交易股票,仍由本人操作涉案账户或明示其父胡某勋操作,构成利用未公开信息交易罪,且犯罪行为持续时间长,交易数额和违法所得数额特别巨大,属于情节特别严重。2017 年 10 月 9 日,北京市人民检察院第二分院以胡某夫涉嫌利用未公开信息交易罪提起公诉。

经释法说理,胡某夫家属在法院审理过程中代为退缴违法所得 800 万元,胡某夫在庭审时当庭表示认罪,有一定悔罪表现。2017 年 12 月 29 日,北京市第二中级人民法院作出一审判决,以利用未公开信息交易罪判处被告人胡某夫有期徒刑七年,并处罚金人民币 9000 万元,违法所得予以追缴。被告人未上诉,判决已生效。

【典型意义】

1. 充分认识"老鼠仓"行为对证券市场的危害,依法严肃查处犯罪。基金公司从业人员利用未公开信息交易行为,违背了基金从业人员对基金公司的忠实义务,破坏了证券市场公平交易秩序,损害基金管理人的声誉和投资者对有关基金及基金管理人的信赖和信心,也同时危害了有关基金的长期运作和基金份额持有人利益。基金公司从业人员知悉未公开信息后,不论是在基金公司下单前交易,还是在基金公司下单同期交易,都属于利用未公开信息交易,司法机关应当根据犯罪情节及认罪悔罪、退赃退赔表现等因素综合评价其刑事责任。基金公司从业人员应当从案件中深刻汲取教训,杜绝侥幸心理,强化守法意识,严格依法履职,共同维护证券市场秩序。

2. 重视客观性证据的证明作用,以证据证明反驳不合理辩解。随着证券市场监管力度加大,证券市场犯罪活动日趋隐蔽,犯罪手段狡猾多变,案发后规避责任、企图以拒不供认犯罪事实逃避惩罚的现象日趋增多。检察机关办理证券期货犯罪案件,应当加强与证券监管机构和公安机关的协作配合,加强对客观证据的收集固定和审查运用,依靠严谨的证据体系和科学的证明方法,准确认定案件事实,以有力的指控打消犯罪嫌疑人、被告人的侥幸心理,使其受到应有惩罚。

刑法第一百八十一条(编造并传播证券、期货交易虚假信息)

第一百八十一条①② 编造并且传播影响证券、期货交易的虚假信息,

---

① 本条根据《刑法修正案》(1999 年 12 月 25 日起施行)第五条修改。

原本条规定为:"编造并且传播影响证券交易的虚假信息,扰乱证券交易市场,造成严重后果的,处五年以下有期徒刑或者拘役,并处或者单处一万元以上十万元以下罚金。

"证券交易所、证券公司的从业人员,证券业协会或者证券管理部门的工作人员,故意提供虚假信息或者伪造、变造、销毁交易记录,诱骗投资者买卖证券,造成严重后果的,处五年以下有期徒刑或者拘役,并处或者单处一万元以上十万元以下罚金;情节特别恶劣的,处五年以上十年以下有期徒刑,并处二万元以上二十万元以下罚金。

"单位犯前两款罪的,对单位判处罚金,并对其直接负责的主管人员和其他直接责任人员,处五年以下有期徒刑或者拘役。"

修改的主要内容为增加了有关"期货交易"的规定。

② 《全国人民代表大会常务委员会关于维护互联网安全的决定》(2000 年 12 月 18 日)第三条规定:"……对有下列行为之一,构成犯罪的,依照刑法有关规定追究刑事责任:……(四)利用互联网编造并传播影响证券、期货交易或者其他扰乱金融秩序的虚假信息;……"

扰乱证券、期货交易市场,造成严重后果的,处五年以下有期徒刑或者拘役,并处或者单处一万元以上十万元以下罚金。

证券交易所、期货交易所、证券公司、期货经纪公司的从业人员,证券业协会、期货业协会或者证券期货监督管理部门的工作人员,故意提供虚假信息或者伪造、变造、销毁交易记录,诱骗投资者买卖证券、期货合约,造成严重后果的,处五年以下有期徒刑或者拘役,并处或者单处一万元以上十万元以下罚金;情节特别恶劣的,处五年以上十年以下有期徒刑,并处二万元以上二十万元以下罚金。

单位犯前两款罪的,对单位判处罚金,并对其直接负责的主管人员和其他直接责任人员,处五年以下有期徒刑或者拘役。

滕某雄、林某山编造并传播证券交易虚假信息案

(2020 年 11 月 6 日最高人民检察院联合中国证券监督管理委员会发布)

【基本案情】

2015 年 5 月 8 日,深圳交易所中小板上市公司海某股份有限公司(以下简称海某公司)董事长滕某雄未经过股东大会授权,明知未经股东大会同意无法履行协议条款,仍代表海某公司签订了以自有资金 2.25 亿元认购某银行定增股的认购协议,同时授意时任董事会秘书林某山发布公告。次日,林某山在明知该协议不可能履行的情况下,仍按照滕某雄的指示发布该虚假消息。随后,在原定股东大会召开之日(5 月 26 日)前三日,又发布"中止投资某银行"的公告。

2015 年 5 月 11 日至 2015 年 5 月 22 日,即认购公告发布后的首个交易日至放弃认购公告发布前的最后一个交易日,海某公司股价(收盘价)由 18.91 元上涨至 30.52 元,盘中最高价 32.05 元。按收盘价计算,上涨幅度 61.40%,同期深综指上涨幅度 20.68%,正偏离 40.71%。从成交量看,上述认购公告发布前 10 个交易日海某公司二级市场累计成交 4020 万余股,日均成交 402 万余股;认购公告发布后的首个交易日至放弃认购公告发布前的最后一个交易日的 10 个交易日中,海某公司二级市场累计成交 8220 万余股,日均成交量 822 万余股;放弃公告发布后 10 个交易日海某公司二级市场累计成交 6221 万余股,日均成交 622 万余股。虚假信息的传播,导致海某公司股票价格异常波动,交易

量异常放大,严重扰乱了证券市场秩序。

【诉讼过程】

上海市公安局以滕某雄、林某山涉嫌操纵证券市场罪向上海市人民检察院第二分院移送起诉。

检察机关审查认为,在案证据不能证明滕某雄、林某山在发布信息的同时在二级市场进行关联交易,从中谋取相关利益,认定滕某雄、林某山操纵证券市场的证据不足,遂退回公安机关补充侦查。公安机关补充侦查后,检察机关仍然认为在案证据不能证明二被告人构成操纵证券市场罪,但是足以认定二被告人不以实际履行为目的控制海某公司发布虚假公告,且该发布虚假公告行为造成了股票价格和成交量剧烈波动的严重后果,构成编造并传播证券交易虚假信息罪。2018 年 3 月 14 日,上海市人民检察院第二分院以滕某雄、林某山涉嫌编造并传播证券交易虚假信息罪提起公诉。

2018 年 6 月 29 日,上海市第二中级人民法院作出一审判决,以编造并传播证券交易虚假信息罪判处被告人滕某雄有期徒刑三年,缓刑四年,并处罚金人民币 10 万元;判处被告人林某山有期徒刑一年六个月,缓刑二年,并处罚金人民币 10 万元。被告人未上诉,判决已生效。

【典型意义】

1. 依法惩治编造、传播虚假信息行为,净化证券市场交易环境。信息披露制度是维护证券市场秩序、保护投资人利益的制度保障。信息披露义务人以及其他具有市场影响力的人员发布的信息,是证券市场投资者作出投资决策的重要依据,一旦出现虚假信息,往往造成证券交易价格剧烈波动,产生恶劣影响。为此,证券法禁止任何单位和个人编造、传播虚假信息或者误导性信息,并对各类利用虚假信息行为设置了不同的法律责任。检察机关要准确把握证券法等相关法律的具体规定和立法精神,对涉虚假信息类证券期货犯罪依法从严追诉,维护证券市场信息传播正常秩序。

2. 严格区分编造传播虚假信息和利用虚假信息操纵证券市场行为的法律边界,准确指控犯罪。刑法规定的多个证券期货犯罪罪名与证券交易信息有关,但具体构成要件有所不同。编造并传播证券交易虚假信息和利用虚假信息操纵证券市场(又称"蛊惑交易操纵")客观上均实施了编造、传播虚假信息的行为,且足以造成证券价格的异常波动,但构成操纵证券市场犯罪还要求行为人利用证券交易价格波动进行相关交易或谋取相关利益,且刑罚更重。利用虚假信息操纵证券市场是犯罪,编造并传播证券交易虚假信息同样应受刑罚处罚。对于不能证明行为人有操纵证券市场故意及从中谋取相关利益,但其编造并传播证券交易虚假信息行为扰乱证券市场秩序,造成严重后果的,可以以编造并传播证券交易虚假信息罪追究刑事责任,做到不枉不纵。

刑法第一百八十二条(操纵证券、期货市场罪)

第一百八十二条① 有下列情形之一,操纵证券、期货市场,影响证券、期货交易价格或者证券、期货交易量,情节严重的,处五年以下有期徒刑或者拘役,并处或者单处罚金;情节特别严重的,处五年以上十年以下有期徒刑,并处罚金:

(一)单独或者合谋,集中资金优势、持股或者持仓优势或者利用信息优势联合或者连续买卖的;

(二)与他人串通,以事先约定的时间、价格和方式相互进行证券、期货交易的;

(三)在自己实际控制的账户之间进行证券交易,或者以自己为交易对象,自买自卖期货合约的;

---

① 本条曾经全国人大常委会三次修改:

原本条内容为:"有下列情形之一,操纵证券交易价格,获取不正当利益或者转嫁风险,情节严重的,处五年以下有期徒刑或者拘役,并处或者单处违法所得一倍以上五倍以下罚金:

(一)单独或者合谋,集中资金优势、持股优势或者利用信息优势联合或者连续买卖,操纵证券交易价格的;

(二)与他人串通,以事先约定的时间、价格和方式相互进行证券交易或者相互买卖并不持有的证券,影响证券交易价格或者证券交易量的;

(三)以自己为交易对象,进行不转移证券所有权的自买自卖,影响证券交易价格或者证券交易量的;

(四)以其他方法操纵证券交易价格的。

单位犯前款罪的,对单位判处罚金,并对其直接负责的主管人员和其他直接责任人员,处五年以下有期徒刑或者拘役。"

第一次根据《中华人民共和国刑法修正案》(1999年12月25日起施行)第六条修改。修改的主要内容为:一是增加了对"期货交易"的规定;二是在第(一)项中增加"持仓优势";三是在第(三)项中增加"以自己为交易对象,自买自卖期货合约"。

第二次根据《刑法修正案(六)》(2006年6月29日起施行)第十一条修改。修改的主要内容为:一是取消了构成本罪须以"获取不正当利益或者转嫁风险"为前提的限制条件;二是增加了"情节特别严重的,处五年以上十年以下有期徒刑,并处罚金",提高了本罪的法定刑;三是取消了关于罚金数额的"处违法所得一倍以上五倍以下"的数额限制。

第三次根据《刑法修正案(十一)》(2021年3月1日起施行)第十三条对第一款修改。修改的主要内容为:一是在第一款中增加了"影响证券、期货交易价格或者证券、期货交易量"的犯罪构成要件;二是取消了第一款(一)(二)(三)项情形中"操纵证券、期货交易价格或者证券、期货交易量""影响证券、期货交易价格或者证券、期货交易量""影响证券、期货交易价格或者证券、期货交易量"的内容;三是增加了(四)(五)(六)项情形。

（四）不以成交为目的，频繁或者大量申报买入、卖出证券、期货合约并撤销申报的；

（五）利用虚假或者不确定的重大信息，诱导投资者进行证券、期货交易的；

（六）对证券、证券发行人、期货交易标的公开作出评价、预测或者投资建议，同时进行反向证券交易或者相关期货交易的；

（七）以其他方法操纵证券、期货市场的。

单位犯前款罪的，对单位判处罚金，并对其直接负责的主管人员和其他直接责任人员，依照前款的规定处罚。

朱炜明操纵证券市场案

（最高人民检察院第十三届检察委员会第二次会议决定　2018 年 7 月 3 日发布）

【关键词】

操纵证券市场　"抢帽子"交易　公开荐股

【要旨】

证券公司、证券咨询机构、专业中介机构及其工作人员违背从业禁止规定，买卖或者持有证券，并在对相关证券作出公开评价、预测或者投资建议后，通过预期的市场波动反向操作，谋取利益，情节严重的，以操纵证券市场罪追究其刑事责任。

【基本案情】

被告人朱炜明，男，1982 年 7 月出生，原系国开证券有限责任公司上海龙华西路证券营业部（以下简称国开证券营业部）证券经纪人，上海电视台第一财经频道《谈股论金》节目（以下简称《谈股论金》节目）特邀嘉宾。

2013 年 2 月 1 日至 2014 年 8 月 26 日，被告人朱炜明在任国开证券营业部证券经纪人期间，先后多次在其担任特邀嘉宾的《谈股论金》电视节目播出前，使用实际控制的三个证券账户买入多只股票，于当日或次日在《谈股论金》节目播出中，以特邀嘉宾身份对其先期买入的股票进行公开评价、预测及推介，并于节目首播后一至二个交易日内抛售相关股票，人为地影响前述股票的交易量和交易价格，获取利益。经查，其买入股票交易金额共计人民币 2094.22 万余元，卖出股票交易金额共计人民币 2169.70 万余元，非法获利 75.48 万余元。

【指控与证明犯罪】

2016 年 11 月 29 日,上海市公安局以朱炜明涉嫌操纵证券市场罪移送上海市人民检察院第一分院审查起诉。

审查起诉阶段,朱炜明辩称:1. 涉案账户系其父亲朱某实际控制,其本人并未建议和参与相关涉案股票的买卖;2. 节目播出时,已隐去股票名称和代码,仅展示 K 线图、描述股票特征及信息,不属于公开评价、预测、推介个股;3. 涉案账户资金系家庭共同财产,其本人并未从中受益。

检察机关审查认为,现有证据足以认定犯罪嫌疑人在媒体上公开进行了股票推介行为,并且涉案账户在公开推介前后进行了涉案股票反向操作。但是,犯罪嫌疑人与涉案账户的实际控制关系,公开推介是否构成"抢帽子"交易操纵中的"公开荐股"以及行为能否认定为"操纵证券市场"等问题,有待进一步查证。针对需要进一步查证的问题,上海市人民检察院第一分院分别于 2017 年 1 月 13 日、3 月 24 日二次将案件退回上海市公安局补充侦查,要求公安机关补充查证犯罪嫌疑人的淘宝、网银等 IP 地址、MAC 地址(硬件设备地址,用来定义网络设备的位置),并与涉案账户证券交易 IP 地址作筛选比对;将涉案账户资金出入与犯罪嫌疑人个人账户资金往来作关联比对;进一步对其父朱某在关键细节上做针对性询问,以核实朱炜明的辩解;由证券监管部门对本案犯罪嫌疑人的行为是否构成"公开荐股""操纵证券市场"提出认定意见。

经补充侦查,上海市公安局进一步收集了朱炜明父亲朱某等证人证言、中国证监会对朱炜明操纵证券市场行为性质的认定函、司法会计鉴定意见书等证据。中国证监会出具的认定函认定:2013 年 2 月 1 日至 2014 年 8 月 26 日,朱炜明在《谈股论金》节目中通过明示股票名称或描述股票特征的方法,对 15 只股票进行公开评价和预测。朱炜明通过其控制的三个证券账户在节目播出前一至二个交易日或当天买入推荐的股票,交易金额 2094.22 万余元,并于节目播出后一至二个交易日内卖出上述股票,交易金额 2169.70 万余元,获利 75.48 万余元。朱炜明所荐股票次日交易价量明显上涨,偏离行业板块和大盘走势。其行为构成操纵证券市场,扰乱了证券市场秩序,并造成了严重社会影响。

结合补充收集的证据,上海市人民检察院第一分院办案人员再次提讯朱炜明,并听取其辩护律师意见。朱炜明在展示的证据面前,承认其在节目中公开荐股,称其明知所推荐股票价格在节目播出后会有所上升,故在公开荐股前建议其父朱某买入涉案 15 只股票,并在节目播出后随即卖出,以谋取利益。但对于指控其实际控制涉案账户买卖股票的事实予以否认。

针对其辩解,办案人员将相关证据向朱炜明及其辩护人出示,并一一阐明证据与朱炜明行为之间的证明关系。1. 账户登录、交易 IP 地址大量位于朱炜明所在的办公地点,与朱炜明出行等电脑数据轨迹一致。例如,2014 年 7 月 17 日、18 日,涉案的朱某证券账户登录、交易 IP 地址在重庆,与朱炜明的出行记录一致。2. 涉案三个账户之间与朱炜明个人账户资金往来频繁,初始资金有部分来自于朱炜明账户,转出资金中有部分转入朱炜明银行账户后由其消费,证明涉案账户资金由朱炜明控制。经过上述证据展示,朱炜明对自己实施"抢帽子"交易操纵他人证券账户买卖股票牟利的事实供认不讳。

2017 年 5 月 18 日,上海市人民检察院第一分院以被告人朱炜明犯操纵证券市场罪向上海市第一中级人民法院提起公诉。7 月 20 日,上海市第一中级人民法院公开开庭审理了本案。

法庭调查阶段,公诉人宣读起诉书指控被告人朱炜明违反从业禁止规定,以"抢帽子"交易的手段操纵证券市场谋取利益,其行为构成操纵证券市场罪。对以上指控的犯罪事实,公诉人出示了四组证据予以证明:

一是关于被告人朱炜明主体身份情况的证据。包括:1. 国开证券公司与朱炜明签订的劳动合同、委托代理合同等工作关系书证;2.《谈股论金》节目编辑陈某等证人证言;3. 户籍资料、从业资格证书等书证;4. 被告人朱炜明的供述。证明:朱炜明于 2013 年 2 月至 2014 年 8 月担任国开证券营业部证券经纪人期间,先后多次受邀担任《谈股论金》节目特邀嘉宾。

二是关于涉案账户登录异常的证据。包括:1. 证人朱某等证人的证言;2. 朱炜明出入境及国内出行记录等书证;3. 司法会计鉴定意见书、搜查笔录等;4. 被告人朱炜明的供述。证明:2013 年 2 月至 2014 年 8 月,"朱某""孙某""张某"三个涉案证券账户的实际控制人为朱炜明。

三是关于涉案账户交易异常的证据。包括:1. 证人陈某等证人的证言;2. 证监会行政处罚决定书及相关认定意见、调查报告等书证;3. 司法会计鉴定意见书;4. 节目视频拷贝光盘、QQ 群聊天记录等视听资料、电子数据;5. 被告人朱炜明的供述。证明:朱炜明在节目中推荐的 15 只股票,均被其在节目播出前一至二个交易日或播出当天买入,并于节目播出后一至二个交易日内卖出。

四是关于涉案证券账户资金来源及获利的证据。包括:1. 证人朱某的证言;2. 证监会查询通知书等书证;3. 司法会计鉴定意见书等;4. 被告人朱炜明的供述。证明:朱炜明在公开推荐股票后,股票交易量、交易价格涨幅明显。"朱某""孙某""张某"三个证券账户交易初始资金大部分来自朱炜明,且与朱炜明个人账户资金往来频繁。上述账户在涉案期间累计交易金额人民币 4263.92 万余元,获利人民币 75.48 万余元。

法庭辩论阶段,公诉人发表公诉意见:

第一,关于本案定性。证券公司、证券咨询机构、专业中介机构及其工作人员,买卖或者持有相关证券,并对该证券或其发行人、上市公司公开作出评价、预测或者投资建议,以便通过期待的市场波动取得经济利益的行为是"抢帽子"交易操纵行为。根据刑法第一百八十二条第一款第(四)项的规定,属于"以其他方法操纵"证券市场,情节严重的,构成操纵证券市场罪。

第二,关于控制他人账户的认定。综合本案证据,可以认定朱炜明通过实际控制的"朱某""孙某""张某"三个证券账户在公开荐股前买入涉案 15 只股票,荐股后随即卖出谋取利益,涉案股票价量均因荐股有实际影响,朱炜明实际获利 75 万余元。

第三,关于公开荐股的认定。结合证据,朱炜明在电视节目中,或明示股票名称,或介绍股票标识性信息、展示 K 线图等,投资者可以依据上述信息确定涉案股票名称,系在电视节目中对涉案股票公开作出评价、预测、推介,可以认定构成公开荐股。

第四,关于本案量刑建议。根据刑法第一百八十二条的规定,被告人朱炜明的行为构成操纵证券市场罪,依法应在五年以下有期徒刑至拘役之间量刑,并处违法所得一倍以上五倍以下罚金。建议对被告人朱炜明酌情判处三年以下有期徒刑,并处违法所得一倍以上的罚金。

被告人朱炜明及其辩护人对公诉意见没有异议,被告人当庭表示愿意退缴违法所得。辩护人提出,考虑被告人认罪态度好,建议从轻处罚。

法庭经审理,认定公诉人提交的证据能够相互印证,予以确认。综合考虑全案犯罪事实、情节,对朱炜明处以相应刑罚。2017 年 7 月 28 日,上海市第一中级人民法院作出一审判决,以操纵证券市场罪判处被告人朱炜明有期徒刑十一个月,并处罚金人民币 76 万元,其违法所得予以没收。一审宣判后,被告人未上诉,判决已生效。

【指导意义】

证券公司、证券咨询机构、专业中介机构及其工作人员,违反规定买卖或者持有相关证券后,对该证券或者其发行人、上市公司作出公开评价、预测或者提出投资建议,通过期待的市场波动谋取利益的,构成"抢帽子"交易操纵行为。发布投资咨询意见的机构或者证券从业人员往往具有一定的社会知名度,他们借助影响力较大的传播平台发布诱导性信息,容易对普通投资者交易决策产生影响。其在发布信息后,又利用证券价格波动实施与投资者反向交易的行为获利,破坏了证券市场管理秩序,违反了证券市场公开、公平、公正原则,具有较大的社会危害性,情节严重的,构成操纵证券市场罪。

证券犯罪具有专业性、隐蔽性、间接性等特征,检察机关办理该类案件时,应当根据证券犯罪案件特点,引导公安机关从证券交易记录、资金流向等问题切入,全面收集涉及犯罪的书证、电子数据、证人证言等证据,并结合案件特点开展证据审查。对书证,要重点审查涉及证券交易记录的凭据,有关交易数量、交易额、成交价格、资金走向等证据。对电子数据,要重点审查收集程序是否合法,是否采取必要的保全措施,是否经过篡改,是否感染病毒等。对证人证言,要重点审查证人与犯罪嫌疑人的关系,证言能否与客观证据相印证等。

办案中,犯罪嫌疑人或被告人及其辩护人经常会提出涉案账户实际控制人及操作人非其本人的辩解。对此,检察机关可以通过行为人资金往来记录、MAC 地址(硬件设备地址)、IP 地址与互联网访问轨迹的重合度与连贯性,身份关系和资金关系的紧密度,涉案股票买卖与公开荐股在时间及资金比例上的高度关联性,相关证人证言在细节上是否吻合等入手,构建严密证据体系,确定被告人与涉案账户的实际控制关系。

非法证券活动涉嫌犯罪的案件,来源往往是证券监管部门向公安机关移送。审查案件过程中,人民检察院可以与证券监管部门加强联系和沟通。证券监管部门在行政执法和查办案件中收集的物证、书证、视听资料、电子数据等证据材料,在刑事诉讼中可以作为证据使用。检察机关通过办理证券犯罪案件,可以建议证券监管部门针对案件反映出的问题,加强资本市场监管和相关制度建设。

【相关规定】(略)

唐汉博等操纵证券市场案——不以成交为目的,频繁申报、撤单或者大额申报、撤单操纵证券市场,情节特别严重

(2020 年 9 月 24 日最高人民法院发布)

【基本案情】

被告人唐汉博,男,汉族,1973 年 12 月 25 日出生。

被告人唐园子,男,汉族,1978 年 1 月 15 日出生。

被告人唐渊琦,男,汉族,1982 年 4 月 24 日出生。

2012 年 5 月至 2013 年 1 月,被告人唐汉博伙同被告人唐园子、唐渊琦,利用实际控制的账户组,不以成交为目的,频繁申报、撤单或大额申报、撤单,影响股票交易价格与交易量,并进行与申报相反的交易。其间,先后利用控制账户组大额撤回申报买入"华资实业""京投银泰"股票,撤回买入量分别占各股票当日总申报买入量的 50% 以上,撤回申报额为 0.9 亿余元至 3.5 亿余元;撤回申报卖出"银基发展"股票,撤回卖出量占该股票当日总申报卖出量的 50% 以

上,撤回申报额 1.1 亿余元,并通过实施与虚假申报相反的交易行为,违法所得共计 2581.21 万余元。唐渊琦在明知唐汉博存在操纵证券市场行为的情况下,仍接受唐汉博的安排多次从事涉案股票交易。案发后,唐汉博、唐园子、唐渊琦分别向公安机关投案。一审期间,唐汉博检举揭发他人犯罪行为,经查证属实。

【裁判结果】

本案由上海市第一中级人民法院审理。宣判后,在法定期限内没有上诉、抗诉,原判已发生法律效力。

法院认为,被告人唐汉博、唐园子、唐渊琦的行为均已构成操纵证券市场罪。其中:唐汉博、唐园子违法所得数额巨大,属于"情节特别严重",唐渊琦属于"情节严重"。在共同犯罪中,唐汉博系主犯,唐园子、唐渊琦系从犯。唐汉博、唐园子、唐渊琦均具有自首情节,唐汉博具有立功表现。综合全案事实、情节,对唐汉博、唐园子减轻处罚;对唐渊琦从轻处罚,并依法适用缓刑。据此,依法以操纵证券市场罪判处被告人唐汉博有期徒刑三年六个月,并处罚金人民币 2450 万元;判处被告人唐园子有期徒刑一年八个月,并处罚金人民币 150 万元;判处被告人唐渊琦有期徒刑一年,缓刑一年,并处罚金人民币 10 万元。

【典型意义】

本案属于"幌骗交易操纵"(也称虚假申报操纵)的典型案例。"幌骗交易操纵"是指不以成交为目的,频繁申报、撤单或者大额申报、撤单,误导投资者作出投资决策,影响证券交易价格或者证券交易量,并进行与申报相反的交易或者谋取相关利益的行为。《最高人民法院、最高人民检察院关于办理操纵证券、期货市场刑事案件适用法律若干问题的解释》第一条明确了"幌骗交易操纵"属于"以其他方法操纵证券、期货市场"的情形,并明确了"情节严重""情节特别严重"的认定标准。被告人唐汉博、唐园子利用控制账户组,共同实施"幌骗交易操纵",违法所得数额巨大,应当认定为"情节特别严重"。本案的正确处理,充分体现了宽严相济的政策精神。

张家港保税区伊世顿国际贸易有限公司、金文献等操纵期货市场案——非法利用技术优势操纵期货市场,情节特别严重

(2020 年 9 月 24 日最高人民法院发布)

【基本案情】

被告单位张家港保税区伊世顿国际贸易有限公司(以下简称伊世顿公司)。

被告人金文献,男,汉族,1968 年 5 月 13 日出生,原系华鑫期货有限公司技术总监。

被告人高燕,女,汉族,1981 年 6 月 16 日出生,原系伊世顿公司执行董事。

被告人梁泽中(美国国籍),男,1971 年 7 月 5 日出生,原系伊世顿公司业务拓展经理。

被告单位伊世顿公司于 2012 年 9 月成立,后通过被告人金文献在华鑫期货有限公司开设期货账户。2013 年 6 月起至 2015 年 7 月间,伊世顿公司为逃避证券期货监管,通过被告人高燕、金文献介绍,以租借或者收购方式,实际控制了 19 名自然人和 7 个法人期货账户,与伊世顿公司自有账户组成账户组,采用高频程序化交易方式从事股指期货合约交易。其间,伊世顿公司隐瞒实际控制伊世顿公司账户组、大量账户从事高频程序化交易等情况,规避中金所的监管措施,从而取得不正当交易优势;还伙同金文献等人,将自行研发的报单交易系统非法接入中金所交易系统,直接进行交易,从而非法取得额外交易速度优势。2015 年 6 月 1 日至 7 月 6 日间,伊世顿公司及被告人高燕、梁泽中伙同金文献,利用以逃避期货公司资金和持仓验证等非法手段获取的交易速度优势,大量交易中证 500 股指期货主力合约、沪深 300 股指期货主力合约合计 377.44 万手,从中非法获利人民币 3.893 亿余元。

被告人金文献还利用职务便利侵占华鑫期货有限公司资金 1348 万余元。

【裁判结果】

本案由上海市第一中级人民法院一审,上海市高级人民法院二审。

法院认为,被告单位伊世顿公司、被告人高燕、梁泽中、金文献的行为均构成操纵期货市场罪,且情节特别严重;金文献的行为还构成职务侵占罪,依法应当数罪并罚。鉴于伊世顿公司能认罪悔罪,依法可以酌情从轻处罚;高燕、梁泽中具有自首情节,能认罪悔罪,依法可以减轻处罚,并适用缓刑;金文献两罪均具有自首情节,依法分别减轻处罚。据此,依法以操纵期货市场罪判处被告单位伊世顿公司罚金人民币 3 亿元,追缴违法所得人民币 3.89 亿元;判处被告人高燕判处有期徒刑三年,缓刑四年,并处罚金人民币 100 万元;判处被告人梁泽中有期徒刑二年六个月,缓刑三年,并处罚金人民币 80 万元;对被告人金文献以操纵期货市场罪、职务侵占罪判处有期徒刑五年,并处罚金人民币 60 万元。

【典型意义】

本案是新型操纵期货市场的典型案例,法律、司法解释对本案中操纵方法没有明确规定。本案中,被告单位伊世顿公司、被告人金文献等人违反有关规定,隐瞒实际控制伊世顿账户组、大量账户从事高频程序化交易等情况,规避中金所对风险控制的监管措施,将自行研发的报单交易系统非法接入中金所交易系统,利用以逃避期货公司资金和持仓验证等非法手段获取的交易速度优势,大量操纵股指期货交易,影响期货交易价格或者期货交易量,其行为符合操纵期货市场罪的构成要件。伊世顿公司的操纵行为严重破坏了股指期货市场的公平交易秩序和原则,与刑法规定的连续交易、自买自卖等操纵行为的本质相同,可以认定为"以其他方法操纵证券、期货市场的"情形。本案的正确处理,既符合刑法规定,也符合宽严相济的刑事政策,实现了法律效果和社会效果的统一。

唐某博等人操纵证券市场案

(2020 年 11 月 6 日最高人民检察院联合中国证券监督管理委员会发布)

【基本案情】

2012 年 5 月至 2013 年 1 月间,唐某博伙同唐某子、唐某琦使用本人及其控制的数十个他人证券账户,不以成交为目的,采取频繁申报后撤单或者大额申报后撤单的方式,诱导其他证券投资者进行与虚假申报方向相同的交易,从而影响三只股票的交易价格和交易量,随后进行与申报相反的交易获利,违法所得金额共计 2581 万余元。其中:

2012 年 5 月 7 日至 5 月 23 日,唐某博伙同唐某子、唐某琦,采用上述手法操纵"华资实业"股票,违法所得金额 425.77 万余元。其间,5 月 9 日、10 日、14 日撤回申报买入量分别占当日该股票总申报买入量的 57.02%、55.62%、61.10%,撤回申报买入金额分别为 9000 万余元、3.5 亿余元、2.5 亿余元。

2012 年 4 月 24 日至 5 月 7 日,唐某博伙同唐某子、唐某琦采用上述手法操纵"京投银泰"股票,违法所得金额 1369.14 万余元。其间,5 月 3 日、4 日撤回申报买入量分别占当日该股票总申报买入量的 56.29%、52.47%,撤回申报买入金额分别为 4 亿余元、4.5 亿余元。

2012 年 6 月 5 日至 2013 年 1 月 8 日,唐某博伙同唐某琦采用上述手法操纵"银基发展"股票,违法所得金额 786.29 万余元。其间,2012 年 8 月 24 日撤回申报卖出量占当日该股票总申报卖出量的 52.33%,撤回申报卖出金额 1.1 亿余元。

【诉讼过程】

2018 年 6 月,唐某博、唐某子、唐某琦分别向公安机关投案,到案后对基本犯罪事实如实供述,主动缴纳全部违法所得并预缴罚金。唐某博还检举揭发他人犯罪,经查证属实。

上海市公安局以唐某博、唐某琦、唐某子涉嫌操纵证券市场罪向上海市人民检察院第一分院移送起诉。

2019 年 3 月 20 日,上海市人民检察院第一分院以涉嫌操纵证券市场罪对唐某博、唐某琦、唐某子提起公诉。

2020 年 3 月 30 日,上海市第一中级人民法院作出一审判决,综合全案事实、情节,对唐某博、唐某子减轻处罚,对唐某琦从轻处罚,以操纵证券市场罪,判处被告人唐某博有期徒刑三年六个月,并处罚金人民币 2450 万元;判处被告人唐某子有期徒刑一年八个月,并处罚金人民币 150 万元;判处被告人唐某琦有期徒刑一年,缓刑一年,并处罚金人民币 10 万元。操纵证券市场违法所得 2581 万余元予以追缴。被告人未上诉,判决已生效。

【典型意义】

1. 严厉惩治各类操纵型证券犯罪,维护证券市场秩序。操纵证券市场行为违法干预证券市场供求关系,破坏自由、公平的证券价格形成机制,损害其他投资者合法权益,严重危害证券市场健康发展。随着证券市场的发展,操纵市场行为的专业性和隐蔽性明显增强,操纵手段花样翻新。新修订证券法和《最高人民法院、最高人民检察院关于办理操纵证券、期货市场刑事案件适用法律若干问题的解释》进一步明确了"幌骗交易操纵""蛊惑交易操纵""抢帽子交易操纵""重大事件操纵""利用信息优势操纵""跨期、现货市场操纵"等常见操纵手段,并降低了定罪标准,全面加大了惩治力度。司法机关要准确认识操纵型证券犯罪方法手段的变化,根据法律和司法解释的规定,对各类操纵证券交易价格和交易量、危害证券市场秩序的行为予以严肃追究。

2. 准确把握虚假申报操纵犯罪和正常报撤单的界限。虚假申报操纵是当前短线操纵的常见手段,操纵者不以成交为目的,频繁申报后撤单或者大额申报后撤单,误导其他投资者作出投资决策,影响证券交易价格或者证券交易量,并进行与申报相反的交易或者谋取相关利益。司法办案当中要准确区分虚假申报操纵行为和合法的报撤单交易行为,着重审查判断行为人的申报目的、是否进行与申报相反的交易或者谋取相关利益,并结合实际控制账户相关交易数据,细致分析行为人申报、撤单和反向申报行为之间的关联性、撤单所占比例、反向交易数量、获利情况等,综合判断行为性质。

3. 有针对性地提出量刑建议,不让贪利型犯罪获得经济上的利益。操纵证券市场的犯罪目的是获取非法利益。惩治操纵证券市场犯罪,要注意发挥各类刑罚方法的功能作用,检察机关在提出量刑建议时,要注重剥夺自由刑与财产处罚刑、追缴违法所得并用,不让犯罪者在经济上得到好处,增强刑事追究的惩罚力度和震慑效果。

刑法第一百九十一条(洗钱罪)

第一百九十一条①　为掩饰、隐瞒毒品犯罪、黑社会性质的组织犯罪、恐怖活动犯罪、走私犯罪、贪污贿赂犯罪、破坏金融管理秩序犯罪、金融诈骗犯罪的所得及其产生的收益的来源和性质,有下列行为之一的,没收实施以上犯罪的所得及其产生的收益,处五年以下有期徒刑或者拘役,并处或者单处罚金;情节严重的,处五年以上十年以下有期徒刑,并处罚金:

(一)提供资金账户的;

(二)将财产转换为现金、金融票据、有价证券的;

(三)通过转账或者其他支付结算方式转移资金的;

(四)跨境转移资产的;

(五)以其他方法掩饰、隐瞒犯罪所得及其收益的来源和性质的。

单位犯前款罪的,对单位判处罚金,并对其直接负责的主管人员和其他直接责任人员,依照前款的规定处罚。

---

①　本条曾经全国人大常委会三次修改。

原本条内容为:"明知是毒品犯罪、黑社会性质的组织犯罪、走私犯罪的违法所得及其产生的收益,为掩饰、隐瞒其来源和性质,有下列行为之一的,没收实施以上犯罪的违法所得及其产生的收益,处五年以下有期徒刑或者拘役,并处或者单处洗钱数额百分之五以上百分之二十以下罚金;情节严重的,处五年以上十年以下有期徒刑,并处洗钱数额百分之五以上百分之二十以下罚金:(一)提供资金账户的;(二)协助将财产转换为现金或者金融票据的;(三)通过转账或者其他结算方式协助资金转移的;(四)协助将资金汇往境外的;(五)以其他方法掩饰、隐瞒犯罪的违法所得及其收益的性质和来源的。

"单位犯前款罪的,对单位判处罚金,并对其直接负责的主管人员和其他直接责任人员,处五年以下有期徒刑或者拘役。"

第一次根据《刑法修正案(三)》(2001年12月29日起施行)第七条修改。修改的主要内容为:一是将"恐怖活动犯罪"增加为本罪的上源犯罪;二是加大了对单位犯罪的打击力度,补充规定"情节严重的,处五年以上十年以下有期徒刑"。

第二次根据《刑法修正案(六)》(2006年6月29日起施行)第十六条修改。修改的主要内容为:一是增加"贪污贿赂犯罪、破坏金融管理秩序犯罪、金融诈骗犯罪"作为本罪的上游犯罪;二是增加"有价证券"的情形;三是删去本款"违法所得"中的"违法"二字。

第三次根据《刑法修正案(十一)》(2021年3月1日起施行)第十四条修改。修改的主要内容为:一是本条犯罪构成中的"明知"修改为"为掩饰、隐瞒";二是取消了并处或者单处罚金中的数额标准;三是在(三)(四)项犯罪情形中取消了"协助"资金转移和"协助"将资金汇往境外的的限制。

曾某洗钱案——准确认定黑社会性质的组织犯罪所得及收益,严惩洗钱犯罪助力"打财断血"

(2021 年 3 月 19 日最高人民检察院、中国人民银行联合发布)

【基本案情】

被告人曾某,系江西省众某实业有限公司(以下简称"众某公司")法定代表人。

(一)上游犯罪

2009 年至 2016 年,熊某(另案处理)在担任江西省南昌市生米镇山某村党支部书记期间,组织、领导黑社会性质组织,依仗宗族势力长期把持村基层政权,垄断村周边工程攫取高额利润,以暴力、威胁及其他手段,有组织地实施故意伤害、寻衅滋事、聚众斗殴、非国家工作人员受贿等一系列违法犯罪活动,称霸一方,严重扰乱当地正常的政治、经济、社会生活秩序。熊某因犯组织、领导黑社会性质组织罪、故意伤害罪、寻衅滋事罪、聚众斗殴罪、非国家工作人员受贿罪、对非国家工作人员行贿罪数罪并罚被判处执行有期徒刑二十三年,剥夺政治权利二年,并处没收个人全部财产。

(二)洗钱犯罪

2014 年,南昌市银某房地产开发有限公司(以下简称"银某公司")为低价取得山某村 157.475 亩土地使用权进行房地产开发,多次向熊某行贿,曾某以提供银行账户、转账、取现等方式,帮助熊某转移受贿款共计 3700 万元。其中,2014 年 1 月 29 日,曾某受熊某指使,利用众某公司银行账户接收银某公司行贿款 500 万元,然后转账至其侄女曾某琴银行账户,再拆分转账至熊某妻子及黑社会性质组织其他成员银行账户。2 月 13 日,在熊某帮助下,银某公司独家参与网上竞拍,并以起拍价取得上述土地使用权。4 月至 12 月,熊某利用其实际控制的江西雅某实业有限公司(以下简称"雅某公司")银行账户,接收银某公司以工程款名义分 4 次转入的行贿款,共计 3200 万元。后曾某受熊某指使,多次在雅某公司法定代表人陈某陪同下,通过银行柜台取现、直接转账或者利用曾某个人银行账户中转等方式,将上述 3200 万元转移给熊某及其妻子、黑社会性质组织其他成员。上述 3700 万元全部用于以熊某为首的黑社会性质组织的日常开支和发展壮大。

2016 年 11 月 16 日,熊某因另案被检察机关立案侦查,曾某担心其利用众某公司帮助熊某接收、转移 500 万元受贿款的事实暴露,以众某公司名义与银某公司签订虚假土方平整及填砂工程施工合同,将上述 500 万元受贿款伪装为银某公司支付给众某公司的项目工程款。

【诉讼过程】

2018 年 11 月 28 日,南昌市公安局以涉嫌组织、领导、参加黑社会性质组织罪等六个罪名将熊某等 18 人移送起诉。检察机关审查发现在案查封、扣押、冻结的财产与该黑社会性质组织经济规模严重不符,大量犯罪所得去向不明,随即依法向中国人民银行南昌中心支行调取该黑社会性质组织所涉账户资金去向相关证据材料,并联同公安机关、人民银行反洗钱部门对本案所涉大额取现、频繁划转、使用关联人账户等情况进行追查、分析,查明曾某及其关联账户与熊某等黑社会性质组织成员的账户之间有大额频繁的异常资金转移。2019 年 3 月 30 日,南昌市东湖区人民检察院向南昌市公安局发出《补充移送起诉通知书》,要求对曾某以涉嫌洗钱罪补充移送起诉。南昌市公安局立案侦查后,于 5 月 13 日移送起诉。

曾某到案后,辩称对熊某黑社会性质组织犯罪不知情,不具有洗钱犯罪主观故意。东湖区人民检察院介入侦查,引导公安机关进一步查证曾某协助转移资金的主观心态:一是收集曾某、熊某二人关系的证据,结合曾某对二人交往情况的相关供述,证明曾某、熊某二人同是生米镇本地人,交往频繁,是好友关系,曾某知道熊某在当地称霸并实施多种违法犯罪活动。二是收集曾某身份及专业背景的证据,结合曾某对工程建设的相关供述,证明曾某长期从事工程承揽、项目建设等业务,知道银某公司在工程未开工的情况下付给熊某 3700 万元工程款不符合工程建设常规,实际上是在拿地、拆迁等事项上有求于熊某。根据上述证据,东湖区人民检察院认定曾某主观上应当知道其帮助熊某转移的 3700 万元系黑社会性质的组织犯罪所得,于 2019 年 6 月 28 日以洗钱罪对曾某提起公诉。东湖区人民法院于同年 11 月 15 日作出判决,认定曾某犯洗钱罪,判处有期徒刑三年六个月,并处罚金 300 万元。曾某未上诉,判决已生效。

【典型意义】

1. 检察机关办理涉黑案件时,要对与黑社会性质组织及其违法犯罪活动有关的财产进行深入审查,深挖为黑社会性质组织转移、隐匿财产的洗钱犯罪线索,打财断血,摧毁其死灰复燃的经济基础。发现洗钱犯罪线索的,应当通知公安机关立案侦查;发现遗漏应当移送起诉的犯罪嫌疑人和犯罪事实的,应当要求公安机关补充移送起诉;犯罪事实清楚,证据确实、充分的,可以直接提起公诉。

2. 黑社会性质的组织犯罪所得及其产生的收益,包括在黑社会性质组织的形成、发展过程中,该组织及组织成员通过违法犯罪活动或其他不正当手段聚敛的全部财物、财产性权益及其孳息、收益。认定黑社会性质组织及其成员实施的各种犯罪所得及其产生的收益,可以从涉案财产是否为该组织及其成员通过违法犯罪行为获取、是否系利用黑社会性质组织影响力和控制力获取、是否用于黑社会性质组织的日常开支和发展壮大等方面综合判断。

3. 对上游犯罪所得及其产生的收益的认识,包括知道或者应当知道。检察机关办理涉黑洗钱案,要注意审查洗钱犯罪嫌疑人与黑社会性质组织成员交往细节、密切程度、身份背景、从业经历等证据,补强其了解、知悉黑社会性质组织及具体犯罪行为的证据;对黑社会性质组织称霸一方实施违法犯罪的事实知情,辩称对相关行为的法律定性不知情的,不影响对主观故意的认定。

4. 发挥行政、司法职能作用,做好行刑衔接与配合。人民银行是反洗钱行政主管部门,要加强对大额交易和可疑交易信息的收集分析监测,发现重大嫌疑主动开展反洗钱调查,并向司法机关提供洗钱犯罪线索和侦查协助。人民检察院办案中发现洗钱犯罪线索,可以主动向人民银行调取所涉账户资金来源、去向的证据,对大额取现、频繁划转、使用关联人账户等异常资金流转情况可以联同公安机关、人民银行反洗钱部门等进行分析研判,及时固定洗钱犯罪主要证据。

雷某、李某洗钱案——准确认定以隐匿资金流转痕迹为目的的多种洗钱手段,行刑双罚共促洗钱犯罪惩治和预防

(2021 年 3 月 19 日最高人民检察院、中国人民银行联合发布)

【基本案情】

被告人雷某、李某,均系杭州瑞某商务咨询有限公司(以下简称"瑞某公司")员工。

(一)上游犯罪

2013 年至 2018 年 6 月,朱某(另案处理)为杭州腾某投资管理咨询有限公司(以下简称"腾某公司")实际控制人,未经国家有关部门依法批准,以高额利息为诱饵,通过口口相传、参展推广等方式向社会公开宣传 ACH 外汇交易平台,以腾某公司名义向 1899 名集资参与人非法集资 14.49 亿余元。截至案发,造成 1279 名集资参与人损失共计 8.46 亿余元。2020 年 3 月 31 日,杭州市人

民检察院以集资诈骗罪对朱某提起公诉。2020年12月29日,杭州市中级人民法院作出判决,认定朱某犯集资诈骗罪,判处无期徒刑,剥夺政治权利终身,并处没收个人全部财产。宣判后,朱某提出上诉。

(二)洗钱犯罪

2016年底,朱某出资成立瑞某公司,聘用雷某、李某为该公司员工,并让李某挂名担任法定代表人,为其他公司提供商业背景调查服务。2017年2月至2018年1月,雷某、李某除从事瑞某公司自身业务外,应朱某要求,明知腾某公司以外汇理财业务为名进行非法集资,仍向朱某提供多张本人银行卡,接收朱某实际控制的多个账户转入的非法集资款。之后,雷某、李某配合腾某公司财务人员罗某(另案处理)等人,通过银行大额取现、大额转账、同柜存取等方式将上述非法集资款转移给朱某。其中,大额取现2404万余元,交给朱某及其保镖;大额转账940万余元,转入朱某实际控制的多个账户及房地产公司账户用于买房;银行柜台先取后存6299万余元,存入朱某本人账户及其实际控制的多个账户。其中,雷某转移资金共计6362万余元,李某转移资金共计3281万余元。二人除工资收入外,自2017年6月起每月收取1万元的好处费。

【诉讼和处罚过程】

2019年7月16日,杭州市公安局拱墅分局以雷某、李某涉嫌洗钱罪将案件移送起诉。2019年8月29日,拱墅区人民检察院以洗钱罪对雷某、李某提起公诉。2019年11月19日,拱墅区人民法院作出判决,认定雷某、李某犯洗钱罪,分别判处雷某有期徒刑三年六个月,并处罚金360万元,没收违法所得;李某有期徒刑三年,并处罚金170万元,没收违法所得。宣判后,雷某提出上诉,李某未上诉。2020年6月11日,杭州市中级人民法院裁定驳回上诉,维持原判。

案发后,中国人民银行杭州中心支行启动对经办银行的行政调查程序,认定经办银行重业绩轻合规,银行柜台网点未按规定对客户的身份信息进行调查了解与核实验证;银行柜台网点对客户交易行为明显异常且多次触发反洗钱系统预警等情况,均未向内部反洗钱岗位或上级行对应的管理部门报告;银行可疑交易分析人员对显而易见的疑点不深纠、不追查,并以不合理理由排除疑点,未按规定报送可疑交易报告。经办银行在反洗钱履职环节的上述违法行为,导致本案被告人长期利用该行渠道实施犯罪。依据《中华人民共和国反洗钱法》第三十二条的规定,对经办银行罚款400万元。

【典型意义】

1.在非法集资等犯罪持续期间帮助转移犯罪所得及收益的行为,可以构成洗钱罪。非法集资等犯罪存在较长期的持续状态,在犯罪持续期间帮助犯罪分子转移犯罪所得及收益,符合刑法第一百九十一条规定的,应当认定为洗钱罪。

上游犯罪是否结束,不影响洗钱罪的构成,洗钱行为在上游犯罪实施终了前着手实施的,可以认定洗钱罪。

2. 洗钱犯罪手段多样,变化频繁,本质都是通过隐匿资金流转关系,掩饰、隐瞒犯罪所得及收益的来源和性质。本案被告人为隐匿资金真实去向,大额取现或者将大额赃款在多个账户间进行频繁划转;为避免直接转账留下痕迹,将转账拆分为先取现后存款,人为割裂交易链条,利用银行支付结算业务采取了多种手段实施洗钱犯罪。实践中除上述方式外,还有利用汇兑、托收承付、委托收款或者开立票据、信用证以及利用第三方支付、第四方支付等互联网支付业务实施的洗钱犯罪,资金转移方式更专业,洗钱手段更隐蔽。检察机关在办案中要透过资金往来表象,认识行为本质,准确识别各类洗钱手段。

3. 充分发挥金融机构、行政监管和刑事司法反洗钱工作合力,共同落实反洗钱义务和责任。金融机构应当建立并严格执行反洗钱内部控制制度,履行客户尽职调查义务、大额交易和可疑交易报告义务,充分发挥反洗钱"第一防线"的作用。人民银行要加强监管,对涉嫌洗钱的可疑交易活动进行反洗钱调查,对金融机构反洗钱履职不力的违法行为作出行政处罚,涉嫌犯罪的,应当及时移送公安机关立案侦查。人民检察院要充分发挥法律监督职能作用和刑事诉讼中指控证明犯罪的主导责任,准确追诉犯罪,发现金融机构涉嫌行政违法的,及时移送人民银行调查处理,促进行业治理。

陈某枝洗钱案——准确认定利用虚拟货币洗钱新手段,上游犯罪查证属实未判决的,不影响洗钱罪的认定

(2021 年 3 月 19 日最高人民检察院、中国人民银行联合发布)

【基本案情】

被告人陈某枝,无业,系陈某波(另案处理)前妻。

(一)上游犯罪

2015 年 8 月至 2018 年 10 月间,陈某波注册成立意某金融信息服务公司,未经国家有关部门批准,以公司名义向社会公开宣传定期固定收益理财产品,自行决定涨跌幅,资金主要用于兑付本息和个人挥霍,后期拒绝兑付;开设数字货币交易平台发行虚拟币,通过虚假宣传诱骗客户在该平台充值、交易,虚构平台交易数据,并通过限制大额提现提币、谎称黑客盗币等方式掩盖资金缺口,拖延其至拒绝投资者提现。2018 年 11 月 3 日,上海市公安局浦东分局对陈某波

以涉嫌集资诈骗罪立案侦查,涉案金额 1200 余万元,陈某波潜逃境外。

（二）洗钱犯罪

2018 年中,陈某波将非法集资款中的 300 万元转账至陈某枝个人银行账户。2018 年 8 月,为转移财产,掩饰、隐瞒犯罪所得,陈某枝、陈某波二人离婚。2018 年 10 月底至 11 月底,陈某枝明知陈某波因涉嫌集资诈骗罪被公安机关调查、立案侦查并逃往境外,仍将上述 300 万元转至陈某波个人银行账户,供陈某波在境外使用。另外,陈某枝按照陈某波指示,将陈某波用非法集资款购买的车辆以 90 余万元的低价出售,随后在陈某波组建的微信群中联系比特币"矿工",将卖车钱款全部转账给"矿工"换取比特币密钥,并将密钥发送给陈某波,供其在境外兑换使用。陈某波目前仍未到案。

【诉讼过程】

上海市公安局浦东分局在查办陈某波集资诈骗案中发现陈某枝洗钱犯罪线索,经立案侦查,于 2019 年 4 月 3 日以陈某枝涉嫌洗钱罪将案件移送起诉。上海市浦东新区人民检察院经审查提出补充侦查要求,公安机关根据要求向中国人民银行上海总部调取证据。中国人民银行上海总部指导商业银行等反洗钱义务机构排查可疑交易,通过穿透资金链、分析研判可疑点,向公安机关移交了相关证据。上海市浦东新区人民检察院经审查认为,陈某枝以银行转账、兑换比特币等方式帮助陈某波向境外转移集资诈骗款,构成洗钱罪;陈某波集资诈骗犯罪事实可以确认,其潜逃境外不影响对陈某枝洗钱犯罪的认定,于 2019 年 10 月 9 日以洗钱罪对陈某枝提起公诉。2019 年 12 月 23 日,上海市浦东新区人民法院作出判决,认定陈某枝犯洗钱罪,判处有期徒刑二年,并处罚金 20 万元。陈某枝未提出上诉,判决已生效。

办案过程中,上海市人民检察院向中国人民银行上海总部提示虚拟货币领域洗钱犯罪风险,建议加强新领域反洗钱监管和金融情报分析。中国人民银行将本案作为中国打击利用虚拟货币洗钱的成功案例提供给国际反洗钱组织——金融行动特别工作组,向国际社会介绍中国经验。

【典型意义】

1. 利用虚拟货币跨境兑换,将犯罪所得及收益转换成境外法定货币或者财产,是洗钱犯罪新手段,洗钱数额以兑换虚拟货币实际支付的资金数额计算。虽然我国监管机关明确禁止代币发行融资和兑换活动,但由于各个国家和地区对比特币等虚拟货币采取的监管政策存在差异,通过境外虚拟货币服务商、交易所,可实现虚拟货币与法定货币的自由兑换,虚拟货币被利用成为跨境清洗资金的新手段。

2. 根据利用虚拟货币洗钱犯罪的交易特点收集运用证据,查清法定货币与虚拟货币的转换过程。要按照虚拟货币交易流程,收集行为人将赃款转换为虚拟货币、将虚拟货币兑换成法定货币或者使用虚拟货币的交易记录等证据,包括比特币地址、密钥,行为人与比特币持有者的联络信息和资金流向数据等。

3. 上游犯罪查证属实,尚未依法裁判,或者依法不追究刑事责任的,不影响洗钱罪的认定和起诉。在追诉犯罪过程中,可能存在上游犯罪与洗钱犯罪的侦查、起诉以及审判活动不同步的情形,或者因上游犯罪嫌疑人潜逃、死亡、未达到刑事责任年龄等原因出现暂时无法追究刑事责任或者依法不追究刑事责任等情形。洗钱罪虽是下游犯罪,但是仍然是独立的犯罪,从惩治犯罪的必要性和及时性考虑,存在上述情形时,可以将上游犯罪作为洗钱犯罪的案内事实进行审查,根据相关证据能够认定上游犯罪的,上游犯罪未经刑事判决确认不影响对洗钱罪的认定。

4. 人民检察院对办案当中发现的洗钱犯罪新手段新类型新情况,要及时向人民银行通报反馈,提示犯罪风险、提出意见建议,帮助丰富反洗钱监测模型、完善监管措施。人民银行要充分发挥反洗钱国际合作职能,向国际反洗钱组织主动提供成功案例,通报新型洗钱手段和应对措施,深度参与反洗钱国际治理,向世界展示中国作为负责任的大国在反洗钱工作方面的决心和力度。

林某娜、林某吟等人洗钱案——严厉惩治家族化洗钱犯罪,斩断毒品犯罪资金链条

(2021 年 3 月 19 日最高人民检察院、中国人民银行联合发布)

【基本案情】

被告人林某娜,系深圳市菲某酒业有限公司(以下简称"菲某公司")及广州市永某资产管理有限公司(以下简称"永某公司")法定代表人。

被告人林某吟,系深圳市雅某酒业有限公司(以下简称"雅某公司")法定代表人。

被告人黄某平,系深圳市通某二手车经纪有限公司(以下简称"通某公司")法定代表人。

被告人陈某真,无业。

(一)上游犯罪

2011 年,林某永贩卖 1875 千克麻黄素给蔡某璇等多人,供其制造毒品甲基

苯丙胺,共计 180 千克。2009 年至 2011 年,蔡某璇多次伙同他人共同贩卖、制造毒品甲基苯丙胺共计 20 余千克。

(二)洗钱犯罪

2010 年至 2014 年,林某娜明知是毒品犯罪所得及收益,仍帮助哥哥林某永将上述资金用于购房、投资,并提供账户帮助转移资金,共计 1743 万余元。其中,2010 年至 2011 年,林某娜多次接收林某永交予的现金共 165 万元,用于购买广东省陆丰市房产一套;2011 年,林某娜购买深圳市瑞某花园房产一套,实际由林某永一次性现金支付 239 万余元购房款。以上房产均为林某娜为林某永代持。2011 年至 2013 年,林某娜提供本人及丈夫的银行账户多次接收林某永转入资金共 289 万余元,之后以提现、转账等方式交给林某永、黄某平。2011 年至 2014 年,林某娜使用林某永提供的 1050 万元,注册成立菲某公司和永某公司,并担任法定代表人,将上述注册资金用于公司经营。另外,2011 年至 2014 年,林某娜三次为林某永窝藏毒赃,其中两次在其住处为林某永保管现金,一次从林某永的住处将现金转移至其住处并保管,保管、转移毒赃共约 2460 万元。

2011 年至 2014 年,林某吟明知是毒品犯罪所得及收益,仍帮助哥哥林某永将上述资金用于投资,并提供账户帮助转移资金,共计 1150 万元。其中,2013 年至 2014 年,林某吟使用林某永提供的 350 万元,注册成立雅某公司,并担任法定代表人,将上述注册资金用于公司经营。2011 年至 2014 年,林某吟提供本人银行账户多次接收林某永转入资金共 800 万元,之后按林某永指示转账给他人 700 万元,购买理财产品、发放雅某公司员工工资共计 100 万元。

2011 年至 2013 年,黄某平明知是毒品犯罪所得及收益,仍帮助男友林某永将上述资金用于购房、投资,并提供账户帮助转移资金,共计 1719 万余元。其中,2011 年至 2012 年,黄某平使用林某永提供的 200 万元,注册成立通某公司,并担任法定代表人,将上述注册资金用于公司经营。2011 年至 2013 年,黄某平提供本人及通某公司银行账户接收林某永转账或将林某永交予的现金存入上述账户,共计 1519 万余元,之后转账至双方亲友账户、用于消费支出、购买理财产品,以及支付以黄某平名义购买的深圳市荔某花园一套房产的首付款。

2010 年至 2011 年,陈某真明知是毒品犯罪所得及收益,仍帮助丈夫蔡某璇用于购买房地产,共计 730 余万元。其中,2010 年 9 月,陈某真使用蔡某璇交予的现金 60 余万元,以其子蔡某胜的名义购买陆丰市房产一套;2011 年 5 月,陈某真使用蔡某璇交予的现金 670 万元,与林某永合伙,以蔡某璇弟弟蔡某墙的名义,购买陆丰市某建材经营部名下 4680 平方米土地使用权。

【诉讼过程】

2014 年 8 月 19 日,广东省公安厅将本案移送起诉。2014 年 9 月 25 日,广东省人民检察院指定佛山市人民检察院审查起诉。佛山市人民检察院经审查认为,林某娜、林某吟、黄某平、陈某真明知林某永、蔡某璇提供的资金是毒品犯罪所得及收益,仍使用上述资金购买房产、土地使用权,投资经营酒行、车行,提供本人和他人银行账户转移资金,符合刑法第一百九十一条的规定,构成洗钱罪。同时,林某娜帮助林某永保管、转移毒品犯罪所得的行为,符合刑法第三百四十九条的规定,构成窝藏、转移毒赃罪。

2015 年 3 月 30 日,佛山市人民检察院依法对林某娜以洗钱罪,窝藏、转移毒赃罪,对林某吟、黄某平、陈某真以洗钱罪提起公诉。2016 年 10 月 27 日,法院作出判决,认定林某娜犯洗钱罪,窝藏、转移毒赃罪,数罪并罚决定执行有期徒刑五年,并处罚金 100 万元,没收违法所得;林某吟、黄某平、陈某真犯洗钱罪,分别判处有期徒刑三年六个月至四年不等,并处罚金 40 万元至 100 万元不等,没收违法所得。宣判后,被告人均提出上诉。2019 年 1 月 24 日,广东省高级人民法院裁定驳回上诉,维持原判。

【典型意义】

1. 检察机关办理毒品案件时,应当深挖毒资毒赃,同步审查是否涉嫌洗钱犯罪。针对毒资毒赃清洗家族化、团伙化的特点,要重点审查家族成员、团伙成员之间资金来往情况,斩断毒品犯罪恶性循环的资金链条。对涉毒品洗钱犯罪提起公诉的,应当提出涉毒资产处理意见和财产刑量刑建议,并加强对适用财产刑的审判监督。

2. 广义的洗钱犯罪包括掩饰、隐瞒犯罪所得、犯罪所得收益罪,洗钱罪,窝藏、转移、隐瞒毒赃罪,应当准确区分适用。第一,洗钱犯罪是故意犯罪,三罪都要求对上游犯罪有认识、知悉。第二,掩饰、隐瞒犯罪所得、犯罪所得收益罪是一般规定,洗钱罪和窝藏、转移、隐瞒毒赃罪是特别规定,一般规定和特别规定的主要区别在于犯罪所得及其收益是否来自特定的上游犯罪,两个特别规定的主要区别在于是否改变资金、财物的性质。第三,适用具体罪名时要能够全面准确地概括评价洗钱行为,一个行为同时构成数罪的,依照处罚较重的规定定罪处罚;数个行为分别构成数罪的,数罪并罚。

3. 穿透隐匿表象,准确识别利用现金和“投资”清洗毒品犯罪所得及收益的行为本质。毒品犯罪现金交易频繁,下游洗钱犯罪也大量使用现金,留痕少、隐匿性强。将毒品犯罪所得及收益用于公司注册、公司运营、投资房地产等使资金直接“合法化”,是上游毒品犯罪分子试图漂白资金的惯用手法。办案当中要通过审查与涉案现金持有、转移、使用过程相关的证据,查清毒资毒赃的来源和去向,同步惩治上下游犯罪。

刑法第一百九十二条（集资诈骗罪）

> 第一百九十二条①　以非法占有为目的,使用诈骗方法非法集资,数额较大的,处三年以上七年以下有期徒刑,并处罚金;数额巨大或者有其他严重情节的,处七年以上有期徒刑或者无期徒刑,并处罚金或者没收财产。
>
> 单位犯前款罪的,对单位判处罚金,并对其直接负责的主管人员和其他直接责任人员,依照前款的规定处罚。

周辉集资诈骗案

（最高人民检察院第十三届检察委员会第二次会议决定　2018 年 7 月 3 日发布）

【关键词】

集资诈骗　非法占有目的　网络借贷信息中介机构

【要旨】

网络借贷信息中介机构或其控制人,利用网络借贷平台发布虚假信息,非法建立资金池募集资金,所得资金大部分未用于生产经营活动,主要用于借新还旧和个人挥霍,无法归还所募资金数额巨大,应认定为具有非法占有目的,以集资诈骗罪追究刑事责任。

【基本案情】

被告人周辉,男,1982 年 2 月出生,原系浙江省衢州市中宝投资有限公司（以下简称中宝投资公司）法定代表人。

2011 年 2 月,被告人周辉注册成立中宝投资公司,担任法定代表人。公司

---

① 本条根据《刑法修正案（十一）》（2021 年 3 月 1 日起施行）第十五条修改。

原本条内容为:以非法占有为目的,使用诈骗方法非法集资,数额较大的,处五年以下有期徒刑或者拘役,并处二万元以上二十万元以下罚金;数额巨大或者有其他严重情节的,处五年以上十年以下有期徒刑,并处五万元以上五十万元以下罚金;数额特别巨大或者有其他特别严重情节的,处十年以上有期徒刑或者无期徒刑,并处五万元以上五十万元以下罚金或者没收财产。

修改的主要内容为:一是提高了本罪的法定刑;二是取消了并处罚金的数额标准;三是增加了第二款,规定"单位犯前款罪的,对单位判处罚金,并对其直接负责的主管人员和其他直接责任人员,依照前款的规定处罚"。

上线运营"中宝投资"网络平台,借款人(发标人)在网络平台注册、交纳会费后,可发布各种招标信息,吸引投资人投资。投资人在网络平台注册成为会员后可参与投标,通过银行汇款、支付宝、财付通等方式将投资款汇至周辉公布在网站上的 8 个其个人账户或第三方支付平台账户。借款人可直接从周辉处取得所融资金。项目完成后,借款人返还资金,周辉将收益给予投标人。

运行前期,周辉通过网络平台为 13 个借款人提供总金额约 170 万余元的融资服务,因部分借款人未能还清借款造成公司亏损。此后,周辉除用本人真实身份信息在公司网络平台注册 2 个会员外,自 2011 年 5 月至 2013 年 12 月陆续虚构 34 个借款人,并利用上述虚假身份自行发布大量虚假抵押标、宝石标等,以支付投资人约 20% 的年化收益率及额外奖励等为诱饵,向社会不特定公众募集资金。所募资金未进入公司账户,全部由周辉个人掌控和支配。除部分用于归还投资人到期的本金及收益外,其余主要用于购买房产、高档车辆、首饰等。这些资产绝大部分登记在周辉名下或供周辉个人使用。2011 年 5 月至案发,周辉通过中宝投资网络平台累计向全国 1586 名不特定对象非法集资共计 10.3 亿余元,除支付本金及收益回报 6.91 亿余元外,尚有 3.56 亿余元无法归还。案发后,公安机关从周辉控制的银行账户内扣押现金 1.8 亿余元。

【指控与证明犯罪】

2014 年 7 月 15 日,浙江省衢州市公安局以周辉涉嫌集资诈骗罪移送衢州市人民检察院审查起诉。

审查起诉阶段,衢州市人民检察院审查了全案卷宗,讯问了犯罪嫌疑人。针对该案犯罪行为涉及面广,众多集资参与人财产遭受损失的情况,检察机关充分听取了辩护人和部分集资参与人意见,进一步核实了非法集资金额,对扣押的房产等作出司法鉴定或价格评估。针对辩护人提出的非法证据排除申请,检察机关审查后发现,涉案证据存在以下瑕疵:公安机关向部分证人取证时存在取证地点不符合刑事诉讼法规定以及个别辨认笔录缺乏见证人等情况。为此,检察机关要求公安机关予以补正或作出合理解释。公安机关作出情况说明:证人从外地赶来,经证人本人同意,取证在宾馆进行。关于此项情况说明,检察机关审查后予以采信。对于缺乏见证人的个别辨认笔录,检察机关审查后予以排除。

2015 年 1 月 19 日,浙江省衢州市人民检察院以周辉犯集资诈骗罪向浙江省衢州市中级人民法院提起公诉。6 月 25 日,衢州市中级人民法院公开开庭审理本案。

法庭调查阶段,公诉人宣读起诉书指控被告人周辉以高息为诱饵,虚构借款人和借款用途,利用网络 P2P 形式,面向社会公众吸收资金,主要用于个人肆意挥霍,其行为构成集资诈骗罪。对于指控的犯罪事实,公诉人出示了四组证据予以证明:一是被告人周辉的立案情况及基本信息;二是中宝投资公司的发标、招投标情况及相关证人证言;三是集资情况的证据,包括银行交易清单,司法会计鉴定意见书等;四是集资款的去向,包括购买车辆、房产等物证及相关证人证言。

法庭辩论阶段,公诉人发表公诉意见:被告人周辉注册网络借贷信息平台,早期从事少量融资信息服务。在公司亏损、经营难以为继的情况下,虚构借款人和借款标的,以欺诈方式面向不特定投资人吸收资金,自建资金池。在公安机关立案查处时,虽暂可通过"拆东墙补西墙"的方式偿还部分旧债维持周转,但根据其所募资金主要用于还本付息和个人肆意挥霍,未投入生产经营,不可能产生利润回报的事实,可以判断其后续资金缺口势必不断扩大,无法归还所募全部资金,故可以认定其具有非法占有的目的,应以集资诈骗罪对其定罪处罚。

辩护人提出:一是周辉行为系单位行为;二是周辉一直在偿还集资款,主观上不具有非法占有集资款的故意;三是周辉利用互联网从事 P2P 借贷融资,不构成集资诈骗罪,构成非法吸收公众存款罪。

公诉人针对辩护意见进行答辩:第一,中宝投资公司是由被告人周辉控制的一人公司,不具有经营实体,不具备单位意志,集资款未纳入公司财务进行核算,而是由周辉一人掌控和支配,因此周辉的行为不构成单位犯罪。第二,周辉本人主观上认识到资金不足,少量投资赚取的收益不足以支付许诺的高额回报,没有将集资款用于生产经营活动,而是主要用于个人肆意挥霍,其主观上对集资款具有非法占有的目的。第三,P2P 网络借贷,是指个人利用中介机构的网络平台,将自己的资金出借给资金短缺者的商业模式。根据中国银行业监管委员会、工业和信息化部、公安部、国家互联网信息办公室制定的《网络借贷信息中介机构业务活动管理暂行办法》等监管规定,P2P 作为新兴金融业态,必须明确其信息中介性质,平台本身不得提供担保,不得归集资金搞资金池,不得非法吸收公众资金。周辉吸收资金建资金池,不属于合法的 P2P 网络借贷。非法吸收公众存款罪与集资诈骗罪的区别,关键在于行为人对吸收的资金是否具有非法占有的目的。利用网络平台发布虚假高利借款标募集资金,采取借新还旧的手段,短期内募集大量资金,不用于生产经营活动,或者用于生产经营活动与筹集资金规模明显不成比例,致使集资款不能返还的,是典型的利用网络中介平台实施集资诈骗行为。本案中,周辉采用编造虚假借款人、虚假投标项目等欺骗手段集资,所融资金未投入生产经营,大量集资款被其个人肆意挥霍,具有明显的非法占有目的,其行为构成集资诈骗罪。

法庭经审理,认为公诉人出示的证据能够相互印证,予以确认。对周辉及其辩护人提出的不构成集资诈骗罪及本案属于单位犯罪的辩解、辩护意见,不予采纳。综合考虑犯罪事实和量刑情节,2015 年 8 月 14 日,浙江省衢州市中级人民法院作出一审判决,以集资诈骗罪判处被告人周辉有期徒刑十五年,并处罚金人民币 50 万元。继续追缴违法所得,返还各集资参与人。

一审宣判后,浙江省衢州市人民检察院认为,被告人周辉非法集资 10.3 亿余元,属于刑法规定的集资诈骗数额特别巨大并且给人民利益造成特别重大损失的情形,依法应处无期徒刑或者死刑,并处没收财产,一审判决量刑过轻。2015 年 8 月 24 日,浙江省衢州市人民检察院向浙江省高级人民法院提出抗诉。被告人周辉不服一审判决,提出上诉。其上诉理由是量刑畸重,应判处缓刑。

本案二审期间,2015 年 8 月 29 日,第十二届全国人大常委会第十六次会议审议通过了《中华人民共和国刑法修正案(九)》,删去刑法第一百九十九条关于犯集资诈骗罪"数额特别巨大并且给国家和人民利益造成特别重大损失的,处无期徒刑或者死刑,并处没收财产"的规定。刑法修正案(九)于 2015 年 11 月 1 日起施行。

浙江省高级人民法院经审理后认为,刑法修正案(九)取消了集资诈骗罪死刑的规定,根据从旧兼从轻原则,一审法院判处周辉有期徒刑十五年符合修订后的法律规定。上诉人周辉具有集资诈骗的主观故意及客观行为,原审定性准确。2016 年 4 月 29 日,二审法院作出裁定,维持原判。终审判决作出后,周辉及其父亲不服判决提出申诉,浙江省高级人民法院受理申诉并经审查后,认为原判事实清楚,证据确实充分,定性准确,量刑适当,于 2017 年 12 月 22 日驳回申诉,维持原裁判。

【指导意义】

是否具有非法占有目的,是正确区分非法吸收公众存款罪和集资诈骗罪的关键。对非法占有目的的认定,应当围绕融资项目真实性、资金去向、归还能力等事实、证据进行综合判断。行为人将所吸收资金大部分未用于生产经营活动,或名义上投入生产经营,但又通过各种方式抽逃转移资金,或供其个人肆意挥霍,归还本息主要通过借新还旧来实现,造成数额巨大的募集资金无法归还的,可以认定具有非法占有的目的。

集资诈骗罪是近年来检察机关重点打击的金融犯罪之一。对该类犯罪,检察机关应着重从以下几个方面开展工作:一是强化证据审查。非法集资类案件由于参与人数多、涉及面广,受主客观因素影响,取证工作易出现瑕疵和问题。检察机关对重大复杂案件要及时介入侦查、引导取证。在审查案件中要强化对证据的审查,需要退回补充侦查或者自行补充侦查的,要及时退查或补查,建立起完整、牢固的证据锁链,夯实认定案件事实的证据基础。二是在法庭审理中要突出指控和证明犯罪的重点。要紧紧围绕集资诈骗罪构成要件,特别是行为人主观上具有非法占有目的、客观上以欺骗手段非法集资的事实梳理组合证据,运用完整的证据体系对认定犯罪的关键事实予以清晰证明。三是要将办理案件与追赃挽损相结合。检察机关办理相关案件,要积极配合公安机关、人民法院依法开展追赃挽损、资产处置等工作,最大限度减少人民群众的实际损失。四是要结合办案开展以案释法,增强社会公众的法治观念和风险防范意识,有效预防相关犯罪的发生。

【相关规定】(略)

刑法第一百九十八条(保险诈骗罪)

第一百九十八条 有下列情形之一,进行保险诈骗活动,数额较大的,处五年以下有期徒刑或者拘役,并处一万元以上十万元以下罚金;数额巨大或者有其他严重情节的,处五年以上十年以下有期徒刑,并处二万元以上二十万元以下罚金;数额特别巨大或者有其他特别严重情节的,处十年以上有期徒刑,并处二万元以上二十万元以下罚金或者没收财产:

(一)投保人故意虚构保险标的,骗取保险金的;

(二)投保人、被保险人或者受益人对发生的保险事故编造虚假的原因或者夸大损失的程度,骗取保险金的;

(三)投保人、被保险人或者受益人编造未曾发生的保险事故,骗取保险金的;

(四)投保人、被保险人故意造成财产损失的保险事故,骗取保险金的;

(五)投保人、受益人故意造成被保险人死亡、伤残或者疾病,骗取保险金的。

有前款第四项、第五项所列行为,同时构成其他犯罪的,依照数罪并罚的规定处罚。

单位犯第一款罪的,对单位判处罚金,并对其直接负责的主管人员和其他直接责任人员,处五年以下有期徒刑或者拘役;数额巨大或者有其他严重情节的,处五年以上十年以下有期徒刑;数额特别巨大或者有其他特别严重情节的,处十年以上有期徒刑。

保险事故的鉴定人、证明人、财产评估人故意提供虚假的证明文件,为他人诈骗提供条件的,以保险诈骗的共犯论处。

罪犯王某某暂予监外执行监督案

(最高人民检察院第十三届检察委员会第三十次会议决定 2020 年 2 月 28 日发布)

【关键词】

暂予监外执行监督 徇私舞弊不计入执行刑期 贿赂 技术性证据的审查

【要旨】

人民检察院对违法暂予监外执行进行法律监督时,应当注意发现和查办背后的相关司法工作人员职务犯罪。对司法鉴定意见、病情诊断意见的审查,应当注重对其及所依据的原始资料进行重点审查。发现不符合暂予监外执行条件的罪犯通过非法手段暂予监外执行的,应当依法监督纠正。办理暂予监外执行案件时,应当加强对鉴定意见等技术性证据的联合审查。

【基本案情】

罪犯王某某,男,1966 年 4 月 3 日出生,个体工商户。2010 年 9 月 16 日,因犯保险诈骗罪被辽宁省营口市站前区人民法院判处有期徒刑五年,并处罚金人民币 10 万元。

罪犯王某某审前未被羁押但被判处实刑。交付执行过程中,罪犯王某某及其家属以其身体有病为由申请暂予监外执行,法院随后启动保外就医鉴定工作。2011 年 5 月 17 日,营口市站前区人民法院依据营口市中医院司法鉴定所出具的罪犯疾病伤残司法鉴定书,因罪犯王某某患“2 型糖尿病”“脑梗塞”,符合《罪犯保外就医疾病伤残范围》(司发〔1990〕247 号)第十条规定,决定对其暂予监外执行一年。一年期满后,经社区矫正机构提示和检察机关督促,法院再次启动暂予监外执行鉴定工作,委托营口市中医院司法鉴定所进行鉴定。期间,营口市中医院司法鉴定所被上级主管部门依法停业整顿,未能及时出具鉴定意见书。2014 年 7 月 29 日,营口市站前区人民法院依据营口市中医院司法鉴定所出具的罪犯疾病伤残司法鉴定书,以罪犯王某某患有“高血压病 3 期,极高危”“糖尿病合并多发性脑梗塞”,符合《罪犯保外就医疾病伤残范围》第三条、第十条规定,决定对其暂予监外执行一年。

2015 年 1 月 16 日,营口市站前区人民法院因罪犯王某某犯保险诈骗犯罪属于“三类罪犯”、所患疾病为“高血压”,依据 2014 年 12 月 1 日起施行的《暂予监外执行规定》,要求该罪犯提供经诊断短期内有生命危险的证明。罪犯王某某因无法提供上述证明被营口市站前区人民法院决定收监执行剩余刑期有期徒刑三年,已经暂予监外执行的两年计入执行刑期。2015 年 9 月 8 日,罪犯王某某被交付执行刑罚。

【检察机关监督情况】

线索发现 2016 年 3 月,辽宁省营口市人民检察院在对全市两级法院决定暂予监外执行案件进行检察中发现,营口市站前区人民法院对罪犯王某某决定暂予监外执行所依据的病历资料、司法鉴定书等证据材料有诸多疑点,于是调取了该罪犯的法院暂予监外执行卷宗、社区矫正档案、司法鉴定档案等。经审查发现:罪犯王某某在进行司法鉴定时,负责对其进行查体的医生与本案鉴定人不是同一人,卷宗材料无法证实鉴定人是否见过王某某本人;罪犯王某某2011 年 5 月 17 日、2014 年 7 月 29 日两次得到暂予监外执行均因其患有"脑梗塞",但两次司法鉴定中均未做过头部 CT 检查。

立案侦查 营口市人民检察院经审查认为,罪犯王某某暂予监外执行过程中有可能存在违纪或违法问题,依法决定对该案进行调查核实。检察人员调取了罪犯王某某在营口市中心医院的住院病历等书证与鉴定档案等进行比对,协调监狱对罪犯王某某重新进行头部 CT 检查,对时任营口市中医院司法鉴定所负责人赵某、营口市中级人民法院技术科科长张某及其他相关人员进行询问。经过调查核实,检察机关基本查明了罪犯王某某违法暂予监外执行的事实,认为相关工作人员涉嫌职务犯罪。2016 年 4 月 10 日,营口市人民检察院以营口市中级人民法院技术科科长张某、营口市中医院司法鉴定所负责人赵某涉嫌徇私舞弊暂予监外执行犯罪,依法对其立案侦查。经侦查查明:2010 年 12 月至2013 年 5 月,张某在任营口市中级人民法院技术科科长期间,受罪犯王某某亲友等人请托,在明知罪犯王某某不符合保外就医条件的情况下,利用其负责鉴定业务对外进行委托的职务便利,两次指使营口市中医院司法鉴定所负责人赵某为罪犯王某某作出虚假的符合保外就医条件的罪犯疾病伤残司法鉴定意见。赵某在明知罪犯王某某不符合保外就医条件的情况下,违规签发了罪犯王某某因患"糖尿病合并脑梗塞"、符合保外就医条件的司法鉴定书,导致罪犯王某某先后两次被法院决定暂予监外执行。期间,张某收受罪犯王某某亲友给付好处费人民币 5 万元,赵某收受张某给付的好处费人民币 7000 元。同时,检察机关注意到罪犯王某某的亲友为帮助王某某违法暂予监外执行,向营口市中级人民法院技术科科长张某等人行贿,但综合考虑相关情节和因素后,检察机关当时决定不立案追究其刑事责任。

监督结果 案件侦查终结后,检察机关以张某构成受贿罪、徇私舞弊暂予监外执行罪,赵某构成徇私舞弊暂予监外执行罪,依法向人民法院提起公诉。2017 年 5 月 27 日,人民法院以张某犯受贿罪、徇私舞弊暂予监外执行罪,赵某犯徇私舞弊暂予监外执行罪,对二人定罪处罚。

判决生效后,检察机关依法向营口市站前区人民法院发出《纠正不当暂予监外执行决定意见书》,提出罪犯王某某在不符合保外就医条件的情况下,通过他人贿赂张某、赵某等人谋取了虚假的疾病伤残司法鉴定意见;营口市站前区人民法院依据虚假鉴定意见作出的暂予监外执行决定显属不当,建议法院依法纠正 2011 年 5 月 17 日和 2014 年 7 月 29 日对罪犯王某某作出的两次不当暂予监外执行决定。

营口市站前区人民法院采纳了检察机关的监督意见,作出《收监执行决定书》,认定"罪犯王某某贿赂司法鉴定人员,被二次鉴定为符合暂予监外执行条件,人民法院以此为依据决定对其暂予监外执行合计二年,上述二年暂予监外执行期限不计入已执行刑期"。后罪犯王某某被收监再执行有期徒刑二年。

【指导意义】

1. 人民检察院对暂予监外执行进行法律监督时,应注重发现和查办违法暂予监外执行背后的相关司法工作人员职务犯罪案件。实践中,违法暂予监外执行案件背后往往隐藏着司法腐败。因此,检察机关在监督纠正违法暂予监外执行的同时,应当注意发现和查办违法监外执行背后存在的相关司法工作人员职务犯罪案件,刑罚变更执行法律监督与职务犯罪侦查工作相结合,以监督促侦查,以侦查促监督,不断提升法律监督质效。在违法暂予监外执行案件中,一些罪犯亲友往往通过贿赂相关司法工作人员等手段,帮助罪犯违法暂予监外执行,这是违法暂予监外执行中较为常见的一种现象,对于情节严重的,应当依法追究其刑事责任。

2. 对司法鉴定意见、病情诊断意见的审查,应当注重对其及所依据的原始资料进行重点审查。检察人员办理暂予监外执行监督案件时,应当在审查鉴定意见、病情诊断的基础上,对鉴定意见、病情诊断所依据的原始资料进行重点审查,包括罪犯以往就医病历资料、病情诊断所依据的体检记录、住院病案、影像学报告、检查报告单等,判明原始资料以及鉴定意见和病情诊断的真伪、资料的证明力、鉴定人员的资质、产生资料的程序等问题,以及是否能够据此得出鉴定意见、病情诊断所阐述的结论性意见,相关鉴定部门及鉴定人的鉴定行为是否合法有效,等等。经审查发现疑点的应进行调查核实,可以邀请有专门知识的人参加。同时,也可以视情况要求有关部门重新组织或者自行组织诊断、检查或者鉴别。

3. 办理暂予监外执行案件时,应当加强对鉴定意见等技术性证据的联合审查。司法实践中,负责直接办理暂予监外执行监督案件的刑事执行检察人员一般缺乏专业性的医学知识,为确保检察意见的准确性,刑事执行检察人员在办理暂予监外执行监督案件时,应当委托检察技术人员对鉴定意见等技术性证据进行审查,检察技术人员应当协助刑事执行检察人员审查或者组织审查案件中涉及的鉴定意见等技术性证据。刑事执行检察人员可以将技术性证据审查意见作为审查判断证据的参考,也可以作为决定重新鉴定、补充鉴定或提出检察建议的依据。

【相关规定】(略)

刑法第二百零一条(逃税罪)

第二百零一条① 纳税人采取欺骗、隐瞒手段进行虚假纳税申报或者不申报,逃避缴纳税款数额较大并且占应纳税额百分之十以上的,处三年以下有期徒刑或者拘役,并处罚金;数额巨大并且占应纳税额百分之三十以上的,处三年以上七年以下有期徒刑,并处罚金。

扣缴义务人采取前款所列手段,不缴或者少缴已扣、已收税款,数额较大的,依照前款的规定处罚。

对多次实施前两款行为,未经处理的,按照累计数额计算。

有第一款行为,经税务机关依法下达追缴通知后,补缴应纳税款,缴纳滞纳金,已受行政处罚的,不予追究刑事责任;但是,五年内因逃避缴纳税款受过刑事处罚或者被税务机关给予二次以上行政处罚的除外。

---

① 本条根据《刑法修正案(七)》(2009年2月28日起施行)第三条修改。

原本条规定为:"纳税人采取伪造、变造、隐匿、擅自销毁账簿、记账凭证,在账簿上多列支出或者不列、少列收入,经税务机关通知申报而拒不申报或者进行虚假的纳税申报的手段,不缴或者少缴应纳税款,偷税数额占应纳税额的百分之十以上不满百分之三十并且偷税数额在一万元以上不满十万元的,或者因偷税被税务机关给予二次行政处罚又偷税的,处三年以下有期徒刑或者拘役,并处偷税数额一倍以上五倍以下罚金;偷税数额占应纳税额的百分之三十以上并且偷税数额在十万元以上的,处三年以上七年以下有期徒刑,并处偷税数额一倍以上五倍以下罚金。

"扣缴义务人采取前款所列手段,不缴或者少缴已扣、已收税款,数额占应缴税额的百分之十以上并且数额在一万元以上的,依照前款的规定处罚。

"对多次犯有前两款行为,未经处理的,按照累计数额计算。"

修改的主要内容为:一是将原"采取伪造、变造、隐匿、擅自销毁账簿、记账凭证,在账簿上多列支出或者不列、少列收入,经税务机关通知申报而拒不申报或者进行虚假的纳税申报的手段"的具体性规定修改为"欺骗、隐瞒手段进行虚假申报或者不申报"的概括性规定;二是取消"偷税数额一万元以上不满十万元""十万元以上"的具体性规定;三是取消关于罚金的"一倍以上五倍以下罚金"的具体规定;四是增加"不予追究刑事责任"的情形。

湖北某某环境工程有限公司、李某明逃税案

（2021 年 5 月 19 日最高人民法院发布）

【基本案情】

2003 年 1 月至 10 月，申诉人李某明系某市某某化学清洗实业公司的法定代表人。2003 年 10 月 29 日，某市某某化学清洗实业公司改制后，又成立了某市某某化学清洗有限公司，法定代表人仍为李某明，后该公司经多次更名，变更为湖北某某环境工程有限公司。2003 年至 2007 年间，湖北某某环境工程有限公司和原某市某某化学清洗实业公司收入总额为 7320445.51 元，应缴纳税款803413.14 元，已缴纳税款 357120.63 元，逃避缴纳税款共计 446292.51 元。2006 年 4 月，某市地方税务局稽查局接原任湖北某某环境工程有限公司办公室主任黄某某实名举报开始调查本案，后在未通知补缴、未予行政处罚的情况下，作出涉税案件移送书，直接移送某区公安局立案侦查。湖北某某环境工程有限公司在侦查期间补缴了税款 458069.08 元，并于一审重审及宣判后全额缴纳了判处的罚金 45 万元。

【典型意义】

《中共中央 国务院关于完善产权保护制度依法保护产权的意见》（以下简称《产权保护意见》）强调，要坚持有错必纠，对确属适用法律错误的要依法予以纠正，依法妥善处理民营企业经营过程中存在的不规范问题。本案再审判决根据刑法第十二条规定的从旧兼从轻原则，依法适用经《刑法修正案（七）》修正后的刑法第二百零一条第四款关于对逃税初犯附条件不予追究刑事责任的规定，宣告申诉单位湖北某某环境工程有限公司和申诉人李某明无罪。本案再审裁判正确适用从旧兼从轻的刑法原则，依法保障涉案企业和企业家的合法权益，彰显了人民法院依法保护产权和企业家人身财产安全的态度和决心，对于营造有利于民营企业健康发展的法治化营商环境具有重要意义。

【裁判结果】

2009 年 2 月 28 日，《刑法修正案（七）》施行。2009 年 9 月 19 日，一审法院作出判决。一审法院认为，湖北某某环境工程有限公司及其法定代表人李某明均构成逃税罪。湖北某某环境工程有限公司及李某明提出上诉，在二审期间又撤回上诉，二审法院裁定准许。湖北某某环境工程有限公司及李某明逐级申诉至最高人民法院，最高人民法院以法律适用错误为由，指令湖北省高级人民法

院对本案进行再审。湖北省高级人民法院再审认为,原判认定湖北某某环境工程有限公司少缴税款446292.51元的事实清楚,证据确实、充分,但适用法律错误。本案未经行政处置程序而直接追究湖北某某环境工程有限公司及李某明个人的刑事责任,不符合《刑法修正案(七)》的相关规定。对湖北某某环境工程有限公司、李某明应当适用根据《刑法修正案(七)》修正后的《刑法》第二百零一条第四款的规定,不予追究刑事责任。据此,湖北省高级人民法院再审判决撤销原裁判,宣告湖北某某环境工程有限公司、李某明无罪。

案例索引:最高人民法院(2019)最高法刑申231号再审决定书、湖北省高级人民法院(2019)鄂刑再5号刑事判决书。

刑法第二百零五条(虚开增值税专用发票罪)

第二百零五条①　虚开增值税专用发票或者虚开用于骗取出口退税、抵扣税款的其他发票的,处三年以下有期徒刑或者拘役,并处二万元以上二十万元以下罚金;虚开的税款数额较大或者有其他严重情节的,处三年以上十年以下有期徒刑,并处五万元以上五十万元以下罚金;虚开的税款数额巨大或者有其他特别严重情节的,处十年以上有期徒刑或者无期徒刑,并处五万元以上五十万元以下罚金或者没收财产。

单位犯本条规定之罪的,对单位判处罚金,并对其直接负责的主管人员和其他直接责任人员,处三年以下有期徒刑或者拘役;虚开的税款数额较大或者有其他严重情节的,处三年以上十年以下有期徒刑;虚开的税款数额巨大或者有其他特别严重情节的,处十年以上有期徒刑或者无期徒刑。

虚开增值税专用发票或者虚开用于骗取出口退税、抵扣税款的其他发票,是指有为他人虚开、为自己虚开、让他人为自己虚开、介绍他人虚开行为之一的。

---

①　本条第二款根据《刑法修正案(八)》(2011年5月1日起施行)第三十二条删去。

原本条第二款内容为:有前款行为骗取国家税款,数额特别巨大,情节特别严重,给国家利益造成特别重大损失的,处无期徒刑或者死刑,并处没收财产。

无锡 F 警用器材公司虚开增值税专用发票案

（最高人民检察院第十三届检察委员会第五十二次会议决定 2020 年 11 月 24 日发布）

【关键词】

单位认罪认罚 不起诉 移送行政处罚 合规经营

【要旨】

民营企业违规经营触犯刑法情节较轻，认罪认罚的，对单位和直接责任人员依法能不捕的不捕，能不诉的不诉。检察机关应当督促认罪认罚的民营企业合法规范经营。拟对企业作出不起诉处理的，可以通过公开听证听取意见。对被不起诉人（单位）需要给予行政处罚、处分或者需要没收其违法所得的，应当依法提出检察意见，移送有关主管机关处理。

【基本案情】

被不起诉单位，无锡 F 警用器材新技术有限公司（以下简称"F 警用器材公司"），住所地江苏省无锡市。

被不起诉人乌某某，男，F 警用器材公司董事长。

被不起诉人陈某某，女，F 警用器材公司总监。

被不起诉人倪某，男，F 警用器材公司采购员。

被不起诉人杜某某，女，无锡 B 科技有限公司法定代表人。

2015 年 12 月间，乌某某、陈某某为了 F 警用器材公司少缴税款，商议在没有货物实际交易的情况下，从其他公司虚开增值税专用发票抵扣税款，并指使倪某通过公司供应商杜某某等人介绍，采用伪造合同、虚构交易、支付开票费等手段，从王某某（另案处理）实际控制的商贸公司、电子科技公司虚开增值税专用发票 24 份，税额计人民币 377344.79 元，后 F 警用器材公司从税务机关抵扣了税款。

乌某某、陈某某、倪某、杜某某分别于 2018 年 11 月 22 日、23 日至公安机关投案，均如实供述犯罪事实。11 月 23 日，公安机关对乌某某等四人依法取保候审。案发后，F 警用器材公司补缴全部税款并缴纳滞纳金。2019 年 11 月 8 日，无锡市公安局新吴分局以 F 警用器材公司及乌某某等人涉嫌虚开增值税专用发票罪移送检察机关审查起诉。检察机关经审查，综合案件情况拟作出不起诉处理，举行了公开听证。该公司及乌某某等人均自愿认罪认罚，在律师的见证下签署了《认罪认罚具结书》。2020 年 3 月 6 日,无锡市新吴区人民检察院依据《中华人民共和国刑事诉讼法》第一百七十七条第二款的规定,对该公司及乌某某等四人作出不起诉决定,就没收被不起诉人违法所得及对被不起诉单位予以行政处罚向公安机关和税务机关分别提出检察意见。后公安机关对倪某、杜某某没收违法所得共计人民币 45503 元,税务机关对该公司处以行政罚款人民币 466131.8 元。

【检察履职情况】

1. 开展释法说理,促使被不起诉单位和被不起诉人认罪认罚。新吴区人民检察院受理案件后,向 F 警用器材公司及乌某某等四人送达《认罪认罚从宽制度告知书》,结合案情进行释法说理,并依法听取意见。乌某某等四人均表示认罪认罚,该公司提交了书面意见,表示对本案事实及罪名不持异议,愿意认罪认罚,请求检察机关从宽处理。

2. 了解企业状况,评估案件对企业生产经营的影响。检察机关为全面评估案件的处理对企业生产经营的影响,通过实地走访、调查,查明该公司成立于1997 年,系科技创新型民营企业,无违法经营处罚记录,近三年销售额人民币7000 余万元,纳税额人民币 692 万余元。该公司拥有数十项专利技术、计算机软件著作权和省级以上科学技术成果,曾参与制定 10 项公共安全行业标准,在业内有较好的技术创新影响力。审查起诉期间,公司参与研发的项目获某创新大赛金奖。

3. 提出检察建议,考察涉罪企业改进合规经营情况。该企业发案前有基本的经营管理制度,但公司治理制度尚不健全。在评估案件情况后,检察机关围绕如何推动企业合法规范经营提出具体的检察建议,督促涉罪企业健全完善公司管理制度。该公司根据检察机关建议,制定合规经营方案,修订公司规章制度,明确岗位职责,对员工开展合法合规管理培训,并努力完善公司治理结构。结合该企业上述改进情况,根据单位犯罪特点,在检察机关主持下,由单位诉讼代表人签字、企业盖章,在律师见证下签署《认罪认罚具结书》。

4. 举行公开听证,听取各方意见后作出不起诉决定,并提出检察意见。考虑到本案犯罪情节较轻且涉罪企业和直接责任人员认罪认罚,检察机关拟对涉罪企业及有关人员作出不起诉处理。为提升不起诉决定的公信力和公正性,新吴区人民检察院举行公开听证会,邀请侦查机关代表、人民监督员、特约检察员参加听证,通知涉罪企业法定代表人、犯罪嫌疑人、辩护人到场听证。经听取各方意见,新吴区人民检察院依法作出不起诉决定,同时依法向公安机关、税务机关提出行政处罚的检察意见。公安机关、税务机关对该公司作出相应行政处罚,并没收违法所得。

【指导意义】

1. 对犯罪情节较轻且认罪认罚的涉罪民营企业及其有关责任人员,应当依法从宽处理。检察机关办理涉罪民营企业刑事案件,应当充分考虑促进经济发展,促进职工就业,维护国家和社会公共利益的需要,积极做好涉罪企业及其有关责任人员的认罪认罚工作,促使涉罪企业退缴违法所得、赔偿损失、修复损害、挽回影响,从而将犯罪所造成的危害降到最低。对犯罪情节较轻且认罪认罚、积极整改的企业及其相关责任人员,符合不捕、不诉条件的,坚持能不捕的不捕,能不诉的不诉,符合判处缓刑条件的要提出适用缓刑的建议。

2. 把建章立制落实合法规范经营要求,作为悔罪表现和从宽处罚的考量因素。检察机关在办理企业涉罪案件过程中,通过对自愿认罪认罚的民营企业进行走访、调查,查明企业犯罪的诱发因素、制度漏洞、刑事风险等,提出检察建议。企业通过主动整改、建章立制落实合法规范经营要求体现悔罪表现。检察机关可以协助和督促企业执行,帮助企业增强风险意识,规范经营行为,有效预防犯罪并据此作为从宽处罚的考量因素。

3. 依法做好刑事不起诉与行政处罚、处分有效衔接。检察机关依法作出不起诉决定的案件,要执行好《中华人民共和国刑事诉讼法》第一百七十七条第三款的规定,对被不起诉人需要给予行政处罚、处分或者需要没收其违法所得的,应当提出检察意见,移送有关主管机关处理。有关主管机关应当将处理结果及时通知人民检察院。有关主管机关未及时通知处理结果的,人民检察院应当依法予以督促。

【相关规定】(略)

上海市 A 公司、B 公司、关某某虚开增值税专用发票案

(2021 年 6 月 3 日最高人民检察院发布)

【基本案情】

被告单位上海 A 医疗科技股份有限公司(以下简称 A 公司)、上海 B 科技有限公司(以下简称 B 公司),被告人关某某系 A、B 两家公司实际控制人。

2016 年至 2018 年间,关某某在经营 A 公司、B 公司业务期间,在无真实货物交易的情况下,通过他人介绍,采用支付开票费的方式,让他人为两家公司虚开增值税专用发票共 219 份,价税合计 2887 余万元,其中税款 419 余万元已申报抵扣。2019 年 10 月,关某某到案后如实供述上述犯罪事实并补缴涉

案税款。

2020 年 6 月,公安机关以 A 公司、B 公司、关某某涉嫌虚开增值税专用发票罪移送检察机关审查起诉。上海市宝山区检察院受理案件后,走访涉案企业及有关方面了解情况,督促企业作出合规承诺并开展合规建设。

【企业合规整改情况及处理结果】

检察机关走访涉案企业了解经营情况,并向当地政府了解其纳税及容纳就业情况。经调查,涉案企业系我国某技术领域的领军企业、上海市高新技术企业,科技实力雄厚,对地方经济发展和增进就业有很大贡献。公司管理人员及员工学历普遍较高,对合规管理的接受度高、执行力强,企业合规具有可行性,检察机关遂督促企业作出合规承诺并开展合规建设。同时,检察机关先后赴多地税务机关对企业提供的纳税材料及涉案税额补缴情况进行核实,并针对关某某在审查起诉阶段提出的立功线索自行补充侦查,认为其具有立功情节。

2020 年 11 月,检察机关以 A 公司、B 公司、关某某涉嫌虚开增值税专用发票罪,对其提起公诉并适用认罪认罚从宽制度。12 月,上海市宝山区人民法院采纳检察机关全部量刑建议,以虚开增值税专用发票罪分别判处被告单位 A 公司罚金 15 万元,B 公司罚金 6 万元,被告人关某某有期徒刑三年,缓刑五年。

法院判决后,检察机关联合税务机关上门回访,发现涉案企业的合规建设仍需进一步完善,遂向其制发检察建议并公开宣告,建议进一步强化合法合规经营意识,严格业务监督流程,提升税收筹划和控制成本能力。检察机关在收到涉案企业对检察建议的回复后,又及时组织合规建设回头看。经了解,涉案企业已经逐步建立合规审计、内部调查、合规举报等有效合规制度,聘请专业人士进行税收筹划,大幅节约生产经营成本,提高市场占有份额。

【典型意义】

一是检察机关推动企业合规与适用认罪认罚从宽制度相结合。本案中,检察机关在督促企业作出合规承诺并开展合规建设的同时,通过适用认罪认罚从宽制度,坚持和落实能不判实刑的提出判缓刑的量刑建议等司法政策,努力让企业"活下来""留得住""经营得好",取得更好的司法办案效果。

二是检察机关推动企业合规与检察建议相结合。本案中,检察机关会同税务机关在回访过程中,发现涉案企业在预防违法犯罪方面制度不健全、不落实,管理不完善,存在违法犯罪隐患,需要及时消除的,结合合规整改情况,向涉案企业制发检察建议,推动其深化实化合规建设,避免合规整改走过场、流于形式。

刑法第二百一十三条(假冒注册商标罪)

> 第二百一十三条①　未经注册商标所有人许可,在同一种商品、服务上使用与其注册商标相同的商标,情节严重的,处三年以下有期徒刑,并处或者单处罚金;情节特别严重的,处三年以上十年以下有期徒刑,并处罚金。

丁某某、林某某等人假冒注册商标立案监督案

（最高人民检察院第十三届检察委员会第五十五次会议决定　2020 年 12 月 21 日发布）

【关键词】

制假售假　假冒注册商标　监督立案　关联案件管辖

【要旨】

检察机关在办理售假犯罪案件时,应当注意审查发现制假犯罪事实,强化对人民群众切身利益和企业知识产权的保护力度。对于公安机关未立案侦查的制假犯罪与已立案侦查的售假犯罪不属于共同犯罪的,应当按照立案监督程序,监督公安机关立案侦查。对于跨地域实施的关联制假售假犯罪,检察机关可以建议公安机关并案管辖。

【基本案情】

被告人丁某某,女,1969 年 9 月出生,福建省晋江市个体经营者。

被告人林某某,男,1986 年 8 月出生,福建省晋江市个体经营者。

被告人张某,男,1991 年 7 月出生,河南省光山县个体经营者。

其他被告人基本情况略。

---

① 　本条根据《刑法修正案(十一)》(2021 年 3 月 1 日起施行)第十七条修改。

原本条内容为:未经注册商标所有人许可,在同一种商品上使用与其注册商标相同的商标,情节严重的,处三年以下有期徒刑或者拘役,并处或者单处罚金;情节特别严重的,处三年以上七年以下有期徒刑,并处罚金。

修改的主要内容为:一是将犯罪构成中"在同一种商品上使用"扩展为"在同一种商品、服务上使用";二是提高了本罪的法定刑。

玛氏食品(嘉兴)有限公司(以下简称玛氏公司)是注册于浙江省嘉兴市的一家知名食品生产企业,依法取得"德芙"商标专用权,该注册商标的核定使用商品为巧克力等。2016年8月至2016年12月期间,丁某某等人雇佣多人在福建省晋江市某小区民房生产假冒"德芙"巧克力,累计生产2400箱,价值人民币96万元。2017年9月至2018年1月期间,林某某等人雇佣多人在福建省晋江市某工业园区厂房生产假冒"德芙"巧克力,累计生产1392箱,价值人民币55.68万元。2016年下半年至2017年底,张某等人购进上述部分假冒"德芙"巧克力,通过注册的网店向社会公开销售。

【检察履职情况】

线索发现　2018年1月23日,嘉兴市公安局接玛氏公司报案,称有网店销售假冒其公司生产的"德芙"巧克力,该局指定南湖公安分局立案侦查。2018年4月6日,南湖公安分局以涉嫌销售伪劣产品罪提请南湖区人民检察院审查批准逮捕网店经营者张某等人,南湖区人民检察院进行审查后,作出批准逮捕决定。在审查批准逮捕过程中,南湖区人民检察院发现,公安机关只对销售假冒"德芙"巧克力的行为进行立案侦查,而没有继续追查假冒"德芙"巧克力的供货渠道、生产源头,可能存在对制假犯罪应当立案侦查而未立案侦查的情况。

调查核实　南湖区人民检察院根据犯罪嫌疑人张某等人关于进货渠道的供述,调阅、梳理公安机关提取的相关微信聊天记录、网络交易记录、账户资金流水等电子数据,并主动联系被害单位玛氏公司,深入了解"德芙"商标的注册、许可使用情况、产品生产工艺流程、成分配料、质量标准等。经调查核实发现,本案中的制假行为涉嫌生产销售伪劣产品、侵犯知识产权等犯罪。

监督意见　经与公安机关沟通,南湖公安分局认为,本案的造假窝点位于福建省晋江市,销售下家散布于福建、浙江等地,案件涉及多个侵权行为实施地,制假犯罪不属本地管辖。南湖区人民检察院认为,本案是注册地位于嘉兴市的玛氏公司最先报案,且有南湖区消费者网购收到假冒"德芙"巧克力的证据,无论是根据最初受理地、侵权结果发生地管辖原则,还是基于制假售假行为的关联案件管辖原则,南湖公安分局对本案中的制假犯罪均具有管辖权。鉴于此,2018年5月15日,南湖区人民检察院向南湖公安分局发出《要求说明不立案理由通知书》。

监督结果　南湖公安分局收到《要求说明不立案理由通知书》后审查认为,该案现有事实证据符合立案条件,决定以涉嫌生产、销售伪劣产品罪对丁某某、林某某等人立案侦查,其后陆续将犯罪嫌疑人抓获归案,并一举捣毁位于福建省晋江市的造假窝点。南湖公安分局侦查终结,以丁某某、林某某、张某等人涉嫌生产、销售伪劣产品罪移送起诉。南湖区人民检察院经委托食品检验机构进行检验,不能认定本案中的假冒"德芙"巧克力为伪劣产品和有毒有害食品,但丁某某、林某某等人未经注册商标所有人许可,在生产巧克力上使用"德芙"商标,应当按假冒注册商标罪起诉,张某等人通过网络公开销售假冒"德芙"巧克力,应当按销售假冒注册商标的商品罪起诉。2019 年 1 月 14 日,南湖区人民检察院以被告人丁某某、林某某等人犯假冒注册商标罪,被告人张某等人犯销售假冒注册商标的商品罪,向南湖区人民法院提起公诉。2019 年 11 月 1 日,南湖区人民法院以假冒注册商标罪判处丁某某、林某某等 7 人有期徒刑一年二个月至四年二个月,并处罚金;以销售假冒注册商标的商品罪判处张某等 4 人有期徒刑一年至三年四个月,并处罚金。一审宣判后,被告人均未提出上诉,判决已生效。

【指导意义】

(一)检察机关审查批准逮捕售假犯罪嫌疑人时,发现公安机关对制假犯罪未立案侦查的,应当履行监督职责。制假售假犯罪严重损害国家和人民利益,危及广大人民群众的生命和财产安全,侵害企业的合法权益,破坏社会主义市场经济秩序,应当依法惩治。检察机关办理售假犯罪案件时,应当注意全面审查、追根溯源,防止遗漏对制假犯罪的打击。对于公安机关未立案侦查的制假犯罪与已立案侦查的售假犯罪不属于共同犯罪的,按照立案监督程序办理;属于共同犯罪的,按照纠正漏捕漏诉程序办理。

(二)加强对企业知识产权的保护,依法惩治侵犯商标专用权犯罪。保护知识产权就是保护创新,检察机关应当依法追诉破坏企业创新发展的侵犯商标专用权、专利权、著作权、商业秘密等知识产权犯罪,营造公平竞争、诚信有序的市场环境。对于实施刑法第二百一十三条规定的假冒注册商标行为,又销售该假冒注册商标的商品,构成犯罪的,以假冒注册商标罪予以追诉。如果同时构成刑法分则第三章第一节生产、销售伪劣商品罪各条规定之罪的,应当依照处罚较重的罪名予以追诉。

(三)对于跨地域实施的关联制假售假案件,检察机关可以建议公安机关并案管辖。根据《最高人民法院、最高人民检察院、公安部、国家安全部、司法部、全国人大常委会法制工作委员会关于实施刑事诉讼法若干问题的规定》第三条第四项和《最高人民法院、最高人民检察院、公安部关于办理侵犯知识产权刑事案件适用法律若干问题的意见》第一条的规定,对于跨地域实施的关联制假售假犯罪,并案处理有利于查明案件事实、及时打击制假售假犯罪的,检察机关可以建议公安机关并案管辖。

【相关规定】(略)

姚常龙等五人假冒注册商标案

（最高人民检察院第十三届检察委员会第六十次会议决定　2021年2月4日发布）

【关键词】

假冒注册商标　境内制造境外销售　共同犯罪

【要旨】

凡在我国合法注册且在有效期内的商标,商标所有人享有的商标专用权依法受我国法律保护。未经商标所有人许可,无论假冒商品是否销往境外,情节严重构成犯罪的,依法应予追诉。判断侵犯注册商标犯罪案件是否构成共同犯罪,应重点审查假冒商品生产者和销售者之间的意思联络情况、对假冒违法性的认知程度、对销售价格与正品价格差价的认知情况等因素综合判断。

【基本案情】

被告人姚常龙,男,1983年生,日照市东港区万能国际贸易有限公司(以下简称万能国际公司)法定代表人。

被告人古进,男,1989年生,万能国际公司采购员。

被告人魏子皓,男,1990年生,万能国际公司销售组组长。

被告人张超,男,1990年生,万能国际公司销售组组长。

被告人庄乾星,女,1989年生,万能国际公司销售组组长。

2015年至2019年4月,被告人姚常龙安排被告人古进购进打印机、标签纸、光纤模块等材料,伪造"CISCO""HP""HUAWEI"光纤模块等商品,并安排被告人魏子皓、张超、庄乾星向境外销售。姚常龙、古进共生产、销售假冒上述注册商标的光纤模块10万余件,销售金额共计人民币3162万余元;现场扣押假冒光纤模块、交换机等11975件,价值383万余元;姚常龙、古进的违法所得数额分别为400万元、24万余元。魏子皓、张超、庄乾星销售金额分别为745万余元、429万余元、352万余元;违法所得数额分别为20万元、18.5万元和14万元。

【检察机关履职情况】

审查逮捕　2019年4月,山东省日照市公安局(以下简称日照市公安局)接到惠普公司报案后立案侦查。同年5月24日,山东省日照市人民检察院(以下简称日照市检察院)以涉嫌假冒注册商标罪对被告人姚常龙、古进批准逮捕;对被告人魏子皓、张超、庄乾星因无法证实犯罪故意和犯罪数额不批准逮捕,同时要求公安机关调取国外买方证言及相关书证,以查明魏子皓、张超、庄乾星是否具有共同犯罪故意及各自的犯罪数额。

审查起诉 2019 年 7 月 19 日,日照市公安局补充证据后以被告人姚常龙、古进涉嫌假冒注册商标罪,被告人魏子皓、张超、庄乾星涉嫌销售假冒注册商标的商品罪,移送日照市检察院起诉。同年 7 月 23 日,日照市检察院将该案交由山东省日照市东港区人民检察院(以下简称东港区检察院)办理。

东港区检察院在审查起诉期间要求公安机关补充完善了以下证据:一是调取被告人姚常龙等 5 人之间的 QQ 聊天记录、往来电子邮件等电子数据,证实庄乾星、张超、魏子皓主观上明知销售的商品系姚常龙、古进假冒注册商标的商品,仍根据姚常龙的安排予以销售,构成无事前通谋的共同犯罪。二是调取电子合同、发货通知、订单等电子数据,结合扣押在案的销售台账及被告人供述、证人证言等证据,证实本案各被告人在共同犯罪中所起的作用大小。三是调取涉案商标的商标注册证、核准商标转让、续展注册证明等书证,证实涉案商标系我国注册,且在有效期内。经对上述证据进行审查,东港区检察院认为,现有证据能够证实被告人庄乾星、张超、魏子皓三人在加入万能国际公司担任销售人员后,曾对公司产品的价格与正品进行对比,且收悉产品质量差的客户反馈意见,在售假过程中发现是由古进负责对问题产品更换序列号并换货等,上述证据足以证实庄乾星、张超、魏子皓三人对其销售的光纤模块系姚常龙、古进贴牌制作的假冒注册商标的商品具有主观明知。故认定该三人构成假冒注册商标罪,与姚常龙、古进构成共同犯罪。检察机关还依法对万能国际公司是否构成单位犯罪进行了审查,认定万能国际公司自 2014 年成立后截至案发,并未开展其他业务,实际以实施犯罪活动为主,相关犯罪收益也均未归属于万能国际公司。根据最高人民法院《关于办理单位犯罪案件具体应用法律有关问题的解释》第二条的规定,公司、企业、事业单位设立后,以实施犯罪为主要活动的,不以单位犯罪论处,故不构成单位犯罪。

2019 年 9 月 6 日,东港区检察院变更公安机关移送起诉的罪名,以被告人姚常龙、古进、庄乾星、张超、魏子皓均构成假冒注册商标罪向山东省日照市东港区人民法院(以下简称东港区法院)提起公诉。

指控与证明犯罪 2019 年 10 月 10 日,东港区法院依法公开开庭审理本案。庭审过程中,部分辩护人提出以下辩护意见:1. 被告人庄乾星、张超、魏子皓与被告人姚常龙不构成共同犯罪;2. 本案商品均销往境外,社会危害性较小。公诉人答辩如下:第一,庄乾星、张超、魏子皓明知自己销售的假冒注册商标的商品系姚常龙、古进贴牌生产仍继续销售,具有假冒注册商标的主观故意,构成假冒注册商标的共同犯罪。第二,本案中涉案商品均销往境外,但是被侵权商标均在我国注册登记,假冒注册商标犯罪行为发生在我国境内,无论涉案商品是否销往境外均对注册商标所有人合法权益造成侵害。合议庭对公诉意见予以采纳。

处理结果 2019 年 12 月 12 日,东港区法院作出一审判决,以假冒注册商标罪分别判处被告人姚常龙、古进、庄乾星、张超、魏子皓有期徒刑二年二个月至四年不等,对古进、庄乾星、张超、魏子皓适用缓刑。同时对姚常龙判处罚金 500 万元,对古进等四人各处罚金 14 万元至 25 万元不等。一审判决后,上述被告人均未上诉,判决已生效。

【指导意义】

(一)假冒在我国取得注册商标的商品销往境外,情节严重构成犯罪的,依法应予追诉

凡在我国合法注册且在有效期内的商标,商标所有权人享有的商标专用权依法受我国法律保护。未经注册商标所有人许可,假冒在我国注册的商标的商品,无论由境内生产销往境外,还是由境外生产销往境内,均属违反我国商标管理法律法规,侵害商标专用权,损害商品信誉,情节严重的,构成犯罪。司法实践中,要加强对跨境侵犯注册商标类犯罪的惩治,营造良好营商环境。

(二)假冒注册商标犯罪中的上下游被告人是否构成共同犯罪,应结合假冒商品生产者和销售者之间的意思联络、对违法性的认知程度、对销售价格与正品价格差价认知情况等因素综合判断

侵犯注册商标犯罪案件往往涉案人数较多,呈现团伙作案、分工有序实施犯罪的特点。实践中,对被告人客观行为表现为生产、销售等分工负责情形的,检察机关应结合假冒商品生产者和销售者之间的意思联络情况,销售者对商品生产、商标标识制作等违法性认知程度,对销售价格与正品价格差价的认知情况,销售中对客户有无刻意隐瞒、回避商品系假冒,以及销售者的从业经历等因素,综合判断是否构成共同犯罪。对于部分被告人在假冒注册商标行为持续过程中产生主观明知,形成分工负责的共同意思联络,并继续维持或者实施帮助销售行为的,应认定构成共同犯罪。

【相关规定】(略)

河北于某等假冒注册商标案

(2021 年 4 月 25 日最高人民检察院发布)

【案件事实】

河北稻香村食品有限公司(以下简称河稻公司)系"河稻"注册商标所有

人,并经苏州稻香村食品工业有限公司授权使用"稻香村"商标。2019年6月,河北保定众人商贸公司法定代表人于某与合伙人李某商议在保定地区销售河稻公司专版月饼。7月1日至8月5日,李某多次到河稻公司商议获取销售专版河稻月饼的授权及具体运作事宜,索得河稻公司的资质证书、产品条形码和在保定范围内销售专版月饼的电子授权证书模板,但并未与河稻公司签订合同,亦未获得授权。

7月,于某设计了七款标有"稻香村""河稻"注册商标的月饼礼盒,选定广东中山机祥制罐有限公司(以下简称机祥制罐公司)、广东中山忆彩纸类包装有限公司(以下简称忆彩包装公司)为月饼包装材料生产厂家,福建诏安四海食品有限公司(以下简称四海食品公司)为月饼供应商。7月15日,于某、李某购进月饼和包装材料,租赁生产地点;8月7日,由李某、郑某、黄某(郑、黄二人均为众人商贸公司员工)组织工人,将四海食品公司生产的月饼加工包装到标有"稻香村""河稻"注册商标的包装盒及包装箱中,于某还指使郑某将河稻公司授权证书中的被授权人改为王某(个体工商户),把四海食品公司月饼的检测合格报告改成"稻香村"月饼的检测报告,发送给王某,将假冒月饼销售给王某,王某再对外推销。经查,于某、李某非法经营数额共计1077954元。

【检察机关履职情况】

审查逮捕 2019年10月16日,公安机关以于某涉嫌假冒注册商标罪向河北省石家庄市鹿泉区人民检察院(以下简称鹿泉区检察院)提请逮捕。检察机关在审查中发现,李某与于某生产销售假冒注册商标的月饼已涉嫌犯罪,不捕不足以防止社会危险性发生,遂向公安机关发出《应当逮捕犯罪嫌疑人建议书》。公安机关于11月20日对李某以涉嫌假冒注册商标罪提请逮捕,鹿泉区检察院于11月26日对其批准逮捕。此外,检察机关针对于某、李某在北京市丰台区批发市场销售7370盒假冒稻香村月饼的事实,向公安机关发出《逮捕案件继续侦查取证意见书》,要求并案侦查。

审查起诉 2019年12月23日,公安机关以于某、李某涉嫌假冒注册商标罪移送起诉。鹿泉区检察院经审查认为,郑某受于某指使篡改《电子授权书》和《产品检验检测报告》,属于直接参与管理生产,黄某负责给工人记工、安排生产假冒月饼等事务,二人与于某构成共犯,遂向公安机关发出《补充移送起诉通知书》,要求追加移送起诉郑某、黄某。2020年4月15日,公安机关变更起诉意见,以于某、李某、郑某、黄某涉嫌假冒注册商标罪移送起诉。此外,办案检察机关认为,王某知假卖假,销售金额较大,涉嫌销售假冒注册商标的商品罪;机祥制罐公司、忆彩包装公司未经注册商标权利人授权而制造印有注册商标标识的包装盒、包装袋,情节严重,涉嫌非法制造注册商标标识罪,遂向公安机关制发

《要求说明不立案理由通知书》,经审查认为公安机关不立案理由不成立,并发出《通知立案书》,后公安机关以王某涉嫌销售假冒注册商标的商品罪立案侦查,对忆彩包装公司负责人冯某、机祥制罐公司负责人姚某以涉嫌非法制造注册商标标识罪立案侦查。针对案件证据存在的其他问题,检察机关引导公安机关补充侦查,同时自行补充侦查,调取证据50余份,复核询问证人20余次。办案检察机关加强与辩方沟通协商,准确适用认罪认罚从宽制度,为庭审顺利进行奠定坚实基础,并准确区分各被告人责任,提出对郑某、黄某宣告缓刑的量刑建议。

出庭公诉 2020年5月15日,鹿泉区检察院以于某等四人涉嫌假冒注册商标罪向鹿泉区法院提起公诉。庭审中,辩护人提出李某是主犯,于某系从犯,河稻公司的授权行为是其真实意思表示,该案属于单位犯罪,郑某、黄某构成自首等辩护意见,公诉人结合微信聊天记录、证人证言、同案被告人的供述、转款记录、销售记录、查获扣押物品、传唤证等证据,逐一答辩,最终被告人承认了全部指控。9月9日,鹿泉区法院作出一审判决,认定各被告人犯假冒注册商标罪,分别判处于某、李某有期徒刑四年零六个月和四年,并处罚金50万元和40万元;分别判处郑某、黄某有期徒刑三年缓刑四年和有期徒刑三年缓刑三年、并处罚金5万元和3万元。各被告人均未上诉,该判决已生效。

【典型意义】

(一)深挖犯罪线索,实现全链条打击。侵犯商标权犯罪案件往往呈现犯罪环节多、犯罪链条长、组织分工细的特点。办案检察机关充分履行法律监督职责,对上游非法制造他人注册商标标识的和下游明知是假冒注册商标的商品仍予以销售的,依法监督公安机关立案;对在不同假冒环节发挥不同作用的员工以假冒注册商标罪的共犯追究刑事责任,做到对侵犯知识产权犯罪行为应追尽追、全面惩治。

(二)注重检律沟通,促使被告人认罪认罚。办案检察机关将理性、平和、文明、规范的司法理念贯穿办案始终,注重释法说理,围绕在案证据及法律适用、认罪认罚的自愿性和后果等,多次与犯罪嫌疑人、辩护人进行沟通交流,在案件定性、量刑方面取得一致意见,被告人全部自愿签署认罪认罚具结书。

(三)服务保障"六稳""六保",助力民营企业发展。为服务经济发展,河北省检察院制发了服务企业发展措施和服务"六稳""六保"指导意见,全省检察机关主动到涉案企业听取对检察机关打击侵犯知识产权犯罪、服务企业发展的意见和建议,对企业在风险防范、内部制度建设方面存在的不足提出检察建议,帮助企业建章立制、提升知识产权自我保护水平。

江苏陆某某等假冒注册商标、销售假冒注册商标的商品、非法制造、销售非法制造的注册商标标识案

（2021 年 4 月 25 日最高人民检察院发布）

【案件事实】

2017 年初至 2018 年 11 月,被告人陆某某未经"PHILIPS""Oral-B"注册商标权利人许可,通过被告人胡某某管理的网店购进用于假冒"PHILIPS""Oral-B"注册商标的电动牙刷头,联系被告人彭某某在牙刷头上镭雕"PHILIPS"标识;联系被告人靳某某、吴某东印刷"PHILIPS""Oral-B"商标标识用于外包装;雇佣吴某英镭雕、包装、生产假冒上述注册商标的电动牙刷头。陆某某销售上述电动牙刷头给被告人王某某等人,合计销售金额 627 万余元。被告人王某某、昌某、邓某某等人明知陆某某销售假冒电动牙刷头,仍以低价购进后通过网店进行销售,其中王某某销售金额 1325 万余元。侦查过程中,公安机关在陆某某租住处扣押假冒电动牙刷头,货值 16 万余元;分别在王某某、吴某东等人处扣押大量假冒电动牙刷头和非法制造的注册商标标识及制假工具等。

【检察机关履职情况】

提前介入 2018 年 10 月 19 日,公安机关对本案立案侦查。江苏省东台市人民检察院(以下简称东台市检察院)及时介入,提出侦查取证意见:调取王某某等人的网店销售记录,查清涉案人员资金往来,查封、扣押相关物证、账目,固定微信聊天记录等电子数据,查明各被告人销售金额。2019 年 3 月 29 日,公安机关将本案移送东台市检察院起诉。5 月 9 日,东台市检察院根据江苏省相关管辖的规定,将该案移送江苏省盐城市人民检察院(以下简称盐城市检察院)审查起诉。

审查起诉 针对辩护人提出靳某某的犯罪数额应按套计算而不应按件计算,检察机关认为,每一件完整且可以独立使用的侵权商标标识应作累加计算;针对公安机关未明确吴某英具体犯罪数额,检察机关根据其参与时间、生产商品数量以及商品实际销售价格,按照有利于被告人的原则确定其非法经营数额;针对公安机关认定彭某某涉嫌非法制造、销售非法制造的注册商标标识罪,检察机关认为,彭某某直接将注册商标使用于没有商标的牙刷头上,使本来没有商标的商品变成了注册商标的商品,是直接使用注册商标的行为,应认定其

构成假冒注册商标罪。检察机关综合全案犯罪事实和各项情节,提出合理量刑建议,对假冒注册商标犯罪情节特别严重的主犯、销售假冒注册商标的商品犯罪中犯罪数额巨大的、非法制造、销售非法制造的注册商标标识情节特别严重的 3 人建议判处实刑,对属于从犯、数额较小、悔罪态度较好的 6 人,建议适用缓刑。经充分释法说理,9 名犯罪嫌疑人均认罪认罚。

出庭公诉　2019 年 10 月 30 日,盐城市检察院依法向盐城市中级法院提起公诉。2020 年 4 月 24 日,法院作出一审判决,采纳检察机关量刑建议,判处 9 名被告人有期徒刑四年三个月至九个月不等,罚金 325 万元至 3 万元不等,并对胡某某等 6 人适用缓刑。判决宣告后,9 名被告人均未提出上诉,该判决已生效。

【典型意义】

(一)充分履职尽责,实现全面精准指控。对于商标侵权犯罪行为不能仅限于处理末端销售人员和部分制假人员,对制售外包装等假冒注册商标标识的人员也要依法追究责任。本案中,检察机关主动提前介入侦查,围绕犯罪数额核定、电子证据收集等提出意见,引导公安机关及时收集固定相关证据,为案件顺利移送审查起诉筑牢证据基础。审查起诉期间,认真全面审查,准确认定"镭雕"为将假冒注册商标附着于商品上的行为,查清各网店侵权商品的销售金额,对制假、售假者和假冒标识制作者实现全链条打击。综合犯罪金额、销售数量等情节进行分析研判,依法审慎提出量刑建议,所有被告人均认罪认罚,取得了较好的办案效果。

(二)坚持平等保护,不断优化营商环境。本案侵权对象为国际知名注册商标,犯罪数额巨大,涉及地域广,严重侵犯了商标所有权人的合法权益。检察机关坚持平等保护理念,严厉打击侵犯知识产权犯罪,依法平等保护国内外权利人合法权益,优化我国营商环境,彰显我国尊重和保护知识产权的一贯立场。

赛某某假冒注册商标案

(2021 年 9 月 7 日最高人民法院发布)

【基本案情】

2017 年 11 月至 2019 年 2 月,被告人赛某某雇佣齐某某(另案处理)在河南省郑州市惠济区非法从事种子生产、销售。赛某某从甘肃等地购买玉米种子,并在未经注册商标所有人许可的情况下,安排齐某某等人用赛某某所购不同品牌的玉米种子包装袋分装后,分别销往河南、山东、安徽、湖北等地。2019 年 2 月 25 日,公安机关查处赛某某位于河南省郑州市惠济区八堡村的制假窝点时,当场查获假冒北京联创种业有限公司注册的"粒粒金"牌裕丰 303、山西中农赛博种业有限公司注册的"太玉"牌太玉 339、安徽隆平高科种业有限公司注册的"隆平高科"牌隆平 206、山东登海种业股份有限公司注册的"登海"牌登海 605、北京华奥农科玉育种开发有限责任公司注册的"农科王"牌农科玉 368 等注册商标的玉米种子共计 42 袋,总价值共计 85890 元。

【裁判结果】

河南省郑州市中级人民法院经审理认为,被告人赛某某未经注册商标所有人许可,在同一商品上使用与其注册商标相同的商标,情节严重,其行为构成假冒注册商标罪。赛某某归案后能够认罪认罚。据此,以假冒注册商标罪判处被告人赛某某有期徒刑一年,并处罚金 8000 元。

【典型意义】

种子是农业发展的"芯片",保护种子的注册商标等知识产权是维护种业健康发展、促进农业科技创新的重要保障。实践中,被告人假冒他人种子注册商标的犯罪,是种业领域典型的侵犯知识产权犯罪,应依法予以严惩。依照刑法第二百一十三条的规定,未经注册商标所有人许可,在同一种商品上使用与其注册商标相同的商标,情节严重的,以假冒注册商品罪定罪处罚。其中,非法经营数额在 5 万元以上不满 25 万元或者违法所得数额在 3 万元以上不满 15 万元的,以及假冒两种以上注册商标,非法经营数额在 3 万元以上不满 15 万元或者违法所得数额在 2 万元以上不满 10 万元的,应在三年以下有期徒刑,并处或者单处罚金的幅度内量刑。

该类刑事案件的审理,往往还涉及罪数认定问题。对于被告人既实施假冒他人注册商标犯罪,又销售该假冒注册商标的商品,构成犯罪的,以假冒注册商标罪定罪处罚;对于采用假冒注册商标的手段生产、销售伪劣产品,既触犯假冒注册商标罪,又触犯生产、销售伪劣产品罪的,按照处罚较重的犯罪定罪处罚。本案即便涉案种子经鉴定属于不合格产品,若以销售伪劣产品罪定罪,销售金额在 5 万元以上不满 20 万元的,应在二年以下有期徒刑或者拘役,并处或者单处销售金额百分之五十以上二倍以下罚金的幅度内量刑。故根据"择一重罪处罚"原则,本案应以假冒注册商标罪定罪处罚。

张家港 S 公司、睢某某销售假冒注册商标的商品案——介入侦查认定"挂案"性质,积极引导涉案小微企业开展合规建设

(2021 年 12 月 8 日最高人民检察院发布)

【关键词】

假冒注册商标 "挂案"清理 小微企业合规建设 第三方监督评估

【要旨】

检察机关推进涉企"挂案"清理过程中,对尚未进入检察环节的案件,可采取介入侦查的形式开展个案会商,认定"挂案"性质,能动清理。对符合企业刑事合规条件的案件,积极引导涉案企业开展合规建设,引入第三方组织进行监督评估,规范推进合规监督考察和"挂案"清理工作。检察机关与公安机关等有关部门积极配合,多措并举合力护航民营经济健康发展。

【基本案情】

张家港市 S 五交化贸易有限公司(以下简称 S 公司)2015 年 6 月注册成立,注册资本 200 万元,在职员工 3 人,睢某某系该公司法定代表人、实际控制人。

2018 年 11 月 22 日,张家港市市场监督管理局在对 S 公司进行检查时,发现该公司疑似销售假冒"SKF"商标的轴承,并在其门店及仓库内查获标注"SKF"商标的各种型号轴承 27829 个,金额共计 68 万余元。2018 年 12 月 17 日,张家港市市场监督管理局将该案移送至张家港市公安局。2019 年 2 月 14 日,斯凯孚(中国)有限公司出具书面的鉴别报告,认为所查获的标有"SKF"商标的轴承产品均为侵犯该公司注册商标专用权的产品。2019 年 2 月 15 日,张家港市公安局对本案立案侦查。

【企业合规整改情况及效果】

一是应公安机关邀请介入侦查。2021 年 5 月初,张家港市检察院应张家港市公安局邀请,派员介入听取案件情况。梳理在案证据,本案侦查工作的主要情况如下:第一,睢某某辩称涉案的轴承部分是从山东威海一旧货调剂市场打包购买,部分是从广州 H 公司、上海 J 公司购买,认为自己购进的都应该是正品。第二,公安机关经与广州 H 公司、上海 J 公司核实,上海 J 公司系授权的一级代理商,主要经营 SKF 等品牌轴承。广州 H 公司从上海 J 公司进购 SKF 轴承后进行销售,曾 3 次通过上海 J 公司直接发货给 S 公司,共计 54 万元。同时,

公安机关对山东威海的旧货调剂市场进行了现场调查,发现该市场确实是二手交易市场,无法追溯货品源头。第三,斯凯孚(中国)有限公司出具书面鉴别报告时,未对查获的轴承及包装的真伪进行现场勘查,仅根据清点明细材料出具了鉴别说明和比对示例,且不愿再重新鉴定。此外,该案立案距今超过两年,已属"挂案"状态。

二是及时启动社会调查。检察机关向S公司、睢某某告知企业合规相关政策后,该公司分别向检察机关、公安机关递交了《提请开展刑事合规监督考察的申请书》。随后承办检察官走访企业和市场监督管理局、税务局等行政部门,实地查看公司经营现状、指导填写合规承诺、撰写调查报告。走访调查了解到,该公司系已实际经营六年的小微民营企业,因涉嫌犯罪被立案,一定程度上影响经营,资金周转困难,公司面临危机。该公司规章制度不健全,内部管理不完善,尤其是企业采购程序不规范,对供货商资质和货品来源审查不严,单据留存不全,还曾因接受虚开的增值税发票被税务机关行政处罚。检察机关经综合考虑,鉴于S公司有整改行为和较强的合规愿望,认为可以开展企业合规监督考察。

三是深入会商达成共识。检察机关认为,该案证明S公司及睢某某犯罪故意的证据不确实、不充分,公安机关也难以再查明轴承及包装的来源是否合法,案件久拖不决已处于"挂案"状态,亟待清理。检察机关与公安机关共同分析了相关情况,并就该案下一步处理进行会商,双方就企业合规、"挂案"清理工作达成共识。公安机关明确表示,如该公司通过企业合规监督考察时还没有新的证据进展,将作出撤案处理。

四是扎实推进合规考察。经向上级检察机关请示并向张家港市企业合规监管委员会报告后,张家港市检察院联合公安机关对S公司启动合规监督考察程序,确定6个月的整改考察期。同时,张家港市企业合规监管委员会根据第三方监督评估机制,从第三方监管人员库中随机抽取组建监督评估小组,跟踪S公司整改、评估合规计划落实情况。按照合规计划,S公司梳理企业风险点,制定《财务管理合规建设制度》《发票制发流程》《货物销售采购流程》等内部制度,并形成规范的公司合同模板。在税务方面,公司从以往直接与代账会计单线联系,转变为与会计所在单位签订合同,对财务人员应尽责任、单位管理职责进行书面约定。在知识产权方面,公司明确渠道商应提供品牌授权证明并备案,每笔发货都注明产品明细,做到采购来路明晰、底数清晰。合规整改期间,检察机关会同第三方监督评估小组,每月通过座谈会议、电话联系、查阅资料、实地检查等方式,特别是通过"不打招呼"的随机方式,检查企业合规建设情况。同时,检察机关还向公安机关通报企业合规建设进展情况,邀请参与合规检查,并认真吸收公安机关对合规制度完善提出的意见。2021年8月5日,鉴于该公司员工数少、业务单一、合规建设相对简易的情况,第三方监督评估小组提出缩短合规监督考察期限的建议。检察机关听取市场监督管理部门、税务部门意见后,决定将合规监督考察期限缩短至 3 个月。2021 年 8 月 16 日至 18 日,第三方监督评估小组对该公司合规有效性进行评估,出具了合规建设合格有效的评估报告。

五是参考考察结果作出处理。2021 年 8 月 20 日,张家港市检察院组织公开听证,综合考虑企业合规整改效果,就是否建议公安机关撤销案件听取意见,听证与会人员一致同意检察机关制发相关检察建议。当日,检察机关向公安机关发出检察建议,公安机关根据检察建议及时作出撤案处理,并移送市场监督管理部门作行政处罚。检察机关两个月后回访发现,S 公司各项经营已步入正轨,因为合规建设,两家大型企业看中 S 公司合规资质与其建立了长期合作关系,业务预期翻几番,发展势头强劲。

【典型意义】

1. 对尚未进入检察环节的涉企"挂案"进行排查,采取与企业合规改革试点结合等方式能动清理。检察机关推进涉企"挂案"清理过程中,除依托统一业务应用系统中排除出相关数据外,还可以通过控告申诉、日常走访、服务企业平台等了解"挂案"线索。对尚未进入检察环节的案件,可采取介入侦查的形式,积极与公安机关开展个案会商。通过听取案件情况、审查在案证据、实地走访调查等工作,与公安机关共同分析是否属于"挂案"、"挂案"原因、"挂案"影响以及侦查取证方向、可行性等因素,分类施策、妥善处理。对符合合规监督考察的条件的案件,积极引导涉案企业开展合规整改,促进涉企"挂案"清理,最大限度降低"挂案"对企业生产经营的影响。

2. 严格把握企业合规监督考察条件、标准和工作程序,规范清理涉企"挂案"。通过企业合规促进"挂案"清理,在具体操作中应该重点把握三点:一是通过走访调查,深入了解犯罪嫌疑人认罪悔罪态度、企业经营状况、社会贡献、合规意愿以及违法犯罪既往历史等情况,评估涉案企业是否符合开展合规监督考察的条件。二是加强对外沟通,向公安机关讲清企业合规政策和涉企"挂案"清理意义,争取理解和支持。三是依托第三方监督评估机制,客观公正地跟踪指导企业合规建设、评估合规有效性,以第三方监督评估结论为主要依据,听取行政机关以及公开听证等多方意见,做到"阳光"清理、规范清理。本案中,检察机关按照申请、调查、会商、考察等程序,规范推进企业合规,同时引入第三方组织对企业合规建设进行全程监督,值得肯定。

3. 与公安机关等有关部门积极配合,多措并举合力护航民营经济健康发展。为加强民营经济平等保护,2020 年 10 月以来,最高人民检察院与公安部联合部署开展涉民营企业刑事诉讼"挂案"专项清理工作。全国检察机关、公安机关强化协作、多措并举,一大批"挂案"得到有效清理,该撤案的及时撤案,该继续侦办的尽快突破,以实际行动服务"六稳""六保"大局,受到社会各界的广泛好评。同时,检察机关正在深入开展涉案企业合规改革试点,落实少捕慎诉慎押刑事司法政策,依法保护涉案企业和企业家人身和财产合法权益,向涉案企业提出整改意见,督促涉案企业作出合规承诺并积极整改。在日常"挂案"清理工作中,检察机关要针对涉案企业暴露出的经营管理、法律风险方面的突出问题,自觉开展企业合规工作,积极适用第三方监督评估机制,会同公安机关等有关部门综合运用经济、行政、刑事等手段,既促进涉案企业合规守法经营,也警示潜在缺乏规制约束的企业遵纪守法发展,逐步建立长效机制,实现精准监督。

上海赤某教育科技有限公司、姚某假冒注册商标案

(2022 年 4 月 25 日最高人民检察院发布)

【关键词】

假冒注册商标罪　服务商标　同一种服务

【要旨】

刑法修正案(十一)将服务商标纳入刑事保护范围,检察机关认真落实刑法要求,严厉打击假冒服务商标犯罪,以"物理载体呈现 + 服务内容固定"认定"同一种服务"及商标使用行为,为依法打击假冒服务商标犯罪提供参考借鉴。

【基本案情】

" ""　 "" 乐高教育"等商标系乐高博士有限公司(以下简称乐高公司)注册商标,核定服务项目为第 41 类,包括教育、培训、娱乐竞赛等。上海赤某教育科技有限公司(以下简称赤某公司)经营范围为从事教育科技领域内的技术开发、技术咨询、技术服务等,实际经营者为姚某。

2017 年 7 月起,赤某公司在上海市松江区新桥镇商场内租赁店铺经营"LC 乐高机器人中心",从事教育科技领域服务。2021 年 3 月至 6 月,姚某将从他人处购得的假冒" ""　 "" 乐高教育"商标的《授权书》《乐高教育教练资格证书》等文件在店铺内展示,并将" "等商标用于店铺招牌、店内装潢、海报宣传、员工服装、商场指示牌等处,假冒乐高公司正规授权门店,提供教育培训服务。经审计,2021 年 3 月至案发,赤某公司共收取培训课时费人民币 51 万余元。

【检察机关履职情况】

2021年6月,上海市公安局经权利人举报发现侵犯服务商标犯罪线索并立案侦查,上海市人民检察院第三分院(以下简称上海市检三分院)及时介入侦查,引导取证。经检察机关研判,涉案公司行为侵犯了权利人的注册商标专用权,经营数额与侵权行为具有因果关系且情节严重,已涉嫌假冒注册商标罪,同时提出侦查取证意见,引导公安机关开展侦查。

2021年8月2日,上海市公安局以姚某涉嫌假冒注册商标罪移送上海市检三分院审查起诉。审查起诉期间,检察机关引导公安机关补强相关证据,形成完整证据链。一是要求服务商标权利人识别合法授权门店与侵权门店之间的差异,着重对店铺招牌、海报宣传、室内装潢、培训课件等假冒乐高商标标识的使用情况进行详细比对,明确假冒服务商标的事实。二是对涉案店铺资金去向进行补充鉴定。经鉴定,店铺大部分收入用于单位经营,且涉案店铺的经营主体以及伪造乐高教育授权书中授权对象均为赤某公司,属于单位犯罪,故依法追加赤某公司为被告单位。三是依法认定犯罪数额。服务商标的价值附随于服务活动实现,教育培训课程应视为提供服务,将该种服务的销售金额即课时费认定为非法经营数额,符合经营活动的一般认知,也与假冒商品商标案件中将涉案商品的销售金额认定为非法经营数额的逻辑相同。四是积极贯彻落实认罪认罚从宽制度。结合姚某认罪态度,依法适用认罪认罚从宽制度,对认罪认罚具结全程录音录像。

2021年9月30日,上海市检三分院以假冒注册商标罪对被告单位赤某公司、被告人姚某提起公诉。2021年11月25日,上海市第三中级人民法院以假冒注册商标罪判处被告单位赤某公司罚金人民币20万元,判处被告人姚某有期徒刑一年,缓刑一年,并处罚金人民币6万元。被告单位、被告人均未提出上诉,判决已生效。

【典型意义】

(一)依法打击侵犯服务商标犯罪,彰显知识产权司法保护决心。服务商标作为服务品牌价值浓缩体现,具有承载服务质量和声誉、表明服务来源的作用,其重要性不亚于商品商标。近年来,假冒知名教育培训服务的行为时有发生,侵害了权利人和广大消费者合法权益。在服务商标纳入刑法保护范围的背景下,本案作为全国首例侵犯服务商标刑事案件,其成功办理彰显了检察机关对注册商标专用权"快保护""严保护"的司法理念。

(二)探索服务商标案件认定规则,为同类案件办理提供借鉴。服务商标区别于商品商标的特点在于其指向的对象具有无形性,决定了服务商标无法直接附着于服务上,必须借助于实物载体体现。如何准确认定"同一种服务"和服务商标的"使用"问题是司法实践的难点。检察机关在审查服务分类的基础上,探索采用"物理载体呈现+服务内容固定"分别比较的方法。一方面,将被告单位在侵权店铺招牌、室内装潢、授权材料等处使用的商标与权利人商标进行对比;另一方面,通过权利人认定、证人证言、被告人供述等多种证据形式,比较两者在服务对象、服务内容等方面是否重合。经综合比较和审查判断,认定本案行为人与权利人提供的服务属于"同一种服务"。

(三)深化权利人权益保障,落实认罪认罚从宽制度。在侵犯知识产权犯罪案件办理过程中,检察机关及时向商标权利人送达诉讼权利义务告知书,听取意见建议,为权利人调阅卷宗提供便利。建议法院通知权利人出席法庭,推动权利人实质性参与刑事诉讼,实现对中外权利人的平等保护。在向被告人充分释法说理、适用认罪认罚从宽制度的同时,对认罪认罚具结全程同步录音录像,规范约束检察机关履职行为,充分保障认罪认罚的自愿性、合法性、真实性。

中某重工科技股份有限公司、刘某余等
五人假冒注册商标案

(2022 年 4 月 25 日最高人民检察院发布)

【关键词】

假冒注册商标罪　企业合规　第三方监督评估　不起诉

【要旨】

检察机关在办理涉企侵犯知识产权犯罪案件中,积极开展企业合规建设,充分发挥主导作用,与第三方监督评估组织深度协作,做好合规建设前的衔接协调、合规建设中的监督配合、合规建设后的评估审查等工作,确保涉案企业"真整改""真合规",促进行业规范,服务创新发展。

【基本案情】

中某重工科技股份有限公司(以下简称中某公司)是一家生产起重机零部件的重工制造公司,刘某余为公司法定代表人。2020 年 9 月,中某公司为增加业务来源,经刘某余、骆某、罗某、王某、杨某等五名公司股东一致同意,在未获得权利人中联重科股份有限公司授权的情况下,生产标注有该公司注册商标的塔式起重机标准节。2020 年 9 月至 2021 年 2 月,中某公司将上述假冒注册商标的塔式起重机标准节销售给下游客户,销售金额共计人民币 27 万余元。

【检察机关履职情况】

2021 年 6 月 10 日,湖南省长沙市公安局以刘某余、骆某、罗某、王某、杨某等五人涉嫌假冒注册商标罪移送长沙市人民检察院审查起诉。同年 7 月 9 日，长沙市人民检察院将该案交由长沙市岳麓区人民检察院(以下简称岳麓区检察院)办理。

岳麓区检察院审查认为,中某公司涉嫌单位犯罪。中某公司属于中小微企业,专注于起重机零部件生产,产品有较高质量和技术含量,具有"专精特新"的特点,为当地 50 余人创造了就业机会。涉案企业和人员短期从事假冒注册商标的违法犯罪行为,且均认罪认罚,积极赔偿权利人损失、取得权利人谅解,中某公司能够继续生产经营,承诺建立企业合规制度,具备启动第三方监督评估的基本条件,遂启动企业合规建设。

2021 年 9 月 3 日,岳麓区检察院通过充分调研,向中某公司制发检察建议,指出中某公司存在的问题及合规整改目标,同时商请第三方监督评估机制管理委员会从知识产权、税务会计、工程机械等领域选出 6 名专家组成第三方监管组织,对中某公司进行考察。期间,检察机关多次赴涉案企业考察调研,就评估人员选配、考察模式等方面与第三方监督评估机制管理委员会交换意见,细化考察流程。检察机关通过不定期走访企业,跟踪涉案企业的合规建设情况,以实地检验的方式确保第三方监管组织履职的真实性、有效性。同年 10 月 30 日,中某公司整改完毕,第三方监管组织评估认为中某公司的合规整改合格。

2021 年 12 月 28 日,岳麓区检察院组织公开听证,听证员一致认为中某公司整改效果较好,建议对企业从宽处理。同年 12 月 31 日,岳麓区检察院对中某公司及刘某余、骆某、罗某、王某、杨某等 5 人作出不起诉决定。检察机关针对本案反映出的工程机械行业企业合规问题,延伸检察职能,加强与行业主管部门以及行业协会的沟通协作,用好座谈会商、公开听证、进企宣传等方式,提高工程机械行业知识产权保护意识和能力,以个案合规促行业合规,推动行业健康发展,加强知识产权源头保护。

【典型意义】

(一)依法能动履职,对侵犯知识产权犯罪案件开展企业合规建设。涉案企业合规改革适用的案件类型,包括公司、企业等市场主体生产、经营活动涉及的各类犯罪案件。检察机关对于公司、企业涉侵犯知识产权犯罪,相关单位和个人认罪认罚,能够正常生产经营,承诺建立或者完善企业合规制度,符合启动企业合规建设条件的,应及时启动企业合规程序,积极适用第三方监督评估机制。充分发挥知识产权司法保护对创新发展的支撑和保护作用,通过开展企业合规建设,量身定制合规计划,督促企业完善知识产权保护等相关制度,提升企业自主创新能力。针对个案办理中反映的共性问题,会同相关部门推动行业合规建设,加强诉源治理。

（二）强化审查把关,对企业合规整改情况科学精准评估。本案中,检察机关加强与第三方监督评估机制管理委员会的协同联动,紧密结合涉案企业和侵犯知识产权犯罪特点,有针对性选择知识产权、工程机械等领域专家组成第三方监管组织。合规整改过程中,检察机关通过不定期走访企业,跟踪涉案企业合规建设情况。合规整改后,组织检察听证听取相关各方意见,加强对合规计划执行、第三方合规考察报告的审查把关,防止"虚假合规""纸面合规"。最终,检察机关综合考量中某公司及刘某余等五人犯罪情节轻微,具有认罪认罚、赔偿谅解等情节,且中某公司经合规整改合格,依法作出不起诉决定。

马某等六人假冒注册商标、销售假冒注册商标的商品案

（2022 年 4 月 25 日最高人民检察院发布）

【关键词】

假冒注册商标罪　种业保护　诉源治理

【要旨】

种子是农业的"芯片",是国家粮食安全的"命脉"。检察机关从国家种业安全和粮食安全大局出发,加大对种业领域假冒伪劣、套牌侵权等违法犯罪行为的惩治力度。依法告知权利人诉讼权利义务,为提起民事诉讼提供法律指引,推动惩罚性赔偿制度落实。结合办案提出社会治理类检察建议,促进诉源治理。

【基本案情】

"德美亚"是垦丰种业股份有限公司（以下简称垦丰种业公司）拥有的注册商标,核定使用商品为第31类植物种子等。2018 年 10 月,马某、黄某发在甘肃省武威市和酒泉市购进 61 吨散装玉米种子并发往吉林省公主岭市,由马某完成精选、包衣后,再发往黑龙江省佳木斯市。期间,马某向杨某祝支付人民币 10 万元,用于在黑龙江省共青农场等地农户手中收购"德美亚ⓒ3 号"玉米种子包装袋,同时教授杨某祝拆除包装方法,并强调不得损坏包装。杨某祝找到战某生帮忙,同时告知战某生上述事项。杨某祝共收购"德美亚ⓒ3 号"玉米种子包装袋 1106 条,获利人民币 1.8 万元,其中约 500 条包装袋为战某生收购,战某生同时还帮助杨某祝拆除 200 条包装袋,共获利人民币 1.7 万元。黄某发取得包装袋后,未经垦丰种业公司授权许可,伙同陈某霞在佳木斯市雇佣人员进行灌装并对外销售。马某、黄某发、陈某霞共销售假冒"德美亚ⓒ3 号"玉米种子

2598 袋,非法经营数额共计人民币 187 万余元。

2019 年 3 月,李某向马某、黄某发购买假冒的"德美亚©3 号"玉米种子并对外销售,销售金额人民币 149 万余元。

【检察机关履职情况】

2019 年 9 月 27 日,黑龙江省垦区公安局宝泉岭分局以马某、黄某发、陈某霞、李某、杨某祝、战某生涉嫌假冒注册商标罪、销售假冒注册商标的商品罪向黑龙江省宝泉岭人民检察院(以下简称宝泉岭检察院)移送审查起诉。2020 年 3 月 9 日,宝泉岭检察院以假冒注册商标罪、销售假冒注册商标的商品罪对马某等六人提起公诉。2021 年 3 月 22 日,黑龙江省宝泉岭人民法院以假冒注册商标罪分别判处被告人马某、黄某发、陈某霞、杨某祝、战某生有期徒刑十个月至四年不等,并处罚金人民币 1000 元至 15 万元不等;以销售假冒注册商标的商品罪判处被告人李某有期徒刑三年六个月,并处罚金人民币 15 万元。各被告人均未提出上诉,判决已生效。

检察机关分析发现,种子经销商户违反种子法相关规定,未严格落实种子追溯制度,购进、销售种子时未建立经营档案,是导致案件发生的重要原因。宝泉岭检察院针对该问题向农业农村部门制发检察建议,督促行政机关严格落实种子追溯制度,建立经营档案。同时,向权利人提出重新设计涉案产品包装、加强技术防伪等建议,防止侵权风险。

为依法维护权利人合法权益,加大对侵权人的追责力度,推动惩罚性赔偿制度落实,黑龙江省检察院农垦分院告知垦丰种业公司有提起民事惩罚性赔偿之诉的权利,并在证据收集、法律适用等方面提供指引。2021 年 2 月 19 日,垦丰种业公司向黑龙江省农垦中级法院提起民事惩罚性赔偿之诉,同年 10 月 15 日,法院一审认定垦丰种业公司损失人民币 159 万余元,并以此为基数,判决六名被告承担人民币 300 万元的惩罚性赔偿责任。六名被告均未上诉,判决已生效。

【典型意义】

(一)加强种业知识产权司法保护,筑牢国家粮食安全基石。近年来,我国种业市场秩序不断规范,但套牌侵权、假冒伪劣种子坑农害农现象仍屡禁不止,给国家农业生产、粮食安全带来隐患,损害了权利人合法权利,严重影响种业创新环境。黑龙江是农业大省,承担国家粮食安全"压舱石"的重任。农垦检察机关聚焦国家种业安全和粮食安全大局,对种业领域套牌侵权突出问题重拳出击,充分发挥刑事追诉和民事惩罚性赔偿制度的有力震慑作用,让侵权者付出沉重代价,全面提升种业知识产权司法保护水平,为民族种业发展、维护粮食安全营造良好的生态环境。

（二）积极开展诉源治理，促进行业监管和企业风险防范。检察机关在依法办案的同时，应当推动更多法治力量向源头端口前移，贯彻"既要抓末端、治已病，更要抓前端、治未病"的工作要求。对种子市场的治理，需要司法机关、行政管理机关共同努力、联动履职，保障市场经营规范有序。检察机关通过制发检察建议等方式，督促行政机关进一步加强监管，推动源头治理。同时，针对种子企业知识产权保护意识薄弱的问题，积极开展普法宣传活动、提出预防侵权法律建议，建立与种子企业常态化沟通机制，促进企业提升保护种业知识产权能力。

彭某雪、王某恒等七人假冒注册商标、销售假冒注册商标的商品、非法制造、销售非法制造的注册商标标识案

（2022 年 4 月 25 日最高人民检察院发布）

【关键词】

侵犯商标权犯罪　跨区域协作　全链条打击

【要旨】

检察机关在办理侵犯知识产权案件中，紧紧围绕贯彻落实国家区域发展战略部署，注重构建跨区域案件办理协作机制，创新履职模式，全链条打击上下游犯罪，形成知识产权保护检察合力。积极开展综合治理，服务优化营商环境，推动相关行业健康发展。

【基本案情】

重庆江小白酒业有限公司、四川古蔺郎酒厂有限公司、湖北劲牌有限公司分别系"江小白""小郎酒""劲酒"注册商标的商标权人。

2018 年 1 月至 2019 年 8 月，彭某雪从四川省成都市购买大量假冒"江小白""小郎酒""劲酒"注册商标的白酒，并以低价对外销售，销售金额人民币 40 余万元。2019 年 9 月起，彭某雪从成都市购买大量废弃"小郎酒"等品牌酒瓶，从山东省某包装公司订购含有"小郎酒"等注册商标标识的瓶盖和包装纸等材料。彭某雪还向袁某求购假冒"小郎酒"等注册商标标识的瓶盖，袁某将从王某恒处购得的假冒"小郎酒"商标标识瓶盖 3 万余个转卖给彭某雪。随后，彭某雪邀约李某勇共同出资扩建位于四川省雅安市的厂房，并雇请刘某洪等人在该厂房内生产、灌装假冒"小郎酒"等品牌白酒，向他人低价销售，销售金额人民币 50 万余元。

2018 年 1 月至 2020 年 12 月，卫某波从彭某雪处购买假冒"江小白""小郎

酒""劲酒"注册商标的白酒,加价销往重庆市和四川省等多地,销售金额人民币26万余元。2018年1月至2020年12月,胡某兵从卫某波处购买假冒"小郎酒""江小白"注册商标的白酒,销售给重庆市云阳县多个乡镇副食店,销售金额人民币5万余元。

【检察机关履职情况】

2021年4月8日,重庆市云阳县公安局以彭某雪、李某勇等五人涉嫌假冒注册商标罪、销售假冒注册商标的商品罪向重庆市云阳县人民检察院(以下简称云阳县检察院)移送审查起诉。根据重庆市公安机关移送的线索,成都市公安机关抓获生产、销售假冒注册商标瓶盖的王某恒、袁某。云阳县检察院与四川天府新区成都片区人民检察院(以下简称天府新区检察院)加强协作,就同案犯供述、证人证言、电子数据等关键证据共通共享,协查取证,确定涉案瓶盖与上下游买卖关系的对应性,就侵权产品数量、犯罪金额等问题统一事实认定;就上下游犯罪人员的地位作用、量刑情节等问题加强沟通,确保法律适用和刑事政策协调一致,实现对侵权假冒产品生产源头和销售终端全链条打击。

2021年8月27日,云阳县检察院以被告人彭某雪犯假冒注册商标罪、销售假冒注册商标的商品罪,被告人李某勇、刘某洪犯假冒注册商标罪,被告人卫某波、胡某兵犯销售假冒注册商标的商品罪提起公诉。2021年12月9日,重庆市云阳县人民法院以假冒注册商标罪、销售假冒注册商标的商品罪判处被告人彭某雪有期徒刑四年六个月,并处罚金人民币15万元;以假冒注册商标罪、销售假冒注册商标的商品罪分别判处被告人李某勇、刘某洪、卫某波、胡某兵有期徒刑一年至三年不等,并处罚金人民币1万元至5万元不等,部分人员适用缓刑。五名被告人均未提出上诉,判决已生效。

2021年9月18日,天府新区检察院以非法制造、销售非法制造的注册商标标识罪对被告人王某恒、袁某提起公诉。2021年12月15日,四川天府新区成都片区人民法院以非法制造、销售非法制造的注册商标标识罪分别判处被告人王某恒、袁某有期徒刑一年六个月和一年五个月,均并处罚金人民币2.5万元。二名被告人均未提出上诉,判决已生效。

【典型意义】

(一)加强跨区域检察协作,协同打击侵犯知识产权犯罪。针对侵犯知识产权犯罪跨区域、链条化、产业化的特点,为更好服务保障成渝地区双城经济圈建设,重庆、四川检察机签署多份协作意见,重点推进完善跨区域知识产权快速协作保护机制。本案中,重庆、四川检察机关依托上述机制,强化两地检察办案协作,就案件协查取证、信息资源和证据共享方面积极衔接,引导侦查机关深挖制假链条,从生产源头到销售终端,全链条打击侵犯知识产权犯罪,确保法律适用和刑事政策协调一致,形成知识产权保护检察合力。

(二)积极开展源头治理,以检察服务优化营商环境。该案权利人为重庆、四川等地知名白酒企业。检察机关在办案中发现,多起案件假酒来源于白酒原酒重要产区四川省邛崃市。成都市检察机关就原酒基酒易被灌装后假冒名酒以及白酒行业知识产权保护等问题走访邛崃市工商联、邛崃市酿酒协会以及本土白酒企业,了解企业在商标保护方面存在的问题和诉求,就加强商标保护、地理标志保护等听取意见,从服务保障创新、企业合规建设等多维度提出具体建议和改进举措。重庆、成都检察机关组织开展白酒商标品牌保护讲座,共同推动区域白酒品牌建设,护航川渝地区白酒行业有序发展。

刑法第二百一十四条(销售假冒注册商标的商品罪)

> 第二百一十四条① 销售明知是假冒注册商标的商品,违法所得数额较大或者有其他严重情节的,处三年以下有期徒刑,并处或者单处罚金;违法所得数额巨大或者有其他特别严重情节的,处三年以上十年以下有期徒刑,并处罚金。

邓秋城、双善食品(厦门)有限公司等销售假冒注册商标的商品案

(最高人民检察院第十三届检察委员会第六十次会议决定 2021年2月4日发布)

【关键词】

销售假冒注册商标的商品 食品安全 上下游犯罪 公益诉讼

【要旨】

办理侵犯注册商标类犯罪案件,应注意结合被告人销售假冒商品数量、扩

---

① 本条根据《刑法修正案(十一)》(2021年3月1日起施行)第十八条修改。

原本条内容为:销售明知是假冒注册商标的商品,销售金额数额较大的,处三年以下有期徒刑或者拘役,并处或者单处罚金;销售金额数额巨大的,处三年以上七年以下有期徒刑,并处罚金。

修改的主要内容为:一是将销售金额修改为"违法所得";二是提高了本罪的法定刑。

散范围、非法获利数额及在上下游犯罪中的地位、作用等因素,综合判断犯罪行为的社会危害性,确保罪责刑相适应。在认定犯罪的主观明知时,不仅考虑被告人供述,还应综合考虑交易场所、交易时间、交易价格等客观行为,坚持主、客观相一致。对侵害众多消费者利益的情形,可以建议相关社会组织或自行提起公益诉讼。

【基本案情】

被告人邓秋城,男,1981年生,广州市百益食品贸易有限公司(以下简称百益公司)负责人。

被告单位双善食品(厦门)有限公司(以下简称双善公司),住所地福建省厦门市。

被告人陈新文,男,1981年生,双善公司实际控制人。

被告人甄连连,女,1984年生,双善公司法定代表人。

被告人张泗泉,男,1984年生,双善公司销售员。

被告人甄政,男,1986年生,双善公司发货员。

2017年5月至2019年1月初,被告人邓秋城明知从香港购入的速溶咖啡为假冒"星巴克""STARBUCKS VIA"等注册商标的商品,仍伙同张晓建(在逃)以每件人民币180元这一明显低于市场价(正品每件800元,每件20盒,每盒4条)的价格,将21304件假冒速溶咖啡(每件20盒,每盒5条,下同)销售给被告单位双善公司,销售金额383万余元。被告人邓秋城、陈新文明知百益公司没有"星巴克"公司授权,为便于假冒咖啡销往商业超市,伪造了百益公司许可双善公司销售"星巴克"咖啡的授权文书。2017年12月至2019年1月初,被告人陈新文、甄连连、张泗泉、甄政以双善公司名义从邓秋城处购入假冒"星巴克"速溶咖啡后,使用伪造的授权文书,以双善公司名义将19264件假冒"星巴克"速溶咖啡销售给无锡、杭州、汕头、乌鲁木齐等全国18个省份50余家商户,销售金额共计724万余元。

案发后,公安机关在百益公司仓库内查获待售假冒"星巴克"速溶咖啡6480余件,按实际销售价格每件180元计算,价值116万余元;在被告单位双善公司仓库内查获假冒"星巴克"速溶咖啡2040件,由于双善公司向不同销售商销售的价格不同,对于尚未销售的假冒商品的货值金额以每件340元的最低销售价格计算,价值69万余元。

【检察机关履职情况】

审查起诉 2019年4月1日,江苏省无锡市公安局新吴分局(以下简称新吴分局)以犯罪单位双善公司、被告人陈新文、甄连连、甄政涉嫌销售假冒注册商标的商品罪向江苏省无锡市新吴区人民检察院(以下简称新吴区检察院)移送起诉。同年 8 月 22 日,新吴分局以被告人邓秋城涉嫌假冒注册商标罪、销售假冒注册商标的商品罪移送起诉。新吴区检察院并案审查,重点开展以下工作:

一是准确认定罪名及犯罪主体。涉案咖啡系假冒注册商标的商品,是否属于有毒有害或不符合安全标准的食品,将影响案件定性,但在案证据没有关于假冒咖啡是否含有有毒有害成分、是否符合安全标准及咖啡质量的鉴定意见。鉴于该部分事实不清,检察机关要求公安机关对照 GB 7101—2015《食品安全国家标准饮料》等的规定,对扣押在案的多批次咖啡分别抽样鉴定。经鉴定,涉案咖啡符合我国食品安全标准,不构成生产、销售有毒、有害食品罪等罪名。公安机关基于被告人邓秋城销售假冒咖啡的行为,认定其涉嫌构成销售假冒注册商标的商品罪;基于在百益公司仓库内查获的假冒咖啡的制作和灌装工具,认为邓秋城亦实施了生产、制造假冒咖啡的行为,认定其同时构成假冒注册商标罪,故以涉嫌两罪移送起诉。检察机关经审查认为,现场仅有咖啡制作和罐装工具,无其他证据,且同案犯未到案,证明邓秋城实施制造假冒咖啡行为的证据不足,在案证据只能证实邓秋城将涉案假冒咖啡销售给犯罪单位双善公司,故改变邓秋城行为的定性,只认定销售假冒注册商标的商品罪一罪。检察机关还依职权主动对百益公司是否构成单位犯罪、是否需要追加起诉进行了审查,认定百益公司系邓秋城等为经营假冒咖啡于 2018 年 4 月专门设立。根据最高人民法院《关于办理单位犯罪案件具体应用法律有关问题的解释》第二条的规定,个人为进行违法犯罪活动而设立的公司、企业、事业单位实施犯罪的,不以单位犯罪论,故对百益公司的行为不应认定为单位犯罪。

二是追加认定犯罪数额。检察机关从销售单和买家证言等证据材料中发现,除公安机关移送起诉的被告人邓秋城销售金额 121 万元、犯罪单位双善公司销售金额 324 万元的事实外,邓秋城、双善公司还另有向其他客户销售大量假冒咖啡的行为。检察机关就百益公司、双善公司收取、使用货款的交易明细、公司员工聊天记录等证据退回公安机关补充侦查,公安机关补充调取了百益公司与双善公司以及邓秋城与被告人甄连连个人账户之间合计 600 万余元的转账记录、双善公司员工工作微信内涉案咖啡发货单照片 120 余份后,检察机关全面梳理核对销售单、快递单、汇款记录等证据,对邓秋城销售金额补充认定了 172 万余元,对双善公司销售金额补充认定了 400 万余元。

三是综合判断被告人主观上是否明知是假冒注册商标的商品。被告人邓秋城、陈新文、甄连连处于售假上游,有伪造并使用虚假授权文书、以明显低于市场价格进行交易的行为,应认定三人具有主观明知。在侦查阶段初期,被告人甄政否认自己明知涉案咖啡系假冒注册商标的商品,公安机关根据其他被告人供述、证人证言等证据,证实其采用夜间收发货、隐蔽包装运输等异常交易方式,认定其对售假行为具有主观明知。后甄政供认了自己的罪行,并表示愿意认罪认罚。经补充侦查,公安机关结合销售商证言,查明被告人张泗泉明知涉案咖啡被超市认定为假货被下架、退货,但仍继续销售涉案咖啡,金额达 364 万余元,可认定张泗泉具有主观明知。鉴于公安机关未将张泗泉一并移送,检察机关遂书面通知对张泗泉补充移送起诉。

　　四是综合考量量刑情节,提出量刑建议。针对销售假冒注册商标的商品罪的特点,在根据销售金额确定基准刑的前提下,充分考虑各被告人所处售假环节、假冒产品类别、销售数量、扩散范围等各项情节,在辩护人或值班律师的见证下,5 名被告人均自愿认罪认罚,认可检察机关指控的全部犯罪事实和罪名,接受检察机关提出的有期徒刑一年九个月至五年不等、罚金 10 万元至 300 万元不等的量刑建议。2019 年 9 月 26 日,新吴区检察院以被告人邓秋城、被告单位双善公司及陈新文、甄连连、张泗泉、甄政构成销售假冒注册商标的商品罪向江苏省无锡市新吴区人民法院(以下简称新吴区法院)提起公诉。

　　指控与证明犯罪　2019 年 11 月 7 日,新吴区法院依法公开开庭审理本案。庭审过程中,部分辩护人提出以下辩护意见:1. 商品已销售,但仅收到部分货款,货款未收到的部分事实应当认定为犯罪未遂;2. 被告人邓秋城获利较少,且涉案重大事项均由未到案的同案犯决定,制假售假源头均来自未到案同案犯,其在全案中作用较小,在共同犯罪中起次要作用,系从犯。公诉人答辩如下:第一,根据被告单位双善公司内部销售流程,销售员已向被告人甄连连发送销售确认单,表明相关假冒商品已发至客户,销售行为已经完成,应认定为犯罪既遂,是否收到货款不影响犯罪既遂的认定。第二,邓秋城处于整个售假环节上游,在全案中地位作用突出,不应认定为从犯。首先,邓秋城实施了从香港进货、骗取报关单据、出具虚假授权书、与下家双善公司签订购销合同、收账走账等关键行为;其次,邓秋城销售金额低于双善公司,是因为其处于售假产业链的上游环节,销售单价低于下游经销商所致,但其销售数量高于双善公司。正是由于邓秋城实施伪造授权文书、提供进口报关单等行为,导致假冒咖啡得以进入大型商业超市,销售范围遍布全国,受害消费者数量众多,被侵权商标知名度高,媒体高度关注。合议庭对公诉意见和量刑建议予以采纳。

　　处理结果　2019 年 12 月 6 日,新吴区法院作出一审判决,以销售假冒注册商标的商品罪判处被告单位双善公司罚金 320 万元;分别判处被告人邓秋城、陈新文等 5 人有期徒刑一年九个月至五年不等,对被告人张泗泉、甄政适用缓刑,并对邓秋城等 5 人各处罚金 10 万元至 300 万元不等。判决宣告后,被告单位和被告人均未提出上诉,判决已生效。

　　鉴于此案侵害众多消费者合法权益,损害社会公共利益,新吴区检察院提出检察建议,建议江苏省消费者权益保护委员会(以下简称江苏消保委)对双善公司提起消费民事公益诉讼。江苏消保委依法向江苏省无锡市中级人民法院(以下简称无锡中院)提起侵害消费者权益民事公益诉讼,主张涉案金额三倍的惩罚性赔偿。无锡中院于 2020 年 9 月 18 日立案受理。

【指导意义】

(一)依法严惩假冒注册商标类犯罪,切实维护权利人和消费者合法权益

依法严厉惩治侵犯注册商标犯罪行为,保护权利人对注册商标的合法权益是检察机关贯彻国家知识产权战略,营造良好知识产权法治环境的重要方面。在办理侵犯注册商标犯罪案件中,检察机关应当全面强化职责担当。对于商品可能涉及危害食品药品安全、社会公共安全的,应当引导公安机关通过鉴定检验等方式就产品质量进行调查取证,查明假冒商品是否符合国家产品安全标准,是否涉嫌构成生产、销售有毒有害食品罪等罪名。如果一行为同时触犯数个罪名,则应当按照法定刑较重的犯罪进行追诉。制假售假犯罪链条中由于层层加价销售,往往出现上游制售假冒商品数量大但销售金额小、下游销售数量小而销售金额大的现象。检察机关在提出量刑建议时,不能仅考虑犯罪金额,还要综合考虑被告人在上下游犯罪中的地位与作用、所处的制假售假环节、销售数量、扩散范围、非法获利数额、社会影响等多种因素,客观评价社会危害性,体现重点打击制假售假源头的政策导向,做到罪刑相适应,有效惩治犯罪行为。

(二)对销售假冒注册商标的商品犯罪的上下游人员,应注意结合相关证据准确认定不同环节被告人的主观明知

司法实践中,对于销售主观明知的认定,应注意审查被告人在上下游犯罪中的客观行为。对售假源头者,可以通过是否伪造授权文件等进行认定;对批发环节的经营者,可以通过进出货价格是否明显低于市场价格,以及交易场所与交易方式是否合乎常理等因素进行甄别;对终端销售人员,可以通过客户反馈是否异常等情况进行判断;对确受伪造变造文件蒙蔽或主观明知证据不足的人员,应坚持主客观相一致原则,依法不予追诉。

(三)一体发挥刑事检察和公益诉讼检察职能,维护社会公共利益

检察机关依法履职的同时,要善于发挥刑事检察和公益诉讼检察职能合力,用好检察建议等法律监督措施,以此推动解决刑事案件涉及的公共利益保护和社会治理问题。对于侵害众多消费者利益,涉案金额大,侵权行为严重的,检察机关可以建议有关社会组织提起民事公益诉讼,也可以自行提起民事公益诉讼,以维护社会公众合法权益。

【相关规定】(略)

广州卡门实业有限公司涉嫌销售假冒注册商标的
商品立案监督案

(最高人民检察院第十三届检察委员会第六十次会议决定 2021 年 2 月 4 日发布)

【关键词】

在先使用 听证 监督撤案 民营企业保护

【要旨】

在办理注册商标类犯罪的立案监督案件时,对符合商标法规定的正当合理使用情形而未侵犯注册商标专用权的,应依法监督公安机关撤销案件,以保护涉案企业合法权益。必要时可组织听证,增强办案透明度和监督公信力。

【基本案情】

申请人广州卡门实业有限公司(以下简称卡门公司),住所地广东省广州市。

2013 年 3 月,卡门公司开始在服装上使用"KM"商标。2014 年 10 月 30 日,卡门公司向原国家工商行政管理总局商标局(以下简称商标局)申请注册该商标在服装、帽子等商品上使用,商标局以该商标与在先注册的商标近似为由,驳回申请。2016 年 6 月 14 日,卡门公司再次申请在服装、帽子等商品上注册"KM"商标,2017 年 2 月 14 日,商标局以该商标与在先注册的商标近似为由,仅核准"KM"商标在睡眠用眼罩类别上使用,但卡门公司继续在服装上使用"KM"商标。其间,卡门公司逐渐发展为在全国拥有门店近 600 家、员工近 1 万余名的企业。

2015 年 11 月 20 日,北京锦衣堂企业文化发展有限公司(以下简称锦衣堂公司)申请在服装等商品上注册"KM"商标,商标局以该商标与在先注册的商标近似为由,驳回申请。2016 年 11 月 22 日,锦衣堂公司再次申请在服装等商品上使用"KM"商标。因在先注册的近似商标被撤销,商标局于 2018 年 1 月 7 日核准该申请。后锦衣堂公司授权北京京津联行房地产经纪有限公司(以下简称京津联行公司)使用该商标。2018 年 1 月,京津联行公司授权周某经营的服装专卖店使用"KM"商标。2018 年 5 月,京津联行公司向全国多地市场监管部门举报卡门公司在服装上使用"KM"商标,并以卡门公司涉嫌销售假冒注册商标的商品罪向广东省佛山市公安局南海分局(以下简称南海分局)报案。南海分局于同年 5 月 31 日立案,并随后扣押卡门公司物流仓库中约 9 万件标记"KM"

商标的服装。

【检察机关履职情况】

受理立案监督 2018 年 5 月 31 日,南海分局以卡门公司涉嫌销售假冒注册商标的商品罪立案侦查。6 月 8 日,卡门公司不服公安机关立案决定,向广东省佛山市南海区人民检察院(以下简称南海区检察院)申请监督撤案。南海区检察院依法启动立案监督程序。

调查核实 南海区检察院向公安机关发出《要求说明立案理由通知书》。公安机关在《立案理由说明书》中认为,卡门公司未取得"KM"商标服装类别的商标权,且未经"KM"商标所有人锦衣堂公司许可,在服装上使用"KM"商标,情节严重,涉嫌犯罪,故立案侦查。经南海区检察院审查发现,公安机关认定卡门公司涉嫌销售假冒注册商标的商品罪存在以下问题:一是欠缺卡门公司申请过"KM"商标的相关证据;二是卡门公司与锦衣堂公司申请"KM"商标的先后时间不清晰;三是欠缺卡门公司"KM"商标的使用情况、销售金额、销售规模等证据。

针对上述问题,南海区检察院进行了调查核实:一是调取卡门公司申请商标注册的材料、"KM"商标使用情况、服装生产、销售业绩表、对外宣传材料及京津联行公司委托生产、销售"KM"服装数量和规模等证据,查明卡门公司两次申请注册"KM"商标的时间均早于锦衣堂公司,卡门公司自成立时已使用并一直沿用"KM"商标,且卡门公司在全国拥有多家门店,具有一定规模和影响力。二是主动联系佛山市南海区市场监督局、广州市工商行政管理局,了解卡门公司"KM"服装被行政扣押后又解除扣押的原因,查明广东省工商行政管理局认定卡门公司"KM"商标使用行为属于在先使用。三是两次召开听证会,邀请公安机关、行政执法部门人员及卡门公司代理律师参加听证,并听取了京津联行公司的意见,充分了解公安机关立案、扣押财物及涉案企业对立案所持异议的理由及依据,并征求行政执法部门意见。四是咨询法律专家,详细了解近似商标的判断标准、在先使用抗辩等。

监督意见 南海区检察院经审查认为,公安机关刑事立案的理由不能成立。一是卡门公司存在在先使用的事实。卡门公司在锦衣堂公司取得"KM"商标之前,已经长期使用"KM"商标。二是卡门公司主观上没有犯罪故意。卡门公司在生产、销售服装期间,一直沿用该商标,从未对外宣称是锦衣堂公司或京津联行公司产品,且卡门公司经营的"KM"服装品牌影响力远大于上述两家公司,并无假冒他人注册商标的故意。卡门公司生产、销售"KM"服装的行为不构成销售假冒注册商标的商品罪,公安机关立案错误,应予纠正。

处理结果 2018 年 8 月 3 日,南海区检察院发出《通知撤销案件书》。同年 8 月 10 日,南海分局撤销案件,并发还扣押货物。卡门公司及时出售货物,避免了上千万元经济损失。

【指导意义】

（一）检察机关办理侵犯知识产权犯罪案件，应注意审查是否存在法定的正当合理使用情形

办理侵犯知识产权犯罪案件，检察机关在依法惩治侵犯知识产权犯罪的同时，还应注意保护权利人的正当权益免遭损害。其中一个重要方面是应注意审查是否存在不构成知识产权侵权的法定情形。如商标法第五十九条规定的商标描述性使用、在先使用，著作权法第二十四条规定的合理使用，第二十五条、第三十五条第二款、第四十二条第二款、第四十六条第二款规定的法定许可，专利法第六十七条规定的现有技术、第七十五条规定的专利先用权等正当合理使用的情形，防止不当启动刑事追诉。对于当事人提出的立案监督申请，检察机关经过审查和调查核实，认定有在先使用等正当合理使用情形，侵权事由不成立的，应依法通知公安机关撤销案件。

（二）正确把握商标在先使用的抗辩事由

商标注册人申请商标注册前，他人已经在同一种商品或者类似商品上先于商标注册人使用与注册商标相同或者近似并有一定影响的商标的，注册商标专用权人无权禁止该使用人在原使用范围内继续使用该商标，注册商标所有人仅可以要求其附加适当区别标识。判断是否存在在先使用抗辩事由，需重点审查以下方面：一是在先使用人是否在商标注册人申请注册前先于商标注册人使用该商标。二是在先使用商标是否已产生一定影响。三是在先商标使用人主观上是否善意。只有在全面审查案件证据事实的基础上综合判断商标使用的情况，才能确保立案监督依据充分、意见正确，才能说服参与诉讼的各方接受监督结果，做到案结事了。

（三）开展立案监督工作必要时可组织听证，增强办案透明度和监督公信力

听证是检察机关贯彻以人民为中心，充分尊重和保障当事人的知情权、参与权、监督权，健全完善涉检矛盾纠纷排查化解机制的有效举措。检察机关组织听证应当提前通知各方做好听证准备，整理好争议点，选取合适的听证员。听证中应围绕涉案当事人对刑事立案所持异议的理由和依据、公安机关立案的证据和理由、行政执法部门及听证员的意见展开，重点就侵权抗辩事由是否成立、是否具有犯罪的主观故意等焦点问题进行询问，全面审查在案证据，以准确认定公安机关立案的理由是否成立。通过听证开展立案监督工作，有助于解决在事实认定、法律适用问题上的分歧，化解矛盾纠纷，既推动规范执法，又增强检察监督公信力。

【相关规定】（略）

北京张某某等 8 人假冒"全聚德"烤鸭案

(2021 年 2 月 19 日最高人民检察院等三部门联合发布)

【基本案情】

2019 年 1 月至 8 月,被告人张某某伙同林某某(另案处理)在未取得中国全聚德(集团)股份有限公司(以下简称"全聚德公司")委托或授权的情况下,购进大量标有"全聚德"注册商标的包装材料,被告人张某某负责运送上述包装材料及代收货款。经核实,被告人张某某运送标有"全聚德"注册商标的包装材料共计 28 万余件,现场扣押尚未销售的标有"全聚德"注册商标的包装材料共计 23 万余件。经鉴别,上述标识均系非法制造的注册商标标识。

2018 年 6 月至 2019 年 8 月,被告人谭某某等 6 人在未取得全聚德公司委托或授权的情况下,分别从林某某等人处购买大量标有"全聚德"注册商标的包装材料,并购进真空包装机、卷饼、酱及真空包装烤鸭等,以组装的方式加工制作假冒"全聚德"注册商标的烤鸭,并低价对外销售。2018 年 6 月至 2019 年 8 月,被告人刘某某在未取得全聚德公司委托或授权的情况下,从谭某某等人处低价购进大量假冒"全聚德"注册商标的烤鸭等商品,并加价对外销售,销售金额为 43 万余元,查扣货品价值 0.2 万余元。

【诉讼经过】

2019 年 12 月 20 日,北京市丰台区人民检察院以销售非法制造的注册商标标识罪对张某某提起公诉,以假冒注册商标罪对谭某某等 6 人提起公诉,以销售假冒注册商标的商品罪对刘某某提起公诉。2020 年 10 月 30 日,北京市丰台区人民法院作出一审判决,张某某犯销售非法制造的注册商标标识罪,判处有期徒刑二年,并处罚金 6 万元;被告人谭某某等 6 人犯假冒注册商标罪,分别判处有期徒刑一年三个月至五年,并处罚金 3 万元至 60 万元;被告人刘某某犯销售假冒注册商标的商品罪,判处有期徒刑三年六个月,并处罚金 22 万元。一审判决已生效。

【典型意义】

(一)强化沟通协调,全链条、精准化从严打击假冒犯罪。假冒老字号品牌犯罪不仅严重影响老字号企业的正常生产经营活动,而且严重侵犯了消费者的合法权益。该案系"上游提供假冒包材—中游小作坊加工制作—下游向导游销售—末端经由导游向游客出售"的全链条侵犯"全聚德"老字号品牌犯罪。检察机关就案件的证据搜集固定、法律适用与公安机关展开会商。基于该案制假售假模式以线上为主,建议公安机关重点搜集提取微信聊天记录等电子数据。在充分沟通、夯实证据的基础上,检察机关对张某某等 8 人批准逮捕、提起公诉,且公诉意见全部获得法院采纳,实现对假冒侵权犯罪全链条、精准化打击。

(二)积极参与社会治理,服务保障"六稳""六保"。为了充分发挥检察机关在服务保障"六稳""六保"、护航企业合法经营等方面的作用,检察机关一方面依法告知全聚德公司相关诉讼权利,在品牌保护等方面提出建议,为企业产权保护及生产经营提供指引;另一方面,针对该案暴露出旅游业部分领域规范执业及行业监管等问题,依法准确研判,适时制发检察建议,促进行业环境净化。《检察建议书》送达后,检察机关积极与北京市文化和旅游局进行沟通和对接,后北京市文化和旅游局及时对照检察建议进行整改并复函,依法对涉案旅行社和导游进行行政处罚,并采取了建立完善旅行社等级考核和导游服务星级评价体系、加强与全市老字号企业调研与对接等整改措施。检察机关通过加强跟踪监督,确保检察建议落地落实。

上海 J 公司、朱某某假冒注册商标案——
依托长三角一体化协作平台,
对涉案企业异地适用第三方监督评估机制

(2021 年 12 月 8 日最高人民检察院发布)

【关键词】

企业合规　异地监督考察　长三角协作　检察一体化

【要旨】

针对涉案企业注册地、生产经营地和犯罪地分离的情况,依托长三角区域检察协作平台,联合探索建立涉案企业合规异地协作工作机制,合力破解异地社会调查、监督考察、行刑衔接等难题,以检察机关企业合规工作协同化推动长三角营商环境一体化建设,为企业合规异地检察协作提供参考和借鉴。

【基本案情】

上海市 J 智能电器有限公司(以下简称"J 公司")注册成立于 2016 年 1 月,住所地位于浙江省嘉兴市秀洲区,公司以生产智能家居电器为主,拥有专利数百件,有效注册商标 3 件,近年来先后被评定为浙江省科技型中小企业、国家高新技术企业。公司有员工 2000 余人,年纳税总额 1 亿余元,被不起诉人朱某某

系该公司股东及实际控制人。

2018 年 8 月,上海 T 智能科技有限公司(以下简称"T 公司")与 J 公司洽谈委托代加工事宜,约定由 J 公司为 T 公司代为加工智能垃圾桶,后因试产样品未达质量标准,且无法按时交货等原因,双方于 2018 年 12 月终止合作。为了挽回前期投资损失,2018 年 12 月至 2019 年 11 月,朱某某在未获得商标权利人 T 公司许可的情况下,组织公司员工生产假冒 T 公司注册商标的智能垃圾桶、垃圾盒,并对外销售获利,涉案金额达 560 万余元。2020 年 9 月 11 日,朱某某主动投案后被取保候审。案发后,J 公司认罪认罚,赔偿权利人 700 万元并取得谅解。2020 年 12 月 14 日,上海市公安局浦东分局以犯罪嫌疑单位 J 公司、犯罪嫌疑人朱某某涉嫌假冒注册商标罪移送浦东新区检察院审查起诉。

【企业合规整改情况及效果】

一是认真审查,对符合适用条件的企业开展合规试点。浦东新区检察院经审查认为,J 公司是一家高新技术企业,但公司管理层及员工法律意识淡薄,尤其对涉及商业秘密、专利权、商标权等民事侵权及刑事犯罪认识淡薄,在合同审核、财务审批、采购销售等环节均存在管理不善问题。鉴于 J 公司具有良好发展前景,犯罪嫌疑人朱某某有自首情节,并认罪认罚赔偿了 T 公司的损失,且该公司有合规建设意愿,具备启动第三方机制的基本条件,考虑其注册地、生产经营地和犯罪地分离的情况,有必要启动跨区域合规考察。

二是三级联动,开启跨区域合规第三方机制"绿色通道"。2021 年 4 月,浦东新区检察院根据沪浙苏皖四地检察院联合制定的《长三角区域检察协作工作办法》,向上海市检察院申请启动长三角跨区域协作机制,委托企业所在地的浙江省嘉兴市检察院、秀洲区检察院协助开展企业合规社会调查及第三方监督考察。两地检察机关签订《第三方监督评估委托函》,明确委托事项及各方职责,确立了"委托方发起""受托方协助""第三方执行"的合规考察异地协作模式,由秀洲区检察院根据最高人民检察院等九部门联合下发的《关于建立涉案企业合规第三方监督评估机制的指导意见》成立第三方监督评估组织。随后,秀洲区检察院成立了由律师、区市场监督管理局、区科技局熟悉知识产权工作的专业人员组成的第三方监督评估组织,并邀请人大代表、政协委员对涉案企业同步开展监督考察。

三是有的放矢,确保合规计划"治标更治本"。浦东新区检察院结合办案中发现的经营管理不善情况,向 J 公司制发《合规风险告知书》,从合规风险排查、合规制度建设、合规运行体系及合规文化养成等方面提出整改建议,引导 J 公司作出合规承诺。第三方组织结合风险告知内容指导企业制定合规计划,明确合规计划的政策性和程序性规定,从责任分配、培训方案到奖惩制度,确保合规计划的针对性和实效性。同时,督促企业对合规计划涉及的组织体系、政策体系、程序体系和风险防控体系等主题进行分解,保证计划的可行性和有效性。J公司制定了包括制定合规章程、健全基层党组织、建立合规组织体系、制定知识产权专项合规政策体系、打造合规程序体系、提升企业合规意识等方面的递进式合规计划,并严格按照时间表扎实推进。

四是找准定位,动态衔接实现异地监管"客观有效"。监督考察期间,第三方组织通过问询谈话、走访调查,深入了解案件背景,帮助企业梳理合规、风控方面的管理漏洞,督促制定专项整改措施。根据第三方组织建议,J公司成立合规工作领导小组,修改公司章程,强化管理职责,先后制定知识产权管理、合同审批、保密管理、员工培训、风险控制等多项合规专项制度,设立合规专岗,实行管理、销售分离,建立合规举报途径,连续开展刑事合规、民事合规及知识产权保护专项培训,外聘合规专业团队定期对企业进行法律风险全面体检,并且每半个月提交一次阶段性书面报告。第三方组织通过书面审查、实地走访、听取汇报等形式,对合规阶段性成效进行监督检查。同时,浦东新区检察院为确保异地合规监管的有效性,制作了《企业合规监督考察反馈意见表》,实时动态跟进监督评估进度,对第三方组织成员组成、合规计划执行、企业定期书面报告、申诉控告处理等提出意见建议。

五是充分评估,确保监督考察及处理结果"公平公正"。考察期限届满,第三方组织评估认为,经过合规管理,J公司提升合规意识,完善组织架构,设立合规专岗,开展专项检查,建立制度指引,强化流程管理,健全风控机制,加强学习培训,完成了从合规组织体系建立到合规政策制定,从合规程序完善到合规文化建设等一系列整改,评定J公司合规整改合格。浦东新区检察院联合嘉兴市检察院、秀洲区检察院通过听取汇报、现场验收、公开评议等方式对监督考察结果的客观性充分论证。2021年9月10日,浦东新区检察院邀请人民监督员、侦查机关、异地检察机关代表等进行公开听证。经评议,参与听证各方一致同意对涉案企业及个人作出不起诉决定。

【典型意义】

1. 积极探索,为企业合规异地适用第三方机制开拓实践思路。针对涉案企业注册地、生产经营地和犯罪地分离的情况,上海、浙江检察机关依托长三角区域检察协作平台,通过个案办理探索建立企业合规异地协作工作机制,确立了"委托方发起""受托方协助""第三方执行"的合规考察异地协作模式,合力破解异地社会调查、监督考察、行刑衔接等难题,降低司法办案成本,提升办案质效,为推动区域行业现代化治理提供了实践样本。

2. 有序推进,切实防止社会调查"一托了之"。本案中,检察机关采取层层递进的工作方式,确保社会调查重点明确、调查结果全面客观。一是事前细化调查提纲。重点围绕涉案企业社会贡献度、企业发展前景、社会综合评价等开展协助调查,一并考察企业家的一贯表现,确保社会调查结果全面客观。二是事中加强沟通协调。浦东新区检察院多次赴浙江会商,就调查方式、调查内容及相关要求达成共识,形成办案合力。秀洲区检察院协调区市场监管、人社、税务、科技、工商联及行业协会,对涉案公司及个人开展全面调查。三是事后进行专项研讨。检察机关深入审查全部协查材料,研究认为涉案企业符合企业合规改革试点适用条件,并层报上级机关审核备案。

3. 完善机制,提升监督评估实际效果。本案中,秀洲区检察院联合当地 13 个部门出台规范性文件,探索构建企业合规"双组六机制"工作模式。"双组",即检察机关牵头成立"合规监管考察组"和"合规指导组"两个工作组;"六机制",即联席会议、合规培育、提前介入、会商通报、指导帮扶、审查监管等六个协作机制。合规考察中,由合规监管考察组和合规指导组共同研究形成专业意见,并邀请人大代表、政协委员全程参与,提高监管考察的透明度和公信力。

4. 标本兼治,有效防治企业违法犯罪。从司法实践看,涉企经济犯罪成因复杂,许多涉及经济社会系统性、深层次矛盾问题,单靠刑事法律的"孤军作战",难以取得良好的社会治理效果。本案中,检察机关开展企业合规改革以推动源头治理为着力点,针对办案发现的企业经营管理中的突出问题,通过第三方监督评估机制对涉案企业开展扎实有效的合规整改,促进企业依法合规经营发展,对于完善制度机制、形成治理合力具有积极意义。

韦某升等三人销售假冒注册商标的商品案

(2022 年 4 月 25 日最高人民检察院发布)

【关键词】

销售假冒注册商标的商品罪　涉冬奥知识产权保护　全链条打击

【要旨】

依法打击涉冬奥侵犯知识产权犯罪、加强涉冬奥知识产权保护,不仅体现我国贯彻新发展理念、构建新发展格局、推动高质量发展的战略部署,也体现我国积极履行国际公约、奥林匹克宪章规定各项义务的坚定决心。检察机关准确适用法律,及时惩治侵犯冬奥吉祥物知识产权犯罪行为,彰显检察机关依法能动履职、服务保障冬奥的责任担当。

【基本案情】

2021 年 11 月至 12 月间,韦某升、韦某泽、韦某飞在浙江省义乌市等地,通过网络平台销售假冒权利人北京 2022 年冬奥会和冬残奥会组织委员会(以下简称北京冬奥组委)注册商标的奥运吉祥物玩偶、钥匙链等商品。其中,韦某升、韦某泽、韦某飞共同销售侵权商品玩偶,销售金额人民币 9 万余元;韦某升、韦某泽共同销售侵权商品钥匙链,销售金额人民币 2 万余元。公安机关查获待售的假冒注册商标的玩偶 369 个,货值人民币 1.4 万余元;查获待售的假冒注册商标的钥匙链 60 个,货值人民币 700 余元。

【检察机关履职情况】

2021 年 11 月,北京 2022 年冬奥会和冬残奥会开幕在即,北京市石景山区人民检察院(以下简称石景山区检察院)作为北京冬奥组委住所地的检察机关,在履职中发现某网络平台上存在销售涉冬奥侵权产品的违法线索,及时向北京市公安局石景山分局移送该线索。公安机关立案后,石景山区检察院适时介入侦查,列明详细侦查取证提纲,引导公安机关赴上海、浙江等地开展取证,完善证据链条。2022 年 1 月 11 日,石景山区检察院以销售假冒注册商标的商品罪对韦某升、韦某泽、韦某飞批准逮捕。

2022 年 1 月 11 日,公安机关将该案移送石景山区检察院审查起诉。审查起诉阶段,石景山区检察院引导公安机关继续深挖案件线索,根据已到案人员的网络平台销售记录、快递记录等证据,进一步查证侵权商品的上游生产者;在初步掌握相关证据线索后,向公安机关制发《补充移送起诉通知书》,引导其继续开展抓捕、取证等侦查活动,成功将生产侵权商品的两名上游人员顾某军、顾某旗追诉到案,依法追究其刑事责任。

2022 年 1 月 14 日,石景山区检察院以销售假冒注册商标的商品罪对被告人韦某升、韦某泽、韦某飞提起公诉,三名被告人均认罪认罚。同年 1 月 25 日,北京市石景山区人民法院以销售假冒注册商标的商品罪分别判处被告人韦某升、韦某泽、韦某飞有期徒刑六个月至十个月不等,均并处罚金人民币 1 万元。三名被告人均未提出上诉,判决已生效。生产、销售侵权奥运商品的上游人员顾某军、顾某旗被另案判处刑罚。

结合案件办理情况,检察机关联合市公安局、市知识产权局等相关部门,督促涉案网络平台和综合市场下架侵权商品并进行整改,规范市场秩序。加大知识产权保护宣传力度,通过以案释法等多种形式,提升社会公众和市场主体依法保护涉奥知识产权的意识。

【典型意义】

(一)加强涉冬奥知识产权司法保护,服务保障北京冬奥会。办好北京冬奥会是我国对世界的庄严承诺,检察机关应当心怀"国之大者",围绕国家工作大局,以检察履职护航北京冬奥盛会。北京市检察机关作为主场单位,高度重视冬奥会服务保障工作,出台《北京市检察机关服务保障北京 2022 年冬奥会和冬残奥会工作方案》,为冬奥活动提供坚实法治保障。组建全市检察机关涉奥知识产权保障团队,凝聚全市检察智慧,主动对接北京冬奥组委相关部门,建立涉奥商品真伪鉴别、移送侵权行为线索等工作机制,共同惩治侵犯涉冬奥知识产权违法犯罪,形成有力震慑。

（二）依法能动履职,努力提升司法办案质效。该案系北京市检察机关涉奥知识产权保障团队在专项工作中主动发现网络平台存在销售涉冬奥侵权产品的情况,并向公安机关移送线索。检察机关及时介入引导侦查,加强与相关职能部门沟通协调,建立涉奥知识产权案件"绿色通道",共同快速推进侦查取证和证据审查工作,保障案件依法及时高效办理。

（三）深挖上游犯罪,实现全链条打击和源头治理。该案侦查初期到案的韦某升等三人均系侵权商品的销售者,处于侵权链条的末端。检察机关为落实对侵犯知识产权犯罪全链条打击的工作要求,注重引导公安机关继续深挖线索,成功将生产环节的两名上游人员追诉到案,实现了对生产、销售环节上下游犯罪的全链条打击。延伸办案效果,结合案件督促涉案网络平台和相关市场进行整改,实现"办理一案、治理一片"的综合效果。加强释法说理,为冬奥顺利举办营造良好的社会氛围和市场环境。

刑法第二百一十七条（侵犯著作权罪）

第二百一十七条①　以营利为目的,有下列侵犯著作权或者与著作权有

---

① 本条根据《刑法修正案（十一）》（2021 年 3 月 1 日起施行）第二十条修改。

原本条内容为:"以营利为目的,有下列侵犯著作权情形之一,违法所得数额较大或者有其他严重情节的,处三年以下有期徒刑或者拘役,并处或者单处罚金;违法所得数额巨大或者有其他特别严重情节的,处三年以上七年以下有期徒刑,并处罚金:

（一）未经著作权人许可,复制发行其文字作品、音乐、电影、电视、录像作品、计算机软件及其他作品的;

（二）出版他人享有专有出版权的图书的;

（三）未经录音录像制作者许可,复制发行其制作的录音录像的;

（四）制作、出售假冒他人署名的美术作品的。"

修改的主要内容为:一是将犯罪构成中"有下列侵犯著作权情形"（四项）修改为"有下列侵犯著作权或者与著作权有关的权利的情形"（六项）,扩展了有关侵犯著作权的情形;二是将"电影、电视、录像作品"修改为"视听作品";三是取消了法定刑中"拘役"的刑种;四是将本罪的法定最高刑由"七年有期徒刑"提高到"十年有期徒刑"。

关的权利的情形之一，违法所得数额较大或者有其他严重情节的，处三年以下有期徒刑，并处或者单处罚金；违法所得数额巨大或者有其他特别严重情节的，处三年以上十年以下有期徒刑，并处罚金：

（一）未经著作权人许可，复制发行、通过信息网络向公众传播其文字作品、音乐、美术、视听作品、计算机软件及法律、行政法规规定的其他作品的；

（二）出版他人享有专有出版权的图书的；

（三）未经录音录像制作者许可，复制发行、通过信息网络向公众传播其制作的录音录像的；

（四）未经表演者许可，复制发行录有其表演的录音录像制品，或者通过信息网络向公众传播其表演的；

（五）制作、出售假冒他人署名的美术作品的；

（六）未经著作权人或者与著作权有关的权利人许可，故意避开或者破坏权利人为其作品、录音录像制品等采取的保护著作权或者与著作权有关的权利的技术措施的。

陈力等八人侵犯著作权案

（最高人民检察院第十三届检察委员会第六十次会议决定　2021 年 2 月 4 日发布）

【关键词】

网络侵犯视听作品著作权　未经著作权人许可　引导侦查　电子数据

【要旨】

办理网络侵犯视听作品著作权犯罪案件，应注意及时提取、固定和保全相关电子数据，并围绕客观性、合法性、关联性要求对电子数据进行全面审查。对涉及众多作品的案件，在认定"未经著作权人许可"时，应围绕涉案复制品是否系非法出版、复制发行且被告人能否提供获得著作权人许可的相关证明材料进行审查。

【基本案情】

被告人陈力，男，1984 年生，2014 年 11 月 10 日因犯侵犯著作权罪被安徽省合肥市高新技术开发区人民法院判处有期徒刑七个月，罚金人民币 15 万元，2014 年 12 月 25 日刑满释放。

被告人林崟等其他 7 名被告人基本情况略。

2017 年 7 月至 2019 年 3 月,被告人陈力受境外人员委托,先后招募被告人林崟、赖冬、严杰、杨小明、黄亚胜、吴兵峰、伍健兴,组建 QQ 聊天群,更新维护"www.131zy.net""www.zuikzy.com"等多个盗版影视资源网站。其中,陈力负责发布任务并给群内其他成员发放报酬;林崟负责招募部分人员、培训督促其他成员完成工作任务、统计工作量等;赖冬、严杰、杨小明等人通过从正版网站下载、云盘分享等方式获取片源,通过云转码服务器进行切片、转码、增加赌博网站广告及水印、生成链接,最后将该链接复制粘贴至上述盗版影视资源网站。其间,陈力收到境外人员汇入的盗版影视资源网站运营费用共计 1250 万余元,各被告人从中获利 50 万元至 1.8 万余元不等。

案发后,公安机关从上述盗版影视网站内固定、保全了被告人陈力等人复制、上传的大量侵权影视作品,包括《流浪地球》《廉政风云》《疯狂外星人》等 2019 年春节档电影。

【检察机关履职情况】

审查逮捕 2019 年春节,《流浪地球》等八部春节档电影在院线期间集体遭高清盗版,盗版电影通过各种途径流入网络。上海市人民检察院第三分院(以下简称上海三分院)应公安机关邀请介入侦查,引导公安机关开展取证固证工作。一是通过调取和恢复 QQ 群聊天记录并结合各被告人到案后的供述,查明陈力团伙系共同犯罪,确定各被告人对共同实施的运营盗版影视资源网站行为的主观认知。二是联系侵权作品较为集中的美、日、韩等国家的著作权集体管理组织,由其出具涉案作品的版权认证文书。2019 年 4 月 8 日,公安机关对陈力团伙中的 8 名被告人提请逮捕,上海三分院依法批准逮捕。

审查起诉 2019 年 8 月 29 日,上海市公安局以被告人陈力等人涉嫌侵犯著作权罪向上海三分院移送起诉。本案涉及的大量影视作品涵盖电影、电视剧、综艺、动漫等多种类型,相关著作权人分布国内外。收集、审查是否获得权利人许可的证据存在难度。为进一步夯实证据基础,检察机关要求公安机关及时向国家广播电视总局调取"信息网络传播视听节目许可证"持证机构名单,以证实被告人陈力操纵的涉案网站均系非法提供网络视听服务的网站。同时,要求公安机关对陈力设置的多个网站中相对固定的美、日、韩剧各个版块,按照从每个网站下载 300 部的均衡原则抽取了 2425 部作品,委托相关著作权认证机构出具权属证明,证实抽样作品均系未经著作权人许可的侵权作品,且陈力等网站经营者无任何著作权人许可的相关证明材料。在事实清楚,证据确实、充分的基础上,8 名被告人在辩护人或值班律师的见证下均自愿认罪认罚,接受检察机关提出的有期徒刑十个月至四年六个月不等、罚金 2 万元至 50 万元不等的确定刑量刑建议,并签署了认罪认罚具结书。

2019年9月27日,上海三分院以被告人陈力等8人构成侵犯著作权罪向上海市第三中级人民法院(以下简称上海三中院)提起公诉。

指控与证明犯罪 2019年11月15日,上海三中院召开庭前会议,检察机关及辩护人就举证方式、鉴定人出庭、非法证据排除等事项达成共识,明确案件事实、证据和法律适用存在的分歧。同年11月20日,本案依法公开开庭审理。8名被告人及其辩护人对指控的罪名均无异议,但对本案非法经营数额的计算提出各自辩护意见。陈力的辩护人提出,陈力租借服务器的费用及为各被告人发放的工资应予扣除,其他辩护人提出应按照各被告人实得报酬计算非法经营数额。此外,本案辩护人均提出境外人员归案后会对各被告人产生影响,应当对各被告人适用缓刑。公诉人对此答辩:第一,通过经营盗版资源网站的方式侵犯著作权,其网站经营所得即为非法经营数额,租借服务器以及用于发放各被告人的报酬等支出系犯罪成本,不应予以扣除。公诉机关按照各被告人加入QQ群以及获取第一笔报酬的时间,认定各被告人参与犯罪的起始时间,并结合对应期间网站的整体运营情况,计算出各被告人应承担的非法经营数额,证据确实、充分。第二,本案在案证据已能充分证实各被告人实施了共同犯罪及其在犯罪中所起的作用,按照相关法律和司法解释规定,境外人员是否归案不影响各被告人的量刑。第三,本案量刑建议是根据各被告人的犯罪事实、证据、法定酌定情节、社会危害性等因素综合判定,并经各被告人具结认可,而且本案侵权作品数量多、传播范围广、经营时间长,具有特别严重情节,且被告人陈力在刑罚执行完毕后五年内又犯应当判处有期徒刑以上刑罚之罪,构成累犯,故不应适用缓刑。合议庭采纳了公诉意见和量刑建议。

处理结果 2019年11月20日,上海三中院作出一审判决,以侵犯著作权罪分别判处被告人陈力等8人有期徒刑十个月至四年六个月不等,各处罚金2万元至50万元不等。判决宣告后,被告人均未提出上诉,判决已生效。

【指导意义】

(一)充分发挥检察职能,依法惩治网络侵犯视听作品著作权犯罪,切实维护权利人合法权益

依法保护著作权是国家知识产权战略的重要内容。检察机关坚决依法惩治侵犯著作权犯罪,尤其是注重惩治网络信息环境下的侵犯著作权犯罪。网络环境下侵犯视听作品著作权犯罪具有手段日益隐蔽、组织分工严密、地域跨度大、证据易毁损和隐匿等特点,且日益呈现高发多发态势,严重破坏网络安全与秩序,应予严惩。为准确指控和证明犯罪,检察机关在适时介入侦查、引导取证时,应注意以下方面:一是提取、固定和保全涉案网站视频链接、链接所指向的视

频文件、涉案网站影视作品目录、涉案网站视频播放界面;二是固定、保全涉案网站对应的云转码服务器后台及该后台中的视频链接;三是比对确定云转码后台形成的链接与涉案网站播放的视频链接是否具有同一性;四是对犯罪过程中涉及的多个版本盗版影片,技术性地针对片头、片中、片尾分别进行作品的同一性对比。

(二)检察机关办理网络侵犯著作权犯罪案件,应围绕电子数据的客观性、合法性和关联性进行全面审查,依法适用认罪认罚从宽制度,提高办案质效

网络环境下侵犯著作权犯罪呈现出跨国境、跨区域以及智能化、产业化特征,证据多表现为电子数据且难以获取。在办理此类案件时,一方面,要着重围绕电子数据的客观性、合法性和关联性进行全面审查,区分不同类别的电子数据,采取有针对性的审查方法,特别要注意审查电子数据与案件事实之间的多元关联,综合运用电子数据与其他证据,准确认定案件事实。另一方面,面对网络犯罪的复杂性,检察机关要注意结合不同被告人的地位与作用,充分运用认罪认罚从宽制度,推动查明犯罪手段、共犯分工、人员关系、违法所得分配等案件事实,提高办案效率。

(三)准确把握"未经著作权人许可"的证明方法

对于涉案作品种类众多且权利人分散的案件,在认定"未经著作权人许可"时,应围绕涉案复制品是否系非法出版、复制发行,被告人能否提供获得著作权人许可的相关证明材料予以综合判断。为证明涉案网站系非法提供网络视听服务的网站,可以收集"信息网络传播视听节目许可证"持证机构名单等证据,补强对涉案复制品系非法出版、复制发行的证明。涉案侵权作品数量众多时,可进行抽样取证,但应注意审查所抽取的样本是否具有代表性、抽样范围与其他在案证据是否相符、抽样是否具备随机性等影响抽样客观性的因素。在达到追诉标准的侵权数量基础上,对抽样作品提交著作权人进行权属认证,以确认涉案作品是否均系侵权作品。

【相关规定】(略)

陈力等侵犯著作权罪案

(2021 年 5 月 31 日最高人民法院发布)

【基本案情】

2017 年 7 月至 2019 年 3 月,陈力受境外人员"野草"委托,招募林崟、赖冬、

严杰、杨小明、黄亚胜、吴兵峰、伍健兴，组建"鸡组工作室"QQ聊天群，通过远程登录境外服务器，从其他网站下载后转化格式，或者通过云盘分享等方式获取《流浪地球》等2019年春节档电影在内的影视作品2425部，再将远程服务器上的片源上传至云转码服务器进行切片、转码、添加赌博网站广告及水印、生成链接，后将上述链接发布至多个盗版影视资源网站，为"野草"更新维护上述盗版影视资源网站。期间，陈力收到"野草"提供的运营费用共计1250余万元，陈力个人获利约50万元，林鉴、赖冬、严杰、杨小明、黄亚胜、吴兵峰、伍健兴获利1.8万元至16.6万元不等。人民法院依法判处陈力等八人有期徒刑，并处罚金，追缴违法所得。

【典型意义】

本案是境内外人员分工合作，以境外服务器为工具，专门针对热门影视作品，通过互联网实施跨境侵犯著作权罪的典型案例。人民法院在判决中对"信息网络传播行为"、海量侵权案件中"未经著作权人许可"作出了准确认定，对八名被告人均判处实刑并处追缴违法所得，特别是处以财产刑，彰显了我国严厉制裁涉网侵犯知识产权犯罪、严格保护知识产权的坚定决心。

【专家点评】

当下，借助网络的空间跨越性，犯罪分子大量采取境内外人员合作、行为分配或设施的远程控制等方式实施犯罪，隐蔽性加大，给查处、打击此类犯罪带来一定困难。本案就属于境内外人员分工合作，以境外服务器为工具，专门针对热门影视作品，通过互联网实施跨境侵犯著作权罪的典型案例，犯罪行为复杂，社会危害性大。刑法修正案（十一）生效之前，刑法第二百一十七条规定，以营利为目的，未经著作权人许可，复制发行其电影、电视等作品，违法所得数额较大或者有其他严重情节的，构成侵犯著作权罪。最高人民法院、最高人民检察院《关于办理侵犯知识产权刑事案件具体应用法律若干问题的解释》第十一条第三款规定，通过信息网络向公众传播他人电影、电视等作品的行为，应当视为刑法第二百一十七条规定的"复制发行"。而刑法修正案（十一）则明确将"通过信息网络向公众传播"作为本罪行为之一，这对该行为的刑事违法性进行了强调，对打击犯罪具有重要的意义。

（林维　中国社会科学院大学副校长，教授）

广东深圳市铭科魅影科技有限公司、王某等侵犯著作权抗诉案

（2021 年 4 月 25 日最高人民检察院发布）

【案件事实】

被告人王某、施某、刘某原系深圳市环球数码科技有限公司（以下简称"环球数码公司"）员工。2013 年前后，三人陆续离职，后加入被告单位深圳市铭科魅影科技有限公司（以下简称"铭科魅影公司"）。2014 年初，王某得知施某在离职后仍可取得环球数码公司的影院管理系统软件，王某、施某遂商议通过对外销售该软件获利，并约定了分成比例。施某利用在环球数码公司工作时掌握的账号、密码，私自登录环球数码公司服务器下载了影院管理系统软件，并对软件进行了破解。王某、施某分别负责软件的销售推广、项目实施、用户培训等，刘某负责介绍业务并获得提成。2014 年至 2016 年，铭科魅影公司未经权利人环球数码公司许可，以营利为目的，复制发行环球数码公司依法享有的数字影院管理系统软件，涉案金额 76 万余元，违法所得数额 18 万余元，刘某违法所得 3 万余元。经鉴定，广州烽禾影城等多家影城的数字影院管理系统软件与环球数码公司软件具有同一性或实质相同。

【检察机关履职情况】

出庭公诉 2016 年 8 月 19 日，公安机关以铭科魅影公司、王某等 3 人涉嫌侵犯著作权罪向广东省深圳市南山区人民检察院（以下简称南山区检察院）移送审查起诉。检察机关经过退回补充侦查，进一步查明了侵权软件的取得途径、破解方式、销售方向以及被告人在共同犯罪中的作用和分工，补强了证据。2017 年 2 月 22 日，南山区检察院向南山区法院依法提起公诉。6 月 26 日，一审判决以侵犯著作权罪判处被告单位罚金人民币 20 万元，各判处王某、施某有期徒刑一年二个月，并处罚金人民币 6 万元；判处被告人刘某有期徒刑六个月，并处罚金人民币 3 万元。

提出抗诉 检察机关认为，一审判决仅认定了经过同一性鉴定的 6 家影院使用的软件侵权，对其余影院软件未予认定，非法经营数额认定错误。2017 年 8 月 4 日，南山区检察院向深圳市中级法院提出抗诉，深圳市中级法院经审理后裁定撤销原判，发回重审。经重新审理，南山区法院认定了 16 家影院使用侵权软件，于 2020 年 4 月 29 日判决被告人王某、施某犯侵犯著作权罪，均判处有期

徒刑三年,并处罚金人民币 6 万元,被告人刘某犯侵犯著作权罪,判处有期徒刑六个月,并处罚金人民币 3 万元,因被告单位已被注销,裁定终止审理。被告人提出上诉,深圳市中级法院二审裁定驳回上诉,维持原判。

【典型意义】

(一)准确认定案件事实,依法抗诉,提高违法成本。侵犯著作权案件中关于侵权产品的数量、违法所得金额的认定往往是争议焦点。本案涉及的影院管理系统属于专用软件,要根据用户的要求进行个性化定制,检察机关重点核实侵权软件是否经过大幅修改或二次开发、是否涉及核心功能变化等问题,通过部分抽检并结合侵权软件购买方的证言、销售记录和流水,认定侵权软件的销售数量和非法经营数额。针对一审判决事实认定错误、量刑畸轻问题,依法提出抗诉,获得改判,切实提高了犯罪成本。

(二)个案办理与类案预防相结合,提升知识产权整体保护效果。本案被侵权人系从事数码放映设备、数字影院系统、计算机软硬件系统等技术开发、技术服务的高科技上市公司,案件的发生对企业正常的生产经营活动影响较大。检察机关在案件办理过程中多次和被侵权企业沟通,了解涉案软件的研发过程和存储方式,并在案件办结后通过走访座谈的方式帮助企业查找存在的管理问题,指导企业查漏补缺,有效加强了企业的知识产权风险防范能力。

上海李某某等侵犯著作权案

(2021 年 4 月 25 日最高人民检察院发布)

【案件事实】

"Great Wall of China"拼装玩具等 47 个系列 663 款产品系乐高公司(LEGO A/S)(以下简称乐高公司)创作的美术作品,乐高公司根据该作品制作、生产了系列拼装玩具,并在市场上销售。

2015 年至 2019 年 4 月间,被告人李某某雇佣杜某某等 8 人在未经乐高公司许可的情况下,采用拆分乐高公司销售的拼装玩具后通过电脑建模、复制图纸、委托他人开制模具等方式,在某玩具厂生产、复制 47 个系列 663 款拼装积木玩具产品,并冠以"乐拼"品牌通过线上、线下等方式销售。被告人杜某某等 8 人按月从李某某处领取固定报酬。经鉴定,在 2017 年 9 月 11 日至 2019 年 4 月 23 日期间,李某某等人生产销售侵权产品 634 种型号 424 万余盒,涉案金额 3 亿余元。2019 年 4 月 23 日,公安机关在李某某租赁的厂房查获用于复制乐高玩具的模具、零配件、各类包装盒、各类说明书、复制乐高系列的乐拼玩具等物品。扣押的待销售侵权产品共计 344 种型号 60 万余盒,价值 3000 万余元。2017 年杜某某离开某玩具厂后,从该厂购进乐拼玩具并予以销售,销售金额 620 余万元。

【检察机关履职情况】

提前介入 2019 年 3 月 12 日,公安机关对本案立案侦查后,上海市检察院第三分院依公安机关商请提前介入侦查引导取证,就案件管辖、行为定性、证据合法性等问题向公安机关提出意见,提出具体取证方向。4 月 23 日,检察官会同公安民警赴位于广东汕头澄海区的犯罪窝点进行现场指导,确保侦查取证工作规范合法。

审查起诉 2019 年 8 月 20 日,公安机关以被告人李某某等 9 人涉嫌侵犯著作权罪移送上海市检察院第三分院审查起诉。检察机关重点开展以下工作:一是准确定性,认定积木颗粒构成著作权法意义上的立体美术作品,乐高公司的著作权受我国法律保护;二是迅速告知权利人乐高公司诉讼权利义务,要求其提供相关证据材料,协助查明全案事实。

出庭公诉 2020 年 2 月 25 日,上海市检察院第三分院以被告人李某某等 9 人犯侵犯著作权罪向上海市第三中级法院提起公诉。庭审过程中,针对"人数多、书证多、辩解多"的实际情况,检察机关制作幻灯片百余页,以"可视化"的形式予以展示。犯罪嫌疑人李某某、杜某某分别对犯罪数额的计算、案件定性提出异议,部分辩护人对量刑提出意见。公诉人答辩如下:第一,以营利为目的复制侵权玩具作品的行为,一旦完成复制就构成既遂,是否实际销售不影响对侵犯著作权罪的定性和犯罪数额的认定;第二,杜某某虽然离职,但对于侵犯著作权的行为是明知的,积极参与策划,并在离职后作为"乐拼"的内销客户向玩具厂定制侵权玩具作品,以经销商名义批发侵权玩具,属于侵犯著作权中的"发行"行为,应以侵犯著作权罪定罪;第三,被告人李某某 2016 年就曾因侵犯乐高公司知识产权涉多起民事诉讼,均被判败诉并承担赔偿责任,仍不思悔改继续从事侵权行为,社会危害性较大。合议庭对公诉意见和所指控的全部犯罪事实予以采纳。9 月 2 日,上海市第三中级法院判决 9 名被告人犯侵犯著作权罪,判处有期徒刑六年至三年不等,并处罚金人民币 9000 万元至 20 万元不等。一审判决后,被告人李某某、杜某某等 7 人不服判决提出上诉,12 月 29 日,上海市高级人民法院裁定驳回上诉,维持原判。

【典型意义】

(一)依法履职,平等保护境外著作权人。根据《伯尔尼公约》和我国著作权法的规定,涉案乐高公司的美术作品受我国法律保护。上海检察机关高度重视,贯彻全流程、强保护的知识产权司法保护理念,积极引导侦查机关调查取证,取得良好办案效果。丹麦使领馆特别照会上海市检察院,对上海检察机关的知识产权司法保护工作表示感谢。

(二)准确区分侵犯著作权罪与销售侵权复制品罪界限。对于行为人明知制造者或经销商制造、销售的是侵权复制品,仍采购并予以销售,应认定行为人构成销售侵权复制品罪。对于行为人参与、帮助他人实施侵犯著作权犯罪,只是在分工上处于销售环节,则构成侵犯著作权罪的共犯。本案中,杜某某不仅对外销售侵权复制品,还购买正版乐高玩具供李某某等人仿制侵权产品,帮助租赁厂房供侵权产品包装、仓储等,应当认为其销售侵权产品的行为是其侵犯著作权犯罪的后续环节,以侵犯著作权罪一罪定罪处罚。

(三)开展权利义务告知工作,推动权利人实质性参与诉讼。检察机关开展侵犯知识产权刑事案件权利人诉讼权利义务告知工作,有利于权利人更加实质性地参与刑事诉讼活动,及时充分保护自身权益;有利于权利人及时补充权利证明、经济损失等证据,对涉案专门性问题发表意见,助力查明案件事实。办案检察机关就涉案 600 多款玩具的著作权权属情况、同一性鉴定等取证事宜与权利人充分沟通意见,要求其协助提供相关证据材料,乐高公司及时提供了公证文件、权属声明、第三方授权函等文件,有效促进了准确认定案件事实,提高了办案效率。

江苏马某予等侵犯著作权案

(2021 年 4 月 25 日最高人民检察院发布)

【案件事实】

2016 年 5 月至 2019 年 2 月间,被告人马某予、马某松购买用于翻录影片的设备,盗取授权影院放映机服务器信息,借来同档期正版影片母盘并拷贝,利用"克隆"的放映设备,并招募人员,成立工作室,翻录影片、给盗版电影加密、打水印后销售给其发展的下线影吧,从中牟取利益。其中,马某予负责复制发行盗版影片全部事宜,马某松负责复制盗版电影、发展下线影吧等,文某、鲁某等人负责发展下线影吧,并逐步形成以马某予为首要分子,马某松、文某、鲁某为主犯的犯罪集团。该犯罪集团人数众多,长期实施非法复制发行盗版影片行为,共计复制发行盗版影片 413 部,非法经营数额人民币 777 万余元。被告人马某予违法所得人民币 404 万余元,被告人马某松违法所得人民币 55.6 万元。

2018年9月,被告人文某脱离马某予犯罪集团后,采取相同运作方式发展人员,并逐渐形成以文某为首要分子的犯罪集团,长期实施非法复制发行电影行为,从中牟取利益,共计复制发行盗版影片124部。2016年5月至2019年2月间,文某非法经营数额人民币186万余元,违法所得人民币103万余元。

2018年9月,被告人鲁某脱离马某予犯罪集团后,从马某予、文某处获取盗版影片,招募人员,对盗版电影进行加密、打水印,销售给其发展的下线影吧,从中牟取利益。2016年5月至2019年2月间,被告人鲁某非法经营数额人民币814万余元,违法所得人民币536万余元。

2019年春节前,被告人马某予犯罪集团、文某犯罪集团采用前述犯罪手段,非法复制发行《流浪地球》《疯狂的外星人》《小猪佩奇过大年》等8部春节档影片,导致上述影片在互联网上流传。

【检察机关履职情况】

提前介入 2019年3月,江苏省扬州市人民检察院(以下简称扬州市检察院)依法提前介入本案,引导侦查机关侦查取证,提出如下取证意见:一是调取导致8部春节档影片互联网上同步流传的相关证据,依法抽样取证,确定侵权作品数量。二是全面调取资金流水,查明非法经营数额和违法所得数额。三是及时查封、扣押、冻结犯罪嫌疑人财产,确保任何人不因犯罪行为获利。4月,扬州市检察院以涉嫌侵犯著作权罪对马某予等人批准逮捕,提出捕后继续侦查意见,引导公安机关对犯罪数额、共犯地位作用等继续侦查。

审查起诉 2019年9月6日,公安机关以犯罪嫌疑人马某予、马某松、文某、鲁某等人涉嫌侵犯著作权罪移送起诉。检察机关逐笔核对资金明细,精准确定各被告人非法经营、违法所得数额;根据视频制作软件、百度云上传痕迹等电子数据,经统计去重,精准认定各犯罪集团盗版影片数量;强化释法说理,犯罪嫌疑人均认罪认罚并签署具结书。

出庭公诉 2020年9月25日,扬州市中级法院对本案依法公开开庭审理。针对辩护人提出马某予等人不应承担下线影吧业主私自泄露影片、造成网络传播的责任,检察机关申请侦查人员出庭、播放视频,解读正规院线发行、播放电影三重保护机制和被告人犯罪手法,证实被告人马某予等人的行为是造成影片互联网流传的关键。扬州市中级法院采纳全部指控意见,当庭宣判,以侵犯著作权罪分别判处被告人马某予等人四年至六年有期徒刑,并处罚金人民币60万元至550万元不等。一审宣判后被告人未上诉,该判决已生效。

【典型意义】

(一)为著作权提供有力司法保障,对于服务创新型国家建设具有重大意义。本案系最高人民检察院、公安部和中宣部联合挂牌督办案件。数字网络技术使得大量作品进入信息网络,作品的传播更加便捷迅速,网络侵犯著作权犯罪给市场经济秩序造成的破坏、给权利人造成的损失更为严重。加强著作权刑事保护,不仅有助于保护广大创作者、传播者、使用者的合法权益,鼓励作品创作和传播,也有助于促进我国著作权产业发展、繁荣社会主义文化和科学事业、推动创新型国家和知识产权强国建设。

(二)准确认定犯罪数额,促使被告人认罪认罚。办案检察机关全面细致审查案件、引导侦查,对从视频软件、网络云盘等电子数据中提取到的盗版影片进行汇总查重,精确计算侵权作品数量,并结合资金往来、交易数额、交易时间等逐一进行梳理、核实,准确认定犯罪数额。坚持办案中释法说理,促使被告人自愿认罪认罚,自觉接受法律惩处,取得良好办案效果。

(三)着力遏制网络侵犯著作权犯罪,净化网络空间。被告人马某予等人集盗录、制作、发展下线为一体,下线影吧涉及 8 省 13 个城市,形成完整电影盗版产业链,系多部盗版影片和 2019 年春节档热映电影网络传播源头,严重损害我国影视业知识产权保护,造成恶劣社会影响。检察机关始终保持对网络侵犯著作权犯罪的高压态势,着力打击有组织犯罪,不断提高著作权刑事保护水平。

四川刘某某等侵犯著作权案

(2021 年 4 月 25 日最高人民检察院发布)

【案件事实】

2013 年 8 月至 2018 年 7 月,被告人刘某某、覃某、唐某等人在未取得著作权人完美世界(北京)网络技术有限公司、成都完美时空网络技术有限公司许可的情况下,非法获取《诛仙》《笑傲江湖 OL》网络游戏的服务器端程序,使用编辑器修改游戏任务参数、升级标准,并上传至位于厦门、杭州的第三方服务器。为实现游戏客户端与其上传的服务器端同步更新,刘某某等人配置了登录器程序,专用于修改客户端的服务器指向列表。

刘某某等人将修改后的游戏命名为"嘟嘟诛仙""嘟嘟笑傲江湖",通过网站和聊天软件发布广告,招揽游戏玩家。游戏玩家使用登录器程序对正版游戏客户端"打补丁",即可连接刘某某等人架设的服务器,运行游戏。

其间,刘某某、覃某、唐某共同对"嘟嘟诛仙""嘟嘟笑傲江湖"网络游戏进行运营维护,并租用多个非正规第三方支付平台接口,收取游戏玩家充值共计人民币 2000 余万元。覃某违法所得人民币 140 余万元,唐某违法所得人民币

130 余万元,刘某某违法所得 1000 余万元。

【检察机关履职情况】

引导取证 权利人报案后,公安机关于 2018 年 1 月 18 日对刘某某等三人涉嫌侵犯著作权罪立案侦查,并按照四川省成都市检察机关与公安机关建立的"知识产权刑事案件双报制"协作办法,将案件通报至成都市高新技术产业开发区人民检察院(以下简称高新区检察院)。高新区检察院结合侦查进度适时对案件侦查方向和取证重点提出意见,指派检察官与侦查人员、技术人员共同赴异地补充取证,引导公安机关迅速调取服务器数据,确保关键证据不灭失;现场监督核对已有数据,明确充值服务器、充值平台、网游服务器三方数据关系,增加了半年的数据可利用期。

出庭公诉 2019 年 4 月 16 日,高新区检察院以被告人刘某某等三人构成侵犯著作权罪向高新区法院提起公诉。庭审中,辩护人辩护意见认为:大部分通过第三方支付平台支付结算的资金,没有交易明细,不应认定为犯罪数额;唐某仅实施了侵犯《诛仙》的计算机软件著作权,其非法经营数额应当单独计算。公诉人答辩:被告人与第三方支付平台采取达到一定金额进行一次结算的方式,而且各时间段的结算总金额与收款银行账户统计的入账金额一致,被告人使用非法第三方支付平台导致交易记录不完整,故可以根据第三方支付平台的总金额和收款银行账户明细认定非法经营数额;唐某虽然仅参与了《诛仙》游戏的修改,但是其对涉案私服游戏进行管理、运营,违法所得也未按不同游戏进行区分,应当对侵犯全部作品著作权承担刑事责任。合议庭对相关公诉意见予以采纳。

2020 年 2 月 26 日,法院认定刘某某等三人犯侵犯著作权罪,分别判处有期徒刑四年至二年六个月不等,并处罚金人民币 1000 万元至 130 万元不等。一审判决后,被告人提出上诉,9 月 28 日,成都市中级法院裁定驳回上诉,维持原判。

【典型意义】

(一)创新"双报"协作机制,找准最佳保护节点。为强化知识产权保护,成都检察机关创立案件"双报"机制,鼓励权利人在向公安机关报案时同步向检察机关报案。检察机关第一时间掌握侵权线索,对涉嫌犯罪的线索开展立案监督、引导侦查等工作,强化诉前主导职能,显著提高了办案质量和效率;对其他线索,引导权利人通过民事行政途径救济,有效帮助企业维权,降低了权利人维权成本。

(二)有效引导侦查取证,破解证据收集难点。办案检察机关根据网络游戏客户端、服务器端对应匹配的特性,结合侵权游戏与正版游戏运行界面和功能一致的特点,提出以客户端程序比对鉴定代替全部程序比对鉴定的侵权认定思路,切实降低了取证成本和难度;针对侵权人选用非正规支付平台交易导致记录缺失、数据不完整的情况,结合侵权人在支付平台的结算总金额及银行账户明细综合认定非法经营数额,客观全面评价侵权后果和社会危害,使三名被告人罚当其罪。

(三)彰显司法保护决心,助推行业健康发展。知识产权是网游行业和数字经济的生存根基和发展命脉。本案的成功办理彰显了检察机关打击侵犯知识产权犯罪的决心,较重自由刑和高额罚金刑的判处有效震慑了犯罪分子,规范了互联网游戏经营行为,促进了行业健康有序发展。

大某视界文化传媒有限公司、张某等四人侵犯著作权案

(2022 年 3 月 1 日最高人民检察院发布)

【关键词】

网络侵犯著作权　平等保护　行刑衔接　企业合规

【要旨】

信息化时代,检察机关要加大对网络侵犯著作权行为的惩治力度,依法平等保护境内外著作权人的合法权利。推动建立健全行政执法与刑事司法衔接机制,积极发挥法律监督在"行刑衔接"中的作用。结合办案推动行业治理,促进企业合规经营。

【案件事实】

2017 年 5 月,大某视界文化传媒有限公司(以下简称大某视界公司)成立,张某和李某负责公司日常经营管理,刘某、马某绿为该公司内容制作部主管。2018 年 5 月,大某视界公司开发的名为"大某视界"的视频播放 App 上线运行。该程序上线后,大某视界公司未经权利人许可,由刘某、马某绿组织部门人员下载、编辑大量境内外影片,通过视频 App 提供给用户观看,并以收取会员费的方式牟利。2020 年 1 月 10 日,公安机关将张某等四人抓获。经对后台数据进行提取和鉴定:"大某视界"App 编辑、上传的侵权影片中,包括美国电影协会成员公司享有版权的作品 302 部,用户观看 42 万余次,下载 1.9 万余次;腾讯公司享有版权的作品 70 部,用户观看 8.1 万余次,下载 4000 余次。"大某视界"App共有注册用户 83 万余个,充值支付订单 9 万余个,支付金额人民币 140 余万元。

【检察机关履职情况】

2019 年 12 月,广东省深圳市市场稽查局执法中发现"大某视界"App 可能

涉嫌刑事犯罪,向深圳市南山区人民检察院(以下简称南山区检察院)通报相关情况,南山区检察院启动行政执法与刑事司法衔接工作机制。2020年1月,深圳市市场稽查局将该线索移送深圳市公安局南山分局,南山区检察院及时介入侦查,引导公安机关取证。2020年2月13日,南山区检察院以涉嫌侵犯著作权罪对张某等四人批准逮捕,并提出继续侦查意见。

2020年3月30日,公安机关将该案移送南山区检察院审查起诉。2020年4月29日,南山区检察院以侵犯著作权罪对大某视界公司以及张某、李某、刘某、马某绿等四人提起公诉。

2020年11月11日,南山区法院以侵犯著作权罪判处被告单位大某视界公司罚金人民币40万元,判处被告人张某等四人有期徒刑一年至三年不等,并处罚金人民币2万元至10万元不等。部分被告人不服一审判决提出上诉。2021年3月11日,深圳市中级人民法院裁定驳回上诉,维持原判。

【典型意义】

(一)依法打击网络侵犯著作权犯罪,平等保护境内外著作权人的合法权利。随着信息网络技术的快速发展,作品的传播更加便捷迅速,一些不法分子借助互联网实施侵犯著作权违法犯罪行为,不仅破坏社会主义市场经济秩序,也给权利人的合法权益造成损害,应当依法惩治。按照《伯尔尼公约》和我国著作权法的规定,涉案外国影视作品受我国法律保护。本案中检察机关秉持平等保护理念,加强对境内外权利人著作权的刑事司法保护,切实维护创作者、传播者、使用者的合法权利。

(二)完善知识产权"行刑衔接"机制,形成保护知识产权合力。为畅通衔接渠道,解决信息不畅、"以罚代刑"等问题,南山区检察院会同相关部门,建立健全知识产权案件"行刑衔接"工作机制。对于涉嫌犯罪的疑难复杂知识产权案件,有关部门商请检察机关提前介入的,南山区检察院主动作为,依法提出法律适用意见,强化引导取证。在案件受理后,及时向行政执法机关通报案件处理进展情况,对案件办理中发现的共性问题进行梳理反馈,形成全方位保护知识产权合力。

(三)积极推动行业治理,促使企业合规经营。南山区检察院积极发挥职能,促使涉案企业剥离违法业务,进行全面合规整改。大某视界公司完善了法律风险防控机制,将App中侵权内容全部删除,并发布公告通报侵权情况,对充值用户进行退费,组织专门团队开展版权购买谈判。检察机关落实"谁执法谁普法"的普法责任制,会同深圳市版权协会,结合案例有针对性开展知识产权刑事合规宣讲,引导更多企业合法合规经营。

国某集成电路设计有限公司、许某、陶某侵犯著作权案

（2022 年 4 月 25 日最高人民检察院发布）

【关键词】

侵犯著作权罪 计算机软件 二进制代码 抽样鉴定

【要旨】

在办理涉芯片类侵犯著作权案件中，检察机关加大办案力度，重拳出击，形成震慑，激励科技创新，维护公平竞争。通过对芯片中固化二进制代码、GDS 文件中固化二进制代码的鉴定比对，综合全案证据，依法认定计算机软件实质性相似。充分考虑企业保密诉求，创新完善对涉核心技术证据的取证、审查、质证方法。

【基本案情】

权利单位沁某微电子股份有限公司（以下简称沁某公司）享有沁某微 USB 转串并口芯片 CH340 内置固件程序软件 V3.0 计算机软件著作权。该计算机软件应用于沁某公司生产并对外销售的 CH340 芯片中。CH340 芯片广泛应用于导航仪、扫码枪、3D 打印机、教育机器人、POS 机等领域。

国某集成电路设计有限公司（以下简称国某公司）于 2003 年成立。2016 年，陶某作为国某公司销售人员，在市场调研和推广中发现沁某公司的 CH340 芯片销量大、市场占有率高，遂从市场获取正版 CH340 芯片用于复制。许某作为国某公司总经理，负责公司生产经营等全部事务，在明知国某公司未获得沁某公司授权许可的情况下，委托其他公司对 CH340 芯片进行破解，提取 GDS 文件，再委托其他公司生产掩模工具、晶圆并封装，以国某公司 GC9034 型号芯片对外销售，谋取不法利益。

2016 年 9 月至 2019 年 12 月，国某公司销售侵犯沁某公司著作权的 GC9034 芯片共计 830 余万个，销售金额人民币 730 余万元，上述收益均归单位所有。其中，陶某对外销售侵权芯片 780 余万个，销售金额人民币 680 余万元。

经抽样鉴定，国某公司的 GC9034 芯片中的固化二进制代码与沁某公司享有著作权的计算机软件源代码经编译转换生成的固化二进制代码相同，相似度 100%。国某公司的 GDS 文件 ROM 层二进制代码与沁某公司享有著作权的计算机软件源代码经编译转换生成的固化二进制代码相同，相似度 100%，与沁某公司的 GDS 文件 ROM 层二进制代码相同，相似度 100%。

【检察机关履职情况】

2020年1月19日,江苏省南京市公安局雨花台分局以许某、陶某涉嫌销售假冒注册商标的商品罪提请江苏省南京市雨花台区人民检察院(以下简称"雨花台区检察院")批准逮捕。雨花台区检察院经审查认为,国某公司销售的侵权芯片并未使用沁某公司的注册商标,不构成销售假冒注册商标的商品罪,决定不批准逮捕许某、陶某。同时,雨花台区检察院经审查认为,CH340芯片中的固化二进制代码属于目标程序。根据《计算机软件保护条例》,同一计算机程序的源程序和目标程序为同一作品,该案可能涉嫌侵犯权利公司计算机软件著作权,建议公安机关以侵犯著作权罪为方向侦查取证。

2020年12月4日,公安机关以许某、陶某涉嫌侵犯著作权罪移送审查起诉。办案过程中,雨花台区检察院会同公安机关全面听取权利单位保密诉求。鉴于芯片源代码可复制、易泄露的属性,创新采用"厂内勘验、同步审查、厂内封存、厂内质证"取证和审查方法。侦查人员在公司内勘验提取源代码时,检察机关同步审查证据,公司人员全程在场见证,提取的源代码由公司人员加密、刻盘,放置于24小时监控的保险柜中,检察机关和公司分别掌管钥匙和密码,确保证据来源合法、内容客观真实。庭审质证阶段,审判人员、检察人员、被告人及辩护人到沁某公司当场开箱、解密并质证,确保芯片源代码在司法办案过程中未离开公司场所。同时,雨花台区检察院经审查认为,侵犯计算机软件著作权并用以制造芯片销售牟利系国某公司的单位行为,违法所得也归国某公司所有,依法追加国某公司为被告单位。

2021年4月26日,雨花台区检察院以侵犯著作权罪对被告单位国某公司、被告人许某、陶某提起公诉。2021年7月14日,南京市雨花台区人民法院以侵犯著作权罪判处被告单位国某公司罚金人民币400万元;判处被告人许某有期徒刑四年,并处罚金人民币36万元;判处被告人陶某有期徒刑三年二个月,并处罚金人民币10万元。被告单位及被告人均不服一审判决,提出上诉。2021年10月28日,南京市中级人民法院裁定驳回上诉,维持原判。

【典型意义】

(一)加强芯片知识产权司法保护,激发创新创造活力。科技自立自强是国家发展的战略支撑。检察机关应当强化人工智能、量子信息、集成电路等高新技术产业领域知识产权司法保护,依法严厉打击侵犯关键核心技术的知识产权犯罪行为,维护企业合法权益,提升企业技术创新动力。本案被告公司和被告人通过复制他人芯片中的计算机软件,大量生产、销售侵权芯片,给权利人造成重大经济损失。公安机关在立案之初以侵犯商标权案件侦查报捕,检察机关严格审查认定不构成侵犯商标权犯罪的同时,根据案件情况,建议公安机关调整侦查方向,最终全案认定构成侵犯著作权罪。

（二）准确认定计算机软件实质性相似,精准适用法律。该案中,被告人生产的侵权芯片并未直接复制权利人芯片内置固件程序软件源代码,而是通过提取芯片 ROM 层的二进制代码,继而实施侵权犯罪行为。检察机关经认真研究并咨询专家意见,不仅要求公安机关通过抽样方式对国某公司的 GC9034 芯片中的固化二进制代码进行比对,得到鉴定意见支持,同时要求公安机关补充用于生产侵权产品的"模板"唯一不变的相关证据,并到晶圆生产厂家调取制造 CH340 芯片和侵权芯片的"模版"即 GDS 文件,比对其固化二进制代码,相似度均为 100%。综合审查鉴定意见、证人证言、被告人供述、权利人陈述等全案证据,依法认定侵犯计算机软件著作权犯罪行为。

（三）兼顾办案需求与企业诉求,全方位护航企业经营发展。芯片知识产权是高新技术型企业创新发展的立身之本,具有重大商业价值。检察机关在办理该类案件时,如果接触到芯片源代码等企业核心技术信息,可以根据取证对象的特性及时调整固证和审查思路,全方位保护企业知识产权,实现最佳办案效果。本案中,检察机关充分考虑权利人保护知识产权和经营成果的现实需求,会同相关部门,兼顾办案法定要求与企业实际诉求,创新涉芯片源代码的电子数据取证、审查、封存、质证方法,在避免涉案技术可能遭受"二次侵害"的同时,确保案件证据具备合法性、真实性和关联性,推动案件顺利办理,为检察办案提供有益借鉴。

刑法第一百一十九条（侵犯商业秘密罪）

> 　　**第二百一十九条**[①]　有下列侵犯商业秘密行为之一,情节严重的,处三

[①]　本条根据《刑法修正案（十一）》（2021 年 3 月 1 日起施行）第二十二条修改。

原本条内容为:第二百一十九条　有下列侵犯商业秘密行为之一,给商业秘密的权利人造成重大损失的,处三年以下有期徒刑或者拘役,并处或者单处罚金;造成特别严重后果的,处三年以上七年以下有期徒刑,并处罚金:

（一）以盗窃、利诱、胁迫或者其他不正当手段获取权利人的商业秘密的;

（二）披露、使用或者允许他人使用以前项手段获取的权利人的商业秘密的;

（三）违反约定或者违反权利人有关保守商业秘密的要求,披露、使用或者允许他人使用其所掌握的商业秘密的。明知或者应知前款所列行为,获取、使用或者披露他人的商业秘密的,以侵犯商业秘密论。

本条所称商业秘密,是指不为公众所知悉,能为权利人带来经济利益,具有实用性并经权利人采取保密措施的技术信息和经营信息。

本条所称权利人,是指商业秘密的所有人和经商业秘密所有人许可的商业秘密使用人。

修改的主要内容为:一是在基本的犯罪构成中将"给商业秘密的权利人造成重大损失的"修改为"情节严重",并取消了法定刑中"拘役"的刑种;二是在加重的犯罪构成中将"造成特别严重后果的"修改为"情节特别严重的",并将法定最高刑由"七年有期徒刑"提高到"十年有期徒刑";三是将"贿赂、欺诈、电子侵入"补充规定为获取权利人的商业秘密的"不正当手段";四是取消了"本条所称商业秘密……"的规定。

年以下有期徒刑,并处或者单处罚金;情节特别严重的,处三年以上十年以下有期徒刑,并处罚金:

（一）以盗窃、贿赂、欺诈、胁迫、电子侵入或者其他不正当手段获取权利人的商业秘密的;

（二）披露、使用或者允许他人使用以前项手段获取的权利人的商业秘密的;

（三）违反保密义务或者违反权利人有关保守商业秘密的要求,披露、使用或者允许他人使用其所掌握的商业秘密的。

明知前款所列行为,获取、披露、使用或者允许他人使用该商业秘密的,以侵犯商业秘密论。

本条所称权利人,是指商业秘密的所有人和经商业秘密所有人许可的商业秘密使用人。

金义盈侵犯商业秘密案

（最高人民检察院第十三届检察委员会第六十次会议决定　2021年2月4日发布）

【关键词】

侵犯商业秘密　司法鉴定　专家辅助办案　证据链

【要旨】

办理侵犯商业秘密犯罪案件,被告人作无罪辩解的,既要注意审查商业秘密的成立及侵犯商业秘密的证据,又要依法排除被告人取得商业秘密的合法来源,形成指控犯罪的证据链。对鉴定意见的审查,必要时可聘请或指派有专门知识的人辅助办案。

【基本案情】

被告人金义盈,1981年生,案发前系温州菲涅尔光学仪器有限公司（以下简称菲涅尔公司）法定代表人、总经理。

温州明发光学科技有限公司（以下简称明发公司）成立于1993年,主要生产、销售放大镜、望远镜等光学塑料制品。明发公司自1997年开始研发超薄型平面放大镜生产技术,研发出菲涅尔放大镜（"菲涅尔放大镜"系一种超薄放大镜产品的通用名称）批量生产的制作方法——耐高温抗磨专用胶板、不锈钢板、电铸镍模板三合一塑成制作方法和镍模制作方法。明发公司根据其特殊设计，将胶板、模板、液压机分别交给温州市光大橡塑制品公司、宁波市江东精杰模具加工厂、瑞安市永鑫液压机厂生产。随着生产技术的研发推进，明发公司不断调整胶板、模板、液压机的规格和功能，不断变更对供应商的要求，经过长期合作，三家供应商能够提供匹配的产品及设备。

被告人金义盈于 2005 年应聘到明发公司工作，双方签订劳动合同，最后一次合同约定工作期限为 2009 年 7 月 16 日至 2011 年 7 月 16 日。其间，金义盈先后担任业务员、销售部经理、副总经理，对菲涅尔超薄放大镜制作方法有一定了解，并掌握设备供销渠道、客户名单等信息。金义盈与明发公司签订有保密协议，其承担保密义务的信息包括：（1）技术信息，包括产品设计、产品图纸、生产模具、生产制造工艺、制造技术、技术数据、专利技术、科研成果等；（2）经营信息，包括商品产、供、销渠道，客户名单，买卖意向，成交或商谈的价格，商品性能、质量、数量、交货日期等。并约定劳动合同期限内、终止劳动合同后两年内及上述保密内容未被公众知悉期内，不得向第三方公开上述保密内容。

2011 年初，金义盈从明发公司离职，当年 3 月 24 日以其姐夫应某甲、应某乙的名义成立菲涅尔公司，该公司 2011 年度浙江省地方税（费）纳税综合申报表载明金义盈为财务负责人。菲涅尔公司成立后，随即向上述三家供应商购买与明发公司相同的胶板、模具和液压机等材料、设备，使用与明发公司相同的工艺生产同一种放大镜进入市场销售，造成明发公司经济损失人民币 122 万余元。

【检察机关履职情况】

审查起诉 2018 年 1 月 23 日，浙江省温州市公安局以金义盈涉嫌侵犯商业秘密罪移送温州市人民检察院（以下简称"温州市检察院"）审查起诉。1 月 25 日，温州市检察院将本案交由瑞安市人民检察院（以下简称"瑞安市检察院"）办理。本案被告人未作有罪供述，为进一步夯实证据基础，检察机关退回公安机关就以下事项补充侦查：金义盈是否系菲涅尔公司实际经营者，该公司生产技术的取得途径，明发公司向金义盈支付保密费情况以及金义盈到案经过等事实。

8 月 16 日，瑞安市检察院以被告人金义盈构成侵犯商业秘密罪向浙江省瑞安市人民法院（瑞安市法院）提起公诉。

指控与证明犯罪 庭审过程中，检察机关申请两名鉴定人员出庭，辩护人申请有专门知识的人出庭，就《司法鉴定意见书》质证。被告人金义盈及辩护人提出以下辩护意见：1. 鉴定人检索策略错误、未进行技术特征比对、鉴定材料厚度未能全覆盖鉴定结论,故现有证据不足以证明明发公司掌握的菲涅尔超薄放大镜生产工艺属于"不为公众所知悉"的技术信息。2. 涉案三家供应商信息属于通过公开途径可以获取的信息,不属于商业秘密。3. 菲涅尔公司系通过正常渠道获知相关信息,其使用的生产工艺系公司股东应某甲通过向其他厂家学习、询问而得知,金义盈没有使用涉案技术、经营信息的行为及故意,并提供了8份文献证明涉案技术信息已公开。4. 保密协议仅对保密内容作了原则性规定,不具有可操作性,保密协议约定了保密津贴,但明发公司未按约向被告人金义盈发放保密津贴。

公诉人答辩如下:第一,涉案工艺具备非公知性。上海市科技咨询服务中心知识产权司法鉴定所鉴定人通过对现有专利、国内外文献以及明发公司对外宣传材料等内容进行检索、鉴定后认为,明发公司菲涅尔超薄放大镜的特殊制作工艺不能从公开渠道获取,属于"不为公众所知悉"的技术信息。该《司法鉴定意见书》系侦查机关委托具备知识产权司法鉴定资质的机构作出的,鉴定程序合法,意见明确,具有证据证明力。涉案菲涅尔超薄放大镜的制作工艺集成了多种技术,不是仅涉及产品尺寸、结构、材料、部件的简单组合,无法通过公开的产品进行直观或简单的测绘、拆卸或投入少量劳动、技术、资金便能直接轻易获得,相反,须经本领域专业技术人员进行长期研究、反复试验方能实现。故该辩护意见不能对鉴定意见形成合理怀疑。

第二,涉案供应商信息属于商业秘密。供应商、明发公司员工证言等证据证实,三家供应商提供的胶板、模具、液压机产品和设备均系明发公司技术研发过程中通过密切合作,对规格、功能逐步调整最终符合批量生产要求后固定下来的,故相关供应商供货能力的信息为明发公司独有的经营信息,具有秘密性。明发公司会计凭证、增值税专用发票以及供应商、明发公司员工证言证实,涉案加工设备、原材料供应商均系明发公司花费大量人力、时间和资金,根据明发公司生产工艺的特定要求,对所供产品及设备的规格、功能进行逐步调试、改装后选定,能够给明发公司带来成本优势,具有价值性。明发公司与员工签订的《保密协议》中明确约定了保密事项,应当认定明发公司对该供应商信息采取了合理的保护措施,具有保密性。

第三,金义盈在明发公司任职期间接触并掌握明发公司的商业秘密。明发公司员工证言等证据证实,金义盈作为公司分管销售的副总经理,因工作需要熟悉菲涅尔超薄放大镜生产制作工艺、生产过程、加工流程等技术信息,知悉生产所需的特定设备和原材料的采购信息及销售信息。

第四,金义盈使用了明发公司的商业秘密。明发公司的菲涅尔超薄放大镜制作工艺涉及多种技术,加工时的温度、压力、保压时间等工艺参数均有特定化的要求。根据鉴定意见和专家意见,金义盈使用的超薄放大镜生产工艺与明发公司菲涅尔超薄放大镜生产工艺在相关的技术秘点比对上均实质相同,能够认定金义盈使用了商业秘密。

第五,现有证据足以排除金义盈通过其他合法渠道获取或自行研发超薄放大镜生产工艺的可能。经对菲涅尔公司账册及企业营收情况进行审计,证实该公司无任何研发资金投入,公司相关人员均无超薄放大镜等同类产品经营、技术研发背景,不具有自行研发的能力和行为。金义盈辩称其技术系由其姐夫应某甲从放大镜设备厂家蔡某处习得,但经调查蔡某并未向其传授过放大镜生产技术,且蔡某本人亦不了解该技术。

第六,保密协议约定明确,被告人金义盈应当知晓其对涉案技术信息和经营信息负有保密义务。证人证言、权利人陈述以及保密协议中保密津贴与月工资同时发放的约定,能够证实明发公司支付了保密费。合议庭对公诉意见予以采纳。

处理结果　2019 年 9 月 6 日,瑞安市法院以侵犯商业秘密罪判处被告人金义盈有期徒刑一年六个月,并处罚金人民币 70 万元。宣判后,被告人提出上诉,温州市中级人民法院裁定驳回上诉,维持原判。

【指导意义】

(一)依法惩治侵犯商业秘密犯罪,首先要准确把握商业秘密的界定

商业秘密作为企业的核心竞争力,凝聚了企业在社会活动中创造的智力成果,关系到企业生存与发展。依法保护商业秘密是国家知识产权战略的重要组成部分。检察机关依法严惩侵害商业秘密犯罪,对保护企业合法权益,营造良好营商环境,推进科技强国均有十分重要的意义。商业秘密是否成立,是认定是否构成侵犯商业秘密罪的前提条件。检察机关应着重审查以下方面:第一,涉案信息是否不为公众所知悉。注意审查涉案商业秘密是否不为其所属领域的相关人员普遍知悉和容易获得,是否属于《最高人民法院关于审理侵犯商业秘密民事案件适用法律若干问题的规定》第四条规定的已为公众所知悉的情形。第二,涉案信息是否具有商业价值。注意审查证明商业秘密形成过程中权利人投入研发成本、支付商业秘密许可费、转让费的证据;审查反映权利人实施该商业秘密获取的收益、利润、市场占有率等会计账簿、财务分析报告及其他体现商业秘密市场价值的证据。第三,权利人是否采取了相应的保密措施。注意审查权利人是否采取了《最高人民法院关于审理侵犯商业秘密民事案件适用法律若干问题的规定》第六条规定的保密措施,并注意审查该保密措施与商业秘密的商业价值、重要程度是否相适应、是否得到实际执行。

（二）对于被告人不认罪的情形，要善于运用证据规则，排除被告人合法取得商业秘密的可能性，形成指控犯罪的证据链

由于商业秘密的非公开性和犯罪手段的隐蔽性，认定被告人是否实施了侵犯商业秘密的行为往往面临证明困境。在被告人不作有罪供述时，为查明犯罪事实，检察机关应注意引导公安机关从被告人使用的信息与权利人的商业秘密是否实质上相同、是否具有知悉和掌握权利人商业秘密的条件、有无取得和使用商业秘密的合法来源，全面客观收集证据。特别是要着重审查被告人是否存在合法取得商业秘密的情形，应注意围绕辩方提出的商业秘密系经许可、承继、自行研发、受让、反向工程等合法方式获得的辩解，引导公安机关收集被告人会计账目、支出凭证等能够证明是否有研发费用、资金投入、研发人员工资等研发成本支出的证据；收集被告人所在单位研发人员名单、研发资质能力、实施研发行为、研发过程的证据；收集有关商业秘密的转让合同、许可合同、支付转让费、许可费的证据；收集被告人是否通过公开渠道取得产品并实施反向工程对产品进行拆卸、测绘、分析的证据，以及被告人因传承、承继商业秘密的书证等证据。通过证据之间的相互印证，排除被告人获取、使用商业秘密来源合法的可能性的，可以证实其实施侵犯商业秘密的犯罪行为。

（三）应注重对鉴定意见的审查，必要时引入有专门知识的人参与案件办理

办理侵犯商业秘密犯罪案件，由于商业秘密的认定，以及是否构成对商业秘密的侵犯，往往具有较强专业性，通常需要由鉴定机构出具专门的鉴定意见。检察机关对鉴定意见应予全面细致审查，以决定是否采信。对鉴定意见的审查应注意围绕以下方面：一是审查鉴定主体的合法性，包括鉴定机构、鉴定人员是否具有鉴定资质，委托鉴定事项是否符合鉴定机构的业务范围，鉴定人员是否存在应予回避等情形；二是审查鉴定材料的客观性，包括鉴定材料是否真实、完整、充分，取得方式是否合法，是否与原始材料一致等；三是审查鉴定方法的科学性，包括鉴定方法是否符合国家标准、行业标准，方法和标准的选用是否符合相关规定。同时，要注意审查鉴定意见与其他在案证据能否相互印证，证据之间的矛盾能否得到合理解释。必要时，可聘请或指派有专门知识的人辅助审查案件，出庭公诉时可申请鉴定人及其他有专门知识的人出庭，对鉴定意见的科学依据以及合理性、客观性发表意见，通过对技术性问题的充分质证，准确认定案件事实，加强指控和证明犯罪。

【相关规定】（略）

山东赵某侵犯商业秘密案

（2021 年 4 月 25 日最高人民检察院发布）

【案件事实】

山东德州鲁樱食品有限公司（以下简称"鲁樱公司"）、久和食品有限公司（以下简称"久和公司"）对外统称久和集团，系实际控制人为一人的关联企业，是一家集研发、生产、销售于一体的大型食品馅料企业。被告人赵某于 2009 年 11 月至 2018 年 6 月担任鲁樱公司负责生产业务的副总经理，并与公司签订保密协议，约定在职期间及离职后五年内有保密义务。

2018 年 7 月，赵某从鲁樱公司辞职后，入职正久食品（长春）有限公司（以下简称"正久公司"）任副总经理。其后不久，赵某陆续将其工作过程中知悉的鲁樱公司、久和公司客户特殊品种情况表、客户质量标准、销售协议、销售政策、退货政策、产品价格表等经营信息，通过微信披露给正久公司实际控制人田某及其业务员。正久公司业务员使用上述信息，向鲁樱公司、久和公司的客户低价推销同类产品，鲁樱公司、久和公司为维系客户关系，被迫采取降低售价、免除运费、附加赠品等优惠措施，鲁樱公司、久和公司因商业秘密被非法披露、使用遭受损失 342 万余元。经鉴定，赵某披露的信息属于不为公众所知悉的经营信息。

【检察机关履职情况】

发现案件线索 被告人赵某利用职务便利，在为鲁樱公司采购设备过程中收受回扣 12 万元，涉嫌非国家工作人员受贿罪，于 2019 年 11 月 19 日被公安机关移送山东省禹城市人民检察院（以下简称"禹城市检察院"）审查起诉。办案检察人员在审查举报材料时发现，鲁樱公司反映"赵某高薪加入同行业公司，并私自招揽原公司客户群"，认为赵某可能涉嫌侵犯商业秘密犯罪，遂将该案退回补充侦查，要求公安机关收集固定赵某是否构成侵犯商业秘密罪的证据，并引导公安机关对赵某非法披露涉及鲁樱公司经营信息的证据进行勘查取证，对相关信息是否具有秘密性进行鉴定。

审查起诉 2020 年 4 月 3 日，公安机关以赵某涉嫌侵犯商业秘密罪移送禹城市检察院审查起诉。公安机关就权利人损失委托鉴定，鉴定机构以原材料价格与销售价格正相关为计算假设依据，剔除国外贸易、视同销售的营业收入及营业成本金额，以 2017 年 11 月 28 日至 2018 年 11 月 27 日的销售收入/原材料比作为计算依据,认定企业损失为 415.27 万元。检察机关认为该损失计算为估计损失,而非实际损失,犯罪数额存疑。为查明损失数额,禹城市检察院启动自行补充侦查,调取 25 册 3000 余页账证进行核对,根据金税系统中的出库单和发票,以产品的实际出厂单价和数量为计算依据,认定鲁樱公司、久和公司损失数额为 342.63 万元,得到法院判决支持。

出庭公诉 针对辩方可能提出的辩护意见,检察人员制定多个出庭预案,制作详细的举证提纲;庭审中,检察人员就鲁樱公司、久和公司的经营信息属于商业秘密、赵某对涉案经营信息负有保密义务、权利人损失的认定依据、赵某非法披露、允许他人使用的经营信息与权利人损失之间的因果关系等关键事实,结合书证、电子数据、证人证言等充分举证,取得良好的庭审效果。2020 年 8 月 20 日,禹城市法院认定赵某犯侵犯商业秘密罪,判处有期徒刑四年,罚金人民币 50 万元,犯非国家工作人员受贿罪,判处有期徒刑十个月,数罪并罚,决定执行有期徒刑四年六个月,罚金人民币 50 万元。一审宣判后,赵某未上诉,该判决已生效。

【典型意义】

(一)严厉惩治侵犯商业秘密犯罪,维护公平有序的竞争秩序。现代社会鼓励在改进技术、降低成本和提高产品质量基础上的公平竞争,非法披露、使用或允许他人使用权利人技术秘密和经营信息,获取市场份额和竞争优势的犯罪行为应当受到法律的严厉制裁。本案权利人是国内食品馅料行业的龙头企业,在该公司担任高管职务的赵某违反保密协议和诚信原则,将知悉的经营信息商业秘密披露给其他同业经营者,导致权利人生产经营遭受重大损失,造成特别严重后果,应当承担相应的刑事责任。

(二)充分发挥检察监督职能,查微析疑,发现漏罪线索。企业在长期生产经营过程中形成的能够为权利人带来竞争优势的用于经营的各类信息,直接关系到企业的生存与发展。本案所涉的客户名单等经营信息的价值性体现在其所伴随的交易机会、销售渠道以及销售利润,这些经营信息能够在联系销售业务中获得优势,提高竞争力,创造经济价值,具有现实及潜在的市场价值。禹城检察机关在办理其他案件中敏锐捕捉到经营信息被侵犯的犯罪线索,并引导公安机关开展侦查,查实了侵犯商业秘密犯罪,有效维护了企业合法权益。

(三)恪守客观公正,保障被告人权利。检察人员对于鉴定意见所采用的鉴定方法、鉴定依据进行了细致审查,认为本案权利人损失的数额计算有误,遂自行补充侦查,确定合理的损失计算方法,查明犯罪数额,准确认定案件事实、适用法律,体现了办案检察机关秉持客观公正立场,从存疑有利于被告人的原则出发,切实做到了公平公正、不枉不纵。

北京华颉信息技术有限公司、
李甲等侵犯商业秘密案

（2021 年 4 月 25 日最高人民检察院发布）

【案件事实】

北京中软融鑫计算机系统工程有限公司（以下简称"中软融鑫公司"）系主营技术开发、计算机系统服务、销售软件等业务的国有控股公司，研发多款金融监管类软件。李甲、李某波、李某明先后于 2005 年、2008 年、2009 年入职中软融鑫公司，并与公司签订保密协议，分别曾任该公司副总经理、高级软件开发工程师、业务分析师。被告人李甲、李某明在任职期间，于 2013 年 1 月共同出资成立同业竞争公司上海华颉公司，由亲友代持股份，二人隐名实际运营。2014 年 2 月李某明离职，担任上海华颉公司法定代表人、总经理，负责该公司运营；4 月李某波离职加入上海华颉公司，负责对该公司非法获得的中软融鑫公司软件进行"去标识化"等处理。李甲仍留在中软融鑫公司工作，但参与上海华颉公司运营，2013 年至 2016 年间，多次将中软融鑫公司软件模型资料等提供给上海华颉公司。2013 年至 2016 年，上海华颉公司向多家公司销售金融监管类软件，给权利人造成损失人民币 150 余万元。经鉴定，中软融鑫公司相关软件具有非公知性，上海华颉公司销售的软件与中软融鑫公司相关软件的非公知源代码具有同一性。

【检察机关履职情况】

提前介入　中软融鑫公司报案后，公安机关于 2017 年 12 月 13 日对李某明以涉嫌侵犯商业秘密罪立案侦查。依公安机关商请，北京市海淀区人民检察院（以下简称"海淀区检察院"）介入侦查，引导取证，立即向北京检察科技信息中心申请专业同步辅助审查，及时引导公安机关依法规范提取上海华颉公司服务器中的电子数据，扣押关键办公电脑；并迅速与国家工业信息安全发展研究中心司法鉴定所联系，明确鉴定方向，跟进鉴定进程。

审查逮捕　2018 年 6 月 11 日，公安机关以李某明涉嫌侵犯商业秘密罪提请海淀区检察院审查逮捕。针对李某明提出未参与运营、上海华颉公司享有著作权等无罪辩解，检察人员通过梳理账本、核实著作权登记、调取证人证言等方式，认定其辩解不能成立，依法批准逮捕。

审查起诉　2018 年 9 月 13 日，公安机关以李某明涉嫌侵犯商业秘密罪移送起诉。海淀区检察院经审查,追加上海华颉公司为单位犯罪,追加认定两起犯罪事实,并追捕、追诉漏犯李甲、李某波。海淀区检察院陆续对被告单位上海华颉公司、被告人李某明、李某波、李甲以侵犯商业秘密罪提起公诉。

出庭公诉 庭审过程中,公诉人对辩护人提出的上海华颉公司享有涉案软件著作权等意见逐一答辩,合议庭对公诉意见予以采纳;对于李甲拒不认罪,公诉人紧扣被告人自公司成立之初即参与决策运营、多次对外发送中软融鑫公司涉密文档等客观行为,逐一开展有针对性的细节讯问,李甲当庭认罪悔罪。海淀区法院一审以侵犯商业秘密罪判处上海华颉公司罚金人民币 50 万元,判处李甲等三人有期徒刑二年二个月至一年六个月不等,并处罚金人民币 20 万元至 10 万元不等。李甲等人均未上诉,上海华颉公司提出上诉。2020 年 10 月 30 日,北京市第一中级法院作出驳回上诉、维持原判的裁定。

【典型意义】

(一)发挥审前主导作用,夯实案件证据基础。办案检察机关依托"捕诉一体"制度优势,充分发挥审前主导作用,针对电子数据,向公安机关列明重点提取对象及注意事项,并申请有专门知识的人同步辅助审查海量证据、挖掘重要监督线索;针对讯问及取证难点,制定详细讯问、补侦提纲及取证方案,并视情况调整补充;就涉案软件商业秘密非公知性、同一性,以及目标代码与源代码的对应关系等关键问题,多次询问知识产权鉴定机构,确保收集证据全面、合法,为指控犯罪奠定坚实基础。

(二)依法追诉漏罪、漏犯,确保案件质量。侦查阶段,公安机关仅对李某明提请逮捕、移送起诉,检察机关开展自行补充侦查,询问重要证人、向版权登记机构核实情况,核实销售侵权软件合同的签订主体、销售款项用途,核实该公司还有其他合法生产经营活动等情况,依法追加单位犯罪;通过引导公安机关调取销售合同,依法追加两起犯罪事实;通过深度挖掘电子证据,依法追捕、追诉李甲、李某波,充分发挥了法律监督职能。

(三)强化源头治理理念,护航企业创新发展。检察机关在打击犯罪的同时力求源头治理,结合本案情况,深入剖析案发背景及行为成因,挖掘公司在软件产品研发、市场推广销售领域的薄弱环节和管理漏洞,及时制发检察建议,帮助企业完善规章制度。该公司收到检察建议后随即开展了系列整改工作,强化了内部法律教育,切实提高了自身知识产权保护水平。

上海万超公司、于某某等侵犯商业秘密案

（2021 年 4 月 25 日最高人民检察院发布）

【案件事实】

权利人上海恩坦华汽车部件有限公司（以下简称"恩坦华公司"）通过协议、授权等方式，从关联公司处获得汽车全景天窗相关技术信息用于生产经营，并以设置分级管理制度、签订保密条款等措施对技术信息进行保密。经鉴定，该公司汽车天窗机械组、汽车天窗遮阳帘驱动系统、天窗后玻璃排水系统及汽车天窗技术图纸，均属于不为公众所知悉的技术信息。

2012 年 4 月至 2014 年 2 月，被告人于某某在权利人恩坦华公司担任高级产品工程师，曾接触上述技术信息。2014 年 3 月，于某某从恩坦华公司离职，随即受被告人贾某某经营的被告单位上海万超汽车天窗有限公司（以下简称"万超公司"）聘用，负责汽车全景天窗研发工作。于某某违反与恩坦华公司保密约定，将恩坦华公司技术信息披露并用于万超公司相关天窗产品的研发。万超公司法定代表人贾某某明知于某某存在非法披露他人技术秘密的情况，仍将相关数据资料用于万超公司相关汽车天窗产品的研发及生产销售。后贾某某、于某某又以共同发明人身份，对部分技术申请专利。经鉴定，万超公司的部分汽车天窗产品、相关专利及计算机内部分电子数据，与恩坦华公司技术信息实质相同或具有同一性，公司销售相关产品净利润达人民币 1298 万余元。

【检察机关履职情况】

审查起诉　公安机关于 2018 年 5 月 18 日以被告人于某某涉嫌侵犯商业秘密罪，向上海市嘉定区人民检察院（以下简称"嘉定区检察院"）移送审查起诉，但未将万超公司、贾某某一并移送审查起诉。于某某到案后，否认曾接触和披露涉案技术秘密，贾某某在接受公安机关询问时，亦否认明知该技术属于他人商业秘密，称相关技术信息是通过于某某从外籍人员处购得，万超公司为此支付了 25 万元价款。

为进一步查明案件事实，检察官一方面通过退回补充侦查，引导公安机关继续收集固定证据。在排除其他人泄露技术秘密的可能性并认定于某某实施了侵犯商业秘密的犯罪行为，且属于情节特别严重后，检察机关于 11 月 16 日对于某某以侵犯商业秘密罪向上海市普陀区法院提起公诉。另一方面通过自行补充侦查，追加起诉被告单位万超公司及其经营者贾某某。检察官通过现场

走访、调取有关书证材料、询问相关证人,发现万超公司在经营过程中有很强的保密意识,对自行研发过程中涉及的技术资料,采取安装加密软件、设置物理隔离及专人保管登记等措施加以保护,而涉案技术信息的获取过程存在明显异常,且原始电子文档上留有恩坦华公司的标记。在补充上述证据之后,检察机关于 2019 年 7 月 18 日对万超公司、贾某某以侵犯商业秘密罪追加起诉。

出庭公诉 法庭审理阶段,被告人于某某仍坚持无罪辩解。嘉定区检察院就恩坦华公司的技术信息属于商业秘密、万超公司电子数据及产品与恩坦华公司的技术信息存在实质相同或具有同一性等案件事实进行举证,同时结合大量客观证据,充分论证于某某实施了披露、允许他人使用的侵犯商业秘密行为以及万超公司、贾某某具有犯罪的主观故意。2020 年 1 月 19 日,上海市普陀区法院认定各被告人犯侵犯商业秘密罪,判处万超公司罚金 400 万元;判处于某某有期徒刑五年,并处罚金人民币 50 万元;判处贾某某有期徒刑三年,缓刑三年,并处罚金人民币 35 万元。一审宣判后,被告单位及被告人均未上诉,判决已生效。

【典型意义】

(一)依法加强商业秘密司法保护力度,维护公平竞争的经济秩序。侵犯商业秘密犯罪严重破坏市场竞争秩序和营商环境,抑制市场主体创新创造活力,中央高度重视商业秘密保护,明确要求强化商业秘密刑事执法。检察机关着力加强对商业秘密的保护力度,重点打击涉及高新技术、关键核心技术、事关企业生存和发展的侵犯商业秘密犯罪,全面维护权利人合法权益。

(二)综合运用证据形成锁链,全面查明犯罪事实。商业秘密案件涉及专业性、技术性问题多,查明侵权人犯罪过程和手段是办案难点之一。特别是在犯罪嫌疑人拒不认罪的情况下,检察机关要注意引导公安机关追查涉案技术信息来源、保密措施、泄密过程、保密义务等,收集固定侵权人违约情况、侵权情况等证据。同时,应注重加强与权利人沟通,准确确定商业秘密检材范围、内容及鉴定方法,广泛收集证人证言等其他证据,进而形成证据锁链,排除其他造成商业秘密泄露的可能性,从而证明被告人实施侵犯商业秘密犯罪。

(三)慎用刑事强制措施,在依法办案与避免冲击企业经营之间寻求平衡。检察机关在严惩犯罪保护知识产权的同时,也要注意服务保障"六稳""六保",尽量减少司法活动对企业正常经营的影响。可以通过实地走访调查,了解侵权公司的经营规模、员工结构等情况,综合评判企业维持经营的实际需要及被告人到案后的认罪悔罪态度,审慎适用强制措施,可捕可不捕的坚决不捕,对已捕的涉案企业经营者依法开展羁押必要性审查,确保取得打击犯罪与维护生产经营的平衡。

浙江周某侵犯商业秘密案

（2021 年 4 月 25 日最高人民检察院发布）

【基本案情】

浙江春风动力股份有限公司（以下简称"春风动力公司"）是专业从事全地形车、竞技摩托车等产品研发、制造、销售的高新技术企业，对自主研发的 2V91 系列发动机技术设有保密措施且未许可他人使用。2004 年，被告人周某入职春风动力公司从事发动机技术研发，并签订保密协议。2014 年 2 月 24 日至 3 月 1 日，春风动力发动机研究所负责人在出差期间，将该所指定邮箱审核权限授权给周某，周某利用该授权权限，私自将公司研发的 2V91 系列发动机等技术资料从公司涉密内网邮箱发送至自己的外网邮箱。

2015 年 3 月，被告人周某从春风动力公司辞职后即应聘到飞神集团有限公司（以下简称"飞神公司"）控股的浙江同硕科技有限公司（以下简称"同硕公司"）主持研发发动机。其间，被告人周某将其获取的 2V91 系列发动机技术信息用于同硕公司发动机研发。2017 年 5 月至 2018 年 1 月，同硕公司向飞神公司销售涉案发动机 314 台，其中 300 台被飞神公司用于配装全地形车销往多地。经鉴定，同硕公司与春风动力公司生产的发动机多项技术秘密点相同。被告人周某的行为给春风动力公司造成损失 83.9 万余元。

【检察机关履职情况】

审查起诉　本案侦查机关将春风动力公司 2V91 系列发动机研发成本 914.15 万元认定为权利人损失数额，并移送浙江省杭州市余杭区人民检察院（以下简称"余杭区检察院"）审查起诉。办案检察机关认为该损失数额不能作为定罪依据，遂主动联系多家审计评估单位，就本案损失计算方式进行充分论证，最终确定以侵权产品销售数量乘以春风动力每台车辆的利润再乘以发动机价值与整车价值占比的损失数额计算方法，得出本案权利人损失数额 83 万余元，得到法院判决支持。办案检察机关还根据案件事实和证据情况，通过释法说理，促使被告人周某由拒不认罪转为认罪认罚。

出庭公诉　2019 年 10 月 31 日，余杭区检察院对周某以侵犯商业秘密罪提起公诉。庭审中，辩护人提出鉴定的技术秘密点均已被权利人在维修手册上公开或者系国家标准明确规定，不构成商业秘密。检察人员仔细查阅大量专业性材料，咨询包括鉴定人员在内的多位发动机领域专家，对全案证据进行严格审查，得出部分技术秘密点已被公开，但部分技术秘密点仍属商业秘密，不影响整体侵权认定的结论;同时收集大量已决案例作为参考,并结合本案具体情况提出适用缓刑和罚金数额的精确量刑建议,被法院完全采纳。2020 年 3 月 26 日,余杭区法院以侵犯商业秘密罪,判处周某有期徒刑一年六个月,缓刑二年,并处罚金人民币 80 万元。周某未上诉,该判决已生效。

【典型意义】

(一)依法惩治侵犯商业秘密犯罪,为国家高新技术企业发展护航。本案权利人春风动力公司系国家高新技术企业,多年来一直走自主创新发展模式,属于国内全地形车领域龙头企业。检察机关坚持知识产权案件专业化办理,有力指控犯罪的同时积极促成双方达成赔偿谅解协议,飞神公司、同硕公司与春风动力公司达成谅解协议,同意停止侵权并赔偿人民币 300 万元,召回全部侵权产品,有力保护了商业秘密权利人的合法权益。

(二)借力专家智库,准确认定侵权行为和犯罪数额。由于商业秘密的认定以及是否构成对商业秘密的侵犯,往往具有较强专业性,通常需要听取有专门知识的人的意见。办案检察机关经过咨询涉案技术领域专家,认为涉案技术秘密的部分已被公开但其他秘密点部分仍不为公众所知悉的,整体上应当认定为构成商业秘密,侵权行为成立,得到法院判决认可。本案侵权产品尚未获利,市场上缺乏类似许可使用的情况,价值评估条件欠缺。检察机关经与多家审计评估公司研讨,并带领评估人员赴案发企业调查核实,最终确定以侵权产品销售数×春风动力每台车辆利润×发动机价值与整车价值占比计算权利人损失作为犯罪数额,对同类案件的办理提供了有益借鉴。

(三)延伸检察职能,积极参与知识产权综合治理。办案检察机关认真梳理涉案企业在商业秘密保护制度、商业秘密载体管理、涉密企业管理等方面存在的漏洞,参考国内外先进涉密管理经验,提出建章立制、堵漏除弊的检察建议,助力企业堵塞漏洞。多次赴涉案企业走访交流,开展法治宣传,帮助企业提升商业秘密保护意识和能力,切实防止类似侵权案件发生。

山东福某达环保工程有限公司、马某强、郭某侵犯商业秘密案

(2022 年 3 月 1 日最高人民检察院发布)

【关键词】

侵犯商业秘密 刑事附带民事诉讼 认罪认罚 促成民事调解

【要旨】

检察机关办理侵犯知识产权刑事案件,应及时告知权利人诉讼权利义务,充分保障其知情权和参与权。做好知识产权案件刑事附带民事诉讼相关工作,加强释法说理,促使侵权人认罪认罚、积极赔偿,达成民事调解,实现办案"三个效果"的有机统一。

【案件事实】

马某强、郭某曾系山东天某能源股份有限公司(以下简称"天某公司")员工。2017年10月,马某强从天某公司离职后借用他人身份成立山东福某达环保工程有限公司(以下简称"福某达公司")。马某强实际控制、经营该公司,并聘用郭某任技术总监。2017年10月至2018年8月间,郭某违反保密协议和保密规定,在福某达公司使用天某公司的技术信息生产经营与天某公司同类的流化床干燥装置,所得违法收入均进入福某达公司账户。经鉴定,天某公司拥有的一体化埋管流化床处理装置技术信息是商业秘密,福某达公司使用的流化床技术信息与天某公司的上述技术信息相同。经审计,福某达公司侵犯商业秘密行为造成天某公司损失人民币480余万元。

【检察机关履职情况】

2019年4月16日,山东省济南市公安局高新技术产业开发区分局以犯罪嫌疑人马某强、郭某涉嫌侵犯商业秘密罪,移送济南市高新技术产业开发区人民检察院(以下简称"高新区检察院")审查起诉。高新区检察院依法向被侵权方天某公司告知诉讼权利义务,听取其意见。天某公司提出希望提起刑事附带民事诉讼,降低维权成本,挽回经济损失。高新区检察院通过走访权利人了解涉案技术,听取有专门知识的人意见,综合审查全案证据,夯实相关证据基础,追加认定福某达公司涉嫌单位犯罪。

2019年10月14日,高新区检察院以侵犯商业秘密罪对被告单位福某达公司以及被告人马某强、郭某提起公诉。2020年6月10日,天某公司提起刑事附带民事诉讼。同年8月3日,济南高新技术产业开发区人民法院作出刑事附带民事一审判决,以侵犯商业秘密罪判处被告单位福某达公司罚金人民币30万元;分别判处被告人马某强、郭某有期徒刑四年和三年六个月,并处罚金人民币6万元和5万元;判决福某达公司赔偿天某公司经济损失人民币480余万元,马某强、郭某负连带赔偿责任。一审判决后,被告单位和二名被告人均提出上诉。二审期间,检察机关加强释法说理,促成二名被告人自愿认罪认罚,福某达公司与天某公司在二审开庭前签订谅解协议书,主动赔偿权利人经济损失。2021年4月2日,济南市中级人民法院以谅解协议书内容为基础,作出刑事附带民事调解书。二审法院将达成民事调解作为量刑上的酌定从轻情节予以考虑,于2021

年 6 月 4 日作出二审判决,以侵犯商业秘密罪判处被告单位福某达公司罚金人民币 30 万元;分别判处被告人马某强、郭某有期徒刑三年,缓刑四年和有期徒刑三年,缓刑三年,并处罚金人民币 6 万元和 5 万元。

【典型意义】

(一)及时告知权利人诉讼权利义务,充分保障其合法权利。2021 年 2 月以来,最高人民检察院部署在全国检察机关开展侵犯知识产权刑事案件权利人诉讼权利义务告知工作,切实保障权利人的知情权和参与权。权利人通过参与诉讼活动,及时获知办案进度,补充权利证明、经济损失等证据材料,就案件专业性问题发表意见,并可提起刑事附带民事诉讼,有利于及时查明案件事实,促进案件依法及时公正处理,加大知识产权司法保护力度。

(二)加强知识产权检察集中统一履职,发挥综合司法保护作用。对知识产权案件实行集中统一履职,有助于实现对权利人权益的最佳保护。知识产权权利人依法提起刑事附带民事诉讼,有利于一体解决刑事责任追究和民事责任承担问题,减少权利人另行提起民事诉讼的诉累,提高办案效率,节约司法资源。本案检察机关在天某公司提起刑事附带民事诉讼后,积极做好程序衔接、调解赔偿等相关工作,取得了良好的法律效果与社会效果。

(三)依法惩治侵犯商业秘密犯罪,加强释法说理促成赔偿谅解。本案检察机关通过走访权利人、听取专家意见等方式,解决技术疑难问题,准确认定商业秘密和侵权行为,为指控犯罪奠定坚实基础。加强释法说理,促使被告人认罪认罚并主动赔偿权利人经济损失,双方达成谅解协议,二审法院作出刑事附带民事调解书,并作为二审判决酌定从轻情节予以考虑,既有力惩治了侵犯商业秘密犯罪行为,又切实维护了权利人的合法权益。

鹰某公司、游某、游某棋侵犯商业秘密案

(2022 年 4 月 25 日最高人民检察院发布)

【关键词】

侵犯商业秘密罪　条码设备解码库　禁止令　服务企业创新发展

【要旨】

在当前创新驱动发展的大背景下,企业之间的竞争很大程度上表现为关键核心技术的竞争。检察机关通过依法追诉侵犯商业秘密犯罪、建议对缓刑人员适用禁止令、建立服务企业联系清单机制、推进追赃挽损等工作,护航高新技术

企业创新发展,维护市场竞争秩序,营造法治化营商环境。

【基本案情】

新某陆自动识别有限公司(以下简称"新某陆公司")主要经营研究、开发、制造、销售条码设备、自动识别设备,研究、开发、销售高科技产品等业务。游某、游某棋原系新某陆公司及其关联公司员工,二人分别于 2005 年、2011 年离职,后创办了上海鹰某智能科技有限公司(以下简称"鹰某公司"),主要经营与新某陆公司类似的条码扫描设备的生产、销售等业务。游某系鹰某公司股东、法定代表人,游某棋系鹰某公司股东、董事长。

2016 年 6 月至 2020 年 7 月,游某、游某棋明知他人非法获取新某陆公司 UIMG 解码库,仍使用他人提供的 UIMG 解码库生产与新某陆公司类似的条码扫描设备产品,并销售至全国各地,造成新某陆公司损失共计人民币 614 万余元。经鉴定,新某陆公司的 UIMG 解码库属于不为公众所知悉的技术信息,新某陆公司已对其采取相应保密措施,属于新某陆公司的商业秘密。2021 年 1 月 6 日,游某、游某棋向公安机关投案。

【检察机关履职情况】

2021 年 3 月 5 日,福建省福州市公安局以游某、游某棋涉嫌侵犯商业秘密罪移送福州市人民检察院审查起诉。2021 年 3 月 12 日,福州市人民检察院将该案交由福州市鼓楼区人民检察院(以下简称"鼓楼区检察院")审查起诉。

检察机关重点开展以下工作:一是积极引导公安机关补充侦查,有效解决商业秘密非公知性鉴定和同一性鉴定问题,完善证据链条,为指控犯罪打下坚实基础。二是向新某陆公司送达侵犯知识产权刑事案件权利人诉讼权利义务告知书,并建议其指派一名工作人员代表公司作为与鼓楼区检察院的固定联系人,以方便本案办理和后续提供知识产权检察服务。三是加强释法说理,促使游某赔偿新某陆公司人民币 100 万元并取得谅解。四是依法追诉追漏,鉴于该案侵犯商业秘密的经营决策由鹰某公司股东共同作出,违法所得进入公司账户,符合单位犯罪特征,依法追加鹰某公司为被告单位。同时,检察机关深挖上下游犯罪,成功追诉五名涉案人员。

2021 年 4 月 12 日,鼓楼区检察院以侵犯商业秘密罪对被告单位鹰某公司和被告人游某、游某棋提起公诉,对游某棋提出缓刑量刑建议,并建议适用禁止令。同年 11 月 19 日,鼓楼区法院以侵犯商业秘密罪判处被告单位鹰某公司罚金人民币 405 万元;判处被告人游某有期徒刑三年,并处罚金人民币 100 万元;判处被告人游某棋有期徒刑二年八个月,缓刑三年,并处罚金人民币 100 万元,同时适用禁止令,禁止被告人游某棋在缓刑考验期内从事条码扫描设备、条码扫描芯片、条码解码库的生产、经营活动。被告单位和被告人均未提出上诉,判决已生效。

【典型意义】

(一)加强企业商业秘密综合司法保护,护航企业创新发展。当前,条码扫描设备广泛应用于众多行业,新某陆公司运用其自主研发的 UIMG 解码库生产的条码扫描设备具有识别准、反应快的竞争优势,成为条码扫描设备行业的领军企业。若该商业秘密被侵害将严重威胁新某陆公司的生存与发展。本案中,检察机关加大对涉新业态新领域、关键核心技术侵犯知识产权犯罪的打击力度,依法追究相关人员刑事责任,积极引导公安机关侦查取证,追加被告单位,深挖上下游犯罪。积极适用认罪认罚从宽制度,促使被告人进行赔偿,尽量挽回权利人损失。

(二)依法建议适用禁止令,防止企业合法权益再次受损。根据刑法第七十二条之规定,宣告缓刑,可以根据犯罪情况,同时禁止犯罪分子在缓刑考验期限内从事特定活动。对于涉知识产权犯罪,通过依法有效运用从业禁止令,防止企业合法权益再次受损,修复受损的社会秩序,营造法治化营商环境。本案被告人游某棋系投案自首,年龄较大,且自愿认罪认罚,检察机关在提出缓刑量刑建议的同时,一并建议适用禁止令,具有借鉴意义。

(三)建立服务企业联系清单,为权利人提供定制式知识产权服务。检察机关受理案件后,落实侵犯知识产权刑事案件权利人诉讼权利义务告知工作,及时向新某陆公司告知诉讼权利义务,确保权利人深度参与诉讼活动,提升维权质效。检察机关不局限于就案办案,将权利人纳入服务企业联系清单,建立常态化沟通联络机制,为企业提供定制式法律服务,帮助建立健全知识产权保护内控机制,定期组织法律培训、讲座宣传等,提升企业知识产权保护水平。

蔡某侵犯商业秘密案

(2022 年 4 月 25 日最高人民检察院发布)

【关键词】

侵犯商业秘密罪　经营信息　权利人实质性参与诉讼

【要旨】

作为商业秘密的经营信息,能够促进权利人的经营活动,带来市场竞争优势,具有商业价值,应予严格保护。检察机关应当依法能动履行法律监督职责,加强与有关部门协作配合,严厉打击非法获取、利用经营信息,侵犯权利人商业秘密,破坏公平竞争市场秩序的犯罪行为,为营造创新发展良好环境贡献检察力量。

【基本案情】

耐克商业(中国)有限公司(以下简称"耐克公司")在经营过程中整合了商品的价格信息和库存(在库和拟到库)信息等经营信息用于商业运营,并与员工签订保密协议,约定所有关于耐克公司的项目和内部信息均属保密信息。蔡某于2018年起设立并经营"折扣店扫货"微信小程序,明知他人违规从耐克公司内部网盘下载上述经营信息,仍然付费购买,并在其经营的微信小程序上使用,同时收取相应会员费营利。经鉴定,耐克公司商品的价格信息和库存(在库和拟到库)信息,均属于不为公众所知悉的经营信息,"折扣店扫货"微信小程序、蔡某手机内相关电子数据等,与耐克公司经营信息实质相同。截至2020年12月,蔡某违法所得数额共计人民币90余万元。

【检察机关履职情况】

2020年11月26日,经权利人耐克公司报案,上海市公安局杨浦分局对蔡某涉嫌侵犯商业秘密案立案侦查。上海市杨浦区人民检察院(以下简称"杨浦区检察院")及时介入侦查,引导公安机关从扣押的电脑、硬盘、手机内,提取微信小程序中的会员费收取记录、微信交易明细等电子数据,及时固定第一手客观证据。严格落实侵犯知识产权刑事案件权利人诉讼权利义务告知制度,要求权利人补充提供采取保密措施情况、涉案信息商业价值等方面证据材料,充分听取其意见建议。引导公安机关将从涉案存储设备中提取的电子数据与蔡某使用的数据进行逐项还原分析比对,查明经营信息被非法使用牟利的情况。2021年1月29日,杨浦区检察院以侵犯商业秘密罪对蔡某批准逮捕。

2021年3月29日,公安机关以蔡某涉嫌侵犯商业秘密罪向杨浦区检察院移送起诉。杨浦区检察院主要做了三项工作:一是委托专门鉴定机构对蔡某使用的经营信息与权利人的经营信息进行同一性比对。二是准确认定涉案经营信息属于商业秘密。本案中,商品的价格和库存信息直接影响经营者的原料采购数量、进货价格、生产进度安排、产品销售方案等,竞争对手在获知上述信息后可以相应调整经营策略,进而取得竞争优势,具有商业价值。并且经营者采取了保密措施,相关信息不为公众所知悉。综上,本案经营信息具有价值性、保密性、秘密性,应当作为商业秘密予以保护。三是加强释法说理,督促蔡某积极退赔,依法适用认罪认罚从宽制度。

2021年4月26日,杨浦区检察院以侵犯商业秘密罪对被告人蔡某提起公诉。2021年7月23日,上海市杨浦区人民法院以侵犯商业秘密罪判处被告人蔡某有期徒刑八个月,并处罚金人民币96万元。被告人未提出上诉,判决已生效。

【典型意义】

（一）依法打击侵犯经营信息商业秘密犯罪，维护公平有序的市场环境。经营信息是商业秘密的重要形式，其种类包括客户名单、交易价格、货源信息、营销策略等内容，对于市场主体获得竞争优势具有重要的商业价值。检察机关在保护技术信息的同时，也应当注重对经营信息的严格保护。近年来，高端球鞋市场存在供不应求的情况，部分"球鞋黄牛"群体利用非法获取的权利人经营信息，囤积居奇、投机炒作，扰乱正常的市场秩序。检察机关在办理案件过程中能动履职，与相关部门协作配合、精准出击，营造规范有序的营商环境，维护良好的市场竞争秩序。

（二）厘清法律适用疑难问题，明确经营信息商业秘密认定方法。办理经营信息类侵犯商业秘密案件，应当首先认定涉案经营信息是否属于商业秘密。本案中的库存信息、价格信息等是权利人在长期经营中形成的不为公众所知悉的信息，是经营者进行市场决策的依据，具有较高的商业价值，企业采取了保密措施予以保护。检察机关综合分析本案经营信息的具体内容、形成过程、保密措施、非公知性、商业价值等方面证据，认定属于商业秘密。

（三）告知权利人诉讼权利义务，引导权利人实质性参与诉讼。检察机关在办理侵犯商业秘密刑事案件过程中应注重积极引导权利人实质性参与刑事诉讼，鼓励权利人对涉案专业性问题充分发表意见，提升检察办案质效。本案中，检察机关第一时间介入，实地走访企业，介绍商业秘密刑事案件的办理流程、证据标准等内容，要求权利人客观陈述经营信息的知悉范围、存储方式、保密措施等，补充提供保密协议、经营信息原始数据等证明经营信息商业价值的证据，补强了商业秘密认定及侵权情况的关键性证据，为准确适用法律、有力指控犯罪奠定坚实基础。

刑法第二百二十三条（串通投标罪）

第二百二十三条　投标人相互串通投标报价，损害招标人或者其他投标人利益，情节严重的，处三年以下有期徒刑或者拘役，并处或者单处罚金。

投标人与招标人串通投标，损害国家、集体、公民的合法利益的，依照前款的规定处罚。

许某某、包某某串通投标立案监督案

（最高人民检察院第十三届检察委员会第五十五次会议决定 2020年12月21日发布）

【关键词】

串通拍卖 串通投标 竞拍国有资产 罪刑法定 监督撤案

【要旨】

刑法规定了串通投标罪,但未规定串通拍卖行为构成犯罪。对于串通拍卖行为,不能以串通投标罪予以追诉。公安机关对串通竞拍国有资产行为以涉嫌串通投标罪刑事立案的,检察机关应当通过立案监督,依法通知公安机关撤销案件。

【基本案情】

犯罪嫌疑人许某某,男,1975年9月出生,江苏某事业有限公司实际控制人。

犯罪嫌疑人包某某,男,1964年9月出生,连云港某建设工程质量检测有限公司负责人。

江苏省连云港市海州区锦屏磷矿"尾矿坝"系江苏海州发展集团有限公司(以下简称"海发集团",系国有独资)的项目资产,矿区占地面积近1200亩,存有尾矿砂1610万吨,与周边村庄形成35米的落差。该"尾矿坝"是应急管理部要求整改的重大危险源,曾两次发生泄漏事故,长期以来维护难度大、资金要求高,国家曾拨付专项资金5000万元用于安全维护。2016年至2017年间,经多次对外招商,均未能吸引到合作企业投资开发。2017年4月10日,海州区政府批复同意海发集团对该项目进行拍卖。同年5月26日,海发集团委托江苏省大众拍卖有限公司进行拍卖,并主动联系许某某参加竞拍。之后,许某某联系包某某,二人分别与江苏甲建设集团有限公司(以下简称"甲公司")、江苏乙工程集团有限公司(以下简称"乙公司")合作参与竞拍,武汉丙置业发展有限公司(以下简称"丙公司",代理人王某某)也报名参加竞拍。2017年7月26日,甲公司、乙公司、丙公司三家单位经两次举牌竞价,乙公司以高于底价竞拍成功。2019年4月26日,连云港市公安局海州分局(以下简称"海州公安分局")根据举报,以涉嫌串通投标罪对许某某、包某某立案侦查。

【检察履职情况】

线索发现 2019年6月19日,许某某、包某某向连云港市海州区人民检察院提出监督申请,认为海州公安分局立案不当,严重影响企业生产经营,请求检察机关监督撤销案件。海州区人民检察院经审查,决定予以受理。

调查核实 海州区人民检察院通过向海州公安分局调取侦查卷宗,走访海发集团、拍卖公司,实地勘查"尾矿坝"项目开发现场,并询问相关证人,查明:一是海州区锦屏磷矿"尾矿坝"项目长期闲置,存在重大安全隐患,政府每年需投入大量资金进行安全维护,海发集团曾邀请多家企业参与开发,均未成功;二是海州区政府批复同意对该项目进行拍卖,海发集团为防止项目流拍,主动邀请许某某等多方参与竞拍,最终仅许某某、王某某,以及许某某邀请的包某某报名参加;三是许某某邀请包某某参与竞拍,目的在于防止项目流拍,并未损害他人利益;四是"尾矿坝"项目后期开发运行良好,解决了长期存在的重大安全隐患,盘活了国有不良资产。

监督意见 2019 年 7 月 2 日,海州区人民检察院向海州公安分局发出《要求说明立案理由通知书》。公安机关回复认为,许某某、包某某的串通竞买行为与串通投标行为具有同样的社会危害性,可以扩大解释为串通投标行为。海州区人民检察院认为,投标与拍卖行为性质不同,分别受招标投标法和拍卖法规范,对于串通投标行为,法律规定了刑事责任,而对于串通拍卖行为,法律仅规定了行政责任和民事赔偿责任,串通拍卖行为不能类推为串通投标行为。并且,许某某、包某某的串通拍卖行为,目的在于防止项目流拍,该行为实际上盘活了国有不良资产,消除了长期存在的重大安全隐患,不具有刑法规定的社会危害性。因此,公安机关以涉嫌串通投标罪对二人予以立案的理由不能成立。同时,许某某、包某某的行为亦不符合刑法规定的其他犯罪的构成要件。2019 年 7 月 18 日,海州区人民检察院向海州公安分局发出《通知撤销案件书》,并与公安机关充分沟通,得到公安机关认同。

监督结果 2019 年 7 月 22 日,海州公安分局作出《撤销案件决定书》,决定撤销许某某、包某某串通投标案。

【指导意义】

(一)检察机关发现公安机关对串通拍卖行为以涉嫌串通投标罪刑事立案的,应当依法监督撤销案件。严格遵循罪刑法定原则,法律没有明文规定为犯罪行为的,不得予以追诉。拍卖与投标虽然都是竞争性的交易方式,形式上具有一定的相似性,但二者行为性质不同,分别受不同法律规范调整。刑法第二百二十三条规定,投标人相互串通投标报价,损害招标人或者其他投标人利益,情节严重的,或者投标人与招标人串通投标,损害国家、集体、公民的合法利益的,以串通投标罪追究刑事责任。刑法未规定串通拍卖行为构成犯罪,拍卖法亦未规定串通拍卖行为可以追究刑事责任。公安机关将串通拍卖行为类推为串通投标行为予以刑事立案的,检察机关应当通过立案监督,通知公安机关撤销案件。

（二）准确把握法律政策界限,依法保护企业合法权益和正常经济活动。坚持法治思维,贯彻"谦抑、审慎"理念,严格区分案件性质及应承担的责任类型。对企业的经济行为,法律政策界限不明,罪与非罪不清的,应充分考虑其行为动机和对于社会有无危害及其危害程度,加强研究分析,慎重妥善处理,不能轻易进行刑事追诉。对于民营企业参与国有资产处置过程中的串通拍卖行为,不应以串通投标罪论处。如果在串通拍卖过程中有其他犯罪行为或者一般违法违规行为的,依照刑法、拍卖法等法律法规追究相应责任。

【相关规定】(略)

新泰市J公司等建筑企业串通投标系列案件

（2021 年 6 月 3 日最高人民检察院发布）

【基本案情】

2013 年以来,山东省新泰市 J 工程有限公司(以下简称"J 公司")等 6 家建筑企业,迫于张某黑社会性质组织的影响力,被要挟参与该涉黑组织骨干成员李某某(新城建筑工程公司经理,犯串通投标罪被判处有期徒刑一年零六个月)组织的串通投标。李某某暗箱操作统一制作标书、统一控制报价,导致新泰市涉及管道节能改造、道路维修、楼房建设等全市 13 个建设工程项目被新城建筑工程公司中标。由张某黑社会性质组织案带出的 5 起串通投标案件,涉及该市 1 家民营企业、2 家国有企业、3 家集体企业,均为当地建筑业龙头企业,牵扯面大,社会关注度高。

2020 年 3—4 月,公安机关将上述 5 起串通投标案件移送新泰市检察院审查起诉。检察机关受理案件后,通过自行补充侦查进一步查清案件事实,同时深入企业开展调查,于 2020 年 5 月召开公开听证会,对 J 公司等 6 家企业作出不起诉决定。

【企业合规整改情况及处理结果】

检察机关通过自行补充侦查,查清 J 公司等 6 家企业被胁迫陪标的案件事实。6 家企业案发时均受到涉黑组织骨干成员李某某的要挟,处于张某黑社会性质组织控制范围内,被迫出借建筑资质参与陪标,且没有获得任何非法利益。同时,检察机关实地到 6 家企业走访调查,掌握企业疫情防控常态化下复工复产情况及存在的困难问题;多次到住建部门座谈,了解到 6 家企业常年承接全市重点工程项目,年创税均达 1000 万元以上,其中 1 家企业年创税 1 亿余元,在繁荣地方经济、城乡建设、劳动力就业等方面作出了突出贡献。如作出起诉决定,6 家企业三年内将无法参加任何招投标工程,并被列入银行贷款黑名单,将对企业发展、劳动力就业和全市经济社会稳定造成一定的影响。

2020 年 5 月,泰安市两级检察机关邀请人民监督员等各界代表召开公开听证会,参会人员一致同意对 J 公司等 6 家企业及其负责人作不起诉处理。检察机关当场公开宣告不起诉决定,并依法向住建部门提出对 6 家企业给予行政处罚的检察意见,同时建议对近年来建筑行业的招投标情况进行全面细致摸排自查,净化建筑业招投标环境。听证会结束后,检察机关组织当地 10 家建筑企业、连同 6 家涉案企业负责人召开专题座谈会,宣讲企业合规知识,用身边案例警醒企业依法规范经营,从而实现了"办理一案、教育一片、治理社会面"的目的。

检察机关还向 6 家涉案企业发出检察建议,要求企业围绕所涉罪名及相关领域开展合规建设,并对合规建设情况进行跟踪监督,举办检察建议落实情况公开回复会,对合规建设情况进行验收,从源头上避免再发生类似违法犯罪问题。在合规建设过程中,6 家涉案企业缴纳 171 万余元行政罚款,并对公司监事会作出人事调整,完善公司重大法务风险防控机制。此后 6 家被不起诉企业积极扩大就业规模,安置就业人员 2000 余人,先后中标 20 余项重大民生工程,中标工程总造价 20 余亿元。

【典型意义】

本案中,检察机关充分履行自行补充侦查职权,全面查清案件事实,开展社会调查,为适用企业合规提供充分依据。同时,检察机关推动企业合规与不起诉决定、检察听证、检察意见、检察建议等相关工作紧密结合,既推动对企业违法犯罪行为依法处罚、教育、矫治,使企业能够改过自新、合规守法经营,又能减少和预防企业再犯罪,使企业更主动地承担社会责任,同时推动当地建筑行业深层次问题的解决,为企业合规建设提供了生动的检察实践。

刑法第二百二十四条(合同诈骗罪)

第二百二十四条 有下列情形之一,以非法占有为目的,在签订、履行合同过程中,骗取对方当事人财物,数额较大的,处三年以下有期徒刑或者拘役,并处或者单处罚金;数额巨大或者有其他严重情节的,处三年以上十

年以下有期徒刑,并处罚金;数额特别巨大或者有其他特别严重情节的,处十年以上有期徒刑或者无期徒刑,并处罚金或者没收财产:

（一）以虚构的单位或者冒用他人名义签订合同的;

（二）以伪造、变造、作废的票据或者其他虚假的产权证明作担保的;

（三）没有实际履行能力,以先履行小额合同或者部分履行合同的方法,诱骗对方当事人继续签订和履行合同的;

（四）收受对方当事人给付的货物、货款、预付款或者担保财产后逃匿的;

（五）以其他方法骗取对方当事人财物的。

王新明合同诈骗案

（最高人民法院审判委员会讨论通过　2016 年 6 月 30 日发布）

【关键词】

刑事　合同诈骗　数额犯　既遂　未遂

【裁判要点】

在数额犯中,犯罪既遂部分与未遂部分分别对应不同法定刑幅度的,应当先决定对未遂部分是否减轻处罚,确定未遂部分对应的法定刑幅度,再与既遂部分对应的法定刑幅度进行比较,选择适用处罚较重的法定刑幅度,并酌情从重处罚;二者在同一量刑幅度的,以犯罪既遂酌情从重处罚。

【基本案情】

2012 年 7 月 29 日,被告人王新明使用伪造的户口本、身份证,冒充房主即王新明之父的身份,在北京市石景山区链家房地产经纪有限公司古城公园店,以出售该区古城路 28 号楼一处房屋为由,与被害人徐某签订房屋买卖合同,约定购房款为 100 万元,并当场收取徐某定金 1 万元。同年 8 月 12 日,王新明又收取徐某支付的购房首付款 29 万元,并约定余款过户后给付。后双方在办理房产过户手续时,王新明虚假身份被石景山区住建委工作人员发现,余款未取得。2013 年 4 月 23 日,王新明被公安机关查获。次日,王新明的亲属将赃款退还被害人徐某,被害人徐某对王新明表示谅解。

【裁判结果】

北京市石景山区人民法院经审理于 2013 年 8 月 23 日作出（2013）石刑初

字第 239 号刑事判决,认为被告人王新明的行为已构成合同诈骗罪,数额巨大,同时鉴于其如实供述犯罪事实,在亲属帮助下退赔全部赃款,取得了被害人的谅解,依法对其从轻处罚。公诉机关北京市石景山区人民检察院指控罪名成立,但认为数额特别巨大且系犯罪未遂有误,予以更正。遂认定被告人王新明犯合同诈骗罪,判处有期徒刑六年,并处罚金人民币 6000 元。宣判后,公诉机关提出抗诉,认为犯罪数额应为 100 万元,数额特别巨大,而原判未评价 70 万元未遂,仅依据既遂 30 万元认定犯罪数额巨大,系适用法律错误。北京市人民检察院第一分院的支持抗诉意见与此一致。王新明以原判量刑过重为由提出上诉,在法院审理过程中又申请撤回上诉。北京市第一中级人民法院经审理于 2013 年 12 月 2 日作出(2013)一中刑终字第 4134 号刑事裁定:准许上诉人王新明撤回上诉,维持原判。

【裁判理由】

法院生效裁判认为:王新明以非法占有为目的,冒用他人名义签订合同,其行为已构成合同诈骗罪。一审判决事实清楚,证据确实、充分,定性准确,审判程序合法,但未评价未遂 70 万元的犯罪事实不当,予以纠正。根据刑法及司法解释的有关规定,考虑王新明合同诈骗既遂 30 万元,未遂 70 万元,但可对该部分减轻处罚,王新明如实供述犯罪事实,退赔全部赃款取得被害人的谅解等因素,原判量刑在法定刑幅度之内,且抗诉机关亦未对量刑提出异议,故应予维持。北京市石景山区人民检察院的抗诉意见及北京市人民检察院第一分院的支持抗诉意见,酌予采纳。鉴于二审期间王新明申请撤诉,撤回上诉的申请符合法律规定,故二审法院裁定依法准许撤回上诉,维持原判。

本案争议焦点是,在数额犯中犯罪既遂与未遂并存时如何量刑。最高人民法院、最高人民检察院《关于办理诈骗刑事案件具体应用法律若干问题的解释》第六条规定:"诈骗既有既遂,又有未遂,分别达到不同量刑幅度的,依照处罚较重的规定处罚;达到同一量刑幅度的,以诈骗罪既遂处罚。"因此,对于数额犯中犯罪行为既遂与未遂并存且均构成犯罪的情况,在确定全案适用的法定刑幅度时,先就未遂部分进行是否减轻处罚的评价,确定未遂部分所对应的法定刑幅度,再与既遂部分对应的法定刑幅度比较,确定全案适用的法定刑幅度。如果既遂部分对应的法定刑幅度较重或者二者相同的,应当以既遂部分对应的法定刑幅度确定全案适用的法定刑幅度,将包括未遂部分在内的其他情节作为确定量刑起点的调节要素进而确定基准刑。如果未遂部分对应的法定刑幅度较重的,应当以未遂部分对应的法定刑幅度确定全案适用的法定刑幅度,将包括既遂部分在内的其他情节,连同未遂部分的未遂情节一并作为量刑起点的调节要素进而确定基准刑。

本案中,王新明的合同诈骗犯罪行为既遂部分为 30 万元,根据司法解释及北京市的具体执行标准,对应的法定刑幅度为有期徒刑三年以上十年以下;未遂部分为 70 万元,结合本案的具体情况,应当对该未遂部分减一档处罚,未遂部分法定刑幅度应为有期徒刑三年以上十年以下,与既遂部分 30 万元对应的法定刑幅度相同。因此,以合同诈骗既遂 30 万元的基本犯罪事实确定对王新明适用的法定刑幅度为有期徒刑三年以上十年以下,将未遂部分 70 万元的犯罪事实,连同其如实供述犯罪事实、退赔全部赃款、取得被害人谅解等一并作为量刑情节,故对王新明从轻处罚,判处有期徒刑六年,并处罚金人民币 6 万元。

【相关规定】(略)

(生效裁判审判人员:高嵩、吕晶、王岩)

温某某合同诈骗立案监督案

(最高人民检察院第十三届检察委员会第五十五次会议决定　2020 年 12 月 21 日发布)

【关键词】

合同诈骗　合同欺诈　不应当立案而立案　侦查环节"挂案"　监督撤案

【要旨】

检察机关办理涉企业合同诈骗犯罪案件,应当严格区分合同诈骗与民事违约行为的界限。要注意审查涉案企业在签订、履行合同过程中是否具有非法占有目的和虚构事实、隐瞒真相的行为,准确认定是否具有诈骗故意。发现公安机关对企业之间的合同纠纷以合同诈骗进行刑事立案的,应当依法监督撤销案件。对于立案后久侦不结的"挂案",检察机关应当向公安机关提出纠正意见。

【基本案情】

犯罪嫌疑人温某某,男,1975 年 10 月出生,广西壮族自治区钦州市甲水务有限公司(以下简称"甲公司")负责人。

2010 年 4 月至 5 月间,甲公司分别与乙建设有限公司(以下简称"乙公司")、丙建设股份有限公司(以下简称"丙公司")签订钦州市钦北区引水供水工程《建设工程施工合同》。根据合同约定,乙公司和丙公司分别向甲公司支付 70 万元和 110 万元的施工合同履约保证金。工程报建审批手续完成后,甲公司和乙公司、丙公司因工程款支付问题发生纠纷。2011 年 8 月 31 日,丙公司广西分公司经理王某某到南宁市公安局良庆分局(以下简称"良庆公安分局")报案,该局于 2011 年 10 月 14 日对甲公司负责人温某某以涉嫌合同诈骗罪刑事立案。此后,公安机关未传唤温某某,也未采取刑事强制措施,直至 2019 年 8 月 13 日,温某某被公安机关采取刑事拘留措施,并被延长刑事拘留期限至 9 月 12 日。

【检察履职情况】

线索发现 2019 年 8 月 26 日,温某某的辩护律师向南宁市良庆区人民检察院提出监督申请,认为甲公司与乙公司、丙公司之间的纠纷系支付工程款方面的经济纠纷,并非合同诈骗,请求检察机关监督公安机关撤销案件。良庆区人民检察院经审查,决定予以受理。

调查核实 经走访良庆公安分局,查阅侦查卷宗,核实有关问题,并听取辩护律师意见,接收辩护律师提交的证据材料,良庆区人民检察院查明:一是甲公司案发前处于正常生产经营状态,2006 年至 2009 年间,经政府有关部门审批,同意甲公司建设钦州市钦北区引水供水工程项目,资金由甲公司自筹;二是甲公司与乙公司、丙公司签订《建设工程施工合同》后,向钦州市环境保护局钦北分局等政府部门递交了办理"钦北区引水工程项目管道线路走向意见"的报批手续,但报建审批手续未能在约定的开工日前完成审批,双方因此另行签订补充协议,约定了甲公司所应承担的违约责任;三是报建审批手续完成后,乙公司、丙公司要求先支付工程预付款才进场施工,甲公司要求按照工程进度支付工程款,双方协商未果,乙公司、丙公司未进场施工,甲公司也未退还履约保证金;四是甲公司在该项目工程中投入勘测、复垦、自来水厂建设等资金 3000 多万元,收取的 180 万元履约保证金已用于自来水厂的生产经营。

监督意见 2019 年 9 月 16 日,良庆区人民检察院向良庆公安分局发出《要求说明立案理由通知书》。良庆公安分局回复认为,温某某以甲公司钦州市钦北区引水供水工程项目与乙公司、丙公司签订合同,并收取履约保证金,而该项目的建设环评及规划许可均未获得政府相关部门批准,不具备实际履行建设工程能力,其行为涉嫌合同诈骗。良庆区人民检察院认为,甲公司与乙公司、丙公司签订《建设工程施工合同》时,引水供水工程项目已经政府有关部门审批同意。合同签订后,甲公司按约定向政府职能部门提交该项目报建手续,得到了相关职能部门的答复,在项目工程未能如期开工后,甲公司又采取签订补充协议、承担相应违约责任等补救措施,并且甲公司在该项目工程中投入大量资金,收取的履约保证金也用于公司生产经营。因此,不足以认定温某某在签订合同时具有虚构事实或者隐瞒真相的行为和非法占有对方财物的目的,公安机关以合同诈骗罪予以刑事立案的理由不能成立。对于甲公司不退还施工合同履约保证金的行为,乙公司、丙公司可以向人民法院提起民事诉讼。同时,良庆区人民检察院审查认为,该案系公安机关立案后久侦未结形成的侦查环节"挂案",

应当监督公安机关依法处理。2019 年 9 月 27 日,良庆区人民检察院向良庆公安分局发出《通知撤销案件书》。

监督结果 良庆公安分局接受监督意见,于 2019 年 9 月 30 日作出《撤销案件决定书》,决定撤销温某某合同诈骗案。在此之前,良庆公安分局已于 2019 年 9 月 12 日依法释放了温某某。

【指导意义】

(一)检察机关对公安机关不应当立案而立案的,应当依法监督撤销案件。检察机关负有立案监督职责,有权监督纠正公安机关不应当立案而立案的行为。涉案企业认为公安机关对企业之间的合同纠纷以合同诈骗进行刑事立案,向检察机关提出监督申请的,检察机关应当受理并进行审查。认为需要公安机关说明立案理由的,应当书面通知公安机关。认为公安机关立案理由不能成立的,应当制作《通知撤销案件书》,通知公安机关撤销案件。

(二)严格区分合同诈骗与民事违约行为的界限。注意审查涉案企业在签订、履行合同过程中是否具有虚构事实、隐瞒真相的行为,是否有刑法第二百二十四条规定的五种情形之一。注重从合同项目真实性、标的物用途、有无实际履约行为、是否有逃匿和转移资产的行为、资金去向、违约原因等方面,综合认定是否具有诈骗的故意,避免片面关注行为结果而忽略主观上是否具有非法占有的目的。对于签订合同时具有部分履约能力,其后完善履约能力并积极履约的,不能以合同诈骗罪追究刑事责任。

(三)对于公安机关立案后久侦未结形成的"挂案",检察机关应当提出监督意见。由于立案标准、工作程序和认识分歧等原因,有些涉民营企业刑事案件逾期滞留在侦查环节,既未被撤销,又未被移送审查起诉,形成"挂案",导致民营企业及企业相关人员长期处于被追诉状态,严重影响企业的正常生产经营,破坏当地营商环境,也损害司法机关的公信力。检察机关发现侦查环节"挂案"的,应当对公安机关的立案行为进行监督,同时也要对公安机关侦查过程中的违法行为依法提出纠正意见。

【相关规定】(略)

刑法第二百二十四条之一(组织、领导传销活动罪)

> **第二百二十四条之一**① 组织、领导以推销商品、提供服务等经营活动为

---

① 本条根据《刑法修正案(七)》(2009 年 2 月 28 日起施行)第四条增加。

名,要求参加者以缴纳费用或者购买商品、服务等方式获得加入资格,并按照一定顺序组成层级,直接或者间接以发展人员的数量作为计酬或者返利依据,引诱、胁迫参加者继续发展他人参加,骗取财物,扰乱经济社会秩序的传销活动的,处五年以下有期徒刑或者拘役,并处罚金;情节严重的,处五年以上有期徒刑,并处罚金。

叶经生等组织、领导传销活动案

(最高人民检察院第十三届检察委员会第二次会议决定 2018 年 7 月 3 日发布)

【关键词】

组织、领导传销活动 网络传销 骗取财物

【要旨】

组织者或者经营者利用网络发展会员,要求被发展人员以缴纳或者变相缴纳"入门费"为条件,获得提成和发展下线的资格。通过发展人员组成层级关系,并以直接或者间接发展的人员数量作为计酬或者返利的依据,引诱被发展人员继续发展他人参加,骗取财物,扰乱经济社会秩序的,以组织、领导传销活动罪追究刑事责任。

【基本案情】

被告人叶经生,男,1975 年 12 月出生,原系上海宝乔网络科技有限公司(以下简称"宝乔公司")总经理。

被告人叶青松,男,1973 年 10 月出生,原系宝乔公司浙江省区域总代理。

2011 年 6 月,被告人叶经生等人成立宝乔公司,先后开发"经销商管理系统网站""金乔网商城网站"(以下简称"金乔网")。以网络为平台,或通过招商会、论坛等形式,宣传、推广金乔网的经营模式。

金乔网的经营模式是:1. 经上线经销商会员推荐并缴纳保证金成为经销商会员,无须购买商品,只需发展下线经销商,根据直接或者间接发展下线人数获得推荐奖金,晋升级别成为股权会员,享受股权分红。2. 经销商会员或消费者在金乔网经销商会员处购物消费满 120 元以上,向宝乔公司支付消费金额 10% 的现金,即可注册成为返利会员参与消费额双倍返利,可获一倍现金返利和一倍的金乔币(虚拟电子货币)返利。3. 金乔网在全国各地设立省、地区、县(市、区)三级区域运营中心,各运营中心设区域代理,由经销商会员负责本区域会员的发展和管理,享受区域范围内不同种类业绩一定比例的提成奖励。

2011年11月,被告人叶青松经他人推荐加入金乔网,缴纳三份保证金并注册了三个经销商会员号。因发展会员积极,经金乔网审批成为浙江省区域总代理,负责金乔网在浙江省的推广和发展。

截至案发,金乔网注册会员3万余人,其中注册经销商会员1.8万余人。在全国各地发展省、地区、县三级区域代理300余家,涉案金额1.5亿余元。其中,叶青松直接或间接发展下线经销商会员1886人,收取浙江省区域会员保证金、参与返利的消费额10%现金、区域代理费等共计3000余万元,通过银行转汇给叶经生。叶青松通过抽取保证金推荐奖金、股权分红、消费返利等提成的方式非法获利70余万元。

【指控与证明犯罪】

2012年8月28日、2012年11月9日,浙江省松阳县公安局分别以叶青松、叶经生涉嫌组织、领导传销活动罪移送浙江省松阳县人民检察院审查起诉。因叶经生、叶青松系共同犯罪,松阳县人民检察院作并案处理。

2013年3月11日,浙江省松阳县人民检察院以被告人叶经生、叶青松犯组织、领导传销活动罪向松阳县人民法院提起公诉。松阳县人民法院公开开庭审理了本案。

法庭调查阶段,公诉人宣读起诉书指控被告人叶经生、叶青松利用网络,以会员消费双倍返利为名,吸引不特定公众成为会员、经销商,组成一定层级,采取区域累计计酬方式,引诱参加者继续发展他人参与,骗取财物,扰乱经济社会秩序,其行为构成组织、领导传销活动罪。在共同犯罪中,被告人叶经生起主要作用,系主犯;被告人叶青松起辅助作用,系从犯。

针对起诉书指控的犯罪事实,被告人叶经生辩解认为,宝乔公司系依法成立,没有组织、领导传销的故意,金乔网模式是消费模式的创新。

公诉人针对涉及传销的关键问题对被告人叶经生进行讯问:

第一,针对成为金乔网会员是否要向金乔网缴纳费用,公诉人讯问:如何成为金乔网会员,获得推荐奖金、消费返利?被告人叶经生回答:注册成为金乔网会员,需缴纳诚信保证金7200元,成为会员后发展一个经销商就可以获得奖励1250元;参与返利,消费要达到120元以上,并向公司缴纳10%的消费款。公诉人这一讯问揭示了缴纳保证金、缴纳10%的消费款才有资格获得推荐奖金、返利,保证金及10%的消费款其实质就是入门费。金乔网的经营模式符合传销组织要求参加者以缴纳费用或者购买商品、服务等方式获得加入资格的组织特征。

第二,针对金乔网利润来源、计酬或返利的资金来源,公诉人讯问:除了收取的保证金和 10% 的消费款费用,金乔网还有无其他收入?被告人叶经生回答:收取的 10% 的消费款就足够天天返利了,金乔网的主要收入是保证金、10% 的消费款,支出主要是天天返利及推荐奖、运营费用。公诉人讯问:公司收取消费款有多少,需返利多少?被告人叶经生回答:收到 4000 万元左右,返利也要 4000 万元,我们的经营模式不需要盈利。公诉人通过讯问,揭示了金乔网没有实质性的经营活动,其利润及资金的真实来源系后加入人员缴纳的费用。如果没有新的人员加入,根本不可能维持其"经营活动"的运转,符合传销活动骗取财物的本质特征。

同时,公诉人向法庭出示了四组证据证明犯罪事实:

一是宝乔公司的工商登记、资金投入、人员组成、公司财务资料、网站功能等书证。证明:宝乔公司实际投入仅 300 万元,没有资金实力建立与其宣传匹配的电子商务系统。

二是宝乔公司内部人员证言及被告人的供述等证据。证明:公司缺乏售后服务人员、系统维护人员、市场推广及监管人员,员工主要从事虚假宣传,收取保证金及消费款,推荐佣金,发放返利。

三是宝乔公司银行明细、公司财务资料、款项开支情况等证据,证明:公司收入来源于会员缴纳的保证金、消费款。技术人员的证言等证据,证明:网站功能简单,不具备第三方支付功能,不能适应电子商务的需求。

四是金乔网网站系统的电子数据及鉴定意见,并由鉴定人出庭作证。鉴定人揭示网络数据库显示了宝乔网会员加入时间、缴纳费用数额、会员之间的推荐(发展)关系、获利数额等信息。鉴定人当庭通过对上述信息的分析,指出数据库表格中的会员账号均列明了推荐人,按照推荐人关系排列,会员层级呈金字塔状,共有 68 层。每个结点有左右两个分支,左右分支均有新增单数,则可获得推荐奖金,奖金实行无限代计酬。证明:金乔网会员层级呈现金字塔状,上线会员可通过下线、下下线会员发展会员获得收益。

法庭辩论阶段,公诉人发表公诉意见,指出金乔网的人财物及主要活动目的,在于引诱消费者缴纳保证金、消费款,并从中非法牟利。其实质是借助公司的合法形式,打着电子商务旗号进行网络传销。同时阐述了这种新型传销活动的本质和社会危害。

辩护人提出:金乔网没有入门费,所有的人员都可以在金乔网注册,不缴纳费用也可以成为金乔网的会员。金乔网没有设层级,经销商、会员、区域代理之间不存在层级关系,没有证据证实存在层级获利。金乔网没有"拉人头",没有以发展人员的数量作为计酬或返利依据。直接推荐才有奖金,间接推荐没有奖金,没有骗取财物,不符合组织、领导传销活动罪的特征。

公诉人答辩:金乔网缴纳保证金和消费款才能获得推荐佣金和返利的资格,本质系入门费。上线会员可以通过发展下线人员获取收益,并组成会员、股权会员、区域代理等层级,本质为设层级。以推荐的人数作为发放佣金的依据系直接以发展的人员数量作为计酬依据,区域业绩及返利资金主要取决于参加人数的多少,实质属于以发展人员的数量作为提成奖励及返利的依据,本质为拉人头。金乔网缺乏实质的经营活动,不产生利润,以后期收到的保证金、消费款支付前期的推荐佣金、返利,与所有的传销活动一样,人员不可能无限增加,资金链必然断裂。传销组织人员不断增加的过程实际也是风险不断积累和放大的过程。金乔网所谓经营活动本质是从被发展人员缴纳的费用中非法牟利,具有骗取财物的特征。

法庭经审理认定,检察机关出示的证据能够相互印证,予以确认。被告人及其辩护人提出的不构成组织、领导传销活动罪的辩解、辩护意见不能成立。

2013 年 8 月 23 日,浙江省松阳县人民法院作出一审判决,以组织、领导传销活动罪判处被告人叶经生有期徒刑七年,并处罚金人民币 150 万元。以组织、领导传销活动罪判处被告人叶青松有期徒刑三年,并处罚金人民币 30 万元。扣押和冻结的涉案财物予以没收,继续追缴二被告人的违法所得。

二被告人不服一审判决,提出上诉。叶经生的上诉理由是其行为不构成组织、领导传销活动罪。叶青松的上诉理由是量刑过重。浙江省丽水市中级人民法院经审理认定,原判事实清楚,证据确实、充分,定罪准确,量刑适当,审判程序合法,驳回上诉,维持原判。

【指导意义】

随着互联网技术的广泛应用,微信、语音视频聊天室等社交平台作为新的营销方式被广泛运用。传销组织在手段上借助互联网不断翻新,打着"金融创新"的旗号,以"资本运作""消费投资""网络理财""众筹""慈善互助"等为名从事传销活动。常见的表现形式有:组织者、经营者注册成立电子商务企业,以此名义建立电子商务网站。以网络营销、网络直销等名义,变相收取入门费,设置各种返利机制,激励会员发展下线,上线从直接或者间接发展的下线的销售业绩中计酬,或以直接或者间接发展的人员数量为依据计酬或者返利。这类行为,不管其手段如何翻新,只要符合传销组织骗取财物、扰乱市场经济秩序本质特征的,应以组织、领导传销活动罪论处。

检察机关办理组织、领导传销活动犯罪案件,要紧扣传销活动骗取财物的本质特征和构成要件,收集、审查、运用证据。特别要注意针对传销网站的经营特征与其他合法经营网站的区别,重点收集涉及入门费、设层级、拉人头等传销基本特征的证据及企业资金投入、人员组成、资金来源去向、网站功能等方面的证据,揭示传销犯罪没有创造价值,经营模式难以持续,用后加入者的财物支付给先加入者,通过发展下线牟利骗取财物的本质特征。

【相关规定】(略)

时某祥等 15 人组织、领导传销活动案

(2021 年 1 月 25 日最高人民检察院发布)

【基本案情】

2017 年 12 月,时某祥谋划成立亚泰坊传销组织,委托深圳华某未来科技有限公司实际负责人赵某宝等在互联网上搭建亚泰坊传销平台。2018 年上半年,时某祥等人通过召开会议、路演、微信群等方式公开宣传平台奖励制度,在宣传过程中假借国家"一带一路"政策,虚构海外投资项目,在无任何实际经营活动的情况下,谎称境外金融公司授权平台发行亚泰坊币,可信度高、收益高。投资者如要投资亚泰坊币,需要通过上线会员推荐并缴纳会费,才能成为亚泰坊平台的会员。会员按照推荐发展的顺序形成上下层级关系,可发展无限层级,以直接或间接发展下线会员的投资提成作为主要收益方式。同时,时某祥安排组织成员在境外某数字资产交易平台上线亚泰坊币进行公开交易,并用收取的会费控制亚泰坊币在平台上的交易价格,制造投资亚泰坊币可以赚钱的假象。

截至 2018 年 6 月 11 日,亚泰坊平台共有会员账号 41 万余个、会员层级 108 层,收取会费共计人民币 6.3 亿余元。此外,2018 年 4 月,时某祥套用亚泰坊平台组织架构,发展"码联天下"传销平台会员,涉案金额共计人民币 1.8 亿余元。

【诉讼过程】

2019 年 6 月,江苏省盐城经济技术开发区检察院提起公诉的时某祥等 15 人及深圳华某未来科技有限公司涉嫌组织、领导传销活动罪一案开庭。

2018 年 10 月 20 日,江苏省盐城市公安局直属分局以时某祥等 15 人涉嫌组织、领导传销活动罪,移送盐城经济技术开发区人民检察院审查起诉;2019 年 1 月 15 日,以深圳华某未来科技有限公司涉嫌组织、领导传销活动罪补充移送审查起诉。2019 年 2 月 21 日,盐城经济技术开发区人民检察院对时某祥等 15 人及深圳华某未来科技有限公司以组织、领导传销活动罪提起公诉。2019 年

11 月 8 日,盐城经济技术开发区人民法院作出一审判决,以组织、领导传销活动罪分别判处时某祥、赵某宝等 15 名被告人有期徒刑二年至六年十个月不等,并处罚金;判处深圳华某未来科技有限公司罚金人民币 30 万元;对扣押、冻结的违法所得予以没收、上缴国库。宣判后,时某祥等 12 人提出上诉。2020 年 4 月 23 日,盐城市中级人民法院裁定,准许上诉人时某祥等 4 人撤回上诉,驳回其他上诉人的上诉,维持原判。

【典型意义】

(一)依法严厉打击以金融创新为名实施的新型网络犯罪。近年来随着区块链技术、虚拟货币的持续升温,一些犯罪分子打着金融创新的旗号,假借国家对外政策,实施违法犯罪活动,迷惑性很强,危害性巨大。检察机关办理此类案件,要坚持"穿透式"审查理念,结合行为方式、资金流向、盈利模式等,分析研判是否符合国家法律规定,准确区分金融创新与违法犯罪。构成犯罪的,依法严厉打击。

(二)准确认定传销活动行为本质。随着网络技术发展,传销活动借助网络技术,作案更加便捷,传播速度更快。但归根结底,传销的本质特征没有变,仍然是要求参加者缴纳会费或购买商品、服务等方式获得加入资格,并按照一定顺序组成层级,直接或者间接以发展人员的数量作为计酬或者返利依据。检察机关在办理此类案件时,要揭开"网络""技术"外衣,认清行为特征,依法准确认定传销犯罪。

(三)提高风险防范意识,谨防各类投资陷阱。在层出不穷的新技术、新概念、新渠道面前,广大群众切忌盲目跟风。要深入学习国家法律和相关政策,充分了解投资项目,合理预期未来收益,合理控制投资风险,谨慎作出投资决定,远离传销组织和非法集资活动,一旦发现上当受骗,应立即退出、及时报案。

刑法第二百二十五条(非法经营罪)

第二百二十五条[1][2]　　违反国家规定,有下列非法经营行为之一,扰乱

---

[1]　《全国人民代表大会常务委员会关于惩治骗购外汇、逃汇和非法买卖外汇犯罪的决定》(1998 年 12 月 29 日起施行)第四条规定:在国家规定的交易场所以外非法买卖外汇,扰乱市场秩序,情节严重的,依照刑法第二百二十五条的规定定罪处罚。单位犯前款罪的,依照刑法第二百三十一条的规定处罚。

[2]　原本条第三项根据《刑法修正案》(1999 年 12 月 25 日起施行)第八条增加,内容为:"未经国家有关主管部门批准,非法经营证券、期货或者保险业务的;……"。

现本条第三项根据《刑法修正案(七)》(2009 年 2 月 28 日起施行)第五条修改。

修改中增加了"或者非法从事资金非法支付结算业务的"的内容。

市场秩序,情节严重的,处五年以下有期徒刑或者拘役,并处或者单处违法所得一倍以上五倍以下罚金;情节特别严重的,处五年以上有期徒刑,并处违法所得一倍以上五倍以下罚金或者没收财产:

（一）未经许可经营法律、行政法规规定的专营、专卖物品或者其他限制买卖的物品的;

（二）买卖进出口许可证、进出口原产地证明以及其他法律、行政法规规定的经营许可证或者批准文件的;

（三）未经国家有关主管部门批准非法经营证券、期货、保险业务的,或者非法从事资金支付结算业务的;

（四）其他严重扰乱市场秩序的非法经营行为。

王力军非法经营再审改判无罪案

（最高人民法院审判委员会讨论通过　2018 年 12 月 19 日发布）

【关键词】

刑事　非法经营罪　严重扰乱市场秩序　社会危害性　刑事违法性　刑事处罚必要性

【裁判要点】

1. 对于刑法第二百二十五条第四项规定的"其他严重扰乱市场秩序的非法经营行为"的适用,应当根据相关行为是否具有与刑法第二百二十五条前三项规定的非法经营行为相当的社会危害性、刑事违法性和刑事处罚必要性进行判断。

2. 判断违反行政管理有关规定的经营行为是否构成非法经营罪,应当考虑该经营行为是否属于严重扰乱市场秩序。对于虽然违反行政管理有关规定,但尚未严重扰乱市场秩序的经营行为,不应当认定为非法经营罪。

【基本案情】

内蒙古自治区巴彦淖尔市临河区人民检察院指控被告人王力军犯非法经营罪一案,内蒙古自治区巴彦淖尔市临河区人民法院经审理认为,2014 年 11 月至 2015 年 1 月期间,被告人王力军未办理粮食收购许可证,未经工商行政管理机关核准登记并颁发营业执照,擅自在临河区白脑包镇附近村组无证照违法收购玉米,将所收购的玉米卖给巴彦淖尔市粮油公司杭锦后旗蛮会分库,非法经营数额 218288.6 元,非法获利 6000 元。案发后,被告人王力军主动退缴非法获利 6000 元。2015 年 3 月 27 日,被告人王力军主动到巴彦淖尔市临河区公安局经侦大队投案自首。原审法院认为,被告人王力军违反国家法律和行政法规规定,未经粮食主管部门许可及工商行政管理机关核准登记并颁发营业执照,非法收购玉米,非法经营数额 218288.6 元,数额较大,其行为构成非法经营罪。鉴于被告人王力军案发后主动到公安机关投案自首,主动退缴全部违法所得,有悔罪表现,对其适用缓刑确实不致再危害社会,决定对被告人王力军依法从轻处罚并适用缓刑。宣判后,王力军未上诉,检察机关未抗诉,判决发生法律效力。

最高人民法院于 2016 年 12 月 16 日作出 (2016) 最高法刑监 6 号再审决定,指令内蒙古自治区巴彦淖尔市中级人民法院对本案进行再审。

再审中,原审被告人王力军及检辩双方对原审判决认定的事实无异议,再审查明的事实与原审判决认定的事实一致。内蒙古自治区巴彦淖尔市人民检察院提出了原审被告人王力军的行为虽具有行政违法性,但不具有与刑法第二百二十五条规定的非法经营行为相当的社会危害性和刑事处罚必要性,不构成非法经营罪,建议再审依法改判。原审被告人王力军在庭审中对原审认定的事实及证据无异议,但认为其行为不构成非法经营罪。辩护人提出,原审被告人王力军无证收购玉米的行为,不具有社会危害性、刑事违法性和应受惩罚性,不符合刑法规定的非法经营罪的构成要件,也不符合刑法谦抑性原则,应宣告原审被告人王力军无罪。

【裁判结果】

内蒙古自治区巴彦淖尔市临河区人民法院于 2016 年 4 月 15 日作出 (2016) 内 0802 刑初 54 号刑事判决,认定被告人王力军犯非法经营罪,判处有期徒刑一年,缓刑二年,并处罚金人民币 2 万元;被告人王力军退缴的非法获利款人民币 6000 元,由侦查机关上缴国库。最高人民法院于 2016 年 12 月 16 日作出 (2016) 最高法刑监 6 号再审决定,指令内蒙古自治区巴彦淖尔市中级人民法院对本案进行再审。内蒙古自治区巴彦淖尔市中级人民法院于 2017 年 2 月 14 日作出 (2017) 内 08 刑再 1 号刑事判决:一、撤销内蒙古自治区巴彦淖尔市临河区人民法院 (2016) 内 0802 刑初 54 号刑事判决;二、原审被告人王力军无罪。

【裁判理由】

内蒙古自治区巴彦淖尔市中级人民法院再审认为,原判决认定的原审被告人王力军于 2014 年 11 月至 2015 年 1 月期间,没有办理粮食收购许可证及工商营业执照买卖玉米的事实清楚,其行为违反了当时的国家粮食流通管理有关规定,但尚未达到严重扰乱市场秩序的危害程度,不具备与刑法第二百二十五条规定的非法经营罪相当的社会危害性、刑事违法性和刑事处罚必要性,不构成非法经营罪。原审判决认定王力军构成非法经营罪适用法律错误,检察机关提出的王力军无证照买卖玉米的行为不构成非法经营罪的意见成立,原审被告人王力军及其辩护人提出的王力军的行为不构成犯罪的意见成立。

【相关规定】(略)

（生效裁判审判人员：辛永清、百灵、何莉）

林某甲等 8 人非法经营案

（2021 年 1 月 25 日最高人民检察院发布）

【基本案情】

2018 年 1 月至 9 月,林某甲以杭州某智能科技有限公司名义,在未获得支付结算业务资质的情况下,伙同林某乙、张某等人,以支付宝、微信等第三方支付平台为接口,自建非法"第四方支付"系统。林某甲等人通过向他人收买、要求本公司员工注册等方式收集大量无实际经营业务的空壳公司资料(包括工商资料、对公银行账户、法人资料等),利用上述资料在支付宝、微信等第三方支付平台注册数百个公司支付宝、微信等账户,再将上述账户绑定在其自建的支付平台上,实现资金的非法支付结算。

上述非法"第四方支付"系统与境外赌博网站联通,协助资金支付转移。赌客在赌博网站点击充值后,赌博网站即向该系统发送指令,系统随机调用已接通的空壳公司支付宝、微信等账户,与赌客间生成一笔虚假商业交易(如购买电子书等),并给赌客发送收款码。赌客扫描收款码支付赌博资金,资金直接进入空壳公司支付宝、微信等账户,再转移到空壳公司的对公银行账户,经过层层转账后,最终转入赌博平台实际控制的账户。

林某甲等人以上述方法为境外赌博网站等非法提供资金支付结算服务,结算金额共计人民币 46 亿余元。

【诉讼过程】

2018 年 12 月 11 日,浙江省杭州市公安局网络警察分局以林某甲等 8 人涉嫌开设赌场罪,移送杭州市西湖区人民检察院审查起诉。杭州市西湖区人民检察院经审查,追加认定 17 家空壳公司账户为涉赌账户并予以冻结,犯罪数额从人民币 30 亿余元增加至人民币 46 亿余元,追缴涉案资金人民币 6000 余万元。杭州市西湖区人民检察院经审查认为,林某甲等人的行为同时构成开设赌场罪和非法经营罪,按照想象竞合从一重处断的原则,应当以处罚较重的非法经营罪追究刑事责任。2019 年 6 月 19 日,杭州市西湖区人民检察院对林某甲等 8 人以非法经营罪提起公诉。2020 年 6 月 18 日,杭州市西湖区人民法院以非法经营罪判处被告人林某甲有期徒刑十二年六个月,并处没收财产人民币 5000 万元,对林某乙、张某等其他 7 名被告人分别判处有期徒刑二年至七年不等,并处罚金人民币 5 万元至 700 万元不等。2020 年 6 月 22 日,林某甲等人提出上诉。2020 年 9 月 14 日,杭州市中级人民法院裁定,驳回上诉,维持原判。

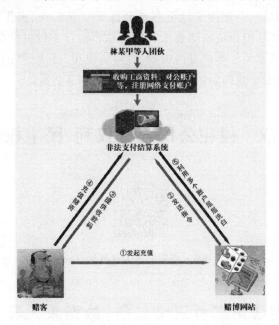

林某甲等人非法支付结算流程示意图

【典型意义】

(一)非法"第四方支付"平台日益成为网络犯罪资金流转通道,危害经济金融安全。非法"第四方支付"平台为获取非法利益,在未取得国家支付结算许可的情况下,违反国家金融管理制度,以正常商业交易为掩护,依托正规第三方支付平台,利用收集的大量支付账户,短时间内快速流转资金,导致支付结算活动"体外"循环。这些非法"第四方支付"平台的存在,不仅极大地便利了赌博、电信网络诈骗等犯罪资金流转,成为网络犯罪产业链上的重要一环,还严重破坏金融管理秩序,威胁金融安全,必须依法严厉打击。

(二)坚持全链条打击,斩断非法支付结算通道。犯罪分子搭建非法"第四方支付"平台时,为规避国家监管,往往会大量收购银行卡、收款二维码、对公账户等形成"资金池",伪造正常商业交易层层转账,以掩盖犯罪事实。尤其是对公账户可信度高、交易额度大,更为犯罪分子所青睐。非法"第四方支付"平台的存在,催生了工商资料、对公账户、非银行支付账户买卖的黑灰产业链。对此,要坚持源头管控、综合治理。既要严厉打击非法支付结算的行为,又要深挖线索,一体化打击买卖工商资料、对公账户、非银行支付账户的关联违法犯罪。对于不构成犯罪但违反行政法规的,及时移送行政机关加大行政处罚力度,摧毁整个违法犯罪链条。

(三)依法开立、使用支付账户,自觉防范抵制洗钱风险。社会公众要提高法治意识、风险意识,不能为了经济利益而注册空壳公司、出售工商资料、对公账户等,否则就要承担相应法律责任。银行和非银行支付机构在账户开立过程中,应严格遵守国家关于客户身份识别、风险防控和"反洗钱"的各项要求,加强对公账户内大额资金流转的监管,有效防范违法犯罪的风险。

第四章　侵犯公民人身权利、民主权利罪

二维码链接 5 - 侵犯公民人身权利、民主权利罪

刑法第二百三十二条(故意杀人罪)

> 第二百三十二条　故意杀人的,处死刑、无期徒刑或者十年以上有期徒刑;情节较轻的,处三年以上十年以下有期徒刑。

于英生申诉案

(最高人民检察院第十二届检察委员会第五十一次会议决定　2016 年 5 月 31 日发布)

【关键词】
刑事申诉　再审检察建议　改判无罪

【要旨】

坚守防止冤假错案底线,是保障社会公平正义的重要方面。检察机关既要依法监督纠正确有错误的生效刑事裁判,又要注意在审查逮捕、审查起诉等环节有效发挥监督制约作用,努力从源头上防止冤假错案发生。在监督纠正冤错案件方面,要严格把握纠错标准,对于被告人供述反复,有罪供述前后矛盾,且有罪供述的关键情节与其他在案证据存在无法排除的重大矛盾,不能排除有其他人作案可能的,应当依法进行监督。

【基本案情】

于英生,男,1962年3月生,山东省文登市人。

1996年12月2日,于英生的妻子韩某在家中被人杀害。安徽省蚌埠市中市区公安分局侦查认为于英生有重大犯罪嫌疑,于1996年12月12日将其刑事拘留。1996年12月21日,蚌埠市中市区人民检察院以于英生涉嫌故意杀人罪,将其批准逮捕。在侦查阶段的审讯中,于英生供认了杀害妻子的主要犯罪事实。蚌埠市中市区公安分局侦查终结后,移送蚌埠市中市区人民检察院审查起诉。蚌埠市中市区人民检察院审查后,依法移送蚌埠市人民检察院审查起诉。1997年12月24日,蚌埠市人民检察院以涉嫌故意杀人罪对于英生提起公诉。蚌埠市中级人民法院一审判决认定以下事实:1996年12月1日,于英生一家三口在逛商场时,韩某将2800元现金交给于英生让其存入银行,但却不愿告诉这笔钱的来源,引起于英生的不满。12月2日7时20分,于英生送其子去上学,回家后再次追问韩某2800元现金的来源。因韩某坚持不愿说明来源,二人发生争吵厮打。厮打过程中,于英生见韩某声音越来越大,即恼羞成怒将其推倒在床上,然后从厨房拿了一根塑料绳,将韩某的双手拧到背后捆上。接着又用棉被盖住韩某头面部并隔着棉被用双手紧捂其口鼻,将其捂昏迷后匆忙离开现场到单位上班。约9时50分,于英生从单位返回家中,发现韩某已经死亡,便先解开捆绑韩某的塑料绳,用菜刀对韩某的颈部割了数刀,然后将其内衣向上推至胸部、将其外面穿的毛线衣拉平,并将尸体翻成俯卧状。接着又将屋内家具的柜门、抽屉拉开,将物品翻乱,造成家中被抢劫、韩某被奸杀的假象。临走时,于英生又将液化气打开并点燃一根蜡烛放在床头柜上的烟灰缸里,企图使液化气排放到一定程度,烛火引燃液化气,达到烧毁现场的目的。后因被及时发现而未引燃。经法医鉴定:死者韩某口、鼻腔受暴力作用,致机械性窒息死亡。

【诉讼过程】

1998年4月7日,蚌埠市中级人民法院以故意杀人罪判处于英生死刑,缓期二年执行。于英生不服,向安徽省高级人民法院提出上诉。

1998 年 9 月 14 日,安徽省高级人民法院以原审判决认定于英生故意杀人的部分事实不清,证据不足为由,裁定撤销原判,发回重审。被害人韩某的父母提起附带民事诉讼。

1999 年 9 月 16 日,蚌埠市中级人民法院以故意杀人罪判处于英生死刑,缓期二年执行。于英生不服,再次向安徽省高级人民法院提出上诉。

2000 年 5 月 15 日,安徽省高级人民法院以原审判决事实不清,证据不足为由,裁定撤销原判,发回重审。

2000 年 10 月 25 日,蚌埠市中级人民法院以故意杀人罪判处于英生无期徒刑。于英生不服,向安徽省高级人民法院提出上诉。2002 年 7 月 1 日,安徽省高级人民法院裁定驳回上诉,维持原判。

2002 年 12 月 8 日,于英生向安徽省高级人民法院提出申诉。2004 年 8 月 9 日,安徽省高级人民法院驳回于英生的申诉。后于英生向安徽省人民检察院提出申诉。

安徽省人民检察院经复查,提请最高人民检察院按照审判监督程序提出抗诉。最高人民检察院经审查,于 2013 年 5 月 24 日向最高人民法院提出再审检察建议。

【建议再审理由】

最高人民检察院审查认为,原审判决、裁定认定于英生故意杀人的事实不清,证据不足,案件存在的矛盾和疑点无法得到合理排除,案件事实结论不具有唯一性。

一、原审判决认定事实的证据不确实、不充分。一是根据安徽省人民检察院复查调取的公安机关侦查内卷中的手写"现场手印检验报告"及其他相关证据,能够证实现场存在的 2 枚指纹不是于英生及其家人所留,但侦查机关并未将该情况写入检验报告。原审判决依据该"现场手印检验报告"得出"没有发现外人进入现场的痕迹"的结论与客观事实不符。二是关于于英生送孩子上学以及到单位上班的时间,缺少明确证据支持,且证人证言之间存在矛盾。原审判决认定于英生 9 时 50 分回家伪造现场,10 时 20 分回到单位,而于英生辩解其在 10 时左右回到单位,后接到传呼并用办公室电话回此传呼,并在侦查阶段将传呼机提交侦查机关。安徽省人民检察院复查及最高人民检察院审查时,相关人员证实侦查机关曾对有关人员及传呼机信息问题进行了调查,并调取了通话记录,但案卷中并没有相关调查材料及通话记录,于英生关于在 10 时左右回到单位的辩解不能合理排除。因此依据现有证据,原审判决认定于英生具有 20 分钟作案时间和 30 分钟伪造现场时间的证据不足。

二、原审判决定罪的主要证据之间存在矛盾。原审判决认定于英生有罪的证据主要是现场勘查笔录、尸检报告以及于英生曾作过的有罪供述。而于英生在侦查阶段虽曾做过有罪供述,但其有罪供述不稳定,时供时翻,供述前后矛盾。且其有罪供述与现场勘查笔录、尸检报告等证据亦存在诸多不一致的地方,如于英生曾作有罪供述中有关菜刀放置的位置、拽断电话线、用于点燃蜡烛的火柴梗丢弃在现场以及与被害人发生性行为等情节与现场勘查笔录、尸检报告等证据均存在矛盾。

三、原审判决认定于英生故意杀人的结论不具有唯一性。根据从公安机关侦查内卷中调取的手写"手印检验报告"以及 DNA 鉴定意见,现场提取到外来指纹,被害人阴道提取的精子也不是于英生的精子,因此存在其他人作案的可能。同时,根据侦查机关蜡烛燃烧试验反映的情况,该案存在杀害被害人并伪造现场均在 8 时之前完成的可能。原审判决认定于英生故意杀害韩某的证据未形成完整的证据链,认定的事实不能排除合理怀疑。

【案件结果】

2013 年 6 月 6 日,最高人民法院将最高人民检察院再审检察建议转安徽省高级人民法院。2013 年 6 月 27 日,安徽省高级人民法院对该案决定再审。2013 年 8 月 5 日,安徽省高级人民法院不公开开庭审理了该案。安徽省高级人民法院审理认为,原判决、裁定根据于英生的有罪供述、现场勘查笔录、尸体检验报告、刑事科学技术鉴定、证人证言等证据,认定原审被告人于英生杀害了韩某。但于英生供述中部分情节与现场勘查笔录、尸体检验报告、刑事科学技术鉴定等证据存在矛盾,且韩某阴道擦拭纱布及三角内裤上的精子经 DNA 鉴定不是于英生的,安徽省人民检察院提供的侦查人员从现场提取的没有比对结果的他人指纹等证据没有得到合理排除,因此原审判决、裁定认定于英生犯故意杀人罪的事实不清、证据不足,指控的犯罪不能成立。2013 年 8 月 8 日,安徽省高级人民法院作出再审判决:撤销原审判决裁定,原审被告人于英生无罪。

【指导意义】

1. 对案件事实结论应当坚持"唯一性"证明标准。刑事诉讼法第一百九十五条第一项规定:"案件事实清楚,证据确实、充分,依据法律认定被告人有罪的,应当作出有罪判决。"刑事诉讼法第五十三条第二款对于认定"证据确实、充分"的条件进行了规定:"(一)定罪量刑的事实都有证据证明;(二)据以定案的证据均经法定程序查证属实;(三)综合全案证据,对所认定的案件事实已排除合理怀疑。"排除合理怀疑,要求对于认定的案件事实,从证据角度已经没有符合常理的、有根据的怀疑,特别在是否存在犯罪事实和被告人是否实施了犯罪等关键问题上,确信证据指向的案件结论具有唯一性。只有坚持对案件事实结论的唯一性标准,才能够保证裁判认定的案件事实与客观事实相符,最大限度避免冤假错案的发生。

2. 坚持全面收集证据,严格把握纠错标准。在复查刑事申诉案件过程中,除全面审查原有证据外,还应当注意补充收集、调取能够证实被告人有罪或者无罪、犯罪情节轻重的新证据,通过正向肯定与反向否定,检验原审裁判是否做到案件事实清楚,证据确实、充分。要坚持疑罪从无原则,严格把握纠错标准,对于被告人有罪供述出现反复且前后矛盾,关键情节与其他在案证据存在无法排除的重大矛盾,不能排除有其他人作案可能的,应当认定主要案件事实的结论不具有唯一性。人民法院据此判决被告人有罪的,人民检察院应当按照审判监督程序向人民法院提出抗诉,或者向同级人民法院提出再审检察建议。

【相关规定】(略)

陈满申诉案

(最高人民检察院第十二届检察委员会第五十一次会议决定 2016 年 5 月 31 日发布)

【关键词】

刑事申诉 刑事抗诉 改判无罪

【要旨】

证据是刑事诉讼的基石,认定案件事实,必须以证据为根据。证据未经当庭出示、辨认、质证等法庭调查程序查证属实,不能作为定案的根据。对于在案发现场提取的物证等实物证据,未经鉴定,且在诉讼过程中丢失或者毁灭,无法在庭审中出示、质证,有罪供述的主要情节又得不到其他证据印证,而原审裁判认定被告人有罪的,应当依法进行监督。

【基本案情】

陈满,男,1963 年 2 月生,四川省富县人。

1992 年 12 月 25 日 19 时 30 分许,海南省海口市振东区上坡下村 109 号发生火灾。19 时 58 分,海口市消防中队接警后赶到现场救火,并在灭火过程中发现室内有一具尸体,立即向公安机关报案。20 时 30 分,海口市公安局接警后派员赴现场进行现场勘查及调查工作。经走访调查后确定,死者是居住在 109 号的钟某,曾经在此处租住的陈满有重大作案嫌疑。同年 12 月 28 日凌晨,公安机关将犯罪嫌疑人陈满抓获。1993 年 9 月 25 日,海口市人民检察院以陈满涉嫌故意杀人罪,将其批准逮捕。1993 年 11 月 29 日,海口市人民检察院以涉嫌故意杀人罪对陈满提起公诉。海口市中级人民法院一审判决认定以下事实：
1992 年 1 月，被告人陈满搬到海口市上坡下村 109 号钟某所在公司的住房租
住。期间，陈满因未交房租等，与钟某发生矛盾，钟某声称要向公安机关告发陈
满私刻公章帮他人办工商执照之事，并于同年 12 月 17 日要陈满搬出上坡下村
109 号房。陈满怀恨在心，遂起杀害钟某的歹念。同年 12 月 25 日 19 时许，陈
满发现上坡下村停电并得知钟某要返回四川老家，便从宁屯大厦窜至上坡下村
109 号，见钟某正在客厅喝酒，便与其聊天，随后从厨房拿起一把菜刀，趁钟某不
备，向其头部、颈部、躯干部等处连砍数刀，致钟某当即死亡。后陈满将厨房的
煤气罐搬到钟某卧室门口，用打火机点着火焚尸灭迹。大火烧毁了钟某卧室里
的床及办公桌等家具，消防队员及时赶到，才将大火扑灭。经法医鉴定：被害人
钟某身上有多处锐器伤、颈动脉被割断造成失血性休克死亡。

　　1994 年 11 月 9 日，海口市中级人民法院以故意杀人罪判处陈满死刑，缓期
二年执行，剥夺政治权利终身；以放火罪，判处有期徒刑九年，决定执行死刑，缓
期二年执行，剥夺政治权利终身。

　　1994 年 11 月 13 日，海口市人民检察院以原审判决量刑过轻，应当判处死
刑立即执行为由提出抗诉。1999 年 4 月 15 日，海南省高级人民法院驳回抗诉，
维持原判。判决生效后，陈满的父母提出申诉。

　　2001 年 11 月 8 日，海南省高级人民法院经复查驳回申诉。陈满的父母仍
不服，向海南省人民检察院提出申诉。2013 年 4 月 9 日，海南省人民检察院经
审查，认为申诉人的申诉理由不成立，不符合立案复查条件。陈满不服，向最高
人民检察院提出申诉。

　　2015 年 2 月 10 日，最高人民检察院按照审判监督程序向最高人民法院提
出抗诉。

　　【抗诉理由】

　　最高人民检察院复查认为，原审判决据以定案的证据不确实、不充分，认定
原审被告人陈满故意杀人、放火的事实不清，证据不足。

　　1. 原审裁判认定陈满具有作案时间与在案证据证明的案件事实不符。原
审裁判认定原审被告人陈满于 1992 年 12 月 25 日 19 时许，在海口市振东区上
坡下村 109 号房间持刀将钟某杀死。根据证人杨某春、刘某生、章某胜的证言，
能够证实在当日 19 时左右陈满仍在宁屯大厦，而根据证人何某庆、刘某清的证
言，19 时多一点听到 109 号传出上气不接下气的"啊啊"声，大约过了 30 分钟看
见 109 号起火。据此，有证据证明陈满案发时仍然在宁屯大厦，不可能在同一
时间出现在案发现场，原审裁判认定陈满在 19 时许进入 109 号并实施杀人、放
火行为与证人提供的情况不符。

2. 原审裁判认定事实的证据不足,部分重要证据未经依法查证属实。原审裁判认定原审被告人陈满实施杀人、放火行为的主要证据,除陈满有罪供述为直接证据外,其他如公安机关火灾原因认定书、现场勘查笔录、现场照片、物证照片、法医检验报告书、物证检验报告书、刑事科学技术鉴定书等仅能证明被害人钟某被人杀害,现场遭到人为纵火;在案证人证言只是证明了发案时的相关情况、案发前后陈满的活动情况以及陈满与被害人的关系等情况,但均不能证实犯罪行为系陈满所为。而在现场提取的带血白衬衫、黑色男西装等物品在侦查阶段丢失,没有在原审法院庭审中出示并接受检验,因此不能作为定案的根据。

3. 陈满有罪供述的真实性存在疑问。陈满在侦查阶段虽曾作过有罪供述,但其有罪供述不稳定,时供时翻,且与现场勘查笔录、法医检验报告等证据存在矛盾。如陈满供述杀人后厨房水龙头没有关,而现场勘查时,厨房水龙头呈关闭状,而是卫生间的水龙头没有关;陈满供述杀人后菜刀扔到被害人的卧室中,而现场勘查时,该菜刀放在厨房的砧板上,且在菜刀上未发现血迹、指纹等痕迹;陈满供述将"工作证"放在被害人身上,是为了制造自己被烧死假象的说法,与案发后其依然正常工作、并未逃避侦查的实际情况相矛盾。

【案件结果】

2015 年 4 月 24 日,最高人民法院作出再审决定,指令浙江省高级人民法院再审。2015 年 12 月 29 日,浙江省高级人民法院公开开庭审理了本案。法院经过审理认为,原审裁判据以定案的主要证据即陈满的有罪供述及辨认笔录的客观性、真实性存疑,依法不能作为定案依据;本案除原被告人陈满有罪供述外无其他证据指向陈满作案。因此,原审裁判认定原审被告人陈满故意杀人并放火焚尸灭迹的事实不清、证据不足,指控的犯罪不能成立。2016 年 1 月 25 日,浙江省高级人民法院作出再审判决:撤销原审判决裁定,原审被告人陈满无罪。

【指导意义】

1. 切实强化证据裁判和证据审查意识。证据裁判原则是现代刑事诉讼的一项基本原则,是正确惩治犯罪,防止冤假错案的重要保障。证据裁判原则不仅要求认定案件事实必须以证据为依据,而且所依据的证据必须客观真实、合法有效。我国刑事诉讼法第四十八条第三款规定:"证据必须经过查证属实,才能作为定案的根据。"这是证据使用的根本原则,违背这一原则就有可能导致冤假错案,放纵罪犯或者侵犯公民的合法权利。检察机关审查逮捕、审查起诉和复查刑事申诉案件,都必须注意对证据的客观性、合法性进行审查,及时防止和纠正冤假错案。对于刑事申诉案件,经审查,如果原审裁判据以定案的有关证据,在原审过程中未经法定程序证明其真实性、合法性,而人民法院据此认定被告人有罪的,人民检察院应当依法进行监督。

2. 坚持综合审查判断证据规则。刑事诉讼法第一百九十五条第一项规定："案件事实清楚，证据确实、充分，依据法律认定被告人有罪的，应当作出有罪判决。"证据确实、充分，不仅是对单一证据的要求，而且是对审查判断全案证据的要求。只有使各项证据相互印证，合理解释消除证据之间存在的矛盾，才能确保查明案件事实真相，避免出现冤假错案。特别是在将犯罪嫌疑人、被告人有罪供述作为定罪主要证据的案件中，尤其要重视以客观性证据检验补强口供等言词证据。只有口供而没有其他客观性证据，或者口供与其他客观性证据相互矛盾、不能相互印证，对所认定的事实不能排除合理怀疑的，应当坚持疑罪从无原则，不能认定被告人有罪。

【相关规定】（略）

王玉雷不批准逮捕案

（最高人民检察院第十二届检察委员会第五十一次会议决定　2016 年 5 月 31 日发布）

【关键词】

侦查活动监督　排除非法证据　不批准逮捕

【要旨】

检察机关办理审查逮捕案件，要严格坚持证据合法性原则，既要善于发现非法证据，又要坚决排除非法证据。非法证据排除后，其他在案证据不能证明犯罪嫌疑人实施犯罪行为的，应当依法对犯罪嫌疑人作出不批准逮捕的决定。要加强对审查逮捕案件的跟踪监督，引导侦查机关全面及时收集证据，促进侦查活动依法规范进行。

1. 严格坚持非法证据排除规则。根据我国刑事诉讼法第七十九条规定，逮捕的证据条件是"有证据证明有犯罪事实"，这里的"证据"必须是依法取得的合法证据，不包括采取刑讯逼供、暴力取证等非法方法取得的证据。检察机关在审查逮捕过程中，要高度重视对证据合法性的审查，如果接到犯罪嫌疑人及其辩护人或者证人、被害人等关于刑讯逼供、暴力取证等非法行为的控告、举报及提供的线索，或者在审查案件材料时发现可能存在非法取证行为，以及刑事执行检察部门反映可能存在违法提讯情况的，应当认真进行审查，通过当面讯问犯罪嫌疑人、查看犯罪嫌疑人身体状况、识别犯罪嫌疑人供述是否自然可信以及调阅提审登记表、犯罪嫌疑人入所体检记录等途径，及时发现非法证据，坚决排除非法证据。

2. 严格把握作出批准逮捕决定的条件。构建以客观证据为核心的案件事实认定体系,高度重视无法排除合理怀疑的矛盾证据,注意利用收集在案的客观证据验证、比对全案证据,守住"犯罪事实不能没有、犯罪嫌疑人不能搞错"的逮捕底线。要坚持惩罚犯罪与保障人权并重的理念,重视犯罪嫌疑人不在犯罪现场、没有作案时间等方面的无罪证据以及侦查机关可能存在的非法取证行为的线索。综合审查全案证据,不能证明犯罪嫌疑人实施了犯罪行为的,应当依法作出不批准逮捕的决定。要结合办理审查逮捕案件,注意发挥检察机关侦查监督作用,引导侦查机关及时收集、补充其他证据,促进侦查活动依法规范进行。

【基本案情】

王玉雷,男,1968年3月生,河北省顺平县人。

2014年2月18日22时许,河北省顺平县公安局接王玉雷报案称:当日22时许,其在回家路上发现一名男子躺在地上,旁边有血迹。次日,顺平县公安局对此案立案侦查。经排查,顺平县公安局认为报案人王玉雷有重大嫌疑,遂于2014年3月8日以涉嫌故意杀人罪对王玉雷刑事拘留。

【诉讼过程】

2014年3月15日,顺平县公安局提请顺平县人民检察院批准逮捕王玉雷。顺平县人民检察院办案人员在审查案件时,发现该案事实证据存在许多疑点和矛盾。在提讯过程中,王玉雷推翻了在公安机关所作的全部有罪供述,称有罪供述系被公安机关对其采取非法取证手段后作出。顺平县人民检察院认为,该案事实不清,证据不足,不符合批准逮捕条件。鉴于案情重大,顺平县人民检察院向保定市人民检察院进行了汇报。保定市人民检察院同意顺平县人民检察院的意见。2014年3月22日,顺平县人民检察院对王玉雷作出不批准逮捕的决定。

【不批准逮捕理由】

顺平县人民检察院在审查公安机关的报捕材料和证据后认为:

1. 该案主要证据之间存在矛盾,案件存在的疑点不能合理排除。公安机关认为王玉雷涉嫌故意杀人罪,但除王玉雷的有罪供述外,没有其他证据证实王玉雷实施了杀人行为,且有罪供述与其他证据相互矛盾。王玉雷先后九次接受侦查机关询问、讯问,其中前五次为无罪供述,后四次为有罪供述,前后供述存在矛盾;在有罪供述中,对作案工具有斧子、锤子、刨锛三种不同说法,但去向均未查明;供述的作案工具与尸体照片显示的创口形状不能同一认定。

2. 影响定案的相关事实和部分重要证据未依法查证,关键物证未收集在案。侦查机关在办案过程中,对以下事实和证据未能依法查证属实:被害人尸检报告没有判断出被害人死亡的具体时间,公安机关认定王玉雷的作案时间不足信;王玉雷作案的动机不明;现场提取的手套没有进行 DNA 鉴定;王玉雷供述的三种凶器均未收集在案。

3. 犯罪嫌疑人有罪供述属非法言词证据,应当依法予以排除。2014 年 3 月 18 日,顺平县人民检察院办案人员首次提审王玉雷时发现,其右臂被石膏固定、活动吃力,在询问该伤情原因时,其极力回避,虽然对杀人行为予以供认,但供述内容无法排除案件存在的疑点。在顺平县人民检察院驻所检察室人员发现王玉雷胳膊打了绷带并进行询问时,王玉雷自称是骨折旧伤复发。监所检察部门认为公安机关可能存在违法提讯情况,遂通报顺平县人民检察院侦查监督部门,提示在批捕过程中予以关注。鉴于王玉雷伤情可疑,顺平县人民检察院办案人员向检察长进行了汇报,检察长在阅卷后,亲自到看守所提审犯罪嫌疑人,并对讯问过程进行全程录音录像。经过耐心细致的思想疏导,王玉雷消除顾虑,推翻了在公安机关所作的全部有罪供述,称被害人王某被杀不是其所为,其有罪供述系被公安机关采取非法取证手段后作出。

2014 年 3 月 22 日,顺平县人民检察院检察委员会研究认为,王玉雷有罪供述系采用非法手段取得,属于非法言词证据,依法应当予以排除。在排除王玉雷有罪供述后,其他在案证据不能证实王玉雷实施了犯罪行为,因此不应对其作出批准逮捕决定。

【案件结果】

2014 年 3 月 22 日,顺平县人民检察院对王玉雷作出不批准逮捕决定。后公安机关依法解除王玉雷强制措施,予以释放。

顺平县人民检察院对此案进行跟踪监督,依法引导公安机关调查取证并抓获犯罪嫌疑人王斌。2014 年 7 月 14 日,顺平县人民检察院以涉嫌故意杀人罪对王斌批准逮捕。2015 年 1 月 17 日,保定市中级人民法院以故意杀人罪判处被告人王斌死刑,缓期二年执行,剥夺政治权利终身。被告人王斌未上诉,一审判决生效。

【相关规定】(略)

马某某故意杀人案——持刀杀害两名防疫卡点工作人员

(2020 年 3 月 10 日最高人民法院发布)

【基本案情】

2020 年 2 月 5 日,云南省红河县石头寨乡根据上级安排,在该乡么索村委会通往阿扎河乡洛孟村委会之间设置新冠肺炎疫情防控卡点,开展疫情防控和监测工作,对往来车辆及人员进行信息登记、监测和防疫宣传。2月6日11时许,马某某驾车载么索村委会村民马某龙(另案处理)等人经过么索村委会疫情防控卡点,到洛孟村委会村民马某光(另案处理)家吃饭喝酒,之后马某某驾车搭载马某龙等人准备到马某龙家 KTV 唱歌。18 时 20 分许,当车辆行至么索村委会疫情防控卡点时,马某龙下车搬除卡点路障,并与前来劝阻的卡点工作人员发生争执。在此过程中,马某某因对卡点工作人员张某某(红河县财政局下派扶贫干部,殁年 39 岁)持手机拍摄取证的行为不满,遂持随身携带的折叠刀朝张某某胸腹部连续捅刺,又向前来劝阻的卡点工作人员李某某(红河县石头寨乡干部,殁年 50 岁)腹部捅刺,致张某某、李某某经送医院抢救无效于当日死亡。经鉴定,张某某系因被单刃锐器刺击胸腹部致胸腹腔多脏器破裂急性出血死亡;李某某系因被单刃锐器刺击腹部致肝脏破裂出血死亡。

【裁判结果】

云南省红河哈尼族彝族自治州中级人民法院经审理认为,被告人马某某在云南省重大突发公共卫生事件一级响应期间,无视国家法律和疫情防控秩序,故意非法剥夺他人生命,其行为构成故意杀人罪。马某某在疫情期间杀害两名疫情防控工作人员,主观恶性极深,犯罪手段残忍,情节极其恶劣,后果特别严重。马某某曾因犯故意伤害罪被判处有期徒刑,在刑罚执行完毕后五年内再犯应当判处有期徒刑以上刑罚之罪,系累犯,应依法从重处罚。马某某虽在案发后自动投案并如实供述犯罪事实,具有自首情节,但其罪行极其严重,不足以从轻处罚。据此,于 2020 年 3 月 1 日以故意杀人罪判处被告人马某某死刑,剥夺政治权利终身。

员明军故意杀人案

(2020 年 5 月 11 日最高人民法院发布)

【基本案情】

被告人员明军,男,汉族,1976 年 5 月 20 日出生,务工人员。

2017 年 2 月 9 日,被告人员明军到甘肃省兰州市五洲皮肤病医院治疗其鼻根两侧暗褐色沉着斑,该院皮肤科主任张某(被害人,女,殁年 35 岁)对其进行了色素分离、表浅电解术等治疗。一个疗程结束后,员明军自认为疗效不好并对其造成烧烫伤,要求医院赔偿并扬言报复。后由医疗纠纷人民调解委员会等进行调解,因员明军无端索要高额赔偿而未果。

同年 12 月,员明军决意报复张某,并购买了作案工具尖刀、菜刀。2018 年 1 月 22 日 14 时 20 分许,员明军携带刀具闯入五洲皮肤病医院张某的办公室,将门反锁,持尖刀朝张某胸背部等处连刺 10 余刀,在张某倒地后又持菜刀连续砍击张某颈部等处,致张某颈内外动脉、颈内静脉断裂及左肺静脉、双肺破裂大失血死亡。员明军作案后明知有人报警而在现场等候公安人员。

【裁判结果】

本案由甘肃省兰州市中级人民法院一审,甘肃省高级人民法院二审。最高人民法院对本案进行了死刑复核。

法院认为,被告人员明军故意非法剥夺他人生命,其行为已构成故意杀人罪。员明军不能正确认识治疗效果,在索要高额赔偿未得到满足后蓄意报复,到医生办公室持尖刀、菜刀连续捅刺、砍击医生致死,犯罪情节恶劣,手段特别残忍,罪行极其严重,应依法惩处。员明军虽有自首情节,但综合其犯罪的事实、性质、情节和社会危害程度,不足以对其从轻处罚。据此,依法对被告人员明军判处并核准死刑,剥夺政治权利终身。

罪犯员明军已于 2020 年 5 月 9 日被依法执行死刑。

【典型意义】

医学是复杂的生命科学,诊疗方案是医生基于医学知识作出的专业判断,患者对治疗效果要理性对待,不能仅因自认为治疗效果不佳就迁怒于医生甚至报复行凶。

本案是一起患者因对治疗效果不满,经调解未果,报复杀害医生的典型案例。被告人员明军虽有自首情节,但其蓄意报复,在就诊近一年后携刀具到医生办公室连续捅刺、砍击医生致死,主观恶性深,罪行极其严重。人民法院依法对员明军判处死刑,体现了对此类犯罪的严惩。

王某甲故意杀人案——家长公然持械闯入课堂杀害未成年小学生,应当依法严惩

(2021 年 3 月 2 日最高人民法院发布)

被告人王某甲的女儿何某某与年仅 9 岁的被害人刘某某系某小学三年级的同桌同学。2019 年 5 月 9 日,王某甲得知女儿被刘某某“欺负”后在班级群发消息质问,刘某某之父刘某联系王某甲未果,又联系其妻何某进行沟通、道歉,

班主任汪某某从何某处得知王某甲脾气暴躁,应何某要求转告刘某夫妇先不要和王某甲见面,并答应给刘某某调换座位。10 日早上,王某甲送何某某上学时在校门口未看到刘某某家长,在得知多方都在积极解决此事时仍不满意,执意将女儿送回家中,并购买刀具,冲进教室,持刀连续捅刺刘某某的要害部位,又将刘某某拎出教室摔在走廊上,致刘某某大量失血死亡。后公安人员将在学校等待的王某甲抓获归案。

人民法院经审理认为,被告人王某甲女儿与同学发生摩擦矛盾后,学校老师及对方家长已经在积极沟通、协调解决,但被告人不能理性、平和处理,竟购买刀具闯入学校课堂公然行凶,砍杀毫无反抗能力的弱小幼童,致被害人当场死亡,犯罪手段特别残忍,社会影响极其恶劣,社会危害极大,虽有自首情节,但不足以从轻处罚。人民法院依法对被告人王某甲以故意杀人罪判处并核准执行死刑。

本案系因家长不能正确处理未成年子女在校期间与同学间的摩擦矛盾,而持凶器闯入校园课堂,公然杀害弱小幼童的恶性案件。人民法院对严重侵害未成年人犯罪案件始终保持零容忍态度,坚决依法从严从重惩处,对犯罪性质、情节极其恶劣,后果极其严重的,坚决判处死刑,绝不姑息。

武某某、陈某某、傅某某故意杀人案

(最高人民检察院 2021 年 4 月 28 日发布)

【基本案情】

被告人武某某,女,1971 年 7 月出生,系被害人之妻。

被告人陈某某,男,1996 年 5 月出生,系被害人女婿。

被告人傅某某,女,案发时 17 周岁,系被害人之女。

被害人傅某明,男,殁年 54 岁。

武某某与傅某明系夫妻,二人生育一女(案发时 6 周岁)。傅某明与前妻养育一女傅某某。傅某某与陈某某生育一女(案发时 3 个月)。上述 6 人共同生活。

傅某明酗酒后经常打骂家人。2010 年,傅某明和武某某结婚,婚后仍经常酗酒、打骂武某某,社区民警、村干部曾多次前往劝解。

2018 年 7 月 5 日 21 时许,傅某明在家中酗酒,与武某某、傅某某发生争吵,并欲打傅某某,被陈某某挡下。傅某明到厨房拿起菜刀欲砍傅某某,陈某某在阻拦过程中被傅某明划伤手臂。傅某某、陈某某、武某某合力将傅某明按倒将刀夺下。武某某捡起半截扁担击打傅某明头部,致傅某明昏倒。傅某明清醒后往屋外逃跑,并大声呼救。武某某担心日后被继续施暴,遂提议将傅某明抓住打死。傅某某与陈某某一同追出,将傅某明按倒,武某某从家里拿出尼龙绳套在傅某明脖子上,勒颈后松开,见傅某明未断气,要求陈某某、傅某某帮忙拉绳直至傅某明断气。武某某让傅某某报警,三人在家等待,到案后如实供述罪行。经鉴定,傅某明系他人勒颈窒息死亡。

2018年7月6日,四川省泸县公安局以武某某、陈某某、傅某某涉嫌故意杀人罪移送检察机关审查起诉。

2018年11月22日,四川省泸县人民检察院以涉嫌故意杀人罪对三被告人提起公诉。

2019年4月1日,四川省泸县人民法院以故意杀人罪判处武某某有期徒刑五年,判处陈某某有期徒刑三年二个月,判处傅某某有期徒刑三年,缓刑四年。一审宣判后,三被告人均未上诉。

【检察机关履职情况】

(一)落实宽严相济刑事政策,依法适用认罪认罚从宽制度。傅某某作案时系未成年人,具有自首、从犯情节,且处于哺乳期,家中有3个月的女儿和6岁的妹妹需照顾,检察机关介入侦查后建议公安机关对其采取非羁押性强制措施。审查起诉阶段,武某某担心家中孩子无人照料意图包揽全部罪责,检察机关释法说理,使武某某放下思想包袱,如实供述犯罪事实。同时,联系法律援助机构为三被告人指定辩护人,保障辩护权。检察机关认为,本案是典型的家暴被害人因不堪忍受家暴杀死施暴者的刑事案件,傅某明有重大过错,结合三被告人的自首、从犯、未成年等量刑情节,听取被告人及其辩护人意见后,对武某某提出有期徒刑五年至八年的量刑建议,对陈某某提出有期徒刑三年至五年的量刑建议,对傅某某提出有期徒刑三年、缓刑四年的量刑建议。

(二)协同各方力量,妥善解决被告人服刑期间家庭问题。检察机关利用专业力量对未成年被告人傅某某及妹妹进行心理辅导,修复突发暴力事件造成的心理创伤。同时,发放司法救助金,联系镇村将其列为最低生活保障对象,并联系一位志愿者,为他们提供长期物质帮助,联系教育部门解决幼儿异地就学问题。

(三)利用公开庭审,开展反家暴普法宣传。检察机关与县妇联共同开展"以案说法,维护妇女权益"普法,在法院配合下,邀请县妇联、镇村妇联维权干部旁听武某某、陈某某案庭审。同时,检察机关与妇联会签文件,加强协作配合,共同推动妇女维权工作的开展。

【典型意义】

(一)依法妥善办理家庭暴力引发的刑事案件。最高人民法院、最高人民检察院、公安部、司法部《关于依法办理家庭暴力犯罪案件的意见》规定,对长期遭受家庭暴力后,在激愤、恐惧状态下为防止再次遭受家庭暴力,或者为摆脱家庭暴力而故意杀害、伤害施暴人,被告人的行为具有防卫因素,施暴人在案件起因上具有明显过错或者直接责任的,可以酌情从宽处罚。

(二)注重研究解决案件衍生的社会问题。因家暴引发的刑事案件中,家庭成员或致伤、致死,或入狱服刑,家中多出现需要被抚养、赡养的人失去生活来源或无人照料。检察机关积极与村(居)委会、民政、教育等部门对接,通过司法救助、社会帮扶、心理疏导等,妥善解决涉案家庭生活保障、监护保障、教育保障问题。

(三)通过以案释法,增强全民法治观念。检察机关注重在办案中普法,组织旁听庭审,将符合公开条件的庭审作为法治宣传公开课,教育公民尊法、学法、守法、用法,充分发挥"办理一个案件、警示教育一片"的作用。

孙文斌故意杀人案

(最高人民法院 2021 年 5 月 11 日发布)

【基本案情】

被告人孙文斌,男,汉族,1964 年 12 月 23 日出生,无业。

2019 年 11 月 12 日,被告人孙文斌之母(95 岁)因患哮喘、心脏病、脑梗死后遗症等疾病到北京市第一中西医结合医院住院治疗,同月 22 日出院。其间,医院曾下达病危病重通知书。同年 12 月 4 日,因孙母在家中不能正常进食,孙文斌联系 999 急救车将孙母送至北京市民航总医院。孙母经急诊诊治未见好转,被留院观察。孙文斌认为孙母的病情未好转与首诊医生杨某(被害人,女,殁年 51 岁)的诊治有关,遂对杨某怀恨在心。

同月 8 日,孙文斌返回其暂住地取了一把尖刀随身携带,扬言要报复杨某,并多次拒绝医院对孙母做进一步检查和治疗。同月 24 日 6 时许,杨某在急诊科抢救室护士站向孙文斌介绍孙母的病情时,孙文斌突然从腰间拔出尖刀,当众持刀反复切割杨某颈部致杨某倒地,后又不顾他人阻拦,再次持刀捅刺杨某颈部,致杨某颈髓横断合并创伤失血性休克死亡。孙文斌作案后用手机拨打110 报警投案。

【裁判结果】

本案由北京市第三中级人民法院一审,北京市高级人民法院二审。最高人民法院对本案进行了死刑复核。

法院认为,被告人孙文斌故意非法剥夺他人生命,其行为已构成故意杀人罪。孙文斌因母亲就医期间病情未见好转,归咎并迁怒于首诊医生杨某,事先准备尖刀,预谋报复杀人,并在医院急诊科当众持刀行凶,致杨某死亡,犯罪动机卑劣,手段特别残忍,性质极其恶劣,社会危害性极大,罪行极其严重,应依法惩处。孙文斌虽具有自首情节,但不足以对其从轻处罚。据此,依法对被告人孙文斌判处并核准死刑,剥夺政治权利终身。

罪犯孙文斌已于 2020 年 4 月 3 日被依法执行死刑。

【典型意义】

救死扶伤是医生的职责使命,但医学不是万能的,医疗效果并不总能满足患者和家属的期待。患者和家属首先应当积极配合医院进行治疗,同时也要正确认识病情和治疗效果,不能简单因病情未好转便归咎于医院和医生。

本案是一起患者家属因患者病情未见好转而预谋报复杀害医生的典型案例,2019 年底案发后产生巨大且恶劣的社会影响。被告人孙文斌在将其年迈并患有多种严重疾病的母亲送到医院治疗期间,多次拒绝医院对其母进行检查和治疗,却认为其母病情未见好转与首诊医生的诊治有关,经预谋后在医院当众杀害首诊医生,犯罪性质极其恶劣,手段特别残忍,罪行极其严重。人民法院依法对孙文斌判处死刑,体现了坚决惩治暴力杀医犯罪的严正立场。

张伟故意杀人案——有长期吸毒史,
杀死无辜儿童,罪行极其严重

(2021 年 6 月 25 日最高人民法院发布)

【基本案情】

被告人张伟,男,汉族,1989 年 7 月 16 日出生,湖南省新邵县市场监督管理局职工。

被告人张伟自 2012 年开始吸毒,曾多次被戒毒和送医治疗。2016 年 12 月 21 日 16 时许,张伟驾车经过湖南省新邵县酿溪镇雷家坳村财兴路地段时,见王某某(被害人,男,殁年 7 岁)背着书包在路边行走,遂将其骗上车。当日 21 时许,张伟驾车来到新邵县坪上镇坪新村一偏僻公路上,停车后将熟睡的王某某抱下车,持菜刀连续切割、砍击王某某的颈部,致王某某颈部离断死亡。张伟将王某某的头部和躯干分别丢进附近草丛后逃离现场。

【裁判结果】

本案由湖南省邵阳市中级人民法院一审,湖南省高级人民法院二审。最高人民法院对本案进行了死刑复核。

法院认为,被告人张伟故意非法剥夺他人生命,其行为已构成故意杀人罪。张伟杀害无辜儿童,犯罪手段残忍,情节特别恶劣,罪行极其严重,应依法惩处。据此,依法对被告人张伟判处并核准死刑,剥夺政治权利终身。

罪犯张伟已于 2020 年 6 月 17 日被依法执行死刑。

【典型意义】

吸毒行为具有违法性和自陷性。医学研究表明,长期吸毒可能对人体的大脑中枢神经造成不可逆的损伤。对于因吸毒导致精神障碍的,一般不作为从宽处罚的理由。本案就是一起被告人长期吸食毒品致精神障碍,杀害无辜儿童的典型案例。被告人张伟明知吸毒后会出现幻觉等精神异常,且曾多次被戒毒、送医,却仍继续长期吸毒。张伟诱骗独行的 7 岁儿童,并将其杀害,致其尸首分离,犯罪手段残忍,情节特别恶劣,罪行极其严重。人民法院依法判处张伟死刑,体现了对吸毒诱发的严重暴力犯罪的严惩。

刑法第二百三十四条(故意伤害罪)

第二百三十四条　故意伤害他人身体的,处三年以下有期徒刑、拘役或者管制。

犯前款罪,致人重伤的,处三年以上十年以下有期徒刑;致人死亡或者以特别残忍手段致人重伤造成严重残疾的,处十年以上有期徒刑、无期徒刑或者死刑。本法另有规定的,依照规定。

钱某故意伤害案

(最高人民检察院第十三届检察委员会第五十二次会议决定　2020 年 11 月 24 日发布)

【关键词】

认罪认罚　律师参与协商　量刑建议说理　司法救助

【要旨】

检察机关应当健全量刑协商机制,规范认罪认罚案件量刑建议的形成过程。依法听取犯罪嫌疑人、辩护人或者值班律师的意见,通过出示有关证据、释法说理等方式,结合案件事实和情节开展量刑协商,促进协商一致。注重运用司法救助等制度措施化解矛盾,提升办案质效。

【基本案情】

被告人钱某,1982 年 5 月生,浙江嵊州人,嵊州市某工厂工人。

2019 年 9 月 28 日晚,钱某应朋友邀请在嵊州市长乐镇某餐馆与被害人马某某等人一起吃饭。其间,钱某与马某某因敬酒发生争吵,马某某不满钱某喝酒态度持玻璃酒杯用力砸向钱某头部,致其额头受伤流血。钱某随后从餐馆门口其电瓶车内取出一把折叠刀,在厮打过程中刺中马某某胸部、腹部。马某某随即被送往医院救治,经医治无效于同年 11 月 27 日死亡。案发后,钱某即向公安机关主动投案,如实供述了自己的犯罪行为。案件移送检察机关审查起诉后,钱某表示愿意认罪认罚,在辩护人见证下签署了《认罪认罚具结书》。案发后,被告人钱某向被害人亲属进行了民事赔偿,取得被害人亲属谅解。

绍兴市人民检察院以钱某犯故意伤害罪于 2020 年 5 月 15 日向绍兴市中级人民法院提起公诉,提出有期徒刑十二年的量刑建议。绍兴市中级人民法院经开庭审理,当庭判决采纳检察机关指控的罪名和量刑建议。被告人未上诉,判决已生效。

【检察履职情况】

1. 依法听取意见,开展量刑协商。本案被告人自愿认罪认罚,检察机关在依法审查证据、认定事实基础上,围绕如何确定量刑建议开展了听取意见、量刑协商等工作。根据犯罪事实和量刑情节,检察机关初步拟定有期徒刑十五年的量刑建议。针对辩护人提出钱某有正当防卫性质,属防卫过当的辩护意见,检察机关结合证据阐明被告人激愤之下报复伤害的犯罪故意明显,不属于针对不法侵害实施的防卫行为,辩护人表示认同,同时提交了钱某与被害人亲属达成的调解协议及被害人亲属出具的谅解书。检察机关审查并听取被害方意见后予以采纳,经与被告人及其辩护人沟通协商,将量刑建议调整为有期徒刑十二年,控辩双方达成一致意见。

2. 量刑建议说理。被告人签署具结书前,检察机关向被告人和辩护人详细阐释了本案拟起诉认定的事实、罪名、情节,量刑建议的理由和依据,自首、认罪认罚、赔偿损失及取得谅解等情节的量刑从宽幅度等。被告人表示接受,并在辩护人见证下签署了《认罪认罚具结书》。检察机关提起公诉时随案移送《量刑建议说理书》。

3. 开展司法救助。检察机关受理案件后,检察官多次到被害人家中慰问,了解到被害人家中仅有年迈的父亲和年幼的儿子二人,无力支付被害人医疗费和丧葬费,被告人也家境困难,虽然尽力赔付但不足以弥补被害方的损失。检察机关积极为被害人家属申请了司法救助金,帮助其解决困难,促进双方矛盾化解。

【指导意义】

1. 有效保障辩护人或者值班律师参与量刑协商。办理认罪认罚案件,检察机关应当与被告人、辩护人或者值班律师进行充分有效的量刑协商。检察机关组织开展量刑协商时,应当充分听取被告人、辩护人或者值班律师的意见。检察机关可以通过向被告人出示证据、释法说理等形式,说明量刑建议的理由和依据,保障协商的充分性。被告人及其辩护人或者值班律师提出新的证据材料或者不同意见的,应当重视并认真审查,及时反馈是否采纳并说明理由,需要核实或一时难以达成一致的,可以在充分准备后再开展协商。检察机关应当听取被害方及其诉讼代理人的意见,促进和解谅解,并作为对被告人从宽处罚的重要因素。

2. 运用司法救助促进矛盾化解。对于因民间矛盾纠纷引发,致人伤亡的案件,被告人认罪悔罪态度好,但因家庭经济困难没有赔偿能力或者赔偿能力有限,而被害方又需要救助的,检察机关应当积极促使被告人尽力赔偿被害方损失,争取被害方谅解,促进矛盾化解。同时要积极开展司法救助,落实帮扶措施,切实为被害方纾解困难提供帮助,做实做细化解矛盾等社会治理工作。

【相关规定】(略)

杨某某故意伤害案

（最高人民检察院 2021 年 4 月 28 日发布）

【基本案情】

被不起诉人杨某某,女,1973 年 3 月出生。

被害人朱某某,男,1970 年 6 月出生。

杨某某、朱某某二人 1995 年结婚后,因朱某某赌博及赡养老人等问题时常吵架,朱某某多次殴打杨某某。杨某某也多次提出离婚,并于 2020 年 7 月向法院起诉离婚,后经调解撤诉。

2019 年 1 月 8 日 23 时许,杨某某怀疑朱某某给其他女性发暧昧短信,二人在家中再次发生争执,杨某某用菜刀将朱某某左手手指砍伤,经鉴定为轻伤二级。

2020年8月14日,朱某某报案,公安机关对杨某某故意伤害案立案侦查,9月30日将杨某某逮捕。

2020年10月19日,云南省会泽县公安局将杨某某故意伤害案移送检察机关审查起诉。

云南省会泽县人民检察院审查后,于2020年11月18日,依据刑事诉讼法第一百七十七条第二款,对杨某某作出不起诉决定。

【检察机关履职情况】

(一)查清事实,开展羁押必要性审查。在审查逮捕阶段,因杨某某不认罪,检察机关作出批准逮捕决定。审查起诉阶段,通过检察机关释法说理,杨某某自愿认罪认罚。检察机关进行羁押必要性审查,认为对杨某某无继续羁押的必要,依法变更强制措施为取保候审。

(二)组织公开听证,听取各方意见。检察机关认为,本案系家庭矛盾激化引发,杨某某自愿认罪认罚,取得被害人谅解,考虑到家暴因素牵涉其中,且二人婚姻关系紧张,为依法妥善处理本案,遂邀请人大代表、政协委员、人民监督员,在朱某某、杨某某和二人的女儿在场情况下对拟不起诉公开听证,听取各方意见。双方均表示接受处理意见并妥善处理婚姻问题。

(三)进行回访,加强反家暴延伸工作。检察机关根据办案中反映出的朱某某家暴行为,对朱某某进行训诫,朱某某表示愿意积极改善家庭关系。检察机关作出不起诉决定后,通过回访提示杨某某,如再次遭受家暴,要留存、收集证据并及时报案。

【典型意义】

(一)对因遭受家暴而实施的伤害犯罪要坚持依法少捕慎诉理念。在犯罪嫌疑人的犯罪行为与其长期遭受家暴的事实密不可分的情况下,检察机关不能简单批捕、起诉,要全面细致审查证据,查清案件事实、起因,充分考虑其长期遭受家暴的因素。

(二)注意听取当事人意见。最高人民法院、最高人民检察院、公安部、司法部《关于依法办理家庭暴力犯罪案件的意见》规定,办理家庭暴力犯罪案件,既要严格依法进行,也要听取当事人双方的意见,尊重被害人的意愿。在采取刑事强制措施、提起公诉时,更应充分听取被害人意见,依法作出处理。

(三)注重犯罪预防工作。对家庭暴力的施暴者可以运用训诫等措施,责令施暴人保证不再实施家庭暴力。对家暴的受害者可以加强举证引导,告知其必要时可以根据《中华人民共和国反家庭暴力法》的规定向法院申请人身安全保护令。

毛某某故意伤害案

（最高人民检察院 2021 年 4 月 28 日发布）

【基本案情】

被不起诉人毛某某,女,1994 年 12 月出生。

被害人王某某,男,1981 年 10 月出生。

毛某某与王某某二人系夫妻,均系聋哑人。王某某酗酒,经常酒后欺负毛某某。

2019 年 6 月 25 日中午,王某某得知毛某某将自己被打的事情告诉了朋友,说晚上回家要砍断毛某某的脚。于是,毛某某买了一把刀,藏在卧室衣柜内。当晚,王某某回家后在客厅一边喝酒一边打毛某某,并将菜刀放到饭桌上。后因孩子哭闹,毛某某回卧室哄孩子。王某某酒后进入房间,继续打毛某某,说要用菜刀砍断毛某某的脚,并走出房间拿菜刀。毛某某从衣柜拿出刀向王某某身上乱砍,分别砍在王某某头顶、手臂、腹部等处。王某某夺下刀后,受伤倒地。毛某某到王某某的二姐王某娟家求助,王某娟的丈夫报警。经鉴定,王某某损伤程度为重伤二级,毛某某为轻微伤。

浙江省江山市公安局于 2019 年 6 月 26 日立案侦查,8 月 6 日移送检察机关审查起诉。

2019 年 12 月 2 日,浙江省江山市人民检察院依据刑事诉讼法第一百七十七条第二款的规定对毛某某作出不起诉决定。

【检察机关履职情况】

（一）全面了解案件情况。检察机关派员多次走访,了解到王某某一家 6 口生活困难,王某某的父母年迈患病无劳动能力;王某某案发前在当地务工,被砍伤后没有收入;毛某某在家照顾两个孩子,低保补助是家庭主要经济来源。村民反映,王某某经常酒后对毛某某实施家暴,还多次殴打亲友、邻居,认为毛某某的行为是反抗家暴,希望对其从轻处理。

（二）准确定性,依法妥善处理。检察机关认为,毛某某面对现实、紧迫的人身危险取刀反击,属于正当防卫,虽事先准备刀具,但不影响防卫性质。王某某徒手殴打,实施的是一般暴力行为,虽声称要拿菜刀砍毛某某,但在尚未使用可能危及生命或可能造成重伤的工具或高强度手段时,毛某某用刀砍王某某,其防卫手段及损害后果与不法侵害明显失衡,属于防卫过当。鉴于本案系家庭矛盾引发,毛某某有自首情节,依法决定对毛某某不起诉。

(三)开展司法救助和跟踪回访。针对王某某一家经济困难情况,检察机关为其申请司法救助,并与村委会沟通,由村委会监督司法救助款的使用,以管束王某某不再实施家暴。作出不起诉决定后,检察机关对二人进行动态跟踪教育,经回访,王某某未再对毛某某实施家暴。

【典型意义】

(一)正确认定因家庭暴力引发的故意伤害犯罪与正当防卫。最高人民法院、最高人民检察院、公安部、司法部《关于依法办理家庭暴力犯罪案件的意见》规定,为使本人或者他人的人身权利免受不法侵害,对正在进行的家庭暴力采取制止行为,符合刑法第二十条第一款规定的,应当认定为正当防卫。防卫行为明显超过必要限度,造成施暴人重伤、死亡的,属于防卫过当,应当负刑事责任,但应当减轻或者免除处罚。是否"明显超过必要限度",应当以足以制止并使防卫人免受家庭暴力不法侵害的需要为标准,根据施暴人正在实施家庭暴力的严重程度、手段的残忍程度,防卫人所处的环境、面临的危险程度、采取的制止暴力手段、造成施暴人重大损害的程度,以及既往家庭暴力的严重程度等综合判断。

(二)妥善把握家庭暴力引发刑事案件的特殊性。家暴引发的刑事案件不同于其他案件,有家庭因素牵涉其中,要兼顾维护家庭稳定、修复被损坏的家庭关系、尊重被害人意愿。对犯罪嫌疑人具有防卫性质、自首等法定情节,获得被害人谅解的,可以依法从宽处理。

(三)依法履行司法救助职能。对符合司法救助条件的,检察机关要积极开展司法救助,彰显司法人文关怀,帮助被救助人解决面临的生活困难、安抚心灵创伤,避免"因案致贫""因案返贫",促进家庭、社会和谐稳定。

李发才等故意伤害案

(最高人民法院 2021 年 5 月 11 日发布)

【基本案情】

被告人李发才,男,哈尼族,1996 年 1 月 12 日出生,务工人员。

被告人郭辉,男,哈尼族,1993 年 6 月 13 日出生,务工人员。

2018 年 6 月 24 日 22 时许,被告人郭辉、李发才等人陪同他人到云南省昆明市五三三医院急诊室就诊。值班医生詹某接诊后根据患者病情建议转院,郭辉、李发才等人对此不满,与詹某发生争执。后郭辉、李发才等人殴打詹某致轻伤二级。当日,郭辉、李发才被公安人员抓获。

【裁判结果】

本案由云南省昆明市盘龙区人民法院审理。

法院认为,被告人李发才、郭辉故意伤害他人身体健康,致人轻伤,其行为已构成故意伤害罪。李发才、郭辉伙同他人在医院殴打医生致轻伤,犯罪情节恶劣,后果严重。二人均当庭认罪,可从轻处罚。据此,依法对被告人李发才、郭辉分别判处有期徒刑一年。

宣判后,在法定期限内没有上诉、抗诉,上述判决已于 2019 年 4 月 23 日发生法律效力。

【典型意义】

医院急诊部门是发生医患冲突较为集中的科室。急诊与专科门诊的诊疗处置方式有一定差别,患者及其陪同人员如遇到问题应与医生理性沟通,而不是肆意拳脚相向。

本案是一起患者陪同人员多人殴打医生的案例。人民法院综合考虑本案犯罪的事实、性质、后果和被告人李发才、郭辉当庭认罪等情节,依法对二人判处相应刑罚。

姜某故意伤害案——对民间纠纷引发的轻伤害案件,在矛盾化解、达成和解基础上依法对犯罪嫌疑人从宽作出不起诉处理

(2021 年 11 月 29 日最高人民检察院发布)

【基本案情】

被不起诉人姜某,男,1994 年 10 月出生,农民。

被害人何某,男,1978 年 9 月出生,农民。

姜某与被害人何某系邻居,两家因相邻通道使用问题多次发生矛盾,积怨颇深。2020 年 2 月 15 日,何某阻止为姜某家送装热水器的车辆从其门口通过,姜某获悉后,持斧头到何某家门口,揪住何某妻子的衣领质问不让通行原因。何某闻讯赶到后与姜某发生争执,姜某用斧背打伤何某后背、面部等部位,致其右侧额骨骨折,左侧眼周挫伤。经鉴定,何某两处伤情分别构成轻伤二级和轻微伤。

2020 年 2 月 27 日,贵州省岑巩县公安局立案侦查,3 月 1 日对姜某采取取保候审强制措施。

【检察机关履职情况】

(一)全面查实案情,厘清原委。公安机关于 2020 年 4 月 28 日以姜某涉嫌故意伤害罪将该案移送贵州省岑巩县人民检察院审查起诉。承办检察官通过深入当地镇政府、村委会,到纠纷路段实地查看,调阅双方民事纠纷诉讼卷宗,与村民交流等方式,全面了解双方纠纷积怨产生的前因后果及争议通道的权属问题,倾听双方诉求,了解双方"心结",针对性制定矛盾化解方案。

(二)通过检调对接,促成和解。承办检察官会同当地镇政府工作人员、人民调解员到当事人家中,通报纠纷通道归属调查结果,提出双方共同使用、共同维护的处理方案,并联合侦查人员、驻村网格员核实被害人实际损失,明确双方责任划分。在检察机关协调下,该镇人民调解委员会、驻村网格员组织双方当事人调解,就通道问题达成共同使用、共同维护的书面协议。姜某主动向何某赔礼道歉,当场赔付何某住院费、务工损失费等各项损失,何某接受道歉并出具谅解书。

(三)组织公开听证,听取各方意见。检察机关组织召开案件公开听证会,邀请人大代表、政协委员、律师、脱贫攻坚包村干部、侦查人员等参加。听证会上,检察机关就案件事实、证据认定、法律适用以及拟对姜某作出不起诉决定的理由和法律依据进行了充分阐释。听证人员一致同意对姜某作不起诉处理。2020 年 5 月 9 日,检察机关依法对姜某作出不起诉决定。作出不起诉决定六个月后,承办检察官回访了当地镇党委、村委会和当事人,经了解,双方均按照协议管理、维护共同通道,和睦相处,多年的心结已经打开,不起诉效果良好。

【典型意义】

因邻里纠纷、民间矛盾引发的轻伤害案件常见多发,如果简单追诉、处理不当,容易进一步激化矛盾,形成更深的积怨,甚至与搬不走的邻居结下"世仇",埋下更大隐患。检察机关在办理此类案件时,要坚持能动司法、主动履职,以少捕慎诉慎押刑事司法政策为指导,深入了解矛盾纠纷产生的根源,注意倾听当事人的想法,充分借助基层人民政府和村民委员会等群众自治组织等各方面力量,善于运用检调对接、检察听证、刑事和解、认罪认罚从宽等制度机制促进矛盾化解,通过办案修复社会关系,减少社会对抗,实现办案政治效果、法律效果和社会效果的有机统一。

刑法第二百三十六条(强奸罪)

第二百三十六条①　以暴力、胁迫或者其他手段强奸妇女的,处三年以上十年以下有期徒刑。

奸淫不满十四周岁的幼女的,以强奸论,从重处罚。

强奸妇女、奸淫幼女,有下列情形之一的,处十年以上有期徒刑、无期徒刑或者死刑:

(一)强奸妇女、奸淫幼女情节恶劣的;

(二)强奸妇女、奸淫幼女多人的;

(三)在公共场所当众强奸妇女、奸淫幼女的;

(四)二人以上轮奸的;

(五)奸淫不满十周岁的幼女或者造成幼女伤害的;

(六)致使被害人重伤、死亡或者造成其他严重后果的。

齐某强奸、猥亵儿童案

(最高人民检察院第十三届检察委员会第七次会议决定　2018 年 11 月 9 日发布)

【关键词】

强奸罪　猥亵儿童罪　情节恶劣　公共场所当众

---

①　本条根据《刑法修正案(十一)》(2021 年 3 月 1 日起施行)第二十六条修改。

原本条内容为:第二百三十六条　以暴力、胁迫或者其他手段强奸妇女的,处三年以上十年以下有期徒刑。

奸淫不满十四周岁的幼女的,以强奸论,从重处罚。

强奸妇女、奸淫幼女,有下列情形之一的,处十年以上有期徒刑、无期徒刑或者死刑:

(一)强奸妇女、奸淫幼女情节恶劣的;

(二)强奸妇女、奸淫幼女多人的;

(三)在公共场所当众强奸妇女的;

(四)二人以上轮奸的;

(五)致使被害人重伤、死亡或者造成其他严重后果的。

修改的主要内容为:一是将"奸淫幼女"补充规定为本条第三款第(三)项的加重处罚情形;二是增加了第(五)项,规定对"奸淫不满十周岁的幼女或者造成幼女伤害的"作为本条规定的加重处罚情形之一。

【要旨】

1. 性侵未成年人犯罪案件中,被害人陈述稳定自然,对于细节的描述符合正常记忆认知、表达能力,被告人辩解没有证据支持,结合生活经验对全案证据进行审查,能够形成完整证明体系的,可以认定案件事实。

2. 奸淫幼女具有《最高人民法院、最高人民检察院、公安部、司法部关于依法惩治性侵害未成年人犯罪的意见》规定的从严处罚情节,社会危害性与刑法第二百三十六条第三款第二至四项规定的情形相当的,可以认定为该款第一项规定的"情节恶劣"。

3. 行为人在教室、集体宿舍等场所实施猥亵行为,只要当时有多人在场,即使在场人员未实际看到,也应当认定犯罪行为是在"公共场所当众"实施。

【基本案情】

被告人齐某,男,1969年1月出生,原系某县某小学班主任。

2011年夏天至2012年10月,被告人齐某在担任班主任期间,利用午休、晚自习及宿舍查寝等机会,在学校办公室、教室、洗澡堂、男生宿舍等处多次对被害女童A(10岁)、B(10岁)实施奸淫、猥亵,并以带A女童外出看病为由,将其带回家中强奸。齐某还在女生集体宿舍等地多次猥亵被害女童C(11岁)、D(11岁)、E(10岁),猥亵被害女童F(11岁)、G(11岁)各一次。

【指控与证明犯罪】

(一)提起公诉及原审判决情况

2013年4月14日,某市人民检察院以齐某犯强奸罪、猥亵儿童罪对其提起公诉。5月9日,某市中级人民法院依法不公开开庭审理本案。9月23日,该市中级人民法院作出判决,认定齐某犯强奸罪,判处死刑,缓期二年执行,剥夺政治权利终身;犯猥亵儿童罪,判处有期徒刑四年六个月;决定执行死刑,缓期二年执行,剥夺政治权利终身。被告人未上诉,判决生效后,报某省高级人民法院复核。

2013年12月24日,某省高级人民法院以原判认定部分事实不清为由,裁定撤销原判,发回重审。

2014年11月13日,某市中级人民法院经重新审理,作出判决,认定齐某犯强奸罪,判处无期徒刑,剥夺政治权利终身;犯猥亵儿童罪,判处有期徒刑四年六个月;决定执行无期徒刑,剥夺政治权利终身。齐某不服提出上诉。

2016年1月20日,某省高级人民法院经审理,作出终审判决,认定齐某犯强奸罪,判处有期徒刑六年,剥夺政治权利一年;犯猥亵儿童罪,判处有期徒刑四年六个月;决定执行有期徒刑十年,剥夺政治权利一年。

(二)提起审判监督程序及再审改判情况

某省人民检察院认为该案终审判决确有错误,提请最高人民检察院抗诉。

最高人民检察院经审查,认为该案适用法律错误,量刑不当,应予纠正。2017 年 3 月 3 日,最高人民检察院依照审判监督程序向最高人民法院提出抗诉。

2017 年 12 月 4 日,最高人民法院依法不公开开庭审理本案,最高人民检察院指派检察员出席法庭,辩护人出庭为原审被告人进行辩护。

法庭调查阶段,针对原审被告人不认罪的情况,检察员着重就齐某辩解与在案证据是否存在矛盾,以及有无其他证据或线索支持其辩解进行发问和举证,重点核实以下问题:案发前齐某与被害人及其家长关系如何,是否到女生宿舍查寝,是否多次单独将女生叫出教室,是否带女生回家过夜。齐某当庭供述与被害人及其家长没有矛盾,承认曾到女生宿舍查寝,为女生揉肚子,单独将女生叫出教室问话,带女生外出看病以及回家过夜。通过当庭讯问,进一步印证了被害人陈述细节的真实性、客观性。

法庭辩论阶段,检察员发表出庭意见:

首先,原审被告人齐某犯强奸罪、猥亵儿童罪的犯罪事实清楚,证据确实充分。1. 各被害人及其家长和齐某在案发前没有矛盾。报案及时,无其他介入因素,可以排除诬告的可能。2. 各被害人陈述内容自然合理,可信度高,且有同学的证言予以印证。被害人对于细节的描述符合正常记忆认知、表达能力,如齐某实施性侵害的大致时间、地点、方式、次数等内容基本一致。因被害人年幼、报案及作证距案发时间较长等客观情况,具体表达存在不尽一致之处,完全正常。3. 各被害人陈述的基本事实得到本案其他证据印证,如齐某卧室勘验笔录、被害人辨认现场的笔录、现场照片、被害人生理状况诊断证明等。

其次,原审被告人齐某犯强奸罪情节恶劣,且在公共场所当众猥亵儿童,某省高级人民法院判决对此不予认定,属于适用法律错误,导致量刑畸轻。1. 齐某奸淫幼女"情节恶劣"。齐某利用教师身份,多次强奸二名幼女,犯罪时间跨度长。本案发生在校园内,对被害人及其家人伤害非常大,对其他学生造成了恐惧。齐某的行为具备《最高人民法院、最高人民检察院、公安部、司法部关于依法惩治性侵害未成年人犯罪的意见》第二十五条规定的多项"更要依法从严惩处"的情节,综合评判应认定为"情节恶劣",判处十年有期徒刑以上刑罚。2. 本案中齐某的行为属于在"公共场所当众"猥亵儿童。公共场所系供社会上多数人从事工作、学习、文化、娱乐、体育、社交、参观、旅游和满足部分生活需求的一切公用建筑物、场所及其设施的总称,具备由多数人进出、使用的特征。基于对未成年人保护的需要,《最高人民法院、最高人民检察院、公安部、司法部关于依法惩治性侵害未成年人犯罪的意见》第二十三条明确将"校园"这种除师生外,其他人不能随便进出的场所认定为公共场所。司法实践中也已将教室这种相对封闭的场所认定为公共场所。本案中女生宿舍是 20 多人的集体宿舍,和教室一样属于校园的重要组成部分,具有相对涉众性、公开性,应当是公共场所。《最高人民法院、最高人民检察院、公安部、司法部关于依法惩治性侵害未成年人犯罪的意见》第二十三条规定,在公共场所对未成年人实施猥亵犯罪,"只要有其他多人在场,不论在场人员是否实际看到",均可认定为当众猥亵。本案中齐某在熄灯后进入女生集体宿舍,当时就寝人数较多,床铺之间没有遮挡,其猥亵行为易被同寝他人所感知,符合上述规定"当众"的要求。

原审被告人及其辩护人坚持事实不清、证据不足的辩护意见,理由是:一是认定犯罪的直接证据只有被害人陈述,齐某始终不认罪,其他证人证言均是传来证据,没有物证,证据链条不完整。二是被害人陈述前后有矛盾,不一致。且其中一个被害人在第一次陈述中只讲到被猥亵,第二次又讲到被强奸,前后有重大矛盾。

针对辩护意见,检察员答辩:一是被害人陈述的一些细节,如强奸的地点、姿势等,结合被害人年龄及认知能力,不亲身经历,难以编造。二是齐某性侵次数多、时间跨度长,被害人年龄小,前后陈述有些细节上的差异和模糊是正常的,恰恰符合被害人的记忆特征。且被害人对基本事实和情节的描述是稳定的。有的被害人虽然在第一次询问时没有陈述被强奸,但在此后对没有陈述的原因作了解释,即当时学校老师在场,不敢讲。这一理由符合孩子的心理。三是被害人同学证言虽然是传来证据,但其是在犯罪发生之后即得知有关情况,因此证明力较强。四是齐某及其辩护人对其辩解没有提供任何证据或者线索的支持。

2018年6月11日,最高人民法院召开审判委员会会议审议本案,最高人民检察院检察长列席会议并发表意见:一是最高人民检察院抗诉书认定的齐某犯罪事实、情节符合客观实际。性侵害未成年人案件具有客观证据、直接证据少,被告人往往不认罪等特点。本案中,被害人家长与原审被告人之前不存在矛盾,案发过程自然。被害人陈述及同学证言符合案发实际和儿童心理,证明力强。综合全案证据看,足以排除合理怀疑,能够认定原审被告人强奸、猥亵儿童的犯罪事实。二是原审被告人在女生宿舍猥亵儿童的犯罪行为属于在"公共场所当众"猥亵。考虑本案具体情节,原审被告人猥亵儿童的犯罪行为应当判处十年有期徒刑以上刑罚。三是某省高级人民法院二审判决确有错误,依法应当改判。

2018年7月27日,最高人民法院作出终审判决,认定原审被告人齐某犯强奸罪,判处无期徒刑,剥夺政治权利终身;犯猥亵儿童罪,判处有期徒刑十年;决定执行无期徒刑,剥夺政治权利终身。

【指导意义】

(一)准确把握性侵未成人犯罪案件证据审查判断标准

对性侵未成年人犯罪案件证据的审查,要根据未成年人的身心特点,按照有别于成年人的标准予以判断。审查言词证据,要结合全案情况予以分析。根据经验和常识,未成年人的陈述合乎情理、逻辑,对细节的描述符合其认知和表达能力,且有其他证据予以印证,被告人的辩解没有证据支持,结合双方关系不存在诬告可能的,应当采纳未成年人的陈述。

(二)准确适用奸淫幼女"情节恶劣"的规定

刑法第二百三十六条第三款第一项规定,奸淫幼女"情节恶劣"的,处十年以上有期徒刑、无期徒刑或者死刑。《最高人民法院、最高人民检察院、公安部、司法部关于依法惩治性侵害未成年人犯罪的意见》第二十五条规定了针对未成年人实施强奸、猥亵犯罪"更要依法从严惩处"的七种情形。实践中,奸淫幼女具有从严惩处情形,社会危害性与刑法第二百三十六条第三款第二至四项相当的,可以认为属于该款第一项规定的"情节恶劣"。例如,该款第二项规定的"奸淫幼女多人",一般是指奸淫幼女三人以上。本案中,被告人具备教师的特殊身份,奸淫二名幼女,且分别奸淫多次,其危害性并不低于奸淫幼女三人的行为,据此可以认定符合"情节恶劣"的规定。

(三)准确适用"公共场所当众"实施强奸、猥亵未成年人犯罪的规定

刑法对"公共场所当众"实施强奸、猥亵未成年人犯罪,作出了从重处罚的规定。《最高人民法院、最高人民检察院、公安部、司法部关于依法惩治性侵害未成年人犯罪的意见》第二十三条规定了在"校园、游泳馆、儿童游乐场等公共场所"对未成年人实施强奸、猥亵犯罪,可以认定为在"公共场所当众"实施犯罪。适用这一规定,是否属于"当众"实施犯罪至为关键。对在规定列举之外的场所实施强奸、猥亵未成年人犯罪的,只要场所具有相对公开性,且有其他多人在场,有被他人感知可能的,就可以认定为在"公共场所当众"犯罪。最高人民法院对本案的判决表明:学校中的教室、集体宿舍、公共厕所、集体洗澡间等,是不特定未成年人活动的场所,在这些场所实施强奸、猥亵未成年人犯罪的,应当认定为在"公共场所当众"实施犯罪。

【相关规定】(略)

王某乙强奸案——教唆、利用多名未成年人协助强奸众多未成年在校女学生的,应当依法严惩

(2021 年 3 月 2 日最高人民法院发布)

2016 年 4 月至 2017 年 7 月期间,被告人王某乙专门以年龄幼小的在校女

学生为侵害对象,本人或教唆同案被告人雷甲、陈乙、崔丙、宋丁(均已判刑)等未成年在校学生,以介绍男女朋友为幌子,或者采取暴力、胁迫、酒精麻醉、金钱引诱等手段,将多名未成年在校女学生带至酒店、KTV、王某乙驾驶的轿车上或野外荒地等处实施强奸。截至案发,王某乙共对15名未成年在校女学生(其中8人系幼女)实施强奸犯罪17次,其中12次既遂、3次未遂、2次中止,多名被害人因遭受强奸而被迫辍学或转学。

人民法院经审理认为,被告人王某乙犯罪动机卑劣,为满足畸形心理,在一年三个月内,专门以年龄幼小的在校女学生为侵害对象,教唆未成年人予以协助,连续对15名未成年被害人实施强奸,其中8名被害人系幼女,造成多名被害人被迫辍学或转学,犯罪情节恶劣,社会危害极大,罪行极其严重。人民法院依法对王某乙以强奸罪判处并核准执行死刑。

强奸未成年人犯罪严重损害未成年人身心健康,给未成年人的人生蒙上阴影,使未成年人父母及家庭背负沉重精神负担,并严重践踏社会伦理道德底线,社会影响恶劣。人民法院对强奸未成年人特别是奸淫幼女犯罪历来坚持依法从严惩治的立场,对强奸未成年人特别是幼女人数、次数特别多,手段、情节特别恶劣,或者造成的后果特别严重,主观恶性极深,罪行极其严重的,坚决依法从严从重判处,直至判处死刑。本案中,被告人王某乙教唆、利用其他未成年人协助对未成年在校女学生实施强奸,强奸人数、次数特别多,犯罪动机卑劣,主观恶性极深,罪行极其严重,人民法院依法对其判处死刑。

林永伟强奸、引诱他人吸毒、容留他人吸毒案——引诱留守女童吸毒后强行奸淫,依法严惩

(2021年6月25日最高人民法院发布)

【基本案情】

被告人林永伟,男,汉族,1972年5月24日出生,无业。1996年2月9日因犯流氓罪被判处有期徒刑五年;2000年4月20日因犯盗窃罪被判处有期徒刑三年,合并余刑,决定执行有期徒刑四年六个月。

2016年上半年的一天,被告人林永伟将同村的被害人林某(女,时年10岁)带至家中,诱骗林某吸食甲基苯丙胺。林某吸食后感觉不适,林永伟让林某躺到床上休息,后不顾林某反抗,强行对林某实施奸淫。林永伟威胁林某不许将此事告知家人,并要求林某每星期来其家一次。后林永伟多次叫林某来其家

中吸食毒品,并与林某发生性关系。林某吸毒上瘾后,也多次主动找林永伟吸毒,并与林永伟发生性关系。2019 年 10 月 1 日,林永伟被公安人员抓获。

另查明,2016 年初至 2019 年 6 月,被告人林永伟多次在家中等地容留多人吸食甲基苯丙胺。

【裁判结果】

本案由湖南省邵阳市中级人民法院一审,湖南省高级人民法院二审。

法院认为,被告人林永伟引诱他人吸食甲基苯丙胺,其行为已构成引诱他人吸毒罪;林永伟利用幼女吸毒后无力反抗及毒品上瘾,与之发生性关系,其行为又构成强奸罪;林永伟多次容留他人吸食甲基苯丙胺,其行为还构成容留他人吸毒罪。林永伟引诱幼女吸毒,并长期奸淫幼女,情节恶劣,应依法从重处罚。对其所犯数罪,应依法并罚。据此,对被告人林永伟以强奸罪判处无期徒刑,剥夺政治权利终身;以引诱他人吸毒罪判处有期徒刑三年,并处罚金人民币 1 万元;以容留他人吸毒罪判处有期徒刑二年,并处罚金人民币 1 万元,决定执行无期徒刑,剥夺政治权利终身,并处罚金人民币 2 万元。

上述裁判已于 2021 年 1 月 21 日发生法律效力。

【典型意义】

成瘾性是毒品最基本的特征。吸食者一旦产生依赖,容易遭受侵害。尤其是未成年人,心智发育尚不成熟,自我保护能力欠缺,更易遭受毒品危害。本案就是一起引诱留守女童吸食毒品后实施强奸犯罪的典型案例。被告人林永伟引诱年仅 10 岁的幼女吸食甲基苯丙胺并成瘾,以此长期控制、奸淫幼女,还多次容留他人吸毒,社会危害大。人民法院依法判处林永伟无期徒刑,体现了对侵害未成年人犯罪予以严惩的坚定立场。

被告人张某某强奸案——教师强奸多名未成年女生被判处死刑

(2022 年 3 月 1 日最高人民法院发布)

【基本案情】

2013 年至 2019 年,被告人张某某在担任某省某小学教师期间,利用教师身份,先后将多名女学生(均系幼女)带至宿舍内实施奸淫。

【裁判结果】

法院经审理认为,被告人张某某利用教师身份奸淫未成年女学生,奸淫人数多,时间跨度长,罪行极其严重,情节特别恶劣,社会危害性极大,应依法严惩。依法以强奸罪判处张某某死刑。2022 年 1 月,最高人民法院核准死刑,现已执行。

【典型意义】

被告人张某某身为人民教师,本应为人师表,却利用教师身份,多年持续奸淫多名在校未成年女生,致使被害女生的纯真童年蒙上阴影,对她们身心健康造成严重伤害,严重践踏了社会伦理道德底线,性质极其恶劣,罪行极其严重,应依法惩处。人民法院历来对侵害未成年人犯罪案件坚持零容忍态度,尤其是对那些利用自己的特殊身份或者便利条件性侵未成年人的犯罪,坚决依法从严从重惩处,该判处死刑的坚决判处死刑,绝不姑息。本案的判决结果,充分体现了人民法院对性侵未成年人犯罪依法严厉惩治的鲜明态度,彰显了人民法院维护未成年人合法权益的坚定决心。

刑法第二百三十七条(强制猥亵、侮辱罪,猥亵儿童罪)

第二百三十七条① 以暴力、胁迫或者其他方法强制猥亵他人或者侮辱妇女的,处五年以下有期徒刑或者拘役。

聚众或者在公共场所当众犯前款罪的,或者有其他恶劣情节的,处五年以上有期徒刑。

【猥亵儿童罪】猥亵儿童的,处五年以下有期徒刑;有下列情形之一的,处五年以上有期徒刑:

(一)猥亵儿童多人或者多次的;

(二)聚众猥亵儿童的,或者在公共场所当众猥亵儿童,情节恶劣的;

(三)造成儿童伤害或者其他严重后果的;

(四)猥亵手段恶劣或者有其他恶劣情节的。

---

① 本条曾经全国人大常委会两次修改。

原本条内容为:"以暴力、胁迫或者其他方法强制猥亵妇女或者侮辱妇女的,处五年以下有期徒刑或者拘役。

"聚众或者在公共场所当众犯前款罪的,处五年以上有期徒刑。

"猥亵儿童的,依照前两款的规定从重处罚。"

第一次根据《刑法修正案(九)》(2015 年 11 月 1 日起施行)第十三条修改的主要内容为:一是将猥亵的对象由"妇女"修改为"他人";二是在第二款中增加了"其他恶劣情节"。

第二次根据《刑法修正案(十一)》(2021 年 3 月 1 日起施行)对第三款"猥亵儿童的,依照前两款的规定从重处罚"修改为"猥亵儿童的,处五年以下有期徒刑;有下列情形之一的,处五年以上有期徒刑",并列举了适用加重处罚的四种情形。

骆某猥亵儿童案

（最高人民检察院第十三届检察委员会第七次会议决定　2018 年 11 月 9 日发布）

【关键词】

猥亵儿童罪　网络猥亵　犯罪既遂

【要旨】

行为人以满足性刺激为目的，以诱骗、强迫或者其他方法要求儿童拍摄裸体、敏感部位照片、视频等供其观看，严重侵害儿童人格尊严和心理健康的，构成猥亵儿童罪。

【基本案情】

被告人骆某，男，1993 年 7 月出生，无业。

2017 年 1 月，被告人骆某使用化名，通过 QQ 软件将 13 岁女童小羽加为好友。聊天中得知小羽系初二学生后，骆某通过言语恐吓，向其索要裸照。在被害人拒绝并在 QQ 好友中将其删除后，骆某又通过小羽的校友周某对其施加压力，再次将小羽加为好友。同时骆某还虚构"李某"的身份，注册另一 QQ 号并添加小羽为好友。之后，骆某利用"李某"的身份在 QQ 聊天中对小羽进行威胁恐吓，同时利用周某继续施压。小羽被迫按照要求自拍裸照 10 张，通过 QQ 软件传送给骆某观看。后骆某又以在网络上公布小羽裸照相威胁，要求与其见面并在宾馆开房，企图实施猥亵行为。因小羽向公安机关报案，骆某在依约前往宾馆途中被抓获。

【指控与证明犯罪】

（一）提起、支持公诉和一审判决情况

2017 年 6 月 5 日，某市某区人民检察院以骆某犯猥亵儿童罪对其提起公诉。7 月 20 日，该区人民法院依法不公开开庭审理本案。

法庭调查阶段，公诉人出示了指控犯罪的证据：被害人陈述、证人证言及被告人供述，证明骆某对小羽实施了威胁恐吓，强迫其自拍裸照的行为；QQ 聊天记录截图、小羽自拍裸体照片、身份信息等，证明骆某明知小羽系儿童及强迫其拍摄裸照的事实等。

法庭辩论阶段，公诉人发表公诉意见：被告人骆某为满足性刺激，通过网络对不满 14 周岁的女童进行威胁恐吓，强迫被害人按照要求的动作、姿势拍摄裸照供其观看,并以公布裸照相威胁欲进一步实施猥亵,犯罪事实清楚,证据确实、充分,应当以猥亵儿童罪对其定罪处罚。

辩护人对指控的罪名无异议,但提出以下辩护意见:一是认定被告人明知被害人未满14周岁的证据不足。二是认定被告人利用小羽的校友周某对小羽施压、威胁并获取裸照的证据不足。三是被告人猥亵儿童的行为未得逞,系犯罪未遂。四是被告人归案后如实供述,认罪态度较好,可酌情从轻处罚。

针对辩护意见,公诉人答辩:一是被告人骆某供述在QQ聊天中已知小羽系初二学生,可能不满14周岁,看过其生活照、小视频,了解其身体发育状况,通过周某了解过小羽的基本信息,证明被告人骆某应当知道小羽系未满14周岁的幼女。二是证人周某二次证言均证实其被迫帮助骆某威胁小羽,能够与被害人陈述、被告人供述相互印证,同时有相关聊天记录等予以印证,足以认定被告人骆某通过周某对小羽施压、威胁的事实。三是被告人骆某前后实施两类猥亵儿童的行为,构成猥亵儿童罪。1. 骆某强迫小羽自拍裸照通过网络传输供其观看。该行为虽未直接接触被害人,但实质上已使儿童人格尊严和心理健康受到严重侵害。骆某已获得裸照并观看,应认定为犯罪既遂。2. 骆某利用公开裸照威胁小羽,要求与其见面在宾馆开房,并供述意欲实施猥亵行为。因小羽报案,该猥亵行为未及实施,应认定为犯罪未遂。

一审判决情况:法庭经审理,认定被告人骆某强迫被害女童拍摄裸照,并通过QQ软件获得裸照的行为不构成猥亵儿童罪。但被告人骆某以公开裸照相威胁,要求与被害女童见面,准备对其实施猥亵,因被害人报案未能得逞,该行为构成猥亵儿童罪,系犯罪未遂。2017 年 8 月 14 日,某区人民法院作出一审判决,认定被告人骆某犯猥亵儿童罪(未遂),判处有期徒刑一年。

(二)抗诉及终审判决情况

一审宣判后,某区人民检察院认为,一审判决在事实认定、法律适用上均存在错误,并导致量刑偏轻。被告人骆某利用网络强迫儿童拍摄裸照并观看的行为构成猥亵儿童罪,且犯罪形态为犯罪既遂。2017 年 8 月 18 日,该院向某市中级人民法院提出抗诉。某市人民检察院经依法审查,支持某区人民检察院的抗诉意见。

2017 年 11 月 15 日,某市中级人民法院开庭审理本案。某市人民检察院指派检察员出庭支持抗诉。检察员认为:1. 关于本案的定性。一审判决认定骆某强迫被害人拍摄裸照并传输观看的行为不是猥亵行为,系对猥亵儿童罪犯罪本质的错误理解。一审判决未从猥亵儿童罪侵害儿童人格尊严和心理健康的实质要件进行判断,导致法律适用错误。2. 关于本案的犯罪形态。骆某获得并观看了儿童裸照,猥亵行为已经实施终了,应认定为犯罪既遂。3. 关于本案量刑情节。根据《最高人民法院、最高人民检察院、公安部、司法部关于依法惩治性侵害未成年人犯罪的意见》第二十五条的规定,采取胁迫手段猥亵儿童的,依法从严惩处。一审判决除法律适用错误外,还遗漏了应当从重处罚的情节,导致量刑偏轻。

原审被告人骆某的辩护人认为,骆某与被害人没有身体接触,该行为不构成猥亵儿童罪。检察机关的抗诉意见不能成立,请求二审法院维持原判。

某市中级人民法院经审理,认为原审被告人骆某以寻求性刺激为目的,通过网络聊天对不满14周岁的女童进行言语威胁,强迫被害人按照要求自拍裸照供其观看,已构成猥亵儿童罪(既遂),依法应当从重处罚。对于市人民检察院的抗诉意见,予以采纳。2017年12月11日,某市中级人民法院作出终审判决,认定原审被告人骆某犯猥亵儿童罪,判处有期徒刑二年。

【指导意义】

猥亵儿童罪是指以淫秽下流的手段猥亵不满14周岁儿童的行为。刑法没有对猥亵儿童的具体方式作出列举,需要根据实际情况进行判断和认定。实践中,只要行为人主观上以满足性刺激为目的,客观上实施了猥亵儿童的行为,侵害了特定儿童人格尊严和身心健康的,应当认定构成猥亵儿童罪。

网络环境下,以满足性刺激为目的,虽未直接与被害儿童进行身体接触,但是通过QQ、微信等网络软件,以诱骗、强迫或者其他方法要求儿童拍摄、传送暴露身体的不雅照片、视频,行为人通过画面看到被害儿童裸体、敏感部位的,是对儿童人格尊严和心理健康的严重侵害,与实际接触儿童身体的猥亵行为具有相同的社会危害性,应当认定构成猥亵儿童罪。

检察机关办理利用网络对儿童实施猥亵行为的案件,要及时固定电子数据,证明行为人出于满足性刺激的目的,利用网络,采取诱骗、强迫或者其他方法要求被害人拍摄、传送暴露身体的不雅照片、视频供其观看的事实。要准确把握猥亵儿童罪的本质特征,全面收集客观证据,证明行为人通过网络不接触被害儿童身体的猥亵行为,具有与直接接触被害儿童身体的猥亵行为相同的性质和社会危害性。

【相关规定】(略)

邹某某猥亵儿童案——采取恶劣手段长期
猥亵男童的,应当依法严惩

(2021年3月2日最高人民法院发布)

被告人邹某某与被害人黄某甲、黄某乙的母亲徐某为同乡,2015年双方结

识后常有往来。2017年暑假期间,邹某某将黄某甲(男,时年5岁)带至其居住的房屋,播放淫秽视频给黄某甲观看;并对黄某甲的生殖器实施猥亵。后邹某某趁受徐某所托照看黄某甲、黄某乙(男,时年7岁)的机会,对两名被害人生殖器实施猥亵,并播放淫秽视频给二人一同观看。此后至2019年,邹某某多次采取上述类似方式分别或者同时对黄某甲、黄某乙实施猥亵。2019年2月1日,被害人母亲发现被害人表现异常后报警,邹某某被抓获归案。公安机关从邹某某使用的手机中查获多张黄某甲、黄某乙裸体照片和多名身份不明男童生殖器照片以及大量淫秽视频。

人民法院经审理认为,邹某某利用与被害人家庭熟悉的机会或受委托照看儿童的机会,长期对两名不满10周岁的幼童实施猥亵,其行为已构成猥亵儿童罪,且手段恶劣,并导致两名被害人受到严重心理创伤,属于猥亵儿童"情节恶劣",应予从严惩。人民法院依法对邹某某以猥亵儿童罪判处有期徒刑十年。

近年来,女童遭受奸淫、猥亵的案件受到社会广泛关注,但现实生活中,男童也可能受到不法性侵害,也会给男童造成严重心理创伤。本案中,被告人利用被害人家长的信任和疏于防范,长期猥亵两名年幼男童,性质、情节恶劣,后果严重。值得注意的是,本案及审理均发生在刑法修正案(十一)颁布施行前,人民法院在案件审理过程中,根据被告人实施猥亵的手段、性质、情节及造成的后果,依法适用刑法第二百三十七条原第二款、第三款规定的猥亵"有其他恶劣情节",对被告人在五年以上有期徒刑幅度内从重判处,于法有据,罪刑相当,而且与刑法修正案(十一)明确列举猥亵"情节恶劣"的情形,依法加大惩治力度的立法精神也完全契合,实现了法律效果与社会效果的统一。

刑法第二百三十八条(非法拘禁罪)

第二百三十八条 非法拘禁他人或者以其他方法非法剥夺他人人身自由的,处三年以下有期徒刑、拘役、管制或者剥夺政治权利。具有殴打、侮辱情节的,从重处罚。

犯前款罪,致人重伤的,处三年以上十年以下有期徒刑;致人死亡的,处十年以上有期徒刑。使用暴力致人伤残、死亡的,依照本法第二百三十四条、第二百三十二条的规定定罪处罚。

为索取债务非法扣押、拘禁他人的,依照前两款的规定处罚。

国家机关工作人员利用职权犯前三款罪的,依照前三款的规定从重处罚。

牛某非法拘禁案

（最高人民检察院第十三届检察委员会第六十三次会议决定　2021 年 3 月
2 日发布）

【关键词】

非法拘禁　共同犯罪　补充社会调查　附条件不起诉　异地考察帮教

【要旨】

检察机关对于公安机关移送的社会调查报告应当认真审查,报告内容不能
全面反映未成年人成长经历、犯罪原因、监护教育等情况的,可以商公安机关补
充调查,也可以自行或者委托其他有关组织、机构补充调查。对实施犯罪行为
时系未成年人但诉讼过程中已满十八周岁的犯罪嫌疑人,符合条件的,可以适
用附条件不起诉。对于外地户籍未成年犯罪嫌疑人,办案检察机关可以委托未
成年人户籍所在地检察机关开展异地协作考察帮教,两地检察机关要各司其
职,密切配合,确保帮教取得实效。

【基本案情】

被附条件不起诉人牛某,女,作案时十七周岁,初中文化,无业。

2015 年初,牛某初中三年级辍学后打工,其间经人介绍加入某传销组织,后
随该组织到某市进行传销活动。2016 年 4 月 21 日,被害人瞿某(男,成年人)被
其女友卢某(另案处理)骗至该传销组织。4 月 24 日上午,瞿某在听课过程中
发现自己进入的是传销组织,便要求卢某与其一同离开。乔某(传销组织负责
人,到案前因意外事故死亡)得知情况后,安排牛某与卢某、孙某(另案处理)等
人进行阻拦。次日上午,瞿某再次开门欲离开时,在乔某指使下,牛某积极参与
对被害人瞿某实施堵门、言语威胁等行为,程某(另案处理)等人在客厅内以打
牌名义进行看管。15 时许,瞿某在其被拘禁的四楼房间窗户前探身欲呼救时不
慎坠至一楼,经法医鉴定,瞿某为重伤二级。

因该案系八名成年人与一名未成年人共同犯罪,公安机关进行分案办理。
八名成年人除乔某已死亡外,均被提起公诉,人民法院以非法拘禁罪分别判处
被告人有期徒刑一年至三年不等。

【检察履职情况】

(一)依法对牛某作出不批准逮捕决定。公安机关对未成年犯罪嫌疑人牛
某提请批准逮捕后,检察机关依法讯问牛某,听取其法定代理人、辩护人及被害

人的意见。经审查,检察机关认为牛某因被骗加入传销组织后,积极参与实施了非法拘禁致被害人重伤的共同犯罪行为,已构成非法拘禁罪,但在犯罪中起次要作用,且归案后供述稳定,认罪悔罪态度好,愿意尽力赔偿被害人经济损失,采取取保候审足以防止社会危险性的发生,依法对牛某作出不批准逮捕决定,并联合司法社工、家庭教育专家、心理咨询师及其法定代理人组成帮教小组,建立微信群,开展法治教育、心理疏导、就业指导等,预防其再犯。同时,商公安机关对牛某的成长经历、家庭情况、犯罪原因等进行社会调查。

(二)开展补充社会调查。案件移送起诉后,检察机关审查认为,随案移送的社会调查报告不够全面细致。为进一步查明牛某犯罪原因、犯罪后表现等情况,检察机关遂列出详细的社会调查提纲,并通过牛某户籍所在地检察机关委托当地公安机关对牛某的成长经历、犯罪原因、平时表现、社会交往、家庭监护条件、取保候审期间的表现等进行补充社会调查。调查人员通过走访牛某父母、邻居、村委会干部及打工期间的同事了解到,牛某家庭成员共五人,家庭关系融洽,母亲常年在外打工,父亲在家务农,牛某平时表现良好,服从父母管教,村委会愿意协助家庭对其开展帮教。取保候审期间,牛某在一家烧烤店打工,同事评价良好。综合上述情况,检察机关认为牛某能够被社会接纳,具备社会化帮教条件。

(三)促成与被害人和解。本案成年被告人赔偿后,被害人瞿某要求牛某赔偿5万元医药费。牛某及家人虽有赔偿意愿,但因家庭经济困难,无法一次性支付赔偿款。检察机关向被害人详细说明牛某和家人的诚意及困难,并提出先支付部分现金,剩余分期还款的赔偿方案,引导双方减少分歧。经做工作,牛某与被害人接受了检察机关的建议,牛某当面向被害人赔礼道歉,并支付现金2万元,剩余3万元承诺按月还款,两年内付清,被害人为牛某出具了谅解书。

(四)召开听证会,依法作出附条件不起诉决定。鉴于本案涉及传销,造成被害人重伤,社会关注度较高,且牛某在诉讼过程中已满十八周岁,对是否适宜作附条件不起诉存在不同认识,检察机关举行不公开听证会,牛某及其法定代理人、辩护人和侦查人员、帮教人员等参加。听证人员结合具体案情、法律规定和现场提问情况发表意见,一致赞同对牛某附条件不起诉。2018年5月16日,检察机关依法对牛某作出附条件不起诉决定。综合考虑其一贯表现和犯罪性质、情节、后果、认罪悔罪表现及尚未完全履行赔偿义务等因素,参考同案人员判决情况以及其被起诉后可能判处的刑期,确定考验期为一年。

(五)开展异地协作考察帮教。鉴于牛某及其家人请求回户籍地接受帮教,办案检察机关决定委托牛某户籍地检察机关开展异地考察帮教,并指派承办检察官专程前往牛某户籍地检察机关进行工作衔接。牛某户籍地检察机关牵头成立了由检察官、司法社工、法定代理人等组成的帮教小组,根据所附条件共同制定帮助牛某提升法律意识和辨别是非能力、树立正确消费观、提高就业技能等方面的个性化帮教方案,要求牛某按照方案内容接受当地检察机关的帮教,定期向帮教检察官汇报思想、生活状况,根据协议按时、足额将赔偿款汇到被害人账户。办案检察机关定期与当地检察机关帮教小组联系,及时掌握对牛某的考察帮教情况。牛某认真接受帮教,并提前还清赔偿款。考验期满,检察机关综合牛某表现,依法作出不起诉决定。经回访,目前牛某工作稳定,各方面表现良好,生活已经走上正轨。

【指导意义】

(一)办理附条件不起诉案件,应当进行社会调查,社会调查报告内容不完整的,应当补充开展社会调查。社会调查报告是检察机关认定未成年犯罪嫌疑人主观恶性大小、是否适合作附条件不起诉以及附什么样的条件、如何制定具体的帮教方案等的重要参考。社会调查报告的内容主要包括涉罪未成年人个人基本情况、家庭情况、成长经历、社会生活状况、犯罪原因、犯罪前后表现、是否具备有效监护条件、社会帮教条件等,应具有个性化和针对性。公安机关、人民检察院、人民法院办理未成年人刑事案件,根据法律规定和案件情况可以进行社会调查。公安机关侦查未成年人犯罪案件,检察机关可以商请公安机关进行社会调查。认为公安机关随案移送的社会调查报告内容不完整、不全面的,可以商请公安机关补充进行社会调查,也可以自行补充开展社会调查。

(二)对于犯罪时系未成年人但诉讼过程中已满十八周岁的犯罪嫌疑人,可以适用附条件不起诉。刑事诉讼法第二百八十二条第一款规定,对于涉嫌刑法分则第四章、第五章、第六章规定的犯罪,可能判处一年有期徒刑以下刑罚,符合起诉条件,但有悔罪表现的未成年人刑事案件,可以作出附条件不起诉决定。未成年人刑事案件是指犯罪嫌疑人实施犯罪时系未成年人的案件。对于实施犯罪行为时未满十八周岁,但诉讼中已经成年的犯罪嫌疑人,符合适用附条件不起诉案件条件的,人民检察院可以作出附条件不起诉决定。

(三)对外地户籍未成年人,可以开展异地协作考察帮教,确保帮教效果。被附条件不起诉人户籍地或经常居住地与办案检察机关属于不同地区,被附条件不起诉人希望返回户籍地或经常居住地生活工作的,办案检察机关可以委托其户籍地或经常居住地检察机关协助进行考察帮教,户籍地或经常居住地检察机关应当予以支持。两地检察机关应当根据被附条件不起诉人的具体情况,共同制定有针对性的帮教方案并积极沟通协作。当地检察机关履行具体考察帮教职责,重点关注未成年人行踪轨迹、人际交往、思想动态等情况,定期走访被附条件不起诉人的法定代理人以及所在社区、单位,并将考察帮教情况及时反馈办案检察机关。办案检察机关应当根据考察帮教需要提供协助。考验期届满前,当地检察机关应当出具被附条件不起诉人考察帮教情况总结报告,作为办案检察机关对被附条件不起诉人是否最终作出不起诉决定的重要依据。

【相关规定】(略)

刑法第二百三十九条(绑架罪)

> 第二百三十九条① 以勒索财物为目的绑架他人的,或者绑架他人作为人质的,处十年以上有期徒刑或者无期徒刑,并处罚金或者没收财产;情节较轻的,处五年以上十年以下有期徒刑,并处罚金。
>
> 犯前款罪,杀害被绑架人的,或者故意伤害被绑架人,致人重伤、死亡的,处无期徒刑或者死刑,并处没收财产。
>
> 以勒索财物为目的偷盗婴幼儿的,依照前两款的规定处罚。

忻元龙绑架案

(最高人民检察院第十一届检察委员会第五十三次会议讨论决定 2010 年
12 月 31 日发布)

【要旨】

对于死刑案件的抗诉,要正确把握适用死刑的条件,严格证明标准,依法履行刑事审判法律监督职责。

---

① 本条曾经全国人大常委会两次修改。

原本条规定为:"以勒索财物为目的绑架他人的,或者绑架他人作为人质的,处十年以上有期徒刑或者无期徒刑,并处罚金或者没收财产;致使被绑架人死亡或者杀害被绑架人的,处死刑,并处没收财产。

"以勒索财物为目的偷盗婴幼儿的,依照前款的规定处罚。"

第一次根据《刑法修正案(七)》(2009 年 2 月 28 日起施行)第六条修改。修改的主要内容为:一是将原本条第一款之"致使被绑架人死亡或者杀害被绑架人的,处死刑,并处没收财产。"拆分为本条第二款;二是将原本条第二款现依次变更为第三款;三是补充规定"情节较轻的"绑架罪的法定刑。

第二次根据《刑法修正案(九)》(2015 年 11 月 1 日起施行)第十四条修改。修改的主要内容为:将原以犯罪结果作为量刑依据修改为以杀害或故意伤害被绑架人的行为作为量刑依据。

【基本案情】

被告人忻元龙,男,1959 年 2 月 1 日出生,汉族,浙江省宁波市人,高中文化。2005 年 9 月 15 日,因涉嫌绑架罪被刑事拘留,2005 年 9 月 27 日被逮捕。

被告人忻元龙因经济拮据而产生绑架儿童并勒索家长财物的意图,并多次到浙江省慈溪市进行踩点和物色被绑架人。2005 年 8 月 18 日上午,忻元龙驾驶自己的浙 B3C751 通宝牌面包车从宁波市至慈溪市浒山街道团圈支路老年大学附近伺机作案。当日下午 1 时许,忻元龙见女孩杨某某(女,1996 年 6 月 1 日出生,浙江省慈溪市浒山东门小学三年级学生,因本案遇害,殁年 9 岁)背着书包独自一人经过,即以"陈老师找你"为由将杨某某骗上车,将其扣在一个塑料洗澡盆下,开车驶至宁波市东钱湖镇"钱湖人家"后山。当晚 10 时许,忻元龙从杨某某处骗得其父亲的手机号码和家中的电话号码后,又开车将杨某某带至宁波市北仑区新碶镇算山村防空洞附近,采用捂口、鼻的方式将杨某某杀害后掩埋。8 月 19 日,忻元龙乘火车到安徽省广德县购买了一部波导 1220 型手机,于 20 日凌晨 0 时许拨打杨某某家电话,称自己已经绑架杨某某并要求杨某某的父亲于当月 25 日下午 6 时前带 60 万元赎金到浙江省湖州市长兴县交换其女儿。尔后,忻元龙又乘火车到安徽省芜湖市打勒索电话,因其将记录电话的纸条丢失,将被害人家的电话号码后四位 2353 误记为 7353,电话接通后听到接电话的人操宁波口音,而杨某某的父亲讲普通话,由此忻元龙怀疑是公安人员已介入,遂停止了勒索。2005 年 9 月 15 日忻元龙被公安机关抓获,忻元龙供述了绑架杀人经过,并带领公安人员指认了埋尸现场,公安机关起获了一具尸骨,从其浙 B3C751 通宝牌面包车上提取了杨某某头发两根(经法医学 DNA 检验鉴定,是被害人杨某某的尸骨和头发)。公安机关从被告人忻元龙处扣押波导 1220 型手机一部。

【诉讼过程】

被告人忻元龙绑架一案,由浙江省慈溪市公安局立案侦查,于 2005 年 11 月 21 日移送慈溪市人民检察院审查起诉。慈溪市人民检察院于同年 11 月 22 日告知了忻元龙有权委托辩护人等诉讼权利,也告知了被害人的近亲属有权委托诉讼代理人等诉讼权利。按照案件管辖的规定,同年 11 月 28 日,慈溪市人民检察院将案件报送宁波市人民检察院审查起诉。宁波市人民检察院依法讯问了被告人忻元龙,审查了全部案件材料。2006 年 1 月 4 日,宁波市人民检察院以忻元龙涉嫌绑架罪向宁波市中级人民法院提起公诉。

2006 年 1 月 17 日,浙江省宁波市中级人民法院依法组成合议庭,公开审理了此案。法庭审理认为:被告人忻元龙以勒索财物为目的,绑架并杀害他人,其行为已构成绑架罪。手段残忍、后果严重,依法应予严惩。检察机关指控的罪名成立。

2006年2月7日,宁波市中级人民法院作出一审判决:一、被告人忻元龙犯绑架罪,判处死刑,剥夺政治权利终身,并处没收个人全部财产。二、被告人忻元龙赔偿附带民事诉讼原告人杨宝风、张玉彬应得的被害人死亡赔偿金317640元、丧葬费11380元,合计人民币329020元。三、供被告人忻元龙犯罪使用的浙B3C751通宝牌面包车一辆及波导1220型手机一部,予以没收。

忻元龙对一审刑事部分的判决不服,向浙江省高级人民法院提出上诉。

2006年10月12日,浙江省高级人民法院依法组成合议庭,公开审理了此案。法庭审理认为:被告人忻元龙以勒索财物为目的,绑架并杀害他人,其行为已构成绑架罪。犯罪情节特别严重,社会危害极大,依法应予严惩。但鉴于本案的具体情况,对忻元龙判处死刑,可不予立即执行。2007年4月28日,浙江省高级人民法院作出二审判决:一、撤销浙江省宁波市中级人民法院(2006)甬刑初字第16号刑事附带民事判决中对忻元龙的量刑部分,维持判决的其余部分;二、被告人忻元龙犯绑架罪,判处死刑,缓期二年执行,剥夺政治权利终身。

被害人杨某某的父亲不服,于2007年6月25日向浙江省人民检察院申诉,请求提出抗诉。

浙江省人民检察院经审查认为,浙江省高级人民法院二审判决改判忻元龙死刑,缓期二年执行确有错误,于2007年8月10日提请最高人民检察院按照审判监督程序提出抗诉。最高人民检察院派员到浙江专门核查了案件相关情况。最高人民检察院检察委员会两次审议了该案,认为被告人忻元龙绑架犯罪事实清楚,证据确实、充分,依法应当判处死刑立即执行,浙江省高级人民法院以"鉴于本案具体情况"为由改判忻元龙死刑缓期二年执行确有错误,应予纠正。理由如下:

一、忻元龙绑架犯罪事实清楚,证据确实、充分。本案定案的物证、书证、证人证言、被告人供述、鉴定结论、现场勘查笔录等证据能够形成完整的证据体系。公安机关根据忻元龙的供述找到被害人杨某某尸骨,忻元龙供述的诸多隐蔽细节,如埋尸地点、尸体在土中的姿势、尸体未穿鞋袜、埋尸坑中没有书包、打错勒索电话的原因、打勒索电话的通话次数、通话内容、接电话人的口音等,得到了其他证据的印证。

二、浙江省高级人民法院二审判决确有错误。二审改判是认为本案证据存在两个疑点。一是卖给忻元龙波导1220型手机的证人傅世红在证言中讲该手机的串号与公安人员扣押在案手机的串号不一致,手机的同一性存有疑问;二是证人宋丽娟和艾力买买提尼牙子证实,在案发当天看见一中年妇女将一个与被害人特征相近的小女孩带走,不能排除有他人作案的可能。经审查,这两个疑点均能够排除。一是关于手机同一性问题。经审查,公安人员在询问傅世红时,将波导 1220 型手机原机主洪义军的身份证号码误记为手机的串号。宁波市人民检察院移送给宁波市中级人民法院的《随案移送物品文件清单》中写明波导 1220 型手机的串号是 350974114389275,且洪义军将手机卖给傅世红的《旧货交易凭证》等证据,清楚地证明了从忻元龙身上扣押的手机即是索要赎金时使用的手机,且手机就在宁波市中级人民法院,手机同一性的疑点能够排除。二是关于是否存在中年妇女作案问题。案卷原有证据能够证实宋丽娟、艾力买买提尼牙子证言证明的"中年妇女带走小女孩"与本案无关。宋丽娟、艾力买买提尼牙子证言证明的中年妇女带走小女孩的地点在绑架现场东侧 200 米左右,与忻元龙绑架杨某某并非同一地点。艾力买买提尼牙子证言证明的是迪欧咖啡厅南边的电脑培训学校门口,不是忻元龙实施绑架的地点;宋丽娟证言证明的中年妇女带走小女孩的地点是迪欧咖啡厅南边的十字路口,而不是老年大学北围墙外的绑架现场,因为宋丽娟所在位置被建筑物阻挡,看不到老年大学北围墙外的绑架现场,此疑问也已经排除。此外,二人提到的小女孩的外貌特征等细节也与杨某某不符。

三、忻元龙所犯罪行极其严重,对其应当判处死刑立即执行。一是忻元龙精心预谋犯罪、主观恶性极深。忻元龙为实施绑架犯罪进行了精心预谋,多次到慈溪市"踩点",并选择了相对僻静无人的地方作为行车路线。忻元龙以"陈老师找你"为由将杨某某骗上车实施绑架,与慈溪市老年大学剑桥英语培训班负责人陈老师的姓氏相符。忻元龙居住在宁波市的鄞州区,选择在宁波市的慈溪市实施绑架,选择在宁波市的北仑区杀害被害人,之后又精心实施勒索赎金行为,赴安徽省广德县购买波导 1220 型手机,使用异地购买的手机卡,赴安徽省宣城市、芜湖市打勒索电话并要求被害人父亲到浙江省长兴县交付赎金。二是忻元龙犯罪后果极其严重、社会危害性极大。忻元龙实施绑架犯罪后,为使自己的罪行不被发现,在得到被害人家庭信息后,当天就将年仅 9 岁的杨某某杀害,并烧掉了杨某某的书包,扔掉了杨某某挣扎时脱落的鞋子,实施了毁灭罪证的行为。忻元龙归案后认罪态度差。开始不供述犯罪,并隐瞒作案所用手机的来源,后来虽供述犯罪,但编造他人参与共同作案。忻元龙的犯罪行为不仅剥夺了被害人的生命、给被害人家属造成了无法弥补的巨大痛苦,也严重影响了当地群众的安全感。三是二审改判忻元龙死刑缓期二年执行不被被害人家属和当地群众接受。被害人家属强烈要求判处忻元龙死刑立即执行,当地群众对二审改判忻元龙死刑缓期二年执行亦难以接受,要求司法机关严惩忻元龙。

2008 年 10 月 22 日,最高人民检察院依照《中华人民共和国刑事诉讼法》第二百零五条第三款之规定,向最高人民法院提出抗诉。2009 年 3 月 18 日,最高人民法院指令浙江省高级人民法院另行组成合议庭,对忻元龙案件进行再审。

2009 年 5 月 14 日,浙江省高级人民法院另行组成合议庭公开开庭审理本案。法庭审理认为:被告人忻元龙以勒索财物为目的,绑架并杀害他人,其行为已构成绑架罪,且犯罪手段残忍、情节恶劣,社会危害极大,无任何悔罪表现,依法应予严惩。检察机关要求纠正二审判决的意见能够成立。忻元龙及其辩护人要求维持二审判决的意见,理由不足,不予采纳。

2009 年 6 月 26 日,浙江省高级人民法院依照《中华人民共和国刑事诉讼法》第二百零五条第二款、第二百零六条、第一百八十九条第二项,《中华人民共和国刑法》第二百三十九条第一款、第五十七条第一款、第六十四条之规定,作出判决:一、撤销浙江省高级人民法院(2006)浙刑一终字第 146 号刑事判决中对原审被告人忻元龙的量刑部分,维持该判决的其余部分和宁波市中级人民法院(2006)甬刑初字第 16 号刑事附带民事判决:二、原审被告人忻元龙犯绑架罪,判处死刑,剥夺政治权利终身,并处没收个人全部财产,并依法报请最高人民法院核准。

最高人民法院复核认为:被告人忻元龙以勒索财物为目的,绑架并杀害他人的行为已构成绑架罪。其犯罪手段残忍,情节恶劣,后果严重,无法定从轻处罚情节。浙江省高级人民法院再审判决认定的事实清楚,证据确实、充分,定罪准确,量刑适当,审判程序合法。

2009 年 11 月 13 日,最高人民法院依照《中华人民共和国刑事诉讼法》第一百九十九条和《最高人民法院关于复核死刑案件若干问题的规定》第二条第一款之规定,作出裁定:核准浙江省高级人民法院(2009)浙刑再字第 3 号以原审被告人忻元龙犯绑架罪,判处死刑,剥夺政治权利终身,并处没收个人全部财产的刑事判决。

2009 年 12 月 11 日,被告人忻元龙被依法执行死刑。

湖北王某绑架抗诉案——以听证提供平等对话平台,以"程序公正"促"实体公正"

(2022 年 2 月 24 日最高人民检察院发布)

【基本案情】

2009 年 8 月 5 日,湖北省通山县人民检察院以王某等 5 人涉嫌绑架罪向通山县人民法院提起公诉(同案犯张某负案在逃)。同年9月,通山县人民法院审理认为,被告人王某等5人行为构成绑架罪,且王某在本案中起重要作用,一审判处王某有期徒刑5年,并处罚金人民币1万元。其余案犯均相应判刑。王某等人不服一审判决,提出上诉。2010年12月,咸宁市中级人民法院二审认为,王某等5人行为均已构成绑架罪,但5人在共同犯罪中起次要作用,是从犯,改判王某有期徒刑3年,并处罚金人民币1万元;其他人均相应改判。2012年4月王某刑满释放。

2019年9月,同案犯张某被抓获归案。2020年8月,通山县人民法院以绑架罪判处张某有期徒刑5年,并处罚金人民币1万元。该判决已生效。通山县检察院在办理张某绑架案时,发现咸宁市中级人民法院对王某的二审判决错误,量刑偏轻,2020年9月提请咸宁市人民检察院审查。咸宁市检察院经审查认为,王某在本案中与张某所起作用并无明显主次之分,原审判决将王某的主犯地位改为从犯,属于认定事实错误,适用法律不当,按审判监督程序向湖北省人民检察院提请抗诉。

【检察机关履职情况】

1. 秉持客观公正立场,全面细致审查案情。湖北省检察院检察官对全部案卷材料审查后认为,本案犯罪事实清楚,证据确实充分,检察院、法院对王某等人使用暴力、胁迫方法绑架、勒索他人财物的犯罪事实不存在争议,但对王某在案件中的地位和作用存在认识分歧。被害人和其他同案犯均证实王某在共同犯罪中不仅有组织行为,还实施了殴打、威胁被害人的行为,并亲自去指定地点收取赎金,应与张某一样认定为主犯。二审判决在一审认定事实、证据不变的情况下,直接将王某从主犯改判为从犯,并将量刑减为有期徒刑3年,缺乏事实依据。同案犯张某受王某邀约参与作案,积极参与殴打、逼迫被害人,也应当认定为主犯。张某案发后潜逃10年,通山县人民法院认定其构成绑架罪且系主犯,判处有期徒刑5年,并处罚金人民币1万元。二者相比,王某的量刑显然偏轻,咸宁市检察院提请抗诉具有合理性。同时,湖北省检察院委托通山县检察院对王某出狱后的表现进行了全面调查。经查实,王某2012年刑满释放后已回家就业、结婚生子、家庭关系良好,无任何违法犯罪活动,已经正常回归社会。

2. 检察官联席会充分讨论,统筹考虑审慎提出初步意见。检察官联席会讨论认为,本案抗诉与不抗诉都有法理支撑。选择"抗诉",是基于主从犯量刑均衡考虑;选择"不抗诉",是基于当事人回归社会后的表现和办案效果考虑。检察官联席会根据少捕慎诉慎押的刑事司法政策,坚持案件办理政治效果、社会效果和法律效果的有机统一,倾向于不提出抗诉。

3. 检察长主持听证会,听证员充分发表意见。湖北省检察院在 2021 年 7 月 14 日召开公开听证会,由省院检察长主持,邀请全国和省人大代表、省政协委员和法学专家等 5 人担任听证员。听证会上,咸宁市检察院作为原案件承办单位陈述了提请抗诉的理由;原审被告人王某及其代理人发表了意见;王某居住地派出所民警及村委会负责人介绍王某刑满释放后的现实表现。听证员围绕案件事实、定罪量刑、抗诉理由以及王某目前表现等情况对相关人员进行了现场提问。经听证员评议,一致同意湖北省检察院的初步处理意见。检察长作为主持人,当场宣布了不提出抗诉的处理结果,并进行了充分的释法说理,消弭了当事人、利害关系人及社会公众的疑虑,实现了案结事了人和。

【典型意义】

检察机关组织听证会,由检察长主持,为案件当事人和办案机关提供了平等对话的平台,请中立的"第三方"听证员提供相关意见,以公开透明的方式听取各方意见,作出兼顾天理、国法、人情的案件处理决定,是以"程序公正"促"实体公正"的创新履职,充分体现了检察司法为民理念。检察听证以看得见、听得懂、感受得到的程序,有效促进了诉源治理,实现了司法公正。

刑法第二百四十条(拐卖妇女、儿童罪)

第二百四十条 拐卖妇女、儿童的,处五年以上十年以下有期徒刑,并处罚金;有下列情形之一的,处十年以上有期徒刑或者无期徒刑,并处罚金或者没收财产;情节特别严重的,处死刑,并处没收财产:

(一)拐卖妇女、儿童集团的首要分子;

(二)拐卖妇女、儿童三人以上的;

(三)奸淫被拐卖的妇女的;

(四)诱骗、强迫被拐卖的妇女卖淫或者将被拐卖的妇女卖给他人迫使其卖淫的;

(五)以出卖为目的,使用暴力、胁迫或者麻醉方法绑架妇女、儿童的;

(六)以出卖为目的,偷盗婴幼儿的;

(七)造成被拐卖的妇女、儿童或者其亲属重伤、死亡或者其他严重后果的;

(八)将妇女、儿童卖往境外的。

拐卖妇女、儿童是指以出卖为目的,有拐骗、绑架、收买、贩卖、接送、中转妇女、儿童的行为之一的。

何聪拐卖儿童案

（2010 年 8 月 31 日最高人民法院发布）

【基本案情】

被告人何聪，男，汉族，1974 年 2 月 13 日出生，农民。

2006 年 3 月至 2007 年 7 月，被告人何聪与项流先（同案被告人，已判刑）共谋后，在贵州省贵阳市城区及六盘水市火车站等地先后拐骗儿童 12 名，拐带至河南省滑县等地，通过杨绪梅、罗云凤、赵文彩（均系同案被告人，已判刑）等人贩卖给当地村民。具体事实如下：

2006 年 3 月 31 日 17 时许，被告人何聪在贵州省贵阳市南明区龙洞堡 368 医院附近，将正在玩耍的女童赵某（时年 4 岁）抱走，后何聪伙同项流先、杜小红（在逃）将赵某带至河南省滑县，通过杨绪梅卖给当地村民。

2006 年 5 月左右，被告人何聪伙同项流先指使他人在贵阳市南明区龙洞堡附近，将一名 2 岁左右女童（未找到生父母，现由贵阳市儿童福利院收养）抱走。后其伙同项流先将该女童带至河南省滑县，通过罗云凤卖给当地村民。

2006 年 6 月 8 日 14 时许，被告人何聪指使他人在贵阳市南明区彭家湾菜场附近，将正在玩耍的男童彭某兵（时年 7 岁）拐骗到手。后其伙同项流先将彭某兵带到河南省滑县，通过杨绪梅卖给当地村民。

2006 年 7 月 25 日 19 时许，被告人何聪指使他人在贵阳市南明区毕山村路口附近，将正在玩耍的男童罗某帅（时年 4 岁）拐骗到手。后其伙同项流先将罗某帅带到河南省滑县，通过杨绪梅卖给当地村民。

2006 年 8 月左右，被告人何聪指使他人在贵阳市将 1 名 2 岁左右男童（未找到生父母，现由贵阳市儿童福利院收养）抱走。后其伙同项流先将该男童带至河南省滑县，通过罗云凤卖给当地村民。

2006 年 8 月某日，被告人何聪在六盘水市火车站将流浪儿童"易龙"（男，时年约 10 岁，现被贵阳市福利院收养）诱拐到贵阳市，由项流先将"易龙"带到河南省滑县，卖给当地村民。

2006 年 9 月 2 日下午 5 时许，被告人何聪伙同项流先在贵阳市南明区彭家湾纸箱厂附近，将正在玩耍的男童刘某战（时年 4 岁）抱走，后由项流先将刘某战带至河南省滑县，通过罗云凤卖给当地村民。

2006 年 9 月 27 日 13 时许，被告人何聪伙同项流先在贵阳市南明区彭家湾附近,将正在玩耍的男童杨某松(时年9岁)拐骗到手,后二人将杨某松带到河南省浚县,通过赵文彩联系,项流先将杨某松卖给当地村民。

2007年4月3日21时许,被告人何聪通过他人在贵阳市南明区大理石路附近,将正在家门口玩耍的男童陈某龙(时年6岁)拐骗到手后,由项流先将陈某龙带到河南省浚县卖给当地村民。

2007年6月5日17时许,被告人何聪指使他人在贵阳市南明区彭家湾菜场附近,将正在玩耍的女童罗某榆(时年3岁)抱走,由项流先将罗某榆带到河南省滑县,通过杨绪梅卖给当地村民。

2007年6月8日11时许,被告人何聪指使他人在贵阳市南明区麦秆冲路口附近,将正在家门口玩耍的男童杨某兵(时年5岁)拐骗到手。后由项流先将杨某兵带到河南省滑县,通过赵文彩卖给当地村民。

2007年7月21日15时许,被告人何聪指使他人在贵阳市黔灵公园黔灵湖附近,将正在玩耍的男童王某(时年6岁)拐骗到手,准备将王某拐卖到河南省。同年7月22日,何聪伙同项流先拐带王某在贵州省凯里火车站被当场抓获。

【裁判结果】

法院认为,被告人何聪伙同他人拐骗儿童并予以贩卖,其行为已构成拐卖儿童罪。何聪与他人共谋拐卖儿童,直接拐骗儿童2名,指使他人拐骗儿童10名并带至异地贩卖牟利,在共同犯罪中起主要作用,系主犯,应按照其所参与的全部犯罪处罚。何聪在一年零四个月的时间内,拐卖儿童12名,其中幼儿7名,犯罪情节特别恶劣,社会危害性大,罪行极其严重。据此,依法以拐卖儿童罪判处并核准被告人何聪死刑。罪犯何聪已于日前被依法执行死刑。

邵长胜拐卖妇女案

(2011年3月24日最高人民法院发布)

【基本案情】

被告人邵长胜,男,汉族,1986年8月12日出生,农民。

2008年10月29日晚,被告人邵长胜为牟利,伙同卢阿龙(同案被告人,已判刑)、卢仙杰(另案处理)在浙江省温州市火车站将前来准备会见魏彬(同案被告人,已判刑)的网友刘某某(女,被害人)诱骗至浙江省永嘉县岩头镇溪南村南垟亭边的农田。三人劫取刘某某现金170元,随即卢阿龙殴打刘某某,迫使其脱光衣服,对刘某某实施了强奸及猥亵,接着邵长胜也对刘某某进行了猥亵。

而后,邵长胜、卢阿龙分别对刘某某实施殴打、威胁,迫使其同意去卖淫。次日凌晨,邵长胜再次猥亵了刘某某。同月30日,卢阿龙联系周兰芬(另案处理),将刘某某卖给周兰芬,得赃款5000元。后刘某某被周兰芬之子金宁建(另案处理)带到浙江省德清县武康镇被迫卖淫,直至2009年4月13日被解救。

2008年12月13日,被告人邵长胜为牟利,以带出游玩为名将网友李某某(女,被害人)诱骗至温州市黄龙宾馆,后伙同卢阿龙、"长毛"(另案处理)以到楠溪江游玩的名义将李某某诱骗至永嘉县岩头镇溪南村外树林里,邵长胜殴打李某某,劫取其手机1部,强迫其脱光衣服,邵长胜、卢阿龙对李某某实施了轮奸,并以暴力迫使李某某同意去卖淫。同日晚,卢阿龙联系周兰芬,将李某某卖给周兰芬,得赃款5000元。后李某某被周兰芬之子金宁建、女婿金北平(另案处理)带到德清县武康镇被迫卖淫,直至2009年4月13日被解救。

2009年2月初的一天晚上,被告人邵长胜和江仁剑、洪鹏超(同案被告人,均已判刑)、洪鹏飞(另案处理)为牟利,将洪鹏飞的女友(被害人,身份不详)诱骗至永嘉县岩头镇溪南村外的树林里。邵长胜、江仁剑殴打被害人,强迫其脱光衣服,对被害人实施了轮奸,并借口洪鹏飞欠债迫使其同意去卖淫还债,后将其带到岩头镇仙清路266号顺发旅馆。次日,邵长胜联系买家,将被害人卖至德清县,得赃款5000元。

2009年2月14日17时许,洪海唯(同案被告人,已判刑)以请吃饭为由,将其通过网络游戏认识的网友蒋某某、段某(均系女性,被害人)约至温州汽车新南站碰面,后江仁剑、洪海唯将二被害人诱骗至永嘉县岩头镇,被告人邵长胜、尹南南(同案被告人,已判刑)随后赶到岩头镇会合。当晚19时许,邵长胜等四人将二被害人带到岩头镇溪南村外的树林里,殴打二被害人,劫取其现金100余元、手机2部、数码相机1台等物。接着逼迫二被害人脱光衣服,对其实施了轮奸,而后又以暴力迫使二被害人同意去卖淫。23时许,洪鹏超、洪鹏飞、"黄毛"(另案处理)也赶到岩头镇溪南村外的树林会合。次日0时许,邵长胜等七人将二被害人带到岩头镇仙清路266号顺发旅馆,除洪鹏超、洪鹏飞外,其余人再次对二被害人实施了轮奸。当日,邵长胜联系周兰芬,将二被害人卖给周兰芬,得赃款1万元。后二被害人被金宁建、金北平等人带到德清县武康镇被迫卖淫,直至同年4月13日被解救。

2009年2月27日中午,江仁剑借口帮网友潘某某(女,被害人)介绍工作,将其诱骗至温州市将军桥附近的"天堂鸟"网吧。当晚,江仁剑和尹南南以给朋友过生日为由将潘某某及另外一名女子(被害人,身份不详)诱骗至永嘉县岩头镇溪南村自来水塔边的草地上,被告人邵长胜及洪海唯、洪鹏超等人随后赶到该地会合。邵长胜等人殴打二被害人,劫取其现金10余元、手机2部等物,接着逼迫其脱光衣服,邵长胜、江仁剑、洪海唯、尹南南等人对二被害人实施了轮奸,尔后又以暴力迫使二被害人同意去卖淫。次日凌晨,邵长胜等人将二被害人带到岩头镇仙清路 266 号顺发旅馆,由邵联系周兰芬,将潘某某卖给周兰芬,得赃款 7000 元,后潘某某被金宁建、金北平等人带至德清县武康镇被迫卖淫,直至同年 4 月 13 日被解救。另一被害人亦由邵长胜联系买家卖至浙江省金华市从事卖淫,邵长胜等人得赃款 3500 元。

2009 年 3 月底的一天晚上,洪海唯、尹南南借口给朋友过生日将一网友(女,被害人)诱骗至永嘉县岩头镇溪南村变电所后面的草坪上,被告人邵长胜和江仁剑、洪鹏超随后赶到该地会合。邵长胜、洪鹏超殴打被害人,强迫其脱光衣服,邵长胜、江仁剑、洪海唯、尹南南对其实施了轮奸并逼迫其答应去卖淫,后将被害人带到岩头镇仙清路 266 号顺发旅馆。次日上午,邵长胜联系买家,将被害人卖给对方,得赃款 4500 元。

【裁判结果】

法院认为,被告人邵长胜伙同他人以出卖为目的的拐骗妇女,其行为已构成拐卖妇女罪;邵长胜还以非法占有为目的,采用暴力手段劫取被拐卖妇女的财物,其行为又构成抢劫罪,依法应数罪并罚。在共同犯罪中,邵长胜参与拐卖妇女 8 人,对被害人均积极实施了殴打、威胁、轮奸等行为,并负责联系买家、商谈交易价格,还对其中 6 名妇女实施了抢劫,是共同犯罪中地位和作用最突出、罪责最为严重的主犯,且拐卖妇女多人,奸淫被拐卖妇女,还将被拐卖妇女卖给他人迫使其卖淫,犯罪情节特别严重,社会危害性极大,所犯罪行极其严重,应当依法惩处。据此,依法认定被告人邵长胜犯拐卖妇女罪,判处死刑,剥夺政治权利终身,并处没收个人全部财产;犯抢劫罪,判处有期徒刑十二年,剥夺政治权利三年,并处罚金人民币 5000 元,决定执行死刑,剥夺政治权利终身,并处没收个人全部财产。经最高人民法院复核核准,罪犯邵长胜已于 2011 年 2 月 23 日被依法执行死刑。

肖远德、肖远富等拐卖儿童案

(2011 年 3 月 24 日最高人民法院发布)

【基本案情】

被告人肖远德,男,汉族,1975 年 1 月 19 日出生,农民。

被告人肖远富,男,汉族,1979 年 1 月 5 日出生,农民。

被告人周志文,男,汉族,1978 年 11 月 24 日出生,农民。

被告人谢耀君,男,汉族,1988 年 6 月 22 日出生,农民。

被告人严茂生,男,汉族,1979 年 11 月 22 日出生,农民。

2008 年 10 月 21 日 16 时许,被告人肖远德、肖远富、严茂生密谋拐卖儿童,后驾驶摩托车来到广东省河源市源城区高塘工业园附近寻找作案目标。当车行至源城区高塘移民点 205 国道路边一水果摊处时,肖远富发现黄某标(男,时年 2 岁)适合下手,就打电话通知肖远德与其会合,然后由肖远德假意购买水果引开黄某标母亲的注意力,严茂生趁机将黄某标抱走,坐上肖远富开的摩托车向广东省东源县义合镇方向逃走。而后,肖远德与严茂生雇用被告人周志文的小车将黄某标载到广东省连平县城,由肖远德联系买主,并以 26000 元将黄某标卖掉。肖远德支付周志文 1000 元车费,与肖远富、严茂生平分其余的赃款。2009 年 5 月 2 日,黄某标被公安机关解救回家。

2009 年 2 月 26 日 20 时许,被告人肖远德、肖远富、周志文、谢耀君与刘国权(另案处理)密谋拐卖儿童,后乘坐由谢耀君驾驶的一辆白色小车(车牌:粤 PU1589)来到河源市源城区明珠工业园工业大道寻找作案目标。当发现在工业大道旁一烧烤摊处的温某杰(男,时年 2 岁)在玩耍时,经肖远德分工,肖远德与肖远富假意购买烧烤挡住摊主的视线,周志文趁机抱走温某杰,乘坐谢耀君的小车向连平县城方向逃走。同年 3 月 5 日,经肖远德联系,商定以 26000 元将温某杰卖出,后买家先行支付了 6000 元,肖远德等人将所得赃款平分。2009 年 5 月 2 日,温某杰被公安机关解救回家。

2009 年 4 月 3 日 20 时许,被告人肖远德提议到河源市区黄子洞市场附近拐卖儿童,肖远富、周志文、谢耀君表示同意。谢耀君开着一辆白色小车(车牌:粤 PU1589)搭载肖远德、肖远富、周志文来到河源市区万绿湖大道"唐兴百货商行"时,肖远德选定该商行附近的唐某文(男,时年 3 岁)为作案目标。周志文、肖远德先后去店假意购买东西引开店主的注意力,肖远富趁机抱走唐某文,坐上谢耀君的小车往连平县城方向逃走。约一星期后,肖远德通过他人将唐某文以 2.7 万元卖出,所得赃款与同案人平分。后由于买主怀疑唐某文是拐来的,遂将唐某文送回并要求退钱。肖远德等四人同意后,由肖远德退回 2 万元给买主。当得知唐某文的家属在四处寻找唐某文,肖远德等四人于同年 4 月 30 日将唐某文送回黄子洞附近路边,后唐某文在公安机关被其家属领回。

【裁判结果】

法院认为,被告人肖远德、肖远富、周志文、谢耀君、严茂生以出卖为目的,共同偷盗幼儿进行贩卖,其行为均已构成拐卖儿童罪。其中,被告人肖远德、肖远富参与拐卖儿童 3 人;周志文、谢耀君参与拐卖儿童 2 人;严茂生参与拐卖儿童 1 人。在共同犯罪中,肖远德组织、策划,并联系买主和主持分赃,起主要作用,系主犯,应按其所参与的全部犯罪处罚;肖远富、周志文、谢耀君、严茂生起次要作用,均系从犯。周志文归案后揭发他人犯罪,带领公安机关抓获同案人,有立功表现。肖远德、肖远富、周志文、谢耀君在第三起犯罪活动中慑于司法威严与社会压力,主动将儿童送回,有悔罪表现。据此依法以拐卖儿童罪判处被告人肖远德无期徒刑,剥夺政治权利终身,并处没收个人全部财产。对被告人肖远富、周志文、谢耀君、严茂生依法从轻或减轻处罚,分别判处十三年至六年有期徒刑,并处罚金。

李凤英等拐卖儿童案

(2012 年 5 月 30 日最高人民法院发布)

【基本案情】

被告人李凤英,女,汉族,1955 年 10 月 26 日出生,农民。

被告人许元理,男,汉族,1968 年 6 月 22 日出生,农民。

被告人万玉莲,女,汉族,1963 年 11 月 18 日出生,农民。

被告人潘存芝,女,汉族,1963 年 2 月 15 日出生,农民。

被告人高怀玲,女,汉族,1965 年 5 月 2 日出生,农民。

2007 年 8 月至 2009 年 6 月,被告人李凤英从外地人贩子手中大肆收买婴幼儿,后在山东省枣庄市贩卖给被告人许元理,许元理将婴幼儿加价转手贩卖给被告人万玉莲,万玉莲通过潘存芝、高怀玲、马广玲、李秀荣、孙晋英(均系同案被告人,已判刑)等人,将婴幼儿贩卖给枣庄市峄城区、市中区、薛城区等地的居民收养,牟取利益。其中,李凤英、许元理、万玉莲参与作案 37 起,拐卖儿童 38 人;潘存芝参与作案 9 起,拐卖儿童 9 人;高怀玲参与作案 6 起,拐卖儿童 6 人。被拐儿童来源不明,破案后,均已被解救。

【裁判结果】

法院认为,被告人李凤英、许元理、万玉莲、潘存芝、高怀玲等人以出卖为目的,贩卖儿童,其行为均构成拐卖儿童罪。李凤英、许元理、万玉莲贩卖儿童人数众多,情节特别严重,应依法严惩。潘存芝、高怀玲认罪态度较好,可酌情从轻处罚。据此,依法以拐卖儿童罪分别判处被告人李凤英、许元理、万玉莲死刑,缓期二年执行,剥夺政治权利终身,并处没收个人全部财产;以拐卖儿童罪分别判处潘存芝、高怀玲有期徒刑十五年、十三年,并处罚金。

武亚军、关倩倩拐卖儿童案

(2012 年 5 月 30 日最高人民法院发布)

【基本案情】

被告人武亚军,男,汉族,1984 年 7 月 7 日出生,农民。

被告人关倩倩,女,汉族,1988 年 4 月 28 日出生,农民。

被告人关倩倩于 2009 年 2 月 8 日生育一男孩,后因孩子经常生病,家庭生活困难,被告人武亚军、关倩倩夫妻二人决定将孩子送人。同年 6 月初,武亚军、关倩倩找到山西省临汾市先平红十字医院的护士乔瑜,让其帮忙联系。第二天,乔瑜将此事告知张永珍,张永珍又让段麦寸(同案被告人,已判刑)询问情况。段麦寸与关倩倩电话联系后约定付给关倩倩 26000 元。后段麦寸将此情况告知景九菊(同案被告人,已判刑),景九菊经与赵临珍(同案被告人,已判刑)联系看过孩子后,赵临珍又通过郭秋萍(同案被告人,已判刑)介绍买家。同年 6 月 13 日在赵临珍家中,武亚军、关倩倩将出生仅 4 个月的孩子以 26000 元的价格卖给蔡怀光(在逃)。赵临珍、景九菊、段麦寸、郭秋萍分别获利 1400 元、600 元、500 元、1500 元。赵临珍、郭秋萍、王洪生(同案被告人,已判刑)与蔡怀光一同将婴儿送至山东省台儿庄。后因武亚军的父亲向公安机关报警称孙子被武亚军夫妇卖掉而案发。同年 7 月 17 日,公安机关将被拐卖的婴儿成功解救。

【裁判结果】

法院认为,被告人武亚军、关倩倩将出生仅 4 个月的男婴,以 26000 元的价格出卖给他人,其行为均已构成拐卖儿童罪。关于武亚军、关倩倩辩解其行为属于私自送养、不构成犯罪的意见,经查,武亚军、关倩倩在不了解对方基本条件的情况下,不考虑对方是否有抚养目的及有无抚养能力等事实,为收取明显不属于营养费的巨额钱财,将孩子送给他人,可以认定属于出卖亲生儿子,应当以拐卖儿童罪论处,其辩解不能成立。武亚军、关倩倩由于家庭生活困难,将孩子出卖给他人,后孩子被公安机关成功解救,没有造成严重的社会危害后果,主观恶性较小,犯罪情节较轻,依法以拐卖儿童罪分别判处被告人武亚军、关倩倩有期徒刑三年,缓刑五年,并处罚金人民币 3 万元。

孙同山、张祖斌等 18 名被告人拐卖儿童案

（2014 年 11 月 24 日最高人民法院发布）

【基本案情】

2004 年 10 月至 2012 年 1 月,被告人孙同山、张祖斌、田学良伙同刘兴花、任香港、梁滨、刘根、白汝祥、曹国强、徐妮娜、焦美花、卢宝爱、李金晓、王铭明、刘彬、刘超、刘学、陈志全以出卖为目的,先后结伙强抢 7 名儿童贩卖（其中 1 名系从被害人亲生父母手中抢走）,居间介绍 7 名儿童贩卖,共计贩卖儿童 14 人。其中被告人孙同山参与全部作案,被告人张祖斌参与强抢儿童 7 人贩卖。

【裁判结果】

被告人孙同山、张祖斌、田学良伙同其他被告人以出卖为目的,强抢儿童贩卖或居间介绍儿童贩卖,其行为均已构成拐卖儿童罪。被告人田学良还犯有故意伤害罪。被告人孙同山有立功表现,且部分犯罪系未遂,有坦白情节,依法可从轻处罚。据此,山东省潍坊市中级人民法院依法认定被告人孙同山犯拐卖儿童罪,判处无期徒刑,剥夺政治权利终身,并处没收个人全部财产;被告人张祖斌犯拐卖儿童罪,判处有期徒刑十五年,并处罚金人民币 10 万元;被告人田学良犯拐卖儿童罪,判处有期徒刑十年,并处罚金人民币 6.5 万元。其他被告人分别被判处有期徒刑、缓刑。

【案例评析】

本案涉案人员多,时间跨度长,地域跨度广,受害儿童人数众多。18 名被告人在长达 8 年的时间内,疯狂作案 14 起,先后贩卖 14 名婴幼儿,其中还有 7 名是强抢后贩卖。这 7 名被强抢的婴幼儿,有的是“黑吃黑”,更令人发指的是,有一名幼儿是从亲生父母处强行夺走的。本案中的大多数被拐儿童,因为是被居间介绍贩卖,没有找到上线,至今仍被抚养在收买人的家中。这些被告人的犯罪行为,情节特别恶劣,手段特别残忍,犯罪后果极其严重,社会影响极其恶劣。

蓝树山拐卖妇女、儿童案

(2015 年 2 月 27 日最高人民法院发布)

【基本案情】

1988 年 9 月,被告人蓝树山伙同同案被告人谭汝喜(已判刑)等人在广西壮族自治区南宁市,将被害人向某某(女,时年 22 岁)拐带至福建省大田县,经林传溪(另案处理,已判刑)等人介绍,将向某某出卖。1989 年 6 月,蓝树山伙同黄日旭(另案处理,已判刑),经"邓八"(在逃)介绍,将被害人廖某(男,时年 1 岁)从广西壮族自治区宾阳县拐带至大田县,经林传溪介绍,将廖某出卖。此后至 2008 年间,蓝树山采取类似手段,单独或伙同他人在广西宾阳县、巴马县等 12 个县,钦州市、凭祥市、贵港市、河池市等地,先后将被害人韦某某、黄某某等 33 名 3 至 10 岁男童拐带至福建省大田县、永春县,经林传溪、苏二妹(另案处理,已判刑)和同案被告人郭传贴、涂文仕、陈建东(均已判刑)等人介绍,将其出卖。蓝树山拐卖妇女、儿童,非法获利共计 50 余万元。

【裁判结果】

广西壮族自治区河池市中级人民法院经审理认为,蓝树山为牟取非法利益,拐卖妇女、儿童,其行为已构成拐卖妇女、儿童罪。虽然蓝树山归案后坦白认罪,但其拐卖妇女、儿童人数多,时间长,主观恶性极深,社会危害极大,情节特别严重,不足以从轻处罚。依照刑法有关规定,以拐卖妇女、儿童罪判处被告人蓝树山死刑,剥夺政治权利终身,并处没收个人全部财产。宣判后,蓝树山提出上诉。广西壮族自治区高级人民法院经依法审理,裁定驳回上诉,维持原判,并依法报请最高人民法院复核。最高人民法院经依法复核,核准蓝树山死刑。罪犯蓝树山已于被执行死刑。

【典型意义】

对于拐卖妇女、儿童犯罪,我国司法机关历来坚持从严惩治的方针,其中,偷盗、强抢、拐骗儿童予以出卖,造成许多家庭骨肉分离,对被拐儿童及其家庭造成巨大精神伤害与痛苦,在社会上易引发恐慌情绪,危害极大,更是从严惩治的重点。本案中,被告人蓝树山拐卖妇女 1 人,拐骗儿童 34 人予以出卖,不少儿童被拐 10 多年后才得以解救,回到亲生父母身边。众多家长为寻找被拐儿童耗费大量时间、金钱和精力,其中有 1 名被拐儿童亲属因伤心过度去世。综合考虑,蓝树山所犯罪行已属极其严重,尽管有坦白部分拐卖事实的从轻处罚情节,法院对其亦不予从轻处罚。

马守庆拐卖儿童案

（2015 年 2 月 27 日最高人民法院发布）

【基本案情】

2006 年至 2008 年,被告人马守庆伙同被告人宋玉翠、宋玉红、宋空军(均已判刑)等人,以出卖为目的,向侯会华、侯树芬、师江芬、师小丽(均另案处理,已判刑)等人从云南省元江县等地收买儿童,贩卖至江苏省连云港市、山东省临沂市等地。其中马守庆作案 27 起,参与拐卖儿童 37 人,其中 1 名女婴在从云南到连云港的运输途中死亡。马守庆与宋玉翠、宋玉红、宋空军共同实施部分犯罪,在其中起组织、指挥等主要作用。案发后,公安机关追回马守庆等人的犯罪所得 22.6 万元。

【裁判结果】

江苏省连云港市中级人民法院经审理认为,马守庆以出卖为目的拐卖儿童,其行为已构成拐卖儿童罪。马守庆参与拐卖儿童 37 人,犯罪情节特别严重,且系主犯,应依法惩处。据此,依照刑法有关规定,以拐卖儿童罪判处被告人马守庆死刑,剥夺政治权利终身,并处没收个人全部财产。宣判后,马守庆提出上诉。江苏省高级人民法院经依法审理,裁定驳回上诉,维持原判。最高人民法院经依法复核,核准马守庆死刑。罪犯马守庆已被依法执行死刑。

【典型意义】

本案是一起由拐卖犯罪团伙实施的特大贩婴案件。本案犯罪时间跨度长,被拐儿童人数多达 37 人,且均是婴儿。在收买、贩卖、运输、出卖婴儿的诸多环节中,"人贩子"视婴儿为商品,缺少必要的关爱、照料;有的采取给婴儿灌服安眠药、用塑料袋、行李箱盛装运输等恶劣手段,极易导致婴儿窒息伤残或者死亡,本案中即有 1 名婴儿在被贩运途中死亡。实践中,不法分子在贩运途中遗弃病婴的情形亦有发生。人民法院综合考虑马守庆拐卖儿童的犯罪事实、性质、情节和危害后果后,对其依法判处死刑,符合罪责刑相一致原则。

邢小强拐卖儿童案

（2015 年 2 月 27 日最高人民法院发布）

【基本案情】

2011 年 9 月,被告人邢小强的妻子陈某怀孕,经检查是一对双胞胎。邢小强想将孩子卖掉,后经他人居间介绍,约定孩子出生后,以 2.5 万元的价格卖给婚后未生育的石某某、龙某某夫妇。同年 12 月 19 日,陈某生下一对双胞胎男婴,邢小强即将两个孩子抱走,交给龙某某,得款 2 万余元。

2012 年 12 月,陈某再次怀孕。被告人邢小强还想将孩子卖掉,主动找人介绍,寻找买家。经联系,约定若是男婴,便以 1 万元的价格卖给婚后未生育的孔某某、党某某夫妇。2013 年 1 月,陈某生下一名男婴。邢小强让孔某某的父亲将小孩抱走,得款 1 万元。

【裁判结果】

湖北省枣阳市人民法院经审理认为,邢小强以非法获利为目的出卖 3 名亲生儿子,其行为已构成拐卖儿童罪。邢小强经人居间介绍,出卖亲生儿子,在共同拐卖儿童犯罪中起主要作用,系主犯,归案后如实供述自己的犯罪事实,认罪态度较好,可酌情从轻处罚。依照刑法有关规定,以拐卖儿童罪判处被告人邢小强有期徒刑十年,并处罚金人民币 1 万元。本案居间介绍的其他多名同案被告人,均以拐卖儿童罪分别判处五年至二年不等有期徒刑,或者被宣告缓刑、免予刑事处罚。

【典型意义】

本案是一起以非法获利为目的出卖亲生子女构成拐卖儿童罪的典型案例。当前,在司法机关严厉打击下,采取绑架、抢夺、偷盗、拐骗等手段控制儿童后进行贩卖的案件明显下降,一些父母出卖、遗弃婴儿,以及“人贩子”收买婴儿贩卖的现象仍多发高发。对于父母将子女私自送给他人收取钱财的案件,如果行为人具有非法获利的目的,就应该以拐卖儿童罪论处。本案中,被告人邢小强先后两次将 3 名亲生儿子卖给他人,且均是在孩子出生之前即主动表示要卖出孩子,联系居间介绍人要求帮助寻找买家,并且明码标价,收取数额较高的钱财,孩子出生后即按事先约定将孩子卖出。根据上述事实与情节,足以认定邢小强并非因生活困难、无力抚养才被迫将孩子送养,而是将孩子作为商品,将生孩子出卖作为牟利手段来获取非法利益。人民法院据此认定邢小强的行为构成拐卖儿童罪,对参与犯罪的居间介绍人,根据各自地位、作用、责任大小,分别判处轻重不等的刑罚,体现了人民法院对于以非法获利为目的出卖亲生子女犯罪坚决依法惩处的鲜明态度。

王宁宁拐卖儿童案

(2015 年 2 月 27 日最高人民法院发布)

【基本案情】

2010 年 11 月、2013 年 12 月,被告人王宁宁以收养为名,先后通过互联网联系 3 名未婚先孕且不想抚养孩子的妇女到山东省临邑县待产。3 名妇女产子后,王宁宁单独或伙同周长峰、邵金环(均系同案被告人,已判刑)将 3 名男婴分别以每名儿童 3 万余元至 4 万余元的价格卖给他人。

【裁判结果】

山东省临邑县人民法院经审理认为,王宁宁以收养为名,将从亲生父母处骗来的婴儿出卖,其行为已构成拐卖儿童罪。王宁宁拐卖儿童 3 人,应依法惩处。鉴于其归案后认罪态度较好,依法可酌情从轻处罚。依照刑法有关规定,以拐卖儿童罪判处被告人王宁宁有期徒刑十年,并处罚金人民币 2 万元。

【典型意义】

本案是一起利用孕妇并通过互联网贩卖婴儿的典型案例。近年来,随着打击力度的加大,不法分子不断变换手法,采取更为隐蔽的方式实施拐卖犯罪。比如,事先联系好"买主",物色、组织孕妇到"买主"所在地,待孕妇临产后即将其所生子女出卖获利,以此逃避长途贩卖、运输婴儿过程中被查缉的风险。此类犯罪手段的变化已引起司法机关的关注,本案的依法审理,是对犯罪行为的有力震慑。

杨恩光、李文建等拐卖妇女案

(2015 年 2 月 27 日最高人民法院发布)

【基本案情】

被告人杨恩光、李文建伙同田沈忠、张兴祥、李春飞等人(均系同案被告人,已判刑),先后以嫖娼为名,在云南省河口县一些宾馆、酒店,采用暴力手段,强行将越南籍妇女被害人阮某桃、阮某恒等 17 人带至云南省富宁县、砚山县、广南县、马关县等地,通过赵阿林、何万周(均系同案被告人,已判刑)等联系,转卖给当地村民。其中,杨恩光参与作案 6 起,拐卖妇女 12 人,李文建参与作案 7 起,拐卖妇女 14 人。

【裁判结果】

云南省红河哈尼族彝族自治州中级人民法院经审理认为,杨恩光、李文建等人采用暴力、胁迫的方式绑架妇女后出卖,其行为构成拐卖妇女罪,均应依法惩处。在共同犯罪中,杨恩光、李文建提起犯意,具体负责联系买家交易及分配赃款,起主要作用,系主犯。杨恩光系累犯,应从重处罚。依照刑法有关规定,以拐卖妇女罪分别判处被告人杨恩光、李文建死刑,缓期二年执行,剥夺政治权利终身,并处没收个人全部财产;以拐卖妇女罪分别判处田沈忠、张兴祥、李春飞等人无期徒刑,剥夺政治权利终身,并处没收个人全部财产;其他同案被告人分别被判处十五年至四年不等有期徒刑,并处没收个人全部财产或罚金。宣判后,杨恩光、李文建提出上诉。云南省高级人民法院经依法审理,裁定驳回上诉,维持原判。

【典型意义】

本案被害人身份特殊,均系越南籍妇女,且多数在我国境内从事卖淫活动,本属依法整顿治理的对象,但被害人的特殊身份并不影响我国司法机关对拐卖妇女涉案人员的定罪量刑。本案两名被告人被判处死缓,三名被告人被判处无期徒刑,彰显了我国司法机关依法严厉打击、遏制一切形式拐卖妇女犯罪的决心。案发后,我国司法机关依照我国缔结和参加的有关国际条约的规定,积极履行所承担的国际义务,将被解救妇女妥善安置,并及时与有关外事部门联系,提供司法协助和司法救助,将被解救妇女全部安全地送返国籍国。

李侠拐卖儿童、孙泽伟收买被拐卖的儿童案

(2015 年 2 月 27 日最高人民法院发布)

【基本案情】

2013 年 5 月 21 日 20 时许,被告人李侠发现左某某带领孙子陈某某(不满 2 周岁)和孙女在河南省开封市祥符区世纪广场玩耍,遂趁左某某不注意时将陈某某盗走。后李侠冒充陈某某的母亲,在网上发帖欲收取 5 万元将陈某某"送

养"。被告人孙泽伟看到消息后与李侠联系,于 5 月 23 日见面交易。在未对李侠及陈某某的身份关系进行核实的情况下,经讨价还价,孙泽伟付给李侠 4 万元,将陈某某带至山东省菏泽市曹县家中。公安机关破案后,已将陈某某解救送还亲属。

【裁判结果】

河南省开封市祥符区人民法院经审理认为,李侠以出卖为目的偷盗幼儿,其行为已构成拐卖儿童罪。孙泽伟收买被拐卖的儿童,其行为已构成收买被拐卖的儿童罪。依照刑法有关规定,以拐卖儿童罪判处被告人李侠有期徒刑十年,并处罚金人民币 2 万元;以收买被拐卖的儿童罪判处被告人孙泽伟有期徒刑七个月。

【典型意义】

拐卖儿童造成许多家庭骨肉分离,社会危害巨大。收买被拐卖的儿童行为,客观上诱发、助长"人贩子"铤而走险实施拐卖犯罪,造成被拐儿童与家庭长期天各一方,社会危害同样不容忽视。本案中,被告人李侠偷盗幼儿出卖,法院以拐卖儿童罪对其判处有期徒刑十年,体现了依法从严惩处。作为具有正常社会阅历、经验的成年人,被告人孙泽伟应当知道李侠携带的幼童可能系被拐卖,但未对双方关系进行任何核实即对幼童陈某某予以收买,其行为已构成收买被拐卖的儿童罪。人民法院对本案"买主"依法定罪判刑,再次向社会昭示:我国法律绝不容忍任何买卖儿童行为,抱着侥幸心理收买被拐卖的儿童"抚养",最终不仅会"人财两空",还要受到法律制裁。

被告人余镇、高敏拐卖儿童 被告人黄思美收买被拐卖的儿童案

(2017 年 6 月 1 日最高人民法院发布)

【基本案情】

2015 年 9 月,被告人余镇的妻子周某怀孕,2015 年底,余镇让被告人高敏寻找需要婴儿并能支付 6 万元"营养费"的人。经高敏联系,被告人黄思美因儿媳结婚多年未生育,愿意收养。经协商,余镇同意以 5.6 万元的价格将婴儿"送"给黄思美。2016 年 6 月 21 日,余镇以假名为周某办理住院手续,次日周某生育一男婴。6 月 23 日,余镇以给孩子洗澡为由私自将男婴从家中抱走送给黄思美,得款 5.6 万元。黄思美将男婴带至安徽省淮北市相山区家中抚养。男婴

母亲周某获悉后到公安机关报案,公安人员至黄思美住处将被拐卖的男婴解救。

【裁判结果】

安徽省淮北市相山区人民法院经审理认为,被告人余镇以非法获利为目的出卖亲生儿子,被告人高敏居间介绍,二被告人的行为均已构成拐卖儿童罪。被告人黄思美对被拐卖的儿童予以收买,其行为构成收买被拐卖的儿童罪。高敏在共同犯罪中起次要作用,系从犯,可依法减轻处罚。黄思美收买被拐卖的儿童抚养,对被拐卖的儿童没有虐待,未阻碍解救,可依法从轻处罚。依照刑法有关规定,以拐卖儿童罪判处被告人余镇有期徒刑五年,并处罚金人民币3万元;以拐卖儿童罪判处被告人高敏有期徒刑三年,缓刑三年,并处罚金人民币1万元;以收买被拐卖的儿童罪判处被告人黄思美有期徒刑六个月,缓刑一年。宣判后,余镇提出上诉。安徽省淮北市中级人民法院经依法审理,裁定驳回上诉,维持原判。判决已发生法律效力。

【典型意义】

本案是一起出卖亲生子女构成犯罪的典型案例。当前,在司法机关严厉打击下,采取绑架、抢夺、偷盗、拐骗等手段控制儿童后进行贩卖的案件明显下降,但父母出卖亲生子女的案件仍时有发生。子女不是父母的私有财产,孩子应该享有独立人格尊严,绝不允许买卖。根据2010年《最高人民法院、最高人民检察院、公安部、司法部关于依法惩治拐卖妇女儿童犯罪的意见》有关规定,以非法获利为目的,出卖亲生子女的,应当以拐卖妇女、儿童罪论处。本案中,被告人余镇在妻子怀孕期间即联系被告人高敏物色买家,商定价格,妻子生育后采取欺骗方式将婴儿抱走卖给他人,故法院依法以拐卖儿童罪对其定罪判刑。没有买就没有卖,收买与拐卖相伴而生,《刑法修正案(九)》对收买被拐卖的妇女、儿童罪作了重大修改,删除了原规定具备特定情节可以不追究刑事责任的条款,体现了对买方加大惩治力度的精神。本案被告人黄思美主观上虽然是为帮助他人收养而收买被拐卖的儿童,但其行为同样构成犯罪,法院对其依法定罪判刑,具有重要警示教育意义。

审慎审查追诉漏罪　严厉打击拐卖儿童犯罪

(2019年12月20日最高人民检察院发布)

【基本案情】

2018年,广西省博白县人民检察院在审查小雨(14岁,边缘智力)3次被拐卖案时发现,林某、黄某在收买小雨后,均曾与小雨同居后又将其出卖,且可能明知小雨系未满14周岁的幼女仍与其发生性关系,检察机关依法追加认定林某、黄某在拐卖过程中存在强奸行为,并对收买被拐卖儿童的卜某追加认定强奸罪,依法向法院提起公诉。法院以林某、黄某犯拐卖儿童罪,且有强奸情节加重判处有期徒刑十年,剥夺政治权利一年,并处罚金人民币2万元;以卜某犯强奸罪、收买被拐卖的儿童罪,数罪并罚判处有期徒刑九年六个月;对其余6名同案犯分别判处有期徒刑四年六个月至二年不等。

【典型意义】

本案是一起幼女被连续拐卖并遭受性侵害的案例。被害人被拐卖三次,环节多、涉案人数多。检察机关在履行检察职能过程中注重细节审查、及时发现强奸事实后追加起诉并获得法院支持,有效维护了未成年人合法权益。

刑法第二百四十一条(收买被拐卖的妇女、儿童罪)

第二百四十一条①　收买被拐卖的妇女、儿童的,处三年以下有期徒刑、拘役或者管制。

收买被拐卖的妇女,强行与其发生性关系的,依照本法第二百三十六条的规定定罪处罚。

收买被拐卖的妇女、儿童,非法剥夺、限制其人身自由或者有伤害、侮辱等犯罪行为的,依照本法的有关规定定罪处罚。

收买被拐卖的妇女、儿童,并有第二款、第三款规定的犯罪行为的,依照数罪并罚的规定处罚。

收买被拐卖的妇女、儿童又出卖的,依照本法第二百四十条的规定定罪处罚。

收买被拐卖的妇女、儿童,对被买儿童没有虐待行为,不阻碍对其进行解救的,可以从轻处罚;按照被买妇女的意愿,不阻碍其返回原居住地的,可以从轻或者减轻处罚。

---

① 本条第六款根据《刑法修正案(九)》(2015年11月1日起施行)第十五条修改。

原本条第六款内容为:收买被拐卖的妇女、儿童,按照被买妇女的意愿,不阻碍其返回原居住地的,对被买儿童没有虐待行为,不阻碍对其进行解救的,可以不追究刑事责任。

修改的主要内容为:一是对收买妇女和儿童的行为一律规定为犯罪;二是根据情节,对收买儿童的可从轻处罚,对收买妇女的可从轻或减轻处罚。

李中梅收买被拐卖的儿童案

（2010 年 8 月 31 日最高人民法院发布）

【基本案情】

被告人李中梅，女，汉族，1969 年 3 月 6 日出生，农民。

2007 年 10 月至 2009 年初，安廷早、谢长府、孟凡成、马印秀、孟令民、阚中琴（均已判刑）在山西省忻州市、山东省临沂市等地分别结伙拐卖 13 名儿童。被告人李中梅已生育两名女孩，得知安廷早系拐卖儿童的人贩子，遂请求其帮忙购买男婴"收养"。2008 年 1 月，经安廷早联系，李中梅随安廷早去山西省忻州市，收买被拐卖的男婴一名，李中梅向安廷早支付 36000 元。2008 年 10 月，经李中梅介绍，王新芝（同案被告人，已判刑）从安廷早、谢长府处收买一名被拐卖的男婴。

【裁判结果】

法院认为，被告人李中梅明知是被拐卖的儿童仍予以收买，并帮助他人收买被拐卖的儿童，其行为已构成收买被拐卖的儿童罪。鉴于李中梅收买儿童系为了私自收养，且归案后认罪态度好，依法对其判处有期徒刑二年，缓刑三年。

蔡顺光收买被拐卖的妇女案

（2011 年 3 月 24 日最高人民法院发布）

【基本案情】

被告人蔡顺光，男，汉族，1980 年 12 月 3 日出生，农民。

2008 年农历四月的一天上午，在福建省霞浦县下浒镇延亭村长沙自然村后门山一偏僻树林内，被告人蔡顺光从"陈伟"（另案处理）手中以 33000 元收买了被拐卖的被害人王某某"做老婆"。公安机关接到被害人父亲报案，前往解救王某某时，蔡顺光提前将王某某转移到霞浦县城松城街道燕窝里租房居住，由蔡顺光的母亲林水玉看管，自己则到霞浦县海岛乡渔船上打工。2010 年 1 月 3 日，公安机关在蔡顺光的租住房内解救出王某某。两天后，王某某产下一男婴，现由林水玉抚养。王某某已返回原籍。同年 2 月 1 日，蔡顺光在霞浦县海岛乡一出租房内被公安机关抓获。

【裁判结果】

法院认为,被告人蔡顺光明知被害人王某某是被拐卖的妇女而予以收买,并用转移被害人的方法阻碍解救,其行为已构成收买被拐卖的妇女罪,依法应当追究刑事责任。蔡顺光收买王某某后,没有实施摧残、虐待行为并欲与王某某形成稳定的婚姻家庭关系,可以从轻处罚。综上,根据蔡顺光的犯罪事实、性质、情节及对社会的危害程度,依法以收买被拐卖的妇女罪判处被告人蔡顺光有期徒刑八个月。

彭成坤、孟凡俊收买被拐卖的儿童案

(2012 年 5 月 30 日最高人民法院发布)

【基本案情】

被告人彭成坤,男,汉族,1973 年 11 月 14 日出生,农民。

被告人孟凡俊,女,汉族,1971 年 5 月 19 日出生,农民。

2006 年至 2009 年间,王彩云、胡尊芝、刘霞、庞自粉、陈夫国、刘庆粉、陈夫刚(均已判刑)等人在山东省临沂市市区、临沭县等地交叉结伙,贩卖儿童 18 名,牟取非法利益。其中,2009 年 10 月,被告人彭成坤、孟凡俊经左振友介绍,通过陈夫国的帮助,以 44000 元的价格从王彩云处收买一名男婴抚养。破案后,被拐儿童已解救。

【裁判结果】

法院认为,被告人彭成坤、孟凡俊收买被拐卖的儿童,其行为均已构成收买被拐卖的儿童罪。鉴于二被告人对所收买的儿童没有摧残、虐待,公安机关解救时亦未进行阻碍,故酌情从轻处罚,依法分别判处二人有期徒刑一年,缓刑二年。

王尔民收买被拐卖的妇女、非法拘禁、强奸案

(2015 年 2 月 27 日最高人民法院发布)

【基本案情】

被告人王尔民因妻子不能生育而欲收买妇女为其生子。2013 年 6 月,王尔

民以 1 万元从张正见、武仲廷(均系同案被告人,已判刑)处将被害人杨某(女,患有精神分裂症)收买回家。为防止杨某逃跑,王尔民将杨某关在家中杂物间,并用铁链锁住杨某的双脚,将杨某的一只手锁在一块大石头上。其间,王尔民多次与杨某发生性关系。同年 7 月 12 日,杨某被公安机关解救。

【裁判结果】

江苏省睢宁县人民法院经审理认为,王尔民收买被拐卖的妇女后非法限制其自由,明知该妇女患有精神病,还多次与其发生性关系,其行为分别构成收买被拐卖的妇女罪、非法拘禁罪和强奸罪,应依法并罚。依照刑法有关规定,对王尔民以收买被拐卖的妇女罪判处有期徒刑一年六个月;以非法拘禁罪判处有期徒刑二年六个月;以强奸罪判处有期徒刑七年,决定执行有期徒刑十年。

【典型意义】

本案是一起因收买被拐卖的妇女被判刑的典型案例。实践中,收买被拐卖的妇女不仅侵犯了妇女的人格尊严,还往往滋生出非法拘禁、强奸、伤害、侮辱等其他犯罪,严重侵犯了妇女的人身权利,社会危害不容低估,一些群众对"买主"盲目同情的错误观念亦应纠正。

卢晓旭拐骗儿童案

(2017 年 6 月 1 日最高人民法院发布)

【基本案情】

2015 年 9 月 20 日 16 时许,被告人卢晓旭(女)以收取卫生费为名,在天津市河西区上门行骗时,见被害人夏某(女,13 岁)独自在家,意欲让夏某跟随其一起行骗,遂谎称与夏某父亲相识,骗取夏某信任后将夏某从家中带离,致使夏某脱离监护人监管。后因发现夏某不具备与其共同行骗的可能性,卢晓旭于同年 9 月 23 日晚带夏某搭乘出租车,后借故离开,将夏某独自留在车内。出租车司机了解情况后,将夏某送回家中。同月 24 日,公安人员将卢晓旭抓获。

【裁判结果】

天津市河西区人民法院经审理认为,被告人卢晓旭以欺骗的方法拐骗儿童脱离家庭和监护人监管,其行为已构成拐骗儿童罪。卢晓旭到案后如实供述自己的罪行,依法可从轻处罚。依照刑法有关规定,以拐骗儿童罪判处被告人卢晓旭有期徒刑二年六个月。宣判后,卢晓旭未提出上诉,检察机关未抗诉,判决已发生法律效力。

【典型意义】

家庭监护是保护儿童安全的最重要方式。家长对儿童的监护权以及儿童受家长的保护权均受法律保护,他人未经监护人同意或授权,不得以任何形式私自将儿童带走,使之脱离家庭和监护人。根据我国刑法第二百六十二条规定,拐骗不满 14 周岁的未成年人脱离家庭或者监护人的行为,构成拐骗儿童罪。本案被告人卢晓旭拐骗儿童虽然不是为了出卖,在拐骗过程中也没有实施其他加害行为,但其编造谎言,将未满 14 周岁的儿童从家中骗出,使之长时间脱离家长的监护,侵犯了家长对儿童的监护权及儿童受家长保护权,也严重威胁到儿童的人身安全,已构成犯罪。法院对本案被告人的依法惩处,彰显了对家庭关系和儿童合法权益的保护力度,同时也昭告大众,在未经家长同意和授权的情况下,不论以何种形式私自将儿童带走,使之脱离家庭和监护人的行为都是违法行为,都将受到法律的惩处。拐骗儿童的犯罪行为,使受骗儿童的心灵遭受严重创伤,给儿童的父母和其他亲人造成极大的痛苦,也给群众的正常生活秩序带来威胁。因此,不论其动机、目的如何,都不应轻视其社会危害性,必须给予应有的惩处。

刑法第二百四十三条(诬告陷害罪)

第二百四十三条 捏造事实诬告陷害他人,意图使他人受刑事追究,情节严重的,处三年以下有期徒刑、拘役或者管制;造成严重后果的,处三年以上十年以下有期徒刑。

国家机关工作人员犯前款罪的,从重处罚。

不是有意诬陷,而是错告,或者检举失实的,不适用前两款的规定。

宋某诬告陷害案

(2017 年 2 月 7 日最高人民法院发布)

【基本案情】

宋某因交通事故纠纷于 2009 年 10 月 19 日向法院提起民事诉讼,郑州市二七区人民法院经审理,判决李某强支付宋某各项损失 9 万余元。由于李某强未履行判决确定的赔偿义务,宋某向法院申请执行。由于李某强一直未到案,经查找其名下无财产可供执行,法院在执行过程中先后申请救助基金 5 万元发放给宋某。后经对担保人李某军(李某强父亲)采取执行措施,李某军缴纳了执行款 3.8 万元。加上此案在审理期间已向宋某发放救助金 1 万元,截至 2014 年 4 月 30 日,宋某领取案件款项达 9.8 万余元,已实现判决确定的全部债权,宋某亦向法院出具结案证明。

2014 年 6 月 3 日以来,宋某多次向市区两级纪委、党委政法委、检察院、新华社等单位领导发送举报信息,称二七区法院工作人员孙某宁、李某欢克扣、截留其执行款 4.5 万元,意图使其受到刑事追究。2014 年 6 月 5 日,二七区纪委接到市纪委转来的署名短信举报后,立即成立调查组对反映的问题进行了核实。经查,并未发现孙某宁、李某欢有任何克扣、截留执行款项的行为。

【处理结果】

《中华人民共和国刑法》第二百四十三条第一款规定:"捏造事实诬告陷害他人,意图使他人受刑事追究,情节严重的,处三年以下有期徒刑、拘役或者管制;造成严重后果的,处三年以上十年以下有期徒刑。"根据上述法律规定,新郑市人民检察院对宋某依法提起公诉,新郑市人民法院经审理,认定宋某捏造犯罪事实、意图陷他人于刑事追诉之中,造成恶劣社会影响,其行为已构成诬告陷害罪,故判处宋某有期徒刑一年六个月。一审判决宣告后,宋某不服,提起上诉。郑州市中级人民法院经审理,裁定驳回上诉,维持原判。

【典型意义】

提升司法公信力不仅要求司法案件的结果公正,也要求司法人员的形象符合中立、公正的客观标准。司法人员的社会声誉是司法机关公正形象的重要载体,恶意贬损法官形象就是诋毁司法公信。当事人对裁判结果或者法院工作人员司法作风不满,可以通过上诉、申请再审、信访投诉举报等多种合法途径反映情况、表达诉求,但决不能毫无根据地随意指责司法人员贪腐或有其他犯罪行为。没有确凿证据,甚至故意捏造事实、散布谣言,轻易对法官、审判辅助人员提出性质严重的指控,不仅是对法院工作人员的人格污蔑,也是对司法公信的恶意破坏,更是对社会公共利益的肆意侵犯。《人民法院落实〈保护司法人员依法履行法定职责规定〉的实施办法》第十三条规定,法官因依法履职遭受不实举报、诬告陷害致使名誉受到损害的,其所在人民法院应当会同有关部门及时澄清事实,消除不良影响,维护法官良好声誉,并依法追究相关单位或者个人的责任。本案中,宋某故意捏造事实、进行虚假告发,导致有关单位对相关人员展开调查,给司法人员工作造成巨大压力、正常生活受到严重影响。法院依法对其判处刑罚,不仅是对法院干警的关心爱护,也是为司法人员依法履职提供制度保障的必要举措。

刑法第二百四十四条（强迫劳动罪）

> 第二百四十四条① 以暴力、威胁或者限制人身自由的方法强迫他人劳动的,处三年以下有期徒刑或者拘役,并处罚金;情节严重的,处三年以上十年以下有期徒刑,并处罚金。
>
> 明知他人实施前款行为,为其招募、运送人员或者有其他协助强迫他人劳动行为的,依照前款的规定处罚。
>
> 单位犯前两款罪的,对单位判处罚金,并对其直接负责的主管人员和其他直接责任人员,依照第一款的规定处罚。

范刚等强迫劳动案

（2015 年 8 月 31 日最高人民法院公布）

【基本案情】

被告人范刚、李苑玮是夫妻关系,租用广州市越秀区王圣堂大街十一巷 16 号 201 房做手表加工及住宿场所。2013 年 4 月至 10 月间,被告人范刚与李苑玮以招工为名,先后从中介处招来钟成（案发时 16 岁）、苏添园（案发时 13 岁）、周燊（案发时 15 岁）三名被害人,使用锁门禁止外出的方法强迫三名被害人在该处从事手表组装工作。其间,被告人范刚对被害人钟成、周燊有殴打行为,被告人李苑玮对三名被害人有语言威胁的行为,被告人罗春龙于 2013 年 5 月入职后协助被告人范刚看管三名被害人。2013 年 10 月 20 日,经被害人报警,公安人员到场解救了三名被害人,并将被告人范刚、李苑玮、罗春龙抓获归案。经法医鉴定,被害人钟成和周燊的头部、颈部、臂部受伤,损伤程度属轻微伤。

---

① 本条根据《刑法修正案（八）》（2011 年 5 月 1 日起施行）第三十八条修改。

原本条规定为:"用人单位违反劳动管理法规,以限制人身自由方法强迫职工劳动,情节严重的,对直接责任人员,处三年以下有期徒刑或者拘役,并处或者单处罚金。"

修改的内容为:一是取消了只有"用人单位"才构成本罪的限制;二是取消了构成本罪须"违反劳动管理法规"的限制;三是补充规定对帮助和协助他人实施强迫劳动的行为按本罪处理;四是提高了本罪的法定刑,增加了"情节严重的,处三年以上十年以下有期徒刑,并处罚金"。

【裁判结果】

广东省广州市越秀区人民法院经审理认为,被告人范刚、李苑玮、罗春龙以暴力、胁迫和限制人身自由的方法强迫未成年人劳动,其行为均侵犯了他人的人身权利,共同构成强迫劳动罪,情节严重。被告人范刚在共同犯罪中起主要作用,应认定为主犯;被告人李苑玮、罗春龙在共同犯罪中起次要或辅助作用,应认定为从犯,依法应当从轻处罚。被告人范刚、李苑玮自愿认罪,能如实供述自己的罪行,依法可以从轻处罚。依照刑法有关规定,认定被告人范刚犯强迫劳动罪,判处有期徒刑三年,并处罚金 1 万元;被告人李苑玮犯强迫劳动罪,判处有期徒刑十个月,并处罚金 5000 元;被告人罗春龙犯强迫劳动罪,判处有期徒刑七个月,并处罚金 1000 元。宣判后,没有上诉、抗诉。判决已发生法律效力。

【典型意义】

本案是一起典型的以限制人身自由的方法强迫未成年人劳动的案件。三名被害人在案发时均未成年,最大的 16 周岁、最小的年仅 13 周岁。未成年人由于其心智发育尚未成熟,自我保护的能力较弱。被告人范刚等人专门招收未成年人进行强迫劳动,更突显了其行为的强迫性和违法性。在目前侵犯未成年人权益的案件频频发生的现状下,国家对未成年人的保护给予了高度重视。最高人民法院《〈刑法修正案(八)〉条文及配套司法解释理解与适用》规定,强迫劳动罪的"情节严重"包括强迫未成年人劳动的情形,不论人数多少。故本案符合"情节严重"的情形,对主犯应在 3 年以上量刑。本案的三名未成年被害人是因外出贪玩或外出打工而遇险,本案警示家长们一定要特别注意未成年子女在外的人身安全,最好不要让未成年子女独自外出打工。

刑法第二百四十六条(侮辱罪,诽谤罪)

第二百四十六条[1]　以暴力或者其他方法公然侮辱他人或者捏造事实诽谤他人,情节严重的,处三年以下有期徒刑、拘役、管制或者剥夺政治权利。

前款罪,告诉的才处理,但是严重危害社会秩序和国家利益的除外。

通过信息网络实施第一款规定的行为,被害人向人民法院告诉,但提供证据确有困难的,人民法院可以要求公安机关提供协助。

---

① 《全国人民代表大会常务委员会关于维护互联网安全的决定》(2000 年 12 月 18 日)第四条规定:对"利用互联网侮辱他人或者捏造事实诽谤他人",构成犯罪的,依照刑法有关规定追究刑事责任。

郎某、何某诽谤案

（最高人民检察院第十三届检察委员会会议决定 2022年2月21日发布）

【关键词】

网络诽谤 严重危害社会秩序 能动司法 自诉转公诉

【要旨】

利用信息网络诽谤他人,破坏公众安全感,严重扰乱网络社会秩序,符合刑法第二百四十六条第二款"严重危害社会秩序"的,检察机关应当依法履行追诉职责,作为公诉案件办理。对公安机关未立案侦查,被害人已提出自诉的,检察机关应当处理好由自诉向公诉程序的转换。

【基本案情】

被告人郎某,男,1993年出生,个体工商户。

被告人何某,男,1996年出生,务工。

被害人谷某,女,1992年出生,务工。

2020年7月7日18时许,郎某在杭州市余杭区某小区东门快递驿站内,使用手机偷拍正在等待取快递的被害人谷某,并将视频发布在某微信群。后郎某、何某分别假扮快递员,捏造谷某结识快递员并多次发生不正当性关系的微信聊天记录。为增强聊天记录的可信度,郎某、何某还捏造"赴约途中""约会现场"等视频、图片。7月7日至7月16日期间,郎某将上述捏造的微信聊天记录截图39张及视频、图片陆续发布在该微信群,引发群内大量低俗、侮辱性评论。

8月5日,上述偷拍的视频以及捏造的微信聊天记录截图27张被他人合并转发,并相继扩散到110余个微信群（群成员约2.6万）、7个微信公众号（阅读数2万余次）及1个网站（浏览量1000次）等网络平台,引发大量低俗、侮辱性评论,严重影响了谷某的正常工作生活。

8月至12月,此事经多家媒体报道引发网络热议,其中,仅微博话题"被造谣出轨女子至今找不到工作"阅读量就达4.7亿次、话题讨论5.8万人次。该事件在网络上广泛传播,给广大公众造成不安全感,严重扰乱了网络社会公共秩序。

【检察履职情况】

（一）推动案件转为公诉程序办理

2020年8月7日,谷某就郎某、何某涉嫌诽谤向浙江省杭州市公安局余杭分局报案。8月13日,余杭分局作出对郎某、何某行政拘留9日的决定。10月26日,谷某委托诉讼代理人向浙江省杭州市余杭区人民法院提起刑事自诉,并根据法院通知补充提交了相关材料。12月14日,法院立案受理并对郎某、何某采取取保候审强制措施。

因相关事件及视频在网络上进一步传播、蔓延,案件情势发生重大变化。检察机关认为,郎某、何某的行为不仅侵害被害人的人格权,而且经网络迅速传播,已经严重扰乱网络社会公共秩序。由于本案被侵害对象系随意选取,具有不特定性,任何人都可能成为被侵害对象,严重破坏了广大公众安全感。对此类案件,由自诉人收集证据并达到事实清楚、证据确实、充分的证明标准难度很大,只有通过公诉程序追诉才能及时、有效收集、固定证据,依法惩罚犯罪、维护社会公共秩序。12月22日,浙江省杭州市余杭区人民检察院建议公安机关立案侦查。

12月25日,余杭分局对郎某、何某涉嫌诽谤罪立案侦查。12月26日,谷某向余杭区人民法院撤回起诉。

（二）引导侦查取证

余杭区人民检察院围绕诽谤罪"情节严重"的标准以及"严重危害社会秩序"的公诉情形,向公安机关提出对诽谤信息传播侵害被害人人格权与社会秩序、公众安全感遭受破坏的相关证据一并收集固定的意见。公安机关经侦查,及时收集、固定了诽谤信息传播扩散情况、引发的低俗评论以及该案给广大公众造成的不安全感等关键证据。

（三）审查起诉

2021年1月20日,余杭分局将该案移送审查起诉。余杭区人民检察院审查认为,郎某、何某为寻求刺激、博取关注,捏造损害他人名誉的事实,在网络上散布,造成该信息被大量阅读、转发,严重侵害谷某的人格权,导致谷某被公司劝退,随后多次求职被拒,使谷某遭受一定经济损失,社会评价也遭受严重贬损,且二被告人侵害对象选择随意,造成不特定公众恐慌和社会安全感、秩序感下降;诽谤信息在网络上大范围流传,引发大量低俗评论,对网络公共秩序造成严重冲击,严重危害社会秩序,符合刑法第二百四十六条第二款"严重危害社会秩序"的规定。

2月26日,余杭区人民检察院依法对郎某、何某以涉嫌诽谤罪提起公诉。鉴于二被告人认罪认罚,对被害人进行赔偿并取得谅解,余杭区人民检察院对二被告人提出有期徒刑一年,缓刑二年的量刑建议。

（四）指控与证明犯罪

2021年4月30日,余杭区人民法院依法公开开庭审理本案。庭审中,二被告人再次表示认罪认罚。

辩护人对检察机关指控事实、定性均无异议。郎某的辩护人提出,诽谤信息的传播介入了他人的编辑、转发,属于多因一果。公诉人答辩指出,郎某作为成年人应当知道网络具有开放性、不可控性,诽谤信息会被他人转发或者评论,因此,他人的扩散行为应当由其承担责任。而且,被他人转发,恰恰说明该诽谤信息对社会秩序的破坏。

(五)处理结果

余杭区人民法院审理后当庭宣判,采纳检察机关指控的犯罪事实和量刑建议,判决二被告人有期徒刑一年,缓刑二年。宣判后,二被告人未提出上诉,判决已生效。

【指导意义】

(一)准确把握网络诽谤犯罪"严重危害社会秩序"的认定条件。网络涉及面广、浏览量大,一旦扩散,往往造成较大社会影响,与传统的发生在熟人之间、社区传播形式的诽谤案件不同,通过网络诽谤他人,诽谤信息经由网络广泛传播,严重损害被害人人格权,如果破坏了公序良俗和公众安全感,严重扰乱网络社会公共秩序的,应当认定为《最高人民法院、最高人民检察院关于办理利用信息网络实施诽谤等刑事案件适用法律若干问题的解释》第三条第七项规定的"其他严重危害社会秩序的情形"。对此,可以根据犯罪方式、对象、内容、主观目的、传播范围和造成后果等,综合全案事实、性质、情节和危害程度等予以评价。

(二)坚持能动司法,依法惩治网络诽谤犯罪。网络诽谤传播广、危害大、影响难消除,被害人往往面临举证难、维权难,通过自诉很难实现权利救济,更无法通过自诉有效追究犯罪嫌疑人刑事责任。如果网络诽谤犯罪侵害了社会公共利益,就应当适用公诉程序处理。检察机关要适应新时代人民群众对人格尊严保护的更高需求,针对网络诽谤犯罪的特点,积极主动履职,加强与其他执法司法机关沟通协调,依法启动公诉程序,及时有效打击犯罪,加强对公民人格权的刑法保护,维护网络社会秩序,营造清朗网络空间。

(三)被害人已提起自诉的网络诽谤犯罪案件,因同时侵害公共利益需要适用公诉程序办理的,应当依法处理好程序转换。对自诉人已经提起自诉的网络诽谤犯罪案件,检察机关审查认为属于"严重危害社会秩序",应当适用公诉程序的,应当履行法律监督职责,建议公安机关立案侦查。在公安机关立案后,对自诉人提起的自诉案件,人民法院尚未受理的,检察机关可以征求自诉人意见,由其撤回起诉。人民法院对自诉人的自诉案件受理以后,公安机关又立案的,检察机关可以征求自诉人意见,由其撤回起诉,或者建议人民法院依法裁定终止自诉案件的审理,以公诉案件审理。

【相关规定】(略)

岳某侮辱案

（最高人民检察院第十三届检察委员会会议决定　2022 年 2 月 21 日发布）

【关键词】

网络侮辱　裸照　情节严重　严重危害社会秩序　公诉程序

【要旨】

利用信息网络散布被害人的裸体视频、照片及带有侮辱性的文字,公然侮辱他人,贬损他人人格、破坏他人名誉,导致出现被害人自杀等后果,严重危害社会秩序的,应当按照公诉程序,以侮辱罪依法追究刑事责任。

【基本案情】

被告人岳某,男,1982 年出生,农民。

被害人张某,女,殁年 34 岁。

岳某与张某二人系同村村民,自 2014 年开始交往。交往期间,岳某多次拍摄张某裸露身体的照片和视频。2020 年 2 月,张某与岳某断绝交往。岳某为报复张某及其家人,在自己的微信朋友圈、快手 App 散布二人交往期间拍摄的张某的裸体照片、视频,并发送给张某的家人。后岳某的该快手账号因张某举报被封号。5 月,岳某再次申请快手账号,继续散布张某的上述视频及写有侮辱性文字的张某照片,该快手 App 散布的视频、照片的浏览量达到 600 余次。

上述侮辱信息在当地迅速扩散、发酵,造成恶劣社会影响。同时,岳某还多次通过电话、微信骚扰、挑衅张某的丈夫。张某倍受舆论压力,最终不堪受辱服毒身亡。

【检察履职情况】

（一）审查逮捕

2020 年 7 月 6 日,张某的丈夫以张某被岳某强奸为由到公安机关报案。7 月 7 日,河北省肃宁县公安局立案侦查。7 月 13 日,肃宁县公安局以岳某涉嫌强奸罪向河北省肃宁县人民检察院提请批准逮捕。

肃宁县人民检察院审查认为,因张某死亡,且无其他证据,无法证实岳某实施了强奸行为,但岳某为报复张某,将张某的裸体视频及带有侮辱性文字的照片发送到微信朋友圈和快手等网络平台,公然贬损张某人格、破坏其名誉,致张某自杀,情节严重,应当以侮辱罪追究其刑事责任。岳某侮辱他人,在当地造成恶劣影响,范围较广,严重危害社会秩序,应当适用公诉程序追诉。7 月 20 日,肃宁县人民检察院以岳某涉嫌侮辱罪对其批准逮捕。

(二)审查起诉

2020 年 9 月 18 日,肃宁县公安局以岳某涉嫌侮辱罪移送审查起诉。肃宁县人民检察院受理后,根据审查情况,要求公安机关向腾讯、快手公司补充调取岳某的账号信息及发布内容,确定发布内容的浏览量,以及在当地造成的社会影响。审查后,肃宁县人民检察院于 10 月 9 日以岳某涉嫌侮辱罪提起公诉,并结合认罪认罚情况,对岳某提出有期徒刑二年八个月的量刑建议。

(三)指控与证明犯罪

2020 年 11 月 25 日,河北省肃宁县人民法院依法不公开开庭审理本案。

被告人岳某表示认罪认罚。岳某的辩护人提出,岳某的行为不构成犯罪。一是岳某的行为属于民事侵权行为,散布隐私尚未达到"情节严重";二是岳某出于专门散布张某隐私视频和照片的目的而开设快手账号,两个账号粉丝共 4 人,不会有粉丝以外的人浏览,不符合侮辱罪"公然性"要求。公诉人答辩指出,岳某的行为已构成侮辱罪。一是张某因岳某的侮辱行为而自杀,该侮辱行为与死亡结果存在因果关系,属于"情节严重";二是侮辱行为具有"公然性"。岳某将被害人的裸照、视频发送到网络上,使不特定多数人均可以看到,符合侮辱罪"公然性"的规定。而且,快手 App 并非只有成为粉丝才能浏览,粉丝人数少不代表浏览人数少,在案证据证实视频和照片的浏览量分别为 222 次、429 次,且证人岳某坤等证实曾接收到快手同城推送的带有侮辱性文字的张某照片。

(四)处理结果

2020 年 12 月 3 日,肃宁县人民法院作出判决,采纳检察机关指控的犯罪事实和量刑建议,以侮辱罪判处岳某有期徒刑二年八个月。判决宣告后,岳某未提出上诉,判决已生效。

【指导意义】

(一)侮辱他人行为恶劣或者造成被害人精神失常、自残、自杀等严重后果的,可以认定为"情节严重"。行为人以破坏他人名誉、贬低他人人格为目的,故意在网络上对他人实施侮辱行为,如散布被害人的个人隐私、生理缺陷等,情节严重的,应当认定为侮辱罪。侮辱罪"情节严重",包括行为恶劣、后果严重等情形,如当众撕光妇女衣服的,当众向被害人泼洒粪便、污物的,造成被害人或者其近亲属精神失常、自残、自杀的,二年内曾因侮辱受过行政处罚又侮辱他人的,在网络上散布被害人隐私导致被广泛传播的,以及其他情节严重情形。

(二)侮辱罪"严重危害社会秩序"可以结合行为方式、社会影响等综合认定。侮辱罪属于告诉才处理的犯罪,但严重危害社会秩序和国家利益的除外。

行为人利用信息网络侮辱他人犯罪案件中,是否属于"严重危害社会秩序"的情形,可以根据《最高人民法院、最高人民检察院关于办理利用信息网络实施诽谤等刑事案件适用法律若干问题的解释》的相关规定予以认定。行为人在网络上散布被害人裸照、视频等严重侵犯他人隐私的信息,造成恶劣社会影响的;或者在网络上散布侮辱他人的信息,导致对被害人产生大量负面评价,造成恶劣社会影响的;不仅侵害被害人人格权,而且严重扰乱社会秩序的,可以认定为"其他严重危害社会秩序的情形",按照公诉程序依法追诉。

(三)准确认定利用网络散布他人裸照、视频等隐私的行为性质。行为人在与被害人交往期间,获得了被害人的裸照、视频等,无论其获取行为是否合法,是否得到被害人授权,只要恶意对外散布,均应当承担相应法律责任,情节严重的,要依法追究刑事责任。对上述行为认定为侮辱罪还是强制侮辱罪,要结合行为人的主客观方面综合判断。如果行为人以破坏特定人名誉、贬低特定人人格为目的,故意在网络上对特定对象实施侮辱行为,情节严重的,应当认定为侮辱罪。如果行为人出于寻求精神刺激等动机,以暴力、胁迫或者其他方式,对妇女进行身体或者精神强制,使之不能反抗或者不敢反抗,进而实施侮辱的行为,应当认定为强制侮辱罪。

【相关规定】(略)

刑法第二百五十三条之一(侵犯公民个人信息罪)

> **第二百五十三条之一**①　违反国家有关规定,向他人出售或者提供公民个人信息,情节严重的,处三年以下有期徒刑或者拘役,并处或者单处罚金;情节特别严重的,处三年以上七年以下有期徒刑,并处罚金。

---

①　本条根据《刑法修正案(九)》(2015 年 11 月 1 日起施行)第十七条修改。

原本条根据《刑法修正案(七)》(2009 年 2 月 28 日起施行)第七条增加。内容为:"国家机关或者金融、电信、交通、教育、医疗等单位的工作人员,违反国家规定,将本单位在履行职责或者提供服务过程中获得的公民个人信息,出售或者非法提供给他人,情节严重的,处三年以下有期徒刑或者拘役,并处或者单处罚金。

"窃取或者以其他方法非法获取上述信息,情节严重的,依照前款的规定处罚。

"单位犯前两款罪的,对单位判处罚金,并对其直接负责的主管人员和其他直接责任人员,依照各该款的规定处罚。"

修改的主要内容为:一是删除了"国家机关或者金融、电信、交通、教育、医疗等单位的工作人员"的主体限制;二是将"违反国家规定"修改为"违反国家有关规定";三是将"向他人出售或者提供公民个人信息,情节严重的"规定为犯罪;四是"将本单位在履行职责或者提供服务过程中获得的公民个人信息,出售或者非法提供给他人"的行为修改为本罪的"从重处罚"情节,并调整为第二款;五是将原第二款调整为第三款,原第三款调整为第四款。

　　违反国家有关规定,将在履行职责或者提供服务过程中获得的公民个人信息,出售或者提供给他人的,依照前款的规定从重处罚。

　　窃取或者以其他方法非法获取公民个人信息的,依照第一款的规定处罚。

　　单位犯前三款罪的,对单位判处罚金,并对其直接负责的主管人员和其他直接责任人员,依照各该款的规定处罚。

柯某侵犯公民个人信息案

（最高人民检察院第十三届检察委员会会议决定　2022年2月21日发布）

【关键词】

侵犯公民个人信息　业主房源信息　身份识别　信息主体另行授权

【要旨】

业主房源信息是房产交易信息和身份识别信息的组合,包含姓名、通信通讯联系方式、住址、交易价格等内容,属于法律保护的公民个人信息。未经信息主体另行授权,非法获取、出售限定使用范围的业主房源信息,系侵犯公民个人信息的行为,情节严重、构成犯罪的,应当依法追究刑事责任。检察机关办理案件时应当对涉案公民个人信息具体甄别,筛除模糊、无效及重复信息,准确认定侵犯公民个人信息数量。

【基本案情】

被告人柯某,男,1980年出生,系安徽某信息技术有限公司经营者,开发了"房利帮"网站。

2016年1月起,柯某开始运营"房利帮"网站并开发同名手机App,以对外售卖上海市二手房租售房源信息为主营业务。运营期间,柯某对网站会员上传真实业主房源信息进行现金激励,吸引掌握该类信息的房产中介人员（另案处理）注册会员并向网站提供信息,有偿获取了大量包含房屋门牌号码及业主姓名、电话等非公开内容的业主房源信息。

柯某在获取上述业主房源信息后,安排员工冒充房产中介人员逐一电话联系业主进行核实,将有效的信息以会员套餐形式提供给网站会员付费查询使用。上述员工在联系核实信息过程中亦未如实告知业主获取、使用业主房源信息的情况。

自 2016 年 1 月至案发,柯某通过运营"房利帮"网站共非法获取业主房源信息 30 余万条,以会员套餐方式出售获利达人民币 150 余万元。

上海市公安局金山分局在侦办一起侵犯公民个人信息案时,发现该案犯罪嫌疑人非法出售的部分信息购自"房利帮"网站,根据最高人民法院、最高人民检察院、公安部《关于办理网络犯罪案件适用刑事诉讼法若干问题的意见》的规定,柯某获取的均为上海地区的业主信息,遂对柯某立案侦查。

【检察履职情况】

(一)引导侦查取证

2017 年 11 月 17 日,金山分局以柯某涉嫌侵犯公民个人信息罪向上海市金山区人民检察院提请批准逮捕。

11 月 24 日,金山区人民检察院作出批准逮捕决定,并建议公安机关从电子数据、言词证据两方面,针对信息性质和经营模式继续取证。公安机关根据建议,一是调取了完整的运营数据库进行鉴定,确认了信息数量;二是结合"房利帮"网站员工证言,进一步向柯某确认了该公司是由其个人控制经营,以有偿获取、出售个人信息为业,查明本案属自然人犯罪而非单位犯罪。

(二)审查起诉

2018 年 1 月 19 日,金山分局将本案移送审查起诉。经退回补充侦查并完善证据,查清了案件事实。一是对信息数据甄别去重,结合网站的资金支出和柯某供述,进一步明确了有效业主房源信息的数量;二是对相关业主开展随机调查,证实房产中介人员向"房利帮"网站上传信息未经业主事先同意或者另行授权,以及业主在信息泄露后频遭滋扰等情况。

7 月 27 日,金山区人民检察院以柯某涉嫌侵犯公民个人信息罪提起公诉。

(三)指控与证明犯罪

2019 年 1 月 16 日,上海市金山区人民法院依法公开开庭审理本案。审理中,柯某及其辩护人对柯某的业务模式、涉案信息数量等事实问题无异议,但认为柯某的行为不构成犯罪。

辩护人提出,第一,房源信息是用于房产交易的商用信息,部分信息没有业主实名,不属于刑法保护的公民个人信息;第二,网站的房源信息多由房产中介人员上传,房产中介人员获取该信息时已得到业主许可,系公开信息,网站属合理使用,无须另行授权;第三,网站对信息核实后,将真实房源信息整合,主要向房产中介人员出售,促进房产交易,符合业主意愿和利益。

公诉人答辩指出,柯某的行为依法构成犯罪。第一,业主房源信息中的门牌号码、业主电话,组合后足以识别特定自然人,且部分信息有业主姓名,符合刑法对公民个人信息的界定;第二,业主委托房产中介时提供姓名、电话等,目的是供相对的房产中介提供服务时联系使用,不能以此视为业主同意或者授权中介对社会公开;第三,柯某安排员工冒充房产中介向业主核实时,仍未如实告知信息获取的途径及用途。而且,该网站并不从事中介业务帮助业主寻找交易对象,只是将公民个人信息用于倒卖牟利。

(四)处理结果

2019 年 12 月 31 日,金山区人民法院作出判决,采纳金山区人民检察院指控的犯罪事实和意见,以侵犯公民个人信息罪判处柯某有期徒刑三年,缓刑四年,并处罚金人民币 160 万元。宣判后,柯某未提出上诉,判决已生效。

【指导意义】

(一)包含房产信息和身份识别信息的业主房源信息属于公民个人信息。公民个人信息,是指以电子或者其他方式记录的能够单独或者与其他信息结合识别特定自然人身份或者反映特定自然人活动情况的各种信息,包括姓名、身份证件号码、通信联络方式、住址、账号密码、财产状况、行踪轨迹等。业主房源信息包括房产坐落区域、面积、售租价格等描述房产特征的信息,也包含门牌号码、业主电话、姓名等具有身份识别性的信息,上述信息组合,使业主房源信息符合公民个人信息"识别特定自然人"的规定。上述信息非法流入公共领域存在较大风险。现实生活中,被害人因信息泄露被频繁滋扰,更有大量信息进入黑灰产业链,被用于电信网络诈骗、敲诈勒索等犯罪活动,严重威胁公民人身财产安全、社会公共利益,甚至危及国家信息安全,应当依法惩处。

(二)获取限定使用范围的信息需信息主体同意、授权。对生物识别、宗教信仰、特定身份、医疗健康、金融账户、行踪轨迹等敏感个人信息,进行信息处理须得到信息主体明确同意、授权。对非敏感个人信息,如上述业主电话、姓名等,应当根据具体情况作出不同处理。信息主体自愿、主动向社会完全公开的信息,可以认定同意他人获取,在不侵犯其合法利益的情况下可以合法、合理利用。但限定用途、范围的信息,如仅提供给中介供服务使用的,他人在未经另行授权的情况下,非法获取、出售,情节严重的,应当以侵犯公民个人信息罪追究刑事责任。

(三)认定公民个人信息数量,应当在全面固定数据基础上有效甄别。侵犯公民个人信息案件中,信息一般以电子数据形式存储,往往数据庞杂、真伪交织、形式多样。检察机关应当把握公民个人信息"可识别特定自然人身份或者反映特定自然人活动情况"的标准,准确提炼出关键性的识别要素,如家庭住址、电话号码、姓名等,对信息数据有效甄别。对包含上述信息的认定为有效的公民个人信息,以准确认定信息数量。

【相关规定】(略)

徐某等 6 人侵犯公民个人信息案——行业"内鬼"利用非法获取的公民个人信息激活手机"白卡"用于电信网络诈骗犯罪

（2022 年 4 月 21 日最高人民检察院发布）

【关键词】

侵犯公民个人信息罪　手机卡　刑事附带民事公益诉讼

【要旨】

公民个人信息是犯罪分子实施电信网络诈骗犯罪的"基础物料"。特别是行业"内鬼"非法提供个人信息，危害尤为严重。对于侵犯公民个人信息的行为，检察机关坚持源头治理全链条打击。注重发挥刑事检察和公益诉讼检察双向合力，加强对公民个人信息的全面司法保护。

【基本案情】

被告人徐某，系浙江杭州某科技公司负责人；

被告人郑某，系浙江诸暨某通信营业网点代理商；

被告人马某辉，无固定职业；

被告人时某华，系江苏某人力资源公司员工；

被告人耿某军，系江苏某劳务公司员工；

被告人赵某，系上海某劳务公司员工。

2019 年 12 月，被告人徐某、郑某合谋在杭州市、湖州市、诸暨市等地非法从事手机卡"养卡"活动。即先由郑某利用担任手机卡代理商的便利，申领未实名验证的手机卡（又称"白卡"）；再以每张卡人民币 35 元至 40 元的价格交由职业开卡人马某辉；马某辉通过在江苏省的劳务公司员工时某华、耿某军等人，以办理"健康码"、核实健康信息等为由，非法采集劳务公司务工人员身份证信息及人脸识别信息，对"白卡"进行注册和实名认证。为规避通信公司对外省开卡的限制，时某华、耿某军利用郑某工号和密码登录内部业务软件，将手机卡开卡位置修改为浙江省。此外，马某辉还单独从赵某处购买公民个人信息 400 余条用于激活"白卡"。

经查，上述人员利用非法获取的公民个人信息办理手机卡共计 3500 余张。其中，被告人徐某、郑某、马某辉非法获利共计人民币 147705 元，被告人时某华、耿某军非法获利共计人民币 59700 元，被告人赵某非法获利共计人民币

7220 元。上述办理的手机卡中,有 55 张卡被用于电信网络诈骗犯罪,涉及 68
起诈骗案件,犯罪数额共计人民币 284 万余元。

【检察履职过程】

本案由浙江省杭州市公安局钱塘新区分局(现为杭州市公安局钱塘分局)
立案侦查。2020 年 12 月 10 日,杭州市经济技术开发区人民检察院(现为杭州
市钱塘区人民检察院)介入案件侦查。2021 年 2 月 4 日,公安机关以徐某等 6
人涉嫌侵犯公民个人信息罪移送起诉。刑事检察部门在审查过程中发现,被告
人利用工作便利,非法获取公民个人信息注册手机卡,侵犯了不特定公民的隐
私权,损害了社会公共利益,将案件线索同步移送本院公益诉讼检察部门。公
益诉讼检察部门以刑事附带民事公益诉讼立案后,开展了相关调查核实工作。

2021 年 11 月 30 日、12 月 1 日,检察机关以徐某等 6 人涉嫌侵犯公民个人
信息罪提起公诉,同时提起刑事附带民事公益诉讼。同年 12 月 31 日,杭州市
钱塘区人民法院以侵犯公民个人信息罪对徐某等 6 名被告人判处有期徒刑三
年至七个月不等,并处罚金人民币 9 万元至 1 万元不等。同时,判决被告人徐
某等 6 人连带赔偿人民币 14 万余元,并在国家级新闻媒体上进行公开赔礼道
歉。被告人未上诉,判决已生效。

针对通信公司网点工作人员"养卡"的问题,检察机关与有关通信公司座
谈,建议加强开卡和用卡环节内部监管,切断电信网络诈骗犯罪黑产链条。针
对不法分子通过"地推"("地推"是通过实地宣传进行市场营销推广人员的简
称)。获取大学生、老年人、务工人员等群体个人信息的情况,检察人员在辖区大
学城、社区、园区企业开展普法宣传,通过以案释法,提升民众的防范意识和能力。

【典型意义】

(一)公民个人信息成为电信网络诈骗犯罪的基础工具,对于侵犯公民个人
信息的行为,坚持源头治理全链条打击。当前,非法泄露公民个人信息已成为
大多数电信网络诈骗犯罪的源头行为。有的犯罪分子把非法获取的公民个人
信息用于注册手机卡、银行卡作为实施诈骗的基础工具;有的利用这些信息对
被害人进行"画像"实施精准诈骗。检察机关要把惩治侵犯公民个人信息作为
打击治理的重点任务,既要通过查办电信网络诈骗犯罪,追溯前端公民个人信
息泄露的渠道和人员;又要通过查办侵犯公民个人信息犯罪,深挖关联的诈骗
等犯罪线索,实现全链条打击。特别是对于行业"内鬼"泄露公民个人信息的,
要坚持依法从严追诉,从重提出量刑建议,加大罚金刑力度,提高犯罪成本。

(二)发挥刑事检察和公益诉讼检察双向合力,加强对公民个人信息的全面
司法保护。加强公民个人信息司法保护,是检察机关的重要职责。个人信息保
护法明确授权检察机关可以提起这一领域的公益诉讼。检察机关刑事检察和

公益诉讼检察部门要加强协作配合,强化信息互通、资源共享、线索移送、人员协作和办案联动,形成办案双向合力,切实加强对公民个人信息的全面司法保护。

刑法第二百六十条(虐待罪)

> 第二百六十条① 虐待家庭成员,情节恶劣的,处二年以下有期徒刑、拘役或者管制。
>
> 犯前款罪,致使被害人重伤、死亡的,处二年以上七年以下有期徒刑。
>
> 第一款罪,告诉的才处理,但被害人没有能力告诉,或者因受到强制、威吓无法告诉的除外。

于某虐待案

(最高人民检察院第十三届检察委员会第七次会议决定 2018 年 11 月 9 日发布)

【关键词】

虐待罪 告诉能力 支持变更抚养权

【要旨】

1. 被虐待的未成年人,因年幼无法行使告诉权利的,属于刑法第二百六十条第三款规定的"被害人没有能力告诉"的情形,应当按照公诉案件处理,由检察机关提起公诉,并可以依法提出适用禁止令的建议。

2. 抚养人对未成年人未尽抚养义务,实施虐待或者其他严重侵害未成年人合法权益的行为,不适宜继续担任抚养人的,检察机关可以支持未成年人或者其他监护人向人民法院提起变更抚养权诉讼。

【基本案情】

被告人于某,女,1986 年 5 月出生,无业。

2016 年 9 月以来,因父母离婚,父亲丁某常年在外地工作,被害人小田(女,

---

① 本条第三款根据《刑法修正案(九)》(2015 年 11 月 1 日起施行)第十八条修改。
原本款内容为:"第一款罪,告诉的才处理。"
修改的主要内容为:补充规定"因受到强制、威吓无法告诉的除外。"即不受"告诉的才处理"的限制。

11 岁)一直与继母于某共同生活。于某以小田学习及生活习惯有问题为由,长期、多次对其实施殴打。2017 年 11 月 21 日,于某又因小田咬手指甲等问题,用衣服撑、挠痒工具等对其实施殴打,致小田离家出走。小田被爷爷找回后,经鉴定,其头部、四肢等多处软组织挫伤,身体损伤程度达到轻微伤等级。

【指控与证明犯罪】

2017 年 11 月 22 日,网络披露 11 岁女童小田被继母虐待的信息,引起舆论关注。某市某区人民检察院未成年人检察部门的检察人员得知信息后,会同公安机关和心理咨询机构的人员对被害人小田进行询问和心理疏导。通过调查发现,其继母于某存在长期、多次殴打小田的行为,涉嫌虐待罪。本案被害人系未成年人,没有向人民法院告诉的能力,也没有近亲属代为告诉。检察机关建议公安机关对于某以涉嫌虐待罪立案侦查。11 月 24 日,公安机关作出立案决定。次日,犯罪嫌疑人于某投案自首。2018 年 4 月 26 日,公安机关以于某涉嫌虐待罪向检察机关移送审查起诉。

审查起诉阶段,某区人民检察院依法讯问了犯罪嫌疑人,听取了被害人及其法定代理人的意见,核实了案件事实与证据。检察机关经审查认为,犯罪嫌疑人供述与被害人陈述能够相互印证,并得到其他家庭成员的证言证实,能够证明于某长期、多次对被害人进行殴打,致被害人轻微伤,属于情节恶劣,其行为涉嫌构成虐待罪。

2018 年 5 月 16 日,某区人民检察院以于某犯虐待罪对其提起公诉。5 月 31 日,该区人民法院适用简易程序开庭审理本案。

法庭调查阶段,公诉人宣读起诉书,指控被告人于某虐待家庭成员,情节恶劣,应当以虐待罪追究其刑事责任。被告人对起诉书指控的犯罪事实及罪名无异议。

法庭辩论阶段,公诉人发表公诉意见:被告人于某虐待未成年家庭成员,情节恶劣,其行为触犯了《中华人民共和国刑法》第二百六十条第一款,犯罪事实清楚,证据确实充分,应当以虐待罪追究其刑事责任。被告人于某案发后主动投案,如实供述自己的犯罪行为,系自首,可以从轻或者减轻处罚。综合法定、酌定情节,建议在有期徒刑六个月至八个月之间量刑。考虑到被告人可能被宣告缓刑,公诉人向法庭提出应适用禁止令,禁止被告人于某再次对被害人实施家庭暴力。

最后陈述阶段,于某表示对检察机关指控的事实和证据无异议,并当庭认罪。

法庭经审理,认为公诉人指控的罪名成立,出示的证据能够相互印证,提出的量刑建议适当,予以采纳。当庭作出一审判决,认定被告人于某犯虐待罪,判处有期徒刑六个月,缓刑一年。禁止被告人于某再次对被害人实施家庭暴力。

一审宣判后,被告人未上诉,判决已生效。

【支持提起变更抚养权诉讼】

某市某区人民检察院在办理本案中发现,2015 年 9 月,小田的亲生父母因感情不和协议离婚,约定其随父亲生活。小田的父亲丁某于 2015 年 12 月再婚。丁某长期在外地工作,没有能力亲自抚养被害人。检察人员征求小田生母武某的意见,武某愿意抚养小田。检察人员支持武某到人民法院起诉变更抚养权。2018 年 1 月 15 日,小田生母武某向某市某区人民法院提出变更抚养权诉讼。法庭经过调解,裁定变更小田的抚养权,改由生母武某抚养,生父丁某给付抚养费至其独立生活为止。

【指导意义】

《中华人民共和国刑法》第二百六十条第三款规定,虐待家庭成员,情节恶劣的,告诉的才处理,但被害人没有能力告诉,或者因受到强制、威吓无法告诉的除外。虐待未成年人犯罪案件中,未成年人往往没有能力告诉,应按照公诉案件处理,由检察机关提起公诉,维护未成年被害人的合法权利。

《最高人民法院、最高人民检察院、公安部、司法部关于对判处管制、宣告缓刑的犯罪分子适用禁止令有关问题的规定(试行)》第七条规定,人民检察院在提起公诉时,对可能宣告缓刑的被告人,可以建议禁止其从事特定活动,进入特定区域、场所,接触特定的人。对未成年人遭受家庭成员虐待的案件,结合犯罪情节,检察机关可以在提出量刑建议的同时,有针对性地向人民法院提出适用禁止令的建议,禁止被告人再次对被害人实施家庭暴力,依法保障未成年人合法权益,督促被告人在缓刑考验期内认真改造。

夫妻离婚后,与未成年子女共同生活的一方不尽抚养义务,对未成年人实施虐待或者其他严重侵害合法权益的行为,不适宜继续担任抚养人的,根据《中华人民共和国民事诉讼法》第十五条的规定,检察机关可以支持未成年人或者其他监护人向人民法院提起变更抚养权诉讼,切实维护未成年人合法权益。

【相关规定】(略)

张某某虐待案

(最高人民检察院 2021 年 4 月 28 日发布)

【基本案情】

被告人张某某,男,1979 年 1 月出生。

被害人李某某,女,殁年 41 岁。

张某某与李某某二人 2004 年底结婚。张某某酗酒后经常因李某某婚前感情问题对其殴打,曾致李某某受伤住院、跳入水塘意图自杀。

2020 年 2 月 24 日凌晨 3 时左右,张某某酗酒后在家中再次殴打李某某,用手抓住李某某头发,多次打其耳光,用拳头击打其胸部、背部。李某某被打后带着儿子前往其父亲李某华家躲避,将儿子放在父亲家后,在村西侧河道内投河自杀。后村民发现李某某的尸体报警。经鉴定,李某某系溺水致死。

山东省平原县公安局于 2020 年 2 月 24 日立案侦查,3 月 9 日移送检察机关审查起诉。

2020 年 3 月 11 日,山东省平原县人民检察院以涉嫌虐待罪对张某某决定逮捕,4 月 9 日,对其提起公诉。

2020 年 8 月 28 日,山东省平原县人民法院以虐待罪判处张某某有期徒刑六年。一审宣判后,张某某未上诉。

【检察机关履职情况】

(一)介入侦查,引导取证。因张某某在村外居住,村民对李某某是否被殴打不知情,张某某的父母也有包庇思想,被害人尸体无明显外伤,侦查初期证据收集较困难。检察机关介入侦查后,提出以殴打持续时间较长、次数较多作为取证方向。侦查机关根据李某某曾被殴打住院的线索,调取李某某就诊的书证,李某某的父亲、母亲、儿子、医生的证言等证据,证实张某某多次殴打李某某的事实。

(二)自行侦查,完善证据。审查起诉阶段,张某某辩解虽殴打过李某某,但李某某系迷信寻死,其殴打行为不是李某某自杀原因。检察机关开展自行侦查:一是询问李某某父亲,证实李某某案发当日口唇破裂、面部青肿;二是讯问张某某、询问李某某的儿子,证实李某某自杀前流露出悲观厌世的想法,被殴打后精神恍惚;三是询问张某某父母,因张某某被取保候审后殴打其父母,其父母不再包庇如实作证,证实张某某酗酒后经常殴打李某某。

(三)开展救助,解决当事人未成年子女生活问题。案发后,父亲被羁押,母亲离世,被害人未成年儿子生活无着。检察机关派员多次看望,为其申请司法救助,并向民政部门申请社会救助,使其基本生活得到保障。同时,依托省检察院与省妇联保护妇女儿童权益工作合作机制,经多方共同努力,使其进入职业技术学校学习劳动技能。

【典型意义】

(一)介入侦查、自行侦查,提升办案质效。发生在家庭成员间的犯罪,往往存在取证难、定性难等问题。检察机关通过介入侦查、自行侦查,围绕虐待持续时间和次数,虐待手段,造成的后果以及因果关系等取证,从源头提高办案质量。

(二)准确适用虐待罪"致使被害人重伤、死亡"情节。最高人民法院、最高人民检察院、公安部、司法部《关于依法办理家庭暴力犯罪案件的意见》规定,因虐待致使被害人不堪忍受而自残、自杀,导致重伤或者死亡的,属于《刑法》第二百六十条第二款规定的虐待"致使被害人重伤、死亡"。

(三)延伸检察职能,关爱家暴案件未成年子女。夫妻间发生的虐待案件,一方因虐待致死,一方被定罪服刑,往往造成未成年子女精神创伤、失管失教、生活困难。检察机关在办案过程中,注重协同相关部门和社会力量,对未成年人提供心理辅导、家庭教育指导、经济帮扶等,助力未成年人健康成长。

胡某某虐待案

(最高人民检察院 2021 年 4 月 28 日发布)

【基本案情】

被告人胡某某,女,1989 年 11 月出生。

被害人曹某某,女,殁年 6 岁,系胡某某次女。

曹某某生前主要跟爷爷奶奶生活,后因上学搬来与母亲同住。2019 年 2 月至 4 月间,胡某某照顾曹某某日常生活、学习中,经常因曹某某"尿裤子""不听话""不好好写作业"等以罚跪、"蹲马步"等方式体罚曹某某,并多次使用苍蝇拍把手、衣撑、塑料拖鞋等殴打曹某某。

2019 年 4 月 2 日早 7 时许,胡某某又因曹某某尿裤子对其责骂,并使用塑料拖鞋对其殴打,后胡某某伸手去拉曹某某,曹某某后退躲避,从二楼楼梯口处摔下,经抢救无效当日死亡。经检验,曹某某头部、面部、背臀部、胸腹部及四肢等多处表皮剥脱、伴皮下出血。其中,右大腿中段前侧两处皮肤缺损,达到轻伤二级程度。

河南省淮滨县公安局于 2019 年 4 月 3 日立案侦查,6 月 17 日移送检察机关审查起诉。

2019 年 9 月 6 日,淮滨县人民检察院以胡某某涉嫌虐待罪提起公诉。

2020 年 1 月 6 日,淮滨县人民法院以虐待罪判处胡某某有期徒刑四年六个月。一审宣判后,胡某某未上诉。

【检察机关履职情况】

（一）提前介入，引导侦查。检察机关第一时间介入侦查提出建议：一是全面提取案发现场的客观性证据，如拖鞋、苍蝇拍等，以印证胡某某的供述；二是围绕死者生活、学习轨迹，走访学校、亲属等，查明死者案发前生活、学习及平时被虐待的情况；三是通过尸检报告、伤情鉴定、理化检验报告等，查明死者损伤原因及死因。经侦查查明胡某某虐待致曹某某周身多处损伤、死亡的犯罪事实。

（二）准确适用法律，充分释法说理。被害人的父亲曹某飞及其他近亲属提出，曹某某是被伤害致死，为此多次上访。检察机关就定性、法律适用问题开展听证，邀请曹某某的近亲属、人大代表、政协委员、人民监督员、律师代表等参与。检察机关对胡某某的行为性质及可能受到的处罚进行了论证说理。通过听证，曹某某的近亲属对检察机关的意见表示理解、认同。

（三）推动制度落实，形成保护合力。检察机关以本案为契机，结合近五年辖区内发生的侵害未成年人刑事案件调研分析，针对相关部门在落实强制报告制度过程中的薄弱环节，向相关部门发出检察建议。在检察机关推动下，由政法委牵头，检察机关联合公安、教育、民政等部门建立预防侵害未成年人权益联席会议制度，有效筑牢未成年人权益保护的"防护墙"。

【典型意义】

（一）通过引导取证，查清事实准确定性。未成年人的监护人在较长一段时期内持续殴打、体罚子女，情节恶劣的，应当依法以虐待罪定罪处罚。检察机关通过介入侦查，引导侦查机关在案发初期及时固定证据，为案件性质认定筑牢事实、证据基础。

（二）准确区分故意伤害致人死亡、虐待致人死亡、意外事件的界限。根据最高人民法院、最高人民检察院、公安部、司法部《关于依法办理家庭暴力犯罪案件的意见》规定，被告人主观上不具有侵害被害人健康或者剥夺被害人生命的故意，而是出于追求被害人肉体和精神上的痛苦，长期或者多次实施虐待行为，逐渐造成被害人身体损害，过失导致被害人重伤或者死亡的，属于虐待"致使被害人重伤、死亡"，应以虐待罪定罪处罚。本案被害人的死亡结果虽然不是虐待行为本身所导致，但被害人的后退躲避行为是基于被告人的虐待行为产生的合理反应，死亡结果仍应归责于被告人，属于虐待"致使被害人重伤、死亡"，不属于意外事件。

（三）注重发挥各方作用，构建联动保护机制。检察机关推动家暴案事件报告制度落实落细，堵塞管理漏洞。加强与相关部门联动，促进完善制度机制，形成司法保护、家庭保护、学校保护、政府保护、社会保护的有效衔接。

张某某虐待案

（最高人民检察院 2021 年 4 月 28 日发布）

【基本案情】

被告人张某某，男，1981 年 6 月出生。

被害人王某某，女，殁年 65 岁，系张某某的母亲。

被告人张某某与父母共同居住。2018 年 5 月 7 日，其母亲王某某因精神疾病发作离家，被张某某及其家人接回家中。同年 5 月 7 日至 5 月 10 日间，张某某因王某某不睡觉多次持木棒打王某某，致其腿部、头部受伤。同月 10 日下午，王某某在家中死亡。张某某的父亲张某品报案。经鉴定，王某某额部擦挫伤、四肢软组织挫伤，属轻微伤，死因系肺动脉栓塞死亡。另查，张某某亦曾多次殴打其父亲。

贵州省织金县公安局于 2018 年 5 月 18 日立案侦查，6 月 25 日移送检察机关审查起诉。

2018 年 9 月 5 日，贵州省织金县人民检察院以张某某涉嫌虐待罪提起公诉。9 月 14 日，织金县人民法院以虐待罪判处张某某有期徒刑一年六个月。一审宣判后，张某某未上诉。

【检察机关履职情况】

（一）完善证据、强化审查，准确认定事实。检察机关派员到案发地走访调查，当地群众反映"王某某被张某某活活打死"。检察机关引导公安机关进一步调查取证，证实张某某在母亲精神病发后未送医，而是持续多天持木棒殴打，造成其轻微伤。检察机关结合张某某供述及证人证言，与鉴定人沟通，咨询法医，确定被告人的虐待行为并非被害人致死原因。最终，检察机关认定被告人的行为构成虐待罪，但不属于虐待"致使被害人死亡"。

（二）听取被害人近亲属意见，开展释法说理。检察机关主动听取死者近亲属张某品的意见，并释明审查认定的事实、证据采信、法律适用等问题，消除其疑惑。宣判后，张某品未提出异议。经回访，张某某刑满释放后，返回家中与其父亲张某品共同居住，未再出现打骂老人的现象。

（三）推动在案发地公开庭审，开展法治宣传。检察机关与法院、当地政府沟通，在案发地公开审理。数百名群众旁听庭审，检察机关结合案件特点阐述了虐待罪的构成、法律适用及本案的警示意义。法院当庭宣判后，群众表示,通过旁听庭审,直观了解了司法机关办案程序,消除了对被害人死因的误解。

【典型意义】

(一)准确把握虐待行为与被害人死亡之间的因果关系。最高人民法院、最高人民检察院、公安部、司法部《关于依法办理家庭暴力犯罪案件的意见》规定,因长期或者多次实施虐待行为,逐渐造成被害人身体损害,过失导致被害人死亡的,属于虐待"致使被害人死亡"。被告人虽然实施了虐待行为,但被害人非因上述虐待行为造成死亡,不能认定为因虐待"致使被害人死亡"。

(二)运用事实、证据释法说理,提升司法公信。检察机关主动听取被害人近亲属对案件处理的意见,释明检察机关认定事实、适用法律的依据,让其感受到检察办案的客观公正。

(三)深入落实"谁执法谁普法"责任制。检察机关推动案件到案发地公开庭审,强化以案释法,通过"看得见""听得到"的普法形式,促进群众学法知法懂法,弘扬尊老美德,普及反家暴知识,增强公民反家暴意识。

刑法第二百六十一条(遗弃罪)

> 第二百六十一条　对于年老、年幼、患病或者其他没有独立生活能力的人,负有扶养义务而拒绝扶养,情节恶劣的,处五年以下有期徒刑、拘役或者管制。

王怀志、杨丽仙遗弃案

(2014 年 11 月 24 日最高人民法院发布)

【基本案情】

被告人王怀志、杨丽仙夫妇已生育二子一女,2010 年 9 月 16 日,又生下一男婴。2011 年 2 月,被告人王怀志、杨丽仙与王英勇经协商达成协议,将亲生男孩过继给王英勇扶养。王英勇支付王怀志、杨丽仙哺乳费人民币 4 万元。协议签订后,王英勇支付给被告人王怀志、杨丽仙人民币 1 万元,将该男婴带回家中。

2011 年 10 月 20 日,杨丽仙被公安人员抓获。王怀志于 2011 年 10 月 26 日主动到公安机关投案自首。

【裁判结果】

福建省三明市三元区人民法院经审理认为,被告人王怀志、杨丽仙将其出生不满一周岁的子女交给他人抚养,该行为系拒绝抚养行为,并非单纯为非法获利出卖儿童,因此不宜以拐卖儿童罪论处。该行为符合遗弃罪的构成要件,构成遗弃罪,应以遗弃罪定罪处罚。依照刑法的规定,判决被告人杨丽仙犯遗弃罪,判处管制二年;被告人王怀志犯遗弃罪,判处管制一年十个月。

【案例评析】

本案是典型的出卖亲生子女的行为,对该种行为是构成拐卖儿童罪还是遗弃罪,司法实践中一直以来都存在争议。在现实生活中,将亲生子女出卖的情况是纷繁复杂的,需要具体分析。就本案而言,被告人王怀志、杨丽仙抚养 3 个小孩确实很困难,所以才产生了将小儿子送给他人抚养以减轻负担的想法。被告人王怀志、杨丽仙是在了解到王英勇确实想收养孩子后,才将孩子送出,协议中也约定可以到家探访,故从中可以看出被告人王怀志、杨丽仙将自己的孩子送出,是希望其可以得到更好的抚养。因此可以判断被告人王怀志、杨丽仙出卖亲生子女的行为,其主观目的在于放弃或拒绝承担抚养义务,而非将亲生子女当作商品予以出卖,认定其行为构成遗弃罪而非拐卖儿童罪是正确的,更符合罪刑相适应原则。

刑法第二百六十二条之二(组织未成年人进行违反治安管理活动罪)

第二百六十二条之二① 组织未成年人进行盗窃、诈骗、抢夺、敲诈勒索等违反治安管理活动的,处三年以下有期徒刑或者拘役,并处罚金;情节严重的,处三年以上七年以下有期徒刑,并处罚金。

---

① 本条根据《刑法修正案(七)》(2009 年 2 月 28 日起施行)第八条增加。

魏帅、张顺、康倩倩、宋琰玲组织未成年人
进行违反治安管理活动罪

(2014年11月24日最高人民法院发布)

【基本案情】

被告人康倩倩(女,汉族,1990年4月20日出生,聋哑人,高中文化,无业)受人指使欲找几名未成年的聋哑人学习偷东西的技巧,然后去偷东西。2011年6月22日,被告人康倩倩伙同被告人魏帅(男,汉族,1990年10月21日出生,高中文化,聋哑人,无业)、张顺(男,汉族,1993年6月11日出生于,聋哑人,初中文化,无业)以找工作为名,诱骗山东省曲阜市西关大街聋哑学校的3名学生任某(13岁)、张某(14岁)、孔某某(14岁)至河南省许昌市一宾馆内,由被告人宋琰玲(女,汉族,1977年11月30日出生,聋哑人,初中文化,无业)对三人培训偷东西的技巧。2011年6月23日凌晨,被告人宋琰玲、魏帅、张顺被抓获。被告人康倩倩于2011年7月12日在其家人陪同下向曲阜市公安局投案。

【裁判结果】

被告人魏帅、张顺、康倩倩、宋琰玲共同组织未成年人进行盗窃活动,其行为均构成组织未成年人进行违反治安管理活动罪。但鉴于4被告人系聋哑人,且组织的未成年人尚未进行违反治安管理的活动,可从轻处罚;被告人康倩倩有自首情节。据此,山东省曲阜市人民法院依法认定被告人魏帅犯组织未成年人进行违反治安管理活动罪,判处有期徒刑一年二个月,并处罚金人民币1万元;被告人张顺犯组织未成年人进行违反治安管理活动罪,判处有期徒刑一年三个月,并处罚金人民币1万元;被告人康倩倩犯组织未成年人进行违反治安管理活动罪,判处有期徒刑一年三个月,并处罚金人民币1万元;被告人宋琰玲犯组织未成年人进行违反治安管理活动罪,判处有期徒刑一年三个月,并处罚金人民币1万元。

【案例评析】

组织未成年人进行违反治安管理罪是指组织未成年人进行盗窃、诈骗、抢夺、敲诈勒索等违反治安管理活动的行为,行为人只要实施了组织行为即为既遂,并不要求被组织者完成了盗窃、诈骗、抢夺、敲诈勒索等违反治安管理活动的行为。本案中,4被告人为组织未成年人进行盗窃,先对诱骗的3名未成年的聋哑人进行盗窃技巧的培训,在培训的过程中,尚未进行实际盗窃,即被抓获归

案,也应构成既遂。考虑到 4 名被告人是聋哑人,依法对其从轻处罚。

第五章　侵犯财产罪

二维码链接 6 – 侵犯财产罪

刑法第二百六十三条(抢劫罪)

第二百六十三条　以暴力、胁迫或者其他方法抢劫公私财物的,处三年以上十年以下有期徒刑,并处罚金;有下列情形之一的,处十年以上有期徒刑、无期徒刑或者死刑,并处罚金或者没收财产:

(一)入户抢劫的;

(二)在公共交通工具上抢劫的;

(三)抢劫银行或者其他金融机构的;

(四)多次抢劫或者抢劫数额巨大的;

(五)抢劫致人重伤、死亡的;

(六)冒充军警人员抢劫的;

(七)持枪抢劫的;

(八)抢劫军用物资或者抢险、救灾、救济物资的。

张某、沈某某等七人抢劫案

(最高人民检察院第十二届检察委员会第二十六次会议决定　2014 年 9 月 10 日发布)

【关键词】

第二审程序刑事抗诉　未成年人与成年人共同犯罪分案起诉　累犯

【要旨】

1. 办理未成年人与成年人共同犯罪案件,一般应当将未成年人与成年人分案起诉,但对于未成年人系犯罪集团的组织者或者其他共同犯罪中的主犯,或者具有其他不宜分案起诉情形的,可以不分案起诉。

2. 办理未成年人与成年人共同犯罪案件,应当根据未成年人在共同犯罪中的地位、作用,综合考量未成年人实施犯罪行为的动机和目的、犯罪时的年龄、是否属于初犯、偶犯、犯罪后的悔罪表现、个人成长经历和一贯表现等因素,依法从轻或者减轻处罚。

3. 未成年人犯罪不构成累犯。

【基本案情】

被告人沈某某,男,1995 年 1 月出生。2010 年 3 月因抢劫罪被判拘役六个月,缓刑六个月,并处罚金五百元。

被告人胡某某,男,1995 年 4 月出生。

被告人许某,男,1993 年 1 月出生。2008 年 6 月因抢劫罪被判有期徒刑六个月,并处罚金五百元;2010 年 1 月因犯盗窃罪被判有期徒刑七个月,并处罚金 1400 元。

另四名被告人张某、吕某、蒋某、杨某,均为成年人。

被告人张某为牟利,介绍沈某某、胡某某、吕某、蒋某认识,教唆他们以暴力方式劫取助力车,并提供砍刀等犯罪工具,事后负责联系销赃分赃。2010 年 3 月,被告人沈某某、胡某某、吕某、蒋某经被告人张某召集,并伙同被告人许某、杨某等人,经预谋,相互结伙,持砍刀、断线钳、撬棍等作案工具,在上海市内公共场所抢劫助力车。其中,被告人张某、沈某某、胡某某参与抢劫四次;被告人吕某、蒋某参与抢劫二次;被告人许某参与抢劫二次,被告人杨某参与抢劫一次。具体如下:

1. 2010 年 3 月 4 日 11 时许,沈某某、胡某某、吕某、蒋某随身携带砍刀,至上海市长寿路 699 号国美电器商场门口,由吕、沈撬窃停放在该处的一辆黑色本凌牌助力车,当被害人甲制止时,沈、胡、蒋拿出砍刀威胁,沈砍击被害人致其轻伤。后吕、沈等人因撬锁不成,砸坏该车外壳后逃离现场。经鉴定,该助力车价值人民币 1930 元;

2. 2010 年 3 月 4 日 12 时许,沈某某、胡某某、吕某、蒋某随身携带砍刀,结伙至上海市老沪太路万荣路路口的临时菜场门口,由胡、吕撬窃停放在该处的一辆白色南方雅马哈牌助力车,当被害人乙制止时,沈、蒋等人拿出砍刀威胁,沈砍击被害人致其轻微伤,后吕等人撬开锁将车开走。经鉴定,该助力车价值人民币 2058 元;

3. 2010 年 3 月 11 日 14 时许,沈某某、胡某某、吕某、蒋某、许某随身携带砍刀,结伙至上海市胶州路 669 号东方典当行门口,由沈撬窃停放在该处的一辆黑色宝雕牌助力车,当被害人丙制止时,胡、蒋、沈拿出砍刀将被害人逼退到东方典当行店内,许则在一旁接应,吕上前帮助撬开车锁后由胡将车开走。经鉴定,该助力车价值人民币 2660 元;

4. 2010 年 3 月 18 日 14 时许,沈某某、胡某某、许某、杨某及王某(男,13岁)随身携带砍刀,结伙至上海市上大路沪太路路口地铁七号线出口处的停车点,由胡持砍刀威胁该停车点的看车人员,杨在旁接应,沈、许等人则当场劫得助力车 3 辆。其中被害人丁的一辆黑色珠峰牌助力车,经鉴定,该助力车价值人民币 2090 元。

【诉讼过程】

2010 年 3—4 月,张某、吕某、蒋某、杨某以及三名未成年人沈某某、胡某某、许某因涉嫌抢劫罪先后被刑事拘留、逮捕。2010 年 6 月 21 日,上海市公安局静安分局侦查终结,以犯罪嫌疑人张某、沈某某、胡某某、吕某、蒋某、许某、杨某等七人涉嫌抢劫罪向静安区人民检察院移送审查起诉。静安区人民检察院经审查认为,本案虽系未成年人与成年人共同犯罪案件,但鉴于本案多名未成年人系共同犯罪中的主犯,不宜分案起诉。2010 年 9 月 25 日,静安区人民检察院以上述七名被告人犯抢劫罪依法向静安区人民法院提起公诉。

2010 年 12 月 15 日,静安区人民法院一审认为,七名被告人行为均构成抢劫罪,其中许某系累犯。依法判决:(一)对未成年被告人量刑如下:沈某某判处有期徒刑五年六个月,并处罚金人民币 5000 元,撤销缓刑,决定执行有期徒刑五年六个月,罚金人民币 5000 元;胡某某判处有期徒刑七年,并处罚金人民币 7000 元;许某判处有期徒刑五年,并处罚金人民币 5000 元。(二)对成年被告人量刑如下:张某判处有期徒刑十四年,剥夺政治权利二年,并处罚金人民币 1.5万元;吕某判处有期徒刑十二年六个月,剥夺政治权利一年,并处罚金人民币 1.2 万元;蒋某判处有期徒刑十二年,剥夺政治权利一年,并处罚金人民币 1.2万元;杨某判处有期徒刑二年,并处罚金人民币 2000 元。

2010 年 12 月 30 日,上海市静安区人民检察院认为一审判决适用法律错误,对未成年被告人的量刑不当,遂依法向上海市第二中级人民法院提出抗诉。张某以未参与抢劫,量刑过重为由,提出上诉。2011 年 6 月 16 日,上海市第二中级人民法院二审判决采纳抗诉意见,驳回上诉,撤销原判决对原审被告人沈某某、胡某某、许某抢劫罪量刑部分,依法予以改判。

【抗诉理由】

一审宣判后,上海市静安区人民检察院经审查认为,一审判决对犯罪情节相对较轻的胡某某判处七年有期徒刑量刑失衡,对未成年被告人沈某某、胡某某、许某判处罚金刑未依法从宽处罚,属适用法律错误,量刑不当,遂依法向上海市第二中级人民法院提出抗诉;上海市人民检察院第二分院支持抗诉。抗诉和支持抗诉的理由如下。

(一)一审判决量刑失衡,对被告人胡某某量刑偏重。本案中,被告人胡某某、沈某某均参与了四次抢劫犯罪,虽然均系主犯,但是被告人胡某某行为的社会危害性及人身危险性均小于被告人沈某某。从犯罪情节看,沈某某实施抢劫过程中直接用砍刀造成一名被害人轻伤,一名被害人轻微伤;被告人胡某某只有持刀威胁及撬车锁的行为。从犯罪时年龄看,沈某某已满十五周岁,胡某某尚未满十五周岁。从人身危险性看,沈某某因抢劫罪于 2010 年 3 月 4 日被判处拘役六个月,缓刑六个月,缓刑期间又犯新罪;胡某某系初犯。一审判决分别以抢劫罪判胡某某有期徒刑七年、沈某某有期徒刑五年六个月,属于量刑不当。

(二)一审判决适用法律错误,对未成年被告人罚金刑的适用既没有体现依法从宽,也没有体现与成年被告人罚金刑适用的区别。根据最高人民法院《关于适用财产刑若干问题的规定》《关于审理未成年人刑事案件具体应用法律若干问题的解释》的规定,对未成年人犯罪应当从轻或者减轻判处罚金。一审判决对未成年被告人判处罚金未依法从宽,均是按照同案成年被告人罚金的标准判处五千元以上的罚金,属于适用法律错误。

此外,2010 年 12 月 21 日一审判决认定未成年被告人许某系累犯正确,但审判后刑法有所修改。根据 2011 年 2 月全国人大常委会通过的《中华人民共和国刑法修正案(八)》和 2011 年 5 月《最高人民法院关于〈中华人民共和国刑法修正案(八)〉时间效力问题的解释》的有关规定,被告人许某实施犯罪时不满十八周岁,依法不构成累犯。

【终审判决】

上海市第二中级人民法院二审认为,原审判决认定抢劫罪事实清楚,定性准确,证据确实、充分。鉴于胡某某在抢劫犯罪中的地位作用略低于沈某某及对未成年犯并处罚金应当从轻或减轻处罚等实际情况,原判对胡某某主刑及对沈某某、胡某某、许某罚金刑的量刑不当,应予纠正。检察机关的抗诉意见正确,应予支持。另依法认定许某不构成累犯。据此,依法判决:撤销一审判决对原审三名未成年被告人沈某某、胡某某、许某的量刑部分;改判沈某某犯抢劫罪,处有期徒刑五年六个月,并处罚金人民币 2000 元,撤销缓刑,决定执行有期徒刑五年六个月,罚金人民币 2000 元;胡某某犯抢劫罪,处有期徒刑五年,罚金人民币 2000 元;许某犯抢劫罪,处有期徒刑四年,罚金人民币 1500 元。

【相关规定】(略)

胡某某抢劫案

（最高人民检察院第十三届检察委员会第六十三次会议决定 2021年3月2日发布）

【关键词】

抢劫 在校学生 附条件不起诉 调整考验期

【要旨】

办理附条件不起诉案件,应当准确把握其与不起诉的界限。对于涉罪未成年在校学生附条件不起诉,应当坚持最有利于未成年人健康成长原则,找准办案、帮教与保障学业的平衡点,灵活掌握办案节奏和考察帮教方式。要阶段性评估帮教成效,根据被附条件不起诉人角色转变和个性需求,动态调整考验期限和帮教内容。

【基本案情】

被附条件不起诉人胡某某,男,作案时17周岁,高中学生。

2015年7月20日晚,胡某某到某副食品商店,谎称购买饮料,趁店主方某某不备,用网购的电击器杵方某某腰部索要钱款,致方某某轻微伤。后方某某将电击器夺下,胡某某逃跑,未劫得财物。归案后,胡某某的家长赔偿了被害人全部损失,获得谅解。

【检察履职情况】

（一）补充社会调查,依法作出不批准逮捕决定

案件提请批准逮捕后,针对公安机关移送的社会调查报告不能充分反映胡某某犯罪原因的问题,检察机关及时补充开展社会调查,查明:胡某某高一时父亲离世,为减轻经济负担,母亲和姐姐忙于工作,与胡某某沟通日渐减少。丧父打击、家庭氛围变化、缺乏关爱等多重因素导致胡某某逐渐沾染吸烟、饮酒等劣习,高二时因成绩严重下滑转学重读高一。案发前,胡某某与母亲就是否直升高三参加高考问题发生激烈冲突,母亲希望其重读高二以提高成绩,胡某某则希望直升高三报考个人感兴趣的表演类院校。在学习、家庭的双重压力下,胡某某产生了制造事端迫使母亲妥协的想法,继而实施抢劫。案发后,胡某某母亲表示愿意改进教育方式,加强监护。检察机关针对胡某某的心理问题,委托心理咨询师对其开展心理测评和心理疏导。在上述工作基础上,检察机关综合评估认为:胡某某此次犯罪主要是由于家庭变故、亲子矛盾、青春期叛逆,加之法治意识淡薄,冲动犯罪,认罪悔罪态度好,具备帮教条件,同时鉴于其赔偿了

被害人损失,取得了被害人谅解,遂依法作出不批准逮捕决定。

(二)综合评估,依法适用附条件不起诉

案件审查起诉过程中,有观点认为,胡某某罪行较轻,具有未成年、犯罪未遂、坦白等情节,认罪悔罪,取得被害人谅解,其犯罪原因主要是身心不成熟,亲子矛盾处理不当,因此可直接作出不起诉决定。检察机关认真审查并听取各方面意见后认为,抢劫罪法定刑为三年有期徒刑以上刑罚,根据各种量刑情节,调节基准刑后测算胡某某可能判处有期徒刑十个月至一年,不符合犯罪情节轻微不需要判处刑罚或可以免除刑罚,直接作出不起诉决定的条件。同时,胡某某面临的学习压力短期内无法缓解,参考社会调查、心理疏导的情况,判断其亲子关系调适、不良行为矫正尚需一个过程,为保障其学业、教育管束和预防再犯,从最有利于未成年人健康成长出发,对胡某某附条件不起诉更有利于其回归社会。2016年3月11日,检察机关对胡某某作出附条件不起诉决定,考验期一年。

(三)立足帮教目标,对照负面行为清单设置所附条件,协调各方开展精准帮教

检察机关立足胡某某系在校学生的实际,围绕亲子共同需求,确立"学业提升进步,亲子关系改善"的帮教目标,并且根据社会调查列出阻碍目标实现的负面行为清单设置所附条件,如遵守校纪校规;不得进入娱乐场所;不得吸烟、饮酒;接受心理辅导;接受监护人监管;定期参加社区公益劳动;阅读法治书籍并提交学习心得等。在此基础上,检察机关联合学校、社区、家庭三方成立考察帮教小组,围绕所附条件,制订方案,分解任务,精准帮教。学校选派老师督促备考,关注心理动态,社区为其量身定制公益劳动项目,家庭成员接受"正面管教"家庭教育指导,改善亲子关系。检察机关立足保障学业,灵活掌握帮教的频率与方式,最大程度减少对其学习、生活的影响。组建帮教小组微信群,定期反馈与实时监督相结合,督促各方落实帮教责任,对帮教进度和成效进行跟踪考察,同时要求控制知情范围,保护胡某某隐私。针对胡某某的犯罪源于亲子矛盾这一"症结",检察机关协同公安民警、被害人、法律援助律师、法定代理人从法、理、情三个层面真情劝诫,胡某某表示要痛改前非。

(四)阶段性评估,动态调整考验期限和帮教措施

考验期内,胡某某表现良好,参加高考并考上某影视职业学院,还积极参与公益活动。鉴于胡某某表现良好、考上大学后角色转变等情况,检察机关组织家长、学校、心理咨询师、社区召开"圆桌会议"听取各方意见。经综合评估,各方一致认为原定考验期限和帮教措施已不适应当前教育矫治需求,有必要作出调整。2016年9月,检察机关决定将胡某某的考验期缩短为八个月,并对最后两个月的帮教内容进行针对性调整:开学前安排其参加企业实习,引导职业规

划,开学后指导阅读法律读物,继续筑牢守法堤坝。11 月 10 日考验期届满,检察机关依法对其作出不起诉决定,并进行相关记录封存。目前,胡某某已经大学毕业,在某公司从事设计工作,心态乐观积极,家庭氛围融洽。

【指导意义】

(一)办理附条件不起诉案件,应当注意把握附条件不起诉与不起诉之间的界限。根据刑事诉讼法第一百七十七条第二款,检察机关对于犯罪情节轻微,依照刑法规定不需要判处刑罚或者可以免除刑罚的犯罪嫌疑人,可以决定不起诉。而附条件不起诉的适用条件是可能判处一年有期徒刑以下刑罚,符合起诉条件,但有悔罪表现的未成年犯罪嫌疑人,且只限定于涉嫌刑法分则第四章、第五章、第六章规定的犯罪。对于犯罪情节轻微符合不起诉条件的未成年犯罪嫌疑人,应依法适用不起诉,不能以附条件不起诉代替不起诉。对于未成年犯罪嫌疑人涉嫌刑法分则第四章、第五章、第六章规定的犯罪,根据犯罪情节和悔罪表现,尚未达到不需要判处刑罚或者可以免除刑罚程度,综合考虑可能判处一年有期徒刑以下刑罚,适用附条件不起诉能更好地达到矫正效果,促使其再社会化的,应依法适用附条件不起诉。

(二)对涉罪未成年在校学生适用附条件不起诉,应当最大限度减少对其学习、生活的影响。坚持最有利于未成年人健康成长原则,立足涉罪在校学生教育矫治和回归社会,应尽可能保障其正常学习和生活。在法律规定的办案期限内,检察机关可灵活掌握办案节奏和方式,利用假期和远程方式办案帮教,在心理疏导、隐私保护等方面提供充分保障,达到教育、管束和保护的有机统一。

(三)对于已确定的考验期限和考察帮教措施,经评估后认为不能适应教育矫治需求的,可以适时动态调整。对于在考验期中经历考试、升学、求职等角色转变的被附条件不起诉人,应当及时对考察帮教情况、效果进行评估,根据考察帮教的新情况和新变化,有针对性地调整考验期限和帮教措施,巩固提升帮教成效,促其早日顺利回归社会。考验期限和帮教措施在调整前,应当充分听取各方意见。

【相关规定】(略)

业某某抢劫案——冒充疫情防控人员持刀入户抢劫

(2020 年 3 月 10 日最高人民法院发布)

【基本案情】

2020 年 2 月 11 日 14 时许,被告人业某某经事先踩点,携带水果刀、透明胶带到南京市江宁区禄口街道某小区,冒充疫情防控人员,以登记疫情为由骗得小区住户赵某某(被害人,女)打开房门。业某某闯入室内,采取胶带捆绑、持刀威胁等方式向赵某某强行索要 8000 元。赵某某被迫通过微信向他人借款 2000 元,后通过支付宝将 2000 元转入业某某的赌博游戏账户内。业某某威胁赵某某不准报警后逃离现场。

【裁判结果】

江苏省南京江宁经济技术开发区人民法院经审理认为,被告人业某某在疫情防控期间,冒充疫情防控人员,骗开小区住户房门,持刀入户抢劫,其行为构成抢劫罪,应依法从严惩处。业某某如实供述自己的犯罪事实,认罪认罚。据此,于 2020 年 3 月 4 日以抢劫罪判处被告人业某某有期徒刑十一年,并处罚金人民币 4 万元,剥夺政治权利二年。

河北省石家庄市彭某某涉嫌抢劫案

(2020 年 5 月 15 日最高人民检察院发布)

河北省石家庄市桥西区检察院介入侦查引导取证,案件承办检察官查看涉案车辆及相关物证。

犯罪嫌疑人彭某某,男,1998 年 2 月出生,无业,案发前居住在河北省三河市。2020 年 4 月 25 日晚 20 时许,彭某某乘坐火车从廊坊市赶到石家庄市并入住桥西区某宾馆。22 时许,彭某某用手机搜索并保存了 5 个关于二手车的微信号及相关信息。次日中午 12 时许,彭某某先后在超市、小商店购买了折叠刀、透明胶带等工具。下午 15 时,彭某某来到某酒业公司库房附近,预备在此实施抢劫,熟悉周边环境约 1 个小时,在手机上保存该地位置截图后离开。4 月 27 日凌晨 1 时许,彭某某用事先从网上购买的非实名登记的手机 SIM 卡,通过某专车软件预约了一辆奥迪 A6L 专车,上车后引导被害人刘某向预定作案地点行驶。2 时许,即将到达指定地点时,彭某某要求靠边停车,在后面用折叠刀抵住被害人刘某颈部,逼迫刘某解除手机锁屏密码,将付款密码记录在手机备忘录上,随后又将与手机关联的银行卡内 3.4 万元转至刘某"微信零钱"与"支付宝余额"处。然后彭某某持刀逼迫刘某继续行驶,到达指定地点后,让刘某熄火停车,把手机、车钥匙放在副驾驶车座,双手放置在方向盘上,后突然用刀割向刘某颈部,致其颈部大出血,刘某一边抵挡一边解开安全带下车逃生,向附近工厂门卫求助并迅速报警。彭某某抢得奥迪车后迅速驶入高速路向张家口方向逃窜,途中将车内行车记录仪摘除,使用刘某的手机给车加油。公安机关接警后迅速获取被抢车辆信息,进行布控追踪。当日上午8时许,张家口市公安机关在张家口市区将彭某某拦截抓获,当场扣押被抢车辆和手机。

4月27日,石家庄市桥西区公安分局立案侦查。因案发后刘某伤情严重无法进行询问,彭某某到案后对抢劫杀人一事矢口否认。桥西区人民检察院介入侦查引导取证,与公安机关共同对案件进行分析研究,制定了详细的侦查取证计划。公安机关先后调取了大量客观性证据,并对苏醒后的被害人进行了远程询问,彭某某涉嫌抢劫犯罪的事实逐渐清晰。5月4日,桥西区公安分局以彭某某涉嫌抢劫罪向桥西区人民检察院提请批准逮捕。案件承办检察官依法讯问了犯罪嫌疑人,依据提前介入掌握情况,经综合分析全案证据认为,彭某某为进一步劫取被害人车辆实施持刀割喉行为应认定为抢劫罪,其虽拒不认罪,但通过现有的书证、物证、监控视频、电子数据等客观性证据可以认定。5月8日,桥西区人民检察院依法对彭某某以涉嫌抢劫罪作出批准逮捕决定。下一步,公安机关将进一步开展侦查取证工作,检察机关将对彭某某依法予以从严从重追诉。

浙江省嘉兴市朱某某等4人涉嫌抢劫案

(2020年5月15日最高人民检察院发布)

犯罪嫌疑人朱某某,男,1984年8月出生,初中文化,湖北天门人,无违法犯罪前科。

犯罪嫌疑人陈某某,男,1985年11月出生,初中文化,江西九江人,在浙江嘉兴务工,无违法犯罪前科。

犯罪嫌疑人谭某某,男,1985年9月出生,初中文化,重庆大渡口人,无违法犯罪前科。

犯罪嫌疑人黄某某,男,2000年4月出生,初中文化,贵州毕节人,无违法犯罪前科。

2020年3月初,犯罪嫌疑人朱某某在网上发布消息称"有路子的兄弟联系下,只要能弄到钱什么都干"等信息,后经QQ、微信等软件先后联络了犯罪嫌疑人陈某某、谭某某、黄某某等人,4人预谋从事违法犯罪活动"捞一票"。陈某某曾因在嘉兴从事门窗生意而得知被害人吴某某一家经济状况良好,经陈某某提议后,4人决定前往嘉兴到被害人吴某某家抢劫。3月13日至16日期间,朱某某、谭某某、黄某某等人坐火车分别从无锡、重庆、贵阳等地至嘉兴与陈某某会合。朱某某于 3 月 13 日抵达嘉兴当日,即伙同陈某某来到吴某某居住的某小区,利用小区保安中午交接班人员较少的机会进入小区,到被害人吴某某家附近踩点,查看被害人车辆、房屋门窗和小区监控设备情况,并拍照共享于 4 人的微信群内,预谋评估抢劫价值、入户方式、逃避侦查方法等。后 4 人在嘉兴会合后,又先后两次为违法犯罪活动商量抢劫方案,并购买刀具、胶带、绳子、手套等作案工具,期间因大润发等大型超市购买刀具需身份证实名登记,而转至小五金店购买作案工具。3 月 17 日晚,4 人前往该小区门口,预谋分批进入该小区对被害人吴某某先行控制,逼问银行卡密码后由黄某某负责操作网上转账。因疫情防控期间小区保安要求出示出入证或联系业主而未能进入小区。后 4 人在小区外商量拦截路上女性车主进行抢劫时,被巡逻民警盘问查获,并当场扣押随身携带的作案工具。

3 月 18 日,公安机关对朱某某等 4 人立案侦查。当日,受公安机关邀请,嘉兴市秀洲区人民检察院介入侦查,引导公安机关围绕作案动机、犯意提出、工具购买、现场踩点等要素收集完善证据。4 月 18 日,嘉兴市公安局秀洲区分局向嘉兴市秀洲区人民检察院提请批准逮捕。4 月 23 日,嘉兴市秀洲区人民检察院以涉嫌抢劫罪对朱某某等 4 人批准逮捕。目前,该案正在进一步侦查中。下一步,检察机关将依法从严进行刑事追诉。

于某某抢劫案——贯彻教育为主、惩罚为辅原则,最大限度教育、感化、挽救未成年被告人

(2021 年 3 月 2 日最高人民法院发布)

被告人于某某系某中学学生,先后持刀在大学校园内抢劫被害人杜某某、王某某、胡某某、徐某某等,劫得手机 3 部(共计价值人民币 753.96 元)及现金人民币 487.5 元。到案后,于某某如实供述了抢劫罪行,赃款、赃物均已发还被害人。

人民法院经审理认为,被告人于某某持刀劫取他人财物,其行为已构成抢劫罪,应予惩处。综合考虑本案的事实、情节,于某某系未成年人,认罪悔罪态度较好,已积极赔偿被害人经济损失,得到被害人谅解;于某某在校期间表现良好,一直担任班级学生干部,连续三年被评为区、校级三好学生;此次犯罪与家庭关系紧张、与父母存在沟通障碍有一定关系等。于某某的主观恶性及社会危害性相对较小,人民法院决定依法从轻处罚,以抢劫罪判处被告人于某某有期徒刑三年,缓刑三年,并处罚金人民币 6000 元。

在本案审理过程中,承办法官对被告人于某某的一贯表现等背景情况进行了详细调查,积极帮助于某某与父母之间重新建立沟通渠道。通过工作,法官与于某某建立了良好的信任关系,于的性格与思想发生了很大转变。于某某在取保候审期间,返回学校参加高考,以全班第一名的成绩考入大学。案件审结后,法官定期对于某某的学习生活情况进行跟踪帮教,帮助其疏导人生困惑,增强人生自信,并与于某某的父母保持互动,督促、指导他们增强亲子沟通,缓和家庭关系。大学期间,于某某成绩优异,获得国家级奖学金,缓刑考验期满后顺利出国留学,现已完成学业回国工作。

本案是一起教育感化挽救失足未成年人、帮助其重回人生正轨的典型案例。未成年人走上违法犯罪道路,既有其自身心智发育尚不健全、尚不具备完全辨认、控制能力的原因,往往也有家庭环境等方面的原因。因此,我国刑法明确规定,对未成年人犯罪应当从轻或者减轻处罚;刑事诉讼法明确规定,对犯罪的未成年人实行教育、感化、挽救的方针,坚持教育为主、惩罚为辅的原则。对未成年人犯罪,应当具体分析、区别对待,在准确定罪、恰当量刑的同时,要高度重视做好对未成年被告人的教育挽救、跟踪帮扶工作;要通过认真负责、耐心细致的工作,促使犯罪的未成年人悔过自新,不再重蹈覆辙,成为遵纪守法的公民和社会的有用之材。

刑法第二百六十四条(盗窃罪)

> 第二百六十四条①②　盗窃公私财物,数额较大的,或者多次盗窃、入户盗窃、携带凶器盗窃、扒窃的,处三年以下有期徒刑、拘役或者管制,并处或者单处罚金;数额巨大或者有其他严重情节的,处三年以上十年以下有期徒刑,并处罚金;数额特别巨大或者有其他特别严重情节的,处十年以上有期徒刑或者无期徒刑,并处罚金或者没收财产。

---

① 本条根据《刑法修正案(八)》(2011年5月1日起施行)第三十九条修改。

原本条内容为:"盗窃公私财物,数额较大或者多次盗窃的,处三年以下有期徒刑、拘役或者单处罚金;数额巨大或者有其他严重情节的,处三年以上十年以下有期徒刑,并处罚金;数额特别巨大或者有其他特别严重情节的,处十年以上有期徒刑或者无期徒刑,并处罚金或者没收财产;有下列情形之一的,处无期徒刑或者死刑,并处没收财产:(一)盗窃金融机构,数额特别巨大的;(二)盗窃珍贵文物,情节严重的。"

修改的内容为:一是增加盗窃方式"入户盗窃、携带凶器盗窃、扒窃";二是取消盗窃罪的死刑。

② 《全国人民代表大会常务委员会关于维护互联网安全的决定》(2000年12月18日)第四条规定:对"利用互联网进行盗窃、诈骗、敲诈勒索"构成犯罪的,依照刑法有关规定追究刑事责任。

臧进泉等盗窃、诈骗案

(最高人民法院审判委员会讨论通过 2014 年 6 月 23 日发布)

【关键词】

刑事 盗窃 诈骗 利用信息网络

【裁判要点】

行为人利用信息网络,诱骗他人点击虚假链接而实际通过预先植入的计算机程序窃取财物构成犯罪的,以盗窃罪定罪处罚;虚构可供交易的商品或者服务,欺骗他人点击付款链接而骗取财物构成犯罪的,以诈骗罪定罪处罚。

【基本案情】

(一)盗窃事实

2010 年 6 月 1 日,被告人郑必玲骗取被害人金某 195 元后,获悉金某的建设银行网银账户内有 305000 余元存款且无每日支付限额,遂电话告知被告人臧进泉,预谋合伙作案。臧进泉赶至网吧后,以尚未看到金某付款成功的记录为由,发送给金某一个交易金额标注为 1 元而实际植入了支付 305000 元的计算机程序的虚假链接,谎称金某点击该 1 元支付链接后,其即可查看到付款成功的记录。金某在诱导下点击了该虚假链接,其建设银行网银账户中的 305000 元随即通过臧进泉预设的计算机程序,经上海快钱信息服务有限公司的平台支付到臧进泉提前在福州海都阳光信息科技有限公司注册的"kissal23"账户中。臧进泉使用其中的 116863 元购买大量游戏点卡,并在"小泉先生哦"的淘宝网店上出售套现。案发后,公安机关追回赃款 187126.31 元发还被害人。

(二)诈骗事实

2010 年 5 月至 6 月间,被告人臧进泉、郑必玲、刘涛分别以虚假身份开设无货可供的淘宝网店铺,并以低价吸引买家。三被告人事先在网游网站注册一账户,并对该账户预设充值程序,充值金额为买家欲支付的金额,后将该充值程序代码植入到一个虚假淘宝网链接中。与买家商谈好商品价格后,三被告人各自以方便买家购物为由,将该虚假淘宝网链接通过阿里旺旺聊天工具发送给买家。买家误以为是淘宝网链接而点击该链接进行购物、付款,并认为所付货款会汇入支付宝公司为担保交易而设立的公用账户,但该货款实际通过预设程序转入网游网站在支付宝公司的私人账户,再转入被告人事先在网游网站注册的充值账户中。三名被告人获取买家货款后,在网游网站购买游戏点卡、腾讯 Q 币等,然后将其按事先约定统一放在臧进泉的"小泉先生哦"的淘宝网店铺上出售套现,所得款均汇入臧进泉的工商银行卡中,由臧进泉按照获利额以约定方式分配。

被告人臧进泉、郑必玲、刘涛经预谋后,先后到江苏省苏州市、无锡市、昆山市等地网吧采用上述手段作案。臧进泉诈骗22000元,获利5000余元,郑必玲诈骗获利5000余元,刘涛诈骗获利12000余元。

【裁判结果】

浙江省杭州市中级人民法院于2011年6月1日作出(2011)浙杭刑初字第91号刑事判决:(一)被告人臧进泉犯盗窃罪,判处有期徒刑十三年,剥夺政治权利一年,并处罚金人民币3万元;犯诈骗罪,判处有期徒刑二年,并处罚金人民币5000元,决定执行有期徒刑十四年六个月,剥夺政治权利一年,并处罚金人民币35000元。(二)被告人郑必玲犯盗窃罪,判处有期徒刑十年,剥夺政治权利一年,并处罚金人民币1万元;犯诈骗罪,判处有期徒刑六个月,并处罚金人民币2000元,决定执行有期徒刑十年三个月,剥夺政治权利一年,并处罚金人民币12000元。(三)被告人刘涛犯诈骗罪,判处有期徒刑一年六个月,并处罚金人民币5000元。宣判后,臧进泉提出上诉。浙江省高级人民法院于2011年8月9日作出(2011)浙刑三终字第132号刑事裁定,驳回上诉,维持原判。

【裁判理由】

法院生效裁判认为:盗窃是指以非法占有为目的,秘密窃取公私财物的行为;诈骗是指以非法占有为目的,采用虚构事实或者隐瞒真相的方法,骗取公私财物的行为。对既采取秘密窃取手段又采取欺骗手段非法占有财物行为的定性,应从行为人采取主要手段和被害人有无处分财物意识方面区分盗窃与诈骗。如果行为人获取财物时起决定性作用的手段是秘密窃取,诈骗行为只是为盗窃创造条件或作掩护,被害人也没有"自愿"交付财物的,就应当认定为盗窃;如果行为人获取财物时起决定性作用的手段是诈骗,被害人基于错误认识而"自愿"交付财物,盗窃行为只是辅助手段的,就应当认定为诈骗。在信息网络情形下,行为人利用信息网络,诱骗他人点击虚假链接而实际上通过预先植入的计算机程序窃取他人财物构成犯罪的,应当以盗窃罪定罪处罚;行为人虚构可供交易的商品或者服务,欺骗他人为支付货款点击付款链接而获取财物构成犯罪的,应当以诈骗罪定罪处罚。本案中,被告人臧进泉、郑必玲使用预设计算机程序并植入的方法,秘密窃取他人网上银行账户内巨额钱款,其行为均已构成盗窃罪。臧进泉、郑必玲和被告人刘涛以非法占有为目的,通过开设虚假的网络店铺和利用伪造的购物链接骗取他人数额较大的货款,其行为均已构成诈骗罪。对臧进泉、郑必玲所犯数罪,应依法并罚。

关于被告人臧进泉及其辩护人所提非法获取被害人金某的网银账户内

305000 元的行为,不构成盗窃罪而是诈骗罪的辩解与辩护意见,经查,臧进泉和被告人郑必玲在得知金某网银账户内有款后,即产生了通过植入计算机程序非法占有目的;随后在网络聊天中诱导金某同意支付 1 元钱,而实际上制作了一个表面付款"1 元"却支付 305000 元的假淘宝网链接,致使金某点击后,其网银账户内 305000 元即被非法转移到臧进泉的注册账户中,对此金某既不知情,也非自愿。可见,臧进泉、郑必玲获取财物时起决定性作用的手段是秘密窃取,诱骗被害人点击"1 元"的虚假链接系实施盗窃的辅助手段,只是为盗窃创造条件或作掩护,被害人也没有"自愿"交付巨额财物,获取银行存款实际上是通过隐藏的事先植入的计算机程序来窃取的,符合盗窃罪的犯罪构成要件,依照刑法第二百六十四条、第二百八十七条的规定,应当以盗窃罪定罪处罚。故臧进泉及其辩护人所提上述辩解和辩护意见与事实和法律规定不符,不予采纳。

【相关规定】(略)

陈邓昌抢劫、盗窃,付志强盗窃案

(最高人民检察院第十二届检察委员会第二十六次会议决定 2014 年 9 月10 日发布)

【关键词】
第二审程序刑事抗诉 入户抢劫 盗窃罪 补充起诉

【要旨】
1. 对于入户盗窃,因被发现而当场使用暴力或者以暴力相威胁的行为,应当认定为"入户抢劫"。

2. 在人民法院宣告判决前,人民检察院发现被告人有遗漏的罪行可以一并起诉和审理的,可以补充起诉。

3. 人民检察院认为同级人民法院第一审判决重罪轻判,适用刑罚明显不当的,应当提出抗诉。

【基本案情】
被告人陈邓昌,男,贵州省人,1989 年出生,无业。

被告人付志强,男,贵州省人,1981 年出生,农民。

(一)抢劫罪

2012 年 2 月 18 日 15 时,被告人陈邓昌携带螺丝刀等作案工具来到广东省佛山市禅城区澜石石头后二村田边街 10 巷 1 号的一间出租屋,撬门进入房间盗走现金人民币 100 元,后在客厅遇到被害人陈南姐,陈邓昌拿起铁锤威胁不让其喊叫,并逃离现场。

(二)盗窃罪

1. 2012 年 2 月 23 日,被告人付志强携带作案工具来到广东省佛山市高明区荷城街道井溢村 398 号 302 房间,撬门进入房间内盗走现金人民币 300 元;

2. 2012 年 2 月 25 日,被告人付志强、陈邓昌密谋后携带作案工具到佛山市高明区荷城街道井溢村 287 号 502 出租屋,撬锁进入房间盗走一台华硕笔记本电脑(价值人民币 2905 元)。后二人以 1300 元的价格销赃;

3. 2012 年 2 月 28 日,被告人付志强携带作案工具来到佛山市高明区荷城街道井溢村 243 号 402 房间,撬锁进入房间后盗走现金人民币 1500 元;

4. 2012 年 3 月 3 日,被告人付志强、陈邓昌密谋后携带六角匙等作案工具到佛山市高明区荷城街道官当村 34 号 401 房,撬锁进入房间后盗走现金人民币 700 元;

5. 2012 年 3 月 28 日,被告人陈邓昌、叶其元、韦圣伦(后二人另案处理,均已判刑)密谋后携带作案工具来到佛山市禅城区跃进路 31 号 501 房间,叶其元负责望风,陈邓昌、韦圣伦二人撬锁进入房间后盗走联想一体化电脑一台(价值人民币 3928 元)、尼康 P300 数码相机一台(价值人民币 1813 元)及 600 元现金人民币。后在逃离现场的过程中被人发现,陈邓昌等人将一体化电脑丢弃;

6. 2012 年 4 月 3 日,被告人付志强携带作案工具来到佛山市高明区荷城街道岗头冯村 283 号 301 房间,撬锁进入房间后盗走现金人民币 7000 元;

7. 2012 年 4 月 13 日,被告人陈邓昌、叶其元、韦圣伦密谋后携带作案工具来到佛山市禅城区石湾凤凰路隔田坊 63 号 5 座 303 房间,叶其元负责望风,陈邓昌、韦圣伦二人撬锁进入房间后盗走现金人民币 6000 元、港币 900 元以及一台诺基亚 N86 手机(价值人民币 608 元)。

【诉讼过程】

2012 年 4 月 6 日,付志强因涉嫌盗窃罪被广东省佛山市公安局高明分局刑事拘留,同年 5 月 9 日被逮捕。2012 年 5 月 29 日,陈邓昌因涉嫌盗窃罪被佛山市公安局高明分局刑事拘留,同年 7 月 2 日被逮捕。2012 年 7 月 6 日,佛山市公安局高明分局以犯罪嫌疑人付志强、陈邓昌涉嫌盗窃罪向佛山市高明区人民检察院移送审查起诉。2012 年 7 月 23 日,高明区人民检察院以被告人付志强、陈邓昌犯盗窃罪向佛山市高明区人民法院提起公诉。

一审期间,高明区人民检察院经进一步审查,发现被告人陈邓昌有三起遗漏犯罪事实。2012 年 9 月 24 日,高明区人民检察院依法补充起诉被告人陈邓昌入室盗窃转化为抢劫的犯罪事实一起和陈邓昌伙同叶其元、韦圣伦共同盗窃的犯罪事实二起。

2012 年 11 月 14 日,佛山市高明区人民法院一审认为,检察机关指控被告人陈邓昌犯抢劫罪、盗窃罪,被告人付志强犯盗窃罪的犯罪事实清楚,证据确实、充分,罪名成立。被告人陈邓昌在入户盗窃后被发现,为抗拒抓捕而当场使用凶器相威胁,其行为符合转化型抢劫的构成要件,应以抢劫罪定罪处罚,但不应认定为"入户抢劫"。理由是陈邓昌入户并不以实施抢劫为犯罪目的,而是在户内临时起意以暴力相威胁,且未造成被害人任何损伤,依法判决:被告人陈邓昌犯抢劫罪,处有期徒刑三年九个月,并处罚金人民币 4000 元;犯盗窃罪,处有期徒刑一年九个月,并处罚金人民币 2000 元;决定执行有期徒刑五年,并处罚金人民币 6000 元。被告人付志强犯盗窃罪,处有期徒刑二年,并处罚金人民币 2000 元。

2012 年 11 月 19 日,佛山市高明区人民检察院认为一审判决适用法律错误,造成量刑不当,依法向佛山市中级人民法院提出抗诉。2013 年 3 月 21 日,佛山市中级人民法院二审判决采纳了抗诉意见,撤销原判对原审被告人陈邓昌抢劫罪量刑部分及决定合并执行部分,依法予以改判。

【抗诉理由】

一审宣判后,佛山市高明区人民检察院审查认为一审判决未认定被告人陈邓昌的行为属于"入户抢劫",属于适用法律错误,且造成量刑不当,应予纠正,遂依法向佛山市中级人民法院提出抗诉;佛山市人民检察院支持抗诉。抗诉和支持抗诉理由是:

1. 原判决对"入户抢劫"的理解存在偏差。原判决以"暴力行为虽然发生在户内,但是其不以实施抢劫为目的,而是在户内临时起意并以暴力相威胁,且未造成被害人任何损害"为由,未认定被告人陈邓昌所犯抢劫罪具有"入户"情节。根据 2005 年 7 月《最高人民法院关于审理抢劫、抢夺刑事案件适用法律若干问题的意见》关于认定"入户抢劫"的规定,"入户"必须以实施抢劫等犯罪为目的。但是,这里"目的"的非法性不是以抢劫罪为限,还应当包括盗窃等其他犯罪。

2. 原判决适用法律错误。2000 年 11 月《最高人民法院关于审理抢劫案件具体应用法律若干问题的解释》(以下简称《解释》)第一条第二款规定:"对于入户盗窃,因被发现而当场使用暴力或者以暴力相威胁的行为,应当认定为入户抢劫。"依据刑法和《解释》的有关规定,本案中,被告人陈邓昌入室盗窃被发现后当场使用暴力相威胁的行为,应当认定为"入户抢劫"。

3. 原判决适用法律错误,导致量刑不当。"户"对一般公民而言属于最安全的地方。"入户抢劫"不仅严重侵犯公民的财产所有权,更是危及公民的人身安全。因为被害人处于封闭的场所,通常无法求救,与发生在户外的一般抢劫相比,被害人的身心会受到更为严重的惊吓或者伤害。根据刑法第二百六十三条第一项的规定,"入户抢劫"应当判处十年以上有期徒刑、无期徒刑或者死刑,并处罚金或者没收财产。原判决对陈邓昌抢劫罪判处三年九个月有期徒刑,属于适用法律错误,导致量刑不当。

【终审判决】

广东省佛山市中级人民法院二审认为,一审判决认定原审被告人陈邓昌犯抢劫罪,原审被告人陈邓昌、付志强犯盗窃罪的事实清楚,证据确实、充分。陈邓昌入户盗窃后,被被害人当场发现,意图抗拒抓捕,当场使用暴力威胁被害人不许其喊叫,然后逃离案发现场,依法应当认定为"入户抢劫"。原判决未认定陈邓昌所犯的抢劫罪具有"入户"情节,系适用法律错误,应当予以纠正。检察机关抗诉意见成立,予以采纳。据此,依法判决:撤销一审判决对陈邓昌抢劫罪量刑部分及决定合并执行部分;判决陈邓昌犯抢劫罪,处有期徒刑十年,并处罚金人民币1万元,犯盗窃罪,处有期徒刑一年九个月,并处罚金2000元,决定执行有期徒刑十一年,并处罚金1.2万元。

【相关规定】(略)

张四毛盗窃案

(最高人民检察院第十二届检察委员会第七十次会议决定 2017年10月12日发布)

【关键词】

盗窃 网络域名 财产属性 域名价值

【要旨】

网络域名具备法律意义上的财产属性,盗窃网络域名可以认定为盗窃行为。

【基本案情】

被告人张四毛,男,1989年7月出生,无业。

2009年5月,被害人陈某在大连市西岗区登录网络域名注册网站,以人民币11.85万元竞拍取得"www.8.cc"域名,并交由域名维护公司维护。

被告人张四毛预谋窃取陈某拥有的域名"www.8.cc",其先利用技术手段破解该域名所绑定的邮箱密码,后将该网络域名转移绑定到自己的邮箱上。

2010 年 8 月 6 日,张四毛将该域名从原有的维护公司转移到自己在另一网络公司申请的 ID 上,又于 2011 年 3 月 16 日将该网络域名再次转移到张四毛冒用"龙嬗"身份申请的 ID 上,并更换绑定邮箱。2011 年 6 月,张四毛在网上域名交易平台将网络域名"www.8.cc"以人民币 12.5 万元出售给李某。2015 年 9 月 29 日,张四毛被公安机关抓获。

【诉讼过程和结果】

本案由辽宁省大连市西岗区人民检察院于 2016 年 3 月 22 日以被告人张四毛犯盗窃罪向大连市西岗区人民法院提起公诉。2016 年 5 月 5 日,大连市西岗区人民法院作出判决,认定被告人张四毛的行为构成盗窃罪,判处有期徒刑四年七个月,并处罚金人民币 5 万元。一审宣判后,当事人未上诉,判决已生效。

【指导意义】

网络域名是网络用户进入门户网站的一种便捷途径,是吸引网络用户进入其网站的窗口。网络域名注册人注册了某域名后,该域名将不能再被其他人申请注册并使用,因此网络域名具有专属性和唯一性。网络域名属稀缺资源,其所有人可以对域名行使出售、变更、注销、抛弃等处分权利。网络域名具有市场交换价值,所有人可以以货币形式进行交易。通过合法途径获得的网络域名,其注册人利益受法律承认和保护。本案中,行为人利用技术手段,通过变更网络域名绑定邮箱及注册 ID,实现了对域名的非法占有,并使原所有人丧失了对网络域名的合法占有和控制,其目的是非法获取网络域名的财产价值,其行为给网络域名的所有人带来直接的经济损失。该行为符合以非法占有为目的窃取他人财产利益的盗窃罪本质属性,应以盗窃罪论处。对于网络域名的价值,当前可综合考虑网络域名的购入价、销赃价、域名升值潜力、市场热度等综合认定。

【相关规定】(略)

琚某忠盗窃案

(最高人民检察院第十三届检察委员会第五十二次会议决定　2020 年 11 月 24 日发布)

【关键词】

认罪认罚　无正当理由上诉　抗诉　取消从宽量刑

【要旨】

对于犯罪事实清楚,证据确实、充分,被告人自愿认罪认罚,一审法院采纳从宽量刑建议判决的案件,因被告人无正当理由上诉而不再具有认罪认罚从宽的条件,检察机关可以依法提出抗诉,建议法院取消因认罪认罚给予被告人的从宽量刑。

【基本案情】

被告人琚某忠,男,1985年11月生,浙江省常山县人,农民。

2017年11月16日下午,被告人琚某忠以爬窗入室的方式,潜入浙江省杭州市下城区某小区502室,盗取被害人张某、阮某某贵金属制品9件(共计价值人民币28213元)、现金人民币400余元、港币600余元。案发后公安机关追回上述9件贵金属制品,并已发还被害人。

审查起诉期间,检察机关依法告知被告人琚某忠诉讼权利义务、认罪认罚的具体规定,向琚某忠核实案件事实和证据,并出示监控录像等证据后,之前认罪态度反复的被告人琚某忠表示愿意认罪认罚。经与值班律师沟通、听取意见,并在值班律师见证下,检察官向琚某忠详细说明本案量刑情节和量刑依据,提出有期徒刑二年三个月,并处罚金人民币3000元的量刑建议,琚某忠表示认可和接受,自愿签署《认罪认罚具结书》。2018年3月6日,杭州市下城区人民检察院以被告人琚某忠犯盗窃罪提起公诉。杭州市下城区人民法院适用刑事速裁程序审理该案,判决采纳检察机关指控的罪名和量刑建议。

同年3月19日,琚某忠以量刑过重为由提出上诉,下城区人民检察院提出抗诉。杭州市中级人民法院认为,被告人琚某忠不服原判量刑提出上诉,导致原审适用认罪认罚从宽制度的基础已不存在,为保障案件公正审判,裁定撤销原判,发回重审。下城区人民法院经重新审理,维持原判认定的被告人琚某忠犯盗窃罪的事实和定性,改判琚某忠有期徒刑二年九个月,并处罚金人民币3000元。判决后,琚某忠未上诉。

【检察履职情况】

(一)全面了解上诉原因

琚某忠上诉后,检察机关再次阅卷审查,了解上诉原因,核实认罪认罚从宽制度的适用过程,确认本案不存在事实不清、证据不足、定性错误、量刑不当等情形;确认权利告知规范、量刑建议准确适当、具结协商依法进行。被告人提出上诉并无正当理由,违背了认罪认罚的具结承诺。

(二)依法提出抗诉

琚某忠无正当理由上诉表明其认罪不认罚的主观心态,其因认罪认罚而获得从宽量刑的条件已不存在,由此导致一审判决罪责刑不相适应。在这种情况下,检察机关以"被告人不服判决并提出上诉,导致本案适用认罪认罚从宽制度的条件不再具备,并致量刑不当"为由提出抗诉,并在抗诉书中就审查起诉和一审期间依法开展认罪认罚工作情况作出详细阐述。

【指导意义】

被告人通过认罪认罚获得量刑从宽后,在没有新事实、新证据的情况下,违背具结承诺以量刑过重为由提出上诉,无正当理由引起二审程序,消耗国家司法资源,检察机关可以依法提出抗诉。一审判决量刑适当、自愿性保障充分,因为认罪认罚后反悔上诉导致量刑不当的案件,检察机关依法提出抗诉有利于促使被告人遵守协商承诺,促进认罪认罚从宽制度健康稳定运行。检察机关提出抗诉时,应当建议法院取消基于认罪认罚给予被告人的从宽量刑,但不能因被告人反悔行为对其加重处罚。

【相关规定】(略)

刑法第二百六十六条(诈骗罪)

> 第二百六十六条 诈骗公私财物,数额较大的,处三年以下有期徒刑、拘役或者管制,并处或者单处罚金;数额巨大或者有其他严重情节的,处三年以上十年以下有期徒刑,并处罚金;数额特别巨大或者有其他特别严重情节的,处十年以上有期徒刑或者无期徒刑,并处罚金或者没收财产。本法另有规定的,依照规定。

董亮等四人诈骗案

(最高人民检察院第十二届检察委员会第七十次会议决定 2017 年 10 月 12 日发布)

【关键词】

诈骗 自我交易 打车软件 骗取补贴

【要旨】

以非法占有为目的,采用自我交易方式,虚构提供服务事实,骗取互联网公司垫付费用及订单补贴,数额较大的行为,应认定为诈骗罪。

【基本案情】

被告人董亮,男,1981 年 9 月生,无固定职业。

被告人谈申贤,男,1984 年 7 月生,无固定职业。

被告人高炯,男,1974 年 12 月生,无固定职业。

被告人宋瑞华,女,1977 年 4 月生,曾系上海杨浦火车站员工。

2015 年,某网约车平台注册登记司机董亮、谈申贤、高炯、宋瑞华,分别用购买、租赁未实名登记的手机号注册网约车乘客端,并在乘客端账户内预充打车费一二十元。随后,他们各自虚构用车订单,并用本人或其实际控制的其他司机端账户接单,发起较短距离用车需求,后又故意变更目的地延长乘车距离,致使应付车费大幅提高。由于乘客端账户预存打车费较少,无法支付全额车费。网约车公司为提升市场占有率,按照内部规定,在这种情况下由公司垫付车费,同样给予司机承接订单的补贴。四被告人采用这一手段,分别非法获取网约车公司垫付车费及公司给予司机承接订单的补贴。董亮获取 40664.94 元,谈申贤获取 14211.99 元,高炯获取 38943.01 元,宋瑞华获取 6627.43 元。

【诉讼过程和结果】

本案由上海市普陀区人民检察院于 2016 年 4 月 1 日以被告人董亮、谈申贤、高炯、宋瑞华犯诈骗罪向上海市普陀区人民法院提起公诉。2016 年 4 月 18 日,上海市普陀区人民法院作出判决,认定被告人董亮、谈申贤、高炯、宋瑞华的行为构成诈骗罪,综合考虑四被告人到案后能如实供述自己的罪行,依法可从轻处罚,四被告人家属均已代为全额退赔赃款,可酌情从轻处罚,分别判处被告人董亮有期徒刑一年,并处罚金人民币 1000 元;被告人谈申贤有期徒刑十个月,并处罚金人民币 1000 元;被告人高炯有期徒刑一年,并处罚金人民币 1000 元;被告人宋瑞华有期徒刑八个月,并处罚金人民币 1000 元;四被告人所得赃款依法发还被害单位。一审宣判后,四被告人未上诉,判决已生效。

【指导意义】

当前,网络约车、网络订餐等互联网经济新形态发展迅速。一些互联网公司为抢占市场,以提供订单补贴的形式吸引客户参与。某些不法分子采取违法手段,骗取互联网公司给予的补贴,数额较大的,可以构成诈骗罪。

在网络约车中,行为人以非法占有为目的,通过网约车平台与网约车公司进行交流,发出虚构的用车需求,使网约车公司误认为是符合公司补贴规则的订单,基于错误认识,给予行为人垫付车费及订单补贴的行为,符合诈骗罪的本质特征,是一种新型诈骗罪的表现形式。

【相关规定】(略)

张凯闵等 52 人电信网络诈骗案

（最高人民检察院第十三届检察委员会第三十一次会议决定 2020 年 3 月 8 日发布）

【关键词】

跨境电信网络诈骗 境外证据审查 电子数据 引导取证

【要旨】

跨境电信网络诈骗犯罪往往涉及大量的境外证据和庞杂的电子数据。对境外获取的证据应着重审查合法性，对电子数据应着重审查客观性。主要成员固定，其他人员有一定流动性的电信网络诈骗犯罪组织，可认定为犯罪集团。

【基本案情】

被告人张凯闵，男，1981 年 11 月 21 日出生，中国台湾地区居民，无业。

林金德等其他被告人、被不起诉人基本情况略。

2015 年 6 月至 2016 年 4 月间，被告人张凯闵等 52 人先后在印度尼西亚共和国和肯尼亚共和国参加对中国大陆居民进行电信网络诈骗的犯罪集团。在实施电信网络诈骗过程中，各被告人分工合作，其中部分被告人负责利用电信网络技术手段对大陆居民的手机和座机电话进行语音群呼，群呼的主要内容为"有快递未签收，经查询还有护照签证即将过期，将被限制出境管制，身份信息可能遭泄露"等。当被害人按照语音内容操作后，电话会自动接通冒充快递公司客服人员的一线话务员。一线话务员以帮助被害人报案为由，在被害人不挂断电话时，将电话转接至冒充公安局办案人员的二线话务员。二线话务员向被害人谎称"因泄露的个人信息被用于犯罪活动，需对被害人资金流向进行调查"，欺骗被害人转账、汇款至指定账户。如果被害人对二线话务员的说法仍有怀疑，二线话务员会将电话转给冒充检察官的三线话务员继续实施诈骗。

至案发，张凯闵等被告人通过上述诈骗手段骗取 75 名被害人钱款共计人民币 2300 余万元。

【指控与证明犯罪】

（一）介入侦查引导取证

由于本案被害人均是中国大陆居民，根据属地管辖优先原则，2016 年 4 月，肯尼亚将 76 名电信网络诈骗犯罪嫌疑人（其中大陆居民 32 人，台湾地区居民 44 人）遣返中国大陆。经初步审查，张凯闵等 41 人与其他被遣返的人分属互不关联的诈骗团伙,公安机关依法分案处理。2016 年 5 月,北京市人民检察院第二分院经指定管辖本案,并应公安机关邀请,介入侦查引导取证。

鉴于肯尼亚在遣返犯罪嫌疑人前已将起获的涉案笔记本电脑、语音网关(指能将语音通信集成到数据网络中实现通信功能的设备)、手机等物证移交我国公安机关,为确保证据的客观性、关联性和合法性,检察机关就案件证据需要达到的证明标准以及涉外电子数据的提取等问题与公安机关沟通,提出提取、恢复涉案的 Skype 聊天记录、Excel 和 Word 文档、网络电话拨打记录清单等电子数据,并对电子数据进行无污损鉴定的意见。在审查电子数据的过程中,检察人员与侦查人员在恢复的 Excel 文档中找到多份"返乡订票记录单"以及早期大量的 Skype 聊天记录。依据此线索,查实部分犯罪嫌疑人在去肯尼亚之前曾在印度尼西亚两度针对中国大陆居民进行诈骗,诈骗数额累计达 2000 余万元人民币。随后,11 名曾在印度尼西亚参与张凯闵团伙实施电信诈骗,未赴肯尼亚继续诈骗的犯罪嫌疑人陆续被缉捕到案。至此,张凯闵案 52 名犯罪嫌疑人全部到案。

(二)审查起诉

审查起诉期间,在案犯罪嫌疑人均表示认罪,但对其在犯罪集团中的作用和参与犯罪数额各自作出辩解。

经审查,北京市人民检察院第二分院认为现有证据足以证实张凯闵等人利用电信网络实施诈骗,但案件证据还存在以下问题:一是电子数据无污损鉴定意见的鉴定起始基准时间晚于犯罪嫌疑人归案的时间近 11 个小时,不能确定在此期间电子数据是否被增加、删除、修改;二是被害人与诈骗犯罪组织间的关联性证据调取不完整,无法证实部分被害人系本案犯罪组织所骗;三是台湾地区警方提供的台湾地区犯罪嫌疑人出入境记录不完整,北京市公安局出入境管理总队出具的出入境记录与犯罪嫌疑人的供述等其他证据不尽一致,现有证据不能证实各犯罪嫌疑人参加诈骗犯罪组织的具体时间。

针对上述问题,北京市人民检察院第二分院于 2016 年 12 月 17 日、2017 年 3 月 7 日两次将案件退回公安机关补充侦查,并提出以下补充侦查意见:一是通过中国驻肯尼亚大使馆确认抓获犯罪嫌疑人和外方起获物证的具体时间,将此时间作为电子数据无污损鉴定的起始基准时间,对电子数据重新进行无污损鉴定,以确保电子数据的客观性;二是补充调取犯罪嫌疑人使用网络电话与被害人通话的记录、被害人向犯罪嫌疑人指定银行账户转账汇款的记录、犯罪嫌疑人的收款账户交易明细等证据,以准确认定本案被害人;三是调取各犯罪嫌疑人护照,由北京市公安局出入境管理总队结合护照,出具完整的出入境记录,补充讯问负责管理护照的犯罪嫌疑人,核实部分犯罪嫌疑人是否中途离开过诈骗窝点,以准确认定各犯罪嫌疑人参加犯罪组织的具体时间。补充侦查期间,检察机关就补侦事项及时与公安机关加强当面沟通,落实补证要求。与此同时,检察人员会同侦查人员共赴国家信息中心电子数据司法鉴定中心,就电子数据提取和无污损鉴定等问题向行业专家咨询,解决了无污损鉴定的具体要求以及提取、固定电子数据的范围、程序等问题。检察机关还对公安机关以《司法鉴定书》记录电子数据勘验过程的做法提出意见,要求将《司法鉴定书》转化为勘验笔录。通过上述工作,全案证据得到进一步完善,最终形成补充侦查卷21册,为案件的审查和提起公诉奠定了坚实基础。

检察机关经审查认为,根据肯尼亚警方出具的《调查报告》、我国驻肯尼亚大使馆出具的《情况说明》以及公安机关出具的扣押决定书、扣押清单等,能够确定境外获取的证据来源合法,移交过程真实、连贯、合法。国家信息中心电子数据司法鉴定中心重新作出的无污损鉴定,鉴定的起始基准时间与肯尼亚警方抓获犯罪嫌疑人并起获涉案设备的时间一致,能够证实电子数据的真实性。涉案笔记本电脑和手机中提取的 Skype 账户登录信息等电子数据与犯罪嫌疑人的供述相互印证,能够确定犯罪嫌疑人的网络身份和现实身份具有一致性。75名被害人与诈骗犯罪组织间的关联性证据已补充到位,具体表现为:网络电话、Skype 聊天记录等与被害人陈述的诈骗电话号码、银行账号等证据相互印证;电子数据中的聊天时间、通话时间与银行交易记录中的转账时间相互印证;被害人陈述的被骗经过与被告人供述的诈骗方式相互印证。本案的75名被害人被骗的证据均满足上述印证关系。

(三)出庭指控犯罪

2017年4月1日,北京市人民检察院第二分院根据犯罪情节,对该诈骗犯罪集团中的52名犯罪嫌疑人作出不同处理决定。对张凯闵等50人以诈骗罪分两案向北京市第二中级人民法院提起公诉,对另2名情节较轻的犯罪嫌疑人作出不起诉决定。7月18日、7月19日,北京市第二中级人民法院公开开庭审理了本案。

庭审中,50名被告人对指控的罪名均未提出异议,部分被告人及其辩护人主要提出以下辩解及辩护意见:一是认定犯罪集团缺乏法律依据,应以被告人实际参与诈骗成功的数额认定其犯罪数额。二是被告人系犯罪组织雇佣的话务员,在本案中起次要和辅助作用,应认定为从犯。三是检察机关指控的犯罪金额证据不足,没有形成完整的证据链条,不能证明被害人是被告人所骗。

针对上述辩护意见,公诉人答辩如下。

一是该犯罪组织以共同实施电信网络诈骗犯罪为目的而组建,首要分子虽然没有到案,但在案证据充分证明该犯罪组织在首要分子的领导指挥下,有固定人员负责窝点的组建管理、人员的召集培训,分工担任一线、二线、三线话务员,该诈骗犯罪组织符合刑法关于犯罪集团的规定,应当认定为犯罪集团。

二是在案证据能够证实二线、三线话务员不仅实施了冒充警察、检察官接听拨打电话的行为,还在犯罪集团中承担了组织管理工作,在共同犯罪中起主要作用,应认定为主犯。对从事一线接听拨打诈骗电话的被告人,已作区别对待。该犯罪集团在印度尼西亚和肯尼亚先后设立3个窝点,参加过2个以上窝点犯罪的一线人员属于积极参加犯罪,在犯罪中起主要作用,应认定为主犯;仅参加其中一个窝点犯罪的一线人员,参与时间相对较短,实际获利较少,可认定为从犯。

三是本案认定诈骗犯罪集团与被害人之间关联性的证据主要有:犯罪集团使用网络电话与被害人电话联系的通话记录;犯罪集团的 Skype 聊天记录中提到了被害人姓名、公民身份证号码等个人信息;被害人向被告人指定银行账户转账汇款的记录。起诉书认定的75名被害人至少包含上述一种关联方式,实施诈骗与被骗的证据能够形成印证关系,足以认定75名被害人被本案诈骗犯罪组织所骗。

(四)处理结果

2017年12月21日,北京市第二中级人民法院作出一审判决,认定被告人张凯闵等50人以非法占有为目的,参加诈骗犯罪集团,利用电信网络技术手段,分工合作,冒充国家机关工作人员或其他单位工作人员,诈骗被害人钱财,各被告人的行为均已构成诈骗罪,其中28人系主犯,22人系从犯。法院根据犯罪事实、情节并结合各被告人的认罪态度、悔罪表现,对张凯闵等50人判处十五年至一年九个月不等有期徒刑,并处剥夺政治权利及罚金。张凯闵等部分被告人以量刑过重为由提出上诉。2018年3月,北京市高级人民法院二审裁定驳回上诉,维持原判。

【指导意义】

(一)对境外实施犯罪的证据应着重审查合法性

对在境外获取的实施犯罪的证据,一是要审查是否符合我国刑事诉讼法的相关规定,对能够证明案件事实且符合刑事诉讼法规定的,可以作为证据使用。二是对基于有关条约、司法互助协定、两岸司法互助协议或通过国际组织委托调取的证据,应注意审查相关办理程序、手续是否完备,取证程序和条件是否符合有关法律文件的规定。对不具有规定规范的,一般应当要求提供所在国公证机关证明,由所在国中央外交主管机关或其授权机关认证,并经我国驻该国使、领馆认证。三是对委托取得的境外证据,移交过程中应注意审查过程是否连续、手续是否齐全、交接物品是否完整、双方的交接清单记载的物品信息是否一致、交接清单与交接物品是否一一对应。四是对当事人及其辩护人、诉讼代理人提供的来自境外的证据材料,要审查其是否按照条约等相关规定办理了公证和认证,并经我国驻该国使、领馆认证。

(二)对电子数据应重点审查客观性

一要审查电子数据存储介质的真实性。通过审查存储介质的扣押、移交等法律手续及清单,核实电子数据存储介质在收集、保管、鉴定、检查等环节中是否保持原始性和同一性。二要审查电子数据本身是否客观、真实、完整。通过审查电子数据的来源和收集过程,核实电子数据是否从原始存储介质中提取,收集的程序和方法是否符合法律和相关技术规范。对从境外起获的存储介质中提取、恢复的电子数据应当进行无污损鉴定,将起获设备的时间作为鉴定的起始基准时间,以保证电子数据的客观、真实、完整。三要审查电子数据内容的真实性。通过审查在案言词证据能否与电子数据相互印证,不同的电子数据间能否相互印证等,核实电子数据包含的案件信息能否与在案的其他证据相互印证。

(三)紧紧围绕电话卡和银行卡审查认定案件事实

办理电信网络诈骗犯罪案件,认定被害人数量及诈骗资金数额的相关证据,应当紧紧围绕电话卡和银行卡等证据的关联性来认定犯罪事实。一是通过电话卡建立被害人与诈骗犯罪组织间的关联。通过审查诈骗犯罪组织使用的网络电话拨打记录清单、被害人接到诈骗电话号码的陈述以及被害人提供的通话记录详单等通讯类证据,认定被害人与诈骗犯罪组织间的关联性。二是通过银行卡建立被害人与诈骗犯罪组织间的关联。通过审查被害人提供的银行账户交易明细、银行客户通知书、诈骗犯罪集团指定银行账户信息等书证以及诈骗犯罪组织使用的互联网软件聊天记录,核实聊天记录中是否出现被害人的转账账户,以确定被害人与诈骗犯罪组织间的关联性。三是将电话卡和银行卡结合起来认定被害人及诈骗数额。审查被害人接到诈骗电话的时间、向诈骗犯罪组织指定账户转款的时间,诈骗犯罪组织手机或电脑中储存的聊天记录中出现的被害人的账户信息和转账时间是否印证。相互关联印证的,可以认定为案件被害人,被害人实际转账的金额可以认定为诈骗数额。

(四)有明显首要分子,主要成员固定,其他人员有一定流动性的电信网络诈骗犯罪组织,可以认定为诈骗犯罪集团

实施电信网络诈骗犯罪,大都涉案人员众多、组织严密、层级分明、各环节分工明确。对符合刑法关于犯罪集团规定,有明确首要分子,主要成员固定,其他人员虽有一定流动性的电信网络诈骗犯罪组织,依法可以认定为诈骗犯罪集团。对出资筹建诈骗窝点、掌控诈骗所得资金、制订犯罪计划等起组织、指挥管

理作用的,依法可以认定为诈骗犯罪集团首要分子,按照集团所犯的全部罪行处罚。对负责协助首要分子组建窝点、招募培训人员等起积极作用的,或加入时间较长,通过接听拨打电话对受害人进行诱骗,次数较多、诈骗金额较大的,依法可以认定为主犯,按照其参与或组织、指挥的全部犯罪处罚。对诈骗次数较少、诈骗金额较小,在共同犯罪中起次要或者辅助作用的,依法可以认定为从犯,依法从轻、减轻或免除处罚。

【相关规定】(略)

李某诈骗、传授犯罪方法,牛某等人诈骗案

(最高人民检察院第十三届检察委员会第六十三次会议决定 2021 年 3 月 2 日发布)

【关键词】

涉嫌数罪 听证 认罪认罚从宽 附条件不起诉 家庭教育指导 社会支持

【要旨】

对于一人犯数罪符合起诉条件,但根据其认罪认罚等情况,可能判处一年有期徒刑以下刑罚的,检察机关可以依法适用附条件不起诉。对于涉罪未成年人存在家庭教育缺位或者不当问题的,应当突出加强家庭教育指导,因案因人进行精准帮教。通过个案办理和法律监督,积极推进社会支持体系建设。

【基本案情】

被附条件不起诉人李某,男,作案时 16 周岁,高中学生。

被附条件不起诉人牛某,男,作案时 17 周岁,高中学生。

被附条件不起诉人黄某,男,作案时 17 周岁,高中学生。

被附条件不起诉人关某,男,作案时 16 周岁,高中学生。

被附条件不起诉人包某,男,作案时 17 周岁,高中学生。

2018 年 11 月至 2019 年 3 月,李某利用某电商超市 7 天无理由退货规则,多次在某电商超市网购香皂、洗发水、方便面等日用商品,收到商品后上传虚假退货快递单号,骗取某电商超市退回购物款累计 8445.53 元。后李某将此犯罪方法先后传授给牛某、黄某、关某、包某,并收取 1200 元"传授费用"。得知这一方法的牛某、黄某、关某、包某以此方法各自骗取某电商超市 15598.86 元、8925.19 元、6617.71 元、6206.73 元。

涉案五人虽不是共同犯罪,但犯罪对象和犯罪手段相同,案件之间存在关联,为便于查明案件事实和保障诉讼顺利进行,公安机关采纳检察机关建议,对五人依法并案处理。

【检察履职情况】

(一)适用认罪认罚从宽制度,发挥惩教结合优势。审查逮捕期间,检察机关依法分别告知五名未成年犯罪嫌疑人及其法定代理人认罪认罚从宽制度的法律规定,促其认罪认罚。五名犯罪嫌疑人均表达了认罪认罚的意愿,并主动退赃,取得了被害方某电商超市的谅解。检察机关认为五人虽利用网络实施诈骗,但并非针对不特定多数人,系普通诈骗犯罪,且主观恶性不大,犯罪情节较轻,无逮捕必要,加上五人均面临高考,因而依法作出不批准逮捕决定。审查起诉阶段,检察机关通知派驻检察院的值班律师向五人及其法定代理人提供法律帮助,并根据五人犯罪情节,认罪悔罪态度,认为符合附条件不起诉条件,提出适用附条件不起诉的意见,将帮教方案和附带条件作为具结书的内容一并签署。

(二)召开不公开听证会,依法决定附条件不起诉。司法实践中,对犯数罪可否适用附条件不起诉,因缺乏明确的法律规定而很少适用。本案中,李某虽涉嫌诈骗和传授犯罪方法两罪,但综合全案事实、社会调查情况以及犯罪后表现,依据有关量刑指导意见,李某的综合刑期应在一年以下有期徒刑,对其适用附条件不起诉制度,有利于顺利进行特殊预防、教育改造。为此,检察机关专门针对李某涉嫌数罪是否可以适用附条件不起诉召开不公开听证会,邀请了未成年犯管教干部、少年审判法官、律师、心理咨询师、公益组织负责人等担任听证员。经听证评议,听证员一致认为应对李某作附条件不起诉,以最大限度促进其改恶向善、回归正途。通过听证,李某认识到自己行为的严重性,李某父母认识到家庭教育中存在的问题,参加听证的各方面代表达成了协同帮教意向。2019 年 12 月 23 日,检察机关对李某等五人依法作出附条件不起诉决定,考验期为六个月。

(三)开展家庭教育指导,因人施策精准帮教。针对家庭责任缺位导致五人对法律缺乏认知与敬畏的共性问题,检察官会同司法社工开展了家庭教育指导,要求五人及其法定代理人在监督考察期间定期与心理咨询师沟通、与检察官和司法社工面谈,并分享法律故事、参加预防违法犯罪宣讲活动。同时,针对五人各自特点分别设置了个性化附带条件:鉴于李某父母疏于管教,亲子关系紧张,特别安排追寻家族故事、追忆成长历程以增强家庭认同感和责任感,修复家庭关系;鉴于包某性格内向无主见、极易被误导,安排其参加"您好陌生人"志愿服务队,以走上街头送爱心的方式锻炼与陌生人的沟通能力,同时对其进行

"朋辈群体干扰场景模拟"小组训练,通过场景模拟,帮助其向不合理要求勇敢说"不";鉴于黄某因达不到父母所盼而缺乏自信,鼓励其发挥特长,担任禁毒教育、网络安全等普法活动主持人,使其在学习法律知识的同时,增强个人荣誉感和家庭认同感;鉴于牛某因单亲家庭而自卑,带领其参加照料空巢老人、探访留守儿童等志愿活动,通过培养同理心增强自我认同,实现"爱人以自爱";鉴于关某沉迷网络游戏挥霍消费,督促其担任家庭记账员,激发其责任意识克制网瘾,养成良好习惯。

(四)联合各类帮教资源,构建社会支持体系。案件办理过程中,引入司法社工全流程参与精准帮教。检察机关充分发挥"3+1"(检察院、未管所、社会组织和涉罪未成年人)帮教工作平台优势,并结合法治进校园"百千万工程",联合团委、妇联、教育局共同组建"手拉手法治宣讲团",要求五人及法定代理人定期参加法治教育讲座。检察机关还与辖区内广播电台、敬老院、图书馆、爱心企业签订观护帮教协议,组织五人及法定代理人接受和参与优秀传统文化教育或实践。2020年6月22日,检察机关根据五人在附条件不起诉考察期间的表现,均作出不起诉决定。五人在随后的高考中全部考上大学。

【指导意义】

(一)办理未成年人犯罪案件,对于涉嫌数罪但认罪认罚,可能判处一年有期徒刑以下刑罚的,也可以适用附条件不起诉。检察机关应当根据涉罪未成年人的犯罪行为性质、情节、后果,并结合犯罪原因、犯罪前后的表现等,综合评估可能判处的刑罚。"一年有期徒刑以下刑罚"是指将犯罪嫌疑人交付审判,法院对其可能判处的刑罚。目前刑法规定的量刑幅度均是以成年人犯罪为基准设计,检察机关对涉罪未成年人刑罚的预估要充分考虑"教育、感化、挽救"的需要及其量刑方面的特殊性。对于既可以附条件不起诉也可以起诉的,应当优先适用附条件不起诉。存在数罪情形时,要全面综合考量犯罪事实、性质和情节以及认罪认罚等情况,认为并罚后其刑期仍可能为一年有期徒刑以下刑罚的,可以依法适用附条件不起诉,以充分发挥附条件不起诉制度的特殊功能,促使涉罪未成年人及早摆脱致罪因素,顺利回归社会。

(二)加强家庭教育指导,提升考察帮教效果。未成年人犯罪原因往往关联家庭,预防涉罪未成年人再犯,同样需要家长配合。检察机关在办理附条件不起诉案件中,不仅要做好对涉罪未成年人自身的考察帮教,还要通过家庭教育指导,争取家长的信任理解,引导家长转变家庭教育方式,自愿配合监督考察,及时解决问题少年背后的家庭问题,让涉罪未成年人知法悔过的同时,在重温亲情中获取自新力量,真正实现矫治教育预期目的。

(三)依托个案办理整合帮教资源,推动未成年人检察工作社会支持体系建设。检察机关办理未成年人犯罪案件,要在社会调查、人格甄别、认罪教育、不公开听证、监督考察、跟踪帮教等各个环节,及时引入司法社工、心理咨询师等各种专门力量,积极与教育、民政、团委、妇联、关工委等各方联合,依托党委、政府牵头搭建的多元化协作平台,做到专业化办案与社会化支持相结合,最大限度地实现对涉罪未成年人的教育、感化和挽救。

【相关规定】(略)

张文中诈骗、单位行贿、挪用公款再审改判无罪案

(2019 年 5 月 21 日最高人民法院发布)

【基本案情】

原审被告人张文中,男,汉族,1962 年 7 月 1 日出生,博士研究生文化,原系物美控股集团有限公司董事长。2009 年 3 月 30 日,原审被告人张文中因犯诈骗罪、单位行贿罪、挪用资金罪被判处有期徒刑十二年,并处罚金人民币 50 万元。2016 年 10 月,张文中向最高人民法院提出申诉。最高人民法院于 2017 年 12 月 27 日作出再审决定。2018 年 5 月 31 日最高人民法院提审本案后,以认定事实和适用法律错误为由撤销原审判决,改判张文中无罪,原判已执行的罚金及追缴的财产依法予以返还。最高人民法院再审认为,物美集团在申报国债技改贴息项目时,国债技改贴息政策已有所调整,民营企业具有申报资格,且物美集团所申报的物流项目和信息化项目均属于国债技改贴息重点支持对象,符合国家当时的经济发展形势和产业政策。原审被告人张文中、张伟春在物美集团申报项目过程中,虽然存在违规行为,但未实施虚构事实、隐瞒真相以骗取国债技改贴息资金的诈骗行为,并无非法占有 3190 万元国债技改贴息资金的主观故意,不符合诈骗罪的构成要件。故原判认定张文中、张伟春的行为构成诈骗罪,属于认定事实和适用法律错误,应当依法予以纠正。原审被告单位物美集团在收购国旅总社所持泰康公司股份后,给予赵某 30 万元好处费的行为,并非为了谋取不正当利益,亦不属于情节严重,不符合单位行贿罪的构成要件;物美集团在收购粤财公司所持泰康公司股份后,向李某 3 公司支付 500 万元系被索要,且不具有为谋取不正当利益而行贿的主观故意,亦不符合单位行贿罪的构成要件,故物美集团的行为不构成单位行贿罪,张文中作为物美集团直接负责的主管人员,对其亦不应以单位行贿罪追究刑事责任。原判认定物美集团及张文中的行为构成单位行贿罪,属于认定事实和适用法律错误,应当依法予以纠

正。原判认定张文中挪用资金归个人使用、为个人谋利的事实不清、证据不足。故原判认定张文中的行为构成挪用资金罪,属于认定事实和适用法律错误,应当依法予以纠正。

【典型意义】

张文中再审案件是在全面依法治国、加强产权和企业家权益保护大背景下最高人民法院依法纠正涉产权和企业家冤错案件第一案,为纠正涉产权和涉民营企业冤错案件、落实产权司法保护树立了典范和标杆。保护民营企业合法利益是维护社会主义市场经济健康发展核心内容。张文中案被依法改判,贯彻落实了党中央依法平等保护各类所有制经济产权、保护民营企业产权的政策,体现了人民法院纠正冤错案件的决心和坚持,体现了罪刑法定等法治原则,体现了人民法院坚持以事实为根据、以法律为准绳的担当精神,对于稳定民营企业家预期,保障民营企业家安心干事创业,具有重大示范意义。

赵明利诈骗再审改判无罪案

(2019 年 5 月 21 日最高人民法院发布)

【基本案情】

1994 年 8 月,身为辽宁省鞍山市立山区春光铆焊加工厂厂长的赵明利,因涉嫌诈骗被鞍山市公安局收容审查,后执行逮捕。1998 年 9 月 14 日,鞍山市千山区人民检察院向鞍山市千山区人民法院提起公诉,指控赵明利犯诈骗罪。1998 年 12 月 24 日,千山区人民法院经审理后判决,赵明利犯诈骗罪证据不足,宣告无罪。

宣判后,鞍山市千山区人民检察院提起抗诉。1999 年 6 月 3 日鞍山市中级人民法院作出终审判决,认定被告人赵明利利用东北风冷轧板公司管理不善之机,采取提货不付款的手段,撤销一审判决,认定赵明利犯诈骗罪,判处有期徒刑 5 年,并处罚金人民币 20 万元。

判决发生法律效力后,原审被告人赵明利提出申诉,并分别被鞍山市中级人民法院、辽宁省高级人民法院予以驳回。2015 年 7 月 21 日赵明利因病死亡。赵明利妻子马英杰以赵明利的行为不构成犯罪为由,向最高人民法院提出申诉。2018 年 7 月 27 日最高人民法院作出再审决定,提审本案,并依法组成合议庭。鉴于赵明利已经死亡,根据相关法律、司法解释的规定,依照第二审程序对本案进行了书面审理。认定如下事实:原审被告人赵明利在担任厂长并承包经营的集体所有制企业鞍山市立山区春光铆焊加工厂期间,虽有 4 次提货未结算,但赵明利在提货前均向东北风冷轧板公司财会部预交了支票,履行了正常的提货手续。有证据表明,其在被指控的 4 次提货行为发生期间及发生后,仍持续进行转账支付货款,具有积极履行支付货款义务的意思表示,且赵明利从未否认提货事实的发生,亦未实施逃匿行为,故不能认定为虚构事实、隐瞒真相的行为。据此,赵明利主观上没有非法占有的目的,客观上亦未实施虚构事实、隐瞒真相的行为,不符合诈骗罪的构成要件,不构成诈骗罪。

【典型意义】

赵明利案再审是最高人民法院第二巡回法庭敲响的东北地区保护企业家人身和财产安全的第一槌。该案中赵明利被改判无罪的关键点在于,厘清了经济纠纷和刑事犯罪的界限。本案中,赵明利未及时支付货款的行为,既未实质上违反双方长期认可的合同履行方式,也未给合同相对方造成重大经济损失,尚未超出普通民事合同纠纷的范畴。严格区分经济纠纷与刑事诈骗犯罪,不得动用刑事强制手段介入正常的民事活动,侵害平等、自愿、公平、自治的市场交易秩序,用法治手段保护健康的营商环境。

郭某、张某诈骗不起诉案

(2021 年 6 月 28 日最高人民检察院、教育部联合发布)

【基本案情】

郭某,2000 年 6 月出生,系某师范学校在校学生。

张某,2000 年 1 月出生,系某师范学校在校学生。

赵某强、丁某、邵某飞、郭某立,1994 年至 2001 年出生,均无固定职业。

2019 年 10 月至 12 月,赵某强、丁某注册"古宝在线""兴源在线"微信公众号,伙同邵某飞、郭某立,冒充古玩交易平台,以帮助被害人出售古董收藏品,需要缴纳"平台入驻费""专家评估费"的方式实施电信网络诈骗,并招募郭某、张某等人作为财务人员提供微信二维码收取诈骗资金。郭某、张某明知郭某立等人从事诈骗犯罪,仍然按照授意将微信昵称和头像改为与诈骗平台同名的"古宝在线",骗取被害人信任并收取诈骗资金。郭某、张某收款后,立即将被害人拉黑,并通过微信、支付宝全额转账给郭某立,郭某立给予郭某、张某每笔转账 10 元到 30 元不等的提成。

经查,郭某、张某参与诈骗金额分别为人民币 1.6 万余元和 5800 元。

【诉讼过程】

2020 年 1 月 15 日,江苏省太仓市公安局以赵某强、丁某、邵某飞、郭某立、郭某、张某等 6 人涉嫌诈骗罪提请批准逮捕。同年 1 月 22 日,太仓市人民检察院依法对赵某强、丁某、邵某飞、郭某立等 4 人批准逮捕。鉴于郭某、张某系在校大学生,参与诈骗犯罪数额不大,获利较少,有自首情节,太仓市人民检察院主动联系二人所在的外省学校,开展社会危险性评估。综合二人的犯罪情节、悔罪态度,以及在校表现、校方帮教等因素,依法以无社会危险性不批准逮捕,公安机关对其取保候审。考虑到郭某、张某二人生活、学习均在外省,太仓市人民检察院建议太仓市公安局与当地公安机关、社区及所在学校建立联系,采用远程视频、微信、电话等方式加强日常沟通,了解二人在取保候审期间的思想状况和行为表现,防止出现监管"真空"。

2020 年 3 月 20 日,太仓市公安局以诈骗罪对赵某强等 6 人移送起诉。2020 年 6 月 20 日,太仓市人民检察院以诈骗罪对赵某强、丁某、邵某飞、郭某立等 4 人提起公诉。鉴于郭某、张某犯罪情节轻微,自首并认罪悔罪,在取保候审期间严格执行相关规定,积极配合公安、司法机关办案,综合全案情况,依法作出不起诉决定。2020 年 8 月 17 日,太仓市人民法院以诈骗罪分别判处被告人赵某强、丁某、邵某飞、郭某立等 4 名被告人有期徒刑一年三个月至三年不等,并处罚金人民币 4000 元至 1 万元不等。各被告人均未上诉,判决已生效。

【教育治理】

针对本案反映出的在校大学生提供收款二维码参与诈骗犯罪的问题,太仓市人民检察院向涉案学生所在学校发出《风险提示函》,提醒学校加强学生兼职就业风险防范教育,提高学生辨别防范能力。该校以此案为契机,针对风险提示内容,通过开展主题班会、全校学生大会、家长座谈会等方式加大宣传力度。太仓市人民检察院积极通过法治进课堂、模拟法庭等举措,在本地学校开展以案释法,提升在校学生的法律意识。郭某、张某被不起诉后,二人已顺利毕业走上工作岗位。

【典型意义】

检察机关在审查逮捕时,要贯彻"少捕慎押"理念,全面准确把握逮捕条件。对于学校和居住地不在本地的学生,要加强与所在学校联系,综合评估其犯罪行为、社会危害、一贯表现、认罪态度等因素,充分考虑所在学校、社区管理教育能力,从能够保障诉讼办案、有利于学生完成学业的角度出发,对于采取取保候审足以防止发生社会危险性的,可以依法不批准逮捕。

犯罪嫌疑人被取保候审后,检察机关要会同公安机关,保持与涉案学生所在学校、居住社区和家长的联系,跟踪了解学生日常表现。相关学校和学生家长要共同承担起监督管理职责,加强教育挽救,促使涉案学生真诚悔过,督促其遵守取保候审规定,确保诉讼活动的顺利进行。

教育部门和相关学校要加强对学生兼职就业的教育引导,规范学校内的兼职就业活动,及时提示风险,帮助学生提高辨别违法犯罪的能力,防止在兼职就业过程中落入违法犯罪"陷阱"。

杨某某、黎某等3人诈骗医保基金案

(2021 年 10 月 26 日最高人民检察院发布)

【基本案情】

2015 年 1 月至 2016 年 7 月期间,被告人杨某某担任四川省德阳市什邡 H 医院院长,主持全面工作,分管财务工作。被告人黎某担任什邡 H 医院财务总监,分管医疗保险工作,协助分管财务工作。被告人郝某某担任什邡 H 医院出纳、医生。被告人杨某某在召开全院大会时,向全院医务人员暗示通过医生虚开处方、虚增住院天数等方式骗取医疗保险基金。随后,H 医院医生以虚开处方、虚增住院天数等方式,由护士录入检查及治疗项目,再由药房录入虚开药品数量骗取医疗保险基金。被告人黎某负责具体骗取医疗保险基金账务整理、报账等事务,被告人郝某某配合支出、使用被骗医疗保险基金。骗取的资金用于支出什邡 H 医院的招待费、差旅费、员工工资等。经司法会计鉴定,什邡 H 医院 2015 年 1 月至 2016 年 6 月期间通过上述方式骗取医疗保险基金共计 176 万余元。至 2017 年 10 月 12 日,什邡 H 医院已全额退回上述医疗保险基金。

2017 年 11 月 24 日,四川省什邡市人民检察院以被告人杨某某、黎某、郝某某涉嫌诈骗犯罪依法提起公诉。同年 12 月 19 日,什邡市人民法院作出一审判决,认定三被告人犯合同诈骗罪,且系单位犯罪,判处被告人杨某某、黎某、郝某某有期徒刑一年八个月至二年不等,缓期执行。什邡市人民检察院认为,一审判决定罪错误、量刑畸轻,于 2018 年 1 月 3 日向德阳市中级人民法院提出抗诉。2018 年 12 月 7 日,德阳市中级人民法院作出二审判决,采纳了检察机关抗诉意见,依法撤销什邡市人民法院一审判决,认定三名被告人犯诈骗罪,判处被告人杨某某有期徒刑四年,并处罚金 5 万元;判处被告人黎某有期徒刑三年,并处罚金 3 万元;判处被告人郝某某有期徒刑三年,缓刑三年,并处罚金 2 万元。

【检察履职情况】

(一)认真研判法律、正确适用罪名。本案的争议焦点在于诈骗罪与合同诈骗罪的区别适用,其中难点是对医疗服务协议性质的准确界定。德阳市检察机关认真研究法律政策,收集对照相关案例,邀请专家论证,根据相关司法解释和法学理论,并结合医疗服务协议的约定内容,认定该类协议不属于平等主体之间的民事合同,而属于社会保障经办机构与医疗机构在基本医疗保险基金统筹、管理和支付过程中依法签订的行政合同。骗取医疗保险基金的行为侵害的法益并非市场经济秩序,因而不符合合同诈骗罪的构成,应当认定为诈骗罪。德阳市人民检察院加强审判监督,纠正法律适用错误,取得了良好的法律效果。

(二)制发检察建议、参与社会治理。结合此案,什邡市人民检察院分别向什邡市卫生和计划生育局、什邡市人力资源和社会保障局制发检察建议。建议进一步健全完善内控制度,全面实行医疗费用智能审核,对定点医药机构开展全面资格复查、建立定期复审制度,对医疗机构关键岗位和人员及医疗从业人员开展医保基础知识、法律政策和职业道德等培训,夯实医保基金管理基础,促进了医疗领域社会治理,使医药行业监管得到进一步规范。

【典型意义】

(一)依法严惩骗取医保基金犯罪,维护人民群众切身利益和医保基金安全。医保基金是老百姓的"救命钱",民营医院通过非法手段骗取医保基金的行为严重扰乱了国家社会保障管理秩序,危害了人民群众医疗保障切身利益,依法应予以严惩。检察机关通过刑事抗诉纠正一审法院错误裁判,促进了法律正确适用,有利于司法机关严厉惩治骗取医保犯罪活动,有助于警示和预防此类犯罪发生,在全社会形成防骗反骗的良好环境。

(二)打防并举,聚焦源头治理,促进行业监管。针对有的医院通过骗取医保基金严重扰乱相关管理秩序的情况,检察机关在办案中注重法治思维、强基导向,充分发挥检察建议堵漏建制功能,有针对性地向相关行政主管部门制发检察建议,督促职能部门依法履职,加大对骗取医保基金等行为的惩治力度,为维护医保基金安全高效运转、促进医疗行业规范有序发展提供有力的法治保障。

洪某源、张某发、彭某明等 61 人利用期货交易平台诈骗案

(2021 年 10 月 26 日最高人民检察院发布)

【基本案情】

2017 年 9 月起,被告人洪某源、黄某龙、吴某嘉等平台方分别搭建 BNP、RBS、Kentcarlyle、TRADEMAX 等虚假期货投资交易平台,嫁接于 MetaTrader4 交

易软件,设 A、B 两个交易通道。A 通道连接真实期货交易市场,B 通道为封闭的交易通道,平台方可根据代理商要求修改后台数据,投资人的"入金"钱款进入平台方或代理商控制的公司、个人银行账户。被告人张某发、彭某明等平台代理商从洪某源等人处购买上述平台,招募业务员,发展下级平台代理商,要求业务员以微信虚拟定位、虚构"白富美"身份、发送虚假盈利截图等方式,诱使客户在平台投资。并使用 B 通道交易,通过设置高杠杆规则、诱导高频交易等方式使客户亏损,骗取客户交易损失及手续费。从 2017 年 8 月至 2018 年 5 月案发,张某发等人利用 BNP、RBS、TRADEMAX 平台骗取 37 名被害人共计 1047.1万余元,被告人彭某明等人利用 Kentcarlyle 平台骗取 64 名被害人共计 295.4 万余元。

2018 年 11 月 22 日,上海市松江区人民检察院根据不同平台和代理商层级,以诈骗罪分 7 案对洪某源等 61 名被告人提起公诉。2019 年 8 月 23 日至 9月 6 日,松江区人民法院对 7 起案件一审判决,全部采纳指控意见,以诈骗罪对被告人洪某源等 11 名平台方和代理商负责人判处有期徒刑十四年至十年不等,并处剥夺政治权利和相应罚金;对被告人刘某豪等 42 名业务员判处有期徒刑七年至一年四个月不等,并处罚金;对被告人王某萍等 8 名参与时间相对较短、涉案金额较小的业务员判处一年至八个月不等有期徒刑,适用缓刑,并处罚金。部分被告人提出上诉,二审维持原判。

【检察履职情况】

(一)提前介入,积极引导侦查。本案系利用虚假期货投资交易平台实施诈骗的新型网络犯罪,作案手法专业性强,电子证据多。案发后,松江区人民检察院第一时间提前介入引导侦查,建议公安机关第一时间扣押和封存电子数据,全程同步录音录像,并制作笔录,规范完整记录提取电子数据的过程及数据清单。厘清犯罪嫌疑人层级关系,根据不同层级特点针对性地制定讯问提纲。

(二)会商研判,精准适用法律。围绕本案系诈骗还是非法经营的争议焦点,多次召开联席会议会商,进一步证实涉案平台具有虚假性、犯罪嫌疑人诈骗行为与被害人的损失具有因果关系、洪某源等人主观上具有非法占有的目的。从平台真伪、犯罪行为因果关系、主观目的三个层面进行全面深入分析,准确认定犯罪嫌疑人的诈骗犯罪性质。

(三)延伸职能,扩大办案效果。注重发挥法律监督职能,坚持深挖犯罪与追赃挽损并重。积极引导公安机关依法及时对涉案财物采取查封、扣押、冻结措施,并通过强化资金流向审查完善涉案账户冻结工作。最终本案顺利冻结了银行账户内资金 300 余万元、扣押汽车 3 辆、被告人主动退出违法所得 60 余万元,最大程度减少被害人的经济损失。

【典型意义】

(一)加强电子证据收集、固定和审查。针对电子数据证据易篡改、易灭失的特点,引导公安机关第一时间对手机、电脑等原始存储介质规范扣押和封存,完整提取和固定后台数据。对平台电子数据委托专业鉴定机构提取、恢复,并全程同步录音录像,必要时通过邀请期货行业专业人员介入等方式,提高电子数据审查的专业性。

(二)把握犯罪特点,确保精准打击。对期货投资交易平台类案要从平台真伪、被害人亏损原因、犯罪嫌疑人盈利来源厘清诈骗与非法经营等犯罪的界限,抓住涉案平台的虚假性、被告人虚构事实与被害人"入金"的因果关系、资金走向及盈利来源等关键点,依法准确定性。

(三)深挖犯罪与追赃挽损并重。针对网络诈骗案件涉案人数多、犯罪事实多的特点,检察机关全面梳理平台电子数据,厘清各平台、各层级、各角色人员的犯罪事实,及时发现纠正漏罪漏犯,从犯罪嫌疑人分赃、取现的资金账户入手,倒查资金流向,及时冻结关联账户,加强追赃工作,尽可能挽回被害人经济损失。

腾某珠、童某散等 7 人"骗婚"诈骗案

(2021 年 10 月 26 日最高人民检察院发布)

【基本案情】

被告人腾某珠曾在南京市溧水区、高淳区交界处的农村地区生活多年,深知该地区地处偏远且经济相对落后,很多家境贫寒的大龄男青年急需介绍对象结婚。2013 年 2 月至 2018 年 3 月,腾某珠为牟取非法利益,与被告人李某刀、小某、排某比等人合谋,介绍女青年假意与被害人结婚以骗取高额彩礼。经介绍,已经结婚且生育的被告人金某米、童某散以及离异的被告人吴某梅(另案处理)、王某努等,隐瞒婚史及生育史,与被害人史某某、倪某某等 6 人先后结婚。上述被告人在介绍过程中及婚后生活期间,刻意隐瞒婚育史,取得被害人的信任并骗取彩礼后,再故意制造家庭矛盾离开被害人。被告人采取上述手段共计骗取人民币 76.3 万元。

江苏省南京市高淳区人民检察院于 2019 年 9 月至 2020 年 10 月,先后以腾某珠等 7 名被告人犯诈骗罪向南京市高淳区人民法院提起公诉。南京市高淳区人民法院对腾某珠等 7 名被告人犯诈骗罪判处有期徒刑三年至十年六个月不等刑罚,并处相应罚金。

【检察履职情况】

（一）持续引导侦查，及时追捕追诉，做到查深查细查准。该案时间跨度长、地域跨度广，前期，南京溧水、高淳公安机关仅就个案开展侦查，未作并案处理，证据相对薄弱。案件分别报捕后，两地检察机关均作出证据不足不批捕的决定。南京市人民检察院主动挂牌督办，由高淳区院引导公安机关将两地案件并案侦查，先后发出3份补充侦查提纲，并坚持深挖彻查，开展自行补充侦查。对审查逮捕、审查起诉过程中发现遗漏的金某、小某等犯罪嫌疑人及相关事实，依法纠正漏捕、漏诉。最终犯罪数额由8.6万元增至76.3万元，犯罪事实由2笔增至6笔，犯罪嫌疑人由3人增至7人。

（二）融合法理情，实现案结事了人和。针对腾某珠等人在侦查阶段拒不供述犯罪事实的情形，详细阐释犯罪事实、罪名、情节、量刑建议的理由和依据，充分开展认罪认罚说理。发现腾某珠担心未成年女儿无人抚养问题后，主动帮其联系家人照顾女儿。市区两级院检察长主动接待被害人，及时启动司法救助程序，并面向社会制发防范诈骗犯罪"检察关注函"，在农村基层设立巡回"道德法治讲堂"，开展系列普法活动，实现了案结事了人和。

【典型意义】

（一）发挥检察一体优势，立体监督与自行补侦相结合。对于案件跨多个区域、涉及多笔犯罪事实的，应采取上下级检察机关一体联动模式，采取挂牌督办、指定管辖等方式加大案件办理力度。针对证据薄弱、犯罪嫌疑人供述不稳定等问题，检察机关应践行能动司法理念，综合运用纠正违法、纠正漏补、漏诉等监督手段，并发挥引导侦查、自行补充侦查等职能，及时固定证据，精准指控犯罪。

（二）厘清犯罪事实，精准认定骗婚类诈骗犯罪。婚姻应当基于感情，绝不能成为骗财的手段。在办理农村"骗婚"类案件中，不能仅以是否领取结婚证、是否共同生活作为罪与非罪的判断标准，而应当把握诈骗犯罪的实质，综合考量行为人是否隐瞒婚育史、婚后是否故意挑起矛盾意欲解除婚姻关系、是否存在故意失联行为等。在此基础上，准确区分索取钱财的行为是正常的索要彩礼还是以结婚为名的诈骗。对于隐瞒婚育史、婚后不履行夫妻义务、彩礼得手后故意挑起夫妻矛盾、以夫妻感情不和等理由离家出走、要求离婚的，应以诈骗罪追究其刑事责任。

（三）保障被害人权益，延伸社会治理职能。针对因骗婚行为致被害人"人财两空"、生活陷入困境的问题，检察机关及时启动司法救助程序，防止因案致贫。并注重引入社会力量适时开展心理疏导，化解负面情绪。针对农村地区"骗婚"案件多发的问题，及时制发"检察关注函"，提示当地政府关注农村大龄男青年婚育问题，提醒农村群众认清诈骗分子"真面目"、守好手中"钱袋子"。

同时,广泛开展送法进社区、进乡村,引导群众学法、懂法、守法、用法,促进公民法治观念养成。

杨某等 43 人虚构收藏品拍卖诈骗案

(2021 年 10 月 26 日最高人民检察院发布)

【基本案情】

2016 年 5 月至 2017 年 12 月间,被告人杨某伙同他人在北京市朝阳区、东城区等地先后成立多家国际拍卖有限公司。杨某安排公司业务员以固定的话术每天拨打电话,对被害人谎称粮票、油票等物品是"收藏品",公司能将这些物品在境外免费高价拍卖,并以免费进行鉴定和包装为由,诱骗被害人携带"收藏品"到公司面谈。公司的"设计师"会对被害人带来的"收藏品"进行拍照,设计拍卖品图册;"鉴定师"会现场鉴定和评估价格,谎称被害人的"收藏品"极具市场价值,保守估价为几十万元;业务员虚构公司曾在美国、新加坡等地成功高价拍卖的事实,诱骗被害人与公司签订《艺术品委托拍卖合同》。签订合同后,又要求被害人购买价值 5000 元至数万元不等的公司"藏品"成为会员,才能够享受境外免费拍卖服务。通过划分会员等级,以公司对不同等级的会员所提供服务内容不同以及拍卖成功后收取的佣金不同为由,逐步诱骗被害人购买更多的公司"藏品"。期间,公司不断更换名称、经营地点和法定代表人。经查,被害人高价购买的公司"藏品"仅价值几百元或几十元,系成批购进,公司亦未曾在境外举办过拍卖会。被害人 460 余名主要为老年人,共计被骗人民币 3000 余万元。

2018 年 12 月 29 日,北京市人民检察院第二分院以杨某等 28 人犯诈骗罪依法提起公诉。2019 年 11 月 29 日,北京市第二中级人民法院作出一审判决,对 28 名被告人以诈骗罪分别判处有期徒刑二年至十四年不等,并处罚金。

【检察履职情况】

(一)对案件性质详细论证,准确适用法律,保证案件质量。因案件中犯罪嫌疑人均以拍卖公司的名义与每位被害人签订《艺术品委托拍卖合同》,检察机关对案件是合同诈骗罪还是诈骗罪进行了充分论证。最终认定,犯罪嫌疑人是以委托拍卖为诱饵,通过虚假宣传、虚构具有海外拍卖实力、向被害人夸大所出售字画等物品的价值,向被害人提供虚假的国际航班机票和伪造的拍卖视频等诸多诈骗手段,最终是为了向被害人高价售卖字画等物品,骗取被害人财物。

因此本案是打着委托拍卖的幌子所实施的普通诈骗犯罪。

（二）积极适用认罪认罚从宽，最大限度追赃挽损。诈骗案件严重侵犯被害人的财产权，检察机关积极适用认罪认罚从宽制度，把为被害人追赃挽损、最大限度减少财产损失作为工作重点。检察机关结合证据开示进行释法析理，使嫌疑人放弃侥幸心理，充分认识到行为的危害性，真诚认罪悔罪，最终全案被告人自愿认罪认罚，主动争取从宽。检察机关还主动做好家属代为退赃退赔工作，为被害人追回数百万元经济损失。不仅为嫌疑人争取更大从宽幅度，更有效挽回了被害人损失，修复社会关系，降低案件的社会危害程度。

【典型意义】

（一）准确区分共同犯罪中各嫌疑人的作用，确定分层处理的原则。本案40余名犯罪嫌疑人，为了区别各犯罪嫌疑人在共同犯罪中的地位和作用，检察机关确定分层处理的原则。对在公司中起组织、领导作用，并参与公司整体分红的杨某等3人认定为主犯，对全案负责，其他嫌疑人为从犯，对其所参与的犯罪负责。对25名从犯依法提起公诉，并提出了量刑建议，对15名犯罪情节轻微的犯罪嫌疑人作出不起诉处理，使案件繁简分流。既突出了刑罚惩治和打击犯罪的重点，也充分体现了认罪认罚从宽和教育挽救的刑事政策。

（二）对以拍卖为名实施诈骗的犯罪行为进行了有效打击和遏制。近年来，"以拍卖为名，实则诈骗"的案件屡屡发生，不仅犯罪时间长，人员流动性大，诈骗手段隐蔽性强，而且被害人范围广，造成的经济损失巨大，取证难度随之增大。由于涉及拍卖行业的专业领域，行为人往往会利用被害人不了解拍卖"行规"，夸大获利前景，骗取被害人信任花费高额费用。在给被害人造成财产损失后，则以"流拍"或者"拍卖属于风险投资"等借口，规避责任。本案为拍卖领域的犯罪认定和预防提供了有益借鉴。

昝某、凡某雨、林某永等人诈骗失业保险金案

（2021 年 10 月 26 日最高人民检察院发布）

【基本案情】

2017 年 11 月至 2018 年 7 月期间，被告人昝某纠集被告人凡某雨、林某永及储某燕、王某、曹某军、赵某、陈某虎、张某青、谢某林等人，由被告人昝某私刻某科技有限公司等 4 家公司印章，并伪造上述公司开具的解除劳动合同、工人身份信息等，由被告人凡某雨等人寻找并介绍不符合失业金领取条件的工人，

旮某再通过填写伪造的终止(解除)劳动合同等手段,由常州某科技公司财务部社保组员工储某燕帮助其查询、提供实施诈骗所需员工的入职信息,并操作员工退保,先后从常州市武进区社会保障服务中心骗得失业保险金总计人民币 48 万余元。

江苏省常州市武进区人民检察院于 2019 年 9 月至 2020 年 3 月先后以旮某、凡某雨等十名被告人犯诈骗罪向常州市武进区人民法院提起公诉。2019 年 12 月至 2020 年 4 月,常州市武进区人民法院先后以旮某、凡某雨等十名被告人犯诈骗罪判处有期徒刑七个月至八年不等的刑罚,并处相应罚金。

【检察履职情况】

(一)落实宽严相济刑事政策,依法积极追诉追赃。案件办理中,检察人员通过对旮某聊天、转账记录审查,发现储某某、王某等七人均不同程度参与该案诈骗犯罪活动,经对相关证据审查,发现上述人员参与犯罪主观恶性较大,且涉案金额均达到追诉标准,即依法向侦查机关发出《补充移送起诉通知书》,建议对储某某等七人移送起诉。对于参与诈骗失业保险金数额达到 6000 元以上、但主观恶性不大、能积极退赃的工人,建议公安机关从宽处理。检察机关多次与公安、社保等部门沟通协商,依法向被告人追缴赃款,并先后向 150 名工人追缴被骗失业保险金。

(二)调研与建议相结合,深化社会综合治理。针对办案中发现的失业保险金监管存在的漏洞,检察机关深入区社保中心开展专门走访和专题调研,深刻剖析案发原因,积极探讨防范对策,及时向区社保中心制发检察建议,并跟踪监督整改。相关部门高度重视,根据检察建议,认真落实了整改措施,使该类现象未再发生。同时,针对企业内部工作人员管理不到位、工人法治意识淡漠等现象,检察机关深入涉案企业开展走访调研和法治宣传。

【典型意义】

(一)发挥主导作用,依法打击犯罪。该案是常州市首例骗取失业保险金案件,犯罪持续时间长、影响范围广,冒领保险金的工人众多,严重危害国家失业保险金安全和民生民利。针对该案侦查中面临的取证难等问题,检察机关提前介入,积极引导公安机关侦查取证。移送审查起诉后,多次引导侦查补充证据,依法确定诈骗金额。积极研究该类案件遇到的重点难点问题,为今后办案提供有益指导。

(二)注重职能延伸,促进行业规范。失业保险金是社会保险制度的重要组成部分,是失业劳动者享有的基本生活保障,也是确保民生民利和社会稳定的重要制度。恶意骗取国家失业保险金,不仅侵犯国家失业保险金,而且损坏了失业者的切身利益。因此,针对办案中发现的社保部门程序简单、审核不严,相关公司用工管理不规范、失业保险金宣传不到位、企业沟通不到位等问题,检察机关积极运用检察建议,促使相关部门和企业严肃整顿,及时堵塞社会管理漏洞。

(三)履职检察监督职能,积极挽回国家损失。在办理案件过程中,坚持宽严相济刑事政策,对恶意诈骗失业救济金的储某燕等七名被告人坚决予以追诉,对另外四十余名因法治意识淡薄、主观恶性较小、骗取金额较少、且主动退出冒领金额的工人,依法建议公安机关不予立案或作撤案处理,取得了良好的法律效果和社会效果。打击犯罪的同时,对被骗的失业保险金,积极协助追缴,挽回国家损失。

李某、黄某某等 10 人编造"皇家资产"诈骗案

(2021 年 10 月 26 日最高人民检察院发布)

【基本案情】

自 2000 年开始,被告人李某自称是皇家资产的"继承人""皇室后裔",谎称皇家资产存于海外,以巨额回报为诱饵,利用伪造的国家机关公文、证件、印章、照片等取得被害人信任,采取诱使被害人投入基金助其寻找相关物资和手续,以便解冻皇家资产的方式诈骗钱财。随着皇家资产解冻骗局的发展,李某培养王某文、王某、黄某先、张某荣等人为骨干代理人。10 名被告人分工合作,相互配合,运作实施皇家资产解冻骗局形成闭环,骗取被害人大量钱财共计人民币1086.07 万余元,侵害人民群众财产安全,危害社会稳定。

2021 年 3 月 25 日,云南省弥勒市人民法院以诈骗罪判处被告人李某、黄某某等 10 人有期徒刑一年至十五年不等,并分别判处罚金。

【检察履职情况】

(一)引导侦查取证,补充完善证据链。本案犯罪嫌疑人作案次数多、时间跨度大,其上线遍布全国各地,有的又在境外,且均未到案,再加上本案被告人均否认知道"皇家资产"解冻项目是虚构的,导致本案主要依靠言辞证据定罪的证明难度较大。承办人多次与侦查机关会商,进一步将清侦查思路和取证方向,引导公安机关全方位加大侦查力度,最大限度补充完善相关证据。

(二)综合审查判断证据,有力指控犯罪。针对犯罪嫌疑人拒不认罪的辩解,一方面对反证能否实质性阻断、削弱整个证据链条的证明效力进行审慎判断。另一方面结合各被告人的学识学历、工作经历、参与作案时间长度、个人分工、作案次数、诈骗人数、诈骗手段及其中的异常表现、涉案款项、同种犯罪前科

等情形,综合评判有罪证据的各个因素。对正反两方面的证据进行综合评判,指出了犯罪嫌疑人辩解不具有合理性、正当性,有力指控犯罪。

【典型意义】

(一)明确指控思路,构建清晰的证明体系。"民族资产解冻"类诈骗犯罪是一种集返利、传销与诈骗为一体的新型、混合型犯罪,其隐蔽性强、专业程度高,证据易被隐匿、灭失,犯罪证明难度较大。办理该类犯罪,首先要充分了解犯罪组织的构架、层级、运行方式等基本概况,在熟悉案情的基础上,进一步研究相关法律法规,厘定"骨干代理人""一般代理人"等特别概念和规定,准确把握犯罪的主要特征和证明要素,为捋清指控思路和构建证明体系奠定基础。

(二)开展法治宣传,延伸检察职能。在案件办理的过程中,检察机关积极关切、参与社会综合治理,特别是针对存在的问题和薄弱环节。本案中涉及的某镇某村被骗人数众多,弥勒市检察院延伸法律监督职能,向相关部门发出检察建议书,建议加大打击力度、扎实开展法律宣传。同时与公安等政法部门在当地进行法治宣传,督促整改落实,形成了打击犯罪合力,坚决遏制了该类型犯罪在当地的发展蔓延态势,实现了政治效果、法律效果和社会效果的统一。

周某等人虚假诉讼诈骗案

(2021 年 10 月 26 日最高人民检察院发布)

【基本案情】

被告人周某,女,原系杭州 H 公司法定代表人,同时又系杭州 J 公司实际控制人。

2012 年 4 月,浙江 R 集团出资 1200 余万元向周某收购 H 公司股份(含商会大厦房产),并签订并购协议,约定 H 公司对 J 公司的债务由周某负责偿还。2013 年至 2015 年期间,周某指使 J 公司法定代表人肖某某、曹某某等人通过虚增借款、虚增交易环节、归还金额不入账等方式,制造 H 公司欠 J 公司巨额债务的假象,利用虚假债权起诉 R 集团。周某还通过伪造证据,制造 H 公司在被收购前已将商会大厦房产转让给胡某某的假象,指使胡某某起诉 R 集团,诉讼金额共计 2100 余万元。R 集团民事诉讼败诉,截至案发,已被法院执行 700 余万元。

2019 年 7 月至 9 月,浙江省杭州市萧山区人民检察院对涉案人员以诈骗罪提起公诉。2020 年 3 月至 8 月,杭州市萧山区人民法院以诈骗罪判处周某有期徒刑 10 年 6 个月并处罚金 10 万元,判处肖某某有期徒刑 7 年并处罚金 7 万元,判处胡某某有期徒刑 4 年 6 个月并处罚金 4.5 万元,判处曹某某有期徒刑 3 年 2 个月并处罚金 3 万元。2021 年 1 月 21 日,杭州市中级人民法院裁定驳回上诉,维持原判。

【检察机关履职情况】

(一)精准研判,成功追诉漏犯。2017 年 2 月,杭州市萧山区人民检察院在办理周某等人骗取贷款、拒不执行判决裁定案的过程中,浙江 R 集团向检察机关反映情况,称企业在并购过程中被骗 2100 余万元,已被法院执行 700 余万元,后续还将面临 1400 余万元的损失。检察机关经过分析研判、引导公安机关初查,发现周某是 J 公司实际控制人,H 公司与 J 公司的债务存在重大疑点。经对胡某某进行大数据信息分析,发现胡某某无正当职业,银行账户资金流水不大,出资 300 万元收购商会大厦房产的可能性极低。经进一步深挖取证,追诉了胡某某、肖某某、曹某某。

(二)公开审查,提升办案质效。检察机关通过大数据银行资金流水分析,推断周某父母在上海的别墅系由周某早年出资购买。为了加快追赃力度、提升办案效果,召集侦查人员、被害企业代表、嫌疑人辩护律师先后进行两次公开审查。第一次公开审查,主要围绕民营企业损失核定、犯罪嫌疑人资产状况、防止资产转移等方面进行沟通协调,充分了解损失情况及给嫌疑人一方主动退赃提供机会。第二次公开审查,主要围绕退赃工作推进、上海别墅拍卖、认罪认罚等方面进行协调。为了表达良好的认罪态度,周某家属自愿将别墅拍卖,不仅代为退赔 700 余万元的刑事赃款,还主动归还了剩余 1100 余万元的民事欠款。

(二)保护民企,推进企业合规。2020 年 4 月,R 集团送来感谢信,并在市人代会上充分肯定检察机关关心、支持、保障民营企业工作。为推进企业合规建设,萧山区院联合萧山区工商联开展服务"六稳""六保"护航民企发展检察开放日活动,邀请区人大代表、政协委员、人民监督员、媒体代表及各行各业民营企业家等共 15 人走进检察机关,了解检察工作。

【典型意义】

(一)为办理同类案件提供指引,保护民营企业健康有序发展。检察机关成功追诉一起在企业并购领域针对上市民营企业的虚假诉讼型诈骗案。办理本案过程中,检察机关以保护民营经济为宗旨,细致分析,精准研判,通过数字化办案,为民营企业主持公道,避免企业 2100 余万元的损失,更为企业挽回声誉。本案中运用数字化办案方式、证据审查方法、追赃挽损途径,为检察机关办理同类案件提供了工作指引,同时通过公开审查,为民营企业反映诉求、化解纠纷提供了畅通的渠道。本案的办理体现了恢复性司法理念,实现了"三个效果"有机统一,充分发挥检察机关的诉前主导责任。

（二）本案的判决有利于预防和警示企业并购领域犯罪。本案系杭州地区企业并购领域诈骗第一案,R 集团在向检察机关送感谢信时表示,目前 R 集团在企业数十亿的并购过程中,都会注意仔细核查被收购企业资产和债务的真实性,并会出示本案判决书给被收购企业,提醒被收购企业要真实、合法申报企业财务信息,否则可能会被追究刑事责任。本案的办理不仅帮助企业追回损失,挽回声誉,维护法律公正,更重要的是,对于全国民营企业而言,在进行并购项目时,对收购方和出售方均具有警示、预防的指导意义。

未成年被告人贾某某诈骗案——教育、感化、挽救失足少年

（2022 年 3 月 1 日最高人民法院发布）

【基本案情】

2019 年 1 月至 2020 年 3 月,未成年被告人贾某某因参加电竞比赛需要资金,采用化名,虚报年龄,谎称经营新媒体公司,以网上刷单返利等为幌子,诱骗多名被害人在网络平台购买京东 E 卡、乐花卡,或是诱骗被害人在支付宝等小额贷款平台借款后供其使用,骗得人民币共计 30 余万元。到案后,贾某某如实供述了上述犯罪事实。法院审理期间,贾某某父亲对被害人退赔,获得被害人的谅解。

【裁判结果】

本案审理过程中,人民法院委托社工对被告人贾某某进行了详细社会调查。调查显示,贾某某幼年读书时成绩优秀,曾获省奥数竞赛第四名和全国奥数竞赛铜奖,后因父母闹离婚而选择辍学,独自一人到外地生活,与家人缺乏沟通联络。父母监护的缺失,法律意识的淡薄,是贾某某走上违法犯罪道路的原因。法官找准切入点,有针对性地确定帮教措施,积极促进退赔谅解,充分发挥法庭教育及亲情感化作用,积极与被告人原户籍地社区矫正机构联系,认为对其适用缓刑,不致危害社会。

法院经审理认为,贾某某系未成年人,到案后能如实供述犯罪事实,自愿认罪认罚,其父亲已代为退赔被害人经济损失,取得被害人谅解。经综合考量,对其依法从轻处罚,以诈骗罪判处贾某某有期徒刑三年,缓刑三年,并处罚金人民币 3 万元。

【典型意义】

本案是一起对犯罪的未成年人坚持"教育、感化、挽救"方针和"教育为主,

惩罚为辅"原则,帮助其重回人生正轨的典型案例。在审理过程中,人民法院采用了圆桌审判、社会调查、法庭教育、"政法一条龙"和"社会一条龙"等多项未成年人审判特色工作机制,平等保护非本地籍未成年被告人的合法权益,充分发挥法律的警醒、教育和亲情的感化作用,将审判变成失足少年的人生转折点。案件审结后,法官持续跟踪帮教,被告人贾某某深刻认识到自身的错误,积极反省,在法官的积极协调下,目前贾某某已回到高中学习,正在备战高考。

吕某某等人诈骗案

(2022 年 3 月 15 日最高人民检察院发布)

【关键词】

"保健品"　维护老年人权益　分层处理

【要旨】

利用老年人重视健康、求医心切的心理,假冒专家身份进行诊疗,通过谎报病因、夸大产品疗效等欺诈手段,将低价购进的保健品高价卖给不特定老年人,具有非法占有故意,构成诈骗罪。要根据各行为人参与犯罪时间的长短、职责分工、非法获利、职业经历等,综合判断行为人责任轻重。检察机关要积极延伸办案效果,开展以案释法,提高群众识骗防骗意识。

【基本案情】

2019 年 7 月至 2021 年 4 月期间,被告人吕某某伙同被告人吕某,在北京成立公司,纠集同案犯侯某某、张某某等 30 余人,组成固定的电信诈骗犯罪集团,假冒医疗卫生单位行政工作人员、医生、主任等身份,通过谎报病因、夸大产品疗效等欺诈手段群呼或单独拨打不特定老年被害人电话,将十几元至一二百元购进的保健品、药品,以几千元甚至上万元的价格卖给老年人群体,以此获取非法利益。经查,2019 年 7 月至 2021 年 4 月期间,该犯罪集团骗得江苏省、北京市等 10 余省份 1010 余名老年被害人共计人民币 492 万余元。

【诉讼过程】

2021 年 8 月 13 日、9 月 18 日,江苏省常州市武进区人民检察院分别以诈骗罪对吕某某等人提起公诉。2021 年 12 月 20 日、2022 年 1 月 7 日,常州市武进区人民法院作出一审判决,以诈骗罪判处吕某某等 21 名被告人十三年至七个月不等的有期徒刑,并处罚金。一审判决后,被告人均未提起上诉,判决已生效。

【典型意义】

(一)厘清案情,准确定性,精准区分诈骗犯罪与民事欺诈。老年人购买保健品被骗事件屡见不鲜,有观点认为此类事件属于低价购进高价卖出的正常市场交易行为,虽然存在以次充好的情况,但老年人也是自愿购买,没有强迫交易,不够成犯罪,仅涉嫌民事欺诈。本案中,被告人通过假冒身份进行诊疗、夸大病情使老年人陷入错误认知、夸大保健品疗效承诺可以根治等欺诈行为,迷惑老年人"自愿购买",具有非法占有故意,符合诈骗罪构成要件,应当依法追究刑事责任。

(二)准确区分共同犯罪中被告人的作用,坚持"轻轻重重"的分层处理原则。对共同犯罪案件,检察机关依法审查证据,准确认定事实,区分共同犯罪中各被告人的地位、作用。本案中,检察机关根据各行为人参与犯罪时间的长短、职责分工、非法获利、职业经历等情况,综合判断行为人责任轻重,分类处理涉案人员。根据《最高人民法院 最高人民检察院 公安部关于办理电信网络诈骗等刑事案件适用法律若干问题的意见》,针对老年人实施诈骗犯罪属从重处理情节的规定,对该犯罪集团的首要分子、骨干成员提出十年至十三年的量刑建议,对于部分参与时间短、认罪态度好、情节较轻的一般参与人员,提出判处缓刑的量刑建议。法院经审理采纳了检察机关的量刑建议。

(三)维护老年人合法利益,开展法治宣传,延伸办案效果。本案犯罪分子通过对老人嘘寒问暖等方式获取信任,同时,利用快递货到付款的形式,骗取不会网上转账的老年人的钱财,环环相扣,精准施骗。很多被害老年人把诈骗分子当作亲人,被骗而不自知,部分被害人仅一个月就花费10万余元数次从诈骗分子手中购买价值仅几百元的保健品。本案检察机关在审查过程中,及时向物流公司及相关部门发出检察建议书,建议加强对类似公司所寄快递的审核力度。同时,综合运用报刊、公众号等媒体,及时向社会发布、曝光该案件,提高群众识骗防骗意识,规劝老年人尽量前往正规医院看病就诊,积极维护老年消费者合法权益。

魏某双等 60 人诈骗案——以投资虚拟货币等为名搭建虚假交易平台跨境实施电信网络诈骗

(2022 年 4 月 21 日最高人民检察院发布)

【关键词】

电信网络诈骗　跨境犯罪集团　虚拟货币　投资风险防范

【要旨】

跨境电信网络诈骗犯罪多发,受害范围广、涉及金额多、危害影响大,检察机关要充分发挥法律监督职能,依法追捕、追诉境内外犯罪分子,全面追查、准确认定犯罪资金,持续保持从严惩治的态势。对于投资型网络诈骗,会同相关部门加强以案释法和风险预警,引导社会公众提高防范意识,切实维护人民群众财产权益。

【基本案情】

被告人魏某双,无固定职业;

被告人罗某俊,无固定职业;

被告人谢某林,无固定职业;

被告人刘某飞,无固定职业。

其他 56 名被告人基本情况略。

2018 年 9 月至 2019 年 9 月间,被告人魏某双、罗某俊、谢某林、刘某飞等人在黄某海(在逃)等人的纠集下,集中在柬埔寨王国首都金边市,以投资区块链、欧洲平均工业指数为幌子,搭建虚假的交易平台,冒充专业指导老师诱使被害人在平台上开设账户并充值,被害人所充值钱款流入该团伙实际控制的对公账户。之后,被告人又通过事先掌握的虚拟货币或者欧洲平均工业指数走势,诱使被害人反向操作,制造被害人亏损假象,并在被害人向平台申请出款时,以各种事由推诿,非法占有被害人钱款,牟取非法利益。

在黄某海组织策划下,被告人魏某双、罗某俊、谢某林、刘某飞担任团队经理,负责各自团队的日常运营;其余 56 名被告人分别担任业务组组长、业务员具体实施诈骗活动。该团伙为躲避追查,以 2 至 3 个月为一个作案周期。2019 年 10 月,该团伙流窜至蒙古国首都乌兰巴托市准备再次实施诈骗时,被当地警方抓获并移交我国。

经查,该团伙骗取河北、内蒙古、江苏等地 700 余名被害人,共计人民币 1.2 亿余元。

【检察履职过程】

本案由江苏省无锡市公安局经济开发区分局立案侦查。2019 年 11 月 21 日,无锡市滨湖区人民检察院介入案件侦查,引导公安机关深入开展侦查,将诈骗金额从最初认定的人民币 1200 万余元提升到 1.2 亿余元。2020 年 2 月 11 日,公安机关以魏某双等 60 人涉嫌诈骗罪移送起诉。办案过程中,检察机关分别向公安机关发出《应当逮捕犯罪嫌疑人建议书》《补充移送起诉通知书》,追捕追诉共计 32 名犯罪团伙成员(另案处理)。同年 5 月 9 日,检察机关以诈骗罪对魏某双等 60 人依法提起公诉。2021 年 9 月 29 日,无锡市滨湖区人民法院以诈骗罪判处被告人魏某双有期徒刑十二年,并处罚金人民币 60 万元;判处被告人罗某俊有期徒刑十一年三个月,并处罚金人民币 50 万元;判处被告人谢某林有期徒刑十年,并处罚金人民币 10 万元;判处被告人刘某飞有期徒刑八年,并处罚金人民币 50 万元;其余 56 名被告人分别被判处有期徒刑十年三个月至二年不等,并处罚金人民币 30 万元至 1 万元不等。1 名被告人上诉,无锡市中级人民法院裁定驳回上诉,维持原判。

针对本案办理所反映的金融投资诈骗犯罪发案率高、社会公众对这类投资陷阱防范意识不强等问题,无锡市检察机关与公安机关、地方金融监管部门召开联席会议并会签协作文件,构建了打击治理虚假金融投资诈骗犯罪信息共享、线索移送、共同普法、社会治理等 8 项机制,提升发现、查处、打击这类违法犯罪的质效。检察机关会同有关部门线上依托各类媒体宣传平台,线下进社区、进企业、进校园,向社会公众揭示电信网络诈骗、非法金融活动的危害,加强对金融投资知识的普及,提高投资风险防范意识。

【典型意义】

(一)依法从严追捕追诉,全面追查犯罪资金,严厉打击跨境电信网络诈骗犯罪集团。当前,跨境电信网络诈骗集团案件高发,犯罪分子往往多国流窜作案,多地协同实施,手段不断翻新,严重危害人民群众财产安全和社会安定。对此,检察机关要加强与公安机关协作,深挖细查案件线索,对于集团内犯罪分子,公安机关应当提请逮捕而未提请的、应当移送起诉而未移送的,依法及时追捕、追诉。注重加强追赃挽损,主动引导公安机关全面追查、准确认定、依法扣押犯罪资金,不给犯罪分子在经济上以可乘之机,切实维护受骗群众的财产利益。

(二)加强以案释法,会同相关部门开展金融知识普及,引导社会公众提升投资风险防范意识。当前,投资类诈骗已经成为诈骗的重要类型。特别是犯罪集团以投资新业态、新领域为幌子,通过搭建虚假的交易平台实施诈骗,隐蔽性强、受害人众多、涉案金额往往特别巨大。为此,检察机关要会同相关部门加强以案释法,揭示投资型诈骗的行为本质和危害实质,加强对金融创新产品、新业态领域知识的普及介绍,提示引导社会公众提高风险防范意识,充分了解投资项目,合理预期未来收益,选择正规途径理性投资,自觉抵制虚拟货币交易等非法金融活动,切实维护自身合法权益。

邱某儒等 31 人诈骗案——虚构艺术品交易平台以投资理财为名实施网络诈骗

（2022 年 4 月 21 日最高人民检察院发布）

【关键词】

网络诈骗　虚假投资　法律监督　追赃挽损

【要旨】

对于以频繁交易方式骗取高额手续费行为，检察机关要全面把握投资平台操作模式，准确认定其诈骗本质，依法精准惩治。准确区分诈骗集团中犯罪分子的分工作用，依法全面惩治集团内部各个层级的诈骗犯罪分子。强化追赃挽损，及时阻断诈骗资金的转移和处置，维护人民群众合法权益。

【基本案情】

被告人邱某儒，系广东创意文化产权交易中心有限公司（以下简称广文公司）股东；

被告人陶某龙，系广文公司后援服务中心总经理；

被告人刘某，系广东省深圳市恒古金实业有限公司（以下简称恒古金公司）股东、法定代表人；

被告人郑某辰，系广东省惠州惠赢浩源商务服务有限公司（以下简称惠赢公司）法定代表人；

被告人蒋某，系广西元美商务服务有限公司（以下简称元美公司）实际控制人。

其他 26 名被告人基本情况略。

2016 年 3 月，被告人邱某儒设立广文公司后，通过组织人员、租赁办公场所、购买交易软件、租用服务器，搭建了以"飞天蜡像"等虚构的文化产品为交易对象的类期货交易平台。陶某龙等人通过一级运营中心恒古金公司刘某发展了惠赢公司、元美公司等 30 余家会员单位。为实现共同骗取投资者财物的目的，会员单位在多个股票投资聊天群中选择投资者，拉入事先设定的聊天群。同时，安排人员假扮"老师"和跟随老师投资获利的"投资者"、发送虚假盈利截图，以话术烘托、虚构具有盈利能力等方式，骗取投资者的信任，引诱投资者在平台上入金交易。

交易过程中，广文公司和会员单位向投资者隐瞒"平台套用国际期货行情趋势图、并无实际交易"等事实,通过后台调整艺术品价格,制造平台交易平稳、未出现大跌的假象。投资者因此陷入错误认识,认为在该平台交易较为稳妥,且具有较大盈利可能性,故在平台上持续多笔交易,付出高额的手续费。邱某儒、陶某龙、刘某、郑某辰、蒋某等人通过上述手段骗取黄某等6628名投资者共计人民币4.19亿余元。

【检察履职过程】

本案由广东省深圳市公安局南山分局立案侦查。2017年2月,深圳市检察机关介入案件侦查,引导公安机关围绕犯罪主体、诈骗手法、诈骗金额等问题夯实证据并及时追缴赃款。深圳市公安局南山分局于2017年7月至2018年6月分批以诈骗罪将邱某儒等237人向深圳市南山区人民检察院移送起诉。由于邱某儒以及陶某龙、刘某等7人(系广文公司后援服务中心及相关内设部门、恒古金公司主要成员)、郑某辰、蒋某等23人(系会员单位主要负责人)涉案金额特别巨大,深圳市南山区人民检察院依法报送深圳市人民检察院审查起诉。根据级别管辖和指定管辖,其余206人分别由南山区、龙岗区人民检察院审查起诉。2018年2月至12月,深圳市人民检察院以诈骗罪对邱某儒、陶某龙、刘某、郑某辰、蒋某等31人分批向深圳市中级人民法院提起公诉。

2019年1月至7月,深圳市中级人民法院以非法经营罪判处邱某儒有期徒刑七年,并处罚金人民币2800万元;以诈骗罪判处陶某龙、刘某等7人有期徒刑十年至三年六个月不等,并处罚金人民币30万元至10万元不等;以非法经营罪判处郑某辰、蒋某等23人有期徒刑八年至二年三个月不等,并处罚金人民币1000万元至5万元不等。一审判决后,邱某儒、陶某龙等10人提出上诉,深圳市人民检察院审查认为,邱某儒、郑某辰、蒋某等24人虚构交易平台,通过多次赚取高额手续费的方式达到骗取投资钱款目的,其行为构成诈骗罪,一审判决认定为非法经营罪确有错误,对邱某儒、郑某辰、蒋某等24人依法提出抗诉,广东省人民检察院支持抗诉。2020年5月至2021年5月,广东省高级人民法院作出二审判决,驳回邱某儒、陶某龙等10人上诉,对邱某儒、郑某辰、蒋某等24人改判诈骗罪,分别判处有期徒刑十三年至三年不等,并处罚金人民币2800万元至5万元不等。

办案过程中,深圳市检察机关引导公安机关及时提取、梳理交易平台电子数据,依法冻结涉案账户资金共计人民币8500万余元,判决生效后按比例返还被害人,并责令各被告人继续退赔。深圳市检察机关向社会公开发布伪交易平台类电信网络诈骗典型案例,开展以案释法,加强防范警示。

【典型意义】

(一)以频繁交易方式骗取高额手续费行为迷惑性强,要全面把握交易平台运行模式,准确认定这类行为诈骗本质。在投资型网络诈骗中,犯罪分子往往以"空手套白狼""以小套大"等方式实施诈骗。但在本案中,犯罪分子利用骗术诱导投资者频繁交易,通过赚取高额手续费的方式达到骗取钱款目的。与传统诈骗方式相比,这种"温水煮青蛙"式的诈骗欺骗性、迷惑性更强、危害群体范围也更大。检察机关在审查案件时,要围绕"平台操控方式、平台盈利来源、被害人资金流向"等关键事实,准确认定平台运作的虚假性和投资钱款的非法占有性,全面认定整个平台和参与成员的犯罪事实,依法予以追诉。法院判决确有错误的,依法提起抗诉,做到不枉不纵、罚当其罪。

(二)准确区分诈骗集团中的各犯罪分子的分工作用,依法全面惩治各个层级的诈骗犯罪分子。电信网络诈骗集团往往层级多、架构复杂、人员多,对于参与其中的犯罪分子的分工作用往往难以直接区分。对此,检察机关要围绕平台整体运作模式和不同层级犯罪分子之间的行为关联,准确区分集团内部犯罪分子的分工作用。既要严厉打击在平台上组织开展诈骗活动的指挥者,又要依法惩治在平台上具体实施诈骗行为的操作者,还要深挖诈骗平台背后的实质控制者,实现对诈骗犯罪集团的全面打击。

(三)强化追赃挽损,维护人民群众合法权益。投资类诈骗案件往往具有涉案人数多、犯罪事实多、涉案账户多等特点,在办理这类案件时,检察机关要把追赃挽损工作贯穿办案全过程,会同公安机关及时提取、梳理投资平台的后台电子数据。从平台资金账户、犯罪分子个人账户入手,倒查资金流向,及时冻结相关的出入金账户;通过资金流向发现处置线索,及时扣押涉案相关财物,阻断诈骗资金的转移和处置,最大限度挽回被害人的财产损失。

张某等 3 人诈骗案,戴某等 3 人掩饰、隐瞒犯罪所得案——冒充明星以投票打榜为名骗取未成年人钱款

(2022 年 4 月 21 日最高人民检察院发布)

【关键词】

电信网络诈骗 "饭圈"文化 未成年人 掩饰隐瞒犯罪所得罪

【要旨】

以"饭圈"消费为名实施的诈骗对未成年人身心健康造成严重侵害。检察机关要依法从严惩治此类诈骗犯罪,引导未成年人自觉抵制不良"饭圈"文化,提高防范意识。对于利用个人银行卡和收款码,帮助诈骗犯罪分子收取、转移

赃款的行为,加强全链条打击,可以掩饰、隐瞒犯罪所得罪论处。

【基本案情】

被告人张某,男,系大学专科在读学生;

被告人易某,男,无固定职业;

被告人刘某甲,男,无固定职业;

被告人戴某,男,无固定职业;

被告人黄某俊,男,无固定职业;

被告人范某田,男,无固定职业。

被告人张某、易某、刘某甲单独或合谋,购买使用明星真实名字作为昵称、明星本人照片作为头像的 QQ 号。之后,上述人员通过该 QQ 号之前组织的多个"明星粉丝 QQ 群"添加被害人为好友,在群里虚构明星身份,以给明星投票的名义骗取被害人钱款。

2020 年 6 月,被告人张某通过上述虚假明星 QQ 号,添加被害人刘某乙(女,13 岁,初中生)为好友。张某虚构自己系明星本人的身份,以给其网上投票为由,将拟骗取转账金额人民币 10099 元谎称为"投票编码",向刘某乙发送投票二维码实为收款二维码,诱骗刘某乙使用其母微信账号扫描该二维码,输入"投票编码"后完成所谓的"投票",实则进行资金转账。在刘某乙发现钱款被转走要求退款时,张某又继续欺骗刘某乙,称添加"退款客服"后可退款。刘某乙添加"退款客服"为好友后,易某、刘某甲随即谎称需要继续投票才能退款,再次诱骗刘某乙通过其母支付宝扫码转账人民币 1 万余元。经查,被告人张某、易某、刘某甲等人通过上述手段骗取 5 名被害人钱款共计人民币 9 万余元。其中,4 名被害人系未成年人。

应张某等人要求,被告人戴某主动联系黄某俊、范某田,利用自己的收款二维码,帮助张某等人转移上述犯罪资金,并收取佣金。期间,因戴某、黄某俊、范某田收款二维码被封控提示可能用于违法犯罪,不能再进账,他们又相继利用家人收款二维码继续协助转账。

【检察履职过程】

本案由黑龙江省林区公安局绥阳分局立案侦查。2020 年 9 月 28 日,公安机关将本案移送绥阳人民检察院起诉。同年 10 月 28 日,检察机关以诈骗罪对张某、易某、刘某甲提起公诉;以掩饰隐瞒犯罪所得罪对戴某、黄某俊、范某田提起公诉。同年 12 月 16 日,绥阳人民法院以诈骗罪分别判处张某、易某、刘某甲有期徒刑四年六个月至三年不等,并处罚金人民币 3 万元至 1 万元不等;以掩饰、隐瞒犯罪所得罪分别判处戴某、黄某俊、范某田有期徒刑三年至拘役三个月不等,并处罚金人民币 1.5 万元至 1000 元不等。被告人戴某提出上诉,林区中级人民法院裁定驳回上诉,维持原判。其余被告人未上诉,判决已生效。

案发后,检察机关主动联系教育部门,走进被害人所在的学校,通过多种方式开展法治宣传教育活动,教育引导学生自觉抵制不良"饭圈"文化影响,理性对待明星打赏,提高网上识骗防骗的意识和能力。

【典型意义】

(一)依法从严打击以"饭圈"消费为名针对未成年人实施的诈骗犯罪。当下,在"饭圈"经济的助推下,集资为明星投票打榜、购买明星代言产品成为热潮,不少未成年人沉溺于此。一些犯罪分子盯住未成年人社会经验少、防范意识差、盲目追星等弱点,以助明星消费为幌子实施的诈骗犯罪时有发生,不仅给家庭造成经济损失,也使未成年人产生心理阴影。检察机关要加强对未成年人合法权益的特殊保护,依法从严惩治此类犯罪行为。坚持惩防结合,结合司法办案,引导未成年人自觉抵制不良"饭圈"文化影响,理性对待明星打赏活动,切实增强网络防范意识,防止被诱导参加所谓的应援集资,落入诈骗陷阱。

(二)对于利用个人银行卡和收款码,帮助电信网络诈骗犯罪分子转移赃款的行为,加强全链条打击,可以掩饰、隐瞒犯罪所得罪论处。利用自己或他人的银行卡、收款码为诈骗犯罪分子收取、转移赃款,已经成为电信网络诈骗犯罪链条上的固定环节,应当予以严厉打击。对于这类犯罪行为,检察人员既要认定其利用银行卡和二维码实施收取、转账赃款的客观行为,又要根据被告人实施转账行为的次数、持续时间、资金流入的频率、数额、对帮助对象的了解程度、银行卡和二维码被封控提示等主客观因素综合认定其主观明知,对于构成掩饰、隐瞒犯罪所得罪的,依法可以该罪论处。

刘某峰等 37 人诈骗案——以组建网络游戏情侣为名引诱玩家高额充值骗取钱款

(2022 年 4 月 21 日最高人民检察院发布)

【关键词】

电信网络诈骗　游戏托　高额充值　网络游戏行业规范

【要旨】

"游戏托"诈骗行为隐蔽套路深,欺骗性诱惑性强。检察机关要穿透"游戏托"诈骗骗局,通过对"交友话术欺骗性、充值数额异常性、获利手段非法性"等因素进行综合分析,准确认定其诈骗本质,依法以诈骗罪定罪处罚。通过办案引导广大游戏玩家提高自我防范能力,督促网络游戏企业强化内控、合规经营,促进行业健康发展。

【基本案情】

被告人刘某峰,系辽宁盘锦百思网络科技有限公司(以下简称百思公司)实际控制人;

杨某明等36名被告人均系百思公司员工。

2018年8月至2019年4月,百思公司代理运营推广江苏某网络科技有限公司的两款网络游戏,被告人刘某峰招聘杨某明等36人具体从事游戏推广工作。为招揽更多的玩家下载所推广的游戏并充值,刘某峰指使杨某明等员工冒充年轻女性,在热门网络游戏中发送"寻求男性游戏玩家组建游戏情侣"的消息与被害人取得联系。在微信添加为好友后,再向被害人发送游戏链接,引诱被害人下载所推广的两款网络游戏。在游戏中,被告人与被害人组建游戏情侣,假意与被害人发展恋爱关系,通过发送虚假的机票订单信息截图、共享位置截图等方式骗取被害人的信任,诱骗被害人向游戏账号以明显超过正常使用范围的数额充值。部分被告人还以给付见面诚意金、报销飞机票等理由,短时间多次向被害人索要钱款,诱使被害人以向游戏账号充值的方式支付钱款。经查,刘某峰等人骗取209名被害人共计人民币189万余元。

【检察履职过程】

本案由天津市公安局津南分局立案侦查。2019年9月9日,公安机关以刘某峰等37人涉嫌诈骗罪移送天津市津南区人民检察院起诉。同年12月2日,检察机关以诈骗罪对刘某峰等37人提起公诉。2020年12月21日,天津市津南区人民法院以诈骗罪分别判处刘某峰等37人有期徒刑十三年至一年不等,并处罚金人民币30万元至1万元不等。刘某峰提出上诉,2021年3月3日,天津市第二中级人民法院裁定驳回上诉,维持原判。

结合本案办理,检察机关制作反诈宣传视频,深入大中专院校、街道社区进行宣传,警示游戏玩家警惕"游戏托"诈骗,对游戏中发布的信息要仔细甄别,理性充值,避免遭受财产损失。同时,检察人员深入游戏研发企业座谈,提出企业在产品研发、市场推广中存在的法律风险,督促企业规范产品推广,审慎审查合作方的推广模式,合理设定推广费用,加强产品推广过程中的风险管控。

【典型意义】

(一)以游戏充值方式骗取行为人资金,在"游戏托"诈骗中较为常见,要准确认定其诈骗本质,依法从严惩治。"游戏托"诈骗是新近出现的一种诈骗方式。犯罪分子在网络游戏中扮演异性角色,以"奔现交友"(系网络用语,指由线上虚拟转为线下真实交友恋爱)等话术骗取被害人信任,以游戏充值等方式诱骗被害人支付明显超出正常范围的游戏费用,具有较强的隐蔽性和欺骗性。检察机关要透过犯罪行为表象,通过对交友话术欺骗性、充值数额异常性、获利手段非法性等因素进行综合分析,认定其诈骗犯罪本质,依法予以严厉打击。

(二)强化安全防范意识,提高游戏玩家自我防范能力。网络游戏用户规模大、人数多,犯罪分子在网络游戏中使用虚假身份,运用诈骗"话术",极易使游戏玩家受骗。对于广大游戏玩家而言,应当提高安全防范意识,对于游戏中发布的信息仔细甄别,对于陌生玩家的主动"搭讪"保持必要的警惕,以健康心态参与网络游戏,理性有节制进行游戏充值,防止落入犯罪分子编织的"陷阱"。

(三)推动合规建设,促进网络游戏行业规范健康发展。结合司法办案,检察机关协同有关部门要进一步规范网络游戏行业,严格落实备案制度,完善游戏推广机制,加强对游戏过程中违法犯罪信息的监控查处,推动网络游戏企业加强合规建设,督促企业依法依规经营。

吴某强、吴某祥等 60 人诈骗案——虚构基因缺陷引诱被害人购买增高产品套餐骗取钱款

(2022 年 4 月 21 日最高人民检察院发布)

【关键词】

电信网络诈骗 网络销售 保健品 基因检测

【要旨】

准确认定网络销售型诈骗中行为人对所出售商品"虚构事实"的行为,依法区分罪与非罪、此罪与彼罪的界限,精准惩治。对于涉案人数较多的电信网络诈骗案件,区分对象分层分类处理,做到宽严相济,确保案件效果良好。

【基本案情】

被告人吴某强,系广州助高健康生物科技有限公司(以下简称助高公司)法定代表人、总经理;

被告人吴某祥,系助高公司副总经理,吴某强之弟。

其余 58 名被告人均系助高公司员工。

2016 年 9 月,被告人吴某强注册成立助高公司,组建总裁办、广告部、服务部、销售部等部门,逐步形成以其为首要分子,吴某祥等人为骨干成员的电信网

络诈骗犯罪集团。该犯罪集团针对急于增高的青少年人群,委托他人生产并低价购进"黄精高良姜压片""氨基酸固体饮料""骨胶原蛋白 D"等不具有增高效果的普通食品,在其包装贴上"助高特效产品"标识,将上述食品从进价每盒人民币 20 余元抬升至每盒近 600 元,以增高套餐的形式将产品和服务捆绑销售,在互联网上推广。

为进一步引诱客户购买产品,助高公司私下联系某基因检测实验室工作人员,编造客户存在"骨密度低"等基因缺陷并虚假解读基因检测报告,谎称上述产品和服务能够帮助青少年在 3 个月内增高 5—8 厘米,骗取被害人信任并支付高额货款,以此实施诈骗。当被害人以无实际效果为由要求退款时,助高公司销售及服务人员或继续欺骗被害人升级套餐,或以免费更换服务方案等方式安抚、欺骗被害人,直至被害人放弃。经查,该犯罪集团骗取 13239 名被害人共计人民币 5633 万余元。

【检察履职过程】

本案由江苏省盐城市大丰区公安局立案侦查。2020 年 1 月,公安机关以吴某强、吴某祥等 117 人涉嫌诈骗罪提请盐城市大丰区人民检察院批准逮捕。检察机关审查后,对吴某强、吴某祥等 60 人批准逮捕,对参与时间短、情节轻微、主观无诈骗故意的 57 人不批准逮捕;对 2 名与助高公司共谋、编造虚假基因检测报告的人员监督立案(另案处理)。同年 6 月 16 日至 20 日,公安机关先后将吴某强、吴某祥等 60 人移送检察机关起诉。同年 7 月 13 日至 7 月 18 日,检察机关先后对吴某强、吴某祥等 60 名被告人以诈骗罪提起公诉。2021 年 2 月 9 日,盐城市大丰区人民法院以诈骗罪判处吴某强有期徒刑十四年,罚金人民币 300 万元;判处吴某祥有期徒刑十二年,罚金人民币 200 万元;判处其他 58 人有期徒刑九年至二年不等,并处罚金人民币 9 万元至 2 万元不等。部分被告人提出上诉,盐城市中级人民法院对其中一名被告人根据最终认定的诈骗金额调整量刑;对其他被告人驳回上诉,维持原判。

【典型意义】

(一)准确认定网络销售型诈骗中行为人对所出售商品"虚构事实"的行为,依法区分罪与非罪、此罪与彼罪的界限。在网络销售型诈骗中,被告人为了达到骗取钱款的目的,需要对其出售的商品进行虚假宣传,这其中存在着与民事欺诈、虚假广告罪之间的界分问题。在办理这类案件时,检察人员要从商品价格、功能、后续行为等角度综合考虑。对于被告人出售商品价格与成本价差距过于悬殊、对所销售商品功效以及对购买者产生影响"漠不关心"、采用固定销售"话术""剧本"套路被害人反复购买、被害人购买商品所希望达到的目的是根本无法实现的,结合被告人供述,可认定其具有非法占有目的,依法以诈骗罪论处。行为人为了拓宽销路、提高销量,对所出售的商品作夸大、虚假宣传的,可按民事欺诈处理;情节严重,符合虚假广告罪构成要件的,依法可以虚假广告罪论处。行为人明知他人从事诈骗活动,仍为其提供广告等宣传的,可以诈骗罪共犯论处。

(二)对于涉案人数较多的电信网络诈骗案件,区分对象分层处理。电信网络诈骗案件层级多、人员多,对此检察机关要区分人员地位作用、分层分类处理,不宜一刀切。对于参与时间较短、情节较轻、获利不多的较低层次人员,贯彻"少捕慎诉慎押"的刑事司法政策,依法从宽处理。对于犯罪集团中的组织者、骨干分子和幕后"金主",依法从严惩处。对于与诈骗分子同谋,为诈骗犯罪提供虚假证明、技术支持等帮助,依法以诈骗罪共犯论处,做到罚当其罪。

罗某杰诈骗案——利用虚拟货币为境外电信网络诈骗团伙跨境转移资金

(2022 年 4 月 21 日最高人民检察院发布)

【关键词】

电信网络诈骗　虚拟货币　资金跨境转移　共同犯罪

【要旨】

利用虚拟货币非法进行资金跨境转移,严重危害经济秩序和社会稳定,应当依法从严全链条惩治。对于专门为诈骗犯罪团伙提供资金转移通道,形成较为稳定协作关系的,应以诈骗罪共犯认定,实现罪责刑相适应。

【基本案情】

被告人罗某杰,男,1993 年 9 月 4 日生,无固定职业。

2020 年 2 月 13 日,被告人罗某杰在境外与诈骗分子事前通谋,计划将诈骗资金兑换成虚拟货币"泰达币",并搭建非法跨境转移通道。罗某杰通过境外地下钱庄人员戴某明和陈某腾(均为外籍、另案处理),联系到中国籍虚拟货币商刘某辉(另案处理),共同约定合作转移诈骗资金。同年 2 月 15 日,被害人李某等通过网络平台购买口罩被诈骗分子骗取人民币 110.5 万元后,该笔资金立即转入罗某杰控制的一级和二级账户,罗某杰将该诈骗资金迅速转入刘某辉账户;刘某辉收到转账后,又迅速向陈某腾的虚拟货币钱包转入 14 万余个"泰达币",陈某腾扣除提成,即转给罗某杰 13 万个"泰达币"。后罗某杰将上述 13 万个"泰达币"变现共计人民币142万元。同年5月11日,公安机关抓获罗某杰,并从罗某杰处扣押、冻结该笔涉案资金。

【检察履职过程】

检察人员提前介入,与侦查人员通过大数据共同研判追踪涉案资金流向。

本案由山东省济宁市公安局高新技术产业开发区分局立案侦查。2020年5月14日,济宁高新区人民检察院介入案件侦查。同年8月12日,公安机关以罗某杰涉嫌诈骗罪移送起诉。因移送的证据难以证明罗某杰与上游诈骗犯罪分子有共谋,同年9月3日,检察机关以掩饰、隐瞒犯罪所得罪提起公诉,同时开展自行侦查,进一步补充收集到罗某杰与诈骗犯罪分子事前联络、在犯罪团伙中专门负责跨境转移资金的证据,综合全案证据,认定罗某杰为诈骗罪共犯。2021年7月1日,检察机关变更起诉罪名为诈骗罪。同年8月26日,济宁高新区人民法院以诈骗罪判处罗某杰有期徒刑十三年,并处罚金人民币10万元。罗某杰提出上诉,同年10月19日,济宁市中级人民法院裁定驳回上诉,维持原判。

结合本案办理,济宁市检察机关与外汇监管部门等金融监管机构召开座谈会,建议相关单位加强反洗钱监管和金融情报分析,构建信息共享和监测封堵机制;加强对虚拟货币交易的违法性、危害性的社会宣传,提高公众防范意识。

【典型意义】

(一)利用虚拟货币非法跨境转移资金,严重危害经济秩序和社会稳定,应当依法从严惩治。虚拟货币因具有支付工具属性、匿名性、难追查等特征,往往被电信网络诈骗犯罪团伙利用,成为非法跨境转移资金的工具,严重危害正常金融秩序,影响案件侦办和追赃挽损工作开展。检察机关要依法加大对利用虚拟货币非法跨境转移资金行为的打击力度,同步惩治为资金转移提供平台支持和交易帮助的不法虚拟货币商,及时阻断诈骗集团的资金跨境转移通道。

(二)专门为诈骗犯罪分子提供资金转移通道,形成较为稳定协作关系的,应以诈骗罪共犯认定。跨境电信网络诈骗犯罪案件多是内外勾结配合实施,有的诈骗犯罪分子在境外未归案,司法机关难以获取相关证据,加大了对在案犯罪嫌疑人行为的认定难度。检察机关在办理此类案件时,要坚持主客观相统一原则,全面收集行为人与境外犯罪分子联络、帮助转移资金数额、次数、频率等方面的证据,对于行为人长期帮助诈骗团伙转账、套现、取现,或者提供专门资金转移通道,形成较为稳定协作关系的,在综合全案证据基础上,应认定其与境外诈骗分子具有通谋,以诈骗罪共犯认定,实现罪责刑相适应。

刑法第二百六十七条(抢夺罪)

第二百六十七条① 抢夺公私财物,数额较大的,或者多次抢夺的,处三年以下有期徒刑、拘役或者管制,并处或者单处罚金;数额巨大或者有其他严重情节的,处三年以上十年以下有期徒刑,并处罚金;数额特别巨大或者有其他特别严重情节的,处十年以上有期徒刑或者无期徒刑,并处罚金或者没收财产。

携带凶器抢夺的,依照本法第二百六十三条的规定定罪处罚。

李某涉嫌抢夺罪被不起诉案——提高家庭教育指导针对性,推动严重不良行为未成年人矫治

(2021 年 11 月 15 日最高人民检察院、全国妇联、中国关工委联合发布)

【基本案情】

犯罪嫌疑人李某,男,作案时 14 周岁,初中肄业。2021 年 4 月 12 日,李某驾驶汽车,搭载两名成年犯罪嫌疑人林某、杨某,尾随驾驶二轮摩托车的被害人吴某,伺机夺取财物。在林某伸手抢夺过程中,被害人吴某因失去平衡与李某驾驶的汽车发生碰撞后倒地受伤,随后三名犯罪嫌疑人逃离现场。经鉴定,被害人吴某属轻微伤。因李某未达到法定刑事责任年龄,四川省成都市新都区人民检察院于 2021 年 5 月 21 日对李某依法作出不批准逮捕决定。

【家庭教育指导做法与成效】

(一)深入开展社会调查,准确评估家庭教育状况和问题。对未达刑事责任

---

① 本条第一款根据《刑法修正案(九)》(2015 年 11 月 1 日起施行)第二十条修改。

原本条第一款内容为:抢夺公私财物,数额较大的,处三年以下有期徒刑、拘役或者管制,并处或者单处罚金;数额巨大或者有其他严重情节的,处三年以上十年以下有期徒刑,并处罚金;数额特别巨大或者有其他特别严重情节的,处十年以上有期徒刑或者无期徒刑,并处罚金或者没收财产。

修改的内容为将"多次抢夺"的行为补充规定构成本罪。

年龄未成年人,检察机关没有一放了之。为全面了解导致李某犯罪的深层次原因,成都市新都区人民检察院对李某的成长生活轨迹进行了深入调查,详细询问监护人、走访邻居、教师、社区工作人员,委托心理咨询师对其开展心理测评。经调查发现,李某系弃婴,被养父母抚养长大。幼年时李某常有偷拿家中零钱的不良行为,上初中后缺乏管教沾染不良习气。2020年因盗窃电动车被公安机关抓获,经教育后被其养父领回,在此过程中李某得知自己并非亲生,与父母隔阂更为严重,随后长期流浪不归。在对李某抚养监护过程中,李某养父母的态度从起初的教育方式简单粗暴逐渐演变为不管不问。心理测评发现李某存在轻度的焦虑、强迫和抑郁,生存能力和心理成熟度欠缺。

(二)制定个性化方案,督促履行监护职责。针对李某的家庭教育问题,检察机关、妇联、关工委召开联席会议,制定个性化家庭教育指导方案。针对李某父母监护缺位和管教方式不当等问题,从调整沟通方式、改善家庭氛围、学习教养知识、改变教养方式、提升教育理念、引导教育发展等六个方面规划具体的家庭教育指导课程,通过家庭心理辅导对李某及其父母进行心理疏导、认知干预和行为矫正,在家庭教育专家引导下,通过亲子游戏等活动辅助修复家庭关系,以有效的沟通重新唤起亲情,影响亲子关系的心结逐渐得以解开。同时,妇联依托"姐妹心理驿站"推介心理咨询师对李某开展心理测评,根据其生存能力和心理成熟度欠缺的测评结果予以引导和干预,关工委组织"五老"志愿者、社工结对关爱,与检察机关共同劝导其养父母切实承担对李某的监护责任。

(三)各部门联动协作,实现效果最大化。通过家庭教育指导,李某家庭关系明显改善,但李某长期辍学对其成长极为不利。为帮助李某重返学校,检察机关、妇联、关工委共同拟定工作方案,在安排李某返回户籍所在地与父母团聚后,立即启动家庭教育指导异地协作机制,两地通力合作,检察机关联系教育部门助力,妇联充分发挥妇儿工作平台优势、动员社会力量支持,关工委积极组织离退休老专家、老模范发挥专长帮扶到人,共同为李某提供就学协助。目前,李某回归家庭后表现良好,亲子关系融洽,新学期开学已赴一所初中就学。

【典型意义】

未成年人犯罪通常与成长环境及教育失当有着密切关系。对于因未达法定刑事责任年龄而不予追究刑事责任的未成年人,其父母应切实承担起监督管教的责任。相关部门通过家庭教育指导提升父母监护能力、改善家庭环境,是帮助严重不良行为未成年人回归正轨,预防重新犯罪的有效手段。不同家庭情况千差万别,家庭教育指导应坚持因人而异、对症下药。相关部门在开展家庭教育指导工作时,应针对具体问题、契合家庭实际、照顾个体特点,确保工作的针对性和实效性。

刑法第二百七十一条(职务侵占罪)

第二百七十一条①　公司、企业或者其他单位的工作人员,利用职务上的便利,将本单位财物非法占为己有,数额较大的,处三年以下有期徒刑或者拘役,并处罚金;数额巨大的,处三年以上十年以下有期徒刑,并处罚金;数额特别巨大的,处十年以上有期徒刑或者无期徒刑,并处罚金。

国有公司、企业或者其他国有单位中从事公务的人员和国有公司、企业或者其他国有单位委派到非国有公司、企业以及其他单位从事公务的人员有前款行为的,依照本法第三百八十二条、第三百八十三条的规定定罪处罚。

黄某、段某职务侵占案——查办企业从业人员职务侵占犯罪,依法保护民营企业财产权

(2019 年 1 月 17 日最高人民检察院发布)

【基本案情】

黄某系福建省 A 鞋业有限公司(以下简称"A 公司")原副总经理,段某系 A 公司原采购部经理,二人因涉嫌职务侵占罪于 2018 年 1 月 6 日被泉州市公安局丰泽分局刑事拘留,同年 2 月 2 日被变更强制措施取保候审。

2017 年 6 月,A 公司受 B 鞋服有限公司(以下简称"B 公司")委托,由 B 公司提供制鞋原料猪巴革加工生产一批鞋子。加工完成后,剩余部分原料猪巴革。黄某伙同段某,以退还 B 公司的名义,制作虚构的《物品出厂放行单》,将剩

---

① 本条根据《刑法修正案(十一)》(2021 年 3 月 1 日起施行)第二十九条修改。

原本条第一款内容为:公司、企业或者其他单位的人员,利用职务上的便利,将本单位财物非法占为己有,数额较大的,处五年以下有期徒刑或者拘役;数额巨大的,处五年以上有期徒刑,可以并处没收财产。

修改的主要内容为:一是将本罪的法定刑由两档增加为三档;三是第三档法定最高刑由"五年以上有期徒刑"提高到"无期徒刑";三是在三档法定刑中均增加"并处罚金"。

余原料中的 1 万余尺猪巴革运至晋江市 C 鞋材贸易有限公司(以下简称"C 公司")寄存,7000 余尺退还 B 公司。2017 年 12 月,B 公司与 A 公司再次签订一份鞋业加工合同,双方约定原材料由 A 公司自行采购。黄某伙同段某借用供料商的名义将寄存于 C 公司的猪巴革返卖给 A 公司,获得赃款 6.7 万元。后该笔赃款被黄某占有,段某未分得赃款。A 公司法定代表人朱某于 2018 年 1 月 6 日向福建省泉州市公安局丰泽分局报案。

泉州市公安局丰泽分局于 2018 年 5 月 22 日将黄某、段某以职务侵占罪向泉州市丰泽区人民检察院移送审查起诉。其间经检察机关两次退回补充侦查,查清了黄某、段某二人侵占 A 公司猪巴革原料事实及数量。

【处理意见】

本案办理过程中,一种观点认为黄某等人侵占的猪巴革,系 B 公司提供的加工原料,不属于 A 公司所有,不符合职务侵占罪"本单位财物"的构成要件。另一种观点认为,A 公司因与 B 公司的合同关系对猪巴革实施管理、加工,黄某等人侵占该批猪巴革将导致 A 公司对 B 公司退赔相应价款,实质上仍然侵犯了 A 公司财产权,构成职务侵占罪。泉州市丰泽区人民检察院经研究认为,职务侵占罪"本单位财物"包括单位管理、使用中的财物,被告人黄某、段某,身为公司工作人员,利用职务上的便利,将 A 公司管理的财物非法占为己有,侵害了 A 公司的合法权益,数额较大,应当以职务侵占罪追究其刑事责任。黄某、段某归案后能如实供述自己的罪行,向公司全额退还违法所得,依法适用认罪认罚从宽制度,于 2018 年 10 月 9 日以职务侵占罪对黄某、段某提起公诉。泉州市丰泽区人民法院于 2018 年 11 月 15 日作出一审判决,采纳了检察机关的量刑建议,以黄某犯职务侵占罪,判处拘役六个月,缓刑一年,以段某犯职务侵占罪,判处拘役五个月,缓刑六个月。

泉州市丰泽区人民检察院对办案发现的 A 公司仓库和人员管理制度漏洞提出了检察建议,A 公司收到检察建议后十分重视,目前已按建议制定了新的仓库出入库管理制度,财务部、采购部运作制度,定期检查和月报制度,并且定期邀请法律人士给公司管理人员上课,警钟长鸣,杜绝相关案件的再次发生。

【指导意义】

1. 实践中,对职务侵占罪"本单位财物"的认定一直以来存在是单位"所有"还是"持有"的争议。从侵害法益看,无论侵占本单位"所有"还是"持有"财物,实质上均侵犯了单位财产权,对其主客观行为特征和社会危害性程度均可作统一评价。参照刑法第九十一条第二款对"公共财产"的规定,对非公有制公司、企业管理、使用、运输中的财物应当以本单位财物论,对职务侵占罪和贪污罪掌握一致的追诉原则,以有力震慑职务侵占行为,对不同所有制企业财产权平等保护,切实维护民营企业正常生产经营活动。

2. 在依法惩处侵害企业权益犯罪的同时,应当重视企业退赔需求,核实退赔落实情况,帮助民营企业挽回经济损失。

3. 要注重发挥检察建议的功能作用,促进民营企业加强防范、抵御风险、化解隐患,帮助民营企业提高安全防范能力。

刑法第二百七十四条(敲诈勒索罪)

> 第二百七十四条① 敲诈勒索公私财物,数额较大或者多次敲诈勒索的,处三年以下有期徒刑、拘役或者管制,并处或者单处罚金;数额巨大或者有其他严重情节的,处三年以上十年以下有期徒刑,并处罚金;数额特别巨大或者有其他特别严重情节的,处十年以上有期徒刑,并处罚金。

庄某等人敲诈勒索案

(最高人民检察院第十三届检察委员会第六十三次会议决定 2021 年 3 月 2 日发布)

【关键词】

敲诈勒索 未成年人共同犯罪 附条件不起诉 个性化附带条件 精准帮教

【要旨】

检察机关对共同犯罪的未成年人适用附条件不起诉时,应当遵循精准帮教的要求,对每名涉罪未成年人设置个性化附带条件。监督考察时,要根据涉罪未成年人回归社会的不同需求,督促制订所附条件执行的具体计划,分阶段评估帮教效果,发现问题及时调整帮教方案,提升精准帮教实效。

---

① 本条根据《刑法修正案(八)》(2011 年 5 月 1 日起施行)第四十条修改。

原本条内容为:敲诈勒索公私财物,数额较大的,处三年以下有期徒刑、拘役或者管制;数额巨大或者有其他严重情节的,处三年以上十年以下有期徒刑。

修改的内容为:一是将敲诈勒索罪的构成条件由"数额较大"扩展为"数额较大或者多次敲诈勒索";二是将敲诈勒索罪的法定最高刑由十年有期徒刑提高到十五年有期徒刑,并增加罚金刑。

【基本案情】

被附条件不起诉人庄某,男,作案时 17 周岁,初中文化,在其父的印刷厂帮工。

被附条件不起诉人顾某,女,作案时 16 周岁,职业高中在读。

被附条件不起诉人常某,男,作案时 17 周岁,职业高中在读。

被附条件不起诉人章某,女,作案时 16 周岁,职业高中在读。

被附条件不起诉人汪某,女,作案时 17 周岁,职业高中在读。

2019 年 6 月 8 日,庄某因被害人焦某给其女友顾某发暧昧短信,遂与常某、章某、汪某及女友顾某共同商量向焦某索要钱财。顾某、章某、汪某先用微信把被害人约至某酒店,以顾某醉酒为由让被害人开房。进入房间后,章某和汪某借故离开,庄某和常某随即闯入,用言语威胁的手段逼迫焦某写下 1 万元的欠条,后实际获得 5000 元,用于共同观看球赛等消费。案发后,庄某等五人的家长在侦查阶段赔偿了被害人全部损失,均获得谅解。

【检察履职情况】

(一)开展补充社会调查和心理测评,找出每名未成年人需要矫正的"矫治点",设置个性化附带条件。该案公安机关未提请批准逮捕,直接移送起诉。检察机关经审查认为,庄某等五人已涉嫌敲诈勒索罪,可能判处一年以下有期徒刑,均有悔罪表现,符合附条件不起诉条件,但前期所作社会调查不足以全面反映犯罪原因和需要矫正的关键点,故委托司法社工补充社会调查,并在征得各未成年犯罪嫌疑人及法定代理人同意后进行心理测评。经分析,五人具有法治观念淡薄、交友不当、家长失管失教等共性犯罪原因,同时各有特点:庄某因被父亲强行留在家庭小厂帮工而存在不满和抵触情绪;顾某因被过分宠溺而缺乏责任感,且沉迷网络游戏;汪某身陷网瘾;常某与单亲母亲长期关系紧张;章某因经常被父亲打骂心理创伤严重。据此,检察官和司法社工研究确定了五名未成年人具有共性特点的"矫治点",包括认知偏差、行为偏差、不良"朋友"等,和每名未成年人个性化的"矫治点",如庄某的不良情绪、章某的心理创伤等,据此对五人均设置共性化的附带条件:参加线上、线下法治教育以及行为认知矫正活动,记录学习感受;在司法社工指导下筛选出不良"朋友"并制订远离行动方案;参加每周一次的团体心理辅导。同时,设置个性化附带条件:庄某学习管理情绪的方法,定期参加专题心理辅导;顾某、汪某主动承担家务,定期参加公益劳动,逐渐递减网络游戏时间;常某在司法社工指导下逐步修复亲子关系;章某接受心理咨询师的创伤修复。检察机关综合考虑五名未成年人共同犯罪的事实、情节及需要矫正的问题,对五名未成年人均设置了六个月考验期,并在听取每名未成年人及法定代理人对附条件不起诉的意见时,就所附条件、考验期限等进行充分沟通、解释,要求法定代理人依法配合监督考察工作。在听取公安机关、被害人意见后,检察机关于 2019 年 10 月 9 日对五人作出附条件不起诉决定。

(二)制定具体的帮教计划并及时评估帮教效果,调整帮教方法。在监督考察期间,检察官与司法社工共同制订了督促执行所附条件的具体帮教计划:帮教初期(第1—3周)注重训诫教育工作,且司法社工与被附条件不起诉人及法定代理人密切接触,增强信任度;帮教中期(第4—9周)通过法治教育、亲子关系修复、行为偏差矫正、团体心理辅导等多措并举,提升被附条件不起诉人法律意识,促使不良行为转变;帮教后期(第10—26周)注重促使被附条件不起诉人逐步树立正确的人生观、价值观,自觉遵纪守法。每个阶段结束前通过心理测评、自评、他评等方式评估帮教效果,发现问题及时进行研判,调整帮教方法。比如,帮教初期发现庄某和章某对负责帮教的社工有一定的抵触情绪和回避、对抗行为,通过与司法社工机构共同评估双方信任度和匹配度后,及时更换社工。再如,针对章某在三次心理创伤处理后仍呈现易怒情绪,建议社工及时增加情绪管理能力培养的内容。又如,针对汪某远离不良"朋友"后急需正面榜样力量引领的情况,联合团委确定大学生志愿者一对一结对引导。

(三)根据未成年人个体需求,协调借助相关社会资源提供帮助,促进回归社会。针对案发后学校打算劝退其中四人的情况,检察机关与教育局、学校沟通协调,确保四人不中断学业。根据五名被附条件不起诉人对就学就业的需求,检察机关积极协调教育部门为顾某、章某分别提供声乐、平面设计辅导,联系爱心企业为常某提供模型设计的实习机会,联系人力资源部门为庄某、汪某提供免费的职业培训,让矫治干预与正向培养双管齐下。经过六个月考察帮教,五名被附条件不起诉人逐步摒弃不良行为,法治观念、守法意识增强,良好生活学习习惯开始养成。2020 年 4 月 9 日,检察机关综合五人考察期表现,均作出不起诉决定。目前,庄某已成为某西点店烘焙师,常某在模具企业学习模型设计,顾某、章某、汪某都实现了在大专院校理想专业学习的愿望。五个家庭也有较大改变,亲子关系融洽。

【指导意义】

(一)附条件不起诉设定的附带条件,应根据社会调查情况合理设置,具有个性化,体现针对性。检察机关办理附条件不起诉案件,应当坚持因案而异,根据社会调查情况,针对涉罪未成年人的具体犯罪原因和回归社会的具体需求等设置附带条件。对共同犯罪未成年人既要针对其共同存在的问题,又要考虑每名涉罪未成年人的实际情况,设定符合个体特点的附带条件并制定合理的帮教计划,做到"对症下药",确保附条件不起诉制度教育矫治功能的实现。

(二)加强沟通,争取未成年犯罪嫌疑人及其法定代理人、学校的理解、配合和支持。检察机关应当就附带条件、考验期限等与未成年犯罪嫌疑人充分沟通,使其自觉遵守并切实执行。未成年犯罪嫌疑人的法定代理人和其所在学校是参与精准帮教的重要力量,检察机关应当通过释法说理、开展家庭教育指导等工作,与各方达成共识,形成帮教合力。

(三)加强对附带条件执行效果的动态监督,实现精准帮教。检察机关对于附条件不起诉所附带条件的执行要加强全程监督、指导,掌握落实情况,动态评估帮教效果,发现问题及时调整帮教方式和措施。为保证精准帮教目标的实现,可以联合其他社会机构、组织、爱心企业等共同开展帮教工作,帮助涉罪未成年人顺利回归社会。

【相关规定】(略)

温某龙等 23 人敲诈勒索案

(2021 年 1 月 25 日最高人民检察院发布)

【基本案情】

2017 年起,温某龙纠集林某浩、朱某常投资成立或参股福建省福鼎市财神投资咨询有限公司(以下简称财神公司)等四家公司,招募人员专门从事网络"套路贷"活动。四家公司均有完整的规章制度、工资奖励机制,人员分工明确,组织架构严密,设客服组、风控组、财务组、催收组等部门,在实施犯罪过程中逐渐形成恶势力犯罪集团。

公司内部分工明确,首先由客服组获取有借款需求的"客户资料",并以审核身份真实性为由,向被害人索要手机号、手机服务密码、QQ 同步助手账号密码,非法收集被害人个人信息,为后续"软暴力"催收做准备。风控组负责对被害人还款能力进行核实筛选,并决定是否放款。放款后,公司以"押金""逾期费"等理由要求被害人在指定网络借款平台签订与实际借款不符的协议,制造虚高借款、虚假期限的合同,并直接扣除首期 30%—50% 的高额利息。如果逾期未还款,催收组根据被害人的手机号码、通讯录联系人、身份证照片等个人信息,通过电话或微信辱骂、威胁、恐吓、发送附有被害人头像的侮辱信息等方式,向被害人及其亲友施压,迫使被害人支付虚高本金、高额利息、续期费等。

2017年2月至2018年8月,财神公司等四家公司在实施上述"套路贷"犯罪过程中,共放款3万余笔,累计放款人民币1.22亿余元,非法获利人民币1867万余元。个别被害人因欠款被"软暴力"催收而精神崩溃喝农药自杀,因发现及时得以救治。在公安机关抓捕犯罪集团过程中,福鼎市公安局桐城派出所辅警林某向个别集团成员透露抓捕信息,通风报信、妨害抓捕。

【诉讼过程】

2018年12月26日,福建省福鼎市公安局将本案移送福鼎市人民检察院审查起诉。检察机关重点围绕"恶势力""犯罪集团""犯罪金额"等问题梳理、审查证据,追捕追诉6名集团成员。深挖"保护伞",发现福鼎市公安局桐城派出所辅警林某向该恶势力集团个别成员透露抓捕信息,及时将线索移交福鼎市扫黑办及福鼎市监委。2019年6月6日,福鼎市人民检察院对林某以帮助犯罪分子逃避处罚罪提起公诉。同年7月2日,福鼎市人民检察院对温某龙等23人以敲诈勒索罪提起公诉。

2019年8月19日,福鼎市人民法院以帮助犯罪分子逃避处罚罪判处林某有期徒刑八个月。同年10月29日,福鼎市人民法院作出一审判决,以敲诈勒索罪分别判处温某龙、林某浩、朱某常等23名被告人有期徒刑十三年至一年不等,并处罚金。

【典型意义】

(一)依法严厉打击网络"套路贷"犯罪,维护社会秩序。"套路贷"犯罪利用被害人急需用钱的心理和防范意识薄弱的特点,诱骗或迫使被害人签订协议,通过制造银行流水、销毁还款证据、单方肆意认定违约、恶意垒高借款金额等方式,形成虚假债权债务。一旦逾期未还款则采用暴力、胁迫或者其他"软暴力"手段催收。利用网络实施上述行为,相较于传统"套路贷"隐蔽性更强,受害面更广,且更易于复制传播。特别是利用网络实施辱骂、威胁、恐吓等"软暴力"行为,传播范围更广,影响更大,给被害人带来的精神压力也会更强。这类行为在扫黑除恶专项斗争中一直是打击重点,必须依法严惩,遏制其滋生蔓延。

(二)精准发力"破网打伞",铲除网络"套路贷"生存土壤。检察机关在办理网络"套路贷"案件时,通过排查言词证据、聊天记录、资金流水等方式,深挖涉嫌包庇、纵容黑恶团伙、收受贿赂、渎职侵权等违法违纪线索,及时移送纪检监察机关,依法严惩充当黑恶势力"保护伞"的职务犯罪,净化基层环境,维护社会秩序。

(三)准确识别正当民间借贷和非法"套路贷",维护自身合法权益。社会公众在办理网络贷款融资业务时,不应仅仅关注贷款的便利性,更应关注贷款的合法性、安全性,拒绝高利贷,抵制预先收集通讯录信息、索要个人不雅照等非法放贷行为。发现被"套路"后,应及时报警,注意收集借款合同、银行交易记录、聊天记录、催收录音等证据,积极协助司法机关侦破案件。

刑法第二百七十六条之一(拒不支付劳动报酬罪)

第二百七十六条之一① 以转移财产、逃匿等方法逃避支付劳动者的劳动报酬或者有能力支付而不支付劳动者的劳动报酬,数额较大,经政府有关部门责令支付仍不支付的,处三年以下有期徒刑或者拘役,并处或者单处罚金;造成严重后果的,处三年以上七年以下有期徒刑,并处罚金。

单位犯前款罪的,对单位判处罚金,并对其直接负责的主管人员和其他直接责任人员,依照前款的规定处罚。

有前两款行为,尚未造成严重后果,在提起公诉前支付劳动者的劳动报酬,并依法承担相应赔偿责任的,可以减轻或者免除处罚。

胡克金拒不支付劳动报酬案

(最高人民法院审判委员会讨论通过 2014 年 6 月 23 日发布)

【关键词】

刑事 拒不支付劳动报酬罪 不具备用工主体资格的单位或者个人

【裁判要点】

1. 不具备用工主体资格的单位或者个人(包工头),违法用工且拒不支付劳动者报酬,数额较大,经政府有关部门责令支付仍不支付的,应当以拒不支付劳动报酬罪追究刑事责任。

2. 不具备用工主体资格的单位或者个人(包工头)拒不支付劳动报酬,即使其他单位或者个人在刑事立案前为其垫付了劳动报酬的,也不影响追究该用工单位或者个人(包工头)拒不支付劳动报酬罪的刑事责任。

---

① 本条根据《刑法修正案(八)》(2011 年 5 月 1 日起施行)第四十一条增加。

【基本案情】

被告人胡克金于 2010 年 12 月分包了位于四川省双流县黄水镇的三盛翡俪山一期景观工程的部分施工工程,之后聘用多名民工入场施工。施工期间,胡克金累计收到发包人支付的工程款 51 万余元,已超过结算时确认的实际工程款。2011 年 6 月 5 日工程完工后,胡克金以工程亏损为由拖欠李朝文等 20 余名民工工资 12 万余元。6 月 9 日,双流县人力资源和社会保障局责令胡克金支付拖欠的民工工资,胡克金却于当晚订购机票并在次日早上乘飞机逃匿。6 月 30 日,四川锦天下园林工程有限公司作为工程总承包商代胡克金垫付民工工资 12 万余元。7 月 4 日,公安机关对胡克金拒不支付劳动报酬案立案侦查。7 月 12 日,胡克金在浙江省慈溪市被抓获。

【裁判结果】

四川省双流县人民法院于 2011 年 12 月 29 日作出(2011)双流刑初字第 544 号刑事判决,认定被告人胡克金犯拒不支付劳动报酬罪,判处有期徒刑一年,并处罚金人民币 2 万元。宣判后被告人未上诉,判决已发生法律效力。

【裁判理由】

法院生效裁判认为:被告人胡克金拒不支付 20 余名民工的劳动报酬达 12 万余元,数额较大,且在政府有关部门责令其支付后逃匿,其行为构成拒不支付劳动报酬罪。被告人胡克金虽然不具有合法的用工资格,又属没有相应建筑工程施工资质而承包建筑工程施工项目,且违法招用民工进行施工,上述情况不影响以拒不支付劳动报酬罪追究其刑事责任。本案中,胡克金逃匿后,工程总承包企业按照有关规定清偿了胡克金拖欠的民工工资,其清偿拖欠民工工资的行为属于为胡克金垫付,这一行为虽然消减了拖欠行为的社会危害性,但并不能免除胡克金应当支付劳动报酬的责任,因此,对胡克金仍应当以拒不支付劳动报酬罪追究刑事责任。鉴于胡克金系初犯、认罪态度好,依法作出如上判决。

【相关规定】(略)

李某军拒不支付劳动报酬案

(2020 年 12 月 23 日最高人民检察院发布)

【基本案情】

李某军系上海某服装有限公司法定代表人。2019 年 5 月 18 日,因经营不善等原因,李某军在未结清工人工资且未告知工人的情况下,清空公司设备,逃离上海,拖欠18名员工工资共计人民币10万余元。上海市松江区人力资源和社会保障局要求李某军配合调查处理欠薪事宜未果,于6月11日发出责令整改通知书。李某军仍未在规定的时间内支付。同年6月24日,松江区人民检察院根据"两法衔接"机制收到松江区人力资源和社会保障局案件信息通报后,会同人力资源和社会保障部门、公安机关研判,针对犯罪金额认定存在的证据问题提出取证意见。6月26日,松江区劳动保障局将该案移送公安机关立案侦查,松江区人民检察院提前介入,与公安机关会商抓捕和追回欠薪的方案。12月25日,案件移送松江区人民检察院审查起诉。在审查起诉期间,松江区人民检察院对李某军释法说理,李某军将拖欠的工人工资结清,取得工人们的谅解。松江区人民检察院经审查认为,李某军以逃匿等方法逃避支付劳动报酬,数额较大,经人力资源和社会保障部门责令仍不支付,已构成拒不支付劳动报酬罪。李某军在提起公诉前全部支付了拖欠的劳动报酬,取得被害人谅解,松江区人民检察院依法对李某军适用认罪认罚从宽制度,于2020年3月31日依法对其作出不起诉决定。

【典型意义】

(一)"两法衔接"及时有效,提前介入引导取证。当地检察机关积极主动与劳动保障部门、公安机关建立信息通报、线索移送、会商研判等工作机制,及时介入欠薪案件,将检察监督工作前移,加大治理恶意欠薪力度。在结算劳动报酬、犯罪数额认定存在争议,是否构罪存疑的情况下,检察机关同步介入调查,及时引导取证,确保案件证据充分、犯罪数额认定准确。

(二)追讨薪酬与解决就业兼顾,充分保障劳动者合法权益。本案被害人均系农村务工人员,且案件移送审查起诉时正值春节前夕,农民工的血汗钱没有着落,处理不当极易引发社会矛盾,影响社会稳定。案发后检察机关及时介入,积极与公安机关会商运用认罪认罚从宽制度,引导犯罪嫌疑人支付欠薪。李某军到案后,检察机关通过释法说理,敦促其筹措资金,最终李某军全部结清所欠工资,得到员工谅解,及时防范化解了一起重要节点的群体信访风险。在办案过程中,检察机关联合劳动监察、公安机关耐心接待农民工代表,安抚被害人情绪,同时联系人力资源和社会保障部门提供招聘信息,帮助农民工解决再就业难题,用检察服务传递司法温度。

(三)惩治犯罪与护航企业并重,宽严相济依法妥善处理涉企案件。本案审查起诉前期,李某军对犯罪数额有异议,检察机关耐心说明认定的依据,加强法律政策宣讲,促使其如实供述犯罪事实、自愿认罪认罚,并结清了工人工资。检察机关综合考量,李某军犯罪情节轻微,提起公诉前付清拖欠的工资并取得谅解,未造成严重后果,且案件办理过程中正值新冠肺炎疫情期间,民营经济面临重大压力,涉案公司经营困难,检察机关经逐一联系被害人听取意见后,依法对李某军适用认罪认罚从宽制度作出不起诉决定,保障其尽快带领企业复工复产。

程某旺拒不支付劳动报酬案

(2020 年 12 月 23 日最高人民检察院发布)

【基本案情】

2015 年 10 月,程某旺与湖北某建筑工程有限责任公司签订工程施工合同。按合同约定,程某旺组织人员对工程进行施工建设,某建筑公司支付工程款。截至 2019 年 11 月,建筑公司按合同约定支付程某旺 1.19 亿元工程款,但程某旺未按约定支付施工人员工资,拖欠 213 名农民工工资共计人民币 688 万余元。同年 12 月 24 日,黄石市人力资源和社会保障局向程某旺下达期限改正指令书,责令程某旺足额支付拖欠的工资。程某旺在期限届满后仍拒不支付,并将手机关机致使无法联系。2020 年 1 月 14 日,黄石市公安局黄石港分局以程某旺涉嫌拒不支付劳动报酬罪立案侦查。1 月 16 日,程某旺被抓获。1 月 23 日,黄石市黄石港区人民检察院依法对程某旺批准逮捕。审查起诉期间,检察机关对程某旺释法说理,程某旺及其家属支付了欠薪 476 万余元,并以两套房屋作为抵押保证还款 140 万余元,其余 70 万余元未支付且无抵押保证。黄石港区人民检察院依法对程某旺适用认罪认罚从宽制度,于 4 月 20 日对其提起公诉。案件起诉至法院后,黄石港区人民检察院继续开展追缴欠款工作,联系律师反复做程某旺及其家属的思想工作。案件开庭前,程某旺筹款将剩余的 70 万元欠薪支付完毕。检察机关根据程某旺认罪认罚和退赃退赔情况,提出判处有期徒刑一年,适用缓刑,并处罚金人民币 1 万元的量刑建议。一审法院采纳检察机关量刑建议。程某旺认罪服判。

【典型意义】

(一)依法批准逮捕,切实维护劳动者合法权益。本案提请批准逮捕时,正值春节前夕,被欠薪的数额大、人数多,农民工要求追回欠薪的诉求强烈。检察机关对拒不支付劳动报酬案件优先审查、从快办理,仅用一天时间就依法作出了批准逮捕程某旺的决定,及时回应了被欠薪农民工的关注,切实维护了农民工合法权益。

（二）落实宽严相济刑事政策,积极适用认罪认罚从宽制度。审查起诉阶段,检察机关迅速联系程某旺的律师、亲属,耐心进行释法说理,充分说明主动交付欠薪对程某旺量刑的影响,动员他们做好对程某旺的说服工作。同时,在提讯程某旺时,告知其行为已构成犯罪,如在提起公诉前支付劳动者的劳动报酬,并依法承担相应赔偿责任,可以减轻或免除处罚。经多次耐心释法,程某旺自愿认罪认罚,主动与其家属配合,偿还了所拖欠的大部分工资。

（三）持续追缴欠薪,保障农民工合法权益得到全面保护。程某旺认罪认罚后,检察机关继续与其家属、律师进行沟通。案件起诉后,又向程某旺阐明,全部支付拖欠工资可以获得从宽量刑,促成程某旺继续筹款支付剩余欠薪,最终在案件开庭审理前,帮助 213 名农民工追回全部欠薪人民币 688 万余元。

黄某洪拒不支付劳动报酬案

（2020 年 12 月 23 日最高人民检察院发布）

【基本案情】

2015 年至 2019 年,黄某洪承包了广东省大埔县湖寮镇某建筑工程,在发包方已支付其工程款 9065 万余元的情况下,仍拖欠 70 余名工人工资共计人民币 651 万余元。2019 年 8 月 9 日,大埔县人力资源和社会保障局向黄某洪送达了限期改正指令书。黄某洪在规定期限内仍未支付工人工资,大埔县人力资源和社会保障局将该案移送大埔县公安局立案。经大埔县公安局提请批准逮捕,同年 9 月 25 日,大埔县人民检察院依法作出批准逮捕决定。在审查起诉期间,检察机关先后两次退回补充侦查,引导公安机关进一步查清拖欠工资的人数及薪资数额,并督促黄某洪在起诉前将拖欠工资全部还清。在黄某洪付清拖欠工资后,检察机关根据新冠肺炎疫情以来民营经济复工复产的实际需要,积极开展羁押必要性审查,变更了强制措施。案件提起公诉后,大埔县人民法院于 2020 年 8 月 3 日以黄某洪犯拒不支付劳动报酬罪,判处有期徒刑二年,缓刑二年,并处罚金人民币 3 万元。黄某洪提出上诉,梅州市中级人民法院于 10 月 13 日裁定驳回上诉,维持原判。

【典型意义】

（一）引导侦查取证,查明事实固定证据。检察机关提前介入侦查本案,经分析研判,在新冠肺炎疫情期间,案件存在证人取证难、薪酬和材料款区分难、拖欠人数及欠薪总金额确定难等问题。检察机关两次退回公安机关补充侦查,详细列出补查提纲,引导公安机关有针对性地进一步取证,完善证据,为依法认定犯罪事实打下了扎实的基础。

(二)及时变更强制措施,服务"六稳""六保"。该案办理时,正值新冠肺炎疫情期间,为助力民营企业复工复产,检察机关在督促黄某洪及时足额支付欠薪后,及时启动羁押必要性审查,将强制措施由逮捕变更为取保候审,避免出现"办一个案件,倒一个企业,失业一片"的结果,既维护了工人的合法权益,防范化解社会风险,又保证了民营企业的正常经营,最大限度保障就业,实现了"三个效果"的有机统一。

顾某保拒不支付劳动报酬案

(2020 年 12 月 23 日最高人民检察院发布)

【基本案情】

顾某保系江苏省常熟市某商业设备厂法定代表人。2019 年 2 月至 2020 年 1 月,顾某保聘请张某某等多名工人从事电焊、喷塑等工作,期间采用预发部分工资、拖延时间支付工人工资等方式逃避工资支付义务,拖欠张某某等 24 名工人工资共计人民币 42 万余元。后顾某保以逃离常熟、切断联系等方式逃避支付劳动报酬,经政府相关部门责令支付仍不支付。2020 年 1 月 18 日,常熟市公安局对顾某保拒不支付劳动报酬案立案侦查,并于 4 月 26 日移送审查起诉。办案过程中检察机关积极督促顾某保履行支付义务,5 月 25 日,在顾某保认罪认罚并支付全部劳动报酬后,及时开展羁押必要性审查,对其变更强制措施。经依法起诉,法院采纳了检察机关的全部指控和量刑建议,判处顾某保有期徒刑一年,缓刑一年,并处罚金人民币 8000 元。

【典型意义】

(一)注重追赃挽损,运用多种途径切实保护劳动者权益。该案 24 名被害人,多数来自贵州、安徽等省的偏远地区,经济收入较低,新冠肺炎疫情期间薪资报酬对被害人及其家庭生活至关重要。检察机关在办案过程中,注重促使双方达成和解。起初,顾某保及其家属表示无支付能力,检察机关通过调取、核查顾某保的家庭房产、车辆及存款情况,对其支付能力进行研判。走访过程中,了解到顾某保经营的厂房可能被征收,并会获得一定数额的征收款,检察机关及时与村委会沟通协调,努力促成将征收收益优先支付拖欠工资,保障工人权益。在检察机关的积极协调下,村委会代为接收50余万元征收款,并在乡镇司法所、检察机关共同见证下,将拖欠的工人工资足额发放到位。

(二)将风险防控贯彻办案始终,多部门联动化解矛盾。检察机关刑检部门加强与控申部门的沟通,并与乡镇司法所、市信访局等部门联动,共同组建信访矛盾化解小组。第一时间告知被害人办案进展,认真听取意见了解诉求,做好工人的情绪安抚工作,引导劳动者理性维权。同时,检察机关积极向属地政府有关部门通报案件进展,了解掌握拆迁征收动态,督促征收部门加快审核办理力度,及时发放征收款项。

(三)坚持打击与保护并重,多维度保障企业正常生产经营秩序。针对顾某保到案后对自己行为构成刑事犯罪认识不到位,不主动积极配合的情况,检察机关加强释法说理工作,向其阐明认罪认罚从宽制度的意义,督促其转变想法,诚意履行支付义务,真心认罪认罚。顾某保表示愿意将征收款支付工人工资,并在值班律师见证下,自愿签署了认罪认罚具结书。检察机关同步启动羁押必要性审查,变更强制措施为取保候审,保障了企业正常生产经营。

陈某拒不支付劳动报酬案

(2020 年 12 月 23 日最高人民检察院发布)

【基本案情】

陈某系河南省商城县某工贸有限公司法定代表人,2018 年 11 月至 2019 年 3 月,未支付该公司周某某等 100 余名工人的劳动报酬共计人民币 100 余万元。2019 年 3 月 20 日,商城县人力资源和社会保障局依法对陈某下达了限期整改指令书,陈某在整改期限内仍未支付劳动报酬。后陈某分批支付了部分劳动报酬,截至立案时仍拖欠 30 余万元。经查,在拖欠劳动报酬期间,陈某的工贸有限公司账户上仍有大额资金交易往来,陈某系有支付能力而拒不支付劳动报酬。

案发后,陈某自动投案,自愿认罪认罚,将拖欠的劳动报酬全部付清,取得了被害人的谅解。2019 年 7 月 9 日,商城县公安局将案件提请商城县人民检察院批准逮捕。同年 7 月 26 日,商城县人民检察院以犯罪情节轻微依法对陈某作出不批准逮捕决定。案件移送审查起诉后,检察机关经审查认为,陈某有能力支付而不支付劳动者的劳动报酬,数额较大,经政府有关部门责令支付仍不支付,其行为已经构成拒不支付劳动报酬罪,但鉴于其认罪悔罪情况,可以依法从宽处理。2020 年 3 月 16 日,商城县人民检察院依法对陈某作出不起诉决定,并通过远程视频方式对其公开宣告。

【典型意义】

(一)释法说理,落实认罪认罚从宽制度。在办案过程中,检察机关耐心宣讲刑事司法政策,积极促使陈某认罪认罚。案发后,陈某全部支付了劳动报酬、承担了相应的赔偿责任,有自首情节,并自愿认罪认罚,结合当前疫情防控形势和服务保障民营经济的要求,检察机关认为可不对其判处刑罚。陈某被宣告不起诉后,依规向相关部门申报,现该企业转产生产口罩等防疫物资,积极服务疫情防控工作。

(二)少捕慎诉,护航脱贫攻坚工作。检察机关在审查案件时发现,陈某的企业为该县带贫企业项目,近年来一直带动当地的贫困户脱贫致富,为当地脱贫攻坚事业的发展提供了积极支持。检察机关依法对带贫企业的负责人作出不批捕、不起诉决定,护航民营企业健康发展,为当地扶贫产业项目提供了司法保障。

(三)延伸检察职能,助力企业复工复产。检察机关依法作出不起诉决定后,多措并举帮助企业尽快复工复产。一是做好陈某的思想工作,既使其充分认识到错误,又帮助其放下思想包袱,重塑办好企业的信心。二是加大宣传力度,依托抖音等 App 为企业员工送去法制宣讲课,向企业提出合规合法经营的法律意见,并帮助企业稳定人心。三是联合当地工商联、防疫中心等职能部门,对企业开展防疫培训,并为企业送去口罩、消毒液等防疫物质,全力支持企业做好复工复产工作。

黄某拒不支付劳动报酬案

(2020 年 12 月 23 日最高人民检察院发布)

【基本案情】

2018 年 3 月,黄某承包了重庆某建筑工程有限公司位于重庆市渝北区的某房地产项目。当年 8 月底项目完工,在转包人向黄某足额支付工程款的情况下,黄某仅支付了农民工每月生活费,拖欠杨某等 18 名农民工的劳动报酬共计人民币 25 万余元,并将手机关机后逃跑、藏匿。2019 年 1 月 24 日,重庆市渝北区人民检察院依托"两法衔接"信息共享平台发现线索后,督促人力资源社会保障部门及时移送线索,并监督公安机关立案侦查。2019 年 7 月黄某到案并被取保候审。经检察机关等相关部门协调,由转包人先行垫付部分农民工工资。2020 年 7 月 13 日,重庆市公安局渝北区局将案件移送审查起诉。审查起诉期间,检察机关督促黄某支付了部分拖欠工资,并与农民工达成分期支付剩余款项的还款计划。鉴于大部分欠薪系转包人垫付,渝北区人民检察院于 10 月 21 日对本案依法提起公诉。11 月 13 日,渝北区人民法院以拒不支付劳动报酬罪,对黄某判处有期徒刑一年,并处罚金人民币 2000 元。

【典型意义】

(一)依托"两法衔接",发现案件线索监督立案。检察机关依托与行政执法部门建立的"两法衔接"工作机制,通过查询信息共享平台,发现平台录入的黄某拒不支付劳动报酬行为可能涉嫌犯罪,遂督促人力资源社会保障部门及时向公安机关移送犯罪线索。人力资源社会保障部门回复处理情况后,检察机关加强后续跟踪,监督公安机关及时立案侦查,促进了行政执法与刑事司法的有效衔接。

(二)多渠道追讨欠薪,帮助农民工及时获得劳动报酬。检察机关建议人力资源社会保障部门移送犯罪线索后,多方协调人力资源社会保障部门、建筑公司、转包人及农民工代表,共同商议支付农民工工资的解决方案。因黄某一直未到案,最终确定由转包人先行垫付部分农民工工资,以维系农民工正常生活。检察机关受理案件后,充分听取农民工意见,积极对黄某释法说理,督促黄某在审查起诉阶段支付了部分拖欠的工资,并促进黄某与农民工达成分期支付剩余款项的还款计划。

(三)坚持依法惩治犯罪,促进实现办案"三个效果"。审查逮捕阶段,鉴于黄某自愿认罪认罚,愿意积极筹措资金赔付农民工工资,检察机关依法对其不批准逮捕。审查起诉阶段,因黄某仅支付了工人小部分工资,仍然拖欠部分工资未支付,且该案被追回的欠薪大部分系转包人垫付,检察机关综合全案犯罪事实和情节,依法对黄某提起公诉,提出判处有期徒刑一年,并处罚金人民币 2000 元的量刑建议。法院全部采纳了起诉指控的犯罪事实、罪名及量刑建议。

第六章 妨害社会管理秩序罪

二维码链接 7 – 妨害社会管理秩序罪

刑法第二百七十七条（妨害公务罪，袭警罪）

第二百七十七条① 以暴力、威胁方法阻碍国家机关工作人员依法执行职务的，处三年以下有期徒刑、拘役、管制或者罚金。

以暴力、威胁方法阻碍全国人民代表大会和地方各级人民代表大会代表依法执行代表职务的，依照前款的规定处罚。

在自然灾害和突发事件中，以暴力、威胁方法阻碍红十字会工作人员依法履行职责的，依照第一款的规定处罚。

故意阻碍国家安全机关、公安机关依法执行国家安全工作任务，未使用暴力、威胁方法，造成严重后果的，依照第一款的规定处罚。

【袭警罪】 暴力袭击正在依法执行职务的人民警察的，处三年以下有期徒刑、拘役或者管制；使用枪支、管制刀具，或者以驾驶机动车撞击等手段，严重危及其人身安全的，处三年以上七年以下有期徒刑。

---

① 本条第五款根据《刑法修正案（十一）》（2021 年 3 月 1 日起施行）第三十一条修改。

原本条第五款根据《刑法修正案（九）》（2015 年 11 月 1 日起施行）第二十一条增加，内容为：暴力袭击正在依法执行职务的人民警察的，依照第一款的规定从重处罚。

修改的主要内容为：将暴力袭击正在依法执行职务的人民警察的"依照第一款的规定从重处罚"进行了细化，并规定了两档法定刑：一是"处三年以下有期徒刑、拘役或者管制"；二是对于"使用枪支、管制刀具，或者以驾驶机动车撞击等手段，严重危及其人身安全的，处三年以上七年以下有期徒刑"。

叶某妨害公务案——拒不配合疫情防控管理暴力袭警

（2020 年 3 月 10 日最高人民法院发布）

【基本案情】

2020 年 2 月 2 日 17 时许,被告人叶某驾车载其舅父和胞兄途经湖北省崇阳县新冠肺炎防控指挥部金塘镇寒泉村疫情检测点时,工作人员要求叶某等人检测体温。叶某等人拒绝检测,辱骂工作人员并用车辆堵住检测点,后经人劝导移开,工作人员报警。当日 18 时许,崇阳县公安局金塘派出所所长张某某带领民警万某、辅警姜某等人到叶某家传唤其接受调查,叶某拒绝并用拳头殴打张某某、姜某等人,其亲属亦撕扯、推搡民警,阻碍民警依法传唤叶某。经鉴定,被害人张某某、姜某损伤程度均为轻微伤。

【裁判结果】

湖北省崇阳县人民法院经审理认为,被告人叶某在疫情防控期间,拒不配合防控管理,以暴力方法阻碍人民警察执行公务,致二人轻微伤,其行为构成妨害公务罪,应依法从重处罚。叶某有坦白情节,且认罪认罚。综合其犯罪情节,于 2020 年 2 月 10 日以妨害公务罪判处被告人叶某有期徒刑一年三个月。

核酸检测过程中持刀砍砸隔离设施、殴打防控人员的温某某妨害公务案

（2022 年 3 月 31 日最高人民检察院发布）

【基本案情】

2022 年 3 月 11 日,辽宁省阜新市报告 1 例新冠病毒无症状感染者。3 月 15 日,新增 1 例新冠病毒无症状感染者,系阜新市首例无症状感染者的密切接触者。为抑制疫情传播,该市市委、市政府立即启动应急响应,阜新蒙古族自治县疫情防控指挥部组织全县开展为期 2 天的农村乡镇第一次全员核酸检测工作,大固本镇人民政府按照行政职权规定平安地村委会人员以及相关医务人员、志愿者等人员组成核酸检测组在核酸检测点执行任务,要求全体乡镇居民

分时段前往核酸检测点参加核酸检测。

2022年3月17日8时许,大固本镇平安地村村民、被告人温某某酒后步行至该村核酸采集点,被工作人员告知其所在村下午进行核酸检测。当日10时许,温某某再次来到检测现场,无故要求插队提前进行核酸检测,被工作人员制止后返回住所。因对现场工作人员怀恨在心,温某某萌生持刀恐吓现场工作人员的想法,手持菜刀返回核酸检测点,不顾现场工作人员劝阻,对工作人员进行辱骂,用拳头击打工作人员徐某某的面部,并持刀对现场工作人员挥舞,用手将现场工作人员防护服扯坏,对现场隔离设施进行砍、砸,造成被害人徐某某左侧眼角、左侧颜面部软组织挫伤,现场隔离设施毁坏,核酸检测进程受阻。后温某某被公安民警当场抓获。温某某对其行为供认不讳。

【裁判结果】

阜新蒙古族自治县公安局以涉嫌妨害公务罪于2022年3月17日对温某某立案侦查。3月21日,阜新蒙古族自治县人民检察院对温某某批准逮捕。3月22日,阜新蒙古族自治县公安局将该案移送审查起诉,阜新蒙古族自治县人民检察院于当日对被告人温某某涉嫌妨害公务罪依法提起公诉。同年3月27日,阜新蒙古族自治县人民法院以温某某犯妨害公务罪,判处有期徒刑九个月。

黄某袭警案——疫苗接种过程中暴力袭击
维持秩序的民警

（2022年4月29日最高人民法院发布）

【基本案情】

2021年5月19日上午,在重庆市万州区北山防疫站接种新冠病毒疫苗的群众为避雨纷纷涌入防疫站大厅,导致防疫站大厅人员拥挤,现场秩序混乱,疫苗接种工作无法正常开展。该站工作人员遂向万州区钟鼓楼派出所报警求助。钟鼓楼派出所接警后,派民警黎某某、辅警曾某某前往疫苗接种现场维持秩序。雨停后,黎某某、曾某某劝导现场群众到防疫站大厅外排队等候。被告人黄某不听劝导,拒不离开大厅,曾某某遂拉黄某左臂,欲让其离开防疫站大厅。黄某用雨伞击打曾某某头部,将其警帽击落在地。黎某某见状上前,欲夺取黄某手中雨伞,黄某又用雨伞击打黎某某头面部,致黎某某左眉弓外侧发际处受伤。黄某随即被黎某某、曾某某强行带出防疫站大厅,其间黄某不停用手抓挠黎某某和曾某某。经鉴定,黎某某的损伤程度为轻微伤。

【裁判结果】

法院经审理认为,被告人黄某暴力袭击正在依法执行职务的人民警察,其行为已经构成袭警罪。黄某到案后如实供述犯罪事实,有认罪悔罪表现,依法可从轻处罚。据此,以袭警罪判处被告人黄某有期徒刑六个月。

刑法第二百七十九条(招摇撞骗罪)

> 第二百七十九条　冒充国家机关工作人员招摇撞骗的,处三年以下有期徒刑、拘役、管制或者剥夺政治权利;情节严重的,处三年以上十年以下有期徒刑。
>
> 冒充人民警察招摇撞骗的,依照前款的规定从重处罚。

计某某招摇撞骗案——冒充省卫健委工作人员到口罩生产企业招摇撞骗

(2020 年 4 月 2 日最高人民法院发布)

【要旨】

被告人为非法获取口罩,在口罩生产企业加班加点生产疫情防疫急需的"KN95"标准口罩之时,冒充国家机关工作人员,蒙骗企业在人手紧张的情况下调集人力、物力重启废弃生产线生产简易型口罩,不仅影响人民群众对国家机关的信任,还干扰了企业正常的生产经营秩序,对此类行为应依法从严惩处。

【基本案情】

2020 年 2 月 15 日,被告人计某某(无业)为获取大量口罩进行销售牟利,伪造浙江省卫生健康委员会印章及公文,冒充浙江省卫生健康委员会工作人员,以调研为名到浙江省嘉兴市口罩生产企业某洁净空气科技有限公司。其间,计某某了解到该公司生产的"KN95"标准的口罩全部被预订采购,获悉公司还有一条废弃的老旧生产线可以生产简易型口罩后,便要求重启这条生产线生产简易型口罩,并承诺其负责协调办理生产许可证,由政府直接采购该批口罩。该公司遂开始调配人力、物力组织简易型口罩试生产。2 月 18 日,计某某为进一步取得公司负责人信任,联系嘉兴市电视台记者到该公司采访,后因记者怀疑其身份而案发。截至 2 月 19 日,某洁净空气科技有限公司生产简易型口罩半成品 5000 余只,造成经济损失 7000 余元,公司生产疫情防控急需物资的正常秩序受到影响。

【裁判结果】

浙江省平湖市人民法院经审理认为,被告人计某某为牟取非法利益,冒充国家机关工作人员招摇撞骗,其行为构成招摇撞骗罪,应依法从严惩处。计某某曾因犯故意伤害罪被判处有期徒刑,在刑罚执行完毕后五年内再犯应当判处有期徒刑以上刑罚之罪,系累犯,应依法从重处罚。计某某如实供述自己的犯罪事实,认罪认罚。据此,于 2020 年 3 月 11 日以招摇撞骗罪判处被告人计某某有期徒刑十个月。

刑法第二百八十条(买卖国家机关证件罪,
伪造事业单位印章罪)

第二百八十条① 伪造、变造、买卖或者盗窃、抢夺、毁灭国家机关的公文、证件、印章的,处三年以下有期徒刑、拘役、管制或者剥夺政治权利,并处罚金;情节严重的,处三年以上十年以下有期徒刑,并处罚金。

伪造公司、企业、事业单位、人民团体的印章的,处三年以下有期徒刑、拘役、管制或者剥夺政治权利,并处罚金。

伪造、变造、买卖居民身份证、护照、社会保障卡、驾驶证等依法可以用于证明身份的证件的,处三年以下有期徒刑、拘役、管制或者剥夺政治权利,并处罚金;情节严重的,处三年以上七年以下有期徒刑,并处罚金。

梁某伪造事业单位印章案——伪造医院核酸检测电子
专用章,制作虚假核酸检测报告对外销售

(2022 年 4 月 29 日最高人民法院发布)

【基本案情】

2021 年 8 月下旬,被告人梁某在经营某影音工作室期间,为牟取非法利益,

---

① 《全国人民代表大会常务委员会关于惩治骗购外汇、逃汇和非法买卖外汇犯罪的决定》(1998 年 12 月 29 日起施行)第二条规定:买卖伪造、变造的海关签发的报关单、进口证明、外汇管理部门核准件等凭证和单据或者国家机关的其他公文、证件、印章的,依照刑法第二百八十条的规定定罪处罚。

伪造山西省岚县人民医院核酸检测电子专用章,用于制作虚假的核酸检测报告,并通过微信将伪造的核酸检测报告以每份 5 元的价格出售给他人用于应付疫情检查。2021 年 8 月至 10 月底,梁某共为 252 人伪造核酸检测报告 621 份,非法获利 3105 元。

【裁判结果】

法院经审理认为,被告人梁某为牟取非法利益,伪造事业单位印章用于制作虚假核酸检测报告,其行为已构成伪造事业单位印章罪。梁某到案后如实供述犯罪事实,有认罪悔罪表现,依法可从轻处罚。据此,以伪造事业单位印章罪判处被告人梁某有期徒刑一年六个月,并处罚金人民币 6000 元。

为数百名运煤车司机伪造核酸检测报告的梁某某伪造事业单位印章案

(2022 年 3 月 31 日最高人民检察院发布)

【基本案情】

山西省吕梁市岚县当地从事煤运司机职业的人数众多,疫情暴发以来,根据疫情防控需要,货运司机在运煤途中经过卡口、进入煤场时都需要出具核酸检测报告。被告人梁某某在岚县经营一家以婚纱摄影为主的影音工作室。由于在医院做核酸检测需要排队,时间较长,2021 年 8 月下旬,当地一运煤车司机为图省事,找梁某某询问是否可以修改核酸检测报告时间,并向梁某某提供了加盖"岚县人民医院核酸检测电子专用章"的真实核酸检测报告。

梁某某虽然考虑过修改核酸检测报告的行为可能会引发疫情蔓延和传播的风险,但认为该县属于低风险地区,因有利可图,遂将该报告扫描,使用 Photoshop 软件修改了核酸检测时间,并将报告中岚县人民医院核酸检测专用章的颜色加深,模仿审核医生的签名,然后打印伪造的核酸检测报告书,并向煤运车司机收费 5 元。后该司机将梁某某可以伪造核酸检测报告的消息,发送到煤运车司机微信群中,不少司机在微信上添加梁某某为好友,通过微信将相关信息发送给梁某某,以每份 5 元的价格,由梁某某制作伪造的核酸检测报告。

从 2021 年 8 月至 2021 年 10 月案发前,梁某某为牟取非法利益,使用上述手段为 252 人伪造核酸检测报告 621 份,非法获利 3105 元。经对所有涉案司机进行核酸检测,均为阴性。后经人举报,梁某某被抓获归案。

【裁判结果】

本案 2021 年 10 月 28 日由岚县公安局立案侦查。2022 年 1 月 10 日,岚县公安局以梁某某涉嫌伪造事业单位印章罪向岚县人民检察院移送审查起诉。经讯问,梁某某如实供述自己的犯罪事实,自愿认罪认罚。同年 1 月 21 日,岚县人民检察院向岚县人民法院提起公诉。2 月 17 日,经公开开庭审理,岚县人民法院采纳检察机关提出的量刑建议,认定被告人梁某某犯伪造事业单位印章罪,判处有期徒刑一年六个月,并处罚金人民币 6000 元。

检察机关在办案中,针对打印店、复印店等图文制作单位和个人提供虚假核酸检测报告、运煤车司机使用虚假核酸检测报告这一隐患,分别向岚县公安局、岚县卫生健康和体育局发出检察建议。根据检察机关建议,岚县公安局对该县城打印图文制作单位和个人开展排查,并将使用虚假核酸检测报告人员的户籍信息提供给县卫生体育和健康局及疾控中心;岚县卫生体育和健康局对涉及的所有司机进行核酸检测,结果全部为阴性;岚县人民医院在其出具的核酸检测报告纸质版上增加防伪标识,进一步完善了疫情防控措施。

刑法第二百八十二条(非法获取国家秘密罪)

第二百八十二条　以窃取、刺探、收买方法,非法获取国家秘密的,处三年以下有期徒刑、拘役、管制或者剥夺政治权利;情节严重的,处三年以上七年以下有期徒刑。

非法持有属于国家绝密、机密的文件、资料或者其他物品,拒不说明来源与用途的,处三年以下有期徒刑、拘役或者管制。

王学军、翁其能等非法获取国家秘密,非法出售、提供试题、答案案——非法获取属于国家秘密的试题、答案,而后向他人非法出售,提供试题、答案,应当数罪并罚

(2019 年 9 月 3 日最高人民法院发布)

【基本案情】

被告人王学军系某大学教授,自 2004 年起参加一级建造师执业资格考试

的命题工作。2017 年 7 月,翁其能提出、授意王学军利用参加命题便利,获取非其出题的市政专业的试题、答案,由其在培训机构中讲课使用,并约定四六分成。同月 8 日至 16 日,王学军利用参加命题的便利,在命题现场通过浏览打字员电脑中市政等专业的考卷的方式,对关键词、知识点等进行记忆,于休息时间通过回忆,结合自己的专业知识和出题经验,将所获取的市政等专业的考卷内容整理在随身携带的笔记本电脑上,后在教材上对照电脑中整理的内容进行钩记、标注。翁其能在王学军住处,在自带教材上进行对照勾划、标注和补充。事后王学军从翁其能处获取 120 万元。

翁其能非法获取信息后,先后联系被告人许智勇、杨伟全、刘伟,商定采用以封闭式小班培训的手段,通过麦克风传话不见面的授课方式,对市政等专业的考生学员进行培训,并收取每名学员数万元高额费用。被告人翁学荣参与培训活动,并替翁其能收取报酬。2017 年 9 月,参加培训的被告人王辉意识到该培训班上讲课的内容可能系考题、答案,以照片形式,通过微信发给被告人洪奕轩。洪奕轩将该资料发给被告人洪浩并收取 0.6 万元,洪浩以 1 万元出售给被告人刘向阳,刘向阳为分摊购买费用,向被告人江莉等人提供、出售,获利 1450元。在上述流程中,上下线均要求保密、不得外泄。江莉等人将该加工过的资料以 1200 元的价格出售给他人,宣称“考前绝密”“不过退款”。经有关部门认定,上述内容与考试真题高度重合。

【裁判结果】

江苏省南通市如东县人民法院判决认为:被告人王学军作为命题组成员,受被告人翁其能的授意,非法获取属于国家秘密的试题、答案,并提供给翁其能在对外培训中使用获利。被告人王学军、翁其能构成非法获取国家秘密罪和非法出售、提供试题、答案罪,数罪并罚,对王学军决定执行有期徒刑五年六个月,并处罚金人民币 150 万元;对翁其能决定执行有期徒刑五年三个月,并处罚金人民币 120 万元。被告人翁学荣、许智勇等八人构成非法出售、提供试题、答案罪,综合考虑案件情况,分别判处有期徒刑三年三个月到八个月不等,并处罚金,对被告人刘伟、王辉、洪奕轩、洪浩、刘向阳、江莉依法宣告缓刑。同时,对被告人王学军、翁其能、许智勇、杨伟全依法宣告职业禁止,对被告人刘伟、刘向阳、江莉依法宣告禁止令。该判决已发生法律效力。

刑法第二百八十四条之一（组织考试作弊罪）

第二百八十四条之一①　　在法律规定的国家考试中，组织作弊的，处三年以下有期徒刑或者拘役，并处或者单处罚金；情节严重的，处三年以上七年以下有期徒刑，并处罚金。

为他人实施前款犯罪提供作弊器材或者其他帮助的，依照前款的规定处罚。

为实施考试作弊行为，向他人非法出售或者提供第一款规定的考试的试题、答案的，依照第一款的规定处罚。

代替他人或者让他人代替自己参加第一款规定的考试的，处拘役或者管制，并处或者单处罚金。

章无涯、吕世龙、张夏阳等组织考试作弊案——在研究生招生考试中组织作弊，构成组织考试作弊罪"情节严重"

（2019 年 9 月 3 日最高人民法院发布）

【基本案情】

被告人章无涯设计以无线电设备传输考试答案的方式，在 2017 年研究生招生考试管理类专业学位联考中组织作弊，并以承诺保过的方式发展生源。被告人吕世龙通过被告人张夏阳、被告人张宗群通过被告人李倩，与章无涯建立联系，吕世龙、张夏阳、张宗群为章无涯招募考生，并从中获取收益。章无涯与张夏阳、吕世龙约定每名考生向章无涯共支付 2 万元，其中考前支付 1 万元，通过考试后再支付 1 万元，组织 18 名考生参加考试作弊，吕世龙向张夏阳支付培训费 18 万元；章无涯承诺张宗群的考生通过全科考试，并可以达到国家 A 线，相关考生 10 人，每人 2.6 万元，每人预付款 1 万元，张宗群共支付章无涯预付款 10 万元。

章无涯购买信号发射器、信号接收器等作弊器材，张宗群、吕世龙、张夏阳将信号接收器分发给考生，并以模拟考试等方式配合章无涯组织考生试验作弊

---

① 本条根据《刑法修正案（九）》（2015 年 11 月 1 日起施行）第二十五条增加。

器材;章无涯让李倩找人帮忙作答案,在考场附近酒店登记房间,安装并连接笔记本电脑、手机、信号发射器等作弊器材,并指导李倩和被告人章峰通过电脑发送答案。2016 年 12 月 24 日上午,章无涯、吕世龙、张夏阳、张宗群、李倩、章峰组织 33 名考生在 2017 年全国硕士研究生招生考试管理类专业学位联考综合能力考试中作弊,章无涯、李倩、章峰在不同酒店为在三个考点参与作弊的考生发送答案。

【裁判结果】

北京市海淀区人民法院一审判决、北京市第一中级人民法院二审裁定认为:研究生招生考试社会关注度高、影响大、涉及面广,属于国家级重要考试。被告人章无涯、吕世龙、张夏阳等在研究生招生考试中,组织多名考生作弊,构成组织考试作弊罪,且属"情节严重"。被告人章无涯、吕世龙、张夏阳、张宗群在共同犯罪中起主要作用,系主犯;被告人李倩、章峰在共同犯罪中起辅助作用,系从犯。综合考虑各被告人组织考生的数量、参与犯罪的程度,以及坦白、认罪悔罪等情节,分别以组织考试作弊罪判处被告人章无涯有期徒刑四年,并处罚金人民币 4 万元;被告人吕世龙、张夏阳有期徒刑三年,并处罚金人民币 3 万元;被告人张宗群有期徒刑二年十个月,并处罚金人民币 3 万元;被告人李倩有期徒刑一年十个月,并处罚金人民币 2 万元;被告人章峰有期徒刑一年八个月,并处罚金人民币 1 万元。

杜金波、马维圆组织考试作弊案——在公务员录用考试中组织作弊,构成组织考试作弊罪"情节严重"

(2019 年 9 月 3 日最高人民法院发布)

【基本案情】

被告人杜金波、马维圆预谋后,组织参加云南省 2017 年度公务员录用考试的考生作弊。杜金波向考生提供接收器、耳机等作弊器材,共收取 1.3 万元订金,口头约定考试通过后每名考生支付 6 万元至 8 万元不等的费用。马维圆向考生提供了接收器、耳机等作弊器材,共收取 0.9 万元订金,书面约定考试通过后每名考生支付 6 万元的费用。2017 年 4 月 21 日下午,杜金波、马维圆对考生进行作弊器材的测试和运用培训。次日 8 时许,杜金波、马维圆安装发射器,准备通过语音传输方式向考生提供答案,9 时许,考生携带接收器、耳机参加考试被查获。

【裁判结果】

云南省曲靖市麒麟区人民法院一审判决、曲靖市中级人民法院二审判决认为：被告人杜金波、马维圆出于牟利的目的，利用作弊器材组织多人在公务员录用考试中作弊，构成组织考试作弊罪，且属"情节严重"。在共同犯罪中，杜金波是犯意提起者、作弊器材提供者、行为指挥和实施者，起主要作用，系主犯；马维圆是行为参与者，起次要作用，系从犯。综合考虑被告人的累犯、认罪、退赃等情节，以组织考试作弊罪判处被告人杜金波有期徒刑三年六个月，并处罚金人民币 2 万元；被告人马维圆有期徒刑一年，并处罚金人民币 1 万元。

段超、李忠诚等组织考试作弊案——在法律规定的国家 考试中组织三十人次以上作弊或者违法所得 三十万元以上，构成组织考试作弊罪"情节严重"

（2019 年 9 月 3 日最高人民法院发布）

【基本案情】

2016 年执业药师职业资格考试前，被告人段超与被告人李忠诚共谋组织作弊，并分工合作。考试前由段超负责购买考试作弊器材（包括 TK 设备、无线耳机、无线接收器等）、考试答案，联系部分考生，发放作弊器材。段超亲自或通过李忠诚和被告人文贵洪联系了 40 多名作弊考生，预收了部分订金。李忠诚负责联系考生、发放作弊器材、为作弊考生传递答案。李忠诚共联系了 30 多名作弊考生，其中有 10 多名考生是李忠诚和段超的共有考生，共收取考生费用约 10 万元。被告人马斌帮助李忠诚架设考试作弊器材、收取作弊费用。被告人文贵洪帮助段超联系了 12 名考生，收取考生费用 40 余万元，交给段超 9 万余元。被告人杜永强、杨航帮助段超联系了 40 多名学生为作弊考生读答案，并由杜永强建立 QQ 群用于作弊。被告人刘姝帮助段超给作弊考生发放作弊器材、测试收听效果，收取考生作弊费用 1.8 万元。被告人万俊提供账户给段超用于收取部分考生作弊费用，至案发共计收取 32 万余元。

2016 年 10 月 15 日、16 日，在执业药师职业资格考试时，段超将获得的答案发到杜永强建的 QQ 群，并安排李忠诚、马斌在考场附近架设作弊的 TK 设备，由李忠诚读答案通过作弊器材将答案传送给考场内的考生，马斌负责望风。此外，杜永强、杨航联系的学生通过手机一对一给在其他多个考场内的考生读答案。

【裁判结果】

四川省资阳市雁江区人民法院一审判决、资阳市中级人民法院二审判决认为：被告人段超、李忠诚在法律规定的国家考试中组织作弊，被告人马斌、文贵洪、杜永强、杨航、万俊、刘姝为段超、李忠诚组织考试作弊提供帮助，其行为均已构成组织考试作弊罪，考虑本案的组织人次、违法所得数额等情节，应当认定为"情节严重"。在共同犯罪中，段超、李忠诚起主要作用，系主犯；马斌、文贵洪、杜永强、杨航、万俊、刘姝起次要作用，系从犯。综合考虑被告人坦白等情节，以组织考试作弊罪判处被告人段超有期徒刑三年六个月，并处罚金人民币 2 万元；被告人李忠诚有期徒刑三年三个月，并处罚金人民币 2 万元；其他各被告人有期徒刑三年至六个月不等，依法宣告缓刑，并处罚金人民币 1 万元至 5000 元不等。

李志刚非法出售答案案——非法出售法律规定的 国家考试的答案，构成非法出售答案罪

（2019 年 9 月 3 日最高人民法院发布）

【基本案情】

被告人李志刚联系考生推销作弊手段，并通过网络购买 2016 年医师资格考试答案。李志刚与考生彭某签订协议，约定帮助彭某利用作弊的方式通过考试后，由彭某支付其 4 万元报酬，并先行收取 0.4 万元。2016 年 9 月 24 日 10 时许，李志刚获取通过网络购买的考试答案后，利用无线电设备向参加医师资格考试的考生彭某发送考试答案，并通过手机微信向有购买意向的 20 名考生发送考试答案，被当场抓获。经比对，李志刚提供给考生用于作弊的考试答案正确率分别为 75% 和 71.9%。

【裁判结果】

安徽省滁州市琅琊区人民法院判决认为：被告人李志刚为实施考试作弊行为，向他人非法出售执业医师资格考试的答案，属于非法出售法律规定的国家考试的答案，构成非法出售答案罪。综合考虑案件情况和坦白、退赃等情节，以非法出售答案罪判处被告人李志刚有期徒刑九个月，并处罚金人民币 1 万元。该判决已发生法律效力。

侯庆亮、虎凯代替考试案——代替他人和让他人代替自己参加研究生招生考试,均构成代替考试罪

(2019 年 9 月 3 日最高人民法院发布)

【基本案情】

2015 年 10 月间,被告人虎凯通过他人联系被告人侯庆亮,让其代替自己参加 2016 年全国硕士研究生招生考试。2015 年 12 月 26 日上午,侯庆亮代替虎凯参加上述考试中的管理类联考综合能力科目时,被监考人员当场发现。虎凯主动向公安机关投案,并如实供述犯罪事实。

【裁判结果】

北京市海淀区人民法院判决认为:被告人虎凯让被告人侯庆亮代替自己参加研究生招生考试,二被告人的行为均已构成代替考试罪。侯庆亮具有如实供述自己罪行的从轻情节,虎凯具有自首的从轻情节,予以从轻处罚。综合考虑案件具体情况,以代替考试罪分别判处被告人侯庆亮拘役一个月,罚金人民币 1 万元;被告人虎凯拘役一个月,罚金人民币 8000 元。该判决已发生法律效力。

刑法第二百八十五条(非法侵入计算机信息系统罪,非法获取计算机信息系统数据、非法控制计算机信息系统罪,提供侵入、非法控制计算机信息系统程序、工具罪)

> **第二百八十五条①** 违反国家规定,侵入国家事务、国防建设、尖端科学技术领域的计算机信息系统的,处三年以下有期徒刑或者拘役。
>
> 违反国家规定,侵入前款规定以外的计算机信息系统或者采用其他技术手段,获取该计算机信息系统中存储、处理或者传输的数据,或者对该计算机信息系统实施非法控制,情节严重的,处三年以下有期徒刑或者拘役,并处或者单处罚金;情节特别严重的,处三年以上七年以下有期徒刑,并处罚金。

---

① 本条第二、三款根据《刑法修正案(七)》(2009 年 2 月 28 日起施行)第九条增加。

提供专门用于侵入、非法控制计算机信息系统的程序、工具,或者明知他人实施侵入、非法控制计算机信息系统的违法犯罪行为而为其提供程序、工具,情节严重的,依照前款的规定处罚。

单位犯前三款罪的,对单位判处罚金,并对其直接负责的主管人员和其他直接责任人员,依照各该款的规定处罚。

张竣杰等非法控制计算机信息系统案

（最高人民法院审判委员会讨论通过 2020 年 12 月 29 日发布）

【关键词】

刑事 非法控制计算机信息系统罪 破坏计算机信息系统罪 采用其他技术手段 修改增加数据 木马程序

【裁判要点】

1. 通过植入木马程序的方式,非法获取网站服务器的控制权限,进而通过修改、增加计算机信息系统数据,向相关计算机信息系统上传网页链接代码的,应当认定为刑法第二百八十五条第二款"采用其他技术手段"非法控制计算机信息系统的行为。

2. 通过修改、增加计算机信息系统数据,对该计算机信息系统实施非法控制,但未造成系统功能实质性破坏或者不能正常运行的,不应当认定为破坏计算机信息系统罪,符合刑法第二百八十五条第二款规定的,应当认定为非法控制计算机信息系统罪。

【基本案情】

自 2017 年 7 月开始,被告人张竣杰、彭玲珑、祝东、姜宇豪经事先共谋,为赚取赌博网站广告费用,在马来西亚吉隆坡市租住的 Trillion 公寓 B 幢 902 室内,相互配合,对存在防护漏洞的目标服务器进行检索、筛查后,向目标服务器植入木马程序(后门程序)进行控制,再使用"菜刀"等软件链接该木马程序,获取目标服务器后台浏览、增加、删除、修改等操作权限,将添加了赌博关键字并设置自动跳转功能的静态网页,上传至目标服务器,提高赌博网站广告被搜索引擎命中几率。截至 2017 年 9 月底,被告人张竣杰、彭玲珑、祝东、姜宇豪链接被植入木马程序的目标服务器共计 113 台,其中部分网站服务器还被植入了含有赌博关键词的广告网页。后公安机关将被告人张竣杰、彭玲珑、祝东、姜宇豪抓获到案。公诉机关以破坏计算机信息系统罪对四人提起公诉。被告人张竣杰、彭玲珑、祝东、姜宇豪及其辩护人在庭审中均对指控的主要事实予以承认；被告人张竣杰、彭玲珑、祝东及其辩护人提出，各被告人的行为仅是对目标服务器的侵入或非法控制，非破坏，应定性为非法侵入计算机信息系统罪或非法控制计算机信息系统罪，不构成破坏计算机信息系统罪。

【裁判结果】

江苏省南京市鼓楼区人民法院于 2019 年 7 月 29 日作出（2018）苏 0106 刑初 487 号刑事判决：一、被告人张竣杰犯非法控制计算机信息系统罪，判处有期徒刑五年六个月，罚金人民币 5 万元。二、被告人彭玲珑犯非法控制计算机信息系统罪，判处有期徒刑五年三个月，罚金人民币 5 万元。三、被告人祝东犯非法控制计算机信息系统罪，判处有期徒刑五年，罚金人民币 4 万元。四、被告人姜宇豪犯非法控制计算机信息系统罪，判处有期徒刑二年六个月，罚金人民币 2 万元。一审宣判后，被告人姜宇豪以一审量刑过重为由提出上诉，其辩护人请求对被告人姜宇豪宣告缓刑。江苏省南京市中级人民法院于 2019 年 9 月 16 日作出（2019）苏 01 刑终 768 号裁定：驳回上诉，维持原判。

【裁判理由】

法院生效裁判认为，被告人张竣杰、彭玲珑、祝东、姜宇豪共同违反国家规定，对我国境内计算机信息系统实施非法控制，情节特别严重，其行为均已构成非法控制计算机信息系统罪，且系共同犯罪。南京市鼓楼区人民检察院指控被告人张竣杰、彭玲珑、祝东、姜宇豪实施侵犯计算机信息系统犯罪的事实清楚，证据确实、充分，但以破坏计算机信息系统罪予以指控不当。经查，被告人张竣杰、彭玲珑、祝东、姜宇豪虽对目标服务器的数据实施了修改、增加的侵犯行为，但未造成该信息系统功能实质性的破坏，或不能正常运行，也未对该信息系统内有价值的数据进行增加、删改，其行为不属于破坏计算机信息系统犯罪中的对计算机信息系统中存储、处理或者传输的数据进行删除、修改、增加的行为，应认定为非法控制计算机信息系统罪。部分被告人及辩护人提出相同定性的辩解、辩护意见，予以采纳。关于上诉人姜宇豪提出"量刑过重"的上诉理由及辩护人提出宣告缓刑的辩护意见，经查，该上诉人及其他被告人链接被植入木马程序的目标服务器共计 113 台，属于情节特别严重。一审法院依据本案的犯罪事实和上诉人的犯罪情节，对上诉人减轻处罚，量刑适当且与其他被告人的刑期均衡。综合上诉人犯罪行为的性质、所造成的后果及其社会危害性，不宜对上诉人适用缓刑。故对上诉理由及辩护意见，不予采纳。

【相关规定】（略）

（生效裁判审判人员：王斌、黄霞、李涛）

卫梦龙、龚旭、薛东东非法获取计算机信息系统数据案

（最高人民检察院第十二届检察委员会第七十次会议决定 2017 年 10 月 12 日发布）

【关键词】

非法获取计算机信息系统数据 超出授权范围登录 侵入计算机信息系统

【要旨】

超出授权范围使用账号、密码登录计算机信息系统，属于侵入计算机信息系统的行为；侵入计算机信息系统后下载其储存的数据，可以认定为非法获取计算机信息系统数据。

【基本案情】

被告人卫梦龙，男，1987 年 10 月生，原系北京某公司经理。

被告人龚旭，女，1983 年 9 月生，原系北京某大型网络公司运营规划管理部员工。

被告人薛东东，男，1989 年 12 月生，无固定职业。

被告人卫梦龙曾于 2012 年至 2014 年在北京某大型网络公司工作，被告人龚旭供职于该大型网络公司运营规划管理部，两人原系同事。被告人薛东东系卫梦龙商业合作伙伴。

因工作需要，龚旭拥有登录该大型网络公司内部管理开发系统的账号、密码、Token 令牌（计算机身份认证令牌），具有查看工作范围内相关数据信息的权限。但该大型网络公司禁止员工私自在内部管理开发系统查看、下载非工作范围内的电子数据信息。

2016 年 6 月至 9 月，经事先合谋，龚旭向卫梦龙提供自己所掌握的该大型网络公司内部管理开发系统账号、密码、Token 令牌。卫梦龙利用龚旭提供的账号、密码、Token 令牌，违反规定多次在异地登录该大型网络公司内部管理开发系统，查询、下载该计算机信息系统中储存的电子数据。后卫梦龙将非法获取的电子数据交由薛东东通过互联网出售牟利，违法所得共计 3.7 万元。

【诉讼过程和结果】

本案由北京市海淀区人民检察院于 2017 年 2 月 9 日以被告人卫梦龙、龚旭、薛东东犯非法获取计算机信息系统数据罪，向北京市海淀区人民法院提起公诉。6 月 6 日，北京市海淀区人民法院作出判决，认定被告人卫梦龙、龚旭、薛

东东的行为构成非法获取计算机信息系统数据罪,情节特别严重。判处卫梦龙有期徒刑四年,并处罚金人民币 4 万元;判处龚旭有期徒刑三年九个月,并处罚金人民币 4 万元;判处薛东东有期徒刑四年,并处罚金人民币 4 万元。一审宣判后,三被告人未上诉,判决已生效。

【指导意义】

非法获取计算机信息系统数据罪中的"侵入",是指违背被害人意愿、非法进入计算机信息系统的行为。其表现形式既包括采用技术手段破坏系统防护进入计算机信息系统,也包括未取得被害人授权擅自进入计算机信息系统,还包括超出被害人授权范围进入计算机信息系统。

本案中,被告人龚旭将自己因工作需要掌握的本公司账号、密码、Token 令牌等交由卫梦龙登录该公司管理开发系统获取数据,虽不属于通过技术手段侵入计算机信息系统,但内外勾结擅自登录公司内部管理开发系统下载数据,明显超出正常授权范围。超出授权范围使用账号、密码、Token 令牌登录系统,也属于侵入计算机信息系统的行为。行为人违反《计算机信息系统安全保护条例》第七条、《计算机信息网络国际联网安全保护管理办法》第六条第一项等国家规定,实施了非法侵入并下载获取计算机信息系统中存储的数据的行为,构成非法获取计算机信息系统数据罪。按照 2011 年《最高人民法院、最高人民检察院关于办理危害计算机信息系统安全刑事案件应用法律若干问题的解释》规定,构成犯罪,违法所得二万五千元以上,应当认定为"情节特别严重",处三年以上七年以下有期徒刑,并处罚金。

【相关规定】(略)

叶源星、张剑秋提供侵入计算机信息系统程序、谭房妹非法获取计算机信息系统数据案

(最高人民检察院第十三届检察委员会第三十一次会议决定 2020 年 3 月 8 日发布)

【关键词】

专门用于侵入计算机信息系统的程序 非法获取计算机信息系统数据 撞库 打码

【要旨】

对有证据证明用途单一,只能用于侵入计算机信息系统的程序,司法机

可依法认定为"专门用于侵入计算机信息系统的程序";难以确定的,应当委托专门部门或司法鉴定机构作出检验或鉴定。

【基本案情】

叶源星,男,1977 年 3 月 10 日出生,超市网络维护员。

张剑秋,男,1972 年 8 月 14 日出生,小学教师。

谭房妹,男,1993 年 4 月 5 日出生,农民。

2015 年 1 月,被告人叶源星编写了用于批量登录某电商平台账户的"小黄伞"撞库软件("撞库"是指黑客通过收集已泄露的用户信息,利用账户使用者相同的注册习惯,如相同的用户名和密码,尝试批量登录其他网站,从而非法获取可登录用户信息的行为)供他人免费使用。"小黄伞"撞库软件运行时,配合使用叶源星编写的打码软件("打码"是指利用人工大量输入验证码的行为)可以完成撞库过程中对大量验证码的识别。叶源星通过网络向他人有偿提供打码软件的验证码识别服务,同时将其中的人工输入验证码任务交由被告人张剑秋完成,并向其支付费用。

2015 年 1 月至 9 月,被告人谭房妹通过下载使用"小黄伞"撞库软件,向叶源星购买打码服务,获取到某电商平台用户信息 2.2 万余组。

被告人叶源星、张剑秋通过实施上述行为,从被告人谭房妹处获取违法所得共计人民币 4 万余元。谭房妹通过向他人出售电商平台用户信息,获取违法所得共计人民币 25 万余元。法院审理期间,叶源星、张剑秋、谭房妹退缴了全部违法所得。

【指控与证明犯罪】

(一)审查起诉

2016 年 10 月 10 日,浙江省杭州市公安局余杭区分局以犯罪嫌疑人叶源星、张剑秋、谭房妹涉嫌非法获取计算机信息系统数据罪移送杭州市余杭区人民检察院审查起诉。其间,叶源星、张剑秋的辩护人向检察机关提出二名犯罪嫌疑人无罪的意见。叶源星的辩护人认为,叶源星利用"小黄伞"软件批量验证已泄露信息的行为,不构成非法获取计算机信息系统数据罪。张剑秋的辩护人认为,张剑秋不清楚组织打码是为了非法获取某电商平台的用户信息。张剑秋与叶源星没有共同犯罪故意,不构成非法获取计算机信息系统数据罪。

杭州市余杭区人民检察院经审查认为,犯罪嫌疑人叶源星编制"小黄伞"撞库软件供他人使用,犯罪嫌疑人张剑秋组织码工打码,犯罪嫌疑人谭房妹非法获取网络用户信息并出售牟利的基本事实清楚,但需要进一步补强证据。2016 年 11 月 25 日、2017 年 2 月 7 日,检察机关二次将案件退回公安机关补充侦查,明确提出需要补查的内容、目的和要求。一是完善"小黄伞"软件的编制过程、运作原理、功能等方面的证据,以便明确"小黄伞"软件是否具有避开或突破某电商平台服务器的安全保护措施,非法获取计算机信息系统数据的功能。二是对扣押的张剑秋电脑进行补充勘验,以便确定张剑秋主观上是否明知其组织打码行为是为他人非法获取某电商平台用户信息提供帮助;调取张剑秋与叶源星的 QQ 聊天记录,以便查明二人是否有犯意联络。三是提取叶源星被扣押电脑的 MAC 地址(又叫网卡地址,由 12 个 16 进制数组成,是上网设备在网络中的唯一标识),分析"小黄伞"软件源代码中是否含有叶源星电脑的 MAC 地址,以便查明某电商平台被非法登录过的账号与叶源星编制的"小黄伞"撞库软件之间是否存在关联性。四是对被扣押的谭房妹电脑和 U 盘进行补充勘验,调取其中含有账号、密码的文件,查明文件的生成时间和特征,以便确定被查获的存储介质中的某电商平台用户信息是否系谭房妹使用"小黄伞"软件获取。

公安机关按照检察机关的要求,对证据作了进一步补充完善。同时,检察机关就"小黄伞"软件的运行原理等问题,听取了技术专家意见。结合公安机关两次退查后补充的证据,案件证据中存在的问题已经得到解决。

一是明确了"小黄伞"软件具有以下功能特征:(1)"小黄伞"软件用途单一,仅针对某电商平台账号进行撞库和接入打码平台,这种非法侵入计算机信息系统获取用户数据的程序没有合法用途。(2)"小黄伞"软件具有避开或突破计算机信息系统安全保护措施的功能。在实施撞库过程中,一个 IP 地址需要多次登录大量账号,为防止被某电商平台识别为非法登录,导致 IP 地址被封锁,"小黄伞"软件被编入自动拨号功能,在批量登录几组账号后,会自动切换新的 IP 地址,从而达到避开该电商平台安全防护的目的。(3)"小黄伞"软件具有绕过验证码识别防护措施的功能。在他人利用非法获取的该电商平台账号登录时,需要输入验证码。"小黄伞"软件会自动抓取验证码图片发送到打码平台,由张剑秋组织的码工对验证码进行识别。(4)"小黄伞"软件具有非法获取计算机信息系统数据的功能。"小黄伞"软件对登录成功的某电商平台账号,在未经授权的情况下,会自动抓取账号对应的昵称、注册时间、账号等级等信息数据。根据以上特征,可以认定"小黄伞"软件属于刑法规定的"专门用于侵入计算机信息系统的程序"。

二是从张剑秋和叶源星电脑中补充勘查到的 QQ 聊天记录等电子数据证实,叶源星与张剑秋聊天过程中曾提及"扫平台""改一下平台程序""那些人都是出码的";通过补充讯问张剑秋和叶源星,明确了张剑秋明知其帮叶源星打验证码可能被用于非法目的,仍然帮叶源星做打码代理。上述证据证实张剑秋与叶源星之间已经形成犯意联络,具有共同犯罪故意。

三是通过进一步补充证据,证实了使用撞库软件的终端设备的 MAC 地址与叶源星电脑的 MAC 地址、小黄伞软件的源代码里包含的 MAC 地址一致。上述证据证实叶源星就是"小黄伞"软件的编制者。

四是通过对谭房妹所有包含某电商平台用户账号和密码的文件进行比对,查明了谭房妹利用"小黄伞"撞库软件非法获取的某电商平台用户信息文件不仅包含账号、密码,还包含了注册时间、账号等级、是否验证等信息,而谭房妹从其他渠道非法获取的账号信息文件并不包含这些信息。通过对谭房妹电脑的进一步勘查和对谭房妹的进一步讯问,确定了谭房妹利用"小黄伞"软件登录某电商平台用户账号的过程和具体时间,该登录时间与部分账号信息文件的生成时间均能一一对应。根据上述证据,最终确定谭房妹利用"小黄伞"撞库所得的网络用户信息为 2.2 万余组。

综上,检察机关认为案件事实已查清,但公安机关对犯罪嫌疑人叶源星、张剑秋移送起诉适用的罪名不准确。叶源星、张剑秋共同为他人提供专门用于侵入计算机信息系统的程序,均已涉嫌提供侵入计算机信息系统程序罪;犯罪嫌疑人谭房妹的行为已涉嫌非法获取计算机信息系统数据罪。

(二)出庭指控犯罪

2017 年 6 月 20 日,杭州市余杭区人民检察院以被告人叶源星、张剑秋构成提供侵入计算机信息系统程序罪,被告人谭房妹构成非法获取计算机信息系统数据罪,向杭州市余杭区人民法院提起公诉。11 月 17 日,法院公开开庭审理了本案。

庭审中,3 名被告人对检察机关的指控均无异议。谭房妹的辩护人提出,谭房妹系初犯,归案后能如实供述罪行,自愿认罪,请求法庭从轻处罚。叶源星和张剑秋的辩护人提出以下辩护意见:一是检察机关未提供省级以上有资质机构的检验结论,现有证据不足以认定"小黄伞"软件是"专门用于侵入计算机信息系统的程序";二是张剑秋与叶源星间没有共同犯罪的主观故意;三是叶源星和张剑秋的违法所得金额应扣除支付给码工的钱款。

针对上述辩护意见,公诉人答辩如下。一是在案电子数据、勘验笔录、技术人员的证言、被告人供述等证据相互印证,足以证实"小黄伞"软件具有避开和突破计算机信息系统安全保护措施,未经授权获取计算机信息系统数据的功能,属于法律规定的"专门用于侵入计算机信息系统的程序"。二是被告人叶源星与张剑秋具有共同犯罪的故意。QQ 聊天记录反映两人曾提及非法获取某电商平台用户信息的内容,能证实张剑秋主观明知其组织他人打码系用于批量登录该电商平台账号。张剑秋组织他人帮助打码的行为和叶源星提供撞库软件的行为相互配合,相互补充,系共同犯罪。三是被告人叶源星、张剑秋的违法所得应以其出售验证码服务的金额认定,给码工等相关支出均属于犯罪成本,不应扣除。二人系共同犯罪,应当对全部犯罪数额承担责任。四是 3 名被告人在庭审中认罪态度较好且上缴了全部违法所得,建议从轻处罚。

(三)处理结果

浙江省杭州市余杭区人民法院采纳了检察机关的指控意见,判决认定被告人叶源星、张剑秋的行为已构成提供侵入计算机信息系统程序罪,且系共同犯罪;被告人谭房妹的行为已构成非法获取计算机信息系统数据罪。鉴于 3 名被告人均自愿认罪,并退回违法所得,对 3 名被告人判处三年有期徒刑,适用缓刑,并处罚金。宣判后,3 名被告人均未提出上诉,判决已生效。

【指导意义】

审查认定"专门用于侵入计算机信息系统的程序",一般应要求公安机关提供以下证据。一是从被扣押、封存的涉案电脑、U 盘等原始存储介质中收集、提取相关的电子数据。二是对涉案程序、被侵入的计算机信息系统及电子数据进行勘验、检查后制作的笔录。三是能够证实涉案程序的技术原理、制作目的、功能用途和运行效果的书证材料。四是涉案程序的制作人、提供人、使用人对该程序的技术原理、制作目的、功能用途和运行效果进行阐述的言词证据,或能够展示涉案程序功能的视听资料。五是能够证实被侵入计算机信息系统安全保护措施的技术原理、功能以及被侵入后果的专业人员的证言等证据。六是对有运行条件的,应要求公安机关进行侦查实验。对有充分证据证明涉案程序是专门设计用于侵入计算机信息系统、非法获取计算机信息系统数据的,可直接认定为"专门用于侵入计算机信息系统的程序"。

证据审查中,可从以下三个方面对涉案程序是否属于"专门用于侵入计算机信息系统的程序"进行判断。一是结合被侵入的计算机信息系统的安全保护措施,分析涉案程序是否具有侵入的目的,是否具有避开或者突破计算机信息系统安全保护措施的功能。二是结合计算机信息系统被侵入的具体情形,查明涉案程序是否在未经授权或超越授权的情况下,获取计算机信息系统数据。三是分析涉案程序是否属于"专门"用于侵入计算机信息系统的程序。

根据《最高人民法院、最高人民检察院关于办理危害计算机信息系统安全刑事案件应用法律若干问题的解释》第十条和《最高人民法院、最高人民检察院、公安部关于办理刑事案件收集提取和审查判断电子数据若干问题的规定》第十七条的规定,对是否属于"专门用于侵入计算机信息系统的程序"难以确定的,一般应当委托省级以上负责计算机信息系统安全保护管理工作的部门检验,也可由司法鉴定机构出具鉴定意见,或者由公安部指定的机构出具报告。实践中,应重点审查检验报告、鉴定意见对程序运行过程和运行结果的判断,结合案件具体情况,认定涉案程序是否具有突破或避开计算机信息系统安全保护措施,未经授权或超越授权获取计算机信息系统数据的功能。

【相关规定】(略)

吴某等 19 人非法控制计算机信息系统、侵犯公民个人信息案

（2021 年 1 月 25 日最高人民检察院发布）

【基本案情】

2017 年 11 月至 2019 年 8 月底,深圳云某科技有限公司(以下简称云某公司)实际控制人吴某等人在与多家手机主板生产商合作过程中,将木马程序植入手机主板内。装有上述主板的手机出售后,吴某等人通过之前植入的木马程序控制手机回传短信,获取手机号码、验证码等信息,并传至公司后台数据库,后由该公司商务组人员联系李某理(在逃)、管某辉等人非法出售手机号码和对应的验证码。其间,云某公司以此作为公司主要获利方式,通过非法控制 330 余万部手机并获取相关手机号码及验证码数据 500 余万条,出售这些数据后获利人民币 790 余万元。

其中,李某理等人向云某公司购买非法获取的手机号码和验证码后,利用自行开发的"番薯"平台软件贩卖给陈某峰等人。陈某峰等人将从李某理处非法购买的个人信息用于平台用户注册、"拉新"、"刷粉"、积分返现等,非法获利人民币 80 余万元。管某辉从云某公司购买手机号码和对应的验证码后,也用于上述用途,非法获利人民币 3 万余元。

【诉讼过程】

2020 年 11 月,浙江省新昌县检察院提起公诉的吴某等 5 人涉嫌非法控制计算机信息系统罪,陈某峰、管某辉等 14 人涉嫌侵犯公民个人信息罪一案开庭。

2019 年 12 月 31 日,浙江省绍兴市新昌县公安局将本案移送新昌县人民检察院审查起诉。2020 年 6 月 19 日,新昌县人民检察院对吴某等 5 人以非法控制计算机信息系统罪,对陈某峰、管某辉等 14 人以侵犯公民个人信息罪提起公诉。2020 年 11 月 18 日,新昌县人民法院以非法控制计算机信息系统罪分别判处吴某等 5 名被告人有期徒刑二年至四年六个月不等,并处罚金;以侵犯公民个人信息罪分别判处陈某峰、管某辉等 14 名被告人有期徒刑六个月至三年六个月不等,并处罚金。

【典型意义】

（一）利用公民个人信息实施网络犯罪日益高发，获取信息方式日趋隐蔽。当前，非法获取公民个人信息的现象屡见不鲜，手段花样翻新，往往成为网络犯罪的必备前置程序。违法犯罪分子有的通过手机 App、电脑软件，有的通过搭建钓鱼网站、发送木马链接，有的则在手机、智能手表、路由器等硬件设备的生产环节植入病毒程序，非法获取公民个人信息。这些行为侵害了公民个人隐私和人身、财产权利，滋生大量网络违法犯罪，社会危害巨大。

（二）依法严厉打击侵犯公民个人信息犯罪。根据《最高人民法院、最高人民检察院关于办理侵犯公民个人信息刑事案件适用法律若干问题的解释》，公民个人信息是指以电子或者其他方式记录的能够单独或者与其他信息结合识别特定自然人身份或者反映特定自然人活动情况的各种信息，包括姓名、身份证件号码、通讯联系方式、住址、账号密码、财产状况、行踪轨迹等。随着网络技术发展，逐步扩展到人脸、虹膜等生物识别信息，以及网络支付账户信息等，而且其范围仍在逐步扩展。违反国家规定，非法获取、出售或提供上述公民个人信息，情节严重的，构成侵犯公民个人信息罪，应当依法严厉打击。

（三）提高个人防范意识，规范企业行业数据收集使用。社会公众要提高对个人信息的保护意识，不轻易点击、下载来源不明的链接和程序，务必在正规商店购买正规厂家生产的电子设备，不轻易向外透露个人信息。相关部门要加强监管，从网络硬件的生产、流通、使用各环节规范数据收集，规范网络平台、App 软件等收集、使用公民个人信息的行为，监督相关企业建立数据合规制度。

刑法第二百八十六条（破坏计算机信息系统罪）

第二百八十六条①　违反国家规定，对计算机信息系统功能进行删除、修改、增加、干扰，造成计算机信息系统不能正常运行，后果严重的，处五年以下有期徒刑或者拘役；后果特别严重的，处五年以上有期徒刑。

违反国家规定，对计算机信息系统中存储、处理或者传输的数据和应用程序进行删除、修改、增加的操作，后果严重的，依照前款的规定处罚。

故意制作、传播计算机病毒等破坏性程序，影响计算机系统正常运行，后果严重的，依照第一款的规定处罚。

---

① 本条第四款根据《刑法修正案（九）》（2015 年 11 月 1 日起施行）第二十七条增加。

> 单位犯前三款罪的,对单位判处罚金,并对其直接负责的主管人员和其他直接责任人员,依照第一款的规定处罚。

付宣豪、黄子超破坏计算机信息系统案

（最高人民法院审判委员会讨论通过 2018 年 12 月 25 日发布）

【关键词】

刑事 破坏计算机信息系统罪 DNS 劫持 后果严重 后果特别严重

【裁判要点】

1. 通过修改路由器、浏览器设置、锁定主页或者弹出新窗口等技术手段,强制网络用户访问指定网站的"DNS 劫持"行为,属于破坏计算机信息系统,后果严重的,构成破坏计算机信息系统罪。

2. 对于"DNS 劫持",应当根据造成不能正常运行的计算机信息系统数量、相关计算机信息系统不能正常运行的时间,以及所造成的损失或者影响等,认定其是"后果严重"还是"后果特别严重"。

【基本案情】

2013 年底至 2014 年 10 月,被告人付宣豪、黄子超等人租赁多台服务器,使用恶意代码修改互联网用户路由器的 DNS 设置,进而使用户登录"2345. com"等导航网站时跳转至其设置的"5w. com"导航网站,被告人付宣豪、黄子超等人再将获取的互联网用户流量出售给杭州久尚科技有限公司(系"5w. com"导航网站所有者),违法所得合计人民币 754762. 34 元。

2014 年 11 月 17 日,被告人付宣豪接民警电话通知后自动至公安机关,被告人黄子超主动投案,二被告人到案后均如实供述了上述犯罪事实。

被告人及辩护人对罪名及事实均无异议。

【裁判结果】

上海市浦东新区人民法院于 2015 年 5 月 20 日作出(2015)浦刑初字第 1460 号刑事判决:被告人付宣豪犯破坏计算机信息系统罪,判处有期徒刑三年,缓刑三年;被告人黄子超犯破坏计算机信息系统罪,判处有期徒刑三年,缓刑三年;扣押在案的作案工具以及退缴在案的违法所得予以没收,上缴国库。一审宣判后,二被告人均未上诉,公诉机关未抗诉,判决已发生法律效力。

【裁判理由】

法院生效裁判认为,根据《中华人民共和国刑法》第二百八十六条的规定,对计算机信息系统功能进行破坏,造成计算机信息系统不能正常运行,后果严重的,构成破坏计算机信息系统罪。本案中,被告人付宣豪、黄子超实施的是流量劫持中的"DNS 劫持"。DNS 是域名系统的英文首字母缩写,作用是提供域名解析服务。"DNS 劫持"通过修改域名解析,使对特定域名的访问由原 IP 地址转入到篡改后的指定 IP 地址,导致用户无法访问原 IP 地址对应的网站或者访问虚假网站,从而实现窃取资料或者破坏网站原有正常服务的目的。二被告人使用恶意代码修改互联网用户路由器的 DNS 设置,将用户访问"2345.com"等导航网站的流量劫持到其设置的"5w.com"导航网站,并将获取的互联网用户流量出售,显然是对网络用户的计算机信息系统功能进行破坏,造成计算机信息系统不能正常运行,符合破坏计算机信息系统罪的客观行为要件。

根据《最高人民法院、最高人民检察院关于办理危害计算机信息系统安全刑事案件应用法律若干问题的解释》,破坏计算机信息系统,违法所得人民币2.5 万元以上或者造成经济损失人民币 5 万元以上的,应当认定为"后果特别严重"。本案中,二被告人的违法所得达人民币 754762.34 元,属于"后果特别严重"。

综上,被告人付宣豪、黄子超实施的"DNS 劫持"行为系违反国家规定,对计算机信息系统中存储的数据进行修改,后果特别严重,依法应处五年以上有期徒刑。鉴于二被告人在家属的帮助下退缴全部违法所得,未获取、泄露公民个人信息,且均具有自首情节,无前科劣迹,故依法对其减轻处罚并适用缓刑。

【相关规定】

《中华人民共和国刑法》第二百八十六条

（生效裁判审判人员：李俊、白艳利、朱根初）

徐强破坏计算机信息系统案

（最高人民法院审判委员会讨论通过　2018 年 12 月 25 日发布）

【关键词】

刑事　破坏计算机信息系统罪　机械远程监控系统

【裁判要点】

企业的机械远程监控系统属于计算机信息系统。违反国家规定,对企业的机械远程监控系统功能进行破坏,造成计算机信息系统不能正常运行,后果严重的,构成破坏计算机信息系统罪。

【基本案情】

为了加强对分期付款的工程机械设备的管理,中联重科股份有限公司(以下简称中联重科)投入使用了中联重科物联网 GPS 信息服务系统,该套计算机信息系统由中联重科物联网远程监控平台、GPS 终端、控制器和显示器等构成,该系统具备自动采集、处理、存储、回传、显示数据和自动控制设备的功能,其中,控制器、GPS 终端和显示器由中联重科在工程机械设备的生产制造过程中安装到每台设备上。

中联重科对"按揭销售"的泵车设备均安装了中联重科物联网 GPS 信息服务系统,并在产品买卖合同中明确约定"如买受人出现违反合同约定的行为,出卖人有权采取停机、锁机等措施"以及"在买受人付清全部货款前,产品所有权归出卖人所有。即使在买受人已经获得机动车辆登记文件的情况下,买受人未付清全部货款前,产品所有权仍归出卖人所有"的条款。然后由中联重科总部的远程监控维护平台对泵车进行监控,如发现客户有拖欠、赖账等情况,就会通过远程监控系统进行"锁机",泵车接收到"锁机"指令后依然能发动,但不能作业。

2014 年 5 月间,被告人徐强使用"GPS 干扰器"先后为钟某某、龚某某、张某某名下或管理的五台中联重科泵车解除锁定。具体事实如下。

1. 2014 年 4 月初,钟某某发现其购得的牌号为贵 A77462 的泵车即将被中联重科锁机后,安排徐某某帮忙打听解锁人。徐某某遂联系龚某某告知钟某某泵车需解锁一事。龚某某表示同意后,即通过电话联系被告人徐强给泵车解锁。2014 年 5 月 18 日,被告人徐强携带"GPS 干扰器"与龚某某一起来到贵阳市清镇市,由被告人徐强将"GPS 干扰器"上的信号线连接到泵车右侧电控柜,再将"GPS 干扰器"通电后使用干扰器成功为牌号为贵 A77462 的泵车解锁。事后,钟某某向龚某某支付了解锁费用人民币 4 万元,龚某某亦按约定将其中人民币 9600 元支付给徐某某作为介绍费。当日及次日,龚某某还带着被告人徐强为其管理的其妹夫黄某从中联重科及长沙中联重科二手设备销售有限公司以分期付款方式购得的牌号分别为湘 AB0375、湘 AA6985、湘 AA6987 的三台泵车进行永久解锁。事后,龚某某向被告人徐强支付四台泵车的解锁费用共计人民币 3 万元。

2. 2014 年 5 月间,张某某从中联重科以按揭贷款的方式购买泵车一台,因拖欠货款被中联重科使用物联网系统将泵车锁定,无法正常作业。张某某遂通过电话联系到被告人徐强为其泵车解锁。2014 年 5 月 17 日,被告人徐强携带

"GPS 干扰器"来到湖北襄阳市,采用上述同样的方式为张某某名下牌号为鄂FE7721 的泵车解锁。事后,张某某向被告人徐强支付解锁费用人民币 1.5 万元。

经鉴定,中联重科的上述牌号为贵 A77462、湘 AB0375、湘 AA6985、湘AA6987 泵车 GPS 终端被拆除及控制程序被修改后,中联重科物联网 GPS 信息服务系统无法对泵车进行实时监控和远程锁车。

2014 年 11 月 7 日,被告人徐强主动到公安机关投案。在本院审理过程中,被告人徐强退缴了违法所得人民币 4.5 万元。

【裁判结果】

湖南省长沙市岳麓区人民法院于 2015 年 12 月 17 日作出(2015)岳刑初字第 652 号刑事判决:被告人徐强犯破坏计算机信息系统罪,判处有期徒刑二年六个月;追缴被告人徐强的违法所得人民币 4.5 万元,上缴国库。被告人徐强不服,提出上诉。湖南省长沙市中级人民法院于 2016 年 8 月 9 日作出(2016)湘 01 刑终 58 号刑事裁定:驳回上诉,维持原判。该裁定已发生法律效力。

【裁判理由】

法院生效裁判认为,《最高人民法院、最高人民检察院关于办理危害计算机信息系统安全刑事案件应用法律若干问题的解释》第十一条第一款规定,"计算机信息系统"和"计算机系统",是指具备自动处理数据功能的系统,包括计算机、网络设备、通信设备、自动化控制设备等。本案中,中联重科物联网 GPS 信息服务系统由中联重科物联网远程监控平台、GPS 终端、控制器和显示器等构成,具备自动采集、处理、存储、回传、显示数据和自动控制设备的功能。该系统属于具备自动处理数据功能的通信设备与自动化控制设备,属于刑法意义上的计算机信息系统。被告人徐强利用"GPS 干扰器"对中联重科物联网 GPS 信息服务系统进行修改、干扰,造成该系统无法对案涉泵车进行实时监控和远程锁车,是对计算机信息系统功能进行破坏,造成计算机信息系统不能正常运行的行为,且后果特别严重。根据刑法第二百八十六条的规定,被告人徐强构成破坏计算机信息系统罪。徐强犯罪以后自动投案,如实供述了自己的罪行,系自首,依法可减轻处罚。徐强退缴全部违法所得,有悔罪表现,可酌情从轻处罚。针对徐强及辩护人提出"自己系自首,且全部退缴违法所得,一审量刑过重"的上诉意见与辩护意见,经查,徐强破坏计算机信息系统,违法所得 4.5 万元,后果特别严重,应当判处五年以上有期徒刑,一审判决综合考虑其自首、退缴全部违法所得等情节,对其减轻处罚,判处有期徒刑二年六个月,量刑适当。该上诉意见、辩护意见,不予采纳。原审判决认定事实清楚,证据确实充分,适用法律正确,量刑适当,审判程序合法。

【相关规定】(略)

(生效裁判审判人员:黎璠、刘刚、何琳)

李森、何利民、张锋勃等人破坏计算机信息系统案

（最高人民法院审判委员会讨论通过　2018 年 12 月 25 日发布）

【关键词】

刑事　破坏计算机信息系统罪　干扰环境质量监测采样　数据失真　后果严重

【裁判要点】

环境质量监测系统属于计算机信息系统。用棉纱等物品堵塞环境质量监测采样设备，干扰采样，致使监测数据严重失真的，构成破坏计算机信息系统罪。

【基本案情】

西安市长安区环境空气自动监测站（以下简称长安子站）系国家环境保护部（以下简称环保部）确定的西安市 13 个国控空气站点之一，通过环境空气质量自动监测系统采集、处理监测数据，并将数据每小时传输发送至中国环境监测总站（以下简称监测总站），一方面通过网站实时向社会公布，一方面用于编制全国环境空气质量状况月报、季报和年报，向全国发布。长安子站为全市两个国家直管监测子站之一，由监测总站委托武汉宇虹环保产业股份有限公司进行运行维护，不经允许，非运维方工作人员不得擅自进入。

2016 年 2 月 4 日，长安子站回迁至西安市长安区西安邮电大学南区动力大楼房顶。被告人李森利用协助子站搬迁之机私自截留子站钥匙并偷记子站监控电脑密码，此后至 2016 年 3 月 6 日间，被告人李森、张锋勃多次进入长安子站内，用棉纱堵塞采样器的方法，干扰子站内环境空气质量自动监测系统的数据采集功能。被告人何利民明知李森等人的行为而没有阻止，只是要求李森把空气污染数值降下来。被告人李森还多次指使被告人张楠、张肖采用上述方法对子站自动监测系统进行干扰，造成该站自动监测数据多次出现异常，多个时间段内监测数据严重失真，影响了国家环境空气质量自动监测系统正常运行。为防止罪行败露，2016 年 3 月 7 日、3 月 9 日，在被告人李森的指使下，被告人张楠、张肖两次进入长安子站将监控视频删除。2016 年 2—3 月，长安子站每小时的监测数据已实时传输发送至监测总站，通过网站向社会公布，并用于环保部编制 2016 年 2—3 月和第一季度全国 74 个城市空气质量状况评价、排名。2016 年 3 月 5 日，监测总站在例行数据审核时发现长安子站数据明显偏低，检查时

发现了长安子站监测数据弄虚作假问题,后公安机关将五名被告人李森、何利民、张楠、张肖、张锋勃抓获归案。被告人李森、被告人张锋勃、被告人张楠、被告人张肖在庭审中均承认指控属实,被告人何利民在庭审中辩解称其对李森堵塞采样器的行为仅是默许、放任,请求宣告其无罪。

【裁判结果】

陕西省西安市中级人民法院于 2017 年 6 月 15 日作出(2016)陕 01 刑初 233 号刑事判决:被告人李森犯破坏计算机信息系统罪,判处有期徒刑一年十个月;被告人何利民犯破坏计算机信息系统罪,判处有期徒刑一年七个月;被告人张锋勃犯破坏计算机信息系统罪,判处有期徒刑一年四个月;被告人张楠犯破坏计算机信息系统罪,判处有期徒刑一年三个月;被告人张肖犯破坏计算机信息系统罪,判处有期徒刑一年三个月。宣判后,各被告人均未上诉,判决已发生法律效力。

【裁判理由】

法院生效裁判认为,五名被告人的行为违反了国家规定。《中华人民共和国环境保护法》第六十八条第六项规定,禁止篡改、伪造或者指使篡改、伪造监测数据,《中华人民共和国环境大气污染防治法》第一百二十六条规定,禁止对大气环境保护监督管理工作弄虚作假,《中华人民共和国环境计算机信息系统安全保护条例》第七条规定,不得危害计算机信息系统的安全。本案五被告人采取堵塞采样器的方法伪造或者指使伪造监测数据,弄虚作假,违反了上述国家规定。

五名被告人的行为破坏了计算机信息系统。《最高人民法院、最高人民检察院关于办理危害计算机信息系统安全刑事案件应用法律若干问题的解释》第十一条第一款规定,计算机信息系统和计算机系统,是指具备自动处理数据功能的系统,包括计算机、网络设备、通信设备、自动化控制设备等。根据《最高人民法院、最高人民检察院关于办理环境污染刑事案件适用法律若干问题的解释》第十条第一款的规定,干扰环境质量监测系统的采样,致使监测数据严重失真的行为,属于破坏计算机信息系统。长安子站系国控环境空气质量自动监测站点,产生的监测数据经过系统软件直接传输至监测总站,通过环保部和监测总站的政府网站实时向社会公布,参与计算环境空气质量指数并实时发布。空气采样器是环境空气质量监测系统的重要组成部分。PM10、PM2.5 监测数据作为环境空气综合污染指数评估中的最重要两项指标,被告人用棉纱堵塞采样器的采样孔或拆卸采样器的行为,必然造成采样器内部气流场的改变,造成监测数据失真,影响对环境空气质量的正确评估,属于对计算机信息系统功能进行干扰,造成计算机信息系统不能正常运行的行为。

五名被告人的行为造成了严重后果。(1)被告人李森、张锋勃、张楠、张肖均多次堵塞、拆卸采样器干扰采样,被告人何利民明知李森等人的行为而没有阻止,只是要求李森把空气污染数值降下来。(2)被告人的干扰行为造成了监测数据的显著异常。2016 年 2—3 月,长安子站颗粒物监测数据多次出现与周边子站变化趋势不符的现象。长安子站 PM2.5 数据分别在 2 月 24 日 18 时至25 日 16 时、3 月 3 日 4 时至 6 日 19 时两个时段内异常,PM10 数据分别在 2 月18 日 18 时至 19 日 8 时、2 月 25 日 20 时至 21 日 8 时、3 月 5 日 19 时至 6 日 23时三个时段内异常。其中,长安子站的 PM10 数据在 2016 年 3 月 5 日 19 时至22 时由 361 下降至 213,下降了 41%,其他周边子站均值升高了 14%(由 316 上升至 361),6 日 16 时至 17 时长安子站监测数值由 188 上升至 426,升高了127%,其他子站均值变化不大(由 318 降至 310),6 日 17 时至 19 时长安子站数值由 426 下降至 309,下降了 27%,其他子站均值变化不大(由 310 降至304)。可见,被告人堵塞采样器的行为足以造成监测数据的严重失真。上述数据的严重失真,与监测总站在例行数据审核时发现长安子站 PM10 数据明显偏低可以印证。(3)失真的监测数据已实时发送至监测总站,并向社会公布。长安子站空气质量监测的小时浓度均值数据已经通过互联网实时发布。(4)失真的监测数据已被用于编制环境评价的月报、季报。环保部在 2016 年 2—3 月及第一季度的全国 74 个重点城市空气质量排名工作中已采信上述虚假数据,已向社会公布并上报国务院,影响了全国大气环境治理情况评估,损害了政府公信力,误导了环境决策。据此,五名被告人干扰采样的行为造成了严重后果,符合《刑法》第二百八十六条规定的"后果严重"要件。

综上,五名被告人均已构成破坏计算机信息系统罪。鉴于五名被告人到案后均能坦白认罪,有悔罪表现,依法可以从轻处罚。

【相关规定】(略)

(生效裁判审判人员:张燕萍、骆成兴、袁兵)

李丙龙破坏计算机信息系统案

(最高人民检察院第十二届检察委员会第七十次会议决定 2017 年 10 月12 日发布)

【关键词】

破坏计算机信息系统 劫持域名

【要旨】

以修改域名解析服务器指向的方式劫持域名,造成计算机信息系统不能正常运行,是破坏计算机信息系统的行为。

【基本案情】

被告人李丙龙,男,1991年8月生,个体工商户。

被告人李丙龙为牟取非法利益,预谋以修改大型互联网网站域名解析指向的方法,劫持互联网流量访问相关赌博网站,获取境外赌博网站广告推广流量提成。2014年10月20日,李丙龙冒充某知名网站工作人员,采取伪造该网站公司营业执照等方式,骗取该网站注册服务提供商信任,获取网站域名解析服务管理权限。10月21日,李丙龙通过其在域名解析服务网站平台注册的账号,利用该平台相关功能自动生成了该知名网站二级子域名部分DNS(域名系统)解析列表,修改该网站子域名的IP指向,使其连接至自己租用境外虚拟服务器建立的赌博网站广告发布页面。当日19时许,李丙龙对该网站域名解析服务器指向的修改生效,致使该网站不能正常运行。23时许,该知名网站经技术排查恢复了网站正常运行。11月25日,李丙龙被公安机关抓获。至案发时,李丙龙未及获利。

经司法鉴定,该知名网站共有559万有效用户,其中邮箱系统有36万有效用户。按日均电脑客户端访问量计算,10月7日至10月20日邮箱系统日均访问量达12.3万。李丙龙的行为造成该知名网站10月21日19时至23时长达四小时左右无法正常发挥其服务功能,案发当日仅邮件系统电脑客户端访问量就从12.3万减少至4.43万。

【诉讼过程和结果】

本案由上海市徐汇区人民检察院于2015年4月9日以被告人李丙龙犯破坏计算机信息系统罪向上海市徐汇区人民法院提起公诉。11月4日,徐汇区人民法院作出判决,认定李丙龙的行为构成破坏计算机信息系统罪。根据《最高人民法院、最高人民检察院关于办理危害计算机信息系统安全刑事案件应用法律若干问题的解释》第四条规定,李丙龙的行为符合"造成为五万以上用户提供服务的计算机信息系统不能正常运行累计一小时以上"属于"后果特别严重"的情形。结合量刑情节,判处李丙龙有期徒刑五年。一审宣判后,被告人未上诉,判决已生效。

【指导意义】

修改域名解析服务器指向,强制用户偏离目标网站或网页进入指定网站或网页,是典型的域名劫持行为。行为人使用恶意代码修改目标网站域名解析服务器,目标网站域名被恶意解析到其他IP地址,无法正常发挥网站服务功能,这种行为实质是对计算机信息系统功能的修改、干扰,符合刑法第二百八十六条第一款"对计算机信息系统功能进行删除、修改、增加、干扰"的规定。根据《最高人民法院、最高人民检察院关于办理危害计算机信息系统安全刑事案件应用法律若干问题的解释》第四条的规定,造成为一万以上用户提供服务的计算机信息系统不能正常运行累计一小时以上的,属于"后果严重",应以破坏计算机信息系统罪论处;造成为五万以上用户提供服务的计算机信息系统不能正常运行累计一小时以上的,属于"后果特别严重"。

认定遭受破坏的计算机信息系统服务用户数,可以根据计算机信息系统的功能和使用特点,结合网站注册用户、浏览用户等具体情况,作出客观判断。

【相关规定】(略)

李骏杰等破坏计算机信息系统案

(最高人民检察院第十二届检察委员会第七十次会议决定 2017 年 10 月 12 日发布)

【关键词】

破坏计算机信息系统 删改购物评价 购物网站评价系统

【要旨】

冒用购物网站买家身份进入网站内部评价系统删改购物评价,属于对计算机信息系统内存储数据进行修改操作,应当认定为破坏计算机信息系统的行为。

【基本案情】

被告人李骏杰,男,1985 年 7 月生,原系浙江杭州某网络公司员工。

被告人胡榕,男,1975 年 1 月生,原系江西省九江市公安局民警。

被告人黄福权,男,1987 年 9 月生,务工。

被告人董伟,男,1983 年 5 月生,无业。

被告人王凤昭,女,1988 年 11 月生,务工。

2011 年 5 月至 2012 年 12 月,被告人李骏杰在工作单位及自己家中,单独或伙同他人通过聊天软件联系需要修改中差评的某购物网站卖家,并从被告人黄福权、董伟、王凤昭等处购买发表中差评的该购物网站买家信息 300 余条。李骏杰冒用卖家身份,骗取平台客服审核通过后重置平台内部账号密码,登录该购物网站内部评价系统,删改买家的中差评 347 个,从平台卖家获利共计人民币 9 万余元。

经查,被告人胡榕利用职务之便,将获取的公民个人信息分别出售给被告人黄福权、董伟、王凤昭。

2012 年 12 月 11 日,被告人李骏杰被公安机关抓获归案。此后,因涉嫌出售公民个人信息、非法获取公民个人信息,被告人胡榕、黄福权、董伟、王凤昭等人也被公安机关先后抓获。

【诉讼过程和结果】

本案由浙江省杭州市滨江区人民检察院于 2014 年 3 月 24 日以被告人李骏杰犯破坏计算机信息系统罪、被告人胡榕犯出售公民个人信息罪、被告人黄福权等人犯非法获取公民个人信息罪,向浙江省杭州市滨江区人民法院提起公诉。2015 年 1 月 12 日,杭州市滨江区人民法院作出判决,认定被告人李骏杰的行为构成破坏计算机信息系统罪,判处有期徒刑五年;被告人胡榕的行为构成出售公民个人信息罪,判处有期徒刑十个月,并处罚金人民币二万元;被告人黄福权、董伟、王凤昭的行为构成非法获取公民个人信息罪,分别判处有期徒刑、拘役,并处罚金。一审宣判后,被告人董伟提出上诉。杭州市中级人民法院二审裁定驳回上诉,维持原判。判决已生效。

【指导意义】

购物网站评价系统是对店铺销量、买家评价等多方面因素进行综合计算分值的系统,其内部储存的数据直接影响搜索流量分配、推荐排名、营销活动报名资格、同类商品在消费者购买比较时的公平性等。买家在购买商品后,根据用户体验对所购商品分别给出好评、中评、差评三种不同评价。所有的评价都是以数据形式存储于买家评价系统之中,成为整个购物网站计算机信息系统整体数据的重要组成部分。

侵入评价系统删改购物评价,其实质是对计算机信息系统内存储的数据进行删除、修改操作的行为。这种行为危害计算机信息系统数据采集和流量分配体系运行,使网站注册商户及其商品、服务的搜索受到影响,导致网站商品、服务评价功能无法正常运作,侵害了购物网站所属公司的信息系统安全和消费者的知情权。行为人因删除、修改某购物网站中差评数据违法所得 25000 元以上,构成破坏计算机信息系统罪,属于"后果特别严重"的情形,应当依法判处五年以上有期徒刑。

【相关规定】(略)

曾兴亮、王玉生破坏计算机信息系统案

（最高人民检察院第十二届检察委员会第七十次会议决定 2017 年 10 月 12 日发布）

【关键词】

破坏计算机信息系统 智能手机终端 远程锁定

【要旨】

智能手机终端,应当认定为刑法保护的计算机信息系统。锁定智能手机导致不能使用的行为,可认定为破坏计算机信息系统。

【基本案情】

被告人曾兴亮,男,1997 年 8 月生,农民。

被告人王玉生,男,1992 年 2 月生,农民。

2016 年 10 月至 11 月,被告人曾兴亮与王玉生结伙或者单独使用聊天社交软件,冒充年轻女性与被害人聊天,谎称自己的苹果手机因故障无法登录"iCloud"（云存储）,请被害人代为登录,诱骗被害人先注销其苹果手机上原有的 ID,再使用被告人提供的 ID 及密码登录。随后,曾、王二人立即在电脑上使用新的 ID 及密码登录苹果官方网站,利用苹果手机相关功能将被害人的手机设置修改,并使用"密码保护问题"修改该 ID 的密码,从而远程锁定被害人的苹果手机。曾、王二人再在其个人电脑上,用网络聊天软件与被害人联系,以解锁为条件索要钱财。采用这种方式,曾兴亮单独或合伙作案共 21 起,涉及苹果手机 22 部,锁定苹果手机 21 部,非法获利人民币合计 7290 元;王玉生参与作案 12 起,涉及苹果手机 12 部,锁定苹果手机 11 部,非法获利人民币合计 4750 元。2016 年 11 月 24 日,二人被公安机关抓获。

【诉讼过程和结果】

本案由江苏省海安县人民检察院于 2016 年 12 月 23 日以被告人曾兴亮、王玉生犯破坏计算机信息系统罪向海安县人民法院提起公诉。2017 年 1 月 20 日,海安县人民法院作出判决,认定被告人曾兴亮、王玉生的行为构成破坏计算机信息系统罪,分别判处有期徒刑一年三个月、有期徒刑六个月。一审宣判后,二被告人未上诉,判决已生效。

【指导意义】

计算机信息系统包括计算机、网络设备、通信设备、自动化控制设备等。智能手机和计算机一样,使用独立的操作系统、独立的运行空间,可以由用户自行安装软件等程序,并可以通过移动通信网络实现无线网络接入,应当认定为刑法上的"计算机信息系统"。

行为人通过修改被害人手机的登录密码,远程锁定被害人的智能手机设备,使之成为无法开机的"僵尸机",属于对计算机信息系统功能进行修改、干扰的行为。造成 10 台以上智能手机系统不能正常运行,符合刑法第二百八十六条破坏计算机信息系统罪构成要件中"对计算机信息系统功能进行修改、干扰""后果严重"的情形,构成破坏计算机信息系统罪。

行为人采用非法手段锁定手机后以解锁为条件,索要钱财,在数额较大或多次敲诈的情况下,其目的行为又构成敲诈勒索罪。在这类犯罪案件中,手段行为构成的破坏计算机信息系统罪与目的行为构成的敲诈勒索罪之间成立牵连犯。牵连犯应当从一重罪处罚。破坏计算机信息系统罪后果严重的情况下,法定刑为五年以下有期徒刑或者拘役;敲诈勒索罪在数额较大的情况下,法定刑为三年以下有期徒刑、拘役或管制,并处或者单处罚金。本案应以重罪即破坏计算机信息系统罪论处。

【相关规定】(略)

姚晓杰等 11 人破坏计算机信息系统案

(2020 年 4 月 8 日最高人民检察院发布)

为有效打击网络攻击犯罪,检察机关应加强与公安机关的配合,及时介入侦查引导取证,结合案件特点提出明确具体的补充侦查意见。对被害互联网企业提供的证据和技术支持意见,应当结合其他证据进行审查认定,客观全面准确认定破坏计算机信息系统罪的危害后果。

【基本案情】

被告人姚晓杰,男,1983 年 3 月 27 日出生,无固定职业。

被告人丁虎子,男,1998 年 2 月 7 日出生,无固定职业。

其他 9 名被告人基本情况略。

2017 年初,被告人姚晓杰等人接受王某某(另案处理)雇佣,招募多名网络技术人员,在境外成立"暗夜小组"黑客组织。"暗夜小组"从被告人丁虎子等 3 人处购买大量服务器资源,再利用木马软件操控控制端服务器实施 DDoS 攻击(指黑客通过远程控制服务器或计算机等资源,对目标发动高频服务请求,使目标服务器因来不及处理海量请求而瘫痪）。2017 年 2—3 月，"暗夜小组"成员三次利用 14 台控制端服务器下的计算机，持续对某互联网公司云服务器上运营的三家游戏公司的客户端 IP 进行 DDoS 攻击。攻击导致三家游戏公司的 IP 被封堵，出现游戏无法登录、用户频繁掉线、游戏无法正常运行等问题。为恢复云服务器的正常运营，某互联网公司组织人员对服务器进行了抢修并为此支付 4 万余元。

【指控与证明犯罪】

（一）介入侦查引导取证

2017 年初，某互联网公司网络安全团队在日常工作中监测到多起针对该公司云服务器的大流量高峰值 DDoS 攻击，攻击源 IP 地址来源不明，该公司随即报案。公安机关立案后，同步邀请广东省深圳市人民检察院介入侦查、引导取证。

针对案件专业性、技术性强的特点，深圳市人民检察院会同公安机关多次召开案件讨论会，就被害单位云服务器受到的 DDoS 攻击的特点和取证策略进行研究，建议公安机关及时将被害单位报案提供的电子数据送国家计算机网络应急技术处理协调中心广东分中心进行分析，确定主要攻击源的 IP 地址。

2017 年 6—9 月，公安机关陆续将 11 名犯罪嫌疑人抓获。侦查发现，"暗夜小组"成员为逃避打击，在作案后已串供并将手机、笔记本电脑等作案工具销毁或者进行了加密处理。"暗夜小组"成员到案后大多作无罪辩解。有证据证实丁虎子等人实施了远程控制大量计算机的行为，但证明其将控制权出售给"暗夜小组"用于 DDoS 网络攻击的证据薄弱。

鉴于此，深圳市检察机关与公安机关多次会商研究"暗夜小组"团伙内部结构、犯罪行为和技术特点等问题，建议公安机关重点做好以下三方面工作。一是查明导致云服务器不能正常运行的原因与"暗夜小组"攻击行为间的关系。具体包括：对被害单位提供的受攻击 IP 和近 20 万个攻击源 IP 作进一步筛查分析，找出主要攻击源的 IP 地址，并与丁虎子等人出售的控制端服务器 IP 地址进行比对；查清主要攻击源的波形特征和网络协议，并和丁虎子等人控制的攻击服务器特征进行比对，以确定主要攻击是否来自该控制端服务器；查清攻击时间和云服务器因被攻击无法为三家游戏公司提供正常服务的时间；查清攻击的规模；调取"暗夜小组"实施攻击后给三家游戏公司发的邮件。二是做好犯罪嫌疑人线上身份和线下身份同一性的认定工作，并查清"暗夜小组"各成员在犯罪中的分工、地位和作用。三是查清犯罪行为造成的危害后果。

（二）审查起诉

2017 年 9 月 19 日，公安机关将案件移送广东省深圳市南山区人民检察院审查起诉。鉴于在案证据已基本厘清"暗夜小组"实施犯罪的脉络，"暗夜小组"成员的认罪态度开始有了转变。经审查,全案基本事实已经查清,基本证据已经调取,能够认定姚晓杰等人的行为已涉嫌破坏计算机信息系统罪。一是可以认定系"暗夜小组"对某互联网公司云服务器实施了大流量攻击。国家计算机网络应急技术处理协调中心广东分中心出具的报告证实,筛选出的大流量攻击源 IP 中有 198 个 IP 为僵尸网络中的被控主机,这些主机由 14 个控制端服务器控制。通过比对丁虎子等人电脑中的电子数据,证实丁虎子等人控制的服务器就是对三家游戏公司客户端实施网络攻击的服务器。分析报告还明确了云服务器受到的攻击类型和攻击采用的网络协议、波形特征,这些证据与"暗夜小组"成员供述的攻击资源特征一致。网络聊天内容和银行交易流水等证据证实"暗夜小组"向丁虎子等三人购买上述 14 个控制端服务器控制权的事实。电子邮件等证据进一步印证了"暗夜小组"实施攻击的事实。二是通过进一步提取犯罪嫌疑人网络活动记录、犯罪嫌疑人之间的通讯信息、资金往来等证据,结合对电子数据的分析,查清了"暗夜小组"成员虚拟身份与真实身份的对应关系,查明了小组成员在招募人员、日常管理、购买控制端服务器、实施攻击和后勤等各个环节中的分工负责情况。

审查中,检察机关发现,攻击行为造成的损失仍未查清:部分犯罪嫌疑人实施犯罪的次数,上下游间交易的证据仍欠缺。针对存在的问题,深圳市南山区人民检察院与公安机关进行了积极沟通,于 2017 年 11 月 2 日和 2018 年 1 月 16 日两次将案件退回公安机关补充侦查。一是鉴于证实受影响计算机信息系统和用户数量的证据已无法调取,本案只能以造成的经济损失认定危害后果。因此,要求公安机关补充调取能够证实某互联网公司直接经济损失或为恢复网络正常运行支出的必要费用等证据,并交专门机构作出评估。二是进一步补充证实"暗夜小组"成员参与每次网络攻击具体情况以及攻击服务器控制权在"暗夜小组"与丁虎子等人间流转情况的证据。三是对丁虎子等人向"暗夜小组"提供攻击服务器控制权的主观明知证据作进一步补强。

公安机关按要求对证据作了补强和完善,全案事实已查清,案件证据确实充分,已经形成了完整的证据链条。

(三)出庭指控犯罪

2018 年 3 月 6 日,深圳市南山区人民检察院以被告人姚晓杰等 11 人构成破坏计算机信息系统罪向深圳市南山区人民法院提起公诉。4 月 27 日,法院公开开庭审理了本案。

庭审中,11 名被告人对检察机关的指控均表示无异议。部分辩护人提出以下辩护意见:一是网络攻击无处不在,现有证据不能认定三家网络游戏公司受到的攻击均是"暗夜小组"发动的,不能排除攻击来自其他方面;二是即便认定

"暗夜小组"参与对三家网络游戏公司的攻击,也不能将某互联网公司支付给抢修系统数据的员工工资认定为本案的经济损失。

针对辩护意见,公诉人答辩如下:一是案发时并不存在其他大规模网络攻击,在案证据足以证实只有"暗夜小组"针对云服务器进行了 DDoS 高流量攻击,每次的攻击时间和被攻击的时间完全吻合,攻击手法、流量波形、攻击源 IP 和攻击路径与被告人供述及其他证据相互印证,现有证据足以证明三家网络游戏公司客户端不能正常运行系受"暗夜小组"攻击导致;二是根据法律规定,"经济损失"包括危害计算机信息系统犯罪行为给用户直接造成的经济损失以及用户为恢复数据、功能而支出的必要费用。某互联网公司为修复系统数据、功能而支出的员工工资系因犯罪产生的必要费用,应当认定为本案的经济损失。

(四)处理结果

2018 年 6 月 8 日,广东省深圳市南山区人民法院判决认定被告人姚晓杰等 11 人犯破坏计算机信息系统罪;鉴于各被告人均表示认罪悔罪,部分被告人具有自首等法定从轻、减轻处罚情节,对 11 名被告人分别判处有期徒刑一年至二年不等。宣判后,11 名被告人均未提出上诉,判决已生效。

【指导意义】

(一)立足网络攻击犯罪案件特点引导公安机关收集调取证据。对重大、疑难、复杂的网络攻击类犯罪案件,检察机关可以适时介入侦查引导取证,会同公安机关研究侦查方向,在收集、固定证据等方面提出法律意见。一是引导公安机关及时调取证明网络攻击犯罪发生、证明危害后果达到追诉标准的证据。委托专业技术人员对收集提取到的电子数据等进行检验、鉴定,结合在案其他证据,明确网络攻击类型、攻击特点和攻击后果。二是引导公安机关调取证明网络攻击是犯罪嫌疑人实施的证据。借助专门技术对攻击源进行分析,溯源网络犯罪路径。审查认定犯罪嫌疑人网络身份与现实身份的同一性时,可通过核查 IP 地址、网络活动记录、上网终端归属,以及证实犯罪嫌疑人与网络终端、存储介质间的关联性综合判断。犯罪嫌疑人在实施网络攻击后,威胁被害人的证据可作为认定攻击事实和因果关系的证据。有证据证明犯罪嫌疑人实施了攻击行为,网络攻击类型和特点与犯罪嫌疑人实施的攻击一致,攻击时间和被攻击时间吻合的,可以认定网络攻击系犯罪嫌疑人实施。三是网络攻击类犯罪多为共同犯罪,应重点审查各犯罪嫌疑人的供述和辩解、手机通信记录等,通过审查自供和互证的情况以及与其他证据间的印证情况,查明各犯罪嫌疑人间的犯意联络、分工和作用,准确认定主、从犯。四是对需要通过退回补充侦查进一步完善上述证据的,在提出补充侦查意见时,应明确列出每一项证据的补侦目的,以及为了达到目的需要开展的工作。在补充侦查过程中,要适时与公安机关面对面会商,了解和掌握补充侦查工作的进展,共同研究分析补充到的证据是否符合起诉和审判的标准和要求,为补充侦查工作提供必要的引导和指导。

(二)对被害单位提供的证据和技术支持意见须结合其他在案证据作出准确认定。网络攻击类犯罪案件的被害人多为大型互联网企业。在打击该类犯罪的过程中,司法机关往往会借助被攻击的互联网企业在网络技术、网络资源和大数据等方面的优势,进行溯源分析或对攻击造成的危害进行评估。由于互联网企业既是受害方,有时也是技术支持协助方,为确保被害单位提供的证据客观真实,必须特别注意审查取证过程的规范性;有条件的,应当聘请专门机构对证据的完整性进行鉴定。如条件不具备,应当要求提供证据的被害单位对证据作出说明。同时要充分运用印证分析审查思路,将被害单位提供的证据与在案其他证据,如从犯罪嫌疑人处提取的电子数据、社交软件聊天记录、银行流水、第三方机构出具的鉴定意见、证人证言、犯罪嫌疑人供述等证据作对照分析,确保不存在人为改变案件事实或改变案件危害后果的情形。

(三)对破坏计算机信息系统的危害后果应作客观全面准确认定。实践中,往往倾向于依据犯罪违法所得数额或造成的经济损失认定破坏计算机信息系统罪的危害后果。但是在一些案件中,违法所得或经济损失并不能全面、准确反映出犯罪行为所造成的危害。有的案件违法所得或者经济损失的数额并不大,但网络攻击行为导致受影响的用户数量特别大,有的导致用户满意度降低或用户流失,有的造成了恶劣社会影响。对这类案件,如果仅根据违法所得或经济损失数额来评估危害后果,可能会导致罪刑不相适应。因此,在办理破坏计算机信息系统犯罪案件时,检察机关应发挥介入侦查引导取证的作用,及时引导公安机关按照法律规定,从扰乱公共秩序的角度,收集、固定能够证实受影响的计算机信息系统数量或用户数量、受影响或被攻击的计算机信息系统不能正常运行的累计时间、对被害企业造成的影响等证据,对危害后果作出客观、全面、准确认定,做到罪责相当、罚当其罪,使被告人受到应有惩处。

【相关规定】(略)

刑法第二百八十七条之一(非法利用信息网络罪)

> 第二百八十七条之一①　利用信息网络实施下列行为之一,情节严重的,处三年以下有期徒刑或者拘役,并处或者单处罚金:

---

① 本条根据《刑法修正案(九)》(2015 年 11 月 1 日起施行)第二十九条增加。

　　（一）设立用于实施诈骗、传授犯罪方法、制作或者销售违禁物品、管制物品等违法犯罪活动的网站、通讯群组的；

　　（二）发布有关制作或者销售毒品、枪支、淫秽物品等违禁物品、管制物品或者其他违法犯罪信息的；

　　（三）为实施诈骗等违法犯罪活动发布信息的。

　　单位犯前款罪的，对单位判处罚金，并对其直接负责的主管人员和其他直接责任人员，依照第一款的规定处罚。

　　有前两款行为，同时构成其他犯罪的，依照处罚较重的规定定罪处罚。

利用互联网论坛实施毒品犯罪案、"园丁丁"制贩大麻论坛系列案

（2020年6月26日最高人民检察院发布"强化法律监督　推进毒品犯罪检察治理"典型案例）

【基本案情】

"园丁丁"论坛是近年来国内规模较大的大麻论坛，该论坛通过邀请码进入，设有大麻品种、种子、种植等10个分区38个版块，会员1500余人，内容涵盖大麻种植及大麻种子、种植用具、吸食工具、大麻买卖，为国内大麻吸食人群提供种植、交易渠道，逐渐成为制贩大麻的源头组织。

2018年初，浙江省诸暨市公安机关发现查获的吸毒人员所吸食的大麻均通过"园丁丁"论坛购买，遂立案侦查。2019年1月23日，公安机关将案件移送审查起诉后，诸暨市人民检察院审查发现，曹风等7名论坛版主管理各自版块，发布数百条有关大麻的主题帖、交流大麻种植技术的回复帖。检察机关审查认为，版主具有一定的管理职权，在论坛中活跃程度较高，利用网络发布大量种植大麻等制毒、贩毒违法犯罪信息，为他人实施毒品犯罪创造了条件，也产生了制毒、贩毒的实际后果，社会危害性大，情节严重，构成非法利用信息网络罪。朱必鑫等13名会员通过论坛学习种植经验、购买种子和设备，种植大麻并销售或者通过论坛直接购买大麻并寻找下家销售，构成贩卖毒品罪。

2019年5月20日检察机关将案件提起公诉后，7名版主以非法利用信息网络罪被判处有期徒刑一年九个月至二年三个月不等刑罚，13名会员以贩卖毒品罪被判处有期徒刑一年三个月至四年六个月不等刑罚。检察机关还就本案

暴露出的互联网监管漏洞等问题,及时向当地党委政府提出完善网络空间治理的相关意见建议。

【典型意义】

近年来,大麻滥用和涉网络毒品犯罪均呈现上升趋势,犯罪手段多样、隐蔽性强,查证难度大。本案中,检察机关积极引导侦查取证,拓展办案思路,精准指控,不仅严厉打击利用网络实施的贩卖毒品犯罪,还严厉打击利用互联网发布涉毒信息的犯罪行为,实现全链条打击,使犯罪分子受到依法惩处。同时,检察机关还延伸司法办案效果,积极参与网络生态治理,推进源头防控和治理。

刑法第二百八十七条之二(帮助信息网络犯罪活动罪)

第二百八十七条之二① 明知他人利用信息网络实施犯罪,为其犯罪提供互联网接入、服务器托管、网络存储、通讯传输等技术支持,或者提供广告推广、支付结算等帮助,情节严重的,处三年以下有期徒刑或者拘役,并处或者单处罚金。

单位犯前款罪的,对单位判处罚金,并对其直接负责的主管人员和其他直接责任人员,依照第一款的规定处罚。

有前两款行为,同时构成其他犯罪的,依照处罚较重的规定定罪处罚。

周某奇、尤某杰帮助信息网络犯罪活动案

(2021 年 1 月 25 日最高人民检察院发布)

【基本案情】

2019 年 11 月上旬,周某奇伙同尤某杰在杭州某职业技术学院设立学生兼职微信群,发布招聘话务员的消息,要求应聘学生到附近营业厅办理电话卡并将卡上交。周某奇、尤某杰以上述方式购得刘某欣等 20 余名学生办理的实名制电话卡 75 张,每张卡支付给学生人民币几十元至一百元不等的费用。

2019 年 11 月中下旬,周某奇、尤某杰又通过类似方式招募了石某行等 130 余名社会人员,用大巴车将他们从河北省带至北京市办理 400 张左右实名制北

---

① 本条根据《刑法修正案(九)》(2015 年 11 月 1 日起施行)第二十九条增加。

京电话卡并收购,每张卡支付人民币几十元的费用。

周某奇、尤某杰明知他人利用信息网络实施犯罪,仍将上述电话卡出售供他人使用,违法所得人民币 12 万余元。上述电话卡通过非法途径流出境外,犯罪分子使用其冒充国家机关工作人员实施诈骗,骗取被害人李某等 10 余人钱款共计人民币 200 余万元。

【诉讼过程】

2020 年 12 月,杭州市余杭区检察院提起公诉的周某奇、尤某杰涉嫌帮助信息网络犯罪活动罪一案开庭。

2020 年 3 月 3 日,浙江省杭州市公安局余杭区分局以周某奇、尤某杰涉嫌诈骗罪,移送杭州市余杭区人民检察院审查起诉。同年 9 月 21 日,杭州市余杭区人民检察院对周某奇、尤某杰以帮助信息网络犯罪活动罪提起公诉。同年 12 月 18 日,杭州市余杭区人民法院作出一审判决,以帮助信息网络犯罪活动罪分别判处被告人周某奇、尤某杰有期徒刑二年二个月,并处罚金。针对本案犯罪分子向学生、社会人员大量收购实名制电话卡的情况,杭州市余杭区人民检察院一方面向相关学校制发检察建议,提出加强教育管理的意见;另一方面通过线上线下相结合的方式,走进学校、工地、城乡结合部,对青年学生、打工人员、无业人员开展警示教育,引导树立正确的就业观,防止落入"犯罪"陷阱。

【典型意义】

针对犯罪分子向学生、社会人员大量收购实名制电话卡的情况,杭州市余杭区检察院检察官走进学校、工地、城乡结合部,对青年学生、打工人员、无业人员开展警示教育。

(一)涉"两卡"违法犯罪问题突出,社会危害严重。当前,非法出售、出租电话卡、银行卡(简称"两卡")问题较为突出。不少犯罪分子将收购的"两卡"作为犯罪工具,用于骗取被害人资金或转移赃款,掩盖犯罪事实,逃避司法机关追查。这种行为严重危害社会安全稳定,严重侵蚀社会诚信根基,必须从源头管控,从严打击防范,多管齐下,坚决遏制"两卡"泛滥,防止电信网络诈骗犯罪滋生蔓延。

(二)积极开展"断卡"行动,全力斩断电信网络诈骗犯罪链条。为遏制涉"两卡"类犯罪,2020 年 10 月起,最高人民法院、最高人民检察院、公安部、工业和信息化部、中国人民银行等部门联合部署开展"断卡"行动,依法从严打击非法出售、出租"两卡"违法犯罪活动,重点打击专门从事非法收购、贩卖"两卡"活动的犯罪团伙,以及与之内外勾结的电信、银行等行业从业人员。检察机关要加强协作配合,会同相关部门,依法查办涉"两卡"违法犯罪团伙,联合整治涉"两卡"犯罪猖獗的重点地区,推动惩戒涉"两卡"违法犯罪失信人员,全力斩断"两卡"开办贩卖的黑灰产业链,坚决铲除电信网络诈骗犯罪滋生的土壤。

(三)提升法治意识,防止被犯罪分子所利用。根据相关法律法规,手机卡、银行卡仅限于本人使用,不得非法出租、出售。一旦出租、出售,轻则泄露个人信息,受到限制办卡等信用惩戒或行政处罚,重则可能涉嫌犯罪。社会公众要提高防范意识,切莫贪图小利,成为犯罪的"帮凶"。一旦发现涉"两卡"犯罪线索,应当立即向公安机关举报。若已实施非法出租、出售、购买"两卡"的违法犯罪活动,必须立即停止,主动投案自首。各电信运营商、银行应当加强营业网点管理,加强内部人员教育和监督,严格防范内外勾结、规避管控的行为发生,防止非法"两卡"流入社会。

涂某通、万某玲帮助信息网络犯罪活动案

(2021 年 6 月 28 日最高人民检察院、教育部联合发布)

【基本案情】

涂某通,1998 年 8 月出生,系某大学在校学生。

万某玲,1998 年 9 月出生,作案时系某职业技术学校在校学生,案发时系某医院员工。

2018 年起,涂某迪明知他人利用信息网络实施犯罪,为牟取非法利益,长期收购银行卡提供给他人使用。2018 年,涂某通与万某玲通过兼职认识后,涂某通先后收购了万某玲的 3 套银行卡(含银行卡、U 盾/K 宝、身份证照片、手机卡),并让万某玲帮助其收购银行卡。2019 年 3 月至 2020 年 1 月,万某玲为牟利,在明知银行卡被用于信息网络犯罪的情况下,以亲属开淘宝店需要用卡等理由,从 4 名同学处收购 8 套新注册的银行卡提供给涂某通,涂某通将银行卡出售给他人,被用于实施电信网络诈骗等违法犯罪活动。经查,共有 21 名电信网络诈骗被害人向万某玲出售的上述银行卡内转入人民币 207 万余元。

【诉讼过程】

2020 年 11 月 3 日,四川省江油市公安局以涂某通、万某玲涉嫌帮助信息网络犯罪活动罪移送起诉。同年 12 月 3 日,江油市人民检察院以帮助信息网络犯罪活动罪对涂某通、万某玲提起公诉。鉴于万某玲犯罪时系在校大学生,因

找兼职误入歧途而收购、贩卖银行卡,主动认罪认罚,江油市人民检察院对其提出从轻处罚的量刑建议。涂某通在审查起诉阶段不认罪,也不供述银行卡销售去向、获利数额等情况。2020年12月31日,江油市人民法院作出一审判决,以帮助信息网络犯罪活动罪判处涂某通有期徒刑一年四个月,并处罚金人民币1万元;判处万某玲有期徒刑十个月,并处罚金人民币5000元。涂某通、万某玲未上诉,判决已生效。

【教育治理】

针对在校大学生违法收购、贩卖银行卡被用于网络犯罪的情况,江油市人民检察院会同学校所在地检察院,向涉案学生所在高校制发检察建议,提示在校学生涉"两卡"违法犯罪风险。相关学校积极开展法治宣传,通过以案释法,加强对全校学生的教育引导。江油市人民检察院还会同本辖区内学校开展"断卡"宣传进校园活动,将包括本案在内的多个真实案例纳入宣讲;制作"断卡"普法小漫画进行推送宣传,着力提高在校学生学法懂法、遵法守法的意识。

【典型意义】

从近年来的办案情况看,手机卡、银行卡(以下简称"两卡")已经成为电信网络诈骗犯罪分子实施诈骗、转移赃款的重要工具。为依法严厉打击非法出租、出售"两卡"违法犯罪活动,2020年10月起,最高人民法院、最高人民检察院、公安部、工业和信息化部、中国人民银行等五部门联合部署开展"断卡"行动,以斩断电信网络诈骗违法犯罪的信息流和资金链。

工作中发现,部分在校学生由于社会阅历不足、法治观念淡薄,已成为非法买卖"两卡"的重要群体之一。在利益诱惑面前,有的学生迷失方向,一步步陷入违法犯罪泥潭,从办卡、卖卡发展到组织收卡、贩卡,成为潜伏在校园中的"卡商"。本案被告人即是这样的"卡商",他们不仅出售自己的银行卡,还在学校里招揽同学出售银行卡。这些银行卡经过层层周转,落入诈骗人员等犯罪分子手中,用于流转非法资金,危害不容小觑。对于从"工具人"转变为"卡商"的在校学生,应当综合其犯罪事实、情节和认罪态度,依法追究刑事责任。

对于办案中发现的在校学生涉电信网络诈骗以及"两卡"犯罪风险点,检察机关和教育部门要加强以案释法,深入校园开展形式多样的法治宣传教育活动。特别是对于案件相对多发的学校,要共同研究加强教育管理的意见,提升在校学生的风险意识和防范能力,避免成为犯罪"工具人"。办案地和学校所在地检察机关要加强沟通衔接,及时通报情况,积极提供协助,共同推动做好社会治理工作。

郭某凯、刘某学、耿某云帮助信息网络犯罪活动案

（2021 年 6 月 28 日最高人民检察院、教育部联合发布）

【基本案情】

郭某凯,1997 年 10 月出生,初中文化,无固定职业。

刘某学,1999 年 5 月出生,某学院在校学生。

耿某云,2000 年 6 月出生,高中文化,无固定职业。

2020 年 8 月,刘某学办理休学手续后到河北省石家庄市打工,在网上看到收购手机卡的信息后,办理多张手机卡出售给郭某凯所在的贩卡团伙。后为尽快挣钱,刘某学主动加入该团伙成为"收卡人"。该团伙长期在北京、石家庄等地收购手机卡,贩卖给电信网络诈骗等违法犯罪团伙使用。经统计,郭某凯通过自己及其下线收购、贩卖手机卡 3700 张,获利人民币 5.7 万余元;刘某学收购、贩卖手机卡 871 张,获利人民币 1.5 万余元。

2020 年 8 月 23 日,耿某云在微信兼职群内看到郭某凯团伙发布的收购手机卡信息后,用自己身份证办理 9 张手机卡并按照郭某凯要求交给刘某学,由刘某学验卡、拍照后通过快递寄出,耿某云获利人民币 450 元。其中一张手机卡被用于实施电信网络诈骗犯罪,导致河北省井陉县一名被害人被骗人民币 35 万余元。

【诉讼过程】

2020 年 10 月 9 日和 11 月 16 日,河北省石家庄市井陉县公安局以郭某凯、刘某学、耿某云涉嫌帮助信息网络犯罪活动罪提请批准逮捕。井陉县人民检察院经审查,决定批准逮捕郭某凯、刘某学,不批准逮捕耿某云。2021 年 3 月 10 日,井陉县公安局对耿某云终止侦查,进行训诫。同年 3 月 25 日,河北省通信管理局对耿某云作出惩戒决定,2 年内停止新入网业务,各基础运营商只保留 1 个手机号码。

2020 年 12 月 15 日,井陉县公安局以郭某凯、刘某学涉嫌帮助信息网络犯罪活动罪移送起诉。2021 年 1 月 12 日,井陉县人民检察院以帮助信息网络犯罪活动罪对郭某凯、刘某学提起公诉。2021 年 3 月 16 日,井陉县人民法院作出一审判决,以帮助信息网络犯罪活动罪判处郭某凯有期徒刑一年十个月,并处罚金人民币 2 万元;判处刘某学有期徒刑八个月,并处罚金人民币 1 万元。郭某凯、刘某学未上诉,判决已生效。

【教育治理】

井陉县人民检察院及时向刘某学所在学校制发检察建议,提示校方加强学生网络法治教育、严格日常管理,积极推动形成预防网络犯罪检校合力。校方高度重视,根据检察建议内容,立即下发通知,要求各系部、任课教师、辅导员强化对学生(包括因休学、实习等原因暂时不在学校的学生)的监督管理,及时了解、掌握学生动态;结合案例情况,完善思想政治、法律常识公共课程内容,有针对性地开展警示教育;积极对接当地司法机关,深入开展"法治进校园"活动,通过张贴海报、开展讲座、组织公开课等方式,推动法治教育走深走实。

【典型意义】

当前,手机卡是犯罪分子实施电信网络诈骗犯罪的重要工具。随着网络实名制要求的落实,办理银行卡、注册网络账号等基本都需要绑定实名制手机卡。司法实践中,犯罪分子为逃避打击,往往非法收购他人手机卡来实施电信网络诈骗,绕过实名制监管要求,成为网络黑灰产业链条上的重要一环。对于明知他人利用信息网络实施犯罪,仍然收购、贩卖他人手机卡的"卡头""卡商",构成犯罪的,要依法追究刑事责任。对于仅出售自己手机卡的,一般不作为犯罪处理,但需要同步进行信用惩戒,强化教育管理。

在深入推进"断卡"行动过程中,检察机关要会同相关部门综合运用好行政和刑事措施,加强行刑衔接,多管齐下,实现罚当其罪,发挥综合效应。对于涉案情节较轻不追究刑事责任的,检察机关要督促相关行政执法部门依法及时给予惩戒。既让违法者承担应有的法律责任,受到警示教育;也向社会传递依法从严惩治涉"两卡"违法犯罪、坚决遏制电信网络诈骗犯罪高发多发势头的立场,推动社会共治。

教育部门和大中专、高职院校,要加强对在校学生的关心、关怀、关爱。对于休学和因各种原因未在校学生,密切与家长、学生、实习单位的沟通,详细了解休学原因、生活近况、工作实习情况等,共同加强对学生的日常教育管理。

许某帮助信息网络犯罪活动不起诉案

(2021 年 6 月 28 日最高人民检察院、教育部联合发布)

【基本案情】

许某,2001 年 3 月出生,系某职业技术学院在校学生。

2020 年 6 月,许某高考后为寻找暑期兼职,联系朋友程某(另案处理)帮忙介绍工作,程某介绍许某办理银行卡出售给他人使用,每张卡价格人民币 100元。许某按程某要求先自行办理了一张手机卡,后在程某带领下在 7 家银行各办理了 1 张银行卡,并将上述 7 张银行卡和手机卡交给程某,程某向许某转账人民币 200 元(另有人民币 500 元尚未实际支付)。交付银行卡后,程某告知许某银行卡系用于为他人转移赃款。许某为了赚钱,未采取补救措施。经查,上述 7 张银行卡被他人用于实施电信网络诈骗犯罪,被害人转入资金共计人民币22 万余元。

【诉讼过程】

2020 年 10 月 12 日,安徽省合肥市肥东县公安局以许某涉嫌帮助信息网络犯罪活动罪移送起诉。肥东县人民检察院在审查起诉过程中,到许某所在学校调取相关资料。当地教育部门积极配合,提供了许某的在校证明和日常表现。经了解,许某在校期间表现良好,无其他前科劣迹。许某到案后如实供述了犯罪事实,认罪认罚并积极退赃。2020 年 11 月 11 日,肥东县人民检察院依法对许某作出不起诉决定。收卡人程某因涉嫌其他犯罪事实被另案处理。

【教育治理】

结合本案办理,肥东县人民检察院到许某所在高中及相关学校开展反电信网络诈骗和防范"两卡"犯罪宣讲。通过检察官讲述典型案例、揭示犯罪手法,教育引导学生树立正确的金钱观、消费观,提高风险防范意识。当地教育部门和相关学校高度重视,积极提供宣讲平台,加强检校合作,共同将"保护学生权益、加强网络空间治理"落实到日常教学管理中。

【典型意义】

实践中,在校学生容易被贩卡团伙拉拢、利诱,成为犯罪"工具人"。这之中,有的由于不正确的消费观、价值观,为了金钱利益,非法开办、出售"两卡";有的在寻找实习机会、社会兼职过程中,由于法治观念淡薄,被犯罪团伙所利用,步入犯罪陷阱;有的交友不慎、识人不明,在所谓"朋友""老乡"的引诱、教唆下出租、出售"两卡"。

办理涉"两卡"案件,对涉案学生要以教育、挽救、惩戒、警示为主,努力实现办案"三个效果"的有机统一。检察机关要加强与教育部门、相关学校的沟通联系,充分了解其学习情况、在校表现,是否具有帮教条件,综合评判起诉必要性。对于犯罪情节轻微,认罪态度较好的,检察机关可以依法作出不起诉决定,并会同教育部门和相关学校加强教育管理,帮助学生迷途知返、走上正途。

要坚持预防为先的理念,注重源头治理、综合治理,坚持齐抓共管、群防群治。检察机关和教育部门、相关学校要共同深入推动反电信网络诈骗和防范"两卡"违法犯罪校园宣传活动,发挥案例的教育警示作用,防止在校学生成为犯罪"工具人"。

唐某琪、方某帮助信息网络犯罪活动案——非法买卖 GOIP 设备并提供后续维护支持,为电信网络诈骗犯罪提供技术帮助

(2022 年 4 月 21 日最高人民检察院发布)

【关键词】

帮助信息网络犯罪活动罪 GOIP 设备〔注:GOIP(Gsm Over Internet Protocol)设备是一种虚拟拨号设备,该设备能将传统电话信号转化为网络信号,供上百张手机卡同时运作,并通过卡池远程控制异地设备,实现人机分离、人卡分离、机卡分离等功能。〕 技术支持 网络黑灰产业链

【要旨】

电信网络诈骗犯罪分子利用 GOIP 设备拨打电话、发送信息,加大了打击治理难度。检察机关要依法从严惩治为实施电信网络诈骗犯罪提供 GOIP 等设备行为,源头打击治理涉网络设备的黑色产业链。坚持主客观相统一,准确认定帮助信息网络犯罪活动罪中的"明知"要件。

【基本案情】

被告人唐某琪,系广东深圳乔尚科技有限公司(以下简称乔尚公司)法定代表人;

被告人方某,系浙江杭州三汇信息工程有限公司(以下简称三汇公司)销售经理。

被告人唐某琪曾因其销售的 GOIP 设备涉及违法犯罪被公安机关查扣并口头警告,之后其仍以乔尚公司名义向方某购买该设备,并通过网络销售给他人。方某明知唐某琪将 GOIP 设备出售给从事电信网络诈骗犯罪的人员,仍然长期向唐某琪出售。自 2019 年 12 月至 2020 年 10 月,唐某琪从方某处购买 130 台 GOIP 设备并销售给他人,并提供后续安装、调试及配置系统等技术支持。其间,公安机关在广西北海、钦州以及贵州六盘水、铜仁等地查获唐某琪、方某出售的 GOIP 设备 20 台。经查,其中 5 台设备被他人用于实施电信网络诈骗,造成张某淘、李某兰等人被诈骗人民币共计 34 万余元。

【检察履职过程】

本案由广西壮族自治区北海市公安局立案侦查。2020 年 9 月 27 日,北海市人民检察院介入案件侦查。2021 年 1 月 25 日,公安机关以唐某琪、方某涉嫌帮助信息网络犯罪活动罪移送起诉,北海市人民检察院将本案指定由海城区人民检察院审查起诉。检察机关经审查认为,唐某琪曾因其销售的 GOIP 设备涉及违法犯罪被公安机关查扣并口头警告,后仍然实施有关行为;方某作为行业销售商,明知 GOIP 设备多用于电信网络诈骗犯罪且收到警示通知的情况下,对销售对象不加审核,仍然长期向唐某琪出售,导致所出售设备被用于电信网络诈骗犯罪,造成严重危害,依法均应认定为构成帮助信息网络犯罪活动罪。同年 6 月 21 日,检察机关以帮助信息网络犯罪活动罪对唐某琪、方某提起公诉。同年 8 月 2 日,北海市海城区人民法院以帮助信息网络犯罪活动罪分别判处被告人唐某琪、方某有期徒刑九个月、八个月,并处罚金人民币 1.2 万元、1 万元。唐某琪提出上诉,同年 10 月 18 日,北海市中级人民法院裁定驳回上诉,维持原判。

【典型意义】

(一)GOIP 设备被诈骗犯罪分子使用助推电信网络诈骗犯罪,要坚持打源头斩链条,防止该类网络黑灰产滋生发展。当前,GOIP 设备在电信网络诈骗犯罪中被广泛使用,尤其是一些诈骗团伙在境外远程控制在境内安置的设备,加大反制拦截和信号溯源的难度,给案件侦办带来诸多难题。检察机关要聚焦违法使用 GOIP 设备所形成的黑灰产业链,既要从严惩治不法生产商、销售商,又要注重惩治专门负责设备安装、调试、维修以及提供专门场所放置设备的不法人员,还要加大对为设备运转提供大量电话卡的职业"卡商"的打击力度,全链条阻断诈骗分子作案工具来源。

(二)坚持主客观相统一,准确认定帮助信息网络犯罪活动罪中的"明知"要件。行为人主观上明知他人利用信息网络实施犯罪是认定帮助信息网络犯罪活动罪的前提条件。对于这一明知条件的认定,要坚持主客观相统一原则予以综合认定。对于曾因实施有关技术支持或帮助行为,被监管部门告诫、处罚,仍然实施有关行为的,如没有其他相反证据,可依法认定其明知。对于行业内人员出售、提供相关设备工具被用于网络犯罪的,要结合其从业经历、对设备工具性能了解程度、交易对象等因素,依法认定其明知,但有相反证据的除外。

周某平、施某青帮助信息网络犯罪活动案—— 冒用他人信息实名注册并出售校园宽带 账号为电信网络诈骗犯罪提供工具

（2022 年 4 月 21 日最高人民检察院发布）

【关键词】

帮助信息网络犯罪活动罪　宽带账号　通信行业治理　平安校园建设

【要旨】

为他人逃避监管或者规避调查，非法办理、出售网络宽带账号，情节严重的，构成帮助信息网络犯罪活动罪，应当依法打击、严肃惩处。检察机关要会同相关部门规范电信运营服务、严格内部从业人员管理。加强校园及周边综合治理，深化法治宣传教育，共同牢筑网络安全的校园防线。

【基本案情】

被告人周某平，系某通信公司宽带营业网点负责人；

被告人施某青，系某通信公司驻某大学营业网点代理商上海联引通信技术有限公司工作人员。

2019 年上半年起，被告人周某平在网上获悉他人求购宽带账号的信息后，向施某青提出购买需求。施某青利用负责面向在校学生的"办理手机卡加 1 元即可办理校园宽带"服务的工作便利，在学生申请手机卡后，私自出资 1 元利用申请手机卡的学生信息办理校园宽带账号 500 余个，以每个宽带账号人民币 200 元的价格出售给周某平，周某平联系买家出售。周某平、施某青作为电信行业从业人员，明知宽带账号不能私下买卖，且买卖后极有可能被用于电信网络诈骗等犯罪，仍私下办理并出售给上游买家。同时，为帮助他人逃避监管或规避调查，两人还违规帮助上游买家架设服务器，改变宽带账号的真实 IP 地址，并对服务器进行日常维护。周某平、施某青分别获利人民币 8 万余元、10 万余元。经查，二人出售的一校园宽带账号被他人用于电信网络诈骗，致一被害人被骗人民币 158 万余元。

【检察履职过程】

本案由上海市公安局闵行分局立案侦查。2021 年 6 月 4 日，公安机关以周某平、施某青涉嫌帮助信息网络犯罪活动罪移送闵行区人民检察院起诉。同年 6 月 30 日，检察机关对周某平、施某青以帮助信息网络犯罪活动罪提起公诉。

同年 7 月 12 日,闵行区人民法院以帮助信息网络犯罪活动罪判处周某平有期徒刑八个月,并处罚金人民币 1 万元;判处施某青有期徒刑七个月,并处罚金人民币 1 万元。被告人未上诉,判决已生效。

针对本案办理中所暴露的宽带运营服务中的管理漏洞问题,检察机关主动到施某青所在通信公司走访,通报案件情况,指出公司在业务运营中所存在的用户信息管理不严、业务办理实名认证落实不到位等问题,建议完善相关业务监管机制,加强用户信息管理。该公司高度重视,对涉案的驻某高校营业厅处以年度考评扣分的处罚,并规定"1 元加购宽带账户"的业务必须由用户本人到现场拍照确认后,方可办理。检察机关还结合开展"反诈进校园"活动,提示在校学生加强风险意识,防范个人信息泄露,重视名下个人账号管理使用,防止被犯罪分子利用。

【典型意义】

(一)非法买卖宽带账号并提供隐藏 IP 地址等技术服务,属于为网络犯罪提供技术支持或帮助,应当依法从严惩治。宽带账号直接关联到用户网络个人信息,关系到互联网日常管理维护,宽带账号实名制是互联网管理的一项基本要求。电信网络从业人员利用职务便利,冒用校园用户信息开通宽带账户倒卖,为犯罪分子隐藏真实身份提供技术支持帮助,侵犯用户的合法权益、影响网络正常管理,也给司法办案制造了障碍。对于上述行为,情节严重的,构成帮助信息网络犯罪活动罪,应当依法追诉;对于行业内部人员利用工作便利实施上述行为的,依法从严惩治。

(二)规范通信运营服务,严格行业内部人员管理,加强源头治理,防范网络风险。加强通信行业监管是打击治理电信网络诈骗的重要内容。网络黑灰产不断升级发展,给电信行业监管带来不少新问题。对此,检察机关要结合办案所反映出的风险问题,会同行业主管部门督促业内企业严格落实用户实名制,规范用户账号管理;建立健全用户信息收集、使用、保密管理机制,及时堵塞风险漏洞,对于频繁应用于诈骗等违法犯罪活动的高风险业务及时清理规范。要督促有关企业加强对内部人员管理,加大违法违规案例曝光,强化警示教育,严格责任追究,构筑企业内部安全"防火墙"。

(三)加强校园及周边综合治理,深化法治宣传教育,共同牢筑网络安全的校园防线。当前,校园及周边电信网络诈骗及其关联案件时有发生,一些在校学生不仅容易成为诈骗的对象,也容易为了眼前小利沦为诈骗犯罪的"工具人"。要深化检校协作,结合发案情况,深入开展校园及周边安全风险排查整治,深入开展"反诈进校园"活动,规范校园内电信、金融网点的设立、运营,重视加强就业兼职等重点领域的法治教育。

刑法第二百九十条（聚众扰乱社会秩序罪）

第二百九十条①　聚众扰乱社会秩序,情节严重,致使工作、生产、营业和教学、科研、医疗无法进行,造成严重损失的,对首要分子,处三年以上七年以下有期徒刑;对其他积极参加的,处三年以下有期徒刑、拘役、管制或者剥夺政治权利。

聚众冲击国家机关,致使国家机关工作无法进行,造成严重损失的,对首要分子,处五年以上十年以下有期徒刑;对其他积极参加的,处五年以下有期徒刑、拘役、管制或者剥夺政治权利。

多次扰乱国家机关工作秩序,经行政处罚后仍不改正,造成严重后果的,处三年以下有期徒刑、拘役或者管制。

多次组织、资助他人非法聚集,扰乱社会秩序,情节严重的,依照前款的规定处罚。

李红军等聚众扰乱社会秩序案

（2020 年 5 月 11 日最高人民法院发布）

【基本案情】

被告人李红军,男,汉族,1968 年 12 月 16 日出生,农民。

被告人李洪团,男,汉族,1979 年 1 月 2 日出生,农民。

被告人黄昌青,男,汉族,1975 年 12 月 25 日出生,农民。

被告人李红司,男,汉族,1972 年 12 月 16 日出生,农民。

2018 年 2 月 20 日中午,被告人李红军之子李某因饮酒过量被送至江苏省灌云县东王集镇卫生院救治,后经救治无效死亡。当日下午,李红军和被告人

---

①　本条第一款根据《刑法修正案（九）》(2015 年 11 月 1 日起施行)第三十一条修改;第三、四款根据刑法修正案(九)增加。

原本条第一款内容为:聚众扰乱社会秩序,情节严重,致使工作、生产、营业和教学、科研无法进行,造成严重损失的,对首要分子,处三年以上七年以下有期徒刑;对其他积极参加的,处三年以下有期徒刑、拘役、管制或者剥夺政治权利。

修改的内容为:将聚众扰乱医疗秩序的行为补充规定为犯罪。

李洪团等人欲给卫生院施加压力,将李某尸体停放在该院观察室内。被告人李红司纠集庄邻、亲友等 50 余人至卫生院,滞留在观察室、输液室、大厅等处。当晚,李红司煽动庄邻等阻止公安人员执行公务。

同月 21 日上午,被告人李红司、黄昌青煽动他人推搡维持秩序的公安人员。被告人李红军、李洪团、李红司等人为给卫生院和政府施加更大压力,纠集更多人至卫生院,伙同黄昌青指使李某的同学用输液座椅堵住走道、拍摄视频在网络上发布。为造出更大声势和影响,李洪团经与李红军商议,携带煤气罐、汽油等危险品至卫生院门诊楼。当晚,李红军再次让李红司纠集更多庄邻至卫生院,后公安人员要求李红军等人将煤气罐、汽油等危险品运走,李红司、黄昌青煽动庄邻继续在卫生院闹事,拒不运走煤气罐、汽油等危险品。

同月 22 日,被告人李红军、李洪团、黄昌青、李红司等人采取封堵卫生院门诊楼大门、输液室、观察室、过道,辱骂、冲撞、投掷汽油瓶、向自己身上浇汽油欲自焚等方式,阻碍公安人员正常执行公务。当日 14 时许,李红军、李洪团、黄昌青等人被公安人员强制带离现场,李红司乘机逃离,后主动投案。因本案致上述卫生院门诊楼部分门窗、玻璃、输液座椅、监控设备等物品被损坏,维修费用共计 18770 元,重新购置输液座椅 25 张(价值共计 24830 元)。

【裁判结果】

本案由江苏省灌云县人民法院一审,江苏省连云港市中级人民法院二审。

法院认为,被告人李红军、李洪团、黄昌青、李红司聚众扰乱卫生院医疗秩序,情节严重,致使该院医疗工作无法正常进行,造成严重损失,其行为均已构成聚众扰乱社会秩序罪。李红军、李洪团系首要分子,黄昌青、李红司系积极参加者,均应依法惩治。李红司有自首情节,李红军、李洪团如实供述罪行,黄昌青当庭自愿认罪,均可从轻处罚。据此,对被告人李红军、李洪团分别判处有期徒刑三年;对被告人黄昌青判处有期徒刑一年六个月,缓刑二年;对被告人李红司判处有期徒刑一年三个月,缓刑一年六个月。

二审裁定已于 2019 年 6 月 26 日发生法律效力。

【典型意义】

患者医治无效死亡,悲痛者莫过于亲属。患者亲属如对医疗机构和医生的处置有分歧意见,应通过合法途径解决,而不是采取违规停尸、聚众围堵、损毁财物、妨害公务等行为对医疗机构和医务人员表达不满。这无助于解决问题,还会严重扰乱正常医疗秩序,影响其他患者的就诊权益。

本案是一起情节严重的在卫生院聚众扰序的典型案例。患者因饮酒过量经送卫生院救治无效死亡,患者亲属纠集多人连续三天在卫生院聚众闹事,严重扰乱正常医疗秩序。人民法院依法对被告人李红军、李洪团分别判处有期徒刑三年,体现了对此类犯罪的严惩。

刑法第二百九十一条之一(编造、故意传播虚假恐怖信息罪)

第二百九十一条之一①② 投放虚假的爆炸性、毒害性、放射性、传染病病原体等物质,或者编造爆炸威胁、生化威胁、放射威胁等恐怖信息,或者明知是编造的恐怖信息而故意传播,严重扰乱社会秩序的,处五年以下有期徒刑、拘役或者管制;造成严重后果的,处五年以上有期徒刑。

编造虚假的险情、疫情、灾情、警情,在信息网络或者其他媒体上传播,或者明知是上述虚假信息,故意在信息网络或者其他媒体上传播,严重扰乱社会秩序的,处三年以下有期徒刑、拘役或者管制;造成严重后果的,处三年以上七年以下有期徒刑。

李泽强编造、故意传播虚假恐怖信息案

(最高人民检察院第十一届检察委员会第五十三次会议讨论决定 2013 年 5 月 27 日发布)

【关键词】

编造、故意传播虚假恐怖信息罪

【要旨】

编造、故意传播虚假恐怖信息罪是选择性罪名。编造恐怖信息以后向特定对象散布,严重扰乱社会秩序的,构成编造虚假恐怖信息罪。编造恐怖信息以后向不特定对象散布,严重扰乱社会秩序的,构成编造、故意传播虚假恐怖信息罪。

对于实施数个编造、故意传播虚假恐怖信息行为的,不实行数罪并罚,但应当将其作为量刑情节予以考虑。

---

① 本条第一款根据《刑法修正案(三)》(2001 年 12 月 29 日起施行)第八条增加。
② 本条第二款根据《刑法修正案(九)》(2015 年 11 月 1 日起施行)第三十二条增加。

【基本案情】

被告人李泽强,男,河北省人,1975 年出生,原系北京欣和物流仓储中心电工。

2010 年 8 月 4 日 22 时许,被告人李泽强为发泄心中不满,在北京市朝阳区小营北路 13 号工地施工现场,用手机编写短信"今晚要炸北京首都机场",并向数十个随意编写的手机号码发送。天津市的彭某收到短信后于 2010 年 8 月 5 日向当地公安机关报案,北京首都国际机场公安分局于当日接警后立即通知首都国际机场运行监控中心。首都国际机场运行监控中心随即启动紧急预案,对东、西航站楼和机坪进行排查,并加强对行李物品的检查和监控工作,耗费大量人力、物力,严重影响了首都国际机场的正常工作秩序。

【诉讼过程】

2010 年 8 月 7 日,李泽强因涉嫌编造、故意传播虚假恐怖信息罪被北京首都国际机场公安分局刑事拘留,9 月 7 日被逮捕,11 月 9 日侦查终结移送北京市朝阳区人民检察院审查起诉。2010 年 12 月 3 日,朝阳区人民检察院以被告人李泽强犯编造、故意传播虚假恐怖信息罪向朝阳区人民法院提起公诉。2010 年 12 月 14 日,朝阳区人民法院作出一审判决,认为被告人李泽强法治观念淡薄,为泄私愤,编造虚假恐怖信息并故意向他人传播,严重扰乱社会秩序,已构成编造、故意传播虚假恐怖信息罪;鉴于被告人李泽强自愿认罪,可酌情从轻处罚,依照《中华人民共和国刑法》第二百九十一条之一、第六十一条之规定,判决被告人李泽强犯编造、故意传播虚假恐怖信息罪,判处有期徒刑一年。一审判决后,被告人李泽强在法定期限内未上诉,检察机关也未提出抗诉,一审判决发生法律效力。

【相关规定】(略)

卫学臣编造虚假恐怖信息案

(最高人民检察院第十一届检察委员会第五十三次会议讨论决定　2013 年 5 月 27 日发布)

【关键词】

编造虚假恐怖信息罪　严重扰乱社会秩序

【要旨】

关于编造虚假恐怖信息造成"严重扰乱社会秩序"的认定,应当结合行为对正常的工作、生产、生活、经营、教学、科研等秩序的影响程度、对公众造成的恐慌程度以及处置情况等因素进行综合分析判断。对于编造、故意传播虚假恐怖信息威胁民航安全,引起公众恐慌,或者致使航班无法正常起降的,应当认定为"严重扰乱社会秩序"。

【基本案情】

被告人卫学臣,男,辽宁省人,1987 年出生,原系大连金色假期旅行社导游。

2010 年 6 月 13 日 14 时 46 分,被告人卫学臣带领四川来大连的旅游团用完午餐后,对四川导游李忠键说自己可以让飞机停留半小时,遂用手机拨打大连周水子国际机场问询处电话,询问 3U8814 航班起飞时间后,告诉接电话的机场工作人员说"飞机上有两名恐怖分子,注意安全"。大连周水子国际机场接到电话后,立即启动防恐预案,将飞机安排到隔离机位,组织公安、安检对飞机客、货舱清仓,对每位出港旅客资料核对确认排查,查看安检现场录像,确认没有可疑问题后,当日 19 时 33 分,3U8814 航班飞机起飞,晚点 33 分钟。

【诉讼过程】

2010 年 6 月 13 日,卫学臣因涉嫌编造虚假恐怖信息罪被大连市公安局机场分局刑事拘留,6 月 25 日被批捕,8 月 12 日侦查终结移送大连市甘井子区人民检察院审查起诉。2010 年 9 月 20 日,甘井子区人民检察院以被告人卫学臣涉嫌编造虚假恐怖信息罪向甘井子区人民法院提起公诉。2010 年 10 月 11 日,甘井子区人民法院作出一审判决,认为被告人卫学臣故意编造虚假恐怖信息,严重扰乱社会秩序,其行为已构成编造虚假恐怖信息罪;鉴于被告人卫学臣自愿认罪,可酌情从轻处罚,依照《中华人民共和国刑法》第二百九十一条之一之规定,判决被告人卫学臣犯编造虚假恐怖信息罪,判处有期徒刑一年六个月。一审判决后,被告人卫学臣在法定期限内未上诉,检察机关也未提出抗诉,一审判决发生法律效力。

【相关规定】(略)

袁才彦编造虚假恐怖信息案

(最高人民检察院第十一届检察委员会第五十三次会议讨论决定　2013 年 5 月 27 日发布)

【关键词】

编造虚假恐怖信息罪　择一重罪处断

【要旨】

对于编造虚假恐怖信息造成有关部门实施人员疏散,引起公众极度恐慌的,或者致使相关单位无法正常营业,造成重大经济损失的,应当认定为"造成严重后果"。

以编造虚假恐怖信息的方式,实施敲诈勒索等其他犯罪的,应当根据案件事实和证据情况,择一重罪处断。

【基本案情】

被告人袁才彦,男,湖北省人,1956 年出生,无业。

被告人袁才彦因经济拮据,意图通过编造爆炸威胁的虚假恐怖信息勒索钱财。2004 年 9 月 29 日,被告人袁才彦冒用名为"张锐"的假身份证,在河南省工商银行信阳分行红星路支行体彩广场分理处申请办理了牡丹灵通卡账户。

2005 年 1 月 24 日 14 时许,被告人袁才彦拨打上海太平洋百货有限公司徐汇店的电话,编造已经放置炸弹的虚假恐怖信息,以不给钱就在商场内引爆炸弹自杀相威胁,要求上海太平洋百货有限公司徐汇店在 1 小时内向其指定的牡丹灵通卡账户内汇款人民币 5 万元。上海太平洋百货有限公司徐汇店即向公安机关报警,并进行人员疏散。接警后,公安机关启动防爆预案,出动警力 300 余名对商场进行安全排查。被告人袁才彦的行为造成上海太平洋百货有限公司徐汇店暂停营业 3 个半小时。

1 月 25 日 10 时许,被告人袁才彦拨打福州市新华都百货商场的电话,称已在商场内放置炸弹,要求福州市新华都百货商场在半小时内将人民币 5 万元汇入其指定的牡丹灵通卡账户。接警后,公安机关出动大批警力进行人员疏散、搜爆检查,并对现场及周边地区实施交通管制。

1 月 27 日 11 时,被告人袁才彦拨打上海市铁路局春运办公室的电话,称已在火车上放置炸弹,并以引爆炸弹相威胁要求春运办公室在半小时内将人民币 10 万元汇入其指定的牡丹灵通卡账户。接警后,上海铁路公安局抽调大批警力对旅客、列车和火车站进行安全检查。

1 月 27 日 14 时,被告人袁才彦拨打广州市天河城百货有限公司的电话,要求广州市天河城百货有限公司在半小时内将人民币 2 万元汇入其指定的牡丹灵通卡账户,否则就在商场内引爆炸弹自杀。

1 月 27 日 16 时,被告人袁才彦拨打深圳市天虹商场的电话,要求深圳市天虹商场在 1 小时内将人民币 2 万元汇入其指定的牡丹灵通卡账户,否则就在商场内引爆炸弹。

1 月 27 日 16 时 32 分,被告人袁才彦拨打南宁市百货商场的电话,要求南宁市百货商场在 1 小时内将人民币 2 万元汇入其指定的牡丹灵通卡账户,否则就在商场门口引爆炸弹。接警后,公安机关出动警力 300 余名在商场进行搜爆和安全检查。

【诉讼过程】

2005 年 1 月 28 日,袁才彦因涉嫌敲诈勒索罪被广州市公安局天河区分局刑事拘留。2005 年 2 月案件移交袁才彦的主要犯罪地上海市公安局徐汇区分局管辖,3 月 4 日袁才彦被逮捕,4 月 5 日侦查终结移送上海市徐汇区人民检察院审查起诉。2005 年 4 月 14 日,上海市人民检察院将案件指定上海市人民检察院第二分院管辖,4 月 18 日上海市人民检察院第二分院以被告人袁才彦涉嫌编造虚假恐怖信息罪向上海市第二中级人民法院提起公诉。2005 年 6 月 24 日,上海市第二中级人民法院作出一审判决,认为被告人袁才彦为勒索钱财故意编造爆炸威胁等虚假恐怖信息,严重扰乱社会秩序,其行为已构成编造虚假恐怖信息罪,且造成严重后果,依照《中华人民共和国刑法》第二百九十一条之一、第五十五条第一款、第五十六条第一款、第六十四条的规定,判决被告人袁才彦犯编造虚假恐怖信息罪,判处有期徒刑十二年,剥夺政治权利三年。一审判决后,被告人袁才彦提出上诉。2005 年 8 月 25 日,上海市高级人民法院二审终审裁定,驳回上诉,维持原判。

【相关规定】(略)

潘某编造、故意传播虚假信息案——
编造并在信息网络上传播虚假疫情信息

(2022 年 4 月 29 日最高人民法院发布)

【基本案情】

2021 年 8 月 3 日晚,被告人潘某为恐吓群友,在江苏省句容市编造"王某,男,22 岁,镇江市润州区人,2021 年 8 月 2 日晚上 7 点半从润州区光明新村小区出发至溧水周家山,途经句容市梅花小区拜访亲友(08:30),紧接着来到帕提亚广场中心露天小吃摊(09:00—11:00),次日到溧水检查核酸检测两人均为阳性,已被隔离,若有与上述时间地点相符的群众,请积极自我居家隔离并尽快与地方医院取得联系"的虚假新冠疫情信息,并将上述信息制作成视频后发送至一个 46 人的 QQ 群。后该虚假信息被迅速传播扩散至 204 个微信群,涉众逾万人,造成群众恐慌,严重扰乱社会秩序。案发后,潘某主动到公安机关投案,并如实供述了上述事实。

【裁判结果】

法院经审理认为,被告人潘某编造虚假的疫情信息在信息网络上传播,严重扰乱社会秩序,其行为已构成编造、故意传播虚假信息罪。潘某具有自首情节,认罪悔罪,依法可从轻处罚。据此,以编造、故意传播虚假信息罪判处被告人潘某有期徒刑八个月。

编造传播虚假疫情信息引发群众抢购的李某某编造、故意传播虚假信息案

（2022 年 4 月 29 日最高人民检察院、公安部公布）

【基本案情】

2022 年 3 月 7 日,吉林省梅河口市通过"梅河口发布"公众平台,发布了梅河口市关于新冠肺炎疫情的第一次公告,确认 1 例初筛阳性感染者;3 月 9 日 0 点 27 分,发布梅河口市关于新冠肺炎疫情的第二次公告,确认 2 例初筛阳性感染者。梅河口市迅速实施相关管控政策。

李某某系吉林省梅河口市某传媒公司员工。2022 年 3 月 9 日 19 时许,李某某收到其在吉林省桦甸市的母亲用微信发来的桦甸市政府疫情防控通知,主要内容是桦甸市域内要求核酸检测应检尽检;从 3 月 10 日下午 4 点起实行区域封闭,非必要不准离家,居民可利用当天和第二天上午的时间采购必需物资,居家等候市政府各项指令。当日 20 时许,李某某作为网络传媒公司的工作人员,明知涉疫信息在网络平台传播的敏感度和影响力,而故意将通知中的"桦甸市"改为"通化市梅河口域内",并将该虚假信息发布到公司微信业绩群内,该微信群人员又将此消息转发给自己亲人、其他微信群中,导致该虚假信息在梅河口市迅速传播扩散,造成全域群众恐慌心理,纷纷到超市抢购米、面、油、蔬菜等生活必需品。梅河口市一天内出现物资短缺、物价上涨的紧张局面,严重扰乱了社会秩序,对当地疫情防控工作造成了不良影响。3 月 10 日,梅河口市对虚假疫情防控信息公开辟谣,各社区和街道工作人员从线上到线下进行了大量的辟谣安抚工作。

【裁判结果】

3 月 10 日,公安机关以涉嫌编造、故意传播虚假信息罪对李某某立案侦查,同日采取取保候审强制措施。4 月 6 日,该案移送检察机关审查起诉。经讯问,李某某认罪认罚并自愿出具"悔过书"。4 月 7 日,检察机关开展认罪认罚控辩协商

及听取意见同步录音录像,充分听取被告人、值班律师意见。后经综合考虑李某某的犯罪情节,检察机关依法对李某某提起公诉,并提出了"拘役四个月,缓刑五个月"的量刑建议,建议适用速裁程序。4 月 8 日,梅河口市人民法院适用速裁程序对本案进行了公开审理,采纳检察机关提出的量刑建议并当庭宣判,认定被告人李某某犯编造、故意传播虚假信息罪,判处其拘役四个月,缓刑五个月。

刑法第二百九十二条(聚众斗殴罪)

第二百九十二条　聚众斗殴的,对首要分子和其他积极参加的,处三年以下有期徒刑、拘役或者管制;有下列情形之一的,对首要分子和其他积极参加的,处三年以上十年以下有期徒刑:

(一)多次聚众斗殴的;

(二)聚众斗殴人数多,规模大,社会影响恶劣的;

(三)在公共场所或者交通要道聚众斗殴,造成社会秩序严重混乱的;

(四)持械聚众斗殴的。

聚众斗殴,致人重伤、死亡的,依照本法第二百三十四条、第二百三十二条的规定定罪处罚。

施某某等 17 人聚众斗殴案

(最高人民检察院第十一届检察委员会第五十三次会议讨论决定　2010 年 12 月 31 日发布)

【要旨】

检察机关办理群体性事件引发的犯罪案件,要从促进社会矛盾化解的角度,深入了解案件背后的各种复杂因素,依法慎重处理,积极参与调处矛盾纠纷,以促进社会和谐,实现法律效果与社会效果的有机统一。

【基本案情】

犯罪嫌疑人施某某等 9 人系福建省石狮市永宁镇西岑村人。

犯罪嫌疑人李某某等 8 人系福建省石狮市永宁镇子英村人。

福建省石狮市永宁镇西岑村与子英村相邻,原本关系友好。近年来,两村因土地及排水问题发生纠纷。永宁镇政府为解决两村之间的纠纷,曾组织人员对发生土地及排水问题的地界进行现场施工,但被多次阻挠未果。2008 年 12 月 17 日上午 8 时许,该镇组织镇干部与施工队再次进行施工。上午 9 时许,犯罪嫌疑人施某某等 9 人以及数十名西岑村村民头戴安全帽,身背装有石头的袋子,手持木棍、铁锹等器械到达两村交界处的施工地界,犯罪嫌疑人李某某等 8 人以及数十名子英村村民随后也到达施工地界,手持木棍、铁锹等器械与西岑村村民对峙.双方互相谩骂、互扔石头。出警到达现场的石狮市公安局工作人员把双方村民隔开并劝说离去,但仍有村民不听劝说,继续叫骂并扔掷石头,致使两辆警车被砸损(经鉴定损失价值人民币 761 元),三名民警手部被打伤(经鉴定均未达轻微伤)。

【诉讼过程】

案发后,石狮市公安局对积极参与斗殴的西岑村施某某等 9 人和子英村李某某等 8 人以涉嫌聚众斗殴罪向石狮市人民检察院提请批准逮捕。为避免事态进一步扩大,也为矛盾化解创造有利条件,石狮市人民检察院在依法作出批准逮捕决定的同时,建议公安机关和有关部门联合两村村委会做好矛盾化解工作,促成双方和解。2010 年 3 月 16 日,石狮市公安局将本案移送石狮市人民检察院审查起诉。石狮市人民检察院在办案中,抓住化解积怨这一关键,专门成立了化解矛盾工作小组,努力促成两村之间矛盾的化解。在取得地方党委、人大、政府支持后,工作小组多次走访两村所在的永宁镇党委、政府,深入两村争议地点现场查看,并与村委会沟通,制定工作方案。随后协调镇政府牵头征求专家意见并依照镇排水、排污规划对争议地点进行施工,从交通安全与保护环境的角度出发,在争议的排水沟渠所在地周围修建起护栏和人行道,并纳入镇政府的统一规划。这一举措得到了两村村民的普遍认同。化解矛盾工作期间,工作小组还耐心、细致地进行释法说理、政策教育、情绪疏导和思想感化等工作,两村相关当事人及其家属均对用聚众斗殴这种违法行为解决矛盾纠纷的做法进行反省并表示后悔,都表现出明确的和解意愿。2010 年 4 月 23 日,西岑村、子英村两村村委会签订了两村和解协议,涉案人员也分别出具承诺书,表示今后不再就此滋生事端,并保证遵纪守法。至此,两村纠纷得到妥善解决,矛盾根源得以消除。

石狮市人民检察院认为:施某某等 17 人的行为均已触犯了《中华人民共和国刑法》第二百九十二条第一款、第二十五条第一款之规定,涉嫌构成聚众斗殴罪,依法应当追究刑事责任。鉴于施某某等 17 人参与聚众斗殴的目的并非为了私仇或争霸一方,且造成的财产损失及人员伤害均属轻微,并未造成严重后果;两村村委会达成了和解协议,施某某等 17 人也出具了承诺书,从惩罚与教育相结合的原则出发以及有利于促进社会和谐的角度考虑,2010 年 4 月 28 日,石狮市人民检察院根据《中华人民共和国刑事诉讼法》第一百四十二条第二款之规定,决定对施某某等17人不起诉。

唐某等人聚众斗殴案

(最高人民检察院第十三届检察委员会第六十三次会议决定　2021年3月2日发布)

【关键词】

聚众斗殴　违反监督管理规定　撤销附条件不起诉　提起公诉

【要旨】

对于被附条件不起诉人在考验期内多次违反监督管理规定,逃避或脱离矫治和教育,经强化帮教措施后仍无悔改表现,附条件不起诉的挽救功能无法实现,符合"违反考察机关监督管理规定,情节严重"的,应当依法撤销附条件不起诉决定,提起公诉。

【基本案情】

被附条件不起诉人唐某,男,作案时17周岁,辍学无业。

2017年3月15日,唐某与潘某(男,作案时14周岁)因琐事在电话中发生口角,相约至某广场斗殴。唐某纠集十余名未成年人,潘某纠集八名未成年人前往约架地点。上午8时许,双方所乘车辆行至某城市主干道红绿灯路口时,唐某等人下车对正在等红绿灯的潘某一方所乘两辆出租车进行拦截,对拦住的一辆车上的四人进行殴打,未造成人员伤亡。

【检察履职情况】

(一)依法适用附条件不起诉。2017年6月20日,公安机关以唐某涉嫌聚众斗殴罪将该案移送检察机关审查起诉。检察机关审查后认为:1.唐某涉嫌聚众斗殴罪,可能判处一年有期徒刑以下刑罚。唐某虽系聚众斗殴的纠集者,在上班高峰期的交通要道斗殴,但未造成严重后果,且案发时其不满十八周岁,参照最高人民法院量刑指导意见以及当地同类案件已生效判决,评估唐某可能判处有期徒刑八个月至十个月。2.唐某归案后如实供述犯罪事实,通过亲情会见、心理疏导以及看守所提供的表现良好书面证明材料,综合评估其具有悔罪表现。3.亲子关系紧张、社会交往不当是唐某涉嫌犯罪的重要原因。唐某的母亲常年外出务工,其与父母缺乏沟通交流;唐某与社会闲散人员交往过密,经常出入夜店,夜不归宿;遇事冲动、爱逞能、好面子,对斗殴行为性质及后果存在认知偏差。4. 具备帮教矫治条件。心理咨询师对唐某进行心理疏导时，其明确表示认识到自己行为的危害性，不再跟以前的朋友来往，并提出想要学厨艺的强烈意愿。对其法定代理人开展家庭教育指导后，其母亲愿意返回家中履行监护职责，唐某明确表示将接受父母的管教和督促。检察机关综合唐某的犯罪情节、悔罪表现、犯罪成因及帮教条件并征求公安机关、法定代理人意见后，认定唐某符合附条件不起诉条件，于 2017 年 7 月 21 日依法对其作出附条件不起诉决定，考验期六个月。

（二）设置可评价考察条件，有针对性地调整强化帮教措施。检察机关成立由检察官、唐某的法定代理人和某酒店负责人组成的帮教小组，开展考察帮教工作。针对唐某的实际情况，为其提供烹饪技能培训，促其参加义务劳动和志愿者活动，要求法定代理人加强监管并禁止其出入特定场所。同时，委托专业心理咨询师对其多次开展心理疏导，对其父母开展家庭教育指导，改善亲子关系。在考验前期，唐某能够遵守各项监督管理规定，表现良好，但后期开始无故迟到、旷工，还出入酒吧、夜店等禁止出入的娱乐场所。为此，检察机关及时调整强化帮教措施：第一，通过不定时电话访谈、委托公安机关不定期调取其出入网吧、住宿记录等形式监督唐某是否存在违反禁止性规定的行为，一旦发现立即训诫，并通过心理咨询师进行矫治；第二，针对唐某法定代理人监督不力的行为，重申违反考验期规定的严重后果，及时开展家庭教育指导和司法训诫；第三，安排唐某到黄河水上救援队接受先进事迹教育感化，引导其树立正确的价值观，选择具有正能量的人交往。

（三）认定违反监督管理规定情节严重，依法撤销附条件不起诉决定。因唐某自控能力较差，无法彻底阻断与社会不良人员的交往，法定代理人监管意识和监管能力不足，在经过检察机关多次训诫及心理疏导后，唐某仍擅自离开工作的酒店，并明确表示拒绝接受帮教。检察机关全面评估唐某考验期表现，认为其在考验期内，多次夜不归宿，经常在凌晨出入酒吧、夜店、KTV 等娱乐场所；与他人结伴为涉嫌寻衅滋事犯罪的人员助威；多次醉酒，上班迟到、旷工；未向检察机关和酒店负责人报告，擅自离开帮教单位，经劝说仍拒绝上班。同时，唐某的法定代理人也未如实报告唐某日常表现，在检察机关调查核实时，帮助唐某欺瞒。因此，检察机关认定唐某违反考察机关附条件不起诉的监督管理规定，情节严重。2018 年 1 月 15 日，检察机关依法撤销唐某的附条件不起诉决定。

（四）依法提起公诉，建议不适用缓刑。2018 年 1 月 17 日，检察机关以唐某涉嫌聚众斗殴罪对其提起公诉。法庭审理阶段，公诉人指出应当以聚众斗殴罪追究其刑事责任，且根据附条件不起诉考验期间调查核实的情况，认为唐某虽认罪但没有悔罪表现,且频繁出入娱乐场所,长期与社会闲散人员交往,再犯可能性较高,不适用缓刑。2018年3月16日,法院作出一审判决,以被告人唐某犯聚众斗殴罪判处有期徒刑八个月。一审宣判后,被告人唐某未上诉。

【指导意义】

(一)针对被附条件不起诉人的实际表现,及时调整监督矫治措施,加大帮教力度。检察机关对干预矫治的情形和再犯风险应当进行动态评估,发现被附条件不起诉人在考验期内违反帮教协议的相关规定时,要及时分析原因,对仍有帮教可能性的,应当调整措施,通过延长帮教期限、心理疏导、司法训诫、家庭教育指导等多种措施加大帮教力度,及时矫正被附条件不起诉未成年人的行为认知偏差。

(二)准确把握"违反考察机关监督管理规定"行为频次、具体情节、有无继续考察帮教必要等因素,依法认定"情节严重"。检察机关经调查核实、动态评估后发现被附条件不起诉人多次故意违反禁止性监督管理规定,或者进入特定场所后违反治安管理规定,或者违反指示性监督管理规定,经检察机关采取训诫提醒、心理疏导等多种措施后仍无悔改表现,脱离、拒绝帮教矫治,导致通过附条件不起诉促进涉罪未成年人悔过自新、回归社会的功能无法实现时,应当认定为刑事诉讼法第二百八十四条第一款第(二)项规定的"情节严重",依法撤销附条件不起诉决定,提起公诉。

【相关规定】(略)

刑法第二百九十三条(寻衅滋事罪)

> 第二百九十三条① 有下列寻衅滋事行为之一,破坏社会秩序的,处五年以下有期徒刑、拘役或者管制:
>
> (一)随意殴打他人,情节恶劣的;
>
> (二)追逐、拦截、辱骂、恐吓他人,情节恶劣的;
>
> (三)强拿硬要或者任意损毁、占用公私财物,情节严重的;

---

① 本条根据《刑法修正案(八)》(2011年5月1日起施行)第四十二条修改。

原本条规定为:有下列寻衅滋事行为之一,破坏社会秩序的,处五年以下有期徒刑、拘役或者管制:(一)随意殴打他人,情节恶劣的;(二)追逐、拦截、辱骂他人,情节恶劣的;(三)强拿硬要或者任意损毁、占用公私财物,情节严重的;(四)在公共场所起哄闹事,造成公共场所秩序严重混乱的。

修改的主要内容为:一是将"追逐、拦截、辱骂他人"的犯罪手段修改为"追逐、拦截、辱骂、恐吓他人",增加了"恐吓"的手段;二是提高了本罪的法定刑,补充规定"纠集他人多次实施前款行为,严重破坏社会秩序的,处五年以上十年以下有期徒刑,可以并处罚金"。

> （四）在公共场所起哄闹事,造成公共场所秩序严重混乱的。
>
> 纠集他人多次实施前款行为,严重破坏社会秩序的,处五年以上十年以下有期徒刑,可以并处罚金。

柯金山寻衅滋事案

（最高人民法院 2021 年 5 月 11 日发布）

【基本案情】

被告人柯金山,男,汉族,1979 年 1 月 15 日出生,务工人员。

2020 年 1 月 27 日,被告人柯金山的岳父田某因疑似新冠肺炎入住湖北省武汉市第四医院(西区)就医。同月 29 日上午,被告人柯金山等家属因田某转院问题与医院发生矛盾。当日 21 时 40 分许,田某病情危急,家属呼叫隔离区护士,护士查看后通知隔离区外的值班医生高某。其间,柯金山大喊大叫、拍打物品。高某进入隔离区时见患者家属情绪激动,遂返回办公室向主任报告,同时通过电脑下医嘱,安排护士对田某进行抢救。田某因肺部感染致呼吸衰竭经抢救无效死亡。

次日零时许,柯金山及田某的女儿因对医生处置方式不满,在隔离区护士站对高某进行质问。其间,柯金山殴打高某,田某的女儿上前抓挠、撕扯高某防护服。在高某返回医生办公室途中,被告人柯金山和田某的女儿继续拦截、追打,致高某防护服、口罩、护目镜等被撕破、脱落,头面部及左肘受伤、左尺骨轻微骨折、左脚韧带及全身多处软组织损伤,构成轻微伤。公安机关接报警后到现场将柯金山抓获。高某因被隔离无法正常工作,经检测排除感染新冠肺炎。

【裁判结果】

本案由湖北省武汉市硚口区人民法院审理。

法院认为,被告人柯金山在疫情防控期间,为发泄不满情绪,伙同他人在隔离病区内撕扯医生防护服、殴打医生致轻微伤,并使医生处于感染新冠肺炎的风险之中,情节恶劣,其行为已构成寻衅滋事罪,应依法惩处。柯金山归案后如实供述自己的罪行,且认罪认罚,可从轻处罚。据此,依法对被告人柯金山判处有期徒刑八个月。

宣判后,被告人柯金山在法定期限内没有上诉、抗诉,上述判决已于 2020 年 4 月 23 日发生法律效力。

【典型意义】

本案是一起在疫情防控非常时期,发生在疫情暴发区湖北省武汉市的伤医案例。被告人柯金山等患者家属为发泄不满情绪,在医院隔离区殴打医生致轻微伤,并损坏其防护用具,致使医生因隔离观察无法正常从事诊疗工作。人民法院综合考虑柯金山犯罪的事实、性质、后果及如实供述、认罪认罚等情节,对其依法判处刑罚。

李苏颖寻衅滋事案

(最高人民法院 2021 年 5 月 11 日发布)

【基本案情】

被告人李苏颖,女,汉族,1977 年 4 月 21 日出生,务工人员。

2020 年 1 月 26 日 16 时 30 分许,被告人李苏颖在广东省广州医科大学附属第一医院(新冠肺炎定点收治医院)住院部西五病区肾内科走廊,从护士站外的治疗车上拿了一支带针头的注射器进入护士站,走到正在工作的护士张某身后,用左手勒住张某的脖子、右手持注射器针头抵住张某右颈部,以要面见专家反映新冠肺炎情况为由挟持张某,致张某右颈部皮肤损伤。经医务人员反复劝说至 17 时许,李苏颖松开左手,张某趁机脱离挟持。后李苏颖被公安人员带离现场。

【裁判结果】

本案由广东省广州市越秀区人民法院审理。

法院认为,被告人李苏颖于新冠肺炎疫情防控期间在定点收治医院用注射器挟持、恐吓医护人员,持续时间长,致医护人员受伤,且严重影响医院的正常工作秩序,应以寻衅滋事罪从重处罚。鉴于李苏颖归案后如实供述自己的罪行,且认罪认罚,可从轻处罚。据此,依法对被告人李苏颖判处有期徒刑一年。

宣判后,李苏颖在法定期限内没有上诉、抗诉,上述判决已于 2020 年 4 月 14 日发生法律效力。

【典型意义】

本案是又一起疫情防控期间发生在新冠肺炎定点收治医院的伤医扰序案例。被告人李苏颖无端滋事,以面见专家反映疫情为由,在医院护士站持注射器挟持、恐吓正在工作的护士,给被害人造成身心伤害,并严重影响医院的正常医疗秩序。人民法院综合考虑李苏颖犯罪的事实、性质、后果及认罪认罚等情节,依法对其判处有期徒刑一年,体现了对此类犯罪的严惩。

李广伟寻衅滋事案

（最高人民法院 2021 年 5 月 11 日发布）

【基本案情】

被告人李广伟,男,汉族,1981 年 6 月 30 日出生,无业。2002 年 10 月 28 日因犯盗窃罪被判处有期徒刑六个月,并处罚金人民币 1000 元。

2019 年 6 月 29 日,被告人李广伟在黑龙江省哈尔滨市松果口腔门诊就医,经检查后未同意医生马某提出的治疗方案。李广伟离开后认为马某为其检查时将其牙齿钩坏,遂返回该口腔门诊进行理论,并扬言要报复马某。

后李广伟回家取一把尖刀再次返回该口腔门诊,寻找马某欲进行报复未果,此时看到医务人员于某,为泄愤用刀把砸于某头部数下,致于某轻微伤。于某挣脱后,李广伟在诊疗室看到医务人员栾某,又持刀捅刺栾某手臂数下,致栾某轻伤二级。李广伟继续持刀追逐他人,并将医务人员范某背部划伤后,离开现场。当日,李广伟被公安人员抓获。

【裁判结果】

本案由黑龙江省哈尔滨市南岗区人民法院审理。

法院认为,被告人李广伟为泄愤,在医疗机构持刀随意殴打、捅刺医务人员,致 1 人轻伤、1 人轻微伤,并造成医疗机构秩序混乱,情节恶劣,其行为已构成寻衅滋事罪。李广伟曾因犯罪被判刑,刑满释放后又犯罪,应依法惩处。李广伟虽认罪认罚,但综合其犯罪的事实、性质、情节和社会危害程度,不足以从轻处罚。据此,依法对被告人李广伟判处有期徒刑三年。

宣判后,李广伟在法定期限内没有上诉、抗诉,上述判决已于 2020 年 5 月 8 日发生法律效力。

【典型意义】

理性就医,遇矛盾加强沟通,是全社会积极倡导的正确就医理念,患者不能因对治疗或检查效果不满而动辄泄愤报复医务人员。

本案是一起患者因报复诊治医生未果,为泄愤转而持刀随意殴打、捅刺其他医务人员致伤的案例。人民法院综合考虑被告人李广伟犯罪情节恶劣、后果较为严重且有犯罪前科等情节,依法对其判处有期徒刑三年,体现了对此类犯罪的严惩。

曹会勇寻衅滋事案

（最高人民法院 2021 年 5 月 11 日发布）

【基本案情】

被告人曹会勇,男,汉族,1983 年 6 月 15 日出生,农民。2002 年 1 月 31 日因犯故意伤害罪被判处有期徒刑三年;2009 年 5 月 14 日因犯非法拘禁罪被判处拘役四个月;2014 年 11 月 4 日因犯非法拘禁罪被判处有期徒刑八个月,2015 年 2 月 17 日刑满释放。

2019 年 2 月 6 日 20 时许,被告人曹会勇酒后送朋友到陕西省太白县县医院就诊。其间,曹会勇持挂号单到医院二楼找医生,无端与值班医生高某发生言语冲突,遂拿起听诊器扔向高某。高某躲开后,曹会勇又用拳头、手机击打高某的头面部,致高某鼻骨粉碎性骨折及其他多处损伤,构成轻伤二级。在场的值班护士韩某上前阻拦,曹会勇脚踢韩某。后其他医务人员将曹会勇拉开,曹会勇仍在楼道谩骂,引起住院病人及家属围观,直至公安人员赶到将曹会勇制服带走。

【裁判结果】

本案由陕西省太白县人民法院审理。

法院认为,被告人曹会勇酒后陪同朋友就医,随意殴打医生致轻伤,并脚踢上前阻拦的护士,谩骂医生,情节恶劣,其行为已构成寻衅滋事罪。被告人曹会勇曾因犯罪被判处有期徒刑以上刑罚,在刑罚执行完毕后五年内又犯应判处有期徒刑以上刑罚之罪,系累犯,应依法从重处罚。被告人曹会勇认罪认罚,并取得被害人谅解,可从轻处罚。据此,依法对被告人曹会勇判处有期徒刑二年。

宣判后,曹会勇在法定期限内没有上诉、抗诉,上述判决已于 2019 年 10 月 29 日发生法律效力。

【典型意义】

近年来,出现多起患者或患者陪同人员酒后在医院滋事扰序、伤害医务人员的案件。本案就是一起患者陪同人员酒后滋事,随意殴打医生、护士致医生轻伤的案例。人民法院综合考虑被告人曹会勇有多次犯罪前科且系累犯及认罪认罚等情节,依法对其判处相应刑罚。

未成年被告人邹某寻衅滋事及家庭教育令案——
未成年被告人父母怠于履行职责,跨域接受家庭教育指导

(2022 年 3 月 1 日最高人民法院发布)

【基本案情】

邹某从小随父母生活在 A 省某市,后邹某的母亲因工作变动将邹某带至 B 省生活、上学,邹某父亲仍在 A 省工作。邹某母亲因工作原因,对邹某的学习、生活关心较少,邹某父亲也只是偶尔电话问候。由于生活习惯等原因,邹某无法很好融入新的生活环境,开始与社会上的闲散青年接触,时常不回家。2020 年 5 月,14 岁的邹某因打架斗殴被公安机关治安处罚。邹某父母未能引起重视,仍疏于对邹某的教育、管理。2021 年 3 月,邹某因与多人打架斗殴,被检察机关以涉嫌寻衅滋事罪提起公诉。

【裁判结果】

法院经审理认为,邹某的行为构成寻衅滋事罪,判处有期徒刑一年两个月。在审理过程中,承办法官发现邹某在 B 省生活、学习的时间并不长,对新的生活环境还在适应过程中,邹某的父母因为工作原因,疏于对邹某的管理教育,也缺乏正确实施家庭教育的方法,遂决定向邹某的父母签发《家庭教育令》,责令其限期到"家庭教育爱心指导站"接受家庭教育指导,并联合当地检察院、教委等部门,邀请邹某之前生活地社区的网格员召开谈心会,制订详细计划,共同对邹某的父母进行有针对性的家庭教育指导。目前邹某的父母已接受家庭教育指导三次,效果良好。

【典型意义】

家庭教育缺失是未成年人犯罪的重要原因之一。随着《家庭教育促进法》的正式实施,人民法院在办理未成年人犯罪案件时,发现监护人怠于履行家庭教育职责,或不正确实施家庭教育侵害未成年人合法权益的情形,通过发出家庭教育令,引导其正确履行家庭教育职责,能够为未成年人健康成长营造良好的家庭环境,从源头上预防和消除未成年人再次违法犯罪。本案审理中,法院联合检察、公安、司法、教育等部门,成立了"家庭教育爱心指导站",借助两地力量,凝聚工作合力,为家庭教育失范的邹某父母进行指导,帮助他们树立家庭教育主体责任意识,积极履行家庭教育职责。跨域家庭教育指导,是落实《家庭教育促进法》的有益探索,展现了人民法院的责任担当。

刑法第二百九十四条（组织、领导、参加黑社会性质组织罪）

第二百九十四条① 组织、领导黑社会性质的组织的，处七年以上有期徒刑，并处没收财产；积极参加的，处三年以上七年以下有期徒刑，可以并处罚金或者没收财产；其他参加的，处三年以下有期徒刑、拘役、管制或者剥夺政治权利，可以并处罚金。

境外的黑社会组织的人员到中华人民共和国境内发展组织成员的，处三年以上十年以下有期徒刑。

国家机关工作人员包庇黑社会性质的组织，或者纵容黑社会性质的组织进行违法犯罪活动的，处五年以下有期徒刑；情节严重的，处五年以上有期徒刑。

犯前三款罪又有其他犯罪行为的，依照数罪并罚的规定处罚。

黑社会性质的组织应当同时具备以下特征：

（一）形成较稳定的犯罪组织，人数较多，有明确的组织者、领导者，骨干成员基本固定；

（二）有组织地通过违法犯罪活动或者其他手段获取经济利益，具有一定的经济实力，以支持该组织的活动；

（三）以暴力、威胁或者其他手段，有组织地多次进行违法犯罪活动，为非作恶，欺压、残害群众；

（四）通过实施违法犯罪活动，或者利用国家工作人员的包庇或者纵容，称霸一方，在一定区域或者行业内，形成非法控制或者重大影响，严重破坏经济、社会生活秩序。

---

① 本条根据《刑法修正案（八）》（2011 年 5 月 1 日起施行）第四十三条修改。

原本条规定为："组织、领导和积极参加以暴力、威胁或者其他手段，有组织地进行违法犯罪活动，称霸一方，为非作恶，欺压、残害群众，严重破坏经济、社会生活秩序的黑社会性质的组织的，处三年以上十年以下有期徒刑；其他参加的，处三年以下有期徒刑、拘役、管制或者剥夺政治权利。

"境外的黑社会组织的人员到中华人民共和国境内发展组织成员的，处三年以上十年以下有期徒刑。

"犯前两款罪又有其他犯罪行为的，依照数罪并罚的规定处罚。

"国家机关工作人员包庇黑社会性质的组织，或者纵容黑社会性质的组织进行违法犯罪活动的，处三年以下有期徒刑、拘役或者剥夺政治权利；情节严重的，处三年以上十年以下有期徒刑。"

修改的主要内容为：一是全国人大常委会曾通过立法解释，对黑社会性质组织的特征在法律上作了明确规定；二是增加规定财产刑，对这类犯罪除处以自由刑外，还可以并处罚金、没收财产。

郭明先参加黑社会性质组织、故意杀人、故意伤害案

（最高人民检察院第十二届检察委员会第二十六次会议决定 2014 年 9 月 10 日发布）

【关键词】

第二审程序刑事抗诉 故意杀人 罪行极其严重 死刑立即执行

【要旨】

死刑依法只适用于罪行极其严重的犯罪分子。对故意杀人、故意伤害、绑架、爆炸等涉黑、涉恐、涉暴刑事案件中罪行极其严重，严重危害国家安全和公共安全、严重危害公民生命权，或者严重危害社会秩序的被告人，依法应当判处死刑，人民法院未判处死刑的，人民检察院应当依法提出抗诉。

【基本案情】

被告人郭明先，男，四川省人，1972 年出生，无业。1997 年 9 月因犯盗窃罪被判有期徒刑五年六个月，2001 年 12 月刑满释放。

2003 年 5 月 7 日，李泽荣（另案处理，已判刑）等人在四川省三台县"经典歌城"唱歌结账时与该歌城老板何春发生纠纷，被告人郭明先受李泽荣一方纠集，伙同李泽荣、王成鹏、王国军（另案处理，均已判刑）打砸"经典歌城"，郭明先持刀砍人，致何春重伤、顾客吴启斌轻伤。

2008 年 1 月 1 日，闵思金（另案处理，已判刑）与王元军在四川省三台县里程乡岩崖坪发生交通事故，双方因闵思金摩托车受损赔偿问题发生争执。王元军电话通知被害人兰金、李西秀等人，闵思金电话召集郭明先及闵思勇、陈强（另案处理，均已判刑）等人。闵思勇与其朋友代安全、兰在伟先到现场，因代安全、兰在伟与争执双方均认识，即进行劝解，事情已基本平息。后郭明先、陈强等人亦分别骑摩托车赶至现场。闵思金向郭明先指认兰金后，郭明先持菜刀欲砍兰金，被路过并劝架的被害人蓝继宇（殁年 26 岁）阻拦，郭明先遂持菜刀猛砍蓝继宇头部，致蓝继宇严重颅脑损伤死亡。兰金、李西秀等见状，持木棒击打郭明先，郭明先持菜刀乱砍，致兰金重伤，致李西秀轻伤。后郭明先搭乘闵思勇所驾摩托车逃跑。

2008 年 5 月，郭明先负案潜逃期间，应同案被告人李进（犯组织、领导黑社会性质组织罪、故意伤害罪等，被判处有期徒刑十四年）的邀约，到四川省绵阳市安县参加了同案被告人王术华（犯组织、领导黑社会性质组织罪、故意伤害罪

等罪名,被判处有期徒刑二十年)组织、领导的黑社会性质组织,充当打手。因王术华对胡建不满,让李进安排人教训胡建及其手下。2009年5月17日,李进见胡建两名手下范平、张选辉在安县花荄镇姜记烧烤店吃烧烤,便打电话叫来郭明先。经指认,郭明先蒙面持菜刀砍击范平、张选辉,致该二人轻伤。

【诉讼过程】

2009年7月28日,郭明先因涉嫌故意伤害罪被四川省绵阳市安县公安局刑事拘留,同年8月18日被逮捕。经查,犯罪嫌疑人郭明先还涉嫌王术华等人黑社会性质组织系列犯罪案件。四川省绵阳市安县公安局侦查终结后,移送四川省绵阳市安县人民检察院审查起诉。该院受理后,于2010年1月3日报送四川省绵阳市人民检察院审查起诉。2010年7月19日,四川省绵阳市人民检察院对王术华等人参与的黑社会性质组织系列犯罪案件向绵阳市中级人民法院提起公诉,其中指控该案被告人郭明先犯参加黑社会性质组织罪、故意伤害罪和故意杀人罪。

2010年12月17日,绵阳市中级人民法院一审认为,被告人郭明先1997年因犯盗窃罪被判处有期徒刑,2001年12月26日刑满释放后,又于2003年故意伤害他人,2008年故意杀人、参加黑社会性质组织,均应判处有期徒刑以上刑罚,系累犯,应当从重处罚。依法判决:被告人郭明先犯参加黑社会性质组织罪,判处有期徒刑两年;犯故意杀人罪,判处死刑,缓期二年执行,剥夺政治权利终身;犯故意伤害罪,判处有期徒刑五年;数罪并罚,决定执行死刑,缓期二年执行,剥夺政治权利终身。

2010年12月30日,四川省绵阳市人民检察院认为一审判决对被告人郭明先量刑畸轻,依法向四川省高级人民法院提出抗诉。2012年4月16日,四川省高级人民法院二审判决采纳抗诉意见,改判郭明先死刑立即执行。2012年10月26日,最高人民法院裁定核准四川省高级人民法院对被告人郭明先的死刑判决。2012年11月22日,被告人郭明先被执行死刑。

【抗诉理由】

一审宣判后,四川省绵阳市人民检察院经审查认为,原审判决对被告人郭明先量刑畸轻,依法向四川省高级人民法院提出抗诉;四川省人民检察院支持抗诉。抗诉和支持抗诉理由是一审判处被告人郭明先死刑,缓期二年执行,量刑畸轻。郭明先1997年因犯盗窃罪被判有期徒刑五年六个月,2001年12月刑满释放后,不思悔改,继续犯罪。于2003年5月7日,伙同他人打砸三台县"经典歌城",并持刀行凶致一人重伤,一人轻伤,其行为构成故意伤害罪。负案潜逃期间,于2008年1月1日在三台县里程乡岩崖坪持刀行凶,致一人死亡,一人重伤,一人轻伤,其行为构成故意杀人罪和故意伤害罪。此后,又积极参加黑社会性质组织,充当他人打手,并于 2009 年 5 月 17 日受该组织安排,蒙面持刀行凶,致两人轻伤,其行为构成参加黑社会性质组织罪和故意伤害罪。根据本案事实和证据,被告人郭明先的罪行极其严重、犯罪手段残忍、犯罪后果严重,主观恶性极大,根据罪责刑相适应原则,应当依法判处其死刑立即执行。

【终审结果】

四川省高级人民法院二审认为,本案事实清楚,证据确实、充分,原审被告人郭明先犯参加黑社会性质组织罪、故意杀人罪、故意伤害罪,系累犯,主观恶性极深,依法应当从重处罚。检察机关认为"原判对郭明先量刑畸轻"的抗诉理由成立。据此,依法撤销一审判决关于原审被告人郭明先量刑部分,改判郭明先犯参加黑社会性质组织罪,处有期徒刑两年;犯故意杀人罪,处死刑;犯故意伤害罪,处有期徒刑五年;数罪并罚,决定执行死刑,并剥夺政治权利终身。经报最高人民法院核准,已被执行死刑。

【相关规定】(略)

林某彬等人组织、领导、参加黑社会性质组织案

(最高人民检察院第十三届检察委员会第五十二次会议决定　2020 年 11 月 24 日发布)

【关键词】

认罪认罚　黑社会性质组织犯罪　宽严相济　追赃挽损

【要旨】

认罪认罚从宽制度可以适用于所有刑事案件,没有适用罪名和可能判处刑罚的限定,涉黑涉恶犯罪案件依法可以适用该制度。认罪认罚从宽制度贯穿刑事诉讼全过程,适用于侦查、起诉、审判各个阶段。检察机关办理涉黑涉恶犯罪案件,要积极履行主导责任,发挥认罪认罚从宽制度在查明案件事实、提升指控效果、有效追赃挽损等方面的作用。

【基本案情】

被告人林某彬,男,1983 年 8 月生,北京某投资有限公司法定代表人,某金融服务外包(北京)有限公司实际控制人。

胡某某等其他 51 名被告人基本情况略。

被告人林某彬自 2013 年 9 月至 2018 年 10 月,以实际控制的北京某投资有限公司、某金融服务外包(北京)有限公司,通过招募股东、吸收业务员的方式,

逐步形成了以林某彬为核心,被告人增某、胡某凯等 9 人为骨干,被告人林某强、杨某明等 9 人为成员的黑社会性质组织。该组织以老年人群体为主要目标,专门针对房产实施系列"套路贷"犯罪活动,勾结个别公安民警、公证员、律师以及暴力清房团伙,先后实施了诈骗、敲诈勒索、寻衅滋事、虚假诉讼等违法犯罪活动,涉及北京市朝阳区、海淀区等 11 个区、72 名被害人、74 套房产,造成被害人经济损失人民币 1.8 亿余元。

林某彬黑社会性质组织拉拢公安民警被告人庞某天入股,利用其身份查询被害人信息,利用其专业知识为暴力清房人员谋划支招。拉拢律师被告人李某杰以法律顾问身份帮助林某彬犯罪组织修改"套路贷"合同模板、代为应诉,并实施虚假诉讼处置房产。拉拢公证员被告人王某等人为获得费用提成或收受林某彬黑社会性质组织给予的财物,出具虚假公证文书。

在北京市人民检察院第三分院主持下,全案 52 名被告人中先后有 36 名签署了《认罪认罚具结书》。2019 年 12 月 30 日,北京市第三中级人民法院依法判决,全部采纳检察机关量刑建议。林某彬等人上诉后,2020 年 7 月 16 日,北京市高级人民法院二审裁定驳回上诉,维持原判。

【检察履职情况】

1. 通过部分被告人认罪认罚,进一步查清案件事实,教育转化同案犯。在案件侦查过程中,检察机关在梳理全案证据基础上,引导侦查机关根据先认罪的胡某凯负责公司财务、熟悉公司全部运作的情况,向其讲明认罪认罚的法律规定,促使其全面供述,查清了林某彬黑社会性质组织诈骗被害人房产所实施的多个步骤,证实了林某彬等人以房产抵押借款并非民间借贷,而是为骗取被害人房产所实施的"套路贷"犯罪行为,推动了全案取证工作。审查起诉阶段,通过胡某凯认罪认罚以及根据其供述调取的微信股东群聊天记录等客观证据,对股东韩某军、庞某天等被告人进行教育转化。同时开展对公司业务人员的教育转化工作,后业务人员白某金、吴某等被告人认罪认罚。审查起诉阶段共有 12 名被告人签署了《认罪认罚具结书》。通过被告人的供述及据此补充完善的相关证据,林某彬黑社会性质组织的人员结构、运作模式、资金分配等事实更加清晰。庭前会议阶段,围绕定罪量刑重点,展示全案证据,释明认定犯罪依据,促成 14 名被告人认罪认罚,在庭前会议结束后签署了《认罪认罚具结书》。开庭前,又有 10 名被告人表示愿意认罪认罚,签署了《认罪认罚具结书》。

2. 根据被告人在犯罪中的地位和作用以及认罪认罚的阶段,坚持宽严相济刑事政策,依法确定是否从宽以及从宽幅度。一是将被告人划分为"三类三档"。"三类"分别是公司股东及业务员、暴力清房人员、公证人员,"三档"是根据每一类被告人在犯罪中的地位和作用确定三档量刑范围,为精细化提出量刑建议提供基础。二是是否从宽以及从宽幅度坚持区别对待。一方面,坚持罪责刑相适应,对黑社会性质组织的组织者、领导者林某彬从严惩处,建议法庭依法不予从宽;对积极参加者,从严把握从宽幅度。另一方面,根据被告人认罪认罚的时间先后、对查明案件事实所起的作用、认罪悔罪表现、退赃退赔等不同情况,提出更具针对性的量刑建议。

3. 发挥认罪认罚从宽制度的积极作用,提升出庭公诉效果。出庭公诉人通过讯问和举证质证,继续开展认罪认罚教育,取得良好庭审效果。首要分子林某彬当庭表示愿意认罪认罚,在暴力清房首犯万某春当庭否认知晓"套路贷"运作流程的情况下,林某彬主动向法庭指证万某春的犯罪事实,使万某春的辩解不攻自破。在法庭最后陈述阶段,不认罪的被告人受到触动,也向被害人表达了歉意。

4. 运用认罪认罚做好追赃挽损,最大限度为被害人挽回经济损失。审查起诉阶段,通过强化对认罪认罚被告人的讯问,及时发现涉案房产因多次过户、抵押而涉及多起民事诉讼,已被法院查封或执行的关键线索,查清涉案财产走向。审判阶段,通过继续推动认罪认罚,不断扩大追赃挽损的效果。在庭前会议阶段,林某彬等多名被告人表示愿意退赃退赔;在庭审阶段,针对当庭认罪态度较好,部分退赔已落实到位或者明确表示退赔的被告人,公诉人向法庭建议在退赔到位时可以在检察机关量刑建议幅度以下判处适当的刑罚,促使被告人退赃退赔。全案在起诉时已查封、扣押、冻结涉案财产的基础上,一审宣判前,被告人又主动退赃退赔人民币 400 余万元。

【指导意义】

1. 对于黑社会性质组织犯罪等共同犯罪案件,适用认罪认罚从宽制度有助于提升指控犯罪质效。检察机关应当注重认罪认罚从宽制度的全流程适用,通过犯罪嫌疑人、被告人认罪认罚,有针对性地收集、完善和固定证据,同时以点带面促使其他被告人认罪认罚,完善指控犯罪的证据体系。对于黑社会性质组织等涉案人数众多的共同犯罪案件,通过对被告人开展认罪认罚教育转化工作,有利于分化瓦解犯罪组织,提升指控犯罪的效果。

2. 将认罪认罚与追赃挽损有机结合,彻底清除有组织犯罪的经济基础,尽力挽回被害人损失。检察机关应当运用认罪认罚深挖涉案财产线索,将退赃退赔情况作为是否认罚的考察重点,灵活运用量刑建议从宽幅度激励被告人退赃退赔,通过认罪认罚成果巩固和扩大追赃挽损的效果。

3. 区别对待,准确贯彻宽严相济刑事政策。认罪认罚从宽制度可以适用于所有案件,但"可以"适用不是一律适用,被告人认罪认罚后是否从宽,要根据案件性质、情节和对社会造成的危害后果等具体情况,坚持罪责刑相适应原则,区分情况、区别对待,做到该宽则宽,当严则严,宽严相济,罚当其罪。对犯罪性质恶劣、犯罪手段残忍、危害后果严重的犯罪分子,即使认罪认罚也不足以从宽处罚的,依法可不予以从宽处罚。

【相关规定】(略)

张某甲等 14 人组织、领导、参加黑社会性质组织案——充分发挥诉前引导作用,准确认定黑社会性质组织犯罪

(2019 年 9 月 18 日最高人民检察院发布)

【要旨】

检察机关要注重串并研判,深挖涉黑线索,充分发挥诉前引导作用,提前介入侦查,积极引导取证,全面审核证据,整体把握个案之间的内在关联,深挖幕后主犯,准确认定黑社会性质组织犯罪。

【基本案情】

2005 年,被告人张某甲刑满释放后,与被告人张某乙、张某丙等人(三人为兄弟)在湖北省洪湖市某镇开设赌场、放高利贷聚敛钱财。至 2014 年前后,被告人张某甲开始进入并逐渐控制长江某水域非法采砂行业,向采砂船收取"保护费"。为持续牟取非法利益,张某甲先后网罗了被告人李某某等人,实施了一系列的违法犯罪活动,逐步形成了以张某甲为组织者、领导者,张某乙、张某丙、李某某、蔡某甲为骨干成员,胡某某、彭某某等人为一般参加者的黑社会性质组织。2012 年 8 月至 2016 年 11 月期间,该犯罪组织为树立非法权威,为非作恶,欺压残害群众,有组织地实施了故意伤害、聚众斗殴、寻衅滋事、故意毁坏财物、非法拘禁等犯罪活动,造成 1 人死亡、2 人轻伤、多人轻微伤、多人财物受损。该犯罪组织通过实施违法犯罪活动,称霸一方,在某镇造成重大影响,并对长江某水域采砂行业形成了非法控制,严重破坏了上述地区的经济秩序和社会生活秩序,还对当地长江流域的河道、河堤和渔业资源等生态环境造成了一定程度的影响和破坏。

【诉讼过程】

2017 年 1 月 25 日,洪湖市人民检察院分别以涉嫌抢劫罪、强迫交易罪、聚众斗殴罪、非法拘禁罪,依法对张某甲(未到案)、张某乙等 11 人批准逮捕。洪湖市人民检察院通过实地走访,并根据被害人家属反映,初步认定该案与武汉市江岸区人民检察院正在办理的一起聚众斗殴致人死亡案("1104"命案)存在

关联,及时发出《逮捕案件继续侦查取证意见书》,引导调整下一步侦查方向,并建议公安机关向上级申请将"1104"命案指定到洪湖市公安局管辖。2017年3月21日,湖北省公安厅商请长江航运公安局武汉分局将李某某等人涉嫌聚众斗殴案移交洪湖市公安局管辖侦办。同日,洪湖市公安局以犯罪嫌疑人张某乙等人涉嫌抢劫罪、寻衅滋事罪、非法拘禁罪、强迫交易罪向洪湖市人民检察院移送审查起诉。4月28日,以犯罪嫌疑人李某某等人涉嫌聚众斗殴罪向洪湖市人民检察院移送审查起诉。

洪湖市人民检察院经审查,确认上述两起案件均与张某甲有关联,决定并案审查。同时,洪湖市公安局移送审查起诉时未认定张某乙等人涉嫌黑社会性质组织犯罪,犯罪嫌疑人张某甲尚未归案。检察机关审查认为,从已经查明的证据和整体上判断,张某甲犯罪团伙已经初步显示出具有黑社会性质组织的"四个特征",但组织特征、经济特征的证据相对薄弱,建议公安机关加大对案件的取证力度。后张某甲被抓获归案。同时,洪湖市人民检察院建议将犯罪嫌疑人分所羁押,防止串供。公安机关根据该犯罪团伙成员各自作用及自身特点,制订了有针对性的审讯方案,最终证实了张某甲幕后操纵"1104"命案的犯罪事实。此后,洪湖市公安局将张某甲等人涉嫌组织、领导、参加黑社会性质组织罪移送洪湖市人民检察院审查起诉。因案情重大复杂,荆州市人民检察院加强对下指导,先后12次听取辩护律师意见,与公安机关共同梳理证据存在的问题。通过退回补充侦查和提出补充侦查意见,公安机关先后补充证据材料7卷190余份,特别是补强了证明"组织特征""经济特征"的证据,查清了张某甲在幕后指使李某某等人实施一系列违法犯罪活动。

2018年6月28日,荆州市人民检察院以组织、领导、参加黑社会性质组织罪和故意伤害罪、聚众斗殴罪、寻衅滋事罪、故意毁坏财物罪、非法拘禁罪、强迫交易罪等依法对张某甲等14名被告人提起公诉。

经法庭审理,2019年3月27日,湖北省荆州市中级人民法院作出一审判决:被告人张某甲犯组织、领导黑社会性质组织罪、故意伤害罪、聚众斗殴罪、非法拘禁罪、寻衅滋事罪、故意毁坏财物罪,数罪并罚,决定执行死刑,缓期二年执行,剥夺政治权利终身,并处没收个人全部财产。其他被告人分别被判处三年至十三年有期徒刑,并处罚金或没收个人全部财产。

【指导意义】

该案系长江流域非法采砂涉黑命案典型案件,存在着"三多三难",即涉案人数多、犯罪事实多、涉嫌罪名多、调查取证难、证据固定难、案件定性难等问题。在办理涉黑涉恶犯罪案件中,要充分运用检察机关上下级领导体制优势,加强与公安机关的配合协调,提升办案质效。一是多个个案可能会在不同地域管辖办理,检察机关要提前介入侦查,引导取证,仔细梳理每一份证据,寻找关联案件的连接点,及时建议将关联案件指定同一公安机关管辖。二是在审查起诉过程中,及时并案审查,坚持深挖彻查,通过补充侦查,强化涉黑组织犯罪的整体把握,从多个个案中提炼出黑社会性质组织犯罪"四个特征",对黑社会性质组织犯罪整体评价。三是对定性分歧等问题主动加强与公安机关、司法行政机关的工作衔接与配合,充分听取辩护律师意见,做到证据及时补充完善,问题及时处理到位。

成某某、黄某某等 14 人组织、领导、参加黑社会性质组织案——坚持关联审查、深挖彻查,依法办理涉黑涉恶犯罪案件

(2019 年 9 月 18 日最高人民检察院发布)

【要旨】

检察机关要充分发挥诉前引导作用,坚持关联审查、深挖彻查,围绕黑社会性质组织犯罪"四个特征",积极引导侦查取证,依法准确认定黑社会性质组织犯罪。

【基本案情】

2015 年 9 月,被告人成某某、黄某某、王某甲共同出资成立带"陪酒、陪唱妹"的厅子(供"陪酒、陪唱妹"等候的场所),通过向重庆市渝北区某街道及某工业园区的 KTV 歌厅、音乐茶座等娱乐场所,提供"陪酒、陪唱妹"有偿陪侍的方式牟取经济利益。为抢占"陪酒、陪唱妹"市场,成某某先后纠集被告人黄某某、王某甲、唐某某、李某某等 10 余名刑满释放人员、社会闲散人员,为扩张势力范围、树立非法权威,在重庆市渝北区某街道、某工业园区等地有组织地实施聚众斗殴、故意杀人、故意伤害、寻衅滋事、贩卖毒品、开设赌场等多起违法犯罪活动,逐步形成以被告人成某某为组织者、领导者,被告人黄某某、王某甲、唐某某为积极参加者,被告人李某某、洪某某、杨某甲、郭某某、费某某、曹某甲、杨某乙、陈某某、曹某乙、王某乙等人为一般参加者的黑社会性质组织。2015 年 9 月以来,该组织通过向 KTV 歌厅、音乐茶座等娱乐场所提供"陪酒、陪唱妹"的方式牟取经济利益达人民币 217 万余元,用于支持该组织的活动。2015 年 11 月至 2017 年 12 月期间,被告人成某某、黄某某等人通过有组织的实施聚众斗殴、故意伤害、寻衅滋事、贩卖毒品、开设赌场等 13 起违法犯罪行为,造成 1 人死

亡、1人重伤、3人轻伤、5人轻微伤的严重后果,在重庆市渝北区某街道、某工业园区等地形成了"敢打敢杀、动则刀枪、势力强大"的恶名,严重破坏了当地经济、社会生活秩序。

【诉讼过程】

2018年8月15日,公安机关以犯罪嫌疑人成某某、黄某某、杨某乙3人涉嫌聚众斗殴罪、贩卖毒品罪、故意伤害罪移送审查起诉,并认定为恶势力犯罪。在本案之前,公安机关曾于2018年3月26日、7月11日,分两案向重庆市渝北区人民检察院移送审查起诉了曹某乙、曹某甲、郭某某、李某某、费某某、杨某甲等6人聚众斗殴案。重庆市人民检察院第一分院在审查成某某、黄某某、杨某乙3人聚众斗殴犯罪事实中发现三案存在关联,要求渝北区人民检察院将曹某乙等两案6人移送重庆市人民检察院第一分院与成某某案并案审查起诉。

检察官通过走访调查,结合已查明的犯罪,初步判断该案可能涉嫌有组织犯罪,因此,围绕是否存在有组织犯罪,先后通过一次退回补充侦查和在审查起诉期限内多次提出补充侦查意见的方式,向公安机关共计提出补充侦查意见320余条,高质效推进补侦工作。根据检察机关建议,公安机关成立专门办案组,配强办案力量,经过迅速高效工作,补充证据材料117册,查明新增有组织的遗漏犯罪事实8起、违法事实3起,查清了组织、领导、参加黑社会性质组织犯罪事实。2018年11月14日,公安机关补充移送审查起诉成某某、黄某某等9人涉嫌组织、领导、参加黑社会性质组织等犯罪,同时将唐某某、陈某某、洪某某等5人涉嫌参加黑社会性质组织等犯罪移送渝检一分院审查起诉。11月23日,渝检一分院以组织、领导、参加黑社会性质组织罪等对被告人成某某、黄某某、唐某某等人依法提起公诉。

经法庭审理,2019年1月17日,重庆市第一中级人民法院以被告人成某某犯组织、领导黑社会性质组织罪、故意杀人罪、聚众斗殴罪、故意伤害罪、寻衅滋事罪、贩卖毒品罪、开设赌场罪,判处死刑,缓期二年执行,剥夺政治权利终身,并处没收个人全部财产,并对被告人成某某限制减刑;以被告人黄某某犯参加黑社会性质组织罪、故意杀人罪、故意伤害罪、寻衅滋事罪,判处死刑,缓期二年执行,剥夺政治权利终身,并处罚金30万元,并对被告人黄某某限制减刑;对被告人王某甲、唐某某等12人按照各自所犯罪行,分别判处二年三个月至十七年有期徒刑。

【指导意义】

本案系经对多起存在关联的恶势力犯罪案件串并审查,在审查起诉期间积极引导侦查取证,依法认定为黑社会性质组织犯罪。一是从聚众斗殴等涉众型暴力案件中敏锐发现涉黑涉恶犯罪线索。检察机关在审查起诉3人3案涉恶犯罪案件过程中,敏锐意识到聚众斗殴等危害社会公共秩序犯罪中隐藏黑社会性质组织犯罪的可能性较大,遂从分析聚众斗殴等犯罪活动的起因、过程、人员纠集情况、社会危害程度、成员相互关系等方面着手,深挖细查、成功发现有组织犯罪线索,并建议公安机关扩线侦查,进而将多起分散案件并案侦查,逐步厘清了黑社会性质组织的基本轮廓。二是充分发挥自身职能,自行调查核实证据。检察机关在详细开列补证清单退回补充侦查的同时,注重主动作为,充分发挥自身职能,增强司法办案亲历性,通过自行复核关键证据、走访犯罪现场、讯问犯罪嫌疑人、听取被害人意见等方式,提升了认定证据的精准度,增强了案件证据体系的完整性。三是强化法律监督,准确适用法律。在办案过程中,检察机关充分发挥法律监督职能,协同公安机关补充大量证据材料,查清全案事实,补充移送多起遗漏犯罪事实、违法事实;立足在案证据与案件事实,对涉案的多名组织成员进行追捕追诉。同时,准确适用法律,严格把握普通刑事犯罪、恶势力犯罪和黑社会性质组织犯罪的界限,准确认定犯罪性质。

唐均伟、李逢情等 14 人恶势力犯罪案——不具备非法控制性特征、组织松散的共同犯罪案件不能认定为黑社会性质组织犯罪或恶势力犯罪集团

(2019 年 9 月 18 日最高人民检察院发布)

【要旨】

对尚未形成较稳定的犯罪组织,首要分子对成员的控制力、约束力较弱,为组织利益、以组织名义实施的违法犯罪活动较少,未在一定区域形成非法控制和重大影响的,即使实施了较为严重的暴力犯罪,也不能认定为黑社会性质组织犯罪或恶势力犯罪集团。

【基本案情】

2015 年底至 2017 年 2 月,被告人唐均伟、李逢情通过开设赌场、发红包、提供娱乐消费等手段,先后纠集被告人蒋宏、陈杨、杨长龙、肖中刚、龙强、骆强、杨功文、龙云、于文杰、张义志、杨杰等人,购置砍刀、钢管等作案工具,在重庆市大足区实施故意伤害、聚众斗殴、开设赌场、寻衅滋事、殴打他人等违法犯罪活动,逐渐形成以唐均伟、李逢情为首的恶势力,在该地区造成较为恶劣的社会影响。自 2015 年底至 2017 年 2 月期间,该恶势力实施故意伤害、聚众斗殴、开设赌场、寻衅滋事等 11 起犯罪,造成 1 人死亡、7 人轻伤、11 人轻微伤的严重后果。

【诉讼过程】

2017 年 10 月 12 日,重庆市大足区公安局以唐均伟等人涉嫌组织、领导、参加黑社会性质组织罪、故意杀人罪、聚众斗殴罪、故意伤害罪、寻衅滋事罪、开设赌场罪,向重庆市大足区人民检察院移送审查起诉。同年 11 月 3 日,大足区人民检察院将该案报送重庆市人民检察院第一分院审查起诉。

检察机关经审查认为,认定唐均伟等人构成黑社会性质组织犯罪证据不足。唐均伟等人组织结构松散,无明确帮规帮约;获取的经济利益仅来源于赌场收益,且绝大部分由唐均伟、李逢情二人用于本人赌博活动及其他消费;全案 11 起犯罪中,有组织实施的仅 2 起,其余犯罪多系偶发,且系临时邀约;开设赌场形成非法控制的证据不足,实施的犯罪形成重大影响的证据不足。为全面查清案件性质,检察机关依法提讯犯罪嫌疑人,听取辩护人及被害人的意见;走访案发现场 20 余处,查明唐均伟等人的行为在当地是否形成非法控制或者重大影响;多次听取公安机关意见;围绕有组织犯罪构成,先后两次向公安机关提出补侦意见 150 余条。

经补查,检察机关认为在案证据仍不足以证明唐均伟等人的行为构成黑社会性质组织犯罪。同时,检察机关审查认为,本案系恶势力犯罪,但该组织稳定性较弱,有预谋实施的违法犯罪行为较少,违法犯罪活动多具有较强的随意性,尚未发展到恶势力犯罪集团。2018 年 5 月 16 日,重庆市人民检察院第一分院以恶势力犯罪对唐均伟、李逢情等人提起公诉。

2018 年 7 月 31 日,重庆市第一中级人民法院公开开庭审理了本案。法院审理认为,被告人唐均伟、李逢情纠集被告人蒋宏、陈杨等人在大足地区多次实施违法犯罪活动,为非作恶,欺压百姓,扰乱当地经济、社会生活秩序,造成较为恶劣的社会影响,已形成以唐均伟、李逢情为首,蒋宏、陈杨等人为成员的恶势力,系共同犯罪。被告人唐均伟、李逢情二人均以故意伤害罪、聚众斗殴罪、开设赌场罪、寻衅滋事罪被判处无期徒刑;被告人蒋宏以故意伤害罪、寻衅滋事罪被判处无期徒刑;其余被告人分别被判处二年至十二年六个月有期徒刑。

2019 年 1 月 25 日,该案由重庆市高级人民法院二审维持原判。

【指导意义】

本案是公安机关以涉黑犯罪移送,检察机关坚持法治思维,改变定性意见,以恶势力犯罪起诉,法院以恶势力犯罪裁判的典型案例。一是围绕黑社会性质组织犯罪构成,准确判定涉黑涉恶。黑社会性质组织犯罪中,组织特征、经济特征、行为特征、危害性特征是一个有机整体,缺一不可。在围绕"四个特征"审查时,要认真审查、分析"四个特征"之间的内在关系,特别要注重审查危害性特征,危害性特征是本质特征。对于组织成员、违法犯罪事实相对较多,但是组织特征较弱,为组织利益实施的违法犯罪活动较少,非法控制特征不明显的犯罪案件,即使组织成员实施了较为严重的暴力犯罪,也不能认定为黑社会性质组织犯罪。二是围绕犯罪集团的认定标准,准确认定是恶势力犯罪集团还是恶势力。恶势力犯罪集团,是符合恶势力全部认定条件,同时又符合犯罪集团法定条件的犯罪组织,具体表现为有多名组织成员,有明显的首要分子,重要成员较为固定,组织成员经常纠集在一起,共同故意实施多次恶势力惯常实施的犯罪活动或其他犯罪活动。对未形成固定重要成员,成员之间关系相对松散,未多次实施有组织有预谋犯罪的,不宜认定为恶势力犯罪集团。在司法实践中,要依法区分恶势力犯罪集团和恶势力,同时充分运用《刑法》总则中关于共同犯罪的规定,准确区分主从犯,依法惩处。三是准确理解把握"打早打小"和"打准打实"的实质内涵。"打早打小"要求对黑恶势力及早打击,尤其是对恶势力犯罪要及早打击,防止其坐大成势,发展成为黑社会性质组织,产生严重社会危害。"打准打实"是本着实事求是的态度,在准确查明事实的基础上,构成什么罪,就按什么罪判处刑罚,既不能"降格"也不能"拔高"。特别是在办理涉案人员、涉案事实众多的涉黑恶案件中,要坚持法治标准,防止因降低认定标准而"拔高"认定为涉黑犯罪或者涉恶集团犯罪。

严打黑恶犯罪　坚决遏制拉拢侵蚀未成年人态势

(2019 年 12 月 20 日最高人民检察院发布)

【基本案情】

2017 年 2 月至 2018 年 2 月,吴某等人以共同出资成立某实业有限公司为幌子,吸纳形成了包括多名未成年人在内的黑社会性质组织。依托软、硬暴力手段面向未成年人群体开设赌场,引诱未成年人参与赌博并欠下赌债,后对这些未成年人及其家人实施敲诈勒索。在较短时间内实施聚众赌博 29 场,敲诈勒索 19 起,非法敛财人民币百万余元,陷入其中的未成年人 55 名,其中在校学生 13 名。该组织成员还诱骗少女吸食违禁品后实施性侵。经公安机关侦查终结,浙江省杭州市余杭区人民检察院于 2018 年 10 月,对吴某等人以涉嫌组织、领导、参加黑社会性质组织罪、赌博罪、聚众斗殴罪、开设赌场罪、敲诈勒索罪、非法侵入住宅罪、强奸罪依法提起公诉。2018 年 12 月,法院依法判处吴某等十二人有期徒刑二十年至三年不等。结合案件办理情况,检察机关向教育部门发出检察建议,推动加强校园管理和学生安全教育。

【典型意义】

本案中,以吴某为首的黑社会性质组织引诱未成年人参与赌博,并借赌博之名进行多种违法犯罪,将黑恶势力的黑手伸向未成年人和校园,社会影响恶劣。公安机关、检察机关、人民法院对此类犯罪行为严厉打击,坚决遏制黑恶犯罪向未成年人领域蔓延。

刑法第二百九十九条之一(侵害英雄烈士名誉、荣誉罪)

第二百九十九条之一①　侮辱、诽谤或者以其他方式侵害英雄烈士的名誉、荣誉,损害社会公共利益,情节严重的,处三年以下有期徒刑、拘役、管制或者剥夺政治权利。

仇某侵害英雄烈士名誉、荣誉案

(2022 年 2 月 21 日最高人民检察院发布)

【关键词】

侵害英雄烈士名誉、荣誉　情节严重　刑事附带民事公益诉讼

【要旨】

侵害英雄烈士名誉、荣誉罪中的"英雄烈士",是指已经牺牲、逝世的英雄烈士。在同一案件中,行为人所侵害的群体中既有烈士,又有健在的英雄模范人物时,应当整体评价为侵害英雄烈士名誉、荣誉的行为,不宜区别适用侵害英雄烈士名誉、荣誉罪和侮辱罪、诽谤罪。《中华人民共和国刑法修正案(十一)》(以下简称《刑法修正案(十一)》)实施后,以侮辱、诽谤或者其他方式侵害英雄烈士名誉、荣誉的行为,情节严重的,构成侵害英雄烈士名誉、荣誉罪。行为人利用信息网络侵害英雄烈士名誉、荣誉,引起广泛传播,造成恶劣社会影响的,应当认定为"情节严重"。英雄烈士没有近亲属或者近亲属不提起民事诉讼的,检察机关在提起公诉时,可以一并提起附带民事公益诉讼。

---

① 本条根据《刑法修正案(十一)》(2021 年 3 月 1 日起施行)第三十五条增加。

【基本案情】

被告人仇某,男,1982年出生,南京某投资管理有限公司法定代表人。

2020年6月,印度军队公然违背与我方达成的共识,悍然越线挑衅。在与之交涉和激烈斗争中,团长祁发宝身先士卒,身负重伤;营长陈红军、战士陈祥榕突入重围营救,奋力反击,英勇牺牲;战士肖思远突围后义无反顾返回营救战友,战斗至生命最后一刻;战士王焯冉在渡河支援途中,拼力救助被冲散的战友脱险,自己却淹没在冰河中。边防官兵誓死捍卫祖国领土,彰显了新时代卫国戍边官兵的昂扬风貌。同年6月,陈红军、陈祥榕、肖思远、王焯冉被评定为烈士;2021年2月,中央军委追授陈红军"卫国戍边英雄"荣誉称号,追记陈祥榕、肖思远、王焯冉一等功,授予祁发宝"卫国戍边英雄团长"荣誉称号。

2021年2月19日上午,仇某在卫国戍边官兵英雄事迹宣传报道后,为博取眼球,获得更多关注,在住处使用其新浪微博账号"辣笔小球"(粉丝数250余万),先后发布2条微博,歪曲卫国戍边官兵祁发宝、陈红军、陈祥榕、肖思远、王焯冉等人的英雄事迹,诋毁、贬损卫国戍边官兵的英雄精神。

上述微博在网络上迅速扩散,引起公众强烈愤慨,造成恶劣社会影响。截至当日15时30分,仇某删除微博时,上述2条微博共计被阅读202569次、转发122次、评论280次。

【检察履职情况】

(一)引导侦查取证

2021年2月20日,江苏省南京市公安局建邺分局对仇某以涉嫌寻衅滋事罪立案侦查并刑事拘留。当日,江苏省南京市建邺区人民检察院经公安机关商请介入侦查,围绕犯罪对象、动机、情节、行为方式及造成的社会影响等方面提出收集证据的意见,并同步开展公益诉讼立案调查。

(二)审查逮捕

2021年2月25日,建邺分局以仇某涉嫌寻衅滋事罪提请批准逮捕。3月1日,建邺区人民检察院以仇某涉嫌侵害英雄烈士名誉、荣誉罪批准逮捕。检察机关认为:首先,仇某发布微博,以戏谑口吻贬损英雄团长"临阵脱逃",并提出四名战士因为营救团长而牺牲、立功,质疑牺牲人数、诋毁牺牲战士的价值,侵害了祁发宝等整个战斗团体的名誉、荣誉,根据刑法第二百九十三条、《最高人民法院、最高人民检察院关于办理利用信息网络实施诽谤等刑事案件适用法律若干问题的解释》(以下简称《网络诽谤的解释》)第五条的规定,已涉嫌寻衅滋事罪;其次,仇某的行为符合2021年3月1日实施的《刑法修正案(十一)》增设的侵害英雄烈士名誉、荣誉罪的规定,根据刑法第十二条规定的"从旧兼从轻"原则,应当按《刑法修正案(十一)》处理;再次,仇某作为有250余万粉丝的微博博主,在国家弘扬卫国戍边官兵英雄事迹的特定时间节点实施上述行为,其言论在网络迅速、广泛扩散,造成恶劣社会影响,应当认定为"情节严重"。

(三)审查起诉

2021年3月11日,建邺分局以仇某涉嫌侵害英雄烈士名誉、荣誉罪移送审查起诉。因本案系新罪名案件,没有类案和量刑指导意见供参考,建邺区人民检察院在依法审查证据、认定事实基础上,邀请不同职业、年龄、文化程度的群众参加听证,就量刑问题听取意见,并对仇某依法开展认罪认罚教育工作。仇某认罪认罚,同意量刑建议和程序适用,在辩护人见证下自愿签署具结书。

4月26日,建邺区人民检察院以仇某涉嫌侵害英雄烈士名誉、荣誉罪提起公诉,提出有期徒刑八个月的量刑建议。同时,检察机关就公益诉讼听取祁发宝和烈士近亲属的意见,他们提出希望检察机关依法办理。检察机关遂提起附带民事公益诉讼,请求判令仇某在国内主要门户网站及全国性媒体公开赔礼道歉、消除影响。

(四)指控与证明犯罪

2021年5月31日,江苏省南京市建邺区人民法院依法公开开庭审理本案。仇某对检察机关指控的事实、证据及量刑建议均无异议,当庭再次表示认罪认罚,真诚向英雄烈士及其家属道歉,向社会各界忏悔。辩护人对指控罪名不持异议,认为仇某主观恶性较小,发布的微博虽多次发酵,但绝大多数网友对仇某的观点是不赞同的,造成的不良影响较小。公诉人答辩指出,仇某作为具有媒体从业经历的"网络大V",恶意用游戏术语诋毁、贬损卫国戍边官兵,主观恶性明显。其微博账户拥有250余万粉丝,其不当言论在网络上迅速扩散、蔓延,网友对其口诛笔伐,恰恰说明其言论严重伤害民众情感,损害社会公共利益。

公益诉讼起诉人出示证据,证明仇某的行为、后果,发表了公益诉讼的意见。仇某及其诉讼代理人对检察机关提起刑事附带民事公益诉讼的事实、证据及诉讼请求均无异议。

(五)处理结果

建邺区人民法院审理后当庭宣判,采纳检察机关指控的事实、罪名及量刑建议,支持检察机关的公益诉讼,以仇某犯侵害英雄烈士名誉、荣誉罪判处有期徒刑八个月,并责令仇某自判决生效之日起十日内通过国内主要门户网站及全国性媒体公开赔礼道歉,消除影响。判决宣告后,仇某未提出上诉,判决已生效。2021年6月25日,仇某在《法治日报》及法制网发布道歉声明。

【指导意义】

(一)对侵害英雄烈士名誉、荣誉罪中的"英雄烈士"应当依照刑法修正案的本意作适当解释。本罪中的"英雄烈士",是指已经牺牲、逝世的英雄烈士。

如果行为人以侮辱、诽谤或者其他方式侵害健在的英雄模范人物名誉、荣誉,构成犯罪的,可以适用侮辱罪、诽谤罪追究刑事责任。但是,如果在同一案件中,行为人的行为所侵害的群体中既有已牺牲的烈士,又有健在的英雄模范人物时,应当整体评价为侵害英雄烈士名誉、荣誉的行为,不宜区别适用侵害英雄烈士名誉、荣誉罪和侮辱罪、诽谤罪。虽不属于烈士,但事迹、精神被社会普遍公认的已故英雄模范人物的名誉、荣誉被侵害的,因他们为国家、民族和人民作出巨大贡献和牺牲,其名誉、荣誉承载着社会主义核心价值观,应当纳入侵害英雄烈士名誉、荣誉罪的犯罪对象,与英雄烈士的名誉、荣誉予以刑法上的一体保护。

(二)《刑法修正案(十一)》实施后,侮辱、诽谤英雄烈士名誉、荣誉,情节严重的,构成侵害英雄烈士名誉、荣誉罪。《刑法修正案(十一)》实施前,实施侮辱、诽谤英雄烈士名誉、荣誉的行为,构成犯罪的,可以按照寻衅滋事罪追究刑事责任。《刑法修正案(十一)》实施后,对上述行为认定为侵害英雄烈士名誉、荣誉罪,符合立法精神,更具有针对性,更有利于实现对英雄烈士名誉、荣誉的特殊保护。发生在《刑法修正案(十一)》实施前的行为,实施后尚未处理或者正在处理的,应当根据刑法第十二条规定的"从旧兼从轻"原则,以侵害英雄烈士名誉、荣誉罪追究刑事责任。

(三)侵害英雄烈士名誉、荣誉罪中"情节严重"的认定,可以参照《网络诽谤的解释》的规定,并可以结合案发时间节点、社会影响等综合认定。《网络诽谤的解释》第二条规定,同一诽谤信息实际被点击、浏览次数达到 5000 次以上,或者被转发次数达到 500 次以上的;造成被害人或者其近亲属精神失常、自残、自杀等严重后果的;二年内曾因诽谤受过行政处罚,又诽谤他人的;具有其他情节严重的情形的,属于"情节严重"。办理利用信息网络侵害英雄烈士名誉、荣誉案件时,可以参照上述标准,或者虽未达到上述数量、情节要求,但在特定时间节点通过具有公共空间属性的网络平台和媒介公然侵害英雄烈士名誉、荣誉,引起广泛传播,造成恶劣社会影响的,也可以认定为"情节严重"。对于只是在相对封闭的网络空间,如在亲友微信群、微信朋友圈等发表不当言论,没有造成大范围传播的,可以不认定为"情节严重"。

(四)刑事检察和公益诉讼检察依法协同履职,维护社会公共利益。检察机关办理侵害英雄烈士名誉、荣誉案件,在英雄烈士没有近亲属,或者经征询意见,近亲属不提出民事诉讼时,应当充分履行刑事检察和公益诉讼检察职能,提起公诉的同时,可以向人民法院一并提起附带民事公益诉讼,同步推进刑事责任和民事责任的追究,实现审判阶段刑事诉讼、附带民事公益诉讼由人民法院同一合议庭审理、同步判决,提高诉讼效率、确保庭审效果。

【相关规定】(略)

刑法第三百条(组织、利用会道门、邪教组织、利用迷信破坏法律实施罪)

> 第三百条①　组织和利用会道门、邪教组织或者利用迷信破坏国家法律、行政法规实施的,处三年以上七年以下有期徒刑,并处罚金;情节特别严重的,处七年以上有期徒刑或者无期徒刑,并处罚金或者没收财产;情节较轻的,处三年以下有期徒刑、拘役、管制或者剥夺政治权利,并处或者单处罚金。
>
> 组织、利用会道门、邪教组织或者利用迷信蒙骗他人,致人重伤、死亡的,依照前款的规定处罚。
>
> 犯第一款罪又有奸淫妇女、诈骗财物等犯罪行为的,依照数罪并罚的规定处罚。

赵某某等5人利用邪教组织破坏法律实施案

(2022年4月16日最高人民检察院发布)

赵某某,女,57岁,初中文化,常年胃痛、脚痛,在小诊所长期吃药不见明显好转。2015年,其亲友告诉她,可以加入"门徒会",在家诚心祷告,病就会好。于是她加入"门徒会",并逐渐成为该组织的骨干成员。然而,赵某某的病却丝毫未见好转,反而越来越严重。案发后,通过检察机关办案人员耐心细致的教育转化,赵某某是最早表示愿意认罪认罚的犯罪嫌疑人。

根据赵某某等人的供述,"门徒会"引诱老百姓的方式主要有以下三种:一是神话"季三保",鼓吹其无所不能。"门徒会"在发展信徒的时候,会宣称"季

---

① 本条根据《刑法修正案(九)》(2015年11月1日起施行)第三十三条修改。

原本条内容为:"组织和利用会道门、邪教组织或者利用迷信破坏国家法律、行政法规实施的,处三年以上七年以下有期徒刑;情节特别严重的,处七年以上有期徒刑。

"组织和利用会道门、邪教组织或者利用迷信蒙骗他人,致人死亡的,依照前款的规定处罚。

"组织和利用会道门、邪教组织或者利用迷信奸淫妇女、诈骗财物的,分别依照本法第二百三十六条、第二百六十六条的规定定罪处罚。"

修改的主要内容为:一是对本罪增加了罚金刑;二是补充规定了"情节特别严重"和"情节较轻"时的处罚;三是第二款增加"致人重伤"的犯罪情节;四是将第三款转化犯罪修改为数罪并罚。

三宝能量很大,他最后成了神,向他祷告后哑巴能开口,聋子能听见,死人能复活,大病绝症得平安",以此蛊惑人心,拉拢信徒。二是在传播过程中主打"治病",治病功能生效的条件就是"刚强"地信仰该教,治病治不好就是信仰不刚强。这也是此类邪教最危险之处——用"两头堵"来糊弄老百姓,症状轻的人自愈了,觉得神奇,症状重的好不了,认为是自己信仰不刚强,从而耽误治疗时间。三是"高价"的精神关怀。为营造对信徒关心关爱的假象,信徒聚会时互相倾诉家长里短及烦恼,带给彼此被关怀的满足感,让信徒误认为有"家"的感觉,从而心甘情愿"献爱心"、缴纳"慈慧钱"。

"都是让这个邪教害的! 如果能早点到大医院治疗,我的病就不会这样严重。"赵某某在法庭上接受公诉人的法庭教育后,深深忏悔道。通过承办检察官扎实有效的教转工作,最终赵某某等 5 人认罪认罚,分别被判处一年至四年不等有期徒刑。

刑法第三百零三条(开设赌场罪)

> 第三百零三条① 以营利为目的,聚众赌博或者以赌博为业的,处三年以下有期徒刑、拘役或者管制,并处罚金。
>
> 开设赌场的,处五年以下有期徒刑、拘役或者管制,并处罚金;情节严重的,处五年以上十年以下有期徒刑,并处罚金。
>
> 组织中华人民共和国公民参与国(境)外赌博,数额巨大或者有其他严重情节的,依照前款的规定处罚。

---

① 本条曾经全国人大常委会两次修改。

原本条第一款内容为:"以营利为目的,聚众赌博、开设赌场或者以赌博为业的,处三年以下有期徒刑、拘役或者管制,并处罚金。"

第一次根据《刑法修正案(六)》(2006 年 6 月 29 日起施行)第十八条修改的主要内容为:一是将原规定"开设赌场"的情形拆分出来,增设开设赌场罪,作为本条第二款;二是取消开设赌场罪须以"营利为目的"的限制;三是将开设赌场犯罪的最高刑期由三年提高到十年。

第二次根据《刑法修正案(十一)》(2021 年 3 月 1 日起施行)第三十六条修改。本条修改的主要内容为:一是提高了本条第二款(开设赌场罪)罪的法定刑;二是增加了第三款,规定:"组织中华人民共和国公民参与国(境)外赌博,数额巨大或者有其他严重情节的,依照前款的规定处罚。"

洪小强、洪礼沃、洪清泉、李志荣开设赌场案

(最高人民法院审判委员会讨论通过 2018 年 12 月 25 日发布)

【关键词】

刑事 开设赌场罪 网络赌博 微信群

【裁判要点】

以营利为目的,通过邀请人员加入微信群的方式招揽赌客,根据竞猜游戏网站的开奖结果等方式进行赌博,设定赌博规则,利用微信群进行控制管理,在一段时间内持续组织网络赌博活动的,属于刑法第三百零三条第二款规定的"开设赌场"。

【基本案情】

2016 年 2 月 14 日,被告人李志荣、洪礼沃、洪清泉伙同洪某 1、洪某 2(均在逃)以福建省南安市英都镇阀门基地旁一出租房为据点(后搬至福建省南安市英都镇环江路大众电器城五楼的套房),雇佣洪某 3 等人,运用智能手机、电脑等设备建立微信群(群昵称为"寻龙诀",经多次更名后为"(新)九八届同学聊天")拉拢赌客进行网络赌博。洪某 1、洪某 2 作为发起人和出资人,负责幕后管理整个团伙;被告人李志荣主要负责财务、维护赌博软件;被告人洪礼沃主要负责后勤;被告人洪清泉主要负责处理与赌客的纠纷;被告人洪小强为出资人,并介绍了陈某某等赌客加入微信群进行赌博。该微信赌博群将启动资金人民币 30 万元分成 100 份资金股,并另设 10 份技术股。其中,被告人洪小强占资金股 6 股,被告人洪礼沃、洪清泉各占技术股 4 股,被告人李志荣占技术股 2 股。

参赌人员加入微信群,通过微信或支付宝将赌资转至庄家(昵称为"白龙账房""青龙账房")的微信或者支付宝账号计入分值(一元相当于一分)后,根据"PC 蛋蛋"等竞猜游戏网站的开奖结果,以押大小、单双等方式在群内投注赌博。该赌博群 24 小时运转,每局参赌人员数十人,每日赌注累计达数十万元。截至案发时,该团伙共接受赌资累计达 3237300 元。赌博群运行期间共分红 2 次,其中被告人洪小强分得人民币 36000 元,被告人李志荣分得人民币 6000 元,被告人洪礼沃分得人民币 12000 元,被告人洪清泉分得人民币 12000 元。

【裁判结果】

江西省赣州市章贡区人民法院于 2017 年 3 月 27 日作出(2016)赣 0702

刑初 367 号刑事判决：被告人洪小强犯开设赌场罪，判处有期徒刑四年，并处罚金人民币 5 万元；被告人洪礼沃犯开设赌场罪，判处有期徒刑四年，并处罚金人民币 5 万元；被告人洪清泉犯开设赌场罪，判处有期徒刑四年，并处罚金人民币 5 万元；被告人李志荣犯开设赌场罪，判处有期徒刑四年，并处罚金人民币 5 万元；将四被告人所退缴的违法所得共计人民币 66000 元以及随案移送的 6 部手机、1 台笔记本电脑、3 台台式电脑主机等供犯罪所用的物品，依法予以没收，上缴国库。宣判后，四被告人均未提出上诉，判决已发生法律效力。

【裁判理由】

法院生效裁判认为，被告人洪小强、洪礼沃、洪清泉、李志荣以营利为目的，通过邀请人员加入微信群的方式招揽赌客，根据竞猜游戏网站的开奖结果，以押大小、单双等方式进行赌博，并利用微信群进行控制管理，在一段时间内持续组织网络赌博活动的行为，属于刑法第三百零三条第二款规定的"开设赌场"。被告人洪小强、洪礼沃、洪清泉、李志荣开设和经营赌场，接受赌资共计达 3237300 元，应认定为刑法第三百零三条第二款规定的"情节严重"，其行为均已构成开设赌场罪。

【相关规定】（略）

（生效裁判审判人员：杨菲、宋征鑫、蔡慧）

谢检军、高垒、高尔樵、杨泽彬开设赌场案

（最高人民法院审判委员会讨论通过　2018 年 12 月 25 日发布）

【关键词】

刑事　开设赌场罪　网络赌博　微信群　微信群抢红包

【裁判要点】

以营利为目的，通过邀请人员加入微信群，利用微信群进行控制管理，以抢红包方式进行赌博，在一段时间内持续组织赌博活动的行为，属于刑法第三百零三条第二款规定的"开设赌场"。

【基本案情】

2015 年 9 月至 2015 年 11 月，向某（已判决）在杭州市萧山区活动期间，分别伙同被告人谢检军、高垒、高尔樵、杨泽彬等人，以营利为目的，邀请他人加入其建立的微信群，组织他人在微信群里采用抢红包的方式进行赌博。其间，被

告人谢检军、高垒、高尔樵、杨泽彬分别帮助向某在赌博红包群内代发红包,并根据发出赌博红包的个数,从抽头款中分得好处费。

【裁判结果】

浙江省杭州市萧山区人民法院于 2016 年 11 月 9 日作出(2016)浙 0109 刑初 1736 号刑事判决:一、被告人谢检军犯开设赌场罪,判处有期徒刑三年六个月,并处罚金人民币 25000 元。二、被告人高垒犯开设赌场罪,判处有期徒刑三年三个月,并处罚金人民币 20000 元。三、被告人高尔樵犯开设赌场罪,判处有期徒刑三年三个月,并处罚金人民币 15000 元。四、被告人杨泽彬犯开设赌场罪,判处有期徒刑三年,并处罚金人民币 10000 元。五、随案移送的四被告人犯罪所用工具手机 6 部予以没收,上缴国库;尚未追回的四被告人犯罪所得赃款,继续予以追缴。宣判后,谢检军、高尔樵、杨泽彬不服,分别向浙江省杭州市中级人民法院提出上诉。浙江省杭州市中级人民法院于 2016 年 12 月 29 日作出(2016)浙 01 刑终 1143 号刑事判决:一、维持杭州市萧山区人民法院(2016)浙 0109 刑初 1736 号刑事判决第一项、第二项、第三项、第四项的定罪部分及第五项没收犯罪工具、追缴赃款部分。二、撤销杭州市萧山区人民法院(2016)浙 0109 刑初 1736 号刑事判决第一项、第二项、第三项、第四项的量刑部分。三、上诉人(原审被告人)谢检军犯开设赌场罪,判处有期徒刑三年,并处罚金人民币 25000 元。四、原审被告人高垒犯开设赌场罪,判处有期徒刑二年六个月,并处罚金人民币 20000 元。五、上诉人(原审被告人)高尔樵犯开设赌场罪,判处有期徒刑二年六个月,并处罚金人民币 15000 元。六、上诉人(原审被告人)杨泽彬犯开设赌场罪,判处有期徒刑一年六个月,并处罚金人民币 10000 元。

【裁判理由】

法院生效裁判认为,以营利为目的,通过邀请人员加入微信群,利用微信群进行控制管理,以抢红包方式进行赌博,设定赌博规则,在一段时间内持续组织赌博活动的行为,属于刑法第三百零三条第二款规定的"开设赌场"。谢检军、高垒、高尔樵、杨泽彬伙同他人开设赌场,均已构成开设赌场罪,且系情节严重。谢检军、高垒、高尔樵、杨泽彬在共同犯罪中地位和作用较轻,均系从犯,原判未认定从犯不当,依法予以纠正,并对谢检军予以从轻处罚,对高尔樵、杨泽彬、高垒均予以减轻处罚。杨泽彬犯罪后自动投案,并如实供述自己的罪行,系自首,依法予以从轻处罚。谢检军、高尔樵、高垒到案后如实供述犯罪事实,依法予以从轻处罚。谢检军、高尔樵、杨泽彬、高垒案发后退赃,二审审理期间杨泽彬的家人又代为退赃,均酌情予以从轻处罚。

【相关规定】(略)

(生效裁判审判人员:钱安定、胡荣、张茂鑫)

陈庆豪、陈淑娟、赵延海开设赌场案

(最高人民法院审判委员会讨论通过　2020 年 12 月 29 日发布)

【关键词】

刑事　开设赌场罪　"二元期权"　赌博网站

【裁判要点】

以"二元期权"交易的名义,在法定期货交易场所之外利用互联网招揽"投资者",以未来某段时间外汇品种的价格走势为交易对象,按照"买涨""买跌"确定盈亏,买对涨跌方向的"投资者"得利,买错的本金归网站(庄家)所有,盈亏结果不与价格实际涨跌幅度挂钩的,本质是"押大小、赌输赢",是披着期权交易外衣的赌博行为。对相关网站应当认定为赌博网站。

【基本案情】

2016 年 6 月,北京龙汇联创教育科技有限公司(以下简称"龙汇公司")设立,负责为龙汇网站的经营提供客户培训、客户维护、客户发展服务,幕后实际控制人周熙坤。周熙坤利用上海麦曦商务咨询有限公司聘请讲师、经理、客服等工作人员,并假冒上海哲荔网络科技有限公司等在智付电子支付有限公司的支付账户,接收全国各地会员注册交易资金。

龙汇网站以经营"二元期权"交易为业,通过招揽会员以"买涨"或"买跌"的方式参与赌博。会员在龙汇网站注册充值后,下载安装市场行情接收软件和龙汇网站自制插件,选择某一外汇交易品种,并选择 1M(分钟)到 60M 不等的到期时间,下单交易金额,并点击"买涨"或"买跌"按钮完成交易。买定离手之后,不可更改交易内容,不能止损止盈,若买对涨跌方向即可盈利交易金额的 76% —78%,若买错涨跌方向则本金全亏,盈亏情况不与外汇实际涨跌幅度挂钩。龙汇网站建立了等级经纪人制度及对应的佣金制度,等级经纪人包括 SB 银级至 PB 铂金三星级六个等级。截至案发,龙汇网站在全国约有 10 万会员。

2017 年 1 月,周熙坤聘请陈庆豪为顾问、市场总监,从事日常事务协调管理,维系龙汇网站与高级经纪人之间的关系,出席"培训会""说明会"并进行宣传,发展会员,拓展市场。2016 年 1 月,陈淑娟在龙汇网站注册账号,通过发展会员一度成为 PB 铂金一星级经纪人,下有 17000 余个会员账号。2016 年 2 月,赵延海在龙汇网站注册账号,通过发展会员一度成为 PB 铂金级经纪人,下有 8000 余个会员账号。经江西大众司法鉴定中心司法会计鉴定,2017 年 1 月 1 日至 2017 年 7 月 5 日,陈淑娟从龙汇网站提款 180975.04 美元,赵延海从龙汇网站提款 11598.11 美元。2017 年 7 月 5 日,陈庆豪、陈淑娟和赵延海被抓获归案。陈庆豪归案后,于 2017 年 8 月 8 日退缴 35 万元违法所得。

【裁判结果】

江西省吉安市中级人民法院于 2019 年 3 月 22 日作出(2018)赣 08 刑初 21 号刑事判决,以被告人陈庆豪犯开设赌场罪,判处有期徒刑三年,并处罚金人民币 50 万元,驱逐出境;被告人陈淑娟犯赌博罪,判处有期徒刑二年,并处罚金人民币 30 万元;被告人赵延海犯赌博罪,判处有期徒刑一年十个月,并处罚金人民币 20 万元;继续追缴被告人陈淑娟和赵延海的违法所得。宣判后,陈庆豪、陈淑娟提出上诉。江西省高级人民法院于 2019 年 9 月 26 日作出(2019)赣刑终 93 号刑事判决,以上诉人陈庆豪犯开设赌场罪,改判有期徒刑二年六个月,并处罚金人民币 50 万元,驱逐出境;上诉人陈淑娟犯开设赌场罪,判处有期徒刑二年,并处罚金人民币 30 万元;被告人赵延海犯开设赌场罪,判处有期徒刑一年十个月,并处罚金人民币 20 万元;继续追缴陈淑娟和赵延海的违法所得。

【裁判理由】

法院生效裁判认为,根据国务院 2017 年修订的《期货交易管理条例》第一条、第四条、第六条规定,期权合约是指货交易场所统一制定的、规定买方有权在将来某一时间以特定价格买入或者卖出约定标的物的标准化合约。期货交易应当在期货交易所等法定期货交易场所进行,禁止期货交易场所之外进行期货交易。未经国务院或者国务院期货监督管理机构批准,任何单位或者个人不得以任何形式组织期货交易。简言之,期权是一种以股票、期货等品种的价格为标的,在法定期货交易场所进行交易的金融产品,在交易过程中需完成买卖双方权利的转移,具有规避价格风险、服务实体经济的功能。

龙汇"二元期权"的交易方法是下载市场行情接收软件和龙汇网站自制插件,会员选择外汇品种和时间段,点击"买涨"或"买跌"按钮完成交易,买对涨跌方向即可盈利交易金额的 76% —78%,买错涨跌方向则本金即归网站(庄家)所有,盈亏结果与外汇交易品种涨跌幅度无关,实则是以未来某段时间外汇、股票等品种的价格走势为交易对象,以标的价格走势的涨跌决定交易者的财产损益,交易价格与盈亏幅度事前确定,盈亏结果与价格实际涨跌幅度不挂钩,交易者没有权利行使和转移环节,交易结果具有偶然性、投机性和射幸性。因此,龙汇"二元期权"与"押大小、赌输赢"的赌博行为本质相同,实为网络平台与投资者之间的对赌,是披着期权外衣的赌博行为。

被告人陈庆豪在龙汇公司担任中国区域市场总监,从事日常事务协调管理,维护公司与经纪人关系,参加各地说明会、培训会并宣传龙汇"二元期权",发展新会员和开拓新市场,符合《最高人民法院最高人民检察院公安部关于办理网络赌博犯罪案件适用法律若干问题的意见》(以下简称《意见》)第二条规定的明知是赌博网站,而为其提供投放广告、发展会员等服务的行为,构成开设赌场罪,其非法所得已达到《意见》第二条规定的"收取服务费数额在2万元以上的"5倍以上,应认定为开设赌场"情节严重"。但考虑到其犯罪事实、行为性质、在共同犯罪中的地位作用和从轻量刑情节,对其有期徒刑刑期予以酌减,对罚金刑依法予以维持。陈淑娟、赵延海面向社会公众招揽赌客参加赌博,属于为赌博网站担任代理并接受投注行为,且行为具有组织性、持续性、开放性,构成开设赌场罪,并达到"情节严重"。原判认定陈淑娟、赵延海的罪名不当,二审依法改变其罪名,但根据上诉不加刑原则,维持一审对其量刑。

【相关规定】(略)

(生效裁判审判人员:陈建平、汤媛媛、尧宇华)

张某勇、张某明等 25 人开设赌场案

(2021 年 1 月 25 日最高人民检察院发布)

【基本案情】

2018 年 6 月底,张某勇、张某明经共谋后,以"厦门市崇毅投资咨询有限公司"的名义,设立"易淘货栈"手机 App 网购平台,对外名义上是销售茶叶、红酒、玉石等商品,实际上则是开设网络赌场。张某勇、张某明各占股 50%,公司下设四个市场部门,每个部门下设经理或主管、业务组长及业务员,分别按不同比例、按月或季度进行抽成。

公司招聘 60 余名业务员,使用年轻女性照片作为头像,通过网络即时通讯工具招揽客户,以"购物即能赚钱""商城有转购活动"为由,吸引客户到"易淘货栈"App 进行购物,平台提前将商品销售价格调整为进价的 10 倍至 40 倍。在客户下单后,诱导客户以其所购的商品作为筹码进行"转购升级",即以押大小的方式进行赌博,并按正规发售的彩票"重庆时时彩"开奖结果同步确定输赢,5 至 10 分钟开奖一次。客户如果赌赢能把商品退货按原购买价格的 1.6 倍提领现金,赌输只可得到所下单的商品,且不能选择退货。2018 年 9 月 3 日,公安机关查获该赌博平台。平台运行 2 个多月间,涉案赌资共计人民币 810 余万元。

【诉讼过程】

2018 年 11 月 23 日,福建省厦门市公安局思明分局以张某勇等 25 人涉嫌开设赌场罪,移送厦门市思明区人民检察院审查起诉。针对犯罪嫌疑人在侦查阶段拒不认罪,辩解系新型网络购物模式、不具有开设赌场的主观故意的情况,检察机关通过对网站推广方式、运营模式、盈利手段和利益分配等方面的甄别分析,认定行为实质为吸引客户购买商品作为筹码参与赌博。2019 年 1 月 7 日,厦门市思明区人民检察院以开设赌场罪对张某勇等 25 人提起公诉。同年 1 月 24 日,厦门市思明区人民法院作出一审判决,以开设赌场罪分别判处张某勇、张某明等 25 名被告人拘役四个月至有期徒刑三年八个月不等,并处罚金。

【典型意义】

(一)准确认定网络赌博本质,依法严惩新型网络开设赌场犯罪。近年来,网络赌博犯罪日益多发隐蔽,手段花样翻新。犯罪分子通过搭建网络赌博平台,打着网上购物、网络游戏等"幌子",接受投注,吸引社会公众参与赌博。此类犯罪模式新颖,隐蔽性更强,赌客参与便利,危害性更大。要透过犯罪行为表象,通过对其运营模式、盈利手段、资金流向等的分析,认定赌博、开设赌场犯罪本质,依法从严惩处;敦促涉案人员主动退赃,不让犯罪分子从犯罪活动中获利,有力遏制网络赌博犯罪活动。

(二)树立正确的价值观财富观,远离网络赌博。赌博是社会毒瘤。广大民众要坚持勤劳致富、依法致富的理念,切勿心存幻想参与赌博。在面对层出不穷的网络赌博形式和营销手段时,要擦亮双眼,分清正规的购物、游戏平台与以购物、游戏为名的赌博网站,正常娱乐活动和聚众赌博的界限。一旦误入歧途,轻则遭受财产损失,重则倾家荡产,甚至可能构成犯罪。

(三)加强对网站软件的监管。相关部门要加强对购物网站、游戏平台等各类 App 软件、小程序的日常监管,网络平台要加强技术管控,准确识别新型违法犯罪形式,及时处理举报线索,防止互联网为犯罪分子所利用,侵害社会公众利益,败坏社会风气。

唐某某等 9 人开设赌场案

(2021 年 11 月 29 日最高人民检察院发布)

【基本案情】

"德扑圈"App 是一款网络德州扑克软件。2018 年 3 月,被告人唐某某、王某某在"德扑圈"App内通过平台的分组功能建立了"云巅俱乐部",招揽赌客利用该款软件在俱乐部内以德州扑克的形式进行赌博。赌客可以与其他赌客对赌,也可以与系统对赌,唐某某等人用联盟币(该应用软件中的"虚拟币")为赌客结算,1个联盟币对应1元人民币,赌客充值到客服提供的微信或支付宝,客服就会在赌客俱乐部账户内增加相应的联盟币数量。赌博结束后赌客可以找客服提现,把联盟币转化成真实钱款。2019年6月至2020年5月,"云巅俱乐部"共接受赌客赌资697万余元,唐某某等9人非法获利300万余元。

江苏省常州市天宁区人民法院于2021年6月21日对该案作出一审判决,以开设赌场罪分别判处唐某某等9人四年六个月至十个月不等有期徒刑,并判处相应的罚金。该案经二审审理,判决已生效。

【办案过程】

江苏省常州市天宁区人民检察院在办理该案过程中,先后列出多条补充侦查提纲,引导侦查机关调查赃款去向、厘清款项性质,查封房产2套、扣押汽车1辆、冻结银行账户资金50余万元,积极敦促被告人退赃。同时检察机关积极释法说理,其中8名被告人自愿认罪认罚。

【典型意义】

近年来,网络赌博犯罪多发、手段花样翻新,犯罪分子通过搭建网络赌博平台,打着网络游戏、虚拟币等"幌子"接受投注,吸引群众参与赌博。该案中,被告人利用网络棋牌游戏应用,通过线下兑换虚拟币,实施开设赌场犯罪,对于该种行为,要透过现象看实质,从游戏过程中是否有资金、实物兑换,是否有抽头渔利行为等来准确认定是娱乐还是赌博。对于以游戏为名,通过缴纳报名费或者现金换取筹码参加游戏的形式,赢取筹码后能够兑换现金、有价证券或者其他财物的,其实质是赌博违法犯罪,也必将被法律所严惩。

陈某某等14人开设赌场案

(2021年11月29日最高人民检察院发布)

【基本案情】

2018年10月至2020年8月期间,陈某某伙同他人雇佣朱某某、丁某某等人在某国建立工作室,形成较为固定的赌博犯罪集团,下设值班财务、主持、推码手、代理等岗位。该犯罪集团通过国内的即时通信应用软件建立网络赌博平台,组织我国公民在境内通过直播网站观看境外赌博实况视频并接受投注,以赌场洗码返水的方式获利。其中由值班财务负责为赌客提供赌资充值、提现等资金结算服务,并发送赌场直播网站网址和桌位号;由主持负责接受赌博群内赌客下注,统计下注情况和发布输赢结果;由推码手负责赌场的现场下注。其间,该犯罪集团经手转账赌资人民币8746万元以上。

浙江省平阳县人民法院于2021年6月25日作出一审判决,以开设赌场罪判处被告人陈某某五年有期徒刑,并处罚金,该判决已生效。其余同案人员尚在审查起诉阶段。

【办案经过】

浙江省温州市平阳县人民检察院在办理该案过程中,准确认定犯罪集团成员架构,审慎采取强制措施,坚持分层处理、区分罪责的原则,对该犯罪集团的6名一般参加者不予批准逮捕;针对侦查机关移送起诉时涉案赌资仅为人民币34万元,赌资认定存在难点等问题,通过自行补充侦查,以用于支付结算的黑灰产业链为切入点,倒查赌资结算路径,排查犯罪集团相关人员及亲属的支付结算账号的大额、异常流水,明确涉赌支付结算账户以及赌资数额认定规则,将原认定的赌资由人民币34万元增至人民币8746万元。

【典型意义】

近年来,跨境赌博犯罪活动向互联网迁移,其中赌资数额的认定,常常需要通过电子证据证实,认定困难。而准确认定该事实,既有利于依法打击赌博犯罪,斩断犯罪分子通过违法犯罪获利的利益链,也有助于摧毁该类犯罪的经济基础,最大限度剥夺犯罪分子再犯能力。该案中检察机关充分发挥检察职能,通过自行补充侦查,准确认定开设赌场犯罪赌资数额,依法严厉打击此类犯罪,同时积极贯彻少捕慎押的刑事司法政策,实现办案"三个效果"统一。

刘某某、曾某某等11人开设赌场案

（2021年11月29日最高人民检察院发布）

【基本案情】

2018年,被告人刘某某、曾某某等人经商议后,将原先各自建在国内运营的"极速""鼎鑫"两个网络赌盘的软件服务器移设至某国合并运营,并招纳人员出境负责赌场的运营管理。赌场开设"北京赛车""重庆时时彩""幸运飞艇"等赌博项目,通过电信网络发布信息等方式,在网络上组织招揽包括福建、湖南、江西等10余省的9242人为会员进行赌博,并以给会员"返水"、客服人员提成、发展代理的方式逐渐坐大并陆续新增多个赌盘。截至 2019 年 11 月案发,涉案赌资流水人民币 24 亿余元,该犯罪团伙非法获利人民币 2400 余万元。

福建省连城县人民法院于 2021 年 3 月 2 日以开设赌场罪分别判处刘某某、曾某某等 11 名被告人七年至一年不等的有期徒刑,并处最高 55 万元的罚金。该案经二审审理,判决已生效。

【办案经过】

福建省连城县人民检察院对该案提前介入,引导公安机关通过技术手段调取相关证据,依法认定该案的涉案赌资及相关人员的非法获利;针对 33 名涉案人员仅到案 11 人,大部分涉案人员尤其是负责赌场财务管理的核心人员滞留境外未归案的情况,检察机关积极履行法律监督职责,与公安机关共同通过加强政策法律宣讲,督促在案人员及其家属动员同案人投案。后部分涉案人员主动从境外回国投案。

【典型意义】

1. 该案社会危害性大。网络赌博这种新型开设赌场犯罪,严重危害了人民群众财产安全和合法权益,损害了社会诚信和社会秩序,导致受害者深陷泥潭。本案涉及地域广、人员多,涉案金额大,侦查机关调查取证的 16 名参赌人员,总计输了 500 余万元,无一人获利。其中有的参赌人员短短半个月内就输了 110 余万元,倾家荡产,导致生产经营项目资金链断裂;有的参赌人员经微信好友推荐参与赌博后,从小赌到大赌,整天沉溺于网络赌博,玩物丧志;有的参赌人员是父子,输了数十万元,因债务导致父子反目成仇。

2. 检察机关在办案中坚持贯彻宽严相济刑事政策。为依法严惩该犯罪,检察机关在依法提出的量刑建议中,综合考虑该案社会危害性,对于所有的被告人建议不适用缓刑,并根据各被告人在犯罪中的地位作用以及查明的非法获利数额,建议对各被告人并处相应的罚金刑,以剥夺其再犯的能力。同时,对于认罪悔罪,成功规劝同案人投案的被告人,依法认定为立功,建议对其减轻处罚。法院采纳了检察机关的相关意见。

刑法第三百零七条之一(虚假诉讼罪)

> **第三百零七条之一①** 以捏造的事实提起民事诉讼,妨害司法秩序或者严重侵害他人合法权益的,处三年以下有期徒刑、拘役或者管制,并处或

---

① 本条根据《刑法修正案(九)》(2015 年 11 月 1 日起施行)第三十五条增加。

者单处罚金;情节严重的,处三年以上七年以下有期徒刑,并处罚金。

单位犯前款罪的,对单位判处罚金,并对其直接负责的主管人员和其他直接责任人员,依照前款的规定处罚。

有第一款行为,非法占有他人财产或者逃避合法债务,又构成其他犯罪的,依照处罚较重的规定定罪从重处罚。

司法工作人员利用职权,与他人共同实施前三款行为的,从重处罚;同时构成其他犯罪的,依照处罚较重的规定定罪从重处罚。

李卫俊等"套路贷"虚假诉讼案

(最高人民检察院第十三届检察委员会第五十四次会议决定 2020 年 12 月 3 日发布)

【关键词】

虚假诉讼 套路贷 刑民检察协同 类案监督 金融监管

【要旨】

检察机关办理涉及"套路贷"案件时,应当查清是否存在通过虚假诉讼行为实现非法利益的情形。对虚假诉讼中涉及的民事判决、裁定、调解协议书等,应当依法开展监督。针对办案中发现的非法金融活动和监管漏洞,应当运用检察建议等方式,促进依法整治并及时堵塞行业监管漏洞。

【基本案情】

被告人李卫俊,男,1979 年 10 月出生,无业。

2015 年 10 月以来,李卫俊以其开设的江苏省常州市金坛区汇丰金融小额贷款公司为载体,纠集冯小陶、王岩、陆云波、丁众等多名社会闲散人员,实施高利放贷活动,逐步形成以李卫俊为首要分子的恶势力犯罪集团。该集团长期以欺骗、利诱等手段,让借款人虚写远高于本金的借条、签订虚假房屋租赁合同等,并要求借款人提供抵押物、担保人,制造虚假给付事实。随后,采用电话骚扰、言语恐吓、堵锁换锁等"软暴力"手段,向借款人、担保人及其家人索要高额利息,或者以收取利息为名让其虚写借条。在借款人无法给付时,又以虚假的借条、租赁合同等向法院提起民事诉讼,欺骗法院作出民事判决或者主持签订调解协议。李卫俊等并通过申请法院强制执行,逼迫借款人、担保人及其家人偿还债务,造成 5 人被司法机关拘留,26 人被限制高消费,21 人被纳入失信被执行人名单,11 名被害人名下房产 6 处、车辆 7 辆被查封。

【检察履职情况】

(一)提起公诉追究刑事责任

2018 年 3 月,被害人吴某向公安机关报警,称其在李卫俊等人开办的小额贷款公司借款被骗。公安机关对李卫俊等人以涉嫌诈骗罪立案侦查。2018 年 8 月 20 日,公安机关以李卫俊等涉嫌诈骗罪移送江苏省常州市金坛区人民检察院审查起诉。金坛区人民检察院审查发现,李卫俊等人长期从事职业放贷活动,具有"套路贷"典型特征,有涉嫌黑恶犯罪嫌疑。办案检察官随即向人民法院调取李卫俊等人提起的民事诉讼情况,发现 2015 年至 2018 年间,李卫俊等人提起民事诉讼上百起,多为民间借贷纠纷,且借条均为格式合同,多数案件被人民法院缺席判决。经初步判断,金坛区人民检察院认为该犯罪集团存在通过虚假诉讼的方式实施"套路贷"犯罪活动的情形。检察机关遂将案件退回公安机关补充侦查。经公安机关补充侦查,查清"套路贷"犯罪事实后,2018 年 12 月 13 日,公安机关以李卫俊等涉嫌诈骗罪、敲诈勒索罪、虚假诉讼罪、寻衅滋事罪再次移送审查起诉。2019 年 1 月 25 日,金坛区人民检察院对本案刑事部分提起公诉,金坛区人民法院于 2019 年 1 月至 10 月四次开庭审理。经审理查明李卫俊等人犯罪事实后,金坛区人民法院依法认定其为恶势力犯罪集团。2019 年 11 月 1 日,金坛区人民法院以诈骗罪、敲诈勒索罪、虚假诉讼罪、寻衅滋事罪判处李卫俊有期徒刑十二年,并处罚金人民币 28 万元;其余被告人分别被判处有期徒刑八年至三年六个月不等,并处罚金。

(二)开展虚假诉讼案件民事监督

针对审查起诉中发现的李卫俊等人"套路贷"中可能存在虚假诉讼问题,常州市金坛区人民检察院在做好审查起诉追究刑事责任的同时,依职权启动民事诉讼监督程序,并重点开展了以下调查核实工作。一是对李卫俊等人提起民事诉讼的案件进行摸底排查,查明李卫俊等人共向当地法院提起民间借贷、房屋租赁、买卖合同纠纷等民事诉讼 113 件,申请民事执行案件 80 件,涉案金额共计 400 余万元。二是向相关民事诉讼当事人进行调查核实,查明相关民间借贷案件借贷事实不清,金额虚高,当事人因李卫俊等实施"软暴力"催债,被迫还款。三是对民事判决中的主要证据进行核实,查明作出相关民事判决、裁定、调解确无合法证据。四是对案件是否存在重大金融风险隐患进行核实,查明包括本案在内的小额贷款公司、商贸公司均存在无资质经营、团伙性放贷等问题,金融监管缺位,存在重大风险隐患。

经调查核实,检察机关认为李卫俊等人主要采取签写虚高借条、肆意制造违约、隐瞒抵押事实等手段,假借诉讼侵占他人合法财产。人民法院在相关民事判决中,认定案件基本事实所依据的证据虚假,相关民事判决应予纠正;对于李卫俊等与其他当事人的民事调解书,因李卫俊等人的犯罪行为属于利用法院审判活动,非法侵占他人合法财产,严重妨害司法秩序,损害国家利益与社会公共利益,也应当予以纠正。2019 年 6 月至 7 月,金坛区人民检察院对该批 50 件涉虚假诉讼案件向人民法院提出再审检察建议 42 件,对具有典型意义的 8 件案件提请常州市人民检察院抗诉。2019 年 7 月,常州市人民检察院向常州市中级人民法院提出抗诉,同年 8 月,常州市中级人民法院裁定将 8 件案件指令金坛区人民法院再审。9 月,金坛区人民法院对 42 件案件裁定再审。10 月,金坛区人民法院对该批 50 件案件一并作出民事裁定,撤销原审判决。案件办结后,经调查,2020 年 1 月,金坛区纪委监委对系列民事案件中存在失职问题的涉案审判人员作出了相应的党纪政纪处分。

(三)结合办案参与社会治理

针对办案中发现的社会治理问题,检察机关立足法律监督职能,开展了以下工作。一是推动全市开展集中打击虚假诉讼的专项活动,共办理虚假诉讼案件 103 件,移送犯罪线索 12 件 15 人;与人民法院协商建立民事案件正副卷一并调阅制度及民事案件再审信息共享机制,与纪委监委、公安、司法等相关部门建立线索移送、案件协作机制,有效形成社会治理合力。二是针对发现的小微金融行业无证照开展金融服务等管理漏洞,向行政主管部门发出检察建议 7 份;联合公安、金融监管、市场监管等部门,在全市范围内开展金融整治专项活动,对重点区域进行清理整顿,对非法金融活动集中的写字楼开展"扫楼"行动,清理取缔 133 家非法理财公司,查办 6 起非法经营犯罪案件。三是向常州市人大常委会专题报告民事虚假诉讼检察监督工作情况,推动出台《常州市人大常委会关于全市民事虚假诉讼法律监督工作情况的审议意见》,要求全市相关职能部门加强协作配合,推动政法机关信息大平台建设、实施虚假诉讼联防联惩等 9 条举措。四是针对办案中发现的律师违规代理和公民违法代理的行为,分别向常州市律师协会和相关法院发出检察建议并获采纳。常州市律师协会由此开展专项教育整顿,规范全市律师执业行为,推进加强社会诚信体系建设。

【指导意义】

(一)刑民检察协同,加强涉黑涉恶犯罪中"套路贷"行为的审查。检察机关在办理涉黑涉恶案件存在"套路贷"行为时,应当注重强化刑事检察和民事检察职能协同。既充分发挥刑事检察职能,严格审查追诉犯罪,又发挥民事检察职能,以发现的异常案件线索为基础,开展关联案件的研判分析,并予以精准监督。刑事检察和民事检察联动,形成监督合力,加大打击黑恶犯罪力度,提升法律监督质效。

（二）办理"套路贷"案件要注重审查是否存在虚假诉讼行为。对涉黑涉恶案件中存在"套路贷"行为的,检察机关应当注重审查是否存在通过虚假诉讼手段实现"套路贷"非法利益的情形。对此,可围绕案件中是否存在疑似职业放贷人,借贷合同是否为统一格式,原告提供的证据形式是否不合常理,被告是否缺席判决等方面进行审查。发现虚假诉讼严重损害当事人利益,妨害司法秩序的,应当依职权启动监督,及时纠正错误判决、裁定和调解协议书。

（三）综合运用多种手段促进金融行业治理。针对办案中发现的非法金融活动、行业监管漏洞、诚信机制建设等问题,检察机关应当分析监管缺位的深层次原因,注重运用检察建议等方式,促进行业监管部门建章立制、堵塞管理漏洞。同时,还应当积极会同纪委监委、法院、公安、金融监管、市场监管等单位建立金融风险联防联惩体系,形成监管合力和打击共识。对所发现的倾向性、苗头性问题,可以通过联席会议的方式,加强研判,建立健全信息共享、线索移送、案件协查等工作机制,促进从源头上铲除非法金融活动的滋生土壤。

【相关规定】（略）

故意捏造债权债务关系和以物抵债协议,
向人民法院提起民事诉讼,致使人民法院开庭审理,
干扰正常司法活动的,构成虚假诉讼罪

（2021 年 11 月 9 日最高人民法院发布）

【基本案情】

2019 年 5 月至 9 月间,被告人彭某某与他人恶意串通,故意捏造债权债务关系和以物抵债协议。后彭某某又与被告人赵某通谋,委托赵某担任诉讼代理人,向某区人民法院提起民事诉讼,致使人民法院开庭审理,干扰正常司法活动。彭某某、赵某于 2020 年 6 月 19 日被公安机关抓获。

【处理结果】

人民法院依法以虚假诉讼罪判处彭某某有期徒刑七个月,并处罚金人民币 7000 元;判处赵某有期徒刑六个月,并处罚金人民币 6000 元。

【案例分析】

虚假诉讼罪,是指自然人或者单位以捏造的事实提起民事诉讼,妨害司法秩序或者严重侵害他人合法权益的行为,核心行为要件是"捏造事实"和"提起民事诉讼"。"捏造事实"包括行为人自己捏造事实和利用他人捏造的事实;

"提起民事诉讼"包括利用自己捏造的事实和利用他人捏造的事实向人民法院提起民事诉讼。《中华人民共和国刑法》第三百零七条之一第一款规定:"以捏造的事实提起民事诉讼,妨害司法秩序或者严重侵害他人合法权益的,处三年以下有期徒刑、拘役或者管制,并处或者单处罚金;情节严重的,处三年以上七年以下有期徒刑,并处罚金。"根据《最高人民法院 最高人民检察院关于办理虚假诉讼刑事案件适用法律若干问题的解释》第一条第一款的规定,采取伪造证据、虚假陈述等手段,捏造民事法律关系,虚构民事纠纷,向人民法院提起民事诉讼的,应当认定为刑法第三百零七条之一第一款规定的"以捏造的事实提起民事诉讼"。上述司法解释第二条第二项规定,以捏造的事实提起民事诉讼,致使人民法院开庭审理,干扰正常司法活动的,应当认定为刑法第三百零七条之一第一款规定的"妨害司法秩序或者严重侵害他人合法权益"。

本案中,彭某某与他人恶意串通,捏造债权债务关系和以物抵债协议,后又与赵某通谋,委托赵某担任诉讼代理人,向人民法院提起民事诉讼,致使人民法院开庭审理,干扰正常司法活动,符合《中华人民共和国刑法》和司法解释规定的虚假诉讼罪的行为特征和定罪条件。故人民法院依法以虚假诉讼罪分别判处彭某某、赵某有期徒刑,并处罚金。

【典型意义】

实践中,故意捏造债权债务关系和以物抵债协议的行为多发生在离婚等类型民事诉讼和民事执行过程中,行为人往往意图通过上述行为,达到多分配夫妻共同财产或者非法转移被执行财产的目的。此类行为不仅要受到道德的谴责,更会受到法律的严惩。司法机关要及时甄别、发现、惩处此类虚假诉讼违法犯罪行为,依法追究行为人的刑事责任,保护人民群众合法权益。

捏造事实骗取民事调解书,据此申请参与 执行财产分配的,构成虚假诉讼罪

(2021 年 11 月 9 日最高人民法院发布)

【基本案情】

2019 年 5 月至 2020 年 1 月间,易某分多次陆续向被告人张某某借款共计 200 余万元,后相继归还其中的 100 余万元,尚欠 90 余万元未还。易某另外还向郭某某等人大额借款未能归还,郭某某将易某起诉至某市人民法院。2020 年

3月26日,该市人民法院判决易某偿还郭某某借款132.6万元,后该案进入执行程序,该市人民法院准备强制执行易某名下房产。张某某为达到在强制执行过程中多分执行款的目的,与易某进行了预谋。同年4月2日,张某某和易某恶意串通,张某某隐瞒易某已经偿还借款100余万元的事实,以易某拖欠其借款共计182.5万元不还为由,向该市人民法院提起民事诉讼。该市人民法院经开庭审理后,在法庭主持下,易某与张某某达成调解协议,由易某支付张某某欠款182.5万元,该市人民法院据此作出民事调解书。张某某以该民事调解书为执行依据,申请参与分配被执行人易某的财产。债权人郭某某报案后,公安机关将张某某抓获。

【处理结果】

人民法院依法以虚假诉讼罪判处张某某有期徒刑一年,并处罚金人民币1万元。

【案例分析】

根据《最高人民法院　最高人民检察院关于办理虚假诉讼刑事案件适用法律若干问题的解释》第一条的规定,采取伪造证据、虚假陈述等手段,捏造民事法律关系,虚构民事纠纷,向人民法院提起民事诉讼的,应当认定为刑法第三百零七条之一第一款规定的"以捏造的事实提起民事诉讼";向人民法院申请执行基于捏造的事实作出的仲裁裁决、公证债权文书,或者在民事执行过程中以捏造的事实对执行标的提出异议、申请参与执行财产分配的,属于"以捏造的事实提起民事诉讼"。实施上述行为,达到《中华人民共和国刑法》和司法解释规定的定罪标准的,应当以虚假诉讼罪定罪处罚。上述司法解释第二条第三项规定,以捏造的事实提起民事诉讼,致使人民法院基于捏造的事实作出裁判文书、制作财产分配方案,或者立案执行基于捏造的事实作出的仲裁裁决、公证债权文书的,应当认定为刑法第三百零七条之一第一款规定的"妨害司法秩序或者严重侵害他人合法权益"。

本案中,张某某先后多次向易某出借款项,共计200余万元。二人之间实际上形成了数个债权债务关系。后易某向张某某偿还借款100余万元,二人之间的一部分债权债务关系已经消灭。在易某名下财产面临人民法院强制执行的情况下,张某某与易某恶意串通,隐瞒一部分债权债务关系已因债务人易某的清偿行为而消灭的事实,以该部分债权债务关系仍然存在为由提起民事诉讼,致使人民法院基于捏造的事实作出民事调解书,并以骗取的民事调解书为执行依据,申请参与分配易某的财产,符合《中华人民共和国刑法》和司法解释规定的虚假诉讼罪的行为特征和定罪条件。故人民法院依法以虚假诉讼罪判处张某某有期徒刑,并处罚金。

【典型意义】

通过虚假诉讼方式干扰人民法院正常执行活动、为自己或者帮助他人逃避人民法院生效裁判文书确定的执行义务的行为严重妨害司法秩序,侵害其他债权人的合法权益,社会危害严重。此类行为往往以债权人和债务人恶意串通的形式出现,且多数在民事诉讼过程中自行达成调解协议,隐蔽性强,甄别难度大。司法机关要加大审查力度,提高甄别能力,重视对被害人报案和控告、群众举报等线索来源的调查审查工作,及时发现虚假诉讼犯罪,依法从严惩处。

依法严厉打击"套路贷"虚假诉讼违法犯罪

（2021 年 11 月 9 日最高人民法院发布）

【基本案情】

2013 年 9 月至 2018 年 9 月,被告人林某某通过其实际控制的两个公司,以吸收股东、招收业务人员等方式发展组织成员并大肆实施"套路贷"违法犯罪活动,逐步形成了以林某某为核心的层级明确、人数众多的黑社会性质组织。林某某主导确定实施"套路贷"的具体模式,策划、指挥全部违法犯罪活动,其他成员负责参与"套路贷"的不同环节、实施具体违法犯罪活动、负责以暴力和"软暴力"手段非法占有被害人财物,并长期雇佣某律师为该组织规避法律风险提供帮助。该黑社会性质组织及成员实施"套路贷"违法犯罪过程中,以办理房屋抵押贷款为名,诱使、欺骗多名被害人办理赋予借款合同强制执行效力、售房委托、抵押解押的委托公证,并恶意制造违约事实,利用公证书将被害人名下房产过户到该黑社会性质组织或组织成员名下,之后再纠集、指使暴力清房团伙,采用暴力、威胁及其他"软暴力"手段任意占有被害人房产,通过向第三人抵押、出售或者与长期雇佣的律师串通、合谋虚假诉讼等方式,将被害人房产处置变现以谋取非法利益,并将违法所得用于该黑社会性质组织的发展壮大、组织成员分红和提成。该黑社会性质组织通过采取上述方式,有组织地实施诈骗、寻衅滋事、敲诈勒索、虚假诉讼等一系列违法犯罪活动,攫取巨额非法经济利益,并利用获得的非法收入为该组织及成员提供经济支持。该黑社会性质组织在长达 5 年的时间内长期实施上述"套路贷"违法犯罪活动,涉及多个市辖区、70 余名被害人及家庭,造成被害人经济损失高达上亿元,且犯罪对象为老年群体,致使部分老年被害人流离失所、无家可归,严重影响社会稳定。其中,2017 年 4 月至 2018 年 6 月间,林某某为将诈骗所得的房产处置变现,与他人恶意串通,故意捏造抵押借款合同和债务人违约事实,以虚假的债权债务关系向人民法院提起民事诉讼,欺骗人民法院开庭审理并作出民事裁判文书。

【处理结果】

人民法院依法对林某某以组织、领导黑社会性质组织罪判处有期徒刑十年,剥夺政治权利二年,并处没收个人全部财产;以诈骗罪判处无期徒刑,剥夺政治权利终身,并处没收个人全部财产;以敲诈勒索罪判处有期徒刑十一年,并处罚金人民币 22 万元;以寻衅滋事罪判处有期徒刑九年,剥夺政治权利一年,并处罚金人民币 18 万元;以虚假诉讼罪判处有期徒刑六年,并处罚金人民币 12 万元,决定执行无期徒刑,剥夺政治权利终身,并处没收个人全部财产。

【案例分析】

根据《最高人民法院　最高人民检察院　公安部　司法部关于办理"套路贷"刑事案件若干问题的意见》的规定,"套路贷",是对以非法占有为目的,假借民间借贷之名,诱使或迫使被害人签订"借贷"或变相"借贷""抵押""担保"等相关协议,通过虚增借贷金额、恶意制造违约、肆意认定违约、毁匿还款证据等方式形成虚假债权债务,并借助诉讼、仲裁、公证或者采用暴力、威胁以及其他手段非法占有被害人财物的相关违法犯罪活动的概括性称谓;对于在实施"套路贷"过程中多种手段并用,构成诈骗、敲诈勒索、非法拘禁、虚假诉讼、寻衅滋事、强迫交易、抢劫、绑架等多种犯罪的,应当根据具体案件事实,区分不同情况,依照刑法及有关司法解释的规定数罪并罚或者择一重处;三人以上为实施"套路贷"而组成的较为固定的犯罪组织,应当认定为犯罪集团,对首要分子应按照集团所犯全部罪行处罚;符合黑恶势力认定标准的,应当按照黑社会性质组织、恶势力或者恶势力犯罪集团侦查、起诉、审判。

本案中,林某某纠集、指挥多人实施"套路贷"违法犯罪,行为符合《中华人民共和国刑法》规定的组织、领导黑社会性质组织罪的构成要件;在实施"套路贷"过程中诈骗、敲诈勒索、寻衅滋事、虚假诉讼等多种手段并用,行为还构成诈骗罪、敲诈勒索罪、寻衅滋事罪、虚假诉讼罪等多种犯罪,故人民法院对林某某依法予以数罪并罚。

【典型意义】

"套路贷"违法犯罪严重侵害人民群众合法权益,影响社会大局稳定,且往往与黑恶势力犯罪交织在一起,社会危害极大。司法机关必须始终保持对"套路贷"的高压严打态势,及时甄别、依法严厉打击"套路贷"中的虚假诉讼、诈骗、敲诈勒索、寻衅滋事等违法犯罪行为,依法严惩犯罪人,切实保护被害人合法权益,满足人民群众对公平正义的心理期待。

律师多次为当事人出谋划策,共同伪造证据进行虚假诉讼 并在民事诉讼中担任代理人的,构成虚假诉讼共同犯罪

（2021 年 11 月 9 日最高人民法院发布）

【基本案情】

被告人杜某系某律师事务所律师。2017 年至 2019 年间,杜某与多人通谋,先后 4 次共同采取伪造证据、虚假陈述等手段,捏造民事法律关系,虚构民事纠纷,并担任诉讼代理人向人民法院提起民事诉讼,致使人民法院基于捏造的事实先后作出 4 份民事调解书并进行强制执行。杜某通过实施上述行为,意图帮助他人规避住房限售、限购政策,实现违规办理房产过户手续等非法目的,自己牟取非法经济利益。2020 年 5 月 13 日,公安机关在杜某执业的律师事务所内将其抓获。案件审理过程中,杜某自愿退缴违法所得 12.5 万元。

【处理结果】

人民法院依法以虚假诉讼罪判处杜某有期徒刑一年三个月,并处罚金人民币 3 万元。

【案例分析】

根据《最高人民法院　最高人民检察院关于办理虚假诉讼刑事案件适用法律若干问题的解释》第二条第三项的规定,以捏造的事实提起民事诉讼,致使人民法院基于捏造的事实作出裁判文书、制作财产分配方案,或者立案执行基于捏造的事实作出的仲裁裁决、公证债权文书的,应当认定为刑法第三百零七条之一第一款规定的"妨害司法秩序或者严重侵害他人合法权益"。上述司法解释第六条规定,诉讼代理人、证人、鉴定人等诉讼参与人与他人通谋,代理提起虚假民事诉讼、故意作虚假证言或者出具虚假鉴定意见,共同实施刑法第三百零七条之一前三款行为(即虚假诉讼犯罪行为)的,依照共同犯罪的规定定罪处罚。

本案中,杜某系执业律师,与他人通谋,捏造民事法律关系,虚构民事纠纷,并担任诉讼代理人向人民法院提起民事诉讼,欺骗人民法院作出裁判文书以获取非法利益。杜某实施虚假诉讼行为,致使人民法院基于捏造的事实作出民事调解书,已经达到《中华人民共和国刑法》和司法解释规定的虚假诉讼罪的定罪条件。故人民法院依法以虚假诉讼罪判处杜某有期徒刑,并处罚金。

【典型意义】

《中华人民共和国律师法》规定,律师应当维护当事人合法权益,维护法律

正确实施,维护社会公平和正义;律师执业必须遵守宪法和法律,恪守律师职业道德和执业纪律;律师执业必须以事实为根据,以法律为准绳。律师作为从事法律服务工作的专业人员,具有娴熟的法律专业知识,熟悉相关法律规定和民事诉讼程序,应当严格遵守法律。律师利用自己的法律专业知识故意制造和参与虚假诉讼,将导致虚假诉讼违法犯罪更加难以甄别,造成更加严重的社会危害。本案的判决结果,有力威慑了虚假诉讼违法犯罪,警醒律师、基层法律服务工作者等法律从业人员要依法执业,严格依照法律规定开展法律咨询、诉讼代理等业务活动,不能知法犯法、玩弄司法。

刑法第三百一十二条(掩饰、隐瞒犯罪所得罪)

> 第三百一十二条①② 明知是犯罪所得及其产生的收益而予以窝藏、转移、收购、代为销售或者以其他方法掩饰、隐瞒的,处三年以下有期徒刑、拘役或者管制,并处或者单处罚金;情节严重的,处三年以上七年以下有期徒刑,并处罚金。
>
> 单位犯前款罪的,对单位判处罚金,并对直接负责的主管人员和其他直接责任人员,依照前款的规定处罚。

吴某豪等 9 人掩饰、隐瞒犯罪所得案

(2021 年 6 月 28 日最高人民检察院、教育部联合发布)

【基本案情】

吴某豪等 9 人,2000 年至 2001 年出生,分别系某高校或中专在校学生。

侯某,1993 年出生,无固定职业。

---

① 本条根据《刑法修正案(六)》(2006 年 6 月 29 日起施行)第十九条修改。

原本条规定为:明知是犯罪所得的赃物而予以窝藏、转移、收购或者代为销售的,处三年以下有期徒刑、拘役或者管制,并处或者单处罚金。

本条修改的主要内容为:一是增加"以其他方法掩饰、隐瞒的"情节;二是增加"情节严重"的法定刑,将本罪的法定最高刑提高到七年有期徒刑;三是将"犯罪所得的赃物"修改为"犯罪所得及其产生的收益"。

② 本条第二款根据《刑法修正案(七)》(2009 年 2 月 28 日起施行)第十条增加。

杨某辉,1993 年出生,某网络公司员工。

2019 年 10 月至 12 月,侯某、杨某辉伙同他人,通过在朋友圈发布付费交友的虚假信息,引诱被害人扫描二维码付款,并利用事先植入的"百倍跳转"软件,将实际扣款金额扩增至百倍,以此方式实施诈骗。为便于接收、转移赃款,杨某辉以人民币 600 元至 1000 元不等的价格,收购他人成套银行卡资料(含身份证复印件、银行卡号、手机号),用于注册微信商户号,并生成收款二维码,供诈骗团伙使用。其中,吴某豪等 9 人向杨某辉各出售一套银行卡资料。被害人扫描侯某提供的二维码付款后,资金转入对应的微信商户号,并根据后台设置于次日凌晨自动转入该商户号绑定的吴某豪等人的银行账户内。

吴某豪等 9 人明知本人银行账户内转入资金系他人犯罪所得,仍按照杨某辉的要求通过手机银行转入指定账户,转移诈骗资金分别为人民币 2.45 万元至 29.16 万元不等。

【诉讼过程】

2020 年 3 月 19 日、6 月 30 日,浙江省绍兴市公安局上虞区分局分别以侯某、杨某辉涉嫌诈骗罪,吴某豪等 9 人涉嫌掩饰、隐瞒犯罪所得罪移送起诉。同年 8 月 3 日,上虞区人民检察院以诈骗罪对侯某、杨某辉,以掩饰、隐瞒犯罪所得罪对吴某豪等 9 人提起公诉。2020 年 9 月 14 日,上虞区人民法院作出一审判决,以诈骗罪判处侯某、杨某辉有期徒刑七年四个月和六年十个月,并处罚金人民币 5 万元和 2 万元;以掩饰、隐瞒犯罪所得罪分别判处吴某豪等 9 名被告人有期徒刑六个月至三年不等,均适用缓刑,并处罚金人民币 1500 元至 3000 元不等。各被告人未上诉,判决已生效。

【教育治理】

在办案过程中,上虞区人民检察院主动与涉案学生所在的外省学校加强联系,共同开展协同帮教等工作,通过了解学生在校表现材料、安排心理辅导老师谈心谈话等方式,对涉案学生行为危害、悔罪表现、能否继续接受教育等情况进行评估。同时,校方还制定罪错学生后续在校学习监督管理预案,并向当地教育部门汇报。最终,经三方反复沟通和教育部门同意后,所在学校对其中 7 名涉案学生保留学籍,上虞区人民检察院依法提出适用缓刑建议。目前,有 3 名涉案中专生顺利升为大专生。

上虞区人民检察院持续加强与校方跨省联系,通过微信公众号云分享"两卡"犯罪典型案例及"反诈"主题宣传视频等素材。同时,面向本地多所大学、高中近万名师生开展以防范"两卡"犯罪为主题的"开学第一课"宣讲活动,通过搭建检校协作平台,形成了"打击-协作-预防-宣传"于一体的社会综治型办案机制。

【典型意义】

从"断卡"行动情况看,犯罪分子大量收购银行卡、非银行支付账户等用于接收、转移赃款,绕过金融监管,导致诈骗资金迅速流转、拆解、混同,极大地增加了打击犯罪和追赃挽损的难度,社会危害巨大。对于非法出租、出售包括银行卡在内的"两卡"行为,检察机关要坚持源头打击、全链条惩治。既要依法打击涉"两卡"犯罪行为,又要深挖上下游犯罪线索,依法严惩电信网络诈骗、网络赌博等犯罪团伙,努力铲除整个犯罪链条。

对于涉"两卡"违法犯罪的在校学生,检察机关要坚持惩治与挽救相结合,全面、准确评价起诉必要性,依法、精准提出量刑建议。对于依法需要提起公诉,但被告人具有从犯、认罪认罚、退赃退赔等从宽情节的,可以提出轻缓的量刑建议。要注重做好办案"后半篇文章",检察机关和教育部门、相关学校要加强沟通联系,根据涉案学生的犯罪情节、认罪悔罪态度、在校一贯表现等情况,在法律政策允许的范围内,给予犯罪情节较轻的涉案学生以继续留校完成学业的机会。同时,加强思想工作和批评教育,使其真正认识错误,悔过自新,努力成为合格守法公民。

海南文昌市 S 公司、翁某某掩饰、隐瞒犯罪所得案——非试点地区在法律框架内积极开展企业合规改革相关工作,因地制宜推动第三方监督评估机制规范运行

(2021 年 12 月 8 日最高人民检察院发布)

【关键词】

掩饰、隐瞒犯罪所得　第三方监督评估　公开听证　轻缓量刑建议

【要旨】

非试点地区严格按照法律规定和企业合规改革的精神,在本地选择符合条件的涉案高新技术民营企业开展企业合规考察。结合案发原因指导企业制订切实可行的合规计划,根据地方实际,推动第三方监督评估机制规范运行。企业合规整改结束后,检察机关组织公开听证,综合考虑案情及合规考察效果,对涉案企业及责任人依法提起公诉,并提出轻缓量刑建议。

【基本案情】

海南省文昌市 S 科技开发有限公司(以下简称 S 公司)系当地高新技术民营企业,翁某某系该公司厂长。

2015 年至 2016 年期间,张某某(另案处理)在海南省文昌市翁田镇某处实

施非法采矿,经张某某雇请的王某某(另案处理)联系,将采挖的石英砂出售给S公司。S公司厂长翁某某为解决生产原料来源问题,在明知石英砂为非法采挖的情况下,仍予以收购,共计 3.69 万吨。随后,翁某某安排公司财务部门通过公司员工陈某某及翁某某个人账户,将购砂款转账支付给王某某,王某某再将钱取出交给张某某。经审计,S公司支付石英砂款共计 125 万余元。

2020 年 2 月,文昌市公安局在侦查张某某涉恶犯罪团伙案件时,发现翁某某涉嫌掩饰、隐瞒犯罪所得犯罪线索。2021 年 1 月,翁某某经公安机关传唤到案后,如实供述犯罪事实,自愿认罪认罚。2021 年 2 月,文昌市公安局以翁某某涉嫌掩饰、隐瞒犯罪所得罪移送文昌市检察院审查起诉。检察机关经审查,以涉嫌掩饰、隐瞒犯罪所得罪追加 S 公司为被告单位。

【企业合规整改情况及效果】

一是认真审查启动企业合规。检察机关经审查了解,S公司、翁某某涉嫌掩饰、隐瞒犯罪所得罪,反映出该公司及其管理人员过度关注生产效益,片面追求经济利益,法律意识较为淡薄。S公司系高新技术民营企业,生产的产品广泛应用于航天、新能源、芯片等领域,曾荣获全国优秀民营科技企业创新奖,现有员工 80 余人,年产值 2000 余万元。2021 年 3 月,经 S 公司申请,检察机关启动合规整改程序,要求该公司对自身存在的管理漏洞进行全面自查并开展合规整改。2021 年 4 月,S 公司提交了合规整改承诺书,由公司董事会审核通过,并经检察机关审查同意,企业按照要求进行合规整改。

二是扎实开展第三方监督评估。2021 年 7 月,由文昌市自然资源和规划局、市场监督管理局、税务局、综合行政执法局、工商联等单位的相关人员以及人大代表、政协委员、律师代表等组成的第三方监督评估组织,对 S 公司合规整改情况进行评估验收。2021 年 8 月,第三方监督评估组织出具评估验收报告,认为 S 公司已经按照要求进行合规整改,建立了较为完善的内控制度和管理机制,可以对类似的刑事合规风险进行识别并有效预防违法犯罪。检察机关就 S 公司是否符合从宽处理条件及案发后合规整改评估情况举行公开听证会,充分听取人大代表、政协委员、律师代表和相关行政部门负责人的意见,还邀请人民监督员参加,全程接受监督。听证会上,听证员、人民监督员一致同意检察机关对 S 公司和翁某某的从宽处理意见,同时认可该企业的整改结果。

三是综合考虑提出轻缓量刑建议。2021 年 9 月,文昌市检察院根据案情,结合企业合规整改情况,以 S 公司、翁某某涉嫌掩饰、隐瞒犯罪所得罪依法提起公诉,并提出轻缓量刑建议。2021 年 11 月,文昌市法院采纳检察机关全部量刑建议,以掩饰、隐瞒犯罪所得罪分别判处被告单位 S 公司罚金 3 万元;被告人翁某某有期徒刑一年,缓刑一年六个月,并处罚金人民币 1 万元;退缴的赃款 125

万余元予以没收,上缴国库。判决已生效。

【典型意义】

1. 非试点地区在法律框架内积极开展企业合规改革相关工作。文昌市检察院充分认识开展涉案企业合规改革工作的重大意义,作为非试点地区积极主动作为,全面梳理排查 2020 年以来受理的涉企刑事案件,建立涉企案件台账,通过严把企业合规案件的条件和范围,精心选定开展企业合规改革工作的重点案件。

2. 结合案发原因,指导企业制定切实可行的合规计划。检察机关经审查认为,S 公司在合规经营方面主要存在两个方面的明显漏洞,首先是合同签订履行存在违法风险,其次是财务管理存在违规漏洞。鉴于此,有针对性地指导企业重点围绕建立健全内部监督管理制度进行整改,督促企业在业务审批流程中增加合规性审查环节,建立起业务流程审批—法律事务审核(合规性审查)—资金收支规范—集团公司审计等四个方面全流程监管体系,有效防控无书面合同交易、坐支现金等突出问题。

3. 根据本地实际,推动第三方监督评估机制规范运行。作为非试点地区,检察机关商请当地自然资源和规划局、市场监督管理局、税务局、综合行政执法局、工商联等单位的业务骨干以及人大代表、律师代表组成第三方组织对 S 公司合规整改情况进行评估验收,评估方式包括召开座谈会、查阅公司资料和台账、对经营场所检查走访等。各方面专业人员在此基础上结合各自职责范围出具评估验收报告,督促涉案企业履行合规承诺,促进企业合规经营。

4. 充分履行检察职能,确保合规工作取得实效。本案中,检察机关结合办案发现、研判企业管理制度上的漏洞,向涉案企业制发检察建议,有针对性地指出问题,提出整改建议要求,督促涉案企业履行合规承诺。同时,还派员不定期走访 S 公司及相关单位,持续对合规整改进行跟踪检查并提出意见建议。整改完成后,及时公开听证,做到"能听证、尽听证"。目前,S 公司在合规整改完成后,已妥善解决生产原料来源问题,经营状况良好。

刑法第三百一十三条(拒不执行判决、裁定罪)

第三百一十三条① 对人民法院的判决、裁定有能力执行而拒不执行,

---

① 本条根据《刑法修正案(九)》(2015 年 11 月 1 日起施行)第三十九条修改。

原本条规定为:对人民法院的判决、裁定有能力执行而拒不执行,情节严重的,处三年以下有期徒刑、拘役或者罚金。

修改的主要内容为:一是补充规定"情节特别严重的,处三年以上七年以下有期徒刑";二是增加规定单位可以成为本罪的犯罪主体。

情节严重的,处三年以下有期徒刑、拘役或者罚金;情节特别严重的,处三年以上七年以下有期徒刑,并处罚金。

单位犯前款罪的,对单位判处罚金,并对其直接负责的主管人员和其他直接责任人员,依照前款的规定处罚。

毛建文拒不执行判决、裁定案

(最高人民法院审判委员会讨论通过 2016 年 12 月 28 日发布)

【关键词】

刑事 拒不执行判决、裁定罪 起算时间

【裁判要点】

有能力执行而拒不执行判决、裁定的时间从判决、裁定发生法律效力时起算。具有执行内容的判决、裁定发生法律效力后,负有执行义务的人有隐藏、转移、故意毁损财产等拒不执行行为,致使判决、裁定无法执行,情节严重的,应当以拒不执行判决、裁定罪定罪处罚。

【基本案情】

浙江省平阳县人民法院于 2012 年 12 月 11 日作出(2012)温平鳌商初字第595 号民事判决,判令被告人毛建文于判决生效之日起 15 日内返还陈先银挂靠在其名下的温州宏源包装制品有限公司投资款 20 万元及利息。该判决于 2013 年 1 月 6 日生效。因毛建文未自觉履行生效法律文书确定的义务,陈先银于 2013 年 2 月 16 日向平阳县人民法院申请强制执行。立案后,平阳县人民法院在执行中查明,毛建文于 2013 年 1 月 17 日将其名下的浙 CVU661 小型普通客车以 15 万元的价格转卖,并将所得款项用于个人开销,拒不执行生效判决。毛建文于 2013 年 11 月 30 日被抓获归案后如实供述了上述事实。

【裁判结果】

浙江省平阳县人民法院于 2014 年 6 月 17 日作出(2014)温平刑初字第 314 号刑事判决:被告人毛建文犯拒不执行判决罪,判处有期徒刑十个月。宣判后,毛建文未提起上诉,公诉机关未提出抗诉,判决已发生法律效力。

【裁判理由】

法院生效裁判认为:被告人毛建文负有履行生效裁判确定的执行义务,在人民法院具有执行内容的判决、裁定发生法律效力后,实施隐藏、转移财产等拒不执行行为,致使判决、裁定无法执行,情节严重,其行为已构成拒不执行判决罪。公诉机关指控的罪名成立。毛建文归案后如实供述了自己的罪行,可以从轻处罚。

本案的争议焦点为,拒不执行判决、裁定罪中规定的"有能力执行而拒不执行"的行为起算时间如何认定,即被告人毛建文拒不执行判决的行为是从相关民事判决发生法律效力时起算,还是从执行立案时起算。对此,法院认为,生效法律文书进入强制执行程序并不是构成拒不执行判决、裁定罪的要件和前提,毛建文拒不执行判决的行为应从相关民事判决于 2013 年 1 月 6 日发生法律效力时起算。主要理由如下:第一,符合立法原意。全国人民代表大会常务委员会对刑法第三百一十三条规定解释时指出,该条中的"人民法院的判决、裁定",是指人民法院依法作出的具有执行内容并已发生法律效力的判决、裁定。这就是说,只有具有执行内容的判决、裁定发生法律效力后,才具有法律约束力和强制执行力,义务人才有及时、积极履行生效法律文书确定义务的责任。生效法律文书的强制执行力不是在进入强制执行程序后才产生的,而是自法律文书生效之日起即产生。第二,与民事诉讼法及其司法解释协调一致。《中华人民共和国民事诉讼法》第一百一十一条规定:诉讼参与人或者其他人拒不履行人民法院已经发生法律效力的判决、裁定的,人民法院可以根据情节轻重予以罚款、拘留;构成犯罪的,依法追究刑事责任。《最高人民法院关于适用〈中华人民共和国民事诉讼法〉的解释》第一百八十八条规定:民事诉讼法第一百一十一条第一款第六项规定的拒不履行人民法院已经发生法律效力的判决、裁定的行为,包括在法律文书发生法律效力后隐藏、转移、变卖、毁损财产或者无偿转让财产、以明显不合理的价格交易财产、放弃到期债权、无偿为他人提供担保等,致使人民法院无法执行的。由此可见,法律明确将拒不执行行为限定在法律文书发生法律效力后,并未将拒不执行的主体仅限定为进入强制执行程序后的被执行人或者协助执行义务人等,更未将拒不执行判决、裁定罪的调整范围仅限于生效法律文书进入强制执行程序后发生的行为。第三,符合立法目的。拒不执行判决、裁定罪的立法目的在于解决法院生效判决、裁定的"执行难"问题。将判决、裁定生效后立案执行前逃避履行义务的行为纳入拒不执行判决、裁定罪的调整范围,是法律设定该罪的应有之义。将判决、裁定生效之日确定为拒不执行判决、裁定罪中拒不执行行为的起算时间点,能有效地促使义务人在判决、裁定生效后即迫于刑罚的威慑力而主动履行生效裁判确定的义务,避免生效裁判沦为一纸空文,从而使社会公众真正尊重司法裁判,维护法律权威,从根本上解决"执行难"问题,实现拒不执行判决、裁定罪的立法目的。

【相关规定】(略)

(生效裁判审判人员:郭朝晖、曾洪宁、裴伦)

上海甲建筑装饰有限公司、吕某拒不执行判决立案监督案

（最高人民检察院第十三届检察委员会第五十五次会议决定　2020年12月21日发布）

【关键词】

拒不执行判决　调查核实　应当立案而不立案　监督立案

【要旨】

负有执行义务的单位和个人以更换企业名称、隐瞒到期收入等方式妨害执行，致使已经发生法律效力的判决、裁定无法执行，情节严重的，应当以拒不执行判决、裁定罪予以追诉。申请执行人认为公安机关对拒不执行判决、裁定的行为应当立案侦查而不立案侦查，向检察机关提出监督申请的，检察机关应当要求公安机关说明不立案的理由。经调查核实，认为公安机关不立案理由不能成立的，应当通知公安机关立案。对于通知立案的涉企业犯罪案件，应当依法适用认罪认罚从宽制度。

【基本案情】

被告单位上海甲建筑装饰有限公司（以下简称甲公司）。

被告人吕某，男，1964年8月出生，甲公司实际经营人。

2017年5月17日，上海乙实业有限公司（以下简称乙公司）因与甲公司合同履行产生纠纷诉至上海市青浦区人民法院。同年8月16日，青浦区人民法院判决甲公司支付乙公司人民币3250995.5元及相关利息。甲公司提出上诉，上海市第二中级人民法院判决驳回上诉，维持原判。2017年11月7日，乙公司向青浦区人民法院申请执行。青浦区人民法院调查发现，被执行人甲公司经营地不明，无可供执行的财产，经乙公司确认并同意后，于2018年2月27日裁定终结本次执行程序。2018年5月9日，青浦区人民法院恢复执行程序，组织乙公司、甲公司达成执行和解协议，但甲公司经多次催讨仍拒绝履行协议。2019年5月6日，乙公司以甲公司拒不执行判决为由，向上海市公安局青浦分局（以下简称青浦公安分局）报案，青浦公安分局决定不予立案。

【检察履职情况】

线索发现。2019年6月3日，乙公司向上海市青浦区人民检察院提出监督申请，认为甲公司拒不执行法院生效判决，已构成犯罪，但公安机关不予立案，请求检察机关监督立案。青浦区人民检察院经审查，决定予以受理。

调查核实。针对乙公司提出的监督申请,青浦区人民检察院调阅青浦公安分局相关材料和青浦区人民法院执行卷宗,调取甲公司银行流水,听取乙公司法定代表人金某意见,并查询国家企业信用信息公示系统。查明甲公司实际经营人吕某在同乙公司诉讼过程中,将甲公司更名并变更法定代表人为马某某,以致法院判决甲公司败诉后,在执行阶段无法找到甲公司资产。为调查核实甲公司资产情况,青浦区人民检察院又调取甲公司与丙控股集团江西南昌房地产事业部(以下简称丙集团)业务往来账目以及银行流水、银行票据等证据,进一步查明:2018 年 5 月至 2019 年 1 月期间,在甲公司银行账户被法院冻结的情况下,吕某要求丙集团将甲公司应收工程款人民币 2506.99 万元以银行汇票形式支付,其后吕某将该银行汇票背书转让给由其实际经营的上海丁装饰工程有限公司,该笔资金用于甲公司日常经营活动。

监督意见。2019 年 7 月 9 日,青浦区人民检察院向青浦公安分局发出《要求说明不立案理由通知书》。青浦公安分局回复认为,本案尚在执行期间,甲公司未逃避执行判决,没有犯罪事实,不符合立案条件。青浦区人民检察院认为,甲公司在诉讼期间更名并变更法定代表人,导致法院在执行阶段无法查找到甲公司资产,并裁定终结本次执行程序。并且在执行同期,甲公司舍弃电子支付、银行转账等便捷方式,要求丙集团以银行汇票形式向其结算并支付大量款项,该款未进入甲公司账户,但实际用于甲公司日常经营活动,其目的就是利用汇票背书形式规避法院的执行。因此,甲公司存在隐藏、转移财产,致使法院生效判决无法执行的行为,已符合刑法第三百一十三条第一款规定的"有能力执行而拒不执行,情节严重"的情形,公安机关的不立案理由不能成立。2019 年 8 月 6 日,青浦区人民检察院向青浦公安分局发出《通知立案书》,并将调查获取的证据一并移送公安机关。

监督结果。2019 年 8 月 11 日,青浦公安分局决定对甲公司以涉嫌拒不执行判决罪立案侦查,同年 9 月 4 日将甲公司实际经营人吕某传唤到案并刑事拘留。2019 年 9 月 6 日,甲公司向乙公司支付了全部执行款项人民币 371 万元,次日,公安机关对吕某变更强制措施为取保候审。案件移送起诉后,经依法告知诉讼权利和认罪认罚的法律规定,甲公司和吕某自愿认罪认罚。2019 年 11 月 28 日,青浦区人民检察院以甲公司、吕某犯拒不执行判决罪向青浦区人民法院提起公诉,并提出对甲公司判处罚金人民币 15 万元,对吕某判处有期徒刑十个月、缓刑一年的量刑建议。2019 年 12 月 10 日,青浦区人民法院判决甲公司、吕某犯拒不执行判决罪,并全部采纳了检察机关的量刑建议。一审宣判后,被告单位和被告人均未提出上诉,判决已生效。

【指导意义】

(一)检察机关发现公安机关对拒不执行判决、裁定的行为应当立案侦查而不立案侦查的,应当依法监督公安机关立案。执行人民法院依法作出并已发生法律效力的判决、裁定,是被执行人的法定义务。负有执行义务的单位和个人有能力执行而故意以更改企业名称、隐瞒到期收入等方式,隐藏、转移财产,致使判决、裁定无法执行的,应当认定为刑法第三百一十三条第一款规定的"有能力执行而拒不执行,情节严重"的情形,以拒不执行判决、裁定罪予以追诉。申请执行人认为公安机关对拒不执行判决、裁定的行为应当立案侦查而不立案侦查,向检察机关提出监督申请的,检察机关应当要求公安机关说明不立案的理由,认为公安机关不立案理由不能成立的,应当制作《通知立案书》,通知公安机关立案。

(二)检察机关进行立案监督,应当开展调查核实。检察机关受理立案监督申请后,应当根据事实、法律进行审查,并依法开展调查核实。对于拒不执行判决、裁定案件,检察机关可以调阅公安机关相关材料、人民法院执行卷宗和相关法律文书,询问公安机关办案人员、法院执行人员和有关当事人,并可以调取涉案企业、人员往来账目、合同、银行票据等书证,综合研判是否属于"有能力执行而拒不执行,情节严重"的情形。决定监督立案的,应当同时将调查收集的证据材料送达公安机关。

(三)办理涉企业犯罪案件,应当依法适用认罪认罚从宽制度。检察机关应当坚持惩治犯罪与保护市场主体合法权益、引导企业守法经营并重。对于拒不执行判决、裁定案件,应当积极促使涉案企业执行判决、裁定,向被害方履行赔偿义务、赔礼道歉。涉案企业及其直接负责的主管人员和其他直接责任人员自愿如实供述自己的罪行,承认指控的犯罪事实,愿意接受处罚的,对涉案企业和个人可以提出依法从宽处理的确定刑量刑建议。

【相关规定】(略)

殷某娟拒不执行判决、裁定罪自诉案

(2021 年 12 月 1 日最高人民法院发布)

【基本案情】

2019 年 12 月,徐某与殷某娟民间借贷纠纷一案,经江西省鹰潭市余江区人民法院主持调解达成调解协议并制作调解书,殷某娟需偿还徐某借款 83 万元及利息。但殷某娟未按照调解书履行还款义务。徐某遂向余江区法院申请强制执行,执行中殷某娟虽多次作出还款承诺,但届期均未履行,且有逃离住所等逃避执行的行为,法院对其作出了司法拘留和罚款决定。2021年初,申请执行人徐某遂以被执行人殷某娟涉嫌拒不执行判决、裁定罪向余江区人民法院提起刑事自诉。该院刑事立案后对被执行人殷某娟作出逮捕决定。2021年4月,江西省高级人民法院联合多家媒体对该案开展"余江'猎狐'拘捕进行时"直播活动,观看量突破了60万人次,营造了强大的舆论氛围。在被决定逮捕后,被执行人殷某娟的家属与申请执行人徐某达成执行和解协议,该案得以顺利执结。

【典型意义】

本案是通过刑事自诉方式追究被执行人抗拒执行罪的典型案例,且法院以案说法,通过与媒体深度合作,采取网络直播、全程见证抓捕等新媒体形式,形成强大的舆论威慑氛围,具有极强的教育意义和社会影响,真正取得了执行一案、教育一批、影响一片的积极效果。

刑法第三百一十四条(非法处置查封的财产罪)

> 第三百一十四条 隐藏、转移、变卖、故意毁损已被司法机关查封、扣押、冻结的财产,情节严重的,处三年以下有期徒刑、拘役或者罚金。

肖某某非法处置查封的财产案

(2018年6月5日最高人民法院发布)

【基本案情】

被告人肖某某因资金周转困难向曾某某借款人民币285万元,后未及时偿还。曾某某遂向江西省南昌市西湖区人民法院提起诉讼,并于2014年5月29日申请财产保全。西湖区法院依法作出保全裁定,对肖某某存于南昌市洪都中大道14号仓库的自行车、电动车进行了查封。

2014年7月10日,在西湖区法院主持下,肖某某与曾某某达成调解协议,法院依法制作民事调解书。调解书生效后,肖某某未在确定的期间内履行还款义务,曾某某于2014年7月31日向西湖区人民法院申请强制执行。同日,执行法院向肖某某下达执行通知书,肖某某不配合执行。2014年8月肖某某私自将其被法院查封的2000多辆自行车拖走,并对自行车进行变卖和私自处理,用以偿还其所欠案外人胡某某部分债务。肖某某未将上述非法处置查封的财产行为告知西湖区人民法院,也未将变卖自行车所得款项打入西湖区人民法院指定账户,并将原有手机关机后出逃,致使申请执行人曾某某的债权无法执行到位。

2016 年 6 月 13 日,公安机关将被告人肖某某抓获。经公安机关侦查终结,检察院提起公诉,西湖区人民法院经审理,以非法处置查封的财产罪,判处被告人肖某某有期徒刑一年六个月。

【典型意义】

非法处置查封、扣押、冻结的财产,是被执行人规避、抗拒执行的一种典型方式。本案被执行人在强制执行过程中,对人民法院已经查封的财产私自变卖,并将变卖所得用于清偿其他债务,导致申请执行人的债权得不到执行,情节严重,构成非法处置查封的财产罪。由于本案执行依据是民事调解书,被执行人的拒不执行行为不能构成拒不执行判决、裁定罪。法院以非法处置查封的财产罪对被告人定罪处罚,符合法律规定,惩治了此种抗拒执行的行为,维护了司法权威,具有较好的警示作用。

刑法第三百二十四条(故意损毁名胜古迹罪)

第三百二十四条 故意损毁国家保护的珍贵文物或者被确定为全国重点文物保护单位、省级文物保护单位的文物的,处三年以下有期徒刑或者拘役,并处或者单处罚金;情节严重的,处三年以上十年以下有期徒刑,并处罚金。

故意损毁国家保护的名胜古迹,情节严重的,处五年以下有期徒刑或者拘役,并处或者单处罚金。

过失损毁国家保护的珍贵文物或者被确定为全国重点文物保护单位、省级文物保护单位的文物,造成严重后果的,处三年以下有期徒刑或者拘役。

张永明、毛伟明、张鹭故意损毁名胜古迹案

(最高人民法院审判委员会讨论通过 2020 年 12 月 29 日发布)

【关键词】

刑事 故意损毁名胜古迹罪 国家保护的名胜古迹 情节严重 专家意见

【裁判要点】

1. 风景名胜区的核心景区属于刑法第三百二十四条第二款规定的"国家保护的名胜古迹"。对核心景区内的世界自然遗产实施打岩钉等破坏活动，严重破坏自然遗产的自然性、原始性、完整性和稳定性的，综合考虑有关地质遗迹的特点、损坏程度等，可以认定为故意损毁国家保护的名胜古迹"情节严重"。

2. 对刑事案件中的专门性问题需要鉴定，但没有鉴定机构的，可以指派、聘请有专门知识的人就案件的专门性问题出具报告，相关报告在刑事诉讼中可以作为证据使用。

【基本案情】

2017年4月左右，被告人张永明、毛伟明、张鹭三人通过微信联系，约定前往三清山风景名胜区攀爬"巨蟒出山"岩柱体（又称巨蟒峰）。2017年4月15日凌晨4时左右，张永明、毛伟明、张鹭三人携带电钻、岩钉（即膨胀螺栓，不锈钢材质）、铁锤、绳索等工具到达巨蟒峰底部。被告人张永明首先攀爬，毛伟明、张鹭在下面拉住绳索保护张永明的安全。在攀爬过程中，张永明在有危险的地方打岩钉，使用电钻在巨蟒峰岩体上钻孔，再用铁锤将岩钉打入孔内，用扳手拧紧，然后在岩钉上布绳索。张永明通过这种方式于早上6时49分左右攀爬至巨蟒峰顶部。毛伟明一直跟在张永明后面为张永明拉绳索做保护，并沿着张永明布好的绳索于早上7时左右攀爬到巨蟒峰顶部。在巨蟒峰顶部，张永明将多余的工具给毛伟明，毛伟明顺着绳索下降，将多余的工具带回宾馆，随后又返回巨蟒峰，攀爬至巨蟒峰10多米处，被三清山管委会工作人员发现后劝下并被民警控制。在张永明、毛伟明攀爬开始时，张鹭为张永明拉绳索做保护，之后张鹭回宾馆拿无人机，再返回巨蟒峰，沿着张永明布好的绳索于早上7时30分左右攀爬至巨蟒峰顶部，在顶部使用无人机进行拍摄。在工作人员劝说下，张鹭、张永明先后于上午9时左右、9时40分左右下到巨蟒峰底部并被民警控制。经现场勘查，张永明在巨蟒峰上打入岩钉26颗。经专家论证，三被告人的行为对巨蟒峰地质遗迹点造成了严重损毁。

【裁判结果】

江西省上饶市中级人民法院于2019年12月26日作出（2018）赣11刑初34号刑事判决：一、被告人张永明犯故意损毁名胜古迹罪，判处有期徒刑一年，并处罚金人民币10万元。二、被告人毛伟明犯故意损毁名胜古迹罪，判处有期徒刑六个月，缓刑一年，并处罚金人民币5万元。三、被告人张鹭犯故意损毁名胜古迹罪，免予刑事处罚。四、对扣押在案的犯罪工具手机四部、无人机1台、对讲机2台、攀岩绳、铁锤、电钻、岩钉等予以没收。宣判后，张永明提出上诉。江西省高级人民法院于2020年5月18日作出（2020）赣刑终44号刑事裁定，驳回被告人张永明的上诉，维持原判。

【裁判理由】

法院生效裁判认为,本案焦点问题主要为:

(一)关于本案的证据采信问题

本案中,三被告人打入26个岩钉的行为对巨蟒峰造成严重损毁的程度,目前全国没有法定司法鉴定机构可以进行鉴定,但是否构成严重损毁又是被告人是否构成犯罪的关键。根据《最高人民法院关于适用〈中华人民共和国刑事诉讼法〉的解释》第八十七条规定:"对案件中的专门性问题需要鉴定,但没有法定司法鉴定机构,或者法律、司法解释规定可以进行检验的,可以指派、聘请有专门知识的人进行检验,检验报告可以作为定罪量刑的参考。……经人民法院通知,检验人拒不出庭作证的,检验报告不得作为定罪量刑的参考"。故对打入26颗岩钉的行为是否对巨蟒峰造成严重损毁的这一事实,依法聘请有专门知识的人进行检验合情合理合法。本案中的四名地学专家,都长期从事地学领域的研究,都具有地学领域的专业知识,在地学领域发表过大量论文或专著,或主持过地学方面的重大科研课题,具有对巨蟒峰受损情况这一地学领域的专门问题进行评价的能力。四名专家均属于"有专门知识的人"。四名专家出具专家意见系接受侦查机关的有权委托,依据自己的专业知识和现场实地勘查、证据查验,经充分讨论、分析,从专业的角度对打岩钉造成巨蟒峰的损毁情况给出了明确的专业意见,并共同签名。且经法院通知,四名专家中的两名专家以检验人的身份出庭,对"专家意见"的形成过程进行了详细的说明,并接受了控、辩双方及审判人员的质询。"专家意见"结论明确,程序合法,具有可信性。综上,本案中的"专家意见"从主体到程序均符合法定要求,从证据角度而言,"专家意见"完全符合《刑事诉讼法》第一百九十七条的规定,以及《最高人民法院关于适用〈中华人民共和国刑事诉讼法〉的解释》第八十七条关于有专门知识的人出具检验报告的规定,可以作为定罪量刑的参考。

(二)关于本案的损害结果问题

三清山于1988年经国务院批准列为国家重点风景名胜区,2008年被列入世界自然遗产名录,2012年被列入世界地质公园名录。巨蟒峰作为三清山核心标志性景观独一无二、弥足珍贵,其不仅是不可再生的珍稀自然资源型资产,也是可持续利用的自然资产,对于全人类而言具有重大科学价值、美学价值和经济价值。巨蟒峰是经由长期自然风化和重力崩解作用形成的巨型花岗岩体石柱,垂直高度128米,最细处直径仅7米。本案中,侦查机关依法聘请的四名专家经过现场勘查、证据查验、科学分析,对巨蟒峰地质遗迹点的价值、成因、结构特点及三被告人的行为给巨蟒峰柱体造成的损毁情况给出了"专家意见"。四名专家从地学专业角度,认为被告人的打岩钉攀爬行为对世界自然遗产的核心景观巨蟒峰造成了永久性的损害,破坏了自然遗产的基本属性即自然性、原始性、完整性,特别是在巨蟒峰柱体的脆弱段打入至少 4 个岩钉,加重了巨蟒峰柱体结构的脆弱性,即对巨蟒峰的稳定性产生了破坏,26 个岩钉会直接诱发和加重物理、化学、生物风化,形成新的裂隙,加快花岗岩柱体的侵蚀进程,甚至造成崩解。根据《最高人民法院 最高人民检察院关于办理妨害文物管理等刑事案件适用法律若干问题的解释》第四条第二款第一项规定,结合"专家意见",应当认定三被告人的行为造成了名胜古迹"严重损毁",已触犯刑法第三百二十四条第二款的规定,构成故意损毁名胜古迹罪。

风景名胜区的核心景区是受我国刑法保护的名胜古迹。三清山风景名胜区列入世界自然遗产、世界地质公园名录,巨蟒峰地质遗迹点是其珍贵的标志性景观和最核心的部分,既是不可再生的珍稀自然资源性资产,也是可持续利用的自然资产,具有重大科学价值、美学价值和经济价值。被告人张永明、毛伟明、张鹭违反社会管理秩序,采用破坏性攀爬方式攀爬巨蟒峰,在巨蟒峰花岗岩柱体上钻孔打入 26 个岩钉,对巨蟒峰造成严重损毁,情节严重,其行为已构成故意损毁名胜古迹罪,应依法惩处。本案对三被告人的入刑,不仅是对其所实施行为的否定评价,更是警示世人不得破坏国家保护的名胜古迹,从而引导社会公众树立正确的生态文明观,珍惜和善待人类赖以生存和发展的自然资源和生态环境。一审法院根据三被告人在共同犯罪中的地位、作用及量刑情节所判处的刑罚并无不当。张永明及其辩护人请求改判无罪等上诉意见不能成立,不予采纳。原审判决认定三被告人犯罪事实清楚,证据确实、充分,定罪准确,对三被告人的量刑适当,审判程序合法。

【相关规定】(略)

(生效裁判审判人员:胡淑珠、黄训荣、王慧军)

刑法第三百二十八条(盗掘古墓葬罪)

第三百二十八条① 盗掘具有历史、艺术、科学价值的古文化遗址、古

---

① 本条第一款根据《刑法修正案(八)》(2011 年 5 月 1 日起施行)第四十五条修改。

原本条第一款内容为:"盗掘具有历史、艺术、科学价值的古文化遗址、古墓葬的,处三年以上十年以下有期徒刑,并处罚金;情节较轻的,处三年以下有期徒刑、拘役或者管制,并处罚金;有下列情形之一的,处十年以上有期徒刑、无期徒刑或者死刑,并处罚金或者没收财产:(一)盗掘确定为全国重点文物保护单位和省级文物保护单位的古文化遗址、古墓葬的;(二)盗掘古文化遗址、古墓葬集团的首要分子的;(三)多次盗掘古文化遗址、古墓葬的;(四)盗掘古文化遗址、古墓葬,并盗窃珍贵文物或者造成珍贵文物严重破坏的。"

修改的内容为:取消了盗掘古文化遗址、古墓葬罪的死刑规定。

墓葬的,处三年以上十年以下有期徒刑,并处罚金;情节较轻的,处三年以下有期徒刑、拘役或者管制,并处罚金;有下列情形之一的,处十年以上有期徒刑或者无期徒刑,并处罚金或者没收财产:

(一)盗掘确定为全国重点文物保护单位和省级文物保护单位的古文化遗址、古墓葬的;

(二)盗掘古文化遗址、古墓葬集团的首要分子;

(三)多次盗掘古文化遗址、古墓葬的;

(四)盗掘古文化遗址、古墓葬,并盗窃珍贵文物或者造成珍贵文物严重破坏的。

盗掘国家保护的具有科学价值的古人类化石和古脊椎动物化石的,依照前款的规定处罚。

张小建等 11 人盗掘古墓葬案

（2021 年 6 月 5 日最高人民法院发布）

【基本案情】

2013 年 11 月至 2016 年 6 月,张小建等 11 人形成盗掘古墓葬团伙,先后多次在山西省临汾市襄汾县陶寺乡陶寺村北等地盗掘古墓葬 14 座,所出土文物包括青铜鼎、青铜簋、青铜编钟、青铜鬲、青铜匜、青铜鱼片、青铜方盘等,上述文物倒卖后共获利人民币 834 余万元。经鉴定,上述被盗墓葬系东周时期墓葬,均属具有历史、艺术、科学价值的古墓葬。

【裁判结果】

山西省临汾市中级人民法院一审认为,被告人张小建等 11 人违反国家文物保护法规,盗掘具有历史、艺术、科学价值的古墓葬,其行为均已构成盗掘古墓葬罪。其中,被告人张小建在盗墓活动中,策划预谋、安排分工、发挥组织、领导作用,依法应系主犯;被告人段虎杰、张利斌既组织预谋又积极参与,在中起主要作用,依法应系主犯;被告人闫振峰、郭建强探墓、盗墓并监督"出货",系作用较小的主犯;被告人张晓东等 6 人系从犯。一审法院以盗掘古墓葬罪判决被告人张小建等 11 人有期徒刑十五年至一年六个月不等,并处罚金人民币 15 万元至 1 万元不等。山西省高级人民法院二审维持原判。

【典型意义】

本案系黄河流域陶寺遗址发生的盗掘古墓葬刑事案件。黄河是中华民族的母亲河,黄河文化是中华文明的重要组成部分,是中华民族的根和魂。陶寺遗址位于山西省襄汾县陶寺村南,是黄河中游地区以龙山文化陶寺类型为主的遗址,是华夏文明的源头之一。案涉襄汾县陶寺北古墓葬群被确定为全国重点文物保护单位,具有巨大的历史、艺术、科学价值。人民法院结合案涉盗掘行为造成的客观危害后果,在法定刑幅度内,依法予以从重处罚,体现了严惩重处,推进黄河文化遗产系统保护的坚定决心,对保护、传承、弘扬黄河文化,延续历史文脉,坚定文化自信具有重要意义。

陈卫强、董伟师等盗掘古墓葬案

(2021 年 11 月 25 日最高人民法院发布)

【基本案情】

2017 年 8 月至 2018 年 4 月,被告人陈卫强、董伟师等人在芮城县实施盗掘古墓葬行为,被盗墓葬位于全国重点文物保护单位“古魏城遗址”保护范围内。被告人陈卫强、董伟师等盗挖出青铜鼎、青铜甗、青铜禾、青铜盘、青铜器及青铜器配件 20 余件,其中一件青铜禾以人民币 40 万元的价格出售,一件青铜盘以人民币 22 万元的价格出售。经山西省文物交流中心鉴定,被盗墓葬均系两周时期墓葬,墓葬被盗造成原墓葬结构的毁坏和遗存物的缺失,对两周历史文化的研究造成不可弥补的损失。涉案青铜盘已被追缴,经山西省文物鉴定站鉴定为一级文物。被告人陈卫强和董伟师因涉嫌盗掘古墓葬罪被网上追逃期间,被告人陈国卫等人明知陈卫强、董伟师涉嫌犯罪,还将两人送至四川,以期逃避司法机关追究。

【裁判结果】

山西省芮城县人民法院一审认为,被告人陈卫强、董伟师未经文物主管部门批准,多次伙同他人私自挖掘全国重点文物保护单位“古魏城遗址”保护范围内的古墓葬,造成原墓葬结构的毁坏和遗存文物的缺失,二被告人行为构成盗掘古墓葬罪。一审法院判决被告人陈卫强、董伟师犯盗掘古墓葬罪,分别判处有期徒刑十二年九个月和十三年,并处罚金人民币 20 万元,对二被告人违法所得人民币 14 万元予以追缴。被告人陈国卫等人的行为均构成窝藏罪,分别被判处有期徒刑六个月至拘役缓刑不等。山西省运城市中级人民法院二审维持原判。

【典型意义】

本案系盗掘古墓葬刑事案件。案涉被盗墓葬位于山西芮城的古魏城遗址保护范围内,属于黄河流域文化遗址群。遗址内分布着大量的西周晚期到春秋早期的古文化遗址和古墓葬群,是黄河流域古魏国地域文化历史的见证,具有重要保护价值。本案判决结合案涉盗掘墓葬的保护等级、盗掘的次数、盗掘文物的等级,以及盗掘行为对原墓葬结构的毁坏和遗存文物缺失的危害后果,依法从重从严处罚,体现了人民法院严厉打击破坏古文化遗址和古墓葬行为的决心,以及推进黄河文化遗产系统保护、传承的司法导向。同时,本案严厉惩处帮助盗墓者逃避法律责任的人员,对提高社会公众的文物保护意识,具有教育指引作用。

刑法第三百三十条(妨害传染病防治罪)

> 第三百三十条① 违反传染病防治法的规定,有下列情形之一,引起甲类传染病以及依法确定采取甲类传染病预防、控制措施的传染病传播或者有传播严重危险的,处三年以下有期徒刑或者拘役;后果特别严重的,处三年以上七年以下有期徒刑:
>
> (一)供水单位供应的饮用水不符合国家规定的卫生标准的;
>
> (二)拒绝按照疾病预防控制机构提出的卫生要求,对传染病病原体污染的污水、污物、场所和物品进行消毒处理的;
>
> (三)准许或者纵容传染病病人、病原携带者和疑似传染病病人从事国务院卫生行政部门规定禁止从事的易使该传染病扩散的工作的;

---

① 本条第一款根据《刑法修正案(十一)》(2021年3月1日起施行)第三十七条修改。

原本条第一款的内容为:"违反传染病防治法的规定,有下列情形之一,引起甲类传染病传播或者有传播严重危险的,处三年以下有期徒刑或者拘役;后果特别严重的,处三年以上七年以下有期徒刑:

(一)供水单位供应的饮用水不符合国家规定的卫生标准的;

(二)拒绝按照卫生防疫机构提出的卫生要求,对传染病病原体污染的污水、污物、粪便进行消毒处理的;

(三)准许或者纵容传染病病人、病原携带者和疑似传染病病人从事国务院卫生行政部门规定禁止从事的易使该传染病扩散的工作的;

(四)拒绝执行卫生防疫机构依照传染病防治法提出的预防、控制措施的。"

修改的主要内容为:一是将"依法确定采取甲类传染病预防、控制措施的传染病"增加规定为"违反传染病防治法的规定"的情形;二是将"卫生防疫机构"修改为"疾病预防控制机构";三是增加第(四)项;四是将原第(四)项调整为第(五)项,明确规定"拒绝执行"的防控措施为"县级以上人民政府、疾病预防控制机构"依照传染病防治法提出的预防、控制措施。

（四）出售、运输疫区中被传染病病原体污染或者可能被传染病病原体污染的物品，未进行消毒处理的；

（五）拒绝执行县级以上人民政府、疾病预防控制机构依照传染病防治法提出的预防、控制措施的。

单位犯前款罪的，对单位判处罚金，并对其直接负责的主管人员和其他直接责任人员，依照前款的规定处罚。

甲类传染病的范围，依照《中华人民共和国传染病防治法》和国务院有关规定确定。

拒不执行航空运输领域消毒保洁等防疫措施的缪某某、汪某某等人妨害传染病防治案

（2022 年 3 月 31 日最高人民检察院发布）

2020 年 3 月，南京某某卫生实业有限公司（以下简称某某卫生公司）与中国国际航空公司南京营业部签订《消毒处理委托协议书》，由某某卫生公司承接中国国际航空公司在南京禄口国际机场的航空器消毒处理服务业务。根据新冠肺炎疫情防控要求，某某卫生公司按照中国民用航空局和海关总署发布的相关防控方案和操作技术指南，制订了该公司《检疫处理操作（新冠肺炎）方案》（以下简称《方案》）。在《方案》起草过程中，某某卫生公司总经理缪某某、分管机场检疫处理部和质量技术部的副总经理汪某某、机场检疫处理部主持工作的副经理杨某某等人针对上述操作技术指南中"应使用含消毒剂的抹布对重点部位进行擦拭"等规定，以人力紧张、工作量较大、增加成本为由，将"抹布擦拭消毒"改为"消毒液喷洒消毒"。2020 年 4 月，某某卫生公司《方案》实施。其后的消毒作业中，某某卫生公司未组织开展针对新冠肺炎病毒的消毒作业培训，消毒作业中普遍存在消毒时间短、消毒剂用量不足并虚假填报消毒记录单的现象。12月，某某卫生公司被中国东方航空公司投诉。接到投诉后，缪某某、汪某某、杨某某三人召集某某卫生公司机场检疫部全体人员开会，从节约成本、创造利润的角度考虑并未整改。后某某卫生公司向中国东方航空公司反馈了虚假的整改意见。

2021 年 5 月 11 日，国务院应对新冠肺炎疫情联防联控机制综合组公布的《新型冠状病毒肺炎防控方案（第八版）》规定，机场等重点场所应符合国家卫生健康委员会发布的《新冠肺炎疫情期间重点场所和单位卫生防护指南》的要

求。该《指南》规定,民航重点场所、重点环节、重点人员防控按照最新版《运输航空公司、运输机场疫情防控技术指南》实施。至 2021 年 7 月 20 日南京禄口国际机场新冠肺炎疫情暴发,某某卫生公司《方案》未作更新。

2019 年 12 月,上海某某环境服务有限公司(以下简称某某环境公司)与东部机场集团达成《飞机客舱保洁服务合同》协议,由某某环境公司承接南京禄口国际机场 T2 航站楼国际航班以及 T1、T2 航站楼部分国内航班的飞机客舱保洁业务。2021 年 2 月,中国民用航空局发布的《运输航空公司、运输机场疫情防控指南(第七版)》规定,"入境保障区域工作人员应避免与旅客和其他人员同时混用公共设施,尽量固定工作及上下班路线,避免与为国内旅客提供服务的员工混流",同时明确了"个人防护用品穿脱顺序"。某某环境公司总经理凌某某、负责某某环境公司南京分公司全面工作的负责人张某某、负责某某环境公司南京分公司日常运行工作的项目经理唐某某明知上述规定,但为节省成本、追逐利润,一直将保洁人员混合使用,保洁员休息室、摆渡车等设施也一并混用,企图通过混岗混流做到国际、国内航班保洁"两不误";同时,该公司从未组织保洁员工开展规范穿脱防护服的培训,甚至在 2021 年 1 月南京禄口国际机场发现、通报某某环境公司保洁员防护服穿脱、垃圾袋捆扎不符合防疫要求等问题时,唐某某仍未向凌某某、张某某汇报,直接出具整改反馈意见但未实际落实。此外,某某环境公司南京分公司未落实重点岗位员工健康状况监测的要求,在 2020 年中期新冠肺炎疫情趋于平稳后便不再上报,凌某某、张某某对此未进行监管。

2021 年 7 月 10 日,中国国际航空 CA910 航班从俄罗斯莫斯科飞抵南京禄口国际机场,其中乘客于某(后经认定系本次疫情的唯一传染源,其所携带病毒为本次江苏全省疫情的父代病毒)出现新冠肺炎症状,航班入境后,由某某卫生公司负责航空器消毒、某某环境公司负责客舱保洁。该航空器应进行消毒的面积为 279.1 平方米,根据相关操作技术指南,消毒作业时间为 10 分钟,消毒剂季铵盐用量应为 4200—5600ml 之间,对通道区、盥洗区及厨房等重点区域应使用含消毒剂的抹布擦拭表面。但在实际消毒作业中,某某卫生公司消毒人员按照 130 平方米的面积对客舱进行消毒,两名消毒人员分别在客舱内停留 3 分 46 秒和 6 分 21 秒,消毒剂季铵盐用量约 2900ml,也未对重点区域使用含消毒剂的抹布进行擦拭。因消毒时间、消毒剂用量严重不足,消毒操作不规范,导致客舱内新冠肺炎病毒未能彻底杀灭,仍残留在盥洗区等部位。某某卫生公司消毒结束后,某某环境公司保洁人员进入客舱进行保洁。在保洁过程中,出现保洁人员现场脱卸防护服不规范、橡胶手套未覆盖防护服袖口、作业过程中手套滑落、用手套擦拭面部及接触皮肤等不规范问题,导致保洁人员接触并感染新冠肺炎病毒。随后,因某某环境公司将国际、国内航班保洁人员混岗混流,共用摆渡车、休息室,导致新冠肺炎病毒在该公司保洁人员之间传播。2021 年 7 月 12 日、7 月 13 日,南京禄口国际机场开展核酸检测例行"周周检",某某环境公司保洁人员漏检 16 人(漏检人员中有 6 人感染新冠肺炎病毒);7 月 15 日至 7 月 19 日,某某环境公司 5 名保洁员先后出现发热、咳嗽、咽痛、乏力等症状前往医院就诊,唐某某对上述情况均不掌握,导致新冠肺炎病毒感染者未被第一时间发现,病毒进一步向南京禄口国际机场传播,进而向社会传播。

2021 年 7 月 19 日,南京禄口国际机场开展核酸检测"周周检",发现 9 管混采咽拭子检测呈阳性,感染者均为机场保洁人员和地面服务人员。江苏省、南京市随即启动新冠肺炎疫情防控应急响应机制。随后,江苏省南京市、扬州市等地出现大规模新冠肺炎疫情。7 月 19 日至 8 月 30 日,江苏省累计报告本土确诊病例 820 例,给人民群众健康和经济社会发展造成特别严重的后果。

2021 年 8 月 9 日,经江苏省公安厅指定管辖,江苏省镇江市公安局润州分局先后对某某卫生公司、某某环境公司以涉嫌妨害传染病防治罪立案侦查,并对相关责任人员采取指定居所监视居住和取保候审措施。9 月 16 日,江苏省、镇江市、润州区三级检察机关成立联合办案团队,启动一体化办案机制,同步派员开展提前介入工作。11 月 22 日,侦查机关以犯罪嫌疑人缪某某、汪某某、杨某某、凌某某、张某某、唐某某等 6 人涉嫌妨害传染病防治罪提请批准逮捕。12 月 11 日,镇江市润州区人民检察院依法对缪某某等 5 人批准逮捕,对因身体状况不适宜羁押的犯罪嫌疑人张某某作出不批准逮捕决定。

为躲避疫情偷渡入境引发全城封控的杨某甲、杨某乙偷越国境、妨害传染病防治案

(2022 年 3 月 31 日最高人民检察院发布)

2020 年新冠肺炎疫情暴发后,云南省应对新冠肺炎疫情工作领导小组指挥部发布第 12 号至第 15 号通告。根据这些文件规定,14 天内有疫情严重国家和地区旅居史,无症状的入境人员,一律由入境地州市组织集中隔离观察 14 天,全部开展核酸检测;核酸检测阳性或有发热、咳嗽等症状的入境人员,及时转送定点医疗机构检查;所有 14 天内有境外旅居史的入滇人员,均应如实申报个人信息,实施集中隔离医学观察 14 天;凡涉嫌故意隐瞒境外旅居史、新冠肺炎确诊病例接触史、不如实申报健康状况、拒绝接受医学检测和集中隔离等疫情防控措施的,作为失信人员纳入个人信用档案,并依法追究法律责任。云南省德

宏州新冠疫情防控工作指挥部和瑞丽市新冠肺炎疫情防控工作指挥部也相继发布了相关疫情防控政策。

2020年期间,因疫情影响边境口岸封关,杨某甲先后五次从缅甸木姐至中国瑞丽往返偷渡。其间,2020年8月15日,杨某甲与丁某某在缅甸聚餐。次日,杨某甲得知丁某某为新冠病毒无症状感染者。后其与被告人杨某乙等人在其境外的家中共同生活10余天。随着缅甸疫情的暴发,杨某甲因担忧自身感染,为尽快进行核酸检测和及时得到救治,于同年8月30日在奥某某(另案处理)的组织下从缅甸偷渡进入我国境内。8月31日,杨某甲到云南德宏州人民医院进行新冠病毒核酸检测。当日下午,其得知核酸检测结果为阴性、IGG检测结果为弱阳性。德宏州人民医院医生对其进行询问,其隐瞒境外旅居史和密切接触史,称自己长期住在瑞丽市从事化妆品销售工作。后杨某甲使用手机百度搜索IGG检测弱阳性,发现其结果是已经感染过并恢复。同年9月1日,被告人杨某甲明知杨某乙已经有新冠肺炎部分症状,为了让杨某乙到国内躲避缅甸疫情及尽快进行核酸检测和救治,便再次找到奥某某等人,让其安排杨某乙等人偷渡进入我国。9月3日,杨某乙携带3名子女、2名保姆在奥某某等人的组织下,从境外偷渡进入我国。杨某乙等人回到瑞丽某小区的家中后,未执行云南省、德宏州、瑞丽市和相关部门疫情防控规定,隐瞒境外旅居史、新冠肺炎确诊病例接触史、个人健康状况等情况,拒绝接受医学检测和执行集中隔离等疫情防控措施,并多次出入公共场所、乘坐公共交通工具,频繁在当地菜市场、健身房、餐厅、商业城、住宅小区等人员密集场所活动。9月10日,杨某乙以陈某某身份信息在当地医院进行了核酸检测。9月12日,杨某乙被确诊感染新冠肺炎。后民警经多方查找,确定了杨某乙系核酸检测人,但杨某乙予以否认。卫健部门用负压救护车将杨某甲、杨某乙等共同居住的7人送至瑞丽市人民医院。在瑞丽市人民医院,杨某乙才承认是自己冒用陈某某的身份信息在医院做的核酸检测。由于杨某甲、杨某乙违反疫情防控的一系列行为,造成了201名密切接触者集中医学隔离观察、瑞丽市全城封闭和居民居家隔离,市区全员开展核酸检测,市区营业场所停业,学校推迟开学等结果,给瑞丽市居民的生活、生产、工作、学习造成严重影响,致使瑞丽市的经济蒙受重大损失。

2020年9月12日,瑞丽市公安局在查找名为"陈某某"的新冠肺炎核酸检测呈阳性疑似病例的过程中发现,杨某乙系偷渡入境后冒用他人信息进行核酸检测,于当日立案侦查。同年10月15日,杨某甲被刑事拘留;12月2日,杨某乙被指定居所监视居住。2020年11月13日,瑞丽市公安局提请瑞丽市人民检察院批准逮捕杨某甲,11月20日,瑞丽市人民检察院对杨某甲作出批准逮捕决定。12月22日,瑞丽市公安局侦查终结后将本案移送瑞丽市人民检察院审查起诉。2021 年 1 月 5 日,瑞丽市人民检察院以杨某甲、杨某乙涉嫌偷越国境罪、妨害传染病防治罪起诉到瑞丽市人民法院。同年 12 月 19 日,瑞丽市人民法院以偷越国(边)境罪、妨害传染病防治罪判处杨某甲有期徒刑两年十个月,并处罚金 5000 元;杨某乙有期徒刑两年四个月,并处罚金 5000 元;刑满后驱逐出境。

云南检察机关针对办案中发现的突出问题,及时制发检察建议,积极向有关部门提出治理建议,推动边境防控体系的完善,有效遏制偷渡分子带疫入境。同时,加强以案释法工作,通过广泛开展法治宣传教育,提升有关部门和社会公众依法防疫意识,引导全社会依法防疫、战疫。

进口冷链食品存储、运输、销售过程中伪造核酸检测报告的被告单位某某国际贸易有限公司被告人李某甲等人妨害传染病防治案

(2022 年 3 月 31 日最高人民检察院发布)

某某国际贸易有限公司(以下简称某某公司)是一家经营进口冷冻肉类产品销售业务的公司,该公司将进口的冷冻肉类存放在位于山东省济南市历城区的某农贸有限公司冷库中,然后再对外销售。按照当地防疫规定,冷链食品出、入库时均需要经营者提前 24 小时报备,并对食品外包装进行核酸检测,检测合格后的产品方可出、入库。在销售时,部分购买方会要求该公司提供冷链食品的核酸检测报告。

2020 年 11 月 7 日凌晨 4 时,某某公司自国外采购的一批冷链牛肉制品到达济南,被告人李某甲(某某公司法定代表人,负责公司全部事宜)为使该批进口冷链食品快速入库、出库,并在购买方有需求时,方便向购买方提供相应的核酸检测报告,指使、纵容被告人李某乙(某某公司内勤,负责货物核酸检测联系工作)伪造核酸检测报告,将之前存有的济南某医学检验实验室核酸检测报告电子版真件的样本名称、批次,更改为本次货物的名称、批次,负责人改为被告人李某丙(某某公司销售人员,负责公司货物销售),并将该报告发给被告人陈某某(某某公司库管,负责公司货物出、入库的管理)。被告人陈某某在明知核酸检测报告系被告人李某乙伪造,且出、入库冷链食品未进行核酸检测的情况下,仍使用该报告办理出、入库手续。被告人李某丙在明知核酸检测报告系被告人李某乙伪造的情况下,仍在销售冷链食品时向购买方提供。之后该批次冷链牛肉制品陆续违规售出。其中 90 件在销往山东省济宁市梁山县后,经当地疾

病预防控制部门检测,发现其中 1 件冷冻牛肉外包装新冠病毒检测呈阳性,梁山县对该 90 件牛肉全部封存,并向相关部门通报该情况。济南、济宁多地疫情防控机构启动了应急预案,为该批次冷链牛肉制品的封存回收、产品核酸检测、人员隔离管控采取了一系列措施,除对冷库内存储的冷链食品全部封存并进行检测外,还对相关从业人员及周边群众进行了隔离,耗费了大量时间和人员进行核酸检测和调查、排查工作。经核查,累计动用执法人员 1960 人次、车辆 280 台次。

2020 年 11 月 14 日,济南市公安局历城分局以涉嫌妨害传染病防治罪对本案立案侦查,同年 12 月 15 日以涉嫌妨害传染病防治罪提请批准逮捕犯罪嫌疑人李某甲、李某乙、陈某某、李某丙。济南市历城区人民检察院经审查后依法作出批准逮捕决定。2021 年 2 月 7 日,本案被移送审查起诉。2021 年 3 月 5 日,历城区检察院对某某公司、李某甲、李某乙、陈某某、李某丙以妨害传染病防治罪向历城区人民法院依法提起公诉。2021 年 6 月 4 日,历城区法院以妨害传染病防治罪判处被告人李某甲等人七个月至十个月不等有期徒刑,判处某某公司罚金 5 万元。一审宣判后,被告单位及被告人均未提出上诉,判决已生效。

在案件办理过程中,检察机关针对案件办理中发现的防疫管控漏洞,及时与疾控、公安、运输等部门沟通联络,反馈办案中发现的问题,特别是针对冷链食品集中储存管理中存在的漏洞,推动济南市建立完善了进口冷链食品集中监管专仓制度,设立 2 家冷链食品集中监管专仓,对进口冷链食品集中开展核酸检测和预防性全面消毒,进一步强化对涉冷链食品企业的日常监管和检测工作;同时,加强了对冷链食品运输、销售环节的核酸检测报告发放、核销的严格管控,加强对直接接触冷链食品从业人员的防护和健康监测,阻断疫情传播链条,织密疫情防护网。

严重违反防控规定造成疫情广泛传播的毛某某
涉嫌妨害传染病防治案

(2022 年 3 月 31 日最高人民检察院发布)

2021 年 7 月 16 日至 20 日,犯罪嫌疑人毛某某多次在南京市江宁区禄口街道某棋牌室打牌,一同打牌的有多名南京禄口国际机场的清洁工作人员。

同年 7 月 20 日 22 时 55 分,南京发布《关于南京禄口国际机场发生新冠病毒检出阳性情况的通报》,要求组织开展核酸检测,市民需支持配合。当晚 23 时始,居住于南京市江宁区禄口街道某小区的毛某某接到邻居杨某某的电话提醒下楼做核酸,并听到小区喇叭通知,毛某某轻率地认为自己不可能感染新冠病毒,未参加核酸检测。

7月21日,因担心疫情严重无法离开南京(每月中下旬,毛某某需赴其母医保参保地扬州报销医药费并购买药品),毛某某于6时40分许乘坐公交车到江宁汽车客运站,经测温、登记健康码后,于8时40分乘坐大巴离开南京,10时许到达扬州西部客运枢纽。经查验身份证、健康码、行程码、测量体温后,毛某某被车站工作人员留下进一步核实情况,并被告知扬州疫情防控相关要求,同时签署内容含"来自中、高风险地区人员需到居住地社区报备"的《承诺书》。后毛某某乘坐公交车到扬州市邗江区某小区其姐家中。同日中午,毛某某所居住南京小区的邻居杨某某、同学韩某某电话告知毛某某南京新冠疫情严重,提醒其尽快进行核酸检测。毛某某不以为然,并于当日下午至扬州某棋牌室打牌三小时,全程未佩戴口罩。同时,棋牌室也没有执行要求戴口罩、测体温等防疫措施。

7月22日,毛某某出现流鼻涕、轻度发热症状后,依旧没有采取防护措施即前往棋牌室打牌。同日17时许,扬州指挥部发布《扬州市新冠肺炎疫情防控通告》,要求7月6日以来有南京市中、高风险地区旅居史的人员,主动向社区报告,立即开展核酸检测,并在电视、报刊、抖音、微信公众号等媒体发布。同日,与毛某某在南京棋牌室打牌的高某某被确诊为新冠阳性。

7月23日,毛某某仍未采取防护措施继续外出购物、打牌。

7月24日12时许,毛某某丈夫赵某通过微信告知毛某某其居住的南京某小区有确诊病例,已被调整为中风险地区,小区已于23日18时起被封闭。毛某某仍未按照防疫要求向扬州当地社区报备,也未进行核酸检测,继续前往棋牌室打牌、外出购物、就餐,期间未佩戴口罩。

7月25日、26日,毛某某发热症状持续,在家休息。

7月27日14时9分,扬州警方接到知情群众举报称毛某某从南京中风险地区到达扬州且身体出现发热等症状后,会同扬州当地社区寻找毛某某,并至社区卫生站询问。14时46分,毛某某因病情加重,前往社区卫生站就诊,表示自己发热需要挂水治疗。卫生站按规定拒绝接诊发热病人,并且告知毛某某需要至正规医院发热门诊就医,同时询问毛某某是否为社区正在寻找的相关人员,其予以否认。后毛某某自行前往扬州友好医院就诊,途中多次接到警方、疾控部门电话联系,均不回答问题或挂断电话。15时许,毛某某在接受扬州友好医院问询时,故意隐瞒了南京中风险地区旅居史,谎称在一个月前即从南京至扬州,并否认有发热、咳嗽等症状。警方获知毛某某在扬州友好医院后,立即前往该处将其控制,并询问其14天活动轨迹和接触史,毛某某未如实告知。鉴于毛某某多次拒不配合调查,具有较大感染风险,当晚被转移至扬州市第三人民医院隔离就诊。7月28日,毛某某被确诊感染新冠肺炎。其间,公安机关多次对毛某某进行询问、讯问,其直至9月13日第4次接受讯问时才全部交代自己的活动轨迹和接触史。

毛某某确诊感染新冠肺炎导致扬州友好医院被封闭,大量医护人员被隔离。经查,毛某某密切接触者169人、次密接570人被采取隔离措施,其中70人确诊,当地政府为疫情防控耗费了大量的人力、物力、财力。毛某某的行为严重妨害了扬州疫情防控秩序,造成恶劣的社会影响。

2021年7月29日,因涉嫌犯罪,公安机关对毛某某立案侦查。扬州市邗江区检察院立即与公安机关协调提前介入,省、市、区检察院一体化办案,派员引导案件侦查工作,收集固定关键性证据,同时依法能动履职,助力有关部门加强对棋牌室等场所的管理,出台相关规定,压实经营者的社会主体责任,堵塞疫情防控漏洞。8月17日,公安机关对毛某某采取指定居所监视居住强制措施。2022年2月15日变更强制措施为刑事拘留。2月21日,公安机关以毛某某涉嫌妨害传染病防治罪提请批准逮捕,2月27日,检察机关对其批准逮捕。

王某妨害传染病防治案——拒不执行防疫措施,引发疫情传播

（2022年4月29日最高人民法院发布）

【基本案情】

被告人王某与其亲属租住在北京市顺义区赵全营镇联庄村,私自开办"小饭桌",为周边村镇的中小学生提供接送上下学及午餐、看管等经营服务。2020年12月底,顺义区多地被确定为新冠肺炎疫情中风险地区,当地政府按照上级要求采取疫情防控措施,要求村民非必要不前往人员聚集地区和场所,有发热症状需报告村委会。2021年1月初,"小饭桌"放假后,王某及其妻子马某先后出现发热等症状。二人未按疫情防控要求向村委会报告,自行到药店买药服用,并到私营诊所输液治疗三日。其间,王某还出入市场、饭店、药店、政务大厅等多处公共场所。同月8日上午,王某前往北京市昌平区某医院发热门诊就诊,在医护人员询问其是否到过顺义区的相关中风险地区、家中是否有其他发热人员等情况时,均未如实回答,致使医院未及时采取隔离诊疗措施。次日,王某被确诊为新冠肺炎病例。王某确诊后,昌平、顺义两区疾病预防控制中心多次对其开展流行病学调查和密切接触者排查,王某隐瞒家中开办"小饭桌"、此

前自行就医及与他人聚集等信息。经北京市疾病预防控制中心确认,王某密切接触者共计 927 人,均被采取隔离措施;王某同住家属 6 人中,2 人被确诊为新冠肺炎病例,4 人被确诊为无症状感染者;"小饭桌"的 2 名学生及 1 名学生亲属也被确诊为新冠肺炎病例。

【裁判结果】

法院经审理认为,被告人王某违反传染病防治法的规定,拒不执行县级以上人民政府、疾病预防控制机构依照传染病防治法提出的疫情预防、控制措施,引起新冠肺炎疫情传播,其行为已构成妨害传染病防治罪。王某在当地出现多起新冠肺炎确诊病例、疫情防控形势严峻的情况下仍实施多种妨碍疫情防控行为,在确诊后仍拒不配合流行病学调查,导致疾控部门未能第一时间对相关人员进行排查、隔离,情节恶劣,据此,以妨害传染病防治罪判处被告人王某有期徒刑二年六个月。

初筛阳性仍乘坐动车导致疫情传播的曾某某
妨害传染病防治案

(2022 年 4 月 29 日最高人民检察院、公安部公布)

2022 年 3 月 13 日,上海疫情暴发后,上海市卫生健康委员会、上海市中医药管理局发布《上海进一步强化疫情防控措施》通告,通知市民非必要不离沪,确需离沪的人员须持有 48 小时内核酸检测阴性报告。

3 月 15 日,曾某某从宁波前往上海,帮助在菜市场的同乡贩卖蚕豆。3 月 25 日,曾某某出现咳嗽、流鼻涕等症状,自行去药店购买感冒药服用。3 月 27 日,曾某某前往医院进行单采核酸检测。3 月 28 日上午 8 时许,曾某某接到其核酸检测出现异常的电话通知,要求其参加复检。

曾某某接到该通知后,立即将原订购的 3 月 28 日 D3135 次动车票(10:39 途经上海虹桥)改签为同日 D3205 次动车票(9:35 上海虹桥发车),并于当日乘坐该动车返回福建省莆田市。当日下午到达莆田后,曾某某乘坐赵某某驾驶的网约车回到家中。

3 月 29 日,莆田市涵江区疾病控制中心上门对外省市返莆人员进行核酸检测,曾某某初筛阳性,后经复核为确诊病例。经莆田市疾病预防控制中心流调排查,曾某某与同车厢外省市人员及在莆的妻子、网约车司机赵某某等 200 余人密切接触,其妻子、网约车司机赵某某现已确诊感染新型冠状病毒。

3 月 29 日,涵江区疾病控制中心确诊曾某某为新型冠状病毒病例后,公安机关以涉嫌妨害传染病防治罪对曾某某立案侦查,3月30日对其采取取保候审强制措施,并就案件收集完善证据等主动听取检察机关意见建议。目前该案正在进一步侦查中。

规避疫情防控检查拒不报告行程导致多名学生感染的王某某妨害传染病防治案

（2022 年 4 月 29 日最高人民检察院、公安部公布）

2022 年 1 月 20 日,山西省新型冠状病毒肺炎疫情防控工作领导小组办公室发布《关于调整疫情防控有关措施的通知》,要求"14 天内有中高风险旅居史的入晋返晋人员一律实施'14 ＋5'集中隔离医学观察","其他省外低风险入晋返晋人员须持 48 小时内核酸检测阴性证明,第一时间向属地社区(村)和单位报告"。2 月 7 日,山西省疫情防控办发布提示,省外入返晋人员须持 48 小时核酸检测阴性证明,不能提供的,要求第一时间开展一次核酸检测,并做好健康监测。2 月 16 日,太原市疫情防控办发布紧急提示,要求 2 月 1 日以来有内蒙古自治区呼和浩特市、满洲里市旅居史的人员,或与病例活动轨迹有交集的返(抵)晋人员,第一时间主动向所在社区(村)、单位或酒店报告。

王某某系内蒙古呼和浩特市某文化传媒有限公司销售员,负责教辅书籍的推广销售工作。2022 年 2 月 12 日,王某某与其母亲在内蒙古自治区呼和浩特市某酒店参加生日宴会。2 月 19 日,王某某在明知呼和浩特市人员非必要不离呼、自己的行程码已被标星的情况下,多次联系他人要求借用对方的行程码,并特意租用"晋 A"牌照车辆,由呼和浩特市自驾前往山西省太原市推销教辅材料。

进入太原市后,王某某相继收到山西省疫情防控办公室电话、短信通知,要求其进行信息登记。但王某某仍不履行登记报备等相关义务,不及时进行核酸检测,多次到人员密集的场所停留、活动,并于 2 月 20 日 16 时左右到太原市阳曲县某中学推销教辅材料,16 时 20 分左右离开;18 时左右到太原市某中学推销教辅材料,18 时 10 分左右离开。

2 月 21 日零时许,王某某的母亲通过微信告知其 12 日在呼和浩特市参加宴会的人员中已经出现确诊病例,包括其母亲在内的参加宴会人员已被集中隔离,并多次催促王某某进行核酸检测。王某某明知自己属于密切接触者,仍未向太原市疫情防控有关部门报告或采取有效的自我隔离措施。当日下午,在其身体已出现咳嗽、乏力等疑似新冠肺炎感染症状的情况下,王某某为了躲避查验,避开高速公路,通过 108 国道自驾到达山西省忻州市,并多次到人员密集场所停留、活动。

2022 年 2 月 22 日上午,王某某到医院进行核酸检测,结果呈阳性,之后被确诊为感染新冠肺炎。疾控部门工作人员在向其核实情况时,王某某没有如实报告行程,故意隐瞒了曾到太原市阳曲县某中学和太原市某中学推销书籍的行程和活动轨迹,延误了疫情防控相关工作,导致太原市 5 名学生感染新冠肺炎。王某某被确诊后,太原市、忻州市 4000 余人被集中隔离、多个区域被封控、多处场所被管控,给两地居民的生活、工作造成重大影响。

2022 年 2 月 24 日,忻州市公安局直属分局以涉嫌妨害传染病防治罪对王某某立案侦查,并主动听取忻州市忻府区人民检察院对收集完善相关证据提出的意见建议,目前案件正在侦查中。

国际集装箱码头装卸工人违反"闭环管理"规定私自外出造成疫情传播严重危险的冯某某妨害传染病防治案

（2022 年 4 月 29 日最高人民检察院、公安部公布）

为有效应对新冠肺炎疫情,强化对港口高风险岗位人员管控措施,2021 年交通运输部印发了《港口及其一线人员新冠肺炎疫情防控工作指南》,明确规定要严格落实入境服务保障人员闭环管理。

烟台某国际集装箱码头有限公司系经营港口集装箱货物装卸业务的中外合资有限责任公司,与烟台市某人力资源服务有限公司签订劳务承揽合同。2022 年 2 月 7 日起,冯某某被烟台市某人力资源服务有限公司派遣至烟台某国际集装箱码头负责"A 轮"外轮集装箱装卸工作。上岗前冯某某参加了烟台某国际集装箱码头有限公司组织的防疫培训,清楚了解其从事的"外轮作业专班"属高风险岗位,实行闭环管理,每两天一次核酸检测,无生产作业时不得离开外轮作业专班区,候工、休息、饮食、日常等所有活动必须在专班区内进行,计划解除封闭管理人员,需在专班区单独房间内进行隔离 7 天,居家隔离 7 天,身体不适要立即汇报,严禁私自外出就诊。"A 轮"往返于韩国与烟台之间,货轮每周日到达烟台港卸货,周一在烟台港装货,当晚去往韩国,由韩国当地人员到船舱进行集装箱装卸,周三返回卸货,如此往复。该轮到达烟台后,冯某某在从事装卸作业期间,曾在船舱内脱掉防护服就餐。

2022 年 3 月 8 日 19 时,冯某某违反疫情防控规定,未经允许从码头骑电动车外出到其儿子经营的快递点,并和妻子、儿子、孙子、孙女见面,随后骑车到药店购买肠胃药,之后返回家中给电动车充电,1—2 小时后返回码头。3 月 10 日早上,冯某某嗓子出现不舒服症状,当日 19 时左右其再次未经允许骑电动车外出,到其儿子经营的快递点,帮助收拾纸箱、纸袋,其间未佩戴口罩。随后骑车到药店购买咳嗽药,之后返回家中给电动车充电,1—2 小时后返回码头。

2022 年 3 月 10 日早上,冯某某在公司进行核酸检测,3 月 11 日核酸检测反馈结果初筛阳性;3 月 12 日 3 时 50 分,烟台市疾病预防控制中心反馈复核结果为阳性;14 时 23 分,确认其感染毒株类型为奥密克戎。通过登临"A 轮"货轮对所有船员及外环境采样、检测,发现 1 管轮船环境标本(水杯 2 份、摇把子 4 份、背包 4 份)核酸检测结果为阳性。

冯某某的行为妨害了疫情防控秩序,导致其居住场所、活动轨迹涉及的重点场所共计 4 处点位被封控管理并进行终末消毒,其密接、次密接及其他重点人员 200 人被隔离管控。因其密接涉及小学和幼儿园,对 121 名师生同住人参照次密接管理,实行 7 天集中隔离和 7 天居家健康监测,给工作学习、生产生活造成严重影响。

2022 年 3 月 12 日,烟台市港航公安局以涉嫌妨害传染病防治罪对冯某某立案侦查,3 月 18 日对其采取取保候审强制措施。4 月 11 日,本案移送检察机关审查起诉。

刑法第三百三十二条(妨害国境卫生检疫罪)

第三百三十二条　违反国境卫生检疫规定,引起检疫传染病传播或者有传播严重危险的,处三年以下有期徒刑或者拘役,并处或者单处罚金。

单位犯前款罪的,对单位判处罚金,并对其直接负责的主管人员和其他直接责任人员,依照前款的规定处罚。

曹某妨害国境卫生检疫案——入境时不如实填报健康申明卡,引发疫情传播严重风险

(2022 年 4 月 29 日最高人民法院发布)

【基本案情】

2021 年 4 月,被告人曹某出境到某国期间出现发烧等症状,经购买感冒药

服用体温恢复正常。后曹某得知其在该国入住的酒店有数人被确诊为新冠肺炎病例。同月 28 日,曹某从该国返回,在入境口岸未如实填报健康申明卡,隐瞒其曾出现发热等新冠肺炎相关临床表现,其所住酒店存在多个新冠肺炎确诊病例,以及前往过某国多个疫情严重省市等信息。曹某回国后在集中隔离观察期间还违反隔离防疫要求,私自离开隔离房间与朋友接触。同月 30 日,曹某被确诊为新冠肺炎病例。曹某的行为先后造成 459 人被集中或者延期隔离医学观察;另造成 29 名海关口岸工作人员居家隔离 14 天,严重影响口岸监管工作。

【裁判结果】

法院经审理认为,被告人曹某违反国境卫生检疫规定,引起新冠肺炎疫情传播严重危险,其行为已构成妨害国境卫生检疫罪。曹某到案后如实供述,有认罪悔罪表现,依法可从轻处罚。据此,以妨害国境卫生检疫罪判处被告人曹某有期徒刑二年,缓刑三年,并处罚金人民币 20 万元。

刑法第三百三十八条(污染环境罪)

> **第三百三十八条**①　违反国家规定,排放、倾倒或者处置有放射性的废物、含传染病病原体的废物、有毒物质或者其他有害物质,严重污染环境的,处三年以下有期徒刑或者拘役,并处或者单处罚金;情节严重的,处三年以上七年以下有期徒刑,并处罚金;有下列情形之一的,处七年以上有期徒刑,并处罚金:

---

①　本条曾经全国人大常委会三次修改。

原本条内容为:"违反国家规定,向土地、水体、大气排放、倾倒或者处置有放射性的废物、含传染病病原体的废物、有毒物质或者其他危险废物,造成重大环境污染事故,致使公私财产遭受重大损失或者人身伤亡的严重后果的,处三年以下有期徒刑或者拘役,并处或者单处罚金;后果特别严重的,处三年以上七年以下有期徒刑,并处罚金;……"

第一次根据《刑法修正案(八)》(2011 年 5 月 1 日起施行)第四十六条修改。修改的主要内容为:一是取消了排放、倾倒或者处置区域(土地、水体、大气)的限制;二是将排放、倾倒或者处置的对象中的"其他危险废物"修改为"其他有害物质";三是用"严重环境污染"来取代原条文中的"造成重大环境污染事故,致使公司财产遭受重大损失或者人身伤亡的严重后果"。

第二次根据《刑法修正案(四)》(2002 年 12 月 28 日起施行)第五条对第三款进行修改。修改的主要内容为:将进口对象由"固体废物"扩展为"固体废物、液态废弃物、气态废弃物"。

第三次根据《刑法修正案(十一)》(2021 年 3 月 1 日起施行)第四十条修改。修改的主要内容为:一是将原本条第二档法定刑的适用条件"后果特别严重"修改为"情节严重";二是增加规定第三档法定刑即"有下列情形之一的,处七年以上有期徒刑,并处罚金",并将其适用的情形明确为四项;三是增加规定第三款"有前款行为,同时构成其他犯罪的,依照处罚较重的规定定罪处罚"。

（一）在饮用水水源保护区、自然保护地核心保护区等依法确定的重点保护区域排放、倾倒、处置有放射性的废物、含传染病病原体的废物、有毒物质,情节特别严重的;

（二）向国家确定的重要江河、湖泊水域排放、倾倒、处置有放射性的废物、含传染病病原体的废物、有毒物质,情节特别严重的;

（三）致使大量永久基本农田基本功能丧失或者遭受永久性破坏的;

（四）致使多人重伤、严重疾病,或者致人严重残疾、死亡的。

有前款行为,同时构成其他犯罪的,依照处罚较重的规定定罪处罚。

盛开水务公司污染环境刑事附带民事公益诉讼案

（最高人民检察院第十三届检察委员会第五十四次会议决定　2020 年 12 月 3 日发布）

【关键词】

刑事附带民事公益诉讼　参与调解　连带责任　替代性修复

【要旨】

检察机关办理环境污染民事公益诉讼案件,可以在查清事实明确责任的基础上,遵循自愿、合法和最大限度保护公共利益的原则,积极参与调解。造成环境污染公司的控股股东自愿加入诉讼,愿意承担连带责任并提供担保的,检察机关可以依申请将其列为第三人,让其作为共同赔偿主体,督促其运用现金赔偿、替代性修复等方式,承担生态损害赔偿的连带责任。对办案中发现的带有普遍性的问题,检察机关可以通过提出检察建议、立法建议等方式,促进社会治理创新。

【基本案情】

被告单位南京盛开水务有限公司(化名,以下简称盛开水务公司),住所地南京某工业园区。

被告人郑一庚(化名),男,1965 年 3 月出生,南京盛开水务公司总经理。

盛开水务公司于 2003 年 5 月成立,主营污水处理业务。2014 年 10 月至 2017 年 4 月,该公司在高浓度废水处理系统未运行、SBR(序批式活性污泥处理技术,主要用于处理水中有机物)反应池无法正常使用的情况下,利用暗管向长江违法排放高浓度废水 28.46 万立方米和含有危险废物的混合废液 54.06 吨。

该公司还采取在二期废水处理系统中篡改在线监测仪器数据的方式,逃避监管,向长江偷排含有毒有害成分污泥 4362.53 吨及超标污水 906.86 万立方米。上述排污行为造成生态环境损害,经鉴定评估,按照虚拟治理成本法的方式,以单位治理成本总数乘以环境敏感系数,认定生态环境修复费用约 4.70 亿元。

【检察履职情况】

(一)提起公诉追究刑事责任

2017 年 4 月 10 日,南京市公安局水上分局对盛开水务公司等以污染环境罪立案侦查。2017 年 8 月 25 日,公安机关对该案侦查终结后移送南京市鼓楼区人民检察院审查起诉。2018 年 1 月 23 日,根据南京市环境资源类案件集中管辖的要求,南京市鼓楼区人民检察院向南京市中级人民法院指定的南京市玄武区人民法院提起公诉。

2018 年 10 月、2019 年 3 月,南京市玄武区人民法院对该案开庭审理。庭审围绕危险废物判定、涉案公司处理工艺、污染标准认定、虚拟治理成本适用方法等问题展开法庭调查和辩论。经审理,法院采纳检察机关刑事指控,认定被告单位及被告人郑一庚等构成污染环境罪。2019 年 5 月 17 日,玄武区人民法院以污染环境罪判处被告单位盛开水务公司罚金 5000 万元;判处被告人郑一庚等 12 人有期徒刑六年至一年不等,并处罚金 200 万元至 5 万元不等。一审判决作出后,盛开水务公司及郑一庚等提出上诉,2019 年 10 月 15 日,南京市中级人民法院作出二审裁定,维持原判。

(二)提起刑事附带民事公益诉讼

南京市鼓楼区人民检察院在介入侦查、引导取证过程中发现公益受损的案件线索,遂决定作为公益诉讼案件立案。2017 年 9 月 22 日,按照公益诉讼试点工作要求,该院根据实际情况,采取走访环保部门及辖区具有提起环境公益诉讼资格的公益组织的方式履行了诉前程序,环保部门和公益组织明确表示不就该案提起公益诉讼。

公益诉讼案件立案后,检察机关进一步收集完善侵权主体、非法排污数量、因果关系等方面证据,并委托环保部南京生态环境研究所等专业机构,组织 20 余次专家论证会,出具 6 份阶段性鉴定意见。2018 年 9 月 14 日,南京市鼓楼区人民检察院对盛开水务公司提起刑事附带民事公益诉讼,诉请法院判令其在省级以上媒体公开赔礼道歉并承担约 4.7 亿元生态环境损害赔偿责任。2018 年 10 月、2019 年 3 月,人民法院在两次开庭审理中,对民事公益诉讼案件与刑事部分一并进行了审理。2019 年 5 月 7 日,盛开水务公司对民事公益诉讼部分提出调解申请,但其资产为 1 亿元左右,无力全额承担 4.7 亿元的赔偿费用。其控股股东盛开(中国)投资有限公司(化名,以下简称盛开投资公司,持有盛开水务公司95%的股份)具有赔付能力及代为修复环境的意愿,自愿申请加入诉讼,愿意进行环境修复并出具担保函,检察机关和人民法院经审查均予以认可。

调解过程中,检察机关提出"现金赔偿+替代性修复"调解方案,由盛开水务公司承担现金赔偿责任,盛开投资公司承担连带责任。同时,盛开投资公司承担替代性修复义务,并确定承担替代性修复义务的具体措施,包括新建污水处理厂、现有污水处理厂提标改造、设立保护江豚公益项目等内容。

经过多次磋商,被告单位及盛开投资公司认同检察机关关于该案环境损害鉴定方法、赔偿标准与赔偿总额、赔偿方式等问题的主张。2019年12月27日,在南京市玄武区人民法院的主持下,检察机关与盛开水务公司、盛开投资公司共同签署分四期支付2.37亿元的现金赔偿及承担2.33亿元替代性修复义务的调解协议。2019年12月31日,法院对该调解协议在人民法院网进行了为期30日的公告,公告期间未收到异议反馈。2020年2月7日,调解协议签订。目前,盛开投资公司已按期支付1.17亿元赔偿金,剩余1.20亿元分三年支付。替代性修复项目正在有序进行中。

(三)参与社会治理,推动地方立法

办理该案后,检察机关针对办案中发现的环境监管漏洞等问题,积极推动完善社会治理。一是针对办案中发现的污水排放核定标准中氯离子浓度过高等问题,鉴于环保部门未尽到充分注意义务,检察机关制发检察建议,要求将氯离子浓度纳入江苏省《化学工业水污染物排放标准》予以监管,被建议单位予以采纳。二是对包括盛开公司在内的300余名化工企业负责人和环保管理人员开展警示教育,增强公司管理人员环境保护意识和法治意识,促进加强水污染防治监管。三是结合本案,对长江水污染问题开展调研,针对长江生态保护的行政监管部门多,职能交叉、衔接不畅等问题,提出制订"南京市长江生态环境保护实施条例"的立法建议,获得南京市人大常委会采纳,并决定适时研究制定该地方性法规,助力长江生态保护,促进区域治理体系和治理能力现代化建设。

【指导意义】

(一)环境公益诉讼中,检察机关可以在最大限度保护公共利益的前提下参与调解。检察机关办理环境污染类案件,要充分发挥民事公益诉讼职能,注重服务经济社会发展。既要落实"用最严格制度最严密法治保护生态环境"的原则要求,又要注意办案方式方法的创新。在办案中遇到企业因重罚而资不抵债,可能破产关闭等情况时,不能机械办案或者一罚了之。依据相关法律规定,检察机关可以与被告就赔偿问题进行调解。与一般的民事调解不同,检察机关代表国家提起公益诉讼,在调解中应当保障公共利益最大化实现。在被告愿意积极赔偿的情况下,检察机关考虑生态修复需要,综合评估被告财务状况、预期收入情况、赔偿意愿等情节,可以推进运用现金赔偿、替代性修复等方式,既落实责任承担,又确保受损环境得以修复。在实施替代性修复时,对替代性修复项目应当进行评估论证。项目应当既有利于生态环境恢复,又具有公益性,同时,还应当经人民检察院、人民法院和社会公众的认可。

(二)股东自愿申请加入公益诉讼,检察机关经审查认为有利于生态环境公益保护的,可以同意其请求。在环境民事公益诉讼中,被告单位的控股股东自愿共同承担公益损害赔偿责任,检察机关经审查认为其加入确实有利于生态环境修复等公益保护的,可以准许,并经人民法院认可,将其列为第三人。是否准许加入诉讼,检察机关需要重点审查控股股东是否与损害发生确无法律上的义务和责任。如果控股股东对损害的发生具有法律上的义务和责任,则应当由人民法院追加其参加诉讼,不能由其自主选择是否参加诉讼。

(三)在公益诉讼中,检察机关应当注重运用检察建议、立法建议等多种方式,推动社会治理创新。检察机关办理涉环境类公益诉讼案件,针对生态环境执法、监管、社会治理等方面存在的问题,可以运用检察建议等方式,督促相关行政部门履职,促进区域生态环境质量改善。对于涉及地方治理的重点问题,可以采取提出立法建议的方式,促进社会治理创新,推进法制完善。对于法治教育和宣传普及中存在的问题,应当按照"谁执法谁普法"的原则,结合办案以案释法,对相关特殊行业从业人员开展法治宣传教育,提升环境保护法治意识。

【相关规定】(略)

被告单位德清明禾保温材料有限公司、
被告人祁尔明污染环境案

(2021 年 6 月 4 日最高人民法院发布)

【基本案情】

被告单位明禾公司成立于 2017 年 3 月 8 日,主要从事聚氨酯硬泡组合聚醚保温材料的生产,以及聚氨酯保温材料、化工原料(除危险化学品及易制毒化学品)、塑料材料、建筑材料批发零售,法定代表人为被告人祁尔明。2017 年 8 月至 2019 年 6 月,被告人祁尔明在明知三氯一氟甲烷系受控消耗臭氧层物质,且被明令禁止用于生产使用的情况下,仍向他人购买,并用于被告单位明禾公司生产聚氨酯硬泡组合聚醚保温材料。其间,被告单位明禾公司共计购买三氯一氟甲烷 849.50 吨。经核算,被告单位明禾公司在使用三氯一氟甲烷生产过程中,造成三氯一氟甲烷废气排放为 3049.70 千克。

【裁判结果】

浙江省德清县人民法院一审认为,被告单位明禾公司违反国家规定,使用三氯一氟甲烷用于生产保温材料并出售,严重污染环境,其行为已构成单位犯罪。被告人祁尔明作为被告单位法定代表人,明知三氯一氟甲烷禁止用于生产,主动购入用于公司生产保温材料并销售,造成环境严重污染,亦应当以污染环境罪追究刑事责任。一审法院以污染环境罪,判处被告单位明禾公司罚金 70 万元,判处被告人祁尔明有期徒刑十个月,并处罚金 5 万元。该案一审判决已发生法律效力。

【典型意义】

本案系全国首例因违法使用受控消耗臭氧层物质(ODS)被判处实刑的污染环境刑事案件。三氯一氟甲烷(俗称氟利昂)为受控消耗臭氧层物质,属于对大气污染的有害物质。我国是《保护臭氧层维也纳公约》和《关于消耗臭氧层物质的蒙特利尔议定书》的缔约国之一,一贯高度重视国际环境公约履约工作,于 2010 年 9 月 27 日即发布《中国受控消耗臭氧层物质清单》,其中三氯一氟甲烷作为第一类全氯氟烃,被全面禁止使用。本案的正确审理和判决,明确表明人民法院严厉打击 ODS 违法行为的"零容忍"态度,对聚氨酯泡沫等相关行业和社会公众具有良好的惩戒、警示和教育作用,体现了司法机关坚定维护全球臭氧层保护成果,推动构建人类命运共同体的责任担当。

买自强等 6 人污染环境案

(2021 年 11 月 25 日最高人民法院发布)

【基本案情】

2019 年 1 月 4 日,被告人买自强安排被告人尚小锋、贾建立、王梦光、高金明在被告人杨玉利位于孟州市南庄镇染色作坊内对羊皮染色加工中加入铬粉,将产生的废水未经处理直接排入桑坡村内公共排水沟。被告人杨玉利明知其羊皮染色作坊不具备处置铬液条件,仍将其作坊租给买自强用于羊皮染色加工,并收取费用。经鉴定,杨玉利染色作坊车间外排口所排废水中铬含量 23.1mg/L,超过国家标准三倍以上,属于严重污染环境。

【裁判结果】

河南省孟州市人民法院一审认为,被告人买自强等 6 人违反国家规定,对外排放废水总含铬量超过国家标准三倍以上,严重污染环境,构成污染环境罪。因被告人买自强、尚小锋、杨玉利从事的活动对环境具有直接的危害,对被告人宣告禁止令,禁止其在缓刑考验期内从事与排污有关的经营活动。一审法院以污染环境罪分别判处被告人买自强等人有期徒刑十个月、缓刑一年至有期徒刑七个月、缓刑一年不等,并处罚金;禁止被告人买自强、尚小锋、杨玉利在缓刑考验期内从事排污有关的经营活动。一审判决后,各被告人没有提起上诉。

【典型意义】

本案系污染环境刑事案件。孟州市是黄河千里长堤"左岸0公里"的起点,也是黄河流出山区进入平原的第一市。孟州市南庄镇是亚洲最大的羊皮加工生产基地,由于生产工艺的特殊性要求,当地存在较大水污染风险,对黄河流域孟州段的水体保护构成严重威胁。本案对污染环境犯罪被告人依法适用了环境保护禁止令,禁止三被告人在缓刑考验期内从事排污有关的经营活动,将生态环境保护的阶段提至事前,体现了环境资源审判落实预防为主的原则,避免了生态环境损害的再次发生。

甘肃省张家川回族自治县汪某勇等7人污染环境刑事公诉案

(2022年1月25日最高人民检察院发布)

【关键词】

污染环境　黄河支流　入河排污　三级联动　生态环境综合整治

【要旨】

办理重大、有影响的破坏黄河流域生态环境犯罪案件,上级检察机关要第一时间掌握情况、迅速介入,将指导工作做细做实,通过协作配合,上下一体突破案件。加强内外协同,将生态刑事检察工作与促进本地生态文明建设同步推进,充分发挥检察建议堵漏建制的作用,及时向有关单位提出完善制度、强化监管的检察建议,达到"办理一个案件,解决一类问题"的效果。

【基本案情】

2019年9月,被告人汪某勇、董某娟经介绍与被告人李某庆、何某杰、刘某强、李某利认识后,双方口头协议由李某庆等4人出资,在甘肃省张家川回族自治县龙山镇投资设立化工染料厂,租赁给汪某勇、董某娟从事化工染料生产。汪某勇通过董某娟购买化工原料,雇佣被告人许某明等人负责机器设备的安装、调试、染料生产等工作。同年 11 月,应汪某勇要求,刘某强安排李某利购买塑料长管安装在化工厂排污口,并通过掩埋的方式伸入南河(系黄河最大支流渭河的二级支流、清水河一级支流)河道,用于偷排污水。11 月 23 日,该化工染料厂在没有经营行政许可证和环保许可手续的情况下,非法调试生产。11 月 26 日凌晨 1 时许,在汪某勇的默许下,许某明将生成的 1.5 吨废液简单处理后排入清水河,致使清水河 40 余公里水体因严重污染变色,引发流域内群众恐慌。经鉴定,被污染水质超过Ⅲ类水标准,为重度污染。案发后,天水市委、市政府启动应急预案,调运应急物资和大型机械,在清水河河道内筑起 10 多道临时围堰,将受污染水体控制在清水河流域进行无害化处理,并对清水河、葫芦河及渭河天水段水质进行实时监测。经评估,此次污染造成直接经济损失 753 万余元。12 月 5 日,中央电视台财经频道"经济半小时"栏目对"甘肃省天水市境内黄河支流污染问题"进行专题报道,引发社会广泛关注。

【检察履职情况】

2019 年 11 月 26 日,公安机关对本案立案侦查。甘肃省张家川回族自治县人民检察院(以下简称"张家川县检察院")于次日获悉本案后,主动介入侦查、引导取证,重点围绕引导确定犯罪嫌疑人、查封作案现场、扣押相关设备、法律适用等方面提出意见。主动向公安机关了解情况,并立即向天水市人民检察院报告了相关情况。12 月 4 日,张家川县检察院根据天水市检察院关于督促整改清水河污染问题专门会议要求,向当地生态环境局、镇政府发出检察建议,督促有关部门开展跟踪监测,对可能的污染源进行全面排查,对公众开展保护水环境和水资源的宣传教育,以杜绝污染事件再次发生。检察建议发出后,被建议单位积极开展污染恢复、源头排查等工作,截至 12 月 10 日共排查出"散乱污"企业及各类作坊 22 家,取缔关停 3 家,限期整改 5 家,停业整顿 14 家。12 月 7 日,甘肃省人民检察院检察长就本案作出批示,要求省检察院第一、第八检察部认真分析研判,指导天水市两级院做好案件办理工作。12 月 18 日,甘肃省检察院、天水市检察院督导组赴张家川县指导县检察院全面了解案件侦办进展,针对提前介入阶段了解到的问题,研究解决办法。12 月 26 日,公安机关就本案提请张家川县检察院批准逮捕。张家川县检察院审查后,认为公安机关遗漏了主要涉案人员董某娟、李某庆,遂对二人作出追加逮捕的决定。2020 年 9 月 27 日,张家川县检察院对汪某勇等 7 人以污染环境罪提起公诉。庭审期间,部分被告人主动向张家川县检察院缴纳生态环境修复赔偿款 310 万元。

2020 年 12 月 23 日,张家川回族自治县人民法院一审判决,汪某勇等 7 人犯污染环境罪,分别判处四年至两年不等有期徒刑,合计并处罚金 29 万元。董某娟、李某庆等 4 人以量刑过重为由提起上诉。2021 年 3 月 15 日,甘肃矿区人民法院裁定驳回上诉,维持原判。

【典型意义】

甘肃是黄河重要的水源涵养区和补给区。省内黄河流域包括黄河干流、渭河、洮河、湟水和泾河五个水系,以及各水系的一二级支流。小流域作为黄河主动脉的毛细血管,好与坏、净与污直接关乎黄河生态环境安全。为保护好黄河主动脉的"小血管",检察机关用足惩治手段,用好检察建议,依法打击破坏黄河流域生态环境违法犯罪。对重点案件,加强办案指导,提高打击和保护的针对性、实效性;对突出问题,结合办案提出检察建议,促进政府部门及时解决,争取政府部门、社会力量的理解和帮助。检察机关立足职能,加强黄河上游水源涵养区生态司法保护,同时推动织密黄河法治保护网,充分彰显了检察机关在黄河治理和保护中的担当和作为。

重庆某医用输液瓶回收有限公司、关某岗、陈某林、李某芳等非法处置医疗废物污染环境案

(2022 年 3 月 1 日最高人民法院发布)

【基本案情】

重庆某医用输液瓶回收有限公司经营范围为医疗机构使用后的未被病人血液、体液、排泄物污染的一次性塑料输液瓶(袋)、玻璃输液瓶的回收、运输、处置(不含医疗废物),法定代表人关某岗。2018 年 8 月,该公司从医疗机构回收玻璃输液瓶后,与北京某环保科技有限公司(另案处理)股东李某芳、陈某林共谋,以 320 元/吨的价格将约 1300 吨玻璃输液瓶出售给没有危险废物经营许可证的北京某环保科技有限公司,并由陈某林安排陈某强进行管理生产,在生产过程中,工人对其中混杂的针头、棉签、输液管等废物进行了掩埋处理。案发后,对掩埋的废物进行挖掘并转运,经鉴定,该批废物系危险废物,共计 16.27 吨。

2018 年 11 月,关某岗明知李某芳没有危险废物经营许可证,仍介绍易某林将其存放在重庆某医用输液瓶回收有限公司的玻璃输液瓶瓶盖出售给李某芳以赚取差价。2019 年 1 月至 3 月,李某芳雇佣工人分离、筛选、清洗收购的瓶盖,清洗废水未经处理直排外环境,筛选出的针头、棉签等废物堆放在厂房内。案发后,经鉴定,从易某林处收购的瓶盖均系危险废物,经应急处置,转移瓶盖等废物共计 72.9 吨。

【裁判结果】

重庆市渝北区人民法院一审判决,被告单位重庆某医用输液瓶回收有限公司犯污染环境罪,判处罚金 20 万元;被告人关某岗、李某芳、陈某林、陈某强、易某林

等犯污染环境罪,判处有期徒刑二年二个月至一年三个月不等,并处罚金。

重庆市第一中级人民法院二审改判关某岗有期徒刑二年四个月,并处罚金10万元。

【典型意义】

本案是因非法处置医疗废物污染环境引发的刑事案件。医疗废物往往携带大量病菌、病毒,具有感染性、传染性等危害,尤其是在当今疫情防控常态化、医疗废物处置压力不断增加的情况下,非法处置行为不仅对环境产生污染,也会严重威胁人民群众的身体健康。《中华人民共和国固体废物污染环境防治法》第九十条第一款规定,医疗废物按照国家危险废物名录管理。《医疗废物管理条例》第十四条第一款规定,禁止任何单位和个人转让、买卖医疗废物;第二十二条第二句规定,未取得经营许可证的单位,不得从事有关医疗废物集中处置的活动。本案中相关单位和人员在没有取得医疗废物经营许可证的情况下,非法从事医疗废物的处置,造成环境污染,依法应当承担刑事责任。本案的审理,展现了人民法院对非法处置医疗废物污染环境犯罪行为决不姑息、严厉打击的态度,有助于警示上下游相关的医疗机构、企业及从业人员依法依规处置医疗废物,避免因不当处置引发公共健康风险。

司徒某戌、司徒某协、陈某峰、李某贤等非法倾倒毒性工业固体危险废物污染环境案

(2022年3月1日最高人民法院发布)

【基本案情】

2015年9月至2018年3月,广东省江门市某实业有限公司(另案处理)副总经理王某(另案处理)将该公司生产新能源汽车锂电池正极材料过程中产生的毒性工业固体危险废物浸出渣(以下简称浸出渣)23067吨,以每吨318元的费用交给无相关资质的司徒某戌、司徒某协非法处置。司徒某戌、司徒某协又将上述浸出渣转包给无相关资质的陈某峰等多人分别运到广东省恩平市、江门市新会区、鹤山市、阳江市、广西壮族自治区藤县等地非法处置。李某贤受陈某峰指使,负责组织车辆、司机将其中4700多吨浸出渣分别运到恩平市东成镇某砖厂和新会区沙堆镇某砖厂进行非法倾倒。

【裁判结果】

广东省恩平市人民法院一审认为,被告人司徒某戌、司徒某协、陈某峰、李某

贤违法处置有毒物质,后果特别严重,均已构成污染环境罪。判决四被告人犯污染环境罪,判处有期徒刑五年至一年八个月不等,并处罚金,追缴、没收违法所得。

广东省江门市中级人民法院二审裁定驳回上诉,维持原判。

【典型意义】

本案是因非法处置新能源汽车锂电池材料生产过程中产生的毒性工业固体危险废物引发的刑事案件。新能源汽车产业是国家政策引导的经济发力点,也是当下热门的环保产业。作为新能源汽车核心部件之一的电池材料,其在生产过程中产生的固体废物,若因违法处置造成污染,将与为了环保目的而推动新能源汽车产业发展的初衷相悖。本案涉案固体废物数量巨大、毒性强、污染地域横跨两省多地、环境污染损害后果严重,人民法院在判断被告人是否具有污染环境的主观故意时,参考被告人的职业经历所体现的正常认知水平,认为作为运输行业经营者,对企业生产过程中产生的固体废物具有危害性及随意倾倒会污染环境,应有一定的认知,并负有核实了解的义务。该案的处理,既有利于防范环保产业发展过程中的污染环境风险,推动环保产业绿色健康发展,也对运输行业经营者非法运输污染物,放任污染环境结果发生的行为起到了警示、震慑作用。

山西某生化药业有限公司、田某坡等人非法处置
过期药品污染环境案

(2022 年 3 月 1 日最高人民法院发布)

【基本案情】

山西某生化药业有限公司具有山西省药品监督管理局授予的药品经营许可证,经营范围为中药材、中药饮片、成中药、化学药制剂、抗生素等。2019 年 7 月,该公司经营的诺氟沙星胶囊、银黄颗粒等 10 余种药品过期,需要及时处理。作为实际控制人的田某坡明知过期药品需做无害化处理,仍决定将该批过期药品私自倾倒、处置,并于 2019 年 7 月 3 日让公司工作人员闫某德和吕某分别驾车将该批过期药品拉运至太原市小店区倾倒处置。经鉴定,涉案药品总净重 3217. 672 千克。另查明,涉案过期药品属于《国家危险废物名录》列明的危险废物。2020 年 3 月 20 日,当地环保部门出具材料称,倾倒现场的过期药品包装未破损,尚未直接接触土地或者其他资源。

【裁判结果】

山西省太原市小店区人民法院一审认为,被告单位山西某生化药业有限公司违

反国家规定,非法倾倒、处置危险废物 3 吨以上,严重污染环境;被告人田某坡作为被告单位直接负责的主管人员,决定并安排公司人员非法处置危险废物;被告人闫某德、吕某作为被告单位其他直接责任人员具体实施了处置危险废物的行为,均构成污染环境罪。分别判处被告单位罚金 5 万元;被告人田某坡有期徒刑十个月,并处罚金 5000 元;被告人闫某德、吕某有期徒刑六个月,并处罚金 3000 元。

山西省太原市中级人民法院二审裁定驳回上诉,维持原判。

【典型意义】

本案是因非法处置过期药品引发的刑事案件。根据《国家危险废物名录》的规定,"失效、变质、不合格、淘汰、伪劣的化学药品和生物制品(不包括列入《国家基本药物目录》中的维生素、矿物质类药,调节水、电解质及酸碱平衡药),以及《医疗用毒性药品管理办法》中所列的毒性中药"均为危险废物,属于"有毒物质",药物中的成分散落在环境中极易造成污染。日常生活中,较为普遍地存在对于过期失效药品的危害性以及如何处置认识不足等问题,将过期药品视为普通生活垃圾随意丢弃的现象时有发生,造成了土壤、水资源等污染。本案的处理,有助于警示社会公众依法履行生活垃圾源头减量和分类投放法定义务,推动建立畅通的失效药品回收渠道,减少乱扔、乱倒、乱焚过期药品行为,引导全民参与、人人动手开展生活垃圾分类处置。

句容市后白镇某村民委员会、袁某政等非法掩埋废酸、废油脂等污染环境案

(2022 年 3 月 1 日最高人民法院发布)

【基本案情】

2011 年 6 月,胡某富与江苏省句容市后白镇某村民委员会签订协议承租土地,建设厂房从事润滑油生产经营业务。后因债务问题停产,厂房长期无人管理,贮存设施老化,厂房内的废酸、废油脂外流,致使周边环境受污染而被附近村民多次投诉举报。2017 年 3 月,环保部门会同专业机构至现场调查情况,对厂房内的废酸、废油脂等进行了初步估算,合计重约 80 吨,所需处置费用约 100 万元。2017 年 12 月 11 日,该村民委员会主任袁某政提议并主持会议,研究决定将上述厂房内的露天废物进行挖坑深埋处理。2018 年 1 月 9 日上午,袁某政安排陈某驾驶挖掘机在厂房北侧院外挖坑,并将原水泥地上堆放的废酸、废油脂等全部填埋入土坑内。案发后,从坑内挖出废酸、废油脂、含油土壤 700 余

吨,当地人民政府支出 670 万余元进行应急处置。

【裁判结果】

江苏省南京市玄武区人民法院一审判决,被告单位江苏省句容市后白镇某村民委员会犯污染环境罪,判处罚金人民币 10 万元;被告人袁某政犯污染环境罪,判处有期徒刑二年,并处罚金人民币 6 万元;被告人陈某犯污染环境罪,判处有期徒刑一年三个月,缓刑一年六个月,并处罚金人民币 1 万元;禁止被告人陈某在缓刑考验期内从事与排污或者处置危险废物有关的经营活动。该判决已生效。

【典型意义】

本案是因非法掩埋废酸、废油脂引发的刑事案件。《中华人民共和国固体废物污染环境防治法》规定,处置危险废物的单位和个人,必须采取防扬散、防流失、防渗漏或者其他防止污染环境的措施;不得擅自倾倒、堆放、丢弃、遗撒危险废物。村民委员会作为基层群众性自治组织,是社会综合治理体系的重要组成部分,也是美丽乡村建设的重要力量,要不断提升自身的环保意识和法治水平,带头遵守并宣传宪法、法律、法规和国家的政策,教育和推动村民履行法律规定的义务、爱护环境。本案中,村民委员会及袁某政等人缺乏相关法律意识,教训深刻,具有典型的警示教育作用。而法院在判处刑罚的同时又禁止被告人在缓刑考验期内从事与排污或者处置危险废物有关的经营活动,体现了环境司法坚持保护优先、预防为主的理念,具有较好的示范意义。

张某伟、张某盟、姜某、康某辉等非法倾倒废料污染环境案

(2022 年 3 月 1 日最高人民法院发布)

【基本案情】

2020 年 3 月 23 日至 2020 年 4 月 1 日,张某伟将其在河北省正定县某村西的废旧塑料颗粒加工厂内的废塑料、废油布、废油墨桶、废油漆桶等废料,伙同张某盟联系无任何经营手续的康某伟(另案处理),以 800 元/车的价格进行处置。后康某伟以 200 元/车的价格让姜某提供倾倒场所,康某伟纠集康某辉先后非法向井陉县孙庄乡某村北一渗坑倾倒 6 车危险废物,在非法倾倒第 7 车时被查获。后公安机关将危险废物重新捡拾并交由有资质的公司处置,张某伟支付相关处置费用。经鉴定,已倾倒废料和被查获的车上废料均为危险废物,重量共计 3.99 吨。

【裁判结果】

河北省井陉县人民法院一审认为,被告人张某伟、张某盟、姜某、康某辉违反国家规定,非法处置、倾倒危险废物,鉴于四被告人已倾倒的固体废物不足 3 吨,在案发后认罪认罚,积极履行修复义务,判决张某伟、张某盟、姜某、康某辉犯污染环境罪,判处有期徒刑十个月至八个月不等,并处罚金,追缴违法所得。除姜某系累犯外,其他三被告人均适用缓刑。该判决已生效。

【典型意义】

本案是因非法倾倒废料引发的刑事案件。废塑料、废油布、废油墨桶、废油漆桶等固体废物在生产生活中较为常见,其对环境的污染容易被忽视。尤其是生产经营过程中产生大量废塑料、废油布、废油墨桶、废油漆桶等固体废物的企业,更须对此有清晰认识,做到合法合规处置,避免造成环境污染。本案的处理,有助于推动有关企业和群众对日常生活中常见固体废物进行恰当的处置,提高社会公众对固体废物污染环境危害性的认识,推动固体废物的无害化处置。同时,本案审理法院依据《最高人民法院、最高人民检察院关于办理环境污染刑事案件适用法律若干问题的解释》第五条关于"实施刑法第三百三十八条、第三百三十九条规定的行为,刚达到应当追究刑事责任的标准,但行为人及时采取措施,防止损失扩大、消除污染,全部赔偿损失,积极修复生态环境,且系初犯,确有悔罪表现的,可以认定为情节轻微,不起诉或者免予刑事处罚;确有必要判处刑罚的,应当从宽处罚"的规定,将被告人事后积极履行环境修复义务的情形作为从轻量刑情节,依法适用缓刑,体现了恢复性司法的理念,有助于受损生态环境的及时有效修复。

陈某勤等焚烧电子垃圾污染环境案

(2022 年 3 月 1 日最高人民法院发布)

【基本案情】

陈某勤伙同林某燕、蒋某国于 2018 年 11 月至 2019 年 12 月间,在未取得危险废物经营许可的情况下,在江西省德兴市花桥镇某村一山坞内建设无任何污染防治措施的焚烧炉,采取直接投炉的方式焚烧废旧电路板、废旧电线及混合了废旧电路板的"水泥球"等电子废弃物,提炼含铜、金、银等金属的金属锭。经鉴定,该类电子废弃物属于危险废物,采用上述无环保措施的直接焚烧方法,对空气、水及土壤造成了严重污染。陈某琴等人在明知加工点无危险废物经营许可且不具备防治污染措施的情况下,仍然从各地收集大量废旧电路板等电子垃圾送至该非法加工点处置,严重污染环境。

【裁判结果】

江西省德兴市人民法院一审判决,被告人陈某勤等 13 人均构成污染环境罪,判处有期徒刑五年三个月至一年不等,并处罚金,没收、追缴违法所得。

江西省上饶市中级人民法院二审裁定驳回上诉,维持原判。

【典型意义】

本案是因焚烧电子垃圾引发的刑事案件,具有涉案人数多、范围广、影响大等特点。随着经济发展、科技进步,电子垃圾逐渐成为生产、生活垃圾中的重要组成部分。根据《中华人民共和国固体废物污染环境防治法》第六十七条第一款和第三款规定,国家对废弃电器电子产品等实行多渠道回收和集中处理制度;拆解、利用、处置废弃电器电子产品、废弃机动车船等,应当遵守有关法律法规的规定,采取防止污染环境的措施。本案中,人民法院对非法收购、处置、冶炼等各犯罪环节实施全链条打击,彻底斩断非法冶炼电子垃圾的利益链条,有力打击了污染环境的犯罪行为。本案的审理,有助于推动电子垃圾依法有序回收利用,促使材料回收再加工行业的健康发展,彰显了司法对破坏生态环境犯罪行为的零容忍态度。

朱某违规收纳、倾倒生活垃圾污染环境案

(2022 年 3 月 1 日最高人民法院发布)

【基本案情】

2020 年 10 月至 11 月间,朱某以营利为目的,在未获得垃圾消纳资质的情况下,在北京市昌平区某村东南侧一院内经营垃圾中转站,违反规定收纳、倾倒未经处理的建筑垃圾、生活垃圾,后被公安机关查获。经测量,朱某违规收纳、倾倒的建筑垃圾、生活垃圾共计 2858.3 立方米,其中生活垃圾 1510.3 立方米,严重污染环境。有关部门对上述垃圾进行处理,产生生活垃圾清运费用共计 39 万余元。

【裁判结果】

北京市昌平区人民法院一审认为,被告人朱某未获得相关资质,违规收纳、倾倒未经处理的生活垃圾,属于《最高人民法院、最高人民检察院关于办理环境污染刑事案件适用法律若干问题的解释》第一条第九项规定的严重污染环境情

形,其行为构成污染环境罪,依法应予惩处。判决被告人朱某犯污染环境罪,判处有期徒刑九个月,罚金人民币 2 万元。该判决已生效。

【典型意义】

本案是因违规收纳、倾倒未经处理的生活垃圾引发的刑事案件。《中华人民共和国固体废物污染环境防治法》明令禁止任何单位和个人随意倾倒、堆放生活垃圾,并对生活垃圾的分类、运输、处理、回收等处置步骤作出了明确规定。实践中,随意排放、倾倒、处置未经处理的生活垃圾的现象时有发生,常因缺乏及时的管理,日积月累造成不同程度的空气、水、土壤等污染。本案的审理,不仅有助于推动相关企业和从业人员提高法律意识,明晰无资质擅自收纳、倾倒未经处理生活垃圾将被追究法律责任,也有助于引导社会公众强化法律意识,落实生活垃圾分类制度,爱护生态环境。

刑法第三百四十条(非法捕捞水产品罪)

> 第三百四十条 违反保护水产资源法规,在禁渔区、禁渔期或者使用禁用的工具、方法捕捞水产品,情节严重的,处三年以下有期徒刑、拘役、管制或者罚金。

被告人李绪根非法捕捞水产品刑事附带民事公益诉讼案

(2021 年 2 月 25 日最高人民法院发布)

【基本案情】

2018 年 1 月至 2019 年 4 月期间,被告人李绪根在明知扬州市江都区长江夹江流域属于禁渔期、电鱼为禁止使用的捕捞方法情况下,驾驶快艇,利用电磁波高频逆变器、带导线的抄网等工具组成电捕工具,采用电鱼方法在夹江水域非法捕捞水产品 60 余次,捕获鲢鱼、鳊鱼等野生鱼类 900 余斤并出售,获利9000 元。经扬州市江都区渔政监督大队认定,李绪根使用的电捕工具属于《中华人民共和国渔业法》规定禁止使用的捕捞方法。原中华人民共和国农业部《关于公布率先全面禁捕长江流域水生生物保护区名录的通告》(〔2017〕6 号)及《国家级水产种质资源保护区资料汇编》,明确长江扬州段四大家鱼国家级水产种质资源保护区施行全面禁捕,扬州市江都区长江夹江流域属于上述禁渔区。江苏省扬州市江都区人民检察院依法提起刑事附带民事公益诉讼。

【裁判结果】

审理中,江苏省扬州市江都区人民检察院与李绪根就生态环境修复达成和解协议:一、李绪根自签订协议之日起十日内在省级媒体上公开赔礼道歉;二、李绪根自签订本协议之日起十日内增殖放流价值25000元的鱼苗(已履行);三、李绪根自签订本协议之日起二年内再行增殖放流价值22500元的鱼苗。江苏省如皋市人民法院一审认为,李绪根违反保护水产资源法规,在禁渔区内使用禁用的方法捕捞水产品,情节严重,已构成非法捕捞水产品罪。鉴于李绪根案发后自动投案,如实供述自己的罪行,构成自首;已退缴违法所得,且采取增殖放流修复生态环境,可从轻处罚。一审法院判决李绪根犯非法捕捞水产品罪,判处有期徒刑一年,没收违法所得9000元。

【典型意义】

本案系非法捕捞水产品引发的刑事附带民事公益诉讼案件。长江十年禁捕是贯彻习近平总书记关于"共抓大保护、不搞大开发"的重要指示精神,保护长江母亲河和加强生态文明建设的重要举措,是为全局计、为子孙谋,功在当代、利在千秋的重要决策。本案中,案发地位于四大家鱼种质资源区的长江流域扬州段,是鱼类的重要洄游通道,也是鱼类育肥产卵和越冬的最佳场所。李绪根电鱼的行为对自然水域的水生生物产生极大杀伤力,严重威胁生态资源和水环境,故人民法院依法以非法捕捞罪判处其有期徒刑并没收违法所得。同时,李绪根仍需承担增殖放流的生态修复责任,确保长江流域生态环境得到及时有效修复。2020年12月,最高人民法院、最高人民检察院、公安部、农业农村部联合制定了《依法惩治长江流域非法捕捞等违法犯罪的意见》,明确对长江流域非法捕捞等危害水生生物资源的各类违法犯罪进行严厉打击,确保长江流域禁捕工作顺利实施。

安徽省巢湖市人民检察院诉魏安文等 33 人非法捕捞水产品刑事附带民事公益诉讼案

(2021 年 6 月 5 日最高人民法院发布)

【基本案情】

2020年1月至5月,魏安文明知巢湖水域处于禁渔期间,仍事前通谋由邓立军、汪照云等人在巢湖水域非法捕捞水产品,由魏安文收购、销售。后邓立军、汪照云等人采取"下地笼""刀鱼网"等非法方式,捕捞水产品7.5万余斤,非法获利45万余元,造成渔业资源生态环境严重破坏。安徽省巢湖市人民检察院于2020年10月提起公诉,指控被告人魏安文等33人犯非法捕捞水产品罪,并作为公益诉讼起诉人提起刑事附带民事公益诉讼,请求判令魏安文等33人对其非法捕捞、收购水产品造成的渔业资源损失承担连带赔偿责任。

【裁判结果】

安徽省巢湖市人民法院一审认为,被告人魏安文等33人违反我国渔业法的规定,在禁渔期、禁渔区多次进行非法捕捞,情节严重,构成非法捕捞水产品罪。一审法院根据各被告人在共同犯罪中的作用、案发后的自首、坦白等情节,以非法捕捞水产品罪判处被告人魏安文等33人有期徒刑十八个月至两个月不等,追缴违法所得。魏安文等人非法收购、销售以及非法捕捞水产品的行为,破坏生态环境,损害社会公共利益,应当承担相应的民事责任,依其侵权行为事实,判令魏安文等33人对其非法捕捞、收购水产品造成的渔业资源损失承担相应的连带赔偿责任,并通过省级媒体公开向社会公众赔礼道歉。

【典型意义】

本案系在巢湖非法捕捞水产品引发的刑事附带民事公益诉讼案。巢湖是长江中下游五大淡水湖之一,是长江水域重要的生态屏障,水面资源丰富,渔业资源富饶。近年来,巢湖水生生物生存环境日趋恶劣,生物多样性指数持续下降。本案中,魏安文等33人为利益驱使,在禁渔期、禁渔区内非法捕捞、收购、销售白米虾、毛草鱼等水产品,直接导致巢湖水域水生物种数量减少,破坏巢湖渔业资源和水域生态环境,损害巢湖水域的生物多样性和生态平衡。本案发生在长江十年禁渔禁令发布之后,人民法院依法严惩重处,筑牢长江生态安全边界,对引导沿岸渔民的捕捞行为,有效遏制非法捕捞,维护巢湖及长江中下游流域生态系统平衡具有重要意义。

江苏省南京市陈某宝、万某祥非法捕捞水产品案

(2021年11月5日最高人民检察院发布)

【基本案情】

2020年2月26日中午,被告人陈某宝、万某祥为销售牟利、食用目的,相约驾驶皮划艇沿长江到位于主航道以东的潜洲岛附近捕鱼。两人使用10套鱼竿、共240个鱼钩的翻板钩以及鱼饵,由万某祥操作遥控无人船,将翻板钩、鱼

饵带到江中心投放,实施非法捕捞活动。至次日 6 时许,二人捕捞结束。后二人驾驶皮划艇返程时被巡逻民警抓获。捕鱼工具和捕捞的 10 尾鲢鱼(共重 92 千克,价值人民币 2392 元)均被依法扣押。

【检察履职】

2020 年 3 月 31 日,江苏省南京市公安局水上分局以陈某宝、万某祥涉嫌非法捕捞水产品罪向江苏省南京市鼓楼区人民检察院移送审查起诉。审查中,鼓楼区人民检察院围绕作案水域是否属于禁渔区、作案工具是否属于禁用工具、行为人是否具有非法捕捞的主观目的等问题,进一步补充完善了相关证据。一是根据农业农村部《关于加强长江流域禁捕执法管理工作的意见》、江苏省人民政府《关于新建南京长江江豚省级自然保护区和优化调整镇江长江江豚类省级自然保护区功能区的批复》等规定,明确案发水域系国家级水产种质资源保护区和南京长江江豚省级自然保护区,全面禁止生产性捕捞。二是查明陈某宝、万某祥虽然明知捕捞水域属禁捕区域,为了销售牟利和食用目的,仍实施了非法捕捞行为。三是针对陈某宝、万某祥关于作案工具系普通钓具而非禁用渔具的辩解,办案人员通过走访、询问渔政执法人员、水产研究部门专家,查明了涉案翻板钩的基本构造和作用原理,明确其属于多线多钩、长线多钩型钓具,可能对江豚造成机械损伤,甚至导致江豚死亡,认定系农业农村部规定的禁用渔具。

2020 年 4 月 27 日,鼓楼区人民检察院根据江苏省高级人民法院关于环境资源案件集中管辖的规定,以陈某宝、万某祥涉嫌非法捕捞水产品罪向南京市玄武区人民法院提起公诉,同时提起附带民事公益诉讼。两名被告人对公诉机关指控的犯罪事实和罪名没有异议,表示自愿认罪认罚;对公益诉讼请求不持异议,同意对受损渔业资源和生态环境进行修复,并预交了修复费用。6 月 11 日,玄武区人民法院判决认定陈某宝、万某祥构成非法捕捞水产品罪,分别判处二人拘役三个月,缓刑四个月,并连带承担渔业资源和生态环境修复费 23000 元和专家评估费 3000 元。

【典型意义】

近年来,随着长江流域重点水域全面禁捕,生产性垂钓等变相捕捞行为正逐渐成为破坏长江水生生物资源的主要违法犯罪方式之一。一些人以牟利为目的,假借休闲性、娱乐性垂钓,使用多线多钩、长线多钩、单线多钩等钓具进行垂钓。由于这些钓具抛竿范围广、入水深,能直接作用于深水鱼群区且目标精准,有时还能捕获到珍稀、濒危鱼类。有的垂钓者为达到捕获渔获物数量更大、种类更多的目的,甚至辅以各类探鱼、锚鱼设备,对天然渔业资源和生态环境的危害很大。

长江流域必须严禁生产性垂钓行为,否则将会严重扰乱禁捕工作正常有序开展。本案中,检察机关根据行政主管部门公布的禁用工具、禁用方法,以及垂钓行为造成水生生物资源的危害程度,准确认定陈某宝等人的非法捕捞行为系生产性垂钓,并予以依法惩治,对企图利用或变相利用垂钓进行非法捕捞的犯罪分子,起到了一定的威慑和警示作用。

湖南省岳阳市张某节等 10 人非法捕捞水产品、吴某龙等 10 人掩饰、隐瞒犯罪所得案

(2021 年 11 月 5 日最高人民检察院发布)

【基本案情】

2018 年 4 月至 2019 年 5 月间,被告人张某节、肖某意、涂某成等 10 人单独或伙同他人,在禁渔期或在洞庭湖水域的禁渔区内,多次采取电击等禁用方法,或采用"丝网"(一种用透明细小尼龙线编织成的小孔径渔网)、"地笼网"(一种由网线编成、铁丝或竹篾撑开的,多节、小孔径捕鱼工具)等禁用工具非法捕鱼后,分别销售给被告人吴某龙、伍某区和舒某权等人的收鱼团伙。

吴某龙、伍某区以及舒某权的犯罪团伙均明知收购的鱼系非法捕捞的渔获物,仍加价卖给个体鱼贩被告人朱某辉、蒋某、林某兵和任某。为逃避打击,吴某龙、伍某区和舒某权团伙从不在交易现场露面,只通过电话、微信等方式与朱某辉等鱼贩确定鱼的交易种类、数量、单价和交易地点,再联系非法捕捞人员张某节等人直接将捕得的鱼送至交易地点装车。后朱某辉等人雇车将收购的鱼运至重庆贩卖。

至案发,张某节等 10 名非法捕捞人员非法获利人民币 13 万余元,吴某龙、朱某辉等 10 人非法获利人民币 29 万余元。

【检察履职】

2020 年 6 月 18 日,湖南省岳阳市公安局水上警察支队以张某节等 10 人涉嫌非法捕捞水产品罪、吴某龙等 10 人涉嫌掩饰、隐瞒犯罪所得罪向湖南省岳阳市君山区人民检察院移送审查起诉。君山区人民检察院针对涉案人员较多、法律关系复杂、涉案时间和地点跨度大等问题,进一步补充收集、固定了相关证据,明确了张某节等人为牟利非法捕捞,并与吴某龙等人建立了相对固定的捕、运、销合作关系,已经形成了"捕捞—收购—运输—销售"非法捕捞渔获物的完整利益链条;进一步核实了涉案水产品的数量和各被告人非法交易的金额。11月 4 日,君山区人民检察院以被告人张某节等 10 人涉嫌非法捕捞水产品罪、被

告人吴某龙等 10 人涉嫌掩饰、隐瞒犯罪所得罪向君山区人民法院提起公诉,并提起附带民事公益诉讼。

2021 年 1 月 26 日至 27 日,君山区人民法院开庭审理了本案。检察机关邀请部分人大代表、政协委员、江豚保护协会的工作人员和渔民代表旁听了庭审。2 月 8 日,君山区人民法院判决认定张某节等 10 人犯非法捕捞水产品罪,吴某龙等 10 人犯掩饰、隐瞒犯罪所得罪,分别判处有期徒刑一年六个月到拘役不等,并处或单处罚金共计人民币 28 万余元,没收全部违法所得人民币 42 万余元。同时,判决 20 名被告人连带承担生态修复费用人民币 59 万余元、专家鉴定费人民币 4 万元。

【典型意义】

我国自 2002 年起试行春季禁渔期(即每年 4 月 1 日至 6 月 30 日),到 2016 年调整禁渔期(即每年 3 月 1 日至 6 月 30 日),再到 2020 年长江流域重点水域实行全面禁渔。禁令之下,虽然各地不断加大打击力度,但长期以来,仍有不法人员为牟取非法利益不惜铤而走险,甚至形成了捕捞、收购、贩卖长江野生鱼的完整产业链。产业链环环相扣、分工明确,通过多次交易,各环节得到不断加固,不仅危害十分严重,打击也十分困难。

为有效预防、惩治非法捕捞水产品犯罪,检察机关要紧盯非法捕捞"捕运销"全链条,将职业化、团伙化非法捕捞作为重点打击、从重处罚的情形。坚持"全链条"打击、打深打透,配合其他执法司法机关斩断非法捕捞供销产业链。对以牟取非法利益为目的非法捕捞的,采取没收违法所得、罚金刑等多种措施进行经济惩罚,并责令其承担生态修复费用,铲除滋生非法捕捞水产品犯罪的土壤。

贵州省遵义市穆某群非法捕捞水产品案

(2021 年 11 月 5 日最高人民检察院发布)

【基本案情】

2020 年 8 月 12 日 19 时许,穆某群来到遵义市汇川区山盆镇新华村长江支流赤水河小茶湾河道,使用购买的一张长 5 米、宽 0.8 米、网目尺寸 3 厘米的拦河网和 3 根鱼竿,通过在河道内放置拦河网和垂钓的方式,共捕获到黄颡鱼和白条鱼 25 条。次日凌晨 1 时许,穆某群在回家路上被巡逻民警查获。

【检察履职】

2021 年 2 月 5 日,贵州省遵义市公安局汇川分局将案件移送遵义市汇川区人民检察院审查起诉。汇川区人民检察院审查认为,根据《中华人民共和国农业部关于赤水河流域全面禁渔的通告》和《农业农村部关于长江流域重点水域禁捕范围和时间的通告》,案发时间为赤水河的禁渔期;案发地系长江支流赤水河的二级支流,系禁渔区;涉案拦河网网目尺寸小于贵州省农业农村厅对天然水域捕捞作业最小网目尺寸的规定,属于禁止使用的渔具;穆某群在禁渔期、使用禁用工具、在禁渔区域进行非法捕捞,捕到了 25 条野生鱼,按照《中华人民共和国刑法》第三百四十条的规定,其行为已经构成非法捕捞水产品罪。但穆某群捕获的黄颡鱼和白条鱼均系当地常见普通鱼种,数量较少、价值低,生态破坏程度较小;穆某群系初犯、偶犯,且在案发后主动缴纳了生态修复赔偿金人民币5000 元,用于增殖放流。综合考虑本案情节,汇川区人民检察院认为,穆某群的犯罪情节轻微,依照刑法规定可以免予刑事处罚。2 月 8 日,汇川区人民检察院依法对穆某群作出情节轻微不起诉决定,同时向汇川区综合行政执法局发出检察意见,要求对被不起诉人穆某群作出相应行政处罚。后汇川区综合行政执法局对穆某群罚款人民币 1000 元。

2 月 22 日,汇川区人民检察院针对本案暴露出辖区内普遍存在非法销售禁渔工具的问题,分别向汇川区农业农村局、汇川区综合行政执法局发出检察建议书,建议对相关违法行为进行严厉查处。收到检察建议后,两家单位予以了书面回复并立即联合开展了专项执法检查。专项执法检查中,共立案查处经营禁用渔具的违法行为 11 起,没收禁用渔具 342 件,发放长江流域"十年禁渔"宣传资料千余份。

【典型意义】

根据法律规定,犯罪情节轻微,不需要判处刑罚或者免除刑罚的,检察机关可作不起诉处理。但是不起诉不等于不惩罚。根据我国刑事诉讼法第一百七十七条第三款规定,检察机关对作出不起诉决定的案件,认为需要对被不起诉人给予行政处罚的,应当提出检察意见,移送有关主管机关处理。检察机关根据非法捕捞人员涉嫌犯罪的事实和情节,作出不起诉决定后,主动做好刑事司法、行政处罚的衔接工作,提出对被不起诉人行政处罚的检察意见,不仅实现了刑事司法与行政处罚的无缝衔接,使有关主管机关后续处理于法有据,也使违法人员受到应有惩罚;同时警醒被不起诉人和周围群众要以此为戒,遵纪守法,杜绝此类行为再次发生。本案较好实现了法律效果与政治效果、社会效果的有机统一,充分展现了检察机关积极参与社会综合治理的作为。

检察机关积极发挥法律监督职能,将生态环境保护和检察监督高度融合,针对有关主管行业部门在管理、查处禁用渔具方面存在的漏洞依法制发检察建议,敦促其更有针对性地履行监管职能、改进工作,让群众对非法捕捞水产品的危害有了更进一步的认识,推动实现"办理一案、治理一片"的效果,有利于从源头上减少非法捕捞水产品犯罪的发生。

刑法第三百四十一条(危害珍贵、濒危野生动物罪)

第三百四十一条①　非法猎捕、杀害国家重点保护的珍贵、濒危野生动物的,或者非法收购、运输、出售国家重点保护的珍贵、濒危野生动物及其制品的,处五年以下有期徒刑或者拘役,并处罚金;情节严重的,处五年以上十年以下有期徒刑,并处罚金;情节特别严重的,处十年以上有期徒刑,并处罚金或者没收财产。

违反狩猎法规,在禁猎区、禁猎期或者使用禁用的工具、方法进行狩猎,破坏野生动物资源,情节严重的,处三年以下有期徒刑、拘役、管制或者罚金。

违反野生动物保护管理法规,以食用为目的非法猎捕、收购、运输、出售第一款规定以外的在野外环境自然生长繁殖的陆生野生动物,情节严重的,依照前款的规定处罚。

黑龙江省齐齐哈尔市龙沙区人民检察院诉李某某等 13 人非法狩猎刑事附带民事公益诉讼案

(2021 年 10 月 10 日最高人民检察院发布)

【关键词】

刑事附带民事公益诉讼　野生动物资源保护　国家级自然保护区　生态环境损害修复费

【要旨】

检察机关通过对国家级自然保护区的野生动物保护提起刑事附带民事公益诉讼,在追究资源破坏者刑事责任的同时,还使其依法承担生态环境损害赔偿责任,实现对生物多样性和生态环境的有效司法保护。

---

① 本条第三款根据《刑法修正案(十一)》(2021 年 3 月 1 日起施行)第四十一条增加。

【基本案情】

2018 年 9 月初至 10 月下旬,李某某等 13 人在黑龙江省扎龙国家级自然保护区内及周边,投放高毒农药"呋喃丹"猎杀包括斑嘴鸭、琵嘴鸭在内的鸟类 22 种,共计 5000 余只。经东北林业大学司法鉴定所鉴定,被猎捕的野生动物均属于《国家保护的有益的或者有重要经济、科学研究价值的陆生野生动物名录》中的野生动物。李某某等人非法狩猎的行为,破坏了野生动物资源和生态平衡,给国家利益和社会公共利益造成了严重损害。

【调查和诉讼】

该案跨越黑龙江和湖北两省,捕杀鸟类众多,案发地在国家级自然保护区及周边,对野生动物资源和生态平衡造成破坏,引起了社会的高度关注。鉴于该案侵害了社会公共利益,2019 年 3 月 25 日,黑龙江省齐齐哈尔市龙沙区人民检察院(以下简称"龙沙区院")决定立案并在《检察日报》发出公告。公告期满后,没有法律规定的机关和社会组织提起诉讼。5 月 23 日,龙沙区院向龙沙区人民法院提起刑事附带民事公益诉讼,请求依法判令李某某等 13 人承担非法猎捕野生动物所造成的生态环境修复费 100960 元并公开赔礼道歉。该费用是由黑龙江省扎龙自然保护区管理局出具的专业意见,通过结合生态环境损害的程度、修复的难易度、行政主管机关的意见、非法狩猎者的非法获利数额等案件中的具体情况综合确定的。龙沙区院在办理案件过程中,积极与公安机关、行政机关、司法鉴定机构沟通协作,重点围绕犯罪数量、损害后果、修复费用等方面收集固定证据。

2019 年 7 月 31 日,龙沙区人民法院公开开庭审理了此案,庭审历时 9 个小时。省、市、区人大代表、政协委员、市级各有关部门及当地居民、被告人家属等 170 余人参加旁听。经法庭调查、法庭辩论等环节,龙沙区人民法院当庭作出判决,判处李某某等 13 人有期徒刑两年六个月至十个月不等的刑期,同时对检察机关提出的公益诉讼请求全部予以支持。判决生效后,李某某等 13 人均赔偿了法院判决确定的生态环境修复费用,并当庭赔礼道歉。扎龙管理局联合森林公安局将对被捕杀的 5000 余只野生鸟类进行了集中无害化处理。

案件办理后,针对扎龙国家级自然保护区周围部分居民对猎杀行为仍存在错误认识的问题,龙沙区院积极落实"谁执法谁普法"的主体责任,一方面重回案发地,动员已刑满释放的非法狩猎人员向村民现身说法,并制作《公益诉讼宣传之野生动物保护》宣传手册,开展宣传教育工作;另一方面,以该案的办理为素材,拍摄了《守护,这生生不息的希望》法治宣传片,在四级检察机关公众号上进行宣传,使公众在了解检察职能的同时提升对生态环境和生物多样性的保护意识。同时,龙沙区院还与相邻检察机关会签了《关于加强生态检察协作服务和保障扎龙国家级自然保护区域生态文明建设的意见》,建立了跨地区协作保护机制,共同守护人类的美好家园。

【典型意义】

"世界大湿地,中国鹤家乡。"扎龙国家级自然保护区是以鹤类、鸟类等为主的重要珍稀水禽分布区,有着丰富的水生物资源和较高的生物生产率,具有调节气候、净化水质、降解污染、蓄水防洪、补给地下水、调节区域的水量平衡、防止自然力侵蚀等功能。检察机关在办理案件的过程中,为保护扎龙国家级自然保护区生态环境和生物多样性,在打击犯罪的同时,注重对野生动物保护的宣传教育。通过制作法治宣传片"以案说法"、建立协作机制等方式,增强社会公众环保意识、法治意识、责任意识,促进生物多样性保护,实现湿地资源的可持续利用,促进人与自然和谐共生。

邱某某等人非法猎捕、杀害珍贵、濒危野生动物(海豚)刑事附带民事公益诉讼案

(2021 年 10 月 10 日最高人民检察院发布)

【关键词】

刑事附带民事公益诉讼　野生动物资源保护　专家评估论证　生态资源损失费　"生态检察＋公益诉讼"

【要旨】

在没有扣押到海豚实物的情况下,聘请专家科学论证,确定海豚物种及发育系数,评估发育阶段,破解鉴定难题。

【基本案情】

2019 年 11 月至 12 月期间,被告人邱某某驾驶渔船在中日渔业协定水域附近捕捞生产时,发现有 2 批次共 8 只活海豚误入渔网,遂指挥被告人施某某、占某某等船员将海豚拖至船舶甲板面的左右两侧,并将其中的 5 只海豚杀害割下牙龈取出牙齿,后将已经死亡的海豚丢弃海里。经鉴定,涉案海豚为瑞氏海豚,属国家二级保护动物。

【调查和诉讼】

2020 年 3 月 13 日,福建泉州海警局对该案立案侦查,福建省晋江市人民检察院(以下简称晋江市院)发挥"生态检察＋公益诉讼"机构设置优势,提前介入引导侦查。8 月 19 日,泉州海警局将该案移送晋江市院审查起诉。次日,晋江

市院对邱某某等人非法猎捕、杀害珍贵、濒危野生动物刑事附带民事公益诉讼案予以立案并发布公告,期满未有法律规定的机关和有关组织拟就本案提起诉讼。

根据相关规定,非法猎捕、杀害珍贵、濒危水生野生动物的,以该水生野生动物的价值为定罪量刑依据,而价值则以该物种基准价值、保护级别系数和发育阶段系数为基础来计算,物种鉴定、物种发育系数及涉案海豚发育阶段评估,就成为此类案件定罪量刑和追偿生态资源损失的关键。因国内对海豚的研究少,海豚发育系数在学术上并无统一认定,也无同类案例可供参考,且涉案海豚死后已被丢回海中,其物种及发育情况更难以判定。为解决鉴定难题,晋江市院聘请多位高校、科研机构和野生动物保护部门专家联合对本案物种、发育系数和发育阶段进行评估鉴定,专家通过对扣押到的海豚牙齿进行提取 DNA 测序和比对鉴定,结合现场视频和照片、事发海域生物种群状况,并经多次实地走访和研究,确定涉案海豚物种为瑞氏海豚,属国家二级保护动物;确定了涉案瑞氏海豚的发育系数;结合农业农村部 2019 年《水生野生动物及其制品价值评估办法》,评估出涉案海豚的生态资源损失费用合计人民币 37.5 万元。

2020 年 11 月 16 日,晋江市院向晋江市人民法院提起刑事附带民事公益诉讼,请求判令邱某某等人对非法猎捕、杀害珍贵、濒危野生动物所造成的生态资源损失费用 37.5 万元承担连带责任,并在媒体公开赔礼道歉。2021 年 2 月 1 日,该案公开开庭审理。庭审中,晋江市院组织沿海几十名渔民、村民旁听庭审,并邀请厦门大学野生动物专家利用远程视频出席法庭的方式,就猎捕海豚对生物多样性破坏程度、海豚的珍贵价值、保护救助等方面发表专家意见,起到了良好的警示教育作用。被告人当庭悔罪,并自愿承担民事赔偿责任,主动缴纳了赔偿款。

案发后,晋江市院推动成立晋江市保护海上野生动物志愿队,在晋江市与大金门岛之间的海域开展生物多样性保护宣传与监测巡护活动,有效制止并严厉打击捕杀、贩卖珍贵、濒危海上野生动物、破坏栖息地等违法犯罪行为,不断改善海域生态环境,引来了中华凤头燕鸥、中华白海豚、勺嘴鹬等极度濒危野生动物栖息、停靠,生物多样性趋于丰富。

【典型意义】

检察机关综合发挥"生态检察 + 公益诉讼"职能叠加优势,"提前介入"破解公益诉讼调查取证难题。在被捕杀的野生动物实物缺失的情形下,借助专家"外脑"进行论证、评估,确定野生动物物种和发育系数,科学认定生态损害赔偿金费用。在法院庭审时引入专家远程视频支持出庭,为案件成功办理提供了强有力的证据支撑,同时对旁听群众进行普法警示,破除沿海渔民封建迷信陋习,也为开展海洋野生动物公益司法保护积累了实践样本。

陈某帅等人非法收购、出售珍贵、濒危野生动物制品案

(2021 年 11 月 26 日最高人民检察院发布)

【基本案情】

被告人陈某帅,男,1992 年 7 月出生,无业。

2018 年 10 月至 2019 年 10 月间,被告人陈某帅、蔡某等 19 人,以牟利、药用、收藏等目的,通过微信网络平台展示、看货、询价,使用银行卡、微信、支付宝转账进行资金结算,利用寄递渠道实施非法收购、出售珍贵、濒危野生动物制品行为共计 30 余次,涉案野生动物制品羚羊角 900 余根,象牙制品 30 余件 4900 余克,犀牛角制品 7 件 160 余克及其他珍贵、濒危野生动物制品若干,合计价值人民币 2600 余万元。

【诉讼及履职过程】

2020 年 5 月 22 日,湖南省宁乡市人民检察院以被告人陈某帅等人涉嫌非法收购、出售珍贵、濒危野生动物制品罪依法提起公诉。同年 12 月 1 日,宁乡市人民法院以非法收购、出售珍贵、濒危野生动物制品罪判处陈某帅等人有期徒刑十二年至五个月拘役不等刑罚。被告人陈某帅等 6 人不服一审判决,提出上诉。2021 年 4 月 1 日,二审法院裁定驳回上诉,维持原判。上述裁判均已生效。

(一)提前介入,引导侦查取证。本案系新型非法买卖野生动物制品犯罪,犯罪分子将野生动物制品图片等信息通过微信平台展示,与买家达成交易后直接将野生动物制品通过寄递方式邮寄给买家,并通过电子支付渠道收付货款,事后通过删除网络、手机记录,使用虚假电话、姓名投寄快递等方式逃避打击。检察机关提前介入侦查,有针对性地引导侦查机关收集固定手机电子数据、快递信息、交易账单等客观证据,以及通过收集微信聊天记录、货款流转记录、微信平台展示物品和扣押物品特征比对等,夯实证据基础。针对主要犯罪嫌疑人陈某帅到案后拒绝认罪的情形,检察机关要求侦查机关全面收集同案犯供述及相关客观性证据,对其通讯工具等进行技术鉴定,促使其在强有力的证据体系面前自愿认罪。

(二)深挖犯罪,延伸打击链条。检察机关以中间商蔡某为关键节点,深挖上下游犯罪,引导、监督侦查机关通过交易账单追查上下游犯罪嫌疑人,通过快递信息追查涉案野生动物制品流向,延伸打击珍贵、濒危野生动物交易链条,发

出监督文书 8 份,成功追捕 5 名犯罪嫌疑人。通过层层挖掘,本案从侦查机关第一次报捕时抓获 2 名犯罪嫌疑人、查扣 1 件野生动物制品、认定 1 笔犯罪事实,到结案时成功在福建、广东、黑龙江、湖南等地查获羚羊角等野生动物制品 1000 余件、抓获犯罪嫌疑人 19 名、认定涉案事实 30 余笔,其中 5 人被判处十年以上有期徒刑。

(三)规范寄递,开展普法宣传教育。本案中,野生动物制品非法交易通过寄递方式完成,检察机关联合公安机关,在侦查取证的同时,对相关企业进行法治宣传,对辖区内快递企业进行走访约谈,提醒相关企业严格落实寄递管理制度,告诫提醒依法依规经营。检察机关还严格落实"谁执法谁普法"责任,通过"两微一端"等媒介发布办案情况,在震慑违法犯罪分子的同时,向广大群众宣传非法买卖珍贵、濒危野生动物制品的法律后果,呼吁全社会共同抵制珍贵、濒危野生动物制品交易,构筑人类与野生动植物资源和谐共生的环境。

【典型意义】

针对利用寄递渠道非法买卖野生动物制品犯罪证据固定难、全链条打击难的特点,检察机关积极引导侦查机关有针对性地收集、固定证据,构建了严密证据锁链,监督侦查机关通过关键案件线索逐层深挖犯罪,扩大了打击效果,为类案办理积累了宝贵经验。积极发挥社会管理职能,引导快递企业堵塞制度和人员管理漏洞,依法依规经营。同时,积极开展法治宣传和教育,引导群众全面自觉抵制野生动物及其制品消费,增强环境资源保护意识。

(编者注:根据自 2021 年 3 月 1 日起施行的《中华人民共和国刑法修正案(十一)》及最高人民法院、最高人民检察院有关罪名规定的司法解释,本案所涉罪名已变更为"危害珍贵、濒危野生动物罪"。)

山东省东营市李某忠等 8 人危害珍贵濒危野生动物、非法狩猎和掩饰、隐瞒犯罪所得刑事公诉案

(2022 年 1 月 25 日最高人民检察院发布)

【关键词】

危害珍贵　濒危野生动物　黄河三角洲湿地　保护生物多样性　专业化生态保护　协同治理

【要旨】

检察机关深入践行"在办案中监督,在监督中办案"的理念,依托黄河三

角洲自然保护区检察工作站,内部"四大检察"融合发力,外部多部门联勤联动,探索"惩治犯罪＋公益诉讼＋法律监督＋宣传预防"的生态检察模式,共同加强黄河口生态环境和自然资源保护,形成"办理一案、治理一片"的良好效果。

【基本案情】

2017 年 12 月至 2018 年 12 月间,被告人李某忠向被告人尹某星等人提供毒药呋喃丹,并传授使用方法、指导拌药,采取投毒方式在黄河三角洲国家级自然保护区非法猎捕野生鸟类,而后由李某忠予以收购、出售。其中,既有珍贵、濒危野生动物,又有列入国家保护名录的有重要生态、科学、社会价值的陆生野生动物。

2018 年 11 月前后,被告人李某忠将向他人收购的 2 只灰鹤(国家二级保护动物)以每只人民币 2000 元的价格分两次出售给李某刚(另案处理)。同年 12 月 23 日,被告人李某山以人民币 1500 元的价格向李某忠出售白鹤(国家一级保护动物)1 只。12 月 26 日,李某忠将白鹤以人民币 3200 元价格出售给在山东聊城从事珍禽养殖场经营的被告人宋某勇。后宋某勇以人民币 11000 元价格,将白鹤转卖给河南省鹤壁市某湿地公园。12 月 28 日,李某山以人民币 1400 元价格向李某忠出售其猎捕的灰鹤 1 只。

此外,被告人李某忠大量收购被告人单某明、李某林、毕某平、葛某军、李某山、尹某星等人毒杀或捡拾的野生鸟类死体后,通过长途物流,贩卖给江苏、湖北等地的个体收购者。经鉴定,死亡鸟类涉及国家二级保护动物灰鹤和白天鹅各 6 只,国家"三有"保护动物斑嘴鸭、绿头鸭、苍鹭、夜鹭等千余只。

【检察履职情况】

2018 年 11 月 29 日,山东省东营市森林公安局(以下简称"东营森林公安局")对本案立案侦查,并商请山东省东营市人民检察院(以下简称"东营市检察院")就证据收集提出意见。针对该案作案时间长,涉案人员多,鸟类种类和数量多等问题,东营市检察院生态环保办案组先后 6 次与公安机关召开检警联席会议,围绕各犯罪嫌疑人长期在自然保护区工作生活经历,深挖细查犯罪线索,固定了犯罪团伙成员间的微信记录、转账记录、通话记录、行车轨迹等客观性证据,查清了"猎捕—收购—运输—销售"犯罪利益链条。2019 年 6 月 25 日,东营森林公安局以李某忠等 8 人涉嫌非法收购、运输、出售珍贵、濒危野生动物罪、非法狩猎罪、掩饰隐瞒犯罪所得罪将案件移送东营市检察院审查起诉。东营市检察院审查认为,李某忠不仅有收购毒杀鸟类的行为,还有向其他被告人提供毒药并传授毒杀鸟类方法的行为,遂决定追加认定李某忠涉嫌非法猎捕、杀害珍贵、濒危野生动物罪。7 月 25 日,东营市检察院根据级别管辖,将案件交广饶县人民检察院办理。9 月 24 日,广饶县人民检察院对李某忠等 8 人提起公诉,并对包括 8 名被告人和另外 4 名参与了本案但犯罪情节显著轻微的侵权人,提起刑事附带民事公益诉讼。

2020 年 12 月 25 日,广饶县人民法院一审判决认定被告人李某忠、单某明、尹某星、李某林犯非法猎捕、杀害珍贵、濒危野生动物罪;被告人李某忠、尹某星、单某明、毕某平、李某林、宋某勇犯非法收购、出售珍贵、濒危野生动物罪;被告人李某山犯非法出售、运输珍贵、濒危野生动物罪;被告人李某山、尹某星、单某明、毕某平、葛某军犯非法狩猎罪;被告人李某忠犯掩饰、隐瞒犯罪所得罪,分别判处有期徒刑十五年至二年不等的刑罚,合计并处罚金人民币 34.5 万元,没收全部违法所得;李某忠等 12 人共同赔偿因侵权造成的生态资源损失费共计人民币 13.4 万余元、鉴定评估费人民币 2.1 万元,并在国家级主流媒体公开赔礼道歉。李某忠、李某山不服,提出上诉。2021 年 6 月 4 日,东营市中级人民法院二审判决维持一审判决认定的事实,根据同年 3 月 1 日生效实施的刑法修正案(十一)的有关规定,判决认定上诉人李某忠犯危害珍贵、濒危野生动物罪和掩饰、隐瞒犯罪所得罪,李某山犯非法出售、运输珍贵、濒危野生动物罪和非法狩猎罪,将其中李某忠的刑期改判为有期徒刑十三年,对其他原审被告人的刑期和罚金等均予以维持。

针对本案暴露出的滥杀滥捕野生鸟类问题,东营市检察院牵头召开黄河三角洲国家级自然保护区野生动植物资源保护联席会议,向自然保护区管理局、市场监督管理局、自然资源局通报了案件办理中发现的问题,并送达了检察建议。相关部门收到检察建议后,联合部署开展严厉打击"非法猎捕、非法收购、非法运输"野生动物违法犯罪专项整治行动。并且,自然保护区管理局在通往保护区的重要道路、卡口和鸟类聚集区安装视频监控,实现了监管"全覆盖、无死角";市场监督管理部门加大力度检查取缔市场上的野生动物交易,办理的 2 起非法交易野生动物案件不仅引发媒体广泛关注,而且被国家市场监管总局评为"打击野生动物非法交易专项执法行动典型案例"。2020 年 5 月 14 日,东营市检察院决定由垦利区检察院在自然保护区内设立检察工作站,专门负责联系自然保护区管委会和当地公安机关,通过信息共享、联勤巡防、联合普法,形成多部门生态保护合力,相继查办了 5 起非法狩猎案件。

【典型意义】

位于黄河入海口的黄河三角洲国家级自然保护区是我国暖温带地区最完整、最广阔、最年轻的湿地生态系统。自然保护区共有野生动物 1626 种,其中鸟类 368 种,是东北亚内陆和环西太平洋鸟类迁徙的重要中转站。自然保护区是保护物种多样性和维护黄河三角洲及环渤海地区生态安全的重要屏障。为应对非法猎捕自然保护区内野生动物的犯罪,检察机关专业化办案团队一方面引导公安机关全链条排查打击破坏野生动物资源犯罪,坚决摧毁非法猎捕、杀害、买卖鸟类等野生动物的犯罪分子和团伙;另一方面结合办案,推动建立健全打防管控常态化机制,形成"办理一案、治理一片"的良好效果。通过在自然保护区设立专门机构,与各相关部门联勤联动,强化沟通对接和协作,进一步强化对黄河三角洲生态的司法保护,有助于从根本上遏制破坏鸟类等野生动物资源犯罪。

刑法第三百四十二条(非法占用农用地罪)

> 第三百四十二条① 违反土地管理法规,非法占用耕地、林地等农用地,改变被占用土地用途,数量较大,造成耕地、林地等农用地大量毁坏的,处五年以下有期徒刑或者拘役,并处或者单处罚金。

刘强非法占用农用地案

(最高人民检察院第十三届检察委员会第二十八次会议决定 2019 年 12 月 20 日发布)

【关键词】

非法占用农用地罪 永久基本农田 "大棚房" 非农建设改造

【要旨】

行为人违反土地管理法规,在耕地上建设"大棚房""生态园""休闲农庄"等,非法占用耕地数量较大,造成耕地等农用地大量毁坏的,应当以非法占用农用地罪追究实际建设者、经营者的刑事责任。

【基本案情】

被告人刘强,男,1979 年 10 月出生,北京大道千字文文化发展有限公司法定代表人。2008 年 1 月,因犯敲诈勒索罪被北京市海淀区人民法院判处有期徒

---

① 本条根据《中华人民共和国刑法修正案(二)》(2001 年 8 月 31 日起施行)修改。

原本条内容为:"违反土地管理法规,非法占用耕地改作他用,数量较大,造成耕地大量毁坏的,处五年以下有期徒刑或者拘役,并处或者单处罚金。"

修改的内容为:将非法占用的农用地的对象由"耕地"扩展为"耕地、林地等农用地"。

刑二年,缓刑二年。

2016 年 3 月,被告人刘强经人介绍以人民币 1000 万元的价格与北京春杰种植专业合作社(以下简称合作社)的法定代表人池杰商定,受让合作社位于延庆区延庆镇广积屯村东北蔬菜大棚 377 亩集体土地使用权。同年 4 月 15 日,刘强指使其司机刘广岐与池杰签订转让意向书,约定将合作社土地使用权及地上物转让给刘广岐。同年 10 月 21 日,合作社的法定代表人变更为刘广岐。其间,刘强未经国土资源部门批准,以合作社的名义组织人员对蔬菜大棚园区进行非农建设改造,并将园区命名为"紫薇庄园"。截至 2016 年 9 月 28 日,刘强先后组织人员在园区内建设鱼池、假山、规划外道路等设施,同时将原有蔬菜大棚加高、改装钢架,并将其一分为二,在其中各建房间,每个大棚门口铺设透水砖路面,外垒花墙。截至案发,刘强组织人员共建设"大棚房"260 余套(每套面积 350 平方米至 550 平方米不等,内部置橱柜、沙发、藤椅、马桶等各类生活起居设施),并对外出租。经北京市国土资源局延庆分局组织测绘鉴定,该项目占用耕地 28.75 亩,其中含永久基本农田 22.84 亩,造成耕地种植条件被破坏。

截至 2017 年 4 月,北京市规划和国土资源管理委员会、延庆区延庆镇人民政府先后对该项目下达《行政处罚决定书》《责令停止建设通知书》《限期拆除决定书》,均未得到执行。2017 年 5 月,延庆区延庆镇人民政府组织有关部门将上述违法建设强制拆除。

【指控与证明犯罪】

2017 年 5 月 10 日,北京市国土资源局延庆分局向北京市公安局延庆分局移送刘广岐涉嫌非法占用农用地一案,5 月 13 日,北京市公安局延庆分局对刘广岐涉嫌非法占用农用地案立案侦查,经调查发现刘强有重大嫌疑。2017 年 12 月 5 日,北京市公安局延庆分局以刘强涉嫌非法占用农用地罪,将案件移送北京市延庆区人民检察院审查起诉。

审查起诉阶段,刘强拒不承认犯罪事实,辩称:1. 自己从未参与"紫薇庄园"项目建设,没有实施非法占地的行为。2. "紫薇庄园"项目的实际建设者、经营者是刘广岐。3. 自己与"紫薇庄园"无资金往来。4. 蔬菜大棚改造项目系设施农业,属于政府扶持项目,不属于违法行为。刘广岐虽承认自己是合作社的法定代表人、项目建设的出资人,但对于转让意向书内容、资金来源、大棚内施工建设情况语焉不详。

为进一步查证"紫薇庄园"的实际建设者、经营者,北京市延庆区人民检察院将案件退回公安机关补充侦查,要求补充查证:1. 调取刘强、刘广岐、池杰、张红军(工程承包方)之间的资金往来凭证,核实每笔资金往来的具体操作人,对全案账目进行司法会计鉴定,了解资金的来龙去脉,查实资金实际出让人和受让人。2. 寻找关键证人会计李祥彬,核实合作社账目与刘强个人账户的资金往来,确定刘强、刘广岐在"紫薇庄园"项目中的地位作用。3. 就测量技术报告听取专业测量人员的意见,查清所占耕地面积。

经补充侦查,北京市公安局延庆分局收集到证人李祥彬的证言,证实了合作社是刘强出资从池杰手中购买,李祥彬受刘强邀请负责核算合作社的收入和支出。会计师事务所出具的司法鉴定意见书,证实了资金往来去向。在补充侦查过程中,侦查机关调取了"紫薇庄园"临时工作人员胡楠等人的证言,证实刘广岐是刘强的司机;刘广岐受刘强指使在转让意向书中签字,并担任合作社法定代表人,但其并未与刘强共谋参与非农建设改造事宜。针对辩护律师对测量技术报告数据的质疑,承办检察官专门听取了参与测量人员的意见,准确掌握所占耕地面积。

2018 年 5 月 23 日,北京市延庆区人民检察院以刘强犯非法占用农用地罪向北京市延庆区人民法院提起公诉。7 月 2 日,北京市延庆区人民法院公开开庭审理了本案。

法庭调查阶段,公诉人宣读起诉书,指控被告人刘强违反土地管理法规,非法占用耕地进行非农建设改造,改变被占土地用途,造成耕地大量毁坏,其行为构成非法占用农用地罪。针对以上指控的犯罪事实,公诉人向法庭出示了四组证据予以证明:

一是现场勘测笔录、《测量技术报告书》、《非法占用耕地破坏程度鉴定意见》、现场照片 78 张等,证明"紫薇庄园"园区内存在非法占地行为,改变被占土地用途且数量较大,造成耕地大量毁坏;

二是合作社土地租用合同,设立、变更登记材料,转让意向书,合作社大棚改造工程相关资料,延庆镇政府、北京市国土资源局延庆分局提供的相关书证等证据,证明合作社土地使用权受让相关事宜,以及未经国土资源部门批准,刘强擅自对园区土地进行非农建设改造,并拒不执行行政处罚;

三是司法鉴定意见书、案件相关银行账户的交易流水及凭证、合作社转让改造项目的参与人证言及被告人的供述与辩解等证据材料,证明刘强是"紫薇庄园"非农建设改造的实际建设者、经营者及合作社改造项目资金来源、获利情况等;

四是"紫薇庄园"宣传材料、租赁合同、大棚房租户、池杰、李祥彬证人证言等,证明刘强修建大棚共 196 个,其中东院 136 个,西院 60 个,每个大棚都配有耳房,面积 10—20 平方米;刘强将大棚改造后,命名为"紫薇庄园"对外宣传,"大棚房"内有休闲、娱乐、居住等生活设施,对外出租,造成不良社会影响。

被告人刘强对公诉人指控的上述犯罪事实没有异议,当庭认罪。

法庭辩论阶段,公诉人发表了公诉意见,指出刘强作为合作社的实际建设者、经营者,在没有行政批准的情况下,擅自对园区内农用地进行非农建设改造并对外出租,造成严重危害,应当追究刑事责任。

辩护人提出:1. 刘强不存在主观故意,社会危害性小;2. 建造蔬菜"大棚房"符合设施农业政策;3. 刘强认罪态度较好,主动到公安机关投案,具有自首情节;4. 起诉书中指控的假山、鱼池等设施,仅在测量报告中有描述且描述模糊;5. 相关设施已被有关部门拆除。请求法庭对被告人刘强从轻处罚。

公诉人针对辩护意见进行答辩。

第一,刘强受让合作社时指使司机刘广岐代其签字,证明其具有规避法律责任的行为,主观上存在违法犯罪的故意,刘强非法占用农用地,造成大量农用地被严重毁坏,其行为具有严重社会危害性。

第二,关于符合国家政策的说法不实,农业大棚与违法建造的非农"大棚房"存在本质区别,刘强建设的"大棚房"集休闲、娱乐、居住为一体,对农用地进行非农改造,严重违反《土地管理法》永久基本农田保护政策。该项目因违法建设受到行政处罚,但刘强未按照处罚决定积极履行耕地修复义务,直至案发,也未缴纳行政罚款,其行为明显违法。

第三,刘强直到开庭审理时才表示认罪,不符合自首条件。

第四,测量技术报告对案发时合作社建设情况作了详细的记录和专业说明,现场勘验笔录和现场照片均证实了蔬菜大棚改造的实际情况,另有相关证人证言也能证实假山、鱼池存在。

第五,违法设施应由刘强承担拆除并恢复原状的责任,有关行政部门进行拆除违法设施,恢复耕地的行为,不能成为刘强从轻处罚的理由。

法庭经审理认为,公诉人提交的证据能够相互印证,予以确认。对辩护人提出的被告人当庭认罪态度较好的辩护意见予以采纳,其他辩护意见缺乏事实依据,不予采纳。2018 年 10 月 16 日,北京市延庆区人民法院作出一审判决,以非法占用农用地罪判处被告人刘强有期徒刑一年六个月,并处罚金人民币 5 万元。一审宣判后,被告人刘强未上诉,判决已生效。

刘广岐在明知刘强是合作社非农建设改造的实际建设者、经营者,且涉嫌犯罪的情况下,故意隐瞒上述事实和真相,向公安机关做虚假证明。经北京市延庆区人民检察院追诉,2019 年 3 月 13 日,北京市延庆区人民法院以包庇罪判处被告人刘广岐有期徒刑六个月。一审宣判后,被告人刘广岐未上诉,判决已生效。

本案中,延庆镇规划管理与环境保护办公室虽然采取了约谈、下发《责令停止建设通知书》和《限期拆除决定书》等方式对违法建设予以制止,但未遏制住违法建设,履职不到位,北京市延庆区监察委员会给予延庆镇副镇长等 3 人行政警告处分,1 人行政记过处分,广积屯村村党支部给予该村党支部书记党内警告处分。

【指导意义】

十分珍惜、合理利用土地和切实保护耕地是我国的基本国策。近年来,随着传统农业向产业化、规模化的现代农业转变,以温室大棚为代表的设施农业快速发展。一些地区出现了假借发展设施农业之名,擅自或者变相改变农业用途,在耕地甚至永久基本农田上建设"大棚房""生态园""休闲农庄"等现象,造成土地资源被大量非法占用和毁坏,严重侵害农民权益和农业农村的可持续发展,在社会上造成恶劣影响。2018年,自然资源部和农业农村部在全国开展了"大棚房"问题专项整治行动,推进落实永久基本农田保护制度和最严格的耕地保护政策。在基本农田上建设"大棚房"予以出租出售,违反《中华人民共和国土地管理法》,属于破坏耕地或者非法占地的违法行为。非法占用耕地数量较大或者造成耕地大量毁坏的,应当以非法占用农用地罪追究实际建设者、经营者的刑事责任。

该类案件中,实际建设者、经营者为逃避法律责任,经常隐藏于幕后。对此,检察机关可以通过引导公安机关查询非农建设项目涉及的相关账户交易信息、资金走向等,辅以相关证人证言,形成严密证据体系,查清证实实际建设者、经营者的法律责任。对于受其操控签订合同或者作假证明包庇,涉嫌共同犯罪或者伪证罪、包庇罪的相关行为人,也要一并查实惩处。对于非法占用农用地面积这一关键问题,可由专业机构出具测量技术报告,必要时可申请测量人员出庭作证。

【相关规定】(略)

内蒙古自治区鄂尔多斯市某煤炭公司非法占用农用地刑事不起诉案

(2022年1月25日最高人民检察院发布)

【关键词】

非法占用农用地 水土保持 支持磋商 生态修复 酌定不起诉

【要旨】

对犯罪情节轻微,且积极修复被破坏黄河水源补给地的刑事案件,可以依法作出不起诉决定,并坚持依法、审慎、稳妥原则,通过召开听证会等方式接受各方监督。检察机关可以支持生态损害赔偿权利人开展生态损害赔偿磋商。

【基本案情】

2014年至2017年期间,内蒙古自治区鄂尔多斯市某煤炭公司(以下简称

"某煤炭公司")未经行政管理部门审批同意,擅自在位于黄河上游补给水源区鄂尔多斯黄河"金三角腹地"十大孔兑("孔兑"为蒙古语,意为山洪沟)的上游地段建设煤场,非法占用林地(类型为特殊灌木林地,林种为水土保持林)50.23亩,造成林地植被大量毁坏。

【检察履职情况】

2020年12月3日,内蒙古自治区鄂尔多斯市达拉特旗森林公安局将本案移送达拉特旗人民检察院(以下简称达拉特旗检察院)审查起诉。经审查,达拉特旗检察院认定该煤炭公司违反土地管理法规,未经林业主管部门审批,非法占用林地50.23亩建设厂房,数量较大,造成林地大量毁坏,其行为涉嫌非法占用农用地罪。在办理刑事案件中,达拉特旗检察院发现大量林地受损且尚未得到有效恢复的公益诉讼案件线索,于2020年12月8日附带民事公益诉讼立案,并邀请林地领域的专家对涉案林地破坏情况和修复方案进行评估论证。因地方政府启动生态环境损害赔偿程序,达拉特旗检察院支持达拉特旗林业和草原局与该煤炭公司进行磋商并达成协议,确定由该煤炭公司恢复治理林地20余亩,异地补植林地30余亩种植松树3100余株,缴纳涉案林地植被恢复费用116万余元。2021年5月11日,达拉特旗检察院邀请当地森林公安局、人民监督员实地勘验评估补植复绿树木成活率及生态修复效果,生态修复初显成效。

鉴于本案造成的生态环境损害已得到赔偿与修复治理,且案发后,该煤炭公司负责人主动投案认罪认罚,公司积极开展绿色矿山建设,达拉特旗检察院结合企业经营与发展需要,决定于2021年5月17日召开拟不起诉案件听证会。听证会议邀请了达拉特旗人大代表、政协委员、人民监督员以及工商联、林业和草原局工作人员等7名听证员参加,并邀请了当地15位煤炭行业民营企业家参与旁听,承办检察官围绕案件事实,阐述了对案件的性质认定以及拟作不起诉决定的理由和相关法律依据。听证员对案件定性和拟不起诉决定均表示赞同。听证会后,达拉特旗检察院结合以往办理非法占用农用地、非法采矿案件中暴露出的问题,为在座企业人员进行了生态资源保护的法治宣传活动。5月26日,达拉特旗检察院对本案作出酌定不起诉处理决定。

【典型意义】

内蒙古自治区鄂尔多斯市位于黄河上游地区,黄河河段728公里。本案案发于黄河鄂尔多斯段"金三角腹地",当地的十大孔兑是黄河上游地区的重要补给水源地。但因水土流失严重,每年向黄河输入河沙约3000万立方米。为涵养水源、保持水土稳定,检察机关既依法惩治危害黄河水源补给地环境资源犯罪,同时积极支持生态环境损害赔偿权利机关与赔偿义务人进行磋商并达成协议,将督促恢复生态环境作为案件处理的重要事由予以考量。通过邀请专门人员实地查看和检察听证等方式,让生态修复以人民群众看得见、感受到、信得过的方式实现。对犯罪情节轻微,恢复效果好的,检察机关可依法作出情节轻微不起诉决定。对拟作不起诉的危害生态环境犯罪案件举行听证会,将普法融入听证,既提升了不起诉案件听证工作的公信力,也宣讲了环保政策法律,提升了法治宣传教育成效。

刑法第三百四十三条(非法采矿罪)

第三百四十三条① 违反矿产资源法的规定,未取得采矿许可证擅自采矿,擅自进入国家规划矿区、对国民经济具有重要价值的矿区和他人矿区范围采矿,或者擅自开采国家规定实行保护性开采的特定矿种,情节严重的,处三年以下有期徒刑、拘役或者管制,并处或者单处罚金;情节特别严重的,处三年以上七年以下有期徒刑,并处罚金。

违反矿产资源法的规定,采取破坏性的开采方法开采矿产资源,造成矿产资源严重破坏的,处五年以下有期徒刑或者拘役,并处罚金。

被告人梁理德、梁特明非法采矿案

(2018 年 6 月 4 日最高人民法院发布)

【基本案情】

2013 年下半年,被告人梁理德和温岭市箬横镇下山头村村委会商定,由梁理德出面以村委会的名义办理该村杨富庙矿场的边坡治理项目。2013 年 11 月、2014 年 9 月台州市国土资源局审批同意其开采建筑用石料共计 27. 31 万吨。被告人梁特明受梁理德指使在该矿负责管理日常事务,所采宕碴矿销售给

---

① 本条第一款根据《刑法修正案(八)》(2011 年 5 月 1 日起施行)第四十七条修改。

原本条第一款内容为:违反矿产资源法的规定,未取得采矿许可证擅自采矿的,擅自进入国家规划矿区、对国民经济具有重要价值的矿区和他人矿区范围采矿的,擅自开采国家规定实行保护性开采的特定矿种,经责令停止开采后拒不停止开采,造成矿产资源破坏的,处三年以下有期徒刑、拘役或者管制,并处或者单处罚金;造成矿产资源严重破坏的,处三年以上七年以下有期徒刑,并处罚金。

修改的内容为:一是将"经责令停止开采后拒不停止开采,造成矿产资源破坏的"修改为"情节严重的";二是将"造成矿产资源严重破坏的"修改为"情节特别严重的"。

温岭市东海塘用于筑路。至案发,该矿场超越审批许可数量采矿,经浙江省国土资源厅鉴定,该治理工程采挖区界内采挖量合计 415756 吨(包括岩石 381396 吨,风化层 19523 吨,土体 12209 吨),界外采挖量合计 829830 吨(包括岩石 814289 吨,风化层 9843 吨,土体 5698 吨),两项共计 1245586 吨。扣除台州市国土资源局审批许可的 27.31 万吨及风化层、土体、建筑废料等,二被告人共非法采矿 822585 吨,价值 13161360 元。

【裁判结果】

浙江省温岭市人民法院一审认为,被告人梁理德、梁特明违反矿产资源法的规定,未取得采矿许可证擅自采矿,情节特别严重。在共同犯罪中,梁理德起主要作用、系主犯,梁特明起次要、辅助作用,系从犯,依法可以从轻或减轻处罚。鉴于梁特明系从犯,归案后能如实供述其犯罪事实,且当庭自愿认罪,确有悔罪表现,决定对梁特明依法予以减轻处罚并适用缓刑。一审法院以非法采矿罪,判处梁理德有期徒刑四年六个月,并处罚金人民币 35 万元;判处梁特明有期徒刑二年,缓刑三年,并处罚金人民币 15 万元;对梁理德、梁特明的犯罪所得人民币 13161360 元,予以追缴没收,上缴国库。浙江省台州市中级人民法院二审维持原判。

【典型意义】

本案系非法采矿刑事案件。矿产资源是国家自然资源的重要组成部分,各地滥采、盗采矿产现象较为严重,对此类非法采矿的行为应予严惩。司法实践中,对于被告人非法采矿的数量及价值的认定往往成为案件审理的焦点。本案通过委托有资质的鉴定机构进行鉴定,较为合理地确定了非法采矿数量及价值,为准确量刑奠定了较好基础。本案在判处主犯有期徒刑四年六个月并处罚金的同时,追缴二被告人的犯罪所得 1300 余万元,有力地震慑了此类犯罪,维护了国家利益,对增强社会公众对矿产资源的保护意识和守法意识,促进自然资源的有序开发和合理利用有着积极的示范作用和现实意义。

安徽省铜陵市郊区人民检察院诉李某某等非法采矿刑事附带民事公益诉讼案

(2020 年 12 月 11 日最高人民检察院发布)

【关键词】

刑事附带民事公益诉讼　非法采矿　综合治理　一体化办案

【要旨】

检察机关在办理刑事附带民事公益诉讼案件过程中,附带民事公益诉讼被告范围不局限于刑事案件被告。根据"谁侵权谁赔偿"原则,依法追究相关民事侵权主体的连带赔偿责任,有利于受损社会公共利益得到及时救济和保护。

【基本案情】

2016 年,安徽淮北某公司(后更名为某勘探公司)在金华石片厂及福光联合石料厂矿山生态环境治理工程中,成立工程项目部并聘请未取得采矿许可证的李某某、陶某为工程项目部负责人。李某某、陶某违反施工设计和施工合同,私自变更施工方案,超红线范围施工,至案发时共非法开采石料达 268 万吨,价值 7135 万元,造成国家矿产资源和生态环境严重破坏。安徽某爆破公司明知某勘探公司工程项目部、李某某、陶某在矿山治理过程中违反施工设计和施工合同进行施工,仍为其提供爆破作业服务。

【检察履职情况】

2018 年 12 月,安徽省铜陵市郊区人民检察院(以下简称铜陵郊区院)在办理李某某、陶某等涉嫌非法采矿罪审查起诉一案中发现,李某某、陶某等非法采矿行为可能破坏生态环境、损害社会公共利益,依法立案审查。经检察机关与铜陵市国土资源局共同委托安徽开成地矿勘查有限公司、铜陵华诚工程咨询有限公司及有关专家进行评估鉴定,确定本次非法采矿共产生生态环境修复费用人民币 3803832.22 元,评估鉴定费人民币 38800 元。

2018 年 12 月 26 日,铜陵郊区院以李某某、陶某等涉嫌非法采矿罪向郊区人民法院提起公诉,同时对李某某、陶某提起刑事附带民事公益诉讼,并依法追加某勘探公司、安徽某爆破公司为刑事附带民事公益诉讼被告,诉请判令四被告连带承担因本次非法采矿产生的生态环境修复费用共人民币 3803832.22 元及评估、鉴定费用人民币 38800 元。2019 年 7 月 4 日,铜陵市郊区人民法院依法判令李某某、陶某因非法采矿罪,分别判处有期徒刑六年并处罚金和有期徒刑四年并处罚金,同时支持了全部公益诉讼请求。附带民事公益诉讼被告不服上诉,铜陵市中级人民法院于 2019 年 11 月 1 日裁定驳回上诉,维持原判。2020 年 1 月 2 日,涉案款项全部执行到位。现案涉矿山生态环境已修复完毕。

在办理公益诉讼案件的同时,铜陵市人民检察院针对行政主管机关对矿山资源日常监管不到位、矿山生态修复治理过程中工作不规范等问题,向行政机关发出社会治理检察建议,督促加强管理、堵塞漏洞。行政机关对检察建议全部采纳,促进矿山资源管理和环境整治隐患问题有效解决。检察机关在办好案件的同时,主动配合纪检监察机关查处工程责任主体单位、工程实施主体单位相关责任人员贪污贿赂、渎职犯罪问题,现已有两人因受贿罪和玩忽职守罪被判处有期徒刑以上刑罚,一人被处撤销党内职务、行政降级处分。

【典型意义】

本案中检察机关对不构成犯罪但构成民事侵权的相关主体依法作为附带民事公益诉讼被告一并提起诉讼,要求其承担连带赔偿责任,有利于受损社会公共利益得到及时救济和保护。检察机关在公益诉讼办案中积极发挥一体化办案机制优势,就案件事实认定、生态环境损害鉴定、生态环境修复方案及费用等问题加强上下、内外协作配合,与行政机关共同委托专业机构对因非法采矿导致生态环境修复费用进行了评估、鉴定,同步跟进生态环境修复方案制定、同步跟进生态环境恢复成效,避免了传统诉讼流程"先赔偿、后修复"模式下,生态环境损害问题持续扩大的负面影响。

被告人赵成春等 6 人非法采矿案

(2021 年 2 月 25 日最高人民法院发布)

【基本案情】

2013 年春节后,被告人赵成春与被告人赵来喜共谋,由赵成春负责在长江镇江段采砂,赵来喜以小船每船人民币 1500 元、大船每船人民币 2400 元的价格予以收购。2013 年 3 月至 2014 年 1 月间,赵成春在未办理河道采砂许可证的情况下,雇佣被告人李兆海、李永祥在长江镇江段 119 号黑浮下游锚地附近水域使用吸砂船将江砂直接吸到赵来喜货船。赵来喜雇佣被告人赵加龙、徐培金等将江砂运输至其事先联系好的砂库予以销售。经鉴定,赵成春、赵来喜、李兆海、李永祥非法采砂 38 万余吨,造成国家矿产资源破坏价值人民币 152 万余元。赵加龙参与非法采砂 22 万余吨,价值人民币 90 万余元;徐培金参与非法采砂 15 万余吨,价值人民币 62 万余元。

【裁判结果】

江苏省镇江市京口区人民法院一审认为,被告人赵成春、赵来喜等 6 人违反矿产资源法的规定,未取得采矿许可证非法采矿,情节特别严重,均已构成非法采矿罪,分别判处赵成春、赵来喜有期徒刑三年六个月,并处罚金人民币 20 万元;判处李兆海、李永祥有期徒刑六个月,缓刑一年,罚金人民币 2 万元;判处赵加龙罚金人民币 1.8 万元、徐培金罚金人民币 1.6 万元;追缴被告人违法所得,并没收吸砂船。江苏省镇江市中级人民法院二审维持一审判决。

【典型意义】

本案系在长江河道非法采砂引发的刑事案件。长江河道砂石资源具有维持河道潜流、稳定河道形态、提供生物栖息地、过滤河流水质等重要功能,非法采砂行为不仅导致国家矿产资源的流失,还严重影响长江航道和防洪堤坝安全,危害社会公共利益。本案中,人民法院加大对非法采砂犯罪行为的惩处力度,对六名被告人依法予以严惩,斩断"盗采、运输、销售"一条龙犯罪产业链条,有力震慑了非法采砂行为,彰显了人民法院用最严格制度最严密法治保护长江流域生态环境、维护沿岸人民群众的生命财产安全的坚强决心。

江西省峡江县人民检察院诉陈某富等人非法采矿刑事附带民事公益诉讼案

(2022 年 3 月 3 日最高人民检察院发布)

【关键词】

刑事附带民事公益诉讼　生态环境和资源保护　调解协议　代修复

【要旨】

刑事附带民事公益诉讼案件在人民法院主持下进行调解并达成调解协议的,检察机关应当对调解协议的履行情况跟进监督。被告没有按照调解协议内容对受损公益及时修复的,检察机关应当督促人民法院加大执行力度,及时推动开展修复工作,确保公共利益得到有效保护。

【基本案情】

2017 年 6 月至 12 月期间,被告陈某富、边某根、李某平、袁某圣等人为牟取非法利益,在未取得采矿许可证的情形下,私自在江西省峡江县罗田镇神林村非法开采瓷土矿用于售卖牟利。案发后,经江西省国土资源厅鉴定委员会鉴定,被告陈某富等人累计开采瓷土矿 9214 吨,破坏山场面积 4.5 亩,致使国家矿产资源损失人民币 237261 元。

【调查和诉讼】

江西省峡江县人民检察院(下称峡江县检察院)在办理陈某富等人非法采矿刑事案件中,发现行为人盗采瓷土矿对当地山场生态环境造成严重破坏,损害了社会公共利益,决定于 2019 年 4 月 22 日进行刑事附带民事公益诉讼立案调查。办案过程中,峡江县检察院委托峡江县自然资源局、林业局对涉案山场被破坏情况进行评估并制订修复方案。经公告,无适格主体提起民事公益诉讼。2019 年 6 月 20 日,峡江县检察院对陈某富等人提起刑事诉讼的同时,附带提起民事公益诉讼,诉请被告修复涉案山场生态环境,如不自行修复则赔偿修复费用人民币 46401.44 元。2019 年 11 月 20 日,峡江县人民法院对该案公开开庭审理,在法院主持下达成调解协议,由被告陈某富等人自行对涉案山场进行修复并于下一年度开展植树造林及抚育管理等工作。同时被告陈某富等人需缴纳履约保证金人民币 46401.44 元,如按期主动修复山场并经林业、国土部门鉴定合格,保证金予以退还,如逾期未主动修复或修复不合格,保证金折抵为修复金。2020 年 6 月,峡江县人民法院作出刑事判决,依法追究了陈某富等人的刑事责任。

【跟进监督情况】

为保证案件办理质效,峡江县检察院于 2021 年 4 月开展公益诉讼"回头看",跟进了解涉案山场的生态修复情况。现场核查发现,陈某富等人未按时根据调解协议的内容修复山场的生态环境。经询问,陈某富等人均无自行修复意愿。峡江县检察院遂与峡江县人民法院、林业局、自然资源局沟通协调,督促峡江县法院执行陈某富等人缴纳的履约保证金人民币 46401.44 元,并由峡江县林业局使用该笔资金组织人员对涉案山场开展生态修复工作。2021 年 8 月底,涉案山场完成了平整、挖穴、施肥、苗木栽植工作。同年 12 月,峡江县检察院与县林业局对山场补植复绿情况进行验收,山场补植苗木成活率在 99.8% 以上。同时,峡江县检察院还邀请县林业局到当地开展案情通报工作,详细介绍涉案山场生态修复情况,获得群众理解支持。

【典型意义】

"绿水青山就是金山银山",非法采矿不仅侵害了国家资源,也造成了生态环境的破坏。峡江县检察院针对非法开采瓷土,破坏生态环境问题,依法提起刑事附带民事公益诉讼,同时追究违法行为人刑事责任和民事责任。在法院主持并确保公益诉求得以实现的情况下,达成调解协议。调解协议生效后,峡江县检察院及时跟进监督执行情况,对修复不到位的,积极推动与人民法院、行政机关建立"公益诉讼 + 民事执行 + 代替修复"的联动配合机制,破解了生态环境损害人怠于履行修复义务难题。

刑法第三百四十五条(盗伐林木罪)

第三百四十五条① 盗伐森林或者其他林木,数量较大的,处三年以下有期徒刑、拘役或者管制,并处或者单处罚金;数量巨大的,处三年以上七年以下有期徒刑,并处罚金;数量特别巨大的,处七年以上有期徒刑,并处罚金。

违反森林法的规定,滥伐森林或者其他林木,数量较大的,处三年以下有期徒刑、拘役或者管制,并处或者单处罚金;数量巨大的,处三年以上七年以下有期徒刑,并处罚金。

非法收购、运输明知是盗伐、滥伐的林木,情节严重的,处三年以下有期徒刑、拘役或者管制,并处或者单处罚金;情节特别严重的,处三年以上七年以下有期徒刑,并处罚金。

盗伐、滥伐国家级自然保护区内的森林或者其他林木的,从重处罚。

秦家学滥伐林木刑事附带民事公益诉讼案

(最高人民法院审判委员会讨论通过 2021年12月1日发布)

【关键词】

刑事 滥伐林木罪 生态修复 补植复绿 专家意见 保证金

【裁判要点】

1. 人民法院确定被告人森林生态环境修复义务时,可以参考专家意见及林业规划设计单位、自然保护区主管部门等出具的专业意见,明确履行修复义务的树种、树龄、地点、数量、存活率及完成时间等具体要求。

2. 被告人自愿缴纳保证金作为履行生态环境修复义务担保的,人民法院可以将该情形作为从轻量刑情节。

【基本案情】

湖南省保靖县人民检察院指控被告人秦家学犯滥伐林木罪向保靖县人民

---

① 本条第三款根据《刑法修正案(四)》(2001年8月31日起施行)第七条修改。

原本条第三款内容为:以牟利为目的,在林区非法收购明知是盗伐、滥伐的林木,情节严重的,处三年以下有期徒刑、拘役或者管制,并处或者单处罚金;情节特别严重的,处三年以上七年以下有期徒刑,并处罚金。

修改的内容为:一是取消了"林区"的限制;二是补充规定"运输"盗伐、滥伐的林木的,亦构成本罪;三是取消了构成本罪须"以牟利为目的"的主观方面要件。

法院提起公诉,在诉讼过程中,保靖县人民检察院以社会公共利益受到损害为由,又向保靖县人民法院提起附带民事公益诉讼。

保靖县人民检察院认为,应当以滥伐林木罪追究被告人秦家学刑事责任。同时,被告人行为严重破坏了生态环境,致使社会公共利益遭受到损害,根据侵权责任法的相关规定,应当补植复绿,向公众赔礼道歉。被告人秦家学对公诉机关的指控无异议。但辩称,其是林木的实际经营者和所有权人,且积极缴纳补植复绿的保证金,请求从轻判处。

保靖县人民法院经审理查明,湖南省保靖县以 1958 年成立的保靖县国营白云山林场为核心,于 1998 年成立白云山县级自然保护区。后该保护区于 2005 年评定为白云山省级自然保护区,并完成了公益林区划界定;又于 2013 年评定为湖南白云山国家级自然保护区。其间,被告人秦家学于 1998 年承包了位于该县毛沟镇卧当村白云山自然保护区核心区内"土地坳"(地名)的山林,次年起开始有计划地植造杉木林,该林地位于公益林范围内,属于公益林地。2016 年 9 月至 2017 年 1 月,秦家学在没有办理《林木采伐许可证》情况下,违反森林法,擅自采伐其承包该林地上的杉木林并销售,所采伐区域位于该保护区核心区域内面积为 117.5 亩,核心区外面积为 15.46 亩。经鉴定,秦家学共砍伐林木 1010 株,林木蓄积为 153.3675 立方米。后保靖县林业勘测规划设计队出具补植补造作业设计说明证明,该受损公益林补植复绿的人工苗等费用为人民币 66025 元。

人民法院审理期间,保靖县林业勘测规划设计队及保靖县林业局、白云山国家级自然保护区又对该受损公益林补植复绿提出了具体建议和专业要求。秦家学预交补植复绿保证金 66025 元,保证履行补植复绿义务。

【裁判结果】

湖南省保靖县人民法院于 2018 年 8 月 3 日作出(2018)湘 3125 刑初 5 号刑事附带民事判决,认定被告人秦家学犯滥伐林木罪,判处有期徒刑三年,缓刑四年,并处罚金人民币 1 万元,并于判决生效后两年内在湖南白云山国家级自然保护区内"土地坳"栽植一年生杉树苗 5050 株,存活率应在 90% 以上。宣判后,没有上诉、抗诉,一审判决已发生法律效力。被告人依照判决,在原砍伐林地等处栽植一年生杉树苗 5050 株,且存活率达到 100%。

【裁判理由】

法院生效裁判认为:被告人秦家学违反森林法规定,未经林业主管部门许可,无证滥伐白云山国家级自然保护区核心区内的公益林,数量巨大,构成滥伐林木罪。辩护人提出的被告人系初犯、认罪,积极缴纳补植补绿的保证金人民币 66025 元到法院的执行账户,有悔罪表现,应当从轻判处的辩护意见,予以采信。白云山国家级自然保护区位于中国十七个生物多样性关键地区之一的武陵山区及酉水流域,是云贵高原、四川盆地至雪峰山区、湘中丘陵之间动植物资源自然流动通道的重要节点,是长江流域洞庭湖支流沅江的重要水源涵养区,其森林资源具有保持水土、维护生物多样性等多方面重要作用。被告人所承包、栽植并管理的树木,已经成为白云山国家级自然保护区森林资源的不可分割的有机组成部分。被告人无证滥伐该树木且数量巨大,其行为严重破坏了白云山国家级自然保护区生态环境,危及生物多样性保护,使社会公共利益遭受到严重损害,性质上属于一种侵权行为。附带民事公益诉讼不是传统意义上的民事诉讼,公益诉讼起诉人也不是一般意义上的受害人。公益诉讼起诉人要求被告人承担恢复原状法律责任的诉讼请求,于法有据,予以支持。根据保靖县林业勘测规划设计队出具的"土地坳"补植补造作业设计说明以及白云山自然保护区管理局、保靖县林业局等部门专家提供的专业资料和建议,参照森林法第三十九条第二款规定,对公益诉讼起诉人提出的被告人应补种树木的诉讼请求,应认为有科学、合理的根据和法律依据,予以支持。辩护人提出被告人作为林地承包者的经营权利也应当依法保护的意见,有其合理之处,在具体确定被告人法律责任时予以考虑。遂作出上述判决。

【相关规定】(略)

(生效裁判审判人员:龙鸥玲、徐岩松、向福生、彭菲、彭举忠、彭大江、贾长金)

被告人甲波周盗伐林木刑事附带民事公益诉讼案

(2020 年 6 月 5 日最高人民法院发布)

【基本案情】

被告人甲波周为自建房屋申请砍伐木材 50 立方米。2018 年 7 月底,在尚未取得林木采伐许可证情况下,甲波周谎称已取得砍树指标,请人在崇尔乡列更山上砍伐云杉树木 39 棵、蓄积为 44.87 立方米。同年 9 月 10 日,甲波周主动到若尔盖县森林公安局投案,如实供述犯罪事实,后签署认罪认罚具结书。四川省若尔盖县人民检察院依法提起刑事附带民事公益诉讼。

【裁判结果】

四川省若尔盖县人民法院一审认为,甲波周在未取得林木采伐许可证的情况下,以非法占有为目的,擅自砍伐国家所有林木云杉,蓄积 44.87 立方米,数量巨大,已构成盗伐林木罪。鉴于甲波周构成自首,其盗伐林木目的是用于自建房且能认罪认罚,故对其减轻处罚。若尔盖县人民检察院依法提起附带民事公益诉讼,主体适格,程序合法,对其公益诉讼请求予以支持。一审法院判决甲波周犯盗伐林木罪,判处有期徒刑二年、缓刑三年,并处罚金 2000 元;甲波周在判决生效后六个月内,补栽云杉树苗 390 株。

【典型意义】

本案系盗伐林木引发的刑事附带民事公益诉讼案件。若尔盖县地处黄河上游,是重要的水源涵养区。该区域的森林资源具有保持水土、维护生物多样性等重要作用。通过案件审理,人民法院统筹运用刑事、民事责任方式,落实恢复性司法理念,在判决甲波周负刑事责任的同时承担补植复绿的生态环境修复责任,构建惩处和复绿并举的责任追究机制,对于有效树立"伐树要许可、毁树须担责"的生态保护意识,推动形成人与自然和谐共生的绿色生活方式,具有积极的促进作用。

刘玄龙、张建君等 15 人盗伐林木案

（2021 年 11 月 25 日最高人民法院发布）

【基本案情】

2016 年 5 月至 2017 年 9 月,被告人刘玄龙、张建君等 15 人在位于子午岭腹地的连家砭林区内实施盗伐柏树、盗挖柏树根牟利等犯罪行为。被告人刘玄龙、王文喜先后盗伐 66 棵柏树,合立木材积为 9.7709 立方米;被告人张建君等八人先后盗挖柏树根 40 次,价值共计人民币 116.36 万元;被告人袁建平帮助转移他人盗窃的柏树根 11 次,价值共计人民币 32.04 万元;被告人丁慎保、齐登云先后购买他人盗挖的柏树根 7 次,价值共计人民币 20.04 万元。

【裁判结果】

甘肃省子午岭林区法院一审认为,被告人刘玄龙、张建君等 15 人的行为分别构成盗伐林木罪、盗窃罪、掩饰、隐瞒犯罪所得罪等,分别被判处有期徒刑六个月到八年及缓刑一年到三年六个月不等,并处罚金人民币 2000 元到人民币 3万元不等。一审判决后,各被告人没有提起上诉。

【典型意义】

本案系盗伐林木引发的一起严重破坏生物资源和水土资源的刑事案件。子午岭被誉为黄土高原上的天然物种"基因库",子午岭林区是黄土高原中部最大的天然次生林区,是黄河流域重要水源涵养和水土保持林区,该区域的森林资源对于稳定黄河水质和水量,保持水土稳定和维护生物多样性具有重要意义。盗伐林木是严重破坏林区生态资源的犯罪行为,本案的公开审理,有力地

打击了破坏林区资源的犯罪行为,严厉惩治犯罪分子,亦增强了公众对林区生态环境重要性的认识,激发公众保护林区生态环境资源的责任感。

刑法第三百四十七条(走私、贩卖、运输、制造毒品罪)

第三百四十七条 走私、贩卖、运输、制造毒品,无论数量多少,都应当追究刑事责任,予以刑事处罚。

走私、贩卖、运输、制造毒品,有下列情形之一的,处十五年有期徒刑、无期徒刑或者死刑,并处没收财产:

(一)走私、贩卖、运输、制造鸦片一千克以上、海洛因或者甲基苯丙胺五十克以上或者其他毒品数量大的;

(二)走私、贩卖、运输、制造毒品集团的首要分子;

(三)武装掩护走私、贩卖、运输、制造毒品的;

(四)以暴力抗拒检查、拘留、逮捕,情节严重的;

(五)参与有组织的国际贩毒活动的。

走私、贩卖、运输、制造鸦片二百克以上不满一千克、海洛因或者甲基苯丙胺十克以上不满五十克或者其他毒品数量较大的,处七年以上有期徒刑,并处罚金。

走私、贩卖、运输、制造鸦片不满二百克、海洛因或者甲基苯丙胺不满十克或者其他少量毒品的,处三年以下有期徒刑、拘役或者管制,并处罚金;情节严重的,处三年以上七年以下有期徒刑,并处罚金。

单位犯第二款、第三款、第四款罪的,对单位判处罚金,并对其直接负责的主管人员和其他直接责任人员,依照各该款的规定处罚。

利用、教唆未成年人走私、贩卖、运输、制造毒品,或者向未成年人出售毒品的,从重处罚。

对多次走私、贩卖、运输、制造毒品,未经处理的,毒品数量累计计算。

董某澜贩卖毒品案

(2021 年 1 月 25 日最高人民检察院发布)

【基本案情】

2019 年 8 月,为了贩卖毒品牟利,董某澜在湖北省武汉市暂住地,通过 VPN

软件和境外专用浏览器登录"暗网"网站获取毒品交易信息,使用境外即时通讯工具 Telegram 软件与卖家进一步联系交易。董某澜与境外贩毒人员商定购买 500 克甲基苯丙胺(冰毒),以比特币(BTC)支付等方式预付部分毒资人民币 5 万元,要求卖家将毒品寄到重庆市黔江区的一个快递代收点。得知卖家已将毒品从云南寄出后,董某澜于同年 8 月 29 日从湖北省武汉市乘坐火车至重庆市黔江区,住宿在当地网友家中。8 月 30 日下午,董某澜在黔江区城东街道光明隧道附近取得装有毒品的快递包裹,后被黔江区公安局民警抓获。经拆封检查,公安机关从包裹中的女士高跟鞋底内查获甲基苯丙胺 13 包(净重 510.02 克)、甲基苯丙胺片剂 1 包(净重 1.32 克)。

【诉讼过程】

2019 年 10 月 28 日,重庆市黔江区公安局以董某澜涉嫌贩卖毒品罪,移送重庆市黔江区人民检察院审查起诉。同年 11 月 25 日,重庆市黔江区人民检察院将案件报送至重庆市人民检察院第四分院审查起诉。检察机关通过对董某澜手机中软件安装使用情况、快递收货电话、通话记录、乘车车票、行动轨迹等客观证据进行审查,前述证据与被告人供述、证人证言等相互印证,形成证据锁链,足以认定董某澜通过"暗网"购买冰毒并欲贩卖的犯罪事实。2020 年 1 月 9 日,重庆市人民检察院第四分院以贩卖毒品罪对董某澜提起公诉。2020 年 1 月 21 日,重庆市第四中级人民法院作出一审判决,以贩卖毒品罪判处被告人董某澜有期徒刑十五年,并处没收个人财产人民币 2 万元。

【典型意义】

(一)"暗网"滋生大量违法犯罪,加强严格管控。"暗网"通过专门浏览器和特定配置才能访问,其中存在着大量毒品、枪支、人体器官、淫秽物品等信息,是违法交易的集中平台,危害性极大。"暗网"交易大量使用虚拟货币支付以避开监管,数据流转层层加密,匿名程度很高,容易成为违法犯罪的"避风港"。打击治理"暗网"违法犯罪活动,需要强化源头管控,尤其加强对 VPN 软件和非法浏览器交易、使用的监管,防止被用于非法活动,切断网络犯罪的信息流和接触通道。

(二)依法严厉打击网络毒品犯罪。近年来,利用网络实施的毒品犯罪数量逐年增加,且日益呈现出线上与线下、境内与境外相结合等特征。检察机关要主动适应网络毒品犯罪变化,转变办案思路,建立以客观证据为中心的证据体系,注重挖掘电子数据,运用间接证据形成证据锁链,梳理贩毒方式、资金流和物品流,加大打击力度,坚决遏制网络毒品犯罪的多发态势。

吴筹、吴海柱贩卖、运输、制造毒品案——纠集多人制造、运输、贩卖毒品数量特别巨大，罪行极其严重

（2021 年 6 月 23 日最高人民法院发布）

【基本案情】

被告人吴筹，男，汉族，1972 年 8 月 17 日出生，农民。

被告人吴海柱，男，汉族，1964 年 10 月 23 日出生，农民。

2015 年 11 月，被告人吴筹、吴海柱与吴某甲（在逃）、张伟健（同案被告人，已判刑）等在广东省陆丰市预谋共同出资制造甲基苯丙胺（冰毒），吴某甲纠集陈江彬、吴佳瑞（均系同案被告人，已判刑）参与。后吴筹等人租下广东省四会市的一处厂房作为制毒工场，并将制毒原料、工人从陆丰市运到该处，开始制造甲基苯丙胺。

同年 12 月 5 日凌晨，被告人吴筹、吴海柱和吴某甲指使张伟健、陈江彬驾车将制出的 24 箱甲基苯丙胺运往高速公路入口处，将车交给吴佳瑞开往广东省惠来县。吴海柱、陈江彬与吴筹、吴某甲分别驾车在前探路。后吴海柱指使吴佳瑞在惠来县隆江镇卸下 7 箱毒品交给他人贩卖，另转移 4 箱毒品到自己车上。吴佳瑞将车开到陆丰市甲子镇，吴某乙（另案处理）取走该车上剩余的 13 箱毒品用于贩卖。

同月 10 日，被告人吴筹经与吴某甲、吴某乙等密谋后，由张伟健从制毒工场装载 7 箱甲基苯丙胺前往广东省东莞市，将毒品交给吴某乙联系的买家派来的接货人刘某某、张某某（均另案处理）。次日零时许，刘、张二人驾车行至广州市被截获，公安人员当场从车内查获上述 7 箱甲基苯丙胺，共约 192 千克。

同月 10 日，被告人吴海柱在陆丰市甲子镇经林宗庭（同案被告人，已判刑）介绍，与纪某某（在逃）商定交易 550 千克甲基苯丙胺，并收取定金港币 20 万元。同月 16 日 22 时许，吴海柱、林宗庭、纪某某等在广东省肇庆市经"验货"确定交易后，陈江彬驾驶纪某某的车到制毒工场装载甲基苯丙胺，后将车停放在肇庆市某酒店停车场。次日凌晨，公安人员在四会市某高速公路桥底处抓获吴筹等人，在制毒工场抓获吴海柱等人。公安人员在上述酒店停车场纪某某的车内查获 15 箱甲基苯丙胺，在制毒工场的汽车内查获 6 箱和 3 编织袋甲基苯丙胺，上述甲基苯丙胺共约 830 千克。公安人员另在制毒工场内查获约 882 千克

含甲基苯丙胺成分的灰白色固液混合物及若干制毒原料、制毒工具。

【裁判结果】

本案由广东省肇庆市中级人民法院一审,广东省高级人民法院二审。最高人民法院对本案进行了死刑复核。

法院认为,被告人吴筹、吴海柱伙同他人制造甲基苯丙胺,并将制出的毒品予以运输、贩卖,其行为均已构成贩卖、运输、制造毒品罪。吴筹、吴海柱纠集多人制造、运输、贩卖毒品,数量特别巨大,社会危害极大,罪行极其严重。在共同犯罪中,二被告人均系罪责最为突出的主犯,应当按照其所组织、指挥和参与的全部犯罪处罚。据此,依法对被告人吴筹、吴海柱均判处并核准死刑,剥夺政治权利终身,并处没收个人全部财产。

罪犯吴筹、吴海柱已于 2020 年 6 月 15 日被依法执行死刑。

【典型意义】

近年来,我国面临境外毒品渗透和国内制毒犯罪蔓延的双重压力,特别是制造毒品犯罪形势严峻,在个别地区尤为突出。本案就是一起大量制造甲基苯丙胺后予以运输、贩卖的典型案例。被告人吴筹、吴海柱纠集多人参与犯罪,在选定的制毒工场制出毒品后组织运输、联系贩卖,形成"产供销一条龙"式犯罪链条。吴筹、吴海柱犯罪所涉毒品数量特别巨大,仅查获的甲基苯丙胺成品即已 1 吨多,另查获 800 余千克毒品半成品,还有大量毒品已流入社会,社会危害极大,罪行极其严重。人民法院依法对二人均判处死刑,体现了对制造毒品类源头性犯罪的严惩立场。

周新林运输毒品案——伙同他人运输毒品数量特别巨大,且系累犯,罪行极其严重

(2021 年 6 月 23 日最高人民法院发布)

【基本案情】

被告人周新林,男,汉族,1978 年 9 月 12 日出生,农民。2005 年 6 月 28 日因犯盗窃罪、非法持有枪支罪被判处有期徒刑十四年,并处罚金人民币 13 万元,2012 年 10 月 30 日被假释,假释考验期至 2015 年 7 月 3 日止。

2015 年 7 月 12 日,被告人周新林与刘满生(同案被告人,已判刑)在云南省景洪市某小区租房用于藏匿毒品。同年 8 月,周新林经与毒品上家联系,伙同刘满生前往缅甸小勐拉"验货",后二人两次驾驶事先专门购买的两辆汽车前往

景洪市嘎洒镇附近接取毒品,运至上述租房藏匿。同月 10 日,公安人员在该租房内查获甲基苯丙胺片剂(俗称"麻古")40490 克,并于次日抓获周、刘二人。

【裁判结果】

本案由云南省保山市中级人民法院一审,云南省高级人民法院二审。最高人民法院对本案进行了死刑复核。

法院认为,被告人周新林非法运输甲基苯丙胺片剂,其行为已构成运输毒品罪。周新林纠集同案被告人刘满生共同购买运毒车辆、租用房屋,共同前往境外查验毒品并接取、藏匿毒品,单独与上家联系,系主犯,且在共同犯罪中罪责更大,应当按照其所参与的全部犯罪处罚。周新林运输毒品数量特别巨大,社会危害极大,罪行极其严重,且其曾因犯罪被判处有期徒刑以上刑罚,在假释考验期满的当月再犯应当判处有期徒刑以上刑罚之罪,系累犯,主观恶性深,人身危险性大,应依法从重处罚。据此,依法对被告人周新林判处并核准死刑,剥夺政治权利终身,并处没收个人全部财产。

罪犯周新林已于 2020 年 4 月 21 日被依法执行死刑。

【典型意义】

西南地区临近"金三角",一直是我国严防境外毒品输入、渗透的重点地区,从云南走私毒品入境并往内地省份扩散是该地区毒品犯罪的重要方式,也是历来重点打击的源头性毒品犯罪。本案就是一起境外"验货"、境内运输并藏匿毒品的典型案例。被告人周新林伙同他人专门购车用于运毒、专门租房用于藏毒、出境查验毒品、联系上家接取毒品,涉案毒品数量特别巨大,且其曾因犯罪被判处重刑,假释期满后又迅即实施毒品犯罪,系累犯,主观恶性深,不堪改造。根据在案证据,周新林涉嫌为贩卖而运输毒品,这种情形不同于单纯受指使、雇用为他人运输毒品,量刑时应体现从严。

刘勇等贩卖、制造毒品案——制造、贩卖芬太尼等多种新型毒品,依法严惩

(2021 年 6 月 23 日最高人民法院发布)

【基本案情】

被告人刘勇,男,汉族,1978 年 11 月 5 日出生,公司经营者。

被告人蒋菊华,女,汉族,1964 年 9 月 14 日出生,微商。

被告人王凤玺,男,汉族,1983 年 2 月 2 日出生,公司经营者。

被告人夏增玺,男,汉族,1975 年 5 月 10 日出生,公司经营者。

被告人杨行,男,汉族,1989 年 10 月 12 日出生,无业。

被告人杨江萃、张军红、梁丁丁、于淼,均系被告人王凤玺、夏增玺经营公司的业务员。

2017 年 5 月,被告人刘勇、蒋菊华共谋由刘勇制造芬太尼等毒品,由蒋菊华联系客户贩卖,后蒋菊华为刘勇提供部分资金。同年 10 月,蒋菊华向被告人王凤玺销售刘勇制造的芬太尼 285.08 克。同年 12 月 5 日,公安人员抓获刘勇,后从刘勇在江苏省常州市租用的实验室查获芬太尼 5017.8 克、去甲西泮 3383.16克、地西泮 41.9 克、阿普唑仑 5012.96 克等毒品及制毒设备、原料,从刘勇位于上海市的租住处查获芬太尼 6554.6 克及其他化学品、原料。

2016 年 11 月以来,被告人王凤玺、夏增玺成立公司并招聘被告人杨江萃、张军红、梁丁丁、于淼等人为业务员,通过互联网发布信息贩卖毒品。王凤玺先后从被告人蒋菊华处购买前述 285.08 克芬太尼,从被告人杨行处购买阿普唑仑 991.2 克,并从其他地方购买呋喃芬太尼等毒品。案发后,公安机关查获王凤玺拟通过快递寄给买家的芬太尼 211.69 克、呋喃芬太尼 25.3 克、阿普唑仑991.2 克;从杨江萃处查获王凤玺存放的芬太尼 73.39 克、呋喃芬太尼 14.23克、4-氯甲卡西酮 8.33 克、3,4-亚甲二氧基乙卡西酮 1920.12 克;从杨行住处查获阿普唑仑 6717.4 克。

【裁判结果】

本案由河北省邢台市中级人民法院一审,河北省高级人民法院二审。

法院认为,被告人刘勇、蒋菊华共谋制造芬太尼等毒品并贩卖,其行为均已构成贩卖、制造毒品罪。被告人王凤玺、夏增玺、杨行、杨江萃、张军红、梁丁丁、于淼明知是毒品而贩卖或帮助贩卖,其行为均已构成贩卖毒品罪。刘勇、蒋菊华制造、贩卖芬太尼等毒品数量大,且在共同犯罪中均系主犯。刘勇所犯罪行极其严重,根据其犯罪的事实、性质和具体情节,对其判处死刑,缓期二年执行,剥夺政治权利终身,并处没收个人全部财产;蒋菊华作用相对小于刘勇,对其判处无期徒刑,剥夺政治权利终身,并处没收个人全部财产。王凤玺、夏增玺共同贩卖芬太尼等毒品数量大,王凤玺系主犯,但具有如实供述、立功情节,对其判处无期徒刑,剥夺政治权利终身,并处没收个人全部财产;夏增玺系从犯,对其判处有期徒刑十年,并处罚金人民币 10 万元。杨行贩卖少量毒品,对其判处有期徒刑二年,并处罚金人民币 6 万元。杨江萃、张军红、梁丁丁、于淼参与少量毒品犯罪,且均系从犯,对四人分别判处有期徒刑一年八个月、一年六个月、一年四个月、六个月,并处罚金。

上述裁判已于 2020 年 6 月 17 日发生法律效力。

【典型意义】

芬太尼类物质滥用当前正成为国际社会面临的新毒品问题,此类犯罪在我国也有所发生。为防范芬太尼类物质犯罪发展蔓延,国家相关部门在以往明确管控 25 种芬太尼类物质的基础上,又于 2019 年 5 月 1 日将芬太尼类物质列入《非药用类麻醉药品和精神药品管制品种增补目录》进行整类列管。本案系国内第一起有影响的芬太尼类物质犯罪案件,涉及芬太尼、呋喃芬太尼、阿普唑仑、去甲西泮、4-氯甲卡西酮、3,4-亚甲二氧基乙卡西酮等多种新型毒品,部分属于新精神活性物质。人民法院根据涉案毒品的种类、数量、危害和被告人刘勇、蒋菊华、王凤玺、夏增玺犯罪的具体情节,依法对四人从严惩处,特别是对刘勇判处死刑缓期执行,充分体现了对此类犯罪的有力惩处。

祝浩走私、运输毒品案——通过手机网络接受他人雇用,走私、运输毒品数量大

(2021 年 6 月 23 日最高人民法院发布)

【基本案情】

被告人祝浩,男,汉族,1996 年 5 月 5 日出生,无业。

2018 年 12 月,被告人祝浩因欠外债使用手机上网求职,在搜索到"送货"可以获得高额报酬的信息后,主动联系对方并同意"送货"。后祝浩按照对方安排,从四川省成都市经云南省昆明市来到云南省孟连傣族拉祜族佤族自治县,乘坐充气皮艇偷渡出境抵达缅甸。

2019 年 1 月下旬,被告人祝浩从对方接取一个拉杆箱,在对方安排下回到国内,经多次换乘交通工具返回昆明市,并乘坐 G286 次列车前往山东省济南市。同月 27 日 18 时许,公安人员在列车上抓获祝浩,当场从其携带的拉杆箱底部夹层内查获海洛因 2 包,净重 2063.99 克。

【裁判结果】

本案由济南铁路运输中级法院一审,山东省高级人民法院二审。

法院认为,被告人祝浩将毒品从缅甸携带至我国境内并进行运输,其行为已构成走私、运输毒品罪。祝浩对接受雇用后偷渡到缅甸等待一月之久、仅携带一个装有衣物的拉杆箱即可获取高额报酬、途中多次更换交通工具、大多选择行走山路等行为不能作出合理解释,毒品又系从其携带的拉杆箱夹层中查获,可以认定其明知是毒品而走私、运输。祝浩实施犯罪所涉毒品数量大,鉴于

其系接受他人雇用走私、运输毒品,且具有初犯、偶犯等酌予从宽处罚情节,可从轻处罚。据此,依法对被告人祝浩判处无期徒刑,剥夺政治权利终身,并处没收个人全部财产。

上述裁判已于 2020 年 3 月 19 日发生法律效力。

【典型意义】

毒品犯罪分子为逃避处罚,以高额回报为诱饵,通过网络招募无案底的年轻人从境外将毒品运回内地,此类案件近年来时有发生,已成为我国毒品犯罪的一个新动向。本案就是一起典型的无案底年轻人通过手机网络接受他人雇用走私、运输毒品的案例。被告人祝浩为获取高额报酬,在网络上接受他人雇用走私、运输毒品,犯下严重罪行。祝浩归案后辩解其不知晓携带的拉杆箱内藏有毒品,与在案证据证实的情况不符。人民法院根据祝浩犯罪的事实、性质和具体情节,依法对其判处无期徒刑,体现了对毒品犯罪的严惩。

卞晨晨等贩卖毒品、非法利用信息网络案——非法种植、贩卖大麻,非法利用网络论坛发布种植大麻等信息

(2021 年 6 月 23 日最高人民法院发布)

【基本案情】

被告人卞晨晨,男,汉族,1995 年 2 月 20 日出生,学生。

被告人卞士磊,男,汉族,1970 年 9 月 20 日出生,务工人员。

2017 年冬天,被告人卞晨晨提供大麻种子给其父被告人卞士磊,卞士磊遂在其工厂宿舍及家中进行种植。自 2018 年 1 月起,卞晨晨通过微信向他人贩卖大麻,后经与卞士磊合谋,由卞晨晨联系贩卖并收款,卞士磊将成熟的大麻风干固化成大麻叶成品后通过快递寄给买家。至同年 10 月,卞晨晨贩卖大麻至少 18 次共计 294 克,获利 13530 元,其中卞士磊参与贩卖至少 11 次共计 241 克。案发后,公安人员在卞士磊处查获大麻植株 12 株、大麻叶 16 根。

另查明,"园丁丁"是一个从事大麻种植经验交流、大麻种子及成品买卖、传授反侦查手段等非法活动的网络论坛。被告人卞晨晨于 2015 年 1 月 7 日注册账号"白振业"加入"园丁丁"论坛,系该论坛版主,负责管理内部教程板块,共发布有关大麻知识及种植技术的主题帖 19 个,回帖交流大麻种植技术 164 次。

【裁判结果】

本案由浙江省诸暨市人民法院审理。

法院认为,被告人卞晨晨、卞士磊明知大麻是毒品而种植、贩卖,其行为均已构成贩卖毒品罪。卞晨晨、卞士磊多次贩卖大麻,属情节严重,且二人系共同犯罪,应当按照各自参与的全部犯罪处罚。卞晨晨利用信息网络发布涉毒品违法犯罪信息,情节严重,其行为又构成非法利用信息网络罪。卞晨晨、卞士磊归案后均能如实供述犯罪事实,且认罪认罚,可从轻处罚。对卞晨晨所犯数罪,应依法并罚。据此,依法对被告人卞晨晨以贩卖毒品罪判处有期徒刑四年,并处罚金人民币2.5万元,以非法利用信息网络罪判处有期徒刑一年四个月,并处罚金人民币5000元,决定执行有期徒刑四年九个月,并处罚金人民币3万元;对被告人卞士磊以贩卖毒品罪判处有期徒刑三年九个月,并处罚金人民币2.5万元。

宣判后,在法定期限内没有上诉、抗诉,上述裁判已于2019年10月29日发生法律效力。

【典型意义】

随着信息化时代的到来,各类网络平台、自媒体等发展迅速,在社会生活中扮演十分重要的角色。同时,一些违法犯罪分子利用网络平台便于隐匿身份、信息传播迅速、不受地域限制等特点,创建或经营管理非法论坛、直播平台等,实施涉毒品违法犯罪活动。本案就是一起被告人种植、贩卖大麻并利用非法论坛发布相关违法犯罪信息的案例。被告人卞晨晨指使其父卞士磊种植大麻,二人配合进行贩卖,卞晨晨还长期管理传播种植大麻方法、贩卖成品大麻的非法论坛,同时犯两罪。人民法院依法对二被告人判处了相应刑罚。

刘彦铄贩卖毒品案——国家工作人员 实施毒品犯罪,依法严惩

(2021年6月23日最高人民法院发布)

【基本案情】

被告人刘彦铄,男,汉族,1985年9月15日出生,江苏省灌云县林牧业执法大队职工。

2019年八九月的一天晚上,被告人刘彦铄在江苏省灌云县伊山镇王圩村卖给王东明甲基苯丙胺(冰毒)约0.5克。同年10月,刘彦铄又在该县老供电公司门口卖给周雷甲基苯丙胺约0.3克。

【裁判结果】

本案由江苏省灌云县人民法院审理。

法院认为,被告人刘彦铄明知是毒品而进行贩卖,其行为已构成贩卖毒品罪。刘彦铄身为国家工作人员贩卖少量毒品,属情节严重。鉴于其有如实供述、认罪认罚等情节,可从轻处罚。据此,对被告人刘彦铄判处有期徒刑三年,并处罚金人民币1万元。

宣判后,在法定期限内没有上诉、抗诉,上述裁判已于2020年3月28日发生法律效力。

【典型意义】

国家工作人员本应更加自觉地抵制毒品,积极与毒品违法犯罪行为作斗争,但近年来出现了一些国家工作人员涉足毒品违法犯罪的情况,造成了不良社会影响。本案被告人刘彦铄系灌云县自然资源和规划局下属事业单位职工,具有国家工作人员身份,根据《最高人民法院关于审理毒品犯罪案件适用法律若干问题的解释》第四条的规定,其属贩卖少量毒品"情节严重"。人民法院对刘彦铄依法判处三年有期徒刑,体现了对此类犯罪的严惩。

郭某明等人贩卖毒品案

（2021年11月26日最高人民检察院发布）

【基本案情】

被告人郭某明,男,1989年12月出生,无业。

被告人李某君,男,1997年9月出生,无业。

2020年6月至8月间,被告人郭某明通过VPN"翻墙"使用境外网站注册Telegram软件,以"隔壁老王叔"的网名创建聊天群组并在该群组内发布贩卖毒品大麻的信息。购毒人员通过该群私信郭某明下单购买大麻,并以比特币、门罗币等数字货币向其支付毒资。被告人郭某明先后四次通过上述方式向傅某某等人贩卖大麻51.01克。另查,2020年7月31日、8月4日,被告人郭某明先后两次通过Telegram软件向他人购买毒品大麻,并约定以寄递方式交付。被告人李某君先后两次帮助他人将装有大麻的包裹通过快递邮寄到郭某明提供的收件地址。同年9月2日,公安民警在西安市碑林区某快递网点查获被告人李某君第二次邮寄快递包裹内的大麻99.03克。

【诉讼及履职过程】

2020年12月10日,浙江省瑞安市人民检察院以贩卖毒品罪对被告人郭某明、李某君提起公诉。2021年2月26日,瑞安市人民法院采纳检察机关的量刑建议,以贩卖毒品罪判处被告人郭某明有期徒刑三年六个月,并处罚金人民币1.4万元,判处被告人李某君有期徒刑十个月,并处罚金人民币4000元。该判决已生效。

(一)积极引导侦查取证。检察机关受公安机关邀请提前介入侦查活动时,发现该案存在以下问题。一是该案主犯郭某明到案后拒不交代犯罪事实,其他在案证据较为单一,导致案件证据链条无法形成闭环。二是现有证据不能锁定被告人郭某明就是涉案群主"隔壁老王叔"。三是被告人郭某明与购毒人员交易使用比特币、门罗币等数字货币,调取相关证据较为困难。

针对上述问题,检察机关提出如下意见。一是建议转变侦查思路,采取技术手段调取对应的 Telegram 账号云端聊天记录,并全程录音录像制作电子远程勘查笔录。后公安机关查询到三个账号均为"隔壁老王叔"的小号,且均发布过相同文字的贩毒广告,从而确定了被告人郭某明系贩毒通讯群群主的事实。二是要求公安机关通过区块链信息查询,查清购毒人员提供的贩毒人员收取比特币的链接地址和被告人郭某明网络钱包地址之间是否存在"虚拟货币"的流转。后经取证,发现被告人郭某明网络钱包地址接收过购毒人员支付的比特币,进而确定被告人郭某明收取毒资的事实。最终通过不断完善证据链条,促使被告人郭某明认罪,交代全部犯罪事实。

(二)及时追诉漏罪。检察机关办案人员在审查起诉过程中,通过检索同类案件的判例,发现义乌市人民法院判决的某被告人也是通过 Telegram 软件向"隔壁老王叔"购买大麻。检察人员认为该判决认定的犯罪时间、犯罪手段和本案相似,极可能是被遗漏的郭某明贩卖毒品犯罪事实,故要求公安机关调取该案的案卷材料。经审查发现,该判决书中的"隔壁老王叔"在 Telegram 软件贩毒使用的 Telegram 账户名、头像均和本案被告人郭某明一致。检察机关办案人员对被告人郭某明进行提审,其对该起犯罪事实供认不讳。检察机关及时追诉了该起遗漏的犯罪事实。

【典型意义】

近年来,大麻滥用和网络毒品犯罪呈上升趋势,特别是贩毒分子利用境外网络平台、"虚拟货币"交易平台便于隐匿身份、信息传播迅速、不受地域限制等特点,创建网络群组,使用"虚拟货币"结算,通过寄递渠道完成毒品交易,使案件办理难度加大。本案办理过程中,检察机关提前介入,引导公安机关侦查取证,通过电子远程勘查提取电子数据,调取账户信息,破解作案手机,调取快递单,完善证据链条,及时追诉遗漏的犯罪事实,最终促使被告人认罪服法,有力打击了新型网络毒品犯罪。

唐某来贩卖毒品案

（2021 年 11 月 26 日最高人民检察院发布）

【基本案情】

被告人唐某来,男,1970 年 7 月出生,某公司职员。

2019 年 7 月 16 日 17 时 30 分许,被告人唐某来明知他人贩卖毒品,受人指使接收他人通过某快递邮寄的毒品,并将该毒品存放在上海市某小区楼下的四个快递柜内,后将取件码发送给他人。购毒人员从他人处取得取件码后从其中一个快递柜中取得毒品。案发后,公安机关从其他快递柜中查获出剩余毒品疑似物 3 包。经鉴定,上述毒品疑似物重 4.53 克,均检出甲基苯丙胺成分。

【诉讼及履职过程】

2020 年 1 月 15 日,上海市静安区人民检察院以唐某来涉嫌贩卖毒品罪向上海市静安区人民法院提起公诉。检察机关依据被告人的犯罪事实、情节提出了有期徒刑一年至一年二个月,并处罚金的量刑建议。2020 年 1 月 20 日,上海市静安区人民法院对唐某来一案作出判决,采纳了检察机关的量刑建议,以贩卖毒品罪判处唐某来有期徒刑一年,并处罚金人民币 2000 元。该判决已生效。

（一）积极引导侦查,完善证据链条。检察机关经审查发现,本案系利用寄递渠道实施的贩卖毒品犯罪,被告人唐某来与购毒人员之间无直接联系,并且贩卖毒品的上家尚未到案,证据较为单一,被告人唐某来在犯罪链条中的地位和作用不明确。为夯实证据、厘清案件事实,检察机关引导公安机关依法调取比对唐某来与购毒人员联系的上家电话号码、快递柜取件码、转账记录、微信聊天记录等证据,并结合毒品扣押称重笔录、鉴定意见和两人的言词证据,形成了可以互相印证、完整的证据链条。证实唐某来在上家指示下,将毒品放入快递柜中贩卖给购毒人员,其行为已构成贩卖毒品罪的共犯,应当以贩卖毒品罪追究其刑事责任。同时根据查获的毒品情况,准确认定了被告人唐某来参与贩卖毒品的数量。

（二）向邮政管理部门制发检察建议。静安区人民检察院在办案过程中立足本职,针对在多起毒品案件办理中发现的监管盲区和漏洞,先后向上海市宝山邮政管理局、上海市黄浦邮政管理局制发检察建议,就切实做好收寄验视,强化智能快递柜的备案、检查工作,加强寄递企业的安全教育培训等提出建议。宝山、黄浦邮政管理局书面回复表示已开展专项整治、强化安全管控,同时提出监管力量不足、企业和从业人员安全意识不高等难题。针对这些问题,静安区人民检察院联合宝山区人民检察院、宝山邮政管理局会签《关于建立邮政监管行政执法与检察监督联动机制的意见》,从深化信息共享、强化业务交流、开展专项检查、建立联席会议、优化执法监督、遵守保密规定等六个方面,明确进一步加强检察机关与邮政管理部门的沟通联系,形成监管合力,为寄递行业禁毒工作注入检察力量。

【典型意义】

在办理利用智能快递柜贩卖毒品案件过程中,被告人作为毒品贩卖链条中的一环,在上家未到案、与下家无直接联系、钱货分离的情况下,检察机关要加强对微信聊天记录、转账记录、短信记录及关联人员供述等证据的补强和固定,确保证据之间能相互印证,形成完整的证据链条。同时,延伸检察职能,针对案件中发现的犯罪分子利用快递、智能快递柜漏洞寄递毒品等问题,向邮政主管部门制发检察建议,联合相关主管部门建立邮政监管行政执法与检察监督联动机制,为寄递行业禁毒专项工作贡献检察力量。

某速递有限公司、苏某生运输毒品案

(2021 年 11 月 26 日最高人民检察院发布)

【基本案情】

被告单位某速递有限公司。

被告人苏某生,男,1970 年 11 月出生,某速递有限公司法定代表人及主要负责人。

2016 年 10 月至 2017 年 3 月 17 日间,苏某生明知韩某(另案处理)将复方磷酸可待因口服溶液作为毒品邮寄给他人,在向韩某收取高于市场价的寄递费用后,先后 7 次将韩某更换包装箱后的复方磷酸可待因口服溶液通过其经营的速递有限公司寄递到广西等地,共寄送复方磷酸可待因口服溶液 12 箱(含磷酸可待因 192.24 克),获利人民币 2842 元。

【诉讼及履职过程】

2017 年 12 月 25 日,福建省南靖县人民检察院以被告单位某速递有限公司、被告人苏某生涉嫌运输毒品罪依法提起公诉。2018 年 7 月 24 日,南靖县人民法院以运输毒品罪判处被告单位某速递有限公司罚金人民币 3 万元;判处被告人苏某生有期徒刑二年,并处罚金人民币 1 万元。该判决已生效。

（一）审查发现问题。2017 年 6 月 16 日，南靖县公安局将苏某生涉嫌运输毒品案移送审查起诉。检察机关审查发现：一是主观明知的证据体系较为薄弱。苏某生供述不稳定，侦查阶段后期翻供，否认其明知寄递物品为复方磷酸可待因口服溶液。二是公安机关遗漏起诉单位犯罪。某速递有限公司为一人独资企业，苏某生作为法定代表人和主要负责人，对公司业务等运营事项具有决定权，为赚取高于市场价的寄递费用，在明知他人寄递毒品时，仍通过公司速递业务进行运输，符合单位犯罪要件，应当以单位犯罪追究刑事责任。

（二）引导侦查取证，及时有效追诉。一是补强主观证据体系。检察机关开具补查提纲，引导公安机关从寄递费用是否合理、言语交谈是否异常、收寄流程是否规范等细节入手，补强证明苏某生主观明知的证据。经过退回补充侦查，查明韩某在寄递之前已明确告知苏某生寄递的物品为复方磷酸可待因口服溶液，苏某生要求价格高出市场价一倍，而且明知涉案药物的吸食效果。寄运时未实名登记、开箱验视，未留存底单。二是追加起诉单位犯罪。引导公安机关补充调取涉案单位的注册信息，向公司职员收集公司运营管理方面的证言，明确了该公司系一人独资企业，法定代表人苏某生对公司业务等运营事项具有决定权，犯罪获取的利益归属于公司，因此认定该公司涉嫌单位犯罪，检察机关对该公司依法进行刑事追诉。

【典型意义】

本案是典型的快递从业人员参与寄递毒品案，反映出快递企业内部监督缺失、邮政管理部门监管不到位的问题。检察机关充分发挥引导侦查作用，及时收集固定证据，完善证据体系，有力破解毒品犯罪主观明知认定等难题，确保了案件质量。同时，强化监督意识，对于可能存在遗漏单位犯罪的问题，检察机关引导、督促公安机关补充侦查，使犯罪得到及时追究。依法严厉惩治快递企业及其从业人员涉嫌毒品犯罪案件，从源头上斩断寄递毒品非法渠道，有利于推动快递企业完善内部管理制度，助推企业合规经营，促进监管部门强化监管，切实维护寄递安全。

陈某贩卖麻醉药品案

（2022 年 3 月 5 日最高人民检察院发布）

【关键词】

贩卖毒品罪　国家管制　麻醉药品

【基本案情】

被告人陈某系上海市某医院普外科医生,其于 2012 年因给殷某做外科手术而结识,后了解到殷某对舒芬太尼(系国家管制的麻醉药品)成瘾,平日需大量使用该药物。2015 年至 2017 年间,陈某向本院多名麻醉科医生谎称自己亲友患有癌症需要镇痛药物,多次从上述医生处违规获取 1000 余瓶舒芬太尼针剂(每瓶含舒芬太尼 50 微克,共计 0.05 克,相当于 2 克海洛因)后提供给殷某使用,从中非法获利人民币 310 余万元。

【诉讼经过】

2020 年 3 月 24 日,上海市浦东新区人民检察院以被告人陈某涉嫌贩卖毒品罪提起公诉。2020 年 10 月 30 日,上海市浦东新区人民法院作出一审判决,被告人陈某因犯贩卖毒品罪被判处有期徒刑四年,并处罚金。判决宣告后,被告人陈某未提出上诉,判决已生效。

【典型意义】

应公安机关邀请,上海市浦东新区人民检察院第一时间介入侦查引导取证,引导办案民警全面收集固定证据。

(一)国家管制的麻醉药品可构成刑法意义上的"毒品"。国家管制的麻醉药品和精神药品,因具有临床治疗价值,在严格管理使用条件下可作为药物使用,故出于医疗、科研等合法目的的使用时,属于药品,但出于满足药物瘾癖而使用时,则属于毒品。根据《麻醉药品和精神药品管理条例》等相关法律规定,涉案药物"舒芬太尼"列入国务院药品监督管理部门制定的《麻醉药品品种目录》,系受国家管制的麻醉药品,为了满足药物瘾癖使用,可构成刑法意义上的毒品。

(二)向吸毒人员大量提供麻醉药品行为社会影响恶劣,应依法严惩。被告人陈某身为医务人员,严重践踏执业底线,明知"舒芬太尼"属于国家规定管制的能够使人形成瘾癖的麻醉药品,为牟取非法利益,利用其工作便利,将从其他医务工作人员处骗取的"舒芬太尼"多次向吸毒人员大量提供,依法构成贩卖毒品罪,且犯罪情节严重,应当予以严惩。

(三)准确认定涉案罪名,确保罪责刑相适应。向吸食、注射毒品的人提供国家规定管制的能够使人形成瘾癖的麻醉药品、精神药品的行为,构成非法提供麻醉药品、精神药品罪还是贩卖毒品罪,需要结合案件具体情况予以判断。非法提供麻醉药品、精神药品罪由特殊主体构成,即依法从事生产、运输、管理、使用麻醉药品的人员,而贩卖毒品罪由一般主体构成。本案中,被告人陈某系医院的普外科医生,其本人不是依法从事生产、运输、管理、使用国家管制的麻醉药品、精神药品的人员,利用在医院工作的便利条件,从同院麻醉科医生处骗取涉案"舒芬太尼"后有偿提供给吸毒人员,应认定其构成贩卖毒品罪。

刑法第三百四十八条(非法持有毒品罪)

第三百四十八条 非法持有鸦片一千克以上、海洛因或者甲基苯丙胺五十克以上或者其他毒品数量大的,处七年以上有期徒刑或者无期徒刑,并处罚金;非法持有鸦片二百克以上不满一千克、海洛因或者甲基苯丙胺十克以上不满五十克或者其他毒品数量较大的,处三年以下有期徒刑、拘役或者管制,并处罚金;情节严重的,处三年以上七年以下有期徒刑,并处罚金。

段某喜非法持有毒品案

(2021 年 11 月 26 日最高人民检察院发布)

【基本案情】

被告人段某喜,男,1982 年 10 月出生,农民。

2018 年 8 月初,被告人段某喜与洪某(另案处理)分别驾乘车辆从云南省石林县出发前往重庆市。同年 8 月 7 日,一个以收件人为李某的涉毒邮包通过某快递从云南省瑞丽市邮寄至重庆市九龙坡区。8 月 11 日 12 时许,被告人段某喜与快递员约定了取货地点,但二人在邮包签收过程中,被告人段某喜拒绝签收。随后,段某喜将收件上的信息通过微信发送给洪某,后洪某向快递员领取包裹准备离开时被公安人员抓获。公安人员在距离该接货地点 100 米左右的公路边将段某喜抓获。公安人员从洪某接收的包裹中查获甲基苯丙胺片剂疑似物 9 袋,共计净重 3407.1 克,均检出甲基苯丙胺成分,含量为 15.0% 至 15.9%。

【诉讼及履职过程】

2018 年 12 月 25 日,重庆市人民检察院第五分院以被告人段某喜涉嫌非法持有毒品罪依法提起公诉。被告人段某喜归案后拒不供认犯罪事实,经检察机关自行补充侦查收集大量证据后,段某喜在开庭审理前表示认罪认罚。庭审中,段某喜对于犯罪事实如实供述,法院采纳了认罪认罚具结书的内容。2019

年 2 月 26 日,重庆市第五中级人民法院以非法持有毒品罪,判处段某喜有期徒刑十五年,剥夺政治权利三年,并处罚金人民币 5 万元。该判决已生效。

(一)审查发现的问题。本案系典型的寄递毒品犯罪案件,犯罪分子指使他人收取装有毒品的快递包裹,查办难度大。案件移送审查起诉时,被告人段某喜对其指使洪某收取包裹的行为均予否认,拒绝在讯问笔录上签字,段某喜所持有的手机因技术原因不能破解导致无法获取更多的破案线索。对于段某喜的犯罪行为,负责取包裹的洪某仅能指证段某喜让其收取包裹,虽然洪某的手机中确有他人指使洪某前往毒品交易地点收取包裹的信息,但是无法锁定指使人确系段某喜。负责派送快递的唐某只能证实段某喜系疑似收取包裹的人员,但电话非段某喜所留,在案证据与段某喜的关联性无法建立。对于段某喜指使洪某收取包裹以及段某喜对包裹内藏毒主观是否明知存在诸多疑问。

(二)自行侦查的情况。检察人员对本案进行了自行侦查。一是查看现场,以现场为中心重组证据。对取货现场的路口、周围的方位和设施、监控镜头等进行查看,对路面距离进行测量,对案发时被告人段某喜的位置变化、被告人和快递员的位置、被告人在洪某到达现场后的位移情况等进行了模拟重演,解决了言词证据和客观性证据关联方面存在的问题。二是询问证人洪某和快递员唐某。公安人员曾询问洪某和快递员唐某,但部分细节未能查清,检察人员自行对两名证人进行询问。将案发过程中所有客观性证据梳理后,以时间轴进行整合,通过询问证人,使证人证言与客观性证据进行关联,还原案发详细经过。三是围绕段某喜的经历、行动轨迹调取客观性证据。段某喜辩解其具有正当工作,到重庆目的之一是考察冻货生意。检察人员围绕段某喜的经历进行调查核实,发现其无正当职业,在案发前不久因贩卖毒品曾接受公安机关调查,具有涉毒的经历。段某喜辩解此次到重庆顺便游玩,检察机关联合公安机关调取了段某喜的车辆通行记录、所到之处的监控视频等资料,显示段某喜到重庆直至被抓获为止的活动轨迹,均系以案发现场为核心,其辩解内容无证据印证,亦不合理。

【典型意义】

毒品犯罪分子指使他人收取寄递的毒品,零口供案件多,证据较为单一,将在案证据与犯罪事实构建起关联性尤为重要。检察人员在办理毒品犯罪案件时,要发挥司法亲历性,积极开展自行侦查工作。通过自行补充侦查,依法调取相关证据,充分发挥通话清单、监控视频以及电子证据等客观性证据的作用,通过出示客观证据的方式进行针对性讯问,还原案发经过及相关证据与被告人之间的关联性,完善证据体系,切实发挥检察机关的主导作用。

刑法第三百四十九条（隐瞒毒品罪）

> 第三百四十九条　包庇走私、贩卖、运输、制造毒品的犯罪分子的，为犯罪分子窝藏、转移、隐瞒毒品或者犯罪所得的财物的，处三年以下有期徒刑、拘役或者管制；情节严重的，处三年以上十年以下有期徒刑。
>
> 缉毒人员或者其他国家机关工作人员掩护、包庇走私、贩卖、运输、制造毒品的犯罪分子的，依照前款的规定从重处罚。
>
> 犯前两款罪，事先通谋的，以走私、贩卖、运输、制造毒品罪的共犯论处。

快递员隐瞒毒品案、刘某涉嫌隐瞒毒品案

（2020 年 6 月 26 日最高人民检察院发布）

【基本案情】

刘某系上海某快递公司快递员，毒犯林某将一个藏有毒品的包裹通过刘某进行邮寄，次日又联系刘某拦截该包裹。包裹返回仓库后，刘某因无法联系到林某，遂将包裹暂存于快递柜内。公安机关查获林某后追踪到刘某，告知其寄出包裹内藏有违禁品，刘某担心受到公司处罚，用一包大米伪造成林某所寄包裹交至公安机关。民警发现包裹内是大米后告知刘某包裹内本应藏有毒品，刘某知情后仍未及时交出包裹。次日一早，刘某主动交代并带领民警取获包裹，查获其内藏有的毒品甲基苯丙胺 28 余克。

2018 年 4 月 24 日，公安机关以刘某涉嫌非法持有毒品罪移送审查逮捕，上海市闵行区人民检察院以其不致发生社会危险性不批准逮捕。审查起诉阶段，检察机关引导公安机关补充侦查，收集快递公司负责人证言及刘、林二人聊天记录、交易往来清单，同时开展自行补充侦查，复核办案民警证言及刘某到案经过等，证实刘某隐瞒毒品的持续时间较短，从知晓可能藏有毒品到主动交代未超过 24 小时，带领公安机关查获涉案毒品，避免发生严重后果，其动机是担心受到公司处罚，主观恶性小，具有自首情节等。闵行区人民检察院根据本案事实和证据改变公安机关定性，认为刘某涉嫌隐瞒毒品罪，但情节轻微，经邀请三名人大代表作为中立第三方进行公开审查并取得一致同意后，对刘某作出不起诉决定。

【典型意义】

快递从业人员怠尽审核义务而为毒品犯罪提供便利，应予以重点关注，加

强监管。本案对防范快递从业人员实施毒品犯罪、防范快递行业沦为毒品交易中转站,具有一定警示作用。检察机关根据案件事实和证据,将公安机关移送起诉时认定的非法持有毒品罪,改变定性为隐瞒毒品罪,准确认定了案件性质。同时,检察机关通过引导侦查及自行补充侦查,查明涉案人员情节轻微,有自首情节,积极开展不起诉案件公开审查,听取各方意见,作出不起诉决定。这也为快递从业人员积极检举揭发毒品犯罪行为,起到积极引导作用。

刑法第三百五十条(非法生产、买卖制毒物品罪)

> 第三百五十条① 违反国家规定,非法生产、买卖、运输醋酸酐、乙醚、三氯甲烷或者其他用于制造毒品的原料、配剂,或者携带上述物品进出境,情节较重的,处三年以下有期徒刑、拘役或者管制,并处罚金;情节严重的,处三年以上七年以下有期徒刑,并处罚金;情节特别严重的,处七年以上有期徒刑,并处罚金或者没收财产。
>
> 明知他人制造毒品而为其生产、买卖、运输前款规定的物品的,以制造毒品罪的共犯论处。
>
> 单位犯前两款罪的,对单位判处罚金,并对其直接负责的主管人员和其他直接责任人员,依照前两款的规定处罚。

吕晓春等非法生产、买卖制毒物品案——非法买卖溴代苯丙酮、生产麻黄素,情节特别严重

(2021 年 6 月 25 日最高人民法院发布)

【基本案情】

被告人吕晓春,男,汉族,1968 年 2 月 24 日出生,无业。2008 年 1 月 10 日

---

① 本条第一、二款根据《刑法修正案(九)》(2015 年 11 月 1 日起施行)第四十一条修改。

原本条第一、二款内容为:"违反国家规定,非法运输、携带醋酸酐、乙醚、三氯甲烷或者其他用于制造毒品的原料或者配剂进出境的,或者违反国家规定,在境内非法买卖上述物品的,处三年以下有期徒刑、拘役或者管制,并处罚金;数量大的,处三年以上十年以下有期徒刑,并处罚金。

"明知他人制造毒品而为其提供前款规定的物品的,以制造毒品罪的共犯论处。"

修改内容为:一是对生产、买卖、运输易制毒化学品的行为作了专门规定;二是将量刑依据由数量改为情节,规定了"情节较重""情节严重""情节特别严重"三档法定刑;三是第二款增加规定生产、买卖、运输的行为构成共犯。

因犯贩卖毒品罪被判处有期徒刑十五年,并处罚金人民币 10 万元,2015 年 7 月 6 日刑满释放。

被告人高俊成,男,汉族,1981 年 12 月 2 日出生,务工人员。2014 年 6 月 30 日因犯运输、制造毒品罪被判处有期徒刑一年六个月,并处罚金人民币 1 万元,同年 11 月 23 日刑满释放。

被告人郑颖,男,汉族,1982 年 5 月 25 日出生,农民。2003 年 11 月 11 日因犯抢劫罪被判处有期徒刑六年,并处罚金人民币 2000 元。

2017 年 3 月,被告人吕晓春为生产麻黄素,通过网络联系被告人郑颖购买 1-苯基-2-溴-1-丙酮(俗称溴代苯丙酮)200 千克。后吕晓春雇用被告人高俊成参与生产,并购买制毒工具和其他原材料。2018 年 1 月 20 日,公安人员在山东省青岛市市北区永乐路 93 号将吕晓春、高俊成抓获,并在该处查获麻黄素 5.65 千克、含有麻黄素的液体 104.65 千克及其他化学制剂。后郑颖被抓获归案。

【裁判结果】

本案由山东省青岛市市北区人民法院一审,山东省青岛市中级人民法院二审。

法院认为,被告人吕晓春非法购买、生产用于制造毒品的原料,情节特别严重,其行为已构成非法生产、买卖制毒物品罪;被告人高俊成非法生产用于制造毒品的原料,情节特别严重,其行为已构成非法生产制毒物品罪;被告人郑颖非法出售用于制造毒品的原料,情节特别严重,其行为已构成非法买卖制毒物品罪。吕晓春、高俊成在共同犯罪中均系主犯,且均系累犯、毒品再犯,应依法从重处罚。三人均如实供述主要犯罪事实,酌予从轻处罚。据此,依法对被告人吕晓春判处有期徒刑十年六个月,并处罚金人民币 3 万元;对被告人高俊成判处有期徒刑九年六个月,并处罚金人民币 2 万元;对被告人郑颖判处有期徒刑八年六个月,并处罚金人民币 2 万元。

上述裁判已于 2019 年 7 月 3 日发生法律效力。

【典型意义】

受多种因素影响,当前我国制毒物品违法犯罪问题较为突出。本案是一起比较典型的非法生产、买卖制毒物品的案例。溴代苯丙酮是合成麻黄素的重要原料,而麻黄素可用于制造毒品甲基苯丙胺,二者都是国家严格管控的易制毒化学品。根据《最高人民法院关于审理毒品犯罪案件适用法律若干问题的解释》第八条的规定,被告人吕晓春、高俊成、郑颖三人实施制毒物品犯罪均属情节特别严重,人民法院依法判处相应刑罚,体现了对此类毒品犯罪的坚决惩处。

邹火生引诱他人吸毒、盗窃案——引诱他人吸毒并唆使他人共同盗窃,依法惩处

(2021 年 6 月 25 日最高人民法院发布)

【基本案情】

被告人邹火生,男,汉族,1987 年 10 月 9 日出生,农民。

被告人邹火生系广东省化州市某村村民,意图引诱同村村民邹某某(另案处理)一起吸毒。2018 年 9 月的一天,邹火生向邹某某借款购买海洛因后,当晚来到邹某某家,称吸食海洛因可消除邹某某腿部术后疼痛。邹某某表示其不会吸毒,邹火生便将海洛因放在锡纸上加热,让邹某某吸食烤出的烟雾。此后,邹某某遇腿部疼痛时便让邹火生购买海洛因一起吸食。

同年 11 月的一天晚上,被告人邹火生和邹某某毒瘾发作,但无钱购买毒品。经邹火生提议,二人潜入同村一村民家窃得一台液晶电视机。次日,邹火生将电视机销赃得款 400 元,用其中 100 元购买海洛因,与邹某某一起吸食。

【裁判结果】

本案由广东省化州市人民法院审理。

法院认为,被告人邹火生引诱他人吸食毒品,其行为已构成引诱他人吸毒罪;邹火生以非法占有为目的,伙同他人入户盗窃财物,其行为又构成盗窃罪。鉴于邹火生如实供述自己的罪行,并当庭认罪悔罪,可从轻处罚。对邹火生所犯数罪,应依法并罚。据此,对邹火生以引诱他人吸毒罪判处有期徒刑一年二个月,并处罚金人民币 2000 元;以盗窃罪判处有期徒刑七个月,并处罚金人民币 1000 元,决定执行有期徒刑一年六个月,并处罚金人民币 3000 元。

宣判后,邹火生在法定期限内没有上诉、抗诉,上述裁判已于 2019 年 4 月 30 日发生法律效力。

【典型意义】

吸毒成瘾不仅损害身体健康,高额的支出也会造成经济困境,诱使吸毒者实施盗抢等侵财犯罪。我国刑法对引诱、教唆、欺骗他人吸毒罪没有设置数量、情节等入罪条件,故实施此类行为的一般均应追究刑事责任。本案就是一起引诱他人吸毒后又共同实施侵财犯罪的典型案例。被告人邹火生以吸毒可以消

除病痛为由引诱同村村民吸食海洛因,为购买毒品又唆使其共同入户盗窃财物,较为突出地体现了吸毒诱发犯罪的危害。人民法院根据邹火生犯罪的事实、性质和具体情节,依法对其判处了刑罚。

陈德胜容留他人吸毒案——容留多名
未成年人吸毒,依法严惩

(2021 年 6 月 25 日最高人民法院发布)

【基本案情】

被告人陈德胜,男,土家族,1999 年 9 月 14 日出生,在校学生。
2018 年 5 月 12 日晚,被告人陈德胜为给女朋友黄某某(未成年人)庆祝生日,在湖北省荆州市荆州区一音乐会所的房间内容留张某某、林某某及 14 名未成年人吸食氯胺酮(俗称"K 粉")。当日 22 时许,公安人员在该房间将陈德胜、黄某某及上述 16 名吸毒人员查获。经尿检,陈德胜及 16 名吸毒人员的检测结果均为氯胺酮阳性。

另查明,2017 年 12 月 18 日被告人陈德胜受他人邀约参加聚众斗殴犯罪。

【裁判结果】

本案由湖北省荆州市荆州区人民法院审理。

法院认为,被告人陈德胜容留多名未成年人吸食毒品,其行为已构成容留他人吸毒罪,应从重处罚;陈德胜积极参加聚众斗殴,其行为又构成聚众斗殴罪。对其所犯数罪,应依法并罚。据此,依法对被告人陈德胜以容留他人吸毒罪判处有期徒刑三年,并处罚金人民币 1 万元;以聚众斗殴罪判处有期徒刑三年,决定执行有期徒刑五年六个月,并处罚金人民币 1 万元。

宣判后,陈德胜在法定期限内没有上诉、抗诉,上述裁判已于 2019 年 8 月 3 日发生法律效力。

【典型意义】

毒品具有成瘾性,一旦沾染,极易造成身体和心理的双重依赖。近年来我国容留他人吸毒案件发案率较高,吸毒人员低龄化特点也较突出。未成年人心智尚未成熟,更易遭受毒品侵害。本案是一起容留多名未成年人吸毒的典型案例。被告人陈德胜系在校学生,为女朋友庆祝生日时容留前来聚会的多名未成年人一同吸毒,已从单纯的毒品滥用者转变为毒品犯罪实施者。人民法院根据陈德胜犯罪的事实、性质和具体情节,依法从严判处刑罚。

刑法第三百五十八条（组织卖淫罪）

第三百五十八条① 组织、强迫他人卖淫的，处五年以上十年以下有期徒刑，并处罚金；情节严重的，处十年以上有期徒刑或者无期徒刑，并处罚金或者没收财产。

组织、强迫未成年人卖淫的，依照前款的规定从重处罚。

犯前两款罪，并有杀害、伤害、强奸、绑架等犯罪行为的，依照数罪并罚的规定处罚。

为组织卖淫的人招募、运送人员或者有其他协助组织他人卖淫行为的，处五年以下有期徒刑，并处罚金；情节严重的，处五年以上十年以下有期徒刑，并处罚金。

帮教期间发现线索 严惩引诱组织未成年人实施违法犯罪

（2019 年 12 月 20 日最高人民检察院发布）

【基本案情】

刘某等人招募祝某某、马某某、杜某某等多名未成年少女卖淫，后刘某以卖

---

① 全国人大常委会曾经对本条作过两次修改：

原本条规定为："组织他人卖淫或者强迫他人卖淫的，处五年以上十年以下有期徒刑，并处罚金；有下列情形之一的，处十年以上有期徒刑或者无期徒刑，并处罚金或者没收财产：（一）组织他人卖淫，情节严重的；（二）强迫不满十四周岁的幼女卖淫的；（三）强迫多人卖淫或者多次强迫他人卖淫的；（四）强奸后迫使卖淫的；（五）造成被强迫卖淫的人重伤、死亡或者其他严重后果的。

"有前款所列情形之一，情节特别严重的，处无期徒刑或者死刑，并处没收财产。

"协助组织他人卖淫的，处五年以下有期徒刑，并处罚金；情节严重的，处五年以上十年以下有期徒刑，并处罚金。"

第一次根据《刑法修正案（八）》（2011 年 5 月 1 日起施行）第四十八条对本条第三款修改为：为组织卖淫的人招募、运送人员或者有其他协助组织他人卖淫行为的，处五年以下有期徒刑，并处罚金；情节严重的，处五年以上十年以下有期徒刑，并处罚金。

第二次根据《刑法修正案（九）》（2015 年 11 月 1 日起施行）第四十二条对本条修改的内容为：一是取消对组织卖淫罪和强迫卖淫罪的死刑，二是将加重处罚的具体情形修改为"情节严重"；三是特别规定对"组织、强迫未成年人卖淫的，依照前款的规定从重处罚"；四是增加规定"有杀害、伤害、强奸、绑架等犯罪行为的，依照数罪并罚的规定处罚"。

淫女系未成年人为由对嫖客实施敲诈勒索。北京市海淀区人民检察院在对涉案未成年少女开展跟踪帮教过程中了解到,刘某等人多次以诱骗的方式吸引外地未成年少女来京卖淫,并提供统一住宿、日常花销,以及避孕套、手机、收款二维码等实施"仙人跳"的作案工具,可能涉嫌组织卖淫罪。根据这一线索,检察机关积极向公安机关提出意见,并协助调取和固定电子数据,核实嫖客身份,成功追诉刘某等人组织卖淫罪,追加四起敲诈勒索犯罪事实。2019 年 3 月,法院以刘某犯组织卖淫罪、敲诈勒索罪数罪并罚,判处有期徒刑八年并处罚金。

【典型意义】

组织未成年人卖淫并利用未成年人敲诈勒索获取不法利益的行为,严重侵害了未成年人身心健康,严重扰乱了社会秩序,应予以严厉打击。检察机关在对未成年人帮教中敏锐发现犯罪线索,积极提出收集完善证据意见,会同公安机关,成功追诉犯罪,展现了司法机关不放过、不纵容任何侵害未成年人犯罪的鲜明态度。

刑法第三百六十三条(制作、贩卖、传播淫秽物品罪)

第三百六十三条　以牟利为目的,制作、复制、出版、贩卖、传播淫秽物品的,处三年以下有期徒刑、拘役或者管制,并处罚金;情节严重的,处三年以上十年以下有期徒刑,并处罚金;情节特别严重的,处十年以上有期徒刑或者无期徒刑,并处罚金或者没收财产。

为他人提供书号,出版淫秽书刊的,处三年以下有期徒刑、拘役或者管制,并处或者单处罚金;明知他人用于出版淫秽书刊而提供书号的,依照前款的规定处罚。

钱某制作、贩卖、传播淫秽物品牟利案

(最高人民检察院第十三届检察委员会会议决定　2022 年 2 月 21 日发布)

【关键词】

制作、贩卖、传播淫秽物品牟利　私密空间行为　偷拍　淫秽物品

【要旨】

自然人在私密空间的日常生活属于民法典保护的隐私。行为人以牟利为

目的,偷拍他人性行为并制作成视频文件,以贩卖、传播方式予以公开,不仅侵犯他人隐私,而且该偷拍视频公开后具有描绘性行为、宣扬色情的客观属性,符合刑法关于"淫秽物品"的规定,构成犯罪的,应当以制作、贩卖、传播淫秽物品牟利罪追究刑事责任。以牟利为目的提供互联网链接,使他人可以通过偷拍设备实时观看或者下载视频文件的,属于该罪的"贩卖、传播"行为。检察机关办理涉及偷拍他人隐私的刑事案件时,应当根据犯罪的主客观方面依法适用不同罪名追究刑事责任。

【基本案情】

被告人钱某,男,1990 年出生,无固定职业。

钱某曾因偷拍他人性行为被行政拘留,仍不思悔改,产生通过互联网贩卖偷拍视频文件从中牟利的想法。2017 年 11 月,钱某从网络上购买了多个偷拍设备,分别安装在多家酒店客房内,先后偷拍 51 对入住旅客的性行为,并将编辑、加工的偷拍视频文件保存至互联网云盘,通过非法网站、即时通讯软件发布贩卖信息。2018 年 5 月 9 日,公安机关将钱某抓获,并在上述互联网云盘中检出偷拍视频 114 个。

此外,钱某还以"付费包月观看"的方式,先后 182 次为他人通过偷拍设备实时观看入住旅客性行为或者下载偷拍视频提供互联网链接。

【检察履职情况】

(一)引导侦查取证

2018 年 6 月 8 日,四川省成都市公安局锦江分局以钱某涉嫌传播淫秽物品罪向检察机关提请批准逮捕。

四川省成都市锦江区人民检察院审查认为,钱某偷拍他人性行为后既有传播扩散行为,也有编辑加工、贩卖牟利行为,故以制作淫秽物品牟利罪对钱某批准逮捕,并向公安机关提出对扣押在案的手机进行电子数据检查和恢复,对其注册使用的互联网云盘信息进行提取和固定的取证意见。此后,公安机关进一步查明了钱某的作案方式、获利情况和危害后果。

(二)审查起诉

2018 年 8 月 15 日,锦江分局以钱某涉嫌制作、贩卖、传播淫秽物品牟利罪移送锦江区人民检察院审查起诉。审查起诉期间,钱某辩解其上传到互联网云盘的淫秽视频文件并非偷拍所得,而是从他人处获取后上传互联网用于个人观看。对此,检察机关自行补充侦查,对涉案多家酒店实地查看,详细了解装有偷拍设备的酒店客房布局、特征和偷拍设备安装位置、取景场域,通过与起获的视频文件中拍摄的客房画面逐一比对,结合其有罪供述,发现有 114 个视频文件中的场景与偷拍现场具有同一性,结合其他证据认定相关视频确系钱某偷拍。

2019 年 1 月 29 日,锦江区人民检察院以钱某涉嫌制作、贩卖、传播淫秽物品牟利罪提起公诉。

(三)指控与证明犯罪

2019 年 7 月 17 日、7 月 24 日,四川省成都市锦江区人民法院不公开开庭审理本案。

庭审中,辩护人对视频文件的性质和数量认定等提出了辩护意见。一是涉案的视频文件形式上不具有实物特征,内容上不具有淫秽特征,不属于淫秽物品;二是多个视频文件描绘的是同一对旅客的性行为,即便属于淫秽物品,也应当以被偷拍的旅客的对数认定数量,不能以设备自动分段或人为编辑制作的数量认定。

公诉人答辩指出,偷拍的视频文件属于淫秽物品,数量应当以钱某编辑、制作的数量为标准。一是涉案的视频文件属于淫秽物品。形式上,淫秽物品的视频文件形式与刊物、光盘等有形物具有同质性。对此,《全国人民代表大会常务委员会关于维护互联网安全的决定》明确规定,在互联网上建立淫秽网站、网页,提供淫秽站点链接服务,或者传播淫秽书刊、影片、音像、图片的,依照刑法有关规定追究刑事责任。最高人民法院、最高人民检察院的司法解释对制作、贩卖、传播视频文件、音频文件等淫秽电子信息也有明确规定。内容上,自然人在私密空间的性行为本身不具有淫秽性,但被告人将其编辑、贩卖、对外传播,则具有描绘性行为或者露骨宣扬色情的客观属性,符合刑法对"淫秽物品"的界定;二是视频文件的数量应当以钱某编辑、制作数量为标准,而非依据旅客区分。本案中,每个视频文件都是钱某偷拍后通过筛选、剪辑而成;每个视频文件都能够独立播放,内容涉及不同性行为;每个视频文件都是露骨宣扬色情,被非法传播后都能给观看者带来淫秽性刺激,社会危害性不会因为数个片段均反映同一对旅客的性行为而降低。

(四)处理结果

2019 年 7 月 26 日,锦江区人民法院作出判决,采纳检察机关指控的犯罪事实和意见,以制作、贩卖、传播淫秽物品牟利罪判处钱某有期徒刑三年六个月,并处罚金人民币 5000 元。宣判后,钱某未提出上诉,判决已生效。

(五)制发检察建议

旅客入住酒店偷拍事件频发,导致隐私安全无法得到保障,严重侵犯消费者的个人隐私,暴露出相关行业主管部门监管不力、经营者管理不善问题,检察机关从建立健全旅客隐私保护、落实实名登记入住制度、增加安防设施投入、加强日常检查巡查等方面,向治安主管部门和行业组织发出检察建议。治安主管部门落实整改,对辖区旅馆业进行滚动摸排、对场所软硬件开展检查,强化旅客入住"人证合一",开展公民隐私权法制宣传,会同市场监管部门联合核查网络摄像头生产、销售商家,督促落实市场主体责任。行业组织开展了旅馆、酒店会员单位法制宣传、隐私安全保护培训,增加安防设备,会同治安主管部门制定治安安全防范规范,加强旅馆业安全管理水平,加大保护公民隐私安全力度。

【指导意义】

(一)准确界定"淫秽物品""贩卖、传播行为",依法严惩网络背景下传播淫秽物品犯罪。自然人的私人生活安宁和不愿受他人干扰的私密空间、私密活动、私密信息,依法不受侵犯。发生在酒店、旅馆、民宿等非公开空间内的性行为,属于隐私保护的范围。行为人偷拍他人性行为并经互联网传播扩散的视频,不仅侵害个人隐私,而且客观上具有描绘性行为的淫秽性,具有宣扬色情的危害性,符合刑法对"淫秽物品"的界定。行为人有偿提供互联网链接,他人付费后可以实时在线观看,与建立并运营"点对面"式互联网直播平台的传播行为性质相同,应当认定为贩卖、传播行为。

(二)行为人偷拍他人隐私,行为方式、目的多样,应当区分不同情形依法惩处。行为人非法使用偷拍设备窥探他人隐私,未贩卖、传播的,如果相关设备经鉴定属于窃听、窃照专用器材,造成严重后果的,应当以非法使用窃听、窃照专用器材罪追究刑事责任;如果行为人又将偷拍的内容贩卖、传播的,应当按照处罚较重的罪名追究刑事责任。行为人通过远程操控侵入他人自行安装的摄像头后台信息系统,对他人私密空间、行为进行窥探,进行遥控并自行观看,情节严重的,应当以非法控制计算机信息系统罪追究刑事责任;如果行为人在侵入上述计算机信息系统以后,又将偷拍的视频贩卖、传播的,应当按照处罚较重的罪名追究刑事责任。行为人以非法占有他人财物为目的,通过偷拍获取他人隐私,进而要挟他人、获取财物,构成犯罪的,应当以敲诈勒索罪追究刑事责任。上述行为尚未构成犯罪的,应当依法从严追究其行政违法责任。

(三)通过制发检察建议促进社会治理。个人隐私被非法收集、买卖,成为电信网络诈骗、网络传播淫秽物品等犯罪的源头,并催生出一条黑灰产业链,严重侵扰公民生活安宁、财产安全,破坏社会秩序。检察机关办案中要注意剖析案发地区、案发领域管理、制度上的漏洞,研究提出有针对性、可操作性的检察建议,推动有关部门建章立制、堵塞漏洞、消除隐患,促进完善社会治理。

【相关规定】(略)

第七章 贪污贿赂罪

二维码链接 8 - 贪污贿赂罪

刑法第三百八十三条（贪污罪）

第三百八十三条① 对犯贪污罪的,根据情节轻重,分别依照下列规定处罚:

(一)贪污数额较大或者有其他较重情节的,处三年以下有期徒刑或者拘役,并处罚金。

(二)贪污数额巨大或者有其他严重情节的,处三年以上十年以下有期徒刑,并处罚金或者没收财产。

(三)贪污数额特别巨大或者有其他特别严重情节的,处十年以上有期徒刑或者无期徒刑,并处罚金或者没收财产;数额特别巨大,并使国家和人民利益遭受特别重大损失的,处无期徒刑或者死刑,并处没收财产。

---

① 本条根据《刑法修正案(九)》(2015 年 11 月 1 日起施行)第四十四条修改。

原本条内容为:"对犯贪污罪的,根据情节轻重,分别依照下列规定处罚:(一)个人贪污数额在十万元以上的,处十年以上有期徒刑或者无期徒刑,可以并处没收财产;情节特别严重的,处死刑,并处没收财产。(二)个人贪污数额在五万元以上不满十万元的,处五年以上有期徒刑,可以并处没收财产;情节特别严重的,处无期徒刑,并处没收财产。(三)个人贪污数额在五千元以上不满五万元的,处一年以上七年以下有期徒刑;情节严重的,处七年以上十年以下有期徒刑。个人贪污数额在五千元以上不满一万元,犯罪后有悔改表现、积极退赃的,可以减轻处罚或者免予刑事处罚,由其所在单位或者上级主管机关给予行政处分。(四)个人贪污数额不满五千元,情节较重的,处二年以下有期徒刑或者拘役;情节较轻的,由其所在单位或者上级主管机关酌情给予行政处分。

"对多次贪污未经处理的,按照累计贪污数额处罚。"

修改的主要内容为:一是删去对贪污受贿犯罪规定的具体数额,原则规定数额较大或者情节较重、数额巨大或者情节严重、数额特别巨大或者情节特别严重三种情况,并相应规定三档量刑,对数额特别巨大、并使国家和人民利益遭受特别重大损失的,保留适用死刑;二是对犯贪污受贿罪,如实供述自己罪行、真诚悔罪、积极退赃,避免、减少损害结果发生的,规定可以从宽处理;三是对本罪判处死缓的情形,法院可根据犯罪情节同时决定终身监禁,不得减刑、假释。

对多次贪污未经处理的,按照累计贪污数额处罚。

犯第一款罪,在提起公诉前如实供述自己罪行、真诚悔罪、积极退赃,避免、减少损害结果的发生,有第一项规定情形的,可以从轻、减轻或者免除处罚;有第二项、第三项规定情形的,可以从轻处罚。

犯第一款罪,有第三项规定情形被判处死刑缓期执行的,人民法院根据犯罪情节等情况可以同时决定在其死刑缓期执行二年期满依法减为无期徒刑后,终身监禁,不得减刑、假释。

杨某某等贪污案

(最高人民法院审判委员会讨论通过 2012 年 9 月 18 日发布)

【关键词】

刑事 贪污罪 职务便利 骗取土地使用权

【裁判要点】

1. 贪污罪中的"利用职务上的便利",是指利用职务上主管、管理、经手公共财物的权力及方便条件,既包括利用本人职务上主管、管理公共财物的职务便利,也包括利用职务上有隶属关系的其他国家工作人员的职务便利。

2. 土地使用权具有财产性利益,属于刑法第三百八十二条第一款规定中的"公共财物",可以成为贪污的对象。

【基本案情】

被告人杨某某 1996 年 8 月任浙江省义乌市委常委,2003 年 3 月任义乌市人大常委会副主任,2000 年 8 月兼任中国小商品城福田市场(2003 年 3 月改称中国义乌国际商贸城,简称国际商贸城)建设领导小组副组长兼指挥部总指挥,主持指挥部全面工作。2002 年,杨延虎得知义乌市稠城街道共和村将列入拆迁和旧村改造范围后,决定在该村购买旧房,利用其职务便利,在拆迁安置时骗取非法利益。杨某某遂与被告人王某某(杨某某的妻妹)、被告人郑某某(王某某之夫)共谋后,由王、郑二人出面,通过共和村王某甲,以王某某的名义在该村购买赵某某的 3 间旧房(房产证登记面积 61.87 平方米,发证日期 1998 年 8 月 3 日)。按当地拆迁和旧村改造政策,赵某某有无该旧房,其所得安置土地面积均相同,事实上赵某某也按无房户得到了土地安置。2003 年 3—4 月,为使 3 间旧房所占土地确权到王某某名下,在杨某某指使和安排下,郑某某再次通过共和村王某甲,让该村村民委员会及其成员出具了该 3 间旧房系王某某 1983 年所建的虚假证明。杨某某利用职务便利,要求兼任国际商贸城建设指挥部分管土地确权工作的副总指挥、义乌市国土资源局副局长吴某某和指挥部确权报批科人员,对王某某拆迁安置、土地确权予以关照。国际商贸城建设指挥部遂将王某某所购房屋作为有村证明但无产权证的旧房进行确权审核,上报义乌市国土资源局确权,并按丈量结果认定其占地面积 64.7 平方米。

此后,被告人杨某某与郑某某、王某某等人共谋,在其岳父王某祥在共和村拆迁中可得 25.5 平方米土地确权的基础上,于 2005 年 1 月编造了由王某某等人签名的申请报告,谎称"王某详与王某某共有三间半房屋,占地 90.2 平方米,二人在 1986 年分家,王某祥分得 36.1 平方米,王某某分得 54.1 平方米,有关部门确认王某祥房屋 25.5 平方米、王某某房屋 64 平方米有误",要求义乌市国土资源局更正。随后,杨某某利用职务便利,指使国际商贸城建设指挥部工作人员以该部名义对该申请报告盖章确认,并使该申请报告得到义乌市国土资源局和义乌市政府认可,从而让王某某、王某祥分别获得 72 和 54 平方米(共 126 平方米)的建设用地审批。按王某祥的土地确权面积仅应得 36 平方米建设用地审批,其余 90 平方米系非法所得。2005 年 5 月,杨某某等人在支付选位费 24.552 万元后,在国际商贸城拆迁安置区获得两间店面 72 平方米土地的拆迁安置补偿(案发后,该 72 平方米的土地使用权被依法冻结)。该处地块在用作安置前已被国家征用并转为建设用地,属国有划拨土地。经评估,该处每平方米的土地使用权价值 35270 元。杨某某等人非法所得的建设用地 90 平方米,按照当地拆迁安置规定,折合拆迁安置区店面的土地面积为 72 平方米,价值人民币 253.944 万元,扣除其支付的人民币 24.552 万元后,实际非法所得人民币 229.392 万元。

此外,2001 年至 2007 年间,被告人杨某某利用职务便利,为他人承揽工程、拆迁安置、国有土地受让等谋取利益,先后非法收受或索取人民币 57 万元,其中索贿人民币 5 万元。

【裁判结果】

浙江省金华市中级人民法院于 2008 年 12 月 15 日作出(2008)金中刑二初字第 30 号刑事判决:一、被告人杨某某犯贪污罪,判处有期徒刑十五年,并处没收财产人民币 20 万元;犯受贿罪,判处有期徒刑十一年,并处没收财产人民币 10 万元;决定执行有期徒刑十八年,并处没收财产人民币 30 万元。二、被告人郑某某犯贪污罪,判处有期徒刑五年。三、被告人王某某犯贪污罪,判处有期徒刑三年。宣判后,三被告人均提出上诉。浙江省高级人民法院于 2009 年 3 月 16 日作出(2009)浙刑二终字第 34 号刑事裁定,驳回上诉,维持原判。

【裁判理由】

法院生效裁判认为:关于被告人杨某某的辩护人提出杨某某没有利用职务便利的辩护意见。经查,义乌国际商贸城指挥部系义乌市委、市政府为确保国际商贸城建设工程顺利进行而设立的机构,指挥部下设确权报批科,工作人员从国土资源局抽调,负责土地确权、建房建设用地的审核及报批工作,分管该科的副总指挥吴某某也是国土资源局的副局长。确权报批科作为指挥部下设机构,同时受指挥部的领导,作为指挥部总指挥的杨某某具有对该科室的领导职权。贪污罪中的"利用职务上的便利",是指利用职务上主管、管理、经手公共财物的权力及方便条件,既包括利用本人职务上主管、管理公共财物的职务便利,也包括利用职务上有隶属关系的其他国家工作人员的职务便利。本案中,杨某某正是利用担任义乌市委常委、义乌市人大常委会副主任和兼任指挥部总指挥的职务便利,给下属的土地确权报批科人员及其分管副总指挥打招呼,才使得王某某等人虚报的拆迁安置得以实现。

关于被告人杨某某等人及其辩护人提出被告人王某某应当获得土地安置补偿,涉案土地属于集体土地,不能构成贪污罪的辩护意见。经查,王某某购房时系居民户口,按照法律规定和义乌市拆迁安置有关规定,不属于拆迁安置对象,不具备获得土地确权的资格,其在共和村所购房屋既不能获得土地确权,又不能得到拆迁安置补偿。杨某某等人明知王某某不符合拆迁安置条件,却利用杨某某的职务便利,通过将王某某所购房屋谎报为其祖传旧房、虚构王某某与王某祥分家事实,骗得旧房拆迁安置资格,骗取国有土地确权。同时,由于杨某某利用职务便利,杨某某、王某某等人弄虚作假,既使王某某所购旧房的房主赵某某按无房户得到了土地安置补偿,又使本来不应获得土地安置补偿的王某某获得了土地安置补偿。《中华人民共和国土地管理法》第二条、第九条规定,我国土地实行社会主义公有制,即全民所有制和劳动群众集体所有制,并可以依法确定给单位或者个人使用。对土地进行占有、使用、开发、经营、交易和流转,能够带来相应经济收益。因此,土地使用权自然具有财产性利益,无论国有土地,还是集体土地,都属于刑法第三百八十二条第一款规定中的"公共财物",可以成为贪污的对象。王某某名下安置的地块已在 2002 年 8 月被征为国有并转为建设用地,义乌市政府文件抄告单也明确该处的拆迁安置土地使用权登记核发国有土地使用权证。因此,杨某某等人及其辩护人所提该项辩护意见,不能成立。

综上,被告人杨某某作为国家工作人员,利用担任义乌市委常委、义乌市人大常委会副主任和兼任国际商贸城指挥部总指挥的职务便利,伙同被告人郑某某、王某某以虚构事实的手段,骗取国有土地使用权,非法占有公共财物,三被告人的行为均已构成贪污罪。杨某某还利用职务便利,索取或收受他人贿赂,为他人谋取利益,其行为又构成受贿罪,应依法数罪并罚。在共同贪污犯罪中,杨某某起主要作用,系主犯,应当按照其所参与或者组织、指挥的全部犯罪处罚;郑某某、王某某起次要作用,系从犯,应减轻处罚。故一、二审法院依法作出如上裁判。

【相关规定】(略)

李华波贪污案

(最高人民检察院第十三届检察委员会第四十三次会议决定　2020年7月16日发布)

【关键词】

违法所得没收程序　犯罪嫌疑人到案　程序衔接

【要旨】

对于贪污贿赂等重大职务犯罪案件,犯罪嫌疑人、被告人逃匿,在通缉一年后不能到案,如果有证据证明有犯罪事实,依照刑法规定应当追缴其违法所得及其他涉案财产的,应当依法适用违法所得没收程序办理。违法所得没收裁定生效后,在逃的职务犯罪嫌疑人自动投案或者被抓获,监察机关调查终结移送起诉的,检察机关应当依照普通刑事诉讼程序办理,并与原没收裁定程序做好衔接。

【基本案情】

被告人李华波,男,江西省上饶市鄱阳县财政局经济建设股原股长。

2006年10月至2010年12月间,李华波利用担任鄱阳县财政局经济建设股股长管理该县基本建设专项资金的职务便利,伙同该股副股长张庆华(已判刑)、鄱阳县农村信用联社城区信用社主任徐德堂(已判刑)等人,采取套用以往审批手续、私自开具转账支票并加盖假印鉴、制作假银行对账单等手段,骗取鄱阳县财政局基建专项资金共计人民币9400万元。除李华波与徐德堂赌博挥霍及同案犯分得部分赃款外,其余赃款被李华波占有。李华波用上述赃款中的人民币240余万元为其本人及家人办理了移民新加坡的手续及在新加坡购置房产;将上述赃款中的人民币2700余万元通过新加坡中央人民币汇款服务私人有限公司兑换成新加坡元,转入本人及妻子在新加坡大华银行的个人账户内。后李华波夫妇使用转入个人账户内的新加坡元用于购买房产及投资,除用于项目投资的150万新加坡元外,其余均被新加坡警方查封扣押,合计540余万新加坡元(折合人民币约2600余万元)。

【检察工作情况】

（一）国际合作追逃，异地刑事追诉。2011 年 1 月 29 日，李华波逃往新加坡。2011 年 2 月 13 日，鄱阳县人民检察院以涉嫌贪污罪对李华波立案侦查，同月 16 日，上饶市人民检察院以涉嫌贪污罪对李华波决定逮捕。中新两国未签订双边引渡和刑事司法协助条约，经有关部门充分沟通协商，决定依据两国共同批准加入的《联合国反腐败公约》和司法协助互惠原则，务实开展该案的国际司法合作。为有效开展工作，中央追逃办先后多次组织召开案件协调会，由监察、检察、外交、公安、审判和司法行政以及地方执法部门组成联合工作组，先后 8 次赴新加坡开展工作。因中新两国最高检察机关均被本国指定为实施《联合国反腐败公约》司法协助的中央机关，其中 6 次由最高人民检察院牵头组团与新方进行工作磋商，拟定李华波案国际司法合作方案，相互配合，分步骤组织实施。

2011 年 2 月 23 日，公安部向国际刑警组织请求对李华波发布红色通报，并向新加坡国际刑警组织发出协查函。2011 年 3 月初，新加坡警方拘捕李华波。随后新加坡法院发出冻结令，冻结李华波夫妇转移到新加坡的涉案财产。2012 年 9 月，新加坡总检察署以三项"不诚实盗取赃物罪"指控李华波。2013 年 8 月 15 日，新加坡法院一审判决认定对李华波的所有指控罪名成立，判处其十五个月监禁。

（二）适用特别程序，没收违法所得。李华波贪污公款 9400 万元人民币的犯罪事实，有相关书证、证人证言及同案犯供述等予以证明。根据帮助李华波办理转账、移民事宜的相关证人证言、银行转账凭证复印件、新加坡警方提供的《事实概述》、新加坡法院签发的扣押财产报告等证据，能够证明被新加坡警方查封、扣押、冻结的李华波夫妇名下财产，属于李华波贪污犯罪违法所得。

李华波在红色通报发布一年后不能到案，2013 年 3 月 6 日，上饶市人民检察院向上饶市中级人民法院提出没收李华波违法所得申请。2015 年 3 月 3 日，上饶市中级人民法院作出一审裁定，认定李华波涉嫌重大贪污犯罪，其逃匿新加坡后被通缉，一年后未能到案。现有证据能够证明，被新加坡警方扣押的李华波夫妇名下财产共计 540 余万新加坡元，均系李华波的违法所得，依法予以没收。相关人员均未在法定期限内提出上诉，没收裁定生效。2016 年 6 月 29 日，新加坡高等法院作出判决，将扣押的李华波夫妇名下共计 540 余万新加坡元涉案财产全部返还中方。

（三）迫使回国投案，依法接受审判。为迫使李华波回国投案，中方依法吊销李华波全家四人中国护照并通知新方。2015 年 1 月，新加坡移民局作出取消李华波全家四人新加坡永久居留权的决定。2015 年 2 月 2 日，李华波主动写信要求回国投案自首。2015 年 5 月 9 日,李华波被遣返回国,同日被执行逮捕。2015 年 12 月 30 日,上饶市人民检察院以李华波犯贪污罪,向上饶市中级人民法院提起公诉。2017 年 1 月 23 日,上饶市中级人民法院以贪污罪判处李华波无期徒刑,剥夺政治权利终身,并处没收个人全部财产。扣除同案犯徐德堂等人已被追缴的赃款以及依照违法所得没收程序裁定没收的赃款,剩余赃款继续予以追缴。

【指导意义】

(一)对于犯罪嫌疑人、被告人逃匿的贪污贿赂等重大职务犯罪案件,符合法定条件的,人民检察院应当依法适用违法所得没收程序办理。对于贪污贿赂等重大职务犯罪案件,犯罪嫌疑人、被告人逃匿,在通缉一年后不能到案,如果有证据证明有犯罪事实,依照刑法规定应当追缴其违法所得及其他涉案财产的,人民检察院应当依法向人民法院提出没收违法所得的申请,促进追赃追逃工作开展。

(二)违法所得没收裁定生效后,犯罪嫌疑人、被告人到案的,人民检察院应当依照普通刑事诉讼程序审查起诉。人民检察院依照特别程序提出没收违法所得申请,人民法院作出没收裁定生效后,犯罪嫌疑人、被告人自动投案或者被抓获的,检察机关应当依照普通刑事诉讼程序进行审查。人民检察院审查后,认为犯罪事实清楚,证据确实充分的,应当向原作出裁定的人民法院提起公诉。

(三)在依照普通刑事诉讼程序办理案件过程中,要与原违法所得没收程序做好衔接。对扣除已裁定没收财产后需要继续追缴违法所得的,检察机关应当依法审查提出意见,由人民法院判决后追缴。

【相关规定】(略)

白静贪污违法所得没收案

(最高人民检察院第十三届检察委员会第八十一次会议决定　2021 年 12 月 9 日发布)

【关键词】

违法所得没收　证明标准　鉴定人出庭　举证重点

【要旨】

检察机关提出没收违法所得申请,应有证据证明申请没收的财产直接或者间接来源于犯罪所得,或者能够排除财产合法来源的可能性。人民检察院出席申请没收违法所得案件庭审,应当重点对于申请没收的财产属于违法所得进行举证。对于专业性较强的案件,可以申请鉴定人出庭。

【基本案情】

犯罪嫌疑人白静,男,A 国有银行金融市场部投资中心本币投资处原处长。

利害关系人邢某某,白静亲属。

诉讼代理人牛某,邢某某儿子。

2008 至 2010 年间,白静伙同樊某某(曾任某国有控股的 B 证券公司投资银行事业部固定收益证券总部总经理助理、固定收益证券总部销售交易部总经理等职务,另案处理)等人先后成立了甲公司及乙公司,并在 C 银行股份有限公司为上述两公司开设了资金一般账户和进行银行间债券交易的丙类账户。白静、樊某某利用各自在 A 银行、B 证券公司负责债券买卖业务的职务便利,在 A 银行购入或卖出债券,或者利用 B 证券公司的资质、信用委托其他银行代为购入、经营银行债券过程中,增加交易环节,将白静实际控制的甲公司和乙公司引入交易流程,使上述两公司与 A 银行、B 证券公司进行关联交易,套取 A 银行、B 证券公司的应得利益。通过上述方式对 73 支债券交易进行操纵,甲公司和乙公司在未投入任何资金的情况下,套取国有资金共计人民币 2.06 亿余元。其中,400 余万元由樊某某占有使用,其他大部分资金由白静占有使用,白静使用 1.45 亿余元以全额付款方式购买 9 套房产,登记在自己妻子及其他亲属名下。该 9 套房产被办案机关依法查封。

【诉讼过程】

2013 年 9 月 9 日,内蒙古自治区公安厅以涉嫌职务侵占罪对白静立案侦查,查明白静已于 2013 年 7 月 31 日逃匿境外。2013 年 12 月 7 日,内蒙古自治区人民检察院对白静批准逮捕,同年 12 月 17 日国际刑警组织对白静发布红色通报。2019 年 2 月 2 日,内蒙古自治区公安厅将白静涉嫌贪污罪线索移送内蒙古自治区监察委员会,同年 2 月 28 日,内蒙古自治区监察委员会对白静立案调查。同年 5 月 20 日,内蒙古自治区监察委员会向内蒙古自治区人民检察院移送没收违法所得意见书。同年 5 月 24 日,内蒙古自治区人民检察院将案件交由呼和浩特市人民检察院办理。同年 6 月 6 日,呼和浩特市人民检察院向呼和浩特市中级人民法院提出没收违法所得申请。利害关系人及其诉讼代理人在法院公告期间申请参加诉讼,对检察机关没收违法所得申请没有提出异议。2020 年 11 月 13 日,呼和浩特市中级人民法院作出违法所得没收裁定,依法没收白静使用贪污违法所得购买的 9 套房产。

【检察履职情况】

(一)提前介入完善主体身份证据,依法妥善处理共同犯罪案件。内蒙古自治区检察机关提前介入白静案时,审查发现证明白静构成贪污罪主体身份的证据不足,而共同犯罪人樊某某已经被呼和浩特市赛罕区人民检察院以职务侵占罪提起公诉。检察机关依法将白静案和樊某某案一并审查,建议内蒙古自治区监察委员会针对二人主体身份进一步补充调取证据。监察机关根据检察机关列出的补充完善证据清单,补充调取了 A 银行党委会议纪要、B 证券公司党政联席会议纪要、任命文件等证据,证明白静与樊某某均系国家工作人员,二人利用职务上的便利侵吞国有资产的共同犯罪行为应当定性为贪污罪。检察机关在与监察机关、公安机关、人民法院就案件新证据和适用程序等问题充分沟通后,依法适用违法所得没收程序申请没收白静贪污犯罪所得,依法对樊某某案变更起诉指控罪名。

(二)严格审查监察机关没收违法所得意见,准确界定申请没收的财产范围。监察机关调查期间依法查封、扣押、冻结了白静亲属名下 11 套房产及部分资金,没收违法所得意见书认定上述财产均来源于白静贪污犯罪所得,建议检察机关依法申请没收。检察机关审查认为,监察机关查封的 9 套房产系以全额付款方式购买,均登记在白静亲属名下,但登记购买人均未出资且对该 9 套房产不知情;9 套房产的购买资金均来源于白静实际控制的甲公司和乙公司银行账户;白静伙同樊某某利用职务便利套取 A 银行和 B 证券公司资金后转入甲公司和乙公司银行账户。根据现有证据,可以认定该 9 套房产来源于白静贪污犯罪所得。

其余 2 套房产,现有证据证明其中 1 套系白静妻兄向白静借钱购买,且事后已将购房款项归还,检察机关认为无法认定该套房产属于白静贪污犯罪所得,不应列入申请没收的财产范围;另 1 套房产由樊某某购买并登记在樊名下,现有证据能够证明购房资金来源于二人贪污犯罪所得,但在樊某某案中处理更为妥当。监察机关冻结、扣押的资金,检察机关审查认为来源不清,且白静夫妇案发前一直在金融单位工作,收入较高,同时使用家庭收入进行了股票等金融类投资,现有证据尚达不到认定高度可能属于白静贪污违法所得的证明标准,不宜列入申请没收范围。监察机关认可上述意见。

(三)申请鉴定人出庭作证,增强庭审举证效果。本案证据繁杂、专业性强,白静贪污犯罪手段隐秘、过程复杂,在看似正常的银行间债券买卖过程中将其所控制公司引入交易流程,通过增加交易环节、控制交易价格,以低买高卖的方式套取 A 银行、B 证券公司应得利益。犯罪行为涉及银行间债券买卖的交易流程、交易策略、交易要素等专业知识,不为普通大众所熟知。2020 年 10 月 14日,呼和浩特市中级人民法院公开开庭审理白静贪污违法所得没收案时,检察机关申请鉴定人出庭,就会计鉴定意见内容进行解释说明,对白静操纵债券交易过程和违法资金流向等进行全面分析,有力证明了白静贪污犯罪事实及贪污所得流向,增强了庭审举证效果。

(四)突出庭审举证重点,着重证明申请没收的财产属于违法所得。庭审中,检察机关针对白静的贪污犯罪事实出示相关证据。通过出示任职文件、会议纪要等证据,证明白静符合贪污罪主体要件;运用多媒体分类示证方式,分步骤展示白静对债券交易的操纵过程,证明其利用职务便利实施了贪污犯罪。对申请没收的9套房产属于白静贪污违法所得进行重点举证。出示购房合同、房产登记信息等书证及登记购买人证言,证明申请没收的9套房产系以全额付款方式购买,但登记购买人对房产不知情且未出资;出示委托付款书、付款凭证等书证,证明申请没收的9套房产的购买资金全部来源于白静控制的甲公司和乙公司银行账户;出示银行开户资料、银行流水等书证,相关证人证言,另案被告人樊某某供述及鉴定意见,并申请鉴定人出庭对鉴定意见进行说明,证明甲公司和乙公司银行账户的资金高度可能属于白静套取的 A 银行和 B 证券公司的国有资金,且部分用于购买房产等消费;出示查封、扣押通知书、接收协助执行法律文书登记表等书证,证明申请没收的9套房产已全部被监察机关依法查封。利害关系人及其诉讼代理人对检察机关出示的证据未提出异议。人民法院采信上述证据,依法裁定没收白静使用贪污违法所得购买的9套房产。

【指导意义】

(一)准确把握认定违法所得的证明标准,依法提出没收申请。检察机关提出没收违法所得申请,应当有证据证明有犯罪事实。除因犯罪嫌疑人、被告人逃匿无法收集的证据外,其他能够证明犯罪事实的证据都应当收集在案。在案证据应能够证明申请没收的财产具有高度可能系直接或者间接来源于违法所得或者系犯罪嫌疑人、被告人非法持有的违禁品、供犯罪所用的本人财物。对于在案证据无法证明部分财产系犯罪嫌疑人、被告人违法所得及其他涉案财产的,则不应列入申请没收的财产范围。

(二)证明申请没收的财产属于违法所得,是检察机关庭审举证的重点。人民法院开庭审理申请没收违法所得案件,人民检察院应当派员出席法庭承担举证责任。针对犯罪嫌疑人、被告人实施了法律规定的重大犯罪出示相关证据后,应当着重针对申请没收的财产属于违法所得进行举证。对于涉及金融证券类等重大复杂、专业性强的案件,检察机关可以申请人民法院通知鉴定人出庭作证,以增强证明效果。

【相关规定】(略)

彭旭峰受贿,贾斯语受贿、洗钱、违法所得没收案

(最高人民检察院第十三届检察委员会第八十一次会议决定　2021 年 12 月 9 日发布)

【关键词】

违法所得没收　主犯　洗钱罪　境外财产　国际刑事司法协助

【要旨】

对于跨境转移贪污贿赂所得的洗钱犯罪案件,检察机关应当依法适用特别程序追缴贪污贿赂违法所得。对于犯罪嫌疑人、被告人转移至境外的财产,如果有证据证明具有高度可能属于违法所得及其他涉案财产的,可以依法申请予以没收。对于共同犯罪的主犯逃匿境外,其他共同犯罪人已经在境内依照普通刑事诉讼程序处理的案件,应当充分考虑主犯应对全案事实负责以及国际刑事司法协助等因素,依法审慎适用特别程序追缴违法所得。

【基本案情】

犯罪嫌疑人彭旭峰,男,某市基础建设投资集团有限公司原党委书记,曾任某市住房和城乡建设委员会副主任、轨道交通集团有限公司党委书记、董事长。

犯罪嫌疑人贾斯语,女,自由职业,彭旭峰妻子。

利害关系人贾某,贾斯语亲属。

利害关系人蔡某,贾斯语亲属。

利害关系人邱某某,北京某国际投资咨询有限公司实际经营者。

另案被告人彭某一,彭旭峰弟弟,已被判刑。

(一)涉嫌受贿犯罪事实

2010 年至 2017 年,彭旭峰利用担任某市住房和城乡建设委员会副主任、轨道交通集团有限公司党委书记、董事长等职务上的便利,为有关单位或个人在承揽工程、承租土地及设备采购等事项上谋取利益,单独或者伙同贾斯语及彭某一等人非法收受上述单位或个人给予的财物共计折合人民币 2.3 亿余元和美元 12 万元。其中,彭旭峰伙同贾斯语非法收受他人给予的财物共计折合人民币 31 万余元、美元 2 万元。

2015 年至 2017 年,彭旭峰安排彭某一使用两人共同受贿所得人民币 2085 万余元,在长沙市购买 7 套房产。案发后,彭某一出售该 7 套房产,并向办案机关退缴房款人民币 2574 万余元。

2015 年 9 月至 2016 年 11 月,彭旭峰安排彭某一将两人共同受贿所得人民币 4500 万元借给邱某某;2016 年 11 月,彭旭峰和彭某一收受他人所送对邱某某人民币 3000 万元的债权,并收取了 315 万元利息。上述 7500 万元债权,邱某某以北京某国际投资咨询有限公司在某商业有限公司的 40% 股权设定抵押担保。案发后,办案机关冻结了上述股份,并将上述 315 万元利息予以扣押。

2010 年至 2015 年,彭旭峰、贾斯语将收受有关单位或个人所送黄金制品,分别存放于彭旭峰家中和贾某、蔡某家中。办案机关提取并扣押上述黄金制品。

(二)涉嫌洗钱犯罪事实

2012 年至 2017 年,贾斯语将彭旭峰受贿犯罪所得人民币 4299 万余元通过地下钱庄或者借用他人账户转移至境外。

2014 年至 2017 年,彭旭峰、贾斯语先后安排彭某一等人将彭旭峰受贿款兑换成外币后,转至贾斯语在其他国家开设的银行账户,先后用于在 4 个国家购买房产、国债及办理移民事宜等。应中华人民共和国刑事司法协助请求,相关国家对涉案房产、国债、资金等依法予以监管和控制。

【诉讼过程】

2017 年 4 月 1 日,湖南省岳阳市人民检察院以涉嫌受贿罪对彭旭峰立案侦查,查明彭旭峰已于同年 3 月 24 日逃匿境外。同年 4 月 25 日,湖南省人民检察院对彭旭峰决定逮捕,同年 5 月 10 日,国际刑警组织对彭旭峰发布红色通报。

2017 年 4 月 21 日,岳阳市人民检察院以涉嫌受贿罪、洗钱罪对贾斯语立案侦查,查明贾斯语已于同年 3 月 10 日逃匿境外。同年 4 月 25 日,湖南省人民检察院对贾斯语决定逮捕,同年 5 月 10 日,国际刑警组织对贾斯语发布红色通报。

2018 年 9 月 5 日,岳阳市人民检察院将本案移交岳阳市监察委员会办理。岳阳市监察委员会对彭旭峰、贾斯语涉嫌职务犯罪案件立案调查,并向岳阳市人民检察院移送没收违法所得意见书。2019 年 6 月 22 日,岳阳市人民检察院向岳阳市中级人民法院提出没收违法所得申请。利害关系人贾某、蔡某、邱某某在法院公告期间申请参加诉讼。其中贾某、蔡某对在案扣押的 38 万元提出异议,认为在案证据不能证明该 38 万元属于违法所得,同时提出彭旭峰、贾斯语未成年儿子在国内由其夫妇抚养,请求法庭从没收财产中为其预留生活、教育费用;邱某某对检察机关没收违法所得申请无异议,建议司法机关在执行时将冻结某商业有限公司 40% 股份变卖后,扣除 7500 万元违法所得,剩余部分返还给其公司。2020 年 1 月 3 日,岳阳市中级人民法院作出违法所得没收裁定,依法没收彭旭峰实施受贿犯罪、贾斯语实施受贿、洗钱犯罪境内违法所得共计人民币 1 亿余元、黄金制品以及境外违法所得共计 5 处房产、250 万欧元国债及孳息、50 余万美元及孳息。同时对贾某、蔡某提出异议的 38 万元解除扣押，予以返还；对邱某某所提意见予以支持，在执行程序中依法处置。

【检察履职情况】

（一）提前介入完善证据体系。本案涉嫌受贿、洗钱犯罪数额特别巨大，涉案境外财产分布在 4 个国家，涉及大量通过刑事司法协助获取的境外证据。检察机关发挥提前介入作用，对监察机关提供的案卷材料进行全面审查，详尽梳理案件涉及的上下游犯罪、关联犯罪关系以及电子证据、境外证据、再生证据等，以受贿罪为主线，列明监察机关应予补充调查的问题，并对每一项补证内容进行分解细化，分析论证补证目的和方向。经过监察机关补充调查，进一步完善了有关受贿犯罪所得去向和涉嫌洗钱犯罪的证据。

（二）证明境外财产属于违法所得。在案证据显示彭旭峰、贾斯语将受贿所得转移至 4 个国家，用于购买房产、国债等。其中对某国购买的房产，欠缺该国资金流向和购买过程的证据。检察机关认为，在案证据证明，贾斯语通过其外国银行账户向境外某公司转账 59.2 万美元，委托该境外公司购买上述某国房产，该公司将其中 49.4 万美元汇往某国，购房合同价款为 43.5 万美元。同一时期内彭旭峰多次安排他人，将共计人民币 390 余万元（折合 60 余万美元）受贿所得汇至贾斯语外国银行账户，汇款数额大于购房款。因此，可以认定彭旭峰、贾斯语在该国的房产高度可能来源于彭旭峰受贿所得，应当认定该房产为违法所得予以申请没收。检察机关对彭旭峰、贾斯语在上述 4 个国家的境外财产均提出没收申请，利害关系人及其诉讼代理人均未提出异议，法院裁定均予以支持。

（三）依法审慎适用特别程序追缴违法所得。本案彭旭峰涉嫌受贿犯罪事实，大部分系伙同彭某一共同实施，彭某一并未逃匿，其受贿案在国内依照普通刑事诉讼程序办理，二人共同受贿犯罪涉及的部分境内财产已在彭某一案中予以查封、扣押或冻结。检察机关审查认为，本案系利用彭旭峰的职权实施，彭旭峰系本案主犯，对受贿行为起到了决定作用，宜将彭某一案中与彭旭峰有关联的境内财产，如兄弟二人在长沙市购买的房产、共同借款给他人的资金等，均纳入违法所得没收程序申请没收。利害关系人及其诉讼代理人和彭某一对此均未提出异议。人民法院作出的违法所得没收裁定生效后，通过国际刑事司法协助申请境外执行，目前已得到部分国家承认。

【指导意义】

（一）依法加大对跨境转移贪污贿赂所得的洗钱犯罪打击力度。犯罪嫌疑人、被告人逃匿境外的贪污贿赂犯罪案件，一般均已先期将巨额资产转移至境外,我国刑法第一百九十一条第一款第四项明确规定此类跨境转移资产行为属于洗钱犯罪。《最高人民法院、最高人民检察院关于适用犯罪嫌疑人、被告人逃匿、死亡案件违法所得没收程序若干问题的规定》明确规定,对于洗钱犯罪案件,可以适用特别程序追缴违法所得及其他涉案财产。检察机关在办理贪污贿赂犯罪案件中,应当加大对涉嫌洗钱犯罪线索的审查力度,对于符合法定条件的,应积极适用违法所得没收程序追缴违法所得。

(二)准确认定需要没收违法所得的境外财产。《最高人民法院、最高人民检察院关于适用犯罪嫌疑人、被告人逃匿、死亡案件违法所得没收程序若干问题的规定》明确规定,对于适用违法所得没收程序案件,适用"具有高度可能"的证明标准。经审查,有证据证明犯罪嫌疑人、被告人将违法所得转移至境外,在境外购置财产的支出小于所转移的违法所得,且犯罪嫌疑人、被告人没有足以支付其在境外购置财产的其他收入来源的,可以认定其在境外购置的财产具有高度可能属于需要申请没收的违法所得。

(三)对于主犯逃匿境外的共同犯罪案件,依法审慎适用特别程序追缴违法所得。共同犯罪中,主犯对全部案件事实负责,犯罪后部分犯罪嫌疑人、被告人逃匿境外,部分犯罪嫌疑人、被告人在境内被司法机关依法查办的,如果境内境外均有涉案财产,且逃匿的犯罪嫌疑人、被告人是共同犯罪的主犯,依法适用特别程序追缴共同犯罪违法所得,有利于全面把握涉案事实,取得较好办案效果。

【相关规定】(略)

黄艳兰贪污违法所得没收案

(最高人民检察院第十三届检察委员会第八十一次会议决定 2021 年 12 月 9 日发布)

【关键词】

违法所得没收 利害关系人异议 善意第三方

【要旨】

检察机关在适用违法所得没收程序中,应当承担证明有犯罪事实以及申请没收的财产属于违法所得及其他涉案财产的举证责任。利害关系人及其诉讼代理人参加诉讼并主张权利,但不能提供合法证据或者其主张明显与事实不符的,应当依法予以辩驳。善意第三方对申请没收财产享有合法权利的,应当依法予以保护。

【基本案情】

犯罪嫌疑人黄艳兰,女,原某市物资总公司(简称物资总公司)总经理、法定代表人。

利害关系人施某某,黄艳兰朋友。

利害关系人邓某某,黄艳兰亲属。

利害关系人 A 银行股份有限公司上海分行(简称 A 银行上海分行)。

利害关系人 B 银行股份有限公司上海市南支行(简称 B 银行市南支行)。

利害关系人 C 银行股份有限公司上海市虹桥开发区支行(简称 C 银行虹桥支行)。

1993 年 5 月至 1998 年 8 月,物资总公司用自有资金、银行贷款及融资借款经营期货等业务,由黄艳兰等人具体操作执行。其间,黄艳兰利用职务上的便利,先后控制和使用包括 D 商贸有限公司(简称 D 公司)等多个银行账户和证券账户进行期货交易,累计盈利人民币 1.8 亿余元,其中 1.1 亿余元未纳入物资总公司管理,由黄艳兰实际控制。

1997 年 7 月至 1999 年 4 月,黄艳兰直接或指使他人先后从 D 公司等六个账户转出人民币 3000.35 万元,以全额付款方式在上海购买 2 套房产,又向 A 银行上海分行、B 银行市南支行、C 银行虹桥支行按揭贷款在上海购买 50 套房产,分别登记在李某某(黄艳兰亲属)、施某某等人名下。在公司改制过程中,黄艳兰隐匿并占有上述房产。

2000 年 12 月,涉案 20 套房产因涉及民事纠纷被法院查封。为逃避债务,黄艳兰指使其亲属李某某将另外 32 套房产的合同权益虚假转让给施某某和高某某(施某某朋友),后又安排邓某某与施某某、高某某签订委托合同,继续由邓某某全权管理该房产。之后,黄艳兰指使邓某某出售 15 套,用部分售房款和剩余的 17 套房产(登记在施某某、高某某名下)出租所得款项又购买 6 套房产,其中 4 套登记在施某某名下,2 套登记在蒋某(邓某某亲属)名下,另将部分售房款和出租款存入以施某某等人名义开设的银行账户。经查,上述 23 套房产均以按揭贷款方式购买。2002 年 12 月至 2003 年 5 月,广西壮族自治区桂林市人民检察院依法查封了涉案 23 套房产,依法冻结施某某等人银行账户内存款人民币 90 余万元、美元 2.7 万余元。

【诉讼过程】

2002 年 8 月 14 日,桂林市人民检察院以涉嫌贪污罪对黄艳兰立案侦查,查明黄艳兰已于 2001 年 12 月 8 日逃匿境外。2002 年 8 月 16 日,桂林市人民检察院决定对黄艳兰刑事拘留,同年 12 月 30 日决定逮捕。2005 年 5 月 23 日,国际刑警组织对黄艳兰发布红色通报。2016 年 12 月 23 日,桂林市人民检察院向桂林市中级人民法院提出没收违法所得申请。利害关系人施某某、邓某某、A银行上海分行、B银行市南支行、C银行虹桥支行申请参加诉讼,对涉案财产主张权利。2018年11月15日,桂林市中级人民法院作出裁定,依法没收黄艳兰实施贪污犯罪所得23套房产、银行账户内存款人民币90余万元、美元2.7万余元及利息,依法向A银行上海分行、B银行市南支行、C银行虹桥支行支付贷款欠款本金、利息及实现债权的费用。利害关系人施某某、邓某某不服提出上诉。2019年6月29日,广西壮族自治区高级人民法院驳回上诉,维持一审裁定。

【检察履职情况】

(一)详细梳理贪污资金流向,依法认定涉案财产属于贪污违法所得。检察机关经审查在案资金流向相关证据,结合对黄艳兰实施贪污犯罪行为的分析,证实黄艳兰贪污公款后购买52套房产,其中2套以全额付款方式购买,50套以抵押贷款方式购买。司法机关已在相关民事诉讼中依法强制执行20套,黄艳兰指使邓某某出售15套,后用售房款和出租剩余17套房产所得款项又购买6套房产,另将部分售房款和出租房屋所得款项存入施某某等人名下银行账户。因此,在案23套房产以及存入施某某等人名下银行账户中的款项,均系黄艳兰贪污犯罪所得,依法应予以没收。

(二)针对性开展举证、质证、答辩,依法驳斥利害关系人不当异议。在开庭审理过程中,利害关系人邓某某及其诉讼代理人提出,以李某某名义开设的E期货账户曾转出3077万元至黄艳兰控制的D公司账户,购房资金来源于李某某从事期货交易的收益,并向法庭提交了开户资料等证据。出庭检察员对此从证据的合法性、真实性和关联性等方面,发表质证意见,提出邓某某及其诉讼代理人提交的开户资料等证据均为复印件,均未加盖出具单位公章,并有明显涂改痕迹,不具备证据的真实性。同时,根据证监会对涉案部分期货合约交易中有关单位和个人违规行为的处罚决定、期货公司出具的说明等书证、司法会计鉴定意见、检验鉴定意见以及相关证人证言,足以证实E期货账户系由黄艳兰指挥物资总公司工作人员开设和操作,账户内的保证金和资金高度可能属于物资总公司的公款。邓某某及其诉讼代理人所提意见与本案证据证明的事实不符,建议法庭不予采纳。另一利害关系人施某某及其诉讼代理人提出,施某某、高某某名下房产系施某某合法财产。对此,出庭检察员答辩指出,上述房产是相关民事纠纷过程中,黄艳兰为逃避债务,与李某某、黄某一(黄艳兰亲属)串通,将涉案房产登记到二人名下。且在变更登记后,施某某即将涉案房产委托给邓某某全权管理,涉案房产仍由邓某某实际控制,售房款、出租款等也均由邓某某控制和使用。施某某无法提交购房资金来源的证据,以证明其实际支付了购房款。因此,施某某及其诉讼代理人所提意见,与本案证据证明的事实不符,不应支持。法院对检察机关上述意见均予采纳。

(三)依法认定其他利害关系人身份,切实保护善意第三方合法权益。涉案23 套房产均系黄艳兰利用贪污所得资金支付首付款后,向 A 银行上海分行、B 银行市南支行、C 银行虹桥支行以按揭贷款方式购买,三家银行对按揭贷款房产依法进行抵押,约定了担保债权的范围。诉讼期间,三家银行及其诉讼代理人提出,涉案房产的借款合同均合法有效,并享有抵押权,依法应当优先受偿。检察机关经审查认为,三家银行既未与黄艳兰串通,亦不明知黄艳兰购房首付款系贪污赃款,依法应当认定为善意第三方,其合法权益应当予以保护。根据《最高人民法院、最高人民检察院关于适用犯罪嫌疑人、被告人逃匿、死亡案件违法所得没收程序若干问题的规定》第七条第一款、第二款规定,检察机关依法认定上述三家银行系本案的"其他利害关系人",对三家银行主张的优先受偿权,依法予以支持。

【指导意义】

(一)利害关系人对申请没收财产提出异议或主张权利的,检察人员出庭时应当作为质证重点。根据《最高人民法院、最高人民检察院关于适用犯罪嫌疑人、被告人逃匿、死亡案件违法所得没收程序若干问题的规定》第十五条的规定,利害关系人在诉讼中对检察机关申请没收的财产属于违法所得及其他涉案财产等相关事实及证据有异议的,可以提出意见;对申请没收财产主张权利的,应当出示相关证据。对于其提供的证据不合法,或其异议明显与客观事实不符的,出庭检察人员应当围绕财产状态、财产来源、与违法犯罪的关系等内容,有针对性地予以驳斥,建议人民法院依法不予支持。

(二)善意第三方对申请没收财产享有合法权益的,应当依法保护。对申请没收财产因抵押而享有优先受偿权的债权人,或者享有其他合法权利的利害关系人,如果在案证据能够证明其在抵押权设定时对该财产系违法所得不知情,或者有理由相信该财产为合法财产,依法应当认定为善意第三方,对其享有的担保物权或其他合法权利,依法应当予以保护。

【相关规定】(略)

刑法第三百八十六条(受贿罪)

第三百八十六条　对犯受贿罪的,根据受贿所得数额及情节,依照本法第三百八十三条的规定处罚。索贿的从重处罚。

潘玉梅、陈宁受贿案

（最高人民法院审判委员会讨论通过 2011 年 12 月 20 日发布）

【关键词】

刑事 受贿罪 "合办"公司受贿 低价购房受贿 承诺谋利 受贿数额计算 掩饰受贿退赃

【裁判要点】

1. 国家工作人员利用职务上的便利为请托人谋取利益,并与请托人以"合办"公司的名义获取"利润",没有实际出资和参与经营管理的,以受贿论处。

2. 国家工作人员明知他人有请托事项而收受其财物,视为承诺"为他人谋取利益",是否已实际为他人谋取利益或谋取到利益,不影响受贿的认定。

3. 国家工作人员利用职务上的便利为请托人谋取利益,以明显低于市场的价格向请托人购买房屋等物品的,以受贿论处,受贿数额按照交易时当地市场价格与实际支付价格的差额计算。

4. 国家工作人员收受财物后,因与其受贿有关联的人、事被查处,为掩饰犯罪而退还的,不影响认定受贿罪。

【基本案情】

2003 年 8—9 月间,被告人潘玉梅、陈宁分别利用担任江苏省南京市栖霞区迈皋桥街道工委书记、迈皋桥办事处主任的职务便利,为南京某房地产开发有限公司总经理陈某在迈皋桥创业园区低价获取 100 亩土地等提供帮助,并于 9 月 3 日分别以其亲属名义与陈某共同注册成立南京多贺工贸有限责任公司(简称多贺公司),以"开发"上述土地。潘玉梅、陈宁既未实际出资,也未参与该公司经营管理。2004 年 6 月,陈某以多贺公司的名义将该公司及其土地转让给南京某体育用品有限公司,潘玉梅、陈宁以参与利润分配名义,分别收受陈某给予的 480 万元。2007 年 3 月,陈宁因潘玉梅被调查,在美国出差期间安排其驾驶员退给陈某 80 万元。案发后,潘玉梅、陈宁所得赃款及赃款收益均被依法追缴。

2004 年 2 月至 10 月,被告人潘玉梅、陈宁分别利用担任迈皋桥街道工委书记、迈皋桥办事处主任的职务之便,为南京某置业发展有限公司在迈皋桥创业园购买土地提供帮助,并先后 4 次各收受该公司总经理吴某某给予的 50 万元。

2004 年上半年,被告人潘玉梅利用担任迈皋桥街道工委书记的职务便利,为南京某发展有限公司受让金桥大厦项目减免 100 万元费用提供帮助,并在购买对方开发的一处房产时接受该公司总经理许某某为其支付的房屋差价款和相关税费 61 万余元(房价含税费 121.0817 万元,潘支付 60 万元)。2006 年 4 月,潘玉梅因检察机关从许某某的公司账上已掌握其购房仅支付部分款项的情况而补还给许某某 55 万元。

此外,2000 年春节前至 2006 年 12 月,被告人潘玉梅利用职务便利,先后收受迈皋桥办事处一党支部书记兼南京某商贸有限责任公司总经理高某某人民币 201 万元和美元 49 万元、浙江某房地产集团南京置业有限公司范某某美元 1 万元。2002 年至 2005 年间,被告人陈宁利用职务便利,先后收受迈皋桥办事处一党支部书记高某某 21 万元、迈皋桥办事处副主任刘某 8 万元。

综上,被告人潘玉梅收受贿赂人民币 792 万余元、美元 50 万元(折合人民币 398.1234 万元),共计收受贿赂 1190.2 万余元;被告人陈宁收受贿赂 559 万元。

【裁判结果】

江苏省南京市中级人民法院于 2009 年 2 月 25 日以(2008)宁刑初字第 49 号刑事判决,认定被告人潘玉梅犯受贿罪,判处死刑,缓期二年执行,剥夺政治权利终身,并处没收个人全部财产;被告人陈宁犯受贿罪,判处无期徒刑,剥夺政治权利终身,并处没收个人全部财产。宣判后,潘玉梅、陈宁提出上诉。江苏省高级人民法院于 2009 年 11 月 30 日以同样的事实和理由作出(2009)苏刑二终字第 0028 号刑事裁定,驳回上诉,维持原判,并核准一审以受贿罪判处被告人潘玉梅死刑,缓期二年执行,剥夺政治权利终身,并处没收个人全部财产的刑事判决。

【裁判理由】

法院生效裁判认为:关于被告人潘玉梅、陈宁及其辩护人提出二被告人与陈某共同开办多贺公司开发土地获取"利润"480 万元不应认定为受贿的辩护意见。经查,潘玉梅时任迈皋桥街道工委书记,陈宁时任迈皋桥街道办事处主任,对迈皋桥创业园区的招商工作、土地转让负有领导或协调职责,二人分别利用各自职务便利,为陈某低价取得创业园区的土地等提供了帮助,属于利用职务上的便利为他人谋取利益;在此期间,潘玉梅、陈宁与陈某商议合作成立多贺公司用于开发上述土地,公司注册资金全部来源于陈某,潘玉梅、陈宁既未实际出资,也未参与公司的经营管理。因此,潘玉梅、陈宁利用职务便利为陈某谋取利益,以与陈某合办公司开发该土地的名义而分别获取的 480 万元,并非所谓的公司利润,而是利用职务便利使陈某低价获取土地并转卖后获利的一部分,体现了受贿罪权钱交易的本质,属于以合办公司为名的变相受贿,应以受贿论处。

关于被告人潘玉梅及其辩护人提出潘玉梅没有为许某某实际谋取利益的辩护意见。经查,请托人许某某向潘玉梅行贿时,要求在受让金桥大厦项目中减免100万元的费用,潘玉梅明知许某某有请托事项而收受贿赂;虽然该请托事项没有实现,但"为他人谋取利益"包括承诺、实施和实现不同阶段的行为,只要具有其中一项,就属于为他人谋取利益。承诺"为他人谋取利益",可以从为他人谋取利益的明示或默示的意思表示予以认定。潘玉梅明知他人有请托事项而收受其财物,应视为承诺为他人谋取利益,至于是否已实际为他人谋取利益或谋取到利益,只是受贿的情节问题,不影响受贿的认定。

关于被告人潘玉梅及其辩护人提出潘玉梅购买许某某的房产不应认定为受贿的辩护意见。经查,潘玉梅购买的房产,市场价格含税费共计应为121万余元,潘玉梅仅支付60万元,明显低于该房产交易时当地市场价格。潘玉梅利用职务之便为请托人谋取利益,以明显低于市场的价格向请托人购买房产的行为,是以形式上支付一定数额的价款来掩盖其受贿权钱交易本质的一种手段,应以受贿论处,受贿数额按照涉案房产交易时当地市场价格与实际支付价格的差额计算。

关于被告人潘玉梅及其辩护人提出潘玉梅购买许某某开发的房产,在案发前已将房产差价款给付了许某某,不应认定为受贿的辩护意见。经查,2006年4月,潘玉梅在案发前将购买许某某开发房产的差价款中的55万元补给许某某,相距2004年上半年其低价购房有近两年时间,没有及时补还巨额差价;潘玉梅的补还行为,是由于许某某因其他案件被检察机关找去谈话,检察机关从许某某的公司账上已掌握潘玉梅购房仅支付部分款项的情况后,出于掩盖罪行目的而采取的退赃行为。因此,潘玉梅为掩饰犯罪而补还房屋差价款,不影响对其受贿罪的认定。

综上所述,被告人潘玉梅、陈宁及其辩护人提出的上述辩护意见不能成立,不予采纳。潘玉梅、陈宁作为国家工作人员,分别利用各自的职务便利,为他人谋取利益,收受他人财物的行为均已构成受贿罪,且受贿数额特别巨大,但同时鉴于二被告人均具有归案后如实供述犯罪、认罪态度好,主动交代司法机关尚未掌握的同种余罪,案发前退出部分赃款,案发后配合追缴涉案全部赃款等从轻处罚情节,故一、二审法院依法作出如上裁判。

【相关规定】(略)

赛跃、韩成武受贿、食品监管渎职案

（最高人民检察院第十二届检察委员会第十七次会议决定　2014年2月
20日发布）

【关键词】

受贿罪　食品监管渎职罪

【要旨】

负有食品安全监督管理职责的国家机关工作人员，滥用职权或玩忽职守，
导致发生重大食品安全事故或者造成其他严重后果的，应当认定为食品监管渎
职罪。在渎职过程中受贿的，应当以食品监管渎职罪和受贿罪实行数罪并罚。

【基本案情】

被告人赛跃，男，云南省人，1965年出生，原系云南省嵩明县质量技术监督
局（以下简称嵩明县质监局）局长。

被告人韩成武，男，云南省人，1963年出生，原系嵩明县质监局副局长。

2011年9月17日，根据群众举报称云南丰瑞粮油工业产业有限公司（位于
云南省嵩明县杨林工业园区，以下简称杨林丰瑞公司）违法生产地沟油，时任嵩
明县质监局局长、副局长的赛跃、韩成武等人到杨林丰瑞公司现场检查，查获该
公司无生产许可证，其生产区域的配套的食用油加工设备以"调试设备"之名在
生产，现场有生产用原料毛猪油2244.912吨，其中有的外包装无标签标识等，
不符合食品安全标准。9月21日，被告人赛跃、韩成武没有计量核实毛猪油数
量、来源，仅凭该公司人员陈述500吨，而对毛猪油591.4吨及生产用活性土30
吨、无证生产的菜油100吨进行封存。同年10月22日，韩成武以"杨林丰瑞公
司采购的原料共59.143吨不符合食品安全标准"建议立案查处，赛跃同意立
案，并召开案审会经集体讨论，决定对杨林丰瑞公司给予行政处罚。10月24
日，嵩明县质监局作出对杨林丰瑞公司给予销毁不符合安全标准的原材料和罚
款1419432元的行政处罚告知，并将行政处罚告知书送达该公司。之后，该公
司申请从轻、减轻处罚。同年12月9日，赛跃、韩成武以企业配合调查及经济
困难为由，未经集体讨论，决定减轻对杨林丰瑞公司的行政处罚，嵩明县质监局
于12月12日作出行政处罚决定书，对杨林丰瑞公司作出销毁不符合食品安全
标准的原料和罚款20万元的处罚，并下达责令改正通知书，责令杨林丰瑞公司
于2011年12月27日前改正"采购的原料毛猪油不符合食品安全标准"的违法

行为。12月13日,嵩明县质监局解除了对毛猪油、活性土、菜油的封存,实际并未销毁该批原料。致使杨林丰瑞公司在2011年11月至2012年3月期间,使用已查获的原料无证生产食用猪油并流入社会,对人民群众的生命健康造成较大隐患。

2011年10月至11月间,被告人赛跃、韩成武在查处该案的过程中,先后两次在办公室收受该公司吴庆伟(另案处理)分别送给的人民币10万元、3万元。

2012年3月13日,公安机关以该公司涉嫌生产、销售有毒、有害食品罪立案侦查。3月20日,赛跃和韩成武得知该情况后,更改相关文书材料、销毁原始行政处罚文书、伪造质监局分析协调会、案审会记录及杨林丰瑞公司毛猪油原材料的销毁材料,将所收受的13万受贿款作为对杨林丰瑞公司的罚款存入罚没账户。

【诉讼过程】

2012年5月4日,赛跃、韩成武因涉嫌徇私舞弊不移交刑事案件罪、受贿罪被云南省嵩明县人民检察院立案侦查,韩成武于5月7日被刑事拘留,赛跃于5月8日被刑事拘留,5月21日二人被逮捕。

该案由云南省嵩明县人民检察院反渎职侵权局侦查终结后,移送该院公诉部门审查起诉。云南省嵩明县人民检察院经审查认为,被告人赛跃、韩成武作为负有食品安全监督管理职责的国家机关工作人员,未认真履行职责,失职、渎职造成大量的问题猪油流向市场,后果特别严重;同时二被告人利用职务上的便利,非法收受他人贿赂,为他人谋取利益,二被告人之行为已触犯《刑法》第四百零八条之一、第三百八十五条第一款之规定,应当以食品监管渎职罪、受贿罪追究刑事责任。2012年9月5日,云南省嵩明县人民检察院以被告人赛跃、韩成武犯食品监管渎职罪、受贿罪向云南省嵩明县人民法院提起公诉。

2012年11月26日,云南省嵩明县人民法院一审认为,被告人赛跃、韩成武作为国家工作人员,利用职务上的便利,非法收受他人财物,为他人谋取利益,其行为已构成受贿罪;被告人赛跃、韩成武作为质监局工作人员,在查办杨林丰瑞公司无生产许可证生产有毒、有害食品案中玩忽职守、滥用职权,致使查获的不符合食品安全标准的原料用于生产,有毒、有害油脂流入社会,造成严重后果,其行为还构成食品监管渎职罪。鉴于杨林丰瑞公司被公安机关查处后,赛跃、韩成武向领导如实汇报受贿事实,且将受贿款以"罚款"上交,属自首,可从轻、减轻处罚。依照刑法相关条款之规定,判决被告人赛跃犯受贿罪和食品监管渎职罪,数罪并罚,判处有期徒刑六年;韩成武犯受贿罪和食品监管渎职罪,数罪并罚,判处有期徒刑二年六个月。

一审宣判后,赛跃、韩成武提出上诉。

2013 年 4 月 20 日,云南省昆明市中级人民法院二审裁定驳回上诉,维持原判。

【相关规定】(略)

金某某受贿案

(最高人民检察院第十三届检察委员会第四十三次会议决定 2020 年 7 月 16 日发布)

【关键词】

职务犯罪 认罪认罚 确定刑量刑建议

【要旨】

对于犯罪嫌疑人自愿认罪认罚的职务犯罪案件,应当依法适用认罪认罚从宽制度办理。在适用认罪认罚从宽制度办理职务犯罪案件过程中,检察机关应切实履行主导责任,与监察机关、审判机关互相配合,互相制约,充分保障犯罪嫌疑人、被告人的程序选择权。要坚持罪刑法定和罪责刑相适应原则,对符合有关规定条件的,一般应当就主刑、附加刑、是否适用缓刑等提出确定刑量刑建议。

【基本案情】

被告人金某某,女,安徽省某医院原党委书记、院长。

2007 年至 2018 年,被告人金某某在担任安徽省某医院党委书记、院长期间,利用职务上的便利,为请托人在承建工程项目、销售医疗设备、销售药品、支付货款、结算工程款、职务晋升等事项上提供帮助,非法收受他人财物共计人民币 1161.1 万元、4000 欧元。

【检察工作情况】

(一)提前介入全面掌握案情,充分了解被调查人的认罪悔罪情况。安徽省检察机关在提前介入金某某案件过程中,通过对安徽省监察委员会调查的证据材料进行初步审查,认为金某某涉嫌受贿犯罪的基本事实清楚,基本证据确实充分。同时注意到,金某某到案后,不但如实交代了监察机关已经掌握的受贿 170 余万元的犯罪事实,还主动交代了监察机关尚未掌握的受贿 980 余万元的犯罪事实,真诚认罪悔罪,表示愿意接受处罚,并已积极退缴全部赃款。初步判定本案具备适用认罪认罚从宽制度条件。

(二)检察长直接承办,积极推动认罪认罚从宽制度适用。安徽省监察委员会调查终结后,于 2019 年 1 月 16 日以金某某涉嫌受贿罪移送安徽省人民检察院起诉,安徽省人民检察院于同月 29 日将案件交由淮北市人民检察院审查起诉,淮北市人民检察院检察长作为承办人办案。经全面审查认定,金某某受贿案数额特别巨大,在安徽省医疗卫生系统有重大影响,但其自愿如实供述自己的罪行,真诚悔罪,愿意接受处罚,全部退赃,符合刑事诉讼法规定的认罪认罚从宽制度适用条件,检察机关经慎重研究,依法决定适用认罪认罚从宽制度办理。

(三)严格依法确保认罪认罚的真实性、自愿性、合法性。一是及时告知权利。案件移送起诉后,淮北市人民检察院在第一次讯问时,告知金某某享有的诉讼权利和认罪认罚相关法律规定,加强释法说理,充分保障其程序选择权和认罪认罚的真实性、自愿性。二是充分听取意见。切实保障金某某辩护律师的阅卷权、会见权,就金某某涉嫌的犯罪事实、罪名及适用的法律规定,从轻处罚建议,认罪认罚后案件审理适用的程序等,充分听取金某某及其辩护律师的意见,记录在案并附卷。三是提出确定刑量刑建议。金某某虽然犯罪持续时间长、犯罪数额特别巨大,但其自监委调查阶段即自愿如实供述自己的罪行,尤其是主动交代了监察机关尚未掌握的大部分犯罪事实,具有法定从轻处罚的坦白情节;且真诚悔罪,认罪彻底稳定,全部退赃,自愿表示认罪认罚,应当在法定刑幅度内相应从宽,检察机关综合上述情况,提出确定刑量刑建议。四是签署具结书。金某某及其辩护律师同意检察机关量刑建议,并同意适用普通程序简化审理,在辩护律师见证下,金某某自愿签署了《认罪认罚具结书》。

2019 年 3 月 13 日,淮北市人民检察院以被告人金某某犯受贿罪,向淮北市中级人民法院提起公诉,建议判处金某某有期徒刑十年,并处罚金人民币 50 万元,并建议适用普通程序简化审理。2019 年 4 月 10 日,淮北市中级人民法院公开开庭,适用普通程序简化审理本案。经过庭审,认定起诉书指控被告人金某某犯受贿罪事实清楚、证据确实充分,采纳淮北市人民检察院提出的量刑建议并当庭宣判,金某某当庭表示服判不上诉。

【指导意义】

(一)对于犯罪嫌疑人自愿认罪认罚的职务犯罪案件,检察机关应当依法适用认罪认罚从宽制度办理。依据刑事诉讼法第十五条规定,认罪认罚从宽制度贯穿刑事诉讼全过程,没有适用罪名和可能判处刑罚的限定,所有刑事案件都可以适用。职务犯罪案件适用认罪认罚从宽制度,符合宽严相济刑事政策,有利于最大限度实现办理职务犯罪案件效果,有利于推进反腐败工作。职务犯罪案件的犯罪嫌疑人自愿如实供述自己的罪行,真诚悔罪,愿意接受处罚,检察机关应当依法适用认罪认罚从宽制度办理。

（二）适用认罪认罚从宽制度办理职务犯罪案件,检察机关应切实履行主导责任。检察机关通过提前介入监察机关办理职务犯罪案件工作,即可根据案件事实、证据、性质、情节、被调查人态度等基本情况,初步判定能否适用认罪认罚从宽制度。案件移送起诉后,人民检察院应当及时告知犯罪嫌疑人享有的诉讼权利和认罪认罚从宽制度相关法律规定,保障犯罪嫌疑人的程序选择权。犯罪嫌疑人自愿认罪认罚的,人民检察院应当就涉嫌的犯罪事实、罪名及适用的法律规定,从轻、减轻或者免除处罚等从宽处罚的建议,认罪认罚后案件审理适用的程序及其他需要听取意见的情形,听取犯罪嫌疑人、辩护人或者值班律师的意见并记录在案,同时加强与监察机关、审判机关的沟通,听取意见。

（三）依法提出量刑建议,提升职务犯罪案件适用认罪认罚从宽制度效果。检察机关办理认罪认罚职务犯罪案件,应当根据犯罪的事实、性质、情节和对社会的危害程度,结合法定、酌定的量刑情节,综合考虑认罪认罚的具体情况,依法决定是否从宽、如何从宽。对符合有关规定条件的,一般应当就主刑、附加刑、是否适用缓刑等提出确定刑量刑建议。对于减轻、免除处罚,应当于法有据;不具备减轻处罚情节的,应当在法定幅度以内提出从轻处罚的量刑建议。

【相关规定】（略）

张某受贿,郭某行贿、职务侵占、诈骗案

（最高人民检察院第十三届检察委员会第四十三次会议决定　2020 年 7 月 16 日发布）

【关键词】

受贿罪　改变提前介入意见　案件管辖　追诉漏罪

【要旨】

检察机关提前介入应认真审查案件事实和证据,准确把握案件定性,依法提出提前介入意见。检察机关在审查起诉阶段仍应严格审查,提出审查起诉意见。审查起诉意见改变提前介入意见的,应及时与监察机关沟通。对于在审查起诉阶段发现漏罪,如该罪属于公安机关管辖,但犯罪事实清楚,证据确实充分,符合起诉条件的,检察机关在征得相关机关同意后,可以直接追加起诉。

【基本案情】

被告人张某,男,北京市东城区某街道办事处环卫所原副所长。

被告人郭某,女,北京某物业公司原客服部经理。

2014 年 11 月,甲小区和乙小区被北京市东城区某街道办事处确定为环卫项目示范推广单位。按照规定,两小区应选聘 19 名指导员从事宣传、指导、监督、服务等工作,政府部门按每名指导员每月 600 元标准予以补贴。上述两小区由北京某物业公司负责物业管理,两小区 19 名指导员补贴款由该物业公司负责领取发放。2014 年 11 月至 2017 年 3 月,郭某在担任该物业公司客服部经理期间,将代表物业公司领取的指导员补贴款共计人民币 33.06 万元据为己有。郭某从物业公司离职后,仍以物业公司客服部经理名义,于 2017 年 6 月、9 月,冒领指导员补贴款共计人民币 6.84 万元并据为己有。2014 年 11 月至 2017 年 9 月期间,张某接受郭某请托,利用担任某街道办事处环卫所职员、副所长的职务便利,不严格监督检查上述补贴款发放,非法收受郭某给予的人民币 8.85 万元。2018 年 1 月,张某担心事情败露,与郭某共同筹集人民币 35 万元退还给物业公司。2018 年 2 月 28 日,张某、郭某自行到北京市东城区监察委员会接受调查,并如实供述全部犯罪事实。

【检察工作情况】

(一)提前介入准确分析案件定性,就法律适用及证据完善提出意见。调查阶段,东城区监委对张某、郭某构成贪污罪共犯还是行受贿犯罪存在意见分歧,书面商请东城区人民检察院提前介入。主张认定二人构成贪污罪共犯的主要理由:一是犯罪对象上,郭某侵占并送给张某的资金性质为国家财政拨款,系公款;二是主观认识上,二人对截留的补贴款系公款的性质明知,并对截留补贴款达成一定共识;三是客观行为上,二人系共同截留补贴款进行分配。

检察机关分析在案证据后认为,应认定二人构成行受贿犯罪,主要理由:一是主观上没有共同贪污故意。二人从未就补贴款的处理使用有过明确沟通,郭某给张某送钱,就是为了让张某放松监管,张某怠于履行监管职责,就是因为收受了郭某所送贿赂,而非自己要占有补贴款。二是客观上没有共同贪污行为。张某收受郭某给予的钱款后怠于履行监管职责,正是利用职务之便为郭某谋取利益的行为,但对于郭某侵占补贴款,在案证据不能证实张某主观上有明确认识,郭某也从未想过与张某共同瓜分补贴款。三是款项性质对受贿罪认定没有影响。由于二人缺乏共同贪占补贴款的故意和行为,不应构成贪污罪共犯,而应分别构成行贿罪和受贿罪,并应针对主客观方面再补强相关证据。检察机关将法律适用和补充完善证据的意见书面反馈给东城区监委。东城区监委采纳了检察机关的提前介入意见,补充证据后,以张某涉嫌受贿罪、郭某涉嫌行贿罪,于 2018 年 11 月 12 日将两案移送起诉。

(二)审查起诉阶段不囿于提前介入意见,依法全面审查证据,及时发现漏罪。案件移送起诉后,检察机关全面严格审查在案证据,认为郭某领取和侵吞补贴款的行为分为两个阶段：第一阶段，郭某作为上述物业公司客服部经理，利用领取补贴款的职务便利，领取并将补贴款非法占为己有，其行为构成职务侵占罪；第二阶段，郭某从物业公司客服部经理岗位离职后，仍冒用客服部经理的身份领取补贴款并非法占为己有，其行为构成诈骗罪。

（三）提起公诉直接追加指控罪名，法院判决予以确认。检察机关在对郭某行贿案审查起诉时发现，郭某侵吞补贴款的行为构成职务侵占罪和诈骗罪，且犯罪事实清楚，证据确实充分，已符合起诉条件。经与相关机关沟通后，检察机关在起诉时追加认定郭某构成职务侵占罪、诈骗罪。

2018 年 12 月 28 日，北京市东城区人民检察院对张某以受贿罪提起公诉；对郭某以行贿罪、职务侵占罪、诈骗罪提起公诉。2019 年 1 月 17 日，北京市东城区人民法院作出一审判决，以受贿罪判处张某有期徒刑八个月，缓刑一年，并处罚金人民币 10 万元；以行贿罪、职务侵占罪、诈骗罪判处郭某有期徒刑二年，缓刑三年，并处罚金人民币 10.1 万元。

【指导意义】

（一）检察机关依法全面审查监察机关移送起诉案件，审查起诉意见与提前介入意见不一致的，应当及时与监察机关沟通。检察机关提前介入监察机关办理的职务犯罪案件时，已对证据收集、事实认定、案件定性、法律适用等提出意见。案件进入审查起诉阶段后，检察机关仍应依法全面审查，可以改变提前介入意见。审查起诉意见改变提前介入意见的，检察机关应当及时与监察机关沟通。

（二）对于监察机关在调查其管辖犯罪时已经查明，但属于公安机关管辖的犯罪，检察机关可以依法追加起诉。对于监察机关移送起诉的案件，检察机关在审查起诉阶段发现漏罪，如该罪属于公安机关管辖，但犯罪事实清楚，证据确实充分，符合起诉条件的，经征求监察机关、公安机关意见后，没有不同意见的，可以直接追加起诉；提出不同意见，或者事实不清、证据不足的，应当将案件退回监察机关并说明理由，建议其移送有管辖权的机关办理，必要时可以自行补充侦查。

（三）根据主客观相统一原则，准确区分受贿罪和贪污罪。对于国家工作人员收受贿赂后故意不履行监管职责，使非国家工作人员非法占有财物的，如该财物又涉及公款，应根据主客观相统一原则，准确认定案件性质。一要看主观上是否对侵吞公款进行过共谋，二要看客观上是否共同实施侵吞公款行为。如果具有共同侵占公款故意，且共同实施了侵占公款行为，应认定为贪污罪共犯；如果国家工作人员主观上没有侵占公款故意，只是收受贿赂后放弃职守，客观上使非国家工作人员任意处理其经手的钱款成为可能，应认定为为他人谋取利益,国家工作人员构成受贿罪,非国家工作人员构成行贿罪。如果国家工作人员行为同时构成玩忽职守罪的,以受贿罪和玩忽职守罪数罪并罚。

【相关规定】(略)

任润厚受贿、巨额财产来源不明违法所得没收案

(最高人民检察院第十三届检察委员会第八十一次会议决定 2021年12月9日发布)

【关键词】

违法所得没收 巨额财产来源不明 财产混同 孳息

【要旨】

涉嫌巨额财产来源不明犯罪的人在立案前死亡,依照刑法规定应当追缴其违法所得及其他涉案财产的,可以依法适用违法所得没收程序。对涉案的巨额财产,可以由其近亲属或其他利害关系人说明来源。没有近亲属或其他利害关系人主张权利或者说明来源,或者近亲属或其他利害关系人主张权利所提供的证据达不到相应证明标准,或说明的来源经查证不属实的,依法认定为违法所得予以申请没收。违法所得与合法财产混同并产生孳息的,可以按照违法所得占比计算孳息予以申请没收。

【基本案情】

犯罪嫌疑人任润厚,男,某省人民政府原副省长,曾任A矿业(集团)有限责任公司(简称A集团)董事长、总经理,B环保能源开发股份有限公司(简称B环能公司)董事长。

利害关系人任某一,任润厚亲属。

利害关系人任某二,任润厚亲属。

利害关系人袁某,任润厚亲属。

(一)涉嫌受贿犯罪事实

2001年至2013年,犯罪嫌疑人任润厚利用担任A集团董事长、总经理,B环能公司董事长,某省人民政府副省长等职务上的便利,为相关请托人在职务晋升、调整等事项上提供帮助,向下属单位有关人员索要人民币共计70万元用于贿选;要求具有行政管理关系的被管理单位为其支付旅游、疗养费用,共计人民币123万余元;收受他人所送人民币共计30万元,被办案机关依法扣押、冻结。

（二）涉嫌巨额财产来源不明犯罪事实

2000 年 9 月至 2014 年 8 月，犯罪嫌疑人任润厚及其亲属名下的财产和支出共计人民币 3100 余万元，港币 43 万余元，美元 104 万余元，欧元 21 万余元，加元 1 万元，英镑 100 镑；珠宝、玉石、黄金制品、字画、手表等物品 155 件。

任润厚的合法收入以及其亲属能够说明合法来源的财产为人民币 1835 万余元，港币 800 元，美元 1489 元，欧元 875 元，英镑 132 镑；物品 20 件。任润厚亲属对扣押、冻结在案的人民币 1265 万余元，港币 42 万余元，美元 104 万余元，欧元 21 万余元，加元 1 万元及物品 135 件不能说明合法来源。

【诉讼过程】

2014 年 9 月 20 日，任润厚因严重违纪被免职，同年 9 月 30 日因病死亡。经最高人民检察院指定管辖，江苏省人民检察院于 2016 年 7 月 11 日启动违法所得没收程序。同年 10 月 19 日，江苏省人民检察院将案件交由扬州市人民检察院办理。同年 12 月 2 日，扬州市人民检察院向扬州市中级人民法院提出没收违法所得申请。

利害关系人任某一、任某二、袁某申请参加诉讼。2017 年 6 月 21 日，扬州市中级人民法院公开开庭审理。同年 7 月 25 日，扬州市中级人民法院作出违法所得没收裁定，依法没收任润厚受贿犯罪所得人民币 30 万元及孳息；巨额财产来源不明犯罪所得人民币 1265 万余元、港元 42 万余元、美元 104 万余元、欧元 21 万余元、加元 1 万元及孳息，以及珠宝、玉石、黄金制品、字画、手表等物品 135 件。

【检察履职情况】

（一）准确把握立法精神，依法对立案前死亡的涉嫌贪污贿赂犯罪行为人适用违法所得没收程序。任润厚在纪检监察机关对其涉嫌严重违纪违法问题线索调查期间因病死亡。检察机关认为，与普通刑事诉讼程序旨在解决涉嫌犯罪人的定罪与量刑问题不同，违法所得没收作为特别程序主要解决涉嫌犯罪人的违法所得及其他涉案财产的追缴问题，不涉及对其刑事责任的追究。因此，涉嫌贪污贿赂犯罪行为人在立案前死亡的，虽然依法不再追究其刑事责任，但也应当通过违法所得没收程序追缴其违法所得。本案中，任润厚涉嫌受贿、巨额财产来源不明等重大犯罪，虽然未被刑事立案即死亡，但其犯罪所得及其他涉案财产依法仍应予以追缴，应当通过违法所得没收程序进行处理。

（二）认真核查财产来源证据，依法认定巨额财产来源不明的涉嫌犯罪事实及违法所得数额。办案中，检察机关对任润厚本人及其转移至亲属名下的财产情况、任润厚家庭支出及合法收入情况，进行了重点审查，通过对涉案 270 余个银行账户存款、现金、155 件物品的查封、扣押、冻结，对 160 余名证人复核取证等工作,查明了任润厚家庭财产的支出和收入情况。根据核查情况,将任润厚家庭的购房费用、购车费用、女儿留学费用、结婚赠与及债权共 929 万元纳入重大支出范围,计入财产总额。鉴于任润厚已经死亡,且死亡前未对本人及转移至亲属名下的财产和支出来源作出说明,检察机关依法向任润厚的亲属调查询问,由任润厚亲属说明财产和支出来源,并根据其说明情况向相关单位、人员核实,调取相关证据。对于相关证据证实及任润厚亲属能够说明合法来源的工资奖金、房租收入、卖房所得、投资盈利等共计 1806 万余元,以及手表、玉石、黄金制品等物品,依法在涉案财产总额中予以扣减。将犯罪嫌疑人及其亲属名下财产和家庭重大支出数额,减去家庭合法收入及其近亲属等利害关系人能说明合法来源的收入,作为任润厚涉嫌巨额财产来源不明罪的违法所得,据此提出没收违法所得申请。利害关系人任某一和袁某对检察机关没收申请没有提出异议。任某二对于检察机关将任润厚夫妇赠与的 50 万元购车款作为重大支出计入财产总额,提出异议,并提供购车发票证明其购买汽车裸车价格为 30 万元,提出余款 20 万元不能作为重大支出,应从没收金额中扣减。检察机关根据在案证据认为不应扣减,并在出庭时指出:该 50 万元系由任润厚夫妇赠与任某二,支出去向明确,且任润厚家庭财产与任某二家庭财产并无混同;购车费用除裸车价格外,还包括车辆购置税、保险费等其他费用;任某二没有提供证据,证明购车款结余部分返还给任润厚夫妇。因此,其主张在没收金额中扣减 20 万元的依据不足,不应支持。该意见被法院判决裁定采纳。

(三)依法审查合法财产与违法所得混同的财产,按违法所得所占比例认定和申请没收违法所得孳息。经审查认定,依法应当申请没收的巨额财产来源不明犯罪所得为人民币 1265 万余元、部分外币以及其他物品。冻结在案的任润厚及其亲属名下财产为人民币 1800 余万存款、部分外币以及其他物品。其中本金 1800 余万元存款产生了 169 万余元孳息。关于如何确定应当没收的孳息,检察机关认为,可以按该笔存款总额中违法所得所占比例(约 1265/1800 = 70.2%),计算出违法所得相应的孳息,依法予以申请没收,剩余部分为合法财产及孳息,返还给其近亲属。法院经审理予以采纳。

【指导意义】

(一)涉嫌贪污贿赂等重大犯罪的人立案前死亡的,依法可以适用违法所得没收程序。违法所得没收程序的目的在于解决违法所得及其他涉案财产的追缴问题,不是追究被申请人的刑事责任。涉嫌实施贪污贿赂等重大犯罪行为的人,依照刑法规定应当追缴其犯罪所得及其他涉案财产的,无论立案之前死亡或立案后作为犯罪嫌疑人、被告人在诉讼中死亡,都可以适用违法所得没收程序。

（二）巨额财产来源不明犯罪案件中,本人因死亡不能对财产来源作出说明的,应当结合其近亲属说明的来源,或者其他利害关系人主张权利以及提供的证据情况,依法认定是否属于违法所得。已死亡人员的近亲属或其他利害关系人主张权利或说明来源的,应要求其提供相关证据或线索,并进行调查核实。没有近亲属或其他利害关系人主张权利或说明来源,或者近亲属或其他利害关系人虽然主张权利但提供的证据没有达到相应证明标准,或者说明的来源经查证不属实的,应当依法认定为违法所得,予以申请没收。

（三）违法所得与合法财产混同并产生孳息的,可以按照比例计算违法所得孳息。在依法查封、扣押、冻结的犯罪嫌疑人财产中,对违法所得与合法财产混同后产生的孳息,可以按照全案中合法财产与违法所得的比例,计算违法所得的孳息数额,依法申请没收。对合法财产及其产生的孳息,及时予以返还。

【相关规定】（略）

社区矫正对象崔某某暂予监外执行收监执行监督案

（最高人民检察院第十三届检察委员会第八十四次会议决定　2022 年 2 月 1 日发布）

【关键词】

社区矫正监督　重点审查对象　变更执行地　保外就医情形消失　暂予监外执行收监执行

【要旨】

人民检察院开展社区矫正法律监督工作,应当加强对因患严重疾病被暂予监外执行以及变更执行地等社区矫正对象的监督管理活动的监督。人民检察院在监督工作中应当准确把握暂予监外执行适用条件,必要时聘请有专门知识的人辅助审查。发现社区矫正对象暂予监外执行情形消失且刑期未满的,应当依法提出收监执行的检察建议,维护刑罚执行公平公正。

【基本案情】

社区矫正对象崔某某,男,1958 年 8 月出生,原山东某国有企业总经理。2015 年 6 月 2 日因犯受贿罪被山东省淄博市博山区人民法院判处有期徒刑十年,刑期至 2025 年 1 月 20 日。2015 年 7 月 4 日,崔某某被交付山东省淄博监狱服刑。2016 年 5 月 6 日,崔某某因在监狱中诊断患有胃癌被暂予监外执行,在山东省淄博市博山区某镇司法所接受社区矫正。因其儿子在上海工作并定居,崔某某被暂予监外执行后在上海接受手术及化疗。后为便于病情复查及照料看护,崔某某提出申请变更社区矫正执行地至上海市金山区。2017 年 3 月 6 日,崔某某变更至上海市金山某镇司法所接受社区矫正。崔某某在上海市金山区接受社区矫正期间能遵守社区矫正相关规定,按时向社区矫正机构报告病情复查情况,矫正表现良好。

2020 年,金山区人民检察院结合病情诊断、专家意见和法医审查报告认为,崔某某化疗结束后三年期间未发现癌症复发或转移现象,暂予监外执行情形消失且刑期未满,依法监督社区矫正机构提请监狱管理机关将崔某某收监执行。

【检察履职情况】

线索发现 2020 年 7 月,金山区人民检察院邀请区人大代表、政协委员、医师等,以辖区内被暂予监外执行的职务犯罪社区矫正对象监督管理工作为重点,开展专项监督。检察人员发现,崔某某自 2017 年 6 月化疗结束至 2020 年 7 月,由上海市静安区中心医院出具的历次复诊小结中,均未见明显的胃癌症状描述,其是否仍符合暂予监外执行情形需要进一步调查。

调查核实 为全面掌握崔某某身体健康状况和接受社区矫正情况,金山区人民检察院查阅了崔某某刑罚变更执行和接受日常监管矫正文书档案,以及原始病历资料和每三个月的病情复查材料等,询问了社区矫正工作人员及崔某某。同时为更精准判断崔某某暂予监外执行监督工作中所涉及的医学问题,金山区人民检察院邀请主任医师杨某某作为有专门知识的人全程参与,提出咨询意见。经调查核实,崔某某在社区矫正期间能够遵守各项规定,一直接受治疗,病情较为稳定。杨某某根据调查核实情况,出具"初步认为其胃癌术后恢复情况良好,无癌症复发指征"的专家意见。

监督意见 2020 年 9 月 23 日,金山区人民检察院向金山区司法局提出检察建议,建议其组织对崔某某进行病情复查和鉴定。如鉴定结果为不再符合暂予监外执行情形,应当及时提请收监执行。金山区司法局采纳了检察建议,组织病情复查。复旦大学附属金山医院作出"目前癌症未发现明显复发或转移"的诊断结论。2020 年 10 月 15 日,金山区司法局就崔某某收监执行征求金山区人民检察院意见。金山区人民检察院结合病情诊断、专家意见和法医审查报告认为,崔某某化疗结束后三年期间未发现癌症复发或转移现象,可以认定其暂予监外执行情形消失且刑期未满,符合收监执行情形,遂向金山区司法局制发《检察意见书》,同意对崔某某收监执行。

监督结果 2020 年 10 月 20 日,金山区司法局向山东省监狱管理局发出《收监执行建议书》。2020 年 10 月 30 日,山东省监狱管理局制发《暂予监外执行收监决定书》,决定将崔某某依法收监执行。2020 年 11 月 2 日,崔某某被收监执行。

【指导意义】

(一)人民检察院开展社区矫正监督工作,对于保外就医的社区矫正对象是否符合暂予监外执行条件应当加强审查。对于交付社区矫正、变更执行地的保外就医社区矫正对象,检察机关应及时审查是否符合暂予监外执行条件。对于保外就医的职务犯罪、破坏金融管理秩序和金融诈骗犯罪、黑社会性质组织犯罪等社区矫正对象,特别是在监内服刑时间较短、剩余刑期较长的人员,应当予以重点审查。社区矫正期间,人民检察院应监督社区矫正机构及时掌握暂予监外执行社区矫正对象身体状况及疾病治疗等情况,每三个月审查保外就医社区矫正对象病情复查情况。必要时,人民检察院可以自行组织或者要求社区矫正机构对社区矫正对象重新组织诊断、检查或者鉴别。为保证相关结果客观公正,诊断、检查的医疗机构应当与暂予监外执行社区矫正对象日常就诊的医疗机构不同且不存在利益相关。对于暂予监外执行情形消失的,人民检察院应当及时提出收监执行的检察建议,防止"一保到底",切实维护刑罚执行公平公正。

(二)人民检察院开展社区矫正监督工作,可充分结合专家意见,综合判断社区矫正对象是否符合继续保外就医条件。人民检察院在对保外就医社区矫正对象的监督管理活动开展法律监督时,要重点关注社区矫正对象的身体健康状况,依法判断是否仍属于《保外就医严重疾病范围》规定的严重疾病情形。人民检察院在甄别病情是否发生重大变化、保外就医情形是否消失时,可以邀请有专门知识的人参与,辅助对病情复查诊断书及相关化验单、影像学资料、病历、鉴定意见等材料进行审查,并充分考虑专家意见后进行综合判断。

(三)人民检察院应加强对变更社区矫正执行地的监督,切实防止通过变更执行地逃避刑罚执行问题的发生。为促进社区矫正对象顺利融入社会,因工作变动、居所变化、生活需要等正当理由,社区矫正对象可以申请变更社区矫正执行地。人民检察院应当加强对变更社区矫正执行地等情形的法律监督,重点审查变更理由是否合理、相关证明材料是否充分、变更审批手续、交付接收程序等是否合法规范,同时应当监督变更执行地后的社区矫正机构加强对社区矫正对象的监督管理。

【相关规定】(略)

刑法第三百八十七条（私分国有资产罪）

> 第三百八十七条　国家机关、国有公司、企业、事业单位、人民团体，索取、非法收受他人财物，为他人谋取利益，情节严重的，对单位判处罚金，并对其直接负责的主管人员和其他直接责任人员，处五年以下有期徒刑或者拘役。
>
> 前款所列单位，在经济往来中，在账外暗中收受各种名义的回扣、手续费的，以受贿论，依照前款的规定处罚。

浙江省某县图书馆及赵某、徐某某单位受贿、私分国有资产、贪污案

（最高人民检察院第十三届检察委员会第四十三次会议决定　2020 年 7 月 16 日发布）

【关键词】

单位犯罪　追加起诉　移送线索

【要旨】

人民检察院在对职务犯罪案件审查起诉时，如果认为相关单位亦涉嫌犯罪，且单位犯罪事实清楚、证据确实充分，经与监察机关沟通，可以依法对犯罪单位提起公诉。检察机关在审查起诉中发现遗漏同案犯或犯罪事实的，应当及时与监察机关沟通，依法处理。

【基本案情】

被告单位某县图书馆，全额拨款的国有事业单位。

被告人赵某，男，某县图书馆原馆长。

被告人徐某某，男，某县图书馆原副馆长。

（一）单位受贿罪

2012 年至 2016 年，为提高福利待遇，经赵某、徐某某等人集体讨论决定，某县图书馆通过在书籍采购过程中账外暗中收受回扣的方式，收受 A 书社梁某某、B 公司、C 图书经营部潘某某所送人民币共计 36 万余元，用于发放工作人员福利及支付本单位其他开支。

（二）私分国有资产罪

2012 年至 2016 年,某县图书馆通过从 A 书社、B 公司、C 图书经营部虚开购书发票、虚列劳务支出、采购价格虚高的借书卡等手段套取财政资金 63 万余元,经赵某、徐某某等人集体讨论决定,将其中的 56 万余元以单位名义集体私分给本单位工作人员。

（三）贪污罪

2015 年,被告人徐某某利用担任某县图书馆副馆长,分管采购业务的职务之便,通过从 C 图书经营部采购价格虚高的借书卡的方式,套取财政资金 3.8 万元归个人所有。

【检察工作情况】

（一）提前介入提出完善证据体系意见,为案件准确定性奠定基础。某县监察委员会以涉嫌贪污罪、受贿罪对赵某立案调查,县人民检察院提前介入后,通过梳理分析相关证据材料,提出完善证据的意见。根据检察机关意见,监察机关进一步收集证据,完善了证据体系。2018 年 9 月 28 日,县监察委员会调查终结,以赵某涉嫌单位受贿罪、私分国有资产罪移送县人民检察院起诉。

（二）对监察机关未移送起诉的某县图书馆,直接以单位受贿罪提起公诉。某县监察委员会对赵某移送起诉后,检察机关审查认为,某县图书馆作为全额拨款的国有事业单位,在经济往来中,账外暗中收受各种名义的回扣,情节严重,根据《刑法》第三百八十七条之规定,应当以单位受贿罪追究其刑事责任,且单位犯罪事实清楚,证据确实充分。经与监察机关充分沟通,2018 年 11 月 12 日,县人民检察院对某县图书馆以单位受贿罪,对赵某以单位受贿罪、私分国有资产罪提起公诉。

（三）审查起诉阶段及时移送徐某某涉嫌贪污犯罪问题线索,依法追诉漏犯漏罪。检察机关对赵某案审查起诉时,认为徐某某作为参与集体研究并具体负责采购业务的副馆长,属于其他直接责任人员,也应以单位受贿罪、私分国有资产罪追究其刑事责任。同时在审查供书商账目时发现,其共有两次帮助某县图书馆以虚增借书卡制作价格方式套取财政资金,但赵某供述只套取一次财政资金用于私分,检察人员分析另一次套取的 3.8 万元财政资金很有可能被经手该笔资金的徐某某贪污,检察机关遂将徐某某涉嫌贪污犯罪线索移交监察机关。监察机关立案调查后,通过进一步补充证据,查明了徐某某参与单位受贿、私分国有资产以及个人贪污的犯罪事实。2018 年 11 月 16 日,县监察委员会调查终结,以徐某某涉嫌单位受贿罪、私分国有资产罪、贪污罪移送县人民检察院起诉。2018 年 12 月 27 日,县人民检察院对徐某某以单位受贿罪、私分国有资产罪、贪污罪提起公诉。

2018 年 12 月 20 日,某县人民法院以单位受贿罪判处某县图书馆罚金人民币 20 万元;以单位受贿罪、私分国有资产罪判处赵某有期徒刑一年二个月,并处罚金人民币 10 万元。2019 年 1 月 10 日,某县人民法院以单位受贿罪、私分国有资产罪、贪污罪判处徐某某有期徒刑一年,并处罚金人民币 20 万元。

【指导意义】

(一)检察机关对单位犯罪可依法直接追加起诉。人民检察院审查监察机关移送起诉的案件,应当查明有无遗漏罪行和其他应当追究刑事责任的人。对于单位犯罪案件,监察机关只对直接负责的主管人员和其他直接责任人员移送起诉,未移送起诉涉嫌犯罪单位的,如果犯罪事实清楚,证据确实充分,经与监察机关沟通,检察机关对犯罪单位可以依法直接提起公诉。

(二)检察机关在审查起诉中发现遗漏同案犯或犯罪事实的,应当及时与监察机关沟通,依法处理。检察机关在审查起诉中,如果发现监察机关移送起诉的案件遗漏同案职务犯罪人或犯罪事实的,应当及时与监察机关沟通,依法处理。如果监察机关在本案审查起诉期限内调查终结移送起诉,且犯罪事实清楚,证据确实充分的,可以并案起诉;如果监察机关不能在本案审查起诉期限内调查终结移送起诉,或者虽然移送起诉,但因案情重大复杂等原因不能及时审结的,也可分案起诉。

【相关规定】(略)

刑法第三百八十九条(行贿罪)

第三百八十九条　为谋取不正当利益,给予国家工作人员以财物的,是行贿罪。

在经济往来中,违反国家规定,给予国家工作人员以财物,数额较大的,或者违反国家规定,给予国家工作人员以各种名义的回扣、手续费的,以行贿论处。

因被勒索给予国家工作人员以财物,没有获得不正当利益的,不是行贿。

山东薛某某行贿、串通投标案

（2022 年 3 月 31 日国家监察委员会、最高人民检察院联合发布）

【关键词】

行贿 串通投标 数罪并罚 监检配合 社会治理

【要旨】

推进受贿行贿一起查，监察机关、检察机关应当切实履行职责，加强协作配合，加大对招标投标等重点领域行贿犯罪查处力度，服务保障优化营商环境。要准确适用法律，对以行贿犯罪手段开路进行串通投标犯罪的，应实行数罪并罚。对案件暴露出的普遍性、典型性问题，检察机关可以依法提出检察建议，促进专项整治，提高社会治理能力。

【基本案情】

被告人薛某某，男，1974 年 12 月 20 日出生，汉族，住山东省青岛市市南区某某路某某号。

2014 年 8 月，山东省沂水县财政局对沂水县中小学信息化设备采购项目进行招标，被告人薛某某与四川虹某软件股份有限公司投标负责人刘某某（已判决），伙同沂水县财政局原副局长丁某某（已判决），通过协调评审专家修改分数、与其他投标公司围标等方式串通投标，后四川虹某软件股份有限公司中标该项目，中标金额人民币 9000 余万元，严重损害国家及其他投标人利益。同年底，被告人薛某某为感谢丁某某在该项目招标投标中提供的帮助，给予丁某某人民币 15 万元。

（其他犯罪事实略）

2020 年 5 月 13 日、18 日，山东省沂水县公安局、县监察委员会分别将薛某某等人串通投标案、薛某某行贿案移送沂水县人民检察院审查起诉。沂水县人民检察院受理后并案审查，于 6 月 12 日向沂水县人民法院提起公诉。9 月 24 日，沂水县人民法院以薛某某犯串通投标罪，判处有期徒刑二年，并处罚金人民币 20 万元；以犯行贿罪，判处有期徒刑六个月，并处罚金人民币 10 万元，数罪并罚，决定执行有期徒刑二年三个月，并处罚金人民币 30 万元。后薛某某上诉，12 月 24 日，临沂市中级人民法院裁定驳回上诉，维持原判。

【监察、检察履职情况】

（一）积极推进受贿行贿一起查，严厉打击招标投标领域行贿犯罪，维护公平公正的市场秩序。在项目招标投标环节弄虚作假甚至搞权钱交易,会给项目质量和安全带来重大隐患。沂水县监察委员会在就薛某某涉嫌行贿犯罪立案调查,征求沂水县人民检察院意见时,检察机关认为薛某某通过行贿方式谋取竞争优势,且其犯罪行为不仅严重影响项目建设质量,还破坏了招标投标领域的公平竞争环境;该案虽行贿数额不大,但涉及的教育系统信息化建设属于重点民生领域项目,是重点打击的行贿行为,应从严惩处。此后,沂水县监察委员会与县人民检察院就调查取证方向、证据标准进行了充分沟通。鉴于薛某某还存在串通投标行为,沂水县监察委员会在对其涉嫌行贿犯罪立案调查的同时,将其串通投标问题线索移送公安机关同步立案侦查。

(二)厘清法律适用关系,准确把握罪数认定,做到罚当其罪。串通投标行为往往与行贿行为相伴而生、密不可分。沂水县人民检察院认为,虽然薛某某实施的串通投标与行贿之间存在关联,但系两种行为,侵犯了两类不同性质的法益。根据最高人民法院、最高人民检察院《关于办理行贿刑事案件具体应用法律若干问题的解释》第六条关于"行贿人谋取不正当利益的行为构成犯罪的,应当与行贿犯罪实行数罪并罚"的规定,薛某某实施的行贿犯罪应与串通投标犯罪数罪并罚。审判机关对上述意见予以采纳。

(三)积极能动履职,加强诉源治理,提升社会治理效果。针对该案暴露出招标投标监督管理涉及部门多,职责定位不清,一定程度存在"都管、都不管"的问题,沂水县人民检察院积极延伸检察职能,认真研究部门"三定"规定,厘清职责权限,从严格投标单位资格审查、规范招标代理机构、加大从业人员违规惩戒力度等方面,分别向县财政局、市场监管局、教育体育局制发检察建议。上述单位对检察建议全部予以采纳并进行了全面整改。同时,根据沂水县人民检察院建议,沂水县有关部门联合开展了招标投标领域突出问题专项整治行动,对近年来招标投标工程项目进行全面梳理排查。截至 2022 年 2 月,发现并整改各类不规范问题 26 个,并对 3 名串通投标犯罪嫌疑人立案查处,有力净化了招标投标领域公平竞争环境。

【典型意义】

(一)严厉打击重点领域行贿犯罪,服务保障优化营商环境。坚持受贿行贿一起查,对发生在涉及教育等重大民生项目招标投标领域,严重破坏营商环境和市场公平竞争规则的行贿犯罪,应予以严惩。监察机关、检察机关应加强协作配合,注重对重点领域行贿线索的分析研判,加强会商,凝聚共识。在打击行贿犯罪时,既要考虑行贿金额、次数及犯罪情节,又要充分考虑案件发生的领域和危害后果,依法准确对行贿人作出处理,推动构建公平竞争的市场秩序和"亲、清"政商关系。

（二）加强对行贿犯罪法律适用问题研究，提高打击精准度。行贿犯罪往往与其他犯罪关联并存，监察调查、检察审查过程中，应当加强对行贿犯罪、关联犯罪的研究，结合刑法理论与法律规定，参考司法案例，围绕事实认定、法律适用和案件处理等进行充分论证，厘清罪与非罪、一罪与数罪的界限，调查收集证据，准确适用法律，依法提起公诉，确保对行贿犯罪及关联犯罪的精准打击。

（三）充分履行监检职能，积极参与社会治理。监察机关、检察机关应当对办案中发现的普遍性、典型性问题进行深入剖析，依法提出堵塞漏洞、健全制度、防控风险的建议，促使有关部门履行监管职责、完善监管机制、开展专项整治，全面加强整改，从源头上推进招标投标领域问题解决，达到"办理一案、治理一片"的良好效果，促进社会治理能力的提高，服务经济社会高质量发展大局。

【相关规定】（略）

浙江贵某贵金属有限公司、李某某单位行贿案

（2022 年 3 月 31 日国家监察委员会、最高人民检察院首次联合发布）

【关键词】
单位行贿　监检衔接　准确定性　一体化监督　生态修复

【要旨】
办理行贿案件要落实中央受贿行贿一起查的精神，准确把握单位犯罪和自然人犯罪的区别和联系，精准打击犯罪。要充分发挥监检职能，加强配合制约，深化融合监督，一体推进不敢腐、不能腐、不想腐，在案件办理、追赃挽损、生态修复等方面打好反腐败"组合拳"，实现办理行贿犯罪案件"三个效果"有机统一。

【基本案情】
被告单位浙江贵某贵金属有限公司（以下简称贵某公司），民营企业，单位所在地浙江省仙居县某某街道某某工业园区。

被告人李某某，男，1972 年 9 月 21 日出生，汉族，贵某公司法定代表人。

2015 年至 2018 年，时任浙江省台州市环保局工作人员林某某（另案处理）、仙居县环保局工作人员王某某（已判决）等有关国家工作人员接受贵某公司法定代表人李某某的请托，为贵某公司在办理《危险废物经营许可证》、生产经营、逃避环保执法检查等方面提供帮助。2015 年底，李某某送给林某某一件黄金制品，价值人民币 37940 元，林某某收受。2018 年，李某某以人民币 40 万元的价

格购买一辆二手大众辉腾牌汽车送给王某某,王某某收受;贵某公司将非法提炼金属铑所得的一半利润送给王某某,王某某先后收受人民币 635 万元,后将其中 545 万元出借给李某某用于资金周转。

(污染环境犯罪事实略)

2020 年 10 月 30 日,浙江省仙居县人民检察院以被告单位贵某公司、被告人李某某等人犯污染环境罪向仙居县人民法院提起公诉。2021 年 3 月 26 日,仙居县监察委员会以李某某涉嫌行贿犯罪立案调查,9 月 8 日以贵某公司涉嫌单位行贿犯罪立案调查。9 月 14 日,仙居县监察委员会以贵某公司、李某某涉嫌单位行贿罪向检察机关移送审查起诉,检察机关于 10 月 19 日补充起诉。10 月 30 日,仙居县人民法院作出一审判决,以被告单位贵某公司犯污染环境罪,判处罚金人民币 15 万元,犯单位行贿罪,判处罚金人民币 80 万元,数罪并罚决定执行罚金人民币 95 万元;以被告人李某某犯污染环境罪,判处有期徒刑一年二个月,并处罚金人民币 10 万元,犯单位行贿罪,判处有期徒刑二年,并处罚金人民币 30 万元,数罪并罚决定执行有期徒刑二年十个月,并处罚金人民币 40 万元;对被告单位贵某公司的违法所得人民币 1850 万元,向被告单位贵某公司、被告人李某某予以追缴,上缴国库。一审判决后,贵某公司、李某某未上诉,判决已生效。

【监察、检察履职情况】

(一)深挖腐败线索,有效打击受贿行贿犯罪。被告单位贵某公司、被告人李某某等人涉嫌污染环境一案案发后,仙居县监察委员会坚决贯彻落实习近平生态文明思想,聚焦案件背后的责任链条,及时启动问责追责程序,围绕监管失职、利益输送开展调查,对 12 名有关责任人员予以严肃问责。其间,发现李某某行贿线索,依法对其开展立案调查,采取留置措施,并同步冻结、扣押涉案财物 250 万元,协调公安、环保部门查封扣押贵某公司库存产品,确保后续追赃挽损工作顺利进行,同时对发现存在受贿嫌疑的 4 名公职人员予以立案调查。仙居县监察委员会认为,本案发生在环保领域,被告单位贵某公司、被告人李某某以多种方式对数名国家工作人员渗透腐蚀,严重破坏职务廉洁性,危害群众利益,造成严重负面影响,应依法移送司法机关追究其刑事责任。

(二)充分运用监检会商机制,准确把握案件定性。2021 年 9 月 1 日,仙居县监察委员会就李某某涉嫌行贿罪、王某某涉嫌受贿罪同时书面商请检察机关提前介入。对本案系个人行贿还是单位行贿存在不同认识。监察机关和检察机关共同会商案件后,认为本案构成单位行贿罪。一是从案件事实看,李某某作为公司法定代表人,行贿出发点是为单位谋取不正当利益,使公司在办理危废许可证、经营生产、逃避环保执法检查等方面得到照顾,其行贿资金绝大多数来源于公司经营所得,应当认定其行贿体现的是单位意志,且最终受益对象系单位,对该行为认定为单位行贿更符合案件事实,更能体现罪责刑相适应原则。二是从办案效果看,以单位行贿罪认定,既有利于对贵某公司进行刑事惩处,保护各类市场主体公平竞争,优化法治化营商环境,又有利于促进涉案企业规范经营活动,保护民营经济持续健康发展,激发市场活力。监检达成共识后,检察机关向监察机关书面反馈提前介入审查意见,仙居县监察委员会依法对贵某公司进行补充立案调查,确保程序合法,保障被调查单位的权利义务。调查终结后,仙居县监察委员会以贵某公司、李某某涉嫌单位行贿罪移送审查起诉。

(三)一体化能动履职,推动生态修复。针对本案存在的履职不力、腐败问题,仙居县监察委员会发送监察建议书,要求环保部门履行全面从严治党主体责任,排查廉政风险点,倒查制度漏洞,加强系统内部监督,同步开展党风廉政警示教育活动,以案促廉,做实"后半篇文章",助力政治生态修复。针对行贿犯罪关联的环境污染损害,仙居县人民检察院充分发挥刑事检察、公益诉讼检察合力,就贵某公司污染环境导致的生态损害及时跟进公益诉讼工作。经制发行政公益诉讼诉前检察建议,推动环保部门与贵某公司开展磋商并签订《浙江贵某贵金属有限公司环境污染案生态环境损害赔偿鉴定评估框架协议》。仙居县人民检察院积极督促贵某公司承担损害赔偿责任,促成该公司预缴生态修复金200万元,并持续跟进监督,推动开展生态损害修复。

(四)开展认罪认罚工作,贯彻宽严相济政策。鉴于贵某公司和李某某归案后自愿如实供述罪行,承认指控的犯罪事实,愿意接受处罚,并积极履行生态修复责任,确有悔罪表现,仙居县人民检察院在办理污染环境案和行贿案中均充分听取贵某公司、李某某及其辩护人的意见,并对案件定罪量刑及认罪认罚从宽制度进行释法说理。同时,通过讯问、走访等形式,厘清贵金属、原料等扣押物品情况,积极推动退赃工作,促使贵某公司自愿以被扣押物品抵扣违法所得。最终,贵某公司和李某某自愿认罪认罚,在辩护律师见证下签署《认罪认罚具结书》,检察机关经征求监察机关意见,对贵某公司和李某某从轻提出确定刑量刑建议,被法院判决采纳。

【典型意义】

(一)坚决贯彻受贿行贿一起查,推动腐败问题标本兼治。监察机关和检察机关要深刻认识行贿违法犯罪的政治危害,转变工作理念,加强工作协作,打出反腐败"组合拳",加强查办贿赂犯罪,一体推进受贿行贿的查处。要加大环保等重点领域行贿受贿犯罪打击力度,斩断腐败问题利益链,破除权钱交易网,彰显对行贿零容忍的坚定决心,在全社会倡导廉洁守法理念,构建"亲、清"政商关系。

（二）准确区分犯罪主体，贯彻宽严相济刑事政策，依法惩治单位行贿。办理涉及公司企业的行贿犯罪案件，监察机关、检察机关应加强配合制约，注意全面调查审查案件事实，充分收集运用证据，甄别判断涉案公司企业与行贿犯罪的联系，准确认定是单位行贿犯罪还是个人行贿犯罪。被告单位和被告人认罪认罚的，要依法贯彻宽严相济刑事政策，增强行贿犯罪案件办理的示范性，助力营造健康经济生态，提高行贿犯罪案件办理质效。

（三）强化一体化监督，积极推进挽损工作，增强办理行贿犯罪案件效果。监察机关、检察机关在办理贿赂案件过程中，应积极落实受贿行贿一起查部署，加大追赃挽损力度。对行贿人因行贿获得的不正当利益，最大限度追缴，不让行贿人因行贿获利，遏制犯罪利益驱动。同时，加大行贿犯罪损害修复，尽可能降低、减少行贿犯罪的危害后果。对于生态环保等重要领域的行贿犯罪，检察机关应坚持零容忍态度，严格依法办案，整合刑事检察、公益诉讼检察等力量，在办理行贿犯罪案件的同时，配套公益诉讼检察措施，有效跟进生态环境修复和保护工作，达到政治生态治理和生态环境修复"双推动"办案效果，实现办理行贿罪案件"三个效果"的有机统一。

【相关规定】（略）

江西王某某行贿案

（2022 年 3 月 31 日国家监察委员会、最高人民检察院首次联合发布）

【关键词】

监检协作配合　"零口供"　证据体系　追赃挽损

【要旨】

监察机关与检察机关要加强协作配合，统筹推进行贿受贿犯罪案件查处。准确认定行贿人谋取的不正当利益数额，发挥能动检察职能，与监察机关协作配合开展追赃挽损工作。对于"零口供"行贿犯罪嫌疑人，监察机关调查时要注重收集证人证言、书证、物证、视听资料和电子证据等，夯实证据基础，检察机关要充分运用各种证据，形成完善的指控证据体系，依法追究刑事责任。

【基本案情】

被告人王某某，男，1962 年 10 月出生，汉族，河北丰宁金某钼业有限公司（下称金某钼业）法定代表人、股东。

2007 年 8 月，为金某钼业能被江西稀有金属某某集团公司（以下简称江某公司)高价收购,王某某向江某公司总经理钟某某(已判决)请托,并承诺给予好处费。后钟某某违规决定江某公司以人民币 2.6 亿元的高价收购金某钼业 50% 的股份。王某某为感谢钟某某,9 月 6 日,王某某安排妻子闫某某向钟某某指定的妻弟罗某的银行账户转账人民币 500 万元。经鉴定,王某某通过行贿非法获利共计人民币 2.15 亿元。

2021 年 2 月 4 日,江西省金溪县监察委员会将案件移送金溪县人民检察院起诉。3 月 19 日,金溪县人民检察院以王某某涉嫌行贿罪向金溪县人民法院提起公诉。11 月 16 日,金溪县人民法院以王某某犯行贿罪,判处有期徒刑十年六个月,追缴王某某违法所得人民币 2.15 亿元,返还被害单位江某公司。王某某不服,提出上诉,同年 12 月 14 日,抚州市中级人民法院裁定驳回上诉,维持原判。

【监察、检察履职情况】

(一)加强协作配合,统筹推进贿受贿犯罪案件查处。江西省监察委员会在查办江某公司原总经理钟某某受贿案过程中,发现王某某涉嫌行贿犯罪数额巨大、性质恶劣、后果严重,必须严肃查处。2020 年 10 月,应江西省监察委员会商请,江西省人民检察院派员提前介入钟某某受贿一案,经监检研商,一致认为王某某为谋取不正当利益,向钟某某行贿人民币 500 万元,情节特别严重,给国家利益造成特别重大损失,其行为涉嫌行贿犯罪,应当依法追究其刑事责任。鉴于王某某一直未交代其涉嫌行贿犯罪事实,监察机关与检察机关加强配合,进一步分析钟某某受贿案案情,对钟某某收受王某某人民币 500 万元犯罪事实提出了补充完善证据的意见。在此基础上,江西省监察委员会召集案件论证会,统筹王某某行贿、钟某某受贿案件办理进度,协调证据收集、调取工作,形成了依法处理的共识。同年 12 月 31 日,经江西省、抚州市监察机关逐级指定管辖,金溪县监察委员会对王某某涉嫌行贿一案立案调查。

(二)注重调查、运用书证和证人证言,严密证据体系,依法惩治"零口供"行贿犯罪。王某某不供认行贿犯罪,监察机关注重收集、调取构建王某某涉嫌行贿犯罪链条的各种证据。行贿证据有:王某某的妻子闫某某的证言,证明了行贿款来源以及根据王某某指使通过银行汇款转账过程,企业账目、闫某某汇款转账的银行流水等书证能佐证;钟某某妻弟罗某证言,证明他按照钟某某指使通过自己银行账户接受闫某某汇款并告诉姐夫钟某某、姐姐罗某的事实,罗某银行账户流水等书证能佐证;罗某证言还证明按照钟某某指使动用一部分贿金帮助钟某某和罗某夫妇购买股票理财的事实,股票投资过程的有关书证也进一步印证,罗某证言都能印证事实。谋取不正当利益证据有:江某公司收购金某钼业股权转让协议、会议记录,江某公司参与决策、收购的有关证人证言等证据。钟某某受贿案的一审生效判决书等证据与钟某某的有罪供述,与上述两方面证据均相互印证。检察机关经审查并充分运用证据,认为本案虽为"零口供",但在案证人证言、企业账目、银行流水、股票、生效判决书等书证,足以形成完整的证据链条,证实王某某为谋取不正当利益,向钟某某行贿人民币 500 万元的事实,证据达到确实、充分的证明标准,可以依法提起公诉。

(三)监察机关与检察机关加强协作,依法追赃挽损。监察机关经与检察机关沟通协商,一致认为应当依法追缴王某某通过行贿犯罪获取的不正当利益。在金溪县监察委员会的协调下,金溪县人民检察院配合成立追赃小组,先后奔赴河北、北京、辽宁等地,依法扣押查封涉案汽车 7 辆、不动产 13 间(栋)、现金人民币 420 万余元、股权 3000 万余元,合计价值人民币 7000 万余元,最大限度地挽回国有资产的损失。监察机关、检察机关会商认为,应对王某某转让给江某公司的股份实际价值进行司法鉴定。经依法鉴定,根据江某公司收购金某钼业价格人民币 2.6 亿元减去收购时金某钼业总资产价值、涉案钼矿采矿权评估价值,计算认定王某某通过行贿违法所得人民币 2.15 亿元。检察机关建议审判机关依法裁判该违法所得返还江某公司,法院予以采纳。

【典型意义】

(一)贯彻落实受贿行贿一起查,对侵吞巨额国有资产的行贿犯罪零容忍。监察机关、检察机关在办理国企领域贿赂或者关联案件过程中,应当密切协作配合,在监察机关统筹下推进行贿受贿案件的查处。通过依法惩治发生在国企领域的行贿受贿犯罪,斩断内外勾结侵吞国有资产的"黑手",切实维护国有企业合法权益,维护国有资产安全。

(二)对"零口供"的行贿犯罪案件,应多层次调取收集各类证据,综合运用证据规则,构建完整证据体系,严厉惩治行贿犯罪。实践中,为逃避法律追究,行贿受贿双方拒不供认犯罪事实的情况时有发生。对于"零口供"的行贿案件,应根据证据标准,注重运用受贿人有罪供述、特定关系人或者经手贿赂款的证人证言,特别是转账的书证等证据,证明行贿受贿犯罪事实,形成完整的证据链条。案件经审查达到事实清楚,证据确实、充分的程度,依法提起公诉,追究行贿人刑事责任。

(三)准确认定行贿犯罪违法所得,主动协作配合追赃挽损。检察机关在办理行贿案件过程中应积极履行追赃挽损职责,准确认定行贿犯罪违法所得数额,与监察机关加强协作,依法查封、扣押、冻结行贿人涉案资产,配合监察机关查明行贿人违法所得相关证据,为人民法院准确认定行贿犯罪违法所得,判决追缴行贿人违法所得、返还被害单位提供重要支撑。

【相关规定】(略)

河南高某某行贿案

（2022 年 3 月 31 日国家监察委员会、最高人民检察院联合发布）

【关键词】

医药领域 多次行贿 巨额行贿 认罪认罚 财产刑

【要旨】

监察机关与检察机关要加强衔接配合，对医疗药品等重点领域多次行贿、巨额行贿违法犯罪行为，依法惩处，形成联合惩戒行贿犯罪的工作合力。要贯彻宽严相济刑事政策，准确认定从宽情节，积极适用认罪认罚从宽制度办理。要注重综合运用多种措施及适用刑罚，从提高违法犯罪经济成本上进一步遏制行贿犯罪，提高打击行贿的精准性、有效性。

【基本案情】

被告人高某某，男，1974 年 10 月 24 日出生，汉族，河南双某药业有限公司业务员，负责河南南阳、平顶山地区"大输液"销售业务。

2013 年 10 月至 2019 年 4 月，被告人高某某通过南阳市济某医药有限公司（以下简称济某公司）向南阳市方城县某某医院配送其任职公司生产的"大输液"产品。为长期在该医院销售"大输液"产品并增加销量，谋取不正当竞争优势，根据时任该医院院长化某（已判决）的要求，以交付"大输液"利润的方式向化某行贿，先后 43 次给予化某共计人民币 615.9 万元；为得到时任该医院药品科科长张某某（已判决）的帮助，先后 13 次给予张某某人民币共计人民币 6 万元。

2019 年 7 月 15 日，河南省南召县监察委员会对高某某涉嫌严重违法问题立案调查，8 月 22 日对高某某以涉嫌行贿罪移送南召县人民检察院审查起诉，10 月 8 日南召县人民检察院对高某某以涉嫌行贿罪向南召县人民法院提起公诉，12 月 16 日南召县人民法院以行贿罪判处高某某有期徒刑五年，并处罚金人民币 20 万元。一审判决后，被告人高某某未上诉，判决已生效。

【监察、检察履职情况】

（一）强化衔接配合，依规依法严肃查处医疗药品领域行贿犯罪。监察机关调查中发现，高某某为在行业竞争中获取优势，采用不正当竞争手段排挤其他医药企业，56 次向医疗药品领域国家工作人员行贿。南召县监察委员会商请检察机关提前介入，双方就该案的事实、证据等进行了面对面沟通交流，一致认为本案行贿数额特别巨大、情节特别严重，对当地政治生态、法治环境、营商环境

富承接了某某市某某新区健康路、南外环路一期等多个道路建设重大项目。其间,刘某富多次直接或者通过他人给予刘某东(已判决)人民币共计265万元。

(二)非法采矿罪。2017年4月至5月,刘某富在对某某市某某区南外环路一期道路工程施工过程中,在没有采矿许可证的情况下,超越限定范围,在某某区某某镇前进村康泰路非法采挖连砂石共计25340立方米。四川省国土资源厅依法认定刘某富非法采矿造成矿产资源破坏价值共计人民币96.292万元。

2018年4月11日,刘某富因涉嫌非法采矿罪,被四川省雅安市公安局采取监视居住强制措施。雅安市雨城区人民检察院在提前介入侦查过程中,发现刘某富涉嫌行贿、刘某东涉嫌受贿犯罪问题线索,经与雅安市公安局沟通,将问题线索移送雅安市监察委员会。7月16日,雅安市监察委员会以涉嫌行贿罪对刘某富采取留置措施,10月11日向雅安市人民检察院移送起诉。次日,雅安市人民检察院决定将案件交由雅安市雨城区人民检察院办理。10月17日,雅安市公安局雨城分局以刘某富涉嫌非法采矿罪向雅安市雨城区人民检察院移送起诉。2019年2月11日,雅安市雨城区人民检察院以刘某富涉嫌行贿罪、非法采矿罪提起公诉。4月23日,雅安市雨城区人民法院作出一审判决,以行贿罪判处刘某富有期徒刑四年,并处罚金人民币30万元,以非法采矿罪判处刘某富有期徒刑一年六个月,并处罚金人民币5万元,数罪并罚,决定执行有期徒刑五年,并处罚金人民币35万元。一审判决后,被告人刘某富未上诉,判决已生效。

【监察、检察履职情况】

(一)检察机关提前介入侦查,发现行贿问题线索,建议公安机关依法移交监察机关处理。雅安市公安机关在对刘某富非法采矿犯罪侦查过程中,检察机关应商请提前介入,通过审查证据材料、会同侦查人员赴现场勘查、联席会议讨论等方式,发现刘某富在没有建设工程资质的情况下,违规担任市政公司施工班组长,借用他人资质承接大量市政公司建设项目。同时,刘某富工程建设账目支出情况不清楚,其中可能存在职务违法犯罪问题,检察机关向公安机关提出及时将问题线索移交监察机关处理的建议,推动公安侦查和监察调查有机衔接。

(二)监察机关充分履行组织协调职责,有效提升互涉案件办理质效。2018年7月6日,雅安市公安局将刘某富涉嫌行贿、刘某东涉嫌受贿问题线索移交雅安市监察委员会。雅安市监察委员会立即分别成立行贿、受贿案件专案组并开展初步核实,组织检察、公安等相关单位召开案件会商联席会,梳理互涉案件交织点、取证共通点、办理难点,精准确定调查、侦查方向,统筹推进互涉案件证据收集、调取工作。监察机关在对刘某东受贿案立案后,于7月16日对正被公安机关监视居住的刘某富采取留置措施。监察机关在对行贿、受贿一起查办的同时,也积极为公安机关办理的非法采矿犯罪固定有关证据,做到程序衔接流畅、实体配合高效。

（三）监察机关统筹做好互涉案件移送审查起诉工作，检察机关依法并案审查起诉。鉴于刘某富涉嫌行贿罪、非法采矿罪由监察机关、公安机关分别查办，检察机关在提前介入过程中，及时了解掌握互涉案件办理情况，沟通协商移送起诉工作进度，确保互涉案件同步移送，程序衔接畅通。监察机关在移送审查起诉前，再次邀请检察机关、公安机关进行诉前会商，强化行贿、受贿犯罪的证据材料梳理，为做好职务犯罪调查管辖和其他关联犯罪属地管辖衔接配合，明确以非法采矿案属地管辖为主确定案件管辖，将职务犯罪商请指定管辖并案处理。2018 年 10 月 11 日、17 日，监察机关、公安机关先后向检察机关移送审查起诉，检察机关在分别受理后，为确保互涉案件统一处理，决定并案审查起诉，依法以行贿罪、非法采矿罪向法院提起公诉。

（四）监察机关、检察机关联动配合，及时查明行为人违法所得及获取的不正当利益情况，依法追赃挽损。检察机关审查发现，刘某富通过行贿承接了雅安市 19 个重要交通道路工程，涉及该市重点打造的川西综合交通枢纽，获取了巨额利益，又在工程建设中通过非法采矿获取更大的非法收益，应依法严惩。为依法追赃挽损，监检配合做好以下工作。一是检察机关要求公安机关补充鉴定，查明刘某富非法开采矿产资源价值共计人民币 96.292 万元。二是监察机关在受贿行贿一起调查的过程中，查明刘某富通过虚增连砂石用量等方式，在刘某东的帮助下，从市政公司处非法获利人民币 1256 万余元。三是监察机关、检察机关、公安机关加大协作力度，促使刘某富主动退缴人民币 859 万元。四是协调公安机关依法处理案件涉及的其他非法所得。在法院判决追缴非法采矿违法所得人民币 96.292 万元以后，监察机关、检察机关及时与公安机关沟通，对于案件中涉及的其他非法所得，书面建议公安机关依法予以处理。公安机关协调有关部门依法予以收缴。

【典型意义】

（一）检察机关在办案中发现行贿受贿等职务犯罪问题线索，应当依照规定移送监察机关。检察机关在案件办理和履行法律监督职能过程中，发现行为人可能涉嫌监察机关管辖的职务犯罪的，应当依法严格落实线索移送、职能管辖等规定，向监察机关移送问题线索，或建议有关部门向监察机关移送线索，形成惩治腐败工作合力。对于在提前介入侦查工作中发现行贿犯罪线索的，引导公安机关及时固定证据线索，共同做好线索移送工作。特别是针对在国家重要工作、重点工程、重大项目中的行贿犯罪，应当建议依法严肃查处，精准推进受贿行贿一起查。

（二）监察机关办理互涉案件承担为主调查职责的，要统筹组织协调调查、侦查工作，形成反腐败合力。为主调查的监察机关承担组织协调职责，统筹调查和侦查工作进度、协调调查留置措施和刑事强制措施的衔接适用、协商重要调查和侦查措施使用等重要事项。办理互涉案件的公安机关、检察机关，要主动及时向监察机关通报相关案件的办理情况，以便监察机关能够及时全面掌握互涉案件办理情况。相关办案单位应注重形成合力，全面准确认定犯罪事实和涉嫌罪名，确保互涉案件在办案程序、事实认定和法律适用等各方面做到统一均衡。

（三）检察机关对监察机关、公安机关分别移送起诉的互涉案件，可以依职权并案处理，注意做好补查的衔接工作。检察机关应当加强与监察机关、公安机关沟通，协调互涉案件的移送起诉进度，符合并案条件的，在分别受理审查起诉后及时并案处理。需要退回补充调查、退回补充侦查的，检察机关应同时将案件分别退回监察机关、公安机关，并统筹做好程序衔接。符合自行补查条件的，经与监察机关沟通一致，检察机关可以开展自行补充侦查，完善证据体系。

（四）多措并举，依法处理行贿违法所得及有关不正当利益，不让犯罪分子从中获利。加大追赃挽损力度，对行贿犯罪违法所得以及与行贿犯罪有关的不正当利益，应当通过监察执法、刑事处罚、行政处罚等多种方式依法综合运用予以处理，确保任何人不能从行贿等违法犯罪活动中获取非法利益，最大限度为国家挽回损失。

【相关规定】（略）

第八章　渎职罪

二维码链接 9 – 渎职罪

刑法第三百九十七条（滥用职权罪，玩忽职守罪）

第三百九十七条①　国家机关工作人员滥用职权或者玩忽职守，致使

---

① 《全国人民代表大会常务委员会关于惩治骗购外汇、逃汇和非法买卖外汇犯罪的决定》（1998 年12 月 29 日起施行）第六条规定：海关、外汇管理部门的工作人员严重不负责任，造成大量外汇被骗购或者逃汇，致使国家利益遭受重大损失的，依照刑法第三百九十七条的规定定罪处罚。

公共财产、国家和人民利益遭受重大损失的,处三年以下有期徒刑或者拘役;情节特别严重的,处三年以上七年以下有期徒刑。本法另有规定的,依照规定。

国家机关工作人员徇私舞弊,犯前款罪的,处五年以下有期徒刑或者拘役;情节特别严重的,处五年以上十年以下有期徒刑。本法另有规定的,依照规定。

陈某、林某、李甲滥用职权案

(最高人民检察院第十一届检察委员会第八十一次会议审议决定 2012 年 11 月 15 日发布)

【关键词】

渎职罪主体 村基层组织人员 滥用职权罪

【要旨】

随着我国城镇建设和社会主义新农村建设逐步深入推进,村民委员会、居民委员会等基层组织协助人民政府管理社会发挥越来越重要的作用。实践中,对村民委员会、居民委员会等基层组织人员协助人民政府从事行政管理工作时,滥用职权、玩忽职守构成犯罪的,应当依照刑法关于渎职罪的规定追究刑事责任。

【基本案情】

被告人陈某,男,1946 年出生,原系上海市奉贤区四团镇推进小城镇社会保险(以下简称“镇保”)工作领导小组办公室负责人。

被告人林某,女,1960 年出生,原系上海市奉贤区四团镇杨家宅村党支部书记、村民委员会主任、村镇保工作负责人。

被告人李甲(曾用名李乙),男,1958 年出生,原系上海市奉贤区四团镇杨家宅村党支部委员、村民委员会副主任、村镇保工作经办人。

2004 年 1 月至 2006 年 6 月期间,被告人陈某利用担任上海市奉贤区四团镇推进镇保工作领导小组办公室负责人的职务便利,被告人林某、李甲利用受上海市奉贤区四团镇人民政府委托分别担任杨家宅村镇保工作负责人、经办人的职务便利,在从事被征用农民集体所有土地负责农业人员就业和社会保障工作过程中,违反相关规定,采用虚增被征用土地面积等方法徇私舞弊,共同或者单独将杨家宅村、良民村、横桥村 114 名不符合镇保条件的人员纳入镇保范围，致使奉贤区四团镇人民政府为上述人员缴纳镇保费用共计人民币 600 余万元、上海市社会保险事业基金结算管理中心（以下简称"市社保中心"）为上述人员实际发放镇保资金共计人民币 178 万余元，并造成了恶劣的社会影响。其中，被告人陈某共同及单独将 71 名不符合镇保条件人员纳入镇保范围，致使镇政府缴纳镇保费用共计人民币 400 余万元、市社保中心实际发放镇保资金共计人民币 114 万余元；被告人林某共同及单独将 79 名不符合镇保条件人员纳入镇保范围，致使镇政府缴纳镇保费用共计人民币 400 余万元、市社保中心实际发放镇保资金共计人民币 124 万余元；被告人李甲共同及单独将 60 名不符合镇保条件人员纳入镇保范围，致使镇政府缴纳镇保费用共计人民币 300 余万元、市社保中心实际发放镇保资金共计人民币 95 万余元。

【诉讼过程】

2008 年 4 月 15 日，陈某、林某、李甲因涉嫌滥用职权罪由上海市奉贤区人民检察院立案侦查，陈某于 4 月 15 日被刑事拘留，4 月 29 日被逮捕，林某、李甲于 4 月 15 日被取保候审，6 月 27 日侦查终结移送审查起诉。2008 年 7 月 28 日，上海市奉贤区人民检察院以被告人陈某、林某、李甲犯滥用职权罪向奉贤区人民法院提起公诉。2008 年 12 月 15 日，上海市奉贤区人民法院作出一审判决，认为被告人陈某身为国家机关工作人员，被告人林某、李甲作为在受国家机关委托代表国家机关行使职权的组织中从事公务的人员，在负责或经办被征地人员就业和保障工作过程中，故意违反有关规定，共同或单独擅自将不符合镇保条件的人员纳入镇保范围，致使公共财产遭受重大损失，并造成恶劣社会影响，其行为均已触犯刑法，构成滥用职权罪，且有徇个人私情、私利的徇私舞弊情节。其中被告人陈某、林某情节特别严重。犯罪后，三被告人在尚未被司法机关采取强制措施时，如实供述自己的罪行，属自首，依法可从轻或减轻处罚。依照《中华人民共和国刑法》第三百九十七条，第二十五条第一款，第六十七条第一款，第七十二条第一款，第七十三条第二、第三款之规定，判决被告人陈某犯滥用职权罪，判处有期徒刑二年；被告人林某犯滥用职权罪，判处有期徒刑一年六个月，宣告缓刑一年六个月；被告人李甲犯滥用职权罪，判处有期徒刑一年，宣告缓刑一年。一审判决后，被告人林某提出上诉。上海市第一中级人民法院二审终审裁定，驳回上诉，维持原判。

【相关规定】（略）

罗甲、罗乙、朱某、罗丙滥用职权案

（最高人民检察院第十一届检察委员会第八十一次会议审议决定　2012年11月15日发布）

【关键词】

滥用职权罪　重大损失　恶劣社会影响

【要旨】

根据刑法规定,滥用职权罪是指国家机关工作人员滥用职权,致使"公共财产、国家和人民利益遭受重大损失"的行为。实践中,对滥用职权"造成恶劣社会影响的",应当依法认定为"致使公共财产、国家和人民利益遭受重大损失"。

【基本案情】

被告人罗甲,男,1963年出生,原系广州市城市管理综合执法局黄埔分局大沙街执法队协管员。

被告人罗乙,男,1967年出生,原系广州市城市管理综合执法局黄埔分局大沙街执法队协管员。

被告人朱某,男,1964年出生,原系广州市城市管理综合执法局黄埔分局大沙街执法队协管员。

被告人罗丙,男,1987年出生,原系广州市城市管理综合执法局黄埔分局大沙街执法队协管员。

2008年8月至2009年12月期间,被告人罗甲、罗乙、朱某、罗丙先后被广州市黄埔区人民政府大沙街道办事处招聘为广州市城市管理综合执法局黄埔分局大沙街执法队(以下简称"执法队")协管员。上述四名被告人的工作职责是街道城市管理协管工作,包括动态巡查,参与街道、社区日常性的城管工作;劝阻和制止并督促改正违反城市管理法规的行为;配合综合执法部门,开展集中统一整治行动等。工作任务包括坚持巡查与守点相结合,及时劝导中心城区的乱摆卖行为等。罗甲、罗乙从2009年8月至2011年5月担任协管员队长和副队长,此后由罗乙担任队长,罗甲担任副队长。协管员队长职责是负责协管员人员召集,上班路段分配和日常考勤工作;副队长职责是协助队长开展日常工作,队长不在时履行队长职责。上述四名被告人上班时,身着统一发放的迷彩服,臂上戴着写有"大沙街城市管理督导员"的红袖章,手持一根木棍。2010年8月至2011年9月期间,罗甲、罗乙、朱某、罗丙和罗丁(另案处理)利用职务便利,先后多次向多名无照商贩索要 12 元、10 元、5 元不等的少量现金、香烟或直接在该路段的"士多店"拿烟再让部分无照商贩结账,后放弃履行职责,允许给予好处的无照商贩在严禁乱摆卖的地段非法占道经营。由于上述被告人的行为,导致该地段的无照商贩非法占道经营十分严重,几百档流动商贩恣意乱摆卖,严重影响了市容市貌和环境卫生,给周边商铺和住户的经营、生活、出行造成极大不便。由于执法不公,对给予钱财的商贩放任其占道经营,对其他没给好处费的无照商贩则进行驱赶或通知城管部门到场处罚,引起了群众强烈不满,城市管理执法部门执法人员在依法执行公务过程中遭遇多次暴力抗法,数名执法人员受伤住院。上述四名被告人的行为严重危害和影响了该地区的社会秩序、经济秩序、城市管理和治安管理,造成了恶劣的社会影响。

【诉讼过程】

2011 年 10 月 1 日,罗甲、罗乙、朱某、罗丙四人因涉嫌敲诈勒索罪被广州市公安局黄埔分局刑事拘留,11 月 7 日被逮捕。11 月 10 日,广州市公安局黄埔分局将本案移交广州市黄埔区人民检察院。2011 年 11 月 10 日,罗甲、罗乙、朱某、罗丙四人因涉嫌滥用职权罪由广州市黄埔区人民检察院立案侦查,12 月 9 日侦查终结移送审查起诉。2011 年 12 月 28 日,广州市黄埔区人民检察院以被告人罗甲、罗乙、朱某、罗丙犯滥用职权罪向黄埔区人民法院提起公诉。2012 年 4 月 18 日,黄埔区人民法院一审判决,认为被告人罗甲、罗乙、朱某、罗丙身为虽未列入国家机关人员编制但在国家机关中从事公务的人员,在代表国家行使职权时,长期不正确履行职权,大肆勒索辖区部分无照商贩的钱财,造成无照商贩非法占道经营十分严重,暴力抗法事件不断发生,社会影响相当恶劣,其行为触犯了《中华人民共和国刑法》第三百九十七条第一款的规定,构成滥用职权罪。被告人罗甲与罗乙身为城管协管员前、后任队长及副队长,不仅参与勒索无照商贩的钱财,放任无照商贩非法占道经营,而且也收受其下属勒索来的香烟,放任其下属胡作非为,在共同犯罪中所起作用相对较大,可对其酌情从重处罚。鉴于四被告人归案后能供述自己的罪行,可对其酌情从轻处罚。依照《中华人民共和国刑法》第三百九十七条第一款、第六十一条,全国人民代表大会常务委员会《关于第九章渎职罪主体适用问题的解释》的规定,判决被告人罗甲犯滥用职权罪,判处有期徒刑一年六个月;被告人罗乙犯滥用职权罪,判处有期徒刑一年五个月;被告人朱某犯滥用职权罪,判处有期徒刑一年二个月;被告人罗丙犯滥用职权罪,判处有期徒刑一年二个月。一审判决后,四名被告人在法定期限内均未上诉,检察机关也没有提出抗诉,一审判决发生法律效力。

【相关规定】(略)

杨某玩忽职守、徇私枉法、受贿案

（最高人民检察院第十一届检察委员会第八十一次会议审议决定　2012 年
11 月 15 日发布）

【关键词】

玩忽职守罪　徇私枉法罪　受贿罪　因果关系　数罪并罚

【要旨】

本案要旨有两点。一是渎职犯罪因果关系的认定。如果负有监管职责的
国家机关工作人员没有认真履行其监管职责，从而未能有效防止危害结果发
生，那么，这些对危害结果具有"原因力"的渎职行为，应认定与危害结果之间具
有刑法意义上的因果关系。二是渎职犯罪同时受贿的处罚原则。对于国家机
关工作人员实施渎职犯罪并收受贿赂，同时构成受贿罪的，除刑法第三百九十
九条有特别规定的外，以渎职犯罪和受贿罪数罪并罚。

【基本案情】

被告人杨某，男，1958 年出生，原系深圳市公安局龙岗分局同乐派出所
所长。

犯罪事实如下。

一、玩忽职守罪

1999 年 7 月 9 日，王某（另案处理）经营的深圳市龙岗区舞王歌舞厅经深圳
市工商行政管理部门批准成立，经营地址在龙岗区龙平路。2006 年该歌舞厅被
依法吊销营业执照。2007 年 9 月 8 日，王某未经相关部门审批，在龙岗街道龙
东社区三和村经营舞王俱乐部，辖区派出所为同乐派出所。被告人杨某自 2001
年 10 月开始担任同乐派出所所长。开业前几天，王某为取得同乐派出所对舞
王俱乐部的关照，在杨某之妻何某经营的川香酒家宴请了被告人杨某等人。此
后，同乐派出所和责任区民警在对舞王俱乐部采集信息建档和日常检查中，发
现王某无法提供消防许可证、娱乐经营许可证等必需证件，提供的营业执照复
印件上的名称和地址与实际不符，且已过有效期。杨某得知情况后没有督促责
任区民警依法及时取缔舞王俱乐部。责任区民警还发现舞王俱乐部经营过程
中存在超时超员、涉黄涉毒、未配备专业保安人员、发生多起治安案件等治安隐
患，杨某既没有依法责令舞王俱乐部停业整顿，也没有责令责任区民警跟踪监
督舞王俱乐部进行整改。

2008 年 3 月,根据龙岗区"扫雷"行动的安排和部署,同乐派出所成立"扫雷"专项行动小组,杨某担任组长。有关部门将舞王俱乐部存在治安隐患和消防隐患等于 2008 年 3 月 12 日通报同乐派出所,但杨某没有督促责任区民警跟踪落实整改措施,导致舞王俱乐部的安全隐患没有得到及时排除。

2008 年 6 月至 8 月期间,广东省公安厅组织开展"百日信息会战",杨某没有督促责任区民警如实上报舞王俱乐部无证无照经营,没有对舞王俱乐部采取相应处理措施。舞王俱乐部未依照消防法、《建筑工程消防监督审核管理规定》等规定要求取得消防验收许可,未通过申报开业前消防安全检查,擅自开业、违法经营,营业期间不落实安全管理制度和措施,导致 2008 年 9 月 20 日晚发生特大火灾,造成 44 人死亡、64 人受伤的严重后果。在这起特大消防事故中,杨某及其他有关单位的人员负有重要责任。

二、徇私枉法罪

2008 年 8 月 12 日凌晨,江某、汪某、赵某等人在舞王俱乐部消费后乘坐电梯离开时与同时乘坐电梯的另外几名顾客发生口角,舞王俱乐部的保安员前来劝阻。争执过程中,舞王俱乐部的保安员易某及员工罗某等五人与江某等人在舞王俱乐部一楼发生打斗,致江某受轻伤,汪某、赵某受轻微伤。杨某指示以涉嫌故意伤害对舞王俱乐部罗某、易某等五人立案侦查。次日,同乐派出所依法对涉案人员刑事拘留。案发后,舞王俱乐部负责人王某多次打电话给杨某,并通过杨某之妻何某帮忙请求调解,要求使其员工免受刑事处罚。王某并为此在龙岗中心城邮政局停车场处送给何某人民币 3 万元。何某收到钱后发短信告诉杨某。杨某明知该案不属于可以调解处理的案件,仍答应帮忙,并指派不是本案承办民警的刘某负责协调调解工作,于 2008 年 9 月 6 日促成双方以赔偿人民币 11 万元达成和解。杨某随即安排办案民警将案件作调解结案。舞王俱乐部有关人员于 9 月 7 日被解除刑事拘留,未被追究刑事责任。

三、受贿罪

2007 年 9 月至 2008 年 9 月,杨某利用职务便利,为舞王俱乐部负责人王某谋取好处,单独收受或者通过妻子何某收受王某好处费,共计人民币 30 万元。

【诉讼过程】

2008 年 9 月 28 日,杨某因涉嫌徇私枉法罪由深圳市人民检察院立案侦查,10 月 25 日被刑事拘留,11 月 7 日被逮捕,11 月 13 日侦查终结移交深圳市龙岗区人民检察院审查起诉。2008 年 11 月 24 日,深圳市龙岗区人民检察院以被告人杨某犯玩忽职守罪、徇私枉法罪和受贿罪向龙岗区人民法院提起公诉。一审期间,延期审理一次。2009 年 5 月 9 日,深圳市龙岗区人民法院作出一审判决,认为被告人杨某作为同乐派出所的所长,对辖区内的娱乐场所负有监督管理职责,其明知舞王俱乐部未取得合法的营业执照擅自经营,且存在众多消防、治安隐患,但严重不负责任,不认真履行职责,使本应停业整顿或被取缔的舞王俱乐部持续违法经营达一年之久,并最终导致发生 44 人死亡、64 人受伤的特大消防事故,造成了人民群众生命财产的重大损失,其行为已构成玩忽职守罪,情节特别严重;被告人杨某明知舞王俱乐部发生的江某等人被打案应予刑事处罚,不符合调解结案的规定,仍指示将该案件予以调解结案,构成徇私枉法罪,但是鉴于杨某在实施徇私枉法行为的同时有受贿行为,且该受贿事实已被起诉,依照刑法第三百九十九条的规定,应以受贿罪一罪定罪处罚;被告人杨某作为国家工作人员,利用职务上的便利,非法收受舞王俱乐部负责人王某的巨额钱财,为其谋取利益,其行为已构成受贿罪;被告人杨某在未被采取强制措施前即主动交代自己全部受贿事实,属于自首,并由其妻何某代为退清全部赃款,依法可以从轻处罚。依照《中华人民共和国刑法》第三百九十七条第一款,第三百九十九条第一款、第四款,第三百八十五条第一款,第三百八十六条,第三百八十三条第一款第(一)项、第二款,第六十四条,第六十七条第一款,第六十九条第一款之规定,判决被告人杨某犯玩忽职守罪,判处有期徒刑五年;犯受贿罪,判处有期徒刑十年;数罪并罚,决定执行有期徒刑十三年;追缴受贿所得的赃款人民币30 万元,依法予以没收并上缴国库。一审判决后,被告人杨某在法定期限内没有上诉,检察机关也没有提出抗诉,一审判决发生法律效力。

【相关规定】(略)

法院工作人员利用职权与他人共同实施
虚假诉讼犯罪的,从重处罚

(2021 年 11 月 9 日最高人民法院发布)

【基本案情】

2010 年 4 月,基层法律服务工作者杨某某在协助房屋中介办理某市经济适用房买卖过户过程中,为规避经济适用房 5 年内不准上市交易的政策规定,找到时任某县人民法院副院长的被告人魏某,二人预谋以虚构民间借贷纠纷诉讼的方式规避政策规定,商定由买卖双方签订虚假民间借贷合同,并在合同中约定纠纷由该县人民法院管辖,在起诉状中编造当事人住址在该县的虚假内容,以该县人民法院名义出具以房抵债民事调解书,然后由杨某某带领房屋买卖双方持民事调解书办理经济适用房交易过户手续。2010 年 4 月至 2013 年 3 月,魏某利用职务之便,伙同杨某某共同实施虚假诉讼行为,先后出具多份虚假的以房抵债民事调解书,导致多套经济适用房被违规低价过户,造成重大损失。魏某还利用职务上的便利非法收受他人财物,案发后已退缴全部赃款赃物。

【处理结果】

人民法院依法对魏某以滥用职权罪判处有期徒刑六年;以受贿罪判处有期徒刑十一年,并处没收个人财产人民币 5 万元,数罪并罚,决定执行有期徒刑十五年,并处没收个人财产人民币 5 万元。

【案例分析】

《中华人民共和国刑法》第三百零七条之一第四款规定,司法工作人员利用职权,与他人共同实施前三款行为(即虚假诉讼犯罪行为)的,从重处罚;同时构成其他犯罪的,依照处罚较重的规定定罪从重处罚。根据《最高人民法院　最高人民检察院关于办理虚假诉讼刑事案件适用法律若干问题的解释》第五条的规定,司法工作人员利用职权,与他人共同实施虚假诉讼犯罪行为的,从重处罚;同时构成滥用职权罪,民事枉法裁判罪,执行判决、裁定滥用职权罪等犯罪的,依照处罚较重的规定定罪从重处罚。

本案中,魏某实施虚假诉讼行为时,《中华人民共和国刑法修正案(九)》尚未在《中华人民共和国刑法》中增设虚假诉讼罪,但人民法院对法院工作人员利用职权与他人共同实施虚假诉讼犯罪行为依法予以严惩的态度和决心一以贯之。故人民法院依法以滥用职权罪从重判处魏某有期徒刑六年,与所犯受贿罪数罪并罚,决定执行有期徒刑十五年,并处没收个人部分财产。

【典型意义】

法律是维护社会秩序、保护人民群众合法权益的公器,不是可用于牟取违法利益的工具。法院工作人员应当带头遵守法律,捍卫法律尊严。法院工作人员利用职权,与他人共同实施虚假诉讼犯罪行为,严重影响司法公正和司法权威,与其他虚假诉讼犯罪行为相比,影响更恶劣,危害更严重,必须从严追究刑事责任。人民法院始终坚持刀刃向内,坚决清除害群之马,对法院工作人员利用职权参与虚假诉讼违法犯罪的行为予以严厉打击,依法从严从重追究法律责任,该判处重刑的坚决判处重刑,切实维护司法公正和司法权威,有效遏制了此类违法犯罪行为,维护了社会公平正义。

刑法第四百零一条（徇私舞弊暂予监外执行罪）

> **第四百零一条** 司法工作人员徇私舞弊，对不符合减刑、假释、暂予监外执行条件的罪犯，予以减刑、假释或者暂予监外执行的，处三年以下有期徒刑或者拘役；情节严重的，处三年以上七年以下有期徒刑。

林志斌徇私舞弊暂予监外执行案

（最高人民检察院第十一届检察委员会第五十三次会议讨论决定 2010 年 12 月 31 日发布）

【要旨】

司法工作人员收受贿赂，对不符合减刑、假释、暂予监外执行条件的罪犯，予以减刑、假释或者暂予监外执行的，应根据案件的具体情况，依法追究刑事责任。

【基本案情】

被告人林志斌，男，1964 年 8 月 21 日出生，汉族，原系吉林省吉林监狱第三监区监区长，大学文化。2008 年 11 月 1 日，因涉嫌徇私舞弊暂予监外执行罪被刑事拘留，2008 年 11 月 14 日被逮捕。

2003 年 12 月，高俊宏因犯合同诈骗罪，被北京市东城区人民法院判处有期徒刑十二年，2004 年 1 月入吉林省吉林监狱服刑。服刑期间，高俊宏认识了服刑犯人赵金喜，并请赵金喜为其办理保外就医。赵金喜找到时任吉林监狱第五监区副监区长的被告人林志斌，称高俊宏愿意出钱办理保外就医，让林志斌帮忙把手续办下来。林志斌答应帮助沟通此事。之后，赵金喜找到服刑犯人杜迎涛，由杜迎涛配制了能表现出患病症状的药物。在赵金喜的安排下，高俊宏于同年 3 月 24 日服药后"发病"住院。林志斌明知高俊宏伪造病情，仍找到吉林监狱刑罚执行科的王连发（另案处理），让其为高俊宏办理保外就医，并主持召开了对高俊宏提请保外就医的监区干部讨论会。会上，林志斌隐瞒了高俊宏伪造病情的情况，致使讨论会通过了高俊宏的保外就医申请，然后其将高俊宏的保外就医相关材料报到刑罚执行科。其间，高俊宏授意其弟高俊卫与赵金喜向林志斌行贿人民币 5 万元（林志斌将其中 3 万元交王连发）。2004 年 4 月 28

日,经吉林监狱呈报,吉林省监狱管理局以高俊宏双肺肺炎、感染性休克、呼吸衰竭,批准高俊宏暂予监外执行一年。同年 4 月 30 日,高俊宏被保外就医。2006 年 5 月 18 日,高俊宏被收监。

【诉讼过程】

2008 年 10 月 28 日,吉林省长春市宽城区人民检察院对林志斌涉嫌徇私舞弊暂予监外执行一案立案侦查。2009 年 8 月 4 日,长春市宽城区人民检察院以林志斌涉嫌徇私舞弊暂予监外执行罪向长春市宽城区人民法院提起公诉。2009 年 10 月 20 日,长春市宽城区人民法院作出(2009)宽刑初字第 223 号刑事判决,以被告人林志斌犯徇私舞弊暂予监外执行罪,判处有期徒刑三年。

刑法第四百零二条(徇私舞弊不移交刑事案件罪)

> 第四百零二条　行政执法人员徇私舞弊,对依法应当移交司法机关追究刑事责任的不移交,情节严重的,处三年以下有期徒刑或者拘役;造成严重后果的,处三年以上七年以下有期徒刑。

胡某、郑某徇私舞弊不移交刑事案件案

(最高人民检察院第十一届检察委员会第八十一次会议审议决定　2012 年 11 月 15 日发布)

【关键词】

诉讼监督　徇私舞弊不移交刑事案件罪

【要旨】

诉讼监督,是人民检察院依法履行法律监督的重要内容。实践中,检察机关和办案人员应当坚持办案与监督并重,建立健全行政执法与刑事司法有效衔接的工作机制,善于在办案中发现各种职务犯罪线索;对于行政执法人员徇私舞弊,不移送有关刑事案件构成犯罪的,应当依法追究刑事责任。

【基本案情】

被告人胡某,男,1956 年出生,原系天津市工商行政管理局河西分局公平交易科科长。

被告人郑某,男,1957 年出生,原系天津市工商行政管理局河西分局公平交

易科科员。

被告人胡某在担任天津市工商行政管理局河西分局(以下简称工商河西分局)公平交易科科长期间,于2006年1月11日上午,带领被告人郑某等该科工作人员对群众举报的天津华夏神龙科贸发展有限公司(以下简称"神龙公司")涉嫌非法传销问题进行现场检查,当场扣押财务报表及宣传资料若干,并于当日询问该公司法定代表人李某,李某承认其公司营业额为114万余元(与所扣押财务报表上数额一致),后由被告人郑某具体负责办理该案。2006年3月16日,被告人胡某、郑某在案件调查终结报告及处罚决定书中,认定神龙公司的行为属于非法传销行为,却隐瞒该案涉及经营数额巨大的事实,为牟取小集体罚款提成的利益,提出行政罚款的处罚意见。被告人胡某在局长办公会上汇报该案时亦隐瞒涉及经营数额巨大的事实。2006年4月11日,工商河西分局同意被告人胡某、郑某的处理意见,对当事人作出"责令停止违法行为,罚款50万元"的行政处罚,后李某分数次将50万元罚款交给工商河西分局。被告人胡某、郑某所在的公平交易科因此案得到2.5万元罚款提成。

李某在分期缴纳工商罚款期间,又成立河西、和平、南开分公司,由王某担任河西分公司负责人,继续进行变相传销活动,并造成被害人华某等人经济损失共计人民币40万余元。公安机关接被害人举报后,查明李某进行传销活动非法经营数额共计人民币2277万余元(工商查处时为人民币1600多万元)。天津市河西区人民检察院在审查起诉被告人李某、王某非法经营案过程中,办案人员发现胡某、郑某涉嫌徇私舞弊不移交被告人李某、王某非法经营刑事案件的犯罪线索。

【诉讼过程】

2010年1月13日,胡某、郑某因涉嫌徇私舞弊不移交刑事案件罪由天津市河西区人民检察院立案侦查,并于同日被取保候审,3月15日侦查终结移送审查起诉,因案情复杂,4月22日依法延长审查起诉期限半个月,5月6日退回补充侦查,6月4日侦查终结重新移送审查起诉。2010年6月12日,天津市河西区人民检察院以被告人胡某、郑某犯徇私舞弊不移交刑事案件罪向河西区人民法院提起公诉。2010年9月14日,河西区人民法院作出一审判决,认为被告人胡某、郑某身为工商行政执法人员,在明知查处的非法传销行为涉及经营数额巨大,依法应当移交公安机关追究刑事责任的情况下,为牟取小集体利益,隐瞒不报违法事实涉及的金额,以罚代刑,不移交公安机关处理,致使犯罪嫌疑人在行政处罚期间,继续进行违法犯罪活动,情节严重,二被告人负有不可推卸的责任,其行为均已构成徇私舞弊不移交刑事案件罪,且系共同犯罪。依照《中华人民共和国刑法》第四百零二条、第二十五条第一款、第三十七条之规定,判决被告人胡某、郑某犯徇私舞弊不移交刑事案件罪。一审判决后,被告人胡某、郑某在法定期限内均没有上诉,检察机关也没有提出抗诉,一审判决发生法律效力。

【相关规定】(略)

刑法第四百零八条(环境监管失职罪)

> 第四百零八条　负有环境保护监督管理职责的国家机关工作人员严重不负责任,导致发生重大环境污染事故,致使公私财产遭受重大损失或者造成人身伤亡的严重后果的,处三年以下有期徒刑或者拘役。

崔某环境监管失职案

(最高人民检察院第十一届检察委员会第八十一次会议审议决定　2012 年 11 月 15 日发布)

【关键词】
渎职罪主体　国有事业单位工作人员　环境监管失职罪

【要旨】
实践中,一些国有公司、企业和事业单位经合法授权从事具体的管理市场经济和社会生活的工作,拥有一定管理公共事务和社会事务的职权,这些实际行使国家行政管理职权的公司、企业和事业单位工作人员,符合渎职罪主体要求;对其实施渎职行为构成犯罪的,应当依照刑法关于渎职罪的规定追究刑事责任。

【基本案情】
被告人崔某,男,1960 年出生,原系江苏省盐城市饮用水源保护区环境监察支队二大队大队长。

江苏省盐城市标新化工有限公司(以下简称"标新公司")位于该市二级饮用水保护区内的饮用水取水河蟒蛇河上游。根据国家、市、区的相关法律法规文件规定,标新公司为重点污染源,系"零排污"企业。标新公司于 2002 年 5 月经过江苏省盐城市环保局审批建设年产 500 吨氯代醚酮项目,2004 年 8 月通过验收。2005 年 11 月,标新公司未经批准在原有氯代醚酮生产车间套产甘宝素。

2006 年 9 月建成甘宝素生产专用车间,含 11 台生产反应釜。氯代醚酮的生产过程中所产生的废水有钾盐水、母液、酸性废水、间接冷却水及生活污水。根据验收报告的要求,母液应外售,钾盐水、酸性废水、间接冷却水均应经过中和、吸附后回用(钾盐水也可收集后出售给有资质的单位)。但标新公司自生产以来,从未使用有关排污的技术处理设施。除在 2006 年至 2007 年部分钾盐废水(共 50 吨左右)外售至阜宁助剂厂外,标新公司生产产生的钾盐废水及其他废水直接排放至厂区北侧或者东侧的河流中,导致 2009 年 2 月发生盐城市区饮用水源严重污染事件。盐城市城西水厂、越河水厂水源遭受严重污染,所生产的自来水中酚类物质严重超标,近 20 万盐城市居民生活饮用水和部分单位供水被迫中断 66 小时 40 分钟,造成直接经济损失 543 万余元,并在社会上造成恶劣影响。

盐城市环保局饮用水源保护区环境监察支队负责盐城市区饮用水源保护区的环境保护、污染防治工作,标新公司位于市饮用水源二级保护区范围内,属该支队二大队管辖。被告人崔某作为二大队大队长,对标新公司环境保护监察工作负有直接领导责任。崔某不认真履行环境保护监管职责,并于 2006 年至 2008 年多次收受标新公司法定代表人胡某小额财物。崔某在日常检查中多次发现标新公司有冷却水和废水外排行为,但未按规定要求标新公司提供母液台账、合同、发票等材料,只是填写现场监察记录,也未向盐城市饮用水源保护区环境监察支队汇报标新公司违法排污情况。2008 年 12 月 6 日,盐城市饮用水源保护区环境监察支队对保护区内重点化工企业进行专项整治活动,并对标新公司发出整改通知,但崔某未组织二大队监察人员对标新公司进行跟踪检查,监督标新公司整改。直至 2009 年 2 月 18 日,崔某对标新公司进行检查时,只在该公司办公室填写了 1 份现场监察记录,未对排污情况进行现场检查,没有及时发现和阻止标新公司向厂区外河流排放大量废液,以致发生盐城市饮用水源严重污染。在水污染事件发生后,崔某为掩盖其工作严重不负责任,于 2009 年 2 月 21 日伪造了日期为 2008 年 12 月 10 日和 2009 年 2 月 16 日两份虚假监察记录,以逃避有关部门的查处。

【诉讼过程】

2009 年 3 月 14 日,崔某因涉嫌环境监管失职罪由江苏省盐城市阜宁县人民检察院立案侦查,同日被刑事拘留,3 月 27 日被逮捕,5 月 13 日侦查终结移送审查起诉。2009 年 6 月 26 日,江苏省盐城市阜宁县人民检察院以被告人崔某犯环境监管失职罪向阜宁县人民法院提起公诉。2009 年 12 月 16 日,阜宁县人民法院作出一审判决,认为被告人崔某作为负有环境保护监督管理职责的国家机关工作人员,在履行环境监管职责过程中,严重不负责任,导致发生重大环境污染事故,致使公私财产遭受重大损失,其行为构成环境监管失职罪;依照《中华人民共和国刑法》第四百零八条的规定,判决崔某犯环境监管失职罪,判处有期徒刑二年。一审判决后,崔某以自己对标新公司只具有督查的职责,不具有监管的职责,不符合环境监管失职罪的主体要求等为由提出上诉。盐城市中级人民法院认为,崔某身为国有事业单位的工作人员,在受国家机关的委托代表国家机关履行环境监督管理职责过程中,严重不负责任,导致发生重大环境污染事故,致使公私财产遭受重大损失,其行为构成环境监管失职罪。崔某所在的盐城市饮用水源保护区环境监察支队为国有事业单位,由盐城市人民政府设立,其系受国家机关委托代表国家机关行使环境监管职权,原判决未引用全国人民代表大会常务委员会《关于第九章渎职罪主体适用问题的解释》的相关规定,直接认定崔某系国家机关工作人员不当,予以纠正;原判认定崔某犯罪事实清楚,定性正确,量刑恰当,审判程序合法。2010 年 1 月 21 日,盐城市中级人民法院二审终审裁定,驳回上诉,维持原判。

【相关规定】(略)

附　　录

最高人民法院关于案例指导工作的规定

（2010 年 11 月 26 日　法发〔2010〕51 号）

为总结审判经验，统一法律适用，提高审判质量，维护司法公正，根据《中华人民共和国人民法院组织法》等法律规定，就开展案例指导工作，制定本规定。

第一条　对全国法院审判、执行工作具有指导作用的指导性案例，由最高人民法院确定并统一发布。

第二条　本规定所称指导性案例，是指裁判已经发生法律效力，并符合以下条件的案例：

（一）社会广泛关注的；

（二）法律规定比较原则的；

（三）具有典型性的；

（四）疑难复杂或者新类型的；

（五）其他具有指导作用的案例。

第三条　最高人民法院设立案例指导工作办公室，负责指导性案例的遴选、审查和报审工作。

第四条　最高人民法院各审判业务单位对本院和地方各级人民法院已经发生法律效力的裁判，认为符合本规定第二条规定的，可以向案例指导工作办公室推荐。

各高级人民法院、解放军军事法院对本院和本辖区内人民法院已经发生法律效力的裁判，认为符合本规定第二条规定的，经本院审判委员会讨论决定，可以向最高人民法院案例指导工作办公室推荐。

中级人民法院、基层人民法院对本院已经发生法律效力的裁判，认为符合本规定第二条规定的,经本院审判委员会讨论决定,层报高级人民法院,建议向最高人民法院案例指导工作办公室推荐。

第五条 人大代表、政协委员、专家学者、律师,以及其他关心人民法院审判、执行工作的社会各界人士对人民法院已经发生法律效力的裁判,认为符合本规定第二条规定的,可以向作出生效裁判的原审人民法院推荐。

第六条 案例指导工作办公室对于被推荐的案例,应当及时提出审查意见。符合本规定第二条规定的,应当报请院长或者主管副院长提交最高人民法院审判委员会讨论决定。

最高人民法院审判委员会讨论决定的指导性案例,统一在《最高人民法院公报》、最高人民法院网站、《人民法院报》上以公告的形式发布。

第七条 最高人民法院发布的指导性案例,各级人民法院审判类似案例时应当参照。

第八条 最高人民法院案例指导工作办公室每年度对指导性案例进行编纂。

第九条 本规定施行前,最高人民法院已经发布的对全国法院审判、执行工作具有指导意义的案例,根据本规定清理、编纂后,作为指导性案例公布。

第十条 本规定自公布之日起施行。

最高人民检察院关于案例指导工作的规定

(2010 年 7 月 29 日最高人民检察院第十一届检察委员会第四十次会议通过 2015 年 12 月 9 日最高人民检察院第十二届检察委员会第四十四次会议第一次修订 2019 年 3 月 20 日最高人民检察院第十三届检察委员会第十六次会议第二次修订)

第一条 为了加强和规范检察机关案例指导工作,发挥指导性案例对检察办案工作的示范引领作用,促进检察机关严格公正司法,保障法律统一正确实施,根据《中华人民共和国人民检察院组织法》等法律规定,结合检察工作实际,制定本规定。

第二条 检察机关指导性案例由最高人民检察院发布。指导性案例应当符合以下条件:

(一)案件处理结果已经发生法律效力;

(二)办案程序符合法律规定;

（三）在事实认定、证据运用、法律适用、政策把握、办案方法等方面对办理类似案件具有指导意义；

（四）体现检察机关职能作用，取得良好政治效果、法律效果和社会效果。

第三条　指导性案例的体例，一般包括标题、关键词、要旨、基本案情、检察机关履职过程、指导意义和相关规定等部分。

第四条　发布指导性案例，应当注意保守国家秘密和商业秘密，保护涉案人员隐私。

第五条　省级人民检察院负责本地区备选指导性案例的收集、整理、审查和向最高人民检察院推荐工作。办理案件的人民检察院或者检察官可以向省级人民检察院推荐备选指导性案例。

省级人民检察院各检察部和法律政策研究室向最高人民检察院对口部门推荐备选指导性案例，应当提交以下材料：

（一）指导性案例推荐表；

（二）按照规定体例撰写的案例文本；

（三）有关法律文书和工作文书。

最高人民检察院经初步审查认为可以作为备选指导性案例的，应当通知推荐案例的省级人民检察院报送案件卷宗。

第六条　人大代表、政协委员、人民监督员、专家咨询委员以及社会各界人士，可以向办理案件的人民检察院或者其上级人民检察院推荐备选指导性案例。

接受推荐的人民检察院应当及时告知推荐人备选指导性案例的后续情况。

第七条　最高人民检察院法律政策研究室统筹协调指导性案例的立项、审核、发布、清理工作。

最高人民检察院各检察厅和法律政策研究室分工负责指导性案例的研究编制工作。各检察厅研究编制职责范围内的指导性案例，法律政策研究室研究编制涉及多个检察厅业务或者院领导指定专题的指导性案例。

第八条　最高人民检察院各检察厅和法律政策研究室研究编制指导性案例，可以征求本业务条线、相关内设机构、有关机关对口业务部门和人大代表、专家学者等的意见。

第九条　最高人民检察院设立案例指导工作委员会。案例指导工作委员会由最高人民检察院分管法律政策研究室的副检察长、检察委员会专职委员、部分检察厅负责人或者全国检察业务专家以及法学界专家组成。

提请检察委员会审议的备选指导性案例，应当经案例指导工作委员会讨论同意。

案例指导工作委员会应当定期研究案例指导工作,每年度专题向检察委员会作出报告。

案例指导工作委员会的日常工作由法律政策研究室承担。

第十条 最高人民检察院各检察厅和法律政策研究室认为征集的案例符合备选指导性案例条件的,应当按照指导性案例体例进行编写,报分管副检察长同意后,提交案例指导工作委员会讨论。

第十一条 案例指导工作委员会同意作为备选指导性案例提请检察委员会审议的,承办部门应当按照案例指导工作委员会讨论意见对备选指导性案例进行修改,送法律政策研究室审核,并根据审核意见进一步修改后,报检察长决定提交检察委员会审议。

第十二条 检察委员会审议备选指导性案例时,由承办部门汇报案例研究编制情况,并就案例发布后的宣传培训提出建议。

第十三条 检察委员会审议通过的指导性案例,承办部门应当根据审议意见进行修改完善,送法律政策研究室进行法律核稿、统一编号后,报分管副检察长审核,由检察长签发。

第十四条 最高人民检察院发布的指导性案例,应当在《最高人民检察院公报》和最高人民检察院官方网站公布。

第十五条 各级人民检察院应当参照指导性案例办理类似案件,可以引述相关指导性案例进行释法说理,但不得代替法律或者司法解释作为案件处理决定的直接依据。

各级人民检察院检察委员会审议案件时,承办检察官应当报告有无类似指导性案例,并说明参照适用情况。

第十六条 最高人民检察院建立指导性案例数据库,为各级人民检察院和社会公众检索、查询、参照适用指导性案例提供便利。

第十七条 各级人民检察院应当将指导性案例纳入业务培训,加强对指导性案例的学习应用。

第十八条 最高人民检察院在开展案例指导工作中,应当加强与有关机关的沟通。必要时,可以商有关机关就互涉法律适用问题共同发布指导性案例。

第十九条 指导性案例具有下列情形之一的,最高人民检察院应当及时宣告失效,并在《最高人民检察院公报》和最高人民检察院官方网站公布:

(一)案例援引的法律或者司法解释废止;

(二)与新颁布的法律或者司法解释冲突;

(三)被新发布的指导性案例取代;

(四)其他应当宣告失效的情形。

宣告指导性案例失效,由最高人民检察院检察委员会决定。

第二十条　本规定自印发之日起施行。

《最高人民法院关于案例指导工作的规定》实施细则

（2015 年 5 月 13 日　法〔2015〕130 号）

第一条　为了具体实施《最高人民法院关于案例指导工作的规定》,加强、规范和促进案例指导工作,充分发挥指导性案例对审判工作的指导作用,统一法律适用标准,维护司法公正,制定本实施细则。

第二条　指导性案例应当是裁判已经发生法律效力,认定事实清楚,适用法律正确,裁判说理充分,法律效果和社会效果良好,对审理类似案件具有普遍指导意义的案例。

第三条　指导性案例由标题、关键词、裁判要点、相关法条、基本案情、裁判结果、裁判理由以及包括生效裁判审判人员姓名的附注等组成。指导性案例体例的具体要求另行规定。

第四条　最高人民法院案例指导工作办公室(以下简称案例指导办公室)负责指导性案例的征集、遴选、审查、发布、研究和编纂,以及对全国法院案例指导工作的协调和指导等工作。

最高人民法院各审判业务单位负责指导性案例的推荐、审查等工作,并指定专人负责联络工作。

各高级人民法院负责辖区内指导性案例的推荐、调研、监督等工作。各高级人民法院向最高人民法院推荐的备选指导性案例,应当经审判委员会讨论决定或经审判委员会过半数委员审核同意。

中级人民法院、基层人民法院应当通过高级人民法院推荐备选指导性案例,并指定专人负责案例指导工作。

第五条　人大代表、政协委员、人民陪审员、专家学者、律师,以及其他关心人民法院审判、执行工作的社会各界人士,对于符合指导性案例条件的案例,可以向作出生效裁判的原审人民法院推荐,也可以向案例指导办公室提出推荐建议。

案例指导工作专家委员会委员对于符合指导性案例条件的案例,可以向案例指导办公室提出推荐建议。

第六条　最高人民法院各审判业务单位、高级人民法院向案例指导办公室

推荐备选指导性案例,应当提交下列材料:

(一)《指导性案例推荐表》;

(二)按照规定体例编写的案例文本及其编选说明;

(三)相关裁判文书。

以上材料需要纸质版一式三份,并附电子版。

推荐法院可以提交案件审理报告、相关新闻报道及研究资料等。

第七条 案例指导办公室认为有必要进一步研究的备选指导性案例,可以征求相关国家机关、部门、社会组织以及案例指导工作专家委员会委员、专家学者的意见。

第八条 备选指导性案例由案例指导办公室按照程序报送审核。经最高人民法院审判委员会讨论通过的指导性案例,印发各高级人民法院,并在《最高人民法院公报》《人民法院报》和最高人民法院网站上公布。

第九条 各级人民法院正在审理的案件,在基本案情和法律适用方面,与最高人民法院发布的指导性案例相类似的,应当参照相关指导性案例的裁判要点作出裁判。

第十条 各级人民法院审理类似案件参照指导性案例的,应当将指导性案例作为裁判理由引述,但不作为裁判依据引用。

第十一条 在办理案件过程中,案件承办人员应当查询相关指导性案例。在裁判文书中引述相关指导性案例的,应在裁判理由部分引述指导性案例的编号和裁判要点。

公诉机关、案件当事人及其辩护人、诉讼代理人引述指导性案例作为控(诉)辩理由的,案件承办人员应当在裁判理由中回应是否参照了该指导性案例并说明理由。

第十二条 指导性案例有下列情形之一的,不再具有指导作用:

(一)与新的法律、行政法规或者司法解释相冲突的;

(二)为新的指导性案例所取代的;

第十三条 最高人民法院建立指导性案例纸质档案与电子信息库,为指导性案例的参照适用、查询、检索和编纂提供保障。

第十四条 各级人民法院对于案例指导工作中做出突出成绩的单位和个人,应当依照《中华人民共和国法官法》等规定给予奖励。

第十五条 本实施细则自印发之日起施行。

最高人民法院关于统一法律适用加强
类案检索的指导意见（试行）

（2020 年 7 月 15 日　法发〔2020〕24 号）

为统一法律适用,提升司法公信力,结合审判工作实际,就人民法院类案检索工作提出如下意见。

一、本意见所称类案,是指与待决案件在基本事实、争议焦点、法律适用问题等方面具有相似性,且已经人民法院裁判生效的案件。

二、人民法院办理案件具有下列情形之一,应当进行类案检索:

（一）拟提交专业（主审）法官会议或者审判委员会讨论的;

（二）缺乏明确裁判规则或者尚未形成统一裁判规则的;

（三）院长、庭长根据审判监督管理权限要求进行类案检索的;

（四）其他需要进行类案检索的。

三、承办法官依托中国裁判文书网、审判案例数据库等进行类案检索,并对检索的真实性、准确性负责。

四、类案检索范围一般包括:

（一）最高人民法院发布的指导性案例;

（二）最高人民法院发布的典型案例及裁判生效的案件;

（三）本省（自治区、直辖市）高级人民法院发布的参考性案例及裁判生效的案件;

（四）上一级人民法院及本院裁判生效的案件。

除指导性案例以外,优先检索近三年的案例或者案件;已经在前一顺位中检索到类案的,可以不再进行检索。

五、类案检索可以采用关键词检索、法条关联案件检索、案例关联检索等方法。

六、承办法官应当将待决案件与检索结果进行相似性识别和比对,确定是否属于类案。

七、对本意见规定的应当进行类案检索的案件,承办法官应当在合议庭评议、专业（主审）法官会议讨论及审理报告中对类案检索情况予以说明,或者制作专门的类案检索报告,并随案归档备查。

八、类案检索说明或者报告应当客观、全面、准确,包括检索主体、时间、平台、方法、结果,类案裁判要点以及待决案件争议焦点等内容,并对是否参照或者参考类案等结果运用情况予以分析说明。

九、检索到的类案为指导性案例的,人民法院应当参照作出裁判,但与新的法律、行政法规、司法解释相冲突或者为新的指导性案例所取代的除外。

检索到其他类案的,人民法院可以作为作出裁判的参考。

十、公诉机关、案件当事人及其辩护人、诉讼代理人等提交指导性案例作为控(诉)辩理由的,人民法院应当在裁判文书说理中回应是否参照并说明理由;提交其他类案作为控(诉)辩理由的,人民法院可以通过释明等方式予以回应。

十一、检索到的类案存在法律适用不一致的,人民法院可以综合法院层级、裁判时间、是否经审判委员会讨论等因素,依照《最高人民法院关于建立法律适用分歧解决机制的实施办法》等规定,通过法律适用分歧解决机制予以解决。

十二、各级人民法院应当积极推进类案检索工作,加强技术研发和应用培训,提升类案推送的智能化、精准化水平。

各高级人民法院应当充分运用现代信息技术,建立审判案例数据库,为全国统一、权威的审判案例数据库建设奠定坚实基础。

十三、各级人民法院应当定期归纳整理类案检索情况,通过一定形式在本院或者辖区法院公开,供法官办案参考,并报上一级人民法院审判管理部门备案。

十四、本意见自 2020 年 7 月 31 日起试行。

最高人民法院关于完善统一法律适用标准工作机制的意见

(2020 年 9 月 14 日　法发〔2020〕35 号)

为统一法律适用标准,保证公正司法,提高司法公信力,加快推进审判体系和审判能力现代化,结合人民法院工作实际,制定本意见。

一、统一法律适用标准的意义和应当坚持的原则

1. 充分认识统一法律适用标准的意义。在审判工作中统一法律适用标准,是建设和完善中国特色社会主义法治体系的内在要求,是人民法院依法独立公正行使审判权的基本职责,是维护国家法制统一尊严权威的重要保证,是提升司法质量、效率和公信力的必然要求,事关审判权依法正确行使,事关当事人合法权益保障,事关社会公平正义的实现。各级人民法院要把统一法律适用标准作为全面落实司法责任制、深化司法体制综合配套改革、加快推进执法司法制约监督体系改革和建设的重要内容,通过完善审判工作制度、管理体制和权力运行机制,规范司法行为,统一裁判标准,确保司法公正高效权威,努力让人民群众在每一个司法案件中感受到公平正义。

2. 牢牢把握统一法律适用标准应当坚持的原则。坚持党对司法工作的绝对领导。坚持以习近平新时代中国特色社会主义思想为指导,深入贯彻习近平总书记全面依法治国新理念新思想新战略,全面贯彻落实党的十九大和十九届二中、三中、四中全会精神,增强"四个意识"、坚定"四个自信"、做到"两个维护",坚持党的领导、人民当家作主、依法治国有机统一,贯彻中国特色社会主义法治理论,坚定不移走中国特色社会主义法治道路,确保党中央决策部署在审判执行工作中不折不扣贯彻落实。

坚持以人民为中心的发展思想。践行司法为民宗旨,依法维护人民权益、化解矛盾纠纷、促进社会和谐稳定。积极运用司法手段推动保障和改善民生,着力解决人民群众最关切的公共安全、权益保障、公平正义问题,满足人民群众日益增长的司法需求。坚持依法治国和以德治国相结合,兼顾国法天理人情,发挥裁判规范引领作用,弘扬社会主义核心价值观,不断增强人民群众对公平正义的获得感。

坚持宪法法律至上。始终忠于宪法和法律,依法独立行使审判权。坚持法律面前人人平等,坚决排除对司法活动的干预。坚持以事实为根据、以法律为准绳,遵守法定程序,遵循证据规则,正确适用法律,严格规范行使自由裁量权,确保法律统一正确实施,切实维护国家法制统一尊严权威。

坚持服务经济社会发展大局。充分发挥审判职能,履行好维护国家政治安全、确保社会大局稳定、促进社会公平正义、保障人民安居乐业的职责使命,服务常态化疫情防控和经济社会发展,促进经济行稳致远、社会安定和谐。全面贯彻新发展理念,服务经济高质量发展;依法平等保护各类市场主体合法权益,加大产权和知识产权司法保护力度,营造稳定公平透明、可预期的法治化营商环境;贯彻绿色发展理念,加强生态环境司法保护,努力实现政治效果、法律效果和社会效果有机统一。

二、加强司法解释和案例指导工作

3. 发挥司法解释统一法律适用标准的重要作用。司法解释是中国特色社会主义司法制度的重要组成部分,是最高人民法院的一项重要职责。对审判工作中具体应用法律问题,特别是对法律规定不够具体明确而使理解执行出现困难、情况变化导致案件处理依据存在不同理解、某一类具体案件裁判尺度不统一等问题,最高人民法院应当加强调查研究,严格依照法律规定及时制定司法解释。涉及人民群众切身利益或重大疑难问题的司法解释,应当向社会公开征求意见。进一步规范司法解释制定程序,健全调研、立项、起草、论证、审核、发布、清理和废止机制,完善归口管理和报备审查机制。

4. 加强指导性案例工作。最高人民法院发布的指导性案例,对全国法院审判、执行工作具有指导作用,是总结审判经验、统一法律适用标准、提高审判质量、维护司法公正的重要措施。各级人民法院应当从已经发生法律效力的裁判中,推荐具有统一法律适用标准和确立规则意义的典型案例,经最高人民法院审判委员会讨论确定,统一发布。指导性案例不直接作为裁判依据援引,但对正在审理的类似案件具有参照效力。进一步健全指导性案例报送、筛选、发布、编纂、评估、应用和清理机制,完善将最高人民法院裁判转化为指导性案例工作机制,增强案例指导工作的规范性、针对性、时效性。

5. 发挥司法指导性文件和典型案例的指导作用。司法指导性文件、典型案例对于正确适用法律、统一裁判标准、实现裁判法律效果和社会效果统一具有指导和调节作用。围绕贯彻落实党和国家政策与经济社会发展需要,最高人民法院及时出台司法指导性文件,为新形势下人民法院工作提供业务指导和政策指引。针对经济社会活动中具有典型意义及较大影响的法律问题,或者人民群众广泛关注的热点问题,及时发布典型案例,树立正确价值导向,传播正确司法理念,规范司法裁判活动。

三、建立健全最高人民法院法律适用问题解决机制

6. 建立全国法院法律适用问题专门平台。最高人民法院建立重大法律适用问题发现与解决机制,加快形成上下贯通、内外结合、系统完备、规范高效的法律适用问题解决体系,及时组织研究和解决各地存在的法律适用标准不统一问题。充分发挥专家学者在统一法律适用标准中的咨询作用,积极开展专家咨询论证工作,通过组织召开统一法律适用标准问题研讨会等方式,搭建人大代表、政协委员、专家学者、行业代表等社会各界广泛参与的平台,总结归纳分歧问题,研究提出参考意见,为审判委员会统一法律适用标准提供高质量的辅助和参考。

7. 健全法律适用分歧解决机制。审判委员会是最高人民法院法律适用分歧解决工作的集体领导和决策机构,最高人民法院各业务部门、审判管理办公室和中国应用法学研究所根据法律适用分歧解决工作需要,为审判委员会决策提供服务和决策参考。进一步优化法律适用分歧的申请、立项、审查和研究工作机制,对于最高人民法院生效裁判之间存在法律适用分歧或者在审案件作出的裁判结果可能与生效裁判确定的法律适用标准存在分歧的,应当依照《最高人民法院关于建立法律适用分歧解决机制的实施办法》提请解决。

四、完善高级人民法院统一法律适用标准工作机制

8. 规范高级人民法院审判指导工作。各高级人民法院可以通过发布办案指导文件和参考性案例等方式总结审判经验、统一裁判标准。各高级人民法院发布的办案指导文件、参考性案例应当符合宪法、法律规定,不得与司法解释、指导性案例相冲突。各高级人民法院应当建立办案指导文件、参考性案例长效工作机制,定期组织清理,及时报送最高人民法院备案,切实解决不同地区法律适用、办案标准的不合理差异问题。

9. 建立高级人民法院法律适用分歧解决机制。各高级人民法院应当参照最高人民法院做法,建立本辖区法律适用分歧解决机制,研究解决本院及辖区内法院案件审理中的法律适用分歧。各中级、基层人民法院发现法律适用标准不统一问题,经研究无法达成一致意见的,应当层报高级人民法院,超出高级人民法院辖区范围的,应当及时报送最高人民法院研究解决。

五、强化审判组织统一法律适用标准的法定职责

10. 强化独任法官、合议庭正确适用法律职责。各级人民法院应当全面落实司法责任制,充分发挥独任法官、合议庭等审判组织在统一法律适用标准中的基础作用。独任法官、合议庭应当严格遵守司法程序,遵循证据规则,正确运用法律解释方法,最大限度降低裁量风险,避免法律适用分歧。发现将要作出的裁判与其他同类案件裁判不一致的,应当及时提请专业法官会议研究。合议庭应当将统一法律适用标准情况纳入案件评议内容,健全完善评议规则,确保合议庭成员平等行权、集思广益、民主决策、共同负责。

11. 发挥审判委员会统一法律适用标准职责。完善审判委员会议事规则和议事程序,充分发挥民主集中制优势,强化审判委员会统一法律适用标准的重要作用。审判委员会应当着重对下列案件,加强法律适用标准问题的研究总结:(1)涉及法律适用标准问题的重大、疑难、复杂案件;(2)存在法律适用分歧的案件;(3)独任法官、合议庭在法律适用标准问题上与专业法官会议咨询意见不一致的案件;(4)拟作出裁判与本院或者上级法院同类案件裁判可能发生冲突的案件。审判委员会应当及时总结提炼相关案件的法律适用标准,确保本院及辖区内法院审理同类案件时裁判标准统一。

六、落实院庭长统一法律适用标准的监督管理职责

12. 明确和压实院庭长监督管理职责。院庭长应当按照审判监督管理权限,加强审判管理和业务指导,确保法律适用标准统一。通过主持或参加专业法官会议,推动专业法官会议在统一法律适用标准上充分发挥专业咨询作用,定期组织研究独任法官、合议庭审理意见与专业法官会议咨询意见、审判委员会决定不一致的案件,为统一法律适用标准总结经验。及时指导法官对审理意

见长期与专业法官会议咨询意见、审判委员会决定意见不一致的案件进行分析,促进法官提高统一法律适用标准能力,防止裁判不公和司法不廉。推动院庭长审判监督管理职责与审判组织审判职能、专业法官会议咨询职能、审判委员会决策职能有机衔接、有效运行,形成统一法律适用标准的制度机制体系。

13. 加强对"四类案件"的监督管理。院庭长应当对《最高人民法院关于完善人民法院司法责任制的若干意见》规定的"四类案件"加强监督管理,及时发现已决或待决案件中存在的法律适用标准不统一问题,依照程序采取改变审判组织形式、增加合议庭成员、召集专业法官会议、建议或决定将案件提交审判委员会讨论等举措,及时解决法律适用分歧。院庭长可以担任审判长或承办人审理"四类案件",依照职权主持或者参加审判委员会讨论决定"四类案件",在审判组织中促进实现法律适用标准统一。

七、充分发挥审判管理在统一法律适用标准上的作用

14. 加强和规范审判管理工作。各级人民法院应当完善审判管理机制,构建全面覆盖、科学规范、监管有效的审判管理制度体系。审判管理部门在履行流程管理、质量评查等审判管理职责时,对于发现的重大法律适用问题应当及时汇总报告,积极辅助审判委员会、院庭长研究解决统一法律适用标准问题。

15. 将统一法律适用标准作为审判管理的重点。各级人民法院应当加强审判质量管理,完善评查方法和评查标准,将统一法律适用标准情况纳入案件质量评查指标体系。对于可能存在背离法律、司法解释、指导性案例所确定裁判规则等情形的,承办法官应当向案件评查委员会说明理由。对信访申诉、长期未结、二审改判、发回重审、指令再审、抗诉再审案件的审判管理中发现法律适用标准不统一问题的,应当及时提请院庭长和审判委员会研究解决。

八、充分发挥审级制度和审判监督程序统一法律适用标准的作用

16. 发挥审级监督体系作用。强化最高人民法院统一裁判尺度、监督公正司法的职能。加强上级法院对下级法院的审级监督指导,建立健全改判、发回重审、指令再审案件的跟踪督办、异议反馈制度,完善分析研判和定期通报机制。充分发挥二审程序解决法律争议的作用,在二审程序中依法对法律适用问题进行审查,对属于当事人意思自治范围内的法律适用问题,应当充分尊重当事人的选择;对影响司法公正的法律适用标准不统一问题,应当根据当事人诉求或者依职权予以纠正。

17. 充分发挥审判监督程序依法纠错作用。生效案件存在法律适用标准不统一问题的,应当正确处理审判监督程序与司法裁判稳定性的关系,区分案件情况,根据当事人请求或者依法启动院长发现程序,对法律适用确有错误的案件提起再审。人民检察院提出检察建议、抗诉等法律监督行为,涉及法律适用标准不统一问题的,应当依法处理,必要时提请审判委员会讨论决定。

九、完善类案和新类型案件强制检索报告工作机制

18. 规范和完善类案检索工作。按照《最高人民法院关于统一法律适用加强类案检索的指导意见(试行)》要求,承办法官应当做好类案检索和分析。对于拟提交专业法官会议或者审判委员会讨论决定的案件、缺乏明确裁判规则或者尚未形成统一裁判规则的案件、院庭长根据审判监督管理权限要求进行类案检索的案件,应当进行类案检索。对于应当类案检索的案件,承办法官应当在合议庭评议、专业法官会议讨论及审理报告中对类案检索情况予以说明,或者制作类案检索报告,并随案流转归档备查。

19. 规范类案检索结果运用。法官在类案检索时,检索到的类案为指导性案例的,应当参照作出裁判,但与新的法律、行政法规、司法解释相冲突或者为新的指导性案例所取代的除外;检索到其他类案的,可以作为裁判的参考;检索到的类案存在法律适用标准不统一的,可以综合法院层级、裁判时间、是否经审判委员会讨论决定等因素,依照法律适用分歧解决机制予以解决。各级人民法院应当定期归纳整理类案检索情况,通过一定形式在本院或者辖区内法院公开,供法官办案参考。

十、强化对统一法律适用标准的科技支撑和人才保障

20. 加强统一法律适用标准的技术支撑。各级人民法院应当深化智慧法院建设,为统一法律适用标准提供信息化保障。最高人民法院加快建设以司法大数据管理和服务平台为基础的智慧数据中台,完善类案智能化推送和审判支持系统,加强类案同判规则数据库和优秀案例分析数据库建设,为审判人员办案提供裁判规则和参考案例,为院庭长监督管理提供同类案件大数据报告,为审判委员会讨论决定案件提供决策参考。各级人民法院应当充分利用中国裁判文书网、"法信"、中国应用法学数字化服务系统等平台,加强案例分析与应用,提高法官熟练运用信息化手段开展类案检索和案例研究的能力。

21. 加强对审判人员法律适用能力的培养。各级人民法院应当加大对审判人员政治素质和业务能力的培训力度,强化与统一法律适用标准相关的法律解释、案例分析、类案检索、科技应用等方面能力的培养,全面提高审判人员统一法律适用标准的意识和能力。

最高人民法院统一法律适用工作实施办法

(2021 年 11 月 13 日   法〔2021〕289 号)

为进一步规范最高人民法院统一法律适用工作,确保法律统一正确实施,维护司法公正、提升司法公信力,结合最高人民法院审判执行工作实际,制定本办法。

第一条   本办法所称统一法律适用工作,包括起草制定司法解释或其他规范性文件、发布案例、落实类案检索制度、召开专业法官会议讨论案件等推进法律统一正确实施的各项工作。

第二条   最高人民法院审判委员会(以下简称审委会)负责最高人民法院统一法律适用工作。

各部门根据职能分工,负责起草制定司法解释、发布案例等统一法律适用工作。

审判管理办公室(以下简称审管办)负责统一法律适用的统筹规划、统一推进、协调管理等工作。

第三条   各审判业务部门办理审判执行案件,应当严格遵守法定程序,遵循证据规则,正确适用法律,确保法律统一正确实施。

第四条   各部门根据职能分工,对法律适用疑难问题和不统一等情形,应当及时总结经验,通过答复、会议纪要等形式指导司法实践,条件成熟时制定司法解释或其他规范性文件予以规范。

第五条   研究室负责指导性案例的征集、审查、发布、编纂和评估等工作。其他部门发布的典型案例等不得与指导性案例的裁判观点、裁判标准相冲突,不得冠以指导性案例或指导案例等类似名称。

第六条   办理案件具有下列情形之一的,承办法官应当进行类案检索:

(一)拟提交审委会、专业法官会议讨论的;

(二)缺乏明确裁判规则或者尚未形成统一裁判规则的;

(三)重大、疑难、复杂、敏感的;

(四)涉及群体性纠纷或者引发社会广泛关注,可能影响社会稳定的;

(五)与最高人民法院的类案裁判可能发生冲突的;

(六)有关单位或者个人反映法官有违法审判行为的;

(七)最高人民检察院抗诉的;

（八）审理过程中公诉机关、当事人及其辩护人、诉讼代理人提交指导性案例或者最高人民法院生效类案裁判支持其主张的；

（九）院庭长根据审判监督管理权限要求进行类案检索的。

类案检索可以只检索最高人民法院发布的指导性案例和最高人民法院的生效裁判。

第七条　根据本办法第六条规定应当进行类案检索的案件，承办法官应当在审理报告中对类案检索情况予以说明，或者制作专门的类案检索报告。

类案检索说明或者报告应当客观、全面、准确反映类案检索结果，并在合议庭评议或者专业法官会议、赔偿委员会、司法救助委员会、审委会讨论时一并提交。类案检索报告应当随案归入副卷。

第八条　根据本办法第六条规定应当进行类案检索的案件，合议庭应当将案件统一法律适用标准情况纳入评议内容。

审理过程中公诉机关、当事人及其辩护人、诉讼代理人提交指导性案例或者最高人民法院生效类案裁判支持其主张的，合议庭应当将所提交的案例或者生效裁判与待决案件是否属于类案纳入评议内容。

第九条　待决案件在基本案情和法律适用方面与检索到的指导性案例相类似的，合议庭应当参照指导性案例的裁判要点作出裁判。

参照指导性案例的，应当将指导性案例作为裁判理由引述，但不得作为裁判依据引用。在裁判理由部分引述指导性案例的，应当注明指导性案例的编号。

第十条　待决案件拟作出的裁判结果与指导性案例、最高人民法院类案裁判法律适用标准不一致，或者拟作出的裁判结果将形成新的法律适用标准的，合议庭应当建议提交部门专业法官会议讨论；院庭长发现待决案件存在前述情形的，应当依照程序召集部门专业法官会议讨论。

前款规定的案件因涉密等原因不适宜提交专业法官会议讨论的，层报分管院领导批准可以直接提交审委会讨论。

第十一条　最高人民法院建立健全跨部门专业法官会议机制，研究解决跨部门的法律适用分歧或者跨领域的重大法律适用问题。

第十二条　部门专业法官会议和跨部门专业法官会议讨论案件应当形成案件讨论记录和会议纪要。案件讨论记录和会议纪要随案归入副卷。

跨部门专业法官会议纪要分送审委会委员和相关审判业务部门，审管办负责整理存档。

第十三条　各审判业务部门负责人应当按照审判监督管理权限，加强审判管理和业务指导，确保法律适用标准统一。

各审判业务部门应当对合议庭与专业法官会议意见、审委会决定不一致的案件进行分析研究,认真梳理总结审判执行实践中存在的法律适用不统一、不明确问题。审管办应当通过案件质量评查、群众来信等途径及时发现、收集、整理法律适用不统一、不明确问题。

第十四条　对于通过各种途径发现的具体法律适用不统一、不明确问题,审管办可以通过多种形式组织研究,提出解决方案提交审委会讨论,以审委会法律适用问题决议等形式明确具体裁判规则。

第十五条　最高人民法院建立统一法律适用平台及其数据库,审管办、研究室、中国应用法学研究所、人民法院信息技术服务中心根据各自职能分工,负责统一法律适用平台及其数据库的规划、建设、研发、运行维护和升级完善。

第十六条　最高人民法院发布的指导性案例,各审判业务部门的二审案件、再审案件、请示案件、执行复议监督案件,经专业法官会议、赔偿委员会、司法救助委员会、审委会讨论的案件,以及其他具有普遍指导意义的典型案件,裁判文书上网公开后,审管办应当及时组织编纂并纳入统一法律适用平台数据库。

死刑复核案件纳入统一法律适用平台数据库的标准和数量,由各刑事审判庭根据保密要求自行确定。

经专业法官会议讨论的案件,应当纳入统一法律适用平台数据库的,由各审判业务部门指定专人负责定期报送相关案件的专业法官会议纪要,随案纳入统一法律适用平台数据库。

第十七条　对纳入统一法律适用平台数据库的案例,应当及时进行检查清理。

各部门在工作中发现纳入统一法律适用平台数据库的案例已经不具有指导意义和参考价值,或者相关裁判已经被改判、撤销的,应当及时通知审管办进行更新。

第十八条　各部门应当加大对审判人员的业务能力培训,强化审判人员在法律解释、案例分析、类案检索、科技应用等方面能力的培养,全面提升审判人员统一法律适用的能力和水平。

第十九条　审判人员参加专业法官会议、梳理案件裁判规则等情况应当计入工作量。各部门和审判人员推荐或编纂案例被审委会确定为指导性案例,或者对具体法律适用问题的研究意见被审委会采纳形成审委会法律适用问题决议的,可以作为绩效考核时的加分项。

第二十条　本办法自 2021 年 12 月 1 日起施行。